Clement/Terlau/Kiy
Angewandte Makroökonomie

Angewandte Makroökonomie

Makroökonomie, Wirtschaftspolitik und nachhaltige Entwicklung mit Fallbeispielen

von

Prof. Dr. Reiner Clement

und

Prof. Dr. Wiltrud Terlau

und

Prof. Dr. Manfred Kiy

5., vollständig überarbeitete Auflage

Verlag Franz Vahlen München

Prof. Dr. Reiner Clement ist Professor für Volkswirtschaftslehre, insbesondere Innovationsökonomie, an der Hochschule Bonn-Rhein-Sieg in St. Augustin.

Prof. Dr. Wiltrud Terlau ist Professorin für Volkswirtschaftslehre, insbesondere internationale und nachhaltige Entwicklung, an der Hochschule Bonn-Rhein-Sieg in Rheinbach.

Prof. Dr. Manfred Kiy ist Professor für Volkswirtschaftslehre, insbesondere Umweltökonomie, an der Fachhochschule Köln.

ISBN 978 3 8006 4480 3

Wilhelmstraße 9, 80801 Müchen
Satz: Fotosatz Buck
Zweikirchener Str. 7, 84036 Kumhausen
Druck und Bindung: Beltz Bad Langensalza GmbH
Neustädter Str. 1–4, 99947 Bad Langensalza
Umschlaggestaltung: fernlicht Kommunikationsdesign
Gregor Schmidpeter
Gedruckt auf säurefreiem, alterungsbeständigem Papier
(hergestellt aus chlorfrei gebleichtem Zellstoff)

Für künftige Generationen

Carolin

Chantal

Denise

Julian

Katharina

Maximilian

und

Nastasja

Vorwort

Die Auswirkungen der Finanzkrise, die Schaffung neuer Arbeitsplätze, die Reduzierung der Inflation, die Stimulierung nachhaltigen Wirtschaftswachstums, die Stabilität des Euro, die Erhöhung der Ölpreise und soziale Ungleichheiten sowie ökologische Veränderungen sind fester Bestandteil der Medienberichterstattung und der ökonomischen Realität. Bereits daran können Sie erkennen, dass die Makroökonomie konkrete Auswirkungen auf das Leben hat. Die Makroökonomie gehört aufgrund ihrer Praxisnähe zu den Kernfächern in Bachelor- und Masterprogrammen, nicht aber immer zu den Wissensgebieten, für die sich die Mehrzahl der Studierenden rasch begeistern lässt. Im Gegenteil, die für die Makroökonomie üblichen Modell- und Kurvendiskussionen stoßen bei Studierenden und Praktikern oft auf Abneigung, da die Wissensvermittlung häufig trotz der Praxisnähe ihrer Inhalte eher abstrakt und weniger problemorientiert erfolgt. Vor diesem Hintergrund ist die Konzeption dieses Buches entstanden.

„(...) Der Text ist gespickt mit zahlreichen Fallbeispielen, aktuellem Zahlenmaterial, Grafiken und schematischen Übersichten, die nicht nur dem Verständnis makroökonomischer Zusammenhänge dienen, sondern auch – und das ist das eigentliche Anliegen der Autoren – klar machen, dass Volkswirtschaft tatsächlich „passiert" und die Menschen in einem Land unmittelbar betrifft. So kann man in der Tat Interesse und vielleicht auch Begeisterung für ein Fach wecken, das in dem Ruf steht, viel zu theorielastig zu sein." (Das Wirtschaftsstudium, 1/2005)

Um die Zusammenhänge zwischen den einzelnen Sachthemen der Makroökonomie noch transparenter zu machen, haben wir uns zu einer Neuordnung der Inhalte entschieden:

- Die drei grundlegenden Perspektiven der Beschreibung, der Erklärung und der wirtschaftspolitischen Gestaltung werden in Teil I übergreifend erläutert.
- Die drei Perspektiven werden in den Teil II bis Teil VI auf die großen Sachthemen der Makroökonomie bezogen. Dies hat für Studierende und Lehrende den Vorteil, dass die Sachthemen klar fokussiert sind. Zudem ist eine modulare Verwendung der Kapitel möglich.

Teil	Sachthemen	Zielsetzung	Politikbereich
II	Konjunktur und Gütermarkt	Stetiges Wachstum unter der Nebenbedingung solider Staatsfinanzen	Finanzpolitik
III	Inflation und Geldmarkt	Preisniveaustabilität	Geldpolitik
IV	Wachstum, Wohlstand und Beschäftigung	Angemessenes Wachstum zur Erreichung eines hohen Beschäftigungsstandes	Wachstums-, Beschäftigungspolitik
V	Außenhandel und Devisenmarkt	Stabiler Außenwert der Währung, ausgeglichene Leistungsbilanz	Wechselkurspolitik
VI	Nachhaltige Entwicklung	Befriedigung der Bedürfnisse heutiger und zukünftiger Generationen	alle Politikbereiche

Alle Sachthemen wurden grundlegend überarbeitet. Zudem sind die traditionellen Ansätze der Makroökonomie mit neuen Konzepten der nachhaltigen Entwicklung verknüpft.

Die Grundkonzeption des Buches bleibt durch diese Neuordnung unverändert. Der Mittelweg zwischen realitätsnaher Darstellung und wissenschaftlicher Analyse hat sich bewährt:

„(...) Der Vorzug dieses Buches liegt ... in seiner Darstellungsweise: Es ist klar und einfach geschrieben, es bietet mit vielen Beispielen zahlreiche Möglichkeiten, die Theorie anzuwenden und es bietet stets einen Rekurs auf die so häufig vernachlässigte praktische Statistik. Damit informiert das Werk erfreulicherweise auch über die makroökonomische Realität." (Jürgen Heinrich, in: Handelsblatt, 19./20.11.2004, zur 3. Auflage).

Diese Einschätzung bedeutet nicht, dass wir auf theoretische Fundierung und Modelle verzichten können. Die Anforderungen, die dieses Buch diesbezüglich stellt, gehen jedoch nicht über die Schulmathematik hinaus. Das **Lehrbuch** ist bewusst als **Lernbuch** konzipiert, das sich zum Einsatz an Hochschulen und Akademien eignet. Der modulare Ansatz führt dazu, dass Vorlesungen unterschiedlichen Umfangs flexibel abgedeckt werden können.

Makroökonomie erschließt sich Studierenden vor allem dann, wenn der Anwendungscharakter des Erlernten betont wird. Mit der Integration von Fallbeispielen wird das Konzept der Bachelor- und Masterstudiengänge an deutschen Hochschulen berücksichtigt, die an Praxisbeispielen orientierte Lehr- und Lernformen fördern wollen. Ausführliche Musterlösungen zu den Fallbeispielen finden sich unter www.vahlen.de.

Damit kann auch ein Teil der im Bachelor-Studium in der Regel reduzierten Stundenzahl in das häusliche Arbeiten verlagert werden. Studierende können kontrollieren, ob ihr Lösungsweg richtig ist. Um den unterschiedlichen Bedürfnissen Rechnung zu tragen, sind die Fallbeispiele nach unterschiedlichen Schwierigkeitsgraden gestaltet. Makroökonomische Schlüsselbegriffe finden sich am Ende der jeweiligen Kapitel.

„(...) Das Werk, das eine Marktlücke im deutschsprachigen Raum abdeckt, kann daher ohne Einschränkungen für das Grundstudium und für Teile des Hauptstudiums empfohlen werden. Dies nicht zuletzt wegen der vielen Kontrollfragen mit Lösungshinweisen, die eine effektive Überprüfung des Gelernten ermöglichen." (Studium, SS 2005)

Für konstruktive Kritik und zahlreiche Anregungen aus der Praxis möchten wir unserem geschätzten Freund und Kollegen, *Prof. Dr. Dr. Franz W. Peren*, herzlich danken. Unser Dank gilt auch den Studierenden und einer Vielzahl von Kollegen, die wertvolle Informationen, Anregungen und Hinweise für die Neuauflage gegeben haben. Zu nennen sind vor allem Herr Diplom-Volkswirt *Christian Streege*, Herr BA.Sc. *Jan Lennart Gogoll* sowie unsere Kollegen *Prof. Dr. Johannes Natrop*, *Prof. Dr. Frank Gogoll* und *Prof. Dr. Wolfgang Veit*, mit denen im Jahr 1999 das Zentrum für Angewandte Wirtschaftsforschung (ZAW e.V.) mit Sitz in Bonn aufgebaut worden ist. Für die unkomplizierte und sachkundige Zusammenarbeit sowie das entgegengebrachte Vertrauen in über fünfzehnjähriger Zusammenarbeit danken wir *Hermann Schenk* als dem verantwortlichen Lektor des Vahlen-Verlages. Wir hoffen, dass möglichst viele Leser dazu beitragen, Konzeption und Inhalt dieses Buches weiterzuentwickeln. Anmerkungen können direkt per E-Mail an uns gerichtet werden:

reiner.clement@h-brs.de *Reiner Clement*
wiltrud.terlau@h-brs.de *Wiltrud Terlau*
manfred.kiy@fh-koeln.de *Manfred Kiy*

Bonn, im September 2012

Inhaltsübersicht

Abbildungsverzeichnis

Tabellenverzeichnis

Abkürzungsverzeichnis

Sonderzeichen:

Δ	Veränderung (absolut)
α	Anteil des Faktors Kapital am Einkommen
$1 - \alpha$	Anteil des Faktors Arbeit am Einkommen
∂	Gewinnaufschlag
μ	Arbeitsproduktivität
π	Inflationsrate
π^e	erwartete Inflationsrate
π^*	Inflationsziel
ε	realer Wechselkurs
σ	Substitutionselastizität von Kapitalgrößen
δ	Abschreibungen auf Kapitalgrößen
θ	Störterm (Zufall)
Φ	Sammelvariable für Einflussgrößen
$f()$	Funktion
t_0	Zeitindex (time)

Buchstaben:

A	Arbeitsmenge/-volumen
AE	Arbeitnehmerentgelt
AL	Arbeitslose
ALQ	Arbeitslosenquote
ALQ^n	natürliche Arbeitslosenquote
APR^{Std}	Arbeitsproduktivität je Stunde
APR^{ET}	Arbeitsproduktivität je Erwerbstätigen
AQ	Arbeitnehmerquote
aut	autonome Größe
AV	Arbeitsvolumen (geleistete Arbeitsstunden)
AZ	Arbeitszeit
B	Schuldenstand
b	Bargeldabflussquote
BD	Budgetdefizit
BEG	Beschäftigungsgrad
BEV	Bevölkerung
BIP	Bruttoinlandsprodukt
BIP^{nom}	BIP, nominal
BIP^{real}	BIP, real
BG	Bargeldumlauf
BNE	Bruttonationaleinkommen
BVB	Ballspiel-Verein-Borussia (Dortmund)
BWS	Bruttowertschöpfung
C	Konsumausgaben
c	marginale Konsumquote
C_H	Konsumausgaben privater Haushalte

C_{aut}	autonomer Konsum
C_{St}	Konsumausgaben des Staates
CO_2	Kohlendioxid
D	Abschreibungen
d	Veränderung einer Größe
DA	Devisenangebot
DAX	Deutscher Aktienindex
DB	Devisenbilanz
DI	Direktinvestitionen
DL	Dienstleistungsbilanz
DM	Deutsche Mark
DN	Devisennachfrage
€	EURO
ECU	Europäische Währungseinheit (European Currency Unit)
EGV	EG-Vertrag
EFSF	Europäische Finanz-Stabilitäts-Fazilität
E(I)	Zinselastizität
E_T	Steueraufkommenselastizität
EONIA	European Overnight Index Average
EP	Erwerbspersonen
ESM	Europäischer Stabilitätsmechanismus
ESt	Einkommensteuer
ESVG	Europäisches System Volkswirtschaftlicher Gesamtrechnungen
ESZB	Europäisches System der Zentralbanken
EWT	Erwerbstätige
EU	Europäische Union
EURIBOR	European Interbank Offered Rate
Eurostat	Statistisches Amt der Europäischen Kommission
EWS	Europäisches Währungssystem
EWU	Europäische Währungsunion
Ex	Exporte
EZB	Europäische Zentralbank
f	Entlassungsrate (fire)
F&E	Forschung und Entwicklung
FB	Freibetragsgrenze der Besteuerung
FE	Bilanz der Erwerbs- und Vermögenseinkommen (Faktoreinkommen)
g	BIP-Wachstumsrate (growth)
G	Konsumausgaben des Staates und öffentliche Investitionen (Government)
GA	gesamtwirtschaftliches Angebot
GB	Geschäftsbank
GFN	Global Footprint Network
gha	Globale Hektar
GG	Grundgesetz
GIS	geographische Informationssysteme
GN	gesamtwirtschaftliche Nachfrage
GPK	Grenzproduktivität des Kapitals
GW	Gegenwartswert eines Einkommensstroms
H	Private Haushalte
h	Einstellungsrate (hire)
HB	Handelsbilanz

HDI	Human Development Index, Index der menschlichen Entwicklung
HVPI	Harmonisierter Verbraucherpreisindex
I^{brutto}	Investitionen, brutto
I_{Anlage}	Anlageinvestitionen
I_{aut}	autonome private Investitionen
I_{Lager}	Lagerinvestitionen
I^{netto}	Investitionen, netto
I_{St}	öffentliche Investitionen
I_U	Investitionen der Unternehmen
i	(Leit-)Zins
$i^{nominal}$	Nominalzins
i^{real}	Realzins
i*	Auslands-, Weltmarktzins
Im	Importe
IS	Gleichgewichtsfunktion des Gütermarktes
IWF	Internationaler Währungsfonds (International Monetary Fund)
K	Sachkapital
k	Kapitalkoeffizient
k_A	Lohnstückkosten
KB	Kapitalbilanz
KBW	Kapitalbilanz im weiteren Sinne
KEX	Kapitalexporte
KI	Kapitalintensität
KIM	Kapitalimporte
kk	Kassenhaltungskoeffizient
KK	Kapitalkoeffizient
KKP	Kaufkraftparitäten
KPR	Kapitalproduktivität
Kr	Kredite
ln	Logarithmus
ls	Lohnsatz
ls^{nom}	Nominallohn
L	Liquidität
L^S	zinsabhängige Geldnachfrage
L^T	einkommensabhängige Geldnachfrage
LB	Leistungsbilanz
LM	Gleichgewichtsfunktion des Geldmarktes
LQ	Lohnquote
LÜ	Bilanz der laufenden Übertragungen
M	Geldmengenaggregat
m	marginale Importquote
mrs	Mindestreservesatz
MWSt	Mehrwertsteuer
n	Zahl der Jahre in einer Betrachtung
N	Bevölkerungswachstum
NAIRU	inflationsstabile Arbeitslosenquote (Non Accelerating Inflation Rate of Unemployment)
NASTJA	Mädchenname
NB	Nichtbanken
NGW	Nettogegenwartswert eines Einkommensstroms

nom	nominal
NX	Außenbeitrag (Nettoexporte)
OECD	Organisation for Economic Cooperation and Development (Organisation für wirtschaftliche Zusammenarbeit und Entwicklung)
OLS	ordinary least squares
P	Preise
P^e	erwartete Preise
$P^{Ausland}$	Auslandspreise
P^{Inland}	Inlandspreise
P*	Inflationsnorm
P_L	Laspeyres-Preisindex
P_P	Paasche-Preisindex
PP	Produktionspotenzial
Q	Quartal
q	Menge eines Gutes
r	interner Zinsfuß, Rendite
re	Rendite von Direktinvestitionen
R	Währungsreserven
R^2	Bestimmtheitsmaß
S	Ersparnis
S_U	Ersparnis der Unternehmen
S_H	Ersparnis der privaten Haushalte
s	marginale Sparquote
SA	Staatsanleihen
S04	Schalke 04
SDI	sustainable development indicator
SE	Sichteinlagen, Giralgeld
SG	Seignorage
SNA	System of National Account
St	Staat
StabG	Stabilitäts- und Wachstumsgesetz
SVR	Sachverständigenrat
t	marginale Steuerquote
t*	Grenzsteuersatz
T	Steuereinnahmen
T_{EV}	Einkommen- und Vermögensteuern
T_G	Gütersteuern
TF	Technischer Fortschritt
T.o.T.	Terms of Trade
Tr	Transferzahlungen
U	Unternehmenssektor
UG	Umlaufgeschwindigkeit des Geldes
UN	Vereinigte Nationen (United Nations)
ÜR	Überschussreserve
UV	Unternehmens- und Vermögenseinkommen
VE	Volkseinkommen
v	Ausgabenanteil in einem Warenkorb
VGR	Volkswirtschaftliche Gesamtrechnungen
VL	Vorleistungen
VPI	Verbraucherpreisindex

VÜ	Bilanz der Vermögensübertragungen
w	Wechselkurs
w^e	erwarteter Wechselkurs
w^T	Terminwechselkurs
W	Wachstumsrate einer Größe in %
WCED	World Commission on Environment and Development
WP	Wertpapieranlagen
WWF	World Wildlife Fund
y	Produktions-, Outputlücke
Y	Volkseinkommen, BIP
Y*	Auslandseinkommen
Y^{max}	höchstes Vergangenheitseinkommen
Y^{nom}	nominales Bruttoinlandsprodukt
Y^p	langfristig erwartete Einkommensströme (permanentes Einkommen)
Y^{real}	reales Bruttoinlandsprodukt
Y_v	Verfügbares Einkommen
ZB	Zentralbank
ZBG	Zentralbankgeld

Verzeichnis der Darstellung formaler Beziehungen

Teil I
Grundlagen:
Die drei Ebenen

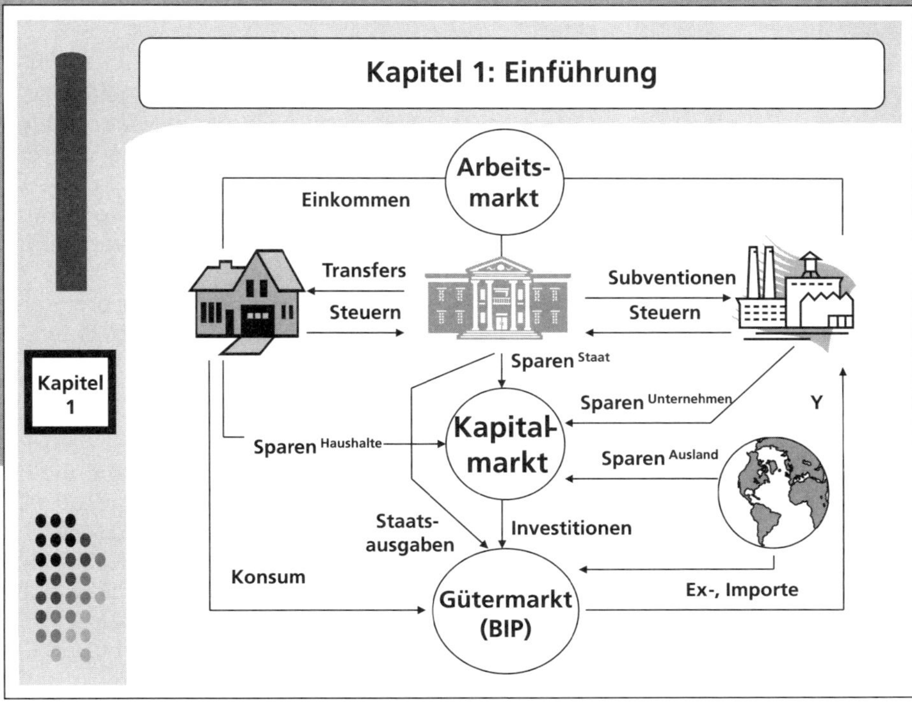

Inhaltsübersicht

Lernzielorientierte Sachverhalte

- Die Makroökonomie betrachtet die Volkswirtschaft aus einer Vogelperspektive. Sie befasst sich mit gesamtwirtschaftlichen Zielgrößen. Hierzu zählen vor allem die Preisniveaustabilität, die Höhe der Beschäftigung und das wirtschaftliche Wachstum.
- Die Makroökonomie ist aufgrund ihrer Fragestellungen und Methoden von der Mikroökonomie abzugrenzen. Dennoch gibt es wichtige Querverbindungen zwischen beiden volkswirtschaftlichen Disziplinen.
- Die Fragestellungen der Makroökonomie lassen sich unter den drei Perspektiven der Empirie, der Theorie und der Wirtschaftspolitik betrachten.

1.1 Makroökonomie als Wissenschaft

Wenn Sie eine Vorlesung zur Makroökonomie besuchen, haben Sie häufig die im Semesterverlauf vorgeschaltete Mikroökonomie kennen gelernt. In diesem Fall fällt Ihnen das Verständnis makroökonomischer Ausführungen erfahrungsgemäß leichter, da sich die Methoden beider Disziplinen in vielen Punkten ähneln. Zentrale Elemente des makroökonomischen Standardlehrprogramms können Sie sich aber auch ohne grundlegende mikroökonomische Vorkenntnisse erarbeiten. Anhand von ausgewählten Beispielen sollen die Besonderheiten der Makroökonomie verdeutlicht und die Unterschiede zur Mikroökonomie herausgearbeitet werden.

Aggregationsniveau

Kennzeichen der Makroökonomie ist die Betrachtung der Volkswirtschaft als Ganzes („Vogelperspektive"), während die Mikroökonomie eher eine „Froschperspektive" einnimmt. Sie können dies etwa mit dem Verhältnis von Medizin (Analyse des Körpers) und der Mikrobiologie (Analyse einzelner Zellen) vergleichen. Die Makroökonomie analysiert die Funktionsfähigkeit einer Ökonomie anhand der wichtigsten Komponenten. Sie ist darin ähnlich der Medizin, die zunächst die wichtigsten Organe betrachtet, um sich ein Bild vom Gesundheitszustand eines Patienten zu machen. Diese Komponenten sind **Aggregate**. Dazu werden Einzelgrößen zu einem Gesamtwert zusammengefasst. Beispielsweise fasst der Börsenindex DAX ausgewählte Aktien zu einem Wert zusammen. Ein steigender DAX kann bedeuten, dass alle Kurse gestiegen sind, oder dass einige gefallen und andere dafür stärker gestiegen sind. Übertragen auf die Makroökonomie bedeutet dies, dass Aggregate gebildet werden, die aus der Kombination der entsprechenden mikroökonomischen Größen bestehen. So ist zum Beispiel das Volkseinkommen die Summe der Einkommen aller inländischen Wirtschaftssubjekte. Die Summe aller Endprodukte, die in einem Jahr in einer Volkswirtschaft produziert werden, kennt man als **Bruttoinlandsprodukt**. Auch Wirtschaftssubjekte werden entsprechend ihrer Aktivitäten in Gruppen zusammengefasst. So bilden die Konsumenten den Sektor Haushalte und die Unternehmen den Unternehmenssektor. Mit dieser Aggregation gehen zwar Informationen verloren, allerdings ist es mit Hilfe von nur wenigen Beziehungen möglich, eine komplexe Volkswirtschaft zu beschreiben.

Trugschluss der Verallgemeinerung

Ein Aggregat kann andere Verhaltensweisen zeigen als seine Bestandteile. Die Mikroökonomie geht davon aus, dass die Nachfrage, z. B. nach CDs, in der Regel zurückgeht, wenn der Preis dieses Gutes steigt. Dieses „mikroökonomische Gesetz der Nachfrage" lässt sich nicht einfach auf die Makroökonomie übertragen. Wir werden zwar später sehen, dass die gesamtwirtschaftliche Nachfrage mit steigendem **Preisniveau** zurückgeht, die Gründe dafür sind aber von der mikroökonomischen Erklärung verschieden. Hinzu kommt, dass ein einzelwirtschaftlich vernünftiges Verhalten, sich gesamtwirtschaftlich gesehen als schädlich erweisen kann (**Trugschluss der Verallgemeinerung; Rationalitätenfalle**). Zwei Beispiele:

- Wenn ein Arbeitnehmer eine Lohnerhöhung durchsetzt, mag dies zur Verbesserung seines Lebensstandards beitragen. Setzen jedoch alle Arbeitnehmer eine Lohnerhöhung durch, kann es sein, dass die Unternehmen dem Kostendruck nicht gewachsen sind und Arbeitsplätze verloren gehen.
- Für eine einzelne Person kann es sinnvoll sein, in der Erwartung schlechterer wirtschaftlicher Zeiten zu sparen. Überlegen Sie die gesamtwirtschaftlichen Konsequenzen, wenn alle privaten Haushalte in dieser Erwartung sparen.

Einzel- und gesamtwirtschaftliche Analysen führen also nicht immer zu den gleichen Ergebnissen, da – hier wollen wir *Aristoteles* bemühen – bei vielen ökonomischen Vorgängen die Summe der Einzelteile nicht gleich der Gesamtheit ist.

Rationalitätspostulat

Die Mikroökonomie ist stark vom Leitbild des *Homo Oeconomicus* geprägt, nach der private Haushalte ihren Nutzen und Unternehmen ihre Gewinne maximieren. Durch das Zusammenspiel von Angebot und Nachfrage bilden sich Preise, die die Märkte räumen. Insofern ist die Mikroökonomie eng mit dem Denken in Gleichgewichtszuständen verknüpft. Eine zentrale Botschaft der mikroökonomischen Theorie lautet, dass der Marktmechanismus ein für die Gesamtwirtschaft insgesamt vorteilhaftes Ergebnis mit sich bringt, obwohl sich Nachfrager und Anbieter auf den Güter- und Faktormärkten egoistisch verhalten, d. h. ihren Nutzen und ihre Gewinne zu maximieren suchen.

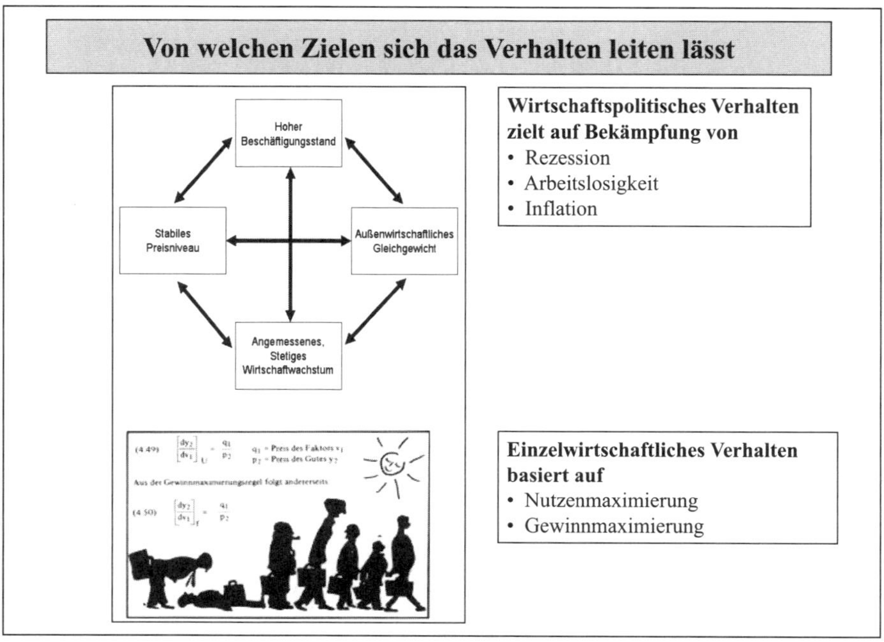

Abb. 1.1: Analyse des Verhaltens mikro- und makroökonomischer Akteure

Auch die Makroökonomie beschäftigt sich mit wirtschaftlich handelnden Menschen. Jedoch sind die Verhaltensweisen, die beobachtet werden, nicht die von Individuen, sondern die des Staates, der Privaten Haushalte, der Unternehmen und des Auslandes. Derartigen Gruppen von Personen können wir nur ein eingeschränktes rationales Verhalten im individuellen Sinne unterstellen. Der Staat oder das Ausland handeln nicht als Einzelpersonen, sondern bestehen aus einer Reihe von Entscheidungsträgern, die unterschiedliche Interessen verfolgen. Das Optimierungsverhalten von Akteuren tritt nur zusammengefasst im Aggregat in Erscheinung (Abb. 1.1).

Abgeschwächtes Gleichgewichtsdenken

In makroökonomischen Modellen lassen sich Gleichgewichte nur eingeschränkt herleiten. Nehmen wir an, wir analysieren eine Volkswirtschaft mit 1.000 Unternehmen, die jeweils 1 unterschiedliches Gut herstellen, 10 verschiedene Tätigkeiten nachfragen und in der es 1 Mio. private Haushalte gibt, wovon 50 % arbeiten. Rein theoretisch (ohne Berücksichtigung der Arbeitsteilung und Spezialisierung) ergeben sich

- 10.000 Arbeitsnachfragefunktionen der Unternehmen,
- 1.000 Güterangebotsfunktionen der Unternehmen,
- 500.000 Arbeitsangebotsfunktionen der privaten Haushalte,
- 1 Mrd. individuelle Güternachfragefunktionen der einzelnen Haushalte.

Selbst mit einem Großrechner wäre die Lösung eines solchen Systems schwierig. Gleichgewichte in makroökonomischen Modellen sind eher als Referenzpunkte der Analyse und weniger als detailgetreue Gleichgewichtslösungen zu verstehen.

Die Makroökonomie geht davon aus, dass die Marktprozesse gestört sein können und gesamtwirtschaftliche Probleme wie Arbeitslosigkeit, Inflation und Rezession nicht immer durch Marktmechanismen gelöst werden können. Die Makroökonomie interessiert sich in besonderem Maße für die Ursachen dieser Störungen und untersucht, wie z. B. der Staat durch wirtschaftspolitische Eingriffe den negativen Folgen solcher Störungen

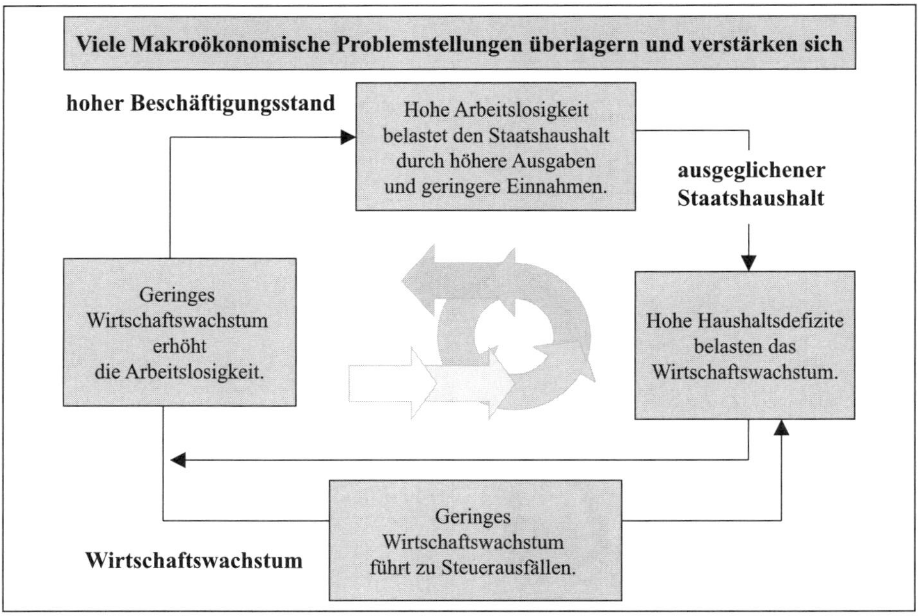

Abb. 1.2: Interaktion makroökonomischer Problemstellungen

beikommen kann. Hier bleibt zu berücksichtigen, dass sich viele makroökonomische Problemstellungen überlagern und sich wechselseitig verstärken können (Abb. 1.2).

Anwendungsorientierte Modellbildung

Oft besteht der Eindruck, die Makroökonomie sei nicht so formal wie die Mikroökonomie. Dies muss nicht so sein, wie ein Blick in die Lehrbücher deutlich macht. Auch die Formen der Modellbildung sind weitgehend identisch. Makroökonomische Modelle basieren aber oft auf **empirischen Daten**, d.h. wir können die Aussagen überwiegend überprüfen. Dieser **Anwendungscharakter** macht Makroökonomie spannend, zumal wir von den Fragestellungen unmittelbar beeinflusst werden. Unter einem hohen Zinsniveau leiden Familien, die ein Eigenheim erwerben wollen. Eine hohe Arbeitslosigkeit lässt die Angst um den Verbleib des eigenen Arbeitsplatzes ansteigen. In einer Rezession sinken die Einkommen und Urlaubsreisen sowie größere Anschaffungen werden verschoben bzw. unterbleiben. Angesichts leerer öffentlicher Kassen müssen Hallenbäder und Bibliotheken einer Stadt schließen. Weil aus Geldmangel Projekte verschoben werden, stehen wir auf Jahre hinaus länger im Stau und warten Hochschulen auf ihre Sanierung. Entsprechend lassen sich auch Beispiele anführen, wie Wachstum und Aufschwung Vorteile mit sich bringen. Überlegen Sie selbst, wie sich ein nachhaltiger Aufschwung auf Ihr Konsumverhalten auswirken würde.

In der Makroökonomie kann die Trennlinie zwischen „richtig" und „falsch" oft nicht so scharf wie in der Mikroökonomie gezogen werden. Das liegt zum einen an unterschiedlichen Lehrmeinungen, zum anderen an dem vielstrapazierten Satz, dass in der Makroökonomie „alles mit allem zusammenhängt" und die ceteris-paribus-Klausel (unter sonst gleichen Bedingungen) nur bedingt Anwendung finden kann. Hinzu kommt, dass die Ausgangssituation maßgeblichen Einfluss darauf hat, ob z.B. eine wirtschaftspolitische Maßnahme erfolgreich ist oder nicht. Bezeichnenderweise schaffen sogar Expertenrunden zu gesamtwirtschaftlichen Fragestellungen oft mehr Verwirrung als Klarheit. Überzeugen Sie sich selbst, indem Sie die Fernsehprogramme der nächsten Woche aufmerksam unter diesem Gesichtspunkt verfolgen.

Gemeinsam ist der mikro- und makroökonomischen Modellbildung der Tatbestand, dass es im Vergleich zu den Naturwissenschaften kaum Möglichkeiten zur Durchführung von Experimenten gibt. So lassen sich z.B. die Auswirkungen von Massenarbeitslosigkeit, hohen Inflationsraten, Finanzkrisen und dramatischen Währungsabwertungen auf die Stabilität von Volkswirtschaften nur in Grenzen voraussagen. Häufig werden computergestützte Simulationen verwendet, die letztlich aber nur einen Versuch der Annäherung an die Realität bedeuten können.

1.2 Zeitreise durch makroökonomische Fragestellungen

Ungeachtet der genannten Besonderheiten der Makroökonomie findet sich die These, dass makroökonomische Probleme wie Rezession, Arbeitslosigkeit und Inflation im Grundsatz auf das Versagen marktwirtschaftlicher Selbstheilungskräfte zurückzuführen sind. Die Makroökonomie als Wissenschaft beginnt daher mit der Vorstellung, dass sich die Akteure nicht ständig gemäß mikroökonomischer Überlegungen verhalten und die marktwirtschaftliche Koordination nicht zwangsläufig zu effizienten Lösungen führt. Wir wollen die Realität bemühen und überprüfen, wie stark die Selbstheilungskräfte einer Volkswirtschaft wirklich entwickelt sind. Anders als Ärzte sind Ökonomen in der komfortablen Situation, dass Sie über sehr umfassende und zum Teil weit zurückreichende „Patientendaten" einer Volkswirtschaft verfügen.

Bruttoinlandsprodukt und Wachstum

Als wichtigster Indikator der ökonomischen Entwicklung gilt das Bruttoinlandsprodukt (BIP), das vereinfacht mit dem gesamtwirtschaftlichen Output eines Landes gleichgesetzt werden kann, der in einer Periode produziert und von Konsumenten, von Unternehmen, dem Staat und vom Ausland nachgefragt worden ist. Das BIP-pro-Kopf gilt vielfach als Maß für den Wohlstand der Bürger eines Landes. In längerfristiger Sicht zeigt sich, dass Deutschland im Zeitraum von 1870 bis 2010 ein eindrucksvolles Wachstum durchlaufen hat. Die Produktion pro-Kopf hat sich seit 1900 um das sechsfache auf ca. 25.000 € vergrößert (in Preisen von 1995; Abb. 1.3). Die Abbildung zeigt ausgeprägte „Einbrüche" des langfristigen Wachstums, die in die Phasen der beiden Weltkriege und der **Weltwirtschaftskrise** (1929–1932) fallen. Die Weltwirtschaftskrise gilt als Beleg dafür, dass die Selbstheilungskräfte einer Marktwirtschaft überfordert werden können und staatliche Eingriffe vonnöten sind, um die Wirtschaft wieder zu stabilisieren. Es ist kein Zufall, dass *John Maynard Keynes* (1883–1946), der als **Begründer der modernen Makroökonomie** gilt, sein wissenschaftliches Hauptwerk „The General Theory of Employment, Interest, and Money" im Jahr 1936 veröffentlicht hat.

Abb. 1.3: Reales BIP-pro Kopf 1880–2010, (in € in Preisen von 1995)

(Massen-)Arbeitslosigkeit

Von 1929 bis 1932 brach die industrielle Produktion weltweit massiv ein. Die Feststellung, dass die Selbstheilungskräfte des Marktes auf gesamtwirtschaftlicher Ebene nur eingeschränkt wirksam sind, zeigt sich an der Entwicklung der **Arbeitslosigkeit**. Die Arbeitslosenquoten stiegen auf bis dahin ungekannte Höhen: In Deutschland auf 30 %, in den USA auf 25 % und in Großbritannien auf 22 %.

Die **Massenarbeitslosigkeit** von knapp 6 Mio. Menschen in der Weimarer Zeit zeigt nicht nur die individuelle, sondern auch die systemgefährdende Dimension von makroökonomischen Problemen, da sie zur Erschütterung der demokratischen Strukturen führte. Die damals herrschende ökonomische Theorie stand dieser Entwicklung hilflos gegenüber. Sie lehrte, jede Abweichung von der Vollbeschäftigung löse automatisch Gegenkräfte zum Beschäftigungsgleichgewicht aus, sofern Preise und Löhne flexibel reagierten. Diese Voraussetzung war in den oben genannten Ländern erfüllt. Die Situation verschlechterte sich aber weiter, und zwar besonders in Deutschland (Abb. 1.4) und in den USA, obwohl Löhne und Preise dort am stärksten zurückgingen. Viele Ökonomen forderten Arbeitsbeschaffungsmaßnahmen und andere Formen aktiven staatlichen Gegensteuerns. Was fehlte, war eine Theorie, die erklärte, weshalb die wirtschaftliche Entwicklung so eingebrochen war, und mit der sich staatliches Handeln überzeugend begründen ließ. In diese Lücke stieß *Keynes* mit seiner Theorie, die nicht mehr Preisrelationen und Preisanpassungen in den Mittelpunkt stellte, sondern die **Gesamtnachfrage**. Er legte dar, weshalb eine Beseitigung der Arbeitslosigkeit nicht zwangsläufig durch flexible Preise und Löhne, sondern durch eine Erhöhung der gesamtwirtschaftlichen Nachfrage erreichbar war.

Ausgangspunkt der „modernen Makroökonomie“

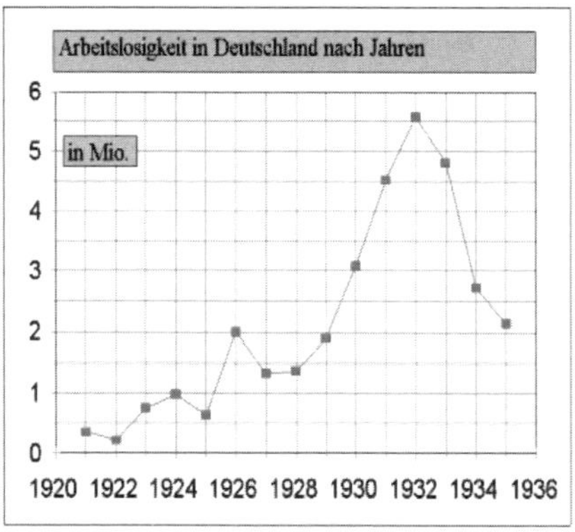

Arbeitslosigkeit in Deutschland 1920–1936 (Statistisches Jahrbuch Deutsches Reich; http://www.weltwirtschaftskrise.net/diagramme.htm)

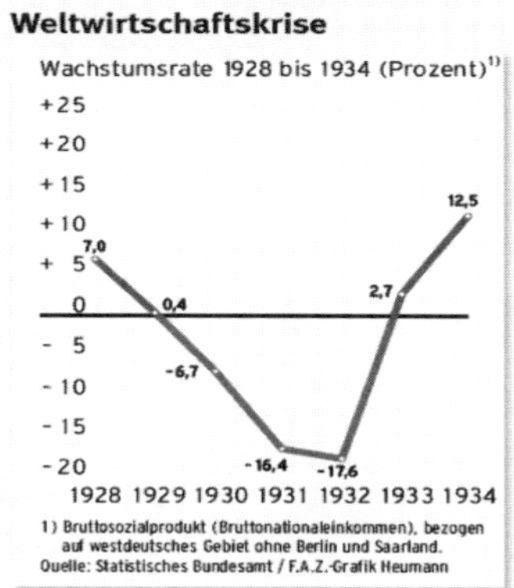

Auswirkungen der Weltwirtschaftskrise auf das Wirtschaftswachstum in Deutschland.

Abb. 1.4: Auswirkungen der Weltwirtschaftskrise auf Deutschland

Geld und Inflation

Die Produktion von Gütern und die Beschäftigung sind **reale mengenmäßige Vorgänge**. Die Güter, die wir produzieren und verkaufen, und die Einkommen, die aus der Produktion resultieren, werden jedoch **nominal,** d. h. in Geldeinheiten gemessen. In längerfristigen makroökonomischen Analysen kann die **reale Seite** einer Volkswirtschaft von ihrer **monetären Seite** getrennt werden. Kurzfristig sind beide Seiten über nominale Größen wie Zinsen, Geldmenge, Inflation, Löhne und Wechselkurse eng miteinander verflochten.

Im Mittelpunkt vieler monetärer Analysen der Makroökonomie steht die **Inflationsrate**, die als Änderungsrate des Preisniveaus definiert ist. Auch hier lassen sich mangelnde

Selbstheilungskräfte von Marktwirtschaften erkennen. Als Beleg gilt die **Hyperinflation** nach dem ersten Weltkrieg. Im November 1923 waren viele Deutsche Milliardäre. Es kursierten Banknoten bis zu einem Nennwert von 500 Mrd. Mark. Die Inflationsrate erreichte im Jahr 1923 eine unvorstellbare Inflationsrate von $1{,}05 \times 10^9\%$ und konnte nur durch eine umfassende **Währungsreform** gestoppt werden (Abb. 1.5). Ursächlich waren die Kosten des Ersten Weltkrieges und der Unwillen der Regierung, eine solide Wirtschaftspolitik zu betreiben. Auch die unseriöse Finanzierung des Zweiten Weltkriegs durch die Notenpresse sowie der Zusammenbruch der staatlichen Ordnung und der Wirtschaft hatten Mitte der vierziger Jahre den Wert der Reichsmark untergraben. Allerdings war das Ausmaß der Geldentwertung weniger schlimm als im Jahr 1923. Die Währungsreform vom 21. Juni 1948 führte die D-Mark als Währung für die damaligen drei Westzonen ein.

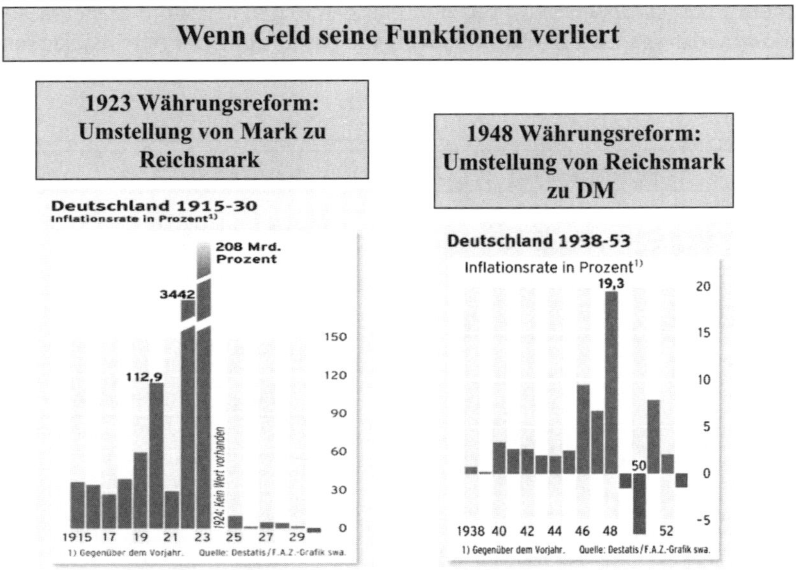

Frankfurter Allgemeine Sonntagszeitung, 26.11.2006, Nr. 47 / Seite 60; Bildmaterial: F.A.Z.

Abb. 1.5: Währungsreformen in Deutschland 1923 und 1948

Wirtschaftswunder

Nach dem zweiten Weltkrieg ist die ökonomische Entwicklung in Deutschland unter dem Stichwort **Wirtschaftswunder** thematisiert worden und untrennbar mit dem Namen *Ludwig Erhard* verbunden (Abb. 1.6). Das zu dieser Zeit entwickelte Modell der „Sozialen Marktwirtschaft" gilt auch heute noch als Bezugspunkt für eine ökonomisch erfolgreiche und sozial ausgewogene Wirtschaftsordnung. Das auch in anderen Ländern beobachtbare rapide Anwachsen der ökonomischen Leistungsfähigkeit war Anlass, das **wirtschaftliche Wachstum** ab Mitte der 60er Jahre zu einem wichtigen Untersuchungsgegenstand der Makroökonomie und zu einer zentralen Zielsetzung der Wirtschaftspolitik zu machen.

Soziale Marktwirtschaft als Erfolgsmodell

(Bild von 1975; zur Verfügung gestellt aus dem Archiv der Ludwig-Erhard-Stiftung, **www.ludwig-erhard-stiftung.de**)

Ludwig Erhard (1897–1977):
- Vater des Wirtschaftswunders und
- Mitbegründer des Konzepts einer Sozialen Marktwirtschaft

Abb. 1.6: Wirtschaftswunder in Deutschland nach dem II. Weltkrieg

Rezession, Ölpreiskrisen, Stagflation

Die Aufbaujahre Deutschlands können als Zeitraum eines stetigen Wachstums interpretiert werden. Seit Mitte der 60er Jahre sind hingegen gesamtwirtschaftliche Probleme aufgetreten, die auch die Makroökonomie geprägt haben. Die erste Nachkriegsrezession (1967) führte in Deutschland zum **Stabilitäts- und Wachstumsgesetz**. Dort werden Bund und Länder explizit verpflichtet, Ziele wie angemessenes Wachstum und einen hohen Beschäftigungsstand zu erreichen und den Erfordernissen eines **gesamtwirtschaftlichen Gleichgewichts** Rechnung zu tragen.

Zwischen 1967-2003 ist es in Deutschland zu vier **Rezessionen**, d.h. einem Rückgang des BIP über mehr als zwei Quartale, gekommen. Ursächlich in den 70er Jahren waren zwei Ölpreiskrisen, die nicht nur zu einem Rückgang des BIP, sondern gleichzeitig zu einem Anstieg der Preise geführt haben (Abb. 1.7). In solchen Fällen liegt eine **Stagflation** (***Stag***nation und In***flation***) vor, die die Wirtschaftspolitik vor besondere Herausforderungen stellt, da nicht nur konjunkturelle, sondern auch strukturelle (langfristige) Probleme vorliegen. Diese Situationen haben die makroökonomische Diskussion um die Grenzen und Möglichkeiten der **aktiven Konjunktursteuerung** geprägt. Ende der 70er Jahre wurde in vielen Industriestaaten ein Wechsel hin zu einer **angebotsorientierten Wirtschaftspolitik** eingeleitet. Zumindest in Deutschland ist die **Arbeitslosigkeit** davon unberührt weiter angestiegen und hat sich in dem betrachteten Zeitraum verfestigt.

Währungen und Wechselkurse

Zu den makroökonomischen Größen zählen auch die **Wechselkurse**, d.h. die Austauschverhältnisse zwischen Währungen. Die Wahl eines Wechselkurssystems hat nachhaltige Wirkungen auf den internationalen Handel, die Beschäftigung und das Einkommensniveau eines Landes sowie die Wirksamkeit wirtschaftspolitischer Maßnahmen. Es handelt sich um eine der wichtigsten Entscheidungen, die ein Land zu

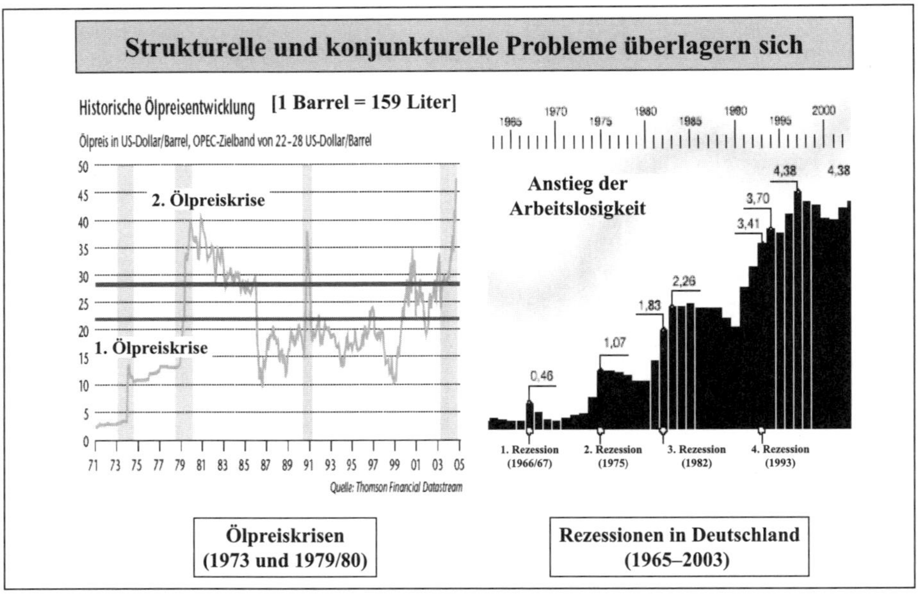

Abb. 1.7: Stagnation und Arbeitslosigkeit in Deutschland

treffen hat. Deutschland war in den letzten Jahrzehnten gleich doppelt gefordert. Zum einen wurde im Zuge der deutschen Wiedervereinigung mit einer **Währungsunion** die DM in die neuen Bundesländer eingeführt. Zum anderen folgte mit der Errichtung des Jahrhundertprojekts der **Europäischen Währungsunion** (EWU) die Einführung der Gemeinschaftswährung EURO. Mit dieser Entscheidung haben die beteiligten Staaten die Möglichkeiten einer eigenständigen Wechselkurs- und Geldpolitik aufgegeben. Zur Sicherung der Preisniveaustabilität gibt es auch im Bereich der Finanzpolitik eine enge Abstimmung zwischen den EWU-Mitgliedstaaten, die im **Europäischen Stabilitäts- und Wachstumspakt** ihren Niederschlag findet.

Globalisierung

Die gegenwärtige makroökonomische Diskussion um die Grenzen und Möglichkeiten einer nationalen Wirtschaftspolitik wird überlagert durch den Trend zur **Globalisierung** (Abb. 1.8). Fachleute aus verschiedenen Disziplinen diskutieren intensiv die Folgen, die aus dem Zusammenwachsen der nationalen Märkte zu einem integrierten Weltmarkt resultieren können. Die Meinungen gehen weit auseinander. Viele Ökonomen erwarten im Zuge der Globalisierung einen Abbau von nationalen Reglementierungen, eine Verbesserung der weltweiten Ressourcenallokation, Wachstum und Wohlstandsmehrung in allen beteiligten Ländern. Auf der anderen Seite werden Nachteile in Form von Arbeitslosigkeit und Erosion der Sozialsysteme in den Industrieländern genannt. Auch werden die Ausbeutung von Arbeitskräften, zunehmende Armut und Umweltzerstörungen in Entwicklungs- und Schwellenländern sowie ein weiterer Verlust von staatlicher Souveränität gegenüber multinationalen Unternehmen befürchtet, die den Globalisierungsprozess ganz wesentlich vorantreiben. Umfragen zeigen, dass in der breiten Öffentlichkeit eher nachteilige Folgen mit der Globalisierung verbunden werden. Dies dürfte auch auf die Unbestimmtheit des Begriffs zurückzuführen sein.

Wie groß das Ausmaß der globalen Vernetzung inzwischen ist, hat durch die **Finanzkrise** Anfang 2009 auch die breitere Öffentlichkeit erkannt. Ausgehend von einer Immobi-

Abb. 1.8: Facetten der Globalisierung

lienkrise in den USA hat sich diese zur Bankenkrise und Wirtschaftskrise ausgeweitet, die grenzüberschreitende Dimensionen nach sich zieht.

Auch die Makroökonomie hat sich seit Jahren intensiv mit der Entstehung derartiger Krisen beschäftigt und einige Ökonomen haben bereits vor Jahren vor den Folgen der Überbewertung von Immobilien in den USA hingewiesen. Makroökonomen tun sich allerdings schwer, den genauen Zeitpunkt von solchen Krisen vorauszusagen. Sie verändern jedoch die Forschungsagenda der Makroökonomie und rücken z. B. folgende Themen in den Vordergrund:

- Makroökonomen befassen sich verstärkt mit dem Zusammenhang von realen (mengenmäßigen) Größen, Geldpolitik und dem Finanzmarkt. Der Finanzmarkt ist global, seine Aufsicht aber nicht. **Systemische** – d. h. umfassende, das Ganze betreffende – **Risiken** müssen stärker thematisiert werden.
- Märkte funktionieren erst dann so, wie dies bestimmte ökonomische Denkschulen unterstellen, wenn hinreichend **zuverlässige Informationen** über die gehandelten Güter (hier: Finanzprodukte) vorliegen, die Risiken hinreichend erkennbar sind und die wirtschaftsethische Dimension im Umgang mit Renditen berücksichtigt wird.
- Zu diskutieren ist, ob sich Menschen in ihren Handlungsweisen tatsächlich von **rationalen Erwartungen** leiten lassen. Wirtschaftskrisen sind häufig geprägt durch psychologische und emotionale Faktoren, die unser wirtschaftliches Verhalten oft stärker bestimmen als rationales Kosten-Nutzen-Kalkül. In diesem Fall muss der Staat stabilisierend und aktiv eingreifen.
- Konjunkturpolitische Maßnahmen des Staates erleben eine neue Bedeutung („**Rettungspakete**" und „**Schutzschirme**"). Allerdings muss die damit verbundene weitere Staatsverschuldung beachtet werden.

Geklärte und offene Fragen der Makroökonomie

Aus Sicht vieler Wissenschaftler lassen sich die vier wichtigsten Erkenntnisse der Makroökonomie wie folgt zusammenfassen:

1. Langfristig bestimmt die Produktionskapazität eines Landes den Lebensstandard seiner Bürger.
2. Kurz- und mittelfristig bestimmt die Gesamtnachfrage das Produktionsvolumen eines Landes.
3. Langfristig bestimmt das Wachstum der Geldmenge die Inflationsrate.
4. Kurz- und mittelfristig sehen sich die Entscheidungsträger der Geld- und Finanzpolitik häufig einem Zielkonflikt zwischen Inflation, Wachstum und Arbeitslosigkeit ausgesetzt.

Als wichtigste, noch ungeklärte Fragen der Makroökonomie gelten:

1. Auf welche Weise sollte die Wirtschaftspolitik versuchen, die Produktionskapazität einer Volkswirtschaft zu erhöhen?
2. Wie kann die Gesamtnachfrage einer Wirtschaft ohne Nachteile für andere Größen stabilisiert werden?
3. Wie hoch sind die Kosten der Inflation und die Kosten der Inflationsbekämpfung?
4. Wie sind hohe Haushaltsdefizite zu bewerten?
5. Wie hängen Geld- und Realwirtschaft konkret miteinander zusammen?

Berufspraktische Relevanz der Makroökonomie

Die Kenntnis makroökonomischen Wissens ist für die spätere berufliche Orientierung unter zwei Gesichtspunkten von Bedeutung. Zum einen sind die Unternehmen, in denen Sie als Leser des Buches jetzt oder später tätig sind, in ein gesamtwirtschaftliches Umfeld eingebunden. Oft hängt der wirtschaftliche Erfolg eines Unternehmens nicht nur von der eigenen Leistungsfähigkeit ab, sondern auch von den gesamtwirtschaftlichen Ereignissen und Entwicklungen, die auf das Unternehmen einwirken.

Zum anderen sind die wirtschaftspolitischen Entscheidungsträger – Staat, Notenbank und Tarifpartner – ganz wesentlich an der Gestaltung der gesamtwirtschaftlichen Rahmenbedingungen beteiligt, die auf die betriebliche Ebene zurückwirken. Betrachten wir z. B. einen deutschen Automobilhersteller, der PKW für den nationalen und internationalen Markt anbietet. Die betriebswirtschaftlichen Erfolgskennziffern der Gewinn- und Verlustrechnung (G+V) werden maßgeblich von makroökonomischen Schlüsselgrößen beeinflusst (Abb. 1.9). Auf den Beschaffungsmärkten spielen die Preise für die eingesetzten Produktionsfaktoren (Arbeit, Kapital, Technologie) eine entscheidende Rolle. Die Arbeitskosten bzw. Zinsen werden durch die Tarifpartner bzw. die Notenbank gestaltet. Sofern Rohstoffe bezogen und ausländische Märkte beliefert werden, ist die Wechselkursentwicklung zu beachten. Auf den inländischen Absatzmärkten sind die allgemeine konjunkturelle Lage sowie das Konsumverhalten der Privaten Haushalte zu berücksichtigen. Die Höhe des betriebswirtschaftlichen Erfolgs wird durch finanzpolitische Entscheidungen und hier insbesondere die Besteuerung der Gewinne beeinflusst. Die Kenntnis makroökonomischer Zusammenhänge ist und bleibt also unumgänglicher Bestandteil auch des betriebswirtschaftlichen Managementwissens:

„Mit dem diesem Lehrbuch zu Grunde liegenden Plan soll damit den Studierenden für ihre künftige berufliche Praxis ein Baustein an volkswirtschaftlichem Managementwissen mitgegeben werden, der es erlaubt, mit dem erworbenen Schatz an Wissen und Urteilskraft zum Unternehmenserfolg und damit zum künftigen beruflichen Erfolg beizutragen. Dies wäre zugleich ein Gewinn für die gesamte Volkswirtschaft" (Behrens, 2000, S. 8).

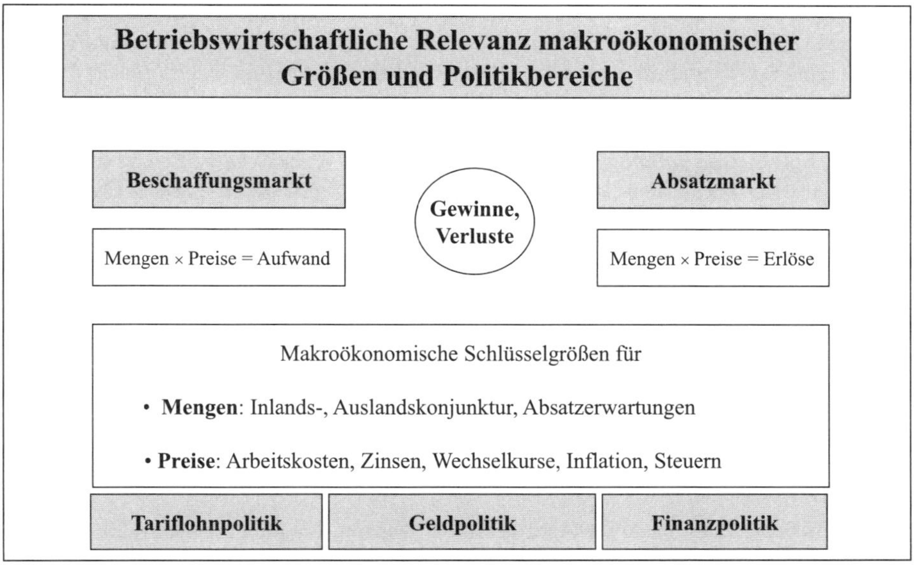

Abb. 1.9: Unternehmen und makroökonomische Schlüsselgrößen

1.3 Aufbau des Buches

Makroökonomische Problemstellungen lassen sich grundsätzlich aus drei Perspektiven betrachten, die in Teil I vorgestellt werden.

Problembeschreibung

Die Beschreibung makroökonomischer Probleme ist Aufgabe der Statistik und entspricht der **empirischen Ebene** der Makroökonomie. Basis sind u. a. die Volkswirtschaftlichen Gesamtrechnungen, die Arbeitsmarktstatistik und die Zahlungsbilanz. Diese Rechenwerke sind die Basis zur Ableitung der wichtigsten wirtschaftspolitischen Ziele. Dazu zählen die Preisniveaustabilität, ein stetiges und angemessenes Wirtschaftswachstum, ein hoher Beschäftigungsstand, ein außenwirtschaftliches Gleichgewicht sowie Indikatoren zur Beurteilung der konjunkturellen Lage einer Volkswirtschaft.

Problemerklärung

Die **theoretische Ebene** der Makroökonomie gibt volkswirtschaftliche Modelle vor, die makroökonomische Märkte (Güter-, Geld- und Kapitalmärkte, Arbeits-, Devisenmärkte) getrennt oder im Zusammenhang beschreiben. Wir verfolgen in diesem Kontext bewusst keine Darstellung der „reinen Lehre", die verschiedene Denkschulen voneinander abgrenzt, sondern eine pragmatische Sichtweise.

Die Diskussion um die „richtige Theorie" hat sich inzwischen

„... längst vom Stand der Wirtschaftswissenschaft abgekoppelt. Angebots- und Nachfragefaktoren lassen sich empirisch gar nicht auseinander halten, eine positive wirtschaftliche Entwicklung kann nur entstehen, wenn ökonomische Anreize und gesamtwirtschaftliche Nachfrage zusammenwirken. Hohe Lohnabschlüsse stärken die Massenkaufkraft, den Konsum und die Beschäftigung – wenn nicht die Haushalte angesichts erwarteter Inflation und steigender Arbeitslosigkeit in Angstsparen verfallen.

Hohe Löhne können technischen Fortschritt und somit angebotsorientiert Wachstum erzeugen – wenn die Effekte nicht durch Freisetzung von Arbeitskräften und Minderkonsum aufgesogen werden. Angebotstheoretisch motivierte Lohnzurückhaltung stärkt die internationale Wettbewerbsfähigkeit eines Landes und führt zu einem Nachfrageimpuls, der die Investitionen und die Binnenkonjunktur stimulieren kann – wenn die Unternehmer nicht infolge schwacher Absatzerwartungen neue Initiativen scheuen. Die Aufgabe der Wissenschaft ist es, ihr gesichertes, breit akzeptiertes Wissen der Gesellschaft verständlich und nützlich zu machen. Die Zeit der großen makroökonomischen Lagerdebatten ist längst vorbei. Das gilt zumindest für die an der internationalen Entwicklung orientierten Wissenschaftler (Zimmermann, 2005).

Problemlösung

Die Lösung makroökonomischer Probleme ist Aufgabe der **Wirtschaftspolitik**. Dazu zählen die Geldpolitik in der Europäischen Währungsunion, die Konjunktur- und Wachstumspolitik sowie die Arbeitsmarkt- und Beschäftigungspolitik. In der Praxis kommt es darauf an, die einzelnen Politikbereiche im Sinne eines effizienten Policy-Mix aufeinander abzustimmen und gleichzeitig die Entscheidungsautonomie der jeweiligen Akteure zu akzeptieren.

Sofern einzelne Ebenen außer Acht gelassen werden, entstehen Beschreibungs-, Erkenntnis- und Umsetzungsprobleme.

Problembeschreibung	Problemerklärung	Problemlösung	Folge
ja	ja	ja	Idealfall
nein, eingeschränkt	nein, eingeschränkt	nein	Beschreibungsproblem
ja	nein, eingeschränkt	nein	Erkenntnisproblem
ja	ja	nein	Umsetzungsproblem

Makroökonomische Sachverhalte, die empirisch nur ungenau beschrieben oder falsch eingeschätzt werden, sind nicht umfassend zu erklären und adäquat zu lösen. Dies gilt insbesondere für makroökonomische Größen, die von Erwartungen oder von anderen nicht unmittelbar messbaren Faktoren bestimmt werden. Dazu zählen z. B. Aktien- und Wechselkursausschläge oder Investitionsentscheidungen. Oft ist zwar die Problembeschreibung möglich, nicht aber eine umfassende Problemerklärung. So gibt es z. B. umfangreiches statistisches Datenmaterial über die Ausprägungen der Arbeitslosigkeit, nicht aber eine klare Zuordnung von Ursachen zu den Daten. Auch können die gleichen Daten durch verschiedene Personen unterschiedlich interpretiert werden. Sind z. B. Lohnabschlüsse aus Unternehmenssicht und unter Kostengesichtspunkten zu hoch oder aus Sicht der Kaufkraft von Arbeitnehmern zu gering? Hier spielen Werturteile des Beobachters eine Rolle. Sofern ein Problem beschrieben und erklärt werden kann, es aber keiner Lösung zugeführt wird, liegt ein wirtschaftspolitisches Umsetzungsproblem vor. So war z. B. die Notwendigkeit einer umfangreichen Steuerreform in Deutschland zwischen Fachleuten jahrelang unumstritten. Die Hinführung zu einer Lösung wurde jedoch u. a. aufgrund der politischen Mehrheitsverhältnisse zeitlich immer wieder verschoben.

Wir werden diese drei Perspektiven auf die wesentlichen makroökonomischen Märkte sowie die dort vorfindbaren Problemstellungen und Politikkonzepte übertragen. Dies hat den Vorteil, dass die für ein zentrales makroökonomisches Sachthema relevanten Fragestellungen nacheinander abgearbeitet werden können. Die gewählte Reihenfolge orientiert sich an didaktischen Kriterien und stellt keine Wertung dar. Beachten Sie, dass die einzelnen Sachthemen eng miteinander verknüpft sind.

Die Struktur des Buches bietet eine Reihe von Möglichkeiten, die Themen zu behandeln.

Ein kurzer Vorlesungsplan bietet die Möglichkeit, sich beispielsweise neben Teil I auf die Kapitel 5–14 zu konzentrieren. Die Ausführungen in den Kapiteln 15–22 könnten ganz oder zumindest teilweise weggelassen werden. Längere Vorlesungszyklen bieten hingegen die Möglichkeit zur Behandlung von Themen aus allen Teilen des Buches. Die Intensität und Art der Behandlung ist u.a. auch von der Art der Veranstaltung (Vorlesung, seminaristischer Unterricht) und davon abhängig, ob die Fallbeispiele z.B. in Form von Kleingruppenarbeit in den Unterricht eingebaut werden.

Teil	Sachthema	Kapitel
II	Konjunktur und Gütermarkt	5. Konjunkturanalyse und -prognose 6. Gütermarkt: Die Binnenwirtschaft 7. Stabilisierungsaufgabe des Staates 8. Staatsverschuldung
III	Inflation und Geldmarkt	9. Preisniveaustabilität 10. Ursachen und Formen der Inflation 11. Europäische Währungsunion 12. Geldpolitik in der EWU 13. Transmissionsprozess der Geldpolitik 14. Finanzkrise, Rettungspakete und Geldpolitik
IV	Wachstum, Wohlstand und Beschäftigung	15. Wirtschaftliches Wachstum 16. Wachstumstheorie: Erklärungsfaktoren des Wachstums 17. Hoher Beschäftigungsstand 18. Angebotspolitik für Wachstum und Beschäftigung
V	Außenhandel und Devisenmarkt	19. Zahlungsbilanz 20. Devisenmarkt 21. Übertragungswege in der offenen Volkswirtschaft 22. Wirtschaftspolitik in der offenen Volkswirtschaft
VI	Nachhaltige Entwicklung und Makroökonomie	23. Nachhaltige Ökonomie 24. Konkretisierung der nachhaltigen Entwicklung 25. Operationalisierung der nachhaltigen Entwicklung

Erfahrungen hinsichtlich des Ablaufs und der Organisation der Veranstaltung können Sie gerne an uns richten.

Kapitel 2: Empirische Ebene der Makroökonomie

Kapitel 2

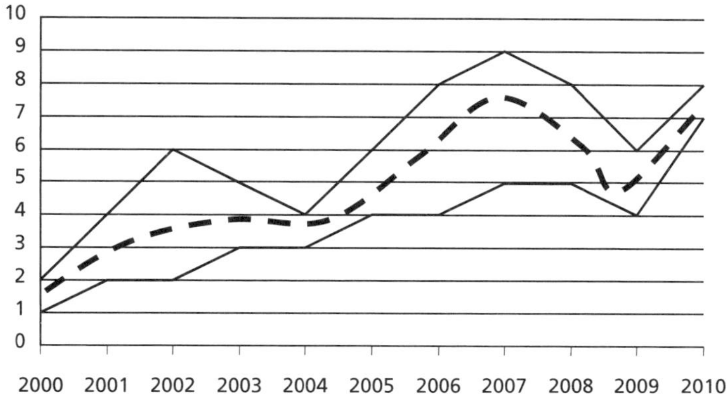

Inhaltsübersicht

Lernzielorientierte Sachverhalte

- Eine Volkswirtschaft lässt sich durch Wirtschaftskreisläufe darstellen, die stufenweise komplexer werden und sich der Realität annähern. Der Wirtschaftskreislauf ist die Grundlage für die Volkswirtschaftliche Gesamtrechnung.
- Der Wirtschaftskreislauf liefert eine erste Vorstellung davon, an welchen Stellen die Wirtschaftspolitik eingreifen kann, um makroökonomische Größen zu beeinflussen.
- Unabhängig von der Komplexität des Wirtschaftskreislaufs gilt ex-post die Identität von Investitionen und Sparen. Gleichzeitig sind bei einer ex-post Betrachtung Nachfrage und Angebot identisch. Der daraus resultierende Wert entspricht dem Bruttoinlandsprodukt (BIP).
- Das wichtigste makroökonomische Rechenwerk ist die Volkswirtschaftliche Gesamtrechnung. Sie zeigt, wie hoch die gesamtwirtschaftliche Nachfrage und das gesamtwirtschaftliche Angebot in einem Zeitraum waren.
- Das BIP wird zu Marktpreisen ausgewiesen. Zu unterscheiden sind das nominale und das reale, preisbereinigte, BIP.
- Die Entstehungsrechnung erfasst das BIP von der Angebotsseite. Erfasst werden die Aktivitäten der offiziellen Sektoren einer Volkswirtschaft. Nicht erfasst wird die Schattenwirtschaft.
- Die Verwendungsrechnung des BIP zeigt, welcher Teil der produzierten Güter konsumiert, investiert oder exportiert wird.
- Das Bruttoinlandsprodukt erfasst die wirtschaftlichen Aktivitäten im Inland. Demgegenüber umfasst das Bruttonationaleinkommen (Bruttonationalprodukt) das von inländischen Wirtschaftssubjekten im In- und Ausland durch die Produktion erwirtschaftete Einkommen.
- Das Bruttonationaleinkommen ist der Ausgangspunkt zur Berechnung von Verteilungsgrößen. Die Verteilungsrechnung zeigt, wie das entstandene Einkommen auf Arbeitnehmer- und Unternehmens- bzw. Vermögenseinkommen aufgeteilt wird.
- Der Konsum und die Ersparnis der Privaten Haushalte werden von ihrem Verfügbaren Einkommen bestimmt. Dieses berücksichtigt neben den Faktoreinkommen auch die staatliche Umverteilung durch Steuern und monetäre Transfers.
- Aussagen zur personellen Einkommensverteilung lassen sich nicht aus der Volkswirtschaftlichen Gesamtrechnung ableiten. Die „Gerechtigkeit" der Einkommensverteilung in einer Volkswirtschaft lässt sich durch Konzentrationsmaße ermitteln.

2.1 Volkswirtschaftliche Rechenwerke

Die ökonomischen Entscheidungsträger (Staat, Notenbank, Tarifpartner) benötigen Daten über den Stand und die Entwicklung gesamtwirtschaftlicher Größen. Ein einziges Rechenwerk ist nicht in der Lage, den unterschiedlichen Fragestellungen Rechnung zu tragen. In Deutschland gibt es mehrere, weitgehend aufeinander abgestimmte **Teilrechnungen**, die verschiedene Aspekte in den Vordergrund rücken (Abb. 2.1).

Die Ergebnisse des Volkswirtschaftlichen Rechnungswesens (VGR) stammen nicht aus eigenen Erhebungen (**Primärstatistik**), sondern greifen auf bereits vorhandenes Zahlenmaterial zurück (**Sekundärstatistik**). Dies sind z. B. die

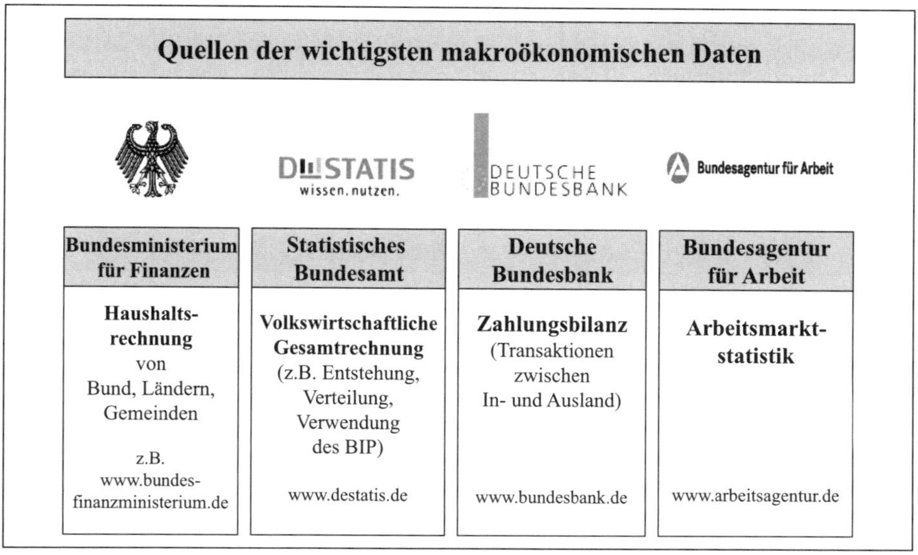

Abb. 2.1: Institutionen gesamtwirtschaftlicher Rechenwerke

- jährliche Umsatzsteuerstatistik, Kostenstrukturerhebungen sowie Umfragen im Verarbeitenden Gewerbe und in anderen Wirtschaftszweigen,
- Unterlagen der Sozialversicherungsträger,
- Finanzstatistik von Bund, Ländern und Gemeinden,
- Lohn- und Einkommensteuerstatistik der Finanzämter,
- Arbeitsmarktstatistiken der Bundesanstalt für Arbeit.

Die Statistiken liefern eine Fülle unterschiedlicher Daten (Abb. 2.2). Insbesondere über Daten zu Wirtschaftswachstum, Arbeitslosigkeit und Inflation wird in den Medien regelmäßig berichtet.

Beispielsweise ist der wichtigste Indikator für den **Arbeitsmarkt** die Zahl der Arbeitslosen, die monatlich von der Bundesagentur für Arbeit veröffentlicht wird. Die Arbeitslosenzahl ist als **Bestandsgröße** zeitpunktbezogen, z. B. 2,8 Mio. am 1. Juli eines Jahres. **Stromgrößen** sind hingegen zeitraumbezogen z. B. die Entlassungen und Einstellungen im darauffolgenden August eines Jahres.

Bestand 1. Juli	2,8 Mio. Personen	Bestandsgröße
+ Entlassungen	200.000 Personen	Stromgröße
– Einstellungen	300.000 Personen	Stromgröße
Bestand 1. August	2,7 Mio. Personen	Bestandsgröße

Für die Berechnung der Arbeitslosenquote (ALQ) wird die Zahl der Arbeitslosen (AL) bezogen auf die Zahl der Erwerbspersonen (EP), also der Personen, die arbeiten oder arbeiten wollen. Die Erwerbspersonen umfassen in der amtlichen Statistik somit die Erwerbstätigen (ET) und die Arbeitslosen. Nehmen wir an, in einer Volkswirtschaft gibt es 37 Mio. Erwerbstätige und 3 Mio. Arbeitslose. Die Arbeitslosenquote (ALQ) errechnet sich als **Quotient:**

$ALQ = AL / EP$, also $(3 / 40) \times 100 = 7{,}5\,\%$

Indikator für **Preisniveaustabilität** ist die Veränderung des **Verbraucherpreisindex** (VPI), die monatlich vom Statistischen Bundesamt veröffentlicht wird. Der VPI ist definiert als der Durchschnitt von repräsentativen Konsumgüterpreisen. Die **Inflationsrate** ist definiert als **Wachstumsrate** des Indexwertes. Sie wird in Prozent ausgewiesen.

Inflationsrate (in %): $\pi = \frac{P_t - P_{t-1}}{P_{t-1}} \times 100$ oder $\pi = \left(\frac{P_t}{P_{t-1}} - 1\right) \times 100.$

Ein Beispiel:

Jahr	Index	Inflationsrate
2005 (Basisjahr)	100	–
2006	104	[(104 – 100)/100] × 100 = 4,00 %
2007	106	[(106 – 104)/104] × 100 = 1,92 %

Verwechseln Sie nicht **Prozent** und **Prozentpunkte**. Prozentpunkte bezeichnen die Differenz zwischen zwei Prozentangaben. Steigt die Inflation z. B. von 2 % auf 4 %, so handelt es sich um eine Erhöhung um 2 Prozentpunkte. Dies entspricht einer Erhöhung des Wertes um 100 Prozent [(4/2 – 1) × 100].

Indikator für ein angemessenes **Wirtschaftswachstum** ist die Veränderung des realen BIP. Üblicherweise wird nicht auf absolute Zuwächse, sondern auf relative Zuwächse zwischen den Jahren abgestellt.

Jahr	BIP (Mrd. €)	Absolutes Wachstum (Mrd. €)	Relatives Wachstum W-Rate (%)
2005	2050	–	–
2006	2150	100	4,88 %
2007	2227	77	3,58 %
2008	2246	19	0,85 %

Im Umgang mit Wachstumsraten gibt es im Fall relativ kleiner Veränderungen einige nützliche **Annäherungen** (vgl. Box 2.1).

Box 2.1: Rechenregeln im Umgang mit prozentualen Wachstumsraten	
Wachstumsrate (W)	**Rechenregel**
einer Größe (x) in einer Zeiteinheit (t)	$W_t = [x_t - x_{t-1}/x_{t-1}] \times 100$ oder $W_t = [(x_t/x_{t-1}) - 1] \times 100$
eines Produktes (x × y)	$W(x \times y) \approx W(x) + W(y)$
eines Quotienten (x / y)	$W(x / y) \approx W(x) - W(y)$

Ein Zahlenbeispiel:

Größe	Dimension	Jahr 2008	Jahr 2009	Veränderung in %
BIP	Mrd. €	2.800	2.828	+1 %
Bevölkerung	in Mio.	100	99	–1 %
BIP-pro-Kopf	in Tsd. €	28.000	28.565	+2,02 %

Das BIP-pro-Kopf (BIP/Bevölkerung) hat sich 2009 verändert um näherungsweise:
$W_{(BIP)} - (W_{Bevölkerung})$: 1 % – (–1 %) = 2 %.

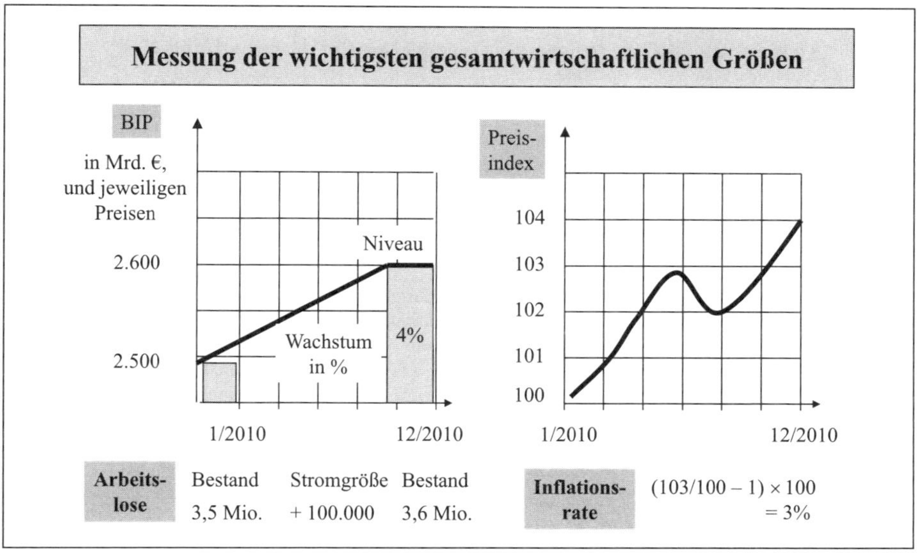

Abb. 2.2: Daten in der VGR

Viele Daten können nicht unverändert in die amtliche Statistik übernommen werden, da sie Lücken und Überschneidungen aufweisen. Diese Daten haben vorläufigen Charakter und dienen als Bausteine, die noch bearbeitet und wie ein Puzzle zusammengefügt werden müssen. Für wirtschaftspolitische und unternehmerische Entscheidungen ist es wichtig, die Daten möglichst frühzeitig zu erhalten. Je kürzer der Abstand zur Berichtsperiode ist, desto größer sind die Schätzungen angesichts des noch unvollständigen Datenmaterials. Die Ausgangsdaten müssen gegebenenfalls durch später anfallendes Datenmaterial ergänzt und notfalls revidiert werden. In Deutschland haben viele aktuelle Daten durchschnittlich einen **Nachlauf** von **etwa drei Monaten.** In Einzelbereichen liegen die Daten aufgrund des Erhebungsverfahrens auch früher vor (z.B. für die Arbeitsmarktstatistik).

Das umfassendste Rechenwerk stellt die Volkswirtschaftliche Gesamtrechnung (VGR) dar. Die Bedeutung dieses Rechensystems wird dadurch deutlich, dass im 1980 *Richard Nicholas Stone* den Nobelpreis erhielt *„für seine bahnbrechenden Leistungen bei der Entwicklung von volkswirtschaftlichen Gesamtrechnungssystemen, wodurch er die Grundlage empirischer Wirtschaftsanalysen deutlich verbessert hat"*. Heute sind derartige Rechensysteme das wichtigste Instrumentarium für konjunkturpolitische Analysen und sollen rechtzeitig auf Fehlentwicklungen der Wirtschaft aufmerksam machen. Sie sind z.B. für die mittelfristige Finanzplanung der öffentlichen Haushalte unverzichtbar, da die Steuereinnahmen eng mit der aktuellen konjunkturellen Entwicklung zusammenhängen. Das **Europäische System Volkswirtschaftlicher Gesamtrechnungen** (ESVG 1995) hat die nationalen Rechensysteme abgelöst und ist eine Folge der europäischen Integration. Ziel dieser Reform ist die Vergleichbarkeit der europäischen Gesamtrechnungssysteme, die z.B. für die Ermittlung von Beiträgen der Mitgliedstaaten für den EU-Haushalt und die Ausrichtung einer einheitlichen Geldpolitik in der EWU notwendig ist. Das ESVG 1995 berücksichtigt den weltweiten Standard des Systems of National Account (SNA 1993), so dass internationale Vergleiche auf einer einheitlichen Grundlage möglich sind.

Wichtigstes Bindeglied zwischen der Volkswirtschaftlichen Gesamtrechnung als Stromrechnung und der **Vermögensrechnung** als Bestandsrechnung ist die **Finanzie-**

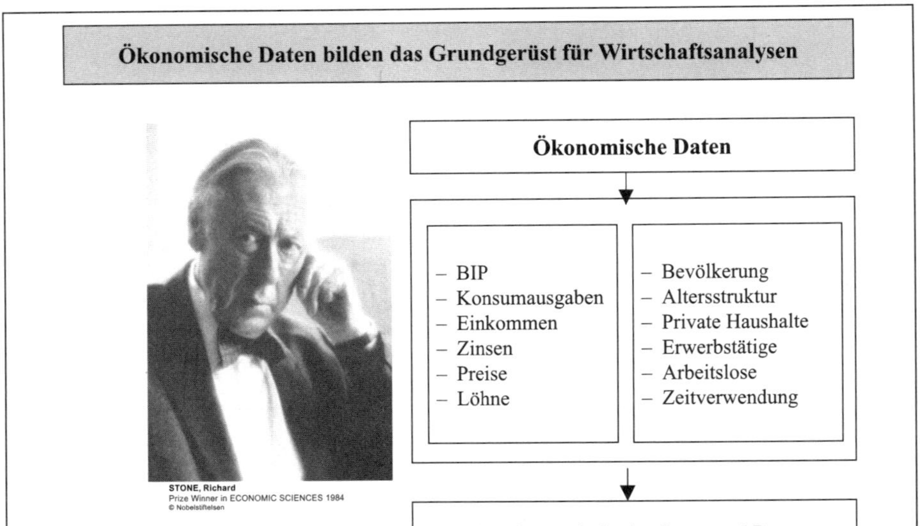

Stone, Richard Nicholas
1913–1991 (Großbritannien)
© Nobel Foundation

Abb. 2.3: Bedeutung gesamtwirtschaftlicher Rechenwerke

rungsrechnung. Sie gibt Aufschluss über die laufende Vermögensbildung der Rechnungsperiode sowie deren Zusammensetzung (z. B. Geld- und Sachvermögen) und Finanzierung (z. B. durch Kredite).

Mit Hilfe der **Finanzstatistik** lassen sich Angaben über die Einnahmen, Ausgaben und die Verschuldung der öffentlichen Haushalte gewinnen. Detaillierte Informationen über die vielfältigen Transaktionen des Inlandes mit dem Ausland enthält die **Zahlungsbilanz** (Kapitel 19). Wir werden uns nachfolgend auf die Volkswirtschaftliche Gesamtrechnung konzentrieren.

Schlagwörter	• ESVG, VGR • Primär-, Sekundärstatistik	• Zahlungsbilanz • Vermögens-, Finanzierungsrechnung

2.2 Der Wirtschaftskreislauf als Basis der Volkswirtschaftlichen Gesamtrechnung

So wie Knappheit ein Ausgangpunkt der Mikroökonomie ist, so ist dies im Fall der Makroökonomie der **Wirtschaftskreislauf**. Als Begründer der modernen Kreislaufanalyse gilt *John Maynard Keynes*, der ausgehend von der Weltwirtschaftskrise Ende der 20 Jahre des letzten Jahrhunderts gesamtwirtschaftliche Probleme mit Hilfe des Kreislaufansatzes durchleuchtete. Die Kreislaufanalyse ist die Basis der Volkswirtschaftlichen Gesamtrechnung.

Konventionen der Kreislaufanalyse

Die deutsche Volkswirtschaft setzt sich aus rund 40 Mio. privaten Haushalten, 4 Mio. Unternehmen und 15.000 staatlichen oder quasi-staatlichen Institutionen zusammen, die vielfältige wechselseitige Zusammenhänge aufweisen. Ein volkswirtschaftlicher Kreislauf reduziert die Vielfalt dieser Beziehungen auf wenige überschaubare Größen und baut auf folgenden Konventionen auf:

1. **Volkswirtschaft:** Sie ist definiert als wirtschaftliche Betätigung von Wirtschaftssubjekten mit Produktionsschwerpunkt bzw. Wohnsitz im Inland und grenzt sich von der Weltwirtschaft ab.
2. **Aggregatgrößen:** In einer institutionellen Abgrenzung werden Sektoren wie private Haushalte, Unternehmen, Staat und Ausland gebildet. In Verwendung der entsprechenden Abkürzungen ergibt sich das volkswirtschaftliche „HAUS" (Abb. 2.4). Aus funktioneller Sicht lassen sich ökonomische Vorgänge z. B. zum Konsum der privaten Haushalte oder zu den Investitionen des Unternehmenssektors zusammenfassen. Je nach Einbeziehung der Aggregate lassen sich Zwei-, Drei- und Vier-Sektoren Modelle unterscheiden.
3. **Wirtschaftsobjekte:** Dazu zählen Waren, Dienstleistungen, Rechte und Patente. Leistungstransaktionen wie der Kauf von Gütern verändern die Höhe des Geldvermögens. Finanztransaktionen, z. B. die Aufnahme eines Kredits, führen zu einer anderen Zusammensetzung des Geldvermögens der beteiligten Wirtschaftssubjekte.
4. **Ökonomische Aktivitäten:** Zu den grundlegenden Aktivitäten zählen
   a) Güter produzieren und verwenden,
   b) Einkommen erzielen, empfangen und verwenden,
   c) Vermögen bilden.

Darstellungsformen von Wirtschaftskreisläufen

Je nach Fragestellung lassen sich unterschiedliche Modelle bilden, die unabhängig von ihrer Ausgestaltung Gemeinsamkeiten aufweisen. Erfasst werden vorwiegend **Ströme** (= zeitraumbezogene Größen), deren Ausgangs- und Endpunkte als **Pole** (Sektoren) bezeichnet werden. Die Bewertung der Ströme erfolgt in **Geldeinheiten** (€).

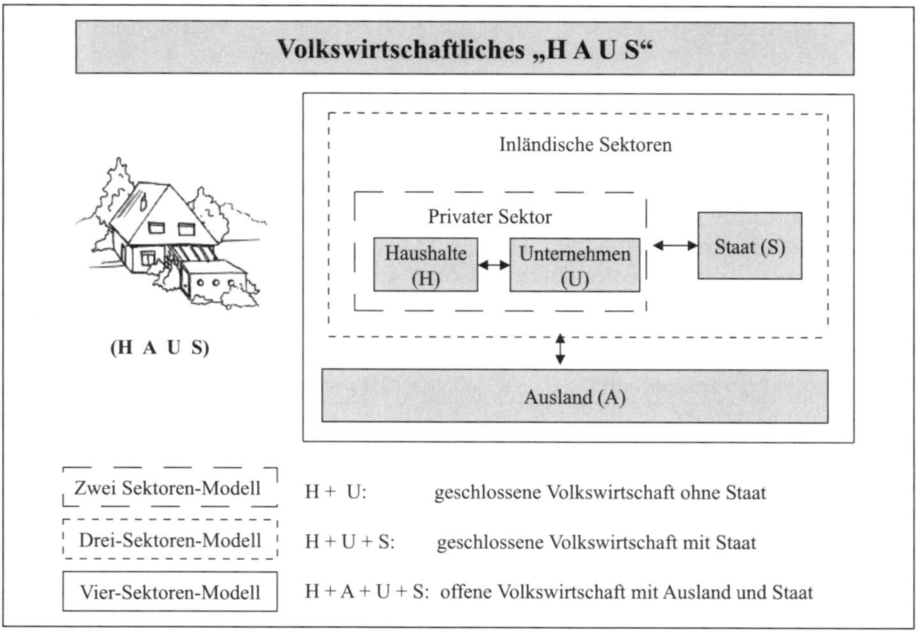

Abb. 2.4: Sektoren der Kreislaufanalyse

Der Kreislauf ist geschlossen, d.h. die Wertsumme der für einen Pol zufließenden Ströme ist gleich der Wertsumme aller abfließenden Ströme (**Kreislaufaxiom,** Abb. 2.5). Durch Bildung eines neuen Pols, der alle Saldenströme aufnimmt, kann jeder Kreislauf geschlossen werden.

Neben der graphischen Darstellung, die sich vor allem aus didaktischen Gründen anbietet, gibt es folgende analytische Darstellungsformen eines Wirtschaftskreislaufs (vgl. dazu Tab. 2.1, 2.2 und 2.3):

- Gleichungssysteme,
- Matrizen,
- Kontendarstellungen.

Volkswirtschaft als geschlossenes System

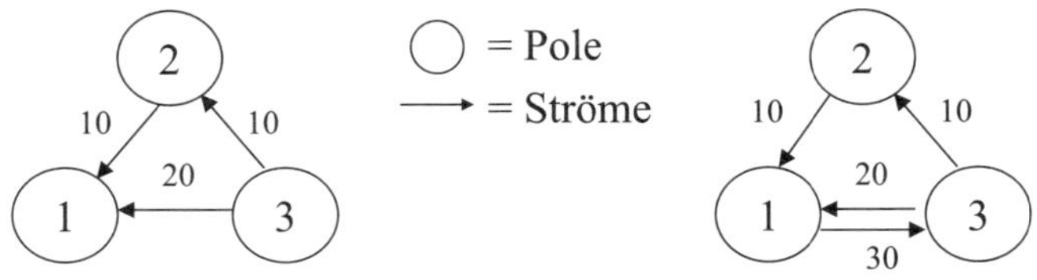

Pol	Abfluss	Zufluss
1	–	30
2	10	10
3	30	–

Offener Kreislauf

Pol	Abfluss	Zufluss
1	30	30
2	10	10
3	30	30

Geschlossener Kreislauf

Ein Kreislauf ist geschlossen, wenn bei jedem Pol die Summe der abfließenden der Summe der zufließenden Ströme entspricht

Abb. 2.5: Offener und geschlossener Kreislauf

Darstellungen des Wirtschaftskreislaufs werden auf Grund ihrer Schlichtheit oft unterschätzt und spätestens dann vergessen, wenn anspruchsvollere Modelle auftauchen. Dennoch liefern Kreislaufmodelle wichtige Einsichten über makroökonomische Zusammenhänge, die auf allen Ausbildungsstufen nützlich sind.

Schlagwörter	• Volkswirtschaft • Wirtschaftskreislauf • Aggregatgrößen	• Ströme, Pole • Kreislaufaxiom • Offener, geschlossener Kreislauf

2.2.1 Produktion und einfacher Wirtschaftskreislauf

Es hat sich als sinnvoll erwiesen, den Wirtschaftskreislauf schrittweise zu erweitern. In dem ersten Kreislauf, den wir betrachten, fehlen zunächst die Vermögensänderung sowie die Sektoren Staat und Ausland. Wir betrachten eine **statische, geschlossene Wirtschaft ohne Staat**. Das Attribut „statisch" bringt zum Ausdruck, dass die Wirtschaft weder wachsen noch schrumpfen kann. Es wird angenommen, dass sie nicht Kapital anhäuft und dass das Kapital im Zeitablauf nicht an Wert verliert.

Reale und monetäre Ströme

In einer arbeitsteiligen Volkswirtschaft sind **Güter- und Geldströme** eng miteinander verknüpft. Auf den Faktormärkten stellen die privaten Haushalte den Unternehmen Arbeit und Kapital zur Verfügung. Sie erzielen dadurch Einkommen (Y) in Form von Löhnen und Gehältern, Zinsen und Dividenden in Höhe von hier 1.000 Mrd.€. Auf den Gütermärkten erwerben die privaten Haushalte Konsumgüter und tätigen dafür Konsumausgaben in Höhe von ebenfalls 1.000 Mrd.€. Ergebnis dieser Transaktionen ist ein **realer** und ein entgegengesetzter **monetärer Strom** (Abb. 2.6).

Reale Ströme erfassen den mengenmäßigen Umfang der Transaktionen, wie z.B. die Lieferungen und die Bezüge von produzierten Waren und Dienstleistungen. Die realen Ströme entsprechen den in Geld bewerteten Gegenleistungen (**monetäre Ströme**). Der Begriff „real" wird nicht im Sinne von „wirklich" verwendet, denn die Bezahlung ist keine irreale, sondern eine tatsächlich existierende Transaktion. Das Begriffspaar „real – monetär" charakterisiert zwei unterschiedliche Betrachtungsweisen desselben Vorgangs. Solange von einheitlichen Faktorleistungen (z.B. Arbeitsstunden einheitlicher Qualität) oder Gütern ausgegangen wird, ergeben sich bei der Erfassung von realen Strömen keine Probleme.

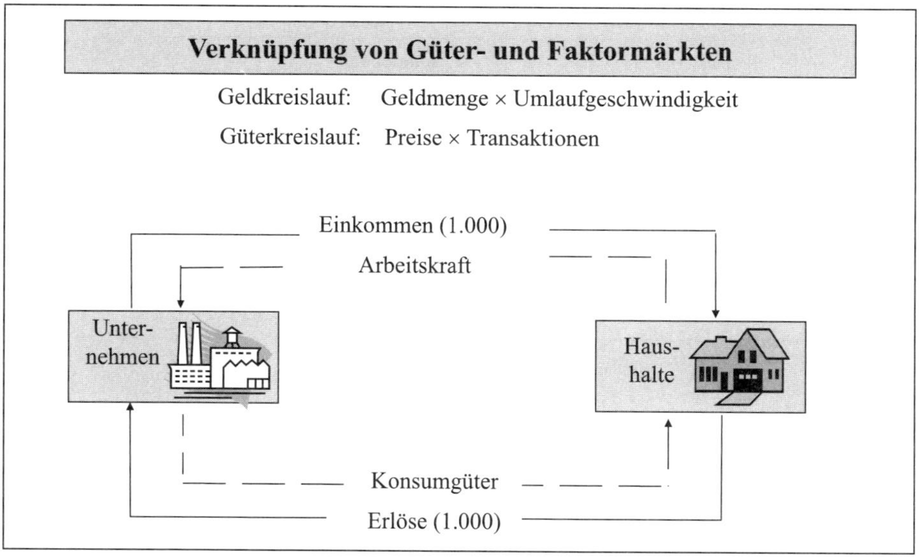

Abb. 2.6: Reale und monetäre Ströme

Handelt es sich um unterschiedliche Faktorleistungen – z.B. Beratung eines Rechtsanwalts, Haarschnitt eines Frisörs, Arbeitsstunden eines PKW-Mechanikers – und um unterschiedliche Güter – z.B. Obst, Arztbesuch, Hausreinigung – ist die Addition nur möglich, wenn alle Größen in monetären Einheiten gemessen werden. Geld wechselt im Wirtschaftskreislauf mehrfach den Besitzer. Die Häufigkeit entspricht der **Umlaufgeschwindigkeit des Geldes.**

Arten von Transaktionen

Neben den zweiseitigen Transaktionen, die sich aus einem Güter- und einem Geldstrom zusammensetzen, gibt es u. a. einseitige Transaktionen, bei denen keine direkte Gegenleistung erkennbar ist, z. B. die Schenkung eines Grundstücks, die Zahlung von Steuern oder eine Erbschaft (Abb. 2.7). Um auch solche Entwicklungen zu erfassen und graphische Darstellungen möglichst einfach zu halten, beschränken sich Kreislaufdarstellungen in der Regel auf die Betrachtung der monetären Ströme, bei denen **Geldvermögen** seinen Besitzer wechselt. Der Wirtschaftskreislauf ist also ein **Geldkreislauf.**

Geld und Einkommen

Die Begriffe Geld und Einkommen werden häufig verwechselt. Einkommen wird aus dem Verkauf von Gütern und der Entlohnung von Produktionsfaktoren (Arbeit, Kapital und Boden) erzielt. Es wird einmalig verwendet. Geld dient als Tauschmittel und Recheneinheit und wird mehrfach genutzt.

Geben und Nehmen

Gibt \ Erhält	Gut	Geldforderung	Nichts
Gut	Naturaltausch	Güterkauf oder Güterverkauf gegen Geld	Sachtransfer an Andere
Geldforderung	Güterkauf oder Güterverkauf gegen Geld	Reine Finanztransaktion	Finanztransfers an Andere (z.B. Steuern)
Nichts	Sachtransfer von Anderen	Finanztransfers von Anderen (z.B. vom Staat)	–

Abb. 2.7: Ökonomische Transaktionen

Produktion und Einkommen

Das Kreislaufaxiom liefert uns die Erkenntnis, dass das Einkommen (Y) und die Konsumausgaben (C) übereinstimmen. Da die Haushalte nicht sparen (die Vermögensbildung ist annahmegemäß ausgeschlossen), ist das Einkommen gleich dem Wert der produzierten Güter. Auch wenn wir den Kreislauf realitätsnäher gestalten, wird sich daran nichts ändern. Der Wert der Produktion und die Höhe des Einkommens sind zwei Seiten ein und derselben Medaille. Wie hoch ist nun die Wirtschaftsleistung? Abbildung 2.6 bietet zwei Möglichkeiten der Messung an. Entweder betrachten wir dazu den Wert der Produktion (**Entstehungsrechnung**) oder wir ermitteln, wofür das Einkommen verwendet wurde (**Verwendungsrechnung**). Beide Werte sind gleich, denn es gilt Y = C. Es gibt noch einen dritten Weg, der sich nicht unmittelbar aus Abb. 2.6 erkennen lässt (**Verteilungsrechnung**).

Nehmen wir an, die Faktorentgelte von Y = 1.000 verteilen sich auf Arbeitnehmerentgelte (AE) sowie Unternehmens- und Vermögenseinkommen (UV) im Verhältnis von 700 zu 300 (**funktionelle Einkommensverteilung**).

Da sich die Anteile am Gesamteinkommen (Y) auf Eins summieren, gilt:

(1) AE/Y = 0,7 (Lohnquote: 70 %)

(2) UV/Y = 0,3 (Gewinnquote: 30 %)

(3) AE/Y + UV/Y = 1.

Es gibt also mit der Entstehungs-, Verwendungs- und Verteilungsrechnung drei Betrachtungsebenen der Wirtschaftsleistung, die wir erneut aufgreifen und praxisnäher ausgestalten (vgl. Kap. 2.4).

Schlagwörter	• Statische Wirtschaft • Reale, monetäre Ströme	• Geld, Einkommen • Entstehungs-, Verwendungs-, Verteilungsrechnung

2.2.2 Dynamische Wirtschaft mit Vermögensbildung

Wir haben bisher unterstellt, dass die privaten Haushalte ihr gesamtes Einkommen für den Kauf von Konsumgütern ausgeben. Diese Annahme ist nicht realistisch, da ein Teil des Einkommens gespart wird. Das Sparen der privaten Haushalte führt zur Bildung von **Geldvermögen**. Im Fall von **Leistungstransaktionen** verändert sich die Höhe des Geldvermögens, z. B. wenn Sie einen PC kaufen oder für einen wohltätigen Zweck spenden. **Finanztransaktionen** führen zu einer anderen Zusammensetzung des Geldvermögens, z. B. wenn Sie von ihrer Bank US-$ für eine Urlaubsreise kaufen.

Investitionen

Eine dynamische Wirtschaft setzt nicht nur voraus, dass gespart wird, sondern dass die Ersparnisse zur Sachvermögensbildung eingesetzt werden. Die **neu** produzierten Investitionsgüter werden als **Bruttoanlageinvestitionen** (I_{Anlage}^{brutto}) ausgewiesen. Zu berücksichtigen ist, dass sich ein Teil des Produktionsapparates abnutzt. Diese Abnutzung wird als **Abschreibung** (D) erfasst und volkswirtschaftlich als **Ersatz- oder Reinvestition** bezeichnet. Eine Nettozunahme der Investitionsgüter stellt sich immer dann ein, wenn die Neuzugänge an Investitionen größer sind als die Abgänge durch die Abnutzung des bisherigen Bestandes (Abb. 2.8).

In diesem Fall sind die **Nettoanlageinvestitionen** positiv ($I_{Anlage}^{netto} = I_{Anlage}^{brutto} - D > 0$). Da die Bruttoinvestitionen in einer wachsenden Wirtschaft größer als die Abschreibungen sind, nimmt der Produktionsapparat im Zeitablauf zu. Eine schrumpfende Wirtschaft liegt vor, wenn die Abschreibungen die Bruttoinvestitionen übersteigen, d. h. die Nettoinvestitionen negativ sind.

Güter, die nicht abgesetzt werden können, werden als **Lagerinvestitionen** (I_{Lager}) **oder Vorratsinvestitionen** bezeichnet. Sie sind ebenso wie die Anlageinvestitionen Bestandteil der Bruttoinvestitionen ($I^{brutto} = I_{Anlage}^{brutto} + I_{Lager}$).

Der zunächst offene Kreislauf wird durch Bildung eines Pols der Vermögensänderung geschlossen. Er wird vielfach als Bankensektor interpretiert, der die Ersparnisse sammelt und Investoren zur Verfügung stellt. Ergebnis ist die Ex-post-Identität von Investitionen und Ersparnis. In Abbildung 2.9 unterstellen wir zunächst, dass die Einnahmen der Unternehmen (1.000) vollständig an die privaten Haushalte in Form von Faktorentgelten ausgezahlt werden. Die Haushalte verwenden dieses Einkommen für

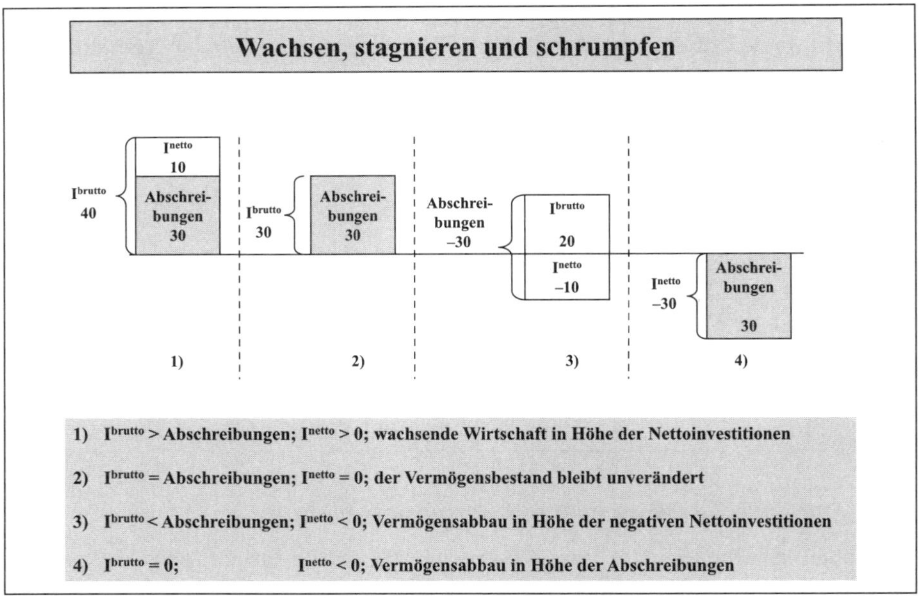

Abb. 2.8: Wachsende, stationäre und schrumpfende Wirtschaft

Konsumzwecke (800) und Ersparnis (200). Dieser Ersparnis stehen gleich hohe Investitionen des Unternehmenssektors gegenüber. Sofern die Unternehmen vom wertmäßigen Produktionsergebnis einen Teil als Gewinn einbehalten (Sparen der Unternehmen = S_U), trägt auch dies zur Bildung von Geldvermögen bei. Im zweiten Beispiel werden von den Einnahmen nur 950 als Faktorentgelte ausgezahlt; die Ersparnis der Unternehmen beträgt somit 50. Bei gleichem Konsum der Privaten Haushalte (800) reduziert sich ihre

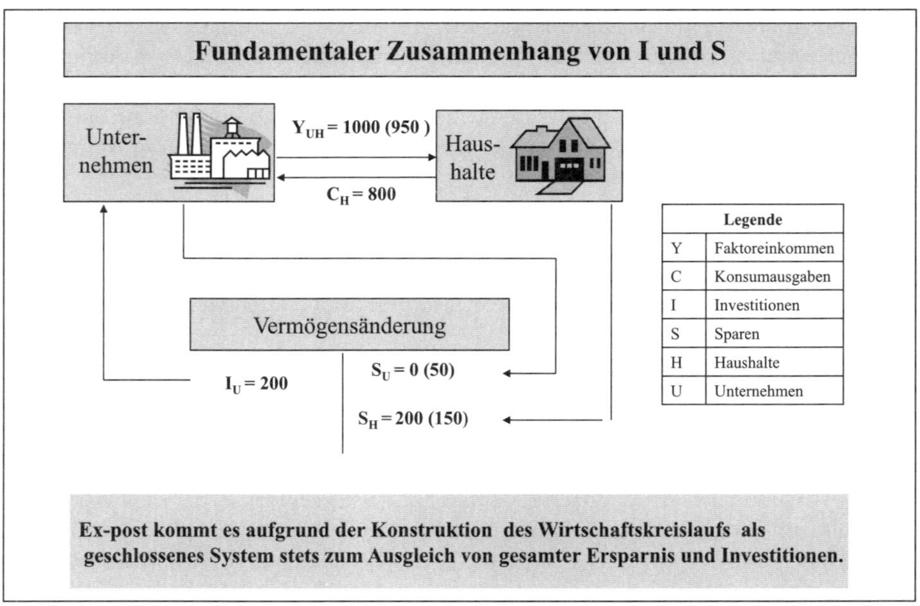

Abb. 2.9: Wirtschaftskreislauf mit Vermögensänderung

Ersparnis auf 150. Die gesamte Ersparnis S beträgt aber wiederum 200 ($S = S_U + S_H$) und entspricht den privaten Investitionen.

Anpassungsprozesse

Die Identität von Ersparnis und Investition ist auf den ersten Blick erstaunlich, da beide Entscheidungen von unterschiedlichen Größen abhängen. In der Regel fallen die **geplante (ex-ante)** Ersparnis der privaten Haushalte und die **geplante** (ex-ante) Investition der Unternehmen auseinander, da sie unabhängig voneinander ihre Entscheidungen treffen. Anpassungsprozesse führen dazu, dass die tatsächlich realisierten Größen **(ex-post)** wieder identisch sind.

Betrachten wir dazu ein Beispiel (Abb. 2.10). Nehmen wir an, die privaten Haushalte planen bei einem Einkommen von 1.000 eine Ersparnis von 300 und einen Konsum (z. B. Kauf von PKW) von 700. Die Unternehmen planen hingegen eine Investition von 200 und rechnen mit einem Konsum der privaten Haushalte (z. B. Verkauf an PKW) von 800. Die geplante Ersparnis der Unternehmen sei 0. In diesem Beispiel ist die geplante Ersparnis der privaten Haushalte (300) also größer als die geplante Investition (200). Da die Unternehmen somit ex-post nur Einnahmen in der Höhe von 900 ($C_H + I_U$) bei Ausgaben in Höhe von 1000 (Y_{UH}) erzielen, realisieren sie einen Verlust, d. h. die tatsächliche (ex-post) Ersparnis der Unternehmen beträgt $S_U = -100$. Die Gesamtersparnis ist dann $S = S_H + S_U = 200$ und entspricht den geplanten und realisierten Investitionen.

Ex-post kann es zu realen oder monetären Anpassungsreaktionen kommen (Abb. 2.10). In der Ziffer 1 kommt es zu **realen Anpassungsreaktionen**. Die Unternehmen bauen Lagerbestände an PKW auf ($I_{Lager}^{ungeplant} = 100$), so dass Investitionen (200+100) und Ersparnis (300) wieder zusammenfallen. Die Ziffer 2 beschreibt **monetäre Anpassungsreaktionen**. Können die Unternehmen im Vergleich zu ihren Plänen (800) zu wenig PKW (700) verkaufen, werden sie wahrscheinlich die Preise senken. Die Unternehmen können

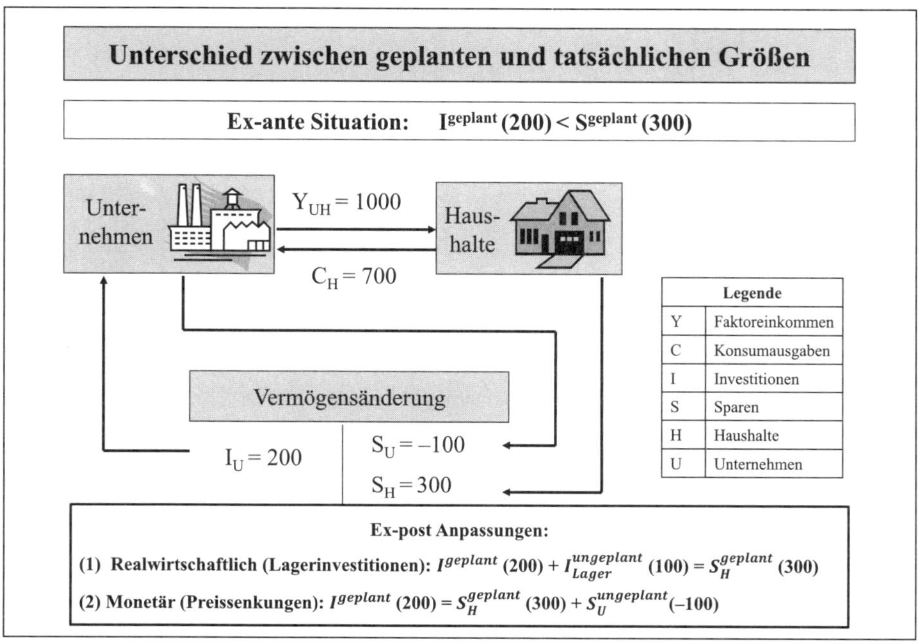

Abb. 2.10: Ex-post und Ex-ante Situation

weniger sparen und ihr Gewinn sinkt (–100 = $S^{ungeplant}$). Die Identität zwischen Ersparnis ($S_U + S_H = 200$) und Investitionen (200) ist wiederhergestellt. Auch die Zahl der verkauften und gekauften PKW muss sich dann ex-post entsprechen. Anders kann es ja auch nicht sein – was verkauft worden ist, muss gekauft worden sein. Überlegen Sie selbst, welche Reaktionen eintreten, wenn die Unternehmen mit PKW-Käufen in Höhe von 800 rechnen, die Privaten Haushalte aber PKW in Höhe von 900 nachfragen, d.h. die geplante Ersparnis von 100 ist geringer als die geplante Investition in Höhe von 200.

Alternative Darstellungsformen des Wirtschaftskreislaufs

Der Wirtschaftskreislauf lässt sich auch in Form von Konten, Gleichungen und als Matrix darstellen (Tab. 2.1, 2.2, 2.3). In Kontenform werden auf der rechten Seite die Einnahmen (Zuflüsse) und auf der linken Seite die Ausgaben (Abflüsse) eines Sektors notiert. Die Differenz entspricht der Ersparnis des Sektors und erscheint als Vermögensänderung.

Tab. 2.1: Wirtschaftskreislauf in Kontenform

Private Haushalte			
C_H	800	Y_{UH}	1.000
S_H	**200**		
Unternehmen			
Y_{UH}	1.000	C_H	800
S_U	**0**	I_U	200
Vermögensänderung			
I_U	200	**S_H**	**200**
		S_U	**0**

Tab. 2.2: Wirtschaftskreislauf in Gleichungsform

Pol	Abflüsse		Zuflüsse	
	Symbol	in Mrd. €	Symbol	in Mrd. €
Haushalte	C_H	800	Y_{UH}	1.000
	S_H	200		
Unternehmen	Y_{UH}	1000	$C_H + I_U$	800 + 200
Vermögensänderung	I_U	200	$S_H + S_U$	200 + 0

Tab. 2.3: Wirtschaftskreislauf in Matrixform

von \ an	Haushalte	Unternehmen	Vermögens-änderung	Summe
Haushalte	–	800	200	1000
Unternehmen	1000	–	0	1000
Vermögensänderung	–	200	–	200
Summe	1000	1000	200	

In Matrixform werden die Geldströme der Sektoren untereinander dargestellt. Diese Darstellung ist hilfreich, wenn die Leistungen zwischen den Sektoren im Vordergrund der Betrachtung stehen. Demgegenüber ist nicht mehr erkennbar, um welche Leistungen es sich handelt.

Schlagwörter	• Leistungs-, Finanztransaktionen • Vermögensbildung	• Ex-post-Identität • Ex-ante-Betrachtung

2.2.3 Wirtschaftskreislauf mit Staat

Alle Volkswirtschaften verfügen über einen Sektor Staat. In einer engen Abgrenzung umfasst dieser Sektor die öffentlichen **Gebietskörperschaften** (Bund, Länder, Gemeinden), in einer weiten Abgrenzung auch die **Sozialversicherungshaushalte**.

Staatseinnahmen

Zur Finanzierung seiner Aufgaben benötigt der Staat **Einnahmen**. Während die Sozialversicherungshaushalte überwiegend durch Sozialbeiträge finanziert werden, besteht die Haupteinnahmequelle der Gebietskörperschaften aus Steuern. Wir unterscheiden an dieser Stelle folgende Kategorien:

a) **Gütersteuern** (T_G), die pro Einheit einer produzierten oder gehandelten Ware oder Dienstleistung zu entrichten sind (z. B. Mehrwertsteuer oder Verbrauchsteuern wie Mineralöl- und Tabaksteuer). Diese Steuern lassen sich als **indirekte Steuern** bezeichnen, da sie aus erhebungstechnischen Gründen zunächst die Unternehmen belasten und diese die höheren Kosten anschließend in Form gestiegener Preise an die Konsumenten weitergeben. Die **Nettogütersteuern** bezeichnen den Saldo aus Gütersteuern und Gütersubventionen.
b) **Einkommensteuern** (T_{EV}) umfassen die Steuern auf das Einkommen natürlicher Personen (aus unselbständiger Arbeit, aus Unternehmertätigkeit, aus Vermögen) und Steuern auf das Einkommen von Kapitalgesellschaften (z. B. Körperschaftsteuer). Diese Steuern gelten als **direkte Steuern**, da sie den Steuerpflichtigen unmittelbar belasten.

Staatsausgaben

Da unentgeltlich bereitgestellte staatliche Dienstleistungen (z. B. zur Gewährleistung von innerer und äußerer Sicherheit) nicht verbrauchsgerecht auf die privaten Haushalte bzw. Unternehmen zugerechnet werden können, wird unterstellt, dass der Staat die Dienstleistungen kollektiv konsumiert (C_{St}). Diese **Konsumausgaben des Staates** beinhalten u. a. die Arbeitnehmerentgelte der öffentlich Bediensteten ($Y_{St,H}$), Abschreibungen sowie Vorleistungskäufe der Unternehmen ($VL_{St,U}$), um die Dienstleistungen anbieten zu können. Darüber hinaus tätigt der Staat **öffentliche Investitionen** (I_{St}) z. B. in die Verkehrsinfrastruktur, die bei privaten Unternehmen zu Aufträgen in Form von Güterkäufen führen. Konsumausgaben des Staates und öffentliche Investitionen werden zum Kürzel „G" (= **Government**) zusammengefasst, um den Einfluss des Staates auf das Wirtschaftsgeschehen in einer Größe abzubilden. Weitere Staatsausgaben sind die **Gütersubventionszahlungen** an die Unternehmen sowie die **monetären Sozialleistungen** (z. B. Arbeitslosengeld I und Arbeitslosengeld II („Hartz IV)") an die privaten Haushalte ($Tr_{St,H}$). Die nachfolgende Übersicht zeigt einige weitere Beispiele für die Zuordnung staatlicher Transaktionen:

Transaktion	Staatskonsum (C_{St})	Investitionen (I_{St})	Transfers ($Tr_{St,H}$)
Gesetzliche Pflegeversicherung			X
BAföG			X
Beamtengehälter	X		
Sozialer Wohnungsbau		X	
Kostenloses Angebot von Studienplätzen	X		

Budgetsaldo

Die Differenz zwischen Staatsausgaben (G) und Steuereinnahmen (T = Taxes) entspricht der positiven bzw. negativen Ersparnis oder dem **Budgetüberschuss/-defizit** des Sektors:

- G > T = Budgetdefizit, negatives Sparen des Staates,
- G < T = Budgetüberschuss, positives Sparen des Staates.

Sofern ein Budgetdefizit auftritt, muss dieses durch Mehreinnahmen oder durch Kredite finanziert werden. Aus Vereinfachungsgründen werden nachfolgend nur einzelne staatliche Transaktionen in die Analyse einbezogen (Abb. 2.11). Ausgeklammert werden die monetären Sozialleistungen, die Sozialbeiträge, die Subventionszahlungen und die öffentlichen Investitionen.

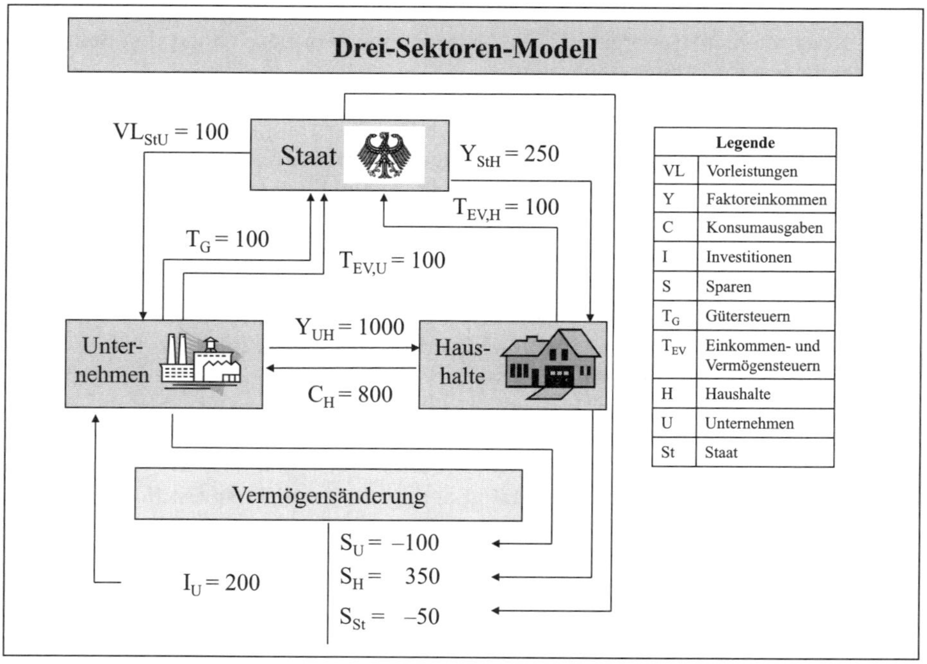

Abb. 2.11: Staat im Wirtschaftskreislauf

In Kontenform gebracht zeigt sich für den Sektor Staat eine negative Ersparnis (G > T).

Staat				
Staatsausgaben **(= Government)**	Y_{StH}	250	$T_{EV,H}$	100
	VL_{StU}	100	$T_{EV,U}$	100
	$\mathbf{S_{St}}$	**–50**	T_G	100

Für die übrigen Sektoren ergibt sich folgende Zusammenstellung:

Private Haushalte			
C_H	800	Y_{UH}	1.000
$T_{EV,H}$	100	Y_{StH}	250
$\mathbf{S_H}$	**350**		
Unternehmen			
Y_{UH}	1.000	C_H	800
$T_{EV,U}$	100	I_U	200
T_G	100	VL_{StU}	100
$\mathbf{S_U}$	**–100**		
Vermögensänderung			
I^U	200	S_H	350
		S_U	–100
		S_{St}	–50

Ex-post Identität des Wirtschaftskreislaufs mit Staat

Durch die Einbeziehung des Staates verändern sich die Definitionsgleichungen für die bisherigen Größen. Für die Produktion und die Einkommensverwendung gilt nunmehr:

(1) $Y = C_H + I_U + G$ $\quad$ $800 + 200 + 350 = 1.350$

(2) $Y = C_H + S_H + S_U + T$ $\quad$ $800 + 350 - 100 + 300 = 1.350$

Auch nach Einbeziehung des Staates gilt die **Ex-post-Identität** von Investitionen und Sparen. Sie erweitert sich wie folgt:

(3) $C_H + S_H + S_U + T = C_H + I_U + G$ $\quad$ $800 + 350 - 100 + 300 = 800 + 200 + 350$

(4) $S_H + S_U + T = I_U + G$ $\quad$ $350 - 100 + 300 = 200 + 350$

(5) $S_H + S_U = I_U + (G - T)$ $\quad$ $350 - 100 = 200 + (350 - 300)$

Wird die Differenz aus Staatseinnahmen (T) und Ausgaben (G) als staatliche Ersparnis (S_{St}) bezeichnet, ergibt sich:

(6) $S_H + S_U + (T - G) = I_U$ $\quad$ $350 - 100 + (300 - 350) = 200$

(7) $S_H + S_U + S_{St} = I_U$ $\quad$ $350 - 100 - 50 = 200$

Die Ex-post Identität von privaten Investitionen und gesamter Ersparnis lässt noch eine weitere Interpretation zu. Die private Sachvermögensbildung kann durch die Ersparnis von Haushalten, Unternehmen und dem Staat finanziert werden. In der Regel weist aber der Staat ein Defizit auf, d. h. die staatliche Ersparnis ist negativ. In diesem Umfang werden der privaten Wirtschaft Mittel für die Finanzierung der privaten Investitionstätigkeit entzogen. Man spricht in diesem Zusammenhang auch von *„crowding out“*.

Durch Einbeziehung des Staates lässt sich mit dem **Verfügbaren Einkommen der Privaten Haushalte** (Y_{vH}) eine wichtige Einkommensgröße ausweisen:

(8) $Y_{vH} = Y_{UH} + Y_{StH} - T_{EV,H}$ 1.000 + 250 + 100 = 1.150

Diese Größe bildet den Bezugspunkt zur Ermittlung von Konsum- und Sparquote der Privaten Haushalte. In der Praxis bleiben zur Ermittlung dieser Größe die Sozialversicherungsabgaben sowie die monetären Sozialleistungen zu berücksichtigen.

Schlagwörter	• Konsumausgaben des Staates • Gütersteuern, -subventionen • Einkommen-, Vermögensteuern	• Budgetsaldo • Verfügbares Einkommen der privaten Haushalte

2.2.4 *Offene Volkswirtschaft*

Der Wirtschaftskreislauf lässt sich durch das Einfügen des Sektors Ausland vervollständigen. Eine detaillierte Darstellung der Zusammenhänge zwischen in- und ausländischen Wirtschaftseinheiten liefert die **Zahlungsbilanz**, die monatlich von der Deutschen Bundesbank erstellt wird (vgl. Kap. 19). Die grenzüberschreitenden Transaktionen in der EWU werden in € abgewickelt. Im Fall von Transaktionen z. B. mit den USA müssen einheimische mit ausländischen Zahlungsmitteln getauscht werden.

Erhält z. B. ein deutscher Exporteur für Lieferungen in die USA US-$, dann wird er diese in € umwechseln. Ein deutscher Importeur muss zur Bezahlung von Gütern aus den USA € gegen US-$ tauschen. Solche Tauschgeschäfte erfolgen zum jeweils gültigen **Wechselkurs**.

Wechselkursnotierungen

Der **Wechselkurs** ist ein Austauschverhältnis von Währungen. Die Bezeichnung Wechselkurs kommt daher, dass der internationale Zahlungsverkehr früher hauptsächlich auf der Basis von Handelswechseln abgewickelt wurde. Heute werden üblicherweise Banküberweisungen genutzt. Der Fachausdruck für eine Zahlungsanweisung in fremder Währung ist **Devise**. Deshalb sprechen wir häufig vom Devisenkurs. Fremde Währungen werden auf dem Devisenmarkt gehandelt. Dabei handelt es sich nicht um ausländisches Bargeld (**Sorten**), sondern um Guthaben bei ausländischen Banken. Dieser Handel findet zumeist telefonisch zwischen den Kreditinstituten statt, die Angebot und Nachfrage in den verschiedenen Währungen untereinander ausgleichen.

Der Wechselkurs hat zahlreiche Berührungspunkte zum täglichen Leben, z. B. bei der Wahl eines außereuropäischen Urlaubsziels oder der Frage nach den Kosten eines Auslandsstudiums in den USA. Auch für die Exportchancen von Unternehmen ist der Wechselkurs von grundlegender Bedeutung. Er übt als strategischer Preis eine Scharnierfunktion zwischen Inlandsmarkt und ausländischen Märkten aus. Da der Wechselkurs als Austauschverhältnis zwischen zwei Währungen definiert ist, lässt er sich in zwei Notierungen ausweisen:

- **Preisnotierung:** Preis einer Einheit der Fremdwährung gerechnet in inländischer Währung: w = €/US-$, z. B. 0,75 €/US-$.
- **Mengennotierung:** Menge an Fremdwährung, die man für eine Einheit der inländischen Währung erhält: w = US-$/€, z. B. 1/0,75 US-$/€ = 1,33 US-$/€.

Um missverständliche Aussagen zu vermeiden, sollte im Fall einer Veränderung von Wechselkursen stets von einer Auf- bzw. Abwertung gesprochen und nicht ausschließlich auf die Notierung Bezug genommen werden (Abb. 2.12).

Wechselkurs verknüpft Volkswirtschaften

Mengennotation: für einen € erhalten Sie 1,33 US-$

Preisnotation: ein US-$ kostet 0,75 €

Schreibweise: 1,33 US-$/€

Schreibweise: 0,75 €/US-$

Wechselkursveränderung	Mengennotierung	Preisnotierung
Aufwertung des €	Wechselkurs steigt	Wechselkurs sinkt
Abwertung des €	Wechselkurs sinkt	Wechselkurs steigt

Abb. 2.12: Wechselkurse

Flexible und feste Wechselkurse

Der € wird gegenüber dem US-$ an den internationalen Devisenmärkten üblicherweise in der **Mengennotierung** ausgewiesen (Abb. 2.13). Im Fall einer Aufwertung des € erhält man eine größere Menge an US-$ für einen €. Der Wechselkurs zwischen € und US-$ ist ein **flexibler Wechselkurs**, d.h. der Preis der beiden Währungen bildet sich auf der Grundlage von Angebot und Nachfrage auf den Devisenmärkten. Flexible Wechselkurse bilden sich weitgehend frei auf den Devisenmärkten und schwimmen auf den „Wellen" der Marktkräfte (floating). Zentralbanken können am Devisenmarkt aktiv werden (**managed floating**), sie sind jedoch nicht dazu verpflichtet. Zur Zeit der DM wurde der Wechselkurs vorwiegend **preisnotiert** ausweisen. In diesem Fall gibt der Wechselkurs an, wie viele DM für einen US-$ zu zahlen sind, also z. B. 1,60 DM/US-$. Im Fall einer Abwertung der heimischen Währung muss mehr für eine Einheit der Auslandswährung gezahlt werden. Die Preise für Währungen können durch politische Entscheidungsträger oder Notenbanken festgelegt werden. In diesem Fall liegt ein **festes Wechselkurssystem** vor. Eine **Devisenknappheit** bei festem Wechselkurs hat zur Folge, dass die Zentralbanken zusätzlich Devisen am Markt anbieten müssen. Umgekehrt bedeutet ein Devisenüberschuss beim festen Wechselkurs, dass die Zentralbanken zusätzlich Devisen am Markt nachfragen müssen. Diese Marktinterventionen führen zu einem unveränderten Wechselkurs. Müssen die Zentralbanken fortdauernd intervenieren, dann ist der Wechselkurs nicht marktgerecht und muss neu festgelegt werden. Die Preise der wichtigsten Weltwährungen (US-$, Yen, €) bilden sich heute weitgehend **flexibel** auf den Devisenmärkten.

Außenbeitrag (Nettoexporte)

In dem Wirtschaftskreislauf einer offenen Volkswirtschaft unterstellen wir vereinfacht einen Wechselkurs von 1 € = 1 US-$. Wir betrachten zudem nur die Ex- und Importe

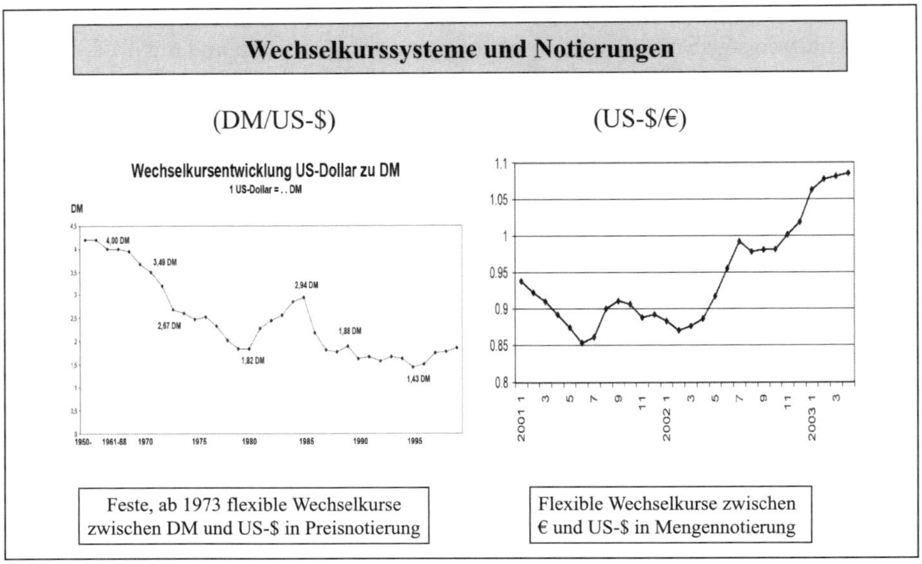

Abb. 2.13: Preis- und Mengennotierungen von Wechselkursen

von Waren und Dienstleistungen. Sie führen aus Sicht des Inlandes zu **Exporterlösen** und zu **Importausgaben**. Beide Transaktionen werden dem Unternehmenssektor zugerechnet, so dass in der Darstellung auf die Auslandsbeziehungen der Sektoren Private Haushalte und Staat verzichtet werden kann (Abb. 2.14). Auf dem Auslandskonto ist zu berücksichtigen, dass die Transaktionen aus Sicht des Auslandes erfasst werden, d. h. auf der rechten Seite erscheinen die Importerlöse als Einnahmen (Zuflüsse) und die Exportausgaben auf der linken Seite als Ausgaben (Abflüsse). Die Differenz aus Ex- und Importen entspricht der positiven bzw. negativen Ersparnis des Auslandes (S_A) und einer Vermögensänderung.

Unternehmen			
Y_{UH}	1.000	C_H	800
$T_{EV,U}$	100	I_U	200
T_G	100	VL_{StU}	100
Im	100	Ex	200
$\mathbf{S_U}$	**0**		
Ausland			
Ex	200	Im	100
$\mathbf{S_A}$	**–100**	(Ex – Im)	100
Vermögensänderung			
I_U	200	S_H	350
		S_U	0
		S_{St}	–50
		S_A	–100

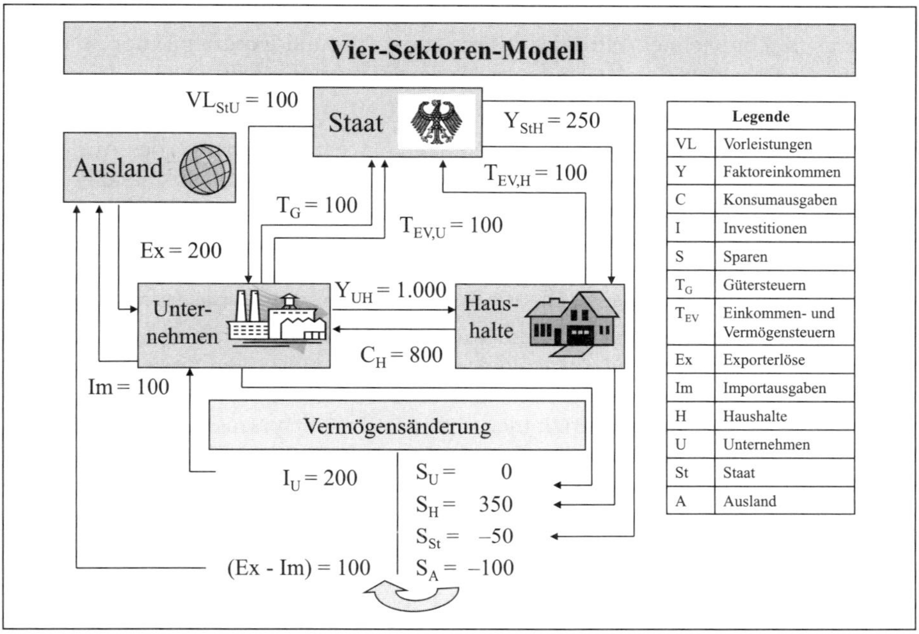

Abb. 2.14: Kreislaufmodell mit offener Volkswirtschaft

Durch die Einbeziehung des Auslandes verändern sich die bisherigen Definitionsgleichungen. Für die **letzte Verwendung** der produzierten Güter (Y^{VW})gilt:

(1a) $Y^{VW} = C_H + I_U + G + Ex$ $\quad 800 + 200 + 350 + 200 = 1.550$

Das **Bruttoinlandsprodukt** (Y) ergibt sich als **Verwendung** durch Abzug der Importe:

(1b) $Y = C_H + I_U + G + Ex - Im$ $\quad 800 + 200 + 350 + (200 - 100) = 1.450$

Die Nettobetrachtung (Exporte minus Importe = **Außenbeitrag**) ist erforderlich, weil der Import von Gütern bereits in anderen Komponenten des BIP enthalten ist. So ist z. B. der Kauf ausländischer PKW durch private Haushalte bereits in den Konsumausgaben oder der Kauf ausländischer Computer und Softwareprodukte durch inländische Unternehmen bereits in den Investitionen berücksichtigt. Erwerben inländische Wirtschaftseinheiten Güter im Ausland, so reduziert dieser Kauf zwar die **Nettoexporte**, in gleichem Maße erhöhen sich jedoch die privaten oder staatlichen Konsum- und Investitionsausgaben, so dass das BIP als Summe von Konsumausgaben, Investitionen und den Nettoexporten unverändert bleibt.

Ex-post Identität in einer offenen Volkswirtschaft

Auch nach Einbeziehung des Auslandes gilt die **Ex-post-Identität** von Investitionen und Sparen. Sie erweitert sich wie folgt:

(2) $C_H + S_H + S_U + T = C_H + I_U + G + Ex - Im$
$800 + 350 + 0 + 300 = 800 + 200 + 350 + 200 - 100$

(3) $S_H + S_U + T \quad = I_U + G + Ex - Im$
$350 + 0 + 300 = 200 + 350 + 200 - 100$

(4) $S_H + S_U + (T - G) + (Im - Ex) = I_U$
$350 - 0 + (300 - 350) + (100 - 200) = 200$

Die Differenz aus Staatseinnahmen und -ausgaben wird wiederum als staatliche Ersparnis (S_{St}) bezeichnet. Wird die Differenz aus Im- und Exporten (Importe minus Exporte) als Ersparnis des Auslandes (S_A) bezeichnet, ergibt sich:

(5) $S_H + S_U + S_{St} + S_A = I_U$ 350 – 0 – 50 – 100 = 200

Ein Exportüberschuss des Inlandes bedeutet eine negative Ersparnis des Auslandes, d.h. das Ausland verschuldet sich gegenüber dem Inland. Dementsprechend bedeutet ein Importüberschuss des Inlandes eine positive Ersparnis des Auslandes, d.h. das Inland verschuldet sich gegenüber dem Ausland. Der negative Finanzierungssaldo des Auslandes entspricht dem positiven Finanzierungssaldo des Inlandes. Hier handelt es sich nicht um eine ökonomische Theorie, sondern um **definitorische Zusammenhänge**.

Die Investitionsstätigkeit eines Landes kann somit durch inländische Ersparnis (Haushalte, Unternehmen, Staat) oder eine Verschuldung gegenüber dem Ausland (ausländische Ersparnis) finanziert werden. Beispielsweise wiesen die USA in den vergangenen Jahren sowohl ein Haushaltsdefizit (negative staatliche Ersparnis) als auch einen Importüberschuss auf. Dies bedeutete, dass die private Investitionstätigkeit des Inlandes nicht ausschließlich durch die private inländische Ersparnis, sondern auch durch eine hohe Verschuldung gegenüber dem Ausland (z.B. China) finanziert wurde. Im Falle von Budgetdefiziten des Staates und gleichzeitigem Importüberschuss eines Landes spricht man auch von einem *„twin deficit"* (Zwillingsdefizit). In diesem Zusammenhang ist es hilfreich die Gleichungen (4) und (5) wie folgt umzuformen:

$S = S_H + S_U$	+ (Im – Ex)	+ (T – G)	=	I_U
Gesamte private Ersparnis	Import- oder Exportüberschuss (Ersparnis des Auslands)	Budgetüberschuss oder -defizit des Staates (Ersparnis des Staates)		Private Investitionen

(S – I)	+ (Im – Ex)	+ (T – G)	=	Null
Spar- oder Investitionsüberschuss	Import- oder Exportüberschuss	Budgetüberschuss oder -defizit des Staates		

Die Kreislaufanalyse lässt sich durch Aufnahme weiterer Sektoren und Transaktionen schrittweise an die Realität heranführen, wird aber in graphischer Form schnell unübersichtlich. Zur detaillierten Betrachtung gesamtwirtschaftlicher Größen und Quoten wird aus Übersichtsgründen von den Statistischen Ämtern eine Kontendarstellung gewählt.

Schlagwörter		
	• Wechselkurs • Devisen, Sorten • Preisnotierung • Mengennotierung	• Flexible, feste Wechselkurse • Offene Volkswirtschaft • Bruttoinlandsprodukt • Nettoexporte, Außenbeitrag

2.3 Grundregeln der BIP-Berechnung

2.3.1 Berechnungsarten

Das Bruttoinlandprodukt (BIP) ist eine der wichtigsten Größen der makroökonomischen Analyse und in der Regel der Indikator zur Messung des wirtschaftlichen Wachstums. Das BIP umfasst den Wert sämtlicher während eines Jahres im Inland hergestellter Endprodukte – vom Spielzeug bis zu kompletten Industrieanlagen, vom Haarschnitt im Friseursalon bis zu neuen Urheberrechten. Die Grundlagen der BIP-Berechnung lassen sich anhand des folgenden Beispiels verdeutlichen (Abb. 2.15).

Ein Stahlunternehmen produziert durch Einsatz von Arbeit und Kapital Stahl für die PKW-Produktion. Der Stahl wird für 100 Mio. € an einen Automobilproduzenten verkauft. Das Stahlunternehmen zahlt Löhne in Höhe von 80 Mio. €, der Rest ergibt den Gewinn. Das Automobilunternehmen produziert PKW und verkauft diese für 400 Mio. € an PKW-Händler. Von den Erlösen verbleibt nach Zahlung von 100 Mio. € an das Stahlunternehmen und von 200 Mio. € an Arbeitskräfte ein Gewinn von 100 Mio. €. Die Händler verkaufen die PKW im Gesamtwert von 500 Mio. € an Private Haushalte (200 Mio. €), Unternehmen (100 Mio. €), staatliche Behörden (Dienstwagen: 100 Mio. €) und an ausländische Kunden (100 Mio. €). Die PKW-Händler zahlen ihren Mitarbeitern Löhne im Umfang von 70 Mio. €, der Rest ergibt den Gewinn. Die Importe betragen aus Vereinfachungsgründen Null.

In tabellarischer Form:

Stahlproduktion		PKW-Produktion		PKW-Handel	
Erlöse	100	Erlöse	400	Erlöse	500
Löhne	80	Stahl	100	PKW	400
Gewinn	20	Löhne	200	Löhne	70
		Gewinn	100	Gewinn	30

Entstehung der Produktion (Entstehungsrechnung)

Zur Ermittlung des BIP können wir zunächst daran denken, die Erlöse der am Produktionsprozess beteiligten Unternehmen zu addieren (100 + 400 + 500 = 1.000). Es ist jedoch nachvollziehbar, dass es in diesem Fall zu Mehrfachzählungen von Vorleistun-

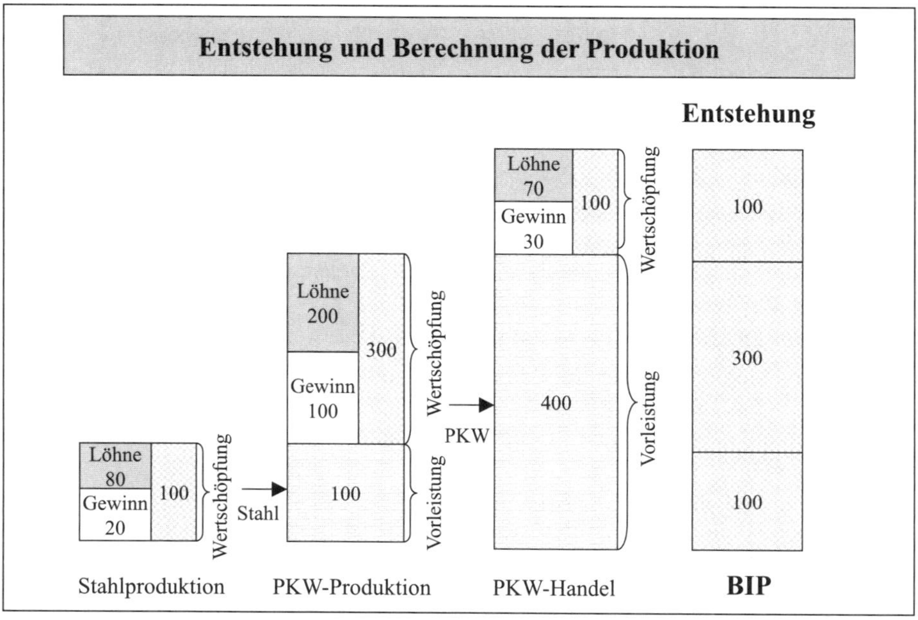

Abb. 2.15: Produktionsleistung einer Beispiel-Ökonomie (Zahlenbeispiel)

gen kommt, die in das Endprodukt PKW eingehen. Die Größe, die sich durch Addition der Erlöse ergibt, wird als **Bruttoproduktionswert** (= 1.000) bezeichnet. Das **BIP** ergibt sich (vereinfacht), wenn wir die Vorleistungen (100 + 400) vom Bruttoproduktionswert subtrahieren. Sie sehen, dass dieser Wert exakt dem Wert der Endprodukte (500) entspricht. Anders ausgedrückt: das BIP ist die Summe der Mehrwerte (Wertschöpfung), die im Produktionsprozess entstehen (100 + 300 + 100 = 500).

Verwendung der Produktion (Verwendungsrechnung)

Die produzierten und verkauften PKW (Verkaufswert von 500) werden je nach Verwendung unterschiedlichen Komponenten des BIP zugewiesen: als Konsumgut bei den privaten Haushalten, als Investition für die gewerbliche Nutzung in Unternehmen, bei der Verwendung in öffentlichen Behörden als Ausgaben des Staates und beim Verkauf an das Ausland als Export. Beachten Sie, dass bei dieser Betrachtung die Importe abgezogen werden müssen, da das BIP auf die Wertschöpfung im Inland abstellt. Ergebnis ist die **Verwendungsseite** des BIP.

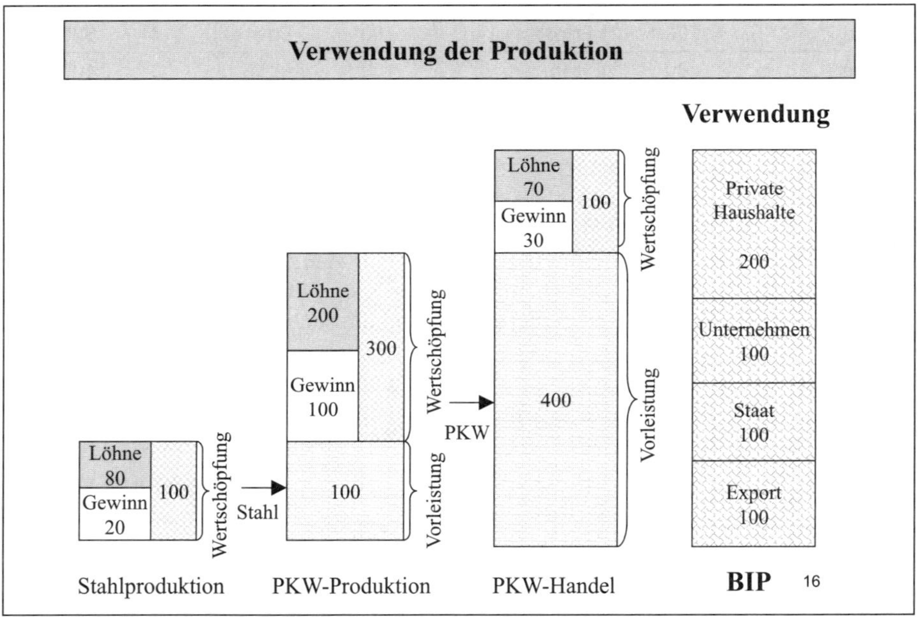

Abb. 2.16: Verwendung des BIP (Zahlenbeispiel)

Addition der Einkommen (Verteilungsrechnung)

Eine weitere Möglichkeit der BIP-Berechnung ergibt sich aus der Addition der Einkommen, die aus Löhnen (350) und Gewinnen (150) resultieren. Sie sehen, dass die Einkommen auf den einzelnen Produktionsstufen identisch mit der Wertschöpfung sind (Abb. 2.17).

Betrachten wir folgende Erweiterung unseres Zahlenbeispiels. Nehmen wir an, das in der Grenzregion angesiedelte PKW-Werk setzt ausländische Arbeitskräfte ein, die ein Viertel der Lohnausgaben von 200 Mio. € beziehen (Faktoreinkommen an das Ausland: 50 Mio. €). Im Gegenzug arbeiten zuvor im PKW-Werk beschäftigte Arbeitnehmer im Ausland und verdienen 10 Mio. €. Der PKW-Hersteller nimmt Abschreibungen in Höhe

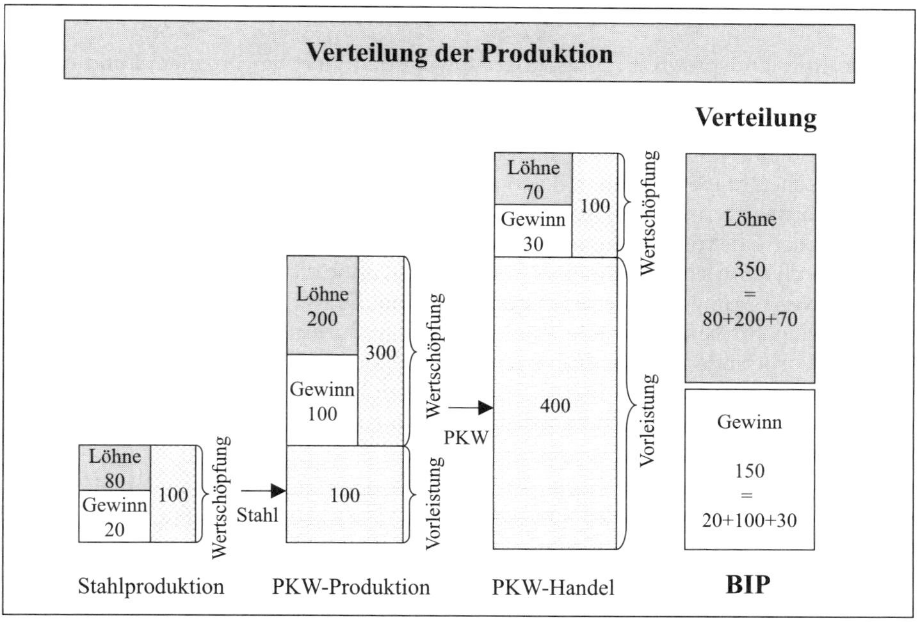

Abb. 2.17: Verteilung des BIP und der Wertschöpfung (Zahlenbeispiel)

von 10 Mio. € und der PKW Händler in Höhe von 50 Mio. € vor. Durch Gütersteuern (MWSt) auf die produzierten PKW nimmt der Staat 30 Mio. € ein. Im Gegenzug gewährt der Staat dem PKW-Hersteller eine Gütersubvention in Höhe 15 Mio. €. Die Berücksichtigung dieser Vorgänge führt zu den gesamtwirtschaftlichen **Verteilungsgrößen** des Bruttonational- und Volkseinkommens (Tab. 2.4).

Tab. 2.4: Vom BIP zum Volkseinkommen

Vom BIP zum Volkseinkommen	
BIP	500
– Faktoreinkommen an das Ausland	50
+ Faktoreinkommen aus dem Ausland	10
= **Bruttonationaleinkommen**	460
– Abschreibungen	60
= **Nettonationaleinkommen**	400
– Gütersteuern	30
+ Gütersubventionen	15
Volkseinkommen	385

In der Praxis ist die Entstehungs-, Verwendungs- und Verteilungsrechnung komplizierter als unser Zahlenbeispiel. Die Grundregeln bleiben jedoch erhalten.

Schlagwörter	• Bruttoproduktionswert • Bruttowertschöpfung • Vorleistungen	• Entstehungsrechnung • Verwendungsrechnung • Verteilungsrechnung

2.3.2 Preisbereinigung und Wirtschaftswachstum

Das Bruttoinlandsprodukt repräsentiert sowohl den Wert der in einem Land produzierten Waren und Dienstleistungen als auch die daraus entstandenen Einkommen. Während das Einkommen eine nominale Größe darstellt, handelt es sich bei der Produktion um eine Mengengröße (Realgröße). Da Mengen mit ihren unterschiedlichen physikalischen Maßeinheiten (z. B. Kilogramm, Liter, Stück, m^2) nicht addiert werden können, müssen wir sie mit Geldeinheiten (Nominalgrößen) bewerten. Bei dieser Bewertungsmethode tritt jedoch das Problem der jährlichen Preissteigerungen (Inflation) auf. Dadurch kann sich der Nominalwert erhöhen, ohne dass der reale Wert und damit die Güterversorgung entsprechend gestiegen sind. Es ist durchaus möglich, dass die in laufenden Preisen bewertete Produktionsleistung einer Volkswirtschaft gegenüber der Vorperiode z. B. um 4 % zugenommen hat, die Güterpreise im Durchschnitt gleichzeitig z. B. um 5 % gestiegen sind. In diesem Fall wäre das BIP zwar gestiegen, die volkswirtschaftliche Produktionsleistung aber real nicht gewachsen, sondern sogar geringer geworden.

Diese Überlegung macht es erforderlich, in der Ökonomie zwischen realen und nominalen Größen zu unterscheiden. Die Abbildung 2.18 zeigt beispielhaft an der Entwicklung des BIP-Wachstums in der Bundesrepublik Deutschland für den Zeitraum 1992 bis 2010, dass es beträchtliche Unterschiede zwischen nominalen und realen Größen gibt. Nominale Größen sind Werte in jeweiligen Preisen. Reale Größen sind inflationsbereinigte Werte. Der Unterschied zwischen den Wachstumsraten realer und nominaler Größen entspricht näherungsweise der **Inflationsrate**. Beispiele finden sich in den Unterschieden zwischen realen und nominalen Löhnen, realem und nominalem Konsum oder zwischen realen und nominalen Zinsen. Für viele ökonomische Fragestellungen, z. B. auch hinsichtlich der Höhe des wirtschaftlichen Wachstums, ist es notwendig, preisbereinigte und damit reale Größen heranzuziehen.

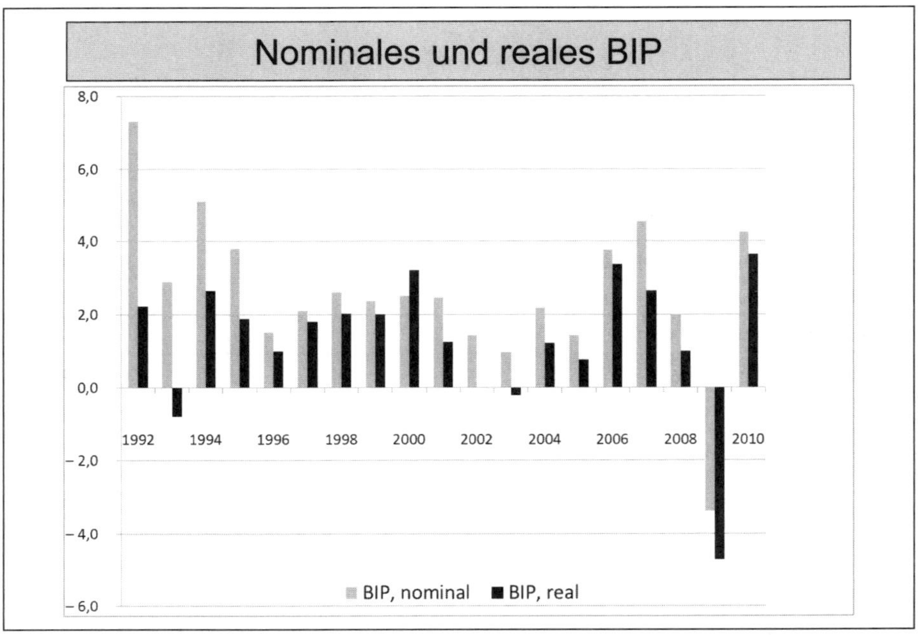

Abb. 2.18: Wachstumsraten des realen und nominalen BIP (1992–2010)
Quelle: Statistisches Bundesamt

Zur Erläuterung dieses Sachverhalts nehmen wir an, dass in einer Volkswirtschaft nur zwei Endprodukte A und B hergestellt werden. Die jeweiligen Preise (p) und Mengen (q) der Güter sind für drei Jahre wie folgt gegeben:

Gut	Jahr 2008			Jahr 2009			Jahr 2010		
	p	q	p × q	p	q	p × q	P	q	p × q
A	20	60	1.200	18	66	1.188	17	69	1.173
B	10	160	1.600	11	154	1.694	12	152	1.824
Summe			**2.800**			**2.882**			**2.997**

Das **nominale BIP** im Jahr 2008 errechnet sich durch Multiplikation der Preise und Mengen dieses Jahres und beträgt in diesem Beispiel 2.800 Mrd. €. In den Jahren 2009 und 2010 haben sich sowohl die Preise als auch die Mengen der Güter verändert. Das BIP in jeweiligen Preisen im Jahr 2009 beträgt 2.882 Mrd. €, im Jahr 2010 beläuft es sich auf 2.997 Mrd. €. Der **Wachstumsfaktor** für das Jahr 2009 ergibt sich als 2.882/2.800 = 1,029; die zugehörige **Wachstumsrate** beträgt 2,9 %. Für das Jahr 2010 ergibt sich ein Wachstumsfaktor von 2.997/2.882 = 1,04. Dies entspricht einer Wachstumsrate von 4 %.

Um zu prüfen, inwieweit Steigerungen des BIP auf Preisveränderungen zurückgeführt werden können und welcher Anteil auf der Veränderung der Mengen beruht, gibt es mehrere statistische Methoden, von denen die beiden wichtigsten vorgestellt werden.

Methode 1: Mengenindex nach Laspeyres, Preisindex nach Paasche

Bis zum Jahr 2005 ermittelte das Statistische Bundesamt das reale BIP, indem die Mengen des jeweiligen Jahres mit den konstanten Preisen eines Basisjahres multipliziert wurden. Diese als Laspeyres-Index bekannte Methode (*E. Laspeyres, 1834–1913*) ermöglicht einerseits die Mengen der verschiedenen Produkte einer Volkswirtschaft aufzuaddieren, da sie mit Preisen multipliziert und somit in Geldeinheiten gemessen werden. Andererseits werden durch die Verwendung konstanter Preise Preissteigerungen nicht in die Berechnung einbezogen, so dass ein derart errechnetes BIP die mengenmäßige Entwicklung der Volkswirtschaft repräsentiert. In unserem Beispiel ergibt sich dadurch:

Gut	Jahr 2008			Jahr 2009			Jahr 2010		
	p_{2008}	q_{2008}	$p_{2008} \times q_{2008}$	p_{2008}	q_{2009}	$p_{2008} \times q_{2009}$	p_{2008}	q_{2010}	$p_{2008} \times q_{2010}$
A	20	60	1.200	20	66	1.320	20	69	1.380
B	10	160	1.600	10	154	1.540	10	152	1.520
Reales BIP			**2.800**			**2.860**			**2.900**

Allgemein ergibt sich der Laspeyres-Volumenindex, der das reale BIP repräsentiert, als:

Laspeyres-Volumenindex: $Q_{L,t} = \sum p_o \times q_t$

Das reale BIP (BIP in konstanten Preisen des Jahres 2008) für 2009 beträgt damit 2.860 Mrd. €. Sein Wachstumsfaktor ergibt sich als: 2.860/2.800 = 1,021; die Wachstumsrate beträgt somit 2,1 %. Für das Jahr 2010 erhält man den Wachstumsfaktor 2.900/2.860 = 1,014; dies entspricht einer Wachstumsrate von 1,4 %.

Die Veränderung des Preisniveaus wird durch den **BIP-Deflator** gemessen. Er ist definiert als Verhältnis zwischen nominalem und realem BIP, d. h. im vorliegenden Fall:

BIP-Deflator im Jahr 2008 = (nominales BIP/reales BIP) = (2.800/2.800) = 1,000

BIP-Deflator im Jahr 2009 = (nominales BIP/reales BIP) = (2.882/2.860) = 1,008

BIP-Deflator im Jahr 2010 = (nominales BIP/reales BIP) = (2.997/2.900) = 1,033.

Der BIP-Deflator p^{BIP} wird in der Praxis als Index ausgewiesen. Die Änderung dieses Index gibt die **Inflationsrate** wieder. Die Wachstumsrate (W) des BIP-Deflators lässt sich näherungsweise als Differenz der Wachstumsraten des nominalen und des realen BIP errechnen:

$$W_p{}^{BIP} = W_{BIP}{}^{nom} - W_{BIP}{}^{real}$$

In unserem Beispiel ergibt sich für das Jahr 2009 eine Inflationsrate von 0,8 % und für das Jahr 2010 von 2,6 % (= 100 × (1,033/1,008) – 1).

Der soeben verwendete Preisindex wird als **Paasche-Preisindex** bezeichnet (nach *H. Paasche, 1851–1922*). Dieser ist dadurch gekennzeichnet, dass die Preise des laufenden Jahres (p_t) und des Basisjahres (p_0) jeweils mit den Mengen des Berichtsjahres (q_t) gewichtet werden. In der üblichen Schreibweise ergibt sich damit:

Paasche-Preisindex: $$P_{p,t} = \frac{\sum p_t \times q_t}{\sum p_0 \times q_t} \times 100$$

Da dieser Index auf einem flexiblen Warenkorb beruht, der ständig seine Gewichte verändert, sind streng genommen nur Vergleiche zwischen dem Berichtsjahr und dem Basisjahr, nicht aber zwischen beliebigen anderen Perioden möglich.

Methode 2: Mengenindex auf der Vorjahrespreisbasis (Kettenindex)

Mit der Revision der Volkswirtschaftlichen Gesamtrechnung werden zur Berechnung des realen BIP die Mengen eines Jahres nicht mehr mit den Preisen eines Basisjahres, sondern mit den Preisen des jeweiligen Vorjahres bewertet. Dadurch erhält man eine Folge von Jahresergebnissen in konstanten Preisen des Vorjahres, für die eine Messzahlenfolge gebildet wird.

BIP-Messzahl im Jahr t: $$\frac{\sum p_{t-1} \times q_t}{\sum p_{t-1} \times q_{t-1}}$$

Diese Messzahlen werden nunmehr verkettet (multipliziert), so dass eine Index-Zeitreihe des realen BIP (**Kettenindex**) entsteht. Aus dieser können wir durch Multiplikation mit dem BIP eines Basisjahres auch eine Zeitreihe von Volumenindizes errechnen. Dies wird anhand unseres Zahlenbeispiels verdeutlicht.

Gut	Jahr 2008	Jahr 2009		Jahr 2010	
	$p_{2008} \times q_{2008}$	$p_{2008} \times q_{2008}$	$p_{2008} \times q_{2009}$	$p_{2009} \times q_{2009}$	$p_{2009} \times q_{2010}$
A	1.200	1.200	1.320	1.188	1.242
B	1.600	1.600	1.540	1.694	1.672
Summe	**2.800**	**2.800**	**2.860**	**2.882**	**2.914**

Wählen wir das Jahr 2008 als Basisjahr, ergibt sich hier die Messzahl 1. Die Messzahl für das Jahr 2009 ergibt sich als (2.860/2.800) = 1,021. Für das Jahr 2010 wird eine Messzahl von (2.908/2.882) = 1,011 ermittelt. Daraus werden nun die Kettenindizes und die Volumenindizes (reales BIP) berechnet (zum Teil gerundete Werte):

	Kettenindex	Volumenindex
Jahr 2008	1	1 × 2.800 = 2.800
Jahr 2009	1 × 1,021 = 1,021	1,021 × 2.800 = 2.860
Jahr 2010	1 × 1,021 × 1,011 = 1,033	1,033 × 2.800 = 2.892

Im Jahr 2009, also dem ersten Jahr nach dem gewählten Basisjahr stimmen der Kettenindex, und somit die BIP-Wachstumsrate, sowie der Volumenindex mit den Ergebnissen nach Laspeyres überein. Ab dem zweiten Jahr (hier: 2010) weichen die Ergebnisse beider Berechnungsmethoden voneinander ab. Der Volumenindex beträgt nun 2.892 gegenüber 2.900 (nach Laspeyres). Er kann zudem nicht mehr als Mengenindex in Preisen eines Basisjahres interpretiert werden. Die Wachstumsrate des realen BIP beträgt im Jahr 2010 nun (1,003/1,021 – 1) × 100 = 1,1 %. Im Vergleich dazu betrug die Wachstumsrate nach Laspeyres 1,4 %. Im gewählten Beispiel kommt der Unterschied dadurch zustande, dass die Mengenänderungen nicht mehr mit den Preisen des Basisjahres (hier: 2008) sondern des jeweiligen Vorjahres (hier: 2009) gewichtet werden. Steigt mit sinkenden Preisen die Nachfrage (oder umgekehrt) ändern sich diese Gewichte. Dies bedeutet, dass der Kettenindex, und der daraus abgeleitete Volumenindex, die Realität genauer wiedergeben. Dieser Vorteil muss dadurch erkauft werden, dass das reale BIP nicht mehr als Summe seiner realen Komponenten errechnet werden kann (**Nichtadditivität**).

Der BIP-Deflator ist definiert als Quotient aus dem nominalen BIP und dem Volumenindex. In unserem Beispiel erhalten wir die BIP-Deflatoren als:

Jahr 2008: 1

Jahr 2009: (2.882/2.860) = 1,008

Jahr 2010: (2.997/2.892) = 1,036

Die Inflationsrate beträgt für das Jahr 2009 wie zuvor 0,8 %. Im Jahr 2010 ergibt sich hingegen eine Inflationsrate von (1,036/1,008 – 1) × 100 = 2,8 % (zuvor 2,6 %).

Schlagwörter	• BIP-Deflator • Paasche-Preisindex • Laspeyres-Mengenindex	• Volumenindex • Kettenindex

2.4 Volkswirtschaftliche Gesamtrechnung in der Praxis

Das BIP kann unter drei unterschiedlichen Aspekten betrachtet werden (Abb. 2.19):

- Die **Entstehungsrechnung** zeigt, wie hoch das gesamtwirtschaftliche Angebot in einer Periode war und wo es entstanden ist.
- Die **Verteilungsrechnung** zeigt, wie sich das aus der Produktion resultierende Einkommen auf bestimmte Personengruppen oder Sektoren verteilt.
- Die **Verwendungsrechnung** gibt Aufschluss über die gesamtwirtschaftliche Nachfrage und ihre Komponenten.

2.4.1 Entstehungsrechnung

Die **Entstehungsrechnung** zeigt, welche Beiträge einzelne Wirtschaftsbereiche zur Entstehung der gesamtwirtschaftlichen Produktion erbracht haben. Entscheidend für die Zurechnung zur Volkswirtschaft ist der Wohnsitz (mindestens 1 Jahr) oder der Sitz und Schwerpunkt der wirtschaftlichen Aktivität. Die „übrige Welt" besteht aus der Gesamt-

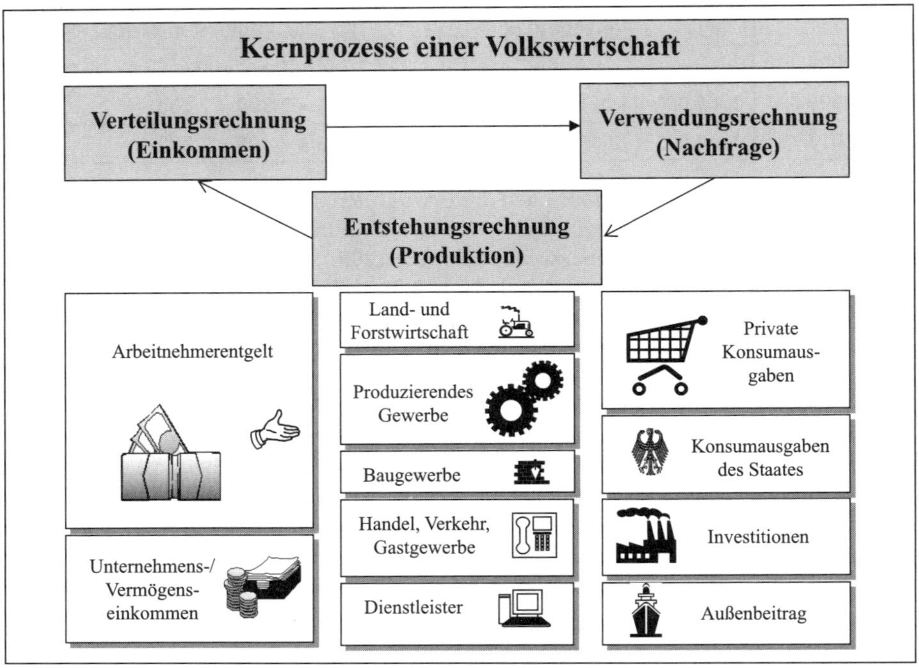

Abb. 2.19: Betrachtungsperspektiven des BIP

heit von Wirtschaftseinheiten, die ihren ständigen Sitz oder Produktionsschwerpunkt außerhalb des geographischen Wirtschaftsgebietes einer Volkswirtschaft haben.

Sektoren und Wirtschaftseinheiten

Das aktuelle – statistisch und empirisch abgeleitete – Rechenwerk ESVG 1995 hat im Vergleich zur historisch theoretischen Kreislaufanalyse eine tiefergehende Sektorenabgrenzung (Abb. 2.20). Zu den **Privaten Haushalten** nach der ESVG 1995 zählen nicht nur Konsumenten, sondern auch Produzenten wie Freiberufler, Selbständige und Einzelunternehmer. Angesichts der zunehmenden Bedeutung von Non-Profit-Organisationen wird ein eigener Sektor **Private Organisationen ohne Erwerbszweck** ausgewiesen. Dazu zählen z. B. gemeinnützige Organisationen, Kirchen, Stiftungen und Vereine. Die **Finanziellen Kapitalgesellschaften** umfassen Banken, Versicherungen und Pensionskassen. Zu den **Nicht-finanziellen Kapitalgesellschaften** zählen Unternehmen in den Rechtsformen der AG, GmbH, OHG oder KG, die Waren oder nicht-finanzielle Dienstleistungen produzieren und anbieten. Hinzu kommen öffentliche Krankenhäuser sowie staatliche Eigenbetriebe mit eigener Rechnungslegung und ohne eigene Rechtspersönlichkeit. Der Sektor **Staat** umfasst die Gebietskörperschaften (Bund, Länder und Gemeinden) sowie die Sozialversicherungsträger (Renten-, Kranken-, Pflege-, Arbeitslosen- und Unfallversicherung).

Hinzu kommen staatliche Eigenbetriebe (z. B. Versorgungs- und Verkehrsunternehmen), wenn ihre Rechnungsführung vollständig im Rahmen der öffentlichen Haushalte erfolgt. Der Sektor **Übrige Welt** wird differenziert in EU-Staaten, Drittländer und internationalen Organisationen.

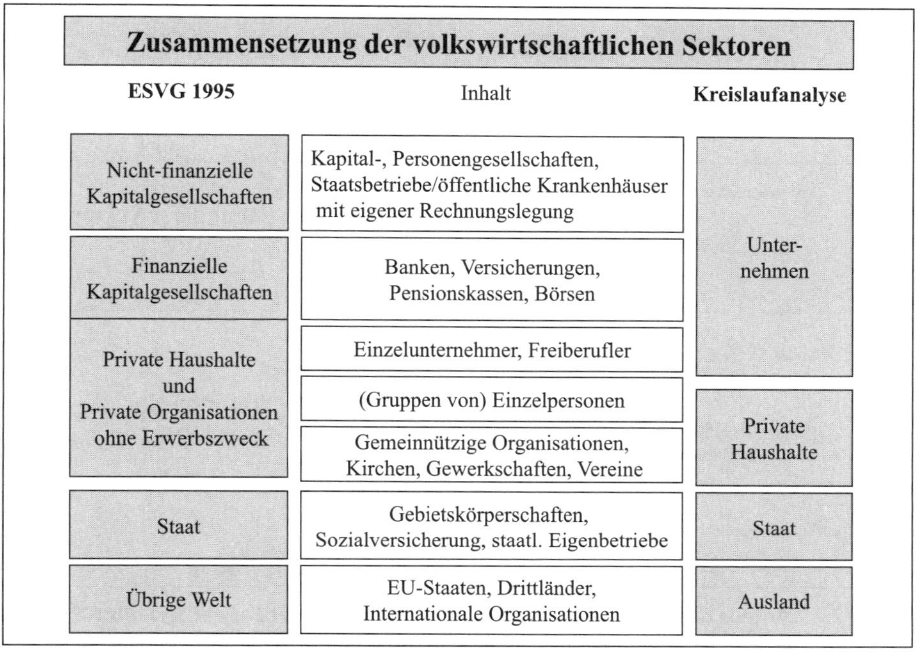

Abb. 2.20: Sektorenabgrenzung im ESVG 1995

Wirtschaftsgruppen und Wirtschaftszweige

Das ESVG 1995 teilt die Volkswirtschaft in sechzig **Wirtschaftsgruppen** auf Basis der international üblichen Gliederung der NACE-Klassifikation (Nomenclature générale des activités économique) ein. Sie lassen sich zu sechs großen **Wirtschaftszweigen** und diese wiederum zu drei übergreifenden **Wirtschaftssektoren** zusammenfassen (Abb. 2.21). Die tiefergehende Analyse der Entstehungsrechnung gibt Hinweise auf die **Produktionsstruktur und den Strukturwandel** einer Volkswirtschaft.

Der Großteil der gesamtwirtschaftlichen Produktion wird von Unternehmen auf Märkten angeboten (**Marktproduzenten**). Dazu zählt die Produktion von materiellen Gütern ebenso wie jene von Dienstleistungen, z. B. die Gebühren eines Arztes für eine Behandlung oder die Provision eines Immobilienmaklers für den Verkauf eines Hauses. Hinzu kommen alle Güter, die nicht im gleichen Zeitraum auf dem Markt verkauft werden können (Veränderungen der Lagerbestände an Fertigprodukten).

Nicht erfasst ist z. B. der Kapitalgewinn, der aus dem Verkauf eines Hauses resultiert. Solche Transaktionen stellen einen Eigentumstransfer dar und haben mit der Produktion nichts zu tun. Auch die Verkäufe von gebrauchten Gütern wie PKW, Gemälden oder Gebäuden gehen nicht in das BIP ein, da sie bereits in Vorperioden erfasst worden sind.

Die Bewertung der Marktproduktion erfolgt zu **Herstellungspreisen**. Dies ist der Betrag, den der Produzent vom Käufer erhält, abzüglich der zu zahlenden Gütersteuern und zuzüglich aller empfangenen Gütersubventionen, also:

Verkaufspreis – Gütersteuern + Gütersubventionen = Herstellungspreis

Diese Bewertung ermöglicht eine vom nationalen Steuersystem unabhängigere Messung der Produktionsprozesse als die Erfassung zu Marktpreisen.

Wirtschaftszweige		Wirtschaftssektoren
Land- und Forstwirtschaft	1%	Primärer Sektor (1%)
Produzierendes Gewerbe	26%	Sekundärer Sektor (30%)
Baugewerbe	4%	
Handel, Verkehr, Gastgewerbe	19%	Tertiärer Sektor (69%)
Finanzierung, Vermietung, Unternehmensdienstleister	28%	
Öffentliche und private Dienstleister	22%	

Abb. 2.21: Anteile der Wirtschaftszweige und -sektoren an der Entstehung des BIP 2010
Eigene Berechnungen nach Angaben des Statistischen Bundesamtes

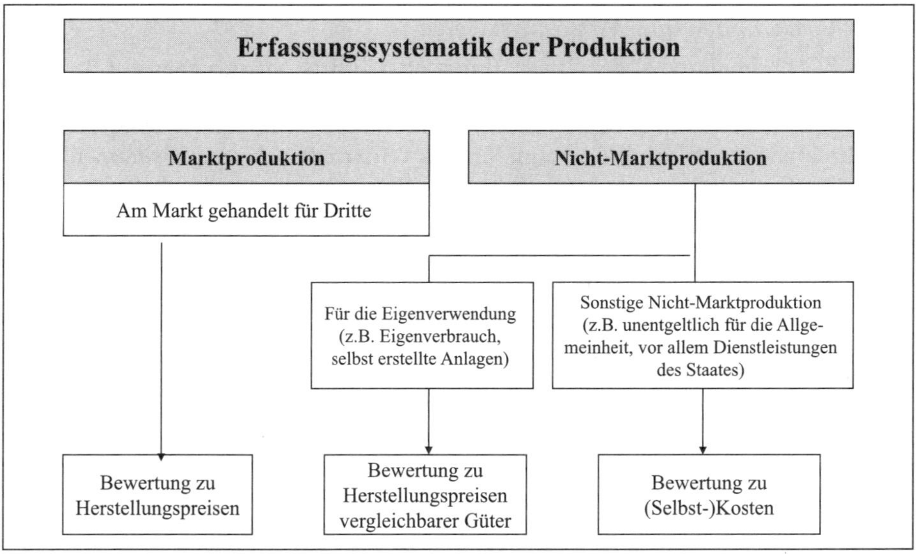

Abb. 2.22: Produktionswert

Nicht-Marktproduktion

Zur Nicht-Marktproduktion für die Eigenverwendung zählen selbsterstellte Anlagen, der Eigenverbrauch von Waren im Unternehmerhaushalt, einschließlich der Eigenleistungen im Wohnungsbau sowie der Mietwert aus eigengenutzten Wohnungen. Die Bewertung wird zu Herstellungspreisen vergleichbarer Güter vorgenommen. Für die Wohnungseigennutzung werden u.a. geschätzte Vergleichsmieten herangezogen.

Die **sonstige Nicht-Marktproduktion** erfasst jene Produktion, die anderen Wirtschaftseinheiten unentgeltlich oder nahezu unentgeltlich zur Verfügung gestellt wird. Dazu gehört vor allem das Angebot von öffentlichen Dienstleistungen. Der Wert wird behelfsmäßig über die Kosten ermittelt, die ihre Produktion verursacht.

Beispielsweise wird die staatlich bereitgestellte Bildung erfasst als Summe der Lehrer- und Professorengehälter, der laufenden Kosten für Schulgebäude und Hochschulen sowie der Ausstattungskosten einschließlich der gezahlten Mieten. Auch die Kosten, die zur Bereitstellung der inneren und äußeren Sicherheit anfallen, sind im BIP enthalten, z. B. in Form von Gehältern und Sachausgaben für Polizei, Justiz und Bundeswehr. Höhere Gehälter und Rüstungsausgaben führen zu einem höheren Produktionswert des Staates und steigern das BIP, obwohl damit nicht zwangsläufig ein gesamtwirtschaftlicher Mehrwert verbunden ist.

Die staatlichen Konsumausgaben enthalten neben den Personalausgaben, Sachkäufen und Abschreibungen auch **soziale Sachtransfers**. Letztere umfassen die einzelnen Personengruppen unentgeltlich zur Verfügung gestellten Güter. Dazu gehören Arzt- und Krankenhausleistungen, Medikamente, Heilmittel und Kuren sowie individuell zurechenbare Sachleistungen. **Monetäre Transfers** (z. B. Lohnersatzleistungen, Arbeitslosengeld I und II) zählen nicht zu den Konsumausgaben des Staates, sondern zu den Ausgaben der Sozialversicherungssysteme.

Von der Bruttowertschöpfung zum BIP

Die **Bruttowertschöpfung** ergibt sich aus dem **Bruttoproduktionswert** durch Abzug der Vorleistungen.

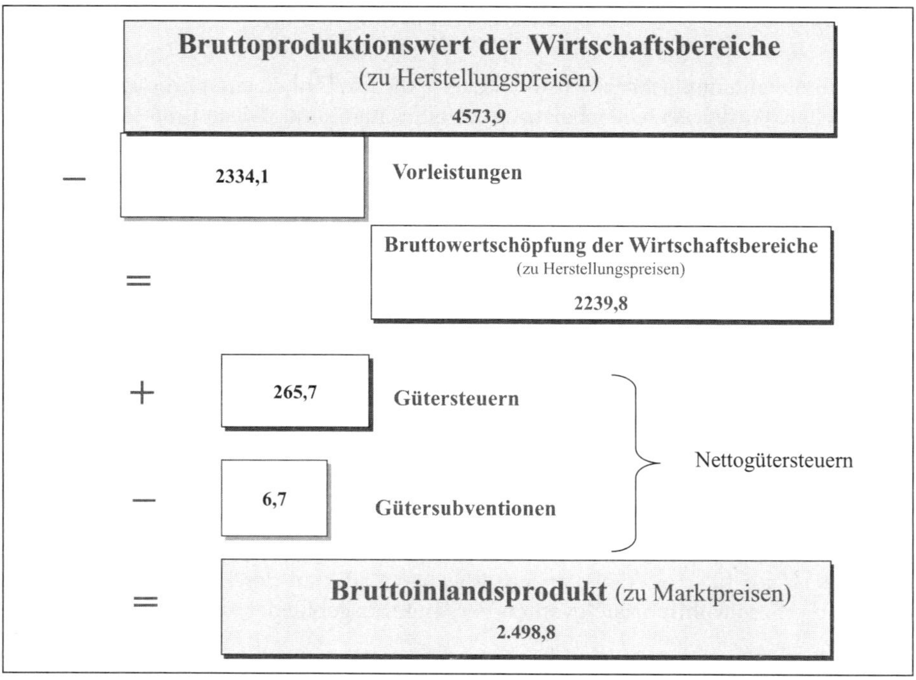

Abb. 2.23: Bruttoproduktionswert und BIP 2010 (in Mrd. € und in jeweiligen Preisen)
Quelle: Statistisches Bundesamt

Da die gesamtwirtschaftliche Bruttowertschöpfung zu **Herstellungspreisen** bewertet ist, müssen zur Ermittlung des BIP zu **Marktpreisen** Korrekturen vorgenommen werden. Die Marktpreise werden durch **Subventionen** unterzeichnet (Abb. 2.24).

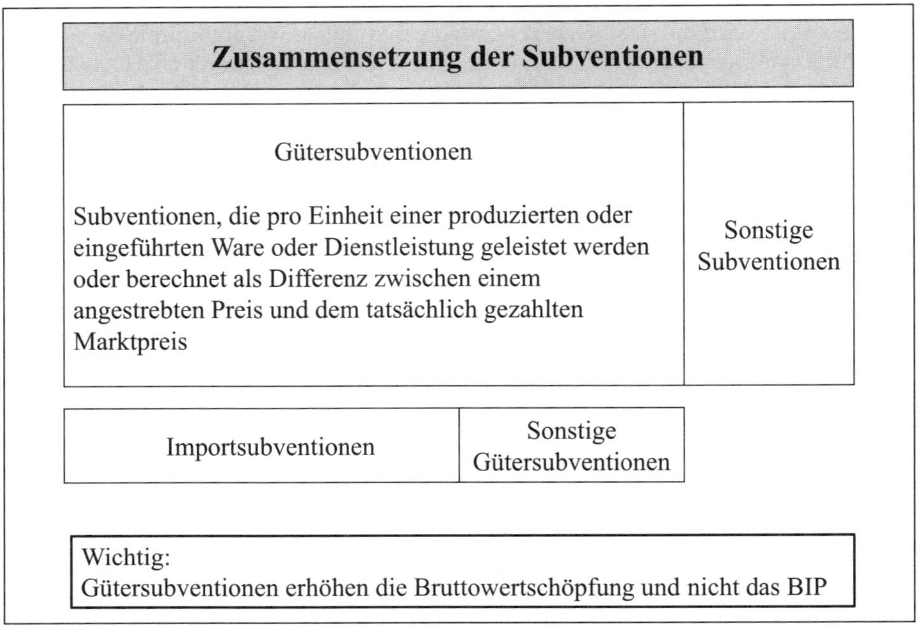

Abb. 2.24: Gütersubventionen

Produktions- und Importabgaben sind Steuern, die pro Einheit einer produzierten oder gehandelten Ware oder Dienstleistung zu entrichten sind. Diese umfassen u. a. die **Gütersteuern** (z. B. MWSt). **Importabgaben** sind zu entrichten, wenn Waren durch Überschreiten der Grenze in das Wirtschaftsgebiet gelangen oder wenn Dienstleistungen von gebietsfremden Einheiten für gebietsansässige Einheiten erbracht werden. Zu den **sonstigen Produktionsabgaben** gehören z. B. Grundsteuern, betriebliche Kfz-Abgaben und Umweltabgaben. Der Saldo der Gütersteuern minus Gütersubventionen ergibt die **Nettogütersteuern** und wird zur Bruttowertschöpfung hinzuaddiert. Ergebnis ist das **BIP zu Marktpreisen**.

In der Entstehungsrechnung werden die Aktivitäten des offiziellen Sektors einer Volkswirtschaft erfasst. Andere Bereiche bleiben außen vor.

Selbstversorgungswirtschaft

Die Selbstversorgungswirtschaft enthält Leistungen, die unentgeltlich erbracht werden, wie z. B. die Nachbarschaftshilfe, die ehrenamtlichen Tätigkeiten, die Haushaltsführung und die Kindererziehung. Diese Leistungen werden im BIP nicht berücksichtigt (Abb. 2.26). Dies führt zu einer grundsätzlichen Kritik an der Erfassungssystematik des BIP, da diese wohlfahrtsrelevanten Vorgänge ausgeblendet werden (vgl. Kap. 15).

Schattenwirtschaft

Die Schattenwirtschaft im engeren Sinne (Schwarzarbeit) ist ein **erwerbswirtschaftlicher Bereich**. Dazu gehören alle wirtschaftlichen Aktivitäten, die ihrem Wesen nach

Zusammensetzung der Produktions- und Importabgaben

Gütersteuern Steuern, die pro Einheit einer produzierten oder gehandelten Ware oder Dienstleistung zu entrichten sind	Sonstige Produktions-abgaben

Mehrwert-steuer	Importabgaben Zölle, Abschöpfungsbeträge, Importsteuern ohne Einfuhr-umsatzsteuer	Sonstige Gütersteuern

Wichtig:
Gütersteuern erhöhen das BIP und nicht die Bruttowertschöpfung

Abb. 2.25: Produktions- und Importabgaben sowie Gütersteuern

Was im BIP (nicht) erfasst wird

	Offizieller Sektor	Haushalts-Sektor a)	Informeller Sektor b)	Irregulärer Sektor c)	Krimineller Sektor d)
Güter	legal	legal	legal	legal	illegal
Ausführung	legal	legal	legal	illegal	illegal
Markt-transaktion	ja	nein	ja	ja	ja
VGR-Konvention	BIP	Selbstversorgungs-wirtschaft (legal) 1)		Schattenwirtschaft (illegal) 1)	

1) Teilweise aufgrund von Schätzungen im BIP enthalten

a) z.B. Do-it-yourself, Eigenarbeit beim Hausbau, Kinderbetreuung, Reparaturen
b) z.B. Nachbarschaftshilfe, Selbsthilfeorganisation, Ehrenamt
c) z.B. Schwarzarbeit (Verstoß gegen Gewerbe-, Handwerksordnung; Steuer- und Abgabenhinterziehung), Leistungsmissbrauch
d) z.B. Hehlerei, Drogenhandel, verbotene Glücksspiele, Betrug, Schmuggel, Menschenhandel

Abb. 2.26: Arten wirtschaftlicher Aktivitäten und „Untergrundaktivitäten"
Quelle: IW, 2003

zwar erlaubt sind, aber illegal am Fiskus vorbei ausgeführt werden. Solche schattenwirtschaftlichen Aktivitäten decken sich mit denen der offiziellen Wirtschaft, sie werden aber im Unterschied zu ihr versteckt ausgeführt, um die Zahlung von Steuern und Sozialabgaben zu vermeiden. Abzugrenzen ist diese Form der Schattenwirtschaft von solchen wirtschaftlichen Handlungen, die nicht nur am Fiskus vorbei ausgeführt werden, sondern auch ihrem Wesen nach verboten sind (**Wirtschaftskriminalität**). Dazu gehören z. B. Drogenhandel, Diebstahl und Erpressungsgelder.

Schwarzarbeit verursacht volkswirtschaftliche Schäden, da dem Staat und den Sozialkassen Einnahmen hinterzogen werden. Die Höhe dieser Schäden ist nicht genau zu beziffern, da sie von unterschiedlichen Grundannahmen und Rechenmodellen abhängt. Nach Angaben des Statistischen Bundesamtes wird ein Teil der Leistungen aus dieser Schwarzarbeit bereits in das amtlich publizierte BIP eingerechnet. Deutschland kam im Jahr 2005 mit 15,6 Prozent exakt auf den Durchschnitt von 21 OECD-Ländern. Schätzungen gehen davon aus, dass ein großer Teil der durch Schwarzarbeit erzielten Einkommen vor allem über den Konsum wieder in den Wirtschaftskreislauf zurückfließt. Studien zeigen, dass Schattenwirtschaft mit zunehmender Abgabenbelastung (Steuern, Sozialbeiträge) tendenziell zunimmt.

Schlagwörter	• Wirtschaftsgruppen • Wirtschaftszweige • (Nicht-)Marktproduzenten • Herstellungs-, Marktpreise	• Gütersteuern, -subventionen • Produktions-, Importabgaben • Schattenwirtschaft • Schwarzarbeit

2.4.2 Verwendungsrechnung

Private Konsumausgaben

Die mit Abstand größte Verwendung des BIP entfällt auf die privaten Konsumausgaben. Dazu zählen alle Käufe der privaten Haushalte und der privaten Organisationen ohne Erwerbszweck. Auch der Kauf von langlebigen Gütern – z. B. PKW – durch private Haushalte gilt als Konsum. Die Güter gelten nach dem Kauf als verbraucht, so dass keine anteilige Aufteilung für die Nutzungsjahre erfolgt. Neben tatsächlichen Transaktionen werden fiktive Transaktionen berücksichtigt, z. B. Mieten für selbstgenutzte Wohnungen. Die Konsumausgaben werden zu Anschaffungspreisen ausgewiesen. Das ist der Preis, den der Käufer zum Kaufzeitpunkt tatsächlich für die Güter bezahlt.

Konsumausgaben des Staates

Die Konsumausgaben des Staates entsprechen den Kosten für die überwiegend unentgeltliche Bereitstellung öffentlicher Dienstleistungen. Das ESVG 1995 unterscheidet das **Ausgabenkonzept** (Wer tätigt die Ausgaben?) und das **Verbrauchskonzept** (Wer verbraucht die bereitgestellten Güter?) (Abb. 2.27). Die Konzepte unterscheiden sich durch die Zurechnung der sozialen Sachtransfers des Staates. Das Ausgabenkonzept verbucht die sozialen Sachtransfers in dem Sektor, der für sie zahlt. Beim Staat werden die entsprechenden Leistungen als Vorleistungen erfasst und gehen in die Konsumausgaben des Staates ein.

Das Verbrauchskonzept weist die sozialen Sachtransfers direkt dem Sektor Private Haushalte zu, da dieser die entsprechenden Güter verbraucht. Die um diesen Betrag erhöhten privaten Konsumausgaben werden nach dem Verbrauchskonzept als **Individualkonsum** der privaten Haushalte (und der Privaten Organisationen ohne Erwerbszweck) ausgewiesen. Die um diesen Posten verringerten Konsumausgaben des Staates werden als **Kollektivkonsum** bezeichnet. Achten Sie beim Ausweis von Staatsquoten (Anteil der Staatsausgaben am BIP) stets darauf, welche Abgrenzung gewählt wird. In der Regel wird in VGR-Darstellungen das Ausgabenkonzept bevorzugt.

Investitionen

Die **Bruttoinvestitionen** umfassen Sachanlagen wie Bauten (Wohnbauten – auch der privaten Haushalte – und Nichtwohnbauten), Ausrüstungen (z. B. Maschinen) sowie

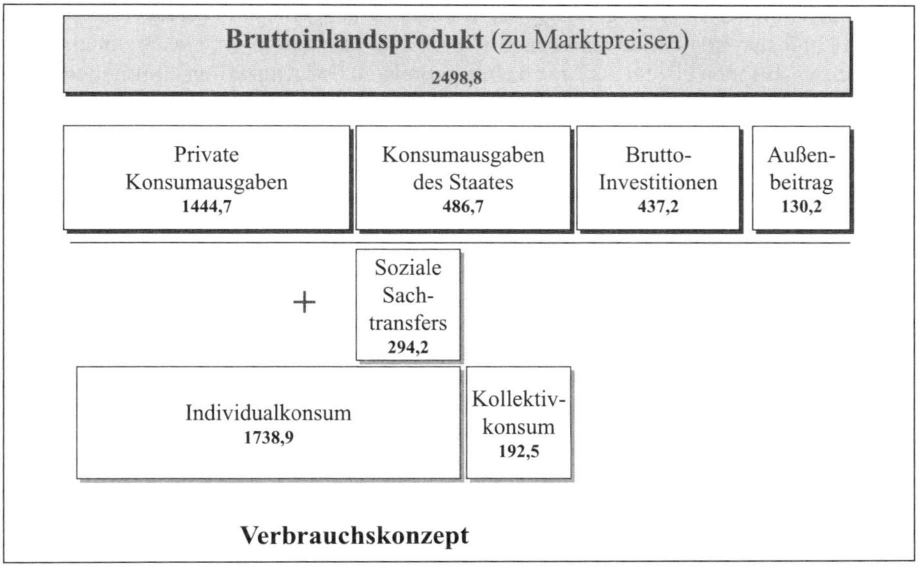

Abb. 2.27: Verwendungsrechnung des BIP (2010)
(Angaben in Mrd. € und in jeweiligen Preisen)
Quelle: Statistisches Bundesamt

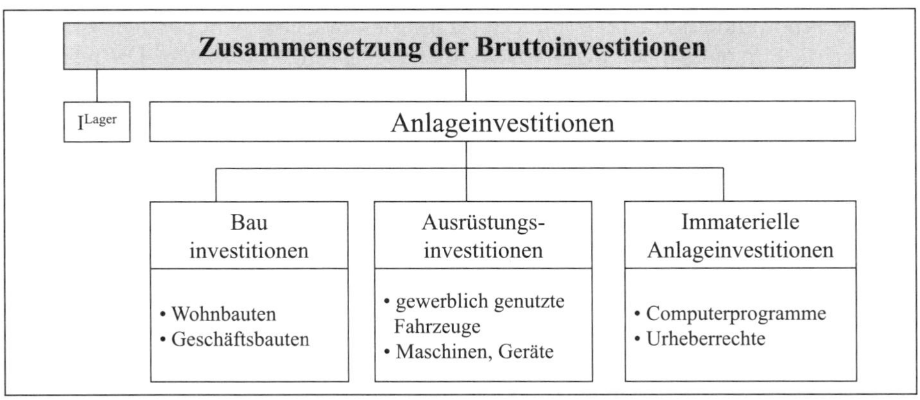

Abb. 2.28: Investitionskategorien

sonstige Anlagen wie Computerprogramme und Urheberrechte (Abb. 2.28). Auch private Haushalte können als Investoren auftreten, da dieser Sektor Freiberufler und Selbständige enthält. Zu den öffentlichen Anlageinvestitionen gehören militärische Anlagen, wenn sie zivil genutzt werden können (z. B. Flughäfen, Hafenanlagen, Straßen, Krankenhäuser). Zu den Bruttoanlageinvestitionen werden alle Güter gerechnet, die länger als ein Jahr in der Produktion eingesetzt und die zur Erweiterung oder/und Qualitätsverbesserung des Anlagevermögens dienen. Der Kauf z. B. gebrauchter Immobilien ist in volkswirtschaftlicher Sicht keine Anlageinvestition, da lediglich ein Vermögenstausch stattfindet.

Der Ersatz vorhandener Anlagen durch ein Unternehmen, der als Ersatz- oder Reinvestitionen bezeichnet wird, führt volkswirtschaftlich zwar zu einer Erhöhung der Brutto-, nicht aber der Nettoinvestitionen, weil nur die Wertminderung des Sachkapitals ausgeglichen wird. Angefangene Bauten und Ausrüstungen, bei denen der Eigentümer noch nicht feststeht, werden als Vorratsinvestitionen ausgewiesen. Die Bewertung der Anlageinvestitionen erfolgt zu Anschaffungspreisen. Die Anlageinvestitionen werden zu dem Zeitpunkt ausgewiesen, in dem das Eigentum an den Erwerber der Investitionsgüter übergegangen ist. Der Anteil der Anlageinvestitionen am BIP entspricht der **Investitionsquote**, der Quotient von Netto- zu Bruttoinvestitionen kann als **Modernisierungsgrad** einer Volkswirtschaft interpretiert werden.

Außenbeitrag

Die von inländischen Wirtschaftseinheiten an ausländische Wirtschaftseinheiten exportierten Güter werden netto, d. h. abzüglich der Importe ausgewiesen. Die Anteile der Ex- bzw. Importe am BIP entsprechen der **Ex-** bzw. **Importquote**. Die Differenz aus Ex- und Importen ist der **Außenbeitrag**. Der relativ geringe prozentuale Anteil des Außenbeitrages (2010: 5,2 % am BIP) darf nicht darüber hinwegtäuschen, dass die Exporte die zweitgrößte Verwendungskomponente des BIP darstellen.

Schlagwörter	• Ausgaben-, Verbrauchskonzept • Individual-, Kollektivkonsum	• Außenbeitrag

2.4.3 Verteilungsrechnung

Das Bruttoinlandprodukt (BIP) basiert, wie bereits sprachlich deutlich wird, auf dem **Inlandskonzept**. Hingegen werden beim **Inländerkonzept** nicht geographische Grenzen der Produktion betrachtet, sondern die in diesem Gebiet wohnenden Personen, welchen die Einkommen aus den wirtschaftlichen Leistungen zufließen. Das heißt: die Einkommen von im Ausland arbeitenden Inländern (entscheidend ist der Wohnsitz, nicht die Nationalität) fließen in die Berechnung ein; die Einkommen von im Inland arbeitenden Ausländern werden herausgerechnet. Ergebnis dieser Saldierung ist das **Bruttonationaleinkommen** (BNE), das näherungsweise der bis vor einigen Jahren verwendeten Größe Bruttosozialprodukt entspricht. Wir betrachten dazu einige Beispiele:

- Ein Deutscher, der in Aachen wohnt, erzielt sein Einkommen in Brüssel. Dieses Einkommen fließt also einem Inländer zu und ist damit im deutschen BNE enthalten, nicht aber im deutschen BIP, da das Einkommen nicht im Inland entstanden ist. Ein Franzose, der in Straßburg lebt und zur Arbeit nach Karlsruhe pendelt, trägt hingegen zum BIP Deutschlands bei, da das Einkommen in Deutschland entstanden ist. Gleichzeitig trägt er jedoch zum BNE Frankreichs bei.
- Ein (ehemaliger) deutscher Showmaster wohnt in den USA und erzielt nicht unbeträchtliche Werbeeinkünfte in Deutschland. Er ist Ausländer, weil er seinen Wohnsitz in den USA hat. Sein Einkommen ist damit im deutschen BNE nicht enthalten, wohl aber im deutschen BIP, da das Einkommen in Deutschland entstanden ist.
- Ein Deutscher mit Wohnsitz in Köln legt sein Kapital in Luxemburg an und bezieht (legale) Zinseinkünfte, die auf sein deutsches Konto überwiesen werden. Dadurch steigt das deutsche BNE, während das deutsche BIP durch diesen Vorgang unverändert bleibt.
- Ein Musiker britischer Nationalität mit permanentem Wohnsitz in den USA gibt in Deutschland ein Konzert. Die damit verbundene Wertschöpfung steigert das BIP in Deutschland, da sie im Inland entstanden ist. Nach dem Inländerkonzept würde das BNE in den USA steigen, da sich dort der ständige Wohnsitz befindet.

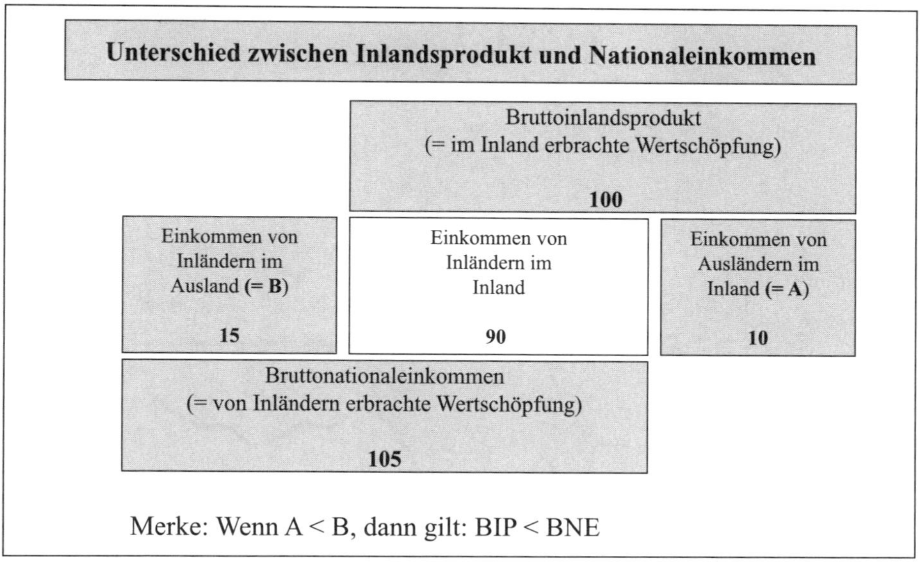

Abb. 2.29: Inlands- und Inländerkonzept (fiktives Beispiel)

In Deutschland ist der Unterschied zwischen Inlands- und Inländerkonzept relativ gering. Es gibt jedoch Ausnahmen:

- **BIP < BNE**: Kuwait hat einen relativ großen Teil seiner Öleinnahmen im Ausland investiert bzw. angelegt. Das Auslandsvermögen hat sich stetig erhöht und das Land erzielt hohe Kapitaleinkommen aus dem Rest der Welt. Die Kapitalerträge sollen auch zukünftigen Generationen eine finanzielle Unabhängigkeit sichern, selbst wenn die Ölquellen versiegt sind. Der Anteil des BIP am BNE liegt also unterhalb von 1 (siehe Abb. 2.30).
- **BIP > BNE**: In Irland liegt der Anteil des BIP am BNE oberhalb von 1 (im Jahr 2002: 1,25). Viele ausländische Unternehmen haben in den letzten Jahren in Irland investiert. Die erzielten Gewinne fließen zu einem großen Teil an die ausländischen Anteilseigner zurück, so dass das BNE in Irland hinter der Produktionsleistung zurückbleibt. In Irland ist diese Situation Ausdruck einer hohen Attraktivität als Produktions- und Investitionsstandort in Europa, die u. a. auf die niedrigen Steuersätze zurückzuführen ist.

Primär- und Volkseinkommen

Der Übergang zwischen BIP und BNE wird durch den Saldo der Primäreinkommen aus der übrigen Welt hergestellt. Enthalten sind neben den Faktoreinkommen, die nach Deutschland fließen bzw. hinausfließen, auch die an die EU geleisteten und von der EU empfangenen Subventionen. Zur Ermittlung weiterer Einkommensgrößen müssen vom Bruttonationaleinkommen die Abschreibungen subtrahiert werden. Ergebnis ist das Nettonationaleinkommen zu Marktpreisen oder das **Primäreinkommen.**

Vermindert um den Saldo der Produktions- und Importabgaben abzüglich der Gütersubventionen ergibt sich das **Volkseinkommen**. Das Volkseinkommen verteilt sich auf Arbeitnehmerentgelte sowie Unternehmens- und Vermögenseinkommen und entspricht der **Primärverteilung** (Abb. 2.31).

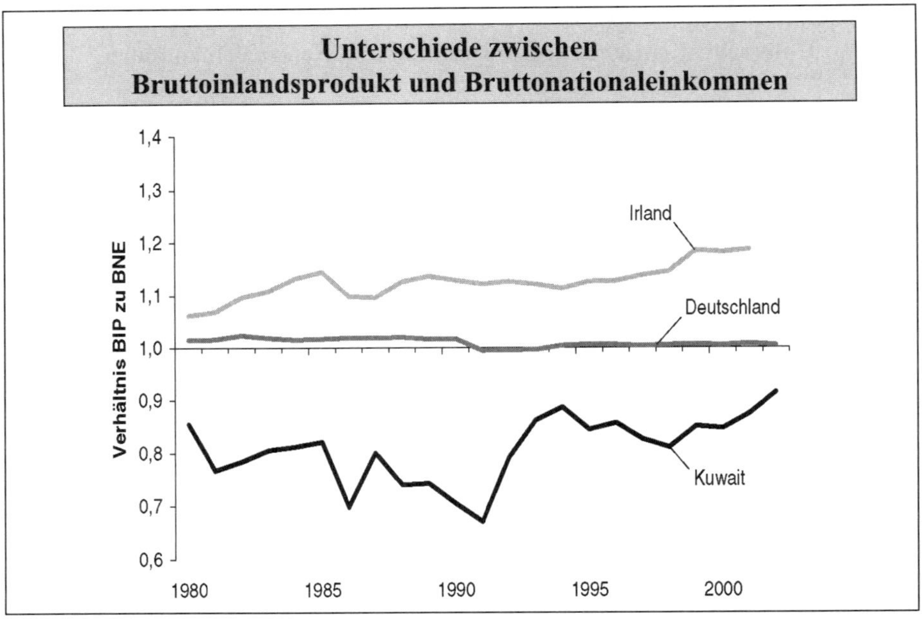

Abb. 2.30: Verhältnis des BIP zum BNE in ausgewählten Ländern
Quelle: Blanchard/Illing, 2009, S. 541

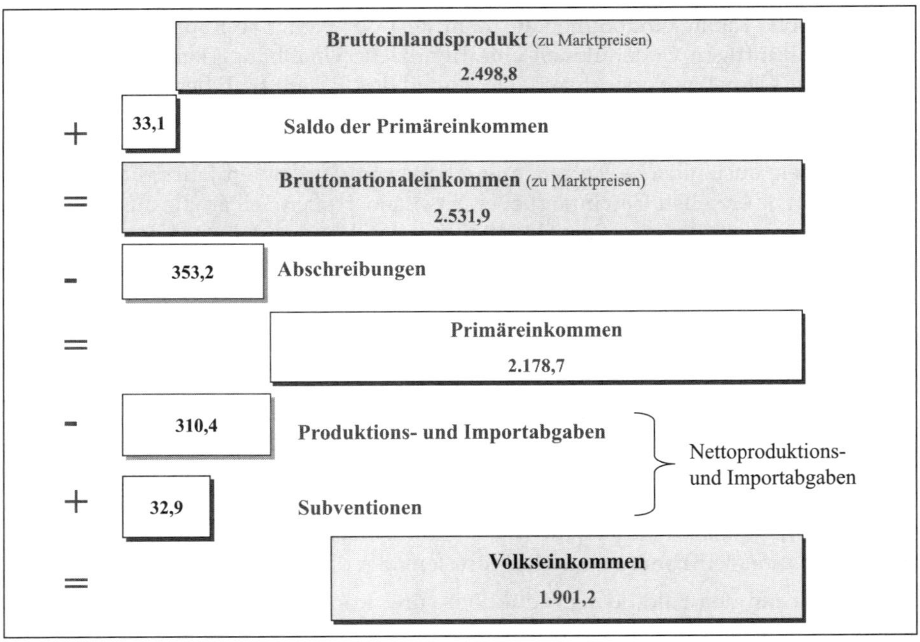

Abb. 2.31: Gesamtwirtschaftliche Einkommensbegriffe 2010
(Angaben in Mrd. € und in jeweiligen Preisen)
Quelle: Statistisches Bundesamt

Die Verteilung des gesamtwirtschaftlichen Einkommens gehört zu den interessantesten makroökonomischen Fragen, da hier auch persönliche Lebenssituationen direkt betroffen sind. Verteilungsfragen sind zudem stark durch normative Erwägungen geprägt. Folgende Verteilungskonzepte lassen sich unterscheiden (Abb. 2.32):

- **Funktionelle** (funktionale) Verteilung: hier wird geklärt, wie sich das Einkommen auf die Produktionsfaktoren (Arbeit, Boden, Kapital) verteilt.
- **Primäre** Verteilung: sie zeigt die Verteilung des Einkommens durch den direkten Produktionsprozess auf Arbeitnehmerentgelte und Unternehmens- und Vermögenseinkommen (z. B. Gewinn, Zinsen, Dividenden).
- **Sekundäre** Einkommensverteilung: Sie beschreibt die Verteilung nach der staatlichen Umverteilung durch Steuern, Abgaben sowie monetäre Transfers.
- **Personelle** Verteilung: Hier wird dargestellt, wie sich das Einkommen auf einzelne Personen bzw. -gruppen verteilt.

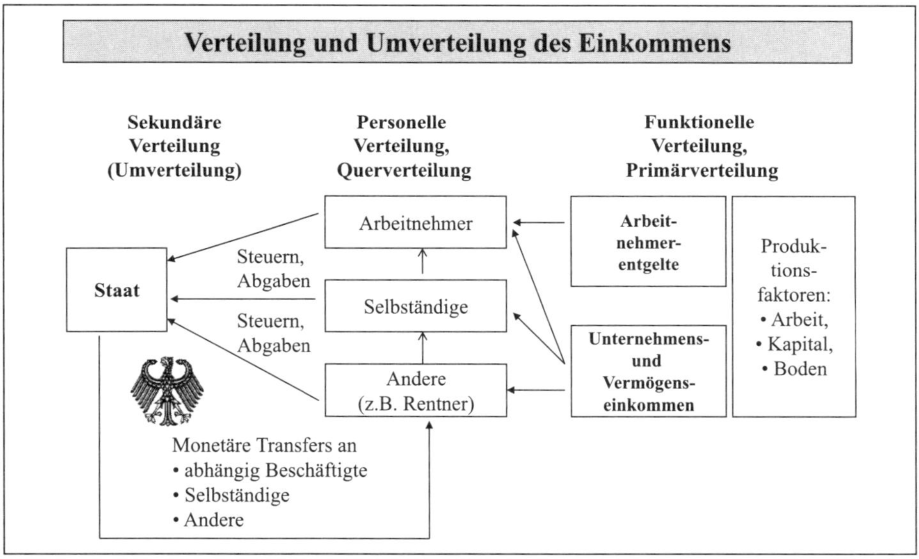

Abb. 2.32: Verteilungsbegriffe

Verteilung auf funktionelle Aggregate

Der Anteil der Arbeitnehmerentgelte (AE) am Volkseinkommen (VE) wird als **Lohnquote** bezeichnet. Es gilt:

(1) $LQ_t = AE_t / VE_t$

Sie wird häufig als Maß für die funktionelle Einkommensverteilung herangezogen. Der Anteil des Unternehmens- und Vermögenseinkommen am Volkseinkommen entspricht der **Gewinnquote**. Bei der Interpretation dieser Quoten ist Vorsicht geboten. Einerseits fließen den Arbeitnehmern auch Teile des Unternehmens- und Vermögenseinkommens zu, so dass das Einkommen der Arbeitnehmer als Personengruppe insgesamt über die Arbeitsentgelte hinausgeht (**Querverteilung**). Zudem werden Managergehälter als Arbeitnehmerentgelte erfasst. Unternehmens- und Gewinneinkommen fließen hingegen keineswegs nur den Unternehmen bzw. Unternehmerhaushalten zu, sondern können wie im Fall von Kapitalgesellschaften auch an Anteilseigner verteilt werden.

Die Lohnquote kann sich auch dann verändern, wenn die **Arbeitnehmerquote**, d. h. der Anteil der Arbeitnehmer (AN) an den Erwerbstätigen (EWT), also den Arbeitnehmern und den Selbstständigen, im Zeitverlauf Veränderungen unterliegt und somit die Arbeitnehmerentgelte auf eine unterschiedliche Personenzahl verteilt werden. Um die tatsächliche Lohnentwicklung zu messen, wird die Beschäftigtenstruktur eines Basisjahres beibehalten (Abb. 2.33). Ergebnis ist die **bereinigte Lohnquote** (LQ^b):

(2) $LQ = AE / VE$ (für ein Basisjahr)

(3) $AQ = AN / EWT$ (für ein Basisjahr)

(4) $LQ^b_t = (AE_t / VE_t) \times (AN / ET)^{Basisjahr} / (AN_t / EWT_t)$

Bereits seit 1988 verwendet der Sachverständigenrat die **Arbeitseinkommensquote** (AEQ) als Indikator für die Einkommensverteilung. Dazu wird das gesamtwirtschaftliche Arbeitseinkommen (AEK) als Summe der Arbeitnehmerentgelte und dem **kalkulatorischen** Arbeitseinkommen der selbständig Erwerbstätigen einschließlich der mithelfenden Familienangehörigen zugrunde gelegt.

Berechnung der Lohnquote

Jahr	Arbeitnehmer-entgelt	Volks-einkommen	Arbeitnehmer	Erwerbstätige
2005	80	100	160	200
2008	90	120	150	200

Unbereinigte Lohnquote 2005: $(80/100) \times 100 = 80\%$

Unbereinigte Lohnquote 2008: $(90/120) \times 100 = 75\%$

Bereinigte Lohnquote 2008: $90/120 \times \frac{160/200}{150/200} \times 100 = 80\%$

Abb. 2.33: Bereinigte und unbereinigte Lohnquote

Verteilung auf Sektoren: Konsum- und Sparquote

Im Vordergrund vieler Analysen steht das **Verfügbare Einkommen** des Sektors **Private Haushalte**, da es eine entscheidende Einflussgröße für den privaten Konsum und somit für die größte Komponente des BIP darstellt. Zunächst fließen den privaten Haushalten die Arbeitnehmerentgelte zu. Beachten Sie, dass die Arbeitnehmerentgelte die Sozialbeiträge der Arbeitgeber- und Arbeitnehmer umfassen. Im Gegensatz dazu enthalten die Bruttolöhne und -gehälter nur den Anteil der Arbeitnehmer. Dem Sektor Private Haushalte fließen zudem Teile des Unternehmens- und Vermögenseinkommens (z. B. Zinseinkünfte, ausgeschüttete Gewinne) sowie (Netto-)Transfers des Staates zu. Vermindert um die Sozialbeiträge sowie die Einkommen- und Vermögensteuern ergibt sich das verfügbare Einkommen der privaten Haushalte.

Das verfügbare Einkommen der privaten Haushalte ist Bezugspunkt für die Berechnung der **Konsumquote** und der **Sparquote**, die sich beide zu 100 % ergänzen (Abb. 2.34).

Weg zum Verfügbaren Einkommen der Privaten Haushalte

Allgemein (vereinfacht)	fiktives Zahlenbeispiel (Mrd. €)
Arbeitnehmerentgelte	1.600
+ Unternehmens- und Vermögenseinkommens der priv. Haushalte	+ 300
+ Staatliche monetäre (Netto-)Transfers	+ 200
– Sozialbeiträge der Arbeitnehmer und Arbeitgeber	– 400
– Einkommen-/Vermögensteuern	– 200
= Verfügbares Einkommen der Privaten Haushalte	**= 1.500**
davon: Konsumausgaben	1.350
davon: Sparen	150

Konsumquote: $(1.350 / 1.500) \times 100 = 90\%$
Sparquote: $(150 / 1.500) \times 100 = 10\%$

Abb. 2.34: Verfügbares Einkommen, Sparquote und Konsumausgaben

Schlagwörter		
	• Bruttonationaleinkommen • Inlandskonzept • Inländerkonzept • Primäreinkommen • Volkseinkommen • Lohnquote • Gewinnquote	• bereinigte Lohnquote • funktionelle Einkommensverteilung • Querverteilung • verfügbares Einkommen • Konsum-, Sparquote • Bruttolöhne, -gehälter • sekundäre Einkommensverteilung

2.5 Volkswirtschaftliche Kennziffern

Die aus makroökonomischen Größen abgeleiteten **Quoten** bilden eine wichtige Grundlage für das Verständnis wirtschaftspolitischer Zusammenhänge (Abb. 2.35). Auf das BIP lassen sich noch weitere Kennziffern sinnvoll beziehen. Geläufig sind z. B. Anteil einzelner Ausgabenkategorien am BIP (u. a. Gesundheits-, Bildungs-, Forschungs-, Rüstungsausgaben). Bei allen Quoten handelt es sich um Durchschnittsgrößen, die aufgrund der Aggregation von Daten zu Informationsverlusten führen.

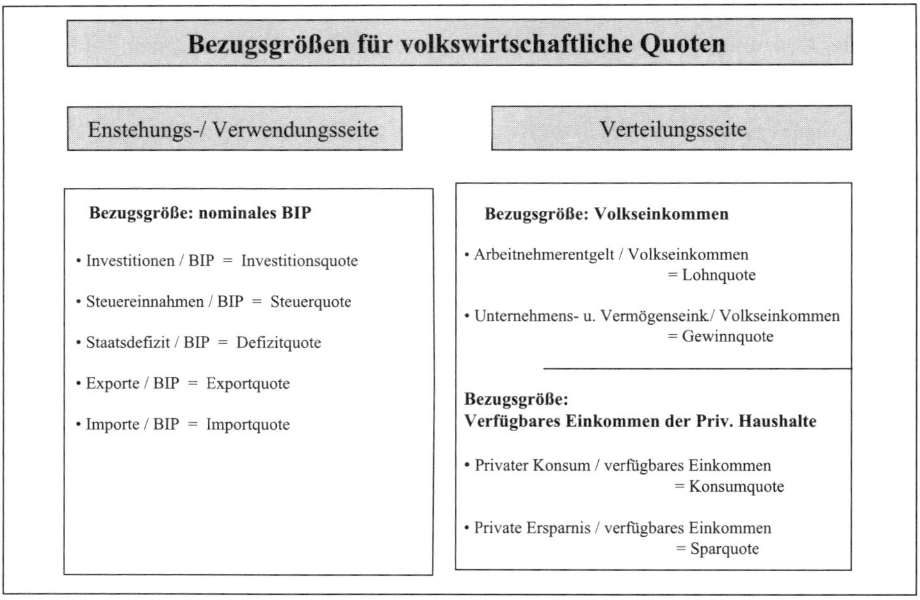

Abb. 2.35: Ausgewählte makroökonomische Quoten

2.6 Fallbeispiele zu Kapitel 2

Lösungs- und Bearbeitungshinweise sowie alle Abbildungen dieses Kapitels finden Sie unter: www.vahlen.de

Fallbeispiel 2.1: Volkswirtschaftliches Rechnungswesen (0)

1) Welche Teilrechnungen des Volkswirtschaftlichen Rechnungswesens geben Auskunft über folgende gesamtwirtschaftliche Sachverhalte: Wirtschaftliches Wachstum, Arbeitslosigkeit, Staatsverschuldung, Außenhandelsverflechtung, Kreditverflechtung, Geldvermögen?
2) Welche Dimensionen haben folgende Größen? Geben Sie jeweils ein Beispiel: Nominale, reale Größe; Bestands-, Stromgröße; Niveauvariable; Wachstumsrate.
3) Sie besitzen als Student der BWL am 1. November Sachgüter im Wert von 2.000 € und ein geerbtes Aktienpaket im Wert von 25.000 €. Bargeld haben Sie nicht. Sie haben Ihr laufendes Girokonto mit 1.000 € überzogen. Sie erhalten monatlich ein Stipendium von 800 € (verfügbares Einkommen) und geben für Miete, Essen und andere Verbrauchsgüter 1.000 € aus. Sie verkaufen für 22.000 € Aktien gegen Bargeld, kaufen dafür ein Auto für 20.000 € (bar) und zahlen 1.000 € auf Ihr Konto ein. Mit welchen Beträgen werden Einkommen, Konsum und Ersparnis im November in der Volkswirtschaftlichen Gesamtrechnung ausgewiesen. Wie hat sich dadurch Ihr Vermögen gegenüber dem Anfang des Monats verändert? (in Anlehnung an *Willke, 1998, S. 59*)

Fallbeispiel 2.2: Denksport für Kreislauftheoretiker (+)

Ihre studentische Wohngemeinschaft leistet sich einen neuen Kühlschrank zu 150 €. Der Händler bekommt aufgrund der überteuerten Ware moralische Skrupel und schickt einen Auszubildenden mit 50 € zurück. Dieser unterschlägt jedoch aufgrund seines geringen Gehalts 20 € und zahlt Ihrer Wohngemeinschaft nur 30 € aus. Ihre Wohngemeinschaft hat damit 120 € für den Kühlschrank gezahlt, 20 € hat der Auszubildende. Anfangs waren jedoch 150 € im Kreislauf. Wo sind die 10 € geblieben? (*Quelle: van Suntum, 2006/07*)

Fallbeispiel 2.3: Dynamische und stationäre Wirtschaft (0)

In einer Ökonomie entwickeln sich die Bruttoinvestitionen wie folgt:

Jahr	2009	2010	2011	2012
Mrd. €	40	30	20	0

1) Wie entwickelt sich die Volkswirtschaft, wenn die Abschreibungen in allen Jahren bei 30 Mrd. € liegen? Stellen Sie die Entwicklung grafisch dar.
2) Wie sieht der Kreislauf einer stationären Wirtschaft aus?
3) Wie verändert sich der Kreislauf in einer dynamischen Wirtschaft?

Fallbeispiel 2.4: Ex-post Identität von Sparen und Investieren (+)

In einer Volkswirtschaft planen Unternehmen die Herstellung von Investitionsgütern zu 40 Mrd. € und von Konsumgütern zu 120 Mrd. €. Im Laufe des Wirtschaftsjahres realisieren die Unternehmen diese Pläne. Die Haushalte – als Bezieher des Volkseinkommens – planen Konsumausgaben in Höhe von 110 Mrd. €. Sie wollen 50 Mrd. € sparen.

1) Stellen Sie die Pläne von Unternehmern und Haushalten gegenüber und beschreiben Sie die Ex-ante-Situation.
2) Wie kann der Ausgleich zwischen den Plänen zustande kommen (Ex-post-Identität)?

Fallbeispiel 2.5: Wirtschaftskreislauf mit Staat (++)

In einem geschlossenen Wirtschaftskreislauf liegen folgende Geldströme. vor. Durch die Verfassung ist ein ausgeglichener Staatshaushalt vorgeschrieben.

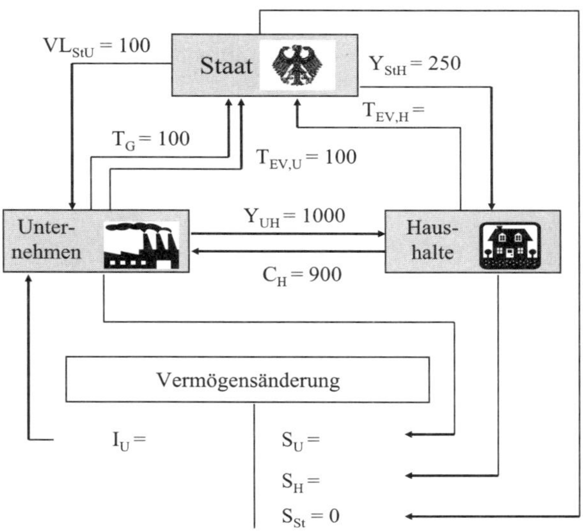

1) Ermitteln Sie
   a) das verfügbare Einkommen der privaten Haushalte,
   b) das Sparen der privaten Haushalte,
   c) die Investitionen des Unternehmenssektors.

2) Wie würde sich das Ergebnis verändern, wenn der Staat zur Ankurbelung der Wirtschaft die Einkommensteuern der privaten Haushalte um 100 Mrd. € senkt und diese das höhere verfügbare Einkommen vollständig konsumieren? Interpretieren Sie das Ergebnis.

Fallbeispiel 2.6: BIP und Wirtschaftskreislauf (++)

In einer offenen Volkswirtschaft sind folgende Transaktionen gegeben:

Private Haushalte			
C_H	800	Y_{UH}	1.000
$T_{EV,H}$	400	Y_{StH}	200
		Tr_{StH}	200
Unternehmen			
Y_{UH}	1.000	C_H	800
$T_{EV,U}$	150	I_U	200
T_G	150	VL_{StU}	300
Im	150	Ex	200

1) Vervollständigen Sie den Wirtschaftskreislauf durch Abschluss der Konten.
2) Wie hoch ist das BIP?

Fallbeispiel 2.7: Wechselkurse als Scharnier zum Ausland (+)

1) Eine Studentin aus Singapur will für drei Monate als Austauschstudentin nach Südafrika gehen. Zu einem Kurs von: 1 Singapur Dollar (SGD) = 4,2 Südafrikanische Rand (ZAR) wechselt sie 3.000 SGD um. Bei ihrer Rückkehr nach Singapur hat sie 3.900 ZAR übrig, die sie zu einem Kurs von 1 SGD = 4 ZAR in SGD zurücktauscht.
   - Wie viele ZAR hat die Studentin beim Antritt Ihres Studiums erhalten?
   - Wie viele SGD hat sie bei ihrer Rückkehr erhalten?
   - Beurteilen Sie, ob sich der Wechselkurs während der drei Monate zum Vor- oder Nachteil der Studentin verändert hat.

   (in Anlehnung an PISA, 2003, Teil Mathematik)
2) Beurteilen Sie anhand der nachfolgenden Abbildung, wie teuer ein US-PKW für einen Bürger der EWU bzw. wie teuer ein deutscher PKW für einen US-Bürger ist, wenn der Wechselkurs aus deutscher Sicht 0,9 US-$/€ beträgt.

PKW: 50.000 US-$ **0,90 US-$/€** PKW: 50.000 €

3) Wie verändern sich die Preise der PKW in den USA und in der EWU im Fall folgender Wechselkursveränderungen (jeweils ausgehend von einem Wechselkurs von 0,9 US-$/€)?

Preise der PKW	Aufwertung des € auf 1 US-$/€	Abwertung des € auf 0,80 US-$/€
PKW in USA in €		
PKW in EWWU in US-$		

Fallbeispiel 2.8: Offene Volkswirtschaft im Wirtschaftskreislauf (+)

1) Unterscheiden Sie die Begriffe offene Volkswirtschaft und offener Wirtschaftskreislauf!
2) In einer kleinen Volkswirtschaft sind folgende Daten bekannt:
   Private Ersparnis: 300
   Staatsausgaben: 300
   Staatseinnahmen: 200
   Private Investitionen: 400
   Vervollständigen Sie die Ex-post Identität des Wirtschaftskreislaufs. Liegt in der Volkswirtschaft ein Export- oder ein Importüberschuss vor? Vergleichen Sie dazu die inländische Ersparnis und die inländische Nachfrage.
3) Wie kann der in 2) ermittelte Überschuss abgebaut werden? Diskutieren Sie im Rahmen des Wirtschaftskreislaufs.
4) Welche Informationen liefert ein positiver Außenbeitrag aus güter- und finanzwirtschaftlicher Sicht?

Fallbeispiel 2.9: BIP-Berechnung (0)

In einer Volkswirtschaft werden in der Stahlindustrie Löhne und Gehälter im Wert von 300 Mrd. € gezahlt. Die gesamte Produktion wird für 560 Mrd. € an die Automobilindustrie verkauft. Die Automobilindustrie zahlt Löhne und Gehälter im Wert von 200 Mrd. €. Die produzierten PKW werden für 1.000 Mrd. € an inländische Händler verkauft. Dort fallen Löhne und Gehälter im Umfang von 500 Mrd. € an. Die PKW werden für 560 Mrd. € an den Staat (Dienstfahrzeuge) und für 1.440 Mrd. € an private Haushalte verkauft. Die privaten Haushalte zahlen Einkommensteuern in Höhe von 20 % und konsumieren 90 % ihres verfügbaren Einkommens. Abschreibungen, Gütersteuern, Subventionen und Auslandsbeziehungen werden nicht berücksichtigt. (in Anlehnung an *Forster/Klüh/Sauer, 2005, S. 16*).

1) Ermitteln Sie die Wertschöpfung auf jeder Produktionsstufe.
2) Wie hoch sind Bruttoproduktionswert, Vorleistungen und das BIP von der Verwendungsseite?
3) Ermitteln Sie das BIP von der Verteilungsseite.
4) Stellen Sie die Transaktionen in einem Kreislaufmodell dar! Wie beurteilen Sie die wirtschaftlichen Entwicklungsperspektiven der Volkswirtschaft?

Fallbeispiel 2.10: Reales und nominales BIP (+)

Eine Ökonomie produziert drei Güter: Autos, Computer und Äpfel. Produktionsmengen und Preise je Einheit für die Jahre 2009 und 2010 sind durch folgende Tabelle gegeben (in Anlehnung an *Blanchard/Illing, 2009, S. 75*):

	2009		2010	
	Menge	Preis	Menge	Preis
Autos	10	2.000€	12	3.000€
Computer	4	1.000€	6	500€
Äpfel	1.000	1€	1.000	1€

1) Ermitteln Sie das nominale BIP für die Jahre 2009 und 2010 sowie das prozentuale Wachstum.
2) Ermitteln Sie das reale BIP in Preisen von 2009 bzw. für 2010 für beide Jahre. Wie stark ist das BIP jeweils gewachsen?
3) Gehen Sie davon aus, dass das BIP in Preisen von 2010 berechnet wird. Ermitteln Sie die Wachstumsrate des BIP-Deflators zwischen beiden Jahren.

Fallbeispiel 2.11: Paasche-Preisindex (0)

Gegeben ist folgender Warenkorb:

Gut	Menge (Jahr 0)	Preis (Jahr 0)	Menge (Jahr 1)	Preis (Jahr 1)
Hot Dogs	100	3€	100	4€
Coca-Cola	30	2€	40	1€
Videos	10	20€	20	15€
Taxifahrten	30	10€	20	20€
Kinobesuche	2	8€	1	15€

Berechnen Sie den Paasche-Preisindex.

Fallbeispiel 2.12: Sektorenabgrenzung innerhalb des ESVG 1995 (0)

1) Wie wird in der VGR die Volkswirtschaft bzw. „übrige Welt" abgegrenzt?
2) Zu welchen Sektoren gehören folgende Wirtschaftseinheiten?

Wirtschaftseinheit	Sektor
(1) Private Krankenversicherung	
(2) Deutsche Post AG	
(3) Einzelunternehmen	
(4) Hochschule Bonn-Rhein-Sieg	
(5) Deutscher Gewerkschaftsbund	
(6) Deutsche Bundesbank	
(7) SPD	
(8) Rentenversicherungsanstalt	
(9) Krankenhaus der Barmherzigen Schwestern	

3) Grenzen Sie den Unternehmenssektor in der VGR ab.

Fallbeispiel 2.13: Wertschöpfung des Unternehmenssektors (0)

1) Ein Computerhersteller produziert und verkauft Computeranlagen zu einem Preis von 50.000€. Die gesamten Zahlungen für Zwischenprodukte und Dienstleistungen belaufen sich im Februar auf 500.000€. Von den bezogenen Leistungen waren am Monatsende noch Güter im Wert von 100.000€ auf Lager. Im Februar verkauft das Unternehmen 20 Anlagen. Der Lagerbestand an fertigen Anlagen verringerte sich von 240.000€ (8 Anlagen) um 5 Anlagen 150.000€ (3 Anlagen). Eine selbsterstellte Anlage wurde im eigenen Betrieb installiert. Zusätzlich wurde ein Drucker für 5.000€ eingekauft. Die Werte für Lagerbestände und eigenerstellte Anlagen werden mit 30.000€ je Anlage angesetzt. Die Abschreibungen betragen 50.000€. Ermitteln Sie die betriebliche Leistung, die Brutto- und Nettowertschöpfung im Februar.
2) Wie wirkt sich ein zunehmendes Outsourcing in einer Volkswirtschaft auf den Produktionswert und die Wertschöpfung aus?

Fallbeispiel 2.14: Wertschöpfung des Staates (+)

1) Wie wird die Bruttowertschöpfung des Staates berechnet?
2) Aus welchen Größen setzen sich die Konsumausgaben des Staates zusammen?
3) Wie wirken sich folgende Vorgänge auf die staatlichen Konsumausgaben aus?
   a) Erhöhung der Leistungen der gesetzlichen Pflegeversicherung
   b) Gewährung von Arbeitslosengeld II
   c) Die Stadt Bonn kauft neue Dienstwagen
   d) Die Stadt Bonn mietet Wohnungen für Aussiedler aus Osteuropa an, die diese mietfrei bewohnen können
   e) Einstellung zusätzlichen Personals im Sozialamt der Stadt Bonn

Fallbeispiel 2.15: Ausgaben- und Verbrauchskonzept der Konsumausgaben (0)

1) Wodurch unterscheiden sich das Ausgaben- und Verbrauchskonzept in der VGR?
2) Für eine Volkswirtschaft liegen folgende Größen vor:
   - BIP 2.000 Mrd. €
   - Individualkonsum 1.390 Mrd. €
   - Konsumausgaben des Staates 380 Mrd. €
   - Soziale Sachtransfers 220 Mrd. €
   - Monetäre Transfers 420 Mrd. €

   Ermitteln Sie folgende Größen:
   a) Private Konsumausgaben
   b) Kollektivkonsum
   c) Konsumausgaben nach dem Ausgabenkonzept und nach dem Verbrauchskonzept
3) Welche Staatsquoten lassen sich im Beispiel ausweisen? Warum ist diese Betrachtung auch von wirtschaftspolitischem Interesse?

Fallbeispiel 2.16: Bewertungslücken und Untergrundaktivitäten (+)

1) Was verstehen Sie unter Markt- und Nicht-Marktproduktion?
2) In welche zwei Bereiche lassen sich ökonomische Untergrundaktivitäten einteilen?
3) Ordnen Sie die folgenden Aktivitäten einzelnen Gruppen der Untergrundwirtschaft zu (in Anlehnung an *Rittenbruch, 2005, S. 35*):

Aktivität	Legal	Illegal
Selbstversorgung	1	2
Schattenwirtschaft	3	4

   a) Verkauf legaler Waren ohne Rechnung
   b) Fahrgemeinschaft und getrennte Angabe der Fahrtkilometer in der Steuererklärung
   c) Tausch im Handwerk: Malerarbeit gegen Installation
   d) unentgeltliche Mitarbeit im Deutschen Roten Kreuz
   e) Verkauf von Heizöl als Dieselkraftstoff
   f) Drogenhandel
   g) Hilfe von Verwandten im Eigenheimbau
   h) Vermittlung illegaler Leiharbeit
   i) private Mitarbeit an der Errichtung eines Biotops
   j) Schwarzarbeit
   k) eigenes Tapezieren in der Wohnung
   l) privater Schmuggel von Zigaretten
4) Das reguläre Gehalt eines Fliesenlegers soll bei 2.000 € liegen. Arbeitgeber- und Arbeitnehmeranteil zur Sozialversicherung betragen 20 %. Hinzu kommen 30 % freiwillige Leistungen des Arbeitgebers, die sich ebenfalls auf das Bruttoeinkommen beziehen.

Die Einkommensteuerbelastung liegt bei 20 %. In einer Zeitung können Sie lesen „*In der Schattenwirtschaft spart der Auftraggeber die Hälfte der Kosten und verdient der Schwarzarbeiter das Doppelte des regulären Gehalts*“. Beurteilen Sie diese Aussage, wenn der Schwarzarbeiter „Brutto als Netto“ als Bezahlung erhält.

Fallbeispiel 2.17: Investitionskategorien des ESVG 1995 (0)

1) Handelt es sich bei den folgenden Aktivitäten um Investitionen? Wenn ja, welche Investitionskategorie liegt vor?

Aktivität	Ja	Nein	Kategorie
Ausgaben für Computerprogramme durch Unternehmen			
Neubau von Doppelhaushälften durch private Haushalte			
Zunahme der Vorräte durch Unternehmen			
Kauf von PKW durch private Haushalte			
Errichtung von Militärkrankenhäusern, die auch zivil nutzbar sind			
Erwerb von Beteiligungen an Unternehmen durch andere Unternehmen			
Kauf von PKW durch Unternehmen			

2) Folgende Größen sind gegeben (in Mrd. €): BIP 2.000; Abschreibungen 200; Nettoinvestitionen 200. Wie hoch sind die Investitionsquote bzw. der Modernisierungsgrad der Volkswirtschaft?
3) Ein Industrieroboter hatte am 1. Februar einen Wert von 100.000 €. Zur Leistungssteigerung wird im April eine neue Computersteuerung von 25.000 € eingebaut. Am Ende des Jahres wird der Wert des Industrieroboters mit 75.000 € angegeben. Wie hoch waren im vorliegenden Zeitraum Brutto- und Nettoinvestition bzw. Abschreibungen?

Fallbeispiel 2.18: Inlands- und Inländerkonzept (+)

1) Wie verändert sich das BIP bzw. BNE des jeweiligen Landes bei folgenden Vorgängen?
   a) Ein Wochenendpendler aus Belgien arbeitet bei einem PKW-Hersteller in Köln.
   b) Kölner Unternehmer erzielen Dividenden von Biotech-Unternehmen aus den USA.
   c) Ein Ingenieur aus Freiburg arbeitet bei einem Chemie-Unternehmen in Basel.
   d) Ein Börsenhändler aus New York erzielt Dividenden von Chemie-Unternehmen in Deutschland
2) Ein Belgier wohnt in Aachen und arbeitet in den Niederlanden. Beurteilen Sie, wie dadurch das BIP bzw. BNE in den drei Ländern betroffen ist. („0“ = keine Auswirkungen; „+“ = steigt; „–“= sinkt)

Land/Effekt	BIP	BNE
Belgien		
Niederlande		
Deutschland		

3) Nehmen Sie an, das BIP in Deutschland liege bei 2.000 Mrd. €. Im kleinen Nachbarland, das die gleiche Währung hat, liegt das BIP bei 400 Mrd. €. Nennen Sie mögliche Ursachen dafür, dass in Deutschland das Auslandseinkommen der Inländer kleiner ist als das Inlandseinkommen der Ausländer.

Fallbeispiel 2.19: Gesamtwirtschaftliche Einkommensbegriffe (++)

In Deutschland wurden im Jahr 2005 folgende Vorgänge beobachtet:

- Bruttoproduktionswert 2.400
- Unternehmens- und Vermögenseinkommen 300
- Zins- und Mieteinkünfte 135
- Private Konsumausgaben 1.100
- Staatskonsum 350
- Bruttoinvestitionen 380
- Exporte – Importe 150
- Nettoproduktionsabgaben 120
- Auslandseinkommen der Inländer 50
- Inlandseinkommen der Ausländer 150
- Nettonationaleinkommen 1.455

Ermitteln Sie folgende Größen: BIP, BNE, Abschreibungen, Vorleistungen, Volkseinkommen sowie Arbeitnehmerentgelt für das Jahr 2005 *(Quelle: Forster/Klüh/Sauer, 2005, S. 17).*

Fallbeispiel 2.20: Verteilungsbegriffe (0)

1) Was besagen die Begriffe Primär-, Quer- und Sekundärverteilung?
2) In einer Volkswirtschaft sind folgende Größen bekannt:
   - Volkseinkommen 100
   - Arbeitnehmerentgelte 60
   - Zinseinkommen der Privaten Haushalte 10
   - Steuern der Privaten Haushalte 40
   - Transfers an Private Haushalte 50

   Ermitteln Sie die funktionale Verteilung, die primäre und die sekundäre Verteilung bezogen auf die Privaten Haushalte.
3) Wann gibt es keinen Unterschied zwischen funktionaler und primärer Verteilung?

Fallbeispiel 2.21: (Un-)Bereinigte Lohnquote (++)

Gegeben sind folgende Größen:

- Arbeitnehmerentgelte im Jahr 2000 1.200 Mrd. €
- Volkseinkommen im Jahr 2000 1.600 Mrd. €
- Arbeitnehmerquote im Jahr 2000 90 %
- Arbeitnehmerquote im Jahr 1995 (Basisjahr) 85 %

1) Berechnen Sie unbereinigte und bereinigte Lohnquote für das Jahr 2000.
2) Wie verändert sich unter sonst gleichen Bedingungen die unbereinigte Lohnquote bei folgenden Vorgängen:

Vorgang	Lohnquote	Berechnung
Die Arbeitnehmerentgelte steigen aufgrund von Lohnerhöhungen um 20 Mrd. €.		
In einer Rezession sinken die Unternehmens- und Vermögenseinkommen um 50 Mrd. €.		
Durch hohe Arbeitslosigkeit sinken die Arbeitnehmerentgelte um 30 Mrd. €.		
100.000 leitende abhängig Beschäftigte machen sich innerhalb eines Jahres selbständig, so dass die Arbeitnehmerentgelte um 50 Mrd. € sinken und gleichzeitig die Unternehmenseinkommen um den gleichen Betrag steigen.		

3) „Im letzten Jahr ist die Lohnquote von 74 % auf 70 % zurückgegangen. Dies ist ein deutliches Signal für die realen Einkommensverluste der Arbeitnehmerhaushalte, während die Unternehmen ihre Gewinne – gemessen an der Gewinnquote – von 26 % auf 30 % steigern konnten." Nehmen Sie Stellung zu dieser Aussage.

Fallbeispiel 2.22: Entstehungs-, Verwendungs- und Verteilungsrechnung (++)

Das Statistische Bundesamt hat für das Jahr 2008 folgende Größen in Mrd. € ermittelt (Produktions- und Importabgaben = Gütersteuern; Saldo der Primäreinkommen gleich Null):

Entstehungsrechnung	
– Vorleistungen	1.000
– Bruttowertschöpfung	1.800
– Abschreibungen	200
Verwendungsrechnung	
– Private Konsumausgaben	1.170
– Anlageinvestitionen (netto)	200
– Exporte	500
– Importe	450
Verteilungsrechnung	
– Bruttonationaleinkommen	
– Volkseinkommen	
– Arbeitnehmerentgelte	1.200
– Unternehmens- und Vermögenseinkommen davon an Private Haushalte	400 300
Staatseinnahmen	
– Einkommen- und Vermögensteuern davon: Private Haushalte	250 200
– Produktions- und Importabgaben	250
– Sozialbeiträge	400
Staatsausgaben	
– Staatliche Konsumausgaben, davon: Soziale Sachtransfers	380 220
– Monetäre Sozialleistungen	470
– Gütersubventionen	50
– Staatliche Bruttoinvestitionen	0

1) Berechnen Sie
   a) den Bruttoproduktionswert,
   b) das BIP von der Entstehungs- und Verwendungsseite,
   c) das BNE,
   d) die Sparquote der privaten Haushalte,
   e) die Lohnquote und
   f) die Staatsquote ohne und mit Sozialversicherungshaushalten.
2) Überprüfen Sie die Gültigkeit der Ex-post-Identität von S und I. Beachten Sie, dass der Staat hier auch die Sozialversicherungshaushalte enthält.

Kapitel 3: Theoretische Ebene der Makroökonomie

Kapitel 3

$$
\begin{aligned}
&(1)\; C_H = C_{aut} + c \times Y \\
&(2)\; Y = C_H + S_H \\
&(3)\; Y = C_{aut} + c \times Y + S_H \\
&(4)\; S_H = -C_{aut} + (1 - c) \times Y \\
&\qquad\;\; = -C_{aut} + s \times Y
\end{aligned}
$$

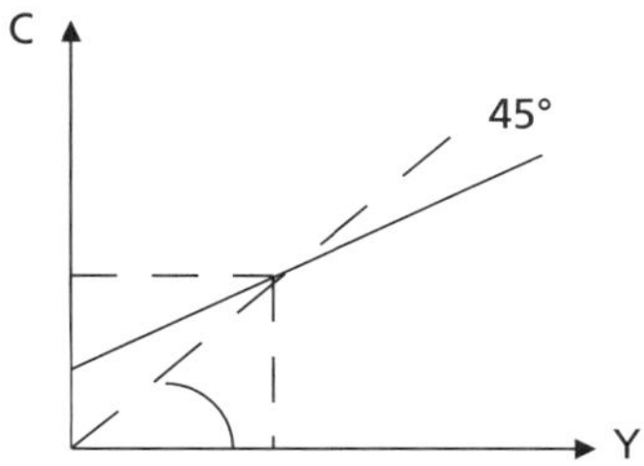

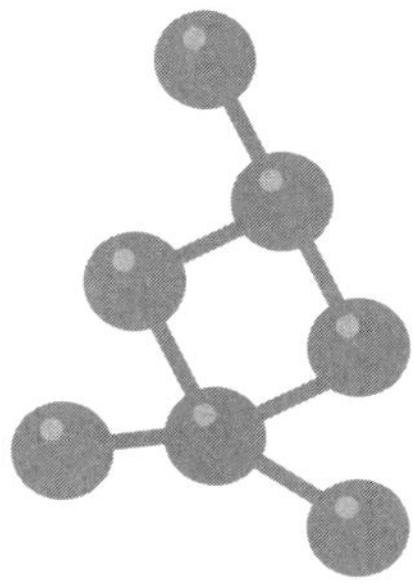

Inhaltsübersicht

Lernzielorientierte Sachverhalte

- Die makroökonomische Theorie erfasst die Realität in Modellen. Je nach der Vorstellung vom Ablauf wirtschaftlicher Prozesse unterscheiden sich diese Modelle.
- Makroökonomische Denkschulen unterscheiden sich vor allem in der Auffassung hinsichtlich der Stabilität marktwirtschaftlicher Systeme, der Erfolgsmöglichkeiten aktiver Wirtschaftspolitik und in der Frage, ob Menschen rational staatliches Handeln antizipieren können.
- Im Mittelpunkt der theoretischen Analyse stehen die Güter-, Geld-, Arbeits- und Devisenmärkte. Diese Märkte lassen sich isoliert untersuchen oder im Zusammenhang betrachten.
- Der Gütermarkt lässt sich vereinfacht durch die private Konsum- und Investitionsgüternachfrage beschreiben. Im Gleichgewicht herrscht eine Übereinstimmung von Sparen und Investieren.
- Die Motive der Geldhaltung lassen sich in eine Transaktion- und Spekulationskasse unterteilen. Im Gleichgewicht entsprechen sich Liquiditätspräferenz und Geldangebot der Notenbank auf dem Geldmarkt.
- Die Verknüpfung von Güter- und Geldmarkt lässt sich im IS-LM-Modell nachvollziehen. Dieses Modell eignet sich zur Diskussion der kurzfristigen Wirkungen der Finanz- und Geldpolitik.
- Die gesamtwirtschaftliche Nachfrage wird vom Preisniveau bestimmt. Das gesamtwirtschaftliche Angebot ergibt sich durch das Zusammenspiel von Preissetzungs- und Lohnsetzungsgleichung.
- Aus dem Zusammenspiel von gesamtwirtschaftlicher Nachfrage und gesamtwirtschaftlichem Angebot ergeben sich die zentralen makroökonomischen Größen Output, Beschäftigung und Inflation.
- Gesamtwirtschaftliche Totalmodelle sind geeignet, die Auswirkungen makroökonomischer Schocks und den Einsatz von wirtschaftspolitischen Instrumenten zu analysieren sowie mögliche Folgewirkungen zu simulieren.

3.1 Makroökonomische Modellbildung

Volkswirtschaften sind immer wieder mit makroökonomischen Problemstellungen wie Arbeitslosigkeit, Inflation oder Rezession konfrontiert. Sollen derartige Instabilitäten durch die Wirtschaftspolitik beseitigt bzw. zumindest verringert werden, müssen ihre **Ursachen** verstanden werden. Die Frage nach den Ursachen zielt nach dem „**Warum**" und ist der Theorie zugeordnet. Erklärt werden soll,

- warum einzelne makroökonomische Größen ein bestimmtes Niveau haben,
- warum sich diese Werte im Zeitablauf ändern und
- in welche Richtung diese Änderungen gehen.

Die makroökonomische Theorie erfasst die Wirklichkeit in Modellen. Diese ähneln unter bestimmten Gesichtspunkten einer Straßenkarte (Abb. 3.1). Eine solche Karte hat z. B. die Funktion, alle für Autofahrer nutzbaren Strecken darzustellen. Dabei werden Vereinfachungen vorgenommen, z. B. Ortschaften durch Punkte, Straßen durch Linien mit unterschiedlichen Farben und Strichstärken beschrieben. Vernachlässigt werden z. B. Wanderwege, Hausnummern, Ampeln oder Angaben zur Verkehrsdichte. Je nach gewähltem Maßstab erscheinen die Konturen schärfer oder unschärfer. Die Realität selbst wäre sozusagen ein Maßstab 1:1 und würde uns aufgrund ihrer Komplexität keine Orientierung liefern.

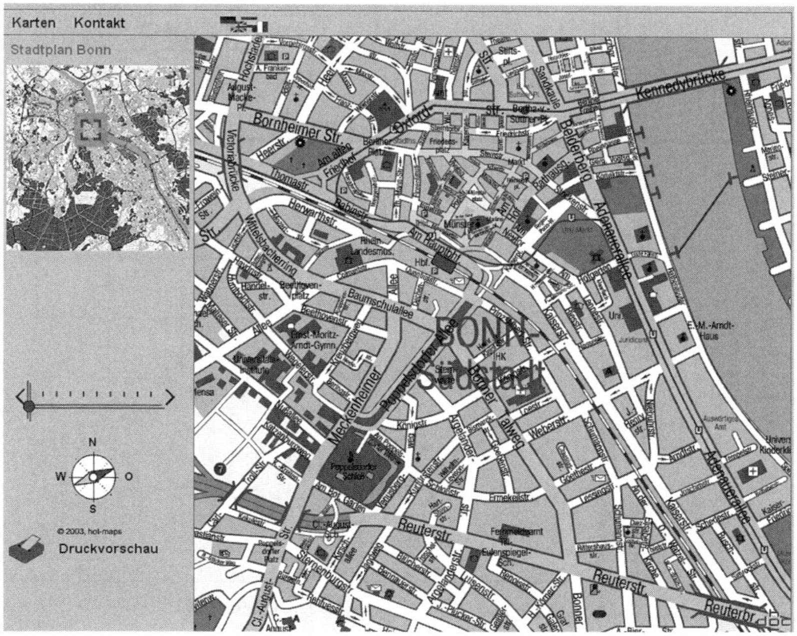

Abb. 3.1: Straßenkarte als Modell
Quelle: http://www.hot-maps.de/europe/germany/nrw/bonn/homede.html

3.1.1 Stammbaum der Makroökonomie

Wir wollen nachfolgend den Stammbaum der Makroökonomie nachzeichnen (Abb. 3.2). Die daraus resultierenden Auffassungen finden sich teilweise in wirtschaftspolitischen Konzepten wieder.

Klassik

Die Konzeption der Klassik gehört im strengen Sinn nicht zur Makroökonomie, sondern eher zur Mikroökonomie. Ungeachtet dessen wollen wir sie an dieser Stelle berücksichtigen, da sich zentrale Gedanken auch in makroökonomischen Konzepten finden. Wichtigste Vertreter dieser Richtung sind *Adam Smith* (1723–1790), *David Ricardo* (1772–1823), *Alfred Marshall* (1842–1924) und *Arthur Cecil Pigou* (1877–1969). Diese Klassiker begründeten die Ökonomie als eigenständige ökonomische Disziplin und erklärten erstmals das **Zusammenspiel von Angebot und Nachfrage** sowie die **Verteilung knapper Ressourcen** auf alternative Verwendungszwecke.

Die Konzeption der **Klassik** geht von der **immanenten Stabilität des privaten Sektors** einer Marktwirtschaft aus. Ein marktwirtschaftliches System ist ohne staatliche Eingriffe in der Lage, wirtschaftliche Probleme wie Rezession und Arbeitslosigkeit zu beseitigen. Instabilitäten einer Marktwirtschaft sind aus dieser Sicht auf eine mangelnde Flexibilität von Güterpreisen und Löhne sowie einen nicht funktionierenden Wettbewerb auf Güter- und Arbeitsmärkten zurückzuführen.

Beschäftigungsstand und Einkommen werden auf dem Arbeitsmarkt bestimmt. Im Fall **flexibler Löhne** kann es zu keiner unfreiwilligen Arbeitslosigkeit kommen.

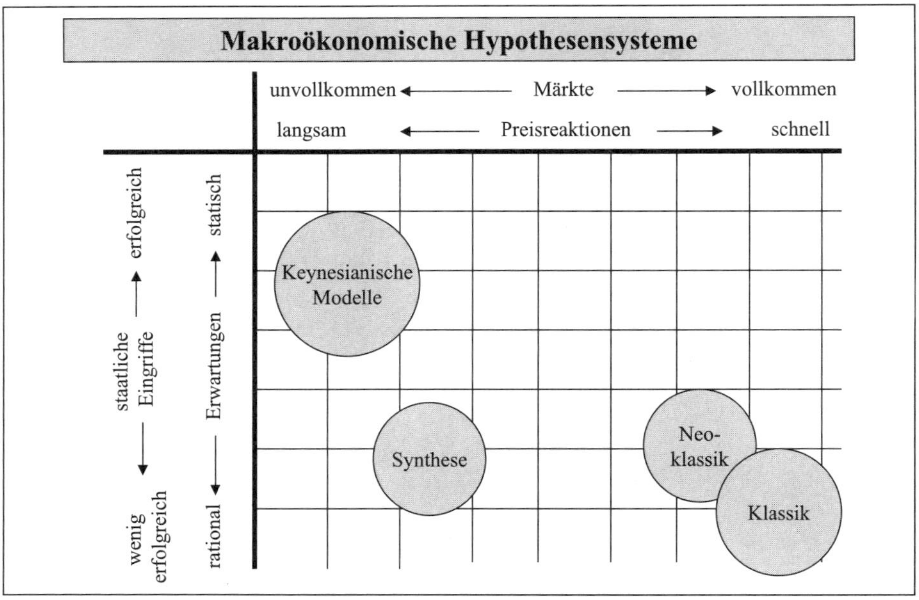

Abb. 3.2: Makroökonomische Denkschulen

Durch die Produktionsfunktion ist der Arbeitsmarkt mit dem Gütermarkt verbunden. Jedes Güterangebot führt zu einer entsprechenden Nachfrage, d. h. es kann zumindest längerfristig keinen Nachfragemangel geben (**Saysches Gesetz**; vgl. dazu Kap. 18).

Investitionsgüter werden über den Kreditmarkt durch Ersparnisse finanziert, die von den privaten Haushalten zur Verfügung gestellt werden. Das Kreditmarktgleichgewicht (S = I) führt zu einem gleichgewichtigen Zins. Dieser bestimmt, wie viel der Nachfrage auf Konsum und Investitionen entfallen.

Der Geldmarkt bestimmt das Preisniveau, hat aber keine realen Effekte auf Arbeits- und Gütermarkt (**Neutralität des Geldes**). Das Geld dient nur zur Abwicklung von Transaktionen (Transaktionskasse).

Keynesianismus

John Maynard Keynes (1883–1946) kritisiert die Modelle der Klassik, in denen kein Platz für **Unsicherheit** und **Erwartungen** ist. Die Gesamtwirtschaft, so die Botschaft, ist mehr als die Summe ihre Teile. Damit gilt *Keynes* als eigentlicher Begründer einer makroökonomischen Perspektive. Im Gegensatz zur (neo-)klassischen Position geht die **keynesianische Sichtweise** vor dem Hintergrund der Weltwirtschaftskrise des Jahres 1929 von der **Instabilität des privaten Sektors** einer Marktwirtschaft aus. **Psychologische Faktoren** spielen eine große Rolle für das wirtschaftliche Verhalten von Menschen. Die Unsicherheit über die Zukunft führt zu Schwankungen und macht das wirtschaftliche System instabil. Die keynesianische Theorie rückt den **Gütermarkt** und damit die Nachfrageseite in den Mittelpunkt. Im Kern geht es also nicht mehr vorrangig um die Verteilung von Ressourcen, sondern um die kurzfristige **Auslastung der Ressourcen**.

Entscheidend für die Höhe der Beschäftigung und des Volkseinkommens ist die Höhe der gesamtwirtschaftlichen Nachfrage. Auch das Preisniveau wird auf dem Gütermarkt bestimmt. Steigen die Preise bei ausgelasteten Kapazitäten, kommt es zur Inflation.

Das Angebot schafft sich nicht zwangsläufig selbst seine Nachfrage. Ein Gleichgewicht liegt nur vor, wenn die Ersparnisse der privaten Haushalte vollständig in Investitionen fließen (S=I). Liegt die Ersparnis oberhalb der Investitionen (S>I) kommt es zu einer Nachfragelücke, die durch staatliche Ausgaben geschlossen werden kann.

Ersparnis und Konsumnachfrage werden nicht vom Zins, sondern vom Einkommen bestimmt. Der Zins selbst wird nicht auf dem Kreditmarkt, sondern auf dem Geldmarkt gebildet. Die Zinsabhängigkeit der Geldnachfrage kann dazu führen, das Geld nicht nachfragewirksam ist, sondern gehortet wird. Die Volkswirtschaft kann in einem **Gleichgewicht bei Unterbeschäftigung** verharren, wenn die Produktion nicht abgesetzt werden kann.

Neoklassische Gegenrevolution

Die neoklassische Gegenrevolution kritisiert keynesianische Modelle, da das menschliche Verhalten nicht systematisch hergeleitet wird. Es wird eine **Mikrofundierung** der Makroökonomie vorgeschlagen, die gesamtwirtschaftliche Sachverhalte aus dem Verhalten von Menschen erklären. Vertreter dieser Denkrichtung sind *Milton Friedman* (1912–2006), *Thomas Sargant* (1943), *Robert Lucas* (1937) und *Edward Prescott* (1940). Die Auffassung, dass Marktwirtschaften im Fall flexibler Preise und Löhne zu **stabilen Gleichgewichten** tendieren, erfährt eine Wiederbelebung.

Der wirtschaftliche Organismus verfügt sozusagen über ein starkes Immunsystem, das wirtschaftliche Störungen selbst beseitigt, wenn die Preise flexibel und die Märkte funktionsfähig sind. Im Gegensatz zur keynesianischen Sichtweise wird zumindest ein längerfristiger gesamtwirtschaftlicher Nachfragemangel bestritten und stattdessen die Dominanz der Angebotsseite einer Ökonomie herausgestellt. **Staatsversagen** kann ebenso große Probleme bereiten wie **Marktversagen**. Rationale Akteure antizipieren staatliches Handeln. Der Wirkungsgrad der Wirtschaftspolitik sinkt dadurch. Der Staat soll sich folglich aus dem Marktgeschehen so weit wie möglich heraushalten. So soll sich die Geldpolitik vorrangig auf die Stabilisierung der Inflationserwartungen konzentrieren. Weitere zentrale Argumente sind:

- Konjunkturelle Arbeitslosigkeit und **strukturelle Arbeitslosigkeit** sind getrennte Sachverhalte. Strukturelle Arbeitslosigkeit wird z. B. durch zu hohe Löhne, zu große Gewerkschaftsmacht und ausgeprägte Kündigungsschutzregelungen verursacht. Diese Form der Arbeitslosigkeit lässt sich nicht durch keynesianische Nachfrageprogramme beseitigen. Damit werden nicht nur nachfrageseitige, sondern auch **angebotsseitige Problemstellungen** einer Ökonomie thematisiert.
- Menschen unterliegen keiner **Geldillusion**. Für sie zählen nur reale und keine nominalen Größen. Es gibt dann **keinen Zielkonflikt** zwischen niedriger Arbeitslosigkeit und niedriger Inflation.
- Bei rationalen Akteuren hängt die Ersparnis von der Höhe des **Lebenseinkommens** und nicht nur vom aktuellen Einkommen ab. Bei kurzfristigen Veränderungen des Einkommens, z. B. durch schuldenfinanzierte Steuersenkungen, wird das Verhalten nur geringfügig verändert. Wirtschaftspolitische Maßnahmen können daher verpuffen.

Neue Synthese

An den Modellen der Neoklassik wird kritisiert, dass die realen Märkte nicht so perfekt funktionieren, wie es unterstellt wird. Löhne und Preise sind häufig überwiegend starr und Informationen zwischen den Akteuren sind ungleich verteilt. Die Mikrofundierung der Neoklassik wird akzeptiert. Vertreter dieser Denkrichtung sind *Gregory*

Mankiw (1958), *Oliver Blanchard* (1948), *Michael Woodford* (1955) und *Jordi Galí* (1961). Die Marktwirtschaft tendiert aus dieser Sicht nicht zwangsläufig zu einem stabilen Gleichgewicht, zum Teil sind sogar mehrere Gleichgewichte möglich. Ein **Marktversagen** durch **Marktunvollkommenheiten** – beispielsweise ungleich verteilte Informationen – ist nicht auszuschließen. Der Staat sollte sich behutsam und stärker als von neoklassischen Ökonomen gewünscht, in das Marktgeschehen einmischen. Einigkeit besteht in der Ausrichtung der Geldpolitik, die hauptsächlich die Inflationserwartungen stabilisieren soll. Staatliche Finanzpolitik kann **positive Effekte** haben, allerdings sind diese kleiner als in keynesianischen Modellen unterstellt wird. Weitere zentrale Argumente sind:

- Konjunkturelle Arbeitslosigkeit und strukturelle Arbeitslosigkeit sind zu trennen. Eine Bekämpfung der konjunkturellen Arbeitslosigkeit ist durch **aktive Wirtschaftspolitik** möglich.
- Kurzfristig besteht ein **Zielkonflikt** zwischen niedriger Arbeitslosigkeit und niedriger Inflation. Ursächlich sind Rigiditäten in der Realwirtschaft (z. B. starre Preise, Informationsasymmetrien). Grundsätzlich passen sich Preise und Löhne nur verzögert an.
- Auch bei rationalen Akteuren hängt die Ersparnis z. B. wegen **Kreditbeschränkungen** teilweise vom aktuellen Einkommen ab. Kurzfristige Einkommensänderungen, z. B. durch schuldenfinanzierte Steuersenkungen, können durchaus zu Verhaltensänderungen führen.

Zeithorizonte

Die beschriebenen Denkschulen unterscheiden sich vor allem in der Frage der Stabilität marktwirtschaftlicher Systeme und seiner Anpassungsmechanismen im Fall von Störungen. Unterschiedlich ist auch die Sicht der Akteure. Handeln diese vorausschauend und rational oder sind sie mit Unsicherheiten konfrontiert, die sich auch in ihren Entscheidungen zeigen? Bei allen Unterschieden zwischen makroökonomischen Theorien gibt es zwei akzeptierte Aussagen:

- Kurzfristig beeinflussen Nachfrageschwankungen die Produktion.
- Mittel- bis langfristig erreicht die Produktion eine Art Gleichgewichtsniveau, dass im Wesentlichen durch die Angebotsseite einer Ökonomie bestimmt wird.

Zu klären ist, wie lang die „kurze bzw. mittlere Frist" sind:

- **Kurze Frist** (1–3 Jahre): Analysiert wird die Entwicklung einer Ökonomie von Jahr zu Jahr. Größen wie der Kapitalstock werden fix gesetzt, zum Teil wird auch das Preisniveau als konstant angenommen. Es dominieren Schwankungen der Nachfrageseite einer Ökonomie.
- **Mittlere Frist** (3–5 Jahre): Das Angebot (z. B. Produktionspotential, verfügbare Ressourcen) rückt in den Vordergrund, das Preisniveau ist flexibel.
- **Lange Frist** (5–10 Jahre und darüber hinaus): Analysiert wird, was die Veränderungen einer Ökonomie im Trend bestimmt (z. B. Sparquote, technischer Fortschritt in der Wachstumstheorie). Alle ökonomischen Größen werden als flexibel betrachtet.

Der **Zeithorizont** ist von großer Bedeutung in der Ökonomie. Betrachten wir dazu das Beispiel der **Geldneutralität**. Aus Sicht der klassischen Denkschule ist zwischen realen und nominalen Größen zu unterscheiden. Nominale Größen werden in Geldeinheiten, reale Größen in physischen Einheiten gemessen. Veränderungen der Geldmenge beeinflussen nominale Größen, nicht aber reale Größen. Diese Irrelevanz der Geldmenge für reale Größen wird als Geldneutralität bezeichnet. Wir betrachten dazu folgendes Gedankenexperiment. Es wird beschlossen den Meter um die Hälfte zu kürzen. In der

Folge wird jede in Meter gemessene Strecke doppelt so lang sein. Die reale Distanz von Punkt A nach Punkt B hat sich dadurch nicht verändert. Würde der Meter so angepasst, würden sich die Menschen irgendwann daran gewöhnen. Karten würden neu gedruckt und Wegweiser anders beschriftet. Kurzfristig würde eine solche Umstellung aber sicher zu großer Verwirrung führen. Mit ökonomischen Sachverhalten verhält es sich ähnlich. Es stellt sich die Frage, ob die Annahme der Geldneutralität realistisch ist. Langfristig können Konzepte wie die Geldneutralität Gültigkeit beanspruchen, in der Analyse kurz- und mittelfristiger Problemstellungen sind andere Konzepte sinnvoller.

Jede Denkrichtung hat in der Interpretation bestimmter makroökonomischer Problemstellungen eine Art „Erklärungsnotstand". So ist durch die Klassik nicht hinreichend zu erklären, warum es trotz sinkender Löhne und Preise zur Zeit der Weltwirtschaftskrise (1929) zu einem weiteren Anstieg der Arbeitslosigkeit gekommen ist. Die keynesianische Denkrichtung kann nicht erklären, warum staatliche Nachfrageprogramme zur Zeit der Stagflation in den 70er Jahren trotz Arbeitslosigkeit die Inflation, nicht aber das Wirtschaftswachstum stimuliert haben. Neoklassische Gegenrevolution und neue Synthese haben Schwierigkeiten in der Argumentation, wie es trotz unterstellter Rationalität der Akteure zur Finanz- und Wirtschaftskrise Anfang 2009 kommen konnte.

Schlagwörter	• Klassik • (Neo-)Klassik • Keynesianismus • (In-)Stabilität des privaten Sektors	• neoklassische Gegenrevolution • neue Synthese • kurze, mittlere und lange Frist

3.1.2 Analysemethoden

Gegenstand der makroökonomischen Analyse sind die **Märkte** von Volkswirtschaften. Diese **aggregierten Transaktionen** werden durch Angebot und Nachfrage sowie Preise koordiniert (Abb. 3.3). Grundlegend ist die Einteilung in Güter-, Arbeits-, Geld-, Kapital- und Devisenmarkt. Dort ergeben sich die zentralen **makroökonomischen Problemstellungen** wie Konjunkturschwankungen, Arbeitslosigkeit, Inflation, Wechselkursveränderung und Wachstumsschwächen. Die makroökonomische Analyse ist überwiegend als **positive Theorie** zu verstehen, die Informationen über Eigenschaften der Ökonomie aufzudecken versucht und auf die Abgabe von Werturteilen verzichtet. Die Begründung der wirtschaftspolitischen Ziele selbst ist Gegenstand der **normativen Theorie**.

Die genannten Märkte können isoliert betrachtet werden (**Partialanalyse**). Wichtig sind aber oft die wechselseitigen Zusammenhänge zwischen diesen Märkten, die nur im Rahmen einer **Totalanalyse** erkennbar sind. So kann die Ursache für Arbeitslosigkeit auf dem Arbeitsmarkt selbst begründet liegen, z. B. wenn die Kosten der Arbeit zu hoch sind oder die angebotene Arbeit nicht die erforderliche Qualifikation besitzt. Allerdings können die Ursachen der Arbeitslosigkeit auch auf dem Gütermarkt liegen, wenn z. B. eine geringe gesamtwirtschaftliche Nachfrage zu einer niedrigeren Kapazitätsauslastung der Unternehmen und in der Folge zur Entlassung von Arbeitskräften führt.

Die einzelnen makroökonomischen Teildisziplinen (Inflations-, Konjunktur-, Wachstums- und Beschäftigungstheorie) können im Rahmen der Totalanalyse verknüpft werden (Abb. 3.4). Wir werden in diesem Kapitel zunächst schrittweise einzelne makroökonomische Märkte analysieren. Sie erhalten dadurch Einblick in die makroökonomische Modellbildung. Diese Schritte führen zum gesamtwirtschaftlichen Totalmodell, das die wichtigsten Märkte (Güter-, Geld- und Arbeitsmarkt) in einem Bild zusammenfügt.

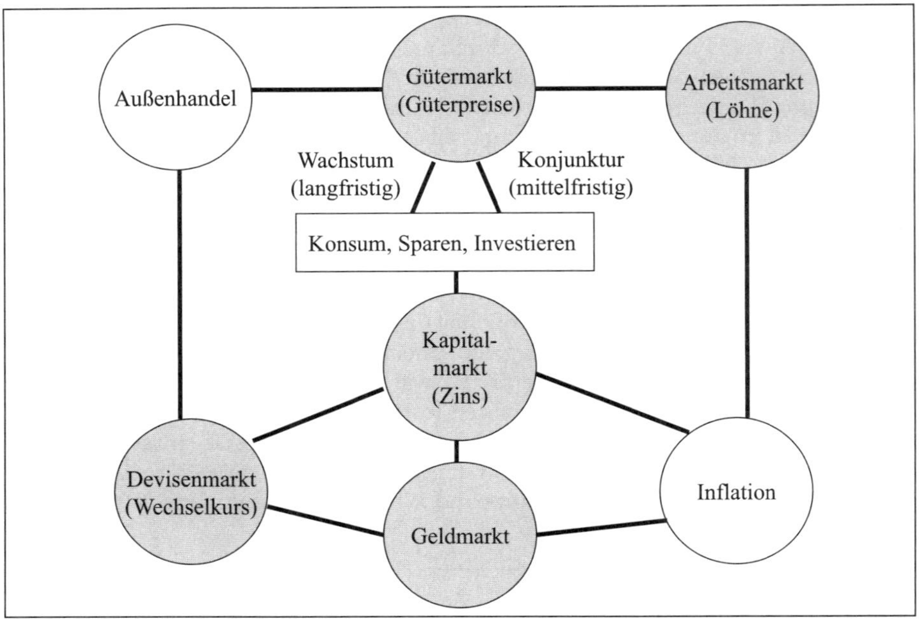

Abb. 3.3: Gesamtwirtschaftliche Märkte

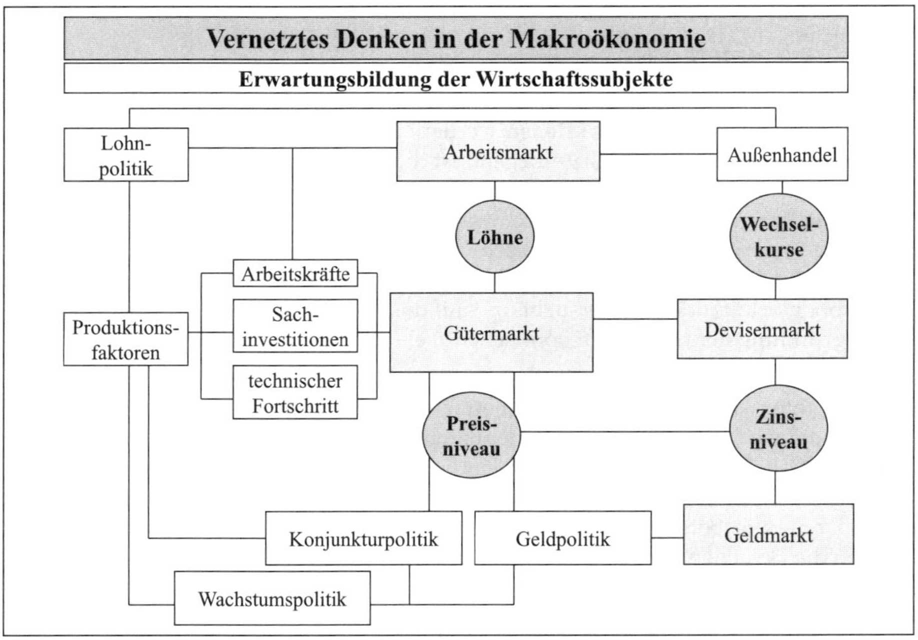

Abb. 3.4: Interdependenz gesamtwirtschaftlicher Märkte

Durch die Interaktion der gesamtwirtschaftlichen Nachfrage und des gesamtwirtschaftlichen Angebots werden die (abhängigen) Grundvariablen und Ziele der Makroökonomie bestimmt: die Produktion (Output), das Preisniveau und die Beschäftigung. Die unabhängigen Variablen in diesem Modell können als Instrumente der Wirtschaftspolitik interpretiert werden (z. B. Zinsen, Steuern). Sie verändern die gesamtwirtschaftlichen Größen ebenso wie exogene Schocks (z. B. technischer Fortschritt, Naturkatastrophen). Wir werden das Gesamtmodell der Märkte oder Teile des Modells in den Kapiteln 4 bis 25 des Buches aufgreifen, um einzelne Problemstellungen darzustellen und zu analysieren.

Funktionen

Die Bedingungen auf den makroökonomischen Märkten werden häufig durch **Funktionen** mit einer oder mit mehreren unabhängigen Variablen beschrieben (Abb. 3.5). Bei einer Funktion mit einer unabhängigen (exogenen) Variablen wird einem Wert der unabhängigen Variablen x eindeutig ein Wert der abhängigen (endogenen) Variablen zugeordnet. Die allgemeine Formulierung lautet: $y = f(x)$. Welche Variablen als endogen oder exogen betrachtet wird, ist von der Fragestellung abhängig. Endogene Variable können in bestimmten Zusammenhängen zu exogenen Variablen werden. Beispielsweise kann einerseits der private Verbrauch (C) in Abhängigkeit vom Einkommen einer Volkswirtschaft (Y) erklärt werden, also $C = f(Y)$; andererseits entspricht das Einkommen der Güternachfrage eines Landes, die sich als Summe von privatem und staatlichem Konsum, Investitionen und Außenbeitrag ergibt: $Y = C + G + I + NX$.

Von Interesse sind die **Richtung** und das **Ausmaß** des Zusammenhangs zwischen zwei Variablen. Mathematisch wird beides durch die Steigung der Funktion wiedergegeben, die bei differenzierbaren Funktionen (dies trifft bei ökonomischen Anwendungen in der Regel zu) durch die erste Ableitung der Funktion $f'(x)$ wiedergegeben wird:

- Wenn gilt: $f'(x) > 0$ bzw. $df/dx > 0$ bzw. $dy/dx > 0$, liegt ein **positiver Zusammenhang** zwischen den beiden Variablen vor. Dies ist bei einer Konsumfunktion $C = f(Y)$ der Fall.
- Wenn gilt: $f'(x) < 0$ bzw. $df/dx < 0$ bzw. $dy/dx < 0$, liegt ein **negativer Zusammenhang** zwischen den beiden Variablen vor, z. B. bei einer Preis-Absatz-Funktion $q = f(p)$.

Funktionen einer unabhängigen Variablen sind bei der Erklärung ökonomischer Zusammenhänge eher selten. Zumeist hängt eine ökonomische Größe von mehreren unabhängigen Variablen ab. Die allgemeine Form dafür lauter: $y = f(x_1, x_2, \dots x_n)$. Aber die Analyse erfolgt üblicherweise derart, dass zunächst der isolierte Einfluss einer unabhängigen Variablen x_i auf y betrachtet wird, wobei die Werte der anderen unabhängigen Variablen als gegeben angenommen werden. Wir drücken solche partiellen Einflüsse häufig durch die Redewendung „**ceteris paribus**" (lateinisch: „alles andere gleich bleibend") aus. Formal werden die Richtung und das Ausmaß des Zusammenhangs mit Hilfe der partiellen Ableitung df/dx_i gemessen. Beispielsweise kann der Konsum der privaten Haushalte (C) in Abhängigkeit vom verfügbaren Einkommen (Y_v) und einem Zinssatz (i) erklärt werden: $C = f(Y_v, i)$. Für die partiellen Ableitungen gilt: $df/dY_v > 0$ und $df/di < 0$.

Graphen

Graphen sind die zeichnerischen Repräsentanten von Funktionen. Sie können ökonomische Sachverhalte anschaulich darstellen. Anschaulich zeichnen können wir allerdings nur Funktionen mit einer unabhängigen Variablen. Üblich ist es, den Funktionswert auf der vertikalen Achse (Ordinatenachse) und die unabhängige Variable auf der horizontalen Achse (Abszissenachse) aufzutragen. Eine lineare Funktion mit einer unabhängigen Variablen hat zwei Parameter, eine Konstante a und einen Steigungsparameter b: $y = a + b \times x$. Die Konstante a gibt den Schnittpunkt mit der Ordinatenachse an. Der Steigungsparameter zeigt, um wie viele Einheiten sich y verändert, wenn x um eine

Einheit steigt. Wir betrachten dazu das Beispiel einer keynesianischen Konsumfunktion. Der Konsum (C_H) wird hier als lineare Funktion des verfügbaren Einkommens (Y_v) betrachtet (Abb. 3.5). Die Konstante C_{aut} gibt den Schnittpunkt mit der vertikalen Achse wieder und kann als „Basiskonsum" interpretiert werden. Die Konstante c repräsentiert die marginale Konsumquote. Sie gibt an um wie viele Geldeinheiten (z. B. €) der private Konsum ansteigt, wenn das verfügbare Einkommen um eine Geldeinheit ansteigt.

Funktionen mit mehreren unabhängigen Variablen lassen sich weniger anschaulich oder gar nicht zeichnen. Beispielsweise müssten wir bei zwei unabhängigen Variablen eine dreidimensionale Darstellung wählen. Wenn eine Funktion mehrere unabhängige Variable hat, können wir nur den Zusammenhang des Funktionswertes y mit einer unabhängigen Variablen x_i herausstellen und uns mit der Annahme behelfen, dass die anderen unabhängigen Variablen konstant bleiben. In der Makroökonomie ist es häufig so, dass es bei einem gegebenen Zusammenhang zwischen y und x_i auch zu einer Veränderung einer anderen konstant gehaltenen exogenen Variablen x_j kommt. Dazu müssen wir die Richtung des partiellen Zusammenhangs zwischen y und x_j und die Richtung der Veränderung von x_j selbst beachten. Ist z. B. der partielle Einfluss von x_j auf y positiv, die Veränderung von x_j selbst aber negativ, dann kommt es zu einer Verschiebung des Graphen nach unten, d. h. in negative Richtung.

Betrachten wir dazu ein weiteres Beispiel (Abb. 3.5). Der Nettoexport (NX), also Exporte minus Importe, Deutschlands sei eine Funktion des inländischen BIP (Y^D) und des US-BIP (Y^{USA}): $NX = f(Y^D, Y^{USA})$ mit $df/dY^D < 0$ und $df/dY^{USA} > 0$. Die Nettoexporte sind eine abnehmende Funktion des deutschen BIP. Mit zunehmendem Bruttoinlandprodukt in Deutschland steigen die Importe, während die Exporte konstant bleiben. Insgesamt sinken also die Nettoexporte. Welchen Einfluss hat nun eine Verringerung des US-Einkommens bzw. US-BIP? Der partielle Zusammenhang ist positiv, die Veränderung von Y^{USA} jedoch negativ. Die Nettoexport-Relation verschiebt sich in diesem Fall nach unten, d. h. der Außenbeitrag verschlechtert sich, weil die Exporte aus Deutschland in die USA zurückgehen.

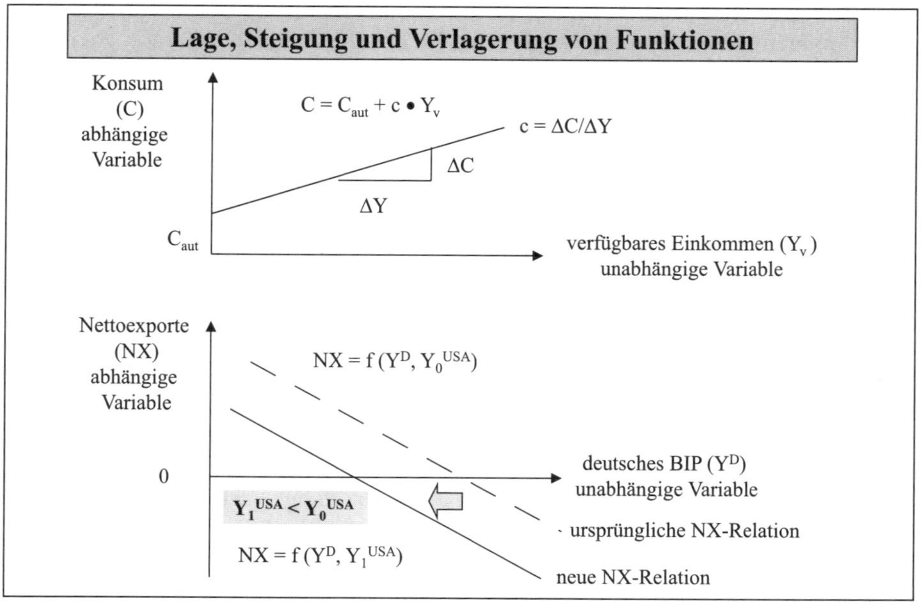

Abb. 3.5: Geometrie der Makroökonomie

Gleichungen, Gleichungssysteme und Gleichgewichte

Eine Gleichung ist die analytische Darstellung einer Funktion. Zu unterscheiden sind:

- **Verhaltensgleichungen:** Sie spezifizieren die kausale Relation zwischen bestimmten Variablen auf der Basis von Hypothesen über das Verhalten von Wirtschaftssubjekten. Sie sind das Kernstück von Makromodellen. Der Konsum der privaten Haushalte (C_H) kann beispielsweise durch die Gleichung: $C_H = 100 + 0{,}9 \times Y$ erklärt werden.
- **Technische Gleichungen:** Sie sind ein Abbild technischer Gegebenheiten und Vorgänge in Gleichungsform. So ist die Produktionsfunktion die bei gegebenem technischen Wissensstand bestehende Beziehung zwischen dem Volumen der zur Produktion eingesetzten Produktionsfaktoren Arbeit (A) und Kapital (K) sowie dem erreichbaren Output (Y), z. B. $Y = A^{0,6} \times K^{0,4}$.
- **Institutionelle Gleichungen:** Sie spezifizieren eine kausale Beziehung, die sich aus institutionellen Nebenbedingungen ergibt. Dahinter steht das Verhalten von Institutionen wie Staat und Zentralbank. Eine einfache Steueraufkommensfunktion unter Verwendung eines durchschnittlichen Steuersatzes ($t = 0{,}4$) könnte lauten: $T = t \times Y = 0{,}4 \times Y$.
- **Definitionsgleichungen:** Sie stellen den rein definitorischen Zusammenhang zwischen einer ökonomischen Größe und anderen Variablen dar. Es handelt sich um sogenannte **Identitäten.** Ein Beispiel dafür ist die Definitionsgleichung zur Bestimmung der Verwendung des Bruttoinlandsproduktes: $BIP = C + I + G + Ex - Im$.

Gleichungen haben in der Makroökonomie häufig die Form von Gleichgewichtsbedingungen, wobei das Gleichgewicht eine „stabile Situation" meint. Die Gleichgewichtsbedingung für den Gütermarkt (ohne Ausland) lautet: $Y = C(Y) + I + G$. Da Y auf beiden Seiten der Gleichung vorkommt, kann es für diese Beziehung nur einen bestimmen Wert von Y geben. Wir finden diesen Gleichgewichtswert, indem wir Y isolieren und danach auflösen. Im Falle der Konsumfunktion $C = 100 + 0{,}9 \times Y$ ergibt sich bei einer Investition von $I = 100$ und staatlichen Konsumausgaben von $G = 200$:

$Y = 100 + 0{,}9 \times Y + 100 + 200$ und somit aufgelöst: $Y = 4.000$

Häufig müssen die wesentlichen Zusammenhänge eines komplexen ökonomischen Systems durch ein System von Gleichungen unterschiedlicher Art beschreiben werden. Die strikte Trennung zwischen unabhängigen und abhängigen Variablen in jeder einzelnen Gleichung wird dabei aufgehoben. Die abhängige Variable der einen Gleichung kann als unabhängige Variable in einer anderen Gleichung auftauchen. In diesem Fall ist eine Lösung eine bestimmte Kombination von exogenen Variablen, die mit allen Gleichungen im System vereinbar ist. Die Erfüllung von Gleichungen wird als makroökonomisches Gleichgewicht interpretiert. Derartige Gleichungssysteme lassen sich rechnerisch lösen und manchmal auch graphisch darstellen.

Betrachten wir als Beispiel den Geldmarkt in Deutschland. Das Gleichgewicht auf diesem Markt ist gegeben durch die Relationen von Geldangebot und Geldnachfrage. Das Geldangebot (M) der Europäischen Zentralbank (EZB) sei für Deutschland fix und liege bei 1.000 Mrd. €. Die Geldnachfrage (L) sei abhängig vom nominalen BIP (Y) und dem Nominalzins (i). Die entsprechende Funktion lautet:

(1) $L(Y,i) = 0{,}2 \times Y - 2.000 \times i + 800$

Nehmen wir an, das BIP betrage 2.000 €. Im Gleichgewicht stimmen Geldangebot und Geldnachfrage überein. Wir erhalten:

(2) $1.000 = 0{,}2 \times 2000 - 2.000 \times i + 800$ und somit: $i = 0{,}10$ (10 %).

Der gleichgewichtige Zins beträgt 10 %. Die gleichgewichtige Geldmenge wird durch das Geldangebot bestimmt und beträgt 1.000 Mrd. €. Zeichnerisch bestimmen wir die Lösung, d. h. das Gleichgewicht, durch den Schnittpunkt von Geldangebots- und Geldnachfragefunktion (Abb. 3.6). Diese Lösung ist eine **statische Betrachtung**. Sehr häufig begnügen wir uns nicht damit, ein Gleichgewicht zu bestimmen, sondern wir fragen, wie sich durch Variation einer Variablen das Gleichgewicht verändert. Wir vergleichen also das alte mit dem neuen Gleichgewicht. Solche Vergleiche bezeichnen wir als **komparativ-statische Analyse**. In unserem Beispiel kann sich das Gleichgewicht verändern, wenn sich z. B. das Geldangebot um 100 Mrd. € erhöht.

(3) $1.100 = 0{,}2 \times 2000 - 2.000 \times i + 800$ und somit: $i = 0{,}05$ (5 %).

Graphisch verschiebt sich die Geldangebotsfunktion nach rechts. Im neuen Gleichgewicht ist die Geldmenge höher und die Zinsen sind niedriger. Wenn wir danach fragen, wie viel Zeit ein solcher Prozess in Anspruch nimmt und wie er konkret verläuft, dann tauchen wir in die **dynamische Analyse** ein. 1970 erhielt *Paul Anthony Samuelson* den Nobelpreis *„für wissenschaftliche Arbeiten, durch welche er eine statische und dynamische wirtschaftliche Theorie entwickelte und aktiv zur Hebung des Niveaus der Analyse in der Wirtschaftswissenschaft beitrug"*.

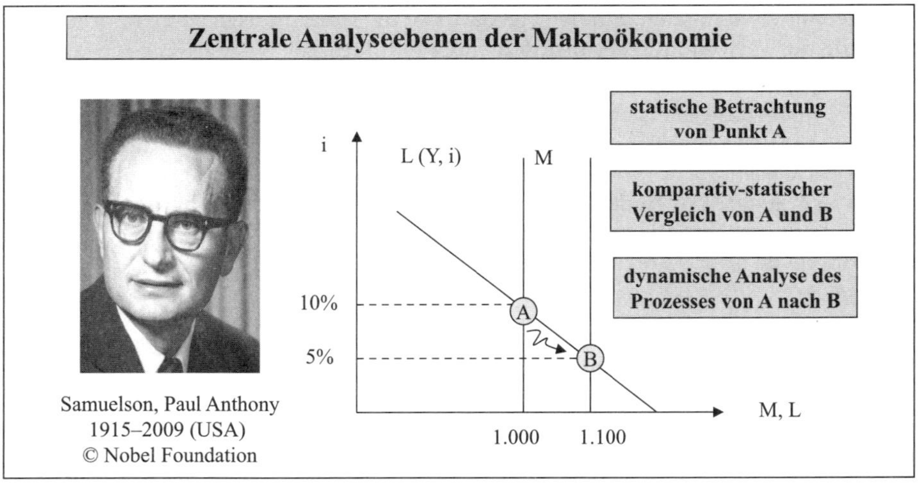

Abb. 3.6: Statische, komparativ-statische und dynamische Analyse

Mikroökonomische Fundierung

Obwohl die Makroökonomie auf den ersten Blick mit „gesichtslosen" Aggregaten wie Konsum oder Beschäftigung zu tun hat, stehen hinter diesen Aggregaten menschliche Entscheidungen. In neueren Modellen werden makroökonomische Größen durch mikroökonomische Erklärungsansätze begründet. Beispielsweise lassen sich makroökonomische Konsum- und Investitionsfunktionen mit Annahmen über das individuelle Verhalten von privaten Haushalten bzw. Unternehmen verbinden. Das Handeln von privaten Haushalten, Unternehmen und staatlichen Organisationen wird durch **Erwartungen** über die Zukunft geprägt. Dies gilt etwa für die Lohnentwicklung, bei der die Erwartungen über die zukünftige Inflationsrate das Lohnniveau und nachfolgend die Arbeitsnachfrage beeinflussen.

In ähnlicher Weise sind zahlreiche andere ökonomische Variablen durch Erwartungen über zukünftige Entwicklungen bestimmt. Trotz der großen Bedeutung dieses Problemfeldes haben die Wirtschaftswissenschaften diesem Thema lange Zeit wenig Beachtung geschenkt. So war es in den 70er Jahren nicht ungewöhnlich, dass Erwartungshaltungen einfach als konstant vorausgesetzt wurden. 1995 erhielt *Robert Emerson Lucas* den Nobelpreis *„für seine Formulierung der Theorie rationaler Erwartungen über das Verhalten der verschiedenen Teilnehmer am wirtschaftlichen Geschehen."* Seitdem wird die Erwartungsbildung in viele Modelle explizit einbezogen. Betrachten wir dazu als Beispiel die Bildung von Inflationserwartungen (π^e); (Abb. 3.7; vgl. auch Kap. 13):

- **Statische Erwartungen:** Die zukünftig erwartete entspricht der gegenwärtigen Inflationsrate: $\pi^e = \pi_t$.
- **Adaptive Erwartungen:** Wirtschaftssubjekte sind nicht in der Lage, die Zusammenhänge in der Wirtschaft exakt zu verstehen. Ihre Erwartungen sind daher nicht korrekt, sie passen diese aber unter Berücksichtigung beobachteter vergangener Fehler in der Inflationserwartung an, z. B.: $\pi^e = \pi_t + (\pi_t - \pi_{t-1})$.
- **Rationale Erwartungen:** Wirtschaftssubjekte bilden **Erwartungen** basierend auf einem Verständnis der Zusammenhänge in der Volkswirtschaft und machen lediglich zufällige aber keine systematischen Fehler, die formal durch Störgrößen (θ) dargestellt werden: $\pi_t^e = f(\pi_t) + \theta_t$.

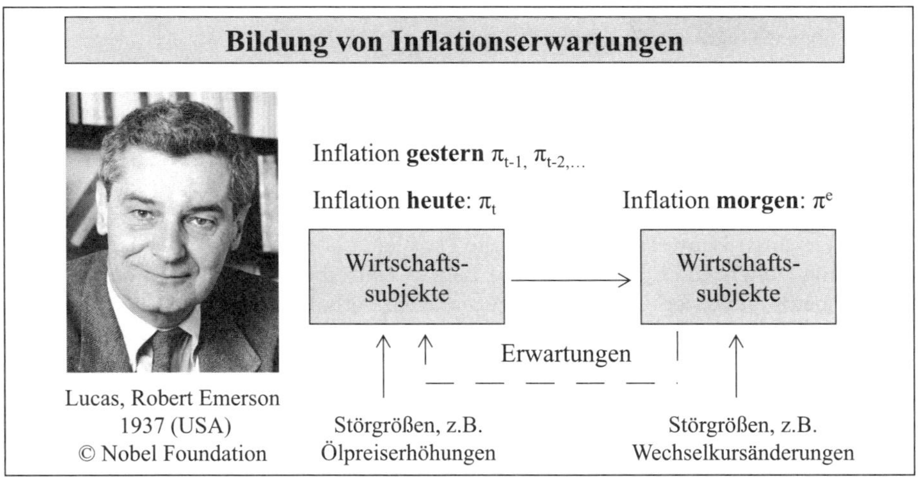

Abb. 3.7: Erwartungsbildung am Beispiel der Inflation

Empirische Wirtschaftsforschung

Die Gültigkeit von Theorien lässt sich mit Hilfe der empirischen Wirtschaftsforschung testen. Die Anwendung der damit verbundenen statistischen Hilfsmittel auf ökonomische Fragestellungen ist ein eigenes Wissensgebiet namens **Ökonometrie**. Es ist das große Verdienst *Jan Tinbergens* (1903–1994), dass er theoretische Wirtschaftsmodelle durch Nutzung der Wirtschaftsstatistik und der Mathematik überprüfbar machte.

Konjunkturprognosen, aber auch Voraussagen über Defizite in öffentlichen Haushalten oder Wechselkursentwicklungen, wie sie heute selbstverständlich sind, wurden durch seine Arbeit erst möglich. Sein 1939 veröffentlichtes Hauptwerk, *Statistical Testing of Business-Cycle Theories*, markiert den Beginn der **quantitativen Analyse** in den Wirtschaftswissenschaften. Die Nationalökonomie wurde von einer beschreibenden auch zu einer analytischen Wissenschaft. Im Jahr 1969 erhielt *Jan Tinbergen* den Nobelpreis *„für Entwicklung und Anwendung dynamischer Modelle zur Analyse von Wirtschaftsprozessen“* (gemeinsam mit *Ragnar Anton Kittel Frisch).* Auch die späteren Arbeiten Tinbergens basieren stark auf der ökonometrischen Erklärung makroökonomischer Zusammenhänge.

So werden formale Beziehungen zwischen Politik- und Zielvariablen abgebildet, die der Wirtschaftspolitik zu rationalen Entscheidungen verhelfen sollen (Abb. 3.8).

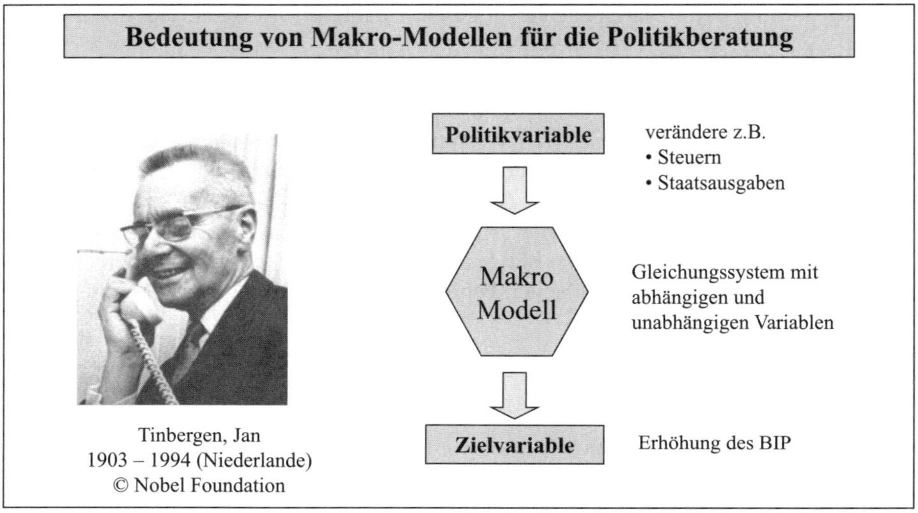

Abb. 3.8: Tinbergen-Modell

Wenn wir einen Hinweis darauf enthalten wollen, ob zwei Variable miteinander in Beziehung stehen, dann betrachten wir häufig Zeitreihen. Wir können dann sehen, ob sich beide Variablen gleich- oder gegenläufig verhalten. Im ersten Fall gibt dies Hinweise auf einen positiven, im zweiten Fall auf einen negativen Zusammenhang. Paarweise empirische Zusammenhänge werden in der Makroökonomie häufig durch **Korrelationskoeffizienten** gemessen. Wir sprechen von positiver, negativer, schwacher und starker Korrelation. Der paarweise Zusammenhang zwischen zwei Variablen lässt sich auch graphisch belegen. Dazu tragen wir die empirischen Ausprägungen der Variablenkombinationen auf der Abszissen- und Ordinatenachse ab. Die Gestalt der Punktwolke gibt uns einen Hinweis auf die Art des Zusammenhangs.

Mit Hilfe der Regressionsanalyse versuchen Ökonomen darüber hinaus den kausalen Zusammenhang zwischen zwei oder mehreren Variablen zu ermitteln. Hierfür ist eine Vielzahl von Schätzverfahren entwickelt worden, die lineare bzw. nicht lineare Zusammenhänge „bestmöglich“ analysieren. In der praktischen empirischen Anwendung wird meistens die **gewöhnliche Methode der kleinsten Quadrate** (OLS-Verfahren; *ordinary least squares*) verwendet, die lineare (und mit Einschränkungen auch nicht lineare) Beziehungen erfasst. Betrachten wir dazu ein weithin bekanntes Beispiel aus der Makroökonomie, die sogenannte **Phillips-Kurve** (Abb. 3.9; vgl. Kap. 13):

- Die empirische Beobachtung legt eine **negative Korrelation** zwischen Veränderung der Inflationsrate (π) und Arbeitslosenquote (ALQ) nahe.
- Die Punktwolke der Kombination von Inflationsveränderung und Arbeitslosenquote deutet ebenfalls auf eine negative Korrelation zwischen beiden Variablen hin.

Die mit dem OLS-Verfahren ermittelte Regressionsgerade für Deutschland im Zeitraum 1992 bis 2010 lautet:

$$\pi_t = -0{,}594356 \times ALQ_t \quad + \quad 6{,}73813 \qquad \text{Bestimmtheitsmaß: } R^2 = 0{,}266$$
$$\text{(t-Wert: }-2{,}48) \qquad \text{(t-Wert: } 3{,}05)$$

Entscheidend für die Frage des Zusammenhangs ist der Steigungsparameter. Er hat den Wert – 0,594356, ist also negativ. Wäre er positiv, würden die Daten der Theorie widersprechen, die einen negativen Zusammenhang vorgibt.

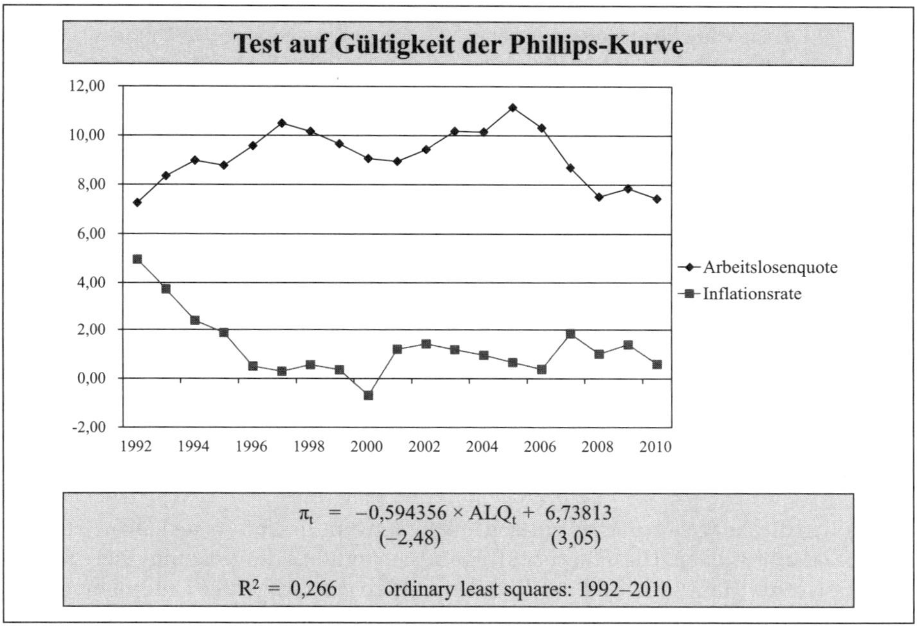

Abb. 3.9: Empirische Wirtschaftsforschung als Test von Theorien

Ein „ökonomisch sinnvoller“ Steigungskoeffizient genügt allein nicht, um die Theorie zu stützen. Es kommt darüber hinaus darauf an, ob die geschätzten Koeffizienten statistisch verlässlich sind („signifikant von Null verschieden“) und wie die Güte des gemessenen Zusammenhangs ist. Die Verlässlichkeit der Parameterschätzungen kann durch den Wert der t-Statistik (t-Wert) bestimmt werden. Er errechnet sich aus dem geschätzten Koeffizienten und seiner Standardabweichung. Wenn der T-Wert über 2,3 (bzw. unter –2,3) liegt, ist der geschätzte Parameter mit einer Irrtumswahrscheinlichkeit von 5 % von Null verschieden. Im obigen Beispiel ist dies der Fall.

Ein Maß für die Güte des Zusammenhangs ist das **Bestimmtheitsmaß** (R^2) der Regression, das zwischen 0 und 1 liegen kann. Es gibt an, welcher Anteil der Variation der abhängigen Variablen durch die Variation der unabhängigen Variablen erklärt wird. In unserem Beispiel liegt das Bestimmtheitsmaß bei 0,266. Wir können somit zwar nachweisen, dass der Zusammenhang zwischen beiden Größen signifikant ist. Das relativ geringe Bestimmtheitsmaß deutet allerdings darauf hin, dass dieser Zusammenhang unvollkommen ist. Zur weiteren Absicherung des Zusammenhangs müssen dann weitere erklärende Variable aufgenommen werden. Diese Erweiterung wird als **Mehrfachregression** oder **multiple Regressionsrechnung** bezeichnet. Sie ist typisch für makroökonomische Sachverhalte, da ökonomische Theorien häufig Funktionen mit mehreren Variablen beinhalten.

Die Leistungsfähigkeit der empirischen Wirtschaftsforschung stößt vor allem dort an ihre Grenzen, wo lineare Zusammenhänge durch komplexere Beziehungen abgelöst werden. Zudem sind menschliche Verhaltensweisen nur bedingt der formalstatistischen Analyse zugänglich.

Schlagwörter	• Funktionen, Graphen • Gleichungen, Gleichungssysteme • Gleichgewichtsbedingungen • exogene, endogene Variable • statische Analyse • komparativ-statische Analyse • dynamische Analyse	• statische, adaptive, rationale Erwartungen • positive, normative Theorie • Partialanalyse, Totalanalyse • empirische Wirtschaftsforschung • Ökonometrie

3.2 Aggregierte Nachfrage

Die aggregierte Nachfrage gibt an, wie viel die Wirtschaftssubjekte in einer Periode bereit sind, für Güter auszugeben. Wir können die aggregierte Nachfrage als BIP interpretieren. Einflussgrößen der Nachfrageentscheidungen sind die Preise der Güter, das Einkommen, Zukunftserwartungen und das Geldangebot. Die aggregierte Nachfrage ergibt sich also aus dem Zusammenspiel von Gütermarkt und Geldmarkt.

3.2.1 Gütermarkt – Gleichgewicht von Investitionen und Sparen

Wir wollen die Analyse zunächst einfach halten und eine geschlossene Volkswirtschaft ohne Staat unterstellen. Die Güternachfrage besteht nur aus der Konsumgüternachfrage der privaten Haushalte und der Investitionsgüternachfrage der Unternehmen. Im Rahmen der Modellbildung benötigen wir Verhaltensfunktionen zur Beschreibung dieser Größen.

Private Konsumausgaben

Die Konsumausgaben lassen sich durch die absolute Einkommenshypothese darstellen (vgl. Box 3.1; siehe auch Kap. 6). Diese unterstellt das **fundamental-psychologische Gesetz** des Konsumverhaltens, wonach die privaten Haushalte bei einem Anstieg ihrer Einkommen die Konsumausgaben (C_H) nur in einem unterproportionalen Ausmaß erhöhen. Die durchschnittliche Konsumquote (C_H/Y) nimmt also mit steigenden Einkommen ab (Tab. 3.1). Der Anstieg der Konsumausgaben bei einem Anstieg des Volkseinkommens um eine Einheit wird als **marginale Konsumquote** (c) bezeichnet (Abb. 3.10). Simultan mit der Konsumentscheidung fällt die Sparentscheidung (S_H).

Box 3.1: Konsum und Sparen – Die Verwendung des Einkommens	
(1) $C_H = C_{aut} + c \times Y$ (2) $Y = C_H + S_H$ (3) $Y = C_{aut} + c \times Y + S_H$ (4) $S_H = -C_{aut} + (1-c) \times Y$ $= -C_{aut} + s \times Y$	Hintergrund: Im einfachsten Fall lassen sich Konsum und Sparen in Abhängigkeit vom laufenden (verfügbaren) Einkommen darstellen. Mit steigendem Einkommen steigt der Konsum in einem unterproportionalen Ausmaß, während die Ersparnis zunimmt.

Der autonome, einkommensunabhängige Konsum (C_{aut}) wird vielfach als Existenzminimum einer Volkswirtschaft interpretiert. Diese Sichtweise ist insofern schwierig, da es keine Situationen gibt, in denen das aggregierte Haushaltseinkommen einer Volkswirtschaft Null beträgt. C_{aut} ist daher eher eine theoretische Größe. Sie bestimmt die Lage (Höhe) der Konsumfunktion und fängt verschiedene Einflüsse ein, die auf den Konsum wirken. Ändert sich das Einkommen, dann bewegen wir uns auf der Konsumfunktion. Ändern sich andere Daten des Modells, so führt das zu einer Verlagerung der Konsumfunktion. Würde es z. B. in der Bevölkerung zu einem positiven Stimmungsumschwung kommen, dann würde sich dieses in einem höheren autonomen Konsum niederschlagen. Die Konsumfunktion würde sich nach oben verlagern. Auch ein Einfluss auf die marginale Konsumneigung wäre denkbar. Betrachten wir ein Zahlenbeispiel: $C_H = 50 + 0{,}75 \times Y$.

Der Achsenabschnitt ist durch den autonomen Konsum gegeben ($C_{aut} = 50$). Um die Konsumfunktion zu zeichnen, wählen wir verschiedene Einkommensgrößen. Für ein Einkommen von 1.000 finden wir einen Konsum C in Höhe von 800. Der Schnittpunkt 1 mit der Winkelhalbierenden zeigt eine durchschnittliche Konsumquote von Eins, in der das Einkommen vollständig für den Konsum aufgewandt wird (Abb. 3.10).

Sparen

Die **marginale Sparquote** (s) beschreibt die Zunahme der Ersparnis bei einer Erhöhung des Einkommens um eine Einheit. Marginale Konsum- und marginale Sparquote ergänzen sich zu Eins. Die durchschnittliche Sparquote (S_H/Y) nimmt mit steigenden Einkommen zu. Die Differenz zwischen Einkommen und Konsum erkennen wir grafisch als vertikalen Abstand von 45°-Linie und Konsumfunktion (Abb. 3.10). Da sich die beiden Geraden in Punkt 1 schneiden, wird bei einem Einkommen in Höhe von 200 weder gespart noch entspart. Hier liegt die **Sparschwelle**. Bei geringeren Einkommen ist das Sparen negativ, bei höheren Einkommen positiv. Bei einem Einkommen von 1.000 können wir einen Konsum in Höhe von 800 ablesen (Punkt 2). Es werden also 200 gespart.

Konsum und Sparen als simultane Entscheidungen

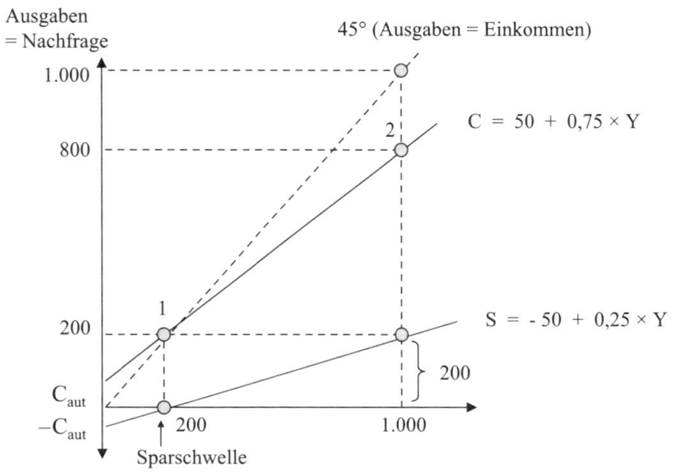

Abb. 3.10: Absolute Einkommenshypothese, Sparschwelle und Sparfunktion

Tab. 3.1: Absolute Einkommenshypothese

Y	C	C/Y	dC/dY = c	S	Interpretation
100	125	1,25	0,75	–25	negatives Sparen
200	150	1	0,75	0	Sparschwelle
500	425	0,825	0,75	75	positives Sparen
1.000	800	0,8	0,75	200	höchster Durchschnittskonsum
1.100	875	0,795	0,75	225	Rückgang des Durchschnittskonsums

Private Investitionen

Für die Investitionen (I) unterstellen wir, dass sie aus einem autonomen Teil bestehen und negativ mit dem Zins (i) zusammenhängen: $I_{aut} - d \times i$ (vgl. Kap. 6). Höhere Zinsen führen zu einem Rückgang der Investitionen und umgekehrt.

In unserem Zahlenbeispiel verwenden wir folgende Investitionsfunktion:

(1) $I = 300 - 1.000 \times i$

Im Gleichgewicht des Gütermarktes entsprechen sich Ersparnis und Investitionen (I = S):

(2) $Y = 50 + 0{,}75 \times Y + S_H$

(3) $S_H = -50 + (1 - 0{,}75) \times Y = -50 + 0{,}25 \times Y$

Wir können nun die Gleichgewichtsbedingung I(i) = S(Y) betrachten. Somit gilt:

(4) $300 - 1.000 \times i = -50 + 0{,}25 \times Y$

In einem Modell mit variablem Zins existiert für jede Zinshöhe ein Einkommen, das Sparen und Investieren in Übereinstimmung bringt. Das bestätigt sofort ein Blick auf Gleichung (4). Durch die Vorgabe eines Zinssatzes ist die linke Seite der Gleichung eindeutig bestimmt. Durch die Wahl eines geeigneten Einkommens kann dafür gesorgt werden, dass die rechte Seite der Gleichung denselben Wert annimmt. Wird ein anderer Zinssatz vorgegeben, dann ist ein anderes Einkommen erforderlich, um den Ausgleich herzustellen.

Die möglichen Zinssatz-Einkommen-Kombinationen ergeben die **IS-Kurve** (IS bedeutet: Investieren = Sparen; vgl. Box 3.2 und Abb. 3.11). Jeder Punkt zeigt ein Gleichgewicht auf dem Gütermarkt. Beispielsweise betragen bei einem vorgegebenen Zins von 10 % die Investitionen 200 und das gleichgewichtige Einkommen (Y*) liegt bei 1.000:

(5) $Y = C + I = (50 + 0{,}75 \times Y) + (300 - 1.000 \times 0{,}1) = 0{,}75 \times Y + 250$

(6) $Y^* = 1.000$

Auch ohne eine geometrische Konstruktion können wir uns klar machen können, welchen Verlauf die IS-Kurve zeigen muss. Wenn z. B. der Zins auf 5 % fällt, steigen die Investitionen von 200 auf 250. Um einen Ausgleich herzustellen muss das gleichgewichtige Einkommen auf 1.200 erhöht werden, denn nur dann wird eine Ersparnis von 250 erreicht (siehe Gleichung (3)). Sinkende Zinsen gehen also mit steigendem Einkommen einher und umgekehrt.

Box 3.2: IS-Funktion – Das Gütermarktgleichgewicht

(1) $S = I$ (2) $-C_{aut} + (1-c) \times Y = I_{aut} - d \times i$ (3) IS-Funktion: $Y = (I_{aut}+C_{aut})/(1-c) - (d/(1-c)) \times i$ bzw. $i = (I_{aut}+C_{aut})/d - ((1-c)/d) \times Y$ (4) Steigung: $dY/di = -d/(1-c)$ bzw. $di/dY = -(1-c)/d$	Hintergrund: Die IS-Funktion ist der geometrische Ort aller Zins-Einkommens-Kombinationen, die ein Gleichgewicht auf dem Gütermarkt symbolisieren. Zins und Einkommen stehen in einem inversen Verhältnis. Die Steigung der Funktion ist abhängig von den Koeffizienten der Investitions- und Sparfunktion.

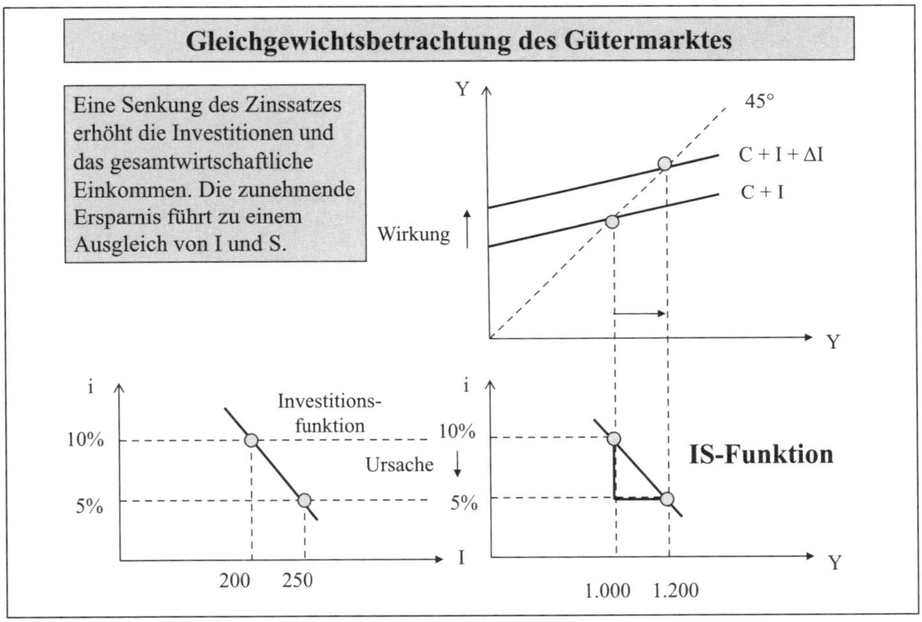

Abb. 3.11: IS-Kurve

Faktoren, die zu einer Verschiebung der IS-Funktion führen sind:

Eine Erhöhung ...	führt zur ...	weil ...
des Einkommens	Rechtsverschiebung	die Ersparnis sinkt, der Konsum steigt
des Konsums	Rechtsverschiebung	die Ersparnis sinkt, der Konsum steigt
des Zinssatzes	Linksverschiebung	die Ersparnis steigt, der Konsum sinkt

Ungleichgewichte und Anpassungsprozesse

In der Ökonomie gibt es **Ungleichgewichte**. Bezogen auf die IS-Kurve signalisieren Punkte unterhalb der IS-Kurve eine Überschussnachfrage (I > S, inflatorische Lücke, Punkt P in Abb. 3.12) und umgekehrt Punkte oberhalb der IS-Kurve ein Überschussangebot (I < S, deflatorische Lücke, Punkt Q in Abb. 3.12). In einer Situation wie P, die eine Überschussnachfrage beschreibt, werden die Unternehmen ihre Produktion ausdehnen, sofern sie freie Kapazitäten haben (Abb. 3.12 stellt dies durch einen Pfeil dar).

Beachten Sie, dass die Anpassungsprozesse über die **Produktion** und nicht über den Zins verlaufen. Dies liegt daran, dass der Zins in diesem Modell nicht auf dem Güter-, sondern auf dem Geldmarkt bestimmt wird.

Ungleichgewichte auf dem Gütermarkt

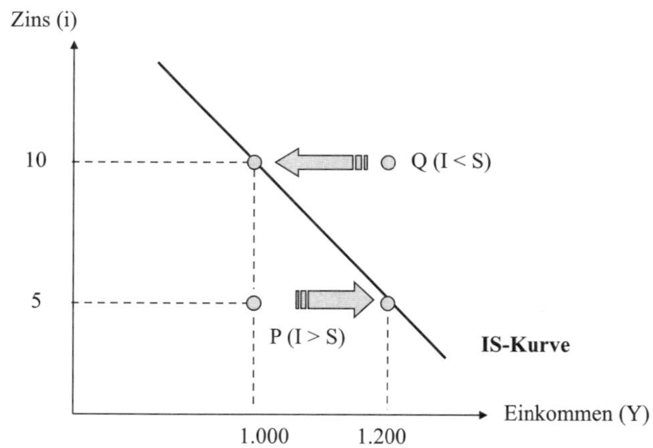

Zins-Einkommen Diagramm:
Überschussnachfrage (P) und Überschussangebot (Q) auf dem Gütermarkt lösen Anpassungsprozesse hin zur IS-Kurve aus, die über das **Einkommen** verlaufen.

Abb. 3.12: Anpassungsprozesse im IS-Diagramm

Die IS-Kurve lässt sich durch die Einbeziehung des Auslandes und des Staates erweitern. Wenn die Exporte oder die Staatsausgaben steigen, verlagert sich die IS-Kurve nach rechts. Wenn die autonomen Importe oder die Steuern steigen, verlagert sie sich nach links, weil dem inländischen Kreislauf Einkommen entzogen wird. Zudem ändert sich bei einer Änderung des Steuersatzes oder der marginalen Importneigung die **Steigung der Kurve**. Da beide eine dämpfende Wirkung auf das Einkommen haben, wird die Kurve jeweils steiler, wenn die beiden Größen steigen.

Schlagwörter	• absolute Einkommenshypothese • Konsumfunktion • Sparfunktion • durchschnittliche Konsumquote • durchschnittliche Sparquote	• marginale Konsumquote • marginale Sparquote • Sparschwelle • IS-Funktion

3.2.2 Geldmarkt – Einführung des Geldes in die Makroökonomie

Wir wollen nun Geld in die makroökonomische Analyse einführen. Anders als die Märkte für Güter ist der Geldmarkt in der makroökonomischen Theorie eine **Fiktion**, denn es existiert kein Ort des Tausches. Der Geldmarkt ist ein Spiegelbild des Tausches auf allen anderen Märkten. Da Güter und Faktorleistungen nur gegen Geld getauscht werden, entfalten sich Geldangebot und Geldnachfrage indirekt auf jedem dieser Märkte.

Abzugrenzen von diesem theoretischen Konstrukt ist der Geldmarkt, auf dem sich die Geldpolitik der Europäischen Zentralbank abspielt (vgl. Kap. 12). Ein **Geldmarktgleichgewicht** im theoretischen Sinne liegt dann vor, wenn das zu einem gegebenen Zeitpunkt vorhandene und durch den Finanzsektor bereitgestellte Geldangebot durch die Nichtbanken nachgefragt wird. Dieser Sachverhalt lässt sich durch die **LM-Kurve** abbilden (L – Liquiditätspräferenzfunktion, M – Money, d.h. Geldangebot). Zur Vereinfachung unterstellen wir ein durch die Notenbank vorgegebenes (autonomes) Geldangebot.

Geldnachfrage und Kassenhaltung

Geld ist aus Sicht vieler Menschen ein Anlagegut, das Zinserträge erzielen soll. Viele werden daher keine größeren Geldsummen in Form von Bargeld halten. Jedoch wird immer dann Geld benötigt, wenn es für den Kauf von Gütern eingesetzt werden soll. Diese Tauschmittelfunktion des Geldes wird durch die **klassische Theorie der Geldnachfrage** betont. Für jeden Kauf muss gelten, dass die Geldmenge (M), die als Bezahlung entrichtet wird, der Wertsumme aus Preisen und Mengen der Güter entspricht. Die Summe aller umgesetzten Güter entspricht dem Transaktionsvolumen. Da auch bereits existierende Güter umgesetzt werden (z. B. gebrauchte Häuser, Gebrauchtwagen), sind diese nicht im BIP enthalten. Trotzdem wird vereinfachend angenommen, dass der Bedarf an **Transaktionskasse** (L^T) wesentlich durch das nominale BIP bzw. Einkommen (Y^{nom}) pro Periode bestimmt wird. Die Geldnachfrage ist darauf ausgerichtet, die zeitlichen Unterschiede in den Zahlungseingängen und -ausgängen so zu überbrücken, dass der Wirtschaftsprozess nicht beeinträchtigt wird. Gehen wir davon aus, dass die privaten Haushalte zu Beginn jeden Monats durch Überweisung von Einkommen über eine Transaktionskasse von 250 Mrd. € verfügen und diese schrittweise bis zum Ende des Monats durch Güterkäufe im Unternehmenssektor abbauen (Abb. 3.13). Im Unternehmenssektor befinden sich am Ende des Monats wieder 250 Mrd. € „in der Kasse", die erneut für die Entlohnung der privaten Haushalte eingesetzt werden. Im Monatsdurchschnitt verfügen die Unternehmen und privaten Haushalte bei unterstellter Gleichverteilung der Konsumgüterkäufe jeweils über eine Transaktionskasse von 250 × 0,5 = 125 Mrd. €. Durch Addition der Transaktionskassen ergibt sich die monatlich vorhandene Geldmenge von 250 Mrd. €. Da jede Geldeinheit im Jahresdurchschnitt 12 Mal genutzt wird, kann mit der vorhandenen Geldmenge von 250 Mrd. € ein wertmäßiger Umsatz bzw. ein nominales BIP (Y^{nom}) von 12 × 250 Mrd. € = 3.000 Mrd. € abgewickelt werden. Die Zahlungsgewohnheiten bzw. -sitten finden ihren Niederschlag in der **Umlaufgeschwindigkeit des Geldes** (UG). Diese wird dadurch ermittelt, dass dem abgewickelten Transaktionsvolumen die benötigte Transaktionskasse gegenübergestellt wird:

(1) UG = 3.000/250 = 12

Wird die Gleichung umformuliert, lässt sich die Nachfrage nach Transaktionskasse bei bekannter Umlaufgeschwindigkeit aufgrund des nominalen BIP bestimmen:

(2) (1/12) × 3.000 = 250 Mrd. €

Die Größe 1/UG wird als **Kassenhaltungskoeffizient** (kk) bezeichnet und gibt an, wie lange das Geld im Durchschnitt gehalten wird.

Bei einem gegebenem Kassenhaltungskoeffizient, der im Beispiel 0,083 (= 1/12) beträgt, hängt die Höhe der Geldnachfrage nur von der Höhe des nominalen BIP ab. Würde sich das Zahlungsverhalten der Unternehmen so verändern, dass die Löhne nur noch alle zwei Monate gezahlt werden, käme es zu einer Verlangsamung der Umlaufgeschwindigkeit. Zur Abwicklung des BIP von 3.000 Mrd. € würde dann eine Transaktionskasse in Höhe von 500 Mrd. € (= 1/6 × 3.000 Mrd. €) benötigt.

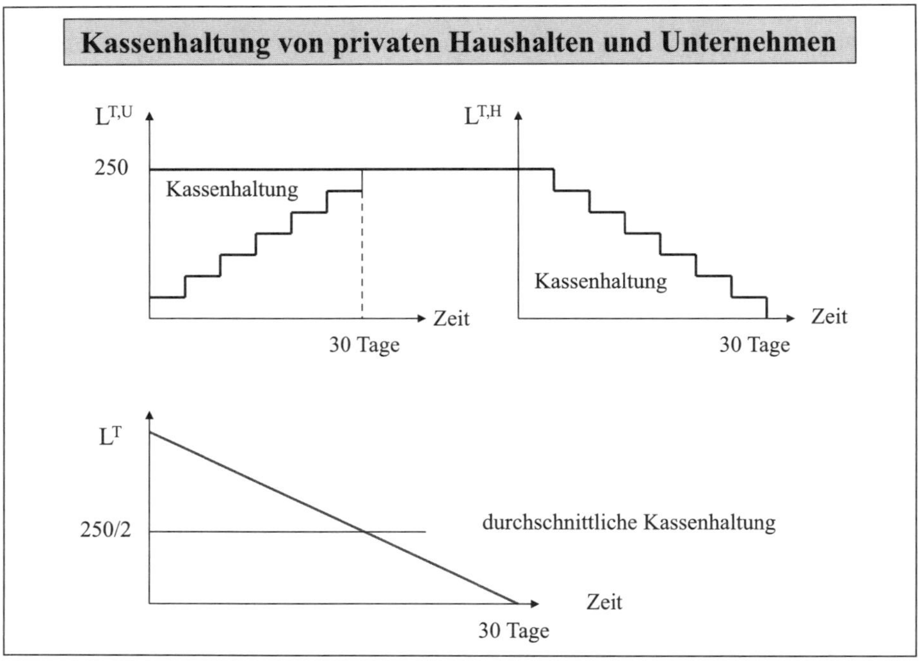

Abb. 3.13: Kassenhaltung und Zahlungsrhythmus

Der Bedarf an Transaktionskasse steigt, wenn

- bei gleicher Periodendauer das nominale Einkommen bzw. das BIP steigt,
- bei gleichem Einkommen die Auszahlungsperiode verlängert wird,
- beide Effekte zusammentreffen.

Da sich die Zahlungsgewohnheiten in einer Volkswirtschaft eher langsam ändern, können wir sagen, dass die Geldnachfrage (L^T) eine relativ stabile Funktion des nominalen BIP oder Einkommens (Y^{nom}) ist und ein tendenziell positiver Zusammenhang vorliegt (Abb. 3.14).

Da die Geldnachfrage (L) nur aus Transaktionskasse besteht, kann diese mit der Geldmenge (M) gleichgesetzt werden. Wird das nominale BIP als Produkt von Preisniveau (P) und realem BIP (Y^{real}) dargestellt, ergibt sich die **Quantitätsgleichung** des Geldes (Box 3.3).

Box 3.3: Quantitätsgleichung – Die Zweiteilung von Güter- und Geldkreislauf	
(1) $L^T \times UG = Y^{nom}$ bzw. $UG = Y^{nom}/L^T$ (2) $L^T = (1/UG) \times Y^{nom}$ (3) $L^T = kk \times Y^{nom}$ (4) $L^T = kk \times Y^{nom} = M$ (5) $M \times UG = P \times Y^{real}$	Hintergrund: Sie bringt zum Ausdruck, wie sich die Menge aller realwirtschaftlichen Transaktionen, das Preisniveau, die Geldmenge und die Umlaufgeschwindigkeit des Geldes (U) zueinander verhalten. Es handelt sich um eine Identität und um keine Theorie.

Die Quantitätsgleichung bringt die Zweiteilung der Wirtschaft in einen güter- und einen geldwirtschaftlichen Bereich zum Ausdruck (**klassische Dichotomie**). Sofern die Umlaufgeschwindigkeit konstant ist und das reale BIP von güterwirtschaftlichen Einflussfaktoren bestimmt ist, besteht eine enge Beziehung zwischen M und P. Jede Erhöhung des Geldangebots führt zwangsläufig zu einer Erhöhung des Preisniveaus.

Kassenhaltung als Funktion

Die Elastizität der Nachfrage nach Transaktionskasse bezüglich des Einkommens ist Eins. Wenn die wirtschaftliche Leistung z.B. um 10% zunimmt, dann werden die damit verbundenen monetären Transaktionen ebenfalls um 10% zunehmen. Die Zahlungsgewohnheiten verändern sich also nicht wesentlich mit der Höhe des Einkommens.

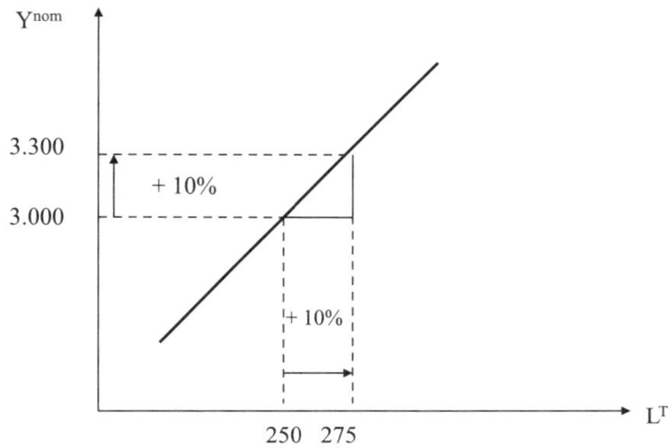

Abb. 3.14: Geldnachfrage aus Transaktionszwecken

Neben dem Transaktionsmotiv gibt es weitere Ursachen der Geldnachfrage. Wir leben in einer Welt nominaler Größen. Geldrückflüsse sind unsicher und Zahlungen sind nicht immer zu planen. Deshalb halten wir eine **Vorsichtskasse**, um die Zahlungsfähigkeit abzusichern. Je unsicherer die Zahlungsrückflüsse sind, desto höher wird die Vorsichtskasse sein.

Spekulationskasse

Nach Auffassung von *John Maynard Keynes* vergleichen Wirtschaftssubjekte die Alternativen einer zinslosen Geldanlage (**Spekulationskasse**) und eines festverzinslichen Wertpapiers. Letztere erbringen für den Inhaber feste nominale Zinserträge pro Jahr. Der Gesamtertrag eines Wertpapiers ist durch feste nominale Zinszahlungen sowie durch Gewinne oder Verluste aus Kursschwankungen gegeben.

Nehmen wir an, Sie besitzen Wertpapiere im Wert von 10.000 € und halten den gleichen Betrag an Spekulationskasse (Abb. 3.15). Die Wertpapiere erbringen beim Kurs von 100 € einen garantierten Nominalzins von 8 % (also 8 €). Der Nominalzins eines Wertpapiers ist Ausdruck für die **effektive Verzinsung** zum Zeitpunkt der Ausgabe des Wertpapiers:

- Fällt der Marktkurs auf 80 €, steigt die Effektivverzinsung auf 10 % [(8 €/80 €) × 100]. Sie werden z. B. 120 Wertpapiere für 9.600 € kaufen und dazu die Spekulationskasse nahezu aufbrauchen (Rest: 400 €). Zukünftig werden Sie eher mit steigenden Kursen rechnen.
- Steigt der aktuelle Kurswert des Wertpapiers wie erwartet auf z. B. 160 €, dann sinkt die effektive Verzinsung auf 5 % [(8 €/60 €) × 100]. In diesem Fall könnten Sie z. B. 150 Wertpapiere verkaufen und ihre Spekulationskasse auffüllen (150 × 160 € = 24.000 €). Ihre gesamte Spekulationskasse beträgt dann 24.400 €. Zukünftig werden Sie mit einem Sinken des Kurswertes rechnen.

Die Wertpapiernachfrage ist das Spiegelbild der Nachfrage nach Spekulationskasse (Abb. 3.16). Wirtschaftssubjekte besitzen eine Vorstellung über die längerfristige „**nor-**

Zusammenhang zwischen Kursen und Geldnachfrage

	Kurs des Wert-papiers	Zins in %, nominal	Effektivzins (Rendite) in %	Wertpapierbestand (= Bestand – Käufe/Verkäufe)	**Speku-lations-kasse**
Ausgangssituation	100	8	(8/100) × 100 = 8	Bestand 100	**10.000**
Marktzins steigt, Kurs fällt	80	8	(8/80) × 100 = 10	Kauf: 120 Stück zu 80 €, Bestand: 220	**400**
Marktzins sinkt, Kurs steigt	160	8	(8/160) × 100 = 5	Verkauf: 150 Stück zu a 160 € Bestand: 70	**24.400**
Effektivzins = Nominalzins/eingesetztes Kapital					

Abb. 3.15: Wertpapierkurs und effektive Verzinsung

male" Verzinsung eines Wertpapiers. Diese soll in unserem Beispiel bei 8 % liegen. Dieser Zins kann vom gegenwärtigen Zins abweichen (Tab. 3.2):

- **Fall A:** Der heutige Marktzins liegt oberhalb des Normalzinssatzes. Die Wirtschaftssubjekte werden mit Zinssenkungen bzw. Kurssteigerungen rechnen.
- **Fall B:** Der heutige Marktzins liegt unterhalb des Normalzinssatzes. Die Wirtschaftssubjekte rechnen mit einem Zinsanstieg und einem Kursabfall.

Tab. 3.2: Wertpapiernachfrage und Zins

Fall	**i (heute)**	**Kurs**	**erwarteter Zins**	**erwarteter Kurs**	**Kursdifferenz**	**Gesamtertrag**
A	10 %	80€	8 %	100€	+20€	+28€
B	5 %	160€	8 %	100€	–60€	–52€
Gesamtertrag = Wertpapiervergütung (8€) + Kursdifferenz						

Bei hohem Zins (niedrigem Kurs) ist die Wertpapierhaltung attraktiv. Neben dem Zinsertrag winkt ein Kursgewinn. Die Neigung zur Geldhaltung ist gering (Fall A). Bei niedrigem Zins (hohen Kurs) ist die Wertpapierhaltung nicht attraktiv, da Kursverluste erwartet werden. Personen halten eher Geld als Wertpapiere. Der erwartete „normale" Zins ist keine für alle Personen gleiche Größe. Es gibt unterschiedliche Vorstellungen über die Höhe dieses Zinssatzes. Bei gegebenem Zins werden einige Personen mit Zinssenkungen, andere mit Zinssteigerungen rechnen. Dennoch kann der Zins ein derart niedriges Niveau erreichen, bei dem viele Wirtschaftssubjekte ausschließlich Geld halten. Die Nachfrage nach Spekulationskasse wird unendlich zinselastisch. Die Wirtschaft verharrt in der sogenannten **Liquiditätsfalle**. Fassen wir die vielfältigen Einflussfaktoren der Geldnachfrage zusammen:

Eine Erhöhung der Variable	**bewirkt eine ...... der Geldnachfrage**	**weil ....**
Preisniveau	proportionale Erhöhung	die benötigte Menge an Transaktionskasse steigt

Eine Erhöhung der Variable	bewirkt eine .... der Geldnachfrage	weil ....
Einkommen	Erhöhung	die Zahl der Transaktionen steigt
Zins	Senkung	die Opportunitätskosten der Geldhaltung steigen
Vermögen	Erhöhung	ein Teil des Vermögens in Geld gehalten wird
Risiko der Geldhaltung	Senkung	die Geldhaltung risikoreicher wird
Risiko alternativer Anlageformen	Erhöhung	die Geldhaltung relativ risikoärmer wird
Effizienz des Zahlungsverkehrs	Senkung	die Menschen mit weniger Geld auskommen
erwartete Inflation	Senkung	die Opportunitätskosten der Geldnachfrage durch Entwertung des Geldwertes steigen

Geldmarktgleichgewicht (LM-Kurve)

Der Geldmarkt lässt sich wie folgt beschreiben:

Größe	allgemein	Zahlenbeispiel
Geldangebot (M, autonom)	M	1.000 Mrd. €
Transaktionskasse (L^T)	kk × Y	0,2 × Y
Spekulationskasse (L^S)	$L^S_{aut} - l^S \times i$	800 – 2.000 × i

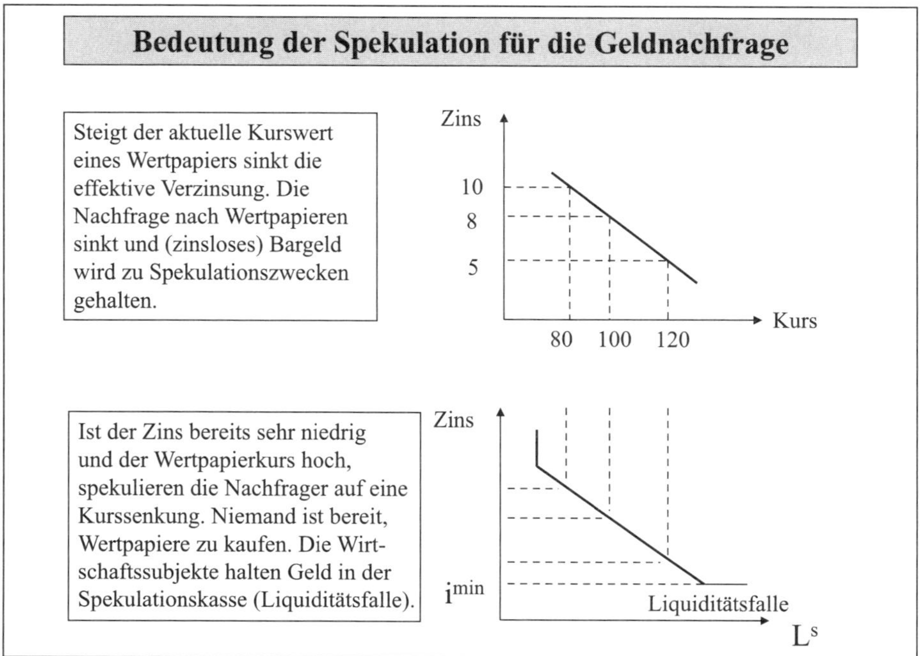

Abb. 3.16: Wertpapiernachfrage und Geldnachfrage aus dem Spekulationsmotiv

Box 3.4: LM-Funktion – Das Geldmarktgleichgewicht	
(1) $M = kk \times Y + L^S_{aut} - l^S \times i$ (2) $Y = (M - L^S_{aut})/kk + (l^S/kk) \times i$ (3) $i = (L^S_{aut} - M)/l^S + (kk/l^S) \times Y$ (4) Steigungen: $di/dY = kk/l^S$ bzw. $dY/di = l^S/kk$	Hintergrund: Die LM-Funktion ist der geometrische Ort aller Zins-Einkommens-Kombinationen, die ein Gleichgewicht auf dem Geldmarkt symbolisieren. Zins und Einkommen stehen in einem positiven Verhältnis. Je größer kk und je kleiner l^S, desto steiler verläuft die LM-Kurve.

In unserem Zahlenbeispiel lassen sich nun die Gleichgewichtswerte bei unterschiedlichen Zins-Einkommens-Kombinationen bestimmen. Für ein Einkommen von 2.000 erhält man beispielsweise (Abb. 3.17):

(1) $M/P = L^T + L^S$

(2) $1.000 = (0{,}2 \times 2.000) + (800 - 2.000 \times i)$

(3) $i = 0{,}10$, d. h. 10 %

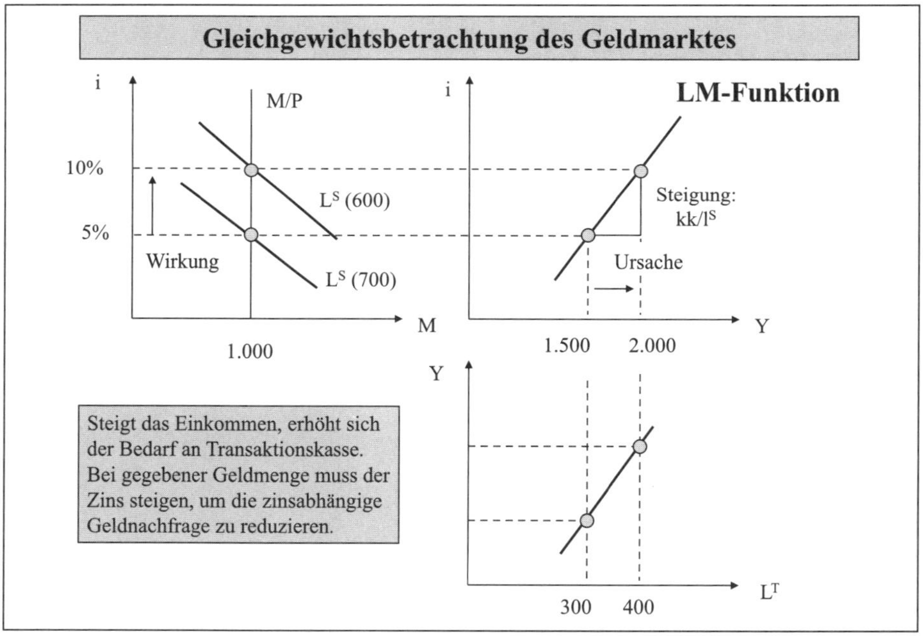

Abb. 3.17: LM-Funktion

Ungleichgewichte und Anpassungsprozesse

Punkte oberhalb der LM-Kurve signalisieren ein Überschussangebot an Geld, Punkte unterhalb der LM-Kurve eine Überschussnachfrage nach Geld. Betrachten wir als Beispiel Punkt P in Abb. 3.18.

Ein zu großes Geldangebot ($M > L$) verändert den Bedarf an Transaktionskasse nicht, da diese nur vom Einkommen abhängt. Dieses wird auf dem **Gütermarkt** bestimmt. Anpassungsprozesse verlaufen also über den Zins. Bei einem Zinsniveau von 10 % sind die Anleger mehrheitlich davon überzeugt, dass es sich lohnt, das Geld in Wertpapieren anzulegen. Die Opportunitätskosten der Geldhaltung sind hoch. Die Kaufentscheidungen treiben die Kurse der Wertpapiere in die Höhe. Die effektive Verzinsung fällt. Bei einem Niveau von 5 % haben die Kurse eine Höhe erreicht, bei der sich Wertpapiermarkt und Geldmarkt wieder im Gleichgewicht befinden.

In Punkt Q ist der Bedarf an Transaktionskasse durch das Einkommen vorgegeben. Wenn die Notenbank im Fall eines höheren Bedarfs das notwendige Geld nicht zur Verfügung stellt, wird die Spekulationskasse zurückgehen und die Zinsen werden steigen. Die Wirtschaftssubjekte werden Wertpapiere verkaufen, um ihre Transaktionskasse zu füllen. Das drückt die Kurse und lässt die Zinsen steigen. Das Modell prognostiziert also für einen Abschwung (geringere Einkommen) sinkende und für einen Aufschwung (höhere Einkommen) steigende Zinsen.

Ungleichgewichte auf dem Geldmarkt

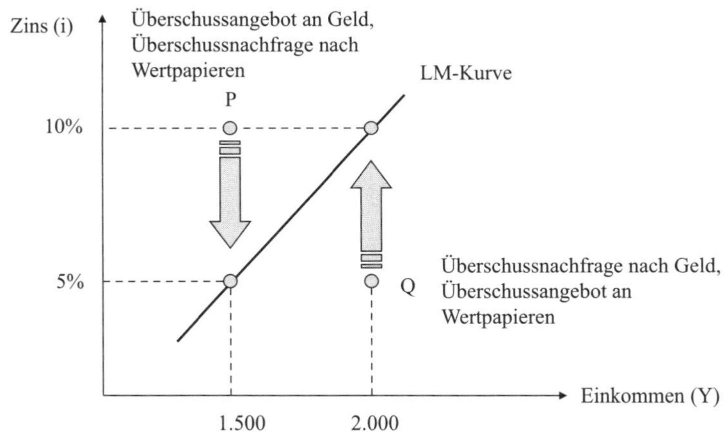

Zins-Einkommen Diagramm:
Überschussnachfrage (P) und Überschussangebot (Q) auf dem Geldmarkt lösen Anpassungsprozesse hin zur LM-Kurve aus, die über den **Zins** verlaufen.

Abb. 3.18: Anpassungsprozesse im LM-Diagramm

Schlagwörter	• Geldmarkt • Transaktionskasse • Vorsichtskasse • Spekulationskasse • Umlaufgeschwindigkeit • Kassenhaltungskoeffizient	• klassische Dichotomie • Quantitätsgleichung • Liquiditätsfalle • LM-Kurve

3.2.3 IS-LM-Modell

Der Güter- und der Geldmarkt sind nicht unabhängig voneinander. Der Zins wird auf dem Geldmarkt bestimmt und hat über die Investitionstätigkeit Einfluss auf den Gütermarkt. Das Einkommen wird auf dem Gütermarkt bestimmt und hat über die Geldnachfrage Auswirkungen auf den Geldmarkt. Die Zusammenführung von Geld- und Gütermarkt geschieht im **IS-LM Modell**.

Das Modell ist Bestandteil nahezu jeden makroökonomischen Lehrbuches. Mittlerweile existieren sogar interaktive Anwendungen dazu im Internet (vgl. Abb. 3.19). Es ist der keynesianischen Denktradition zuzurechnen und im Wesentlichen von *John Richard Hicks* entwickelt worden. Er erhielt 1972 zusammen mit *Kenneth Joseph Arrow* den Nobelpreis für ihre *„bahnbrechenden Arbeiten zur allgemeinen Theorie des ökonomischen Gleichgewichts und zur Wohlfahrtstheorie"*.

Bekanntestes Modell der Makroökonomie

Hicks, Richard John
1904 – 1989 (Großbritannien)
© Nobel Foundation

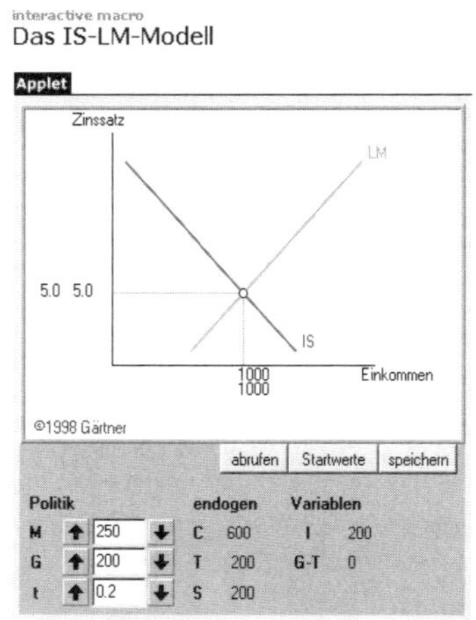

www.fgn.unisg.ch/eurmacro/Tutor/islm-de.html

Abb. 3.19: IS-LM-Modell

IS-LM-Gleichgewicht: Ein algebraisches Beispiel

Der Gütermarkt und der Geldmarkt seien durch folgende Funktionen gekennzeichnet:

Gütermarkt	Geldmarkt	
$I = 400 - 2.000 \times i$	$M = 1.000$	$P = 1$
$S = -200 + 0{,}2 \times Y$	$L^T = 0{,}2 \times Y$	$L^S = 1.000 - 4.000 \times i$

Die simultane Gleichgewichtslösung lässt sich schrittweise herleiten (Abb. 3.20):

IS-Funktion: (1) $400 - 2.000 \times i = -200 + 0{,}2 \times Y$

(2) $600 - 2.000 \times i = 0{,}2 \times Y$

(3) $Y = 3.000 - 10.000 \times i$

LM-Funktion: (4) $1.000 = 0{,}2 \times Y + 1.000 - 4.000 \times i$

(5) $Y = 20.000 \times i$

Gleichgewichtszins: (6) $3.000 - 10.000 \times i = 20.000 \times i$

(7) $i = 0{,}1$ (10 %)

Gleichgewichtseinkommen: (8) $3.000 - 10.000 \times 0{,}1 = 2.000$ Mrd. €

In allen anderen Punkten des IS-LM-Diagramms ist entweder eine oder sind beide Gleichgewichtsbedingungen verletzt. In diesem Fall setzen Anpassungsprozesse des Einkommens und/oder des Zinssatzes ein, bis ein neues Gleichgewicht erreicht ist.

Konstellationen auf dem Güter- und Geldmarkt

links von der IS-Kurve	I > S	Y steigt
rechts von der IS-Kurve	I < S	Y sinkt
oberhalb der LM-Kurve	L < M	i sinkt
unterhalb der LM-Kurve	L > M	i steigt

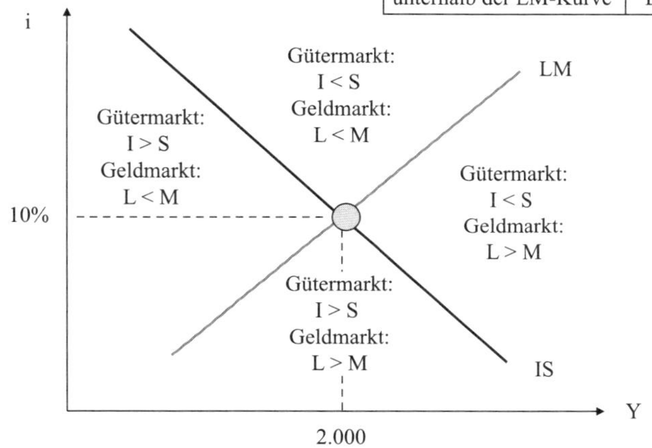

Abb. 3.20: (Un-)Gleichgewichtssituationen im IS-LM-Diagramm

Anpassungsprozesse im IS-LM-Modell

Wir gehen davon aus, dass sich die Wirtschaft in der ungleichgewichtigen Situation Q in Abb. 3.21 befindet. In Punkt Q befinden wir uns rechts oberhalb von der IS-Kurve. Unternehmen werden ihre Produktion drosseln, weil in Q ein Überschussangebot an Gütern produziert wird. Dieser Prozess wird Zeit in Anspruch nehmen.

Er kann wahrscheinlich schneller durchgeführt werden als eine Ausweitung der Produktion, aber er geht sicher nicht von heute auf morgen vonstatten. Der Prozess geht mit der Verringerung von Kapazitäten und der Freisetzung von Arbeitskräften einher. Zugleich befinden wir uns in Q oberhalb der LM-Kurve. Es herrscht ein Überschussangebot an Geld und es ist mit einem sinkenden Zinsniveau zu rechnen. Hier können wir davon ausgehen, dass die Zinsanpassung schneller verläuft als eine Änderung der Produktion. Aus Q heraus können wir also mit einer relativ schnellen Bewegung zur LM-Kurve rechnen und bewegen uns dann – eventuell mit Schwankungen – bei gleichgewichtigem Geldmarkt hin zur IS-Kurve.

Das IS-LM-Diagramm leistet wertvolle Dienste bei der Analyse von Fallstudien. Dabei kann es sich zum einen um Änderungen der Verhaltensparameter der Wirtschaftssubjekte handeln, z. B. wenn Unternehmen ihre Investitionstätigkeit aufgrund positiver Zukunftserwartungen erhöhen. Weit verbreitet ist die Darstellung von Auswirkungen finanz- und geldpolitischer Maßnahmen im Modell.

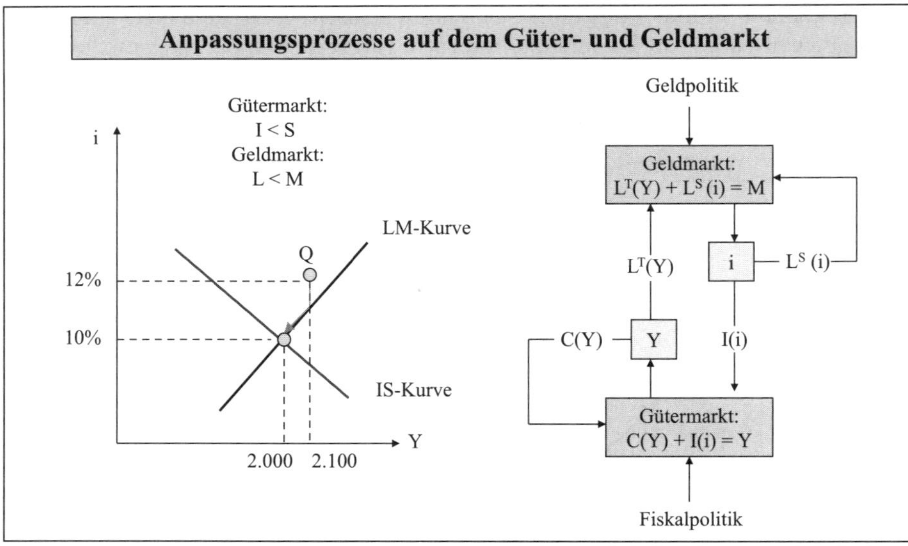

Abb. 3.21: Anpassungsprozess im IS-LM-Diagramm

Finanzpolitik im IS-LM-Modell

Die wichtigsten finanzpolitischen Variablen sind die Staatsausgaben und die Steuereinnahmen. Betrachten wir als Beispiel eine Erhöhung der Staatsausgaben bzw. eine Senkung der Steuern, durch die der Wirtschaft positive Impulse verliehen werden soll. Die IS-Funktion verschiebt sich in diesem Fall nach rechts (Abb. 3.22). Die Folgen können wir uns an folgendem Einzelfall überlegen.

Familie Müller ist überzeugt, dass durch die finanzpolitischen Maßnahmen ein wirtschaftlicher Aufschwung ausgelöst wird. Frau Müller, die vor ihrer Arbeitslosigkeit als Angestellte gearbeitet hatte, findet wieder einen Arbeitsplatz, da die Menschen durch den erwarteten Aufschwung mehr kaufen. Familie Müller denkt über die Anschaffung eines Zweitwagens nach. Familie Müller kauft einen PKW und verkauft zur Finanzierung einen Teil der Wertpapiere aus ihrem Depot. Diese Verkaufsentscheidungen auf dem Wertpapiermarkt, die jetzt in vielen Familien ähnlich ausfallen, drücken auf die Kurse. Dies führt zu steigenden Zinsen, die einige Investitionsprojekte unrentabel werden lässt.

Die private Investitionsgüternachfrage geht also zurück. Dieser Prozess wird als **crowding out** oder Verdrängungseffekt bezeichnet (vgl. dazu Kap. 7).

Der güterwirtschaftliche Nettoeffekt ergibt aus der Differenz von zusätzlicher Staatsnachfrage und zinsinduziertem Rückgang der privaten Nachfrage (Tab. 3.3; Abb. 3.22). Die relativ hohe Zunahme des Einkommens kommt nur bei einem konstanten Zinsniveau zustande. Die höhere Staatsnachfrage lässt die Zahl der Transaktionen und die Geldnachfrage ansteigen. Da das Geldangebot durch die Zentralbank konstant vorgegeben ist, kann die steigende Transaktionskasse nur durch eine Verminderung der Spekulationskasse befriedigt werden.

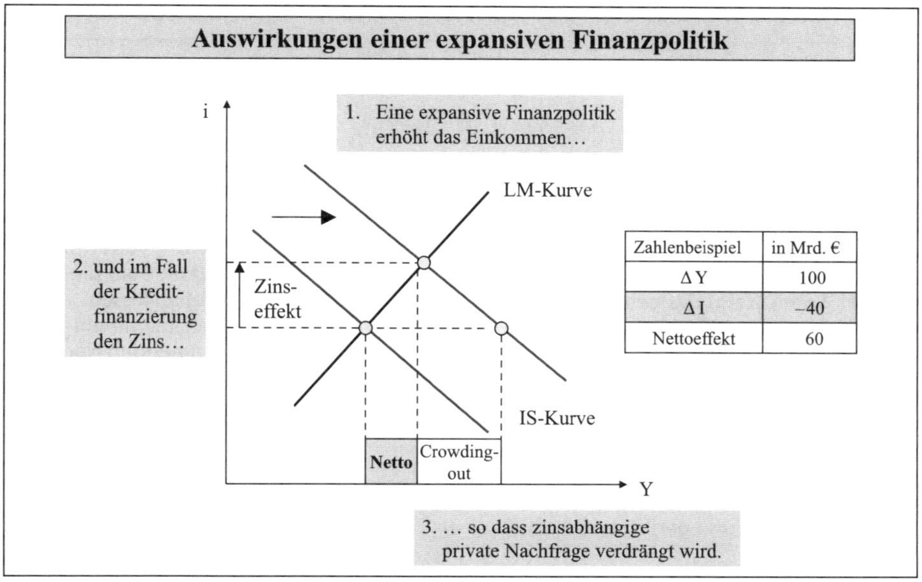

Abb. 3.22: Finanzpolitik im IS-LM-Diagramm

Tab. 3.3: Wirkungskette einer expansiven Finanzpolitik im IS-LM-Diagramm

Gütermarkt	Rückwirkung	Geldmarkt
1. Die Nachfrage steigt durch die staatliche Ausgabenpolitik. **2.** Die Unternehmen erhöhen die Produktion. Die Einkommen steigen. **5.** Der Zinsanstieg führt zu einem Rückgang der privaten Investitionstätigkeit (crowding out).	⟶ ⟵	**3.** Die steigenden Einkommen führen bei konstanten Zahlungsgewohnheiten zu einer erhöhten Nachfrage nach Transaktionskasse. **4.** Da die Zentralbank das Geldangebot konstant hält, kommt es zu einer Überschussnachfrage auf dem Geldmarkt, die das Zinsniveau steigen lässt.
ΔY > 0		**Δi > 0**
Der Nettoeffekt ist positiv. Das neue Gleichgewicht stellt sich bei einem höheren Einkommens- und Zinsniveau ein.		

Geldpolitik im IS-LM-Modell

Eine Geldmengenerhöhung durch die Notenbank (**expansive Geldpolitik**) verschiebt die LM-Kurve nach rechts. Bei zunächst konstantem Einkommen wird eine höhere Geldmenge nicht für Transaktionszwecke benötigt. Sie erhöht ausschließlich die zinsabhängige Geldnachfrage, die nur bei sinkendem Zins aufgenommen wird. Der sinkende Zins wirkt auf den Gütermarkt zurück und erhöht über steigende Investitionen die gesamtwirtschaftliche Nachfrage (Tab. 3.4; Abb. 3.23). Voraussetzung ist, dass die Investitionen ausreichend zinselastisch reagieren. Wäre dies nicht der Fall, sind die (Netto-)Effekte entsprechend geringer.

Tab. 3.4: Wirkungskette einer expansiven Geldpolitik im IS-LM-Diagramm

Gütermarkt	Rückwirkung	Geldmarkt
3. Die fallenden Zinsen regen die Investitionsnachfrage an. Ein Aufschwungprozess wird ausgelöst. Somit steigt das gesamtwirtschaftliche Einkommen.	← →	**1.** Die Zentralbank entschließt sich zu einer expansiven Geldpolitik. Sie erhöht die Geldmenge. Die LM-Kurve verschiebt sich nach rechts. **2.** Würde sich kein realer Effekt anschließen, würde das Überschussangebot an Geld die Zinsen stark fallen lassen. **4.** Das steigende Einkommen führt zu einer zunehmenden Nachfrage nach Transaktionskasse, so dass der Zinsrückgang gebremst wird.
ΔY > 0		**Δi < 0**
Der Nettoeffekt ist positiv. Das neue Gleichgewicht stellt sich bei einem höheren Einkommensniveau und geringeren Zinsniveau ein.		

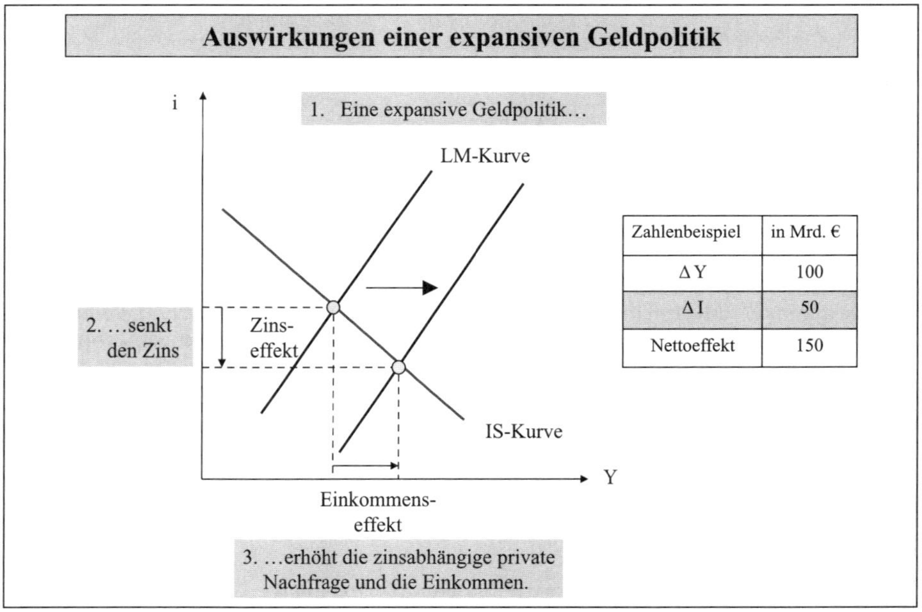

Abb. 3.23: Geldpolitik im IS-LM-Diagramm

Anwendung des Modells

Wir können uns die Wirkungsketten einzelner wirtschaftspolitischer Maßnahmen an einzelnen Beispielen klarmachen (Tab. 3.5).

Für die Anwendung des Modells ist u. a. auch die Steigung der beiden Kurven (und damit das Investitions- und Geldnachfrageverhalten) von Bedeutung. Die Wirkungen der Politiken werden dadurch vergrößert bzw. vermindert. Ist zum Beispiel die Investitionsgüternachfrage (und damit die IS-Kurve) eher zinsunelastisch und die

Tab. 3.5: Geld- und Finanzpolitik im IS-LM-Modell

Instrument	IS-Kurve	LM-Kurve	Einkommen	Zins
Steuererhöhung bzw. Rückgang der Staatsausgaben	nach links	–	sinkt	sinkt
Steuersenkung bzw. Anstieg der Staatsausgaben	nach rechts	–	steigt	steigt
Ausweitung der Geldmenge	–	nach unten	steigt	sinkt
Rückgang der Geldmenge	–	nach oben	sinkt	steigt

Geldnachfrage eher zinselastisch, erzielt eine expansive Fiskalpolitik große Wirkung. Bei einer vollkommen zinsunelastischen Investitionsgüternachfrage (**Investitionsfalle**) wäre eine expansive Finanzpolitik hingegen wirkungslos. Erfolgversprechend ist vor allem eine Kombination von Maßnahmen, z. B. eine expansive Finanzpolitik mit einer expansiven Geldpolitik.

Weiterentwicklungen und Einschränkungen des IS-LM-Modells

Das IS-LM-Modell lässt sich unter mehreren Gesichtspunkten weiterentwickeln. Wir werden dieses Modell z. B. als Grundgerüst für ein Modell offener Volkswirtschaften nutzen (vgl. Kap. 22). Andererseits ist die Erklärungskraft des Modells begrenzt:

- Das Modell ist nachfrageorientiert, besitzt also keine Verbindung zur Angebotsseite und zum Arbeitsmarkt einer Volkswirtschaft.
- Die Konsumenten passen ihr Konsumverhalten nur zeitverzögert an ein verändertes Einkommen an. Auch Investoren reagieren nicht sofort auf Zinsveränderungen oder auf Veränderungen der Produktion.
- Im Modell können wirtschaftspolitische Probleme „einfach" durch Verschiebungen von Funktionen gelöst werden. Die praktischen Probleme in der Umsetzung von wirtschaftspolitischen Konzepten werden nicht analysiert.
- Während der Zins der LM-Kurve (Geldmarkt) eher kurzfristiger Natur ist, wirkt der Zins der IS-Kurve (Gütermarkt) eher langfristig. Zudem wird ein konstantes Preisniveau unterstellt. Aus diesem Grund ist das Modell nicht geeignet, um mittelfristige Veränderungen der Ökonomie vorherzusagen, wenn diese mit Preisänderungen einhergehen.

Schlag-wörter	• IS-LM-Modell • Ungleichgewichte • Anpassungsprozesse • expansive Finanzpolitik	• crowding out • expansive Geldpolitik • Investitionsfalle

3.2.4 Gesamtwirtschaftliche Nachfragefunktion

Die bisherige Darstellung ging von der Annahme eines konstanten Preisniveaus aus. Wird diese Annahme aufgegeben, lässt sich die **gesamtwirtschaftliche Nachfragefunktion** aus dem IS-LM-Modell ableiten (Abb. 3.24). Sie bildet zusammen mit der gesamtwirtschaftlichen Angebotsfunktion das gesamtwirtschaftliche Totalmodell.

Gesamtwirtschaftliche Nachfragefunktion: Ein algebraisches Beispiel

Betrachten wir ein Modell mit folgenden Größen (mit Staat ohne Ausland):

Gütermarkt		**Geldmarkt**	
Steuern:	T = 200	Geldangebot:	M = 1.000
Staatsausgaben:	G = 200	Preisniveau:	P = 2
Privater Konsum:	C = 400 + 0,5 x (Y – T)	Geldnachfrage:	L = Y – 500 × i
Investitionen:	I = 100 – 250 × i		

Durch Einsetzen ermitteln wir zunächst die IS-Funktion:

(1) $Y = 400 + 0{,}5 \times (Y - 200) + (100 - 250 \times i) + 200$

(2) $Y = 1.200 - 500 \times i$

Anschließend berechnen wir die LM-Funktion:

(3) $1.000/2 = Y - 500 \times i$

(4) $Y = 500 + 500 \times i$

Nun ermitteln wir den Gleichgewichtszins:

(5) $1.200 - 500 \times i = 500 + 500 \times i$

(6) $i = 0{,}07$ (7 %)

Das Gleichgewichtseinkommen errechnet sich als: $Y = 850$.

Unterstellt sein nun ein **Rückgang** des Preisniveaus bei konstanter Geldmenge auf 1. Dadurch verändert sich die LM-Funktion:

(7) $1.000/1 = Y - 500 \times i$

(8) $Y = 1.000 + 500 \times i$

Konstruktion der gesamtwirtschaftlichen Nachfrage

- Eine Senkung des Preisniveaus erhöht die reale Geldmenge, führt zu Senkungen des Zinses und zu Steigerungen des Einkommens.
- Senkungen des Preisniveaus erhöhen die gesamtwirtschaftliche Nachfrage und umgekehrt.

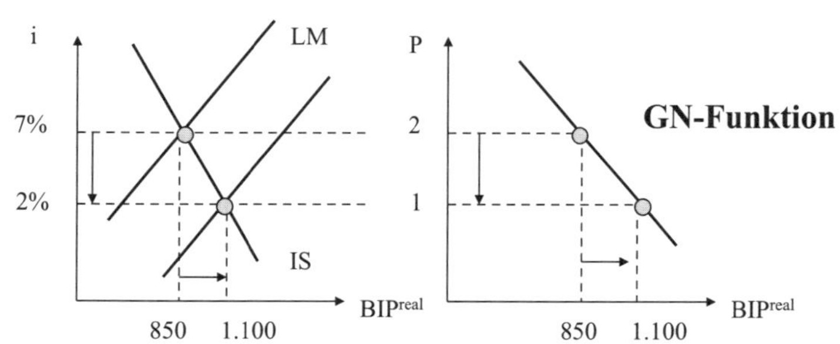

Abb. 3.24: Gesamtwirtschaftliche Nachfragefunktion

Eingesetzt errechnen sich folgende Gleichgewichtswerte:

(9) $1.200 - 500 \times i = 1.000 + 500 \times i$

(10) $i = 0{,}02$

(11) $Y = 1.100$

Eine Reduzierung des Preisniveaus senkt den Zins und erhöht das gleichgewichtige Einkommen (und vice versa). In allgemeiner Form ist die gesamtwirtschaftliche Nachfragefunktion (GN-Funktion) gegeben durch: $Y = (M/P, G, T)$. Bei gegebener Geld- und Fiskalpolitik, d. h. bei vorgegebenen Werten für M, G und T, führt ein geringeres Preisniveau zu einem Anstieg der realen Geldmenge M/P und zu einem Anstieg der Produktion (und umgekehrt).

Vermögens- und Realkasseneffekte

Ursächlich für den negativ geneigten Verlauf der GN-Funktion sind **Vermögens-** und **Realkasseneffekte** von Preisniveauveränderungen, die graphisch durch Verschiebungen der LM-Funktion ausgedrückt werden. Bei vorgegebener nominaler Geldmenge (M) führen sinkende Preise (P) zu einer Erhöhung des realen Geldangebots (M/P). Um ein neues Gleichgewicht auf dem Geldmarkt zu erreichen, muss das reale Einkommen und damit die einkommensabhängige Geldnachfrage steigen oder der Zins sinken, um die zinsabhängige Geldnachfrage zurückzuführen. Beide Sachverhalte führen graphisch zu einer Rechtsverschiebung der LM-Funktion. Für die Ausgabenkomponenten des BIP resultieren aus der Erhöhung des realen Geldangebots bzw. der Preisniveau- und Zinssenkungen folgende Wirkungen (Abb. 3.25):

- **Konsumausgaben (C_H):** Der Wertzuwachs des realen Finanzvermögens aufgrund sinkender Preise erhöht den Konsum (**Pigou-Effekt**).

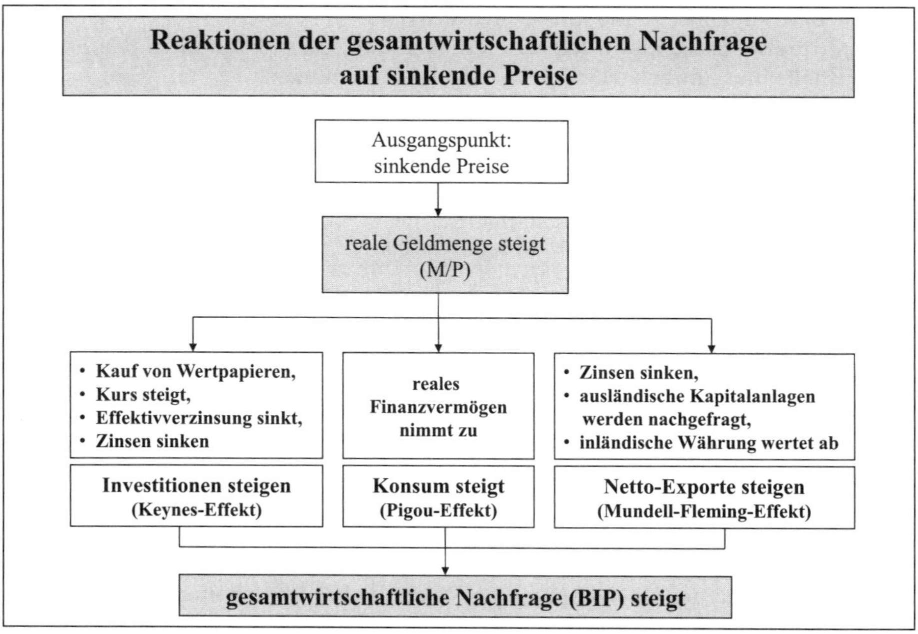

Abb. 3.25: Realkassen- und Vermögenseffekte

- **Investitionsausgaben (I):** Eine höhere Geldmenge führt zu höheren Kassenbeständen, die Geld für die Wertpapiernachfrage frei machen. Ein steigender Kurs führt zu sinkenden Zinsen und nachgelagert zu höheren Investitionen (**Keynes-Effekt**).
- **Exporte (Ex):** Geringere Zinssätze im Inland machen ausländische Kapitalanlagen rentabler und führen zu einer Nachfrage nach ausländischer Währung (z. B. US-$). Bei gleichbleibendem Angebot wird die inländische Währung abgewertet und die Exporte nehmen zu bzw. die Importe gehen zurück (**Mundell-Fleming-Effekt**).

Verschiebungen der GN-Funktion

Sofern sich die unterstellten Verhaltensannahmen auf dem Güter- und Geldmarkt verändern, kommt es zu einer Verschiebung der GN-Funktion (Tab. 3.6).

Tab. 3.6: Verschiebungen der GN-Funktion

Verschiebungen		
IS-Kurve	**LM-Kurve**	**GN-Funktion**
nach rechts	–	nach rechts
nach links	–	nach links
–	nach oben	nach links
–	nach unten	nach rechts

Auch **wirtschaftspolitische Maßnahmen**, die Einfluss auf die Höhe der Gesamtausgaben haben (z. B. Variation der Steuersätze) bzw. exogene Ereignisse können die GN-Funktion verschieben. Eine Rechtsverschiebung ist z. B. zurückzuführen auf folgende Vorgänge:

- **Vermögenswerte:** Ein Anstieg der Aktienkurse erhöht das Vermögen der privaten Haushalte bzw. die Unternehmenswerte und ermöglicht ein höheres Sparen (Konsum) bzw. ein höheres Investitionsniveau.
- **Importpreise:** Sinkende Erdölpreise erhöhen das reale Einkommen der privaten Haushalte und führen zu einem Anstieg der Investitionen.
- **Auslandskonjunktur:** Wirtschaftswachstum im Ausland führt zu höheren Nettoexporten des Inlandes.

Schlagwörter	• Gesamtwirtschaftliche Nachfragefunktion • Vermögens-, Realkasseneffekte • Verschiebungen der Nachfragefunktion	• Pigou-Effekt • Keynes-Effekt • Mundell-Fleming-Effekt

3.3 Aggregiertes Angebot

Das aggregierte Angebot (**Gesamtangebot**) umfasst die in der gesamten Volkswirtschaft in einer bestimmten Periode zur Verfügung stehende Menge an Gütern. Während der Verlauf der gesamtwirtschaftlichen Nachfragefunktion im Kern weitgehend akzeptiert ist, wird der Zusammenhang zwischen Preisniveau und Gesamtangebot kontroverser diskutiert. Während in den Augen mancher Ökonomen das Gesamtangebot ausschließlich von realen Größen wie der Faktorausstattung bestimmt wird, sind andere Ökonomen der Überzeugung, dass sich die Produktion auch durch monetäre Maßnahmen (z. B. Steuer- und Zinssenkungen) ankurbeln lässt. Unabhängig von dieser Diskussion wird das aggregierte Angebot stets im Zusammenhang mit dem Arbeitsmarkt betrachtet.

3.3.1 Lohnfindung, Preissetzung und Arbeitsmarkt

Wir wollen den Arbeitsmarkt mit folgender Gleichung des Arbeitsangebots beschreiben:

$ls^{nom} = P^e \times f(ALQ, \Phi)$

Der **Nominallohn** (ls^{nom}) hängt vom erwarteten Preisniveau (P^e), der Arbeitslosenquote (ALQ) und anderen Einflussgrößen (Φ) ab. Sowohl Arbeitnehmer als auch Arbeitgeber sind nicht am Nominallohn, sondern am Reallohn (ls/P) interessiert:

- Die Reallöhne entscheiden darüber, wie viele Güter sich die Arbeitnehmer kaufen können.
- Steigen die Preise der Güter und bleiben die Nominallöhne gleich, erhalten Unternehmen bei gleichen Kosten höhere Einnahmen, d. h. der Reallohn sinkt.

Da die Lohnverhandlungen stets für die Zukunft abgeschlossen werden, werden die Beteiligten nicht die aktuelle, sondern die zukünftig erwartete Inflationsrate berücksichtigen. Mit sinkender Arbeitslosigkeit steigt die **Verhandlungsmacht** der Gewerkschaften. Je niedriger die Arbeitslosenquote in einem Land ist, desto höher sind in der Regel die Löhne. Bei einer niedrigen Arbeitslosenquote ist es für die Unternehmen schwierig, geeigneten Ersatz zu finden. Gleichzeitig können Arbeitnehmer leichter eine neue Beschäftigung finden. Die Verhandlungsposition der Arbeitnehmer ist also günstig.

Die Größe Φ steht als Sammelvariable für vielfältige Einflüsse, die u. a. die institutionellen Rahmenbedingungen des Arbeitsmarktes umfassen. In diesem Zusammenhang wird in der Regel ein **Reservationslohn** betrachtet. Dies ist der Lohn, bei dem eine Person gerade indifferent zwischen den Alternativen Arbeiten und Freizeit ist. Der einzelne Arbeitnehmer überlegt sich, ob der zusätzliche Konsum an Gütern, den er sich durch Arbeit leisten könnte, den Verlust an Freizeit aufwiegt.

Im Normalfall erhalten Beschäftigte einen Lohn, der oberhalb dieses Reservationslohnsatzes liegt. Damit haben sie eine eindeutige Präferenz, arbeiten zu gehen. Folgende Annahmen erscheinen plausibel:

Der Reservationslohn steigt, wenn ...	... die Höhe des Arbeitslosengeldes oder der Sozialhilfe steigt.
	... gesetzliche Mindestlöhne erhöht werden.
	... Kündigungsschutzregelungen Entlassungen erschweren.
	... die Verhandlungsposition der Beschäftigten sich verbessert.

Betrachten wir als Beispiel eine Erhöhung des Arbeitslosengeldes. In diesem Fall fällt der Einkommensrückgang im Fall der Arbeitslosigkeit geringer aus. Werden höhere Löhne ausgehandelt, steigen bei zunächst konstanten Preisen die Reallöhne (ls/P) und damit die Produktionskosten. Gelingt die Erhöhung der Preise nicht, werden die Unternehmen die Beschäftigung reduzieren. Der Zusammenhang zwischen Reallohn (ls/P) und der Arbeitslosenquote lässt sich in Form einer **Lohnsetzungsgleichung** (*wage setting*) darstellen, die einen fallenden Verlauf aufweist (Abb. 3.26).

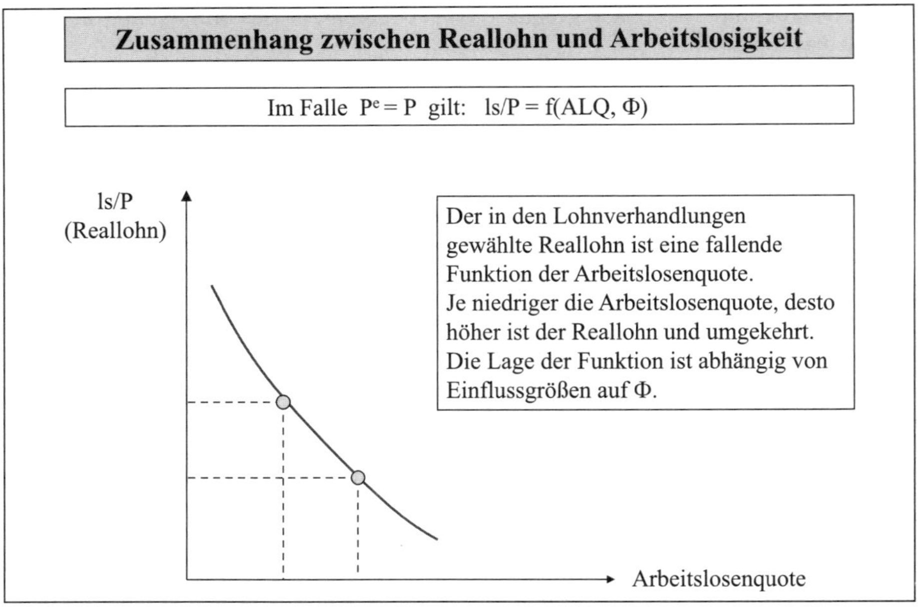

Abb. 3.26: Lohnsetzungsgleichung

Produktionsfunktion, Arbeitsnachfrage und Preissetzungsgleichung

Die Preise, die in der Lohngleichung enthalten sind, werden von den Unternehmen gesetzt. Wir gehen davon aus, dass die tatsächlichen Preise (P) den erwarteten Preisen entsprechen (P^e). Um die Analyse einfach zu halten, nehmen wir ferner an, dass die Unternehmen kurzfristig nur mit dem variablen Faktor Arbeit produzieren. In diesem Fall besteht die Produktionsfunktion (Y) nur aus einem Effizienzparameter (Arbeitsproduktivität, μ) und dem eingesetzten Faktor Arbeit, während Kapital und Technologie kurzfristig gegeben sind:

(1) $Y = \mu \times A$

Nehmen wir an, dass der Effizienzparameter den Wert 1 hat, dann können wir die Produktionsfunktion weiter vereinfachen zu: Y = A. Bei dieser Produktionsfunktion entsprechen die Kosten einer zusätzlichen Einheit der Produktion gerade den Kosten der Beschäftigung eines zusätzlichen Arbeitnehmers. In der Mikroökonomie würden wir sagen, dass die Grenzkosten einer zusätzlichen Produktionseinheit dem Lohnsatz (ls) entsprechen. Wenn vollständiger Wettbewerb auf dem Gütermarkt herrscht, entspricht der Preis einer Produktionseinheit nicht nur den Grenzkosten, sondern auch dem Lohnsatz. Auf der Mehrzahl der Gütermärkte gibt es jedoch keinen vollkommenen Wettbewerb. Die Unternehmen können dann bei der Preissetzung einen Preis verlangen, der oberhalb ihrer Grenzkosten liegt. Wir können diesen Sachverhalt durch folgende **Preissetzungsgleichung** ausdrücken:

(2) $P = (1 + \partial) \times ls$ oder $ls/P = 1/(1 + \partial)$

Der Faktor ∂ stellt einen Aufschlag auf die Kosten dar. Er enthält die Kapitalverzinsung und etwaige Preisspielräume durch Marktmacht. Diese Annahme ermöglicht es, die komplizierten unternehmensinternen Preisbildungsverfahren auszublenden. Wenn ein Unternehmen seinen Gewinnaufschlag erhöht, verändert sich makroökonomisch nur wenig, da das Unternehmen nur einen kleinen Teil der Gesamtproduktion ausmacht.

Erhöhen jedoch alle Unternehmen den Aufschlagfaktor, dann steigen die Preise der Güter und der Reallohn sinkt. Der Reallohn ist umso niedriger, je höher der Gewinnaufschlag ist. Grafisch wird die Preissetzungsgleichung üblicherweise durch eine horizontale Linie dargestellt (Abb. 3.27).

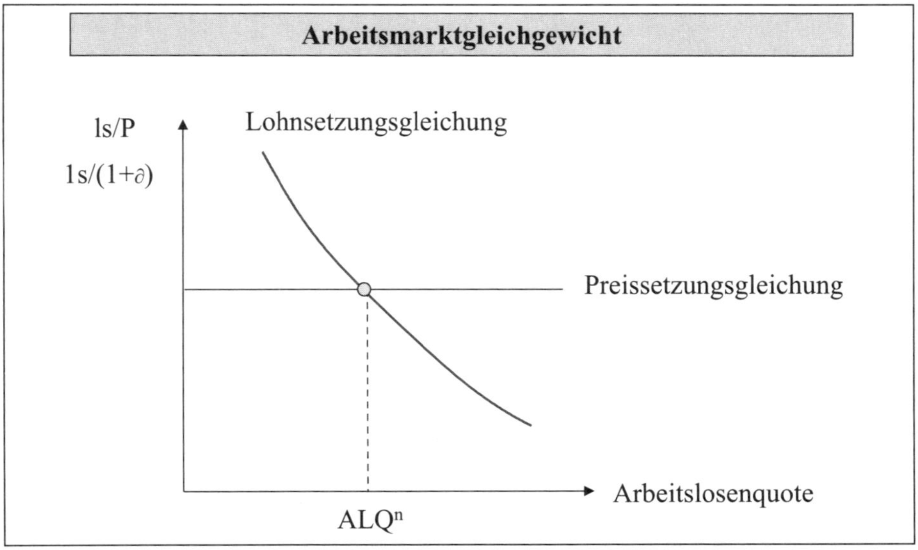

Abb. 3.27: Gleichgewichtige Arbeitslosenquote

Arbeitsmarktgleichgewicht

Ein Gleichgewicht auf dem Arbeitsmarkt ist gegeben, wenn der Reallohn, der im Rahmen der Lohnsetzung festgelegt wurde, dem Reallohn entspricht, der durch die Preissetzung gegeben ist (Abb. 3.27). Algebraisch gilt: $ls/P = f(ALQ, \Phi) = 1/(1 + \partial)$.

Im Schnittpunkt beider Funktionen ergibt sich die Arbeitslosenquote als Quotient von registrierten Arbeitslosen (AL) und Erwerbspersonen (EP): $ALQ^n = AL/EP$. Diese Arbeitslosenquote im Schnittpunkt beider Funktionen wird oft als „natürlich" bezeichnet. Die Lage der Lohnsetzungs- und Preissetzungsgleichung ist sowohl von der Größe Φ als auch von der Größe ∂ abhängig. Betrachten wir einzelne Beispiele, die einen Anstieg der natürlichen Arbeitslosenquote mit sich bringen (Tab. 3.7; Abb. 3.28).

Tab. 3.7: Verschiebungen der Lohnsetzungs- und Preissetzungsgleichung

Größe Φ	**Größe ∂**
Die Lohnsetzungsgleichung verschiebt sich nach oben (= Anstieg des geforderten Reallohnes), wenn	Die Preissetzungsgleichung verschiebt sich nach unten (= Anstieg des Gewinnaufschlages), wenn
... das Arbeitslosengeld steigt	... die Gewinnsteuern erhöht werden
... die Gewerkschaftsmacht steigt	... die Marktmacht der Unternehmen steigt
Konsequenz: Anstieg der (natürlichen) Arbeitslosenquote	

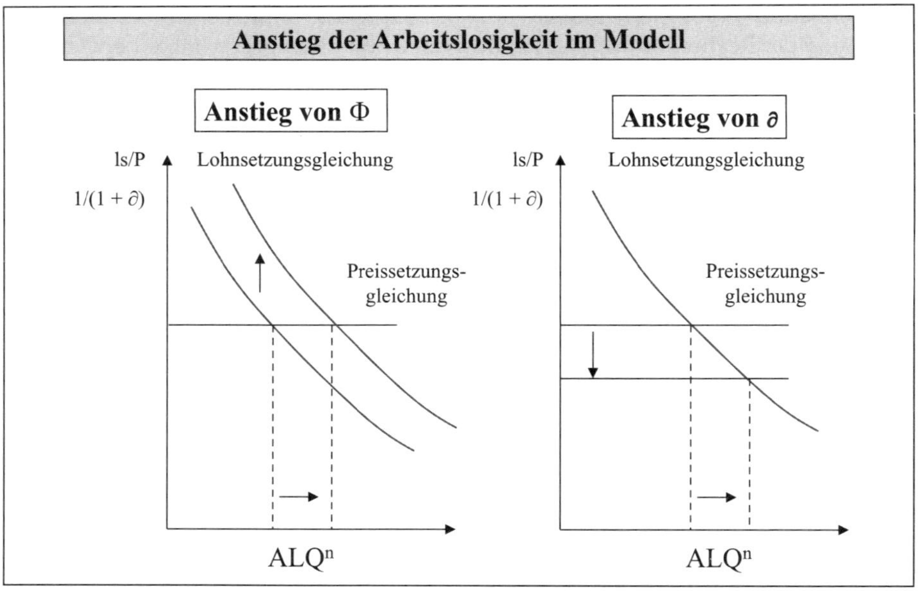

Abb. 3.28: Arbeitsmarktmodell

Schlagwörter		
	• Nominallohn • Reallohn • Reservationslohn	• Preissetzungsgleichung • Lohnsetzungsgleichung • natürliche Arbeitslosigkeit

3.3.2 Gesamtwirtschaftliche Angebotsfunktion

Wir wollen nun die gesamtwirtschaftliche Angebotsfunktion (GA-Funktion) als Baustein makroökonomischer Totalmodelle in die Analyse einführen. Die GA-Funktion stellt dar, wie sich Veränderungen der Produktion auf das Preisniveau auswirken (vgl. zu den nachfolgenden Ausführungen (*Blanchard/Illing, 2009, S. 206ff.*)). Formal ist die Funktion gegeben durch das Zusammenspiel von Preissetzungs- und Lohnsetzungsgleichung:

$P = P^e \times (1 + \partial) \times f(ALQ, \Phi)$

Um einen Zusammenhang zum Produktionsniveau herzustellen, gehen wir davon aus, dass die Arbeitslosenquote umso niedriger ist, je höher die Produktion ausfällt. Darüber hinaus unterstellen wir, dass der Output in der kurzen Frist nur von der Zahl der Erwerbstätigen abhängt. Wir können schrittweise das Ergebnis ableiten, dass eine Erhöhung der Produktion zu einem Anstieg des Preisniveaus führt (Box 3.5, Abb. 3.29).

In der Regel geht also eine Zunahme der Produktion zumindest kurz- bis mittelfristig mit einem Anstieg des Preisniveaus einher (**Normalbereich**). Ein **horizontaler Verlauf** liegt in einer Situation unterausgelasteter Kapazitäten vor, in denen eine Ausweitung der Produktion keine Auswirkungen auf das Preisniveau hat. Ein **senkrechter Verlauf** liegt vor, wenn der Output vollkommen unabhängig vom Preisniveau ist. Hier wird das Niveau der Produktion durch die vorhandenen Mengen der Produktionsfaktoren und die vorhandene Technologie bestimmt. Sofern das tatsächliche Preisniveau dem erwarteten Preisniveau entspricht, erreicht die Produktion ihr „natürliches" Niveau

Box 3.5: GA-Funktion – Der Zusammenhang zwischen Produktion und Preisniveau

(1) $+\Delta Y \rightarrow +\Delta EP$ (2) $+\Delta EP \rightarrow -\Delta ALQ$ (3) $-\Delta ALQ \rightarrow +\Delta ls$ (4) $+\Delta ls \rightarrow +\Delta P$ (5) $+\Delta P \rightarrow +\Delta P^e$	Hintergrund: (1) Ein Anstieg der Produktion erhöht die Beschäftigung. (2) Mit höherer Beschäftigung gehen die Arbeitslosigkeit und Arbeitslosenquote zurück. (3) Die niedrigere Arbeitslosenquote verbessert die Verhandlungsposition der Arbeitnehmer. Die Nominallöhne steigen. (4) Der Anstieg der Nominallöhne verteuert die Produktion. (5) Die Unternehmen erhöhen die Preise und das Preisniveau steigt. Steigen die Preise, wird auch ein höheres Preisniveau erwartet.

(Y^n). Liegt die Produktion z.B. unterhalb dieses Niveaus und liegt eine Rezession vor, dann wird sich ein niedrigeres Preisniveau als erwartet einstellen und umgekehrt.

Verschiebungen der gesamtwirtschaftlichen Angebotsfunktion

Verändern sich einzelne Größen auf dem Arbeitsmarkt (z.B. Löhne, Arbeitszeiten), hat dies Rückwirkungen auf die Produktionsbedingungen (z.B. Kosten, Technologie, Kapitalstock, Zahl der Anbieter) und die Preiserwartungen. Beispielsweise führen eine Verringerung der Produktionskosten (z.B. durch Senkung der Reallöhne) und eine Erhöhung der Faktorproduktivitäten (z.B. infolge des technischen Fortschritts) zu einer Verringerung der Preiserwartungen und zu einer Rechtsverschiebung der GA-Funktion. Auch wirtschaftspolitische Maßnahmen (z.B. der Abbau von Investitionshemmnissen, die Senkung der gesetzlich bedingten Lohnnebenkosten oder die größere Flexibilisierung der Arbeitsmärkte) können die Produktionsbedingungen verbessern und zu einer Rechtsverschiebung der GA-Funktion führen. Höhere Preiserwartungen würden die GA-Funktion hingegen nach links oben verschieben.

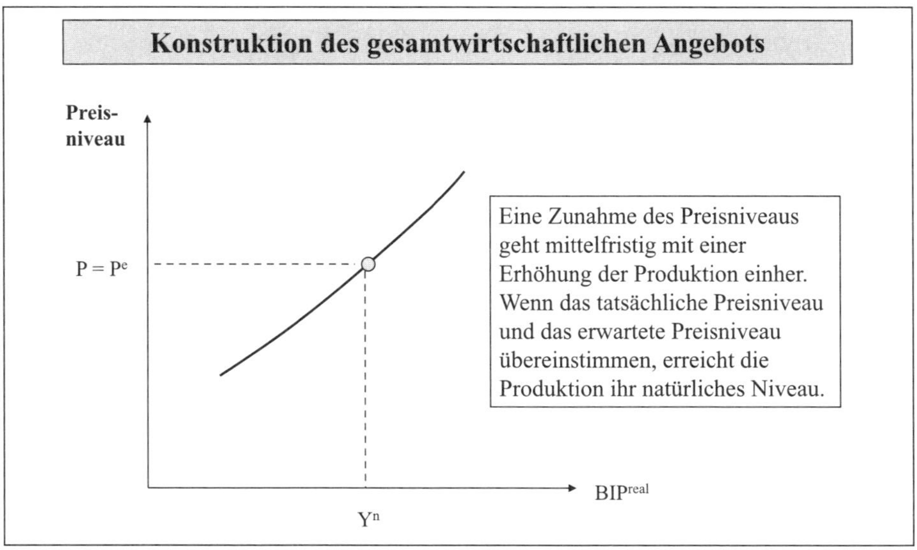

Abb. 3.29: Gesamtwirtschaftliche Angebotsfunktion

Schlag-wörter	• gesamtwirtschaftliche Angebotsfunktion • Verschiebung der Angebotsfunktion	• unvollständige Information • Lohn-, Preisstarrheiten • Marktunvollkommenheiten

3.4 Gesamtwirtschaftliches Totalmodell

Wir wollen nun die gesamtwirtschaftliche Nachfrage- und Angebotsfunktion zusammenführen. Beide Funktionen bilden das **GN-GA-Modell**, das ein geeigneter Ausgangspunkt ist, um unterschiedliche Fragestellungen der Makroökonomie zu untersuchen. In diesem Modell werden Güter-, Geld- und Arbeitsmarkt in einer Abbildung dargestellt. Im Schnittpunkt beider Funktionen sind die betrachteten Märkte im Gleichgewicht und werden mit dem Output, dem Preisniveau und der Beschäftigung die wichtigsten makroökonomischen Größen bestimmt (Abb. 3.30).

Anpassungsprozesse von kurzer zur mittleren Frist

Sofern die tatsächliche mit der erwarteten Inflationsrate übereinstimmt, ergibt sich ein **Gleichgewicht** in der mittleren Frist. Kurzfristig kann eine Volkswirtschaft von diesem Gleichgewicht abweichen. Im Mittelpunkt der Analyse stehen dann die Anpassungsprozesse zwischen diesen beiden Zuständen.

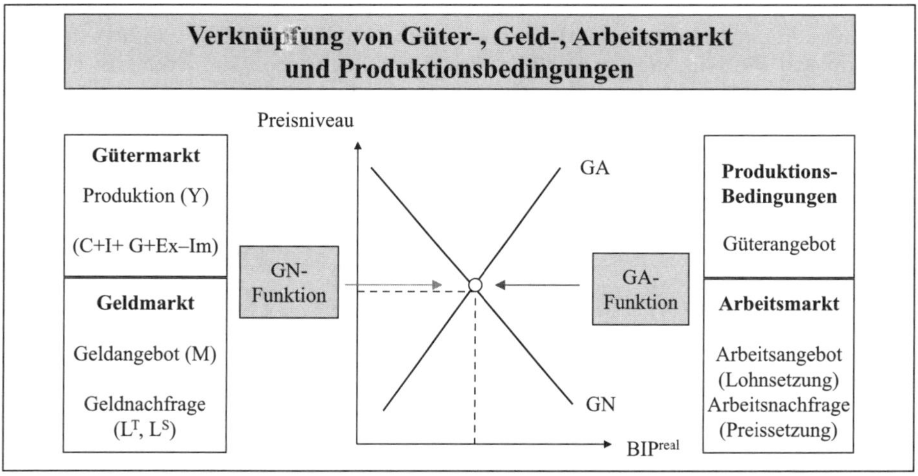

Abb. 3.30: Gesamtwirtschaftliches Totalmodell

Um den Übergang von der kurzen zur mittleren Frist zu verstehen, gehen wir davon aus, dass die Produktion kurzfristig oberhalb ihres natürlichen Niveaus liegt ($Y>Y^n$). Auch das tatsächliche Preisniveau liegt dann oberhalb des erwarteten Preisniveaus (Punkt B, Abb. 3.31). In diesem Fall werden die an der Lohnsetzung beteiligten Akteure ihre Preiserwartungen nach oben korrigieren und ihre Entscheidungen auf der Basis dieser Erwartungen treffen. Graphisch verschiebt sich die GA-Funktion entlang der GN-Funktion schrittweise nach oben. Das höhere Preisniveau führt zu einer Reduzierung der realen Geldmenge (M/P), zu einem höheren Zins und zu einem Rückgang der Produktion. Der Anpassungsprozess ist beendet, wenn ein Gleichgewicht in Punkt C erreicht wird und das Produktionsniveau seinen Ausgangswert erreicht. Eine vergleichbare Argumentation ergibt sich, wenn $Y < Y^n$.

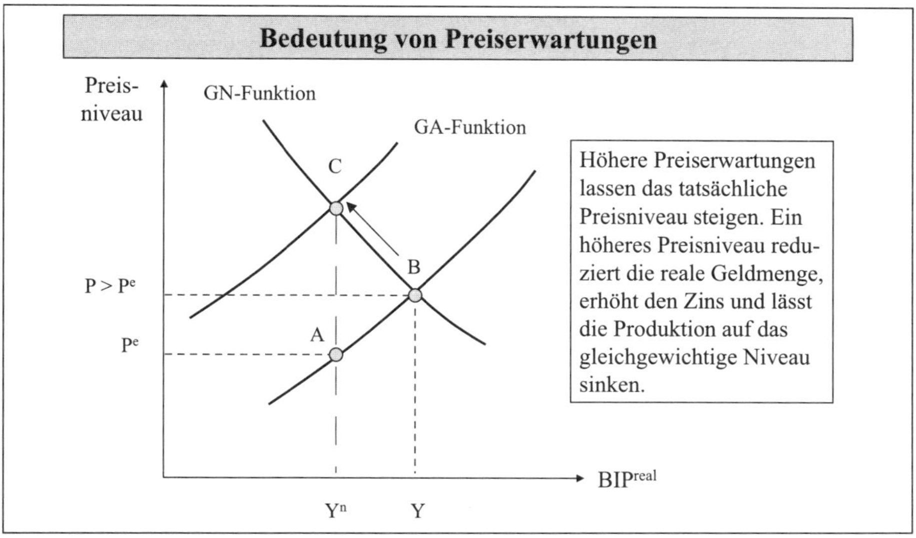

Abb. 3.31: Anpassungsprozesse im gesamtwirtschaftlichen Totalmodell

Makroökonomische Schocks

Die Abweichungen vom gleichgewichtigen Niveau werden durch **Schocks** hervorgerufen. Es handelt sich um Ereignisse, die die aggregierte Nachfrage bzw. das aggregierte Angebot verändern. Im Fall von **Nachfrageschocks** zieht jede Verschiebung der IS- oder LM-Funktion auch eine Verschiebung der gesamtwirtschaftlichen Nachfragefunktion (GN) nach sich (Tab. 3.8; Abb. 3.32).

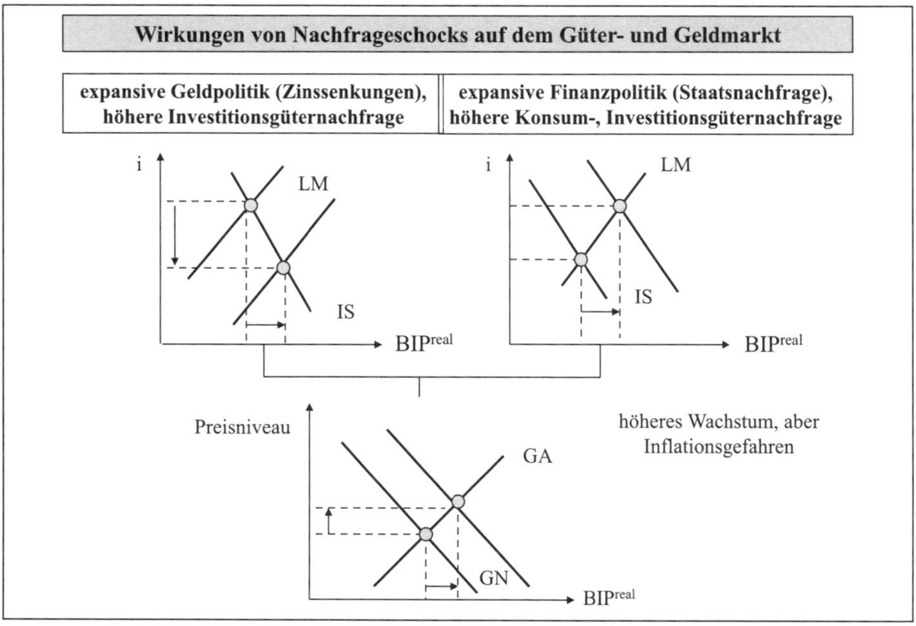

Abb. 3.32: Nachfrageschocks im gesamtwirtschaftlichen Totalmodell

Tab. 3.8: Nachfrageschocks

Schock (Beispiele)	IS	LM	GN
Erhöhung der Staatsausgaben	nach rechts	-	nach rechts
Erhöhung der Steuern	nach links	-	nach links
Erhöhung der Zinsen	-	nach oben	nach links
Senkung der Zinsen	-	nach unten	nach rechts

Angebotsschocks liegen vor, wenn sich die Kosten- und Gewinnsituation der Unternehmen verändert. Beispielsweise verschieben sich im Fall negativer Angebotsschocks die Lohnsetzungsfunktion nach rechts und die Preissetzungsfunktion der Unternehmen nach unten. In beiden Fällen steigen die **Preiserwartungen** und der Output verringert sich, so dass sich die gesamtwirtschaftliche Angebotsfunktion (GA) nach links oben verschiebt (Tab. 3.9; Abb. 3.33).

Tab. 3.9: Makroökonomische Schocks

Schock	Zielverletzungen
Positiver Nachfrageschock	Preisniveau und BIP steigen
Negativer Nachfrageschock	Preisniveau und BIP sinken
Positiver Angebotsschock	Preisniveau sinkt, BIP steigt
Negativer Angebotsschock	Preisniveau steigt, BIP sinkt

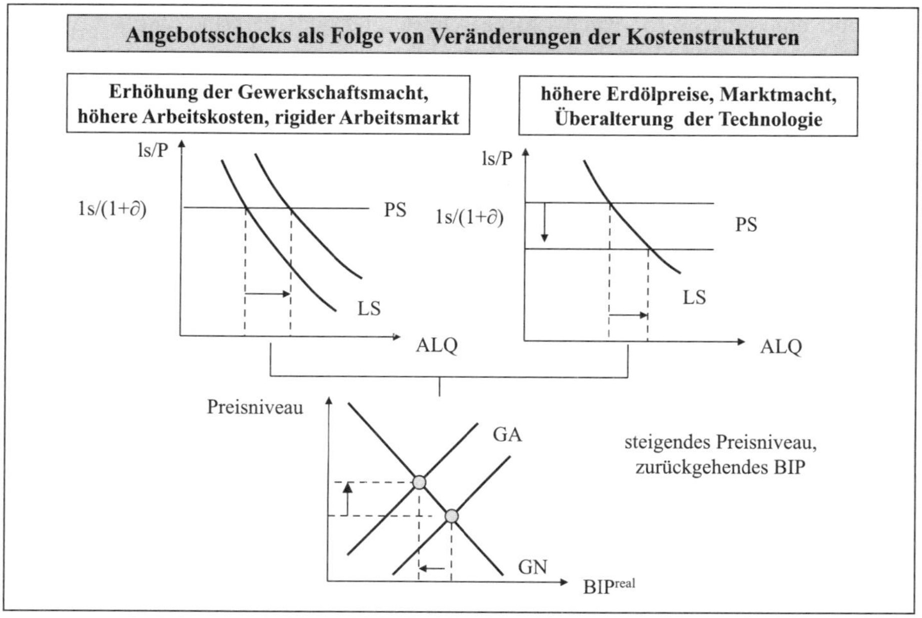

Abb. 3.33: Angebotsschocks im gesamtwirtschaftlichen Totalmodell

Zur Analyse von Anpassungsprozessen ist es aus didaktischer Sicht hilfreich, das mittelfristige Gleichgewicht als Ausgangspunkt zu nehmen und zu fragen, wie sich bestimmte Ereignisse oder Politikmaßnahmen im Modell auswirken. Wir werden das gesamtwirtschaftliche Totalmodell oder Teile davon an verschiedenen Stellen des Buches aufgreifen, um makroökonomische Problemstellungen und wirtschaftspolitische Maßnahmen zu diskutieren.

Schlagwörter	• gesamtwirtschaftliches Totalmodell	• Angebotsschock, • Nachfrageschock

3.5 Fallbeispiele zu Kapitel 3

Lösungs- und Bearbeitungshinweise sowie alle Abbildungen dieses Kapitels finden Sie unter: www.vahlen.de

Fallbeispiel 3.1: Analyseformen der (Makro-)Ökonomie (+)

1) Erläutern Sie den Unterschied zwischen Ex-post und Ex-ante Analyse.
2) Erläutern Sie den Unterschied zwischen der Identitätsgleichung $S \equiv I$ und der Gleichgewichtsbedingung $S = I$.
3) Wo liegt der Unterschied zwischen der statischen, komparativ-statischen und dynamischen Analyse?

Fallbeispiel 3.2: Gesamtwirtschaftliche Modelle (0)

1) Benennen Sie die Rolle einzelner Akteure und die Größen auf den makroökonomischen Märkten und zeigen Sie, welche Steuerungsgrößen, Ergebnisse und Gleichgewichtsbedingungen sich auf diesen Märkten ergeben.

	Gütermarkt	Geldmarkt	Arbeitsmarkt
Private Haushalte			
Unternehmen (einschließlich Banken)			
Staat (einschließlich Notenbank)			
Monetäre Steuerungsgröße			
Gesamtwirtschaftliche Ergebnisse			
Gleichgewichtsbedingungen			

2) Beurteilen Sie, ob es sich bei den nachfolgenden Sachverhalten um Verhaltensfunktionen, Gleichgewichtsbedingungen, Definitionsgleichungen, technische Gleichungen oder um keine der genannten Begriffe handelt: Konsumfunktion, außenwirtschaftliches Gleichgewicht, Produktionsfunktion, BIP, Investitionsfunktion, Geldmenge.

Fallbeispiel 3.3: Gütermarktgleichgewicht (++)

1) Eine Volkswirtschaft wird durch folgende Funktionen beschrieben: $C = 100 + 0{,}8 \times Y$ und $I_{aut} = 50$.
   a) Ermitteln Sie das Gleichgewichtseinkommen, den Konsum und die Ersparnis.
   b) Zeitungsnotiz: „Für die kommenden Monate wird mit einem Rückgang der Konsumgüternachfrage gerechnet". Nehmen Sie an, die Privaten Haushalte erhöhen ihre marginale Sparneigung um 25 %. Wie verändern sich das Gleichgewichtseinkommen, der Konsum und die Ersparnis? Wie lässt sich das Ergebnis erklären?
2) In einer Ökonomie sind folgende Daten bekannt: $C = 2 + 0{,}5 \times Y$ und $I_{aut} = 1$. Vervollständigen Sie die nachfolgende Tabelle und interpretieren Sie das Ergebnis:

Angebot	C	I	S	Nachfrage	Interpretation
4					
6					
8					

Fallbeispiel 3.4: Gütermarktgleichgewicht und IS-Funktion (++)

In einer geschlossenen Volkswirtschaft ohne Staat gelten folgende Verhaltensfunktionen:

(1) $C = 80 + 0{,}75 \times Y$

(2) $I = 100 - 1000 \times i$

1) Bestimmen Sie die Investitionsnachfrage bei Zinssätzen von 8 % und 4 %. Stellen Sie die Investitionsfunktion graphisch dar.
2) Bestimmen Sie für beide Zinssätze (8 %, 4 %) algebraisch das Gleichgewichtseinkommen.
3) Stellen Sie die beiden Gleichgewichtskombinationen von Zins und Einkommen in folgendem Diagramm dar. Welche Aussage formuliert die darin enthaltene Funktion? Überprüfen Sie anhand konkreter Werte, ob diese Aussage erfüllt ist.

Fallbeispiel 3.5: Kosten und Nutzen der Geldhaltung (+)

Sie erhalten jeden Monat ein nominales Einkommen von 3.000 €. Aufgrund Ihres aufwendigen Lebensstils können Sie nichts sparen. Sie erhalten Ihr Einkommen am Anfang eines Monats per Überweisung. Die Bank zahlt Ihnen für Ihre Sichtguthaben annahmegemäß einen Zins von 2 %. Pro Gang zur Bank entstehen Ihnen Kosten von 2 €.

1) Welche Faktoren beeinflussen Ihre Entscheidung, wie oft Sie Geld bei der Bank im Monat für Konsumzwecke abheben?
2) Sie sollten als rational denkender Mensch, die optimale Menge von Bankbesuchen ermitteln. Stellen Sie Ihre Überlegungen in der folgenden Tabelle für ein bis sechs Bankbesuche dar.

Bankbesucher	Opportunitätskosten	Transaktionskosten	Gesamtkosten
1			
2			
3			
4			
5			
6			

3) Wie oft gehen Sie zur Bank, wenn die Opportunitätskosten der Geldhaltung Null betragen? *(Quelle: Forster/Klüh/ Sauer, 2005, S. 17)*

Fallbeispiel 3.6: Güter- und Geldkreislauf (+)

1) Angenommen, ein 100 € Schein wechselt zweimal und ein 50 € Schein viermal pro Periode den Besitzer. Wie hoch ist die Umlaufgeschwindigkeit des Geldes?
2) Für den 100 € Schein werden zwei Digitalkameras, für den 50 € Schein je zwei MP-3 Player und je zwei hochwertige Hemden gekauft. Wie hoch ist das Preisniveau?
3) Wie hoch ist der Wert der Transaktionen?
4) Stellen sie die Quantitätsgleichung auf und überprüfen Sie Ihre Gültigkeit.

Fallbeispiel 3.7: Umlaufgeschwindigkeit des Geldes (+)

Gegeben sind folgend Größen:

- Auszahlung des Einkommens alle 1,5 Monate im Jahr
- Y_{nom} = 2.400 Mrd. €

1) Wie hoch ist die Umlaufgeschwindigkeit des Geldes, der Liquiditätsbedarf aus Transaktionszwecken und der Kassenhaltungskoeffizient im Jahr?
2) Angenommen, die Einkommen würden monatlich ausgezahlt. Wie verändern sich die Umlaufgeschwindigkeit, der Liquiditätsbedarf und der Kassenhaltungskoeffizient?
3) Wie verändert sich der Liquiditätsbedarf im Vergleich zu 2), wenn das nominale Volkseinkommen um 2 % steigt?

Fallbeispiel 3.8: Geldnachfrage und Zins (++)

1) Das Vermögen einer Person beträgt 50.000 € und das jährliche Einkommen liegt bei 60.000 €. Die Geldnachfrage ist gegeben durch die Funktion: $M = (P \times Y) \times (0{,}35 - i)$ (Quelle: *Blanchard/Illing, 2009, S. 133*).
   a) Wie hoch sind die Geldnachfrage aus Transaktionszwecken und die Wertpapiernachfrage bei einem Zins von 5 % bzw. 10 %?
   b) Erklären Sie den Einfluss des Zinssatzes auf die Geld- bzw. Wertpapiernachfrage.
2) Angenommen sei, es gebe nur die Möglichkeit, Ersparnisse in einem festverzinslichen Wertpapier anzulegen, das einen Ertrag von 5 € erbringt und zurzeit für 80 € gekauft werden kann.
   a) Wie hoch ist der Zinssatz (effektive Verzinsung)?
   b) Drei Anleger haben folgende Erwartungen hinsichtlich des Zinssatzes:
      - Ringo erwartet, dass er auf 6 % fällt,
      - John rechnet damit, dass er auf 6,5 % steigt,
      - Paul geht von einem Marktzins von 7 % aus.

      Mit welchen Kursgewinnen bzw. -verlusten rechnen die Anleger? Wer wird Geld bzw. Wertpapiere nachfragen?

Fallbeispiel 3.9: Geldmarktgleichgewicht und LM-Funktion (+)

In einer Volkswirtschaft sind folgende Größen gegeben:

- Kassenhaltungskoeffizient 0,25
- Zinsabhängige Geldnachfrage 1.000 – 5.000 i
- Geldangebot 1.000 Mrd. €

1) Errechnen Sie das Gleichgewichtseinkommen bei einem Zins von 5 % bzw. 6 % und zeichnen Sie die LM-Kurve? Wie lässt sich dieses Ergebnis begründen?
2) Wie wirkt sich eine Erhöhung des Geldangebots um 200 Mrd. € bei gegenüber a) unveränderten Einkommenswerten auf den Verlauf der LM-Funktion aus?

Fallbeispiel 3.10: IS-LM-Modell (++)

In einer Volkswirtschaft sind folgende Werte gegeben (in Mrd. €):

(1) $C = 200 + 0{,}75 \times Yv$

(2) $I = 400 - 2.000 \times i$

(3) $G_{aut} = 1.000$

(4) $T_{aut} = 800$

(5) $M = 2.280$

(6) $L = 0{,}8 \times Y - 12.000 \times i$

Hinweis: Beachten Sie, dass die Konsumausgaben der privaten Haushalte durch das verfügbare Einkommen bestimmt werden: $Y_v = Y - T$.

1) Ermitteln Sie die IS- und LM-Funktionen sowie die Zins- und Einkommenswerte für das simultane Gleichgewicht auf dem Güter- und Geldmarkt.
2) Ermitteln Sie die Zins- und Einkommenswerte, wenn die Geldmenge auf 1.912 Mrd.€ sinkt.
3) Stellen Sie das Ergebnis graphisch dar und interpretieren Sie das Ergebnis mit Hilfe folgender Tabelle:

Periode	Y	i	C	I	G
0					
1					

Fallbeispiel 3.11: Gesamtwirtschaftliche Nachfragefunktion (++)

Konstruieren Sie mit Hilfe der nachfolgenden Angaben die IS-Kurve und die LM-Kurve für ein Preisniveau (P) von 1 und von 1,25 sowie die gesamtwirtschaftliche Nachfragefunktion:

(1) $C = 80 + 0{,}8 \times Y$

(2) $I = 30 - 200 \times i$

(3) $M = 500$

(4) $L^T = 0{,}5 \times Y$

(5) $L^S = 300 - 1000 \times i$

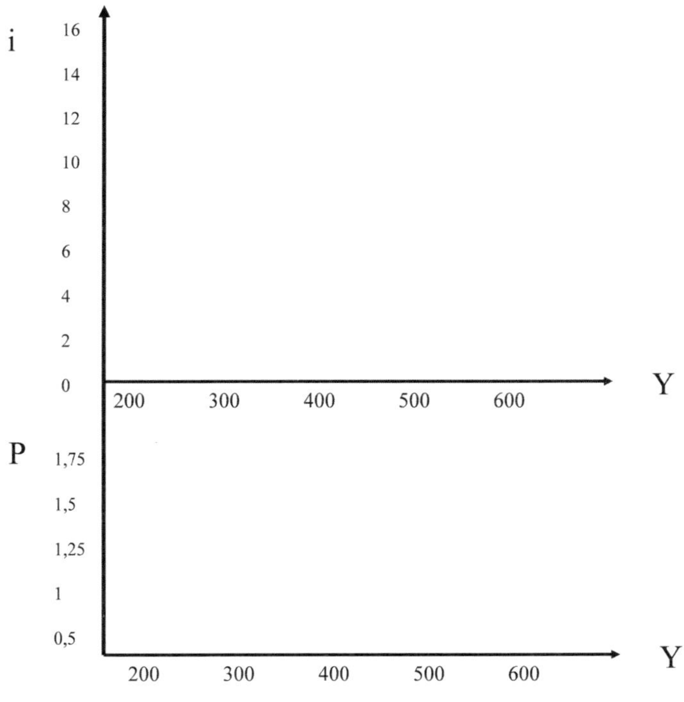

Fallbeispiel 3.12: Pigou- und Keynes-Effekt (++)

Beschreiben Sie den Pigou- bzw. Keynes-Effekt im Rahmen einer geeigneten Wirkungskette. Gehen Sie von einer Senkung des Preisniveaus aus und stellen Sie das Ergebnis grafisch dar (IS-LM-Modell; gesamtwirtschaftliche Nachfragefunktion).

Fallbeispiel 3.13: Lohnsetzung (+)

1) Erläutern Sie den Zusammenhang zwischen Arbeitslosenquote, Verhandlungsmacht der Gewerkschaften und Lohnhöhe.
2) Wie beeinflusst ein Anstieg des Preisniveaus die Lohnsetzung?
3) Begründen Sie den fallenden Verlauf der Lohnsetzungsfunktion.
4) Wie verschiebt sich die Lohnsetzungsfunktion bei folgenden Ereignissen?

Ereignis	Lohnsetzungsfunktion
Senkung der Leistungen der Arbeitslosenversicherung	
Abnahme des gewerkschaftlichen Organisationsgrades	
Höherer Kündigungsschutz	

Fallbeispiel 3.14: Gesamtwirtschaftliche Angebotsfunktion (+)

1) Leiten Sie ab, warum eine steigende Produktion ein zunehmendes Preisniveau nach sich zieht.
2) Begründen Sie, wie sich die GA-Funktion bei folgenden Vorgängen verschiebt:

Vorgang	Verschiebung	Begründung
Erhöhung der Rentenversicherungsbeiträge		
Anstieg der Nominallöhne über das Ausmaß der Produktivitätssteigerung hinaus		
Verschärfung der Wettbewerbssituation		
Zunahme der Kapazitätsauslastung von 96,5 % auf 98 %		
Rückgang der Kapazitätsauslastung von 96,5 % auf 94 % bei gleichbleibendem Arbeitseinsatz		
Zunehmender Einsatz neuer Technologien		

Fallbeispiel 3.15: Makroökonomische Schocks im Totalmodell (+)

1) Beurteilen Sie, ob es sich bei nachfolgenden Vorgängen um positive bzw. negative Angebots- bzw. Nachfrageschocks handelt. Beurteilen Sie, wie sich das Preisniveau und das reale BIP im gesamtwirtschaftlichen Totalmodell verändern.

Vorgang	Schock	P	BIP^{real}
Konjunkturaufschwung durch Abwertung der heimischen Währung			
Drastischer Ölpreisanstieg			
Produktivitätsanstieg in der „New Economy"			
Senkung der Einkommen- und Körperschaftsteuer			
Börsencrash			

2) Wie können Schocks auf andere Länder übertragen werden?

Kapitel 4: Wirtschaftspolitische Ebene der Makroökonomie

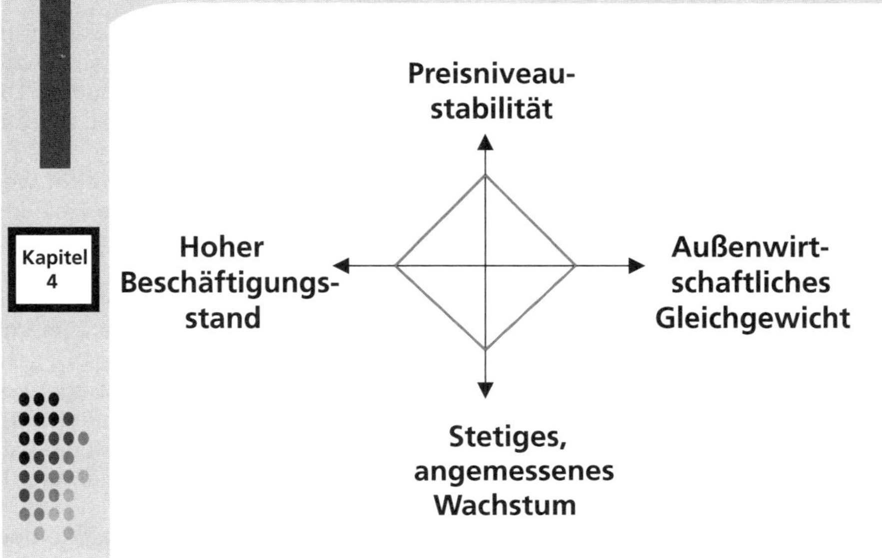

Inhaltsübersicht

Lernzielorientierte Sachverhalte

- Ökonomische Ziele sind nicht unabhängig von gesellschaftlichen Grundwerten wie Freiheit, Gerechtigkeit und Fortschritt.
- In Deutschland sind die wirtschaftspolitischen Ziele „Wirtschaftswachstum, Hoher Beschäftigungsstand, Preisniveaustabilität und ein Außenwirtschaftliches Gleichgewicht" im Stabilitäts- und Wachstumsgesetz formuliert. Die Messung der Ziele erfolgt anhand von Wachstumsraten, Indizes, Quoten oder absoluten Größen.
- Die genannten Ziele sind gleichrangig und sollen gleichzeitig erreicht werden. Der Begriff „Magisches Viereck" weist darauf hin, dass die Ziele insgesamt nur schwer zu realisieren sind, da sie in Konflikt zueinander stehen können.
- Nach Auffassung der (neo-)keynesianischen Denkschule muss und kann die Marktwirtschaft durch staatliche Maßnahmen stabilisiert werden. Im Vordergrund steht die Finanzpolitik.
- Nach (neo-)klassischer Auffassung sind staatliche Entscheidungsträger weder in der Lage noch befähigt, eine Marktwirtschaft zu stabilisieren. Der Staat soll durch eine längerfristig ausgerichtete Wirtschaftspolitik die Rahmenbedingungen so festlegen, dass Marktkräfte die Volkswirtschaft gleichsam von selbst stabilisieren.
- In einer Marktwirtschaft gibt es klar abgesteckte Entscheidungskompetenzen zwischen Regierung, Notenbank und Tarifpartnern. Die genannten Akteure können in ihren jeweiligen Politikfeldern weitgehend autonom handeln. Ein abgestimmtes Verhalten ist nicht zwangsläufig sichergestellt.
- Wirtschaftspolitische Maßnahmen greifen auf unterschiedliche Art und Weise in die Entscheidungsautonomie von privaten Haushalten und Unternehmen ein. Wirtschaftspolitische Ziele können nicht immer unmittelbar erreicht werden, sondern sie sind auch vom Verhalten der privaten Haushalte und Unternehmen abhängig.

4.1 Wirtschaftspolitische Ziele

Die Wirtschaftspolitik soll „gute Ergebnisse" für die Bevölkerung liefern. Zur Beurteilung was „gut" und was „schlecht" ist, benötigen wir **Ziele**, an denen die **Handlungen** der **Akteure** gemessen werden können. Die Ziele sind präzise zu definieren, damit eine **Erfolgskontrolle** möglich ist und Lernprozesse stattfinden können. Nur in diesem Fall können Problemsituationen erkannt und entsprechende wirtschaftspolitische Maßnahmen zu ihrer Lösung ergriffen werden. Ziele sind das „Leuchtfeuer" des Handelns, denn sie geben die Richtung vor. Die Formulierung wirtschaftspolitischer Ziele ist mit **Werturteilen** behaftet, d.h. sie beruht auf normativen Vorstellungen über die Zustände, die durch die Wirtschaftspolitik anzustreben sind. Es liegt nahe, dass sich wirtschaftspolitische Zielsysteme je nach Ausgangssituation, gesellschaftlichen Rahmenbedingungen und Entwicklungsstand von Volkswirtschaften unterscheiden.

Wirtschaftspolitik ist kein Selbstzweck, sondern eingebunden in ein gesellschaftliches Gefüge von Grundwerten. Für Deutschland können Freiheit, Fortschritt, Gerechtigkeit und Sicherheit, z.B. im Sinne von angemessener Unterstützung durch die Gesellschaft bei Krankheit oder Verlust des Arbeitsplatzes, als obere Werte angesehen werden (Abb. 4.1).

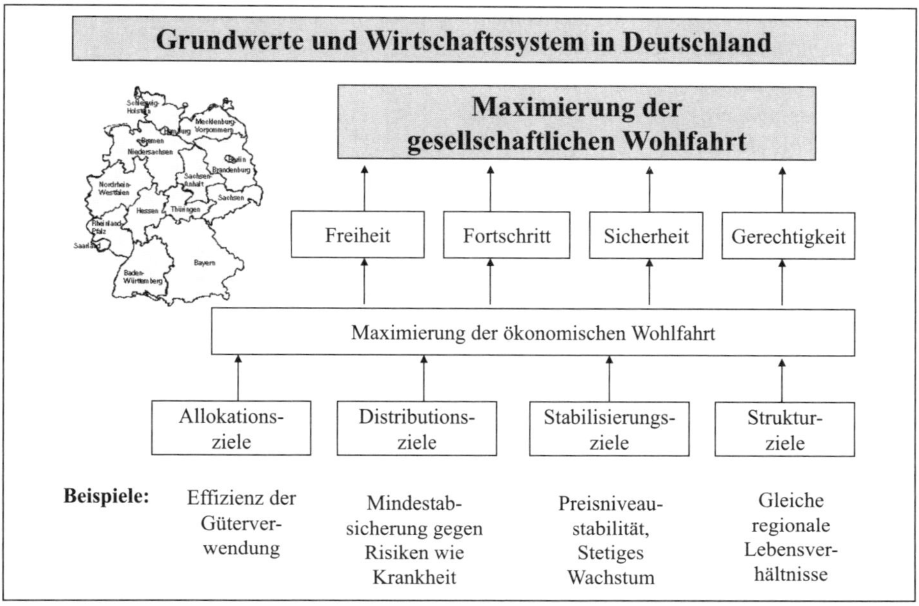

Abb. 4.1: Gesellschaftliche Grundwerte und wirtschaftspolitische Ziele

Die Wirtschaftspolitik unterstützt die gesellschaftlichen Grundwerte:

- **Allokationsziele:** Der Staat greift in die Allokation (d.h. die Verteilung der Ressourcen auf alternative Verwendungen) ein, falls die marktmäßigen Ergebnisse zu unerwünschten Ergebnissen führen. Beispiele sind die Verhinderung von Marktmacht oder die Vermeidung von Umweltbelastungen aufgrund wirtschaftlicher Aktivitäten.
- **Distributionsziele:** Der Staat korrigiert die marktmäßige Einkommensverteilung. Er erhebt im Sinne einer sozialen Gerechtigkeit eine progressive Einkommenssteuer oder führt Zwangsversicherungen (z.B. Krankenversicherung) ein. Andererseits leistet er Transferzahlungen an Arbeitslose, kinderreiche Familien und Studierende.
- **Stabilisierungsziele:** Die Wirtschaftspolitik ist darauf ausgerichtet, gesamtwirtschaftliche Konjunktur- und Wachstumsschwankungen zu glätten und ein stabiles Preisniveau zu gewährleisten.
- **Strukturziele:** Der Staat kann z.B. die Angleichung der regionalen Lohn-, Wohn- und Freizeitwerte oder die Bereitstellung einer kostengünstigen und sicheren Energieversorgung anstreben. Diese Ziele sind weniger gesamtwirtschaftlicher Natur, sondern beziehen sich auf Branchen und/oder Regionen.

Wir wollen uns nachfolgend näher mit den Stabilisierungszielen beschäftigen, die im Kontext der Makroökonomie von grundlegender Bedeutung sind.

4.1.1 Stabilisierungsziele

Zwischen vielen Ländern besteht Einigkeit über den Zielkatalog der Wirtschaftspolitik, auch wenn sich teilweise keine konkreten gesetzlichen oder verfassungsrechtlichen Grundlagen dazu finden lassen. So heißt es in der Satzung der **Organisation für wirtschaftliche Zusammenarbeit und Entwicklung** (OECD, *Organisation for Economic Cooperation and Development*):

„The OECD brings together the governments of countries committed to democracy and the market economy from around the world to:

- *Support sustainable economic growth,*
- *Boost employment,*
- *Raise living standards,*
- *Maintain financial stability,*
- *Assist other countries' economic development,*
- *Contribute to growth in world trade."*

Eine verfassungsmäßige Verankerung von wirtschaftspolitischen Zielen findet sich auch im neugefassten Artikel 2 des Vertrages zur Gründung der **Europäischen Gemeinschaft** vom 1.1.1993 (Abb. 4.2).

Wirtschaftspolitische Ziele in der EU

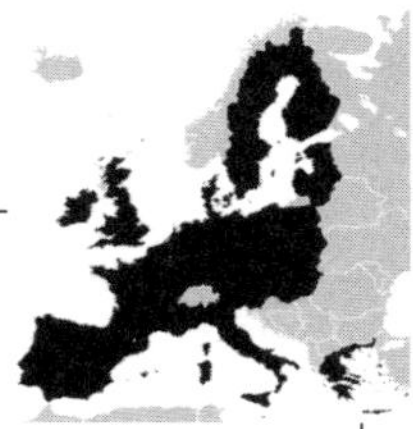

Wirtschaftspolitische Ziele (Art. 2, 3a EGV)

- harmonische und ausgewogene Entwicklung des Wirtschaftslebens,
- beständiges, nichtinflationäres und umweltverträgliches Wachstum,
- hoher Grad an Konvergenz der Wirtschaftsleistungen,
- hohes Beschäftigungsniveau,
- hohes Maß an sozialem Schutz,
- Hebung der Lebenshaltung und der Lebensqualität,
- Förderung des wirtschaftlichen und sozialen Zusammenhalts zwischen den Mitgliedstaaten

Abb. 4.2: Wirtschaftspolitische Ziele in der EU

In der **Bundesrepublik Deutschland** sind die Stabilisierungsziele in § 1 des Gesetzes zur Förderung der Stabilität und des Wachstums der Wirtschaft (kurz: **StabG**) vom 8. Juni 1967 verbindlich festgehalten, das eng mit dem Namen des damaligen Wirtschaftsministers *Karl Schiller* verbunden ist. Bund und Länder haben bei ihren wirtschafts- und finanzpolitischen Maßnahmen die Erfordernisse des gesamtwirtschaftlichen Gleichgewichts zu beachten. Eine entsprechende Formulierung findet sich in Artikel 109, Abs. 2 des Grundgesetzes. In § 2 Satz 2 des „StabGs" erfolgt eine nähere Kennzeichnung des Inhalts und des Umfangs gesamtwirtschaftlicher Gleichgewichtskonstellationen:

„Die Maßnahmen sind so zu treffen, dass sie im Rahmen der marktwirtschaftlichen Ordnung gleichzeitig zur Stabilität des Preisniveaus, zu einem hohen Beschäftigungsstand und außenwirtschaftlichem Gleichgewicht bei stetigem und angemessenem Wirtschaftswachstum beitragen."

Mit den Zielen des Stabilitäts- und Wachstumsgesetzes ist das **magische Viereck** umrissen. Alle Ziele sind gleichzeitig anzustreben und gleichrangig. Der Begriff „magisch" (lat. Magia = Zauberei) hat in diesem Zusammenhang nichts mit Zauberei zu tun. Vielmehr soll damit zum Ausdruck gebracht werden, dass es sehr schwierig ist, alle Ziele gleichzeitig zu erreichen. Alle Ziele sind voneinander abhängig und beeinflussen sich gegenseitig. Wenn eines der Ziele nicht erreicht ist, wird es auch schwierig sein, ein anderes Ziel sicherzustellen. Ist z. B. das Wachstum zu gering, kann ein Zuwachs an Arbeitsplätzen ausbleiben. Zudem stehen einige Ziele in Konkurrenz zueinander, z. B. Wirtschaftswachstum und Preisniveaustabilität.

Der Gesetzgeber hat auf eine Konkretisierung der Ziele verzichtet. Dennoch lassen sich Zahlenwerte formulieren (vgl. Abb. 4.3). Dabei haben wir uns an realistischen Größenordnungen für Deutschland bzw. Vorgaben der wirtschaftspolitischen Entscheidungsträger orientiert. Beispielsweise liegt die von der Europäischen Zentralbank (EZB) festgelegte Definition für Preisniveaustabilität bei einer Inflationsrate von „nahe und unter" 2 %.

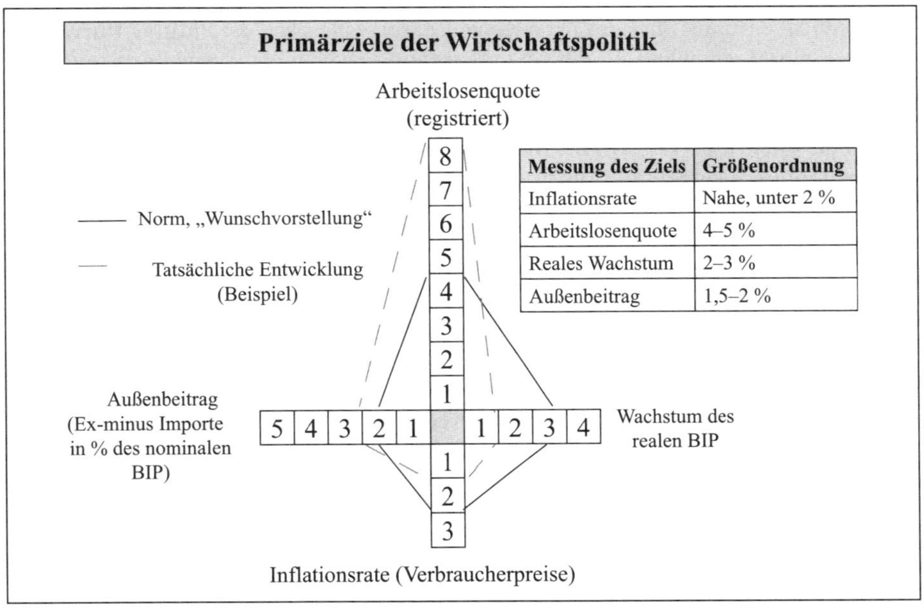

Messung des Ziels	Größenordnung
Inflationsrate	Nahe, unter 2 %
Arbeitslosenquote	4–5 %
Reales Wachstum	2–3 %
Außenbeitrag	1,5–2 %

Abb. 4.3: Magisches Viereck

In der Vergangenheit ist mehrfach die Erweiterung des Zielkataloges gefordert worden, z. B. durch ökologische und verteilungspolitische Zielsetzungen. Aus dem magischen Viereck wird dann ein Vieleck.

Ökologische Zielsetzungen lassen sich z. B. erreichen durch Verbote bzw. Gebote bestimmter Produktionsverfahren oder durch die steuerliche Belastung der Produktion und des Konsums umweltschädigender Güter. Derartige Ziele (z. B. Minderung der CO_2-Emissionen zur Begrenzung des Klimawandels) können in der Regel nur im internationalen Kontext erreicht werden. **Verteilungspolitische Ziele** können durch tarifpolitische Vereinbarungen oder eine entsprechende Ausgestaltung der Abgaben- und Transfersysteme realisiert werden. Verteilungsziele sind jedoch relativ schwer zu operationalisieren.

Schlagwörter	• Stabilitäts- und Wachstumsgesetz • Stabilisierungsziele	• Magisches Viereck, Vieleck

4.1.2 Zielbeziehungen

Da die Wirtschaftspolitik in der Regel mehrere Ziele gleichzeitig verfolgt, müssen die Zielbeziehungen analysiert werden:

- **Zielharmonie/Zielkomplementarität:** Maßnahmen zur Verbesserung einer Zielgröße führen zugleich zu einer Verbesserung einer anderen Zielgröße; z. B. begünstigen Maßnahmen zur Förderung des wirtschaftlichen Wachstums die Schaffung neuer Arbeitsplätze und tragen zu einem hohen Beschäftigungsstand bei.
- **Zielkonflikt/Zielkonkurrenz:** Maßnahmen zur Verbesserung eines Ziels sind nur möglich, wenn Einschränkungen anderer Zielgrößen in Kauf genommen werden. Zwei besonders markante Konflikte beziehen sich auf die Ziele Preisniveaustabilität und Beschäftigung sowie Wirtschaftswachstum und Verteilungsgerechtigkeit. Im ersten Fall wird mit Blick auf Arbeiten von *Alban Phillips* von der **Phillips-Kurve**, (vgl. Kap. 13) im zweiten Fall auf der Grundlage von Arbeiten von *Simon Kuznets* von der **Kuznets-Kurve** (vgl. Kap. 15) gesprochen.
- **Zielindifferenz:** Maßnahmen zur Verbesserung einer Zielgröße lassen andere Zielgrößen unberührt (z. B. wenn Maßnahmen zur Förderung des wirtschaftlichen Wachstums zu keiner Belastung des Staatshaushalts oder zur Verletzung der Preisniveaustabilität führen).

Die Primärziele der Wirtschaftspolitik sind zwar gleichrangig, doch häufig erhält jenes Ziel, das zu einem bestimmten Zeitpunkt am wenigsten realisiert ist, in der wirtschaftspolitischen Diskussion den höchsten Stellenwert (z. B. Bekämpfung der Arbeitslosigkeit bei einer Arbeitslosenquote von 10 %). Es entsteht eine **Zielpriorität**. Darüber hinaus bleibt zu berücksichtigen, dass einzelne Ziele eine Art **Zwischenzielcharakter** für andere Ziele haben können (z. B. Wirtschaftliches Wachstum zur Erreichung eines hohen Beschäftigungsstandes). Auch Wertvorstellungen der wirtschaftspolitischen Entscheidungsträger tragen dazu bei, dass einzelne Ziele wichtiger als andere betrachtet werden (z. B. Vorrang des Ziels „Hoher Beschäftigungsstand" vor dem Ziel „Preisniveaustabilität").

Operationalisierung der Ziele

Die in der Praxis herrschenden wirtschaftspolitischen Ziele sind meist vage formuliert. So ist „Hoher Beschäftigungsstand" keine präzise Definition. Damit sind die Anforderungen, die an Zielsysteme zu stellen sind (SMART), nicht erfüllt. Dazu zählen:

- **S** = spezifisch (Zielgröße); z. B. Arbeitslosenquote.
- **M** = messbar; z. B. Senkung um 2 %.
- **A** = attraktiv; z. B. deutliche Reduzierung.
- **R** = realistisch; z. B. Reduzierung auf 5 % und nicht auf 0 %.
- **T** = terminiert; z. B. innerhalb von 2 Jahren.

Konkrete Zielwerte werden von den Entscheidungsträgern eher selten anvisiert (z. B. Erreichen einer bestimmten Arbeitslosenquote oder einer Wachstumsrate des BIP), nicht zuletzt wohl auch deshalb, weil sie an den Vorgaben gemessen werden könnten. Andererseits wäre eine konkrete Formulierung von Zielwerten durch Entscheidungsträger (z. B. die Regierung) insofern schwierig, da das Erreichen eines Ziels (z. B. einer bestimmten Arbeitslosenquote) nicht nur von den eigenen Entscheidungen, sondern auch von anderen Akteuren (z. B. Notenbank, Tarifpartner) abhängt. Nur in Teilbereichen gibt es entweder exakt vorgegebene Zielwerte (z. B. Preisniveaustabilität) oder gesetzliche Vorschriften, die eingehalten werden müssen (z. B. Verschuldungsgrenzen).

In der Wirtschaftspolitik überwiegen **Projektionen**, die lediglich erwartete Zielgrößen ausweisen (z. B. erwartete Arbeitslosenquote oder Wachstumsprognose). Bei der Aufstellung von Zielprojektionen gilt es zu berücksichtigen, dass Zielgrößen durchaus variabel sein können und sich in verschiedenen wirtschaftlichen Ausgangssituationen auch unterscheiden. So ist das Ziel „Angemessenes und stetiges Wachstum" in einer Rezession sicher anders zu definieren als in einer Hochkonjunktur und in Industrieländern anders als in Schwellenländern. Die Entscheidung, ob und inwieweit ein anzustrebendes Ziel erreicht ist, erfordert in der Regel von den Entscheidungsträgern Vorstellungen darüber, was konkret als **Norm oder Zielgröße** anzusehen ist.

Zu klären ist z. B., ob ein Wachstum von 2 % oder 3 % der jeweiligen Situation als angemessen gilt oder eine Arbeitslosenquote von 7 % als „Hoher Beschäftigungsstand" zu interpretieren ist. Dabei ist zu berücksichtigen, dass sich die Normen im Zeitablauf verschieben können. Im Idealfall lassen sich für die verfolgten Ziele messbare Indikatoren finden, mit denen eine Operationalisierung erfolgen kann (z. B. Wachstums-, Arbeitsmarktindikatoren). Sind diese nicht verfügbar – z. B. hinsichtlich des Ziels „Gerechte Einkommensverteilung" – muss mit Hilfsindikatoren gearbeitet werden, denn ansonsten können die Abweichungen von einer Zielgröße kaum hinreichend genau bestimmt werden.

Erfolgsbilanz der Wirtschaftspolitik

Ziel	Indikator	Projektion	Ergebnis	Differenz
Preisniveaustabiliät	Verbraucherpreisindex	2%		
Wachstum	Veränderung des realen BIP in %	2 – 3%		
Beschäftigung	Arbeitslosenquote in %	8%		
	Zahl der Erwerbstätigen	40 Mio.		
Außenwirtschaftliches Gleichgewicht	Außenbeitrag in % des BIP	2%		
Solide Staatsfinanzen	Laufendes Haushaltsdefizit in % des BIP	unter 3%		
	Schuldenstand in % des BIP	unter 60%		
Gerechte Einkommensvereilung	Lohnzuwachs in %	2%		
	Gewinnzuwachs in %	2%		

Abb. 4.4: Soll-Ist-Analyse der Wirtschaftspolitik

Schlagwörter		
	• Magisches Vieleck • Zielbeziehungen	• Zielprioritäten • Zwischenziele • Zielsystem

4.2 Makroökonomische Instabilitäten und Politikkonzepte

Hohe Inflationsraten, tief greifende Rezessionen und Arbeitslosigkeit führen zu wirtschaftlichen und sozialen Kosten. Wenn Sie sich eine ökonomisch ausgerichtete Talk-Runde in den Medien anschauen, wissen sie, dass es unterschiedliche Auffassungen darüber gibt, mit welchen Konzepten gesamtwirtschaftliche Ziele erreicht werden sollen. Während einige Ökonomen zur Bewältigung einer Rezession kreditfinanzierte Staatsausgabenprogramme oder Zinssenkungen vorschlagen, fordern andere eine Reduzierung der staatlichen Defizite und eine Senkung der Löhne. Wirtschaftspolitische Diskussionen sind stets kontrovers sowie mit Annahmen über die Ursachen makroökonomischer Zielverletzungen und die Möglichkeiten ihrer Bewältigung verbunden. Wirtschaftspolitik ist nicht theorielos, sondern dem Einfluss ökonomischer **Denkschulen** unterworfen, auch wenn dieser Zusammenhang nicht immer offenkundig ist. Das Gewicht der Denkschulen ist einem zeitlichen Wandel unterworfen und je nach volkswirtschaftlicher Problemstellung bzw. Ausgangssituation unterschiedlich. Neue Denkschulen entstehen, andere erleben eine Renaissance und üben ihren Einfluss auf die Wirtschaftspolitik aus.

Bereits seit Anfang des 20. Jahrhunderts gibt es in den „entwickelten" Volkswirtschaften erste umfangreichere Ansätze der Geld- und Finanzpolitik, die z. B. durch Festlegung von Zins- und Steuersätzen Einfluss auf den Ablauf ökonomischer Prozesse genommen haben. Die Auffassung, dass die Wirtschaftspolitik für die Stabilisierung der Gesamtwirtschaft verantwortlich sei, ist hingegen neueren Datums. Vor allem nach der Weltwirtschaftskrise Ende der 20er Jahre ist eine umfangreiche kontroverse Diskussion um die „richtige" makroökonomische Politik entbrannt, die auch heute noch andauert. Im Mittelpunkt dieser Kontroverse stehen zwei Fragen:

- Kann die Wirtschaftspolitik eine **aktive Rolle** bei der Stabilisierung der Wirtschaft spielen oder sollte sie sich passiv verhalten?
- Sollen die wirtschaftspolitischen Akteure (z. B. Notenbank und Regierung) sich bei ihren Entscheidungen auf festgelegte verbindliche Regeln verpflichten (**Regelbindung**) oder sollten sie nach eigenem Ermessen auf eine Veränderung der wirtschaftlichen Bedingungen reagieren können (**diskretionäre, fallweise Politik**)?

Die Wirtschaftspolitik zerfällt in die Bereiche der Ordnungs-, Prozess- und Strukturpolitik (Abb. 4.5). Die **Ordnungspolitik** gestaltet den rechtlichen (Ordnungs-)Rahmen

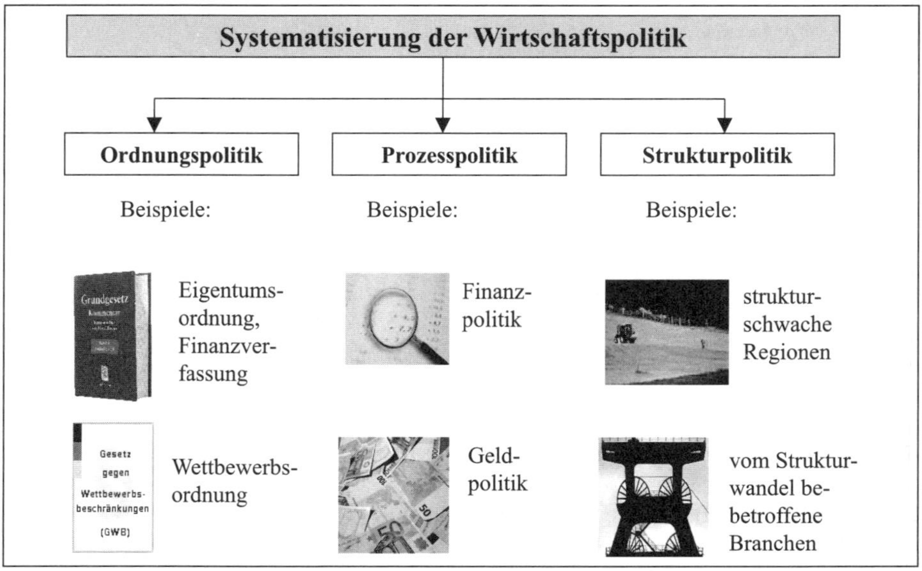

Abb. 4.5: Ordnungs-, Prozess- und Strukturpolitik

und die Regeln, innerhalb derer die Wirtschaftsprozesse ablaufen (z. B. Geld-, Finanz-, Wettbewerbs-, Eigentumsordnung). Ordnungspolitische Entscheidungen haben häufig Verfassungsrang. Die **Wirtschaftsordnung** ist Ergebnis des Zusammenwirkens der rechtlich fixierten Wirtschaftsverfassung, der gewachsenen kulturellen und sittlich-moralischen Werte sowie der tatsächlich realisierten Wirtschaftspolitik. Sie hat eine Schlüsselrolle für die Lebensgestaltung der Menschen, da sie ökonomische Verhaltensweisen beeinflusst und Anreize setzt. Beispiele sind die gesetzliche Sicherung von Privateigentum, die Gewährleistung der Vertragsfreiheit und die Aufrechterhaltung des Wettbewerbs sowie der freie Kapitalverkehr.

Die **Prozesspolitik** greift unmittelbar und steuernd in die wirtschaftlichen Abläufe ein, um bestimmte Ziele zu erreichen. Wichtige Bereiche sind die Finanz- und die Geldpolitik. Ziel ist vor allem die Steuerung der gesamtwirtschaftlichen Nachfrage (z. B. durch Steuer- oder Zinsveränderungen). Die **Strukturpolitik** ist regional ausgerichtet (z. B. Investitionsförderung, Ansiedlungspolitik für Industrien) oder zielt darauf ab, einzelne Wirtschaftszweige zu erhalten (z. B. Werften durch Subventionen), Anpassungen an den Strukturwandel zu erleichtern (z. B. Einkommensunterstützungen in der Landwirtschaft) oder bestimmte „zukunftsträchtige" Wirtschaftszweige zu fördern (z. B. Hochtechnologiebereiche durch Steuervergünstigungen, Subventionen).

Schlag-wörter	• Diskretionäre Politik • Ordnungspolitik	• Prozesspolitik • Strukturpolitik

4.2.1 Politikkonzepte

Wirtschaftspolitische Konzepte sind mehr oder minder stark durch (makro-)ökonomische Denkschulen geprägt. In der Praxis finden wir vor allem Auseinandersetzungen zwischen Anhängern der nachfrageorientierten und der angebotsorientierten Politik. Beide Politikkonzepte haben eine unterschiedliche theoretische Fundierung, Staatsauffassung und strategische Ausrichtung (Abb. 4.6).

Praktische Anwendung des Keynesianismus: Antizyklische Wirtschaftspolitik

Die keynesianische Konzeption hat ab den 60er Jahren den Weg für eine **antizyklische Steuerung** der Nachfrageaggregate *(demand-side economics)* bereitet.

„Keynesianer glauben daran, dass der Staat die realen wirtschaftlichen Aktivitäten mit Hilfe geld- und fiskalpolitischer Maßnahmen beeinflussen kann, indem er auf die Gesamtnachfrage einwirkt. Diese Art der Politik könnte die Gesamtnachfrage in Perioden schleppender wirtschaftlicher Aktivitäten erhöhen und die Ausgaben in Zeiten drohender Inflation drosseln" (Samuelson/Nordhaus, 1998, S. 696).

In einer Rezession gilt es, die Nachfrage zu stimulieren (expansive Politik) und im Fall einer überhitzten Konjunktur zu dämpfen (kontraktive oder restriktive Politik). Aus instrumenteller Sicht stehen die **Finanzpolitik** und damit das staatliche Budget im Mittelpunkt. (Abb. 4.7). Gemäß der Struktur des staatlichen Budgets lassen sich die Einnahmenpolitik (insbesondere Steuern), die Ausgabenpolitik und der bewusste Einsatz staatlicher Kredite unterscheiden. Ein Teilbereich der Finanzpolitik ist die **Fiskalpolitik**, die mit Hilfe der Staatseinnahmen und –ausgaben die konjunkturellen Schwankungen auszugleichen sucht und somit zur Stabilisierung der Wirtschaft beitragen möchte. Der **Geldpolitik** wird eher eine begleitende als aktive Rolle zugeschrieben.

Zentrale Denkschulen der Makroökonomie

Merkmale	Angebotsorientiert, längerfristig	Nachfrageorientiert, kurzfristig
Theoretische Fundierung	(Neo-)Klassik	Keynesianismus
Staatsauffassung	Schaffung geeigneter Rahmenbedingungen für marktwirtschaftliche Dynamik (Stabilität des privaten Sektors)	Instabilität des privaten Sektors erfordert aktive Prozesspolitik
Strategie	verstetigend, regelgebunden Wachstumspolitik	antizyklisch, diskretionär Konjunkturpolitik
	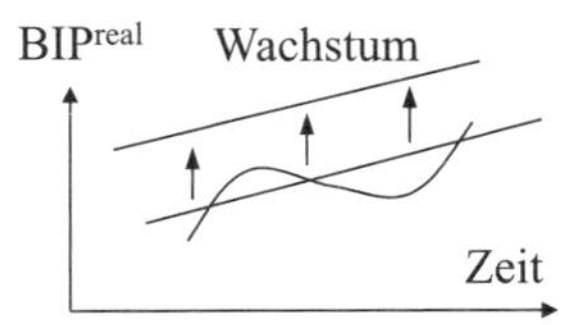	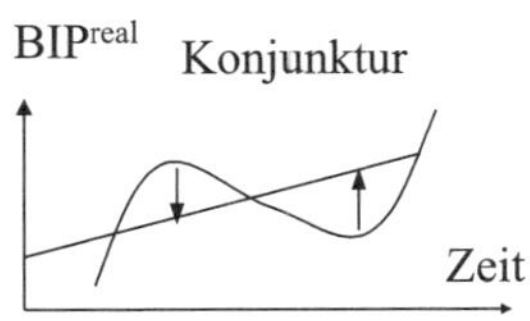

Abb. 4.6: Grundsatzpositionen der Wirtschaftspolitik

Konjunkturphase	Finanzpolitik	Geldpolitik
Aufschwung	restriktiv, z. B. Steuererhöhung, Senkung der Staatsausgaben, Bildung von Rücklagen	restriktiv, z. B. Zinserhöhung
Abschwung	expansiv, z. B. Steuersenkung, Erhöhung der Staatsausgaben (Kreditfinanzierung)	expansiv, z. B. Zinssenkung

In der Rezession gilt es z. B. die direkten Steuern zu senken und die Staatsausgaben zu erhöhen, wobei die Einnahmenverluste bzw. die zusätzlichen Ausgaben über Kredite zu finanzieren sind (**deficit spending**). Gelingt die Stimulierung der Wirtschaft, können die Steuermehreinnahmen dazu genutzt werden, die Kredite zurückzuzahlen. Der Ausgleich des staatlichen Budgets erfolgt über den gesamten Konjunkturzyklus hinweg und nicht über das Haushaltsjahr betrachtet.

Keynesianische Politik ist im wesentlichen **Konjunkturpolitik**. Im Gegensatz zur Angebots- und Wachstumspolitik ist sie eher kurz- bis mittelfristig angelegt. Die Wahl der Instrumente und der Zeitpunkt ihres Einsatzes werden im Rahmen der keynesianischen Politik überwiegend an der jeweiligen wirtschaftspolitischen Situation ausgerichtet (**diskretionäre Politik**) und weniger an vorgegebenen institutionellen oder gesetzlichen Regeln orientiert.

Als ein Beispiel für die praktische Umsetzung des keynesianischen Konzepts gilt die Wirtschaftspolitik in Deutschland vor allem Mitte der 60er Jahre. Eingeleitet wurde der Paradigmenwechsel von der eher liberalen, marktwirtschaftlichen Wirtschaftspolitik von *Ludwig Erhard* zur „aufgeklärten" Wirtschaftspolitik des damaligen Wirtschaftsministers *Karl Schiller* durch die Rezession von 1966/67. Der Anstieg der Arbeitslosenquote auf das für damalige Verhältnisse hohe Niveau von 2,1 % führte nicht nur zu

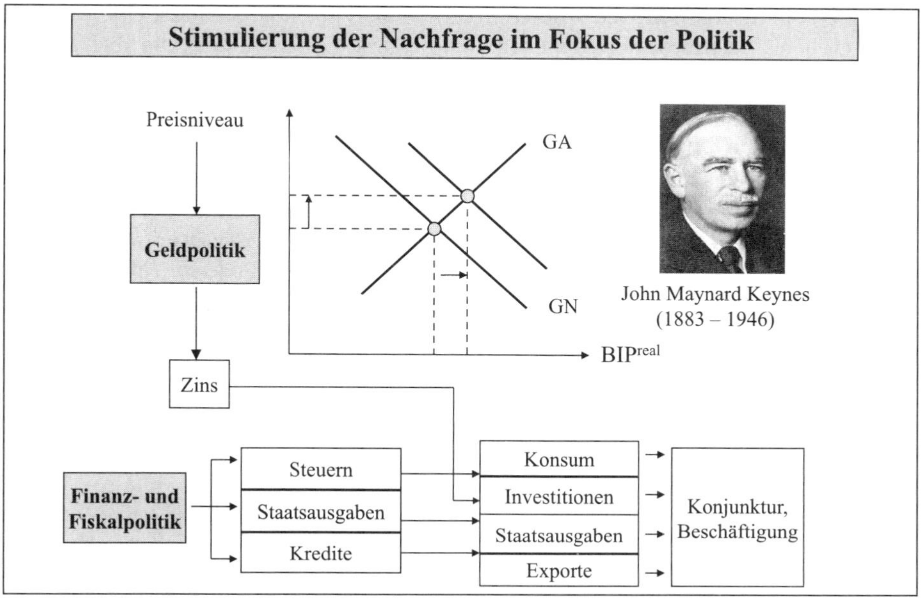

Abb. 4.7: Konjunktur- und Prozesspolitik

einem Wechsel der Regierung, sondern auch zu einem Konzeptionswechsel in der Wirtschaftspolitik. Rechtsgrundlage war das 1967 in Kraft getretene **Stabilitäts- und Wachstumsgesetz**. Es versetzte den Staat in die Lage, in der Rezession oder im Boom rasch Maßnahmen zu ergreifen, ohne erst langwierige Gesetzgebungsverfahren in Gang zu setzen. Mit zwei Konjunkturprogrammen gelang es Wirtschaftsminister *Karl Schiller* die Rezession zu bekämpfen. 1970 waren nahezu in allen Branchen die Kapazitäten wieder voll ausgelastet und die Arbeitslosenquote erreichte einen Stand von nur noch 0,7 %. Die Erfolge bei der Bekämpfung der **konjunkturellen Arbeitslosigkeit** haben dieser Politik durchaus Anerkennung verschafft. Weniger erfolgreich war die keynesianisch geprägte Wirtschaftspolitik bei der Bekämpfung der **Inflation**, die sich zu Beginn der 70er Jahre infolge der hohen Kapazitätsauslastung, der geringen Arbeitslosigkeit und der zunehmenden Verteilungskonflikte zwischen den Tarifparteien einstellte. Deutlich wurde, dass sich in der Rezession Konjunkturprogramme relativ leicht durchsetzen und über Kredite finanzieren lassen. Im Aufschwung war es hingegen deutlich schwerer, Kürzungen der Staatsausgaben und/oder Steuererhöhungen durchzusetzen, um die private Nachfrage zu drosseln und Inflationsgefahren zu reduzieren. Die keynesianische Wirtschaftspolitik war vor allem nicht in der Lage, die zunehmenden **Strukturprobleme** der deutschen Volkswirtschaft zu lösen. Diese zeigten sich in den 70er Jahren im Auftreten einer Stagflation, d. h. dem gleichzeitigen Vorliegen von Inflation und Arbeitslosigkeit.

Praktische Anwendung der (Neo-)Klassik: Ordnungs- und Angebotspolitik

Mitte der 70er Jahre zogen die Positionen des Neoliberalismus auch in die praktische Wirtschaftspolitik ein. Diese „geistige" Wende in vielen Industriestaaten wurde u. a. durch die Verleihung des Nobelpreises an *Friedrich A. von Hayek* (1974) und *Milton Friedman* (1976) eingeleitet (Abb. 4.8). *Hayek* musste sich den Nobelpreis mit dem Schweden *Gunnar Myrdal* teilen, der als überzeugter Keynesianer galt.

Ziel ist es, Hemmnisse für die wirtschaftlichen Aktivitäten abzubauen, Optionen für Investitionen und Innovationen zu öffnen sowie zu erreichen, dass die Risiko- und Leistungsbereitschaft von Unternehmen und Arbeitnehmern belohnt wird.

Da diese Maßnahmen primär an der Angebotsseite einer Volkswirtschaft ansetzen, wird von einer **angebotsorientierten Wirtschaftspolitik** *(supply-side economics)* gesprochen (vgl. Kap. 18).

„Die supply-side economics betonen mikroökonomische Maßnahmen zur Verbesserung von Produktion und volkswirtschaftlicher Effizienz. Nach diesem angebotsorientierten Ansatz sollen makroökonomische Maßnahmen wie die Geldmengensteuerung oder die Höhe staatlicher Ausgaben nicht in dem Versuch fein abgestimmt werden, Einfluss auf den Konjunkturzyklus zu nehmen, sondern sie sollten sich nach den langfristigen Zielen des Wirtschaftswachstums und der Effizienz richten" (Samuelson/Nordhaus, 1998, S. 373).

Hayek, Friedrich August von
1899–1992 (Großbritannien)
© Nobel Foundation

„Für ihre bahnbrechenden Arbeiten auf dem Gebiet der Geld- und Konjunkturtheorie und ihre tiefgründigen Analysen der wechselseitigen Abhängigkeit von wirtschaftlichen, sozialen und institutionellen Verhältnissen" (gemeinsam mit Gunnar Myrdal)

Friedman, Milton
1912–2006 (USA)
© Nobel Foundation

„Für seinen Beitrag zur Verbrauchsanalyse, zur Geldgeschichte und -theorie sowie seine Klarlegung der Komplexität der Stabilisierungspolitik"

Abb. 4.8: Vertreter der (neo-)liberalen Wirtschaftstheorie

Garant für die Leistungsfähigkeit einer Marktwirtschaft ist ein **stabiles Preisniveau**. Der Notenbank wird als Träger der Geldpolitik eine aktive Verantwortung für die Bekämpfung der Inflation zugewiesen. Die Regierung ist primär verpflichtet, die Voraussetzungen für das Funktionieren marktwirtschaftlicher Prozesse zu schaffen. Staatliche Wirtschaftspolitik ist primär **Ordnungspolitik**, die Regeln für die privatwirtschaftlichen Akteure vorgibt, innerhalb derer sie sich weitgehend wirtschaftlich frei betätigen können. Dazu zählen der Abbau von Wettbewerbsbeschränkungen auf den Gütermärkten, eine konsequente Entstaatlichung im Unternehmensbereich (Privatisierung), der Abbau administrativer Hemmnisse (Deregulierung) und ein anreizorientiertes Steuersystem, das die Spielräume für private Investitionen erweitert. Eine angemessene Versorgung mit öffentlichen Gütern (z. B. Bildung, Infrastruktur, Rechtsprechung) gilt als grundlegende Voraussetzung für einen dynamischen Wachstumsprozess der Wirtschaft.

Staatsdefizite zur Finanzierung dieser Leistungen sind langfristig zu vermeiden. Die Tarifpartner müssen zur Sicherung der Beschäftigung beitragen.

Voraussetzungen für einen hohen Beschäftigungsstand sind eine mit dem Ziel der Preisniveaustabilität vereinbare Lohn- und Tarifpolitik sowie eine hinreichende Flexibilität der Löhne auf den Arbeitsmärkten.

Wesentliches Element dieser Konzeption ist die Stabilisierung der Erwartungsbildung von Unternehmen sowie privaten Haushalten durch eine längerfristige und berechenbare Ausgestaltung der Politik in einzelnen Handlungsfeldern (**Verstetigungspolitik**). Vor allem die Geld- und zum Teil auch die Finanzpolitik sollen sich bestimmten **Regeln** unterwerfen, die sich am längerfristigen Wachstum der Wirtschaft zu orientieren haben. Auch die Lohn- und Tarifpolitik kann als regelgebunden verstanden werden, wenn sich die Lohnabschlüsse z. B. aus der Entwicklung der Produktivität und der Inflationsrate ergeben. Die Wirtschaftspolitik folgt einer Regel, wenn die Entscheidungsträger im Vorhinein ankündigen, wie die Politik auf verschiedene Situationen reagieren wird. In einer strengen Fassung könnte die Politik sogar auf die Einhaltung dieser Regeln gesetzlich verpflichtet werden. Grundsätzlich spiegelt die Forderung von Regelbindungen die Skepsis gegenüber situationsbedingten Entscheidungen in der Wirtschaftspolitik wider. Hintergründig kommt sogar ein Vorwurf an Opportunismus der Wirtschaftspolitik zum Ausdruck, wenn diese bestimmten Gruppeninteressen ausgesetzt ist.

Als Anwendungsbeispiele für die Umsetzung der angebotspolitischen Konzeption gelten die Wirtschaftspolitik von *Margret Thatcher* in Großbritannien (1979 – 1990) und die Wirtschaftspolitik *Ronald Reagans* in den USA (1981 – 1989). Auch wenn die Reformen in den USA und Großbritannien insgesamt unterschiedlich bewertet werden, zeigen sie doch, wie ordnungspolitische Maßnahmen Industrieländer mittelfristig zu einer größeren Wachstumsdynamik verhelfen können. Der Wirtschaftspolitik des **Thatcherismus** lagen folgende, auf der Angebotstheorie basierende Prinzipien zugrunde:

- Privatisierungen oder zumindest Teilprivatisierungen des öffentlichen Sektors (wie z. B. Eisenbahn, Luftfahrt, Telekommunikation, lokale Versorgungsunternehmen wie Stadt-, Wasser- und Elektrizitätswerke).
- Monetaristische Währungspolitik basierend auf Ideen von *Milton Friedman.*
- Niedrige direkte Steuersätze für Unternehmen und private Haushalte.
- Minimierung von staatlichen Eingriffen in das Marktgeschehen und Vorrang von Eigeninitiative bzw. der Privatwirtschaft.
- Einschränkung staatlicher Sozialleistungen. Maßstab in der Sozialpolitik war nicht länger der Bedarf an Leistungen, sondern deren Finanzierbarkeit. Arbeitslosigkeit wurde nicht mehr als gesellschaftliches Problem, sondern als individuelles Schicksal verstanden.
- Beschränkung der Macht der Gewerkschaften.

Reaganomics bedeutete zuerst eine deutliche Senkung der Einkommenssteuern. Ziel der Reform war es, ein zuvor gestaffeltes System mit einem hohen Spitzensteuersatz zu einem Flat-Tax-System mit einem einheitlichen Steuersatz von ca. 25 % umzubauen. Entsprechend dem Konzept der Laffer-Kurve rechnete die Regierung mittelfristig damit, dass die Wachstumsdynamik zumindest zu keinen Steuerausfällen führen würde (vgl. dazu Kap. 7). Die Steuerreform war eingebettet in ein allgemeines Wirtschaftsförderungsprogramm. So wurde der US-$ stabilisiert und die Ausweitung des Freihandels unterstützt.

Ähnlich wie in Großbritannien wurden wichtige Wirtschaftsbereiche (Energiesektor, Finanzdienstleistungen, Transportbereich) für den Wettbewerb geöffnet. Durch die

Befreiung der wirtschaftlichen Aktivitäten von behördlichen Regulierungen konnte die US-Wirtschaft in den 80er Jahren einen höheren Wachstumspfad erreichen. Die Aktienkurse stiegen und die Inflation ging deutlich zurück. Ein weiteres Ziel war die Konsolidierung der öffentlichen Haushalte. Dazu wurden vor allem die Sozialleistungen gekürzt. Das Budgetdefizit stieg jedoch insbesondere wegen zunehmender Rüstungsausgaben weiter an. Die als Reaganomics bekannte Wirtschaftspolitik ist daher nicht nur durch ordnungspolitische Reformen, sondern auch durch eine expansive Fiskalpolitik gekennzeichnet.

Überlagerung von Nachfrage- und Angebotsseite

Die „reine" Lehre der Nachfrage- bzw. Angebotspolitik liefert oft keine schlüssigen Erklärungsansätze für real beobachtete Probleme, da sich die Ursachen makroökonomischer Problemstellungen häufig überlagern. Grundsätzlich kann bei der **Analyse** makroökonomischer Problemstellungen idealtypisch zwischen angebotsseitigen (strukturellen) und nachfrageseitigen (konjunkturellen) sowie binnen- und außenwirtschaftlichen Ursachen unterschieden werden, deutlich gemacht am Beispiel der Arbeitslosigkeit (Abb. 4.12).

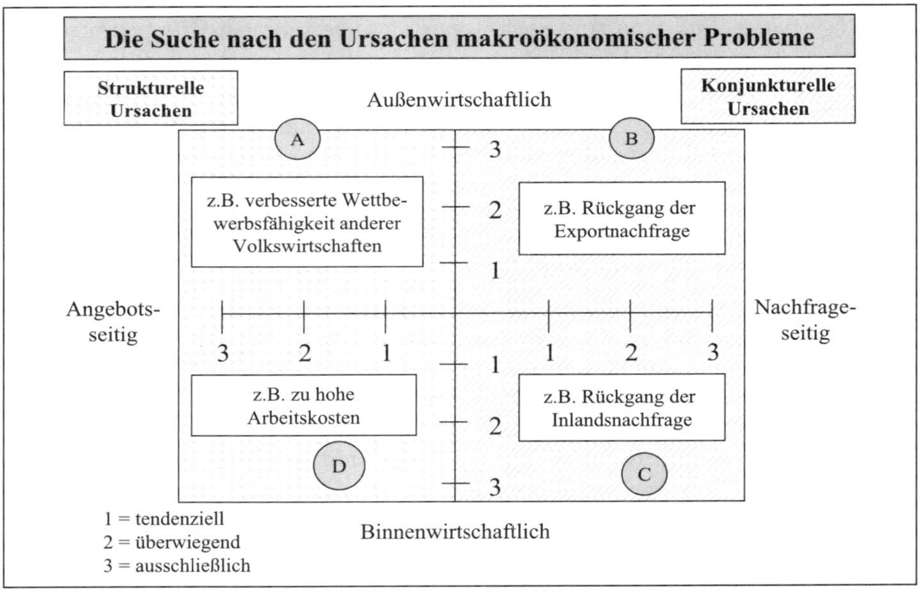

Abb. 4.9: Ursachenmatrix gesamtwirtschaftlicher Problemstellungen: Arbeitslosigkeit

Eine Arbeitslosigkeit, die primär auf einen Rückgang der gesamtwirtschaftlichen Inlandsnachfrage zurückzuführen ist, entspricht Situation C in Abb. 4.9 und wird vor allem von der keynesianischen Theorie diskutiert. Eine Arbeitslosigkeit, die auf zu hohen Löhnen beruht, könnte der angebotsorientierten bzw. klassischen Sichtweise zugeordnet werden (Situation D). Diese Einordnung ist primär von analytischem Wert, denn statistischen Angaben wie der Arbeitslosenquote ist nicht ohne weiteres anzusehen, welcher Teil der Zielverletzung auf strukturelle, konjunkturelle, binnen- und/oder außenwirtschaftliche Faktoren zurückzuführen ist. Dazu bedarf es einer Einordnung innerhalb makroökonomischer Modelle.

Schlagwörter	• Angebots-, Nachfragepolitik • Regelbindung	• diskretionäre Politik • Verstetigungspolitik

4.2.2 Entscheidungsträger

In der Wirtschaftspolitik geht es immer um Entscheidungssituationen, unabhängig ob Entscheidungen diskutiert, vorgesehen, durchgeführt oder auch verhindert werden sollen. In marktwirtschaftlichen Systemen gibt es klar abgesteckte Entscheidungskompetenzen und eine gewisse Handlungsautonomie der wirtschaftspolitischen Akteure (Abb. 4.10). Dies hat zur Folge, dass bestimmte Ziele von einzelnen Akteuren nur eingeschränkt (z. B. Preisniveaustabilität durch die Regierung oder Beschäftigungsziele durch die Notenbank) oder gar nicht verfolgt werden können.

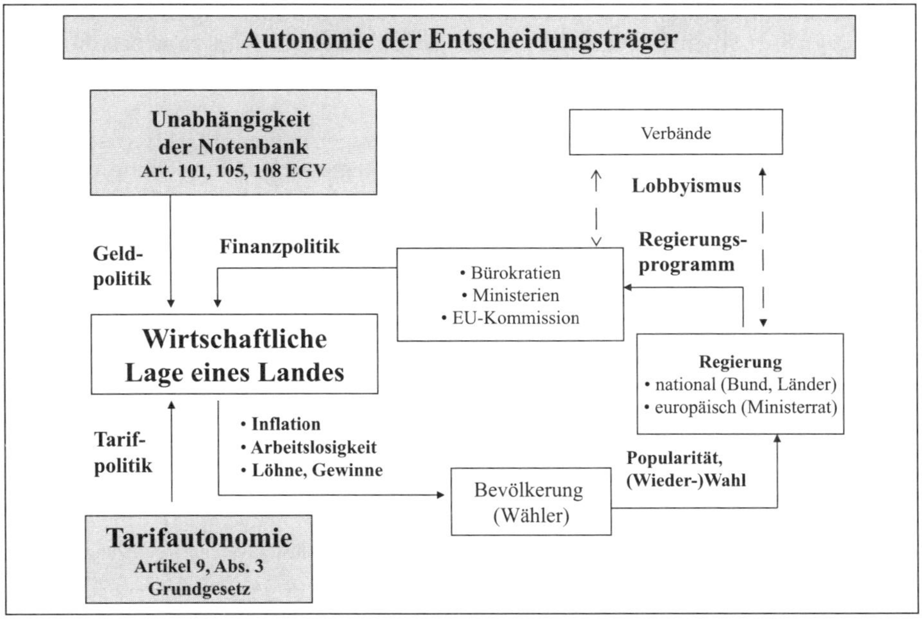

Abb. 4.10: Wirtschaftspolitische Entscheidungsträger

Verbände, Tarifpartner

In einer repräsentativen Demokratie gibt es **Parteienkonkurrenz** um wirtschaftspolitische Programme. Unbestritten ist, dass die wirtschaftspolitischen Erfolge bzw. Misserfolge einer Regierung auch die Chancen ihrer Wiederwahl bestimmen. Als **Wähler** und als Mitglied von **Verbänden** (Gewerkschaften, Verbraucher-, Umweltschutz-, Wirtschaftsverbänden) haben die Bürger die Möglichkeit, wirtschaftspolitische Entscheidungen zu beeinflussen. Eine besondere Rolle haben die **Tarifpartner**, die im Rahmen der grundgesetzlich garantierten **Tarifautonomie** weitgehend unabhängig von staatlicher Einflussnahme Tarifverhandlungen führen. Art. 9 Abs. 3 des Grundgesetzes gewährt den Gewerkschaften und den Arbeitgebern das Recht, in den Tarifverträgen die Tariflöhne und die sonstigen Arbeitsbedingungen frei zu vereinbaren.

Damit soll ein unmittelbarer Einfluss des Staates sowie anderer Gruppen ausgeschaltet und die Vertretung der Arbeitnehmerinteressen durch Verbandsfunktionäre gesichert werden. Die Vereinbarungen stellen weitgehend Mindestnormen dar und können durch eine **Allgemeinverbindlichkeitserklärung** vom Staat – in Absprache mit den Tarifpartnern – auch auf nicht oder anders organisierte Arbeitnehmer übertragen werden. Abweichungen sind nur zugunsten der Arbeitnehmer zulässig.

Parlament, Regierung, Zentralbank

Offizieller Entscheidungsträger für die Durchsetzung wirtschaftspolitischer Zielvorstellungen ist in einer repräsentativen Demokratie das **Parlament**. Insofern ist die jeweilige **Regierung** abhängig vom Parlament und von den jeweiligen Mehrheitsverhältnissen. Die Regierung selbst ist bei der Umsetzung wirtschaftspolitischer Programme auf die **Ministerialbürokratie** angewiesen, deren Entscheidungen unmittelbar auf die Bürger in Form von Gesetzen, Verordnungen und Beschlüssen zurückwirken. Eine Sonderrolle nimmt in der Mehrzahl der westlichen Länder die **Zentralbank** ein. Sie ist bei der Verfolgung ihrer Ziele unabhängig von Weisungen staatlicher Entscheidungsträger (vgl. Kap. 11). Ihre Mitglieder werden jedoch durch die Regierung bestimmt.

Verantwortlichkeiten

Von Interesse ist die Frage, welche Entscheidungsträger in einer Marktwirtschaft für welche Ziele verantwortlich sind und welche Strategie sie zur Erreichung der Ziele verfolgen. Es macht Sinn für jedes Ziel einen Hauptverantwortlichen (z. B. Staat, Tarifpartner, Notenbank) festzulegen. Bei der Entscheidungsfindung und Umsetzung sind aber die weiteren relevanten Entscheidungsträger miteinzubeziehen.

Überlegen Sie selbst, welche Rollenverteilung in einer Marktwirtschaft zwischen den wirtschaftspolitischen Entscheidungsträgern angestrebt werden sollte.

Welche Politikbereiche wofür (mit-)verantwortlich sind

Politikbereich	Hauptverantwortung	Mitverantwortung
Geldmarkt	**Notenbank** (Geldpolitik)	**Staat**: Kostensteuern, Administrative Preisfestsetzung
		Tarifpartner: Löhne, Lohnstückkosten
Arbeitsmarkt	**Tarifpartner** (Tariflohnpolitik)	**Notenbank**: Inflation (Reallohn)
		Staat: gesetzliche Lohnzusatzkosten, Arbeitsmarktregulierungen, Steuern
Wirtschaft	**Staat** (Finanzpolitik, Wachstumspolitik, Rahmenbedingungen)	**Notenbank**: Zinsen, Inflation
		Tarifpartner: Lohnstückkosten, Regulierung des Arbeitsmarktes

Abb. 4.11: Rollenverteilung der Wirtschaftspolitik in einer Marktwirtschaft

Politischer Konjunkturzyklus

Die **ökonomische Theorie der (Wirtschafts-)Politik** analysiert das Verhalten von Politikern und Wählern mit ökonomischen Methoden. Beispielsweise wird davon ausgegangen, dass eine Regierung nicht zwangsläufig die soziale Wohlfahrt einer Gesellschaft maximiert, sondern auch Eigeninteressen verfolgt. *Anthony Downs*, der den Grundstein für die ökonomische Theorie der Politik legte, definiert das Eigeninteresse des Politikers mit Macht, Ansehen und Einkommen, das mit dem Wahlerfolg steigt. Politiker versuchen die Stimmen ihrer Wähler zu maximieren, indem sie auf ihre Wünsche eingehen. *Wiliam D. Nordhaus* hat gezeigt, wie ein **politischer Konjunkturzyklus** entstehen kann. Dazu ein Beispiel: Arbeitslosigkeit und Inflation werden von Wählern negativ bewertet. Bevorzugt wird ein Zustand geringer Arbeitslosigkeit und Preisniveaustabilität. Allerdings sind nicht beide Ziele gleichermaßen zu erreichen, sondern es gibt bestimmte stimmenmaximale Kombinationen. Die Vorstellung, dass die Politik aus wahltaktischen Gründen bestimmte Kombinationen von Arbeitslosigkeit und Inflation wählen kann, hat Eingang in die **Phillips-Kurven-Diskussion** gefunden (vgl. Kap. 13). Sie hält es für möglich, dass die Wirtschaftspolitik Zyklen bewusst herbeiführen kann.

Dazu könnte die Regierung feststellen, dass ihre Unterstützung stärker durch hohe Arbeitslosigkeit als durch hohe Inflation beeinträchtigt wird. Nehmen wir an, die Wähler bewerten die Leistung der Regierung ausschließlich nach der Leistung im Wahljahr. Im Wahljahr erwarten die Wähler eine Inflation von 2%, während die Arbeitslosigkeit bei 8% liegt (Abb. 4.12). Die Regierung verfolgt nun annahmegemäß eine expansive Finanzpolitik (z. B. Steuersenkungen, Ausgabenprogramme), die noch rechtzeitig vor der Wahl zu einer deutlichen Senkung der Arbeitslosenquote auf 5% führt. Aufgrund dieses „Erfolges" wird die Regierung wiedergewählt.

Unmittelbar nach der Wahl führen die Belebung des Arbeitsmarktes und der wirtschaftliche Aufschwung zu höheren Inflationserwartungen von 4%. Dies veranlasst die Regierung zur Mitte der Legislaturperiode zu einer restriktiven Finanzpolitik, um die Inflationsgefahren zu verringern. Kurz vor der Wahl könnte die Regierung dann

„Auf" und „Ab" der Wirtschaftspolitik

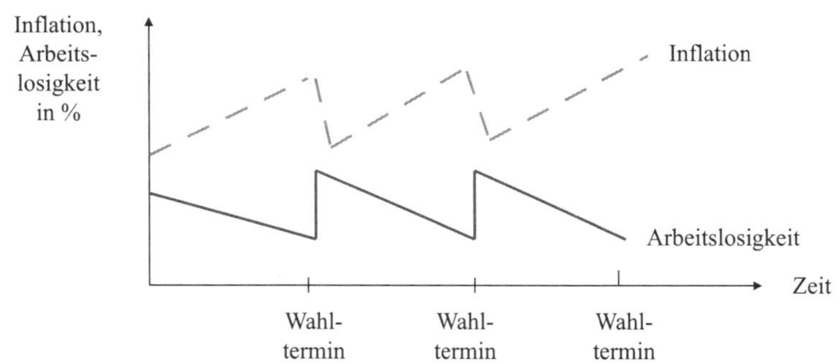

Die Regierung will Stimmen maximieren:
- Nach Wahlen nimmt sie eine höhere Arbeitslosigkeit in Kauf, um mögliche Inflationsgefahren durch eine expansive Politik zu dämpfen.
- Im Wahljahr strebt die Regierung die geringst mögliche Arbeitslosigkeit an und nimmt eine höhere Inflationsrate durch expansive Staatsausgaben in Kauf.

Abb. 4.12: Politischer Konjunktur- und Wahlzyklus

wieder expansive Maßnahmen ergreifen, um die Arbeitslosigkeit zurückzuführen. Umstritten ist in diesem Modell die Annahme, dass sich Wähler systematisch täuschen lassen. Sie berücksichtigen nur die wirtschaftliche Lage im Wahljahr und nicht die vielleicht negative Entwicklung in den ersten Jahren der Legislaturperiode. Nach dieser Annahme durchschauen die Wähler die von der Regierung gewählte Strategie nicht.

Schlagwörter	• Entscheidungsträger • Handlungsautonomie	• Politische Konjunkturzyklen

4.2.3 Instrumente

Die wirtschaftspolitischen Akteure verfügen in der Regel über mehrere Handlungsalternativen, die gegeneinander abzuwägen sind. Sofern der Sachverhalt vom wirtschaftspolitischen Akteur festgelegt, eingesetzt und kontrolliert werden kann, wird von einem wirtschaftspolitischen **Instrument** bzw. Mittel gesprochen. Als **Maßnahme** gilt der Einsatz eines wirtschaftspolitischen Instruments. Die wirtschaftspolitischen Instrumente und Maßnahmen lassen sich nach unterschiedlichen Gesichtspunkten klassifizieren (Abb. 4.13).

Eingriffsintensität

Zu den **verhaltensinduzierenden Instrumenten** zählen z. B. die fiskalpolitischen Instrumente der Einnahmenpolitik (insbesondere Steuersätze), die das Verhalten der Wirtschaftssubjekte beeinflussen sollen. Eine verhaltensinduzierende Maßnahme muss Anreizwirkungen auf die Marktteilnehmer haben, denn ansonsten kann das angestrebte Ziel in das Gegenteil verkehrt werden. Dieser Sachverhalt ist als **Kobra-Effekt** verfehlter Politikanreize bekannt. Er wurde durch das gleichnamige Buch des Ökonomen *Horst Siebert* bekannt, in dem die Folgen falscher Anreize für die Wirtschaft dargestellt wurden. Die Bezeichnung geht auf ein historisches Ereignis in Indien zurück. Ein britischer Gouverneur wollte einer Kobraplage Einhalt gebieten, indem er ein Kopfgeld auf jedes erlegte Exemplar aussetzte. Dieses Konzept funktionierte zunächst gut, denn es wurden viele tote Schlangen abgeliefert. Jedoch wurde deren Anzahl nicht gemindert, da die Bevölkerung dazu überging, Kobras zu züchten und zu töten, um weiterhin von der Prämie zu profitieren. Als das Kopfgeld nach einem gewissen Zeitraum wieder aufgehoben wurde, ließen die Züchter die Tiere frei, da sie keine Verwendung mehr für sie hatten. Dadurch hatte sich dank (indirekter) staatlicher Förderung die Zahl der Kobras vervielfacht.

Verhaltensanweisende Instrumente dienen überwiegend dem Schutz von bestimmten Personengruppen (z. B. Verbot der Kinderarbeit) oder der Umwelt (z. B. Produktionsverbote). Im Fall der **verhaltensabstimmenden Instrumente** – z. B. Tarifverhandlungen – erfolgt die Koordinierung der Interessen ohne Zwang. Die einzelnen Instrumente lassen sich zudem **quantitativ** oder **qualitativ** ausgestalten. Zu den quantitativen Instrumenten zählen z. B. Zinssätze. Ein qualitatives Instrument wäre z. B. die Privatisierung von Staatsbetrieben oder der Abbau von bürokratischen Hemmnissen (**Deregulierung**) mit dem Ziel, die Spielräume für unternehmerische Investitionen zu vergrößern.

Entscheidungsspielraum

Kann der wirtschaftspolitische Akteur von Fall zu Fall nach freiem Ermessen über den Einsatz des Instruments entscheiden, liegt eine **fallweise** oder **diskretionäre Steuerung** vor (z. B. Änderung von Zinssätzen durch die Zentralbank). **Diskretionäre Wirtschafts-**

politik ist ein zweischneidiges Schwert. Sie erlaubt idealerweise sofortige Maßnahmen gegen Fehlentwicklungen. Aufgrund von Entscheidungs- und Wirkungsverzögerungen ist jedoch nicht auszuschließen, dass Maßnahmen prozyklisch und nicht antizyklisch wirken, so dass die Abweichungen vergrößert und nicht verringert werden. Ein **Automatismus** lässt keine eigenständigen Entscheidungen der wirtschaftspolitischen Akteure zu, sondern reagiert selbständig auf eingetretene Situationen. Ein Beispiel ist die *built-in-flexibility* des Steuersystems, die aufgrund der Steuerprogression zu einer Dämpfung konjunktureller Schwankungen beiträgt.

Werden wirtschaftspolitische Instrumente aufgrund zuvor selbst festgelegter Regeln getroffen, liegt eine **regelgebundene Politik** vor. Beispielhaft kann die Interventionsverpflichtung der Zentralbanken innerhalb des früheren Europäischen Währungssystems genannt werden, die Devisenver- bzw. -aufkäufe vorsah, wenn der Wechselkurs der beteiligten Währungen bestimmte Bandbreiten verlassen hatte. Ein weiteres Beispiel ist der Stabilitätspakt in der EWU, der Strafzahlungen vorsieht, wenn die laufende Staatsverschuldung eine festgelegte Grenze übersteigt. **Regelgebundene Wirtschaftspolitik** hat mehrere Implikationen. Sie nimmt die Möglichkeit, die wirtschaftliche Entwicklung mitzugestalten. Damit kann sie sich als zu starr bei exogenen Schocks erweisen. Dies wäre z. B. der Fall, wenn bei einem Kurssturz an den Börsen die Notenbanken an einem zuvor festgelegten Geldmengenziel festhalten.

Die Regel „schützt" andererseits die Entscheidungsträger vor öffentlichem Druck. Eine Regierung könnte z. B. daran denken, kurz vor dem Ende einer Legislaturperiode kurzfristig opportun erscheinende Maßnahmen zu ergreifen, um die Wahlchancen zu erhöhen. Im Fall der Regelbindung ist dies nicht möglich. Die Wirtschaftspolitik wird für die Wirtschaftssubjekte berechenbar und wirkt verstetigend. Allerdings muss die Regel bestimmten Anforderungen genügen:

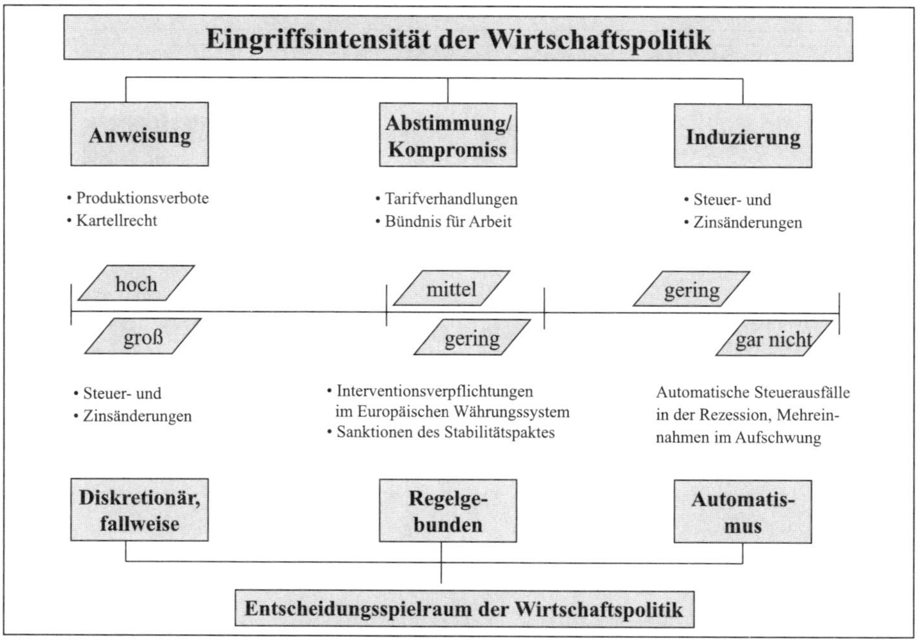

Abb. 4.13: Wirtschaftspolitische Instrumente

- Die Regel muss **einfach** sein, d.h. nachvollziehbar für die Öffentlichkeit und gegebenenfalls für die Gerichte, wenn Verstöße geahndet werden sollen.
- Die Regel muss auf ein **konkretes Ziel** ausgerichtet sein.
- Die Regel muss auf eine **stabile** Beziehung zwischen den einschlägigen ökonomischen Aggregaten abstellen (z.B. die Quantitätsgleichung, vgl. Kap. 10).

In der Praxis ist die Umsetzung einer Regelbindung kompliziert, denn Wirtschaftspolitik wird nicht im Labor betrieben. Auch muss sie sich in einer pluralistischen Gesellschaft mit Einzelinteressen auseinandersetzen. Das ökonomische Umfeld ändert sich ständig und kann der Wirtschaftspolitik neue Antworten abverlangen. Eine strikte Regelbindung kann sich dann als hinderlich erweisen. Es spricht also einiges dafür, die Regelbindung nicht zu streng auszulegen, sondern ihr einen Spielraum für diskretionäres Handeln beizumischen.

Glaubwürdigkeit und Zeitinkonsistenz der Wirtschaftspolitik

Begründet wird die Vorteilhaftigkeit einer Regelbindung u.a. mit dem **Problem der Zeitinkonsistenz optimaler Strategien.** Im Jahr 2004 erhielten *Finn E. Kydland* und *Edgar C. Prescott* den Nobelpreis *„für ihre Beiträge zur dynamischen Makroökonomie, insbesondere für ihre Arbeiten über das Problem der Zeitinkonsistenz wirtschaftspolitischer Entscheidungen und die treibenden Kräfte hinter Wirtschaftszyklen".*

Das Grundproblem besteht darin, dass der Staat (einschließlich der Notenbank) die Macht hat, einmal eingegangene Verpflichtungen doch nicht zu erfüllen. Anders als z.B. bei privaten Haushalten oder Unternehmen fehlt beim Staat selbst eine übergeordnete Instanz, die eine Einhaltung von Verträgen und (Selbst-)Verpflichtungen überwacht. Dies ist dann problematisch, wenn sich einerseits die privaten Haushalte und Unternehmen auf die Erfüllung solcher Verpflichtungen verlassen haben, andererseits für den Staat der Anreiz besteht, später von solchen Verpflichtungen abzuweichen. In diesem Fall liegt eine **Zeitinkonsistenz** vor (Abb. 4.14).

Abb. 4.14: Glaubwürdigkeit und Zeitinkonsistenz der Wirtschaftspolitik

Betrachten wir als Beispiel einen ausländischen Investor, der in einem Land eine Produktionsstätte errichten will. Wenn die Investition einmal umgesetzt ist, kann die Besteuerung entgegen der ursprünglichen Ankündigung des Staates in dem Zielland sehr hoch werden, ohne dass eine „Kapitalflucht" möglich ist. Rechnet der Investor mit einer hohen Besteuerung, so wird er auf die Investition verzichten und umgekehrt. Das Investitionsbeispiel mit der Ankündigung des Staates „keine Steuern" lässt sich tabellarisch verdeutlichen, wobei die Auszahlungen den Nutzen in Mio. € für das Land bzw. den Investor darstellen:

Option des Unternehmens	Alternative	Land	Investor
glauben (Investition)	nicht besteuern	1	3
	besteuern	3	-1
nicht glauben	keine Investition	0	0

Überlegen Sie selbst, welches Ergebnis eintreten wird. Weitere Beispiele, in denen das Problem der Zeitinkonsistenz eine Rolle spielt, ist die Geldpolitik (vgl. Kap. 12) oder die Einhaltung von Verschuldungsgrenzen (vgl. Kap. 8). Lösbar ist dieses Problem durch Regeln, Reputation und Glaubwürdigkeit der wirtschaftspolitischen Instanzen.

Bei Änderungen der wirtschaftspolitischen Strategie wird häufig auf das Wirken von **Goodhart's Gesetz** verwiesen. Eine ökonomische Beziehung wird dann instabil, wenn sie wirtschaftspolitisch für Kontrollzwecke eingesetzt werden soll. Wenn also eine Messzahl politisch unter Druck gerät (z. B. ein Geldmengenziel oder eine Verschuldungsgrenze), dann stimmen diejenigen, deren Verhalten damit gemessen werden soll, ihr Verhalten auf diese Messzahl ab.

Instrumenteneinsatz und Entscheidungsautonomie

Aufgabe der Stabilisierungspolitik ist es, die Folgen makroökonomischer Schocks durch wirtschaftspolitische Maßnahmen zu korrigieren. Zwar haben die wirtschaftspolitischen Entscheidungsträger eigene Ziele und Handlungsspielräume. Häufig verspricht jedoch eine freiwillige Politikkooperation **(policy mix)** Erfolg bei der Erreichung von Stabilisierungszielen. Betrachten wir ein Beispiel. Als *Bill Clinton* Ende 1992 zum US-Präsidenten gewählt wurde, lag das Budgetdefizit bei 4,5 % des BIP. Ein zu rascher Abbau des Defizits hätte die Gefahr eines Nachfragerückgangs mit sich gebracht und die Situation verschärft. Der damalige US-Notenbankchef *Alan Greenspan* hatte dem US-Präsidenten jedoch signalisiert, dass er den negativen Auswirkungen einer kontraktiven Finanzpolitik (d. h. den Abbau des Budgetdefizits) durch eine expansive Geldpolitik (d. h. durch Zinssenkungen) entgegenwirken würde. Schrittweise gelang es durch diese nicht schriftlich fixierte Politikkoordination die Budgetdefizite zurückzuführen und die Wirtschaft auf einen Wachstumspfad zu bringen. Derartige Situationen lassen sich in makroökonomischen Modellen (z. B. mit Hilfe aggregierter Angebots- und Nachfragefunktionen) darstellen und sind in der Philosophie dieses Buches ein Beispiel dafür, dass sich die drei Ebenen der Makroökonomie – Datenanalyse, Theorie und Wirtschaftspolitik – nahtlos zusammenfügen (Abb. 4.15).

Zusammenhang zwischen Daten, Theorien und Wirtschaftspolitik in der Makroökonomie

1. Makrodaten

	1991	1992	1993	1994	1995	1996	1997
Defizit in % des BIP	3,3	4,5	3,8	2,7	2,4	1,4	0,3
BIP-Wachstum in %	-0,9	2,7	2,3	3,4	2,0	2,7	3,9
Zinssatz in %	7,3	5,5	3,7	3,3	5,0	5,6	6,2

2. Theorien

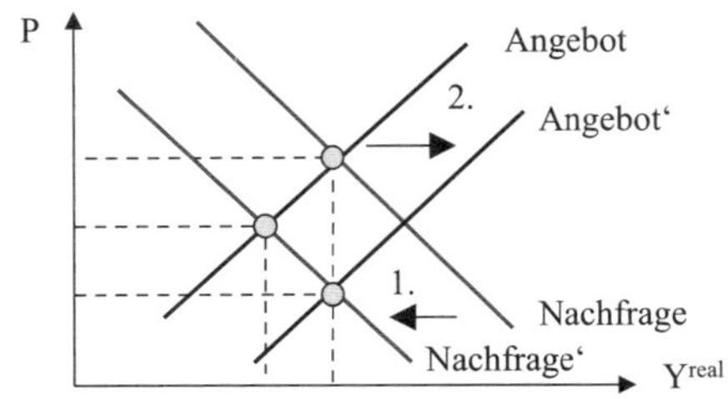

3. Wirtschaftspolitik

1. Defizitabbau = restriktive Finanzpolitik (Linksverschiebung der Nachfragekurve)
2. Zinssenkung = expansive Geldpolitik (Rechtsverschiebung der Angebotskurve)

Abb. 4.15: Die drei Ebenen der Makroökonomie (Fallbeispiel)

Schlagwörter		
	• Instrumente, Maßnahmen • Verhaltensinduzierung, Verhaltensabstimmung, Verhaltensanweisung • fallweise Entscheidungen • Kobra-Effekt	• Regelbindung • Automatismus • Zeitinkonsistenz • Goodhart's Gesetz • policy-Mix

4.3 Fallbeispiele zu Kapitel 4

Lösungs- und Bearbeitungshinweise sowie alle Abbildungen dieses Kapitels finden Sie unter: www.vahlen.de

Fallbeispiel 4.1: Magisches Viereck (0)

a) Welche Ziele enthält das Stabilitäts- und Wachstumsgesetz?
b) Warum wird das Gesetz als „magisches Viereck" bezeichnet?
c) Wie lassen sich die Ziele quantifizieren?

Fallbeispiel 4.2: Zielbeziehungen in der Wirtschaftspolitik (++)

Der Regierungschef eines Landes möchte gleichzeitig die Ziele Senkung der Arbeitslosigkeit, Preisniveaustabilität, Wirtschaftswachstum und Abbau der Verschuldung erreichen. Erläutern Sie mögliche Zielbeziehungen im Rahmen der nachfolgenden Diagramme.

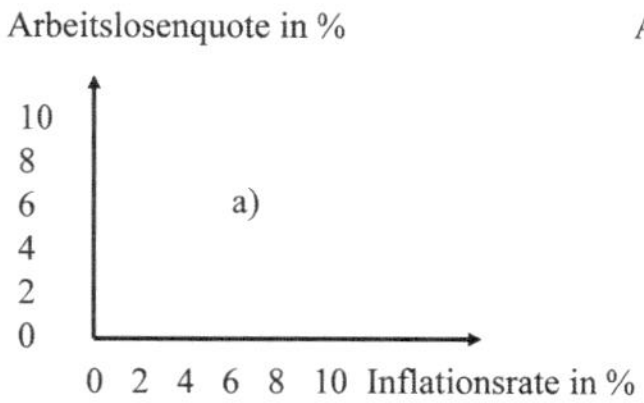

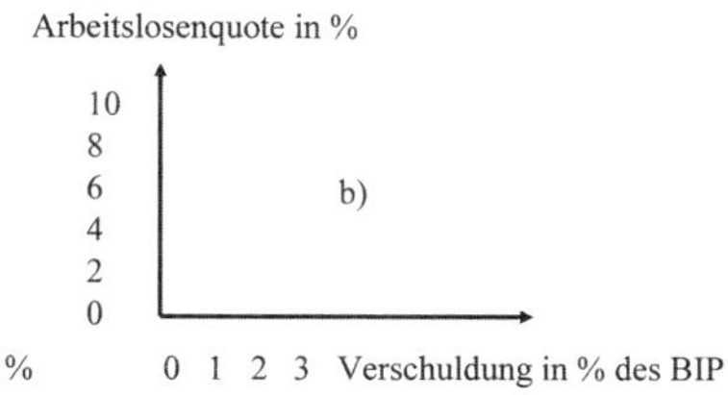

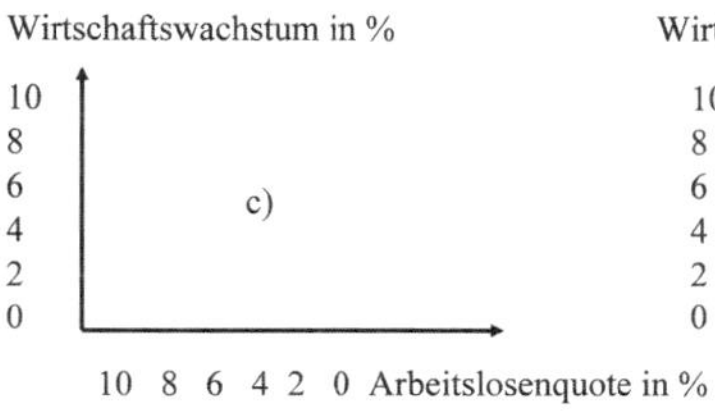

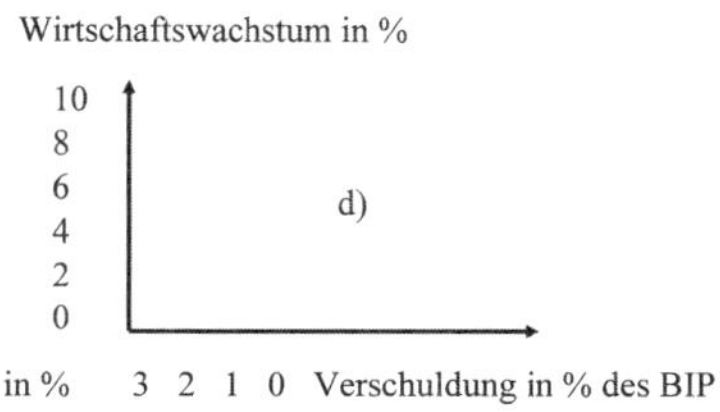

Fallbeispiel 4.3: Ordnungs-, Prozess- und Strukturpolitik (0)

1) Grenzen Sie die Begriffe Ordnungs-, Prozess- und Strukturpolitik voneinander ab.
2) Ordnen Sie die nachfolgenden Begriffe der Ordnungs-, Prozess- und/oder Strukturpolitik zu.

Begriff	Ordnung	Prozess	Struktur
Wettbewerbsrecht			
Investitionszulagen			
Notenbankzinsen			
Steuern			
Verbraucherschutz			
Notenbankautonomie			
Wechselkurspolitik			

3) In einer Zeitung können Sie lesen, dass Prozess- und Strukturpolitik für die wirtschaftspolitischen Entscheidungsträger attraktiver sei als die Ordnungspolitik. Erläutern Sie diese Aussage.

Fallbeispiel 4.4: Konsistenz wirtschaftspolitischer Zielsysteme (++)

Die gewählte Regierung eines Landes hat einen Vorschlag über die zukünftige Ausrichtung der Wirtschaftspolitik vorgelegt. Beurteilen Sie, ob und inwieweit der Vorschlag den allgemeinen Anforderungen eines konsistenten Zielsystems entspricht.

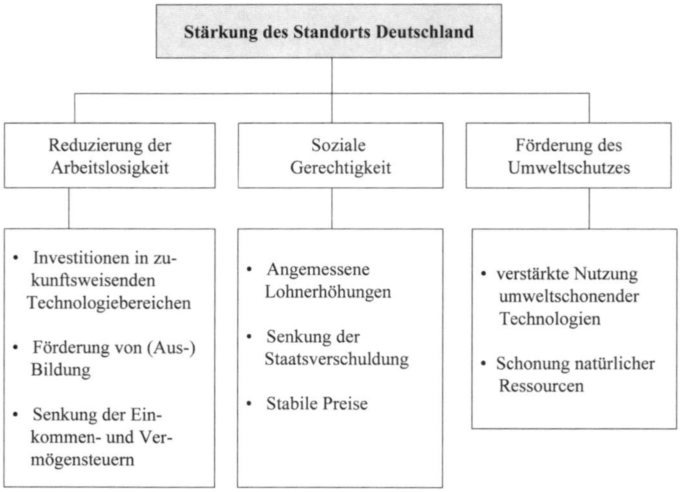

Fallbeispiel 4.5: Wirtschaftspolitische Denkschulen und Konzepte (+)

1) Unterscheiden Sie die angebots- und nachfrageorientierte Konzeption der Wirtschaftspolitik unter folgenden Gesichtspunkten:

Kriterium	Angebotspolitik	Nachfragepolitik
Zeithorizont		
Stabilität des privaten Sektors		
Staatsauffassung		
Instrumenteneinsatz		

2) Welche der nachfolgenden Positionen könnte dem (1) keynesianischen und/oder (2) (neo)-klassischen Gedankengut zugeordnet werden?

Position	(1)	(2)
„Der Staatsanteil muss deutlich reduziert werden“.		
„Das andauernde Hin und Her in der Wirtschaftspolitik verunsichert die Wirtschaftssubjekte“.		
„In der Rezession sind Zinssenkungen unumgänglich“.		
„Eine Absenkung der Einkommensteuern ist ein geeignetes Mittel, um die Konjunktur bzw. das Wachstum zu beleben“.		
„In der Rezession soll sich der Staat verschulden“.		

Fallbeispiel 4.6: Politischer Konjunkturzyklus (+)

1) Zeigen Sie graphisch, wie es zu politischen Konjunkturzyklen kommen kann.
2) Beurteilen Sie, ob ein solcher Konjunkturzyklus in Deutschland möglich ist.

Fallbeispiel 4.7: Wirtschaftspolitische Entscheidungsträger und Instrumente (+)

1) Welcher Entscheidungsträger ist in einer Marktwirtschaft mit parlamentarischer Demokratie (un-)mittelbar für das Erreichen der nachfolgenden Ziele verantwortlich?

Ziel	Entscheidungsträger
Wirtschaftswachstum	
Umweltschutz	
Gerechte Einkommensverteilung	
Sichere Arbeitsplätze	

2) Beurteilen Sie die folgenden Instrumente:

Instrument	Eingriffsintensität	Qualitativ/Quantitativ
Umweltauflagen		
Einkommensteuer		
Lohnhöhe		
Deregulierung		

3) Welche Anforderungen sind an eine wirtschaftspolitische Regel zu stellen?
4) Welche Bedeutung hat der Kobra-Effekt für die Wirtschaftspolitik?

Teil II
Konjunktur, Gütermarkt und Finanzpolitik

Kapitel 5

Kapitel 5: Konjunkturanalyse und -prognose

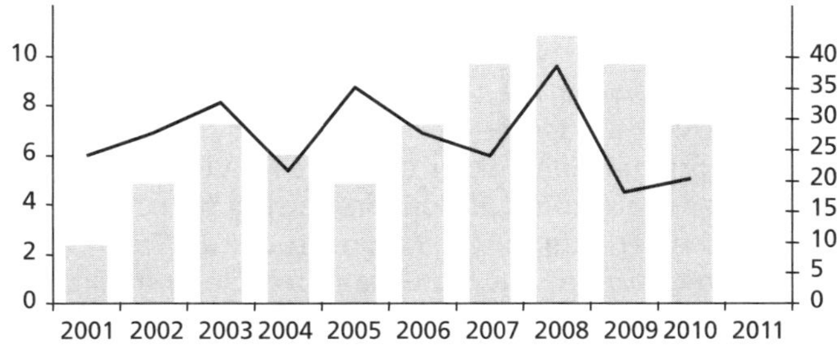

Inhaltsübersicht

Lernzielorientierte Sachverhalte

- Die wirtschaftliche Entwicklung verläuft in Zyklen. Mittelfristig lässt sich ein Konjunkturzyklus erkennen, der in verschiedene Phasen zerfällt.
- Die Suche nach dem auslösenden Impuls für konjunkturelle Schwankungen ist Gegenstand der Konjunkturtheorie. Die unterschiedlichen Erklärungsansätze rücken dazu einzelne oder mehrere Komponenten des BIP in den Mittelpunkt.
- In Deutschland gibt es im Jahresablauf eine regelmäßige Abfolge der Konjunkturberichterstattung von Regierung, Forschungsinstitutionen und Expertengremien. Auch die Medien berichten ständig über die wirtschaftliche Lage einer Volkswirtschaft.
- Zur Diagnose der Konjunktur gibt es eine Vielzahl von quantitativen und qualitativen Indikatoren. Besonders wichtig sind die Einteilung in pro- und antizyklische Verläufe von Indikatoren sowie die Trennung in Früh-, Präsens- und Spätindikatoren. Aus der Gesamtheit dieser Indikatoren lässt sich eine fundierte Lagebeurteilung einer Volkswirtschaft erstellen.
- Die Prognose der konjunkturellen Entwicklung ist von grundlegender Bedeutung für die Wirtschaftspolitik, z. B. die Finanz-, Geld- und Lohnpolitik. Konjunkturmodelle erleichtern die Konjunkturprognose. Diese bestehen aus Gleichungssystemen und erklären makroökonomische Größen in einem konsistenten Gesamtzusammenhang. Prognosen sind zwangsläufig mit Annahmen behaftet, die sich als falsch erweisen und somit das Prognoseergebnis verzerren können.

5.1 Wirtschaftliche Schwankungen

Die Analyse der zyklischen Verhaltensweisen von Volkswirtschaften gehört zu den Schlüsselaufgaben der Makroökonomie. Die geläufigen Begriffe Auf- und Abschwung sollen zum Ausdruck bringen, ob die wirtschaftliche Gesamtsituation insgesamt eher als „gut“ oder „schlecht“ einzuschätzen ist.

Kurze und lange ökonomische Zyklen

Marktwirtschaftliche Systeme sind **nicht stabil**, sondern durchlaufen mehr oder minder ausgeprägte Schwankungen von unterschiedlicher Dauer (Abb. 5.1):

- **Kitchin-Zyklen** (benannt nach *Joseph Kitchin* (1861–1932)) haben eine Länge von drei bis fünf Jahren. Sie lassen sich mit Nachfrageschwankungen erklären, die u. a. von den Absatzaussichten der Unternehmen abhängen.
- **Juglar-Zyklen** (benannt nach *Clément Juglar* (1819–1905)) haben eine Länge von sieben bis elf Jahren. Sie werden als Ergebnis überproportionaler Schwankungen der unternehmerischen Investitionsnachfrage interpretiert.
- **Kondratieff-Zyklen** (benannt nach *Nikolai Kondratieff* (1892–1930) haben eine Länge von fünfundvierzig bis sechzig Jahren und sind **Wachstumszyklen**. Sie beruhen auf Innovationsschüben, welche die gesamte Produktionsweise revolutionieren, wie der Eisenbahnbau Mitte des 19. Jahrhunderts, die synthetische Chemie und Elektrotechnik zu Beginn des 20. Jahrhunderts oder die Automobil- und Flugzeugindustrie Mitte des 20. Jahrhunderts. Ökonomisch ist weniger das Datum einer Erfindung entscheidend, sondern der Zeitraum, in dem sich eine Technologie durchsetzt oder neue Güter Anwendung finden. Zurzeit befinden sich Deutschland und vergleich-

bare Volkswirtschaften im **fünften Kondratieff**, der durch die Informations- und Kommunikationstechnologien geprägt ist.

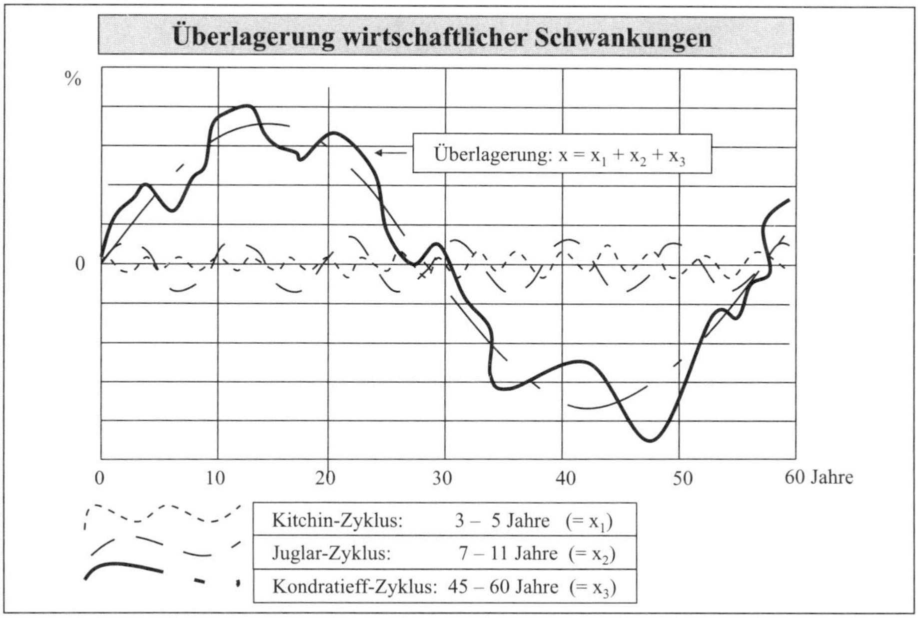

Abb. 5.1: Ökonomische Zyklen

Der empirische Nachweis einzelner Wellen ist nur zum Teil gelungen, da sich die Zyklen überlagern. Die Beurteilung der Dauer hängt davon ab, ob das Niveau der wirtschaftlichen Aktivität (z. B. Produktion) oder die Wachstumsraten betrachtet werden. Auch die Wendepunkte lassen sich nicht exakt identifizieren. Konjunkturzyklen können gemessen an der Dauer am ehesten als Kitchin-Zyklen und teilweise als Juglar-Zyklen interpretiert werden.

Zerlegung der Ursprungsreihe

Die Konjunktur ist ein typisches Phänomen von Industriegesellschaften. Sie wird durch **Schwankungen der Nachfrage** verursacht. Nur durch die Trennung zwischen Produktion und Konsum macht die Beobachtung von Konjunkturzyklen überhaupt Sinn. Keine Volkswirtschaft würde dauerhaft mehr produzieren als verbraucht oder verkauft werden kann. Die Konjunktur wird durch Zeitreihen gesamtwirtschaftlicher Größen dargestellt, z. B. das reale BIP. Diese Zeitreihen lassen sich in folgende Komponenten zerlegen (Abb. 5.2): Trend – Konjunktur – Saison – Restkomponente ($X_t = T_t + K_t + S_t + R_t$):

- Der **Trend** beschreibt eine längerfristige Entwicklung. Er kann statistisch bzw. ökonometrisch bestimmt und erklärt werden. Die Ökonomen passen dafür Funktionsverläufe an beobachtete Daten an. Diese Vorgehensweise ist rein phenomenologisch oder induktiv gestaltet. Die Entwicklung wird nicht aus einem Kausalzusammenhang abgeleitet.
- Der Trend wird von der **Konjunktur** mit einer Periodenlänge von 3 bis 7 Jahren überlagert. Die Schwankung um den Trend ist regelmäßig. Die Entwicklung in

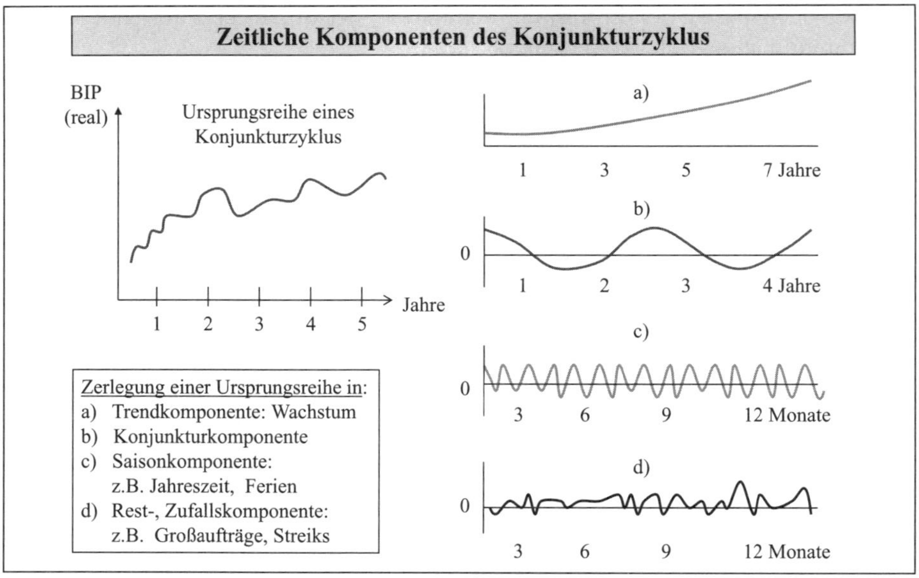

Abb. 5.2: Komponentenzerlegung einer Zeitreihe

Deutschland nach dem II. Weltkrieg lässt sich grob in 12 oder 13 Konjunkturzyklen einteilen, deren Dauer zwischen 11 und 19 Quartalen, d. h. etwa 3 bis 5 Jahren, lag.

- Von kürzerer Periodenlänge und schnellerer Schwingung sind die **saisonalen Schwankungen**. Sie sind vorwiegend jahreszeitlich bedingt, z. B. durch Umsätze zur Weihnachtszeit.
- Weiterhin bleibt die **Rest-** und **Zufallskomponente** zu berücksichtigen, die unvorhersehbare Ereignisse (z. B. Streiks, Produktionsausfälle) umfasst. Dazu zählt auch der Einfluss der **Kalendertage.** So gab es z. B. im Jahr 2004 sechs Arbeitstage mehr als im Jahr 2003. Ohne eine Korrektur dieses Kalendereinflusses wird das BIP im Jahr 2004 zu hoch ausgewiesen. Schätzungen des Statistischen Bundesamtes haben diesen Einfluss auf rund 0,5 % Prozentpunkte eingeschätzt.

Da das Auftreten von Saisoneinflüssen die Beurteilung von Zeitreihen verzerrt, wird die Saisonkomponente häufig aus Zeitreihen eliminiert. Auf diese Weise ergeben sich saisonbereinigte Daten. Bekannt ist ihnen sicherlich die Saisonkomponente der Arbeitslosigkeit (Abb. 5.3). Die Arbeitslosenzahlen sind im Januar/Februar eines Jahres eher hoch, im Sommer niedriger. Wenn die Originalwerte betrachtet werden, ist es schwierig Rückschlüsse auf die konjunkturelle Entwicklung abzulesen, da sich konjunkturelle und saisonale Effekte überlagern. Statistisch wird deshalb eine saisonbereinigte Zeitreihe erstellt. Dieses Verfahren ermittelt vereinfacht gesprochen für jeden Monat einen Saisonfaktor, der angibt, um wie viel ein Monatswert im langfristigen Durchschnitt über oder unter dem Jahresdurchschnitt liegt. Die saisonbereinigte Betrachtung der Arbeitslosigkeit erlaubt es dann, die konjunkturelle Entwicklung am Arbeitsmarkt abzulesen.

Wenn mit saisonbereinigten Daten gearbeitet wird, kann bei kurzfristigen Analysen der Vorquartalsvergleich auf Jahresbasis hochgerechnet werden. In vielen Statistiken bzw. Berechnungen ist jedoch ein Vergleich zum **Vorjahresquartal** oder der Ausweis von Veränderungen gegenüber dem **Vorquartal** üblich (Abb. 5.4). Je nach Verfahren ergeben sich unterschiedliche Ergebnisse, die zu anderen Interpretationen der konjunkturellen

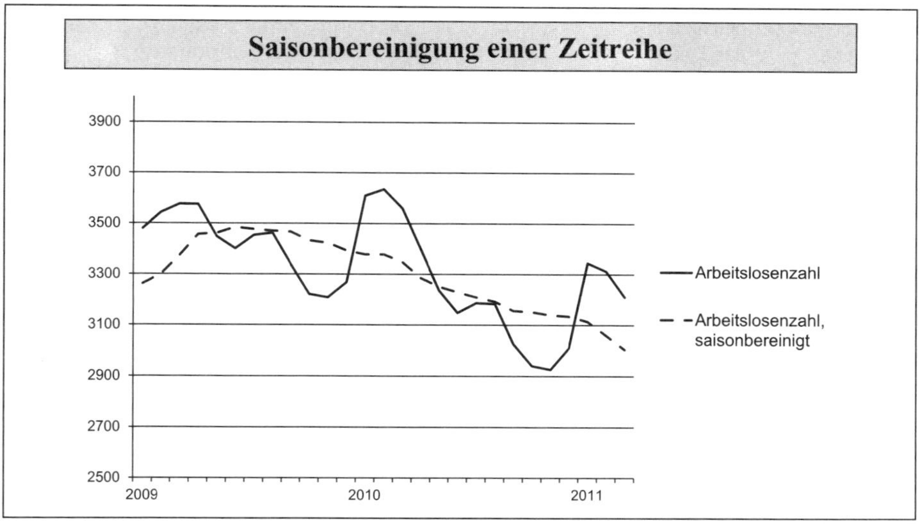

Abb. 5.3: (Nicht-)Saisonbereinigte Arbeitslosenzahlen (in Tsd.)
Quelle: Deutsche Bundesbank

Berechnung von Wachstumsraten

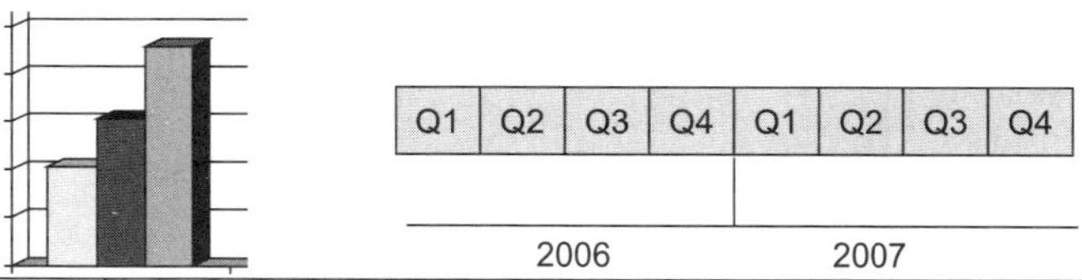

Periode	Index-Wert (2005 = 100)	(1) Veränderung gegenüber **Vorjahres**quartal in %	(2) Veränderung gegenüber **Vor**quartal in %	(3) Veränderung gegenüber Vorquartal in % auf **Jahresrate hochgerechnet** 1)
I/2006	102,3	-	-	
II/2006	102,5	-	0,2	0,8
III/2006	102,4	-	- 0,1	- 0,4
IV/2006	102,3	-	- 0,1	- 0,4
I/2007	102,9	0,6	0,6	2,4
II/2007	103,3	0,8	0,4	1,6
III/2007	103,9	1,5	0,6	2,3
IV/2007	103,9	1,6	0	0,0

Beispiel für III/2007: 1) Ermittlung des Zuwachsfaktors für das Quartal: (103,9 : 103,3) = 1,0058
2) Berechnung der Wachstumsrate: $(1{,}0058^4 - 1) \bullet 100 = 2{,}34\%$

Abb. 5.4: Verfahren zur Berechnung von Wachstumsraten

Lage führen. Beispielsweise wird in den USA häufig eine Hochrechnung auf Basis von Jahresraten praktiziert, während die Statistik in Deutschland zurückhaltender ist und sich weitgehend auf Vergleiche der Veränderung gegenüber dem Vorquartal stützt.

Die Restkomponente wird herausgerechnet, indem z. B. ein gleitender Durchschnitt von Quartalsdaten berechnet wird. Nach Bereinigung um die Saison- und Restkomponente bleiben der Trend und die Konjunktur zurück.

Schlagwörter	• Kitchin-Zyklen • Juglar-Zyklen • Kondratieff-Zyklen • Ursprungsreihe	• Trendkomponente • Konjunkturkomponente • Saisonkomponente • Kalendereffekt

5.2 Konjunkturzyklus

Der **idealtypische Konjunkturverlauf** weist ein **Wellblechmuster** auf, das durch untere bzw. obere Wendepunkte geprägt wird. Die Zeit zwischen Beginn einer Abschwungphase und dem erneuten Beginn einer Abschwungsphase entspricht der Dauer eines Konjunkturzyklus (Abb. 5.5).

Hochkonjunkturen sind nach idealtypischer Vorstellung gekennzeichnet durch Engpässe zumindest in Teilbereichen der Produktion und durch eine wachsende Investitionstätigkeit. Eine Erhöhung des realen BIP geht mit Preisniveausteigerungen einher. Eine solche **Preiskonjunktur** verschafft nur auf den ersten Blick einen volkswirtschaftlichen Vorteil, denn sie vergrößert die Inflationsgefahren und erhöht das Risiko von Fehlinvestitionen. Die Preise signalisieren Gewinnmöglichkeiten, die auf längere Sicht nicht vorhanden sind.

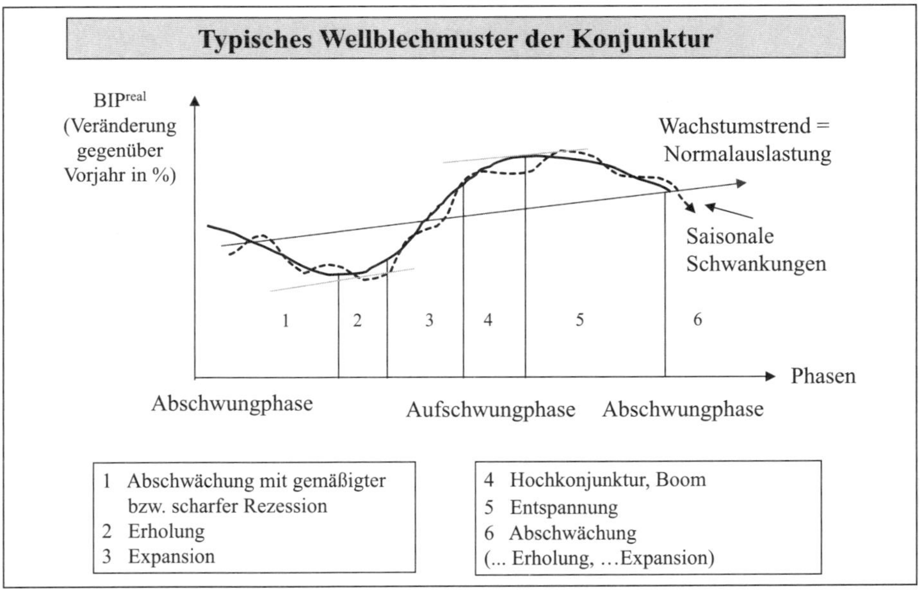

Abb. 5.5: Idealtypischer Konjunkturzyklus

Nach Erreichen des **oberen Wendepunktes** entspannt sich nach idealisierten Konjunkturvorstellungen die wirtschaftliche Situation bzw. sie schwächt sich ab. Kreditengpässe haben in der vorangegangenen Boomphase zu höheren Zinsen geführt und lassen nun die Investitionstätigkeit zurückgehen. Preissteigerungen der Boomphase führen zu einer Stagnation des privaten Konsums. Gewinne und Lohnsumme sinken, zahlreiche Unternehmen geraten in Liquiditäts- bzw. Absatzschwierigkeiten und Insolvenzen drohen. Gesamtwirtschaftlich kommt es zu zurückgehenden Wachstumsraten und zu einer Zunahme der Arbeitslosigkeit.

Kennzeichen der **Aufschwungphase** sind eine verbesserte Kapazitätsauslastung in der Produktion, steigende private Ausrüstungsinvestitionen, ein wachsendes Volkseinkommen und ein erhöhter privater Konsum bei relativ stabilen Löhnen und Preisen. Diese Phase wird als **Mengenkonjunktur** bezeichnet. Sie ist volkswirtschaftlich erwünscht, da sich die Aufschwungphase der Wirtschaft nicht in Preisniveausteigerungen, sondern in einer überproportionalen Zunahme der Nachfrage niederschlägt. Diese Nachfragesteigerung kann in der Folge zu höheren Erlösen der Unternehmen und zur Schaffung neuer Arbeitsplätze führen. Voraussetzung für eine Mengenkonjunktur ist eine bisherige Unterauslastung der Produktionskapazitäten.

Eine **Rezession** liegt vor, so ist häufig zu lesen, wenn das BIP über mindestens zwei Quartale hinweg fällt. Eine solche Definition kann jedoch irreführend sein (vgl. Tab. 5.1). In unserem Beispiel wäre Land A in einer Rezession, Land B hingegen nicht, obwohl die wirtschaftliche Situation in Land A günstiger ist.

Tab. 5.1: Rezessionsbegriff

BIP gegenüber Vorquartal	Land A	Land B
I. Quartal	+2,5 %	–2,3 %
II. Quartal	–0,1 %	+0,3 %
III. Quartal	–0,1 %	–2,7 %
	Rezession	keine Rezession

Produktionspotenzial

Für Deutschland hat der Sachverständigenrat zur Begutachtung der gesamtwirtschaftlichen Entwicklung (SVR) in seinem Jahresgutachten 1993/94 den Konjunkturzyklus in vier Phasen eingeteilt: Abschwung, Rezession, Normalisierung und Aufschwung. Bezugsgröße für diese Einteilung ist das **Produktionspotenzial**. Es gibt an, wie viele Güter in einer Volkswirtschaft produziert werden könnten, wenn die vorhandenen Produktionskapazitäten voll ausgelastet würden.

Einzelwirtschaftlich bezeichnet das Produktionspotenzial die Sachkapital-Kapazitäten eines Betriebes. In einer Ökonomie müssen alle Kapazitäten entsprechend aufsummiert werden. Die langfristige Veränderung des Produktionspotenzials wird als Potenzialwachstum bezeichnet. Sie ist von großer volkswirtschaftlicher Bedeutung, da sie den Rahmen für die wirtschaftliche Entwicklung eines Landes vorgibt. Während sich das einzelwirtschaftliche Produktionspotenzial z. B. durch Befragungen relativ zuverlässig ermitteln lässt, ist die Berechnung eines volkswirtschaftlichen Produktionspotenzials schwierig, da sich nicht eindeutig bestimmen lässt, wann eine Vollauslastung aller Produktionsfaktoren erreicht wird. Das gesamtwirtschaftliche Produktionspotenzial steht daher in einem engen Zusammenhang zum Auslastungsgrad einer Volkswirtschaft. Geschätzt werden kann das volkswirtschaftliche Produktionspotenzial beispielsweise mit Hilfe einer Produktionsfunktion, die als erklärende Größen die Produktionsfaktoren Arbeit und Kapital (gemessen durch das Arbeitsvolumen und das Anlagevermögen einer Volkswirtschaft) sowie den technischen Fortschritt (totale Faktorproduktivität) erfassen. Alternativ kann die Entwicklung des Produktionspotenzials auch durch den Vergleich des aktuellen BIP mit dem langfristigen Trend des BIP geschätzt werden.

Der Quotient von realem BIP und Produktionspotenzial entspricht dem **Auslastungsgrad** einer Volkswirtschaft. Die Abweichung des realen BIP vom Produktionspotenzial wird als **Produktionslücke** bezeichnet. Produktionspotenzial und Produktionslücke sind wichtige Orientierungsgrößen der Wirtschaftspolitik. Ist z. B. die Produktionslücke negativ, werden die Inflationsgefahren als gering eingeschätzt. Die Geldpolitik hat dann Spielraum für Zinssenkungen. Die Finanzpolitik soll sich in der Gestaltung von Einnahmen und Ausgaben ebenfalls am Wachstum des Produktionspotenzials orientieren. Eine Auslastung des Produktionspotenzials von 100 % ist aufgrund nicht kalkulierbarer Produktionsausfälle (z. B. technische Defekte, Streiks) nicht realistisch. Eine solche Zielmarke ist auch nicht sinnvoll, da eine solche Auslastung stets Gefahren für die Preisniveaustabilität mit sich bringt. Der SVR geht deshalb von einer **Normalauslastung** aus, die bei 96,5 % des maximalen Produktionspotenzials liegt (Abb. 5.6).

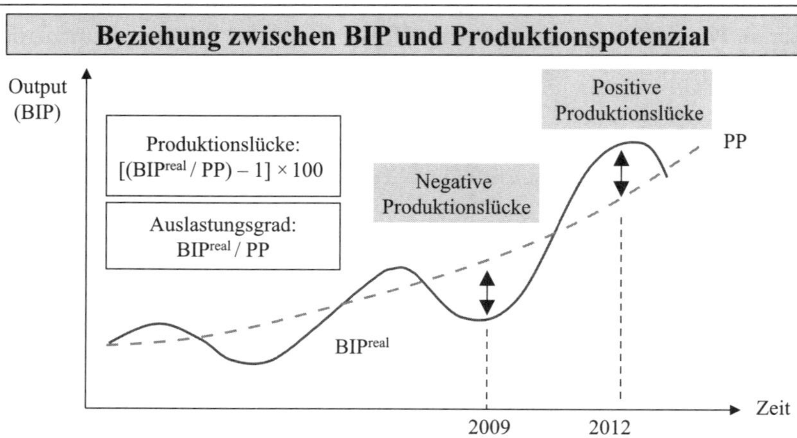

Jahr	Produktionspotenzial (PP) bei Normalauslastung (96,5%)	BIP, real	Auslastung	Lücke	Interpretation
2009	2.500	2.450	98,0%	- 2,0%	Unterauslastung
2012	2.550	2.600	102,0%	+ 2,0%	Überauslastung

Abb. 5.6: Produktionslücke

Zur Unterscheidung der Konjunkturphasen werden zwei Kriterien herangezogen (Abb. 5.7):

- Erstens, die Abweichung der Zuwachsrate des BIP von der Wachstumsrate des Produktionspotenzials (PP): Nimmt das BIP während mindestens zwei Quartalen langsamer zu als das Produktionspotenzial, befindet sich die Volkswirtschaft in einer abwärts gerichteten Entwicklung. Damit wird auf die aktuelle Entwicklung des gesamtwirtschaftlichen Auslastungsgrades abgestellt.
- Zweitens, das Verhältnis zwischen Auslastungsgrad und Normalauslastung: Ist z. B. die konjunkturelle Entwicklung abwärts gerichtet und liegt der Auslastungsgrad noch über der Normalauslastung, so kann von einem Abschwung gesprochen werden. Zur Diagnose einer Rezession müsste das gesamtwirtschaftliche Produktionspotenzial ebenfalls unterausgelastet sein.

Abgrenzung der Konjunkturphasen

Phase	Veränderung (1. Kriterium)	Lage (2. Kriterium)
Abschwung	ΔBIP < ΔPP mind. zwei Quartale	Auslastungsgrad > Normalauslastung
Rezession		Auslastungsgrad < Normalauslastung
Normalisierung	ΔBIP > ΔPP mind. zwei Quartale	Auslastungsgrad < Normalauslastung
Aufschwung		Auslastungsgrad > Normalauslastung

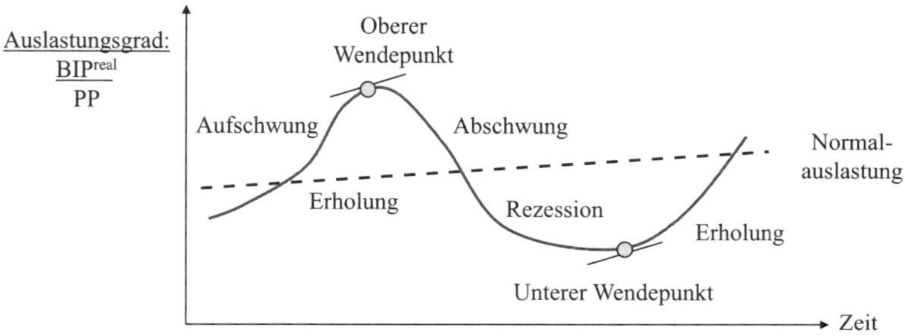

Abb. 5.7: BIP, Produktionspotenzial und Auslastungsgrad im Konjunkturzyklus

Typische Zusammenhänge im Konjunkturzyklus

Die idealtypische Darstellung bildet eine Sinuskurve ab, die einen mehrere Jahre währenden, wiederkehrenden, Zyklus symbolisieren soll. Einem Aufschwung der Wirtschaft folgt ein kurzfristiger Boom, an den sich ein Abschwung anschließt, der nach Durchschreiten eines Tals (der Tiefpunkt der Kurve) in einen neuen Aufschwung mündet. Der Verlauf der deutschen Konjunktur zwischen Mitte der fünfziger und Mitte der sechziger Jahre ähnelt einer solchen Sinuskurve (Abb. 5.8). Solche typischen Verläufe sind gegenwärtig jedoch kaum noch anzutreffen.

Idealtypischer Verlauf von Indikatoren im Konjunkturzyklus

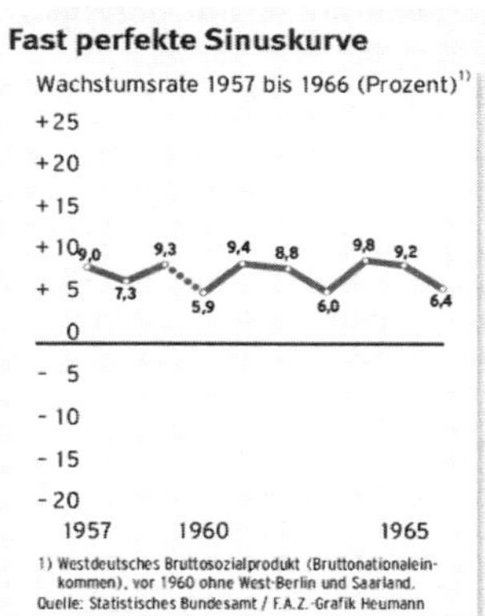

Größe	Rezession	Aufschwung	Boom	Abschwung
Kapazitätsauslastung / Produktion	niedrig	steigt	hoch	sinkt
Gewinne	sinken	steigen stark	hoch	sinken
Investitionen	sinken	steigen stark	steigen	sinken stark
Nachfrage	sinkt	steigt stark	hoch	sinkt
Preisniveau/ Zinsen	niedrig	steigt	steigt stark	sinkt
Beschäftigung	sinkt	steigt	steigt stark	sinkt stark
Lohnabschlüsse	niedrig	steigen	steigen stark	sinken stark
Sparen	hoch	sinkt stark	sinkt	steigt

Abb. 5.8: Typische Zusammenhänge im Konjunkturzyklus

Schlagwörter		
	• Hochkonjunktur • Preiskonjunktur • Mengenkonjunktur • Auf- und Abschwung • Rezession	• oberer, unterer Wendepunkt • Produktionspotenzial • Normalauslastung

5.3 Konjunkturerklärungen

Die Suche nach dem auslösenden Impuls für konjunkturelle Schwankungen ist Gegenstand der **Konjunkturtheorie**. Hier gibt es eine Vielzahl konkurrierender Erklärungsansätze. Konjunkturelle Schwankungen sind nur möglich, wenn zumindest ein Aggregat des BIP erheblichen Schwankungen unterworfen ist. Wählen wir die vier Komponenten des BIP, privater Konsum, private Investitionen, Staatskonsum, Außenbeitrag (Exporte minus Importe), als Ordnungsrahmen, lassen sich die möglichen Gründe für konjunkturelle Schwankungen systematisieren (Tab. 5.2).

Tab. 5.2: Konjunkturerklärungen

Größe	Erklärungsansatz
Privater Konsum (C)	• Lohnzuwächse bleiben hinter den Produktivitätsgewinnen zurück. Damit steigen zwar Gewinne, die gesamtwirtschaftliche Nachfrage bricht jedoch ein (Unterkonsumtionshypothese). • Stimmungen (Stichwort: 11. September 2001) der Konsumenten verändern sich plötzlich und sorgen für eine erhebliche Änderung des gesamtwirtschaftlichen Konsums.
Investitionen (I)	• Investitionen schwanken wegen neuer Innovationen, die für einige Zeit neue Gewinne erwarten lassen (Nicht-monetäre Überinvestitionstheorie, *Schumpeter*). • Investitionen schwanken wegen eines Absenken des Zinssatzes und damit deutlich günstiger gewordener Gewinnerwartungen. Diese Zinsänderung ist Ergebnis monetärer Rahmensetzungen durch die jeweilige Zentralbank. • Investitionen gehen wegen Lohnsteigerungen, die oberhalb des Produktivitätszuwachses liegen, zurück. • Stimmungen der Investoren lösen Schwankungen aus.
Staatskonsum (G)	• Ein abrupter Anstieg oder eine abrupte Kürzung der Staatsnachfrage führt zu einer Schwankung der volkswirtschaftlichen Aktivität. Konjunktur ist also eng mit der Rolle des Staates verknüpft. • Politiker maximieren ihre Interessen durch Erhöhung der Staatsausgaben vor der Wahl und Rückführung der Ausgaben nach der Wahl. Konjunktur ist also mit dem Wählerstimmen maximierenden Verhalten der Politik verknüpft. • Staatsausgaben wirken häufig zeitverzögert und damit nicht antizyklisch, sondern prozyklisch. Damit wirken als stabilisierend gedachte Maßnahmen konjunkturverschärfend.
Exporte, Importe (Ex, Im)	• Durch wichtige Ereignisse im Ausland kommt es zu einer erheblichen Verteuerung der Importe und Belastungen der Binnenwirtschaft, z. B. Ölpreissteigerungen, Naturkatastrophen und Verteuerung wichtiger Rohstoffe. • Die Konjunktur wichtiger Handelspartner verläuft schleppend und führt zu einem deutlichen Rückgang der Exporte.

Die Ansätze lassen sich nach verschiedenen Kriterien gruppieren. Häufig benutzt wird z. B. die Unterscheidung danach, ob das Entstehen der Konjunktur durch Phänomene außerhalb der ökonomischen Sphäre und des Kreislaufs (exogene Ansätze) oder endogen erklärt werden kann (Abb. 5.9). In der Regel haben konjunkturelle Schwankungen mehrere Erklärungen. Auch in den Medien werden verschiedene Ursachen zu einem komplexen Bild der Konjunktur vermengt. Beispielsweise könnte eine einjährige Berichterstattung zu den Ursachen eines Aufschwungs in Deutschland wie folgt aussehen:

1. Der Welthandel zieht an, die Exporte – vor allem von Investitionsgütern – steigen (realwirtschaftliche Komponente).
2. Das Geschäftsklima (Erwartungen) und die Gewinnerwartungen der Unternehmen verbessern sich (psychologische Komponente).
3. Die Investitionen steigen aufgrund von Kapazitätsengpässen (investitionstheoretische Komponente).
4. Nach Umsetzung der Investitionen steigt die Zahl der Beschäftigten, die Zahl der Kurzarbeiter geht zurück (Arbeitsmarktkomponente).
5. Höhere Steuereinnahmen führen zu höheren Staatsausgaben (fiskalische Komponente).
6. Die verfügbaren Einkommen der privaten Haushalte steigen durch höhere Beschäftigung und Lohnzuwächse. Der private Konsum nimmt zu, die Binnennachfrage erhält zusätzlichen Auftrieb (keynesianische Komponente).
7. Erzeuger- und Verbraucherpreise ziehen ebenso an wie die Zinsen (monetaristische Komponente).

Ohne genauere Untersuchungen ist in diesem Fall nicht zu erkennen, welche Faktoren in welchem Ausmaß für konjunkturelle Schwankungen verantwortlich sind.

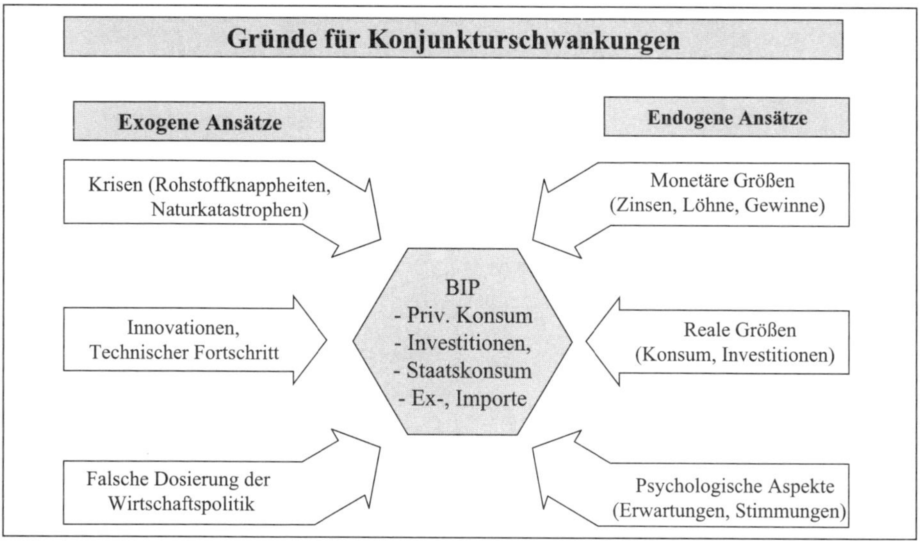

Abb. 5.9: Konjunkturerklärungen

Idealtypische Auf- und Abschwünge sind zudem eher die Ausnahme als die Regel. In der Wirklichkeit erscheint alles möglich (Abb. 5.10):

- Sinkt im Abschwung die Inflationsrate nicht, liegt eine **Stagflation** vor. Beobachtbar sind auch Phasen wirtschaftlichen Wachstums ohne eine ausgeprägte Inflation.
- Die Unterauslastung führt üblicherweise zu einer Erhöhung der (konjunkturellen) Arbeitslosigkeit, eine steigende Auslastung zu einem Rückgang der (konjunkturellen) Arbeitslosigkeit. Die **NAIRU** (natürliche Arbeitslosigkeit) ist demgegenüber „konjunkturresistent", d. h. auch in Zeiten einer Normalauslastung anzutreffen. Zudem gibt es Phasen eines beschäftigungslosen Wachstums (**Jobless-Growth**).
- Als **Double-Dip** bezeichnen Ökonomen ein doppeltes Ein- bzw. Abtauchen der Wirtschaft. Eine rezessive Wirtschaft wächst und die Mehrzahl der Marktteilnehmer erwartet, dass die Konjunkturwende geschafft sei. Kurze Zeit später fällt die Wirtschaft wieder in die Rezession zurück. Anzeichen für ein Double-Dip ist z. B., dass Unternehmen Investitionen zurückhalten, obwohl das Zinsniveau niedrig ist und die Unternehmensaussichten gut sind, oder dass Unternehmen zögern, ihre Lager aufzufüllen, obwohl sich der Auftragseingang beschleunigt und verbessert hat.

Empirische Untersuchungen zeigen, dass die Grundmuster von Konjunkturverläufen seit Beginn der 80er Jahre komplizierter sind, als es ein Idealtypus erkennen lässt. Vor allem **strukturelle Faktoren** haben an Einfluss gewonnen, z. B. Veränderungen der Wirtschaftsstruktur (z. B. zunehmendes Gewicht von Dienstleistungen gegenüber dem Verarbeitenden Gewerbe), Veränderungen in der Altersstruktur der Bevölkerung oder Veränderungen in der Struktur der internationalen Arbeitsteilung (z. B. größere Konkurrenz durch das Aufkommen von Schwellenländern auf internationalen Märkten). Derartige Veränderungen erfordern es, die Zusammenhänge zwischen Konjunktur, längerfristigem Wachstum und Strukturwandel einer Volkswirtschaft zu analysieren.

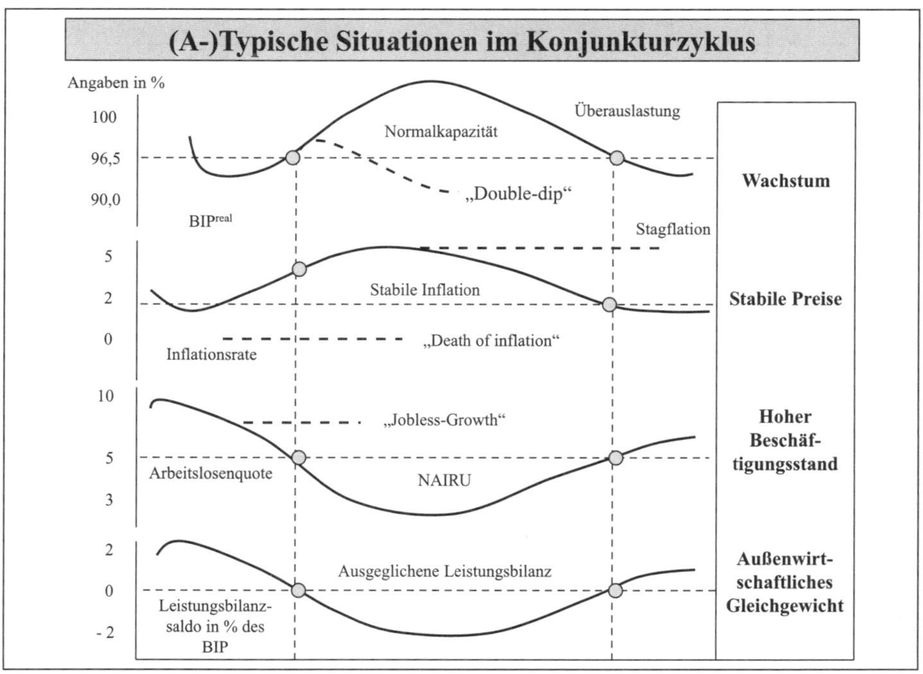

Abb. 5.10: Verläufe gesamtwirtschaftlicher Zielgrößen im Konjunkturzyklus

Schlagwörter	• Konjunkturtheorie • Stagflation	• NAIRU • Jobless-Growth • Double-Dip

5.4 Konjunkturdiagnose

In der Bundesrepublik Deutschland gibt es eine ausgeprägte **Konjunkturberichterstattung**, die sich mit der Diagnose aber auch der Prognose der konjunkturellen Entwicklung beschäftigt. Beteiligt sind u. a. die Wirtschaftsforschungsinstitute, die Deutsche Bundesbank und Institute der Kreditwirtschaft, die Spitzenverbände der Deutschen Wirtschaft sowie die Gewerkschaften und Wirtschaftszeitungen. Wichtige Hinweise zur Beurteilung der aktuellen und erwarteten gesamtwirtschaftlichen Entwicklung finden sich in dem **Gutachten** des **Sachverständigenrates (SVR)** zur Begutachtung der gesamtwirtschaftlichen Entwicklung (im November eines Jahres), dem **Jahreswirtschaftsbericht** der **Bundesregierung** (im Februar eines Jahres) sowie den **Frühjahrs**- und **Herbstgutachten** der durch die Bundesregierung im Ausschreibungsverfahren (auf drei Jahre) eingesetzte „Projektgruppe Gemeinschaftsdiagnose" (Abb. 5.11).

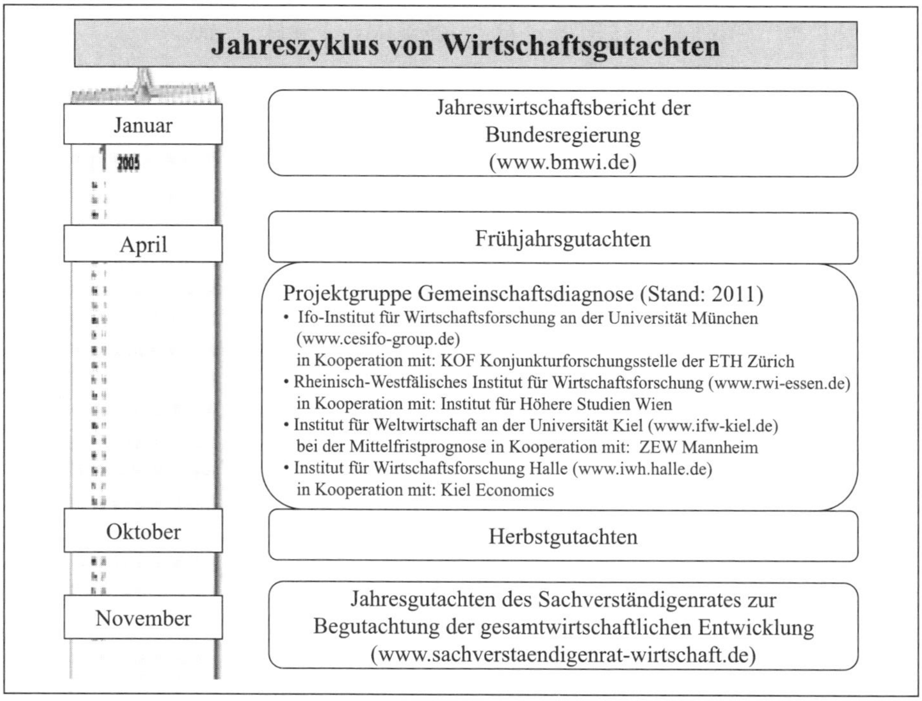

Abb. 5.11: Wirtschafts- und Konjunkturberichte in Deutschland im Jahresverlauf

Hinzu kommen zahlreiche internationale Analysen der wirtschaftlichen Entwicklung in Deutschland durch die EU-Kommission, die Organisation für wirtschaftliche Entwicklung und Zusammenarbeit (OECD) sowie den Internationalen Währungsfonds (IWF).

Konjunkturindikatoren

Die **Konjunkturdiagnose** beruht auf quantitativen und qualitativen **Indikatoren**, die Hinweise auf die Lage der Gesamtwirtschaft, einzelne Märkte (z. B. Arbeits-, Geldmärkte) und Wirtschaftszweige (z. B. verarbeitendes Gewerbe, Dienstleistungsbranchen) geben. Im Rahmen der Konjunkturanalyse sind die zeitlichen Zusammenhänge zwischen ökonomischen Größen von besonderer Bedeutung. Zu unterscheiden sind antizyklische und prozyklische Entwicklungen. Von Interesse für die Konjunkturanalyse ist auch die Frage, ob die einzelnen Indikatoren einander vor- oder nachlaufen bzw. nahezu gleichzeitig reagieren (Abb. 5.12). Qualitative Indikatoren sind grundsätzlich als **Frühindikatoren** zu betrachten, da sie Erwartungen und Pläne der Wirtschaftssubjekte widerspiegeln, die zeitlich vor der aktuellen konjunkturellen Entwicklung liegen. Gleichlaufende und nachlaufende Konjunkturindikatoren werden als **Präsens-** bzw. **Spätindikatoren** bezeichnet.

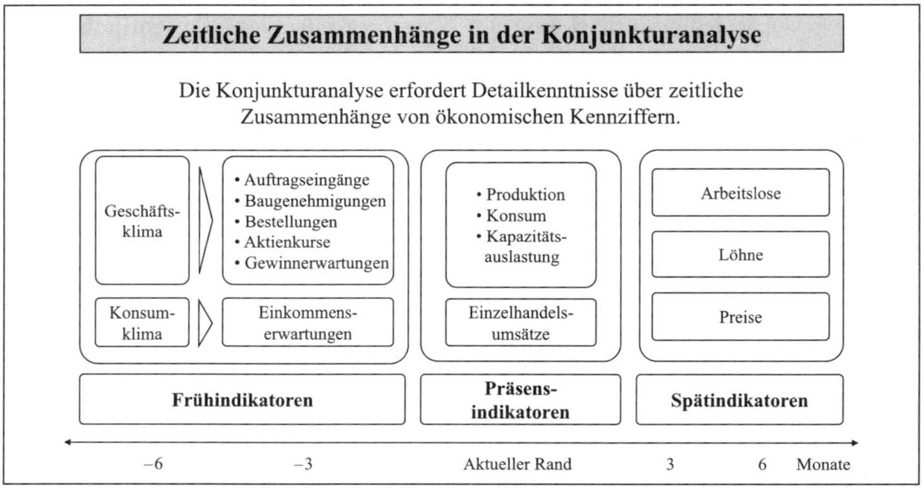

Abb. 5.12: Vor- und nachlaufende Variablen in der Konjunkturanalyse

Als Frühindikatoren gelten – neben den qualitativen Indikatoren – z. B. die Entwicklung der Aktienkurse, die Anzahl der erteilten Baugenehmigungen, die Entwicklung der Geldmenge und die Auftragseingänge der Unternehmen. Als Präsensindikatoren werden in der Regel die Kapazitätsauslastung, die Industrieproduktion, der Einzelhandelsumsatz, das Bruttoinlandsprodukt, der Private Konsum und die Staatsausgaben betrachtet. Spätindikatoren sind die Preis- und Lohnentwicklung sowie die Zahl der Arbeitslosen.

Ifo-Geschäftsklima-Index

Der **ifo Geschäftsklima-Index** ist ein vielbeachteter Frühindikator für die konjunkturelle Entwicklung Deutschlands (Abb. 5.13). Für die Ermittlung des Index befragt das ifo Institut für Wirtschaftsforschung jeden Monat über 7.000 Unternehmen in Deutschland nach ihrer Einschätzung der **Geschäftslage** (Antwortmöglichkeiten: gut/befriedigend/schlecht) sowie nach ihren **Geschäftserwartungen** für die nächsten sechs Monate (Antwortmöglichkeiten: günstiger/gleich bleibend/ungünstiger).

Betrachten wir ein Beispiel: Von 100 befragten Unternehmen schätzen 40 % ihre Lage als befriedigend ein, 35 % als gut und 25 % als schlecht. Die Befragten, die ihre Lage als befriedigend ansehen, sind gewissermaßen „neutral" und beeinflussen das Ergebnis der Lageeinschätzung nicht. Die verbleibenden Prozentwerte werden nun saldiert (35 % – 25 %). Der sich ergebende Wert von 10 Prozentpunkten ist die Lageeinschätzung, d. h. die erste Teilkomponente des Geschäftsklimas in Saldendarstellung. Analog vollzieht sich die Berechnung der Erwartungen für die nächsten sechs Monate. Aus der Lage und den Erwartungen wird als Mittelwert der ifo Geschäftsklima-Saldo für den betreffenden Berichtsmonat gebildet:

$$GK = \sqrt{(GL + 200) \times (GE + 200)} - 200$$

mit: GK – Geschäftsklima
GL – Saldo der Geschäftslage
GE – Saldo der Geschäftserwartungen

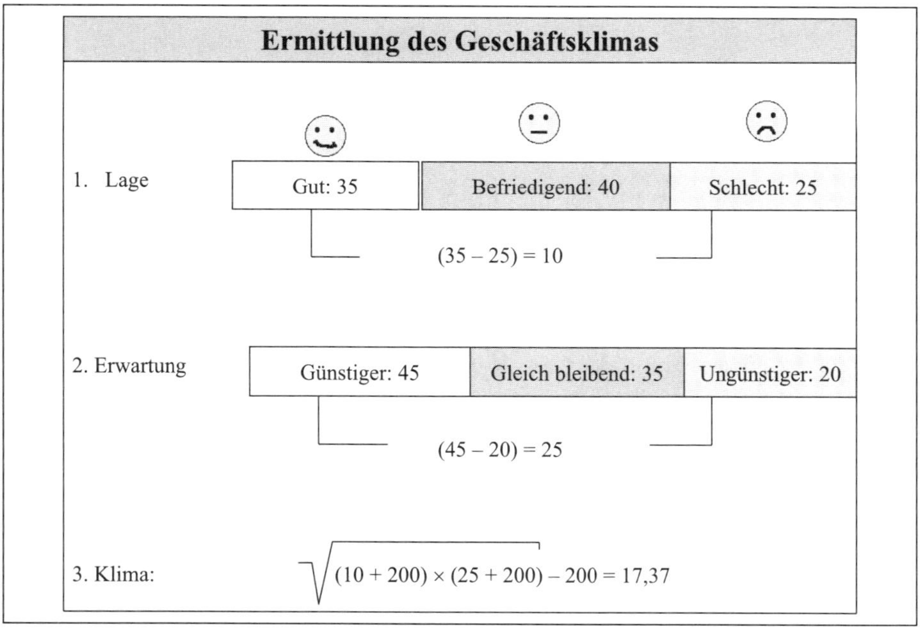

Abb. 5.13: Konstruktion des ifo-Geschäftsklimaindex

Der ifo Geschäftsklima-Saldo kann zwischen den Extremwerten –100 (d. h. alle Befragten schätzen die Lage schlecht ein bzw. erwarten eine Verschlechterung der Entwicklung) und +100 (d. h. alle Befragten schätzen die Lage gut ein bzw. erwarten eine Verbesserung der Entwicklung) schwanken. Um negative Werte unter der Wurzel auszuschließen, wird zu den beiden Saldenwerten zunächst 200 addiert und im Anschluss an die Wurzelberechnung wieder abgezogen.

Wenn in den Nachrichten oder Medien vom „ifo-Index" oder „Geschäftsklima-Index" gesprochen wird, ist der Gesamtindex gemeint. Je höher die Zahl, desto besser ist die Stimmung in der Wirtschaft. Zeitgleich mit dem Index des aktuellen Monats werden immer auch die Vormonate genannt, so dass sich eine **Stimmungskurve** zeichnen lässt. In unserem Beispiel wird dazu z. B. der Lagewert von 10 mit dem Wert eines Basisjahres verglichen. Nehmen wir an, dieser Wert lag auch im Basisjahr bei 10. In diesem Fall erreicht der Lageindex 100 (Prozent). Liegt der Wert hingegen aktuell bei 9, dann kommt der aktuelle Lageindex auf 90 (Prozent). In diesem Fall wäre die Lageeinschätzung schlechter als im Basisjahr.

Zur Berechnung der **Indexwerte** des Geschäftsklimas und der beiden Komponenten Geschäftslage und Erwartungen werden die Salden jeweils um 200 erhöht und auf den Durchschnitt eines Basisjahres normiert. Der Indexwert ergibt sich als:

$$\frac{\text{Saldo des aktuellen Monats} + 200}{\text{Durchschnittssaldo des Basisjahres} + 200} \times 100$$

Die über Jahre hinweg gewonnenen Salden bilden eine Zeitreihe, die saisonbereinigt wird.

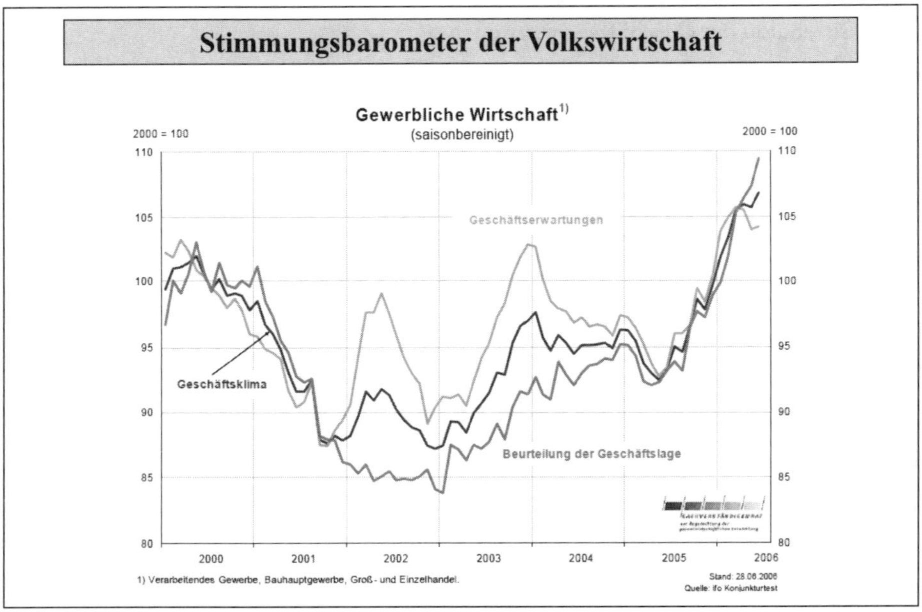

Abb. 5.14: ifo Geschäftsklima-Index (2000–2006)
Quelle: ifo Institut für Wirtschaftsforschung

Der Geschäftsklima-Saldo wird getrennt berechnet für das verarbeitende Gewerbe, das Bauhauptgewerbe, den Großhandel und den Einzelhandel. Beim aggregierten Ausweis werden die Branchen entsprechend ihrer Anteile gewichtet. Zur Beurteilung der konjunkturellen Situation eignet sich die gemeinsame Betrachtung von aktueller Lagebeurteilung und Erwartungen für die nächsten 6 Monate (Abb. 5.15). Nach einer **Faustformel** signalisiert der ifo Geschäftsklima-Index einen bevorstehenden konjunkturellen Aufschwung dann, wenn er mindestens in drei aufeinanderfolgenden Monaten gestiegen ist (sogenannte 3-Mal-Regel).

Erwartungen und Lageeinschätzung

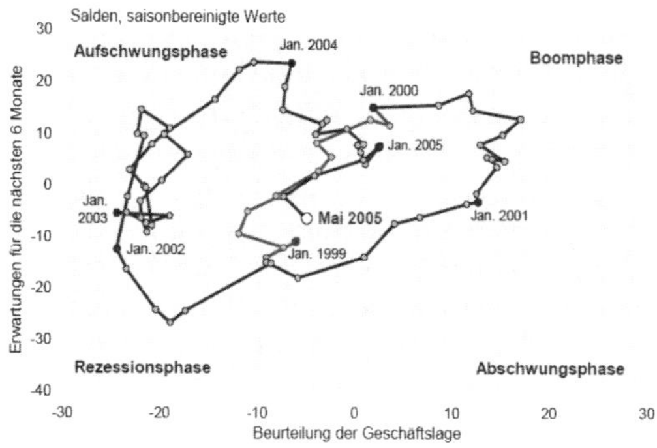

Konjunkturphase	Erwartungen	Lageeinschätzung
Rezession	negativ	negativ
Aufschwung	positiv	negativ
Boom	positiv	positiv
Abschwung	negativ	positiv

Abb. 5.15: Konjunktur-Uhr für Deutschland (1999–2005)
Quelle: ifo Institut für Wirtschaftsforschung

Konjunkturdiagnose

So wie man den Zustand eines Patienten anhand bestimmter Symptome beurteilen kann, so wird der Zustand der Volkswirtschaft anhand bestimmter Konjunkturindikatoren festgemacht. Die statistische Erfassung der gesamtwirtschaftlichen Lage und die daraus abgeleitete Analyse der gesamtwirtschaftlichen Tendenzen werden als Konjunkturdiagnose bezeichnet. Die dafür geeigneten statistischen Methoden sind in den letzten Jahren beträchtlich verfeinert worden. Dennoch ist die Diagnose der aktuellen wirtschaftlichen Lage nach wie vor mit einigen grundsätzlichen Problemen behaftet. Die Konjunkturanalyse erfordert vor allem Detailkenntnisse über die zeitlichen Zusammenhänge zwischen den einzelnen Kennziffern. Bereits die Fragen, in welcher konjunkturellen Phase sich eine Volkswirtschaft befindet und an welchen Stellen **Wendepunkte** der Konjunktur vorhanden sind, sind nicht immer zweifelsfrei zu klären. Dies liegt u. a. auch daran, dass die Daten erst mit einer gewissen zeitlichen Verzögerung zur Verfügung stehen und konjunkturelle von strukturellen Entwicklungen überlagert werden. Auch lassen sich die gleichen Daten durchaus unterschiedlich interpretieren.

Angesichts des Strukturwandels in Richtung einer Dienstleistungsgesellschaft ergibt sich häufig das Bild einer **gespaltenen Konjunkturentwicklung**. Auch zwischen eher binnenorientierten und außenhandelsorientierten Branchen kann sich eine gespaltene Entwicklung ergeben. Diese Situation erschwert die Abbildung der Gesamtwirtschaft durch aggregierte Kennziffern und die darauf aufbauende Konjunkturprognose.

Schlagwörter	• Jahresgutachten des Sachverständigenrates • Jahreswirtschaftsbericht • Frühjahrs-, Herbstgutachten • Konjunkturindikatoren	• prozyklische, antizyklische, nachlaufende, vorauslaufende Entwicklungen • Früh-, Präsens-, Spätindikatoren • ifo-Geschäftsklimaindex

5.5 Konjunkturprognose

Die Frage nach der Wissenschaftlichkeit und Richtigkeit makroökonomischer Vorhersagen hat vor dem Hintergrund der Finanzkrise und des Schnürens von Milliardenpakten zur Rettung von insolventen Banken eine hohe Relevanz erhalten. Es stellt sich also die Frage nach der Leistungsfähigkeit von makroökonomischen Prognosen. Diese bilden zum Zeitpunkt ihrer Erstellung das wahrscheinlichste **Szenario** ab. Beispielhaft sei verwiesen auf die Frühjahrs- und Herbstgutachten, in denen die „Projektgruppe Gemeinschaftsdiagnose" jährlich ihre Konjunkturprognosen erstellt. Anhand von empirisch überprüften Zusammenhängen versuchen die Wirtschaftsforschungsinstitute den Auf- oder Abschwung vorherzusagen. Eine Rolle spielen dabei zum Beispiel die Auswirkung der Steuern auf die Konsumnachfrage oder der Einfluss der Zinsen auf die Investitionen. Für die Konjunkturforscher stellt sich die Frage, wie die gesamtwirtschaftlichen Größen voneinander abhängen, welche Konjunkturindikatoren zu wählen sind und wie ihr Verlauf zu interpretieren ist.

Derartige Prognosen sind vor allem für die Wirtschaftspolitik wichtig, u. a. um Schlussfolgerungen für die Geld-, Finanz- und Tarifpolitik ableiten zu können. So basiert beispielsweise die Vorgabe der Geldmengenentwicklung der Europäischen Zentralbank auf erwarteten Wachstumsraten des realen BIP und des Preisniveaus. Auch die mittelfristige Finanzplanung des Bundes basiert auf diesen gesamtwirtschaftlichen Eckdaten.

Erwartungen über die Entwicklung der Inflationsrate, der Produktivitätsentwicklung und der Beschäftigungssituation beeinflussen die Höhe der Tarifabschlüsse. Änderungen in der Prognose der wirtschaftlichen Entwicklung haben unmittelbare Rückwirkungen auf die genannten Politikbereiche. Bei der Festlegung der Prognosen spielen deshalb taktische Überlegungen eine Rolle. Zu niedrige Prognosen wirken auf Wirtschaft und Verbraucher zu pessimistisch und können bremsend wirken, zu hohe Einschätzungen führen zu hohen Erwartungen, die dann gegebenenfalls enttäuscht werden.

Konjunkturprognosen sind immer auf bestimmten Annahmen basierende bedingte Vorhersagen über den erwarteten Verlauf gesamtwirtschaftlicher Aktivitäten (Abb. 5.16). Sie gehen davon aus, dass es bestimmte Regelmäßigkeiten im Ablauf wirtschaftlicher Prozesse gibt, die sich mit einer gewissen Wahrscheinlichkeit in die Zukunft extrapolieren lassen. Prognosen sind zwangsläufig mit Fehlern behaftet, die umso größer ausfallen, je länger der Prognosezeitraum und je vielfältiger die prognostizierten Wirtschaftsabläufe sind.

Mögliche Fehlerursachen sind:

- **Unzutreffende Annahmen:** Prognosen über die Konjunkturentwicklung beruhen auf Annahmen, beispielsweise über den Ölpreis und den Wechselkurs. Wenn die Annahmen nicht eintreffen, muss die Prognose revidiert werden.
- **Externe Schocks:** Unerwartete Ereignisse (wie z. B. die Terroranschläge vom 11. September).
- **Trügerische Daten:** Zum Prognosezeitpunkt liegen den Ökonomen über die Entwicklung am aktuellen Rand nur wenige Daten vor. Die endgültigen Daten können ein gänzlich anderes Konjunkturbild zeichnen als zuvor angenommen.
- **Wirtschaftspolitik:** Entscheidungen der Regierung und der Tarifpartner sind in ihren Wirkungen z. B. auf die Beschäftigungssituation nicht präzise vorhersehbar.

Annahmen einer Konjunkturprognose

Prognose	BIP-Komponente	erfordert Annahmen z.B. über	Einflussgrößen
Wachstums-Prognose BIP (real)	Privater Konsum	Einkommens-entwicklung	Preisniveau, Steuern, Abgaben, Lohnentwicklung
	Private Investitionen	Zinsent-wicklung	Geldpolitik, Wechselkurse
	Staats-ausgaben	Finanzpolitik	Steuereinnahmen (BIP)
	Exporte	Weltkonjunktur, Wechselkurse	Wirtschaftswachstum in Ländern, Rohstoffpreise, Weltmarktpreise

Abb. 5.16: Rahmendaten einer Konjunkturprognose

Konjunkturmodelle

Konjunkturprognosen werden heute in der Regel unter Zuhilfenahme von Konjunkturmodellen erstellt. Diese bestehen aus Gleichungssystemen und erklären makroökonomische Größen in einem konsistenten Gesamtzusammenhang (Abb. 5.17). Die Volkswirtschaftliche Gesamtrechnung liefert den definitorischen Rahmen, um die Konsistenz der Aussagen herzustellen.

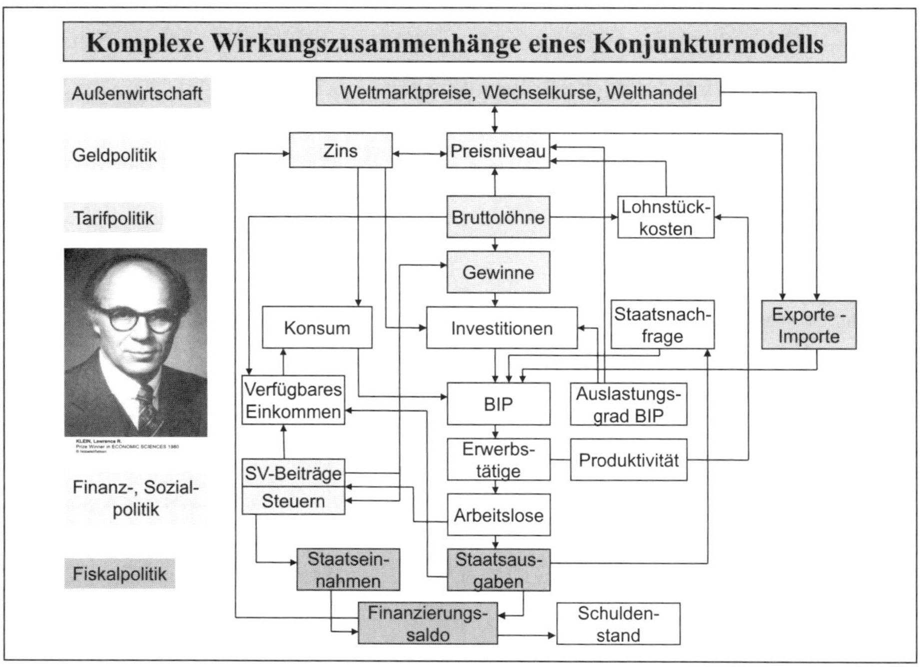

Abb. 5.17: Aufbau von Konjunkturmodellen (Photo: Lawrence Robert Klein, © Nobel Foundation)

Zu den Anfängen des Aufbaus ökonometrischer Modelle gehörten die Arbeiten der späteren Nobelpreisträger *Jan Tinbergen* (1969 *„für* Entwicklung und Anwendung dynamischer M*odelle zur Analyse von Wirtschaftsprozessen"*) und *Lawrence Robert Klein* (1980 *„für die Konstruktion ökonomischer Konjunkturmodelle und deren Verwendung bei Analysen der Wirtschaftspolitik"*). Derartige Modelle können auch ein hilfreiches Lehrinstrument für die Simulation wirtschaftspolitischer Fragestellungen sein. Ein Beispiel dafür ist das am Zentrum für Angewandte Wirtschaftsforschung e.V., Bonn, entwickelte volkswirtschaftliche Simulationsmodell.

Die Prognoseleistung von Modellen sollte nicht überschätzt werden. Im Informationszeitalter werden nahezu täglich neue Daten über das Konsumverhalten der Bürger, über Einzelhandelsumsätze oder die Investitionsvorhaben der Unternehmen erhoben und analysiert. In Datenbanken sind unzählige Tabellen über alle wichtigen Handelspartner Deutschlands abrufbar. Mit einem Mausklick ermitteln Computerprogramme Zukunftswerte für die Wirtschaftsleistung, die Zahl der Arbeitslosen oder das Steueraufkommen. Die Modelle sind jedoch anfällig, wenn sich die Rahmendaten, auf denen die Prognose beruht, allzu rasch ändern oder die Wirtschaftspolitik anders reagiert als in den Annahmen unterstellt worden ist.

Schlagwörter	• Konjunkturprognose	• Konjunkturmodell • ökonometrische Modelle

5.6 Fallbeispiele zu Kapitel 5

Lösungs- und Bearbeitungshinweise sowie alle Abbildungen dieses Kapitels finden Sie unter:
www.vahlen.de

Fallbeispiel 5.1: Wirtschaftliche Schwankungen und Zyklen (0)

1) Vervollständigen Sie nachfolgende Tabelle.

Schwankungsform	Dauer	Begriffsinhalt
saisonale Schwankung		
Konjunkturzyklus		
Wachstumstrend		
Wachstumszyklus		

2) Berechnen Sie folgende Veränderungen (jeweils in %):

Periode	Index-Wert	Veränderung gegenüber dem Vorjahresquartal	Veränderung gegenüber dem Vorquartal	Veränderung gegenüber dem Vorquartal (auf Jahresrate hochgerechnet)
I /2007	102,9			
II /2007	103,3			
III/2007	103,9			
IV/2007	103,9			
I/2008	105,0			

Fallbeispiel 5.2: Produktionspotenzial (0)

Die Normalauslastung einer Volkswirtschaft von 96,5 % des Produktionspotenzials liegt bei 2.500 Mrd. €. Das tatsächlich realisierte BIP liegt bei 2.555 Mrd. €.

1) Berechnen Sie Auslastungsgrad und Produktionslücke.
2) Warum liegt die Normalauslastung nicht bei 100 % der maximalen Auslastung?
3) Interpretieren Sie die Begriffe positive bzw. negative Produktionslücke hinsichtlich der Kapazitätsauslastung einer Volkswirtschaft.

Fallbeispiel 5.3: Konjunkturphasen (0)

1) Was verstehen Sie unter Konjunktur?
2) Welche Phasen weist ein idealtypischer Konjunkturzyklus auf?
3) In welcher Konjunkturphase befindet sich eine Volkswirtschaft, wenn folgende Werte vorliegen (Angaben in %; Normalauslastung = 96,5 %)?

	ΔBIP	ΔPP	Auslastungsgrad in %
I. Quartal	0,3	0,5	96,5
II. Quartal	0,2	0,4	96,3
III. Quartal	0,1	0,2	96,0
IV. Quartal	0,4	0,5	96,5

Fallbeispiel 5.4: Merkmale des Konjunkturzyklus (+)

1) Vervollständigen Sie nachfolgende Tabelle mit geeigneten Begriffen.

Phase	Produktion (BIP^{real})	Arbeitslosigkeit	Inflationsrate	Gewinne/Investitionen	Zukunftserwartungen
1					
2					
3					
4					
5					

1 = Aufschwung
2 = Hochkonjunktur
3 = oberer Wendepunkt
4 = Abschwung
5 = unterer Wendenpunkt

2) Erläutern Sie folgende Begriffe: Stagflation, Jobless-Growth, Double-dip.

Fallbeispiel 5.5: Konjunkturindikatoren (0)

1) Was verstehen Sie unter Konjunkturindikatoren?
2) Pressenotiz: *In Moldawien häufen sich zurzeit die guten Wirtschaftsnachrichten. Der Börsenindex kletterte auf Rekordniveau und die Auftragseingänge steigen. Bei genauem Hinsehen zeigen sich jedoch auch Schatten. So verliert das BIP-Wachstum leicht an Dynamik. Nach einer Zunahme der Industrieproduktion im ersten Quartal von 3 % erwarten Forschungsinstitute im zweiten Quartal einen Anstieg von 2 %. Motor der Konjunktur bleiben die Exporte. Aufgrund der bescheidenen Lohnzuwächse verläuft die Konsumnachfrage hingegen eher schleppend. Auch der Arbeitsmarkt wird von der konjunkturellen Belebung noch nicht hinreichend erreicht. Fachleute erwarten, dass die Arbeitslosenquote bei 8 % verharrt. Durch die Hochzinspolitik der Notenbank zeigen sich hingegen Erfolge im Kampf gegen die Inflation. Die Teuerungsrate liegt derzeit zwar bei 3 %, jedoch erwartet die Notenbank, dass das Inflationsziel in diesem Jahr erreicht wird.*
   Nennen Sie die im Text genannten Früh-, Präsenz- und Spätindikatoren.

3) Verhalten sich folgende Größen im Konjunkturverlauf prozyklisch, antizyklisch oder nicht zyklisch? Beschäftigung, Arbeitslosigkeit, Investitionen, Konsum, Aktienkurse.

Fallbeispiel 5.6: Konjunkturerwartungen (+)

1) Erläutern Sie kurz den Aufbau des ifo-Geschäftsklimaindex.
2) Berechnen Sie die Geschäftslage, wenn folgende Werte vorliegen:

	Lage	Erwartung
Gut	20	10
Befriedigend	30	70
Schlecht	50	20

3) In den Tagesthemen wurde darauf hingewiesen, dass sich der ifo-Geschäftsklimaindex nun bereits zweimal leicht nach oben bewegt hat. Was können Sie aus dieser Meldung entnehmen?
4) Welchen Konjunkturphasen entsprechen die Kombinationen aus schlechter bzw. guter Einschätzung der gegenwärtigen Lage und guten bzw. schlechten Erwartungen für die nächsten sechs Monate?

Fallbeispiel 5.7: Konjunkturdiagnose (++)

Für eine Volkswirtschaft (ohne Sozialversicherungshaushalte) liegen folgende Angaben vor:

Teilbereich	Dimension	2006	2007
Arbeitsmarkt			
– Erwerbstätige	Mio.	28,0	27,9
– Registrierte Arbeitslose	Mio.	3,25	3,25
Entstehungsrechnung			
– Nominales BIP	Mrd. €	2.790	2.850
Verwendungsrechnung			
– Konsumausgaben	Mrd. €		1.600
– Investitionen	Mrd. €		500
Staatseinnahmen			
– Steuern	Mrd. €		700
Staatsausgaben			
– Staatskonsum	Mrd. €		800
Staatsschulden			
– laufende Defizite	Mrd. €		
– Schuldenstand	Mrd. €	1.500	
Preisindex			
– Verbraucherpreisindex/BIP-Deflator	(2.000 = 100)	108,4	110,8

1. Beurteilen und **begründen Sie** mit Hilfe geeigneter Indikatoren, ob im Jahr 2007 gegenüber dem Jahr 2006 folgende gesamtwirtschaftliche Ziele erreicht worden sind:
   a) Preisniveaustabilität
   b) Angemessenes Wirtschaftswachstum
   c) Hoher Beschäftigungsstand
   d) Außenwirtschaftliches Gleichgewicht

e) Staatsdefizit unter 3 % des nominalen BIP

2) Mit welchem Begriff lässt sich die konjunkturelle Situation des Landes beurteilen?

Fallbeispiel 5.8: Konjunkturprognose (+)

1) Warum sind Konjunkturprognosen ein schwieriges Unterfangen? Nennen Sie mögliche Ursachen für Fehler.
2) Was könnte der Ausdruck „sich selbst erfüllende bzw. zerstörende Prognose“ bedeuten?

Kapitel 6: Gütermarkt: Die Binnenwirtschaft

Kapitel 6

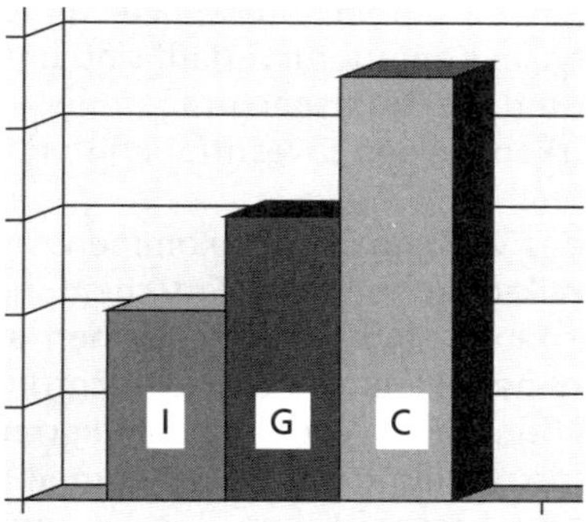

Inhaltsübersicht

Lernzielorientierte Sachverhalte

- Der Gütermarkt erfasst das Angebot und die Nachfrage von Waren und Dienstleistungen. Angebot und Nachfrage werden durch die Entstehung und Verwendung des BIP erfasst. Das Wachstum des BIP im Zeitablauf unterliegt konjunkturellen Schwankungen. Als ursächlich werden die Entwicklungen der Verwendungskomponenten des BIP, also Privater Konsum, Staatsverbrauch, Investitionen und Exporte, angesehen. Die Schwankungen der Komponenten im Konjunkturverlauf sind unterschiedlich. Während der private Konsum und die Staatsnachfrage eher stabilisierend auf den Konjunkturzyklus wirken, zeigen Investitionen und Exporte eher verstärkende Wirkungen.
- Die Aufteilung des verfügbaren Einkommens auf Konsum und Sparen ist eine simultane mikroökonomische Entscheidung. Die gesamtwirtschaftlichen Konsumausgaben sind im Wesentlichen abhängig von Einkommen, Zins und Vermögenswerten. Je nach Gewichtung der Faktoren lassen sich unterschiedliche Konsumfunktionen formulieren.
- Die Investitionsentscheidung der Unternehmen basiert auf mikroökonomischen und betriebswirtschaftlichen Überlegungen. Auf gesamtwirtschaftlicher Ebene wird vor allem die Bedeutung der gesamtwirtschaftlichen Nachfrage, des Zinses, der Erwartungen und der Aktienkurse diskutiert.
- Das Gütermarktgleichgewicht beschreibt die Identität von Einkommen und Ausgaben bzw. von Investitionen und Sparen. Die Störung eines Gütermarktgleichgewichts lässt sich im Rahmen der Multiplikatoranalyse beschreiben. Auf diese Weise lassen sich konjunkturelle Auf- und Abschwünge darstellen.
- Der Staat kann das Gütermarktgleichgewicht durch Staatsausgaben, Steuern und monetäre Transfers verändern und eine Wirtschaft stabilisieren. Staatsausgaben-, Steuer- und Transfermultiplikator weisen unterschiedliche Größenordnungen auf.
- Multiplikatoreffekte zeichnen nur ein vereinfachtes Bild der Realität. In der Praxis sind die Effekte keineswegs so groß, wie es einfache Zahlenbeispiele häufig nahe legen. Bei der Beurteilung der multiplikativen Auswirkungen von staatlichen Maßnahmen sind die konjunkturelle Ausgangslage, mögliche Inflationseffekte, die Verhaltensweisen der Wirtschaftssubjekte und die Art der Finanzierung der Maßnahmen zu berücksichtigen.

6.1 Einführung

Die **Schwankungen** der einzelnen Nachfragekomponenten und ihre **Gewichte** im Konjunkturzyklus sind unterschiedlich (Abb. 6.1):

- Ursächlich für die relative Stabilität der **Privaten Konsumausgaben** sind starre Konsumgewohnheiten oder soziale Sicherungssysteme, die im konjunkturellen Abschwung Einkommensverluste, z. B. durch Arbeitslosigkeit, teilweise abfedern.
- Die relative Stabilität der **Staatsnachfrage** erklärt sich zum Teil daraus, dass bei den Ausgaben im Rahmen der mittelfristigen Finanzplanung gesetzliche Verpflichtungen bestehen. Im Fall von Finanzierungslücken, die aus geringeren Steuereinnahmen resultieren, können diese durch Kreditaufnahme geschlossen werden. Darüber hinaus glättet der Staat im Rahmen seiner antizyklischen Finanzpolitik seine Ausgaben. Gemäß dieser Vorstellung sollen im Aufschwung Ausgaben zurückgefahren und im Abschwung erhöht werden (**deficit spending**).

- Die **Sachinvestitionen** der Unternehmen werden stark von Ertrags- und Gewinnaussichten geprägt, die naturgemäß relativ stark schwanken.
- Schwankungen von Wechselkursen und der Auslandskonjunktur sowie veränderte Nachfragepräferenzen in anderen Ländern führen dazu, dass die **Exportnachfrage** relativ großen Veränderungen unterworfen ist (vgl. Kap. 21).

Schwankungsintensität einzelner BIP-Komponenten

Komponente	**Einflussgrößen (Beispiele)**	**Schwankungen im Konjunkturzyklus**	**Gewicht am BIP (Beispiele)**	
			Mrd. €	**in %**
Privater Konsum	Einkommen, Zins, Vermögen, Sparneigung	relativ stabil	1.200	60
Investitionen	Erwartungen, Zinsen, Gewinnaussichten	instabil	300	15
Staatlicher Konsum	Steuereinnahmen, Finanzplanung	relativ stabil	400	20
Außenbeitrag	Weltkonjunktur, Wechselkurse, nicht-preisliche Faktoren	instabil	100	5

Abb. 6.1: Einflussgrößen und Gewichte von Nachfragekomponenten des BIP

Für eine detaillierte Analyse ist es wichtig zu wissen, von welchen Komponenten das BIP-Wachstum getragen wird. Dies lässt sich aus den Anteilen der Komponenten am BIP nicht unmittelbar erkennen. Dazu müssen wir die relativen Beiträge der Komponenten am BIP mit ihren Wachstumsraten multiplizieren (Abb. 6.2).

Deutlich wird dann, ob das BIP z. B. vom Außenhandel oder vom privaten Konsum getragen wird. Dies liefert wichtige Anhaltspunkte für die Wirtschaftspolitik.

Wachstumsbeitrag einzelner BIP-Komponenten

BIP-Komponente	**Absolute Größen, prozentuale Anteile und Wachstumsraten der BIP-Komponenten**				Wachstumsbeiträge in %, Jahr 2011
	(1) absolut Mrd. €, Jahr 2010	(2) Anteil in %, Jahr 2010	(3) W-Rate in %, Jahr 2011	(4) Zuwachs Mrd. €, Jahr 2011	(5) = (2) × (3)
Privater Konsum	1.200	60,0	1,0	12	0,60
Staatlicher Konsum	400	20,0	−1,0	−4	−0,20
Investitionen	350	17,5	2,0	7	0,35
Außenbeitrag	50	2,5	10,0	5	0,25
BIP	2.000	100		20	1,00

Abb. 6.2: Wachstumsraten und Wachstumsbeiträge von BIP-Komponenten

Wir werden in diesem Kapitel die **binnenwirtschaftlichen Komponenten** des Gütermarktes betrachten und durch **Verhaltenshypothesen** konkretisieren. Die Beschränkung auf die binnenwirtschaftlichen Komponenten hat zwei Gründe:

- Zum einen bezieht sich die Nachfrage- und Finanzpolitik (vgl. Kap. 7) primär auf die Steuerung der binnenwirtschaftlichen Komponenten. Makroökonomische Instrumente sind vor allem die Staatsausgaben, Transfers und Steuern.
- Zum anderen erfordert die Einbeziehung der Exporte und Importe die Berücksichtigung von Wechselkurssystemen sowie von Mechanismen der internationalen Konjunkturübertragung. Wir werden diese Gesichtspunkte detailliert in Teil V betrachten.

6.2 Konsumausgaben privater Haushalte

Die Konsumforschung geht davon aus, dass der gesamtwirtschaftliche Konsum im Wesentlichen eine Funktion des Einkommens, der Erwartungen, des Sparverhaltens und des Vermögensbestandes ist (Abb. 6.3). Umstritten zwischen Denkschulen ist die relative Bedeutung dieser Konsumdeterminanten. Die Gewichtung der Einflussfaktoren ist nicht nur von theoretischem Interesse. Sie ist aufgrund der unterstellten Verhaltensweisen der Konsumenten z. B. mitverantwortlich dafür, ob und in welchem Maße Steuersenkungen von den privaten Haushalten zum Konsum genutzt werden und dadurch die Konjunktur angeregt wird. Die Gewichtung der Einflussfaktoren zeigt sich in Form von Konsumfunktionen, die nachfolgend näher betrachtet werden.

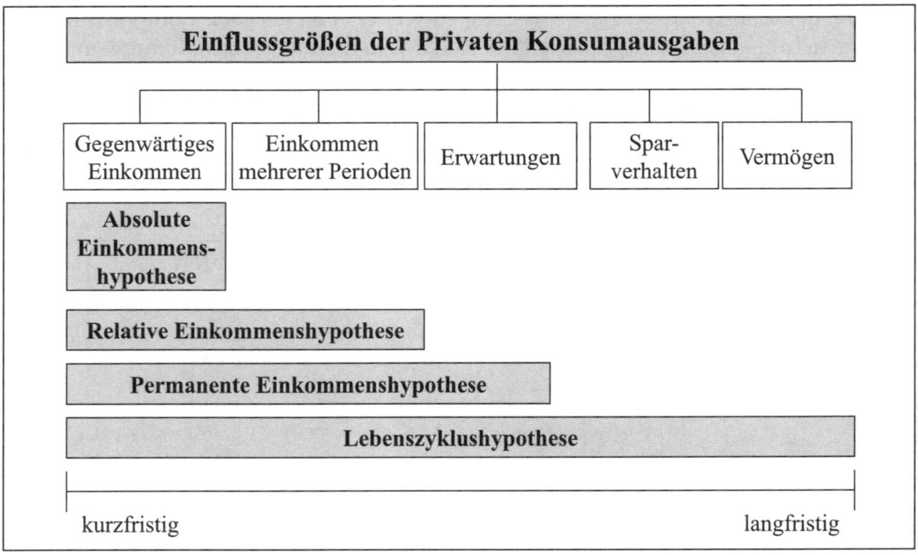

Abb. 6.3: Bestimmungsgründe der Konsumausgaben privater Haushalte

6.2.1 Absolute und relative Einkommenshypothese

Die absolute Einkommenshypothese haben wir bereits kennen gelernt (Kap. 3). Sie geht auf Arbeiten von *John Maynard Keynes* zurück. Als relevante Einkommensgrößen können das Volkseinkommen (Y) oder das verfügbare Einkommen der pivaten Haushalte (Y_v) betrachtet werden:

$C = C_{aut} + c \times Y$ (bzw. Y_v)

Die Hypothese unterstellt, dass die privaten Haushalte im Fall eines Einkommensrückgangs unmittelbar ihre Konsumausgaben senken. Reagieren die Unternehmen auf die reduzierte Konsumnachfrage mit einer Senkung ihrer Produktion, so führt dies zu einem weiteren Rückgang des Einkommens mit weiteren negativen Auswirkungen auf die Konsumnachfrage. Dieser Prozess kann sich – z. B. im Fall fehlender staatlicher Gegenmaßnahmen – fortsetzen und einen lang anhaltenden Abwärtstrend einleiten, der sich nur sukzessive abschwächt. In empirischen Analysen richtet sich das Interesse auf die zeitliche Stabilität der **marginalen Konsumquote** (c). Studien zeigen, dass die marginale Konsumquote im Vorfeld von konjunkturellen Abschwüngen geringer ausfällt als im längerfristigen Trend. Im umgekehrten Fall ist die marginale Sparquote höher. Vor und während konjunktureller Abschwünge halten sich die privaten Haushalte offenbar mit ihren Konsumausgaben zurück.

Eine weitere Annahme der Hypothese ist, dass private Haushalte mit höherem Einkommen einen größeren Teil ihres Einkommens sparen, d. h. die **durchschnittliche Konsumquote** (C/Y_v) sinkt und die durchschnittliche Sparquote (S/Y_v) steigt. Dies macht es erforderlich, dass zur Erreichung eines Gleichgewichts auf dem Gütermarkt die Investitionen entsprechend zunehmen (**S = I**). Wäre dies nicht der Fall, weil es z. B. keine ausreichend profitablen Investitionsprojekte gibt, droht eine **säkulare Stagnation**. Dieser Begriff bezeichnet eine chronische Unternachfrage nach Gütern, die zum einem Überhang des Sparens im Vergleich zu den Investitionen führt (**S > I**). Probleme können nur dann vermieden werden, wenn das Nachfragedefizit durch den Staat oder das Ausland ausgeglichen wird.

Langzeituntersuchungen zeigen, dass zwar die kurzfristige marginale Konsumneigung sinkt, der **Durchschnittskonsum** vieler Volkswirtschaften jedoch relativ stabil ist und nicht systematisch mit steigendem Einkommen fällt (Abb. 6.4). Dieses in der Makroökonomie unter dem Begriff **Konsumrätsel** diskutierte Phänomen spricht dafür, dass nicht nur das laufende Einkommen, sondern auch zusätzliche Variable zur Erklärung

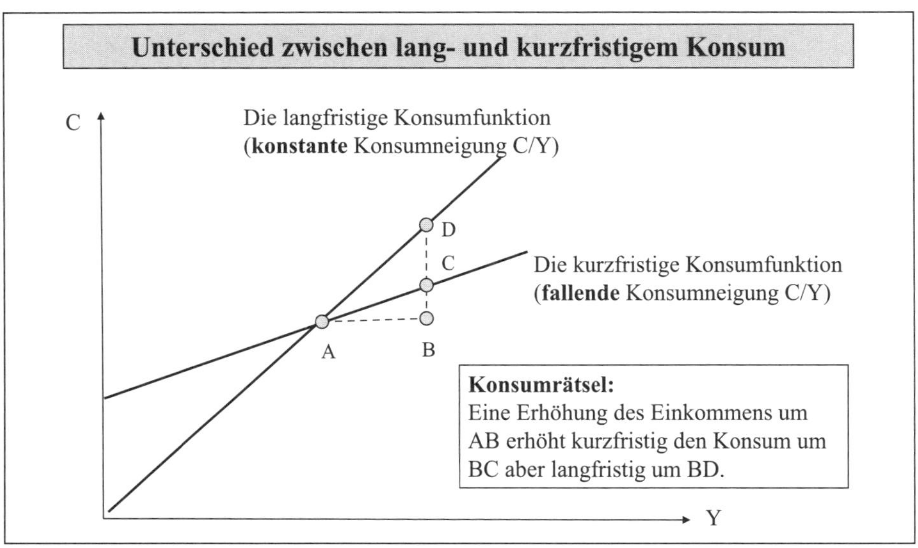

Abb. 6.4: Konsumrätsel

der Konsumnachfrage herangezogen werden müssen (z. B. Einkommensentwicklung, Konsumgewohnheiten, Sparverhalten, Erwartungen der Wirtschaftssubjekte).

Relative Einkommenshypothese

Einen Ansatz zur Lösung des Konsumrätsels ist die relative Einkommenshypothese von *James S. Duesenberry* aus dem Jahre 1949. Die Hypothese unterstellt, dass ein Haushalt den höchstmöglich realisierbaren Lebensstandard anstrebt und diesen beibehalten will. Der Konsum hängt nicht nur von der absoluten Höhe des Einkommens ab, sondern von der relativen Stellung in der gesellschaftlichen Einkommenspyramide. Die obere Grenze einer sozialen Schicht, der sich ein privater Haushalt zugehörig fühlt, wird durch das höchste Vergangenheitseinkommen (Y^{max}) bestimmt:

- Steigt das aktuelle Einkommen über diesen Wert hinaus, brauchen die Wirtschaftssubjekte Zeit, um sich auf diese neue Einkommenssituation einzustellen. Die durchschnittliche Konsumquote wird zunächst sinken, da der Konsum hinter der Einkommensentwicklung zurückbleibt.
- Sinkt das Einkommen, beeinflusst die Relation zwischen aktuellem und bisher höchstem Einkommen die Höhe des Konsums. Die Haushalte werden nicht unmittelbar mit einer Reduktion ihrer Konsumausgaben reagieren (**Sperrklinkeneffekt, ratchet-effect**), sondern weniger sparen. Sie haben sich an gewisse Konsumstandards der Vorperioden gewöhnt (**habit-persistance**) und werden das Verhältnis zwischen Konsum und Einkommen kurzfristig erhöhen, so dass die durchschnittliche Konsumquote zunimmt.

Es gibt damit Einkommenshöhen, bei denen der Haushalt in einen höheren oder niedrigeren Konsum wechselt. Diese Punkte können als Einklinkpunkte für ein neues Konsumniveau, bzw. als Ausklinkpunkte aus einem bisherigen Konsumniveau betrachtet werden. Längerfristig bleibt die durchschnittliche Konsumquote weitgehend **konstant**, da sich der Konsum der Einkommensentwicklung anpasst (Abb. 6.5). Formal gilt:

Bedeutung von Konsumstandards

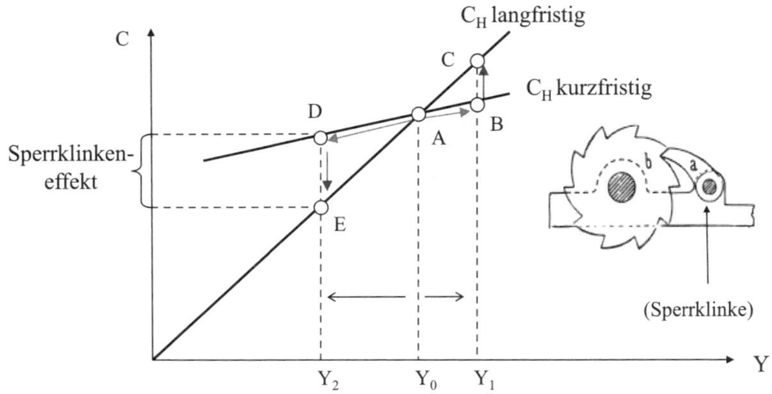

- Steigt das Einkommen im Aufschwung von Y_0 auf Y_1, verharrt der Konsum in Punkt B. Bleibt das Einkommen auf dem Niveau Y_1, verschiebt sich der kurzfristige Konsum nach oben, so dass in Punkt C kurz- und langfristiger Konsum zusammenfallen.
- Sinkt das Einkommen im Abschwung von Y_0 auf Y_2, verharrt der Konsum in Punkt D. Die Haushalte senken ihren Konsum (noch) nicht auf das langfristige Niveau E ab.

Abb. 6.5: Relative Einkommenshypothese

$$C = a \times Y_t - b \times \left(\frac{Y_t}{Y^{\max}} \right) \times Y_t$$

Schlagwörter		
	• Konsumfunktion • absolute Einkommenshypothese • relative Einkommenshypothese • Konsumrätsel	• säkulare Stagnation • Sperrklinkeneffekt • habit-persistance

6.2.2 Erwartungen, Vermögen und Sparen

Ab Mitte der 50er Jahre arbeiteten zwei Ökonomen unabhängig voneinander an Erklärungsansätzen des Konsumrätsels, die u.a. die Rolle von Erwartungen und Sparentscheidungen für den Konsum berücksichtigen. *Milton Friedman* (Nobelpreis 1976) nannte seinen Ansatz **Permanente Einkommenshypothese**, um zu betonen, dass auch Erwartungen und nur dauerhafte Veränderungen des Einkommens eine Rolle spielen. *Franco Modigliani* wählte die Bezeichnung **Lebenszyklus-Hypothese des Konsums**, die deutlich machen sollte, dass die gesamte Lebensdauer als Planungshorizont bei Konsumentscheidungen von Bedeutung ist. Er erhielt 1985 den Nobelpreis *„für seine bahnbrechende Analyse über das Sparverhalten der Finanzmärkte"*.

Permanente Einkommenshypothese

Die permanente Einkommenshypothese geht davon aus, dass die Wirtschaftssubjekte ihr Konsumverhalten nicht auf das laufende Einkommen, sondern auf längerfristig erhaltene bzw. erwartete Einkommensströme (Y^P) beziehen. Angenommen wird die formale Beziehung: $C = c \times Y^P$. Die permanente Einkommenshypothese beruht auf folgenden Annahmen:

- Trennung des permanenten Einkommens in einen dauerhaften und in einen vorübergehenden Teil: Der **permanente Teil** ist jener Teil, von dem erwartet wird, dass er auch in Zukunft regelmäßig fließen wird, z.B. das Gehalt einer sicheren Beschäftigung. Ein vorübergehendes Einkommen resultiert z.B. aus Überstunden, die nicht regelmäßig anfallen.
- Der Konsum hängt vorrangig vom permanenten Einkommen ab. **Vorübergehende Einkommen** dienen der Konsumglättung und werden vorwiegend gespart.
- Die Höhe des als permanent bzw. dauerhaft eingestuften Einkommens ist u.a. von den **Erwartungen der Konsumenten** abhängig. Haben sie positive Erwartungen hinsichtlich der wirtschaftlichen Entwicklung, werden sie einen größeren Teil des Einkommens als dauerhaft empfinden und ihre Konsumausgaben steigern. Analoge Reaktionen werden mit umgekehrtem Vorzeichen bei einer Verschlechterung der wirtschaftlichen Erwartungen eintreten.
- Das Einkommen wird umfassender interpretiert und enthält z.B. auch **Zinszahlungen** aus Vermögenswerten.

Betrachten wir dazu ein Beispiel:

In Periode t_0 erfolgt eine Einkommenserhöhung von 10.000 € auf 15.000 €, wovon 50 % zunächst als permanent und 50 % als vorübergehend betrachtet werden (Abb. 6.6). Liegt die marginale Konsumquote für die vorübergehende Einkommenserhöhung bei 0,4, steigt der Konsum in Periode t_1 um 2.000 € (2.000/5.000 = 0,4). Wird die Einkommenssteigerung in Periode t_2 hingegen vollständig als dauerhaft betrachtet, steigt das permanente Einkommen auf 15.000 € und der Konsum auf 12.000 €. Das Niveau entspricht der langfristigen marginalen Konsumquote von 0,8 (4.000/5.000 = 0,8).

Bedeutung dauerhafter und vorübergehender Einkommensänderungen

Nur dauerhafte Veränderungen des Einkommens erhöhen langfristig den Konsum.

Vorübergehende Einkommensänderungen dienen vorrangig der Konsumglättung.

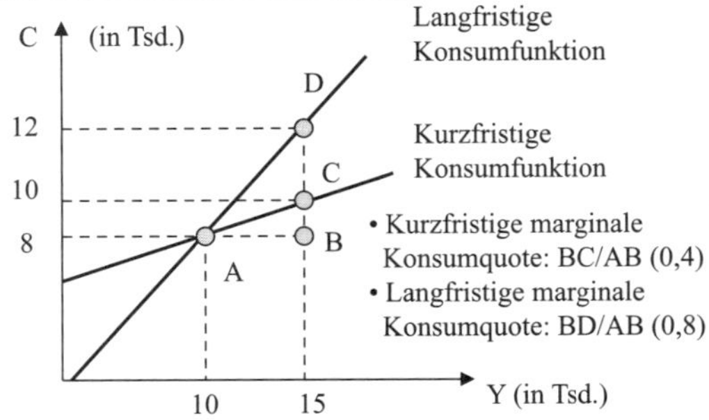

	Y	Y^p	$C = 0{,}8\ Y^p$	marginale Konsumquoten
t_0	10.000	10.000	8.000	
t_1	15.000	12.500	10.000	2.000 / 5.000 = 0,4
t_2	15.000	15.000	12.000	4.000 / 5.000 = 0,8

Abb. 6.6: Permanente Einkommenshypothese

Lebenszyklushypothese

Im Gegensatz zur permanenten Einkommenshypothese berücksichtigt die Lebenszyklushypothese von *Franco Modigliani* stärker die Rolle des Vermögens. Kernaussage der Hypothese ist, dass viele Menschen in ihrem Leben ein konstantes Konsumniveau anstreben. Bei steigendem Einkommen sparen sie vermehrt, um in Zeiten mit geringerem Einkommen (z. B. nach dem Berufsleben) in gewohnter Weise konsumieren zu können. Daraus zog er den Schluss, dass der Konsum in einer Gesellschaft in dem Maße steigt, wie die Menschen für die gesamte Länge ihres Lebens ein höheres Einkommen erwarten. Mit dieser These kann erklärt werden, dass der Konsum bei steigenden Einkommen in einer Volkswirtschaft nicht zurückgeht und sich keine Stagnation und Sättigung bemerkbar macht. Im Kern ist die Hypothese nicht nur eine Erklärung des Konsums, sondern auch eine **Erklärung des Sparens**. Die These geht u. a. davon aus, dass die Menschen während des Arbeitslebens für den Ruhestand sparen, d. h. Vermögen bilden, und nach dem Renteneintritt entsparen (Abb. 6.7). Der Konsum wird dadurch geglättet und verläuft während der Lebenszeit auf einem konstanten Niveau. In dieser Sicht ist die Lebenszyklushypothese u. a. mit folgenden Gegenargumenten konfrontiert worden:

- Das Einkommen verändert sich im Zeitablauf. Der Konsumbedarf wird z. B. durch Kinder verändert.
- Ältere Menschen konsumieren in der Regel nicht ihre gesamten Ersparnisse während des Lebens. Oft besteht der Wunsch, Kindern oder Enkeln ein Erbe zu hinterlassen.
- In der Praxis zeigen sich auch im Alter positive Sparquoten, d. h. ein Entsparen ist bei älteren Generationen nicht zu beobachten. Ausschlaggebend sind u. a. eine längere Lebenserwartung und die Unsicherheit über die Alterssicherung.

Bedeutung der Lebenszeit für Konsum und Sparen

Beispiel:	heute: t ; Ruhestand: t + 40; Tod: t + 60
Einkommen pro Jahr:	$Y = 60.000$ €
Lebenseinkommen:	$Y_L = 40 \times 60.000$ € $= 2.400.000$ €
Konsum pro Jahr:	$C = (1/60) \times Y_L = (1/60) \times 2.400.000$ € $= 40.000$ €
Spartätigkeit:	$S = 40 \times (Y - C) = 40 \times 20.000$ € $= 800.000$ €

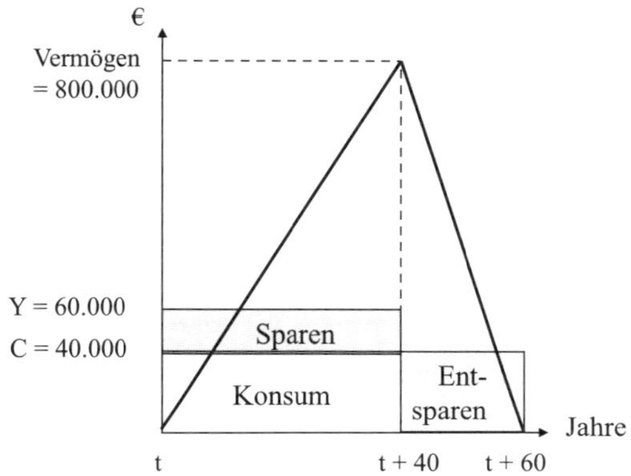

Modigliani, Franco
1918–2003 (USA)
© Nobel Foundation

Abb. 6.7: Lebenszyklushypothese

In der Praxis sind langfristige Berechnungen des Konsumverhaltens kompliziert. So müssen wir z. B. Annahmen über die Steigerung des jährlichen Einkommens, seine Besteuerung und die Verzinsung der Ersparnisse treffen. Ist der Realzins positiv, führt eine Einschränkung des aktuellen Konsums zu einem zukünftig höheren Konsum. Je höher der Realzins ist, desto größer sind die Anreiz zur Ersparnisbildung. Zu klären bleibt schließlich die Bildung anderer Vermögenswerte (z. B. Aktien, Immobilien) oder für Frauen der Tatbestand, dass sie im Fall der Kindererziehung ihre Berufstätigkeit unterbrechen. Tendenziell zeigen auf der Lebenszyklushypothese aufbauende Untersuchungen folgende Zusammenhänge:

Veränderungen	Auswirkungen auf den durchschnittlichen Lebenskonsum
Anstieg der Finanz- und Immobilienpreise	hoch
Absenkung der Einkommen	gering
Absenkung der Rentenzahlungen	gering
Zukünftige Besteuerung der Rentenzahlungen	gering

Das Spar- und Konsumverhalten ist auch von gesellschaftlichen bzw. kulturellen Einflussgrößen bestimmt. So lag die Sparquote in Deutschland in den vergangenen Jahren bei rund 10 % des verfügbaren Einkommens der privaten Haushalte und somit im internationalen Vergleich auf einem relativ hohen Niveau. In den USA lag die Sparquote hingegen in den vergangenen Jahren oft nur zwischen 2 bis 4 %. Trotzdem sind die Zinseinkommen, die aus diesen Ersparnissen erzielt werden, pro Kopf in den USA deutlich höher. Ursächlich dafür ist vor allem die risikofreudigere Form des Sparens in den USA, insbesondere der Erwerb von Aktien durch private Haushalte. In Deutschland dominieren nach wie vor eher risikoärmere Anlageformen (Abb. 6.8). In anderen

Ländern, z. B. Japan, reflektiert die relativ hohe Ersparnisbildung auch die engen **Kreditbeschränkungen** für private Haushalte oder die Vorgabe eines hohen Eigenkapitalanteils durch die Banken (z. B. beim Kauf von Immobilien). Wenn Kreditrationierung besteht, werden die Konsumausgaben eher vom gegenwärtig verfügbaren Einkommen bestimmt. Häufig können viele Menschen keinen Kredit aufnehmen, obwohl sie ein höheres Einkommen in der Zukunft erwarten.

Weitere Erklärungsfaktoren für das unterschiedliche Spar- und damit auch für das Konsumverhalten in Volkswirtschaften ist die Ausgestaltung der Sozialversicherungssysteme. Ein umlagefinanziertes Rentenversicherungssystem, bei dem der größte Teil der gegenwärtigen Einnahmen als Transfers zu den Rentnern fließt, kann die Notwendigkeit zur Kapitalbildung für die Alterssicherung reduzieren.

Da die Bedeutung der privaten Altersvorsorge aufgrund der demographischen Entwicklung auch in Deutschland größer wird, dürften längerfristige Betrachtungen des Konsumverhaltens zukünftig an Bedeutung gewinnen.

Anlageformen lassen sich nach verschiedenen Kriterien beurteilen

Anlageform	Beurteilungsformen		
	Sicherheit	Rentabilität	Liquidität
Sparkonto	sehr hoch	tendenziell steigend	bis zu 2.000 € monatlich, darüber hinaus mit dreimonatiger Kündigungsfrist
Termingeld	sehr hoch	↓	nach Ablauf der Laufzeit verfügbar (3–12 Monate)
Sparbrief	sehr hoch		sehr gering, da eine vorzeitige Kündigung nicht möglich ist
festverzinsliche Wertpapiere	sehr hoch		hoch, da vor Ablauf ein Verkauf an der Börse möglich ist
Aktien	gering, da Risiken der Kursentwicklung und des Dividenden-Ausfalls existieren	(nur hohe Renditen bei längerfristiger Anlage)	schwankend; ein Verkauf ist jederzeit zum aktuellen Kurs möglich

Abb. 6.8: Kriterien zur Beurteilung von Sparformen

Schlagwörter	• Relative Einkommenshypothese • kurzfristige, langfristige Konsumfunktion	• Permanente Einkommenshypothese • Lebenszyklushypothese

6.3 Investitionen privater Unternehmen

Anlageinvestitionen privater Unternehmen dienen zur langfristigen Nutzung dauerhafter Produktionsmittel. Dazu gehören Ausrüstungsinvestitionen (z. B. technische Anlagen, Maschinen, Fahrzeuge oder Betriebs- und Geschäftsausstattung) und Bauinvestitionen (z. B. Verwaltungsgebäude, Büros). Zumeist werden Anlageinvestitionen unterteilt in Ersatzinvestitionen und Erweiterungsinvestitionen, die der Vergrößerung und Verbesserung des Produktionsapparates dienen. Wir wollen uns nachfolgend auf die **Ausrüstungsinvestitionen** (im Weiteren vereinfacht „Investitionen" genannt) konzentrieren. Sie haben eine zentrale Bedeutung für Konjunktur, Beschäftigung und Wachstum. Ziel ist es, den Kapitalstock einer Volkswirtschaft auf ein höheres Niveau zu heben (**Kapazitätseffekte**) und Kapital zu ersetzen, das durch physische Abnutzung verloren gegangen ist. Davon zu trennen, sind die **Einkommenseffekte** der Investitionen (Abb. 6.9). Jedoch spielen diese im Kontext der Konjunkturerklärung eine Rolle.

Abb. 6.9: Kapazitäts- und Einkommenseffekte von Investitionen

Die Schwankungen der Investitionstätigkeit haben produktionstheoretische Hintergründe bzw. beruhen auf dem Unterschied von absoluten und relativen Veränderungen. Nehmen wir an, dass eine zusätzliche private Nachfrage nach PKW (= Konsum) die Erweiterung der Produktionskapazitäten (= Investition) notwendig macht, da die Kapazitäten ausgelastet sind. Diese Erweiterung der Produktionskapazitäten ist wertmäßig höher als die zusätzliche Konsumgüternachfrage. Ursächlich dafür ist die Unteilbarkeit von Produktionsanlagen.

Im Beispiel der Abb. 6.10 kann mit einem Kapitalstock (K) von 300 Mio. € im Jahr 2009 eine private PKW-Nachfrage (C) von 100 Mio. € befriedigt werden, d. h. das Verhältnis beträgt 3 zu 1. In jedem Jahr fallen Ersatzinvestitionen (I) von 10 % des Kapitalstocks, d. h. in Höhe von 30 Mio. €, an:

(1) $I = 0{,}1 \times K$

Wenn die Konsumnachfrage im Jahr 2010 **bei ausgelasteten Kapazitäten** um 10 % auf 110 Mio. € wächst, muss der Kapitalstock um 30 Mio. € steigen (Kapazitätseffekt):

(2) $K_{t+1} - K_t = 3 \times (C_t - C_{t-1})$, bezogen auf unser Zahlenbeispiel: $30 = 3 \times (110 - 100)$

Formal läuft diese Betrachtung auf das **Akzelerationsprinzip** hinaus. Der **Akzelerator** (lat. Beschleuniger) ist eine Kennziffer, die ausdrückt, in welchem Maße eine **Veränderung** der gesamtwirtschaftlichen Nachfrage zu einem bestimmten Investitions**volumen** führt. Der neue Kapitalstock ergibt sich bezogen auf unser Zahlenbeispiel als:
$330 = 300 + 30$.

Die Bruttoinvestitionen sind somit im Jahr 2010 einmalig auf 60 Mio. €, d. h. um 100 % (!) gewachsen. Nach Anpassung an das neue Niveau im Jahr 2011 fallen die Bruttoinvestitionen hingegen um 27 Mio. € auf 33 Mio. € zurück, d. h. sie sinken um 45 %. Es wird also eine große (prozentuale) **Instabilität der Investitionen** sichtbar.

Absolute und prozentuale Schwankungen der privaten Investitionen

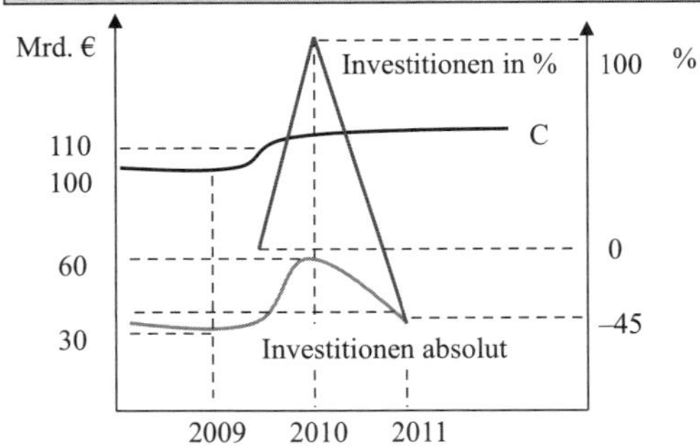

Jahr	C	Kapital-stock	Ersatz-investitionen	Zusätzliche Investitionen	Investitionen Insgesamt	Absolute Veränderung	Prozentuale Veränderung
2009	100	300	30	–	30	–	–
2010	110	330	30	30	60	**+30**	**+100**
2011	110	330	33	–	33	**–27**	**–45**

Abb. 6.10: Instabilität von Investitionen und Akzelerationsprinzip

Die Investitionsentscheidungen von Unternehmen können auf verschiedene Motive zurückgeführt werden (Abb. 6.11). Je nach Zielrichtung lassen sich **Rationalisierungs-, Erweiterungs-** oder **Modernisierungsmotive** unterscheiden, die zum Teil eng miteinander verflochten sind. Eine Erweiterung der Kapazitäten ist nicht zwangsläufig mit der Schaffung zusätzlicher Arbeitsplätze verbunden, wenn die Investitionen auch Rationalisierungseffekte mit sich bringen. **Sachinvestitionen** stehen darüber hinaus immer in Konkurrenz zu alternativen Anlageformen des vorhandenen Kapitals, d. h. zu **Finanz-** oder **Portfolioinvestitionen**. Statt in die Erweiterung der eigenen Kapazitäten zu investieren, kann beispielsweise der Erwerb von Beteiligungen bereits vorhandener Unternehmen erwogen werden. Gesamtwirtschaftlich entspricht dies einem Vermögenstausch und keiner Investition.

Zusammenfassend liefern empirische Untersuchungen zu den Einflussgrößen der Investitionsnachfrage zwar kein eindeutig quantifizierbares Bild, die Wirkungsrichtung der wesentlichen Bestimmungsfaktoren ist jedoch eindeutig. Private Sachinvestitionen steigen, wenn:

- der langfristige (Kapitalmarkt-)Zins sinkt,
- die interne Rendite der Investition steigt,
- die Konsumnachfrage steigt,
- die Absatzerwartungen steigen,
- die Gewinnerwartungen steigen,
- die Arbeitskosten, Steuern oder sonstigen Kosten sinken.

Wir werden nachfolgend einige Bestimmungsfaktoren detaillierter betrachten.

Ursachen und Motive der privaten Investitionen

Arten	Erweiterung	Rationalisierung	Modernisierung
Einkommen	steigt	steigt	steigt
Kapazität	Kapitalstock wächst	Arbeitsproduktivität steigt	Kapitalproduktivität steigt
Beschäftigung	Größeres Angebot an Arbeitsplätzen	Gleiche Zahl bei größerem Output	Größeres Angebot an Arbeitsplätzen
Ursachen	Nachfrage-induziert	Kosteninduziert	Wettbewerbsinduziert, Staatliche Vorschriften
Motive	**Gewinnsteigerung, Konkurrenzdruck, Anstieg der Nachfrage**		

Abb. 6.11: Investitionsmotive und -formen

Schlagwörter		
	• Ausrüstungsinvestitionen • Akzelerationsprinzip • Akzelerator • Rationalisierungsinvestitionen • Erweiterungsinvestitionen	• Modernisierungsinvestitionen • Finanzinvestitionen • Portfolioinvestitionen • Sachinvestitionen

6.3.1 Zins und Erwartungen

Die Investitionsentscheidung ist eine einzelwirtschaftliche und **zukunftsbezogene Entscheidung**. Ein Unternehmen wird den erwarteten Gegenwartswert der Investition mit den Kosten der Investition vergleichen. Übersteigt der Gegenwartswert die Kosten, wird die Investition durchgeführt. Ansonsten würde statt der Sachinvestition z. B. eine Finanzinvestition durchgeführt. Diese Grundidee der Investitionsentscheidung kann anhand verschiedener finanzmathematischer Verfahren präzisiert werden. Wir wählen ein einfaches Beispiel und verfolgen die Investitionsentscheidung Schritt für Schritt. Dazu unterstellen wir, dass der Kreditzins, der bei Aufnahme eines Kredits fällig wird, mit dem Anlagezins, den wir bei einer Finanzinvestition erzielen können, identisch ist. Wir können dann vereinfacht vom Kapitalmarktzins sprechen.

Berechnung des Gegenwartswertes einer Investition

Nehmen wir an, ein Unternehmen plant im Jahr 2007 eine Anlageinvestition in Höhe von 1 Mio. €. Da die Umsetzung der Investitionsentscheidung eine gewisse Zeit dauert, unterstellen wir, dass die Anlage erst im Jahr 2008 eingesetzt werden kann. Zu berücksichtigen bleibt, dass die Anlage in jedem Jahr einen Teil ihrer Funktionstüchtigkeit einbüßt. Der Verschleißprozess kann sich in einer abnehmenden Leistungsfähigkeit der Anlagen zeigen, was bei ausreichender Nachfrage und unveränderten Absatzpreisen zu sinkenden Erlösen führt. Zudem kann er zu höheren Wartungs- und Reparaturauszahlungen führen. Wir gehen davon aus, dass der Verschleißprozess im Jahr 2009 einsetzt und jährlich 10 % beträgt. Es wird erwartet, dass die erworbene Anlage ab dem Jahr 2008 einen Rückfluss (*cash flow*) von 450.000 € erwirtschaftet.

Dieser Rückfluss muss abdiskontiert werden, da eine Zahlung in der Zukunft einen geringeren Gegenwartswert aufweist als eine identische Zahlung heute. Als Zinssatz wählen wir den Kapitalmarktzins, da der Investor seine Sachinvestition mit einer alternativen Finanzinvestition vergleicht bzw. verzinste Kredite aufnehmen muss. In der Praxis kommt oft noch eine Risikoprämie hinzu, da die erwarteten Erträge nicht mit Sicherheit vorhersagbar sind. Folgende Begriffe sind zu unterscheiden:

- **Barwert** (Gegenwartswert) ist ein auf den Anfangszeitpunkt abgezinster Ertrag (Einzahlung).
- **Ertragswert** ist die Summe der abgezinsten Einzahlungen.
- **Kapitalwert** ist die Summe der abgezinsten Einzahlungen abzüglich der Anschaffungsauszahlungen (Anschaffungskosten der Investition).

Wir unterstellen einen Kapitalmarktzins von 5 %. Nun können wir für den Betrachtungshorizont, der hier bis zum Jahr 2010 reichen soll, den Kapitalwert unserer Investitionsentscheidung berechnen. In unserem Beispiel ist dieser Wert positiv, so dass die Investition rentabel ist (Abb. 6.12).

Ist der Kapitalwert Null, steht die Investitionsentscheidung auf der Kippe. Die Zinshöhe, für die dieser Fall eintritt, wird als Grenzleistungsfähigkeit des Kapitals oder als **interner Zinsfuß** (r) bezeichnet. Wir können sagen, dass ein Investitionsobjekt nur dann durchgeführt wird, wenn der interne Zinssatz (die Rendite) größer ist als der herrschende Kapitalmarktzins (im Beispiel 5 %).

Die Investitionsnachfrage hängt positiv vom Gegenwartswert erwarteter zukünftiger Gewinne ab. Diese Investitionsnachfrage ist umso höher,

- je niedriger der Kapitalmarktzins ist (als Kreditzins, da geringere Kosten anfallen; als Anlagezins, da Sachinvestitionen relativ rentabler werden),
- je höher die erwarteten Rückflüsse aus dem Investitionsprojekt sind.

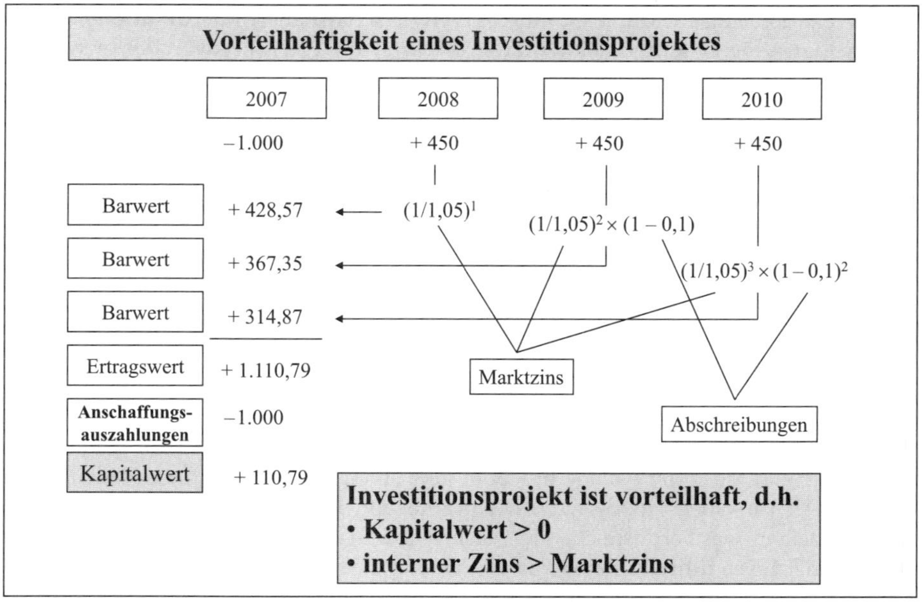

Abb. 6.12: Kapitalwert eines Investitionsprojektes

Zins und makroökonomische Investitionsfunktion

Wir können aus den bisherigen Überlegungen schließen, dass Investitionsprojekte dann durchgeführt werden, wenn ihr interner Zins über dem **Kapitalmarktzins** (i) liegt. Diesen Gedanken können wir jedoch nicht einfach auf die makroökonomische Ebene übertragen. Wenn wir feststellen, dass sich ein Investitionsprojekt rechnet, dann wäre es auf den ersten Blick naheliegend, dieses Investitionsprojekt mehrfach durchzuführen. Die Nachfrage nach Investitionen müsste also sehr hoch sein sowie sich nur ein einziges Projekt als rentabel herausstellt. Diesem Gedanken steht die **abnehmende Grenzleistungsfähigkeit des Kapitals** gegenüber:

- Investitionen gleicher Art führen zur Produktion gleichartiger Güter. Das steigende Angebot dieser Güter lässt den Preis fallen, so dass die erwarteten Gewinne sinken. Wenn also ständig mehr Automobilunternehmen entstehen, dann werden auch mehr Autos produziert. Das erhöhte Angebot drückt die Preise, die erwarteten Gewinne sinken.
- Werden mehr Investitionen gleicher Art vorgenommen, dann steigt mit der Nachfrage nach den Investitionsgütern deren Preis. Die Anschaffungskosten der Investitionen würden also zunehmen.
- Mit dem Umfang der Investitionen steigt das Risiko sowohl für den Investor als auch für die Kapitalgeber. Banken werden in der Regel höhere Risikozuschläge verlangen.

Die potentiellen Investitionsprojekte einer Volkswirtschaft haben daher in der Regel einen unterschiedlichen internen Zins. Wenn wir diese Projekte nach der Höhe ihres internen Zinses ordnen, können wir das Ausmaß der gesamtwirtschaftlichen Investitionsnachfrage ermitteln. Projekte, deren interner Zins über dem Marktzins liegt, versprechen Gewinn und führen zu einer Nachfrage nach Investitionsgütern (Abb. 6.13).

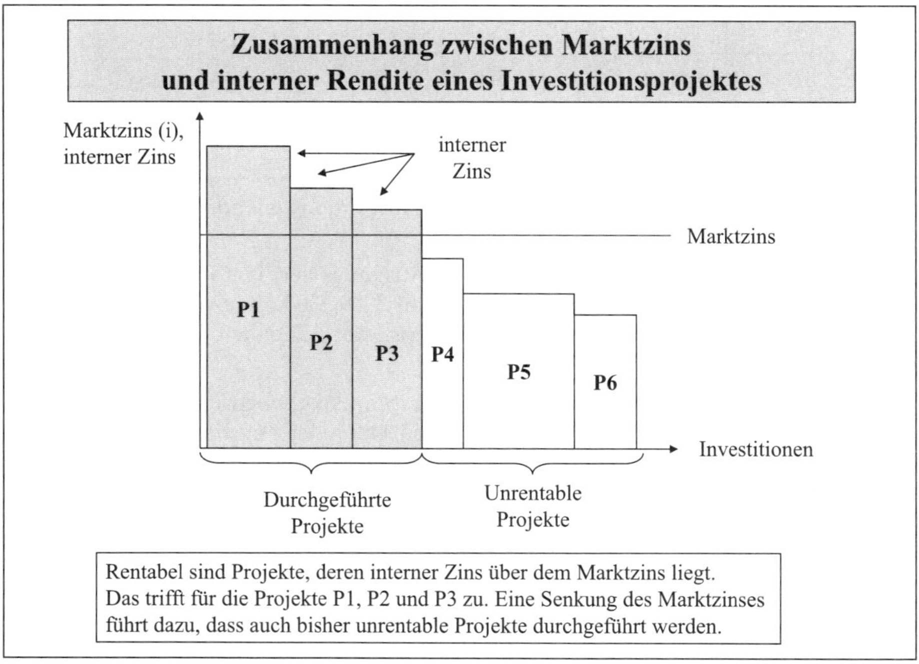

Abb. 6.13: Marktzins und Investitionstätigkeit

Bei der großen Zahl potentieller Investitionsprojekte in einer Volkswirtschaft verschwimmen die Stufen zwischen den einzelnen Projekten und die Treppenkurve der Grenzleistungsfähigkeit wird zu einer glatten Nachfragefunktion nach Investitionen (Abb. 6.14). Im Falle einer linearen Investitionsfunktion könnte der Zusammenhang zwischen Zins und Investitionen wie folgt aussehen:

$I = I_{aut} - a \times i$, z. B.: $I = 600 - 2.000 \times i$

Die Größe I_{aut} stellt alle anderen Einflüsse neben dem Zins dar (z. B. Investitionen, die unabhängig vom Zins aus strategischen Gründen durchgeführt werden). Die Größe a ist die **Zinsempfindlichkeit** der Investition. Sie ist lageunabhängig und sagt aus, um welchen Betrag sich die Investitionen bei einer Zinsänderung um 1 %-Punkt verändern. Die Reaktion der Investitionsnachfrage auf Zinsänderungen wird durch die **Zinselastizität** E(I) gemessen. Sie ist definiert als Verhältnis der relativen Investitionsänderung ($\Delta I/I$) zur relativen Zinsänderung ($\Delta i/i$).

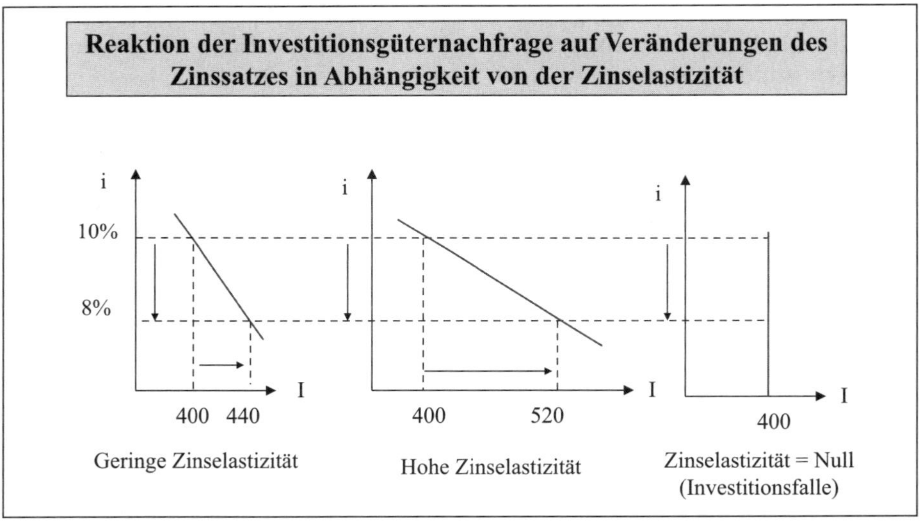

Abb. 6.14: Makroökonomische Investitionsfunktion

Betrachten wir ein Zahlenbeispiel mit einem Ausgangswert von i = 0,1 (10 %) und einem Investitionsvolumen von 400 Mrd. € im Jahr 2009. Sie können erkennen, dass die Reaktion der Investitionsnachfrage je nach Zinsempfindlichkeit und Zinselastizität sehr unterschiedlich ausfällt (Tab. 6.1).

Der Einfluss von Zinsänderungen ist bei Investitionsvorhaben unterschiedlich. Die Zinselastizität von Investitionen wird abnehmen, wenn der Zins bereits auf ein niedrigeres Niveau gesunken ist. Betrachten wir dazu das Beispiel der Investitionsfunktion: $I = 1.000 - 6.000 \times i$.

Bei einem Zinssatz von i = 0,1 (10 %) war die Zinselastizität 1,5. Es lag also eine hohe Zinselastizität vor (elastisches Verhalten). Bei einem Zinssatz von i = 0,06 (6 %) beträgt die Elastizität nur noch 0,5625 (= –(–6.000) × (0,06/640)). Die Zinselastizität deutet auf ein eher unelastisches Verhalten hin. Interessant ist der Fall, wenn der Reaktionskoeffizient a verschwindet oder nahe bei Null liegt. Diese Situation entspricht einer **vollkommen zinsunelastischen Investitionsnachfrage**. Unternehmen führen trotz Zinssenkungen

Tab. 6.1: Zinselastizität

Investitionsfunktion	I = 600 – 2.000 × i	I = 1.000 – 6.000 × i	I = 400 – 0 × i
Investitionen 2009	400 Mrd. €	400 Mrd. €	400 Mrd. €
Zinsempfindlichkeit: –dI/di	–2.000	–6.000	0
Zinselastizität: E(I) = – dI/di × i/I	–(–2.000) × (0,1/400) = 0,5	–(–6.000) × (0,1/400) = 1,5	0
Veränderung der Investitionen bei einer Zinssenkung auf 8 % im Jahr 2010.	I = 600 – 2.000 × 0,08 = 440 bzw. dI = 0,5 × 80 = 40	I = 1.000 – 6.000 × 0,08 = 520 bzw. dI = 1,5 × 80 = 120	I = 400 bzw. dI = 0
Investitionen 2010	440 Mrd. €	520 Mrd. €	400 Mrd. €
Interpretation	geringe Zinselastizität	hohe Zinselastizität	Investitionsfalle

keine Investitionen durch. Dafür können z. B. pessimistische Absatzerwartungen verantwortlich sein. Diese Situation wird als **Investitionsfalle** bezeichnet (Abb. 6.14).

Erwartungen

Empirische Studien zeigen, dass konjunkturelle Schwankungen der Investitionstätigkeit oft mit pessimistischen oder optimistischen **Erwartungen** der Investoren hinsichtlich des Absatzes der produzierten Güter verbunden sind. Verändert sich die Erwartungshaltung, kommt es zu einer **Verlagerung der Investitionsfunktion**. Eine Verbesserung der Zukunftserwartungen führt zu einer Rechtsverlagerung der Investitionsfunktion (Abb. 6.15).

Waren zuvor zusätzliche Investitionen nur bei sinkenden Zinsen möglich, werden nun selbst bei gleichbleibenden Zinsen zusätzliche Investitionen durchgeführt. Ursächlich können **steigende Absatzpreise** bzw. -mengen oder **sinkende Kosten** sein. Auch ein **Stimmungswechsel** der Unternehmen kann die Investitionsfunktion verschieben.

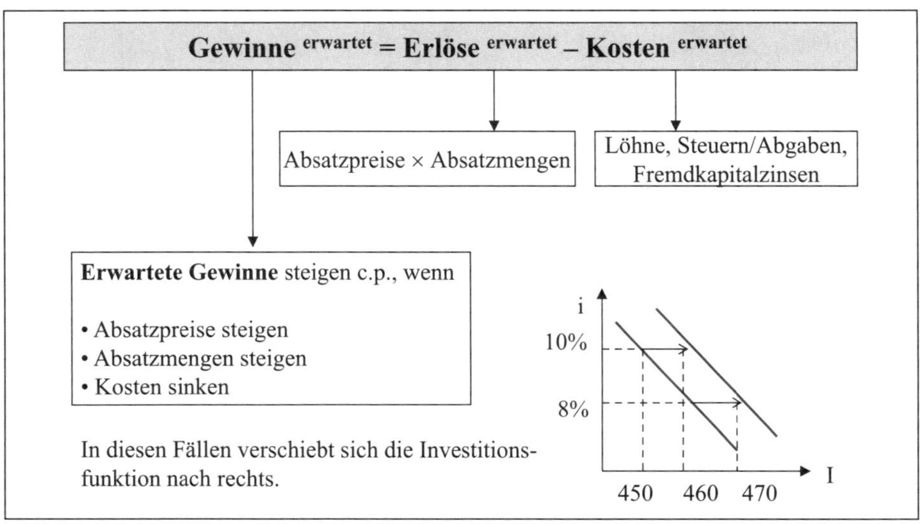

Abb. 6.15: Zukunftserwartungen und Investitionsfunktion

Nicht hinreichend erforscht ist, wie ein solcher Stimmungswechsel verursacht wird. Angeführt werden exogene Faktoren (z. B. im politischen Umfeld) oder endogene Übertragungsmechanismen zwischen den Wirtschaftssubjekten. Bekannt ist beispielsweise das Phänomen der sich selbst erfüllenden Prognose, wenn in der Erwartung eines wirtschaftlichen Aufschwungs die privaten Haushalte ihre Konsumausgaben steigern und die Unternehmen verstärkt investieren.

Schlagwörter	• Gegenwartswert • Ertragswert • Kapitalwert • interner Zinsfuß	• Grenzleistungsfähigkeit • Zinsempfindlichkeit • Zinselastizität • Investitionsfalle

6.3.2 Tobin-q und Aktienmarkt

Der Nobelpreisträger *James Tobin* entwickelte zu Beginn der 60er Jahre einen allgemeinen Erklärungsansatz für Investitionen in **Sachkapital** (Unternehmen, Immobilien). Er erhielt den Nobelpreis *„für seine Analyse der Finanzmärkte und deren Auswirkungen auf Ausgabenbeschlüsse und damit auf Beschäftigung, Produktion und Preisentwicklung"*. Die Grundidee ist bestechend einfach. Will ein Investor zusätzliches Realkapital (z. B. ein Unternehmen oder eine Immobilie) in sein Portfolio aufnehmen, so kann er einerseits durch Investitionen (durch Neuerrichtung bzw. Neubau) ein neues Kapitalgut erstellen, oder aber ein bereits bestehendes Kapitalgut (Unternehmen oder eine Bestandsimmobilie) kaufen. Aus gesamtwirtschaftlicher Sicht ist nur die erstgenannte Alternative eine Investition und eine Ausweitung des Kapitalstocks. Beim Erwerb aus dem Bestand wechselt hingegen bereits bestehendes Kapital den Eigentümer. Wir wollen die nachfolgende Betrachtung auf **Unternehmenswerte** beschränken, da Immobilien einige Besonderheiten aufweisen, die sich aus den Eigenschaften dieses Gutes ergeben (Langlebigkeit, relativ geringer Wechsel des Besitzes, Abhängigkeit des Wertes von der Lage).

Die Überlegung von Tobin lässt sich durch eine Verhältniszahl ausweisen, die als **Tobin-q** (übersetzt Marktwert-Buchwert-Verhältnis) bekannt ist. Das Tobin-q ist ein Maß für den **Investitionsanreiz**, denn es spiegelt sowohl die erwartete Rentabilität einer Investition als auch die Kosten der Kreditaufnahme und die Kapitalkosten wider (Abb. 6.16):

$$q = \frac{\text{Marktwert des Sachkapitals}}{\text{Wiederbeschaffungswert des Sachkapitals}}$$

Der Zähler gibt den Wert des Kapitals wieder, so wie er z. B. auf dem Aktienmarkt eingeschätzt wird. Der Nenner beschreibt, welchen Betrag ein Investor aufwenden müsste, um den Kapitalbestand heute zu kaufen. Für die Investitionsentscheidung gilt die Regel, dass neu produzierte Sachgüter dann nachgefragt werden, wenn Sie weniger kosten als bereits existierende Güter. Nehmen wir an, dass die Investition eines Unternehmens in Höhe von 100 Mio. € den **Marktwert** auf 120 Mio. € ansteigen lässt. In diesem Fall ist das Tobin-q mit 1,2 größer als Eins. Wenn q größer als 1 ist, bedeutet dies folgendes:

- Die Finanzmärkte schätzen das Gewinnpotential des eingesetzten Kapitals relativ hoch ein.
- Volkswirtschaftlich ist eine Ausweitung der Produktionskapazitäten zu erwarten.
- Einzelwirtschaftlich ist mit einem Markteintritt neuer Unternehmen zu rechnen, da Gewinnaussichten bestehen.

Liegt das Tobin-q **unterhalb von Eins**, wäre es z. B. günstiger, Ausrüstungsgüter zum Wiederbeschaffungswert zu verkaufen. Kein Investor wäre zudem bereit, ein „Unternehmen auf der grünen Wiese" zu gründen. Stattdessen ist es günstiger, existierende Unternehmen zu kaufen oder sich daran zu beteiligen.

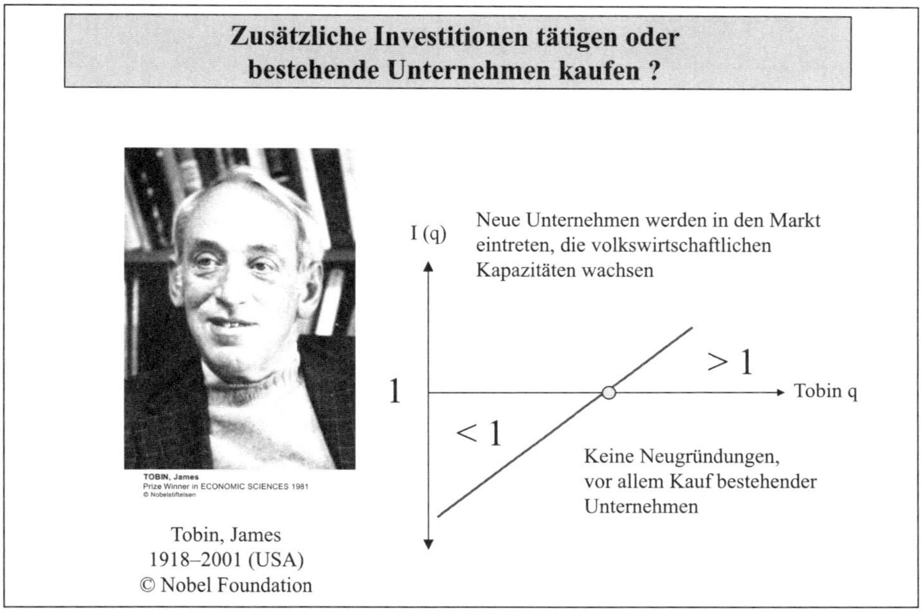

Abb. 6.16: Tobin-q

Tobins Investitionsfunktion und Konjunkturschwankungen

Wenn es um die Frage geht, ob sich eine unternehmerische Kapazitätserweiterung lohnt, muss eine **Grenzbetrachtung** angestellt werden. Es geht also formal nicht um ein durchschnittliches Tobin-q, sondern um das **marginale Tobin-q**. Sind die zusätzlichen Erträge einer Einheit des neuen Kapitals (Grenzproduktivität des Kapitals, (GPK)) gleich dem Preis des Investitionsgutes (p^K), dann gilt für das Tobin-q:

$$q = \frac{\text{Marktwert einer zusätzlichen Einheit des Sachkapitals}}{\text{Wiederbeschaffungswert einer zusätzlichen Einheit des Sachkapitals}}$$

$$= \frac{GPK \;/\; (1+r)}{p^K}$$

Ein Unternehmen wird solange investieren, wie die zukünftigen Erträge die Investitionskosten übersteigen: $GPK / (1 + r) > p^K$.

Zur Erklärung konjunktureller Schwankungen nehmen wir an, es kommt zu einem deutlichen Anstieg der Kurse börsennotierter Unternehmen. Folge ist ein Anstieg des Tobin-q von Punkt A nach B (Abb. 6.17), der bei konstanten Zinsen und Kapitalkosten zunächst einen Anreiz zur Erweiterung des Kapitalstocks setzt. Die Investitionen führen zu einem zeitlich versetzten Kapitalaufbau von $(I/K)^0$ auf $(I/K)^1$ und zu einer Steigerung der Investitionsquote. Mit steigendem Kapitalstock geht das Tobin-q zurück (Punkt C). Bei einer zu hohen Investitionsquote kann das Tobin-q sogar unter 1 sinken (Punkt D) bis wieder der Ausgangspunkt erreicht ist (Punkt A).

Analysen kommen zu **prozyklischen Zusammenhängen** zwischen der Entwicklung des Tobin-q und der Investitionstätigkeit. Das Tobin-q läuft der Investitionsentwicklung in der Regel mit geringer Zeitverzögerung voraus und wird durch ähnliche Faktoren beeinflusst (Tab. 6.2).

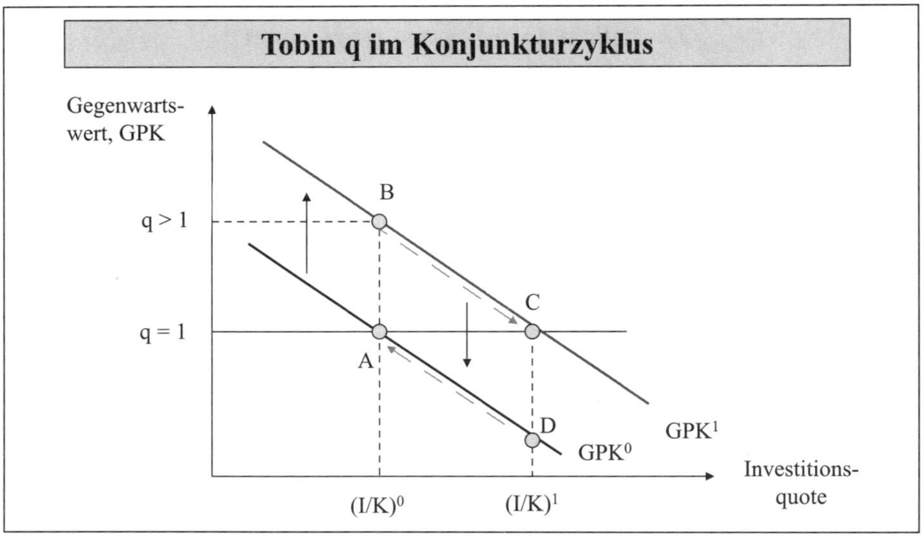

Abb. 6.17: Tobin-q und Konjunkturzyklus

Beispielsweise reagieren beide Größen auf eine erwartete Veränderung von Gewinnen und Zinssätzen. Es ist daher nahe liegend, dass das Tobin-q auch im Rahmen der Übertragung der Geldpolitik auf reale Größen eine Rolle spielt (vgl. dazu Kap. 13).

Tab. 6.2: Einflussgrößen des Tobin-q

Einflussgrößen	Tobin-q und Investitionen	Begründung
Zinsrückgang	Steigen	Der Marktwert steigt, da die zukünftigen Gewinne mit einem geringeren Faktor abdiskontiert werden müssen.
steigende Aktienkurse	Steigen	Der Marktwert des Unternehmens steigt in Relation zu den Wiederbeschaffungskosten.
Senkung der Körperschaftsteuer	Steigen	Höhere erwartete Gewinne für die Kapitaleigentümer.
Produktivitätsanstieg	Steigen	Höhere zukünftige Einkommen erhöhen den Marktwert.

Schlagwörter		
	• Aktienmarkt • Tobin-q	• Grenzproduktivität des Kapitals

6.4 Einbeziehung des Staates und Multiplikatorprozesse

Staatliche Aktivitäten beeinflussen in vielfältiger Weise die ökonomischen Entscheidungen der privaten Haushalte bzw. Unternehmen und nachfolgend die konjunkturelle Entwicklung. Dazu zählen z. B. die Erhebung von Steuern und Sozialbeiträgen, die Zahlung von Subventionen an Unternehmen und Transfers an private Haushalte sowie der staatliche Kauf von Gütern. Um die Darstellung einfach zu halten, werden nachfolgend nur ausgewählte staatliche Aktivitäten berücksichtigt.

Wir unterstellen für unsere Modellvolkswirtschaft, dass folgende Größen **autonom** gegeben sind:

- private Investitionen (I_{aut}),
- staatliche Ausgaben für die Produktion öffentlicher Güter (G_{aut}),
- staatliche Transfers an die privaten Haushalte (Tr_{aut}),
- staatliche Finanzierung der Ausgaben durch einkommensunabhängige (autonome) Steuern (T_{aut}), die ausschließlich bei den privaten Haushalten erhoben werden.

Zur Beschreibung des Konsums der privaten Haushalte wählen wir die **absolute Einkommenshypothese:** $C_{aut} + c \times Y_v$. Das **Verfügbare Einkommen** der privaten Haushalte unter Berücksichtigung von Transfers und Steuern ergibt sich als: $Y_v = Y + Tr_{aut} - T_{aut}$.

Die Differenz aus Staatsausgaben und Staatseinnahmen ergibt das staatliche **Budgetsaldo** oder die negative bzw. positive **staatliche Ersparnis**. Wir betrachten dazu nachfolgend ein algebraisches Beispiel einer geschlossenen Volkswirtschaft (ohne Ausland). Gegeben sind folgende Größen (in Mrd. €):

• autonome private Konsumausgaben	C_{aut}	= 20
• autonome private Investitionen	I_{aut}	= 300
• staatliche Ausgaben für öffentliche Güter	G_{aut}	= 300
• autonome Transfers	Tr_{aut}	= 200
• autonome Steuern	T_{aut}	= 400
• marginale Konsumquote	c	= 0,8

Die Verwendung des BIP erhält man somit als:

$$Y = 20 + 0{,}8 \times (Y + 200 - 400) + 300 + 300$$

Das Gleichgewichtseinkommen der Volkswirtschaft ergibt sich als:

$$Y = \frac{1}{1-0{,}8} \times (20 + 300 + 300) + \frac{0{,}8}{1-0{,}8} \times (200 - 400) = 5 \times 620 + 4 \times (-200) = 2.300 \text{ Mrd. €}$$

Die Gleichgewichtsbedingung für den Gütermarkt ergibt sich durch die Identität von Investitionen und Ersparnissen (I = S):

$$S_H = -C_{aut} + s \times Y_v = -C_{aut} + s \times (Y + Tr_{aut} - T_{aut})$$
$$= -20 + 0{,}2 \times (2.300 + 200 - 400) = 400 \text{ Mrd. €}$$

Zu berücksichtigen bleibt die staatliche Ersparnis als Differenz zwischen Steuereinnahmen und Staatsausgaben. Im vorliegenden Fall:

$$S_{St} = T_{aut} - (Tr_{aut} + G_{aut}) = 400 - (200 + 300) = -100 \text{ Mrd. €}$$

Die gesamtwirtschaftliche Ersparnis beläuft sich auf 300 Mrd. € und entspricht den Investitionsausgaben.

6.4.1 *Autonome Staatsausgaben und Staatseinnahmen*

Wir wollen nun das Gleichgewicht „stören" und Anpassungsprozesse betrachten. Angenommen sei, dass der Staat seine Ausgaben gegenüber der Ausgangsperiode **dauerhaft** um 50 Mrd. € auf 350 Mrd. € erhöht, d. h. ΔG = 50 Mrd. €. Die Auswirkungen auf das BIP (Y) lassen sich ermitteln, indem wir die zusätzlichen Investitionen zum Ausgangswert hinzuaddieren (Abb. 6.18):

$$Y = \frac{1}{1-0{,}8} \times (20 + 300 + 300 + \mathbf{50}) + \frac{0{,}8}{1-0{,}8} \times (200 - 400)$$
$$= 5 \times 670 + 4 \times (-200) = 2.550 \text{ Mrd. €}$$

Das BIP hat sich gegenüber dem Ausgangsgleichgewicht um 250 Mrd. € erhöht. Auch bei diesem neuen Gleichgewichtseinkommen entsprechen die privaten Investitionen (300 Mrd. €) dem gesamten Sparen (S_H+S_{ST}). Die private und staatliche Ersparnis betragen:

S_H = –20 + 0,2 × (2.550 + 200 – 400) = 450 Mrd. €

S_{St} = 400 – (200 + 300 + **50**) = –150 Mrd. €

Sie werden sich fragen, warum das BIP um 250 Mrd. € gewachsen ist, obwohl sich die Investitionen nur um 50 Mrd. € erhöht haben. Diese Frage wird im Rahmen der Multiplikatoranalyse beantwortet (Box 6.1).

Box 6.1: Prinzip der Multiplikatoranalyse

(1) $Y = C_{aut} + c \times (Y + Tr_{aut} - T_{aut}) + I_{aut} + G_{aut}$, aufgelöst nach Y (2) $Y = \frac{1}{1-c} \times (C_{aut} + I_{aut} + G_{aut}) + \frac{c}{1-c} \times (Tr_{aut} - T_{aut})$ Verändert man die Staatsausgaben um ΔG, so ergibt sich: (3) ΔY = 1/(1 – c) × ΔG	**Hintergrund:** Die Größe 1/(1–c) wird als Multiplikator bezeichnet. Dieser Faktor gibt an, in welchem Umfang sich ein ursprünglicher wirtschaftlicher Impuls (unabhängige Variable) auf eine zu erklärende Größe (abhängige Variable) auswirkt.

Der Multiplikator in unserem Beispiel beträgt 5. Da wir die Staatsausgaben verändern, können wir vom **Staatsausgabenmultiplikator** sprechen: 250 = 1/(1 – 0,8) × 50.

Würden wir hingegen die privaten Investitionen verändern, sprechen wir vom **Investitionsmultiplikator**. Der Multiplikator gibt an, um welchen Faktor sich das BIP verändert, wenn die autonomen Ausgaben um eine bestimmte Größenordnung variieren. Der Multiplikator ist umso höher, je größer die marginale Konsumneigung (c) und/oder je größer die Veränderung der autonomen Nachfragegröße (Primäreffekt) ist.

Multiplikator- versus Strohfeuereffekte

Zur ökonomischen Interpretation lässt sich das oben genannte Beispiel in eine tabellarische Form bringen. Die zusätzlichen Investitionen lassen das BIP in Periode 1 um den gleichen Betrag (50 Mrd. €) steigen. Zusätzliche Aufträge in der Investitionsgüterindustrie versprechen höhere Gewinne und lassen in der Folge zusätzliche Einkommen der Beschäftigten und gegebenenfalls die Neueinstellung von Arbeitskräften zu. Da die Investitionen erst umgesetzt werden müssen, reagiert das Konsumverhalten der Privaten Haushalte auf den Einkommensanstieg annahmegemäß mit einer **Zeitverzögerung** (Yv_{t-1}) von einer Periode.

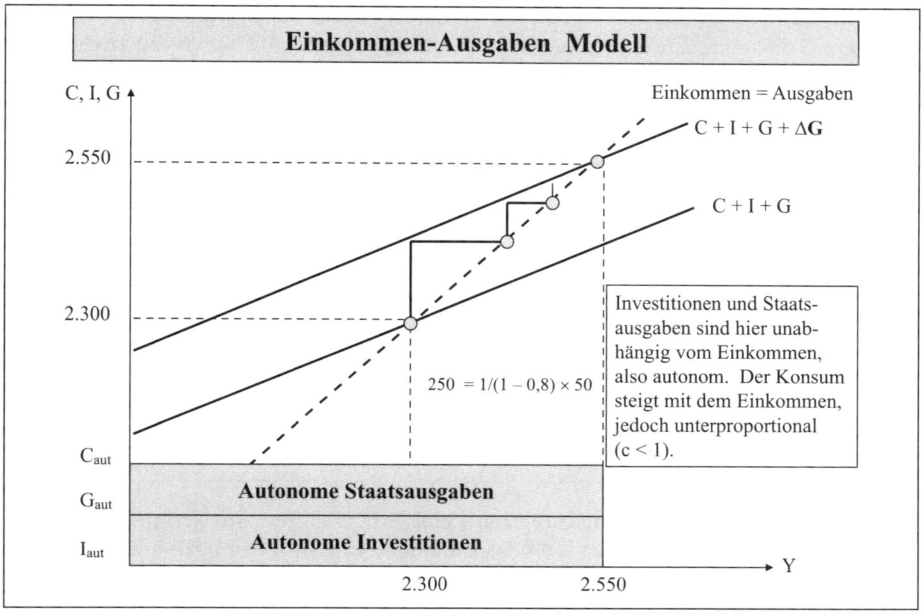

Abb. 6.18: Multiplikatorprozess

Die Erhöhung der Umsätze führt in der Konsumgüterindustrie zu steigender Produktion, zu steigenden Einkommen und gegebenenfalls zur Neueinstellung von Arbeitskräften. Die Sequenz aus Steigerung von Produktion, Einkommen und Nachfrage läuft streng genommen „unendlich" lang, jedoch werden die Wirkungen immer geringer. Insgesamt steigt das BIP gegenüber dem Ausgangsniveau um 250 Mrd. € auf 2.550 Mrd. €.

Jahr	Y	$C = 20 + 0{,}8 \times Yv_{t-1}$	I_{aut}	G_{aut}	ΔI	ΔC	ΔY
0	2.300	–	300	300	–	–	–
1	2.350	1.700	350	300	50	–	50
2	2.390	1.740	350	300	50	40	90
3	2.322	1.772	350	300	50	32	122
4	2.347,6	1.797,6	350	300	50	25,6	147,6
5	2.368,1	1.818,1	350	300	50	20,5	168,1
∞	2.550	1.900	350	300	50	200	250

Ursächlich für die im Zeitablauf geringeren Multiplikatoreffekte ist, dass die marginale Konsumquote kleiner als Eins ist, d. h. die aus der Einkommenserhöhung resultierende Nachfrage ist stets kleiner als die Einkommenserhöhung selbst. Ein Teil der Einkommenserhöhung wird in der Regel gespart und versickert somit im Einkommenskreislauf. Aufgrund der abnehmenden Wirkungen sind daher für konjunkturpolitische Analysen nur die ersten Perioden von Interesse.

Bisher wurde unterstellt, dass es sich um dauerhafte Investitionserhöhungen handelt und die Investitionen längerfristig auf einem höheren Niveau verharren. Nachfolgend wird hingegen eine Situation betrachtet, in der die Investitionserhöhung nur **einmalig** erfolgt und das Investitionsvolumen wieder auf das ursprüngliche Niveau zurückfällt. Die Konsequenzen lassen sich anhand des obigen Fallbeispiels deutlich machen und wiederum in Tabellenform nachvollziehen:

Jahr	Y	$C = 20 + 0{,}8 \times Yv_{t-1}$	I_{aut}	G_{aut}	ΔI	ΔC	ΔY
0	2.300	–	300	300	–	–	–
1	2.350	1.700	350	300	50	–	50
2	2.340	1.740	300	300	–	40	40
3	2.332	1.732	300	300	–	32	32
4	2.325,6	1.726,6	300	300	–	25,6	25,6
5	2.320,5	1.720,6	300	300	–	20,5	20,5
∞	2.300	1.700	300	300	–	–	–

Eine einmalige Investitionserhöhung hat keine langfristigen Auswirkungen auf das BIP bzw. Volkseinkommen. Durch einen einmaligen Investitionsimpuls entstehen zwar in den Folgeperioden positiv induzierte Konsumeffekte, die Effekte werden jedoch immer geringer und die Nachfragegrößen erreichen im Zeitablauf die Ausgangswerte des BIP bzw. des Volkseinkommens. Einmalige Investitionserhöhungen führen nur zu **Strohfeuereffekten**, die konjunkturell betrachtet keine signifikante Bedeutung haben (Abb. 6.19).

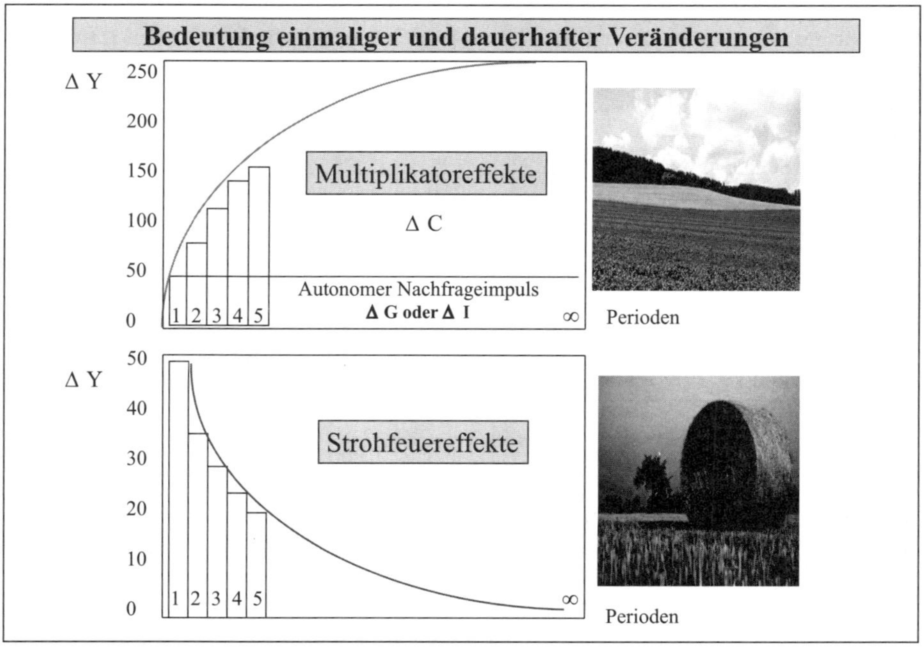

Abb. 6.19: Multiplikator- und Strohfeuereffekte

Praxisbeispiel zum Multiplikatorprozess

Die Multiplikatoranalyse führt oft zu Verständnisproblemen, da nicht unmittelbar deutlich wird, warum das BIP um ein Mehrfaches der Nachfragesteigerung zunimmt. Nehmen wir an, dass der Staat Investitionen tätigt, um einen neuen **Flughafen** zu bauen (Tab. 6.5).

Tab. 6.5: Praxisbeispiel zum Multiplikatorprozess

direkte Effekte	Anstoß der ökonomischen Wirkungskette durch ökonomische Aktivitäten auf dem Flughafen
indirekte Effekte	zusätzliche Produktion, Beschäftigung und Einkommen, resultierend aus der Auftragsvergabe an Zulieferer
induzierte Effekte	zusätzliche Produktion, Beschäftigung und Einkommen, resultierend aus der • Konsumnachfrage aus dem Erwerbseinkommen der Beschäftigten auf dem Flughafen • Konsumnachfrage aus dem Erwerbseinkommen der Beschäftigten im Umland und der Zulieferer

In der Praxis werden derartige Effekte durch Arbeitsstätten-Befragungen und Input-Output-Tabellen erfasst, die die Vorleistungsverflechtungen zwischen den Unternehmen berücksichtigen. Die ermittelten Multiplikatoren schwanken in Untersuchungen zwischen 1,5 bis 2, d.h. zu einem investierten Euro kommen weitere 1,5 bis 2 Euro hinzu, die in der Folge auch zu einer höheren Beschäftigung führen können. Wir gehen hier nicht auf die methodischen Details solcher Berechnungen ein, wollen aber einige grundsätzliche Probleme der Multiplikatoranalyse aufzeigen.

Positiv sind zunächst die **Investitionen** in den Flughafen und gegebenenfalls auch die angrenzende Infrastruktur (z. B. öffentlicher Nahverkehr, Autobahnen) zu beurteilen. Diese Investitionen erstrecken sich über mehrere Jahre und verteilen sich auf verschiedene Größen der Volkswirtschaftlichen Gesamtrechnung. Die Art der Finanzierung (privat, öffentlich) spielt zumindest für die Größenordnung der Multiplikatoreffekte keine Rolle. Im Kontext der Finanzpolitik ist jedoch zu klären, ob und inwieweit private Nachfrage bei einer Kreditfinanzierung und dadurch ausgelöste Zinserhöhungen verdrängt wird („crowding out"). Über die Richtigkeit dieser Effekte besteht kaum ein Zweifel, aber es sind Einschränkungen zu berücksichtigen (Abb. 6.20):

- Sind die am Ausbau bzw. Neubau eines Flughafens beteiligten Branchen bereits ausgelastet, sind höhere Preise zu erwarten. Die Beurteilung von Multiplikatoreffekten muss also die **Auslastung der Kapazitäten** und **Preiseffekte** berücksichtigen.
- Neben dem direkten Effekt des zusätzlichen Konsums kommen indirekte Effekte durch Einkommenszahlungen z. B. an zusätzlich eingestellte Beschäftigte hinzu, die wiederum einen Teil des Einkommens konsumieren. Hier ist zu beachten, dass ein Teil des zusätzlichen Einkommens durch **Steuerzahlungen** und **Abgaben** versickert. Darüber hinaus existieren viele Beschäftigungsverhältnisse nur während des Baus.
- Immer dann, wenn ausländische Anbieter an der Auftragsvergabe beteiligt sind, profitieren nicht inländische, sondern ausländische Unternehmen. Auch ein Teil des entstandenen Einkommens versickert durch den Konsum ausländischer Güter.

Ziehen wir eine Zwischenbilanz zur Wirksamkeit von Multiplikatoreffekten. Eine dauerhafte Änderung z. B. der Staatsausgaben erhöht das gesamtwirtschaftlichen Einkommen. Dabei nimmt der Zuwachs ab, da die Wirtschaftssubjekte sparen, Steuern abführen und Importe tätigen. Zu berücksichtigen bleiben zudem Kapazitäts- und

Preiseffekte sowie der Sachverhalt, dass zusätzliche Investitionen finanziert werden müssen.

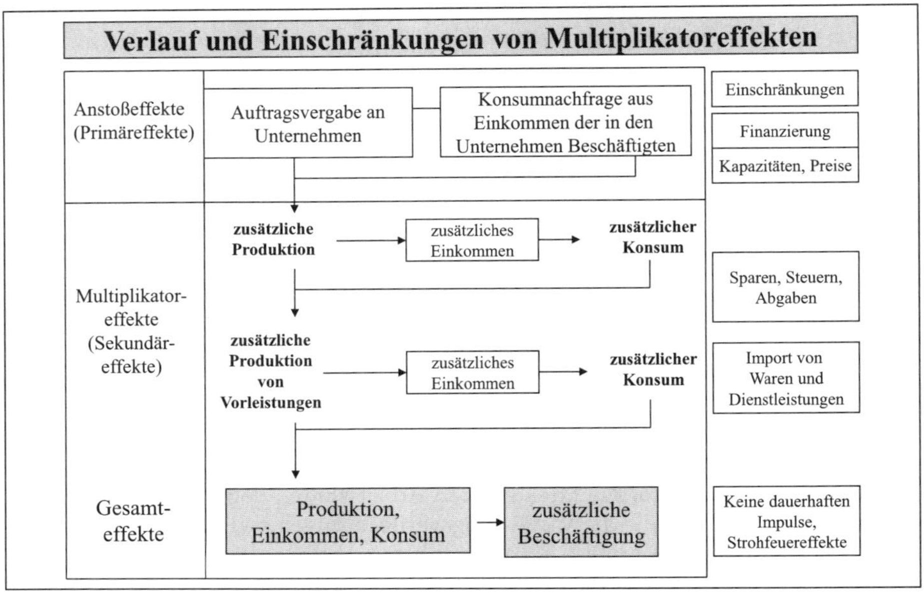

Abb. 6.20: Multiplikatoreffekte und ihre Einschränkungen am Beispiel des Flughafenbaus

Multiplikatoren anderer staatlicher Aktivitäten

Ausgehend von unserer Gleichgewichtsbedingung für den Gütermarkt lassen sich die Auswirkungen einer **dauerhaften** Variation anderer staatlicher Aktivitäten ableiten:

$$Y = \frac{c}{1-c} \times (C_{aut} + I_{aut} + G_{aut}) + \frac{c}{1-c} \times (Tr_{aut} - T_{aut})$$

Transfers an die privaten Haushalte führen zu einer Erhöhung der verfügbaren Einkommen. Der **Transferausgabenmultiplikator** hat ein positives Vorzeichen, d.h. Erhöhungen von Transferzahlungen erhöhen das Volkseinkommen:

$$\Delta Y = \frac{1}{1-c} \times \Delta Tr_{aut}$$

Der **Steuermultiplikator** hat ein negatives Vorzeichen, d.h. Erhöhungen der autonomen Steuern senken das Volkseinkommen und umgekehrt.

$$\Delta Y = -\frac{c}{1-c} \times \Delta T_{aut}$$

Die Berücksichtigung staatlicher Aktivitäten in makroökonomische Modelle hat also sowohl positive als auch negative Effekte auf das gesamtwirtschaftliche Gleichgewichtseinkommen:

Staatliche Aktivität	ΔG_{aut}	ΔT_{aut}	ΔTr_{aut}
Erhöhung	BIP steigt	BIP sinkt	BIP steigt
Senkung	BIP sinkt	BIP steigt	BIP sinkt

Staatsausgaben und Transfers wirken stimulierend auf die gesamtwirtschaftliche Nachfrage, während die Erhebung von Steuern dämpfend auf den Einkommenskreislauf wirkt. Der konjunkturelle Einfluss des Staatsbudgets ist abhängig vom **Nettoeffekt** der genannten Größen. Die Variation von Staatsausgaben hat größere Effekte als eine Variation der Transfers und Steuern, da diese erst nach Maßgabe der marginalen Konsumquote ihren Einfluss auf den Wirtschaftskreislauf ausüben. Die unterschiedlichen Multiplikatoren spiegeln diesen Sachverhalt wieder.

Schlag-wörter	• Staatsausgabenmultiplikator • Investitionsmultiplikator • Steuermultiplikator • Transfermultiplikator	• Multiplikatoreffekt • Strohfeuereffekte

6.4.2 Einkommensabhängige Steuern

Wir wollen die Analyse realitätsnäher ausgestalten und eine einkommensabhängige Steuer berücksichtigen. Im Fall eines **linearen Einkommensteuertarifs** bewegen sich die Steuereinnahmen (T) proportional zur Entwicklung des Volkseinkommens bzw. des BIP (Y), formal: $T = t \times Y$, mit $0 < t < 1$.

Der **marginale Steuersatz** (t) gibt an, um welchen Betrag die Steuereinnahmen steigen, wenn sich das Volkseinkommen um eine Einheit erhöht. Wenn der Satz z. B. bei 0,25 liegt, dann wären im Fall von Einkommensveränderungen 25 % als Steuer abzuführen.

Einkommensabhängige Steuer und Gütermarktgleichgewicht

Die Einführung einer proportionalen Steuer wirkt wie eine Verringerung der marginalen Konsumquote, d. h. die Steuerfunktion dreht sich im Punkt des autonomen Konsums nach unten und verringert den Multiplikator (vgl. Box 6.2). Wir betrachten dazu ein algebraisches Beispiel mit folgenden Größen (in Mrd. €):

- autonome private Konsumausgaben $C_{aut} = 20$
- autonome private Investitionen $I_{aut} = 300$
- Staatliche Ausgaben für Güter $G_{aut} = 400$
- marginaler Steuersatz $t = 0{,}25$
- marginale Konsumquote $c = 0{,}8$

Bezogen auf das Zahlenbeispiel erhält man die Verwendungsseite des BIP:

$Y = 20 + 0{,}8 \times (Y - 0{,}25 \times Y) + 300 + 400$

Das Gleichgewichtseinkommen der Volkswirtschaft ergibt sich als:

$$Y = \frac{1}{1 - 0{,}8 \times (1 - 0{,}25)} \times (20 + 300 + 400) = 2{,}5 \times 720 = 1.800 \text{ Mrd. €}$$

Die Einführung einkommensabhängiger Steuern hat sowohl die effektive marginale Konsumquote (c^{eff}) als auch die effektive marginale Sparquote (s^{eff}) der privaten Haushalte verringert: $c^{eff} = 0{,}8 \times (1 - 0{,}25) = 0{,}6$ und $s^{eff} = 0{,}2 \times (1 - 0{,}25) = 0{,}15$. Zusammen mit der marginalen Steuerquote (0,25) ergänzen sie sich zu Eins. Der Multiplikator fällt dementsprechend geringer aus (2,5 statt 5).

Auch in diesem Fall ist die Identität von Investitionen und Sparen gewährleistet. Das Sparen der privaten Haushalte (S_H) ergibt sich aus der Konsumfunktion:

$S_H = -20 + 0{,}2 \times (1 - 0{,}25) \times 1.800 = 250$ Mrd. €

Zu berücksichtigen bleibt das staatliche Sparen (S_{St}), das sich als Differenz zwischen Steuereinnahmen ($T = t \times Y$) und staatlichen Ausgaben (G_{aut}) ergibt:

$S_{St} = (0{,}25 \times 1.800) - 400 = 50$ **Mrd. €**

Die Gesamtersparnis beträgt 300 Mrd. € und entspricht den privaten Investitionen.

Box 6.2: Einkommensabhängige Steuer – Auswirkungen im Wirtschaftskreislauf

(1) $C_H = C_{aut} + c \times Y_v$

(2) $Y_v = Y - T$

(3) $T = t \times Y$

(4) $C_H = C_{aut} + c \times (Y - t \times Y)$
$= C_{aut} + c \times (1 - t) \times Y$

Das Gleichgewichtseinkommen ergibt sich als:

(5) $Y = (C_{aut} + c \times (1 - t) \times Y) + I_{aut} + G_{aut}$

aufgelöst nach Y:

(6) $Y = \dfrac{1}{(1 - c \times (1 - t))} \times (C_{aut} + I_{aut} + G_{aut})$

Ausgehend von diesem Ausgangsgleichgewicht lassen sich die Auswirkungen einer Veränderung der autonomen Nachfragegrößen auf das BIP analysieren. Sie ergeben sich aus Gleichung (6) nach den sich jeweils verändernden Variablen als:

(7) $\Delta Y = \dfrac{1}{1 - c \times (1 - t)} \times \Delta C_{aut}$, oder ΔI_{aut}, oder ΔG_{aut}

Hintergrund:
Die Einführung einer einkommensabhängigen Steuer reduziert die Multiplikatorwirkungen. Die effektive marginale Konsum- und Sparquote sowie die Steuerquote addieren sich zu Eins.

Es bleibt zu berücksichtigen, in welchem Ausmaß der Staat die Steuereinnahmen einkommenswirksam wiederverwendet.

Multiplikator bei einkommensabhängigen Steuern

Will der Staat z. B. das BIP auf 2.000 Mrd. € erhöhen, dann kann er die öffentlichen Investitionen (ΔG_{aut}) nach Maßgabe des Multiplikators erhöhen (Abb. 6.22):

$$200 \text{ Mrd. €} = \frac{1}{1 - 0{,}8 \times (1 - 0{,}25)} \times 80 \text{ Mrd. €}$$

Aus formaler Sicht gibt es hinsichtlich der multiplikativen Auswirkungen von **öffentlichen und privaten Investitionen** auf das BIP keine Unterschiede. Zu bedenken ist jedoch, dass öffentliche Investitionen überwiegend Bauinvestitionen sind. Staatliche Investitionen verfolgen zudem Ziele, die beispielsweise soziale oder regionale Gesichtspunkte berücksichtigen, während privaten Sachinvestitionen in der Regel Gewinn- bzw. Ertragsziele zugrunde liegen. Insofern sind strukturelle Unterschiede zu beachten. Dennoch könnte eine private Nachfragelücke durch staatliche Investitionen (z. B. Infrastrukturprogramme) geschlossen werden. Auch eine **Senkung des Steuertarifs** (t) hat positive Auswirkungen auf das BIP. So steigt in unserem Beispiel das BIP von 1.800 auf 2.000, wenn der Steuertarif von 0,25 auf 0,2 verringert wird. Graphisch dreht sich die Konsumfunktion nach oben (Abb. 6.21).

$$Y = \frac{1}{1 - 0{,}8 \times (1 - 0{,}2)} \times (20 + 300 + 400) = 2.000 \text{ Mrd. €}$$

Im Rahmen weitergehender Überlegungen lassen sich die Auswirkungen eines Steuersystems betrachten, dass sich aus autonomen und einkommensabhängigen Steuern zusammensetzt. Dies macht es möglich, z. B. Umschichtungen zwischen diesen Steuerkategorien zu analysieren, z. B. ein größeres Gewicht von Gütersteuern und ein geringeres Gewicht von Einkommensteuern.

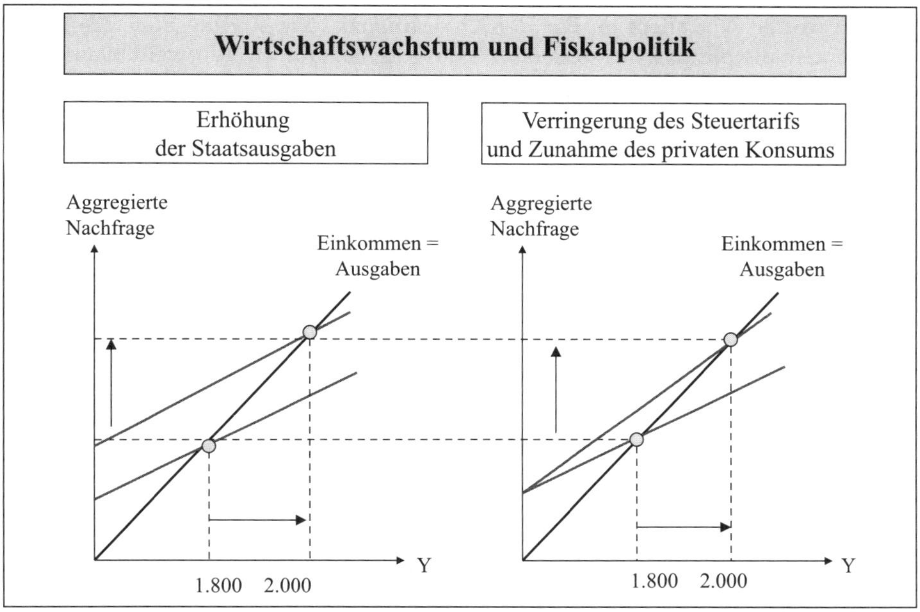

Abb. 6.21: Stabilisierung der Konjunktur durch staatliche Maßnahmen

Grenzen der Multiplikatoranalyse

Die Multiplikatoranalyse vermittelt ein Bild der Machbarkeit staatlicher Wirtschaftssteuerung und weist einen geradlinigen Weg aus der Rezession. Der Staat entwickelt Nachfrage, senkt die Steuern und/oder erhöht die Transfers. Auch die Größenordnung eines Multiplikators lässt sich relativ einfach grob überschlagen. Sie könnten also den Eindruck gewinnen, dass ein Taschenrechner ausreicht, um eine Rezession zu überwinden. So einfach ist es aber nicht, denn in der Praxis sind eine Reihe von **Hindernissen** zu berücksichtigen, die einer Stimulierung der gesamtwirtschaftlichen Nachfrage durch staatliche Maßnahmen entgegenstehen:

- Eine Stimulierung der Nachfrage über Multiplikatoreffekte hilft nur, wenn die Wirtschaft sich in einer konjunkturellen Rezession befindet. Im Fall von Wachstumsschwächen und strukturellen Problemen sind die Effekte gering, da die Angebotsseite völlig ausgeblendet wird. Auch müssen inflationäre Impulse berücksichtigt werden, die durch eine Stimulierung der Nachfrage auftreten können. Reale Effekte fallen dann geringer aus.
- Zu berücksichtigen sind die allokativen Wirkungen der Staatsausgaben. Die Analyse differenziert nicht nach der Art der Staatsausgaben und ihren Folgewirkungen. Ein ausgegebener Euro ist ein Euro, vollkommen gleichgültig, ob er in ein sinnvolles Projekt investiert wird oder in nutzlosen Projekten verpufft. Es besteht die Gefahr, dass Verschwendung als beschäftigungsfördernd und ein sparsamer Umgang mit öffentlichen Mitteln als beschäftigungshemmend betrachtet wird.
- Auch wenn das Problem tatsächlich in unzureichender gesamtwirtschaftlicher Nachfrage besteht, müssen z. B. Verzögerungen bei der politischen Durchsetzung

und praktischen Umsetzung betrachtet werden. Zu fragen ist, ob ein derartiges Programm in einer hochgradig in die internationale Arbeitsteilung eingebundenen Wirtschaft überhaupt Erfolg verspricht.

- Letztendlich müssen wir auch die Frage nach der Finanzierung des Programms beantworten. Vor allem im Fall der Kreditfinanzierung sind negative Effekte zu erwarten, die positive Effekte mehr als ausgleichen können. Wir werden auf diese Probleme bei der Diskussion der Finanzpolitik zurückkommen (vgl. Kap. 7).

Schlagwörter	• linearer Steuertarif	• marginale Steuerquote

6.5 Fallbeispiele zu Kapitel 6

Lösungs- und Bearbeitungshinweise sowie alle Abbildungen dieses Kapitels finden Sie unter: www.vahlen.de

Fallbeispiel 6.1: Konjunkturelle Bedeutung der BIP-Komponenten (++)

1) Das Statistische Bundesamt hat die nachfolgenden Zahlen vorgelegt. Ermitteln Sie die Wachstumsbeiträge der einzelnen BIP-Komponenten sowie die daraus resultierende Wachstumsrate des realen BIP im Jahr 2007.

BIP-Komponente	Absolute Größen, prozentuale Anteile und Wachstumsraten der BIP-Komponenten				Wachstumsbeiträge in %, Jahr 2007 (5) = (2) × (3)
	(1) absolut, Mrd. € Jahr 2006	(2) Anteil am BIP in %, Jahr 2006	(3) Wachstumsrate in %, Jahr 2007	(4) Wachstum absolut, Mrd. €	
C	1.500		2,0		
I	500		–1,0		
G	400		2,0		
(Ex – Im)	100		5,0		
Summe	2.500	100 %			

2) Beschreiben und begründen Sie das unterschiedliche Ausmaß von Schwankungen der einzelnen Nachfrageaggregate im Konjunkturverlauf.

Nachfragekomponente	Schwankungsintensität	Ursachen
Privater Konsum		
Investitionen		
Staatsnachfrage		
Exporte		

Fallbeispiel 6.2: Absolute Einkommenshypothese (+)

In einer Ökonomie gelte eine keynesianische Konsumfunktion. Zur Ableitung der Konsumfunktion stehen folgende Daten zur Verfügung, die Aufteilungen der monatlichen Einkommen auf Konsum und Ersparnis für drei bekannte, aber nun verarmte Fußballspieler zeigen.

1) Berechnen Sie für die Ökonomie die Konsumfunktion.

	Michael B.	Lukas P.	Bastian S.
Einkommen	1.000	3.000	6.000
Konsum	1.200	2.600	4.700
Ersparnis	–200	400	1.300
autonomer Konsum			
marginale Konsumquote			
durchschnittliche Konsumquote			

2) Können Sie im vorliegenden Fall das fundamentale psychologische Gesetz erkennen, das in der keynesianischen Konsumfunktion unterstellt wird?
3) Wie plausibel ist die vorliegende Konsumfunktion für Michael B.?

Fallbeispiel 6.3: Relative Einkommenshypothese (+)
(Quelle: Pfahler/Thuy, 1998, S. 59 ff.).

1) In einer Volkswirtschaft gilt folgende relative Einkommenshypothese:
$C = 1{,}25 \times Yv_t - 0{,}3 \times (Yv_t/Yv^{max}) \times Yv_t$
Die Regierung plant im Jahre 2004 eine Senkung der Einkommensteuer (T_{EV}) von 50 % auf 40 %. Das gesamtwirtschaftliche Einkommen in allen Perioden liegt bei 1.000 Mrd. €. Berechnen Sie die durchschnittliche Konsumquote in den Folgejahren und stellen Sie das Ergebnis grafisch dar:

Jahr	T_{EV}-Satz	C	Y_v	C/Y_v
2003	50 %			
2004	40 %			
2005	40 %			

2) Welche Ergebnisse ergeben sich unter sonst gleichen Bedingungen, wenn die Konsumfunktion durch folgende absolute Einkommenshypothese gegeben ist: $C = 50 + 0{,}85 \times Yv$. Stellen Sie das Ergebnis wiederum grafisch dar.

Jahr	T_{EV}-Satz	C	Y_v	C/Y_v
2003	50 %			
2004	40 %			
2005	40 %			

Fallbeispiel 6.4: Permanente Einkommenshypothese (+)

Jemand bildet seinen aktuellen Konsum auf der Basis folgender Einkommenshypothese: $C_t = 0{,}8 \times Y^P$

Das permanente Einkommen ist das arithmetische Mittel der laufenden und der vorherigen Periode.

1) Angenommen, das verfügbare Einkommen sei gleich 5.000 € in den Jahren 2006 und 2007. Wie groß ist der Konsum im Jahr 2007?
2) Ermitteln Sie die kurzfristige marginale Konsumquote für das Jahr 2007.
3) Im Jahr 2008 steigt das verfügbare Einkommen auf 6.000 €, wovon die Hälfte zunächst als vorübergehend betrachtet wird. Ab 2009 bleibt das Einkommen auf diesem Niveau. Wie verhält sich der Konsum in den Jahren 2008 und 2009 sowie in allen Folgejahren?

Fallbeispiel 6.5: Konsumfunktionen im Vergleich (++)
(Quelle: Pfahler/Thuy, 1998, S. 59 ff.)

Folgende Konsumfunktionen sind bekannt:

- Keynes $C = 10 + 0{,}8 \times Y$
- Duesenberry $C = 1{,}25 \times Y_t - 0{,}3 \times (Y_t/Y^{max}) \times Y_t$
- Friedman $C = 0{,}9 \times Y^P$

1) Das gesamtwirtschaftliche Einkommen soll sich von November (Y_{Nov} = 100 Mrd. €) auf Dezember (Y_{Dez}) aufgrund von Überstunden im Vorweihnachtsgeschäft und des 13. Monatsgehalts um 100 % erhöhen. Die Konsumgüternachfrage im Oktober (Y_{Okt}) betrug 90 Mrd. €. Berechnen Sie für die o.g. Konsumfunktionen folgende Werte:

Konsumfunktion	C_{Nov}	C/Y_{Nov}	C_{Dez}	C/Y_{Dez}
Keynes				
Duesenberry				
Friedman				

2) Ermitteln Sie für die einzelnen Konsumfunktionen folgende Werte:

Konsumfunktion	ΔC von Nov. auf Dez.	Δ(C/Y) von Nov. auf Dez.
Keynes		
Duesenberry		
Friedman		

Fallbeispiel 6.6: Lebenszyklushypothese (+)

Sie sind heute 25 Jahre alt und schließen Ihr Studium erfolgreich ab. In den nächsten 40 Jahren verdienen Sie durchschnittlich 50.000 € pro Jahr. Danach leben Sie noch 20 Jahre.

1) Ermitteln Sie das Einkommen pro Jahr für Ihre ausstehende Lebenszeit. Wie hoch ist das Vermögen, das Sie im Laufe Ihres Arbeitslebens ansparen?
2) Welche Auswirkungen auf den Lebenskonsum und die Vermögensbildung hat eine Besteuerung von 20 % Ihres Einkommens?
3) Nehmen Sie an, Sie bekommen von Ihrer Erbtante zum Abschluss des Studiums vorzeitig ein Finanzvermögen von 100.000 € geschenkt. Welche Auswirkungen hat diese Erbschaft auf den Lebenskonsum? Gehen Sie von den Ausgangsdaten aus.
4) Nehmen Sie an, Sie erhalten im Ruhestand eine Rente von 60 % des letzten Einkommens ausgezahlt. Welche Auswirkungen hat die Rentenzahlung auf den Lebenskonsum? Gehen Sie wiederum von den Ausgangsdaten aus.
5) Welchen Einschränkungen sind derart langfristige Betrachtungen unterworfen?

Fallbeispiel 6.7: Investitionskategorien und -motive (+)

1) Erklären Sie die Begriffe: Netto-, Erweiterungs-, Rationalisierungs-, Ersatz-, Finanzinvestitionen.
2) Welche Faktoren haben Einfluss auf die Ausrüstungsinvestitionen der Unternehmen, die Bauinvestitionen der privaten Haushalte und die öffentlichen Investitionen?
3) Ein Unternehmen, das Bauprodukte herstellt, verfügt im Jahr 2009 über einen vollausgelasteten Maschinenpark im Wert von 1 Mio. €. Die periodischen Abschreibungen (Ersatzinvestitionen) betragen 10 %. Im Jahr 2010 steigt die Nachfrage nach den Produkten des Unternehmens um 10 %, im Jahr 2010 bleibt sie gegenüber dem Vorjahr konstant. Vervollständigen Sie folgende Tabelle! Was lässt sich erkennen?

Jahr	Wert des Maschinenparks	Nachfrage-veränderung in %	Investitionen, absolut	Veränderung der Investitionen in %
2009	1 Mio.			
2010				
2011				

Fallbeispiel 6.8: Gegenwartswert von Investitionen (++)

(Quelle: in Anlehnung an Forster/Klühl/ Sauer, 2005, S. 319 f.)

Ein Unternehmen möchte im Jahr 2007 in die Erweiterung seiner Anlagen investieren. Die Maschine kann im Jahr 2008 eingesetzt werden und büßt im Jahr 2009 erstmals an Funktionsfähigkeit ein. Der Anschaffungspreis beträgt 18 Mio. €.

Periode	2007	2008	2009	2010
Kauf	18 Mio.	–	–	–
Abschreibungsrate	–	–	10 %	10 %
Erwarteter Zins	–	4 %	5 %	6 %
Erwarteter Gewinn	–	5 Mio.	8 Mio.	10 Mio.

1) Berechnen Sie den Gegenwartswert der erwarteten Gewinne und beurteilen Sie, ob die Investition vorgenommen werden sollte.
2) Beurteilen Sie die Investitionsentscheidung im Fall folgender Rahmendaten:
   a) Die erwarteten Zinsen im Jahr 2009 steigen auf 7 % und im Jahr 2010 auf 9 %.
   b) Die Zinsen bleiben auf dem ursprünglichen Niveau. Die Abschreibungsrate steigt auf 12 %.
   c) Der Zins bleibt in allen Perioden bei 4 %, der erwartete Gewinn liegt bei 8 Mio. € und die Abschreibungsrate beträgt 12 %.

Fallbeispiel 6.9: Interner Zins, Marktzins und makroökonomische Investitionsfunktion (+)

Eine Volkswirtschaft bestehe aus drei Unternehmen. Jedes der Unternehmen plane ein Investitionsprojekt. Für diese Investitionen seien die Anschaffungskosten und die erwarteten jährlichen Nettoerträge bekannt:

Größe	I_1	I_2	I_3
Anschaffungsauszahlungen (K)	80.000	120.000	100.000
Nettoerträge (R)	8.000	6.000	7.000

Die ökonomische Lebensdauer der Investitionsprojekte sei näherungsweise unendlich. Der Ertragswert (E) einer Investition lässt sich dann vereinfacht berechnen als Quotient der Nettoerträge und des Marktzinssatzes.

1) Wie groß sind die Ertragswerte der drei Investitionsprojekte, wenn der Marktzins i = 8 % beträgt und die Unternehmen das Investitionsrisiko vernachlässigen?
2) Welche Investitionen werden bei diesem Marktzins realisiert? Wie groß ist das volkswirtschaftliche Investitionsvolumen?
3) Was verstehen Sie unter dem internen Zinsfuß eines Investitionsprojekts? Wie groß sind die volkswirtschaftlichen Investitionsausgaben, wenn der Marktzins i = 7 % beträgt?
4) Wie ändern sich die Investitionsausgaben, wenn der Marktzinssatz auf i = 6 % bzw. auf i = 4 % fällt?
5) Stellen Sie die Investitionsfunktion dieser Volkswirtschaft grafisch dar.

Fallbeispiel 6.10: Makroökonomische Investitionsfunktion (+)

Die Investitionsfunktion in einer Volkswirtschaft ist gegeben durch: $I = 150 - 1.000 \times i$

1) Stellen Sie die Investitionsfunktion grafisch dar und erläutern Sie ihre Eigenschaften.
2) Wie hoch sind die Investitionen bei einem Zinssatz von 5 %? Wie groß sind die Zinsempfindlichkeit und die Zinselastizität der Investitionsnachfrage?
3) Wie ändert sich die Investitionsnachfrage, wenn der Zinssatz auf $i = 4\,\%$ sinkt oder auf $i = 6\,\%$ steigt?
4) Wie ändert sich die Lage der Investitionsfunktion, wenn die autonomen Investitionsausgaben aufgrund positiver Zukunftserwartungen um 50 steigen?
5) Welche Überlegungen sind in der Praxis bei der Ermittlung der Zinselastizität zu beachten? Wie verläuft die Investitionsfunktion bei völlig zinsunelastischer Investitionsnachfrage? Interpretieren Sie das Ergebnis.

Fallbeispiel 6.11: Aktienmarkt und Tobin-q (0)

1) Wie ist das Tobin-q zusammengesetzt? Wie lässt sich mit diesem Ansatz ein negativer Zusammenhang zwischen Zins und Investitionstätigkeit begründen?
2) Die Aktie eines Unternehmens stand am Jahresende bei 47 €. Insgesamt waren 172 Mio. Aktien des Unternehmens im Umlauf. Der Wiederbeschaffungswert des Unternehmens lag bei 10 Mrd. €. Beurteilen Sie, ob das Unternehmen Investitionen vornehmen soll.
3) Angenommen, in einem Land geht das Tobin-q unter den Wert Eins zurück. Welche Ursachen und Folgen könnte diese Entwicklung haben?

Fallbeispiel 6.12: Gütermarktgleichgewicht im Einkommen-Ausgaben-Modell (++)

1) Gegeben ist folgendes Modell:
   - $C = C_{aut} + c \times Y$
   - $I = I_{aut}$
   - $Y = C + S$

   Vervollständigen Sie nachfolgende Tabelle. Spezifizieren Sie die lineare Konsumfunktion. Hinweis: Nur eine Periode zeigt ein Modellgleichgewicht; d. h. in vier der fünf Situationen befindet sich die Wirtschaft nicht im Gleichgewicht.

Periode	Y	C	S	I	c	C/Y
0	1.000	1.000		150	0,75	
1			50	150		
2		1.300		150		
3	1.600			150		
4		1.600		150		

2) Stellen Sie das Ergebnis im nachfolgenden Diagramm graphisch dar! Wie hoch ist das Gleichgewichtseinkommen? Welche Periode(n) entspricht bzw. entsprechen einer inflatorischen Lücke?

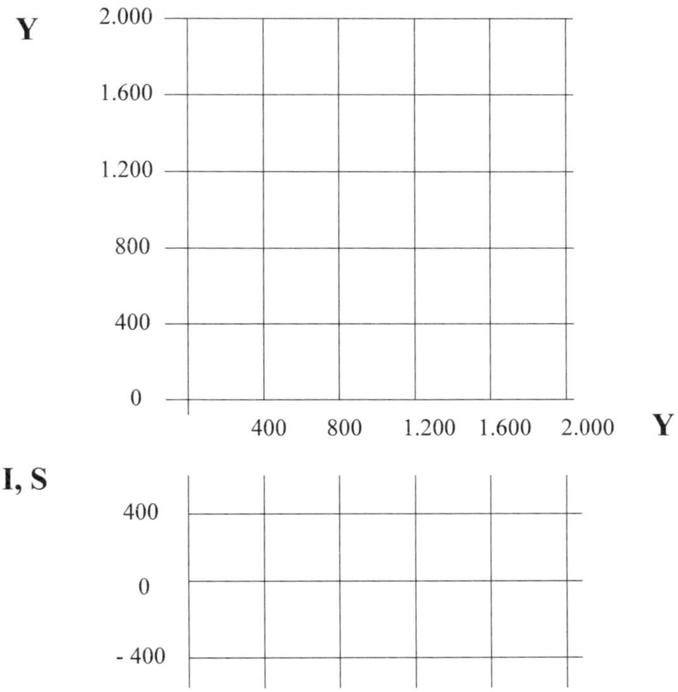

3) Um wie viel müssten die Investitionen steigen, damit sich das Einkommen auf 2.000 erhöht? Unter welchem Begriff ist diese Überlegung bekannt? Ist bei diesem Einkommen ein Gütermarktgleichgewicht gegeben?

Fallbeispiel 6.13: Staat als exogener Schock (+)

1) Berechnen Sie das Gleichgewichtseinkommen einer Volkswirtschaft, die nur durch folgende Gleichungen bestimmt wird: $C = 50 + 0{,}8 \times Y$ und $I_{aut} = 450$
2) Ergänzen Sie das Modell durch Einführung eines Staates, der Konsumausgaben und öffentliche Investitionen (= G, Government) in Höhe von 300 Mrd. € tätigt.
3) Der Staat finanziert seine Ausgaben durch Erhebung einer autonomen Steuer in Höhe von ebenfalls 300 Mrd. €. Wie verändert sich das Ergebnis im Vergleich zu a) bzw. b)?
4) Der Staat zahlt Transfers in Höhe von 100 Mrd. € an die privaten Haushalte. Ermitteln Sie das neue Gleichgewichtseinkommen. Gilt in dieser Situation die Gleichgewichtsbedingung $I = S$?

Fallbeispiel 6.14: Staatsausgabenmultiplikator bei autonomen Steuern (+)

Die Konsumfunktion ist gegeben durch $C = 200 + 0{,}75 \times (Y - T)$. Die geplanten Investitionen, die Staatsausgaben und die autonomen Steuern betragen jeweils 100.

1) Wie groß ist das gleichgewichtige Einkommensniveau?
2) Wie groß ist das neue Gleichgewichtseinkommen, wenn der Staat seine Ausgaben aufgrund öffentlicher Investitionen auf 125 erhöht?
3) Wie verändert sich das Gleichgewichtseinkommen, wenn die privaten Investitionen aufgrund optimistischer Zukunftserwartungen ebenfalls um ein Viertel zunehmen? Vergleichen Sie das Ergebnis mit 2).

Fallbeispiel 6.15: Multiplikator bei einkommensabhängigen Steuern (+)

Gegeben sind folgende Größen:

- $C = 200 + 0{,}8 \times Y_v$
- $Y_v = Y - T$
- $T = 0{,}25 \times Y$
- $I_{aut} = 100$
- $G_{aut} = 100$

1) Ermitteln Sie das Gleichgewichtseinkommen.
2) Ermitteln Sie den numerischen Wert des Investitionsmultiplikators.
3) Wie verändert sich das BIP bei einer dauerhaften Investitionserhöhung um 50 Mrd. €?
4) Wie verändert sich der Multiplikator, wenn die marginale Steuerquote auf 20 % gesenkt wird? Berechnen Sie den konkreten Wert.

Fallbeispiel 6.16: Strohfeuereffekte und Grenzen der Multiplikatoranalyse (+)

1) Im Jahr 2006 stellt der Staat für die Weltmeisterschaft 2006 einmalig 10 Mrd. € bereit, um die Fußballstadien zu modernisieren. Fachleute erwarten dadurch einen Anstieg des BIP in den Folgejahren um ca. 30 Mrd. €. Wie beurteilen Sie diese Erwartung? Würde sich an Ihrer Beurteilung etwas verändern, wenn die Investitionen privat finanziert würden?
2) Mit welchen Instrumenten kann der Staat im Rahmen der Multiplikatoranalyse grundsätzlich positiv auf das BIP einwirken?
3) Wo sehen Sie grundsätzliche Probleme bei der Ableitung von Multiplikatoreffekten?

Kapitel 7

Kapitel 7: Stabilisierungsaufgabe des Staates

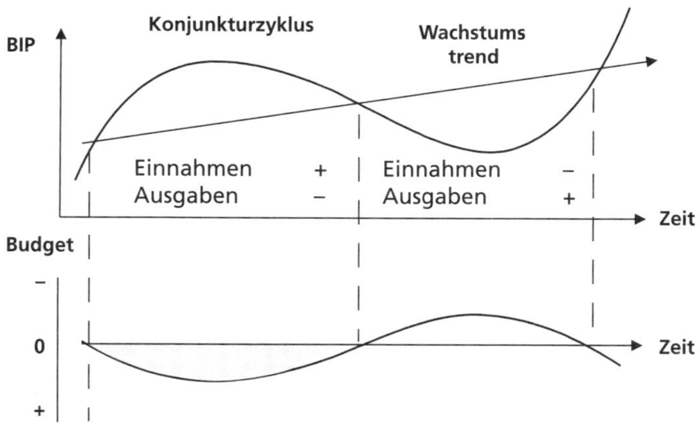

Inhaltsübersicht

Lernzielorientierte Sachverhalte

- Ausgehend vom öffentlichen Budget lassen sich die staatliche Einnahmen- und Ausgabenpolitik unterscheiden. Mit Hilfe von Krediten lassen sich Einnahmedefizite schließen.
- Der Einfluss der Finanzpolitik auf eine Volkswirtschaft lässt sich anhand von Steuer-, Abgaben- und Staatsausgabenquoten beurteilen.
- Die Finanzpolitik ist vom Grundsatz her antizyklisch ausgerichtet und stützt sich schwerpunktmäßig auf Ermessensentscheidungen. Ziel ist die Stabilisierung der gesamtwirtschaftlichen Entwicklung. Gesetzliche Grundlage in Deutschland ist das Stabilitäts- und Wachstumsgesetz aus dem Jahr 1967.
- Ein Grundproblem der antizyklischen Finanzpolitik besteht darin, dass sie in Phasen der Rezession leichter realisiert werden kann als in Phasen eines Konjunkturaufschwungs. Folge ist ein Anstieg der Staatsverschuldung.
- Im Mittelpunkt der Einnahmenpolitik steht die Steuerpolitik. Zur Gestaltung eines Steuersystems sind normative Entscheidungen zu treffen sowie Fragen der technischen Ausgestaltung zu klären.
- Vorschläge zur Reformierung des Steuersystems stützen sich auf unterschiedliche Wirkungsketten. Der Erfolg von Steuerreformen ist u. a. abhängig vom Verhalten der Wirtschaftssubjekte.
- Ein Anstieg der Staatsausgaben hat einen größeren Effekt als eine beitragsgleiche Verminderung der Steuern. Ursache ist, dass private Haushalte einen Teil ihres verfügbaren Einkommens sparen.
- Staatliche Ausgaben lassen sich nicht nur über Steuern, sondern auch über Kredite finanzieren. Die Kreditfinanzierung sollte sich vom Grundkonzept her auf öffentliche Investitionen beschränken und muss Regelungen des Grundgesetzes berücksichtigen.
- Eine Finanzierung der Staatsausgaben über Geldschöpfung ist in der EWU verboten. Dies ist sinnvoll, denn am Ende eines derartigen Prozesses entstehen häufig hohe Inflationsraten.

7.1 Aufgaben und Grundsatzpositionen der Finanzpolitik

Nach Übertragung der geldpolitischen Kompetenzen an das Europäische System der Zentralbanken (ESZB) ist der Stellenwert der Finanzpolitik zur Durchsetzung der nationalen Wirtschaftspolitik in der EWU größer geworden. Zwar gibt es auch im Bereich der Finanzpolitik eine enge Koordination zwischen den EWU-Staaten (Stichwort Stabilitätspakt), grundsätzlich liegt aber die Ausgestaltung der staatlichen Einnahmen und Ausgaben im Ermessen der Nationalstaaten. Die **Finanzpolitik** beschäftigt sich mit der Frage, wie Staatseinnahmen und Staatsausgaben gestaltet werden müssen, um wirtschaftspolitische Ziele verfolgen zu können. Das Handlungsfeld der Finanzpolitik ist weiter gesteckt als jenes der Geldpolitik, das primär dem Ziel der Preisniveaustabilität verpflichtet ist. Ausgehend von *Richard Musgrave* lassen sich die Aufgaben den Teilbereichen Allokation, Distribution und Stabilisierung zuordnen. In einer weiten Abgrenzung sind auch die sozialen Sicherungssysteme dem Staat zuzurechnen, deren Ausgaben sich aufgrund des Prinzips der Umlagefinanzierung im Idealfall aus den Sozialbeiträgen speisen sollen (Abb. 7.1).

Öffentliches Budget als Ausgangspunkt der Finanzpolitik

Ausgaben (in Mrd. €)	
Staatskonsum	400
Öffentliche Investitionen	50
Subventionen	50
Zinsen auf Staatsschulden	50
Monetäre Sozialleistungen	400

Einnahmen (in Mrd. €)	
Steuern	500
Gebühren, Beiträge	0
Kredite	**50**
Sozialbeiträge	400

Allokation	Festlegung von Umfang und Struktur der Bereitstellung öffentlicher Güter (z.B. Bildung, Innere Sicherheit)
Distribution	Gestaltung der Einkommens- und Vermögensverteilung sowie der monetären Transfersysteme
Stabilisierung (= Fiskalpolitik)	Unterstützung stabilisierungspolitischer Ziele, insbesondere • Preisniveaustabilität, • Wirtschaftswachstum • Hoher Beschäftigungsstand

Abb. 7.1: Aufgabenfelder der Finanzpolitik (fiktive Zahlen)

Aufgaben der Finanzpolitik

Die **Allokationsaufgabe** besteht in der Festlegung von Art, Umfang und Struktur öffentlicher Aktivitäten und öffentlicher Güter (z. B. Innere und Äußere Sicherheit). Bestimmte Aufgaben müssen aufgrund des Versagens der marktwirtschaftlichen Koordination (z. B. Umweltschutz) oder sollen aufgrund von normativen Erwägungen (z. B. Bildung) staatlich erfüllt werden. Die **Distributionsaufgabe** beantwortet die Frage, wie eine als gerecht empfundene Einkommens- und Vermögensverteilung zu erreichen ist. Sofern einzelne Wirtschaftssubjekte nicht in der Lage sind, produktive Leistungen (z. B. wegen Krankheit, Alter) zu erbringen, soll der Staat Umverteilungen durch Transferleistungen vornehmen.

Auch innerhalb der Gruppe der Einkommensempfänger können Umverteilungsmaßnahmen aus allgemein akzeptierten Gerechtigkeitsvorstellungen heraus erwogen werden (z. B. durch die progressive Besteuerung der Einkommen). Für die Bereitstellung öffentlicher Güter und die Umverteilung des Einkommens ist es nicht zwangsläufig erforderlich, dass Ausgaben und Einnahmen des Staates voneinander abweichen. Diese Aufgaben könnte der Staat weitgehend auch bei einem ausgeglichenen Budget wahrnehmen. Seit *John Maynard Keynes* besteht jedoch die Vorstellung, dass der Staat gesamtwirtschaftliche Fehlentwicklungen wie Rezession und Arbeitslosigkeit bekämpfen kann. Zur Wahrnehmung dieser **Stabilisierungsaufgabe** kann der Staat Ressourcen zwischen den Zeitperioden verschieben, d. h. in Zeiten des Aufschwungs sparen und in der Rezession wieder ausgeben. Im Rahmen der keynesianischen Politik wird dem öffentlichen Budget diese direkte stabilisierungspolitische Verantwortung explizit zugewiesen. In diesem Sinne wird die Finanzpolitik zur **Fiskalpolitik** (*fiscal policy*). Da die Maßnahmen primär dazu dienen, das vorhandene Produktionspotential auszulasten bzw. die Konjunktur zu stabilisieren, wird von einer **nachfrageorientierten Politik** gesprochen. Diese Stabilisierungsaufgabe des Staates steht nachfolgend im Mittelpunkt.

Quoten in der Finanzpolitik

Staatsquoten setzen staatliche Einnahmen- oder Ausgabenpositionen zu übergeordneten Größen in Beziehung. Vorwiegend wird das nominale BIP als Bezugsgröße verwendet (Abb. 7.2). Geläufige Indikatoren sind auf der Ausgabenseite z. B. die **Staatsausgabenquote** oder auf der Einnahmeseite die **Steuer-** und/oder **Abgabenquote**. Ergänzt werden diese Quoten durch Kennziffern, die sich auf die **Verschuldung** beziehen (vgl. dazu Kap. 8).

Beurteilung staatlicher Aktivitäten

Ausgaben (in Mrd. €)	
Staatskonsum	400
Öffentliche Investitionen	50
Subventionen	50
Zinsen auf Staatsschulden	50
Monetäre Sozialleistungen	400

Einnahmen (in Mrd. €)	
Steuern	500
Gebühren	0
Kredite	50
Sozialbeiträge	400

Staatsausgabenquoten
(Annahme: BIP^{nom} = 2.000 Mrd. €)

ohne Sozialsysteme: (550/2.000) × 100 = 27,5%

mit Sozialsystemen: (950/2.000) × 100 = 47,5%

Steuerquote: (500/2.000) × 100 = 25%

Sozialbeitragsquote: (400/2.000) × 100 = 20%

Abgabenquote: ((500 + 400)/2.000) × 100 = 45%

Defizitquote: (50/2.000) × 100 = 2,5%

Abb. 7.2: Quoten der Finanzpolitik (fiktive Zahlen)

Staatsausgaben: Wie groß soll der Einfluss des Staates sein?

Allgemein wird das Verhältnis aller Staatsausgaben einschließlich der Leistungen der Sozialversicherungen zum BIP als Staatsausgabenquote (bzw. Staatsquote) definiert. Sie belief sich im Jahre 2007 auf rund 50 %. Diese Quote besagt nicht, dass der Staat die Hälfte des BIP für sich in Anspruch genommen hat. Ursächlich ist, dass in den Staatsausgaben auch Transferzahlungen an private Haushalte wie z. B. Kindergeld, Arbeitslosengeld I und II, aber auch gezahlte Subventionen an Unternehmen enthalten sind. Dies sind Ausgaben, die der Staat nicht für die Produktion öffentlicher Güter in Anspruch nimmt. Insofern ist die Staatsquote eine **unechte Quote**. Auf der anderen Seite erfasst die Staatsquote den tatsächlichen Einfluss des Staates auf die Wirtschaft nicht vollständig, da z. B. öffentliche Unternehmen nicht dem Staat, sondern dem privaten Sektor zugeschlagen werden. Bei internationalen Vergleichen ist zu berücksichtigen, dass der Sektor Staat unterschiedlich abgegrenzt wird.

In der Theorie gibt es unterschiedliche Meinungen darüber, wie hoch die Staatsquote idealerweise sein sollte (optimale Staatsquote). Einig ist man sich, dass bei einer Rate von null Prozent Anarchie und bei einem Wert von Einhundert Prozent Despotie herrschen würde (Abb. 7.3). In Deutschland fordern Politiker häufig eine Senkung der Staatsquote auf „**unter 40 Prozent**“. Gestützt wird diese Forderung durch Untersuchungen, die ein kräftiges Wirtschaftwachstum in Staaten gemessen haben, deren Staatsquote bei 35 % lag (u. a. USA, Irland). Andererseits erreichen z. B. skandinavische

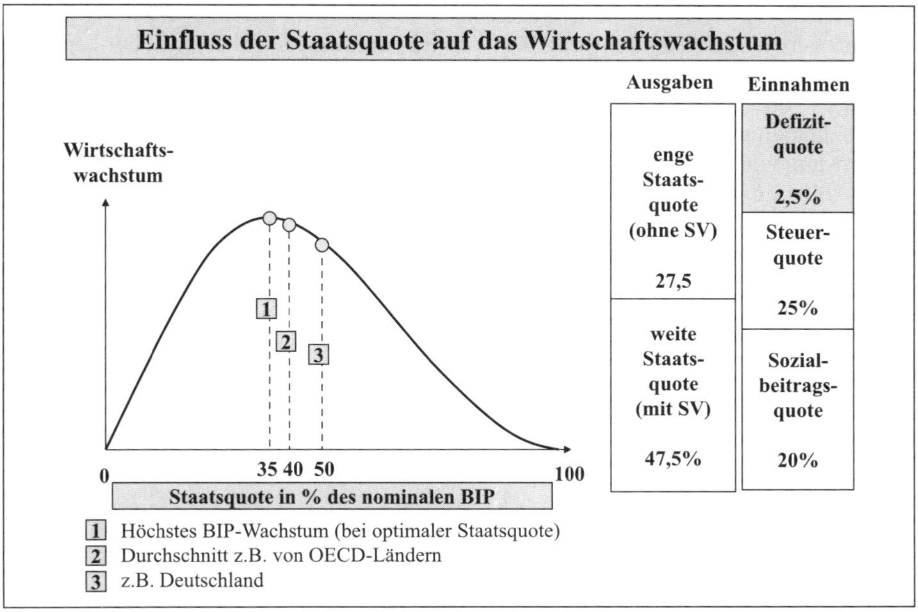

Abb. 7.3: Die „optimale Staatsquote"

Länder bei Staatsquoten von ca. 50 % durchaus gute Ergebnisse bei Wirtschaftswachstum und Beschäftigung.

Ein Problem derartiger Betrachtungen ist, dass oft nur die Summe der Ausgaben, nicht aber ihre Verwendung (z. B. Konsum, Investitionen) betrachtet wird. Die Effizienz der Staatsausgaben ist daher ein wesentlich wichtigerer Maßstab als die reine Größenordnung der Ausgaben. Um die Effizienz beurteilen zu können, betrachtet man beispielsweise die Ausgabenstruktur. Man schaut, wie viel der Staat etwa in Infrastruktur investiert und so die Voraussetzung für private Aktivitäten und zukünftiges Wachstum schafft bzw. wie hoch der Konsumanteil ist. Außerdem ist zu berücksichtigen, mit welchen Gesetzen und Regeln der Staat in wirtschaftliche Abläufe eingreift.

Steuer- und Abgabenquoten: Wie hoch darf die Belastung von Bürgern und Unternehmen sein?

Die volkswirtschaftliche Steuer-, Sozialbeitrags- und Abgabenquote sind gebräuchliche Indikatoren zur Messung der Belastung, die den Bürgern und der Wirtschaft durch staatliche Zwangsabgaben auferlegt wird. Ermittelt werden diese Belastungsquoten, indem das Steueraufkommen, das Aufkommen an Sozialbeiträgen sowie die Summe beider Größen zum nominalen BIP ins Verhältnis gesetzt werden. Während bei der Bezugsgröße „BIP" Übereinstimmung herrscht, werden die bei der Quotenberechnung einzubeziehenden Steuern und Sozialbeiträge unterschiedlich abgegrenzt. Eine enge Abgrenzung von Steuern und Sozialbeiträgen nimmt die OECD vor, eine weite die Deutsche Bundesbank. So lag die deutsche Abgabenquote gemäß der Abgrenzung der Deutschen Bundesbank im Jahr 2010 bei 42 %, gemäß der Abgrenzung der OECD bei „nur" 36,5 %. Da die Bezugsgröße in beiden Fällen das BIP ist, bedeutet der Abstand von rund 6 Prozentpunkten, dass die OECD ein um etwa 125 Mrd. Euro niedrigeres Aufkommen aus Steuern und Sozialabgaben in die Quotenberechnung einbezieht als die Bundesbank. Woher kommen diese Unterschiede? Dazu zwei Beispiele:

- Die OECD-Statistik enthält im Gegensatz zu nationalen Statistiken nicht die Sozialversicherungsbeiträge der freiwillig Versicherten, hauptsächlich für Kranken- und Pflegeversicherung sowie die Sozialversicherungsbeiträge, die der Staat für Empfänger von Sozialtransfers zahlt, z. B. Rentenversicherungsbeiträge für Arbeitslosengeldempfänger.
- Transfers wie das Kindergeld, die die Finanzämter auszahlen, werden in Deutschland mit dem Einkommensteueraufkommen verrechnet; andere Länder verrechnen solche Hilfen nicht und weisen entsprechend höhere Steuerquoten aus. Zudem werden in Deutschland Sozialtransfers nicht wie in anderen Ländern besteuert.

Derartige Durchschnittsgrößen sagen wenig über die richtige Größenordnung der Abgabenbelastung von privaten Haushalten und Unternehmen aus. Eine Ursache liegt darin, dass das BIP, zu dem die staatlichen Abgaben ins Verhältnis gesetzt werden, definitionsgemäß mehr beinhaltet als die Summe der erzielten Einkommen (Volkseinkommen, Verfügbares Einkommen, Bruttoeinkommen). Hinzu kommen zahlreiche Möglichkeiten, die effektive Steuerbelastung durch Ausnahmetatbestände oder Abzugsmöglichkeiten zu verändern.

Grundsatzpositionen: Wie soll die Finanzpolitik gestaltet werden?

Die Finanzpolitik muss klären, ob ein jährlicher Haushaltsausgleich anzustreben ist oder ob Defizite z. B. zur konjunkturellen Stabilisierung in Kauf genommen werden sollen. Teilweise gibt es Forderungen nach einer **Regelbindung**.

Derartige Bindungen beziehen sich vor allem auf den Aspekt der Verschuldung, z. B. Regeln, die durch den Vertrag von Maastricht oder den Stabilitäts- und Wachstumspakt gezogen werden (vgl. Kap. 8). Umgekehrt gibt es Forderungen, die Einnahmen- und Ausgabenpolitik grundsätzlich **fallweise** (diskretionär) auszugestalten, um angemessen auf zyklische Schwankungen der Volkswirtschaft reagieren zu können (Abb. 7.4).

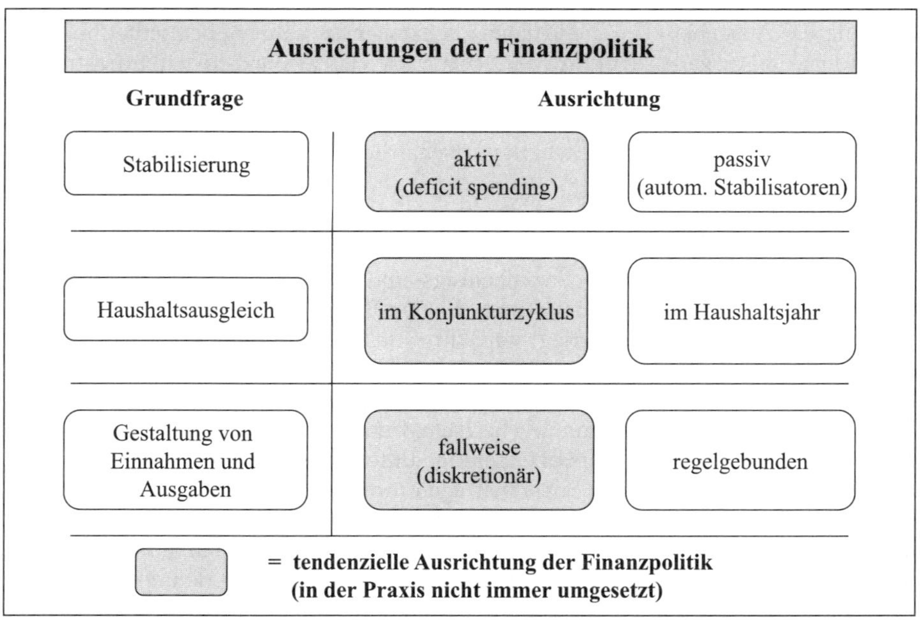

Abb. 7.4: Stabilisierungspolitische Ausrichtung der Finanzpolitik

Schlagwörter	• Allokations-, Distributions-, Stabilisierungsaufgabe	• Staatsquote • Steuerquote • Abgabenquote

7.1.1 Haushaltsausgleich und passive Stabilisierung

Einer der traditionellen Haushaltsgrundsätze des Bundes besagt: *„Der Haushaltsplan ist in Einnahme und Ausgabe auszugleichen."* (Art. 110, Abs. 1 Grundgesetz). Dieses Postulat besagt vereinfacht, dass eine Regierung nicht mehr ausgeben darf als eingenommen wird. Die Mehrzahl von Ökonomen spricht sich angesichts einer unstetigen konjunkturellen Entwicklung gegen eine kurzfristige Anwendung dieser Regel aus. Etwa 90 % der Staatseinnahmen sind Steuern, wobei die Besteuerung an Tatbeständen ansetzt, die sich weitgehend parallel zum Konjunkturverlauf entwickeln. Im Abschwung gehen z. B. die Umsätze und damit die Aufkommen aus der Mehrwertsteuer zurück; steigende Arbeitslosigkeit und zurückgehende Unternehmensgewinne vermindern das Aufkommen aus der Lohn-, Einkommen- und Körperschaftsteuer. Auf der anderen Seite steigen die staatlichen Ausgaben in Form von Lohnersatzleistungen (Arbeitslosengeld I und II). Insgesamt drängen diese Mindereinnahmen und Mehrausgaben das Budget in Richtung Defizit. Nach dem Postulat des jährlichen Haushaltsausgleichs müssten in dieser Situation die Staatsausgaben gesenkt werden, so dass die konjunkturelle Situation weiter verschärft würde. Umgekehrt würden sich im Aufschwung die Staatseinnahmen erhöhen und gegebenenfalls im Falle der Verausgabung die Konjunktur überhitzen. Eine derartige **Parallelpolitik** würde die konjunkturellen Ausschläge verstärken, d. h. **prozyklisch** wirken.

Passive Stabilisierung

Die Wirkung der **passiven Stabilisierung** beruht darauf, dass sowohl Teile der staatlichen Einnahmen als auch der Ausgaben mit der Konjunktur schwanken (Tab. 7.1).

Tab. 7.1: Passive Stabilisierung im Konjunkturverlauf

Stabilisierung durch	Aufschwung	Abschwung
Arbeitslosenversicherung	höhere Beitragseinnahmen; geringere Auszahlungen; Bildung von Überschüssen	(höhere) Auszahlungen stabilisieren den privaten Konsum
Progressives Steuersystem	Einkommenssteigerungen führen zu höheren Steuern; Anstieg des privaten Konsums wird gedämpft	Einkommenssenkungen führen zu geringeren Steuern; Rückgang des privaten Konsums wird gedämpft

Betrachten wir als erstes Beispiel ein **soziales Sicherungssystem** bei Arbeitslosigkeit und Armut. Der Ausfall der Nachfrage durch Arbeitslosigkeit ist kleiner, wenn es ein solches Sicherungssystem gibt, wie folgendes Zahlenbeispiel deutlich macht:

Durchschnittslohn	Arbeitslose	Unterstützung	Nachfrageausfall
20.000	1 Mio.	keine	20 Mrd. €
20.000	1 Mio.	10.000 (50 %)	10 Mrd. €

Betrachten wir als zweites Beispiel ein **progressives Steuersystem**. Aus Vereinfachungsgründen wählen wir eine geschlossene Volkswirtschaft (ohne Ausland):

(1) $Y = C_{aut} + c \times (Y\text{-}T) + I_{aut} + G_{aut}$

(2) $T = 0{,}25 \times Y$

(3) $Y = 100 + 0{,}8 \times (Y - 0{,}25 \times Y) + 200 + 500$

(4) $Y = (1/0{,}4) \times 800 = 2.000$ Mrd. €

Wenn wir die Investitionsgüternachfrage (I_{aut}) in Höhe von 200 Mrd. € um 100 Mrd. € erhöhen bzw. 100 Mrd. € senken, erhalten wir folgende Ergebnisse:

Situation	Y	T	G	Budget	
Ausgangssituation	2.000	500,0	500	0	
I_{aut} sinkt um 100 Mrd. €	1.750	437,5	500	– 62,5	**Automatische Stabilisatoren**
I_{aut} steigt um 100 Mrd. €	2.250	562,5	500	+ 62,5	

Konjunkturelle Nachfrageschocks führen also zu Schwankungen im öffentlichen Budget, ohne dass durch politische Entscheidungen die Staatsausgaben oder Steuersätze verändert werden. In unserem Beispiel führt die einkommensabhängige Besteuerung im Aufschwung automatisch zu einer Erhöhung und im Abschwung zu einer Verringerung der Steuerlast (Abb. 7.5).

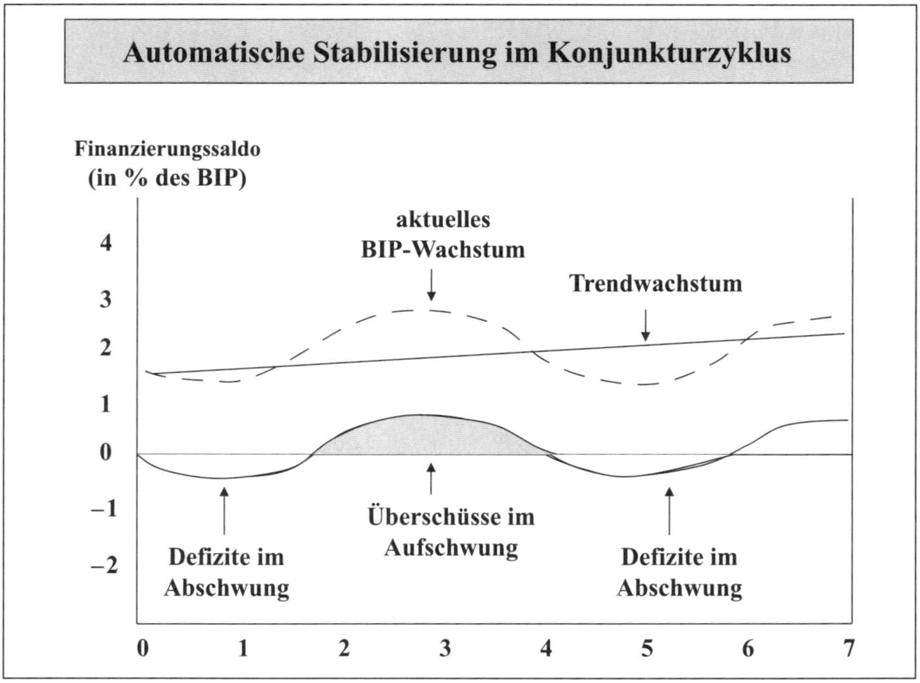

Abb. 7.5: Automatische Stabilisatoren

Je progressiver das Steuersystem (im Beispiel je größer t) ist, umso kleiner ist die Veränderung des Einkommens und umso größer ist die Wirkung der built-in-flexibility:

Steuersatz (t)	effektive marginale Konsumquote	Multiplikator
0,25 (25 %)	0,8 × (1 – 0,25) = 0,60	1 / (1 – 0,60) = 2,50
0,30 (30 %)	0,8 × (1 – 0,30) = 0,56	1 / (1 – 0,56) = 2,27
0,40 (40 %)	0,8 × (1 – 0,40) = 0,48	1 / (1 – 0,48) = 1,92

Beachten Sie, dass wir in diesem Beispiel die Staatsausgaben unverändert gelassen haben. In der Praxis ist dies nicht der Fall, da z. B. die Ausgaben für die Arbeitslosigkeit konjunkturell schwanken. Streng genommen sind also die Staatsausgaben ebenfalls vom BIP abhängig, d. h. G = G(Y). Wenn das gesamtwirtschaftliche Einkommen im Zuge einer konjunkturellen Abschwächung sinkt, die staatlichen Ausgaben in Form von Transfers aber steigen, dann machen letztere einen relativ höheren Teil der Kaufkraft aus als in Zeiten eines konjunkturellen Aufschwungs. Damit stützen sie die gesamtwirtschaftliche Nachfrage und führen zu einer Abmilderung des Abschwungs. Die automatischen Stabilisatoren können nur wirken, wenn Steuersätze und Staatsausgaben über die Konjunkturzyklen konstant sind. Ein Verbot staatlicher Defizite in Zeiten eines konjunkturellen Abschwungs würde die automatischen Stabilisatoren außer Kraft setzen. Die Akzeptanz konjunkturbedingter Defizite, die durch das Wirken der automatischen Stabilisatoren entstehen, entspricht einer **passiven Stabilisierung**. Diese kann jedoch nur unter bestimmten Bedingungen greifen:

- es muss ein progressiv ausgestaltetes Steuersystem vorliegen (die Aufkommenselastizität muss größer als Eins sein: $\Delta T/\Delta Y > 1$);
- im Aufschwung dürfen Mehreinnahmen nicht verausgabt werden, d. h. das Budget ist im Konjunkturzyklus auszugleichen;
- der zeitliche Abstand zwischen Steuerzahlung und Entstehung der Steuerschuld muss hinreichend gering sein, d. h. die Stabilisatoren müssen ohne größere Zeitverzögerung auf konjunkturelle Schwankungen reagieren (dies ist z. B. bei Quellenabzugs-, nicht aber bei Veranlagungsverfahren der Einkommensteuer der Fall).

Die automatischen Stabilisatoren sind hilfreich und ihre Wirkung ist unbestritten. Sie garantieren aber nicht, dass eine konjunkturelle Schwäche schnell überwunden wird. Notwendig ist in vielen Situationen eine aktive expansive Finanzpolitik.

Schlagwörter		
	• jährlicher Haushaltsausgleich • Parallelpolitik	• passive Stabilisierung • automatische Stabilisatoren

7.1.2 Antizyklische Ausrichtung

Die Arbeiten von *John Maynard Keynes* gelten als Grundlage für eine **antizyklische** Ausrichtung der **Steuer-** und **Ausgabenpolitik**. Geprägt von der Weltwirtschaftskrise Ende der 20er Jahre vertrat *Keynes* die Auffassung, dass der private Sektor von sich aus nicht selbst in der Lage ist, gesamtwirtschaftliche Problemstellungen zu lösen (**Instabilität des privaten Sektors**). Der Staat soll im Fall einer Rezession und konjunktureller Arbeitslosigkeit zusätzliche Maßnahmen ergreifen, um die gesamtwirtschaftliche Nachfrage zu beleben. Konjunkturbedingte Einnahmenausfälle des Staates sind nicht durch entsprechende Ausgabenkürzungen auszugleichen. Dem Staat – d. h. dem Fiskus – wird eine aktive stabilisierungspolitische Aufgabe zugewiesen. Keynesianer werden daher oft als Fiskalisten bezeichnet. Diese Bezeichnung greift allerdings zu kurz, da in dieser Konzeption auch die **monetäre Konjunkturpolitik** eine aktive Rolle einnehmen kann. Aufgrund von Wirkungsverzögerungen geldpolitischer Instrumente stehen jedoch die **Fiskalpolitik** und der Einsatz des staatlichen Budgets im Mittelpunkt nachfragewirksamer Politikempfehlungen.

Globalsteuerung

Die Finanz- und Fiskalpolitik ist auf eine Niveausteuerung von ökonomischen Größen beschränkt (**Globalsteuerung**), d. h. es erfolgt weder eine sektorspezifische oder regionale Differenzierung der Steuerung noch ein Eingriff in die Entscheidungsautonomie der privaten Haushalte und Unternehmen. Die Globalsteuerung unterscheidet sich damit z. B. von der Industriestrukturpolitik oder den verschiedenen Formen der Investitionslenkung, die das Verhalten der Unternehmen mehr oder minder direkt beeinflussen.

Die antizyklische Ausrichtung der Prozesspolitik zielt auf eine gesamtwirtschaftliche Steuerung der binnenwirtschaftlichen Nachfragegrößen entgegen dem Verlauf des Konjunkturzyklus (**Stop-** und **Go-Politik**) ab, wobei in den unterschiedlichen Konjunkturphasen verschiedene Zielverletzungen im Vordergrund stehen:

- In der Hochkonjunktur entsteht die Gefahr einer Nachfrageinflation, so dass staatliche Maßnahmen auf eine Dämpfung der Nachfrage abzielen sollen (**Stop-Politik**).
- In einer Rezession sind aufgrund der bestehenden konjunkturellen Arbeitslosigkeit Maßnahmen zu ergreifen, so dass die gesamtwirtschaftliche Nachfrage angeregt wird (**Go-Politik**).

Insgesamt sollen diese Maßnahmen verstetigend auf die konjunkturelle Entwicklung wirken. Die konjunkturellen Ausschläge würden somit geringer als im Fall nicht vorhandener staatlicher konjunkturpolitischer Aktivitäten ausfallen.

Aktive Stabilisierung (deficit spending)

Eine **aktive Stabilisierung** setzt voraus, dass der Staat bereit ist, temporär die konjunkturelle Verschuldung zu erhöhen (Abb. 7.6). Diese Defizite sind gemeint, wenn von **deficit spending** die Rede ist. Aus dem Konzept der antizyklischen Globalsteuerung lassen sich für die staatliche Schulden- und Kreditpolitik verschiedene Schlussfolgerungen ableiten.

Nach deutschem Recht sind Budgetdefizite in der Rezession (*deficit spending*) – z. B. zur Finanzierung öffentlicher Investitionen (Konjunkturprogramme) – erlaubt, aber an bestimmte Grenzen geknüpft. **Art. 115 GG** schreibt in seiner bis zum Jahr 2010 gültigen Fassung vor, dass die öffentliche Kreditaufnahme die Summe der im Haushaltsplan jährlich veranschlagten Investitionen nicht überschreiten darf. Ausnahmen sind nur zulässig zur Abwehr der Störung eines gesamtwirtschaftlichen Gleichgewichts, das allerdings nicht präzise definiert ist. Die aktuelle Fassung des Art. 115 GG hat die Grenzen der Kreditaufnahme verschärft. Nunmehr gilt: *„Einnahmen und Ausgaben sind grundsätzlich ohne Einnahmen aus Krediten auszugleichen. Diesem Grundsatz wird entsprochen, wenn die Einnahme aus Krediten 0,35 vom Hundert im Verhältnis zum nominalen Bruttoinlandsprodukt nicht überschreiten. Zusätzlich sind bei einer von der Normallage abweichenden konjunkturellen Entwicklung die Auswirkungen auf den Haushalt im Auf- und Abschwung symmetrisch zu berücksichtigen."* (Art. 115, Abs. 2, Satz 1–3, Grundgesetz).

Budgetüberschüsse in der Hochkonjunktur (beispielsweise aufgrund überproportionaler Steuermehreinnahmen) sollen zur Rückzahlung der Defizite verwandt bzw. stillgelegt und auf keinen Fall verausgabt werden, um die Konjunktur nicht zu überhitzen.

Darüber hinaus bleiben die durch den EU-Vertrag von Maastricht gesetzten **Budgetkriterien** zu berücksichtigen.

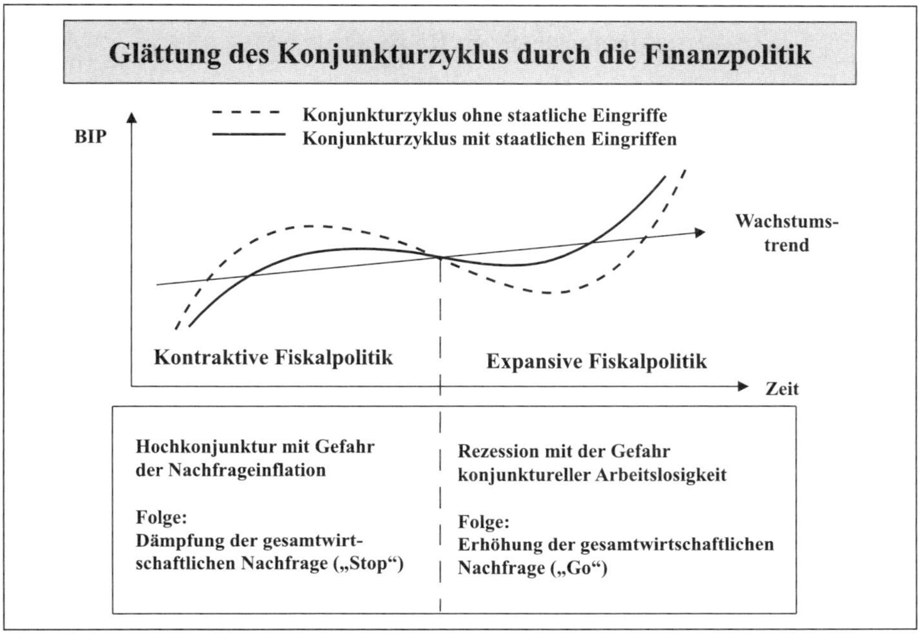

Abb. 7.6: Antizyklische Fiskalpolitik

Insgesamt soll die antizyklische Handhabung des staatlichen Budgets zu einer Verstetigung der konjunkturellen Entwicklung beitragen (Abb. 7.7). Der eingangs genannten Vorschrift zum Ausgleich des Haushalts von Einnahmen und Ausgaben wird formal Rechnung getragen, indem haushaltsrechtlich erlaubte **Kredite** zu den laufenden, wenn auch **außerordentlichen Einnahmen** gerechnet werden.

Stabilitäts- und Wachstumsgesetz

Gesetzliche Grundlage für eine antizyklisch ausgerichtete Fiskalpolitik in Deutschland ist das **Gesetz zur Förderung der Stabilität und des Wachstums der Wirtschaft** (StabG) aus dem Jahr 1967. Nach § 2 des StabG sind Bund und Länder verpflichtet, ihre wirtschafts- und finanzpolitischen Maßnahmen so zu treffen, dass sie im *„Rahmen der marktwirtschaftlichen Ordnung gleichzeitig zur Stabilität des Preisniveaus, einem hohen Beschäftigungsstand und einem außenwirtschaftlichen Gleichgewicht bei Stetigem und Angemessenem Wirtschaftswachstum beitragen"*.

Eingeleitet wurde der Paradigmenwechsel von der eher liberalen, marktwirtschaftlichen Wirtschaftspolitik von *Ludwig Erhard* zur „aufgeklärten Wirtschaftspolitik" des damaligen Wirtschaftsministers *Karl Schiller* durch die Rezession von 1966/67. Der Anstieg der Arbeitslosenquote auf das für damalige Verhältnisse hohe Niveau von 2,1 % führte nicht nur zu einem Wechsel der Regierung, sondern auch zu einem Konzeptionswechsel der Wirtschaftspolitik. Mit zwei Konjunkturprogrammen gelang es Wirtschaftsminister *Karl Schiller* die Rezession zu bekämpfen und die Wirtschaft in den Aufschwung zu führen. 1970 waren nahezu in allen Branchen die Kapazitäten wieder voll ausgelastet und die Arbeitslosenquote sank wieder auf nur noch 0,7 %.

Das StabG enthält eine Fülle von Instrumenten, die sich in **Informations-** und **Koordinierungsinstrumente** sowie **prozesspolitische Instrumente** einteilen lassen. Zu den Informations- und Koordinierungsinstrumenten zählen z. B. der Jahreswirtschafts-

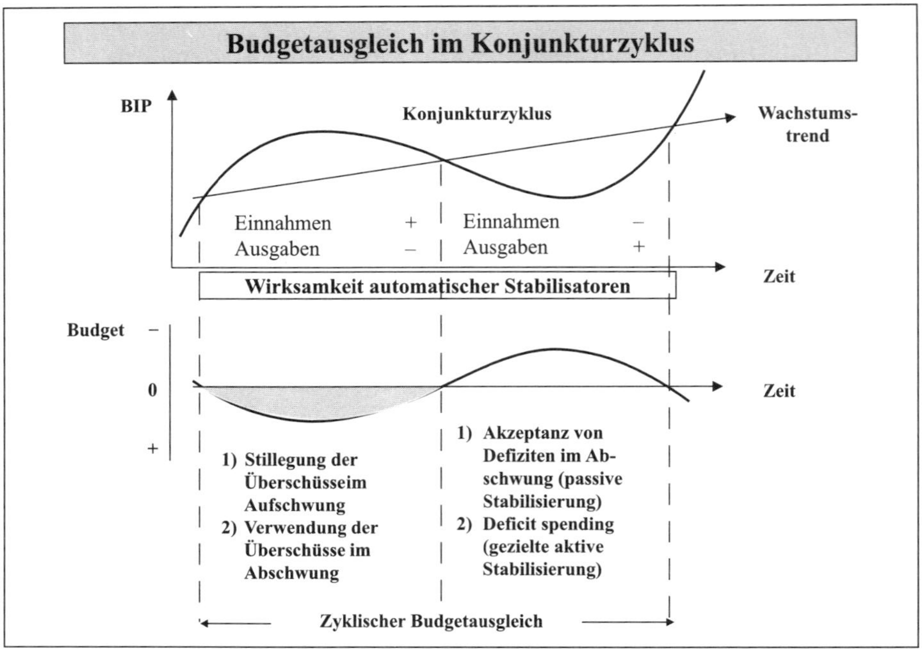

Abb. 7.7: Antizyklische Fiskalpolitik und Budgetsalden

bericht der Bundesregierung und die damit verbundenen Zielprojektionen über die wirtschaftliche Entwicklung und die mittelfristige Finanzplanung. Im Rahmen der **Prozesspolitik** sieht das StabG z. B. eine antizyklische Variation der Einkommensteuer vor (Abb. 7.8).

Im Rahmen des StabG kann die Bundesregierung die **Einkommensteuer** um höchstens 10 % und längstens für ein Jahr herabsetzen oder erhöhen. Auch die Einkommensteuervorauszahlungen können zeitlich vorgezogen oder hinausgeschoben werden. Gütersteuern (z. B. Mehrwertsteuer, Mineralölsteuer) werden nach mehrheitlicher Meinung nicht als geeignetes Instrument der antizyklischen Einnahmenpolitik betrachtet und sind nicht im Instrumentenkasten enthalten. Möglich ist eine antizyklische Veränderung der **Körperschaftsteuer** um maximal 10 %. Sie ist jedoch nur zusammen mit einer entsprechenden Veränderung der Einkommensteuer durchführbar. Darüber hinaus sieht das StabG zur Beeinflussung der privaten Investitionen eine Variation der **Abschreibungsmöglichkeiten** und die Zahlung eines **Investitionsbonus** bis zu 7,5 % der Anschaffungs- und Herstellungskosten vor. Vorgesehen ist auch die Bildung einer **Konjunkturausgleichsrücklage**. Diese ist mit einem „Sparkonto" vergleichbar, auf das der Staat in der Rezession zur Finanzierung zusätzlicher Ausgaben zurückgreifen kann.

In der Bundesrepublik Deutschland ist das Instrumentarium des Stabilitäts- und Wachstumsgesetzes im Wesentlichen in den Jahren 1970 bis 1977 eingesetzt worden. Die Erfolge bei der **Bekämpfung der konjunkturellen Arbeitslosigkeit** haben dem Konzept Anerkennung verschafft. Weniger erfolgreich war die keynesianisch geprägte Wirtschaftspolitik allerdings bei der Bekämpfung der Inflation, die sich zu Beginn der 70er Jahre infolge der hohen Kapazitätsauslastung, der geringen Arbeitslosigkeit und der zunehmenden Verteilungskonflikte zwischen den Tarifparteien einstellte. Es zeigte sich, dass es in der Rezession politisch relativ leicht war, zusätzliche Kredite aufzunehmen, um damit ein Konjunkturprogramm zu finanzieren. Im Boom ist es

„Stop" und „Go" der Fiskalpolitik

Ziele	Konjunkturphase	
	Rezession (Go)	**Hochkonjunktur (Stop)**
Beeinflussung der öffentlichen Nachfrage (G)	zusätzliche Ausgaben finanziert aus der Konjunkturausgleichs-rücklage	Ausgabensperren bei Bund und Ländern, Bildung einer Konjunk-turausgleichsrücklage
	Kreditaufnahme des Bundes bis zu 5 Mrd. DM auf dem Geld- und Kapitalmarkt	Limitierung der Kreditaufnahme
Beeinflussung der privaten Nachfrage (C, I)	Investitionsbonus für Unternehmen, Sonderabschreibungen	Aussetzung der degressiven Abschreibung
	Senkung der Einkommen- und Körperschaftsteuer um maximal 10%	Erhöhung der Einkommen- und Körperschaftsteuer um maximal 10%

Abb. 7.8: Ausgewählte Prozesspolitische Instrumente des StabG

jedoch kaum gelungen, Kürzungen der Staatsausgaben und/oder Steuererhöhungen gegen politische Widerstände durchzusetzen, so dass die Staatsverschuldung nicht abgebaut werden konnte.

Auch die einkommenspolitische Absicherung der Konjunkturpolitik durch das Instrument der **Konzertierten Aktion** erwies sich als wenig erfolgreich. Dieses Instrument bezeichnet ein abgestimmtes Verhalten aller für die Stabilitätspolitik verantwortlichen Entscheidungsträger, d.h. Regierung, Bundesbank und Tarifpartner. **Ordnungspolitisch** war die Einrichtung eines solches Gremiums umstritten, da die Verlagerung von marktmäßigen Lohn- und Preisentscheidungen auf die politische Ebene und das Entstehen einer Art Nebenregierung befürchtet wurde. Diese Befürchtungen haben sich ebenso wenig erfüllt wie die Hoffnungen auf eine stabilitätsgerechte Abstimmung der unterschiedlichen Interessen. Die Unverbindlichkeit des Gremiums und die Zunahme der Teilnehmer führten dazu, dass ein intensiver Meinungsaustausch nicht mehr möglich war.

Die Aufkündigung der Teilnahme durch die Gewerkschaften anlässlich der Mitbestimmungsklage der Arbeitgeberverbände vor dem Bundesverfassungsgericht in den 70er Jahren war ein notarieller Schlussstrich unter den Versuch, die tariflohnpolitischen Entscheidungen von Gewerkschaften und Unternehmensverbänden mit den Zielprojektionen der Regierung abzustimmen. 1997 wurde mit dem **Bündnis für Arbeit** erneut der Versuch unternommen, die wirtschaftspolitischen Entscheidungsträger zu einem abgestimmten Verhalten zu bewegen. Auch die Erfolge dieses Gremiums werden eher als gering eingeschätzt. Zentrales Problem ist auch in diesem Zusammenhang die Unverbindlichkeit der getroffenen Vereinbarungen (z.B. hinsichtlich von Lohnabschlüssen, zusätzlichen Arbeits- oder Ausbildungsplätzen, Investitionen).

Schlagwörter		
	• antizyklische Politik • Instabilität des privaten Sektors • Globalsteuerung • Stop- and Go-Politik • aktive Stabilisierung	• deficit spending • Art. 115 GG • Stabilitäts- und Wachstumsgesetz • Konzertierte Aktion • Prozesspolitik

7.1.3 Diskretionäre und regelgebundene Finanzpolitik

Die fallweise Wahl von Instrumenten hat den Vorteil, dass eine flexible Reaktion auf die jeweilige Problemsituation möglich ist. Ein grundsätzliches Problem resultiert aber daraus, dass finanzpolitische Maßnahmen sowohl auf der Einnahmen- als auch auf der Ausgabenseite **Zeitverzögerungen** (*time-lags*) unterworfen sind, die zu einer prozyklischen Wirkung der jeweiligen Maßnahme führen können.

Zeitverzögerungen

Die Wirtschaftspolitik kennt verschiedene Arten von Zeitverzögerungen, die man in vier Kategorien einteilen kann (Abb. 7.9):

1. Der **Erkennungslag** kennzeichnet die Zeitspanne zwischen dem Eintritt einer konjunkturpolitischen Störung und dem Erkennen dieses Sachverhalts durch die verantwortlichen Instanzen. Es müssen hinreichende Informationen über die konjunkturpolitische Störung zur Verfügung stehen und richtige Schlussfolgerungen hinsichtlich der Ursache der Störung gezogen werden. Beispielsweise ist zu diagnostizieren, ob und inwieweit die vorhandene Störung tatsächlich konjunktureller Natur ist.
2. Der **Entscheidungslag** kennzeichnet die Spanne zwischen der Einsicht in die Handlungsnotwendigkeit und dem Zeitpunkt der Entscheidung über die zu ergreifende Maßnahme. Vorab formulierte „Schubladenprogramme" können nur bedingt Abhil-

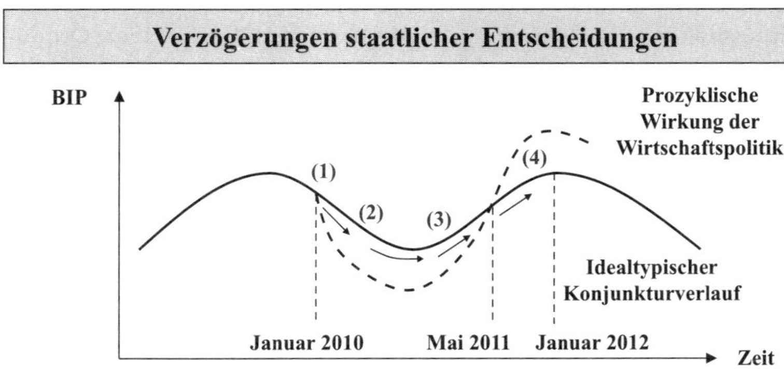

Verzögerung	Art	Sachverhalt	Zeitraum	Konjunkturphase
1. Erkennungslag	Innenverzögerung	Konjunkturdiagnose	Januar 2010	Abschwung
2. Entscheidungslag		Beschluss Senkung Einkommensteuer in politischen Gremien	September 2010	Abschwung
3. Durchführungslag		Umsetzung durch Finanzämter	Mai 2011	Beginnender Aufschwung
4. Wirkungslag	Außenverzögerung	Höherer Konsum durch Private Haushalte	Januar 2012	Aufschwung

Abb. 7.9: Wirkungsverzögerungen der Finanzpolitik

fe schaffen, denn Entscheidungen über die **Dosierung** und das **Timing** von Maßnahmen sind nach wie vor erforderlich. Wie groß müssen z. B. Konjunkturprogramme sein, damit die erhofften Wirkungen eintreten? Wann sollen die Maßnahmen umgesetzt werden, z. B. am 1. März oder erst am 1. Oktober des Jahres?

3. Im Fall unterschiedlicher Mehrheiten in den Entscheidungsgremien (z. B. Bundestag und Bundesrat) kann die Umsetzung einer Maßnahme unter Umständen viel Zeit in Anspruch nehmen. Darüber hinaus müssen z. B. im Fall einer Steuersenkung erst die steuertechnischen und steuerrechtlichen Grundlagen von den zuständigen Finanzämtern geschaffen werden. Dieser Umsetzungsprozess ist gegebenenfalls durch einen langen **Durchführungslag**, d. h. Zeitverzögerungen innerhalb der verantwortlichen politischen Instanzen, gekennzeichnet.
4. Der **Wirkungslag** kennzeichnet den Zeitraum zwischen dem Inkrafttreten der Maßnahme und der Beseitigung der konjunkturpolitischen Störung. Diese Spanne kann z. B. im Fall von Veränderungen der Steuersätze relativ lang ausfallen, da die Wirkungen von den Verhaltensweisen der Wirtschaftssubjekte abhängen. Im Fall einer Veränderung der Staatsausgaben ist der Wirkungslag tendenziell geringer, da die gesamtwirtschaftliche Nachfrage unmittelbar beeinflusst wird.

Die Lags 1 bis 3 entsprechen der **Innenverzögerung**, da sie innerhalb der Entscheidungsinstanzen verursacht werden. Der Lag 4 wird als **Außenverzögerung** bezeichnet. Die Innenverzögerung ist im Fall diskretionärer Entscheidungen tendenziell länger. Sie lässt sich durch Regelbindungen verkürzen.

Im Vergleich zur Finanzpolitik ist die **Innenverzögerung** der Geldpolitik deutlich kürzer, da die geldpolitischen Instanzen weitgehend autonom und unabhängig von der Tagespolitik Entscheidungen treffen können. Andererseits gelten die **Außenverzögerungen** geldpolitischer Maßnahmen als relativ lang (vgl. dazu Kap. 13).

Formelflexibilität und Regelbindung

Vor allem die für finanzpolitische Maßnahmen oft lange Innenverzögerung lässt sich durch eine **Formelflexibilität** verkürzen. Der Einsatz finanz- und fiskalpolitischer Instrumente für bestimmte konjunkturelle Situationen würde durch vorab formulierte Regeln vorgeschrieben. Der Spielraum für diskretionäre Maßnahmen würde eingeschränkt und ein Zwang zum Handeln ausgeübt, der den Einfluss von Gruppeninteressen reduziert. Es gibt durchaus Beispiele für eine **Regelbindung** der Finanzpolitik.

Mehrheitlich geht es um die Verknüpfung von Ausgaben und Defiziten bzw. um die Vorgabe von **Ausgabenhöchstgrenzen** (Abb. 7.10). Die Orientierung an den Ausgaben hat den Vorteil, dass sie anders als Einnahmen besser planbar, steuerbar und kontrollierbar sind. Auch die in der EWU geltenden Regelungen des Stabilitäts- und Wachstumspaktes sind als Regelbindung zu verstehen. Sie sind auf **Höchstgrenzen der Verschuldung** bezogen (vgl. Kap. 8).

Schlagwörter	• Zeitverzögerungen • Erkennungslag • Entscheidungslag • Wirkungslag	• Durchführungslag • Formelflexibilität • diskretionäre Politik • Regelbindung

Aufstellung von Regeln für die Finanzpolitik

Art der Regel	Beispiele
Grundregeln	Orientierung des Ausgabenwachstums am Wachstum des Bruttoinlandsproduktes
	Ausgleich von Ausgaben und Einnahmen im Konjunkturzyklus
	Vorgabe von Obergrenzen für einzelne Ausgabenpositionen; bei Überschreitung müssen gleich hohe Vorschläge für Einsparungen an anderer Stelle gemacht werden
Steuerungsregel	EWU: Defizit maximal 3% bezogen auf das nominale BIP Grundgesetz: Artikel 109, 110 und 115
Sanktionsregel	Stabilitäts- und Wachstumspakt in der EWU

Abb. 7.10: Finanzpolitische Regeln (Beispiele)

7.2 Einnahmen- und Steuerpolitik

Der Staat benötigt Einnahmen, um seine Aufgaben wahrnehmen zu können. Die Einnahmen der Gebietskörperschaften (ohne Sozialversicherungen) resultieren aus Gebühren, Beiträgen, Steuern und gegebenenfalls auch Sonderabgaben (Abb. 7.11). Hinzu kommen Erwerbseinkünfte, z. B. Erträge aus unternehmerischer Tätigkeit und aus dem Finanzvermögen der Gebietskörperschaften. Diese Einnahmekategorien werden als **ordentliche Einnahmen** bezeichnet. Einzige außerordentliche öffentliche Einnahmeart ist die Kreditaufnahme.

Charakteristika der Staatseinnahmen

Einnahmeform	Bezug	Charakter	Haushalt	Ziel
Gebühren, z.B. Müllabfuhr	privatnützig	individuell zurechenbare Leistungen	Sonderhaushalt	zweckgebunden
Beiträge, z.B. Sozialbeiträge	gruppennützig	gruppenbezogen zurechenbare Leistungen	Sonderhaushalt	zweckgebunden
Steuern, z.B. Mehrwertsteuer, Lohnsteuer	gemeinnützig	keine Gegenleistung	allgemeiner Staatshaushalt	Deckung des allgemeinen Finanzbedarfs
Sonderabgaben, z.B. Solidaritätszuschlag	gruppennützig	keine Gegenleistung	Sonderfonds	Finanzierungs-, Lenkungszweck

Abb. 7.11: Einnahmequellen der Finanzpolitik
Quelle: Homburg, 2010, S. 2

Leitideen der Einnahmeerzielung

Gebühren sind ein Entgelt für **individuell** zurechenbare Leistungen. Sie fallen vorrangig im kommunalen Bereich an (z. B. Wasser-, Abwasser-, Kanal-, Müllabfuhr-, Park-, Studiengebühren). Der Erhebung von Gebühren und Beiträgen liegt das **Äquivalenzprinzip** zugrunde. Hinter diesem Prinzip verbirgt sich der Grundsatz nach der Gleichheit (Äquivalenz) von Leistung und Gegenleistung. Zwei Ausprägungen des Prinzips sind zu unterscheiden:

- **Nutznießerprinzip:** Öffentliche Leistungen werden von ihren jeweiligen Nutznießern finanziert (z. B. „LKW-Maut" für die Nutzung von Autobahnen).
- **Verursacherprinzip:** Die Steuer soll von demjenigen bezahlt werden, der für die Entstehung bestimmter Sachverhalte verantwortlich ist (z. B. „Öko-Steuer" für den Ausstoß von Schadstoffen).

Aus der ökonomischen Theorie ist bekannt, dass öffentliche Güter nicht nach dem Äquivalenzprinzip finanziert werden können, da das Trittbrettfahrerproblem greift. Für den Großteil staatlicher Aufgaben sind die erforderlichen Einnahmen deshalb vorzugsweise durch Steuern zu erzielen. In der Abgabenordnung werden Steuern definiert als *„Geldleistungen, die nicht eine Gegenleistung für eine besondere Leistung darstellen und von einem öffentlich-rechtlichen Gemeinwesen zur Erzielung von Einnahmen allen auferlegt werden, bei denen der Tatbestand zutrifft, an den das Gesetz die Leistungspflicht knüpft; die Erzielung von Einnahmen kann Nebenzweck sein."* (§ 3 Abs. 1 Satz 1 AO).

Mit dieser Definition ist die **fiskalische Funktion** (Fiskalzweck) angesprochen, wonach Steuern in erster Linie zur Finanzierung der Staatsausgaben dienen. Darüber hinaus haben Steuern eine **allokative Funktion** (Abb. 7.12). Dazu zählen Lenkungseffekte, z. B. wenn die Mineralölsteuer zur Verringerung des Verkehrsaufkommens beitragen soll. Das Prinzip der **Allokationseffizienz** sieht vor, dass Steuern auf eine Art erhoben werden, die das Verhalten der Wirtschaftssubjekte in einer Ökonomie möglichst nicht beeinträchtigt. Demnach soll der Staat mit der Besteuerung die Marktentscheidungen nicht verzerren, wenn nicht Gründe für Marktversagen vorliegen. Steuern haben zudem eine **redistributive Funktion** (Umverteilungszweck). Das **Prinzip** der **Leistungsfähigkeit** unterstellt, dass die einzelnen Steuerpflichtigen aufgrund unterschiedlich hoher Ein-

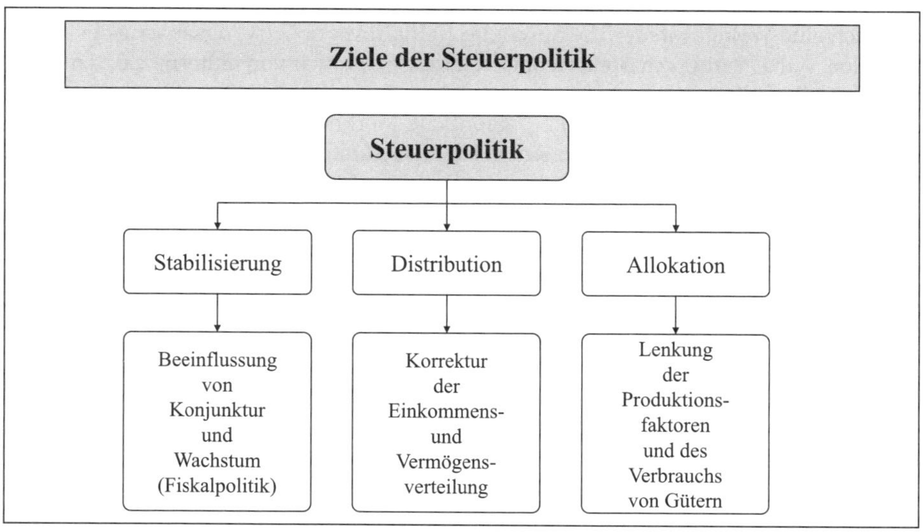

Abb. 7.12: Zielsetzungen der Steuerpolitik

kommen und Vermögen auch eine unterschiedliche „Opferfähigkeit" aufweisen. Wer ein höheres Einkommen bezieht, soll mehr zahlen, weil die zusätzliche Besteuerung leichter zu verkraften ist. Hinter diesem Grundsatz verbirgt sich das Ziel einer **Verteilungsgerechtigkeit**, das in Deutschland vor allem im Einkommensteuersystem seinen Niederschlag findet. Schließlich kann den Steuern auch eine **stabilisierungspolitische Funktion** in dem Sinne zugesprochen werden, dass sie einen Beitrag zur Stabilisierung der Konjunktur liefern sollen.

Schlagwörter		
	• ordentliche Einnahmen • Steuern, Gebühren, Beiträge • Äquivalenzprinzip • Leistungsfähigkeitsprinzip	• Verteilungsgerechtigkeit • Allokationseffizienz • fiskalische, distributive, stabilisierungspolitische Funktion

7.2.1 Steuerarten und -tarife

In Deutschland gibt es gegenwärtig rund 40 Einzelsteuern. Die besteuerungsrelevanten Sachverhalte lassen sich im Wesentlichen nach der Einkommensentstehung und Einkommensverwendung sowie dem Vermögen unterscheiden (Abb. 7.13).

Klassifikation von Steuern

Die Besteuerung des Vermögensbestandes umfasst z. B. die Grundsteuer (Boden), die Vermögensteuer (Kapital) oder den Vermögenstransfer (Erbschaft, Schenkung). Sie werden zum Teil als **Besitzsteuern** bezeichnet. Die Einkommensteuer belastet die den privaten Haushalten zufließenden Einkommen. Hinsichtlich der Besteuerung der Gewinne wird zwischen ausgeschütteten und nichtausgeschütteten Gewinnen unterschieden. Einkommensteuern sind **direkte Steuern**. Die Steuerschuldner sind mit denjenigen identisch, die die Steuerlast tragen, d. h. die Steuer ist in der Regel nicht überwälzbar.

Ein Beispiel ist die Gewerbesteuer, die auf die objektive Ertragskraft eines Gewerbebetriebes erhoben wird. Die Umsatzsteuer (USt) ist eine Steuer, die von einem Unternehmer anhand des Umsatzes bei erbrachten Leistungen an die Finanzbehörde abzuführen ist. Sie gilt als **indirekte Steuer**, weil sie nicht durch das Steuersubjekt an die Finanzbehörde abgeführt wird, sondern durch einen Dritten, den Steuerschuldner. Sie ist zugleich eine **Verkehrssteuer**, die durch die Teilnahme am Leistungsaustauschverkehr ausgelöst wird. **Verbrauchssteuern** belasten den Verbrauch von Gütern, z. B. den Konsum von Tabak, Kaffee, Alkohol oder den Verbrauch von Treibstoffen (Mineralölsteuer). Verbrauchssteuern berücksichtigen persönliche Merkmale von Steuerpflichtigen. Sie sind den **Subjektsteuern** zuzurechnen. Bei den **Objektsteuern** werden die persönlichen Verhältnisse nicht beachtet; sie sind in der Regel als **Mengensteuern** ausgestaltet. Verkehrssteuern sind zumeist **Wertsteuern** (z. B. Mehrwertsteuer). **Zölle** – als besondere Form der Steuern – und die Einfuhrumsatzsteuer werden auf die Einfuhr von Gütern erhoben. Exporte sind hingegen von der Mehrwertsteuer befreit.

Insgesamt betrug das **Steueraufkommen** in Deutschland im Jahr 2010 rund 578 Mrd. €, wobei etwa 60 % auf die Lohnsteuer und die Mehrwertsteuer entfiel. Davon wurden von den inländischen Sektoren rund 5,5 Mrd. € an die EU gezahlt. Hierbei handelt es sich um die so genannten Eigenmittel der EU, die sich im Wesentlichen aus einem an die EU abzuführenden Anteil am Mehrwertsteueraufkommen sowie Zöllen zusammensetzen. Die **Verteilung** des **Steueraufkommens** soll sich nach den Aufgaben richten, die von den einzelnen Gebietskörperschaften wahrgenommen werden (Art. 106 GG). Zu unterscheiden sind Steuern, die einzelnen Gebietskörperschaften zukommen und Gemeinschaftssteuern, die sich auf mehrere Ebenen verteilen (Abb. 7.14).

Besteuerung durch den Staat

Steuer	Ziffer	Mrd. € (2005)
Umsatz, MWSt	1	139,7
Lohn	2	118,9
Mineralöl	3	40,1
Gewerbe	4	32,1
Körperschaft	5	16,3
Tabak	6	14,3
Solidarität	7	10,3
Grund	8	10,3
Kapitalertrag	9	10,0
EST (veranlagt)	10	9,8
Versicherung	11	8,7
KfZ	12	8,7
Zinsabschlag	13	7,0
Strom	14	6,5
Grunderwerb	15	4,8
Erbschaft	16	4,1
Insgesamt		452,0

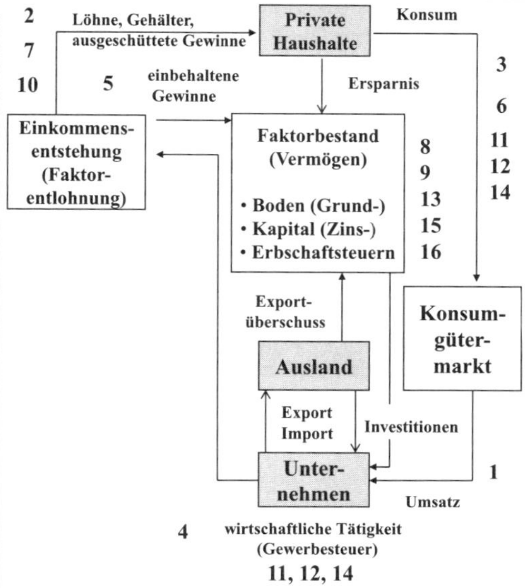

Abb. 7.13: Anknüpfungspunkte der Besteuerung

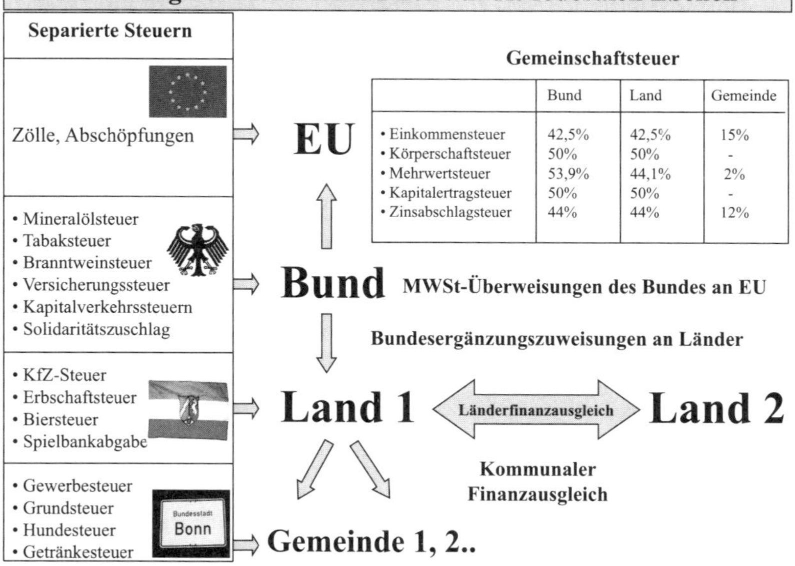

	Bund	Land	Gemeinde
• Einkommensteuer	42,5%	42,5%	15%
• Körperschaftsteuer	50%	50%	-
• Mehrwertsteuer	53,9%	44,1%	2%
• Kapitalertragsteuer	50%	50%	-
• Zinsabschlagsteuer	44%	44%	12%

Abb. 7.14: Gesetzgebungskompetenz und Ertragshoheit von Steuern
Quelle: Bundesministerium für Finanzen

Veränderungen in der Verteilung des Steueraufkommens zwischen den Gebietskörperschaften sind überwiegend darauf zurückzuführen, dass entweder einzelne Steuern abgeschafft (z. B. 1996 die Vermögensteuer) und eine Kompensation notwendig wurde oder eine Verschiebung von Aufgaben stattgefunden hat. Sofern der Bund den Ländern durch Leistungsgesetze Finanzlasten auferlegt, die mehr als 25 % der vom Bund selbst getragenen anteiligen Finanzierung betragen, müssen die Länder diesem Gesetz im Bundesrat zustimmen (Art. 104a, Abs. 3, GG). Damit ist sichergestellt, dass die anordnende Gebietskörperschaft letztendlich auch für die Finanzierung ihrer Leistungsgesetze verantwortlich ist.

Das deutsche Steuersystem ist mit seinen Regelungen äußerst komplex. Nachfolgend sollen nur Grundbegriffe der Steuerlehre dargestellt werden. Dabei wird vorwiegend auf das Beispiel der Einkommensteuer zurückgegriffen (vgl. Box 7.1).

Box 7.1: Ausgestaltung einer Steuer

Steuerbemessungsgrundlage/Steuerbasis (Einkommen): (1) Y Der Steuertarif legt für jeden Wert der Bemessungsgrundlage die Steuerzahlung fest. (2) T (Y) Durchschnittsteuersatz: (3) $T / Y = t$ Grenzsteuersatz: Steuerzahlung für die letzte Einheit der Bemessungsgrundlage (4) $dT/ dY = t^*$ Steuerbetragselastizität (1) $E_{T,Y} = (dT/T) / (dY/Y)$ $= dT/dY \times Y/T$ $= t^*/t$	**Hintergrund:** Durchschnittssteuer- und Grenzsteuerbelastung geben wichtige Hinweise zur Ausgestaltung eines Steuersystems. Aus dem Verhältnis beider Steuersätze lässt sich der Tarifverlauf erkennen. Die Steuerbetragselastizität entspricht auf makroökonomischer Ebene der Aufkommenselastizität einer Steuer. Der Staat erhält Informationen darüber, welche prozentualen Einkommensteuerveränderungen mit einer Veränderung des Volkseinkommens um 1 % einhergehen.

Tarifverläufe

Es lassen sich progressive, proportionale und regressive Tarife unterscheiden (Tab. 7.2).

Tab. 7.2: Steuertarife

Tarif	Durchschnittssteuersatz (t)	Grenzsteuersatz (t*)	Verhältnis von t und t*	Steuerbetrags-Elastizität
proportional	konstant	konstant	$t^* = t$	1
progressiv	steigt	steigt	$t^* > t$	> 1
regressiv	sinkt	sinkt	$t^* < t$	< 1

Betrachten wir ein konkretes Zahlenbeispiel (Tab. 7.3). Lehrbuchbeispiel für eine Steuer mit regressiver Wirkung ist einer **Kopfsteuer** (*lump sum tax*). In diesem Fall zahlt jeder Steuerpflichtige den gleichen absoluten Steuerbetrag ohne Berücksichtigung persönlicher Verhältnisse wie Einkommen, Vermögen oder Familienstand. Zu den Vorteilen der Kopfsteuer zählt neben der Einfachheit in der Ermittlung die ökonomische Effizienz. In der Theorie gilt die Kopfsteuer als die optimale Besteuerung, da die Entscheidungen der Wirtschaftssubjekte zwischen Arbeit und Freizeit sowie zwischen Konsum und Sparen nicht beeinflusst werden. Auf der anderen Seite gilt die Kopfsteuer als „ungerecht". Der größte Anteil des Steueraufkommens müsste durch kleine und mittlere Einkommen getragen werden. Aus diesem Grund gilt die Kopfsteuer in Demokratien als kaum durchsetzbar und findet wenig Anklang. Die Regierung der britischen Premierministerin *Margaret Thatcher* führte Ende der 80er Jahre in Großbritannien die Kopfsteuer community charge (*poll tax*) ein. Jedoch weigerten sich 18 Millionen Briten die Steuer zu bezahlen, und es kam zu gewalttätigen Protesten.

Tab. 7.3: Zahlenbeispiel zu Tarifverläufen einer Steuer

	Proportionale Steuer		**Regressive Steuer**		**Progressive Steuer**	
Steuertarif	T = 0, 25 × Y		T = 0,2 × Y + 10.000		T = 0,4 × Y – 10.000	
Einkommen	T	in %	T	in %	T	in %
50.000€	12.500€	25 %	20.000€	40 %	10.000€	20 %
100.000€	25.000€	25 %	30.000€	30 %	30.000€	30 %
200.000€	50.000€	25 %	50.000€	25 %	70.000€	35 %

Im Gegensatz zur Kopfsteuer gilt eine **progressive Besteuerung** der Einkommen als „sozial gerechter". Hier nimmt der Steuersatz mit dem Einkommen zu. Der **Spitzensteuersatz** ist der Grenzsteuersatz für höchste Einkommen und belastet nur die Einkommensspitze über den jeweils vorgesehen Höchstbetrag. Eine progressive Steuer nimmt Rücksicht auf die Leistungsfähigkeit der Steuerpflichtigen. Darüber hinaus wirken progressive Steuern als automatische Stabilisatoren der Konjunktur. Allerdings wird die Stabilisierungswirkung progressiver Steuern durch die zeitlich verzögerte Steuerentrichtung abgeschwächt. Bei einer **proportionalen Steuer** sind Durchschnittssteuersatz (t) und Grenzsteuersatz (t*) bei steigender Bemessungsgrundlage konstant. Vor allem Gütersteuern zeichnen sich durch proportionale Tarife aus. Eine proportionale Steuer auf den Konsum (C) kann jedoch durchaus eine regressive Wirkung haben, wie das Beispiel der Mehrwertsteuer (MWSt) zeigt. Der Einfachheit halber nehmen wir einen einheitlichen Mehrwertsteuersatz von 20 % an:

$T = t \times C = 0{,}2 \times C$ und somit $T/Y = t \times C/Y = 0{,}2 \times C/Y$

Person	**Einkommen (Y)**	**Konsumquote (C/Y)**	**Konsum (C)**	**MWSt, absolut (T)**	**MWSt, relativ (T/Y)**
A	100.000€	0,7	70.000€	0,20 × 70.000€ = 14.000€	14 %
B	40.000€	0,9	36.000€	0,20 × 36.000€ = 7.200€	18 %

Wenn mit steigendem Einkommen der Anteil der Konsumausgaben am Einkommen (C/Y) sinkt, dann sinkt der Anteil der Steuerschuld am Einkommen (T/Y), d.h. es kommt zu einer regressiven Wirkung. Güter, die einen großen Anteil der Konsumausgaben von Personen mit geringerem Einkommen ausmachen, werden daher oft geringer (z. B. Lebensmittel) oder gar nicht mit der Mehrwertsteuer belastet (z. B. Mieten).

Indirekte Progression

Ein indirekt progressiver Tarif ergibt sich dann, wenn ein proportionaler Tarif mit einem Steuerfreibetrag kombiniert wird. Nach Überschreiten der Freibetragsgrenze (Existenzminimum) steigt der durchschnittliche Steuersatz, während der Grenzsteuersatz konstant bleibt (Abb. 7.15). Diese indirekte Progression ist umso stärker, je höher

Indirekte Progression

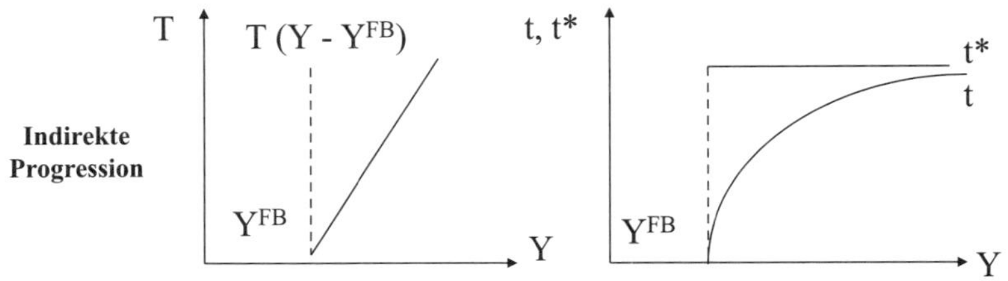

Unterhalb eines Freibetrages werden keine Steuern gezahlt (t = t* = 0). Danach ist der Grenzsteuersatz (t*) konstant und der Durchschnittssteuersatz wächst mit ansteigender Bemessungsgrundlage.

Einkommen (€)	Freibetrag in €	zu versteuern	t* in %	Steuern (€)	t in %
20.000	**20.000**	0	**25**	-	**-**
40.000	**20.000**	20.000	**25**	5.000	**10**
60.000	**20.000**	40.000	**25**	10.000	**16,67**
80.000	**20.000**	60.000	**25**	15.000	**18,75**
100.000	**20.000**	80.000	**25**	20.000	**20**

Abb. 7.15: Zahlenbeispiel zur indirekten Progression

die Freibeträge sind. Damit können verteilungspolitische Erfordernisse berücksichtigt werden.

Kalte Progression

Bei der Steuerberechnung herrscht das **Nominalprinzip**, d.h. es werden Geldgrößen unabhängig von deren Realwert besteuert. Als **kalte Progression** wird ein über mehrere Jahre hinweg zu beobachtender und durch die Steuerprogression bedingter Anstieg der realen Steuerlast bezeichnet. Betrachten wir eine Person, die im Jahr 2010 ein Jahreseinkommen von 40.000 € verdient hat. Aufgrund der deutlich gestiegenen Inflation von 10 % macht er im Jahr 2011 einen entsprechenden Einkommenssprung. Durch den Mehrverdienst rutscht er jedoch gleichzeitig in eine höhere Progressionsstufe und muss darauf einen Grenzsteuersatz von 25 % entrichten. Real betrachtet hat sich seine Situation im Jahr 2011 verschlechtert. Längerfristig betrachtet kann die kalte Progression sogar bei parallel zur Inflationsrate steigenden Einkommen aufgrund der progressiven Besteuerung zu durchaus deutlichen Einkommensverlusten führen. Da nicht alle Einkommen gleichermaßen belastet sind, verändert sich durch die kalte Progression auch die **Steuerlastverteilung**.

Ein Ausgleich für die kalte Progression könnte durch **Indexierung** erreicht werden. Dabei wird das laufende Einkommen deflationiert oder die Tarifstufen werden laufend angepasst. Indexformeln sind jedoch umstritten, da befürchtet wird, dass die Inflation institutionalisiert wird.

Größe	**Jahr 2010**	**Jahr 2011**
Bruttoeinkommen	40.000€	44.000€
Durchschnittsteuersatz bis 40.000€: 20 %	8.000€	8.000€
Grenzsteuersatz ab 40.000€: 25 %	–	1.000€
Nettoeinkommen, nominal	32.000€	35.000€
Preisniveau (2010 = 100)	100	110
Nettoeinkommen, real	**32.000€**	**31.818€**

Schlagwörter		
	• Besitzsteuern • direkte, indirekte Steuern • Subjekt-, Objektsteuern • Verkehrs-, Verbrauchsteuern • Mengen-, Wertsteuern • Gemeinschaftssteuern • Steuertarif, Steuerbetragstarif • Durchschnittssteuer, Grenzsteuer • Steuerbetrags-, Aufkommenselastizität	• progressiver, proportionaler, regressiver Tarif • indirekte Progression • Freibetrag • Spitzensteuer-, Eingangssteuersatz • Stufentarif • Nominalprinzip • kalte Progression • Steuerlastverteilung

7.2.2 Einkommensteuermodelle

In der Öffentlichkeit wird die Diskussion um Steuerreformen dominiert durch Forderungen nach einer Senkung der Steuersätze (Abb. 7.16). Möglich ist eine Variation der Tarife, des Eingangsteuersatzes, des Durchschnittsteuer- und Grenzsteuersatzes. Denkbar ist auch eine Veränderung der Bemessungsgrundlage (hier: Y) oder der verschiedenen Abzugsmöglichkeiten (AZ) von der Steuerschuld (z. B. Freibeträge).

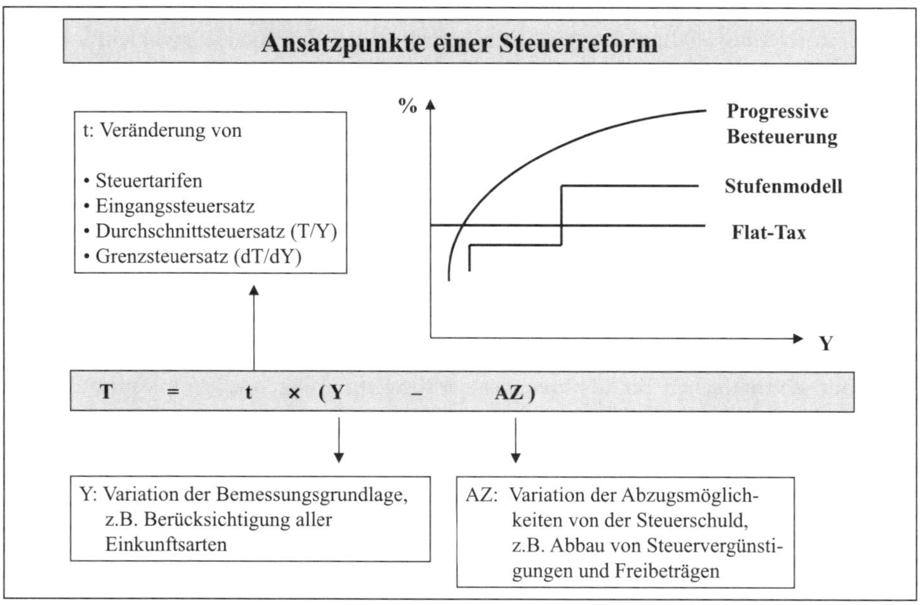

Abb. 7.16: Steuerreformvorschläge

Veränderung der Bemessungsgrundlage und Flat-Tax

Eine von den amerikanischen Ökonomen *Robert E. Hall* und *A. Rabushka* initiierte Denkrichtung bekennt sich zu einer Reform mit einer breiten Bemessungsgrundlage und einem möglichst niedrigen Steuersatz (*Hall/Rabushka, 1995*). Eine solche **Flat-Tax** ist dann zu rechtfertigen, wenn das Einkommen möglichst vollständig erfasst wird und keine Ausnahmen gestattet werden. Die Flat-Tax ist als ein- oder mehrstufiger Einkommensteuertarif konzipiert, der oberhalb des Grundfreibetrags aus einem konstanten Grenzsteuersatz besteht.

Als Beispiel betrachten wir eine Flat-Tax von 25 % (Zahlen in Euro):

Einkommen	10.000	100.000	1.000.000
Grundfreibetrag	10.000	10.000	10.000
zu versteuern	0	90.000	990.000
Steuersatz: 25 %	0	22.500	247.500
deutscher Steuertarif 2005	398	34.086	412.086
Entlastung durch Flat-Tax	398 (= 100 %)	11.586 (= 34 %)	164.586 (= 40 %)

Das Beispiel zeigt, dass eine Flat-Tax gegenüber einem progressiven Tarif zu einer erheblichen, absoluten Steuersenkung führt. Trotzdem ist zu betonen, dass auch ein Einheitssteuersatz verteilungspolitischen Erfordernissen Rechnung tragen kann.

Dies geschieht mit einem Freibetrag (**indirekte Progression**), so dass der Durchschnittsteuersatz mit steigendem Einkommen zunimmt. Diese indirekte Progression ist umso stärker, je höher die Freibeträge ausgestaltet werden. Modelle der Flat-Tax erlauben eine Vereinfachung des Steuerrechts. Jeder Steuerpflichtige kann seine Steuererklärung selbst und ohne großen Zeitaufwand durchführen. Die in der Öffentlichkeit oft zitierte *„Steuererklärung auf einem Bierdeckel“* wäre zumindest auf einer DIN-A4 Seite möglich und hat sogar in einem Lehrbuch Platz. In unserem Beispiel (Abb. 7.17; in Anlehnung an *Hall* und *Rabushka)* liegt das Jahreseinkommen einer Familie mit zwei Kindern, die nur einen Verdiener hat, bei 50.000 €. Der Arbeitgeber hat bereits Einkommensteuer in Höhe von 12.000 € an das Finanzamt abgeführt.

Mit den pauschalierten Grundfreibeträgen sind bereits alle Werbungskosten abgegolten. Staatliche Förderungen und Subventionierungen (z. B. Eigenheimzulage) sind gestrichen. Gesellschaftlich erwünschter Förderungsbedarf – z. B. für Kinder – kann durch direkte Transfers geschehen. Dieses Grundmodell lässt sich erweitern, z. B. durch Hinzunahme anderer Einkunftsarten (z. B. Kapitaleinkommen) oder durch Variation der persönlichen Abzüge.

Steuermodelle

Bei einer **synthetischen Einkommensbesteuerung** unterliegen alle Einkommen (hier nur Arbeits- und Kapitaleinkommen) einer einheitlichen Besteuerung. Diese Einkommensbesteuerung betrachtet Arbeits- und Kapitaleinkommen also als gleichwertig. Kapitaleinkommen entstehen aber dadurch, dass aus bereits versteuertem Einkommen gespart wird. Wenn nun diese Erträge aus Ersparnissen nochmals besteuert werden, wird der Lebenskonsum zweifach belastet. Anhand eines Zahlenbeispiels wird dieser Sachverhalt deutlich. Wir gehen von einem Einkommen von 10.000 € aus, das für Zwecke der Ersparnis zur Verfügung steht. Sie können erkennen, dass durch die gesonderte Besteuerung des Zinseinkommens über zwei Perioden eine zusätzliche Belastung von 120 € entsteht:

	2010			2011			
Steuer-Modell	Einkommen für Sparen	Steuer 40 %	Ersparnis	Zinsen 5 %	Spar-Kapital	Steuer auf Zinsen 40 %	konsumtiv verfügbares Kapital
synthetisch	10.000	4.000	6.000	300	6.300	120	6.180
zinsbereinigt	10.000	4.000	6.000	300	6.300	–	6.300

Wie kompliziert muss eine Steuererklärung sein?

Namen, Vornamen/Wohnort, Straße/ Beruf(e)	Steuer-Nr.:	
1. Löhne/Gehälter	1	50.000.00
2. Andere Einkünfte (z.B. Zinsen, Renten, Pensionen)	2.	0
3. Summe der Einkünfte	3.	50.000.00
4. Persönliche Abzüge		
a) 4.125 € für Ehepaare, die beide berufstätig sind	4.a	
b) 2.375 € für Ledige	4.b	
c) 3.500 € für Ehepaare, wenn nur ein Ehegatte berufstätig ist	4.c	3.500,00
5. Anzahl der Familienangehörigen ohne den Ehegatten	5	2
6. Persönliche Abzüge für die abhängigen Familienangehörigen (Zeile 5 multipliziert mit 1.125)	6	2.250,00
7. Gesamtsumme der persönlichen Abzüge (Zeile 4 und 7)	7	5.750,00
8. Zu versteuerndes Einkommen (Zeile 3 minus 7, falls positiv, sonst Null)	8	44.250,00
9. Steuerbetrag (25% von Zeile 8)	9	11.062,50
10. Bereits entrichtete Steuer	10.	12.000,00
11. Steuerschuld (Zeile 9 minus 10, falls positiv)	11.	0
12. Steuerrückerstattung (Zeile 9 minus 10, falls negativ)	12.	937,50

Abb. 7.17: Vereinfachte Steuererklärung

Die synthetische Besteuerung kann also die für Investitionen wichtige Kapitalbildung nachteilig beeinflussen und zur Kapitalflucht führen. Viele Ökonomen fordern daher eine **zinsbereinigte Einkommensbesteuerung**. Für andere Ökonomen ist die **duale Einkommensteuer** ein pragmatischer Mittelweg (Abb. 7.18). Hier wird das Einkommen in zwei Teile aufgespalten, die unterschiedlichen Steuersätzen unterworfen werden. Das Erwerbseinkommen wird mit einem höheren, das Kapitaleinkommen dagegen mit einem niedrigeren Steuersatz besteuert. Damit verlässt die duale Einkommensteuer das Prinzip der synthetischen Einkommensteuer mit ihrer einheitlichen Besteuerung des gesamten Einkommens. Begründet wird die unterschiedliche Besteuerung der zwei Einkommensbestandteile in der Regel mit den Gesichtspunkten der internationalen Wettbewerbsfähigkeit und der Steuereffizienz. Im Gegensatz zu Erwerbseinkommen kann Kapitaleinkommen sehr leicht international verlagert werden. Daher müssten die Steuersätze für Kapitaleinkommen niedrig sein, um Investitionen anzuziehen. Umge-

Formen der Einkommensbesteuerung

Modell	Einkommensarten		Merkmal
	Erwerbseinkommen 1)	Kapitaleinkommen (hier nur Zinsen)	
Synthetisch	40%	40%	gleiche Steuersätze für Einkommensarten
Zinsbereinigt	40%	–	keine Besteuerung von Zinseinkommen
Dual	40%	25%	unterschiedliche Steuersätze für Einkommensarten
1) in der Regel progressiver Tarif			

Abb. 7.18: Einkommensteuermodelle

kehrt könnten die Steuersätze auf Erwerbseinkommen höher sein, um das notwendige Steueraufkommen zu generieren.

Schlagwörter		
	• Steuerreform • Flat Tax	• duale Einkommensteuer • synthetische Einkommensteuer • zinsbereinigte Einkommensteuer

7.2.3 Makroökonomische Wirkungsketten

Weitgehend unabhängig von der jeweils verfolgten wirtschaftspolitischen Konzeption werden Steuersenkungen als geeignetes Instrument zur Stimulierung der wirtschaftlichen Aktivitäten betrachtet. Aus **nachfrageorientierter Sicht führt** beispielsweise eine Senkung der Lohnsteuern zu Steigerungen des verfügbaren Einkommens der privaten Haushalte, zu Erhöhungen des privaten Konsums und nachgelagert der Investitionen und des BIP (Abb. 7.19).

Grundsätzlich wird von **Multiplikatoreffekten** ausgegangen, die zu einer Rechtsverschiebung der gesamtwirtschaftlichen Nachfragefunktion führen und je nach konjunktureller Situation mit nachfrageinduzierten Preissteigerungen verbunden sind. Die Abschätzung der konjunkturellen Auswirkungen einer Steuerentlastung muss jedoch das **Verhalten** der **Wirtschaftssubjekte** berücksichtigen.

Ein höheres verfügbares Einkommen muss nicht konsumiert, sondern kann teilweise gespart werden. Vor allem in Zeiten eines konjunkturellen Abschwungs, in denen keine Besserung der wirtschaftlichen Situation erwartet wird, ist die **Ausgabefreudigkeit** der Privaten Haushalte eher gering.

Senkungen der Einkommensteuern führen dann zu geringen Steigerungen des privaten Verbrauchs, wenn die reale Kaufkraft der privaten Haushalte durch **Anhebung** der **Gütersteuern** (z. B. Mehrwert-, Mineralölsteuer) und damit verbundene Preissteigerungen eingeschränkt wird. Nur eine dauerhafte Erhöhung des verfügbaren Einkommens dürfte auf Grundlage der **permanenten Einkommenshypothese** nachhaltigen Einfluss auf das Konsumverhalten der privaten Haushalte haben (vgl. Kap. 6). Einmalige und vorübergehende Veränderungen des verfügbaren Einkommens verändern das Kon-

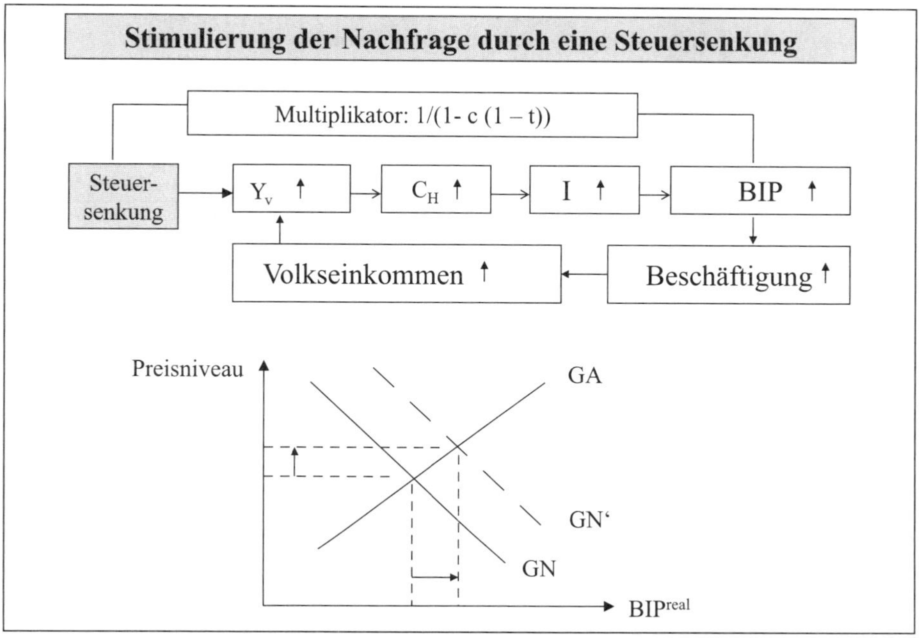

Abb. 7.19: Senkung der Einkommensteuern aus nachfrageorientierter Sicht

sumverhalten nur kurzfristig. Insgesamt sind positive Multiplikatoreffekte, wie sie im Rahmen der nachfrageorientierten Sicht erwartet werden, keineswegs gesichert. Eine Steuerreform kann somit „verpuffen".

Steuersenkungen erhöhen aus **angebotsorientierter Sicht** für die privaten Haushalte die Möglichkeit des Sparens und damit das Kapitalangebot. Da für die Unternehmen die Nettoerträge nach Steuern steigen, erhöht sich ihre Investitionsbereitschaft. Das zur Durchführung der Investitionen erforderliche Kapital wird von den privaten Haushalten zur Verfügung gestellt. Zentral ist aus dieser Sicht, dass zunächst eine Ausweitung der Produktion erfolgt und sich die Nachfrage erst zeitlich anschließt, d. h. die Produktion läuft der Nachfrage voraus. Im Totalmodell verschiebt sich nicht die GN-Funktion, sondern die GA-Funktion nach rechts, so dass ein nachfragebedingter Anstieg des Preisniveaus vermieden werden kann (Abb. 7.20).

Grundlegend für die Wirksamkeit einer angebotsorientierten Steuerreform ist die Annahme, dass höhere Renditen des Kapitals zu einer Zunahme der (Netto-)Investitionen führen. Empirische Untersuchungen zeigen jedoch, dass der Zusammenhang zwischen Gewinnen und Investitionen nicht zwangsläufig gegeben ist. Zum einen ist nicht die Gewinnentwicklung im Inland alleiniger Maßstab, sondern auch die Möglichkeit der Gewinnerzielung im Ausland hat Einfluss auf die inländische Investitionstätigkeit. Unternehmen können zudem in Beteiligungen investieren und müssen keine Investitionen in Sachanlagen vornehmen. Der Zukauf von Kapazitäten wird statistisch nicht als Sachinvestition erfasst.

Laffer-Kurve

Im **Steuereinmaleins** von *Jonathan Swift* (1728) findet sich die Erkenntnis, dass sich bei einer Verdoppelung der Zollsätze nicht zwingend die Zolleinnahmen erhöhen müssen. Dieser Gedanke ist von angebotsorientierten Ökonomen übernommen worden.

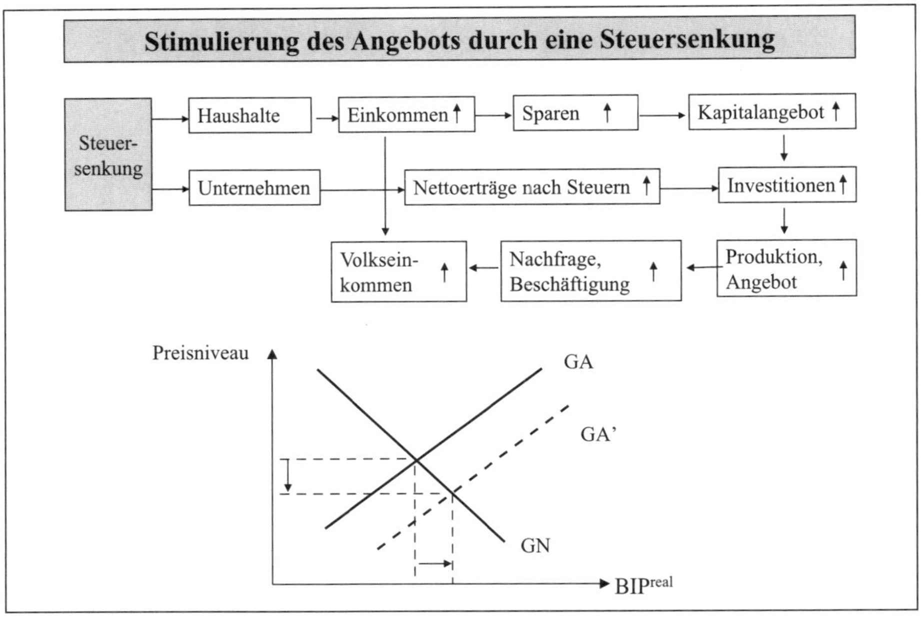

Abb. 7.20: Senkung direkter Steuern aus angebotsorientierter Sicht

Der US-Ökonom *Arthur Laffer* soll diese Überlegung im Jahre 1974 vor Journalisten in einem Restaurant in Washington auf einer Serviette skizziert und einer breiteren Öffentlichkeit bekannt gemacht haben. In seiner Ökonomik der Steuerrevolte wird die These vertreten, dass die Steuerbelastung in den meisten westlichen Volkswirtschaften eine leistungsfeindliche Höhe erreicht hat. Die praktische Berücksichtigung der **Laffer-Kurve** erfolgte während der *Reagan-Ära* in den USA. Zwei Punkte der Kurve sind unstrittig: die Steuereinnahmen des Staates betragen Null, wenn entweder keine Steuern erhoben werden oder die Einnahmen zu 100 % an den Staat abgeführt werden müssen. Im letzten Fall würde ein ökonomischer Arbeitsanreiz vollständig entfallen. Zwischen den beiden (theoretischen) Endpunkten erhebt sich eine gewölbte Funktion der Staatseinnahmen in Abhängigkeit vom Steuersatz (Abb. 7.21).

Nach der Laffer-Kurve steigt das Steueraufkommen mit steigendem Steuersatz zunächst an (von D nach C), und zwar so lange bis der „optimale Steuersatz" erreicht ist, der dem Staat ein Einnahmemaximum beschert. Steigen die Steuersätze über diese aufkommensmaximale Höhe (z. B. von E nach A), nehmen die Steuerwiderstände und die leistungsmindernden Wirkungen des Steuersystems immer mehr zu. Die Folge ist eine geringere Wirtschaftsaktivität und ein geringeres Steueraufkommen. Hohe Grenzsteuersätze drängen die Wirtschaftssubjekte zunehmend in die Schwarzarbeit. *Laffer* empfiehlt daher eine radikale Senkung der Steuersätze (*tax revolt*). Nicht Steuererhöhungen, sondern Steuersenkungen sind ein wirksames Rezept zur Erhöhung der Staatseinnahmen (grafisch von A nach B). Steuersenkungen führen zu einer Belebung der Wirtschaft und in der Folge zu einer höheren Beschäftigung sowie zu Steuermehreinnahmen. Langfristig finanziert sich eine Steuersenkung sozusagen selbst (**Autokonsolidierung**). Befinden wir uns jedoch links vom Steuermaximum, dann führt eine Steuersenkung (grafisch B nach C) zu Einnahmeverlusten.

Die Aussage der Laffer-Kurve, dass steigende Steuersätze ab einem gewissen Punkt das Steueraufkommen nicht weiter erhöhen oder sogar vermindern, ist kaum bestrit-

Steuereinnahmen und Steuersätze auf der Laffer-Kurve

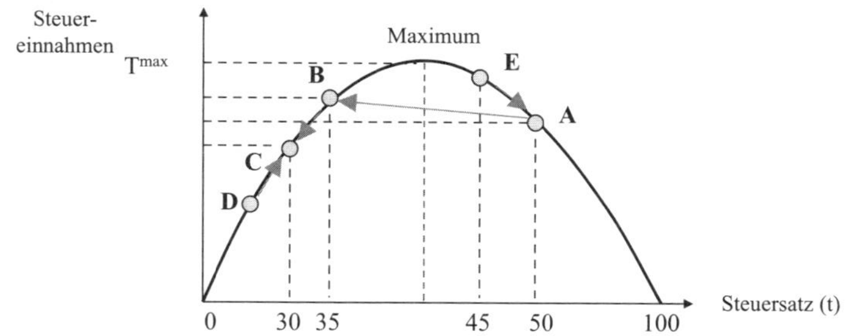

Bewegung von	Steuersatz	Steuereinnahmen
A nach B	–	+
D nach C	+	+
B nach C	–	–
E nach A	+	–

Hinweis: Besonders populär ist die Aussage, dass eine Senkung der Steuersätze die Steuereinnahmen erhöht. Dies setzt voraus, dass wir uns rechts vom Scheitelpunkt der Funktion befinden.

Abb. 7.21: Laffer-Kurve

ten. Umstritten ist jedoch, ob diese Funktion überhaupt von praktischer Relevanz ist. Hat die Laffer-Kurve einen anderen Verlauf (z. B. linksschief) und fällt die Kurve nach einem Steuermaximum steil ab, entstehen Einkommensausfälle des Staates, die zumindest kurzfristig entsprechende Gegenmaßnahmen erfordern. Wird dieser Sachverhalt nicht berücksichtigt, entstehen Budgetdefizite. Die Laffer-Kurve ist also keine zuverlässige Grundlage für die Wirtschaftspolitik, da die Steuereinnahmen von vielen Größen abhängen und keine konstante Größe sind. Eine Erweiterung der Überlegungen ergibt sich, wenn der internationale Steuerwettbewerb in die Analyse einbezogen wird. Ist die Besteuerungsbasis sehr mobil (z. B. Kapital) gibt es Argumente dafür, dass Steuersenkungen zu einem Rück- oder Zufluss an Steuern führen bzw. im Inland zu Steuermehreinnahmen führen. Das Steueraufkommen würde steigen. Der fallende Ast der Laffer-Kurve würde einen größeren Bereich abdecken. Im Fall einer immobilen Besteuerungsbasis (z. B. Faktor Arbeit) führen Steuersenkungen nicht unmittelbar zu Steuermehreinnahmen (Abb. 7.22).

Die Vertreter der angebotsorientierten Ökonomie argumentieren vor allem mit der These, dass die aufgrund der Steuersenkungen verbesserten Arbeits- und Sparanreize sich langfristig positiv auf das Wirtschaftswachstum auswirken. Die Kausalität des Zusammenhangs von Steuersenkungen und Wirtschaftswachstum ist jedoch von einer Vielzahl von Größen abhängig. Bei einer empirischen Überprüfung müssen diese „anderen" Bestimmungsfaktoren berücksichtigt und „herausgefiltert" werden. Die Suche nach einem **optimalen Steuersatz** bzw. **-system**, der ein hohes Steueraufkommen erbringt und langfristig die größten volkswirtschaftlichen Wachstumspotentiale freisetzt, gehört nach wie vor zu den schwierigsten, aber auch interessantesten Fragen der Finanzpolitik.

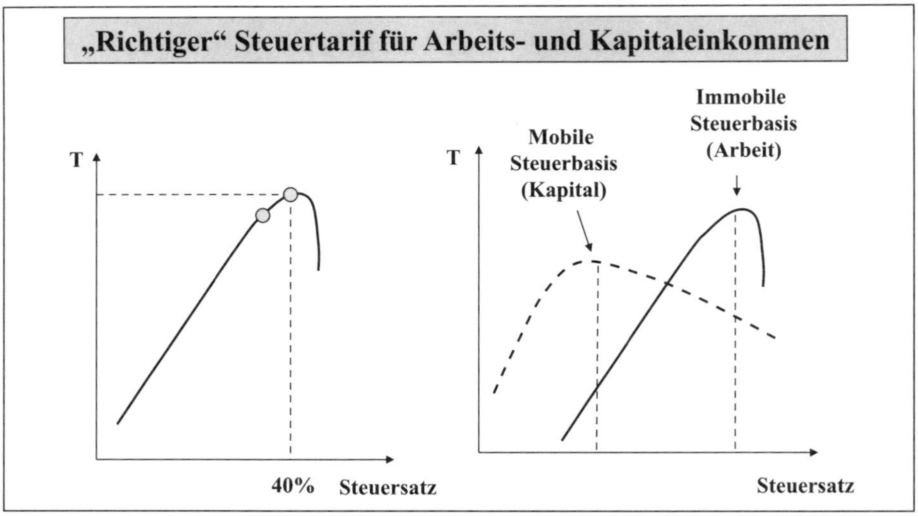

Abb. 7.22: Alternative Verläufe der Laffer-Kurve

Aufkommensneutralität

Unabhängig von dem Laffer-Theorem ist ein grundlegendes Problem aller Steuersenkungsvorschläge die „Gegenfinanzierung". In diesem Kontext fällt immer wieder der Begriff der **Aufkommensneutralität**. Der Begriff wurde in den siebziger Jahren durch den Schweizer Wirtschaftsprofessor *Binswanger* geprägt. Grundidee war die Entlastung des Faktors Arbeit und eine stärkere Belastung z. B. des Energieverbrauchs, ohne dass es zu Einnahmeausfällen für den Staat und zu einer Erhöhung der Steuer- und Abgabenbelastung der Bürger kommt. Durch diese Umstrukturierung des Steuersystems wird eine **„doppelte Dividende"** eingefahren: erstens eine erwünschte Entlastung der Umwelt (ökologische Dividende) und zweitens der Einsatz der Einnahmen aus der Ökosteuer zur Erzielung positiver Wachstums- und Beschäftigungseffekte (ökonomische Dividende).

Auch der „Ökosteuerreform" der Bundesregierung, die im Jahr 2000 beschlossen wurde, liegt dieser Gedanke zugrunde. So soll der Energieverbrauch u. a. durch Anhebung der Mineralölsteuer verteuert werden. Ergebnis wären eine Verringerung der Fahrleistungen und ein geringerer Schadstoffausstoß, allerdings auch eine höhere Belastung von Unternehmen und privaten Haushalten. Diese Belastungen sollen durch eine Stabilisierung bzw. Senkung der Rentenversicherungsbeiträge kompensiert werden. Dazu werden die aus der Mineralölsteuer resultierenden zusätzlichen Einnahmen herangezogen. Da der Faktor Arbeit billiger wird, könnten sich, so die Argumentation, positive Beschäftigungsimpulse für den Arbeitsmarkt ergeben. Ein weiterer Vorschlag, der sich mit dem Postulat der Aufkommensneutralität verbinden lässt, ist die Erhöhung der Mehrwertsteuer (indirekte Steuer), die im Gegenzug zu einer Absenkung der Lohnzusatzkosten oder der Einkommensteuerbelastung führt. Beispielsweise wurde im Jahr 2007 der Mehrwertsteuersatz von 16 % auf 19 % erhöht; im Gegenzug wurde der Beitrag zur Arbeitslosenversicherung von 3,35 % auf 2,1 % gesenkt. Insgesamt führen diese Vorschläge also zu einem Umbau des Steuersystems in Richtung indirekter Steuern (Gütersteuern).

Schlagwörter	• Aufkommensneutralität • doppelte Dividende	• Ökosteuerreform • Selbstfinanzierung • Laffer-Theorem

7.3 Ausgabenpolitik

Die Zielrichtung der staatlichen Ausgabenpolitik schlägt sich in der Struktur des öffentlichen Haushaltes nieder. Dieser Haushalt steht jedes Jahr im Fokus parteipolitischer Auseinandersetzungen, denn es gibt naturgemäß unterschiedliche Auffassungen darüber, für welche Zwecke wie viel Geld eingesetzt werden soll. Zum Teil wird in diesem Zusammenhang eine Analogie zwischen dem privaten und dem staatlichen Haushalt gezogen. Diese Analogie ist jedoch nur bedingt aufrecht zu erhalten:

1. Im Gegensatz zum privaten Haushalt hat der Staat mehrere Möglichkeiten, sich zu finanzieren. Grundsätzlich gibt es drei Möglichkeiten zur Finanzierung staatlicher Ausgaben, die verschiedene Probleme mit sich bringen:

Finanzierung	mögliche Probleme
Steuern	Steuerwiderstand im Fall zu hoher Belastungen, negative Anreizwirkungen
Kredite	Beschleunigung der Neuverschuldung, (Schuldenspirale), Verdrängung privater Nachfrage im Fall von Zinserhöhungen
Geldschöpfung	Inflation (Diese Finanzierungsmöglichkeit ist in der EWU verboten.)

2. Anders als im Fall eines privaten Haushaltes kann der Staat im Fall einer drohenden Überschuldung Zwangseinnahmen verordnen, d.h. die Steuern erhöhen. Diese Möglichkeit macht Staaten zu „besten Schuldnern".
3. Anders als ein privater Haushaltsvorstand, kann ein Staat als Gemeinwesen nicht sterben. Für den Staat stellt sich daher die Frage nach den Grenzen der Verschuldung anders, da er Belastungen zwischen Generationen verschieben kann.
4. Staatliche Ausgaben führen zu Einkommen in anderen Wirtschaftsbereichen, die in Form von Steuern teilweise wieder an den Staat zurückfließen. Staatliche Sparpolitik (Ausgabenkürzungen) führt zu Einkommenseinbußen an anderer Stelle und zu Steuerausfällen. Private Ausgaben fließen hingegen nicht wieder zurück.

Die Staatsausgaben lassen sich nach **konsumtiven** (gegenwartsbezogenen) und **investiven** (zukunftsorientierten) **Ausgabenkategorien** untergliedern. Diese Abgrenzung dient u.a. dazu, die Wirkungen der Ausgaben auf das wirtschaftliche Wachstum zu beurteilen bzw. die Finanzierung einzelner Ausgaben mit oder ohne Kredite zu rechtfertigen (Abb. 7.23). Diese Unterscheidung ist jedoch nicht immer geeignet, die Qualität eines Budgets hinsichtlich seiner Wirkungen auf das Wachstum beurteilen zu können. Nicht jede investive Ausgabe kann als volkswirtschaftlich rentabel gelten. Spiegelbildlich haben konsumtive Ausgaben zum Teil Vorleistungscharakter für Wachstum (z.B. für innere und äußere Sicherheit), oder sie wirken unmittelbar kapitalbildend (z.B. Schaffung bzw. Absicherung von Humankapital durch das Bildungssystem).

Es sollte beachtet werden, dass die konsumptiven Staatsausgaben sich von dem Staatskonsum in der VGR-Abgrenzung unterscheiden. Der Staatskonsum beinhaltet im Wesentlichen die Ausgaben des Staates für die Produktion öffentlicher Güter und somit nicht Transfers, Subventionen und Zinszahlungen.

Staatsausgaben: Wie viel Konsum, wie viele Investitionen?

Konsumtive Ausgaben	Investive Ausgaben
Beispiele (Ausgaben des Bundes)	**Beispiele (Ausgaben des Bundes)**
Personal	Sachinvestitionen
Laufender Sachaufwand	Öffentliche Finanzhilfen für private Investitionen (z.B. Darlehen, Steuervergünstigungen, regionale Wirtschaftsförderung)
Militärische Ausgaben	
Transfers, soziale Sicherung	
Zinszahlungen für Altschulden	Bildung, Forschungsförderung, Umweltschutz
Subventionen	
• vergangenheitsbezogen • weitgehend gesetzlich gebunden • wirken weniger expansiv • Finanzierung durch Steuern	• kapitalbildend • zukunftsbezogen, • Kreditfinanzierung in Grenzen zu rechtfertigen

Abb. 7.23: Konsumtive und investive Staatsausgaben

Konsumtive Staatsausgaben

Konsumtive Ausgaben steigern zwar unmittelbar die Binnennachfrage, dennoch gibt es in der Öffentlichkeit Forderungen nach Einsparungen. Geläufige Forderungen sind z. B. jene nach der Rückführung von Personalausgaben, monetären Transfers und Subventionen. Diese Forderungen sind nicht unproblematisch. Dazu einige Beispiele:

- Im Fall einer Verringerung der **Personalausgaben** (z. B. für Innere Sicherheit) stellt sich die Frage, wie die verbleibenden Aufgaben erfüllt werden können.
- Die Forderung nach Rückführung von **monetären Transfers** hat zu beachten, dass viele Ausgabenanteile gesetzlich gebunden sind. Eine Absenkung ist oft nur gegen den Widerstand von Interessengruppen möglich.
- Ein Großteil der **Subventionen** (von lat. subvenire = zu Hilfe kommen) kommt einem begrenzten Empfängerkreis zugute. Oft handelt es sich um Finanzhilfen oder Steuervergünstigungen für Gruppen, die über gut organisierte Interessenvertretungen verfügen und sich durch aktive Lobbyarbeit erfolgreich gegen einen Abbau von Vergünstigungen wehren können. Zur Begründung der Subventionen wird oft auf das Gemeinwohl sowie die Beschäftigungs- und Einkommenswirkungen verwiesen. So z. B. wenn der Staat mit Hilfe von Subventionen Einfluss auf die sektorale bzw. räumliche Wirtschaftsstruktur nimmt und dadurch Arbeitsplätze erhalten oder schaffen will. Umstritten ist in der Praxis nicht nur der Subventionsbegriff (z. B. Einbeziehung von Bürgschaften, Krediten, Erstattungen, Befreiungen), sondern auch die Einbeziehung der Empfänger. Während einige Abgrenzungen nur Subventionen an Unternehmen erfassen, werden in anderen Systematiken auch Subventionen z. B. an Theater, Museen, Schwimmbäder, Rundfunkanstalten und Krankenhäuser einbezogen. Pauschale Forderungen nach einem Subventionsabbau sind folglich stets Gegenstand kontroverser politischer Diskussionen.

Investive Staatsausgaben

In der statistischen Abgrenzung werden zwei Kategorien unterschieden:

- **Sachinvestitionen**,

- Öffentliche **Finanzhilfen** für private Investitionen (z. B. Darlehen, Steuervergünstigungen, regionale Wirtschaftsförderung).

Wir wollen uns nachfolgend auf die Sachinvestitionen konzentrieren, da die Finanzhilfen teilweise als Subventionen interpretiert werden können. Sachinvestitionen finden sich vor allem in den Bereichen Verkehr, Städtebau, Bildung und Wissenschaft. Unter makroökonomischen Gesichtspunkten werden Investitionen als geeignetes Instrument einer **antiyzklischen Finanzpolitik** betrachtet, während z. B. monetäre Transfers an private Haushalte oder die öffentlichen Personalausgaben nicht die konjunkturellen Anpassungslasten innerhalb einer antizyklischen Politik tragen können oder sollen. In einer wirtschaftlichen Aufschwungphase müssten dann z. B. Transferleistungen oder Einkommen der öffentlich Bediensteten gekürzt werden. Ein konjunkturpolitischer Einsatz von monetären Transfers – aber auch von Subventionen – ist zudem insofern schwierig, da die Wirkungen unmittelbar von den Verhaltensweisen der Wirtschaftssubjekte abhängen, während sich Sachinvestitionen vergleichsweise direkt auf das BIP auswirken (Abb. 7.24).

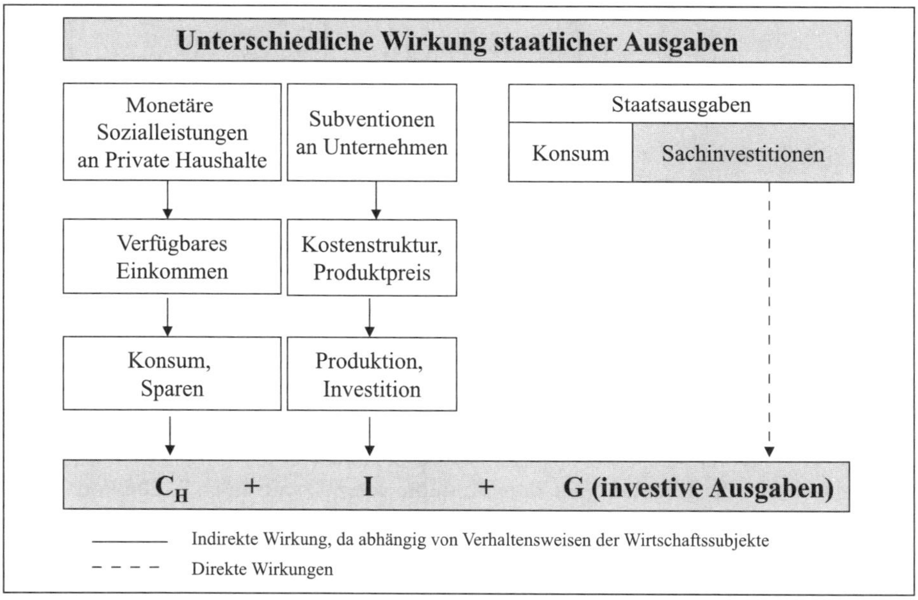

Abb. 7.24: Ansatzpunkte antizyklischer staatlicher Ausgabenpolitik

Schlagwörter	• investive Staatsausgaben • konsumtive Staatsausgaben	• Transfers • Subventionen

7.3.1 Steuerfinanzierte Konjunkturprogramme

Gesamtwirtschaftliche Zielverletzungen wie Rezession und (konjunkturelle) Arbeitslosigkeit lassen oft den Ruf nach **Konjunkturprogrammen,** z. B. in den Bereichen öffentlicher Wohnungsbau, Ausbau der Verkehrsinfrastruktur und Umweltsanierung laut werden. Derartige Programme haben einen gesamtwirtschaftlichen Effekt, wenn sie dauerhaft auf einem höheren Niveau verbleiben. Ansonsten kommt es zu **Strohfeuereffekten** (vgl. Kap. 6). Neben ihren konjunkturellen Effekten können öffentliche Investitionen längerfristige Wachstumseffekte haben. Beispielhaft sei auf Verkehrsinfrastrukturen verwiesen (Abb. 7.25). Diese öffentlichen Investitionen unterscheiden sich in haushaltsrechtlicher Sicht von den konsumtiven Ausgaben dadurch, dass sie das staatliche Vermögen erhöhen. In diesem Fall wird eine Kreditfinanzierung als unbedenklich, ja teilweise sogar als erwünscht eingestuft. Wir wollen jedoch nachfolgend zunächst den Fall einer **Steuerfinanzierung** betrachten.

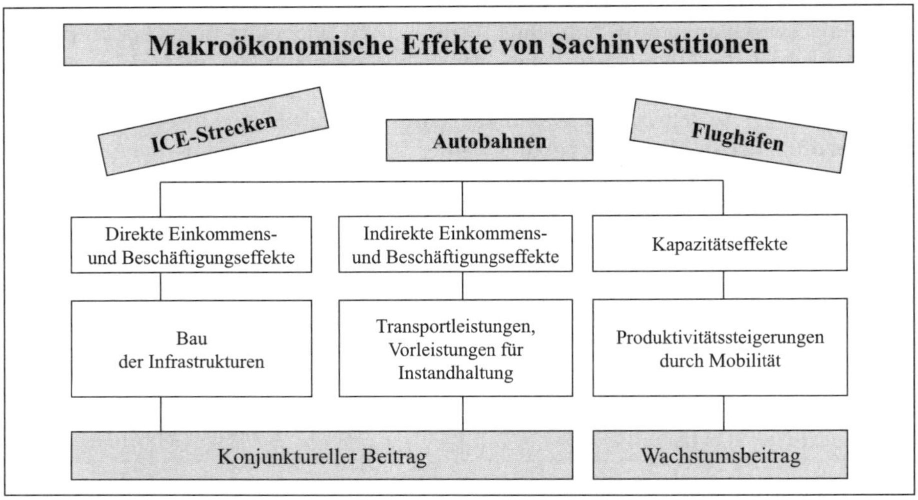

Abb. 7.25: Gesamtwirtschaftliche Effekte von Verkehrsinfrastrukturinvestitionen

Nehmen wir an, dass der Staat den Auf- und Ausbau der öffentlichen Infrastruktur in den neuen Bundesländern nach der **Deutschen Wiedervereinigung** ausschließlich durch Steuern finanzieren möchte. Dazu wird die Einführung eines **Solidaritätszuschlages** beschlossen. Vor Einführung der Steuer verfügt eine Familie über ein Nettoeinkommen von 3.000 € monatlich, das zu 80 % konsumiert wird. Der Rest wird gespart. Nun führt der Staat einen monatlichen Solidaritätszuschlag in Höhe von 100 € ein. Die Familie kann nun bei unterstellter Konstanz der Konsumquote von 80 % nur noch 2.320 € konsumieren. Gibt der Staat den Solidaritätszuschlag vollständig für investive Zwecke aus, so erhöht sich die gesamtwirtschaftliche Nachfrage im Vergleich zur Situation ohne Steuer (Abb. 7.26). Die Erklärung liegt darin, dass die Steuer nicht nur durch Einschränkung der Konsumausgaben, sondern auch durch Einschränkung der Ersparnis „finanziert" wird.

Dieses auf den ersten Blick überraschende Ergebnis wird benannt nach seinem Erfinder als **Haavelmo-Theorem** bezeichnet (Box 7.2). *Haavelmo* erhielt 1989 den Nobelpreis *„für seine Formulierung der wahrscheinlichkeitstheoretischen Grundlagen der Ökonometrie".*

Gesamtwirtschaftlich bedeutet das Theorem, dass von einer ausgeglichenen Budgetausweitung positive Einflüsse auf die Nachfrage ausgehen. Betrachten wir als Beispiel die Erhöhung der Staatsausgaben um 10 Mrd. €, die durch eine größengleiche Erhöhung der autonomen Steuern finanziert wird. Wir unterstellen eine marginale Konsumneigung von 0,8 und erhalten folgende Ergebnisse:

Ausgaben	Einnahmen
+10 Mrd. €	+10 Mrd. €
Multiplikator: 1/(1 – 0,8) × 10 = 50 Mrd. €.	Multiplikator: –0,8/(1 – 0,8) × 10 = –40
Gesamteffekt: +10 Mrd. €, d. h. der Multiplikator ist Eins	

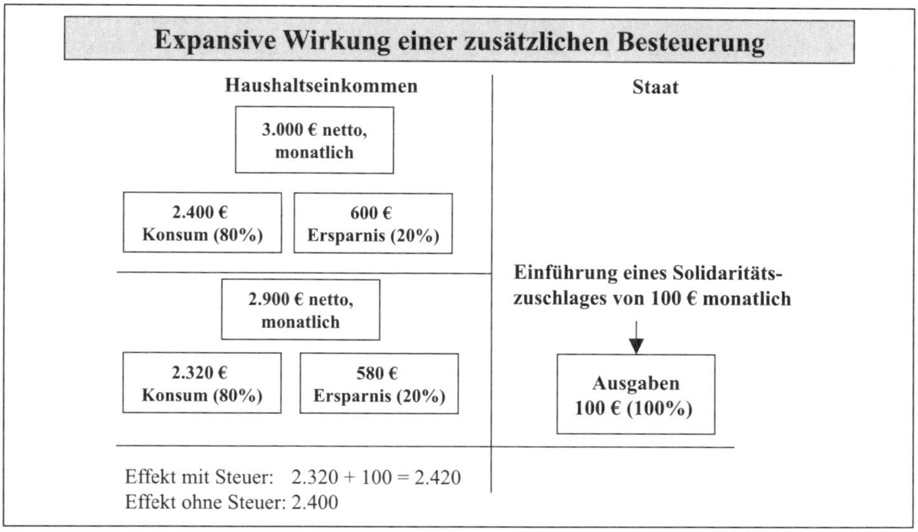

Abb. 7.26: Besteuerung und gesamtwirtschaftliche Nachfrage

Der Gesamteffekt dieser Maßnahme beträgt 10 Mrd. €. Der Multiplikator einer ausgeglichenen Budgetausweitung ist somit Eins. Dieser expansive Effekt erklärt sich daraus, dass die privaten Haushalte eine geringere Ausgabenneigung (0,8) als der Staat (1) aufweisen. Das Haavelmo-Theorem wird zum Teil auch als **Theorem des ausgeglichenen Haushalts** bezeichnet (*balanced-budget-multiplier*). Demnach kann auch eine steuerfinanzierte Ausweitung des Budgetvolumens positive Wirkungen auf das BIP auslösen (bzw. kontraktive Wirkungen bei einer Reduzierung des Budgetvolumens).

Box 7.2: Haavelmo-Theorem – Auswirkungen einer ausgeglichenen Budgetausweitung

Erhöhung der Staatsausgaben:

(1) $\Delta Y = (1/1 - c) \times \Delta G$

Erhöhung der Steuern:
(2) $\Delta Y = (-c/1 - c) \times \Delta T$

Gesamteffekt = (1) – (2) mit $\Delta G = \Delta T$

(3) $\Delta Y = [(1/1 - c) \times \Delta G - (c/1 - c) \times \Delta T]$

Der Multiplikator einer ausgeglichenen Budgetausweitung ist Eins, d. h. so groß wie die Budgetausweitung selbst.

Haavelmo, Trygve Magnus
1911 – 1999 (Norwegen)
© Nobel Foundation

Das Theorem kann zu der Schlussfolgerung verleiten, dass der Staat das gesamtwirtschaftliche Einkommen erhöht, indem er zusätzliche Steuern erhebt und diese Einnahmen sofort wieder voll ausgibt (**Budgetverlängerung**). Eine steuerfinanzierte

Ausdehnung der Staatsausgaben wäre also – zum Leidwesen des Bundes der Steuerzahler – eine verlockende Maßnahme zur Steigerung des BIP. Die Wirksamkeit des Haavelmo-Theorems beruht wesentlich auf den unterschiedlichen Konsumquoten. Der Staat hat eine Konsumneigung von 1, während sie bei den privaten Haushalten zwischen 0,85 und 0,95 liegen dürfte. Die Übertragung dieses Theorems auf die wirtschaftspolitische Praxis ist nur bedingt möglich. Die Logik des Modells würde im Hinblick auf eine Steigerung des BIP dazu führen, ständig die Staatsausgaben zu erhöhen und diese im gleichen Umfang durch Steuern zu finanzieren. Auf die Spitze getrieben würde dies bedeuten, das gesamte Einkommen zu besteuern und den Konsum vollständig über den Staat abzuwickeln. Diese Vorstellung ist natürlich abwegig. Folgende Argumente sprechen gegen das Haavelmo-Theorem:

- Die Investitionen werden als autonome Größe betrachtet. Veränderungen des Preisniveaus und Zinsniveaus werden vollständig ausgeklammert.
- Die negativen Anreizwirkungen einer hohen Besteuerung werden nicht berücksichtigt.
- Es wird unterstellt, dass die staatlichen Ausgaben (unabhängig ob Konsum oder Investitionen) sinnvoll sind. In der Praxis ist die Verschwendung von Staatsausgaben ein immer wiederkehrender Diskussionspunkt. Darüber hinaus gibt es Kritik an der zunehmenden Ausdehnung der Staatstätigkeit. In Umkehrung des Haavelmo-Theorems kann die Forderung aufgestellt werden, dass sich der Staat aus Aufgabenfeldern zurückziehen und auf Kernkompetenzen konzentrieren soll. Dieser Rückzug kann für Steuersenkungen genutzt werden, die gesamtwirtschaftlich zu Nettoentlastungen und zu Wachstumseffekten führen (**reziprokes Haavelmo-Theorem**).

Schlagwörter	• Investitionsprogramme • Infrastrukturprogramme	• Strohfeuereffekte • Haavelmo-Theorem

7.3.2 Kreditfinanzierte Konjunkturprogramme

Im Gegensatz zur steuerfinanzierten Ausgabenerhöhung beruht eine Kreditfinanzierung nicht auf Zwang und verdrängt im Vergleich zur Steuerfinanzierung auf den ersten Blick keine private Nachfrage. Angesichts der längerfristigen und positiven Auswirkungen öffentlicher Investitionen auf das wirtschaftliche Wachstum erscheint eine Kreditfinanzierung zudem begründbar. Ausgaben für öffentliche Investitionen können in Folgeperioden zu monetären Rückflüssen führen. Einer Kreditfinanzierung in der Ausgangsperiode stehen Erträge in den Folgeperioden gegenüber. Diese kann wieder für die in den Folgeperioden anfallenden Zins- und Tilgungszahlungen eingesetzt werden.

Öffentliche Investitionen haben lange Nutzungsdauern. Straßen, Brücken, Krankenhäuser und Hochschulen können nicht nur in der Herstellungsperiode, sondern auch in den Folgeperioden genutzt werden. Eine vollständige Steuerfinanzierung dieser Leistungen würde zu einer unangemessenen Belastung der Bevölkerung in der Herstellungsperiode führen und die Nutzer in den Folgeperioden entlasten. Mit einer Kreditfinanzierung ist es hingegen möglich, die Lasten gleichmäßig zwischen Generationen zu verteilen (*pay as you use*).

Art. 115 des Grundgesetzes und Schuldenbremse

Vor allem in rezessiven Phasen gilt die Kreditfinanzierung öffentlicher Investitionen als geeignetes Mittel, um die Wirtschaft zu stabilisieren (*deficit spending*). Ausgehend von dieser gesamtwirtschaftlichen Verantwortung des Staates für die Stabilisierung der Wirtschaft hat der Gesetzgeber die Kreditfinanzierung öffentlicher Investitionen im Kern akzeptiert, allerdings durch Art. 115 des Grundgesetzes an Grenzen geknüpft:

„Die Aufnahme von Krediten sowie die Übernahme von Bürgschaften, Garantien oder sonstigen Gewährleistungen, die zu Ausgaben in künftigen Rechnungsjahren führen können, bedürfen einer der Höhe nach bestimmten oder bestimmbaren Ermächtigung durch Bundesgesetz. Die Einnahmen aus Krediten dürfen die Summe der im Haushaltsplan veranschlagten Ausgaben für Investitionen nicht überschreiten; Ausnahmen sind nur zulässig zur Abwehr einer Störung des gesamtwirtschaftlichen Gleichgewichts. Das Nähere wird durch Bundesgesetz geregelt"

Diese defizitbegrenzende Haushaltsregel orientiert sich an der **goldenen Regel**, nach der ein staatliches Defizit dann hingenommen werden kann, wenn dies mit einer Erhöhung des Vermögens einhergeht und sich die staatliche Netto-Vermögensposition nicht verändert. Es wird also unterstellt, dass der aus der Verschuldung resultierenden Belastung ein entsprechender Nutzen aus dem gebildeten Staatsvermögen gegenübersteht. Die Begriffe „gesamtwirtschaftliches Gleichgewicht" und „Störung" desselben sind nicht näher definiert. Im Mittelpunkt der Diskussion steht aber die Verletzung von Teilzielen des Stabilitäts- und Wachstumsgesetzes in der Rezession sowie die dann mögliche Aufnahme von Krediten.

In diesem Kontext hat das Bundesverfassungsgericht bereits im Jahre 1989 klargestellt, dass die erhöhte Kreditaufnahme nach Umfang und Verwendung geeignet sein muss, das jeweils angeführte Problem zu lösen. Liegen die Ursachen einer zu hohen Arbeitslosigkeit und/oder Wachstumsschwäche in **strukturellen Faktoren**, dürfte eine höhere Verschuldung dann kaum sinnvoll sein. So dient die Durchführung öffentlicher Investitionen ja der Kompensation eines Nachfragemangels und weniger der Lösung struktureller Probleme.

In den letzten dreißig Jahren lag die staatliche Kreditaufnahme häufig über den staatlichen Bruttoinvestitionen. Die Diskrepanz wird noch größer, wenn auf die Nettoinvestitionen abgestellt wird. Darüber hinaus gibt es weitere Probleme bei der Auslegung von Art. 115 GG:

- Die Übereinstimmung von öffentlicher Neuverschuldung und Bruttoinvestitionen bezieht sich auf den **Haushaltsplan**. Werden nachträgliche Haushalte beschlossen, bleibt dieses ohne Folgen, zumal auch Sonderhaushalte gebildet werden können.
- Der Begriff der öffentlichen Investitionen ist unbestimmt (z. B. nur Sachinvestitionen oder auch Einbeziehung von Investitionszuschüssen).

Die Neufassung des Artikels 115 GG vom 1.8.2009 lässt für den Bund nur noch ein strukturelles Defizit von 0,35 % des nominalen BIP zu (ab 2016); für die Länder soll des strukturelle Defizit (ab 2020) 0 % betragen. Daneben sind konjunkturelle Defizite erlaubt in einer *„von der Normallage abweichenden konjunkturellen Entwicklung"*. Allerdings sind diese Abweichungen *„symmetrisch zu berücksichtigen"*, d. h. in wirtschaftlich vergleichsweise guten Jahren sind die Defizite zurückzuführen (siehe dazu auch Kapitel 12).

Crowding-out

Eine Verschuldung des Staates gegenüber dem privaten Sektor erfolgt in der Mehrzahl demokratischer Staaten durch Ausgabe von Schuldpapieren auf dem inländischen bzw. ausländischen Kapitalmarkt (Abb. 7.27). Insbesondere Banken finanzieren die Staatsverschuldung. Aber auch Privatleute und Unternehmen erwerben Bundesschatzbriefe, kommunale Schuldverschreibungen und andere Wertpapiere, die der Staat ausgibt. Die Kreditaufnahme des Staates mittels Schuldtiteln ist damit eine Umwandlung von Geldvermögen z. B. der privaten Haushalte in Wertpapiere, deren Gegenwert sich in den Staatsausgaben niederschlägt. Der auf die staatlichen Kredite gezahlte Zins erhöht dann wiederum das private Geldvermögen.

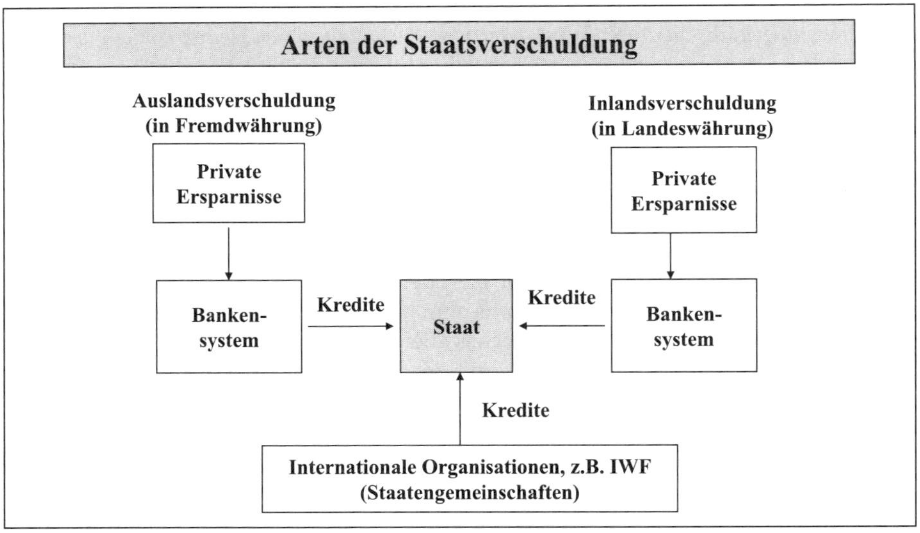

Abb. 7.27: Interne und externe Staatsverschuldung

Eine kreditfinanzierte Erhöhung der Staatsausgaben kann in bestimmten Situationen zu einer Verringerung des Kreditangebots für private Investitionen und zu einer Erhöhung des Zinssatzes führen, wenn die Geldmenge unverändert bleibt. In der Folge kann es zu einer Verdrängung privater zinsabhängiger Nachfrage kommen, die als **zinsbedingtes crowding-out** bezeichnet wird. Hinzu kommt ein **preisbedingtes crowding-out**, sofern die Ausweitung der staatlichen Nachfrage über multiplikative Effekte (Staatsausgabenmultiplikator) zu einer Erhöhung des Preisniveaus führt.

Die Verdrängungseffekte einer expansiven Fiskalpolitik scheinen vergleichsweise gering, wenn sich die Volkswirtschaft in einer konjunkturellen Abschwungphase befindet, die Kapazitäten also nicht ausgelastet sind.

Die Effekte sind auch abhängig davon, ob eine expansive Fiskalpolitik im Sinne eines Policy-Mix durch eine **expansive Geldpolitik** begleitet wird, die zu einer Stabilisierung des Zinsniveaus beiträgt. Empirische Untersuchungen zeigten zumindest für die westeuropäischen Länder keine eindeutigen Auswirkungen der Staatsverschuldung auf das Zinsniveau. Dieses Ergebnis lässt sich durch eine dynamische Betrachtung der Finanz- und Kapitalmärkte erklären. Gegenwärtig beträgt das verfügbare Geldvermögen in Deutschland etwa 5 Bio. € und wächst jedes Jahr in Abhängigkeit von der konjunkturellen Entwicklung und den jeweiligen Konditionen am Kapitalmarkt zwischen 150 bis 160 Mrd. €. Dieses zusätzliche Geldvermögen wird in unterschiedlichen Formen angelegt, u. a. auch in den vergleichsweise sicheren staatlichen Schuldtiteln. Es muss daher trotz steigender Kreditnachfrage nicht zwangsläufig zu einer Konkurrenzsituation zwischen privater und staatlicher Kreditnachfrage kommen, wenn das Kreditangebot entsprechend wächst.

Unter veränderten Rahmenbedingungen können durchaus andere Zusammenhänge zwischen Zins- und Schuldenentwicklung auftreten. Ein verändertes Anlageverhalten, z. B. eine größere Präferenz für risikoreichere Anlageformen, zwingt die Emittenten von staatlichen Anleihen zu einer attraktiveren Ausstattung ihrer Papiere. Zudem müssen wir für eine Gesamtanalyse die längerfristigen Auswirkungen im Blick halten. Eine dauerhafte Ausweitung der Staatsausgaben erhöht tendenziell die **Staatsverschuldung** (vgl. Kap. 8).

Ricardianische Äquivalenz, Fiskalillusion

Verschiedene Konsumtheorien betonen, dass private Haushalte (und Unternehmen) ihre Entscheidungen nicht allein auf der Grundlage ihres gegenwärtigen Einkommens treffen, sondern auch zukünftige Einnahmen und Ausgaben betrachten. Diese Überlegung beruht auf der **Ricardianischen Äquivalenz** (benannt nach *David Ricardo*, 1772 – 1823). Ricardo beschäftigte sich mit der Frage, wie ein Krieg finanziert werden kann, der 20 Mio. Pfund kostet. Die Ausgaben könnten durch eine einmalige Steuer in Höhe von 20 Mio. Pfund oder durch eine entsprechende Kreditaufnahme finanziert werden.

Unter der Annahme eines Zinssatzes von 5% würde dieser Kredit in der Zukunft durch jährliche Steuereinkünfte von je 1,2 Mio. Pfund während 45 Jahren oder mittels einer ewigen jährlichen Steuer von 1 Mio. Pfund zurückbezahlt. Nach Ricardos Ansicht müssten rationale Bürger dann indifferent gegenüber einer Steuer- oder einer Kreditfinanzierung sein. Rationale Steuerzahler erkennen, dass eine heutige Kreditaufnahme zukünftige Steuern zur Finanzierung und Rückzahlung des Kredits erfordert. Den Staatsschulden stehen somit gleich große künftige Zins- und Tilgungszahlungen gegenüber. Steuern und öffentliche Kredite werden bei gleichen Barwerten zur äquivalenten Finanzierungsalternative werden. Die Aufnahme eines Kredits verschiebt nur den Zeitpunkt der zu leistenden Steuerzahlung in die Zukunft, nicht aber deren Wert. Diese Argumentation verbindet aus makroökonomischer Sicht die Idee der permanenten Einkommenshypothese (vgl. Kap. 6) mit der staatlichen Budgetbeschränkung:

- Staatliche Budgetbeschränkung: eine Verminderung der heutigen Steuern hat eine Erhöhung der zukünftigen Steuern zur Folge.
- Permanente Einkommenshypothese: Haushalte treffen Konsumentscheidungen auf Grundlage des permanenten Einkommens, das vom Barwert der besteuerten Einkommen abhängt. Dieser Barwert verändert sich durch die Verschiebung des Steueraufkommens nicht, so dass es zu keiner Erhöhung des Konsums kommt.

Nehmen wir an, der Staat hat für das Jahr 2009 ein ausgeglichenes Budget geplant. Da sich die wirtschaftliche Lage jedoch verschlechtert, senkt der Staat die Mehrwertsteuer ($-\Delta T$). Dieses Konjunkturpaket erhöht das Defizit um 200 Mrd. €. Aus Vereinfachungsgründen unterstellen wir einen realen Zins von Null. Um im Jahr 2010 die Schulden zurückzahlen zu können, kündigt der Staat für das Jahr 2010 eine Steuererhöhung ($+\Delta T$) an. Diese anfängliche Steuersenkung hat aus Sicht der Ricardianischen Äquivalenz keine Auswirkungen auf den Konsum. Die Verbraucher wissen um die Steuererhöhung im Jahr 2010. Um die höheren Steuern im Jahr 2010 zahlen zu können, erhöhen die Haushalte ihren Konsum trotz der Steuersenkung im Jahr 2009 nicht. Dieser Sachverhalt ist gleichzusetzen mit der Aussage, dass die private Ersparnis im gleichen Umfang wie das Budgetdefizit zunimmt (Abb. 7.28). Die gesamtwirtschaftliche Ersparnis bleibt also unverändert. Falls die privaten Haushalte ihre Ersparnisse in Staatsschulden investieren, ändert sich die Nettoposition für sie nicht, wenn wir einen identischen Kredit- und Anlagezins unterstellen. Sie sind gleichzeitig Gläubiger (als Inhaber der Staatsschuldtitel) und Schuldner (als Steuerzahler). Eine Steuersenkung würde also keinen positiven Effekt auf die konjunkturelle Situation ausüben. Eine durch Kreditaufnahme finanzierte Steuersenkung vermindert nicht die über das Leben betrachtete Steuerlast, sondern führt lediglich zu einer **zeitlichen Umschichtung**.

Im Kern ist die These der Ricardianischen Äquivalenz eine Kritik an der Wirksamkeit kreditfinanzierter Budgetdefizite. Empirische Studien sprechen eher gegen eine vollkommene Äquivalenz von Steuer- und Kreditfinanzierung. Steuersenkungen in einem Jahr werden selten mit der Ankündigung einer zukünftigen Steuererhöhung verbunden. Die Konsumenten wissen nicht, in welchem Umfang die Steuern künftig erhöht werden. Je weiter die zukünftigen Steuererhöhungen entfernt liegen, desto unwahrscheinlicher ist es, dass die Konsumenten diese in ihr Kalkül einbeziehen.

Sie unterliegen der Fiskalillusion und unterschätzen die Belastungen zukünftiger Steuererhöhungen, die zur Rückzahlung von Budgetdefiziten erforderlich sind. Der Planungshorizont von Konsumenten und Staat ist also unterschiedlich. Selbst diejenigen, die sehr stark zukunftsbezogen planen, könnten rational folgern, dass sie von der Last der Kreditfinanzierung nur unvollkommen oder auch gar nicht getroffen werden, weil sie als Rentner weniger Steuern bezahlen bzw. die Steuererhöhung nicht mehr zu ihren Lebzeiten greift.

Ricardianische Äquivalenz
Wie vorausschauend sind Steuerzahler?

$$S^{insgesamt} = \underbrace{(Y - T - C)}_{\text{Private Ersparnis}} + \underbrace{T - G}_{\text{Staatliche Ersparnis}}$$

David Ricardo (1772 – 1823)

Jahr	Budget Private Haushalte: $Y - T = C + S^{privat}$				Budget Staat: $T - G = S^{Staat}$		
	Y	T	C	S^{privat}	T	G	S^{Staat}
2009 (geplant)	2000	400	1400	200	400	400	0
2009 (tatsächlich)	2000	200	1400	400	200	400	–200
2010	2000	400	1400	200	400	400	0

Es gilt: $+\Delta S^{privat} = \Delta S^{Staat}$

Abb. 7.28: Zahlenbeispiel zur Ricardianischen Äquivalenz

Schlagwörter	• Art. 115 GG • zinsbedingtes crowding-out • preisbedingtes crowding-out	• Ricardianisches Äquivalenztheorem • Fiskalillusion

7.3.3 Budgetdefizit und Geldschöpfung

Vor allem in Zeiten makroökonomischer Schocks ist es für eine Regierung schwierig bzw. unmöglich, die steigenden Budgetdefizite über Steuern (T) und/oder zusätzliche Staatsanleihen (ΔK) regulär zu finanzieren. Vielfach wird in solchen Situationen auf die **Geldschöpfung** (ΔM) als Finanzierungsquelle für Budgetdefizite zurückgegriffen.

Alle Länder haben ihr Geldwesen monopolisiert und die damit verbundenen Aufgaben an eine unabhängige Instanz, die Notenbank (Zentralbank), übertragen. Regierungen können also normalerweise kein Geld schaffen. Wenn jedoch Regierung und Notenbank kooperieren, kann sich die Regierung selbst durch Geldschöpfung finanzieren. Die Regierung könnte z. B. verzinsliche Wertpapiere ausgeben und die Notenbank auffordern, diese Anleihen zu kaufen. Die Notenbank bezahlt umgekehrt mit dem von ihr geschaffenen Geld. Ökonomen sprechen von der **Monetarisierung der öffentlichen Schuld** (Abb. 7.29).

Diese Art der Budgetfinanzierung lässt sich anhand der staatlichen Budgetrestriktion verdeutlichen:

(1) $G - T + (i \times B) = BD = \Delta B = \Delta K + \Delta M$

BD = Budgetdefizit
G = bereinigte öffentliche Ausgaben (ohne Zinsen)
T = Steuern
$i \times B$ = Zinsen auf Altschulden
ΔSA = Neuemission verzinslicher Staatspapiere
ΔM = Geldschöpfung der Zentralbank
ΔB = Veränderung des Schuldenstandes

Im Fall der Monetarisierung der öffentlichen Schuld gilt:

(2) $\Delta M = BD$

Die **Gütereinheiten**, die die Regierung durch Geldschöpfung generieren kann, ergeben sich, wenn wir die nominale Geldmenge durch das Preisniveau dividieren ($\Delta M/P$). Diese realen Einnahmen werden als **Seignorage** (SG) bezeichnet.

(3) $SG = \Delta M \,/\, P$

Der Begriff leitet sich aus dem französischen Wort *„seigneur"* für Feudalherr bzw. Lehensherr ab, da diese im Mittelalter das ausschließliche Recht zur Münzprägung hatten. Der Seigneur konnte die gewünschten Güter kaufen, indem er eigenes Geld ausgab und es für die Bezahlung der Güter verwendete. Er erzielte zudem einen Gewinn aus der Geldschöpfung, da es einen Unterschied zwischen Metallwert und Produktionskosten einerseits und dem Wert der ausgegebenen Münzen andererseits gab. Auch beim Papiergeld gibt es eine Seignorage. Die in Umlauf gebrachten Noten sind für die Notenbank eine Schuldverpflichtung, da die Geldbesitzer die Noten jederzeit gegen eine andere Währung eintauschen können, wenn die Währung frei konvertibel ist.

Die Zentralbank muss für die ausgegebenen Noten keine Zinsen zahlen. Sie kann jedoch umgekehrt mit den eigenen Noten Wertpapiere des Staates kaufen, die ihrerseits Zinsen bringen. Die Differenz zwischen Null-Zins auf den Notenumlauf und dem Marktzinssatz für Staatspapiere im Portfolio der Zentralbank multipliziert mit der Geldmenge machen also grob den Seignorage-Gewinn aus. Die Möglichkeit zur Erzielung von Seignorage-Gewinnen ist für Länder mit starker Währung besser als für Länder mit schwacher Währung. Niemand würde für zinsloses Geld eines Schwachwährungslandes verzinsliche Anleihepapiere hergeben.

Im Fall hoher Budgetdefizite wird es für ein Land zunehmend schwieriger, Kredite zu erhalten. Potentielle Kreditgeber würden immer höhere Zinsen fordern, da sie sich Sorgen um die Rückzahlung machen. Als Konsequenz wendet sich die Regierung der alternativen Finanzierung durch Geldschöpfung zu. Wir können nun fragen, welche Wachstumsrate der Geldmenge ($\Delta M/M$) erforderlich ist, um eine bestimmte Seignorage zu erzielen. Dazu schreiben wird Gleichung (3) um:

(4) $SG = \dfrac{\Delta M}{M} \times \dfrac{M}{P}$

Um die Größenordnung einordnen zu können, dividieren wir beide Seiten von Gleichung (4) durch das Realeinkommen (Y). Wir erhalten:

$$(5)\ \frac{SG}{Y} = \frac{\Delta M}{M} \times \frac{M}{P \times Y}$$

Nehmen wir an, ein Staat weist ein Budgetdefizit von 10 % bezogen auf das reale Einkommen auf und will dieses Defizit vollständig durch Geldschöpfung finanzieren. Zu berücksichtigen ist noch die Realkasse der Wirtschaftssubjekte. Diese zeigt, wie viele Mengeneinheiten eines Warenkorbes mit der gehaltenen Kasse gekauft werden können. Wir gehen davon aus, dass die Wirtschaftssubjekte Geld im Umfang von zwei Monatseinkommen halten, d. h. M/(P × Y) = 2. Wir erhalten:

$$(6)\ 0{,}1 = 2 \times \frac{\Delta M}{M}$$

Daraus folgt:

$$(7)\ \frac{\Delta M}{M} = 0{,}05\ (5\%)$$

Die nominale Geldmenge müsste im Monat also um 5 % steigen, will die Regierung ein Defizit von 10 % des realen Einkommens durch Geldschöpfung finanzieren. Dieser Gedanke ist verlockend, denn eine Regierung könnte z. B. ein Defizit in Höhe von 40 % durch ein Geldmengenwachstum von 20 % bzw. ein Defizit in Höhe von 80 % durch ein Geldmengenwachstum von 40 % finanzieren. Ein derart rasantes Geldmengenwachstum erhöht zwar die Inflation, doch kann der Staat durchaus Interesse an einer solchen Entwicklung haben. Zum einen erhöht sich die Seignorage, zum anderen reduziert sich die reale Schuldenlast des Staates. Der Staat könnte sich auf diese Art und Weise mehr oder minder elegant eines Teils seiner realen Schulden durch Inflation entledigen.

Eine höhere Inflation reduziert jedoch den realen Wert der Geldbestände. Die Opportunitätskosten der Geldhaltung steigen und die Wirtschaftssubjekte schränken ihre reale Geldhaltung ein. Die Realkasse hängt ab vom Realeinkommen, vom realen Zins und der erwarteten Inflationsrate. In der Regel wollen die Wirtschaftseinheiten in jeder gegebenen Situation ihre reale Kassenhaltung aufrechterhalten. Sie werden folglich ihre Kasse zum Nennwert (nominal) entsprechend der Preissteigerungsrate aufstocken.

$$(8)\ \frac{M}{P} = Y \times \left[L - (i^{real} + \pi^{erwartet})\right]$$

Die Erzielung von Staatseinnahmen durch das Drucken von Geld wirkt dann aus Sicht der Wirtschaftssubjekte wie eine **Inflationssteuer** auf das Halten von Geld. Der Steuersatz ist die Inflationsrate (π) und die Steuerbasis ist die reale Geldmenge (M/P). Wenn die jährliche Inflationsrate 11 % beträgt, kostet ein Warenkorb, der vor einem Jahr 100 € gekostet hat, heute 111 €. Sie können mit der gleichen Summe Geld nur noch 90 % des ursprünglichen Warenkorbs erwerben. Dieser Sachverhalt wirkt wie eine zehnprozentige Steuer auf die Geldhaltung.

Kommen wir nun zu den gesamtwirtschaftlichen Auswirkungen. Nehmen wir an, in einem Land sei das BIP gegeben durch 2.000 Mrd. €. Der reale Zins sei 5 % und die erwartete Inflationsrate entspreche exakt der Veränderung der nominalen Geldmenge. Die reale Geldmenge (M/P) habe die Form: 2000 × [0,8 – (0,05 + $\pi^{erwartet)}$]. Wir können nun die Seignorage bei unterschiedlichen Wachstumsraten der nominalen Geldmenge berechnen (Tab. 7.3).

Ein hohes Geldmengenwachstum hat zwei gegenläufige Effekte:

- ein hohes Geldmengenwachstum erhöht zunächst die Seignorage.

- ein Anstieg des Geldmengenwachstums erhöht die Inflation und verringert die reale Geldmenge.

Tab. 7.3: Seignorage der Geldschöpfung

Wachstum der Geldmenge	Seignorage	in Mrd. €
2 %	0,02 × [2.000 × (0,8 – 0,05 – 0,02)]	29,2
5 %	0,05 × [2.000 × (0,8 – 0,05 – 0,05)]	70
10 %	0,10 × [2.000 × (0,8 – 0,05 – 0,10)]	130
20 %	0,20 × [2.000 × (0,8 – 0,05 – 0,20)]	220
30 %	0,30 × [2.000 × (0,8 – 0,05 – 0,30)]	270
35 %	**0,35 × [2.000 × (0,8 – 0,05 – 0,35)]**	**280**
40 %	**0,40 × [2.000 × (0,8 – 0,05 – 0,40)]**	**280**
50 %	0,50 × [2.000 × (0,8 – 0,05 – 0,50)]	250

Der Nettoeffekt des nominalen Geldmengenwachstums auf die Seignorage ist unbestimmt. Analog zur **Laffer-Kurve** gibt es einen „optimalen Punkt", der die Seignorage maximiert (Abb. 7.29). Im Beispiel liegt dieser Wert bei 35 % bzw. 40 %. Beachten Sie, dass hier die Inflationserwartungen exakt der Höhe des nominalen Geldmengenwachstums entsprechen. Wenn wir annehmen, dass es einige Zeit braucht, bis sich die Inflationserwartungen an ein höheres Geldmengenwachstum anpassen, erhöht sich die Seignorage proportional zum prozentualen Anstieg des Geldmengenwachstums.

Probieren Sie diesen Sachverhalt in obiger Tabelle selbst aus. Wenn sich die reale Geldnachfrage aufgrund einer Anpassung der Inflationserwartungen verringert, muss die Wachstumsrate der Geldmenge immer weiter erhöht werden, wenn eine bestimmte Seignorage erzielt werden soll. Ab einem gewissen Punkt geht die Seignorage jedoch

Maximierung der Inflationssteuer

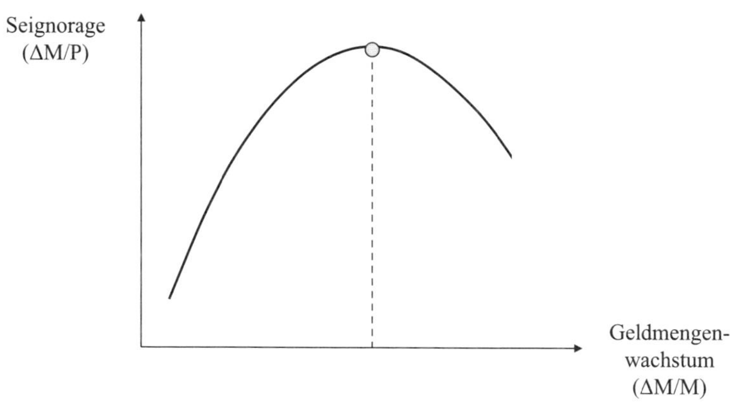

Die Seignorage ist zunächst eine steigende und dann eine fallende Funktion des nominalen Geldmengenwachstums. Die Seignorage – als Einnahme der Geldschöpfung – entspricht der Inflationssteuer ($\pi \times (M/P)$).

Abb. 7.29: Seignorage und nominales Geldmengenwachstum

zurück. Die optische Analogie des Verhältnisses von Geldmengenwachstum und Seignorage zur Laffer-Kurve ist nicht zufällig. In Ländern, die sehr hohe Inflationen hatten, war die Seignorage häufig die Haupteinnahmequelle des Staates. Wenn jedoch die Inflationssteuer immer weiter ansteigt, dann werden Wirtschaftssubjekte weniger arbeiten bzw. versuchen ihr Einkommen dieser Art der Besteuerung zu entziehen. Wenn die Inflationsrate also z. B. monatlich bei 100 % liegt und Sie ihr Bargeld einen Monat halten, dann würden sie einen Monat später doppelt so viel für die benötigten Güter ausgeben müssen, d. h. sie verlieren die Hälfte des realen Wertes. Private Haushalte werden verstärkt zum Tauschhandel übergehen oder in andere Währungen flüchten. Der Versuch, Budgetdefizite durch inflationäre Geldschöpfung zu finanzieren, war historisch in vielen Ländern der Auslöser von Hyperinflationen.

Schlagwörter	• Monetarisierung der Staatsschuld	• Seignorage

7.4 Fallbeispiele zu Kapitel 7

Lösungs- und Bearbeitungshinweise sowie alle Abbildungen dieses Kapitels finden Sie unter:
www.vahlen.de

Fallbeispiel 7.1: Staatsquoten (+)

1) In einer Volkswirtschaft sind folgende Daten in Mrd. € bekannt:
   - BIP, nominal 2.000
   - Sozialbeiträge 400
   - Steuereinnahmen 500
   - Transferzahlungen 400
   - Öffentlicher Konsum 400
   - Öffentliche Investitionen 50
   - Subventionen 50

   Berechnen Sie Staatsausgaben- und Abgabenquote.
2) Besagt eine Staatsausgabenquote von 50 %, dass der Staat die Hälfte der volkswirtschaftlichen Wirtschaftsleistung verbraucht?
3) Müssen sich Staatsausgaben- und Abgabenquote in die gleiche Richtung entwickeln?
4) Sind Länder mit einer geringeren Staatsausgabenquote wirtschaftlich stärker?

Fallbeispiel 7.2: Parallelpolitik und Staatshaushalt (+)

Gegeben sind folgende Ausgangswerte einer offenen Volkswirtschaft:

- $C = 10 + 0{,}9 \times Y$
- $I_{aut} = 50$
- $T_{aut} = 40$
- $G_{aut} = 40$
- $Ex_{aut} = 10$
- $Im_{aut} = 4$

1) Berechnen Sie das Ausgangsgleichgewicht.
2) Die Regierung will unmittelbar vor den Wahlen das BIP erhöhen. Der Wirtschaftsminister schlägt vor, den privaten Konsum durch eine Steuersenkung von 10 Mrd. € anzukurbeln. Der Finanzminister beharrt allerdings auf einem ausgeglichenen Budget. Berechnen Sie den Effekt auf das Gleichgewichtseinkommen und begründen Sie das Ergebnis.

3) Nach eingehender Diskussion schlägt der Bundeskanzler eine vollständig steuerfinanzierte Erhöhung der Staatsausgaben um 10 Mrd. € vor. Auch in dieser Situation soll das staatliche Budget ausgeglichen sein. Ermitteln und diskutieren Sie das Ergebnis.

Fallbeispiel 7.3: Automatische Stabilisatoren (0)

Eine Volkswirtschaft ist durch folgende Größen gekennzeichnet:

- $C = 100 + 0{,}5 \times Y$
- $G_{aut} = 200$ Mrd. €
- $I_{aut} = 200$ Mrd. €
- $T = 0{,}25\,Y$

1) Bestimmen Sie das Ausgangsgleichgewicht und den Staatshaushalt.
2) Ermitteln Sie die Auswirkungen auf das Gleichgewichtseinkommen und den Staatshaushalt, wenn die Investitionen plötzlich um 100 Mrd. € zurückgehen (negativer Nachfrageschock) bzw. steigen (positiver Nachfrageschock). Was lässt sich erkennen?

Fallbeispiel 7.4: Antizyklische Finanzpolitik (+)

1) Ein Wirtschaftswissenschaftler behauptet, dass eine antizyklische Fiskalpolitik unweigerlich zu einer Staatsverschuldung führt. Beurteilen Sie diese Behauptung anhand der folgenden Tabelle.

Konjunkturphase	Antizyklische Fiskalpolitik		
	Steuern	Staatsausgaben	Budget
Hochkonjunktur			
Rezession			

2) Beurteilen Sie, durch welche Maßnahmen auf die Konjunkturentwicklung antizyklisch eingewirkt werden kann und wie „leicht oder schwer" sich diese Maßnahme politisch umsetzen lässt. Welche Schlussfolgerungen lassen sich daraus ziehen?

Instrument	Hochkonjunktur	Rezession
Steuern		
Ausgaben		
Subventionen		
Verschuldung		

Fallbeispiel 7.5: Wirkungsverzögerungen der Finanzpolitik (0)

1) Der Finanzminister möchte die Konjunktur durch eine Steuersenkung anregen. Welche Wirkungsverzögerungen ist die Finanzpolitik unterworfen? Bringen Sie diese Verzögerungen in eine zeitliche Reihenfolge. Was verstehen Sie unter der Innenverzögerung?
2) Beurteilen Sie die Art von Wirkungsverzögerungen bei folgenden Vorgängen:

Vorgang	Lag
Verschiebung steuerpolitischer Beschlüsse vom 1.3. zum 1.7.	
Umsetzung steuerpolitischer Beschlüsse vom 30.6 durch die Finanzämter am Jahresende	
Einsatz einer Expertenkommission zur Ausarbeitung von Vorschlägen zur Steuersenkung vom 1.3. eines Jahres bis zum 1.9.	
Anstieg der Konsumausgaben durch eine umfangreiche Steuerreform innerhalb von sechs Monaten	

3) Ein Wirtschaftswissenschaftler behauptet, dass sich die Wirkungsverzögerungen der Finanzpolitik mit „Schubladenprogrammen" nahezu vollständig beseitigen lassen. Nehmen Sie dazu Stellung.

Fallbeispiel 7.6: Finanzpolitische Konzepte (+)

1) Ordnen Sie die nachfolgenden Aussagen den Positionen der antizyklischen, prozyklischen, regelgebundenen und/oder diskretionären Finanzpolitik zu.

Aussage	Grundsatzposition
1. Der Staat soll für jeden Rückgang des BIP von 1 % die jeweils zu zahlende Einkommensteuer immer um 2 % senken.	
2. In der Hochkonjunktur sollen Steuermehreinnahmen nicht wieder verausgabt werden.	
3. Der Staat soll in der Rezession die Steuern senken.	
4. Der Staat soll in der Rezession die Ausgaben senken.	
5. Der Staat soll jedes Jahr seinen Haushalt ausgleichen.	

2) Welche Instrumente gehören (nicht) zur diskretionären Fiskalpolitik?
   a) Öffentliche Investitionsprogramme
   b) Senkungen der direkten Steuern
   c) Erhöhung der Körperschaftsteuer
   d) Progressive Ausgestaltung des Steuersystems.

Fallbeispiel 7.7: Steuerprinzipien (++)

1) Was verstehen Sie unter folgenden Steuerprinzipien:
   a) das Äquivalenzprinzip,
   b) das Leistungsfähigkeitsprinzip und
   c) die Allokationseffizienz?
2) Ordnen Sie die in 1) genannten Prinzipien folgenden Aussagen zu:
   a) Personen mit gleichem Einkommen sollen gleiche Steuern zahlen.
   b) Die Besteuerung soll nicht zur Steuerhinterziehung führen.
   c) Wer mehr verdient, soll auch höhere Steuern zahlen.
   d) Öffentliche Dienstleistungen sollen für alle gleich viel kosten.
3) Ein Wirtschaftswissenschaftler fordert die Abschaffung von Steuern und argumentiert, dass sich der Staat doch über Gebühren und Beiträge finanzieren kann. Nehmen Sie dazu Stellung.
4) In einer Volkswirtschaft, die nur aus drei Personen besteht, ist folgende Einkommensverteilung bekannt:

	Reiner	Wiltrud	Manfred	Summe
Einkommen	30.000	60.000	120.000	
Steuern	3.000	9.000	30.000	
Verteilungsneutrale Steuern				
Effektives Einkommen				
Verteilungsneutrales Einkommen				
Umverteilung				

Beurteilen Sie die Umverteilungswirkung des Steuersystems, das aus Gerechtigkeitsgründen nicht verteilungsneutral ausgestaltet ist.

Fallbeispiel 7.8: Steuertarife (+)

1a) Ein Student startet nach seinem Studium eine äußerst erfolgreiche Karriere als selbständiger Unternehmensberater, die ihm ein Arbeitseinkommen von 100.000 € und ein Kapitaleinkommen von 20.000 € bescheren. Ab einem Einkommen von 10.000 € wird das Einkommen einheitlich mit einem Grenzsteuersatz von 25 % besteuert. Berechnen Sie Steuerlast und Durchschnittsteuersatz. Zeichnen Sie den Tarifverlauf in ein Diagramm ein.

b) Die Regierung des Landes entschließt sich zu einer Steuerreform, die ab einem Jahreseinkommen von 10.000 € einen Grenzsteuersatz von 20 % und ab einem Jahreseinkommen von 50.000 € einen Grenzsteuersatz von 30 % vorsieht. Berechnen Sie wiederum Steuerlast und Durchschnittsteuersatz. Zeichnen Sie den Tarifverlauf in ein geeignetes Diagramm ein.

c) Der Student empfindet die Steuerreform als „Abzocke". Er findet Rat bei einem Wirtschaftsprüfer, der ihm empfiehlt, seine Ehefrau als Sekretärin einzustellen und ihr 30.000 € als Gehalt zu zahlen. Berechnen Sie die Steuerersparnis der Familie des Studenten. Bei welchem Gehalt ist die Steuerersparnis am höchsten? (in Anlehnung an *Bischoff u.a., 2006*)

2) Ein Ökonom behauptet, dass alle Personen unabhängig von der Höhe ihres Einkommens von der Mehrwertsteuer gleichermaßen betroffen sind, da diese eine proportionale Steuer sei. Diskutieren Sie diese Behauptung im Rahmen der folgenden Tabelle. Was lässt sich erkennen? Gehen Sie von einem Mehrwertsteuersatz von 20 % aus.

Person	Einkommen	Konsum-quote	Konsum	Mehrwert-steuer absolut	Mehrwertsteuer, relativ (T/Y)
A	200.000 €	0,5			
B	50.000 €	0,8			
C	20.000 €	1			

Fallbeispiel 7.9: Indirekte und kalte Progression (+)

1) Unterscheiden Sie die direkte und indirekte Progression einer Steuer.
2) Ein Angestellter in einem Großkonzern verdient als Controller exakt 50.000 € brutto im Jahr, die mit durchschnittlich 20 % besteuert werden. Im Folgejahr verdient er 10 % mehr. Für diesen Mehrverdienst fällt der höchste Grenzsteuersatz (Spitzensteuersatz) von 40 % an. Beurteilen Sie die reale Einkommenssituation des Angestellten im Jahr 2008, wenn die Inflationsrate bei 8 % lag.
3) Wie lässt sich eine kalte Progression verhindern?

Größe	Jahr 2007	Jahr 2008
Bruttoeinkommen	50.000 €	
Durchschnittsteuersatz: 20 %		
Grenzsteuersatz: 40 %		
Nettoeinkommen, nominal		
Preisniveau (2007 = 100)	100	
Nettoeinkommen, real		

Fallbeispiel 7.10: Einkommensteuermodelle (++)

1) Zwei Familien, jeweils Vater, Mutter und Kind, haben ein Familieneinkommen von 24.000 € bzw. 80.000 €. Die Steuer ist als Flat-Tax ausgestaltet und liegt bei 25 %. Ferner gibt es pro Familienmitglied einen Freibetrag von 7.500 €. Berechnen Sie für beide Familien

die Lohnsteuer und die auf das Einkommen bezogene effektive Steuerlast. Beurteilen Sie die Progressionswirkung der Flat-Tax, indem Sie die Belastungen zwischen den Familien vergleichen.

2) Beurteilen Sie die Steuerbelastung der einzelnen Modelle für eine Familie mit zwei Kindern, wenn folgende Daten gegeben sind (AE = Arbeitseinkommen, KE = Kapitaleinkommen):

	AE in €	KE in €	Freibetrag pro Person bezogen auf das AE in €	Steuerbelastung in €
Synthetische Steuer (linearer Tarif 40 %)	50.000	10.000	10.000	
Flat-Tax (25 %)	50.000	10.000	10.000	
Zinsbereinigte Einkommensteuer (25 %)	50.000	10.000	10.000	
Duale Einkommensteuer (40 % AE, 25 % KE)	50.000	10.000	10.000	

Fallbeispiel 7.11: Steuerreform und Konsumoptimismus (++)

In einer Volkswirtschaft gelten folgende Angaben (in Mrd. €):

- $C = 60 + 0{,}75 \times Y_v + 0{,}01 \times$ DAX-Aktienindex
- $Y_v = Y - T = Y - (1/3) \times Y$
- $G_{aut} = 800$
- $I_{aut} = 300$
- DAX-Aktienindex: 4.000 Punkte (Jahresdurchschnitt)

1) Ermitteln Sie das Ausgangsgleichgewicht und das Budgetdefizit.
2) Angesichts des zu gering empfundenen BIP beschließt die Regierung eine Senkung der marginalen Steuerquote auf 1/4. Die Privaten Haushalte erhöhen daraufhin ihre marginale Konsumneigung auf 0,8. Parallel wird mit einem Anstieg des DAX-Aktienindex auf 5.000 Punkte und aufgrund des verbesserten Investitionsklimas mit einer Zunahme der Investitionen auf 340 gerechnet. Um die Einnahmeausfälle aufzufangen, werden die Staatsausgaben um 100 zurückgeführt. Ermitteln Sie die Veränderung des Gleichgewichtseinkommens und des Budgetsaldos. Interpretieren Sie das Ergebnis. (Hinweis: Rechnen Sie zum Erhalt „glatter Ergebnisse" bitte mit Bruchzahlen und nicht mit gerundeten Dezimalzahlen).

Fallbeispiel 7.12: Steuerreform und Konsumzurückhaltung (+)

In einer Volkswirtschaft gelten folgende Angaben (in Mrd. €)

- $C = 100 + 0{,}75 \times Y_v$
- $Y_v = Y - T = Y - (1/3) \times Y$
- $G_{aut} = 1.100$
- $I_{aut} = 400$
- Monetäre Transfers: 400

1) Berechnen Sie das Ausgangsgleichgewicht.
2) Die Regierung schlägt eine Absenkung der marginalen Steuerquote auf ¼ vor, um der wirtschaftlichen Entwicklung eine größere Dynamik zu verleihen. Fachleute erwarten, dass die Privaten Haushalte mit einer Absenkung ihrer marginalen Sparneigung auf 0,2 reagieren. Ermitteln Sie die Veränderung des Gleichgewichtseinkommens.

3) Die Regierung plant neben der Steuersenkung auch eine groß angelegte Gesundheits- und Rentenreform, die zu einer größeren Eigenvorsorge der Privaten Haushalte führen soll. Ermitteln Sie die Auswirkungen auf das Gleichgewichtseinkommen, wenn die Privaten Haushalte die gesamten Transfers sparen. Welches grundsätzliche Problem einer Steuerreform lässt sich hier erkennen?

Fallbeispiel 7.13: Laffer-Theorem (++)

In der Volkswirtschaft gelten folgende Angaben (in Mrd. €)

- $C = 100 + 0{,}75 \times Y_v$
- $Y_v = Y - T = Y - (1/3) \times Y$
- $G_{aut} = 700$
- $I_{aut} = 400$
- $Tr_{aut} = 400$

1) Ermitteln Sie das Ausgangsgleichgewicht und den Budgetsaldo (Hinweis: Rechnen Sie zum Erhalt „glatter Zahlen" bitte mit Bruchzahlen, also z. B. mit ¾ statt mit 0,75).
2) Im Land hat sich die Regierung mit der Auffassung durchgesetzt, dass die marginale Steuerquote auf ¼ gesenkt werden muss, um der wirtschaftlichen Entwicklung eine größere Dynamik zu verleihen. Die Privaten Haushalte des Landes erhöhen ihre marginale Konsumneigung auf 0,8. Ermitteln Sie die Veränderung des Gleichgewichtseinkommens und die Veränderung des Budgetsaldos.
3) Zeichnen Sie die Entwicklung der Steuereinnahmen und Steuersätze in ein geeignetes Diagramm ein. Beurteilen Sie, ob sich das Laffer-Theorem erkennen lässt. Welche Rolle spielt der Zeitaspekt bei der Beurteilung dieses Sachverhalts?

Fallbeispiel 7.14: Suche nach dem optimalen Steuertarif (++)

In einer Volkswirtschaft sind folgende Werte gegeben:

- $C = 100 + 0{,}5 \times Y_v$
- $Y_v = Y - T = Y - 0{,}5 \times Y$
- $G_{aut} = 1.000$
- $I_{aut} = 400$

1) Ermitteln Sie das Gleichgewichtseinkommen und den damit verbundenen Budgetsaldo.
2) Ein Ökonom behauptet, dass das Laffer-Theorem generelle Gültigkeit hat, wenn sich die marginale Konsumneigung der privaten Haushalte durch die Steuersenkung auf 0,8 erhöht. Überprüfen Sie die Gültigkeit des Laffer-Theorems für folgende Steuersenkungen, wenn die Staatsausgaben unverändert bei 1.000 bleiben:
   - $T = 0{,}35 \times Y$
   - $T = 0{,}25 \times Y$

Tragen Sie die Ergebnisse in ein geeignetes Diagramm ein und vergleichen Sie diese mit der Ausgangssituation. Was lässt sich erkennen?

Fallbeispiel 7.15: Aufkommensneutrale Steuerreform (+)

In einer Volkswirtschaft gelten folgende Angaben (in Mrd. €)

- $C = 100 + 0{,}8 \times Y_v$
- $Y_v = Y - T + Tr_{aut}$
- $T = 300 + 0{,}25 \times Y$
- $Tr_{aut} = 800$
- $G_{aut} = 1.000$
- $I_{aut} = 500$

Es hat sich die Auffassung durchgesetzt, dass das gegenwärtige Steuersystem einer dringenden Reform bedarf. Einen Spielraum für Steuersenkungen sieht man allerdings nicht. Die Regierung schlägt eine aufkommensneutrale Steuerreform vor, bei der eine Erhöhung der autonomen Steuern in Höhe von 500 Mrd. € als Gegenfinanzierung für eine betragsgleiche Senkung der einkommensreagiblen Steuern eingeführt werden soll.

1) Wie stark muss (kann) der marginale Steuersatz gesenkt werden?
2) Welche Veränderungen werden durch die Steuerreform ausgelöst?

Größe	Veränderung
Verfügbares Einkommen der privaten Haushalte	
Konsumausgaben der privaten Haushalte	
Gesamtwirtschaftliche Nachfrage	
Gesamtwirtschaftliches Einkommen	
Multiplikator	

3) Sind andere (primär mikroökonomische) Wirkungskanäle denkbar, die auch zu Einkommenseffekten führen?

Fallbeispiel 7.16: Gesamtwirtschaftliche Auswirkungen von Subventionen (++)

Der Vorsitzende der Deutschen Aerospace hat vor einem Abbau von Subventionen für das geplante Großraumflugzeug XXL gewarnt. Er stützt sich auf eine Studie, die zu dem Ergebnis kommt, dass ein staatlich finanzierter Auftrag an ein deutsches Unternehmen in Höhe von 100 Mio. € einen Umsatz von 250 Mio. € erzeugt. Dieser Mehrumsatz entsteht, indem die Aufträge bei dem Auftragnehmer sowie dessen Lieferanten zu Einkommen werden, die wiederum in den Konsum fließen. Nach Berechnungen der Studie beträgt der Anteil der Ausgaben für die Flugzeugbeschaffung, der über das Abgabenaufkommen an den Staat zurückfließt, d. h. die Rückflussquote, 60 %.

1) Welcher Multiplikator legt die Studie zugrunde? (Hinweis: Importe werden nicht berücksichtigt)
2) Welcher marginale Steuersatz und welche Konsumquote liegen dem unter a) ermittelten Multiplikator zugrunde? (Hinweis: Berechnen Sie zunächst den marginalen Steuersatz)
3) Das mit der Produktion des XXL beauftragte Inlandsunternehmen gibt an, dass 50 % des Auftragsvolumens in Form autonomer Importe an ausländische Zulieferer weitergeben werden. Lässt sich das Ergebnis der Studie noch aufrechterhalten?
4) Welche Probleme sehen Sie bei der Anwendung der Multiplikatoranalyse im Hinblick auf die untersuchte Fragestellung?

Fallbeispiel 7.17: Staatliche Infrastrukturprogramme (+)

Das Bundeswirtschaftsministerium hat unmittelbar vor den Bundestagswahlen ermittelt, dass das derzeitige (Gleichgewichts-)Volkseinkommen gegenüber den ursprünglichen Prognosen um 100 Mrd. € zu niedrig ausgefallen ist. Die folgenden Größen sind bekannt:

- $C = 250 + 0{,}4 \times Y_v$
- $Y_v = Y - T = Y - 0{,}5 \times Y$
- $T = 300 + 0{,}25 \times Y$
- $G_{aut} = 1.000$
- $I_{aut} = 350$

1) Ermitteln Sie das derzeitige Gleichgewichtseinkommen.
2) Die Bundesregierung will zur Ankurbelung der Konjunktur die Staatsausgaben erhöhen. Um wie viel müssten die öffentlichen Investitionen zunehmen, um das ursprünglich erwartete Einkommen zu erreichen?

3) Die Opposition kritisiert das zusätzliche Ausgabenprogramm und fordert die Bundesregierung zu einer Absenkung der Einkommensteuer auf. Berechnen Sie den marginalen Steuersatz, bei dem das ursprünglich erwartete Einkommen erreicht wird.
4) Vergleichen Sie die Vorschläge unter folgenden Gesichtspunkten:

Vorschlag	G	T	Budgetdefizit
Erhöhung der Staatsausgaben			
Senkung der Steuern			

Fallbeispiel 7.18: Haavelmo-Theorem (+)

In einer Volkswirtschaft gelten folgende autonome Größen: G = 500, T = 600, I = 200, Tr = 100.

Die Konsumfunktion lautet: $C = 100 + 0{,}75 \times Y_v$, mit $Y_v = Y - T + Tr$.

1) Berechnen Sie das Gleichgewichtseinkommen.
2) Stellen Sie das staatliche Budget auf und beurteilen Sie, ob die Gleichgewichtsbedingung (I = S) erfüllt ist.
3) Unmittelbar vor der Wahl soll das unter 1) ermittelte Gleichgewichtseinkommen um 300 erhöht werden. Um welchen Betrag müssten das Transfereinkommen (Tr) bzw. die Staatsausgaben (G) erhöht werden, um dies zu erreichen? Interpretieren Sie das Ergebnis und beurteilen Sie die Auswirkungen beider Maßnahmen für den Staatshaushalt.
4) Die Regierung beschließt eine Erhöhung der Staatsausgaben (G) wie in 2) berechnet. Die Finanzierung erfolgt durch die Erhöhung der direkten Steuern (T) um den gleichen Betrag. In der folgenden Debatte wirft der Oppositionsführer der Regierung „blinden Aktionismus" vor, da sich das gesamtwirtschaftliche Einkommen durch die Maßnahme nicht verändere, die erhöhten Steuern aber den Wirtschaftsstandort gefährden. Wie beurteilen diesen Vorwurf?
5) Die Regierung entgegnet, dass es gesamtwirtschaftlich sinnvoll sei, eine Steuer zu erheben und diese größengleich sofort wieder auszugeben. Wie beurteilen Sie diese Auffassung?

Fallbeispiel 7.19: Alternativen der Ausgabenpolitik (+)

1) Zur Bekämpfung der gegenwärtigen Wirtschaftskrise werden verschiedene Vorschläge unterbreitet. Gehen Sie von folgenden Annahmen aus:
   - das Budget ist in der Ausgangssituation ausgeglichen.
   - es handelt sich um dauerhafte Maßnahmen.
   - die marginale Konsumquote liegt bei 0,8.

   Beurteilen Sie die Auswirkungen der Vorschläge unter den nachfolgenden Gesichtspunkten. Tragen Sie dazu bitte entsprechende Plus- bzw. Minus-Zahlen ein.
   [Hilfestellung zu den Multiplikatoreffekten:
   Steuermultiplikator: $-c/(1-c)$; Transfermultiplikator: $c/(1-c)$; Staatsausgabenmultiplikator: $1/(1-c)$]

Vorschlag	T	G	Budget	Multiplikatoreffekt
1. Steuerentlastung in Höhe von 50 Mrd. €				
2. Kürzung der Sozialausgaben um 50 Mrd. € und Erhöhung der Ausgaben für den Ausbau von Bundesfernstraßen in Höhe von 50 Mrd. €				
3. Erhöhung der staatlichen Bildungsausgaben um 50 Mrd. €				

Vorschlag	T	G	Budget	Multiplikatoreffekt
4. Erhöhung der staatlichen Bildungsausgaben um 50 Mrd. € bei gleichzeitiger Einführung einer „Bildungssteuer" in gleicher Höhe				

2) Welche Maßnahme bzw. Maßnahmen würden Sie wählen, um möglichst schnell die Konjunktur anzukurbeln? Welches Problem könnte daraus resultieren? Begründen Sie Ihre Aussage!
3) Was besagt das Haavelmo-Theorem? Können Sie dieses bei den Vorschlägen erkennen?

Fallbeispiel 7.20: Zinseffekte der Ausgabenpolitik und begleitende Geldpolitik (++)

In einer Volkswirtschaft sind folgende Größen gegeben:

- $C = 50 + 0{,}8 \times Y_v$
- $Y_v = Y - T = Y - 0{,}25 \times Y$
- $I = -3000 \times i + 400$
- $G_{aut} = 500$
- $L = 100 + 0{,}5 \times Y - 2000 \times i$
- $M_{aut} = 1.000$ (Geldangebot)

1) Ermitteln Sie die Gleichgewichtswerte für den Zins und das aggregierte Einkommen.
2) Die Bundesregierung entschließt sich zur Durchführung eines kreditfinanzierten Infrastrukturprogramms in Höhe von 46 Mrd. €. Das autonome Geldangebot des ESZB bleibt konstant. Ermitteln Sie die neuen Gleichgewichtswerte für den Zins und das gesamtwirtschaftliche Einkommen, berechnen Sie die Anteile der einzelnen gesamtwirtschaftlichen Nachfragekomponenten und interpretieren Sie das Ergebnis.
3) Um welchen Betrag müsste das ESZB das autonome Geldangebot ausweiten, um den Zins konstant zu halten?

Fallbeispiel 7.21: Ricardianische Äquivalenz (+)

1) Erläutern Sie das Konzept der Ricardianischen Äquivalenz. Welche Annahmen liegen diesem Konzept zugrunde?
2) Welche Auswirkungen sind zu erwarten, wenn die Privaten Haushalte die zukünftigen Konsequenzen gegenwärtiger Defizite unterschätzen?
3) Nehmen Sie an, eine Regierung möchte die Wirtschaft über kreditfinanzierte Staatsausgabenprogramme ankurbeln. Wie würde Sie diese Maßnahme im Lichte der Ricardianischen Äquivalenz beurteilen?

Fallbeispiel 7.22: Inflation und Staatsverschuldung (+)

In einer Volkswirtschaft besteht ein Schuldenberg von 1.500 Mrd. €, die ausschließlich in 10-jährigen Staatsanleihen gehalten wird. Eine weitere Verschuldung wird per Gesetz verboten.

1) Ermitteln Sie die reale Staatsverschuldung in 10 Jahren, wenn die erwartete Inflationsrate pro Jahr 2 % beträgt. Das Preisniveau für das Ausgangsjahr hat einen Index von 100.
2) Beurteilen Sie die reale Staatsverschuldung in zehn Jahren, wenn die Notenbank die Geldmenge so stark erhöht, dass die Inflationsrate in jedem Jahr bei 4 % lag.
3) Wie verändert sich durch die unerwartete Inflation die Vermögensposition der Anleger?
4) Wieso sollte die Inflation nicht steigen, wenn sie doch die reale Schuldenlast des Staates reduziert?

Fallbeispiel 7.23: Geldschöpfung und Budgetdefizit (++)

1) In einem Land sind folgend Größen bekannt:
   Y = 3.500 Mrd. €; Realzins = 10 % und erwartete Inflationsrate 8 %.
   Die reale Geldmenge ist gegeben durch: $M/P = Y \times [0{,}7 - (i^{real} + \pi^{erwartet})]$.
   Kurzfristig ändert sich die Inflationsrate nicht. Der Staat will seine Staatsausgaben mit Geldschöpfung finanzieren. Berechnen Sie die Seignorage bei Wachstumsraten der nominalen Geldmenge von 5 %, 25 % und 50 %. Was lässt sich erkennen?
2) Berechnen Sie ausgehend von den Daten aus (2) die Seignorage, wenn die Inflationserwartungen der Wachstumsrate der nominalen Geldmenge entsprechen. Gehen Sie von denselben Wachstumsraten der nominalen Geldmenge wie in (2) aus.
   (Quelle: Forster/Klüh/Sauer, 2005, S. 453 f.).

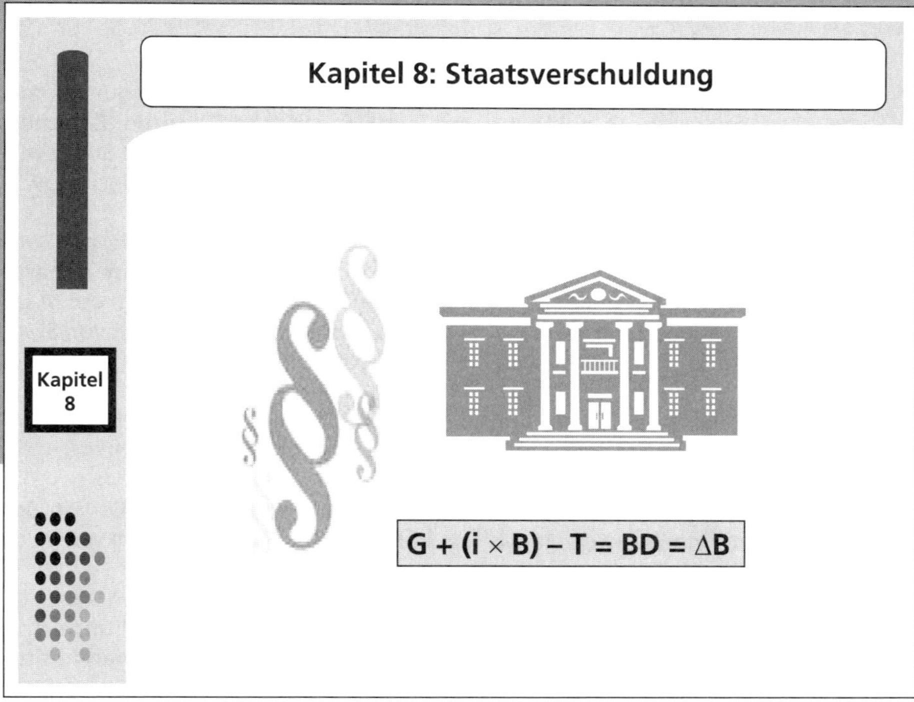

Inhaltsübersicht

Lernzielorientierte Sachverhalte

- Die Staatsverschuldung hat viele Ursachen. Dazu zählen nicht nur ökonomische, sondern auch politische und landesspezifische Faktoren. Zu unterscheiden sind die explizite (offene) und die implizite (verdeckte) Staatsverschuldung. Sie kann durch interne und externe Gläubiger abgedeckt sowie in Inlands- und Auslandswährung aufgenommen werden.
- Besonders problematisch ist die Überschuldung von Staaten, die zur Zahlungsunfähigkeit führen kann. Der Marktmechanismus hat in Form höherer Kapitalmarktzinsen eine wichtige Signalfunktion für die Bonität von Staaten. Auch Ratingagenturen beurteilen die Schuldendienstfähigkeit von Staaten. Der Marktmechanismus allein kann eine ausufernde Staatsverschuldung kaum begrenzen, da er häufig erst bei einer krisenhaften Zuspitzung greift.
- Mit dem Begriff der Fiskalunion sind auch institutionelle Mechanismen verbunden, die die Mitgliedstaaten der EU auf eine größere Haushaltsdisziplin verpflichten.
- Die Schuldenbremse in Deutschland soll die strukturelle, d. h. die von der Konjunktur unabhängige Neuverschuldung begrenzen. Im Konjunkturzyklus wird ein ausgeglichenes Budget angestrebt.
- Der Stabilitäts- und Wachstumspakt in der EWU soll sicherstellen, dass die Mitgliedstaaten dauerhaft eine solide Finanz- und Haushaltspolitik verfolgen und strukturelle Defizite nicht auftreten. Sofern keine Ausnahmesituationen vorliegen, können für Mitgliedstaaten finanzielle Strafen verhängt werden.
- Ausgehend von der krisenhaften Zuspitzung der Staatsverschuldung in einigen Staaten der EWU ist ein Europäischer Stabilitätsmechanismus geschaffen worden, der als Rettungsschirm gespannt ist. Er soll Krisenstaaten die notwendigen Kredite zur Verfügung stellen, wobei andere EWU-Staaten die Bürgschaft übernehmen.
- Kontrovers diskutiert wird die Schaffung von Euro-Bonds, die zu einer Vergemeinschaftung von Staatsschulden in der EWU führen sollen.
- Eine anhaltend hohe Staatsverschuldung engt aufgrund ihrer Dynamik und der damit verbundenen Zinslasten den Spielraum der Finanzpolitik erheblich ein. Für investive Zukunftsaufgaben bleiben immer weniger Mittel übrig.
- Die implizite Staatsverschuldung berücksichtigt Zahlungsverpflichtungen aus Beitragszahlungen etwa zur gesetzlichen Rentenversicherung. Diese Ansprüche sind unverbrieft. Im Gegensatz zur expliziten Staatsverschuldung, die verbrieften Staatsschuldtiteln der Gläubiger entspricht, kann die Höhe der impliziten Staatsverschuldung durch zukünftige gesetzgeberische Maßnahmen beeinflusst werden.
- Durch eine Generationenbilanzierung lässt sich ermitteln, wie stark einzelne Jahrgänge von staatlichen Belastungen bzw. Transfers betroffen sind.

8.1 Grundlagen

8.1.1 Problematik der Staatsverschuldung

Die Höhe der Staatsverschuldung prägt in regelmäßigen Abständen die finanzpolitische Diskussion. Während in den 90er Jahren in Deutschland vor allem die im Zuge der deutschen Wiedervereinigung enorm gestiegenen Schulden problematisiert wurden, sind in den letzten Jahren die Konvergenzkriterien des Maastricht-Vertrages, die Bestimmungen des Stabilitäts- und Wachstumspaktes und die Auswirkungen von Verschuldungskrisen einzelner EWU-Mitgliedstaaten in den Mittelpunkt gerückt.

Die Staatsverschuldung ist in Deutschland in den letzten Jahrzehnten kontinuierlich gestiegen. Die Ursachen sind vielfältig und häufig nicht immer sauber statistisch zu trennen (Abb. 8.1).

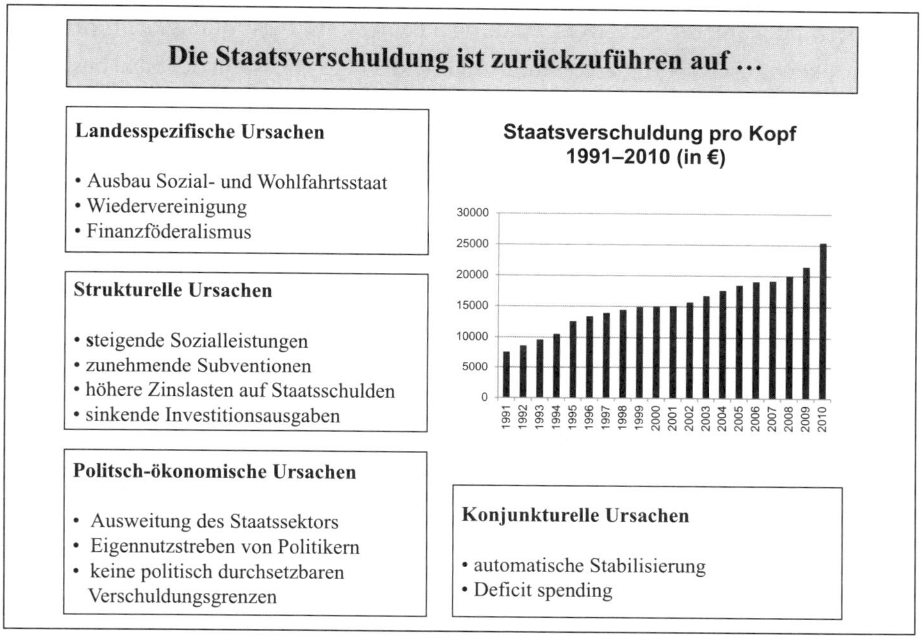

Abb. 8.1: Ursachen der Staatsverschuldung

In der Regel beschränkt sich die Betrachtung der Staatsverschuldung auf die **explizite (offene) Staatsverschuldung**, die in Form verbriefter Staatsschuldtitel von Gläubigern (Personen, Haushalte, Banken, Unternehmen, anderen Staaten) gehalten wird. Die **implizite (verdeckte) Verschuldung** wird vom Staat häufig nicht zu den offiziellen Staatsschulden addiert. Diese besteht in Deutschland u. a. aus

- nicht bilanzierten Renten- und Pensionsverpflichtungen für staatlich Bedienstete,
- Verschuldungen von Institutionen, die sich direkt oder indirekt im Staatsbesitz befinden (z. B. Landesbanken),
- Sondervermögen, bei denen der Staat für die volle Höhe der Verschuldung haftet.

Bezogen auf die Struktur der Gläubiger ist nach **internen und externen Gläubigern** zu trennen. Hinter dieser Abgrenzung steht der Gedanke, dass interne Schulden des Staates quasi Schulden „an sich selbst“ sind. Bei einer Gleichverteilung wäre diese Betrachtung nicht falsch: Der Staat schuldet jedem seiner Bürger oder Haushalte den gleichen Betrag und jeder Bürger oder Haushalt weist mindestens den gleichen Betrag an Steuerverbindlichkeiten gegenüber dem Staat auf.

In diesem Fall ist eine Konsolidierung oder Verrechnung möglich. Jedoch ist einerseits keine Gleichverteilung gegenüber internen Gläubigern vorhanden, zum anderen existiert in der Regel auch eine Verschuldung gegenüber externen Gläubigern. Diese externe Verschuldung lässt sich nicht mit internen Bürgern oder Haushalten verrechnen, da Dritte Gläubiger der Staatsverschuldung sind. Zu klären ist ferner, ob der Staat sich in **eigener oder fremder Währung** verschuldet. Diese Abgrenzung ist verbunden mit der Frage, ob ein Staat die Währung beeinflussen kann, in der er seine Kapitaldienste zu leisten hat. Ist die Notenbank nicht unabhängig und liegt eine Verschuldung in nationaler Währung vor, so ist der Grad an Beeinflussbarkeit relativ hoch. Im Fall einer unabhängigen Notenbank und/oder einer Verschuldung in einer ausländischen Währung wird dieser Einfluss deutlich geringer bzw. ist gar nicht mehr vorhanden.

Im Extremfall kann die Staatsverschuldung zu einer Zahlungsunfähigkeit führen:

- Eine ökonomisch bedingte Zahlungsunfähigkeit liegt vor, wenn der Staat bestehende Verbindlichkeiten nicht oder nur teilweise bedienen kann, d.h. eine Überschuldung vorliegt.
- Eine politisch bedingte Zahlungsunfähigkeit wird ausgelöst durch die Weigerung des Staates, bestehende Verbindlichkeiten zu bedienen. In diesem Fall wird von einer **Repudiation** gesprochen.

Die ökonomisch bedingte Zahlungsunfähigkeit ist in der Regel auf dauerhaft zu hohe Staatsausgaben zurückzuführen. Bereits 1863 hat der Finanzwissenschaftler *Adolph Wagner (1835–1917)* das **Gesetz der wachsenden Ausdehnung der Staatstätigkeit** formuliert, das mit einem Wachstum der Staatsausgaben einhergeht. Der Wissenschaftler führte vor allem innere Gründe für diese Entwicklung an. Zum einen sei eine wachsende Komplizierung der Rechtsverhältnisse festzustellen, zum anderen lasse sich eine Zunahme der Kultur- und Wohlfahrtspflege erkennen. Beides gehe zwangsläufig mit einem Anstieg staatlicher Ausgaben einher. Diese Entwicklungstendenz ist auch in anderen Erklärungsansätzen zu finden. Umstritten ist allerdings die Gesetzmäßigkeit einer zunehmenden Staatstätigkeit und einer damit einhergehenden Verschuldung.

Andere Erklärungsansätze verweisen auf eine **zufällige und kumulative Ansammlung einzelner Faktoren**, die zur dauerhaften Erhöhung von Staatsausgaben und in der Folge zur Staatsverschuldung führen z. B.

- überproportionaler Preisanstieg bei einzelnen Gütern, die für die staatliche Leistungserstellung notwendig sind (z. B. Rüstungsgüter),
- Ausgabefreudigkeit der Politiker (z. B. „Wahlgeschenke"),
- Eigendynamik der Bürokratie (z. B. Ausweitung des Stellenkegels im öffentlichen Dienst),
- fehlende Anwendung von Effizienzkriterien bei staatlichen Leistungen,
- zusätzliche Erbringung von Leistungen durch den Staat im Zuge der Entwicklung hin zum Sozial- und Wohlfahrtsstaat,
- durch Wirtschafts- und Finanzkrisen verursachte Mehrausgaben.

Die Verschuldung bzw. Überschuldung des Staates führt zu verschiedenen **Problemen**:

- Belastung der öffentlichen Haushalte durch Zins- und Tilgungsverpflichtungen, die den finanzpolitischen Handlungsspielraum einengt,
- Verunsicherung durch zukünftig höhere Steuerbelastungen und/oder Einschränkung von Ausgaben bei anhaltend hohen Defiziten,
- Gefahr des Vertrauensverlustes bei Gläubigern und auf internationalen Kapitalmärkten,
- negative Beeinträchtigung der Geldwertstabilität vor allem bei einem instabilen Finanzsektor.

Die wirtschaftliche Verkraftbarkeit von Staatsschulden hängt aus Sicht der Investoren und Gläubiger davon ab, ob und mit welcher Wahrscheinlichkeit der Staat seinen Kapitaldienst leisten kann. Insofern wird die Gefahr einer Überschuldung für Länder nicht gleich beurteilt, auch wenn die Zahlen den gleichen Befund zeigen. Das jeweilige

Länderrisiko zeigt, wie vertrauenswürdig die potentiellen Kapitalgeber eine Volkswirtschaft einstufen. Dieses Risiko ist u. a. von der politischen Stabilität, makroökonomischen Kerndaten (z. B. Wirtschaftswachstum, Arbeitslosigkeit), der Vermögenssituation oder der Wettbewerbsfähigkeit abhängig.

Die Gefahr der Überschuldung wird verstärkt, wenn neben einem hohen Länderrisiko auch ein hohes **Währungsrisiko** vorliegt. Ein Staat kann in diesem Fall gezwungen sein, seine Schulden in Fremdwährung aufzunehmen. In diesem Fall befürchten potentielle Kapitalgeber die mögliche Abwertung der Währung, in der die Defizite und Schulden denominiert sind. Eine Abwertung der Währung hätte einen direkten Wertverlust für die Kapitalgeber zur Folge. Eine Situation, in der sich ein Land am Kapitalmarkt nicht in eigener Währung verschulden kann und Kredite in ausländischer Währung aufnehmen muss, wird als **„original sin"** (Erbsünde) bezeichnet. Ursächlich ist ein mangelndes Vertrauen in die Landeswährung. Eine Verschuldung in einer Leitwährung ist hingegen oft noch möglich. Ein Land, dessen Währung international als Reservewährung gilt, kann hingegen eine bestehende Staatsverschuldung monetarisieren. Wenn ein Staat sich in eigener Währung verschuldet und die Notenbank nicht unabhängig ist, kann eine Regierung die Notenpresse bedienen und „selbst" die eigenen Schulden über die Notenbank aufkaufen. Die **Monetarisierung** von **Staatsschulden** führt in der Regel zu einer hohen Inflation, die die realen Schulden sinken lässt.

Grenzen der Staatsverschuldung sind aus psychologischer Sicht gegeben, wenn Gläubiger nicht mehr daran glauben, dass der Staat seinen Kapitaldienst pünktlich leisten kann. Zinsaufschläge auf den internationalen Kapitalmärkten können zwar den Anreiz zur Ausweitung der Verschuldung begrenzen, allerdings greift dieser **Marktmecha-**

Tab. 8.1: Beispiele für das Rating von Ländern

Einstufung	Bezeichnung (englisch)	Bedeutung
AAA	prime (triple A)	Schuldner höchster Bonität: geringes Ausfallrisiko
AA+/AA–	high grade	sichere Anlage: geringes Ausfallrisiko
A+/A–	upper medium grade	Anlage ist sicher: Probleme bei unvorhergesehenen Ereignissen, durch die eine gesamtwirtschaftliche Entwicklung beeinträchtigt wird.
BBB+	lower medium grade	durchschnittlich gute Anlage: Bei einer Verschlechterung der gesamtwirtschaftlichen Entwicklung ist mit einer gewissen Wahrscheinlichkeit mit Problemen zu rechnen.
BB	non investment grade speculative	spekulative Anlage: Bei einer Verschlechterung der gesamtwirtschaftlichen Entwicklung ist mit Ausfällen zu rechnen.
B	highly speculative	spekulative Anlage: Bei einer Verschlechterung der gesamtwirtschaftlichen Entwicklung sind Ausfälle sehr wahrscheinlich.
C	substantial risks	Zahlungsverzug: hohe Wahrscheinlichkeit eines Zahlungsausfalls
D	Default	Zahlungsunfähigkeit: Zahlungsausfall

nismus häufig erst bei einer krisenhaften Zuspitzung der Situation. Die **Bonität** eines Staates wird dabei durch ein **Rating** ausgedrückt. Die Ratingagenturen beurteilen, ob und inwieweit ein Staat seinen Zins- und Tilgungsverpflichtungen nachkommen wird. Günstige Ratings erlauben es Staaten, Kredite auf den internationalen Kapitalmärkten zu niedrigen Zinsen aufzunehmen. Bei zunehmender Verschuldung kann sich diese Einstufung verschlechtern. Eine ungünstigere Einstufung führt zu höheren Finanzierungskosten der Emittenten von Staatsanleihen (Tab. 8.1). Die Zinsdifferenz in Relation zu Volkswirtschaften mit bester Bonität wird als **credit spread** bezeichnet und in Form von Basispunkten bewertet (100 Basispunkte = 1 Prozentpunkt). Muss z. B. ein Land ein *spread* von 1.000 Basispunkten zahlen, so entspricht dies bei einem Zins von 4 % bezogen auf ein Land bester Bonität (AAA-Land) einem Aufschlag von 10 Prozentpunkten, d. h. also 14 % pro Jahr.

Schlagwörter		
	• Staatsverschuldung • Überschuldung • Zahlungsunfähigkeit • Repudiation	• Monetarisierung von Staatsschulden • Länderrisiko • Währungsrisiko • Rating

8.1.2 Kennziffern der Staatsverschuldung

Die explizite (veröffentlichte) Staatsverschuldung lässt sich anhand verschiedener Indikatoren beurteilen. Zum Teil werden auch kritische Schwellenwerte definiert. Wir gehen von der staatlichen Budgetgleichung aus:

(1) $G + (i \times B) - T = BD = \Delta B$

BD = Budgetdefizit
G = bereinigte öffentliche Ausgaben (ohne Zinsen)
T = öffentliche Einnahmen
B = Schuldenstand
$i \times B$ = Zinsen auf Altschulden
ΔB = Veränderung des Schuldenstandes

Aus Vereinfachungsgründen setzen wir die **Netto-Neuverschuldung** (= Brutto-Neuverschuldung minus Tilgungen) mit dem **Finanzierungssaldo** des Staates gleich. Bei positiver Netto-Neuverschuldung steigt der bereits bestehende **Schuldenstand**. Dies gilt auch bei Aussagen wie „die Netto-Neuverschuldung fällt niedriger als geplant aus". Der Schuldenberg wächst trotzdem.

Der **Primärsaldo** ist die Differenz zwischen öffentlichen Einnahmen (**ohne** Nettokreditaufnahme) und öffentlichen Ausgaben **abzüglich** der Zinszahlungen auf die ausstehenden Staatsschulden. Diese Größe bietet sich zur Beurteilung der Tragfähigkeit öffentlicher Haushaltsdefizite an. Im Fall eines Primärdefizits übersteigen die bereinigten öffentlichen Ausgaben (ohne Zinsen) die Einnahmen:

(2) Primärdefizit = $G - T$

Eine häufig genannte Maßzahl ist die **Pro-Kopf-Verschuldung** (im Jahr 2010 etwa 25.000 €). Sie kann als Indikator für die Belastung zukünftiger Generationen betrachtet werden, da die Schulden später in Form von Steuern zurückgezahlt werden müssen. Oft werden die Indikatoren zur Beurteilung der Staatsverschuldung als Quoten ausgewiesen. Die **Schuldenstandquote** (max. 60 % des nominalen BIP) und die **Defizitquote** (max. 3 % des nominalen BIP) gehören zu den Konvergenzkriterien des Vertrages von Maastricht, d. h. sie sind zwei von 5 Indikatoren, die zum Beitritt in die EWU berechtigten.

Die **Kreditfinanzierungsquote** ist definiert als das Verhältnis der Nettokreditaufnahme zu den bereinigten Ausgaben. Die Kreditfinanzierungsquote gibt an, in welchem Ausmaß der betrachtete Haushalt durch die Aufnahme neuer Schulden finanziert wird.

Die **Zins-Steuer-Quote** bringt als Verhältnis von Zinsausgaben und Steuereinnahmen zum Ausdruck, welcher Anteil der Steuereinnahmen für Zinszahlungen verwendet werden muss und somit nicht der Finanzierung originärer Staatsaufgaben zur Verfügung steht. Die Quote liefert Informationen darüber, welche Spielräume in den öffentlichen Haushalten, ohne Zinsverpflichtungen verbleiben.

Die **Schuldendienstquote** oder der **Schuldendienstdeckungsgrad** gibt das Verhältnis von Zins- und Tilgungsleistungen zur Höhe der Exporterlöse eines Landes an. Exporterlöse sind insofern von Bedeutung, da sie zu Deviseneinnahmen führen, die zur Rückzahlung der in ausländischer Währung aufgenommenen Schulden zu verwenden sind. Die Grenze der Schuldendienstfähigkeit gilt als erreicht, wenn der Schuldendienst schneller wächst als die laufenden Deviseneinnahmen.

Schlagwörter	• Nettokreditaufnahme • Primärsaldo • Pro-Kopf-Verschuldung • Defizitquote	• Schuldenstandquote • Kreditfinanzierungsquote • Zins-Steuer-Quote • Schuldendienstquote

8.2 Regeln und Institutionen zur Begrenzung der Staatsverschuldung

Der Marktmechanismus reicht zur Begrenzung der Staatsverschuldung häufig nicht aus. Zinsaufschläge auf den internationalen Kapitalmärkten können zwar den Anreiz zur Ausweitung der Verschuldung begrenzen, allerdings greift dieser Marktmechanismus häufig erst bei einer krisenhaften Zuspitzung.

Fiskalunion

Auch die in der EU diskutierte Fiskalunion zielt darauf ab, die Staatsverschuldung durch institutionelle Regeln (*balanced budget rules*) zu begrenzen und die Staaten zu einer Haushaltskonsolidierung zu zwingen. Zur Ausgestaltung einer solchen Fiskalunion gibt es verschiedene Vorstellungen, die wir nach dem Grad der Übertragung von nationalen Haushaltrechten an übergeordnete EU-Institutionen ordnen können (Abb. 8.2):

- Kontrollübertragung von Elementen der nationalen Finanz- und Fiskalpolitik an die EU mit dem Ziel, ein höheres Maß an Budgetdisziplin durchzusetzen. In diesem Kontext wird häufig auch von einem Fiskalpakt gesprochen. Dazu sollen vor allem Schuldenbremsen eingeführt werden, die Staaten zu dauerhaft ausgeglichenen Budgets und zu einem Schuldenabbau verpflichten. Die nationale Souveränität und nationale Gestaltungsspielräume bleiben voll erhalten, solange die Budgetregeln eingehalten werden. Länder, die sich nicht an die Haushaltsdisziplin halten und z. B. vereinbarte Regelungen des Stabilitäts- und Wachstumspakts verletzen, müssten hingegen souveräne Rechte aufgeben. Denkbar wäre dann z. B. das Durchgriffsrecht übergeordneter europäischer Institution, Steuererhöhungen oder Ausgabenkürzungen zu verlangen und, notfalls auch ohne parlamentarische Zustimmung des betroffenen Landes, durchsetzen zu können. Weitgehend offen ist, was passiert, wenn diese Anweisungen nicht umgesetzt werden.

- Harmonisierte und koordinierte Entscheidungen der EU-Länder in Bezug auf Ausgaben, Steuern und Abgaben. Im Kern kommt dies in der Perspektive einer Wirtschaftsregierung gleich, die in einem weiteren Schritt auch einen großen, gemeinsamen EU-Haushalt und Haftungsverbund für Schulden in der Euro-Zone vorsehen kann.

Wir wollen nachfolgend einige der vorgesehenen Mechanismen näher betrachten. Die in Deutschland, aber auch in anderen Ländern vorgesehenen **Schuldenbremsen** orientieren sich im Kern am mittelfristigen Ziel eines strukturell ausgeglichenen Haushalts, wie er auch im **Stabilitäts- und Wachstumspakt der EWU** formuliert worden ist. Mit dem **Europäischen Stabilitätsmechanismus** wird ein Rettungsschirm gespannt, der EU-Staaten im Fall der Überschreitung von Budgetregeln unter bestimmten Auflagen Hilfen in Aussicht stellt. Mit dem Instrument der **Euro-Bonds** ist der Vorschlag nach einer Vergemeinschaftung von Staatsschulden verbunden.

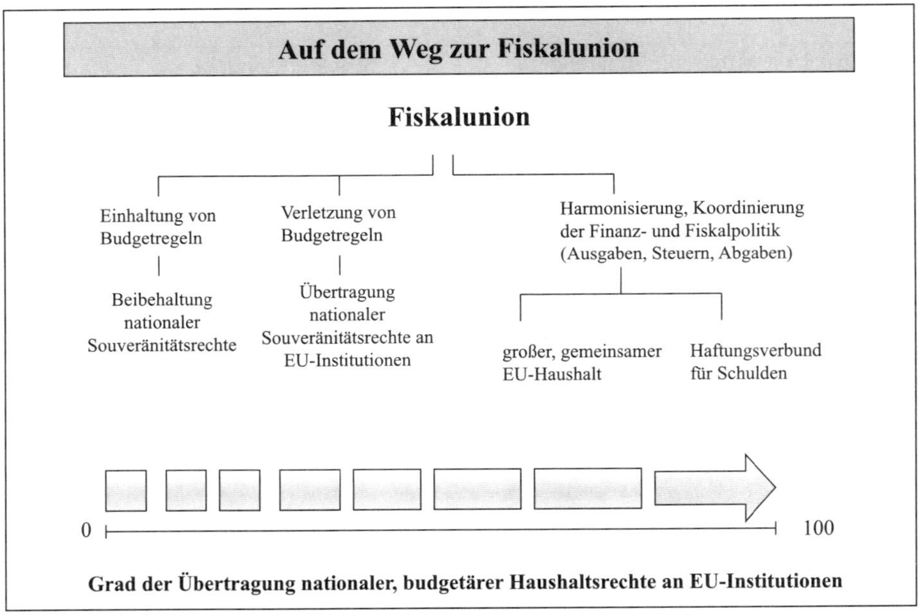

Abb. 8.2: Fiskalunion

8.2.1 Schuldenbremse in Deutschland

Das Konzept einer Schuldenbremse ist nicht neu, sondern wird in einigen Ländern – z. B. in der Schweiz – bereits seit Jahren praktiziert. Die deutsche Schuldenbremse aus dem Jahr 2009 ist keine Budgetregel im eigentlichen Sinne, die auf einer Rückführung der aufgenommenen Kredite besteht. Ziel ist es, die maximal zulässige Höhe der **Nettokreditaufnahme** zu reduzieren und die Verschuldung auf einem bestimmten Niveau zu stabilisieren. In einer wachsenden Wirtschaft kann nachfolgend die **Verschuldungsquote** sinken. Die Schuldenbremse in Deutschland weist folgende Inhalte auf:

- **Grundsatz:** Die Haushalte von Bund und Ländern sind grundsätzlich ohne Einnahmen aus Krediten auszugleichen. Beim Bund ist diesem Grundsatz Rechnung getragen, wenn die Einnahmen aus Krediten in der **konjunkturellen Normallage** 0,35 % des BIP nicht überschreiten (strukturelle Komponente). Die neue Schuldenregel soll erstmals für den Haushalt 2011 gelten. Der Bund startet jedoch aufgrund der Finanzkrise des Jahres 2009 mit einem erweiterten strukturellen Verschuldungsspielraum, der dann in Analogie zu den Vorgaben des Europäischen Stabilitäts- und Wachstumspakts in jährlichen Schritten von 0,25 % des BIP bis zum Erreichen der 0,35 %-Grenze zurückgeführt werden soll. Für die Länder soll ab 2020 überhaupt keine strukturelle Verschuldung mehr möglich sein.

- **Konjunkturkomponente:** Neben der strukturellen Neuverschuldung ist für den Bund ein konjunktureller Finanzierungssaldo zulässig, der im Aufschwung positiv und im Abschwung negativ ist. Damit soll die Wirkung der automatischen Stabilisatoren gewährleistet werden. Das zulässige konjunkturelle Defizit ist nach Vorschriften der EU-Kommission zu berechnen. Über den konjunkturellen Zyklus hinweg soll es Null sein.

	Aufschwung	Abschwung
Steuereinnahmen	steigen	sinken
Ausgaben (z. B. Arbeitslosengeld)	sinken	steigen
Budget	Finanzierungs-überschüsse	Finanzierungsdefizite
Budget im Konjunkturzyklus	Ausgeglichen	

Die konjunkturelle Ausrichtung der Finanzpolitik ergibt sich durch einen Vergleich von Trend-BIP und aktuellem oder prognostizierten BIP. Solange das geschätzte BIP höher ist als das Trend BIP, müssen im Jahr Überschüsse erwirtschaftet werden, während Defizite zugelassen sind, sobald das laufende BIP unter das Trend-BIP fällt (Abb. 8.3). Die Schuldenbremse ist mit Blick auf die Erfolgsaussichten einer diskretionären Fiskalpolitik eher skeptisch zu beurteilen. In der Regel kommen solche finanzpolitischen Maßnahmen im Konjunkturverlauf zu spät oder haben zu geringe Auswirkungen, weil Konsumenten und Investoren sich auf diese Maßnahmen vorzeitig eingestellt haben. Lediglich in Zeiten klar definierter Ausnahmesituationen dürfte eine solche Finanzpolitik noch sinnvoll sein.

- **Ausgleichskonto:** Die Schuldenbremse sieht für den Bund die Kontrolle der tatsächlichen Kreditaufnahme im Haushaltsvollzug über ein Kontroll- oder Ausgleichskonto vor, das ein „Gedächtnis der Finanzpolitik" darstellt. Auf diesem Konto werden nach Abschluss eines Haushaltsjahrs die Abweichungen von der zulässigen Kreditaufnahme festgehalten und saldiert (Tab. 8.2).

Tab. 8.2: Aufbau eines Ausgleichskontos der Schuldenbremse

Ausgleichskonto	gutes Jahr	schlechtes Jahr
BIP, geschätzt	1,4 %	1,7 %
BIP, tatsächlich	2,9 %	1,1 %
Nettokreditaufnahme (im Vergleich zur Planung)	– 10,3 Mrd. €	+ 9,1 Mrd. €
Gutschrift (+), Belastung (–)	+ 10,3 Mrd. €	– 9,1 Mrd. €
kumuliert über beide Jahre	+ 1,2 Mrd. €	
maximal:	1,5 % des BIP	

Bei einer Unterschreitung der Verschuldungsgrenze im jeweiligen Haushaltsjahr kommt es zu einer Gutschrift auf dem Kontrollkonto, eine Überschreitung führt

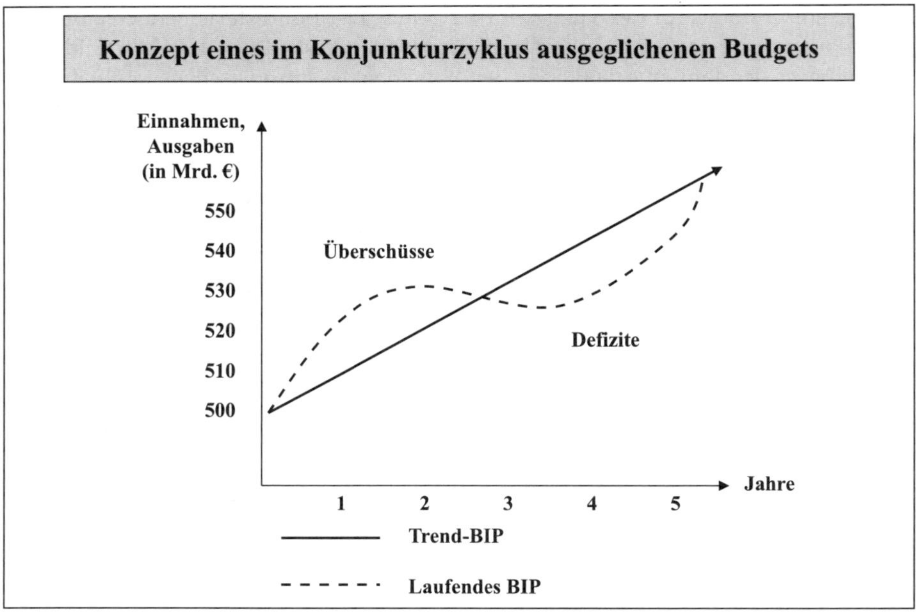

Abb. 8.3: Schuldenbremse im Konjunkturzyklus

zu einer Belastung des Kontos. Überschreiten die saldierten Belastungen des Kontrollkontos den Schwellenwert von 1,5 % des BIP, so sind diese konjunkturgerecht zurückzuführen.

- **Ausnahmeregelung:** In Notsituationen wie etwa bei Naturkatastrophen oder einer schweren Rezession soll es eine Ausnahmeklausel geben, die eine zusätzliche Kreditaufnahme ermöglicht. Wird von der Ausnahmeklausel Gebrauch gemacht, so müssen die aufgenommenen Kredite nach einem verbindlichen Tilgungsplan zurückgezahlt werden. Für die Feststellung des Ausnahmefalls ist eine qualifizierte (oder absolute) Mehrheit im Deutschen Bundestag nötig.
- **Einführung eines Frühwarnsystems:** Mit der Schuldenbremse wird ein Frühwarnsystem zur Vermeidung künftiger Haushaltsnotlagen eingeführt. Ein Stabilitätsrat überwacht regelmäßig die Haushalte von Bund und Ländern, vereinbart im Falle drohender Haushaltsnotlagen ein Sanierungsverfahren mit der betroffenen Gebietskörperschaft und kontrolliert deren Umsetzung.

Konjunkturelle und strukturelle Defizite

Die Schuldenbremse nimmt eine durchaus richtige Trennung von konjunkturellen und strukturellen Defiziten vor. Konjunkturelle Defizite sind in dem Sinne tragbar, dass sie sich im konjunkturellen Aufschwung wieder zurückbilden. Darüber hinausgehende Defizite sind struktureller Natur. In der Ablehnung der strukturellen Defizite sind sich Finanzwissenschaftler und Politiker weitgehend einig. Eine Ausnahme bildet die Kreditfinanzierung staatlicher Investitionen, die oftmals unabhängig von der konjunkturellen Lage als gerechtfertigt angesehen wird. Wir wollen die Berechnung eines strukturellen Defizits anhand eines Zahlenbeispiels verdeutlichen. Ausgangspunkt ist ein Gesamthaushalt, der – wie durch die Schuldenbremse vorgeschrieben – im Fall einer Normalauslastung der Wirtschaft ausgeglichen ist:

Vereinfachter Staatshaushalt in Mrd. € (fiktive Zahlen)			
Einnahmen		**Ausgaben**	
Mehrwertsteuer	250	Staatskonsum	400
Einkommensteuer	250	Transfers	100
Summe	**500**	**Summe**	**500**

Es gibt zwei Steuerarten (Mehrwertsteuer und Einkommensteuer), die jeweils 250 Mrd. € betragen. Die Transfers sollen vereinfacht nur aus Arbeitslosengeld bestehen. In unserer Volkswirtschaft wird ein BIP von 2.400 Mrd. € erstellt. Aus Untersuchungen ist bekannt, dass die Volkswirtschaft im Fall der Normalauslastung 2.500 Mrd. € produzieren könnte. In dieser Situation wären annahmegemäß von 40 Mio. Erwerbspersonen 5 %, d. h. 2 Mio. Personen, arbeitslos. Die Kosten für die Arbeitslosigkeit belaufen sich je Person im Jahr auf 25.000 €.

Um das konjunkturelle Defizit zu ermitteln, müssen wir die **Produktionslücke** ermitteln. In unserem Beispiel liegt sie bezogen auf die Normalauslastung (von 2.500) bei 4 %. Um die **Mehrausgaben** aufgrund des konjunkturell bedingten verminderten Outputniveaus zu schätzen, treffen wir folgende Annahme über den Zusammenhang zwischen BIP-Auslastung und Arbeitsmarkt. Wir gehen davon aus, dass sich die Arbeitslosenquote um 0,3 % bei einer Variation des gesamtwirtschaftlichen Auslastungsgrades um 1 % verändert (Okun-Gesetz, vgl. dazu Kap. 17). Bei einem Rückgang des Auslastungsgrades um 4 %, erhöht sich die Arbeitslosenquote folglich um 1,2 % oder die Zahl der Arbeitslosen um 480.000. Die Mehrausgaben betragen dann:
$\Delta Tr = 480.000$ Personen × 25.000 € pro Person = 12 Mrd. €.

Zur Berechnung der **Mindereinnahmen** benötigen wir Informationen über die **Steueraufkommenselastizitäten**. Diese geben an, um wie viel Prozent sich das Steueraufkommen verändert, wenn das Outputniveau um 1 % variiert:

$E_T = (\Delta T/T) / (\Delta Y/Y)$ oder umgestellt $\Delta T = E_T \times (\Delta Y/Y) \times T$

Wir unterstellen eine Aufkommenselastizität der Einkommensteuer (ESt) von 1,0 sowie der Mehrwertsteuer (MWSt) von 1,2 und erhalten in unserem Beispiel:

$\Delta T^{ESt} \quad = \quad 1{,}0 \times (-0{,}04) \times 250$ Mrd. € = –10 Mrd. €

$\Delta T^{MWSt} \quad = \quad 1{,}2 \times (-0{,}04) \times 250$ Mrd. € = –12 Mrd. €

Fortsetzung: Vereinfachter Staatshaushalt in Mrd. € (fiktive Zahlen)			
Einnahmen		**Ausgaben**	
Mehrwertsteuer	250 – 10 = 240	Staatskonsum	400
Einkommensteuer	250 – 12 = 238	Transfers	100 + 12 = 112
Summe	**478**	Summe	**512**
Konjunkturelles Defizit	**34**		

Bezogen auf eine normale Auslastung der Wirtschaft wäre also ein konjunkturelles Defizit in Höhe von 34 Mrd. € hinnehmbar. Dieses Defizit muss nach Auffassung vieler Ökonomen bereinigt werden um den Teil, der sich aus der **Kreditfinanzierung von Investitionen** ergibt. Nur der verbleibende Teil wäre dann ein strukturelles Defizit.

Die Einführung der deutschen Schuldenbremse ist nicht unumstritten. Kritiker verweisen vor allem auf folgende Punkte:

- Aufgrund der EWU verfügt Deutschland schon jetzt über geringere **makroökonomische Handlungsspielräume** als andere große Volkswirtschaften (z. B. USA, Japan). Eine Schuldenbremse, so die Befürchtung, verringert die Spielräume für eine antizyklische Finanzpolitik.
- Die Schuldenbremse geht von einer **lehrbuchartigen Symmetrie von Konjunkturzyklen** aus, die so nicht generell gegeben ist. Auch die Berechnung von Produktionslücken und Steueraufkommenselastizitäten ist mit Unsicherheiten behaftet.
- Das Ziel der Zukunftsvorsorge einer Volkswirtschaft wird verkürzt auf die Stabilisierung des Schuldenstandes der öffentlichen Hand. Die in Art. 115 GG festgehalten „goldene Regel" erkennt an, dass es neben der **passiven Zukunftsvorsorge**, die in einer Begrenzung der Verschuldung besteht, auch eine **aktive Zukunftsvorsorge** in Form öffentlicher Investitionen geben muss.
- Es wäre deshalb zweckmäßig, einen neuen Investitionsbegriff zu definieren, der Ausgaben für Bildung, Forschung sowie den Umweltschutz einschließt.

Schlagwörter		
	• Schuldenbremse	• Steueraufkommenselastizitäten
	• automatische Stabilisatoren	• konjunkturelles Defizit
	• Produktionslücke	• strukturelles Defizit

8.2.2 Stabilitätspakt in der EWU

Im Jahr 1996 hat sich der Europäische Rat auf die Grundzüge eines Stabilitäts- und Wachstumspaktes verständigt. Herzstück ist die Verpflichtung der EWU-Staaten auf eine **dauerhafte Haushaltsdisziplin**, deren Überwachung der Rat der Wirtschafts- und Finanzminister (ECOFIN) zu gewährleisten hat. Grundlage sind die jährlich von den EWU-Staaten vorzulegenden Stabilitätsprogramme, in denen sie ihre mittelfristigen Haushaltsziele, die voraussichtliche Entwicklung der Staatsschulden und die Maßnahmen angeben müssen, mit denen sie die gesetzten Ziele erreichen wollen. Die Mitgliedstaaten der EU, die nicht an der EWU teilnehmen, werden ebenfalls eingebunden. Sie sollen **Konvergenzprogramme** mit jährlicher Zielrichtung ausarbeiten.

Regeln der EU-Haushaltspolitik

Grundregel der Haushaltspolitik in der EU ist die Vermeidung übermäßiger öffentlicher Defizite durch die Mitgliedstaaten (**Art. 104 EU-Vertrag**). Darüber hinaus gibt es weitere Beschränkungen der Finanzierung des Kreditbedarfs der öffentlichen Haushalte. Laut **Art. 101** und den in einem Vertragsprotokoll festgelegten Statuten dürfen weder die EZB noch die nationalen Zentralbanken Kredite an nationale Regierungen vergeben. Dies bedeutet, dass sich verschuldete EWU-Länder auf den Kapitalmärkten Kredite aufnehmen müssen. Damit ist der politischen Kontrolle durch den Stabilitätspakt ein Marktmechanismus zur Seite gestellt. Wenn ein Staat aufgrund einer zu laxen Haushaltspolitik von den Kapitalmärkten als wenig vertrauenswürdig eingeschätzt wird, werden Anleihen des betreffenden Landes mit einem erhöhten Zins, d. h. einem Risikozuschlag belegt. Dies erhöht den Zinsdienst des betroffenen Staates, verteuert die Kreditaufnahme und ist ein Warnsignal für unzureichende Stabilitätspolitik. Die öffentlichen Haushalte können zudem keine Überziehungs- und Kreditfazilitäten beim ESZB beanspruchen.

Jeder Staat ist für seine Staatsfinanzen und Zahlungsfähigkeit ausschließlich allein verantwortlich. **Art. 103** des EU-Vertrags sieht mit der **no-bail-out-Regel** vor, dass kein Mitgliedstaat oder die EU für ein anderes EU-Land bei einer Zahlungsunfähigkeit einspringt. **Art. 99 EU-Vertrag** erlaubt jedoch, dass einem Mitgliedstaat finanzieller

Beistand geleistet wird, wenn das Land „aufgrund außergewöhnlicher Ereignisse, die sich seiner Kontrolle entziehen, von Schwierigkeiten betroffen oder von gravierenden Schwierigkeiten ernstlich bedroht ist." Ein Beispiel ist die BSE-Krise im Jahre 1995, die die britische Wirtschaft geschwächt hat.

Im März 2005 haben sich die Staats- und Regierungschefs der EU auf eine Neugestaltung des Paktes verständigt. Wesentliche Veränderungen sind

- die Präzisierung des mittelfristigen Haushaltsziels,
- die möglichen Ausnahmeregelungen einer Überschreitung des Referenzwertes (Defizitquote) von 3 %,
- der Ablauf des Defizitverfahrens.

Die Mitgliedstaaten sind verpflichtet, das mittelfristige Ziel eines ausgeglichenen Haushalts durch Vorlegen jährlicher Stabilitäts- und Konvergenzprogramme nachzuweisen (**Frühwarnsystem**). Darin enthalten sind Grundannahmen zur wirtschaftlichen Entwicklung (z. B. Wachstum des BIP, Beschäftigungsentwicklung, Inflation), die Darstellung wirtschafts- und fiskalpolitischer Maßnahmen, um diese Ziele zu erreichen sowie eine Analyse, wie Änderungen in den wirtschaftlichen Rahmendaten die Budget- und Verschuldungspositionen beeinflussen würden. Jedes EU-Mitglied ist verpflichtet, fiskalische Korrekturmaßnahmen zu ergreifen, sobald es Anzeichen gibt, dass die angestrebten Ziele nicht erreicht werden.

Ausnahmeregelungen

Am 23.03.2005 hat der Europäische Rat (EU-Gipfel der Staats- und Regierungschefs) in Brüssel eine „Flexibilisierung" des Stabilitäts- und Wachstumspaktes beschlossen:

a) *Die Grenzwerte für Defizit und gesamtstaatlichen Schuldenstand bleiben unverändert.*
b) *Bei Verletzung der 3 %-Marke des Defizitkriteriums können die Fristen zur Defizitverminderung gestreckt werden. Das Ziel ist die Rückführung des Defizits an bzw. unter die Obergrenze binnen 3 Jahre.*
c) *Bei Einleitung eines Defizit-Strafverfahrens gegen ein Land und in den weiteren Etappen kann die EU-Kommission Ausnahme-Tatbestände berücksichtigen. Dazu gehören Reformen der Rentensysteme oder Kosten für Europas Vereinigung. Unter diesen Punkt fällt auch die deutsche Einheit.*
d) *Auch Investitionen in Forschung und Entwicklung und eingeleitete Strukturreformen wie die Modernisierung der sozialen Sicherungssysteme werden bei der Bewertung der öffentlichen Finanzen beachtet, wenn sie sich negativ auf Wachstum und Haushalt auswirken. Gleiches gilt für die EU-Nettozahlungen, von denen Deutschland als größter Beitragszahler am stärksten betroffen ist.*
e) *Allerdings darf das Defizit nur knapp über dem Grenzwert liegen und nur kurzfristig überschritten werden.*
f) *Phasen guten Wirtschaftswachstums sollen verstärkt zur Sanierung der nationalen Budgets genutzt werden.*

Der Rat hat betont, dass es mit dieser Flexibilisierung zu keiner Aufweichung der Stabilitätskriterien und verbindlichen Regelungen gekommen ist. Unverkennbar ist jedoch zumindest eine Lockerung des bis dahin geltenden Stabilitätspaktes.

Frühwarnung und Defizitverfahren

Stellt der Rat ein erhebliches Abweichen von den mittelfristigen Haushaltszielen fest, so richtet er vor dem Entstehen eines übermäßigen Defizits eine **frühzeitige Warnung** an den betreffenden Mitgliedstaat und empfiehlt, die notwendigen Anpassungsmaßnahmen zu ergreifen.

Die Entscheidung darüber erfolgt im ECOFIN-Rat mit qualifizierter Mehrheit. Der Begriff der frühzeitigen Warnung wird in der öffentlichen Debatte oft mit dem Begriff „**Blauer Brief**" umschrieben. Er erinnert Sie vielleicht an den Hinweis „Versetzung gefährdet" aus der Schule. Dieses Frühwarnsystem ist dem Defizitverfahren vorgeschaltet und noch nicht mit Strafgeldern verbunden. Das **Defizitverfahren** beruht dagegen auf dem EU-Vertrag. In Artikel 104 wird detailliert der mehrstufige Prozess festgehalten, an dessen Ende der Ministerrat Geldbußen von 0,2 bis 0,5 Prozent des BIP verhängen kann (Abb. 8.4). Bis es dazu kommt, müsste das Mitgliedsland mehrfach Empfehlungen zur Haushaltssanierung und konkrete Vorgaben zum Defizitabbau ignoriert haben.

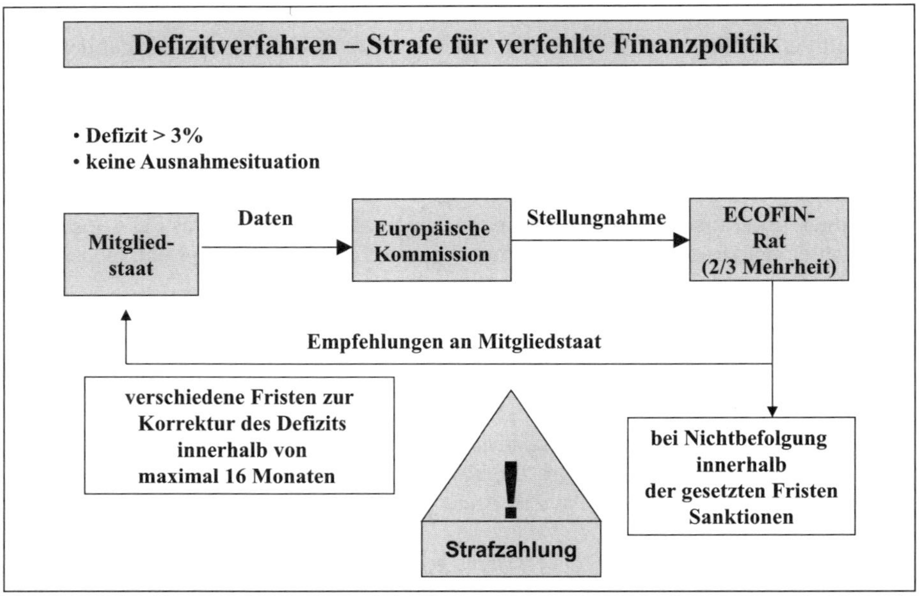

Abb. 8.4: Defizitverfahren in der EWU

Das Initiativrecht zur Einleitung des Defizitverfahrens liegt bei der EU-Kommission. Notwendig sind belastbare Hinweise auf ein tatsächliches Erreichen bzw. Überschreiten der 3%-Defizitgrenze. Die Fristen im Defizitverfahren und der Defizitkorrektur sind im Laufe der Zeit verlängert worden. Außerdem ist abzusehen, dass der Rat zukünftig mehr Einzelfälle auf Basis der oben genannten Ausnahmetatbestände entscheiden muss.

Die möglichen Strafzahlungen innerhalb des Paktes sind wie folgt gestaltet. Zu begleichen ist ein Sockelbetrag von 0,2% des BIP zuzüglich 0,1% des BIP pro Prozentpunkt der Defizitverfehlung:

(1) Strafzahlung: $0{,}002 \times \text{BIP} + [0{,}001 \times (\text{Defizitquote} - 3\,\%) \times \text{BIP}]$

Bei einem BIP von 2.000 Mrd. € und einer Defizitquote von 3,86% bezogen auf das nominale BIP ergäbe sich also eine Strafzahlung von:

(2) Strafzahlung: $0{,}002 \times 2.000 + [0{,}001 \times (3{,}86\,\% - 3\,\%) \times 2.000] = 5{,}72$ Mrd. €

Die Einlage ist auf maximal 0,5% des BIP begrenzt, in dem Zahlenbeispiel also auf 10 Mrd. €.

- Im zweiten Jahr wird der variable Teil der Einlage erneut fällig, sofern es in der Zwischenzeit nicht zu einer Haushaltskorrektur gekommen ist. Wird der Referenzwert von 3 % im dritten Jahr immer noch überschritten, wird die unverzinsliche Einlage in eine Geldbuße umgewandelt.

- Die Zinseinkünfte von den hinterlegten Darlehen sowie gegebenenfalls anfallende Strafen werden gemäß Artikel 201 des EU-Vertrages als „andere Einkünfte" gehandelt und an diejenigen EWU-Mitgliedstaaten verteilt, die kein übermäßiges Defizit aufweisen. Die Zuteilung erfolgt je nach Anteil an dem gesamten BIP der betroffenen EWU-Mitgliedstaaten.

Schlagwörter	• Stabilitäts- und Wachstumspakt • Konvergenzprogramme • no-bail-out-Regel	• Frühwarnsystem • Defizitverfahren

8.2.3 Europäischer Stabilitätsmechanismus

Am 7. Juni 2010 wurde von den Mitgliedstaaten des Euroraums die **Europäische Finanz-Stabilitäts-Fazilität** (EFSF) als Rettungsschirm für Krisenländer eingerichtet. Sie hat die Aufgabe, Anleihen zu begeben und in Zusammenarbeit mit dem Internationalen Währungsfonds (IWF) Kredite zu gewähren, um unter bestimmten Bedingungen im Bedarfsfall den Refinanzierungsbedarf von Mitgliedstaaten des Euroraums abzudecken.

„Zweck der Gesellschaft ist es, Mitgliedstaaten der Europäischen Union mit finanziellen Schwierigkeiten, deren Währung der Euro ist und die mit der Europäischen Kommission eine Absichtserklärung (… unterzeichnet haben, welche politische Auflagen enthält, die Finanzierung zu erleichtern oder Finanzmittel zur Verfügung zu stellen. Hierzu kann die Gesellschaft Geld beschaffen, indem sie Finanzinstrumente ausgibt oder mit ihren Gesellschaftern oder Dritten Finanzierungsvereinbarungen schließt, in deren Rahmen die Verbindlichkeiten der Gesellschaft von einigen oder allen ihren Gesellschaftern verbürgt werden können, anderweitig besichert werden können oder von Kreditunterstützungs-mechanismen profitieren können." (http://www.efsf.europa.eu/about/index.htm)

Ab Mitte 2013 stellt der **Europäische Stabilitätsmechanismus** (ESM) einen dauerhaften Schutzschirm bereit. Der ESM wird durch einen Vertrag zwischen den Mitgliedstaaten des Euro-Währungsgebiets als zwischenstaatliche Organisation nach dem Völkerrecht eingerichtet. Vorbild ist der IWF. Der ESM ist damit eine internationale Finanzinstitution. Er hat seinen Sitz in Luxemburg. Der Verwaltungsrat des ESM setzt sich aus den Finanzministern der Mitgliedstaaten des Euro-Währungsgebiets (als stimmberechtigte Mitglieder) zusammen. Ihm gehören daneben das Kommissionsmitglied für Wirtschaft und Währung sowie der Präsident der EZB als Beobachter an. Um das vertragsrechtliche Problem der no-bail-out-Klausel zu lösen, wurde für den ESM eine Änderung des EU-Vertrags vereinbart. Dabei soll zwar die Nichtbeistandsklausel unangetastet bleiben, aber Art. 136 des Vertrages soll um einen Absatz erweitert werden, der ausdrücklich die Einrichtung eines dauerhaften Stabilitätsmechanismus durch die Staaten der Eurozone ermöglicht. Dieser soll aktiviert werden können, um *„im Notfall die Stabilität der Eurozone als Ganzes zu sichern; Finanzhilfen sollen im Rahmen des dauerhaften Stabilitätsmechanismus strikten Bedingungen unterworfen sein."*.

Der ESM sollte ursprünglich Kredite für Eurostaaten vergeben, die sich kurzfristig nicht am Kapitalmarkt refinanzieren können. Das Mandat enthält nun aber auch Finanzhilfen für Banken und in Ausnahmefällen den Aufkauf von Staatsanleihen. Eine **Troika** aus EU-Kommission, EZB und IWF bewertet, ob Hilfen nötig und möglich sind. Zudem wird die Einhaltung von Bedingungen überwacht, an die eine Vergabe von Hilfen geknüpft ist. Folgende Regelungen wurden getroffen:

- Eine Unterstützung durch den ESM kann nur dann erfolgen, wenn dies zur Sicherung der Stabilität der Eurozone insgesamt unerlässlich ist.
- Der Beschluss, tätig zu werden, muss einstimmig von den Finanzministern als Gouverneuren des ESM gefasst werden. Zuvor müssen sowohl die EU-Kommission, der IWF als auch die EZB eine Schuldentragfähigkeitsanalyse durchgeführt haben.
- Die Unterstützung wird nur gegen strikte Auflagen im Rahmen eines wirtschaftlichen Reform- und Anpassungsprogramms gewährt (so genannte **Konditionalität**).
- Die Unterstützung wird in Form von Krediten gewährt. Nur in Ausnahmefällen sind auch Käufe am Primärmarkt möglich. Das bedeutet, dass der ESM – allerdings nur gegen strikte Konditionalität – Staatsanleihen direkt von einem betroffenen Mitgliedsstaat ankaufen kann. Käufe am so genannten Sekundärmarkt, also von Dritten, bleiben ausgeschlossen.
- In allen Fällen der finanziellen Unterstützung ist eine angemessene Beteiligung des Privatsektors vorgesehen. Die konkrete Art und Weise der Beteiligung hängt vom Ergebnis einer genauen Schuldentragfähigkeitsanalyse ab und erfolgt in Übereinstimmung mit der Praxis des IWF.

Der ESM verfügt über ein Kreditvolumen von 700 Mrd. €. Zur Sicherung günstiger Zinssätze und zur Erlangung des erwünschten Ratings (AAA) müssen Sicherheiten durch den ESM hinterlegt werden. Dazu müssen die Euro-Länder den Fonds mit 80 Mrd. € an Eigenkapital ausstatten (Anteil Deutschlands: 22 %) und für die verbleibenden 620 Mrd. Euro bürgen. 250 Mrd. € stellt gegebenenfalls weiterhin der IWF als Kredit zur Verfügung. Die Bareinlage in Höhe von 80 Mrd. € ist notwendig, da der Fonds sich für Hilfskredite selbst Geld leiht und dafür möglichst geringe Zinsen zahlen soll. Um den Rettungsfonds zu vergrößern, können **Kredithebel** eingesetzt werden. Dazu ein Beispiel: Der Fonds kauft nicht selbst Staatsanleihen, sondern lässt sie kaufen, z. B.

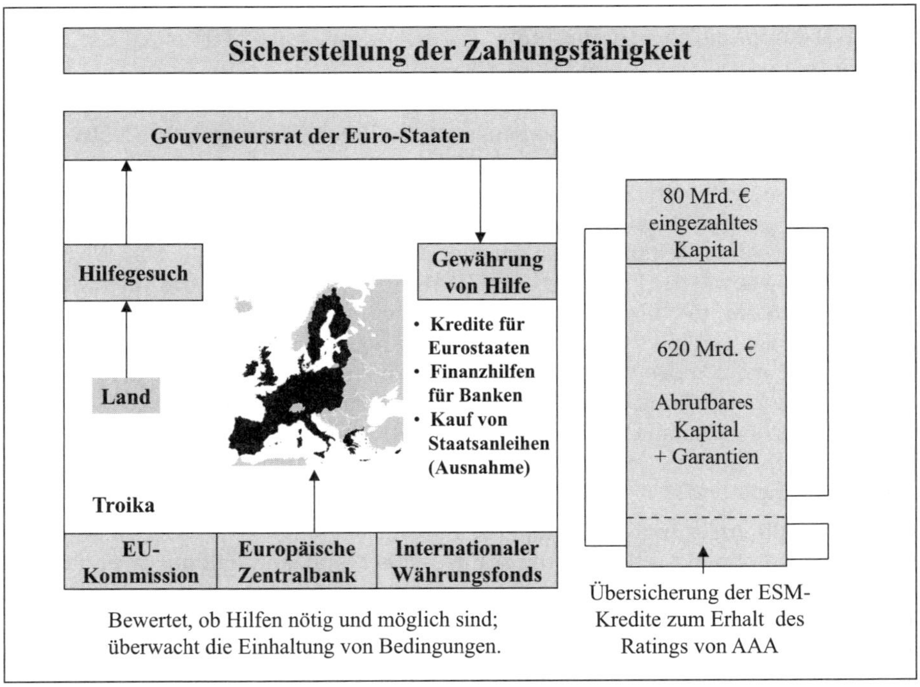

Abb. 8.5: Rettungsschirm des Europäischen Stabilisierungsmechanismus (ESM)

von der EZB, von einer neu gegründeten Zweckgesellschaft oder von institutionellen Anlegern. Der Fonds sichert die Anleihen partiell gegen ein Ausfallrisiko ab. Wenn beispielsweise das Ausfallrisiko für italienische Staatspapiere mit 20 % bewertet wird, dann könnten mit 100 Mrd. € Absicherung durch den EFSF Anleihen im Wert von 500 Mrd. € gekauft werden. Aus einem EFSF-Euro werden also fünf Euro.

Beispiel

Der Rettungsschirm ist für Fälle konzipiert, in denen sich Länder kurzfristig nicht über den Markt finanzieren, die Kredite aber langfristig zurückzahlen können. Der ESM-Fonds ist damit im Kern ein **Zinsverbilligungsprogramm** für hoch verschuldete Länder, die auf den internationalen Kapitalmärkten hohe Zinsen zahlen müssten. Beispielhaft sei ein Notkredit an Griechenland betrachtet. Griechenland bekommt einen Kredit in Höhe von 10 Mrd. € zu einem Zins von 6 % überwiesen. Am Kapitalmarkt hätte Griechenland 9 % zahlen müssen. Der ESM hat sich das Geld zu einem Zins von 3 % selbst geliehen. Die Differenz zwischen 3 % und 6 % kommt dem ESM sowie implizit den Bürgschaftsgebern zugute. Solange die Kredite bedient werden, können alle Beteiligten profitieren:

- Die betroffenen Krisenländer zahlen niedrigere Zinsen als auf dem Kapitalmarkt üblich.
- Der ESM kann die Differenz zwischen dem Ausleihzins und dem Verleihzins als Gewinn verbuchen.

Geld ist nur dann verloren, wenn die Krisenländer die Kredite nicht zurückzahlen können.

Griechenland wird in diesem Rahmen zum Darlehensnehmer. Der ESM kann die gewählten Darlehen durch Emission bzw. Übernahme (Ankauf von Finanzierungsinstrumenten, z. B. Anleihen, Schuldscheine, Liquiditätswechsel) refinanzieren. Diese Finanzierungsinstrumente werden durch unwiderrufliche und unbedingte Bürgschaften der Euro-Staaten abgesichert. Jene Euro-Staaten, die zeitlich vor der Emission der Instrumente als Bürge ausfallen oder ausgefallen sind, gelten als *„stepping-out-guarantor"*. Muss ein Staat wie im Beispiel Griechenland Hilfe beantragen, kann er bei den anderen Sicherungsgebern die Aussetzung zur Übernahme weiterer Bürgschaften beantragen. Verbleibende Bürgschaften müssen von den anderen Sicherungsgebern getragen werden. Dadurch ändert sich der Verteilungsschlüssel.

Die Gewährung von Hilfen zerfällt in verschiedene Phasen:

- Die **präventive Phase** ist eng mit Regelungen und Verfahrensschritten des Stabilitäts- und Wachstumspaktes bzw. von nationalen „Schuldenbremsen" verknüpft.
- In der **Liquiditätshilfephase** prüfen EU-Kommission, IWF und EZB, ob der zahlungsunfähige Staat in einer Liquiditätskrise steckt und ob finanzielle Hilfen die Situation verbessern können. In diesem Fall soll ein Anpassungsprogramm ausgearbeitet werden, das der Regierung die Rückkehr zu soliden Staatsfinanzen ermöglicht. Finanziert wird es aus Krediten anderer Euro-Staaten entsprechend ihren EZB-Kapitalanteilen. Dabei ist vorgesehen, dass der Rat einstimmig entscheidet. Als problematisch gilt, dass nicht genau bestimmt werden kann, wann Liquiditätshilfen „Aussicht auf Erfolg versprechen". In dieser Zeit verbleibt das Land am Tropf der Hilfsmaßnahmen und bekommt eine strenge Sparpolitik in der Hoffnung verordnet, dass seine Staatsfinanzen gesunden. Dadurch besteht allerdings die Gefahr, dass in- und ausländische Investoren wenig Anreize haben, notwendige Investitionen vorzunehmen.

- **Umschuldungsphase**: Sollte der aus Sicht der Begründer des ESM unerwartete Fall eintreten, dass sich ein Land als zahlungsunfähig erweist, so muss dieser Mitgliedstaat zur Wiederherstellung eines tragbaren Verschuldungsmaßes entsprechend der IWF-Praxis mit seinen privaten Gläubigern einen umfassenden Restrukturierungsplan aushandeln.

Umschuldungsklauseln

Ab 2013 gelten für alle in der EWU ausgegebenen Staatsanleihen „*collective action clauses*". Dies bedeutet, dass auch private Gläubiger an der Bewältigung einer Staatsschuldenkrise beteiligt werden können. Danach kann eine qualifizierte Mehrheit der Gläubiger eine Änderung der Zahlungsbedingungen beschließen, wenn ein Land zahlungsunfähig ist. Dazu zählt z. B. auch der Verzicht auf einen Teil der Forderungen. Damit werden Umschuldungen von Anleihen, die von einer Vielzahl nur schwer koordinierbarer Gläubiger gehalten werden, erleichtert. Einzelnen Gläubigern wäre es kaum noch möglich, eine Einigung zu blockieren, die von einer breiten Mehrheit der Gläubiger unterstützt wird. Dazu wird in Art. 12 ein zweistufiges Verfahren festgelegt: Befindet sich ein Land nur in einer vorübergehenden Liquiditätskrise, sollen die privaten Gläubiger ermutigt werden, ihre Anleihen länger zu halten. Wird ein Land hingegen auf Basis einer Schuldentragfähigkeitsanalyse als „nicht zahlungsfähig" eingestuft, muss es vor Erhalt von Krediten aus dem ESM mit privaten Gläubigern über Entlastungen verhandeln. Zugleich gilt der Grundsatz, dass alle Verbindlichkeiten eines Staates in ihrer Gesamtheit neu festgelegt werden sollen („*aggregation clause*").

Der ESM funktioniert aufgrund der vorgesehenen **Schuldtragfähigkeitsanalyse** wie der IWF. Solche Berichte verfasst der IMF routinemäßig bei seinen jährlichen Konsultationen mit den Mitgliedsländern und bei finanziellen Hilfszusagen. Der IWF darf nur dann Kredite vergeben, wenn eine hohe Wahrscheinlichkeit besteht, dass die Verschuldung eines Landes mittelfristig wieder tragbar sein wird. Kritiker verweisen darauf, dass der IWF dennoch im Zeitablauf seine ursprünglich vorgesehenen Kredithöhen häufig überschritten habe. Gleiches wird für den ESM befürchtet. Auch aus anderen Gründen wird die Einrichtung des ESM kritisch gesehen. Erwähnt werden finanzielle Mehrbelastungen für Länder mit höherer Bonität und geringerer Verschuldung bzw. eine Aushebelung nationaler Budgetrechte des Parlaments. Zu berücksichtigen bleibt nach Auffassung von Kritikern, dass der Kern für die Probleme von Krisenländern nicht allein in der Staatsverschuldung, sondern in strukturellen Ungleichgewichten der Volkswirtschaften liegt, die sich z. B. in Leistungsbilanzdefiziten zeigen. Notwendig sind daher realwirtschaftliche Reformen. Diese können zwar mit dem ESM angesprochen werden, wenn Finanzhilfen mit „strengen Auflagen" verknüpft werden. Offen ist aber, ob und inwieweit diese in der Praxis mit der notwendigen Strenge durchgesetzt werden können. Damit entstehen die Gefahr einer Verschleppung notwendiger interner Reformen und jene einer dauerhaften Inanspruchnahme der Kreditlinien durch einige Länder. Nicht ausgeschlossen ist dann der nicht beabsichtigte, aber aus übergeordneten politischen Gründen unausweichliche Weg in die „**Transferunion**". Gemeint sind damit der Einsatz von Steuereinnahmen eines Landes in anderen Mitgliedstaaten und/oder die Umverteilung von Steuergeldern in der EWU vergleichbar dem deutschen Länderfinanzausgleich.

Bisher gibt es noch keine Transferunion. Es gibt einen Kreditmechanismus, bei dem Krisenstaaten vorübergehende Mittel in Anspruch nehmen können, die von anderen Staaten auf dem Kapitalmarkt verbürgt werden. Für diese Inanspruchnahme müssen die Nehmerländer Eingriffe in ihre Wirtschaftspolitik in Kauf nehmen. Kredite sind jedoch keine Transfers, sondern müssen zurückgezahlt werden. Insofern bleibt die finanzielle Eigenverantwortung bestehen. Allerdings enthält der Kreditmechanismus auch Aspekte der Solidarität. Dazu zählen

- die Gewährung niedrigerer Zinsen als auf dem Kapitalmarkt gezahlt werden müssten und
- die temporäre Übernahme von Risiken durch stärkere Länder.

Allerdings beinhaltet diese Solidarität auch Risiken. Sind die Nehmerländer überfordert, so ist die politische Verpflichtung zur Stundung oder zu weiteren Zugeständnissen bei den Zins- und Tilgungslasten hoch. In diesem Fall ist durchaus mit Transfers zu rechnen. Bisher haben die stärkeren Länder allerdings keine dauerhaften Transfers garantiert.

Zur Vermeidung einer Transferunion ist eine **Verschärfung des Stabilitäts- und Wachstumspaktes** (*sixpack*) beschlossen worden (Tab. 8.3). Darunter fallen sechs Berichte des Economic Governance-Pakets, die ab 2012 zu einer Verschärfung des Stabilitäts- und Wachstumspaktes führen (sollen). Die erste Gruppe enthält Vorschläge, die den präventiven (ex-ante Kontrollen) und den korrektiven Arm (ex-post Strafen) des Paktes stärken und Sanktionsentscheidungen im Defizitverfahren ermöglichen. Sanktionsvorschläge der Europäischen Kommission können künftig nur noch mit qualifizierter Mehrheit zurückgewiesen werden.

Die zweite Gruppe von Vorschlägen führt ein System ein, um makroökonomische Ungleichgewichte zu verhindern und eine negative Beeinflussung der Finanzwirtschaft zu vermeiden. Auch Staaten wie Deutschland, die regelmäßig Exportüberschüsse er-

Tab. 8.3: Verschärfung des Stabilitäts- und Wachstumspakts

Verschärfung des Stabilitätspaktes	Strafen gegen Defizitsünder können bereits bei dem ersten Verstoß gegen die Schuldengrenze verhängt werden. Die Strafe kann (wie bisher) max. 0,5 % des BIP betragen. Bei Verletzung der Budgetregeln gibt es nach zweimaliger Ermahnung durch die Kommission und Nichtbefolgung eine Zahlung von 0,2 % an ein Depot. Diese Zahlung wird unverzinst zurückgezahlt, wenn sich die Situation bessert. Ansonsten kommt es zur Strafzahlung, die an den EFSF/ESM geht.
Sanktionsverfahren	Sanktionsvorschläge der Europäischen Kommission können nur noch mit qualifizierter Mehrheit (2/3) zurückgewiesen werden (Halbautomatismus).
Schuldenabbau (1/20 Regel)	Länder müssen ihre Schuldenberge „angemessen zügig" reduzieren, und zwar um mindestens 1/20 des Betrages, der über der 60-Prozent-Marke liegt. Falls diese Vorgabe nicht erfüllt wird, soll ein Verfahren eingeleitet werden. Allerdings hat die Kommission einen gewissen Ermessensspielraum, „alle angemessenen Faktoren" zu berücksichtigen (u. a. Reform von Alterssicherungssystemen). Zahlenbeispiel: 1.200 Mrd. € Schulden = 60 % des BIP (2.000 Mrd. €) sind erlaubt; wenn ein Land 1.600 Mrd. € Schulden aufweist (also 80 % des BIP bzw. 400 Mrd. € mehr als erlaubt), muss die Staatsschuld schrittweise um jährlich 1/20 (= 20 Mrd. €) reduziert werden.
Schuldenbremse	Verpflichtung zur Einführung einer Schuldenbremse.
Budgetdaten	Maßnahmen zur Harmonisierung von Haushaltsdaten, die ein schnelleres Krisenmanagement ermöglichen.

wirtschaften, bekommen künftig Empfehlungen, diese abzubauen. Bei schwerwiegenden Problemen kann der Rat das „Verfahren bei einem übermäßigen Ungleichgewicht" einleiten. In diesem Verfahren muss der betreffende Mitgliedstaat einen Korrekturmaßnahmenplan vorlegen, den der Rat bewertet und für den er eine Umsetzungsfrist festlegt. Sanktionen sind dabei in der Regel nicht vorgesehen.

Die EU-Kommission analysiert die Entwicklung der Mitgliedstaaten, um rechtzeitig Fehlentwicklungen und Ungleichgewichte zu erkennen (Frühwarnsystem). Auch spekulative Auswüchse (z. B. Immobilienblasen) sollen so verhindert werden. Wird eine solche Entwicklung nicht korrigiert, sind Strafgelder von bis zu 0,1 % des BIP im Gespräch.

Schlagwörter	• Europäische Finanz-Stabilitäts-Fazilität • Europäischer Stabilitäts-mechanismus • Kredithebel	• Konditionalität • Umschuldungsklauseln • Schuldtragfähigkeitsanalyse • Transferunion • Stabilitäts- und Wachstumspakt

8.2.4 Euro-Bonds

Nehmen Sie an, ein Familienmitglied ist hoch verschuldet und vielleicht auch noch arbeitslos. Die Banken wollen ihm kein Geld mehr leihen bzw. nur noch gegen sehr hohe Zinsen. Wäre es nicht sinnvoll, wenn der Familienverband beschließt, gemeinsam Geld aufzunehmen und für den armen Verwandten zu bürgen? Dadurch sinkt das Risiko für die Banken, weil es mehr Schuldner gibt, auf die sie zurückgreifen könnten. Auch die Zinsen dürften in diesem Fall sinken. Ähnlich wie in einer Großfamilie wird für die Familie der Euro-Staaten die Einführung von **Eurobonds** vorgeschlagen. Es handelt sich dabei um die Ausgabe gemeinsamer Staatsanleihen aller Euro-Länder. Bisher müssen sich die Mitgliedsstaaten der Eurozone zur Finanzierung ihrer Ausgaben einzeln an den Kapitalmarkt wenden. Am Bond-Markt geben sie Schuldtitel mit bestimmten Laufzeiten (z. B. 2, 24 oder 36 Monate) zu festgelegten Konditionen heraus. Die Konditionen orientieren sich an der Nachfrage der Investoren, an deren Risikoeinschätzung und an der Laufzeit. Anleger, die in solche Anleihen investieren, gewähren den Staaten einen Kredit. Für sie als Gläubiger sind die Schuldscheine am Markt frei handelbar. Sie können die Titel jederzeit zum aktuellen Kurs an- oder verkaufen. Verzinsung und Laufzeit der Papiere stehen fest, der Kurs bewegt sich mit den Markteinschätzungen.

Für die Preisfindung an Finanz- und Kapitalmärkten gilt in der Regel, dass ausgehend von einem Referenzzins ein individueller **Risikoaufschlag** (bemessen in Basispunkten) zu entrichten ist: **Referenzzins + Risikozuschlag = Nominalzins**. Länder mit einem aus Sicht der Gläubiger höheren Risiko für die Bedienung des Kredits (Zins und Tilgung) weisen einen höheren Risikozuschlag auf. Zum Ende der Laufzeit müssen die Staaten ihre Anleihenschuld in der Regel durch neue Kredite finanzieren und dazu neue Anleihen auflegen. Dabei können sich die Konditionen drastisch verschärfen. Stark verschuldete Staaten müssen hohe Zinsen zahlen. Geraten sie in den Fokus der nervösen Kapitalmärkte, dann steigen die Risikoaufschläge weiter. Staaten mit hervorragender Bonität kommen dagegen vergleichsweise günstig an frisches Geld.

An dieser Stelle setzt die Idee der Eurobonds an. Eurobonds sind Anleihen mittlerer und längerer Laufzeit am Kapitalmarkt, für deren Platzierung nicht wie üblich das bedürftige Land, sondern die Euro-Staaten gemeinsam als Schuldner auftreten. Die Kreditwürdigkeit und die Wirtschaftskraft der finanzstarken Staaten Europas werden mit den Problemen der schwachen Länder in eine Waagschale geworfen. Die

Schuldenaufnahme wird auf die Schultern der gesamten Eurozone verteilt. Aus Sicht der Investoren wäre das Risiko eines Zahlungsausfalls geringer. Die Währungsunion würde gemeinsam für ihre Schulden haften. Der Zinssatz wäre für alle teilnehmenden Staaten gleich. Euro-Krisenländer kämen zu günstigeren Konditionen an Geld. Für die Preisfindung bzw. Zinskonditionen würde dies bedeuten, dass sich der Zins für die Eurobonds zwischen den Zinsen der Länder guter **Bonität** und den Zinsen für Länder schlechter Bonität einpendelt. Konsequenz ist, dass sich Länder mit schlechter Bonitätsprüfung günstiger an den Kapitalmärkten refinanzieren könnten und Länder mit guter Bonitätseinstufung im Vergleich zur Ausgangslage schlechtere Zinskonditionen erhalten würden. Gleichzeitig ist der Anleihemarkt größer und liquider. Das folgende Zahlenbeispiel zeigt, dass die **Zinskonvergenz** zu Mehr- bzw. Minderbelastungen der nationalen Haushalte führt.

Land A	Land B	Land C
Bonität: AAA: 2 % für Staatsanleihen	Bonität: BBB 4 % für Staatsanleihen	Bonität: BBC 6 % für Staatsanleihen
Schuldenstand: 2.000 Mrd. € Zinsbelastung: 40 Mrd. €	Schuldenstand:1.500 Mrd. € Zinsbelastung: 60 Mrd. €	Schuldenstand:1.000 Mrd. € Zinsbelastung: 60 Mrd. €
Zinskonvergenz für Eurobonds: 4 %		
Mehrbelastung: 40 Mrd. €	Mehrbelastung: keine	Minderbelastung: 20 Mrd. €

Es ist zu erkennen, dass die Höhe der Mehr- bzw. Minderbelastungen der nationalen Haushalte vor allem vom Schuldenstand der Ausgangslage bzw. von dem Zins abhängt, der sich für Eurobonds herausbildet. Auch das Volumen aller im Markt aktiv gehandelten Euro-Wertpapiere der Mitglieder der Währungsunion spielt bei der Herausbildung des Zinssatzes eine Rolle. Je größer dieses Volumen ist, desto geringere Durchschnittszinsen werden erwartet. Allerdings ist nicht nur die Größe, sondern auch die Qualität des Schuldners für jeden Gläubiger Maßstab für das Risiko und die Rendite. Warum würden sonst die Zinsen z. B. im relativen kleinen Schweizer Kapitalmarkt häufig unter den Zinsen liegen, die deutlich größere Währungsräume aufweisen?

Bezogen auf Eurobonds gibt es eine Vielzahl von möglichen **Vor- und Nachteilen**, die im Folgenden kurz erläutert werden (Tab. 8.4).

Tab. 8.4: Pro- und Contra-Argumente zu Eurobonds

Pro-Argumente	Contra-Argumente
Erhalt der Währungsunion	Schuldnerländer werden aus der Eigenverantwortung entlassen
geringere Spannungen auf dem Anleihemarkt	Entstehen einer Transferunion
nur geringer Zinsanstieg	keine nachhaltige Lösung von Strukturproblemen
Vertiefung der EU-Integration	Wettbewerbsverzerrung
Signal der Einigkeit	(noch) keine politische Grundlage

Argumente für Eurobonds

Erhalt der Währungsunion: Eine Währungsunion ist immer auch eine Solidargemeinschaft. Das setzt voraus, dass die stärkeren Staaten einen Teil ihrer Bonität an die schwächeren Partner abgeben. Dazu kann auch eine gemeinsame Anleihe gehören. Gerade exportstarke Länder können ein vitales Interesse am Erhalt einer Währungsunion haben. Zudem wird die Währungsunion als attraktiver Standort für in- und ausländische Investoren gestärkt.

Geringere Spannungen auf dem Anleihemarkt: Gemeinschaftliche Anleihen bedeuten niedrigere Finanzierungskosten für die Schuldnerländer, wenn die Eurobonds ein besseres Rating erhalten. Ein Eurobond entzieht den Investoren die Möglichkeit, die einzelnen Euroländer gegeneinander auszuspielen. Ihnen würde die Angriffsfläche entzogen, denn eine Euroanleihe wäre ein Beweis dafür, dass in der Eurozone alle für einander einstehen.

Nur geringer Zinsanstieg: Wenn Eurobonds gegenüber nationalen Anleihen nur einen geringen Zinsanstieg erfahren, fallen Mehrkosten für einzelne Staaten gering aus. Gleichzeitig würde ein Eurobond die Refinanzierung der Schuldnerländer erleichtern und damit die Chancen auf eine Rückzahlung der Hilfen dieser Länder erhöhen. Der Markt für Eurobonds käme an Größe und Liquidität dem amerikanischen Anleihemarkt nahe und würde die Rolle des Euro als internationale Reservewährung stärken. Beides hat einen zinssenkenden Effekt.

Vertiefung der EU-Integration: Aus der Integrationstheorie ist bekannt, dass eine Währungsunion ohne eine engere wirtschaftliche und politische Zusammenarbeit auf Dauer nicht funktionieren kann. Eine Vergemeinschaftung der Zinsrisiken ist ein erster Schritt hin zu einer engeren Verzahnung der Eurostaaten. Die finanzschwachen Staaten müssen sich bei ihren Ausgaben stärker gegenüber der Mitsprache anderer Staaten öffnen. Um im Bild der Familie zu bleiben: Der Familienrat wird darüber entscheiden, ob sich der hoch verschuldete Onkel einen neuen Kühlschrank oder Fernseher von dem geborgten Geld kaufen darf. Eine Vertiefung der EU-Integration setzt also einen Machtverlust und die Aufgabe nationaler Souveränitätsrecht z. B. hinsichtlich des Budgets voraus.

Signal der Einigkeit: Eine Euroanleihe gilt als ein Signal der Einigkeit und der Entschlossenheit. Im Endeffekt würde sich eine gemeinsame Haftung der EWU für die Schulden einzelner nicht besonders von der aktuellen Praxis unterscheiden. Schließlich sind die Hilfspakete nichts anderes als EWU-finanzierte Sicherheiten für die Anleger. Sie werden nur „Kredite" genannt, um eine Rückerstattung zu suggerieren und Wähler bzw. Steuerzahler zu beruhigen.

Argumente gegen Eurobonds

Die Schuldenländer werden aus der Eigenverantwortung entlassen: Die Krisenstaaten verlieren den Anreiz, ihre Finanzen in Ordnung zu bringen. Im Zweifel können sie auf die Solidarität der starken EWU-Partner zählen und müssen sich um Zinsaufschläge keine Sorgen mehr machen. Die disziplinierende Funktion des Kapitalmarktes geht verloren (*moral hazard*). Eine gesamtschuldnerische Haftung führt dazu, dass Defizitländer ihrer Verantwortung enthoben werden, ohne aber finanzpolitische Autonomie einbüßen zu müssen.

Aufbau einer Transferunion: Die EWU ist kein föderales System mit einem Länderfinanzausgleich, wie er z. B. in Deutschland existiert. Ein Ausgleich durch Eurobonds kommt demnach der Bereicherung von Schuldenstaaten auf Kosten stabiler Staaten gleich. Zudem würde der Zinssatz am Kapitalmarkt durch Eurobonds auch für jene Staaten steigen, die bisher aufgrund weitgehend solider Haushaltsführung selbst für den Erhalt kostengünstiger Kredite gesorgt haben. Es kommt zu einem doppelten Minusgeschäft: Die kreditwürdigen Länder haften für die Schulden der Krisenstaaten und sind zugleich für künftige eigene Anleihen benachteiligt, da ihr Zinssatz hochgestuft wird.

Eurobonds sind keine grundsätzliche Lösung: Die Schuldenproblematik wird durch die Begebung einer gemeinsamen Anleihe der EU-Staaten keineswegs beseitigt, sondern lediglich überdeckt. Notwendig sind Strukturreformen, die die internationale Wettbewerbsfähigkeit der Krisenländer verbessern.

Eurobonds verzerren den Wettbewerb: Unterschiedlich hohe Zinssätze der Euro-Länder sind ein Ansporn, die Vorgaben des EU-Stabilitätspaktes zu erfüllen. Dieser Anreiz würde durch eine Euroanleihe verwässert.

Euroanleihe verstößt gegen die EU-Verträge: Mit dem derzeitigen institutionellen Rahmen ist eine gesamtschuldnerische Haftung nicht möglich. Die EU hat sich bei Euro-Einführung dafür entschieden, die Finanz- und Haushaltspolitik in nationaler Verantwortung zu belassen (Art. 125 EU-Vertrag). Wer das Zinsrisiko eines Euro-Staates ganz oder teilweise abschaffen will, braucht dafür eine neue politische Grundlage.

Es gibt verschiedene Eurobond-Modelle, die auf unterschiedliche Weise Vorkehrungen gegen eine zu hohe Neuverschuldung treffen können (Abb. 8.6). Denkbar wäre, dass alle Euro-Staaten ihre Staatsanleihen künftig im Rahmen von „vollen Eurobonds" gemeinsam und auf Dauer ausgeben. Dies würde die Risikozuschläge für überschuldete Länder mit einem Schlag beseitigen, weil Investoren dann dem gemeinsamen Währungsraum Kredite geben können. Denkbar ist auch, dass nur Länder mit hoher Bonität am Kapitalmarkt gemeinsam vorangehen (bi-, multilaterale Bonds). Dadurch würde das Problem umgangen, dass Eurobonds für sehr unterschiedliche Staaten ausgegeben würden.

Die Refinanzierungskosten von Staaten mit hoher Bonität könnten gegebenenfalls sinken. Allerdings würde die Kluft zwischen den finanzstarken und den finanzschwa-

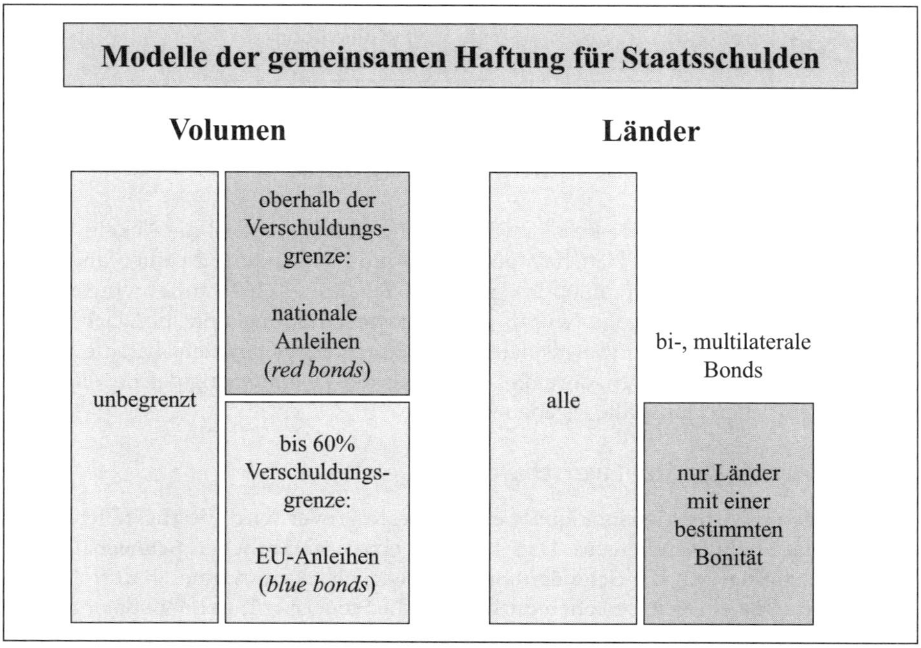

Abb. 8.6: Eurobond-Modelle

chen Euro-Ländern größer. Andere Varianten betrachten ein abgestuftes Modell. Die erste Tranche der Staatsverschuldung bis zur Maastricht-Schuldengrenze von 60 % des nominalen BIP wird als **Blue Bond** bezeichnet. Der Blue Bond soll gemeinsam von den Staaten der Eurozone emittiert werden und die Staaten sollen gesamtschuldnerisch für ihn haften. Er wäre also ein Eurobond. Außerdem soll der Blue Bond Vorrangstatus gegenüber dem **Red Bond**, d. h. der Staatsverschuldung jenseits der Maastricht-Schuldengrenze, genießen. Durch den Vorrangstatus wäre der Blue Bond nach Ansicht von Befürwortern ein sicheres Verschuldungsinstrument, denn bis zur Schuldengrenze wird die Staatsverschuldung als vergleichsweise unkritisch gesehen. Außerdem wäre der Blue Bond durch das Pooling von Schulden in der Eurozone liquide. Die hohe Sicherheit und Liquidität sollen zu niedrigen Zinskosten führen. Der Blue Bond kann damit einen Beitrag für niedrige Refinanzierungskosten der Staatsverschuldung liefern.

Die zweite Tranche der Staatsverschuldung jenseits der Maastricht-Schuldengrenze von 60 % des nominalen BIP wird als Red Bond bezeichnet. Im Kern sind sie vergleichbar mit dem Selbstbehalt in einer PKW-Versicherung. Für sie besteht keine europäische Haftung. Sie werden weiterhin in nationaler Verantwortung des jeweiligen Nationalstaats emittiert und sind im Vergleich zu Blue Bonds mit einer höheren Risikoprämie versehen. Red Bonds wären gegenüber den Blue Bonds nachrangig zu bedienen. Auf diese Weise soll für die einzelnen Euro-Länder der Anreiz bestehen bleiben, die Schuldengrenze nicht zu überschreiten. Denkbar wäre dazu z. B. eine institutionelle Verankerung einer Schuldengrenze bei 60 % des nominalen BIP.

Um die Risiken für Red Bonds zu verringern, könnte sich die EZB weigern, die Red Bonds als Sicherheit zu akzeptieren. Gleichzeitig könnte die Bankenregulierung eine hohe Eigenkapitalhinterlegung für die Red Bonds verlangen. Damit würden die Red Bonds für Banken vergleichsweise unattraktiv. Damit können, so die Befürworter, die Red Bonds zu einer Sollbruchstelle im Finanzsystem werden und die Möglichkeit schaffen, zu einem Verfahren der geordneten Insolvenz von Staaten überzugehen.

Schlagwörter	• Eurobonds • Zinskonvergenz	• Blue Bond • Red Bond

8.3 Tragfähige und nachhaltige Finanzpolitik

In der wissenschaftlichen Diskussion wird schon seit längerer Zeit die Abkehr von einer kurzfristig orientierten Haushaltspolitik und die Hinwendung zu einer langfristig angelegten nachhaltigen Finanzpolitik gefordert. Zu dieser Kehrtwende zwingen nicht nur das bereits erreichte hohe Niveau der Staatsverschuldung und die wachsenden Zinsausgaben, die den Handlungsspielraum einengen. Sorge bereiten auch die zunehmenden Finanzierungslasten, die sich künftig aus der Überalterung der Bevölkerung für die öffentlichen Haushalte ergeben werden.

8.3.1 Dynamik der Staatsverschuldung

Je weiter sich die Schuldenstandquote erhöht, desto größer wird die zusätzliche Ausgabenlast des Schuldendienstes. Dies kann zu einem gefährlichen **Schneeballeffekt** führen. Je stärker sich die **Schuldenlawine** entwickelt, desto schmerzhafter werden die Konsequenzen. Diese bestehen darin, dass die Steuern früher oder später massiv angehoben werden müssen, oder – wenn dies nicht geschieht – dass der Schuldendienst einen immer größeren Teil der Staatsausgaben beansprucht. Der finanzpolitische Spielraum wird enger. In einer wachsenden Wirtschaft ist die Schuldenstandquote abhängig von folgenden Größen:

- Primärdefizit als Ergebnis der gegenwärtigen Finanzpolitik ((G – T)/Y),
- Zinssatz (i),
- BIP-Wachstumsrate (g),
- Schuldenstandquote in der Ausgangslage (B/Y).

Zur Erläuterung des Problems kann die Frage gestellt werden, welche Neuverschuldung tragbar ist, damit die bestehende Schuldenstandquote stabilisiert wird. Ausgangspunkt sind die Bedingungen (vgl. Box 8.1): $(BD/Y) = g \times (B/Y)$ bzw. $(G - T)/Y = (i - g) \times (B/Y)$

Bezogen auf den Vertrag von Maastricht können wir erkennen, dass eine Stabilisierung der Schuldenstandquote bei 60 % bei einer Neuverschuldung (einschließlich Zinsbelastung) von 3 % ein nominales Wachstum von 5 % erfordert. Geht man von einer geduldeten Inflation von 2 % aus (vgl. Kap. 9), ist somit ein reales Wachstum von 3 % erforderlich. Wäre bei einer Defizitquote von 3 % das nominale Wachstum höher als 5 %, würde die Schuldenstandquote sinken (bei einer Wachstumsrate von 6 % langfristig bis zu 50 %). Im umgekehrten Fall würde sie steigen.

Tab. 8.5: Wachstum, Defizitquote und Verschuldung

BIP-Wachstum, nominal (g)	Defizitquote (BD/Y)	Schuldenstandquote (B/Y) (langfristige Stabilisierung bei)
5 %	3 %	60 %
6 %	3 %	50 %
4 %	3 %	75 %
5 %	2 %	40 %
5 %	1 %	20 %

Gleichzeitig können wir fragen, welche **Konsolidierungsmaßnahmen** zu ergreifen sind, damit die Schuldenquote (B/Y) stabilisiert werden kann (d. h. $\Delta(B/Y) = 0$). Dazu verwenden wir Gleichung (5b) aus Box 8.1. Übersteigt der Zins (für Staatsanleihen) das BIP-Wachstum, muss ein **Primärüberschuss** erwirtschaftet werden, wenn ein Anstieg der Schuldenquote vermieden werden soll. Bei einer Differenz zwischen Wachstumsrate und Zins von 2 Prozentpunkten muss beispielsweise ein Primärüberschuss von 1,2 % des BIP erzielt werden, wenn die Schuldenstandquote bei 60 % stabilisiert werden soll. Je höher der Schuldenstand bereits ist, desto höher muss der Primärüberschuss ausfallen. Gelingt dies nicht, drohen steigende Zinslasten den Handlungsspielraum in den öffentlichen Haushalten zu reduzieren (Abb. 8.7).

Tab. 8.6: Wachstum, Zins, Primärdefizit und Verschuldung

BIP-Wachstum g	Zins I	Primärdefizit (G–T)/Y	Schuldenstandquote (B/Y) (langfristige Stabilisierung bei)
5 %	5 %	0,0 %	60 %
5 %	6 %	–0,6 %	60 %
5 %	7 %	–1,2 %	60 %
5 %	6 %	–1,5 %	150 %
5 %	7 %	–3,0 %	150 %

Box 8.1: Schuldendynamik – Der Weg in die Schuldenfalle

Staatliche Budgetgleichung:
(1) $BD = G - T + i \times B = \Delta B$

Übergang zu Quoten:
(2) $(BD/Y) = (G - T)/Y + i \times (B/Y)$

Entwicklung der Schuldenquote in einer wachsenden Wirtschaft:
(3) $\Delta(B/Y) = (G - T)/Y + (i\text{-}g) \times (B/Y)$
$= (BD/Y) - g \times (B/Y)$

Stabilisierung der Schuldenquote heißt:
(4) $\Delta(B/Y) = 0$

Dies erfordert die Beziehung:
(5a) $(BD/Y) = g \times (B/Y)$
bzw.
(5b) $(G - T)/Y = (i - g) \times (B/Y)$

Hintergrund:
Um die Staatsverschuldung nicht weiter anwachsen zu lassen, muss ein Budgetdefizit vermieden werden. Um das Budgetdefizit zu vermeiden, muss ein Primärüberschuss in Höhe der Zinszahlungen auf die existierende Staatsverschuldung erzielt werden. In einer wachsenden Wirtschaft ist die Schuldenquote abhängig von folgenden Größen:
- Primärdefizit,
- Zinssatz,
- BIP-Wachstumsrate,
- Schuldenquote in der Ausgangslage.

Notation:

BD	– Budgetdefizit
(G – T)/Y	– Primärdefizit (ohne Zinsen)
B	– Schuldenstand
B/Y	– Schuldenstandquote
Δ(B/Y)	– Veränderung der Schuldenquote
g	– BIP-Wachstum
i	– Zinssatz

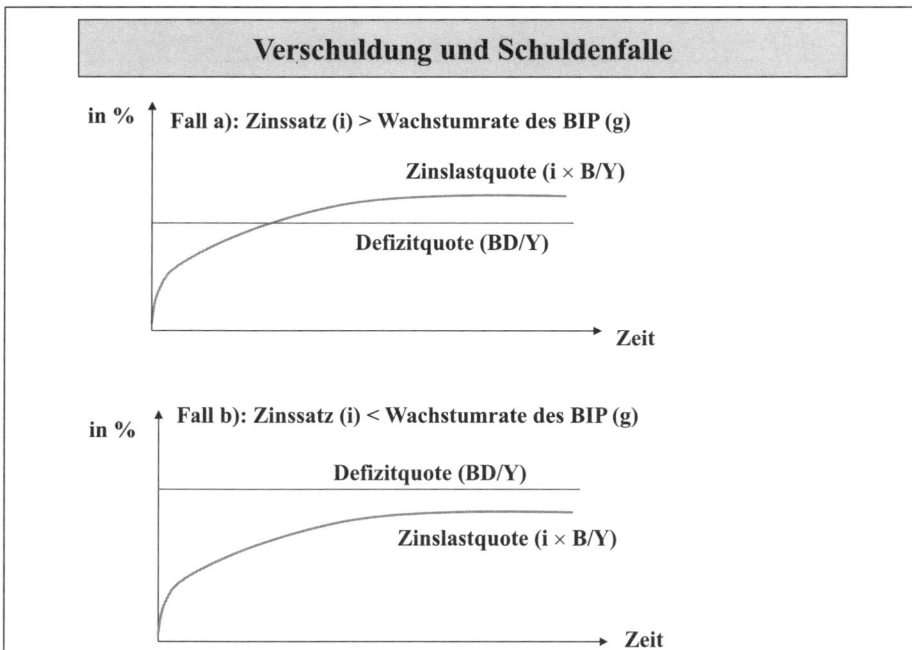

Abb. 8.7: Szenarien zur Schuldenentwicklung

Schlag-wörter	• Steueraufkommenselastizitäten	• Primärdefizit • Schuldenfalle

8.3.2 Generationengerechtigkeit

Auf europäischer Ebene ist die Nachhaltigkeit oder Tragfähigkeit der Finanzpolitik zur einer wichtigen Leitlinie der Haushaltspolitik geworden. So verpflichtet Artikel 121 Absatz 1 des EG-Vertrages die Mitgliedstaaten, „eine auf Dauer tragbare Finanzlage der öffentlichen Hand" sicherzustellen. Die Beurteilung nachhaltiger öffentlicher Finanzen erfolgt dabei an Hand der Höhe der gesamtstaatlichen Finanzierungssalden oder Schuldenstände. Diese Kennziffern sind jedoch allein nicht aussagefähig, um die Nachhaltigkeit der Finanzpolitik zu bestimmen. Neben der expliziten staatlichen Verschuldung muss zusätzlich auch eine mögliche **implizite Verschuldung** berücksichtigt werden. Das Konzept der **Tragfähigkeitslücke**, das aus einer langfristigen Betrachtung der staatlichen Einnahme- und Ausgabenströme abgeleitet wird, beschreibt dann den notwendigen finanzpolitischen Handlungsbedarf zur Sicherstellung tragfähiger öffentlicher Haushalte. Unterscheiden wir zunächst die Begriffe der expliziten und impliziten Verschuldung:

- **Explizite Verschuldung**: Zahlungsverpflichtungen treten zum einen in Form von staatlichen Zinsausgaben und der Tilgung der ausstehenden Staatsschuld auf. Dabei handelt es sich um verbriefte Forderungen der Inhaber von Staatsschuldtiteln an den Staat. Ihr Barwert entspricht dem ausgewiesenen expliziten Schuldenstand, bewertet zu jeweiligen Kursen. Es handelt sich um die Verschuldung, die üblicherweise in den offiziellen Statistiken ausgewiesen wird.
- **Implizite Verschuldung**: Zahlungsverpflichtungen resultieren aus Beitragszahlungen, etwa zur gesetzlichen Rentenversicherung. Diese Ansprüche sind unverbrieft, ihre Höhe kann durch zukünftige gesetzgeberische Maßnahmen beeinflusst werden. Aus Sicht des Staates handelt es sich um implizite Verbindlichkeiten, die dem Grunde, aber nicht der Höhe nach eindeutig bestimmt sind. Diesen Verbindlichkeiten stehen Steuer- und Beitragseinnahmen gegenüber.

Implizite Verschuldung

Wenn der Barwert aller staatlichen Zahlungsverpflichtungen unter Einschluss aller anderen geplanten Ausgaben den Barwert der zukünftigen Beitrags- und Steuereinnahmen übersteigt, tritt zusätzlich zur expliziten noch eine implizite Staatsschuld auf. Zwischen expliziten und impliziten Staatsschulden existieren im Hinblick auf ihre Verbindlichkeit wichtige Unterschiede. Letztere können durch Reformen der sozialen Sicherungssysteme oder durch eine Konsolidierung der öffentlichen Haushalte abgebaut werden. Die Bedienung der expliziten öffentlichen Schulden beruht hingegen auf privatrechtlichen Verträgen.

Die in einem umlagefinanzierten System der sozialen Sicherung enthaltene implizite Staatsschuld wird im Folgenden in Anlehnung an ein (sehr) vereinfachtes Beispiel des Sachverständigenrates zur Begutachtung der gesamtwirtschaftlichen Entwicklung aus dem Jahr 2003 dargestellt (*SVR, 2003/2004, S. 271 ff.*).

Es wird ein Modell mit überlappenden Generationen unterstellt, das den Lebenszyklus einer Person in zwei gleich lange Zeitabschnitte von jeweils 30 Jahren unterteilt. Nach einer Erwerbstätigkeit im ersten Lebensabschnitt (Kindheit und Ausbildung werden außer Acht gelassen) wird die zweite Periode im Ruhestand verbracht. In jedem Zeitabschnitt leben somit Erwerbstätige und Rentner, die unterschiedlichen Generationen zuzurechnen sind. Die Erwerbstätigen gehören zur Generation, die in der aktuellen Periode geboren wurden; die Rentner gehören der in der Vorperiode geborenen Generation an.

Die Lohnsumme steigt in jeder Periode (30 Jahre) um insgesamt 50 % an, die reale Zinsbelastung beträgt in jedem Zeitabschnitt insgesamt 150 %. Ausgehend von diesen Rahmenbedingungen führt der Staat ein umlagefinanziertes Alterssicherungssystem ein, bei dem in der ersten Periode das Beitragsaufkommen der Erwerbstätigen 2.000 Geldeinheiten (GE) beträgt. Die Auszahlungen der Rentenversicherung werden in jedem Zeitabschnitt vollständig über Sozialversicherungsbeiträge der Erwerbstätigen finanziert. Das Budget der Rentenversicherung ist dadurch periodisch ausgeglichen. Eine zusätzliche Belastung des Staatshaushaltes erfolgt somit nicht. Finanzierungssaldo und Schuldenstand des Staates sind in jeder Periode Null. In Tabelle 8.4 sind die in den jeweiligen Perioden entstehenden Einzahlungen („–") in die Rentenversicherung und Auszahlungen („+") ausgewiesen. Die in der ersten Periode lebende Rentnergeneration erhält Einkünfte in Höhe von 2.000 GE, ohne dafür Einzahlungen geleistet zu haben. Sie realisiert also einen sogenannten „Einführungsgewinn".

Tab. 8.7: Umlagefinanziertes Rentensystem
Quelle: in Anlehnung an SVR, 2003/2004, S. 272

Periode (30 Jahre)	Alterseinkünfte der Rentner	Beiträge der Erwerbstätigen	Staatsdefizit	Schuldenstand des Staates am Periodenende
1	+ 2.000	– 2.000	0	0
2	+ 3.000	– 3.000	0	0
3	+ 4.500	– 4.500	0	0
4	+ 6.750	– 6.750	0	0
5	+ 10.125	– 10.125	0	0
...			0	0
	Einzahlungen: „–"		Auszahlungen: „+"	

Für alle im Betrachtungszeitraum geborenen Generationen sind die Barwerte der Differenz von Beiträgen und Rentenauszahlungen negativ:

Generation, geboren in der Ausgangsperiode:

$$-2.000 + 1{,}5 \times 2.000/(1 + 1{,}5) = -2.000 \times \left(1- \frac{1{,}5}{1+1{,}5}\right) = -2.000 \times 0{,}4 = -800$$

Spätere Generationen:

$$-2.000 \times 1{,}5^t - 1{,}5^{t+1} \times 2.000/(1 + 1{,}5) = -2.000 \times 1{,}5^t \times \left(1 - \frac{1{,}5}{1+1{,}5}\right) = -2.000 \times 0{,}4 \times 1{,}5^t$$

Diskontiert man sämtliche generationenspezifischen (negativen) Barwerte auf die Ausgangsperiode, ergibt sich:

$$-800 + (-800) \times (1{,}5^1/2{,}5^1) + (-800) \times (1{,}5^2/2{,}5^2) + \ldots = (-800) \times [1+0{,}6^1 + 0{,}6^2 + \ldots]$$

$$= (-800) \times \frac{1}{1-0{,}6} = -2.000.$$

Der Barwert der Einkommensverluste und der Einführungsgewinn stimmen überein. Dies zeigt, dass ein umlagefinanziertes Rentensystem ein *„intergeneratives **Nullsummenspiel**"* ist. Der Gewinn der ersten Rentnergeneration entspricht dem Verlust der nachfolgenden Generationen. Die explizite Staatsverschuldung ist Null.

In einem zweiten Rechenmodell nehmen wir nun an, dass in der ersten Periode **einmalig** Rentenzahlungen durch einen staatlichen Transfer in Höhe von 2.000 GE erfolgen.

Der Staat nimmt dafür am Anfang dieser Periode einen Kredit über die Ausgabe von Wertpapieren mit einer Laufzeit von einer Periode auf. Wie im ersten Modell beträgt die reale Verzinsung 150 % pro Periode (30 Jahre). Diese staatlichen Wertpapiere werden von den in der Ausgangsperiode lebenden Erwerbstätigen aus Gründen der Altersvorsorge erworben. Zu Beginn der zweiten Periode werden die in der Vorperiode aufgenommenen staatlichen Kredite in Höhe von 2.000 GE getilgt. Dies führt zu entsprechenden Einnahmen bei den in der zweiten Periode lebenden Rentnern. Diese beziehen außerdem Zinserträge vom Staat in Höhe von 3.000 GE, die in unserem Rechenmodell mit einem Steuersatz von 66,7 % versteuert werden, so dass den Rentnern ein verfügbares Einkommen in Höhe von 3.000 GE verbleibt. Das Staatsdefizit beträgt in der zweiten Periode 1.000 GE, da den Steuereinnahmen von 2.000 GE Ausgaben in Form von Zinsen auf öffentliche Schulden in Höhe von 3.000 GE gegenüberstehen. Dadurch erhöht sich die Gesamtverschuldung auf einen Betrag von 3.000 GE. Analog ergeben sich die Ergebnisse für die folgenden Perioden.

Tab. 8.8: Kreditfinanzierung von Transfers
Quelle: in Anlehnung an SVR, 2003/2004, S. 273

Rentner				
Periode	Einnahmen aus Transfers (Periode 1) bzw. Zinsen (ab Periode 2)	Einnahmen aus dem Verkauf von staatlichen Wertpapieren	Steuern auf Zinserträge (hier: 66,7 %)	Verfügbares Einkommen
1	2.000	–	–	2.000
2	3.000	2.000	2.000	3.000
3	4.500	3.000	3.000	4.500
4	6.750	4.500	4.500	6.750
5	10.125	6.750	6.750	10.125
Staat				
Periode	Einnahmen (Steuern auf Zinserträge)	Ausgaben (Transfers in Periode 1; ab Periode 2 Zinsen für Kredite)	Staatsdefizit (Ausgaben minus Einnahmen)	Schuldenstand
1	–	2.000	2.000	2.000
2	2.000	3.000	1.000	3.000
3	3.000	4.500	1.500	4.500
4	4.500	6.750	2.250	6.750
5	6.750	10.125	3.375	10.125

Der Schuldenstand des Staates dieses zweiten Rechenmodells entspricht in jeder Periode der impliziten Verschuldung des ersten Modells eines umlagefinanzierten Systems der Alterssicherung. Diese stimmt überein mit den jeweils erforderlichen Beitragszahlungen der Erwerbstätigen zur Finanzierung der Rentenansprüche.

Die beiden Beispiele verdeutlichen, dass sich für die einzelnen Generationen (Rentner und Erwerbstätige) genau die gleichen Einnahmen und Ausgaben ergeben. Aus Sicht der privaten Haushalte sind deshalb die betrachteten Sachverhalte, d. h. umlagefinanzierte Alterssicherung bzw. kreditfinanzierte staatliche Zahlungen (Transfers bzw. Zinsen), identisch. Die Staatsdefizite und Schuldenstände weichen in den beiden

Fällen allerdings wesentlich voneinander ab. *„Es wird deutlich, dass den herkömmlichen finanzpolitischen Indikatoren Finanzierungssaldo und Schuldenstand keine Aussagekraft im Hinblick auf Generationengerechtigkeit oder Tragfähigkeit der Finanzpolitik zukommt. Da es bei der Ermittlung der Tragfähigkeit öffentlicher Haushalte wesentlich auf die zukünftigen staatlichen Einnahmen und Ausgaben ankommt, müssen Tragfähigkeitsindikatoren zwingend aus einer in die Zukunft gerichteten Betrachtung der staatlichen Einnahmen und Ausgaben, der* ***intertemporalen Budgetgleichung des Staates****, abgeleitet werden. Geht man von einer sehr langfristigen Betrachtung aus, erfordert die Einhaltung der intertemporalen staatlichen Budgetgleichung, dass der Barwert aller Primärsalden dem Schuldenstand der Ausgangsperiode entspricht. Eine Finanzpolitik ist dann nicht tragfähig, wenn aus ex-ante-Sicht der Gegenwartswert der Primärsalden nicht ausreicht, um die Verbindlichkeiten in Höhe der Staatsschulden zu decken. Die Differenz wird als Tragfähigkeitslücke bezeichnet. In ihrer Höhe ergibt sich ein unabweisbarer finanzpolitischer Korrekturbedarf. Je größer die Tragfähigkeitslücke, desto größer ist der finanzpolitische Anpassungsbedarf." (SVR, 2003, S. 273f.).* Dieser kann ein Mehrfaches des BIP ausmachen. Im Klartext bedeutet dies, dass die heute vom Staat zur Verfügung gestellten Leistungen in Zukunft nur bei einem kräftigen Anstieg der Abgabenbelastung oder einer drastischen Senkung des Leistungsumfangs aufrecht erhalten werden können.

Generationenbilanzierung

Tragfähigkeitslücken können nicht nur über die Barwerte der zukünftigen Primärsalden, sondern auch über die **Generationenkonten** der lebenden und zukünftigen Generationen ermittelt werden. Diese Vorgehensweise hat den Vorteil, dass sie demographische Veränderungen berücksichtigt. Die in den umlagefinanzierten Sozialversicherungen verborgene Staatsverschuldung fällt vor allem dann ins Gewicht, wenn die Bevölkerung insgesamt altert oder schrumpft, wenn sich also die Relation von Beitragszahlern und Leistungsempfängern systematisch verschlechtert. **Generationenbilanzen** werden dazu nach Jahrgängen gestaffelt ausgewiesen. *„Ein positives Generationenkonto entspricht einer Nettozahlung; die geleisteten oder zu leistenden Abgaben übersteigen also barwertmäßig die empfangenen Transferleistungen und die sonstigen zurechenbaren staatlichen Ausgaben. Umgekehrt zeigt ein negatives Generationenkonto an, dass ein Mitglied dieser Generation in seiner verbleibenden Lebenszeit per Saldo mehr Leistungen vom Staat erhält als es Abgaben abführt." (SVR, 2003, Ziffer 443).* Derartige Bilanzen haben typischerweise einen **sinusförmigen Verlauf** (Abb. 8.8):

- Ein **heute Geborener** bekommt über sein verbleibendes Leben einen Nettotransfer bzw. leistet eine negative Nettosteuerzahlung an den Staat in Höhe (z. B. von 20.000 €). Dieser Betrag setzt sich wie folgt zusammen: Der Geborene liegt noch im Kreißsaal, geht anschließend in den Kindergarten und die Schule. Bis dahin verursacht er volkswirtschaftlich betrachtet Kosten. Nach der Ausbildung wird er arbeiten und Steuern bzw. Sozialabgaben leisten. Wenn er in Rente geht, verursacht er „Kosten", d. h. erhält Zahlungen vom Staat.
- Für einen heute 10-Jährigen stellt sich der Betrag leicht positiv dar. Für ihn entfallen die Zahlungen, die der Geborene im Kreissaal, im Kindergarten und bis dahin in der Schule verursacht hat. Da diese Zahlungen in Vergangenheit liegen, werden sie **nicht** berücksichtigt. Aus diesem Grund können die Balken nicht verglichen werden. Sie geben lediglich Auskunft darüber, wer wie viel an den Staat zahlt und vom Staat bekommt. Diese Angaben beziehen sich nicht auf ein Jahr, sondern auf das verbleibende Leben. Deshalb sind die Annahmen über das zukünftige Wachstum und die Höhe des Zinses wichtig, mit dem die zukünftigen Zahlungen bzw. Transfers abdiskontiert werden (Ermittlung von Gegenwartswerten).

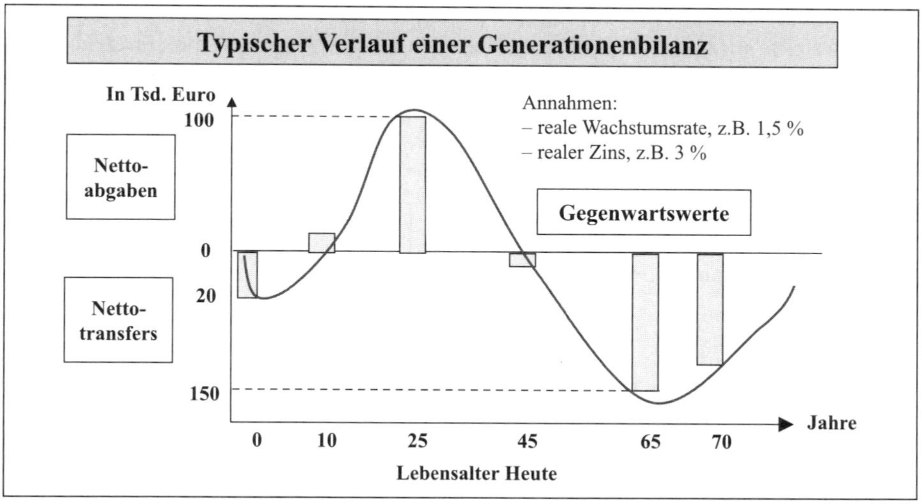

Abb. 8.8: Idealtypischer Verlauf einer Generationenbilanz

- Ein heute 25-Jähriger leistet hier die größte Nettosteuerzahlung über sein verbleibendes Leben (z. B. 100.000 €). Das liegt daran, dass Kreissaal, Kindergarten, Schule, Ausbildung und andere staatliche Ausgaben für ihn nicht mehr berücksichtigt werden. Das Rentenalter liegt noch in weiter Ferne. Folglich überwiegen die Zahlungen, die an den Staat zu leisten sind (Steuern und Sozialabgaben).
- Der „Höchstbetrag" (hier bei 25 Jahren) nimmt bei den folgenden Jahrgängen ab, weil das Rentenalter näher rückt. Die Belastung kehrt sich schrittweise in Nettotransfers um und erreicht in unserem Beispiel einen maximalen Wert von 150.000 € bei einem heute 65-Jährigen. Dieser hat seine Steuern und Sozialabgaben schon geleistet und hat die gesamt Rentenauszahlung noch vor sich. Mit zunehmendem Alter nehmen die Balken wieder ab, weil z. B. ein heute 70-jähriger fünf Jahre weniger Rentenbezüge vor sich hat als ein 65-Jähriger, der gerade in die Rente eintritt.

Da alle vergangenen, vor dem Basisjahr geleisteten Zahlungen und empfangenen öffentlichen Leistungen in den Generationenkonten außer Acht gelassen werden (es finden nur die gegenwärtigen und zukünftigen Zahlungsströme Berücksichtigung), können Generationenkonten für unterschiedliche, vor dem Basisjahr geborene Alterskohorten nicht sinnvoll miteinander verglichen werden. Gleichwohl vermitteln die Generationenkonten für sich genommen interessante Informationen. Wenn statt der Niveaus die Veränderungen der Generationenkonten aufgrund von Politikmaßnahmen betrachtet werden, können die Nettozahlungen oder Nettotransfers auch sinnvoll für alle Alterskohorten verglichen werden. Summiert man die mit der jeweiligen Jahrgangsstärke gewichteten Nettotransfers und Nettozahlungen aller heute und zukünftig lebenden Generationen, entspricht dies dem Barwert der staatlichen Primärsalden und damit den impliziten Schulden. Durch Addition des expliziten Schuldenstands erhält man dann die Tragfähigkeitslücke. Gerechtigkeitsurteile, intergenerative oder intragenerative, sind damit zunächst nicht verbunden. Sie werden erst im Zusammenhang mit konkreten Maßnahmen zur Schließung oder Reduzierung der Tragfähigkeitslücke relevant. Wie die Lasten zur Beseitigung einer nicht tragfähigen Finanzpolitik auf unterschiedliche Haushaltsgruppen oder auf gegenwärtige und zukünftige Generationen verteilt werden, muss letztlich politisch entschieden werden.

Die Wissenschaft kann nur die durch bestimmte Maßnahmen hervorgerufenen Verteilungseffekte aufzeigen. Politik und Öffentlichkeit gewinnen so einen Eindruck vom Ausmaß der Konsolidierungsnotwendigkeit und von den Konsolidierungserfolgen bestimmter Maßnahmen. So zeigen Berechnungen, dass die Tragfähigkeit der Systeme erhöht wird, wenn das Rentenalter – z. B. von 65 auf 67 Jahre – und ein Nachhaltigkeitsfaktor in die Rentenformel eingebaut wird.

Schlagwörter	• implizite Staatsverschuldung • explizite Staatsverschuldung • Tragfähigkeitslücke	• Generationenbilanzierung

8.4 Fallbeispiele zu Kapitel 8

Lösungs- und Bearbeitungshinweise sowie alle Abbildungen dieses Kapitels finden Sie unter: www.vahlen.de

Fallbeispiel 8.1: Alternative Ansätze der Budgetkonsolidierung (++)

In einer Volkswirtschaft gelten folgende Angaben:

- $C_H = 100 + 0{,}8 \times Y_v$
- $Y_v = Y - T + Tr$
- $T = 300 + 0{,}25 \times Y$
- $Tr_{aut} = 800$
- $I_{aut} = 500$
- $G_{aut} = 1.000$

1) Ermitteln Sie das Ausgangsgleichgewicht und das Budgetdefizit.
2) Das Budgetdefizit wird allgemein als viel zu hoch empfunden. Der Finanzminister wird beauftragt, Konzepte auszuarbeiten, auf welche Weise das Defizit nachhaltig gesenkt werden kann. Welche (vier) Parameter der Budgetpolitik kann der Finanzminister im Rahmen der o. g. Gleichungen grundsätzlich verändern, um das Defizit zu senken?
3) Wie stark müssen die Mittel, jeweils einzeln eingesetzt, dosiert werden, um das Budgetdefizit so stark wie möglich zu senken, wenn das Volkseinkommen (Y) gleichzeitig einen Wert von Y = 4.000 Mrd. € nicht unterschreiten darf?
4) Welches dieser Instrumente erringt in Relation zur Einkommenssenkung den größten Konsolidierungserfolg?

Hinweis: Gehen Sie von folgenden Multiplikatoren aus:

Ausgabenmultiplikator: $1/(1 - c\,(1 - t))$
Steuermultiplikator: $-c/(1 - c\,(1 - t))$
Transfermultiplikator: $c/(1 - c\,(1 - t))$

Fallbeispiel 8.2: Kennziffern der Staatsverschuldung (0)

1) In einer Ökonomie, in der 80 Mio. Menschen leben, sind folgende Daten bekannt:
   - Staatsausgaben (ohne Zinsen) 450 Mrd. €
   - Steuereinnahmen 400 Mrd. €
   - BIP 2.500 Mrd. €

   Der Schuldenstand am Ende des Vorjahres einschließlich der bis dahin aufgelaufenden Zinsen lag bei 1.500 Mrd. €. Berechnen Sie den Primärsaldo, die Schuldenstands- und Defizitquote sowie die Staatsverschuldung-pro-Kopf.

2) Wie verändert sich der nominale Schuldenstand-pro-Kopf im Verlauf des Folgejahres, wenn der Realzins auf die Verschuldung bei 2 % und die Inflationsrate bei 2 % liegen und alle anderen Größen konstant bleiben?

Fallbeispiel 8.3: Schuldenparadoxon (+)

Gegeben sind folgende Ausgangsdaten einer Volkswirtschaft:

- $C = 50 + 0{,}8\ Y_v$
- $Y_v = Y - T$
- $T = 0{,}25 \times Y$
- $G_{aut} = 500$
- $I = -5.000 \times i + 0{,}25Y$
- $i = 0{,}05$ (5 %)

1) Berechnen Sie das Gleichgewichtseinkommen und das Budgetdefizit.
2) Zur Ankurbelung der Konjunktur legt die Regierung ein Infrastrukturprogramm in Höhe von 40 Mrd. € auf. Berechnen Sie das neue Gleichgewichtseinkommen und das Budgetdefizit. Bitte achten Sie darauf, dass die Investitionen in diesem Kontext auch vom neuen Gleichgewichtseinkommen abhängig sind, d. h. endogen bestimmt sind.
3) Was ist in diesem Kontext unter dem Schuldenparadoxon zu verstehen?

Fallbeispiel 8.4: Konjunkturelle und strukturelle Staatsverschuldung (++)

1) Definieren Sie die Begriffe konjunkturelles und strukturelles Defizit.
2) In einer Volkswirtschaft ist für den Fall einer normalen Auslastung des Produktionspotentials folgendes Budget gegeben:

Staatshaushalt (in Mrd. €)			
Einnahmen		Ausgaben	
Mehrwertsteuer	200	Staatskonsum	100
Einkommensteuer	100	Transfers	200
Summe	300	Summe	300

Nehmen Sie an, im Fall einer Produktionslücke von 5 % liege das BIP bei 2.000 Mrd. €. Im Fall der Normalauslastung wäre eine Arbeitslosenquote von 5 % gegeben, was einer Zahl von 1 Mio. Personen entsprechen würde. Im Fall der Arbeitslosigkeit fallen im Jahr durchschnittlich 30.000 € als Arbeitslosengeld an. Berechnen Sie das konjunkturelle Defizit, wenn folgende Reaktionskoeffizienten bekannt sind:

- Die Arbeitslosenquote verändert sich um 0,3 % bei einer Variation des gesamtwirtschaftlichen Auslastungsgrades um 1 %
- Aufkommenselastizität der Einkommensteuer von 1,0
- Aufkommenselastizität der Mehrwertsteuer von 1,4

3) Wo sehen Sie die Schwierigkeiten bei der Ermittlung struktureller Defizite?

Fallbeispiel 8.5: Staatsverschuldung und Stabilitätspakt in der EWU (+)

Die Volkswirtschaft in Deutschland war im Jahr 2010 durch folgende Größen gekennzeichnet (ohne Ausland):

- $C_H = 25 + 0{,}8 \times Y_v$
- $Y_v = Y - T$
- $T = 0{,}25 \times Y$
- $I_{aut} = 250$
- $G_{aut} = 725$

1) Ermitteln Sie das Gleichgewichtseinkommen und die Höhe des Haushaltsdefizits im Jahr 2010.
2) Die Bundesregierung rechnet für das Jahr 2011 mit einem Wirtschaftswachstum von 1 %. Die EU-Kommission geht davon aus, dass Deutschland dennoch auch im Jahr 2011 das Defizitkriterium des Maastricht-Vertrages verfehlen wird. Ermitteln Sie die Höhe des laufenden Defizits im Jahr 2011, wenn das erwartete BIP-Wachstum tatsächlich eintritt und die Staatsausgaben (G) gegenüber 2010 konstant bleiben. Wie hoch wären in dieser Situation mögliche Strafzahlungen aufgrund des Stabilitätspaktes in der EU?

Fallbeispiel 8.6: Schuldenbremse (+))

1) Welche Defizitformen sollen durch die Schuldenbremse verboten werden?
2) Führt die Schuldenbremse zu einer Begrenzung oder zu einer Rückführung des Schuldenstandes?
3) Welches Problem kann die Schuldenbremse in einem Land ergeben, dass über eine längere Phase ein schwaches Wirtschaftswachstum aufweist? Begründen Sie Ihre Aussage.

Fallbeispiel 8.7: Arithmetik der Staatsverschuldung (0)

Nehmen Sie an, eine Volkswirtschaft weist am Ende des Jahres 2010 einen Schuldenstand von 800 Mrd. € aus. Das reale BIP liegt bei 2.000 Mrd. € und wachse mit 2 %. Der Nominalzins liegt bei 4 % und die Inflationsrate beträgt 2 %. Im Jahr 2011 will die Regierung die Defizitgrenze von 3 % gerade einhalten:

1) Wie verändert sich die Schuldenquote durch das Defizit im Jahr 2011?
2) Wie hoch ist das Primärdefizit, das sich die Regierung im vorliegenden Fall erlauben darf?
3) Um wie viel müsste die Regierung die Defizitgrenze von 3% unterschreiten, um die Schuldenquote auf dem Niveau des Jahres 2010 halten zu können? Unterstellen Sie, dass reales Wachstum, Inflationsrate und Zins unverändert bleiben.

Fallbeispiel 8.8: Dynamik der Staatsverschuldung (++)

Zur Konsolidierung der öffentlichen Haushalte plant die Bundesregierung eine Reduzierung der Ausgaben gegenüber dem letzten Haushaltsjahr (Jahr 2010) um 15 Mrd. €. Im Jahr 2010 ergaben sich folgende Werte:

- BIP 2.000 Mrd. €
- Schuldenstand 750 Mrd. €
- Einnahmen 220 Mrd. €
- Ausgaben 40 Mrd. €

1) Für das Jahr 2011 erwarten führende Wirtschaftsforschungsinstitute eine Wachstumsrate des realen BIP von 3 % und eine Inflationsrate von 0 % sowie einen Anstieg der staatlichen Primäreinnahmen (d. h. Steuern) von 3 %. Die Bundesregierung geht für das Jahr 2011 davon aus, dass eine deutliche Rückführung der Defizit- und Schuldenstandquote möglich ist. Beurteilen Sie die Auffassung der Bundesregierung, wenn der Realzins 3 % beträgt (Rechenweg mit Hilfe eines staatlichen Budgetkontos).

Einnahmen (2011)	Ausgaben (2011)

2) Angenommen, die Wirtschaftsforschungsinstitute lägen mit ihrer Wachstumsprognose für das Jahr 2010 falsch. Anstatt eines realen BIP-Wachstums von 3 % ergibt sich ein Zuwachs von 0 % (Stagnation). Rezessionsbedingt sinkt auch der Realzins auf 1 %. Aufgrund der rezessionsbedingten Mehrausgaben wird das Sparpaket nicht auf den Weg gebracht und die Primärausgaben bleiben gegenüber dem Vorjahr konstant. Um wie viel müssten

die Einnahmen steigen, um das Defizit auf dem Niveau des Vorjahres „einzufrieren"? Berechnen Sie die Entwicklung der Schuldenstandquote.

Einnahmen (2011)	Ausgaben (2011)

Fallbeispiel 8.9: Generationengerechtigkeit (++)

1) Erläutern Sie die Grundstruktur der Generationenbilanzierung.
2) Was verstehen Sie unter impliziter Staatsverschuldung?
3) In einer Volkswirtschaft werde folgende Maßnahmen diskutiert:
   a) Senkung der Einkommensteuer bei konstanten Ausgaben für 5 Jahre.
   b) Senkung der Renten und der Rentenbeiträge in einem umlagefinanzierten System
   c) Senkung der Rentenbeiträge und Erhöhung der Mehrwertsteuer zur Stabilisierung der Einnahmen der Rentenversicherung

   Welche der drei Maßnahmen hat Auswirkungen auf die Generationenbilanz? Welche Altersgruppe (junge, alte) profitieren von den Maßnahmen bzw. werden dadurch benachteiligt?

Teil III
Inflation, Geldmarkt und Geldpolitik in der EWU

Kapitel 9: Preisniveaustabilität

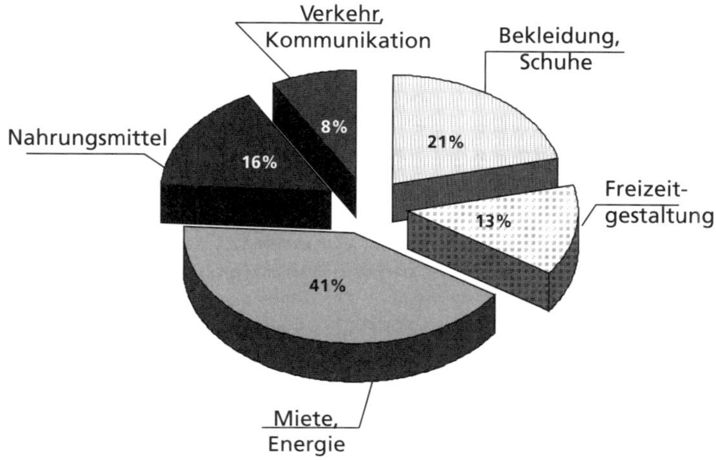

Kapitel 9

Inhaltsübersicht

Lernzielorientierte Sachverhalte

- Von einer Inflation wird gesprochen, wenn der Durchschnitt der Güterpreise im Zeitablauf steigt. Selbst auf den ersten Blick geringe Inflationsraten führen über einen längeren Zeitraum betrachtet zu einem beträchtlichen Geldwertverlust.
- Im Falle einer Hyperinflation droht der Zusammenbruch der Wirtschaft; dies kann zu einer Währungsreform führen.
- Im Mittelpunkt des öffentlichen Interesses steht die Inflationsmessung anhand des Verbraucherpreisindex. Diese Art der Inflationsmessung ist mit methodischen Ungenauigkeiten verbunden, die sich nur teilweise ausschalten lassen.
- Die gefühlte Inflation basiert auf einer psychologischen Wahrnehmung von Preissteigerungen. Sie kann von der statistisch ausgewiesenen Inflationsrate deutlich abweichen.
- Die erwartete Inflation stellt das Bindeglied zwischen nominalen und realen Größen dar.
- Die Inflation kann dazu führen, dass die Geldfunktionen beeinträchtigt, ökonomische Anreize verzerrt und Menschen in ihren Entscheidungen irritiert werden.
- Eine durch die Entscheidungsträger nicht erwartete Inflation führt zur Umverteilung von Einkommen und Vermögen.
- Eine Deflation kann ebenso wie eine Inflation mit hohen volkswirtschaftlichen Kosten verbunden sein. Sie kann tiefgreifende Wirtschaftskrisen nach sich ziehen.

9.1 Preisniveaustabilität als wirtschaftspolitisches Ziel

Die Bedeutung der Preisniveaustabilität wird vor allem dann deutlich, wenn wir uns Situationen vorstellen, in denen dieses Ziel nachhaltig verletzt ist. Betrachten wir dazu als extremes Beispiel die Hyperinflation in Deutschland im Jahr 1923. Eine Hyperinflation liegt vor, wenn das Preisniveau um mehr als 50 % im Monat steigt. Dies entspricht einer jährlichen Inflationsrate von rund 13.000 % und einem Geldwertverlust von nahezu 100 % (vgl. Box 9.1):

Preisniveau am Beginn des Jahres 1	$P_1 = 1$
Monatliche Inflationsrate	$\pi_{Monat} = 0{,}5$ (entspricht 50 %)
Preisniveau nach 12 Monaten	$P_{12} = (1 + \pi_{Monat})^{12} = 1{,}5^{12} = 129{,}74$
Jährliche Inflationsrate	$((P_{12}/ P_1) - 1) \times 100 = ((129{,}74/1) - 1)) \times 100$ $= 12.874\,\%$
Geldwertverlust	$(P_1/ P_{12}) - 1)) \times 100 = ((1/129{,}74) - 1)) \times 100$ $= -99{,}23\,\%$

Ein Negativbeispiel: Hyperinflation in Deutschland

Die Ursachen der Hyperinflation des Jahres 1923 in Deutschland gehen bis in das Jahr 1914 zurück. Das deutsche Kaiserreich besaß eine Goldwährung, d. h. Geld konnte jederzeit in Gold als Gegenwert umgetauscht werden. Nachdem im Juli 1914 ein Krieg immer wahrscheinlicher wurde, machte die Bevölkerung von diesem Umtauschrecht regen Gebrauch. Dadurch wurden in den letzten Juliwochen Goldmünzen im Wert von rund 100 Millionen Mark von den Reichsbankkassen abgehoben. Um die staatlichen Goldvorräte zu erhalten, wurden Banknoten und Münzgeld (Scheidemünzen) seit August 1914 nicht mehr in Gold umgetauscht. Statt Gold wurden nun Schuldverschreibungen des Reiches zugelassen und Darlehenskassen konnten sogenannte Darlehenskassenscheine als Zahlungsmittel in Umlauf geben, wodurch sich die umlaufende Geldmenge stark vermehrte. Die Kriegskosten beliefen sich auf 164 Milliarden Mark und wurden vor allem durch Anleihen finanziert. Die Bevölkerung wurde aufgefordert, Goldmünzen und Wertsachen abzuliefern. Der Anteil der Münzen an der Bargeldmenge sank dadurch im Zeitraum von 1913 bis 1918 von 56 % auf 0,5 %.

Unter staatlicher Duldung gaben bereits im Jahr 1914 Städte, Gemeinden und sogar Unternehmen Notgeld-Münzen aus. Zur Deckung der Kriegsfolgelasten und der Reparationszahlungen nach dem Versailler Vertrag mussten laufend neue Kredite aufgenommen werden. Diese Staatsverschuldung führte zu einer enormen Inflation. Als Anfang 1923 die Besetzung des Ruhrgebietes durch belgische und französische Truppen erfolgte und die Reichsregierung mit passivem Widerstand reagierte, wurden für die Streikenden immer mehr Geldscheine gedruckt. Im Vergleich zu 1913 waren die Verbraucherpreise auf das 685fache angestiegen. Löhne und Gehälter konnten mit den rasanten Preisanstiegen nicht mithalten. Bei den Beschäftigten kam es zu Lohneinbußen von bis zu 40 %, Ersparnisse wurden durch die Hyperinflation vollständig entwertet. Eine Stabilisierung wurde durch eine Währungsreform erreicht, die am 15. November 1923 in Kraft trat. Der Kurs für einen Dollar wurde auf 4,2 Billionen Papiermark (= 4,2 Rentenmark) festgelegt. Eine Billion Papiermark entsprach einer Rentenmark. 1924 wurde dann – nach der Umgestaltung der Reichsbank in eine von der Reichsregierung unabhängige Anstalt – die neue Reichsmark eingeführt.

Box 9.1: Preisniveau und Geldwert – Die Dynamik der Inflation

(1) Inflationsrate (in %)

$$\pi = \frac{P_t - P_{t-1}}{P_{t-1}} \times 100 \text{ oder}$$

$$\left(\frac{\text{neuer Indexstand}}{\text{alter Indexstand}} - 1\right) \times 100$$

(2) Geldwert (in %)

$$\left(\frac{\text{alter Indexstand}}{\text{neuer Indexstand}} - 1\right) \times 100$$

Hintergrund:
Von einer Inflation wird gesprochen, wenn das Preisniveau (P), d. h. der Durchschnitt aller Güterpreise, im Zeitablauf ansteigt. Formal handelt es sich um die Wachstumsrate des Preisniveaus, die in Form eines Index gemessen wird. Selbst auf den ersten Blick geringe Inflationsraten führen zu einem Geldwertverlust, der dem reziproken Wert der Inflation entspricht.

Während „normale" Inflationen ökonomische Ursachen haben, sind Hyperinflationen – so auch in Deutschland – immer mit schwerwiegenden Erschütterungen der Volkswirtschaft infolge von (Bürger-)Kriegen oder gesellschaftlichen Umbruchssituationen verbunden. Vor allem in Kriegszeiten lassen sich die enormen Kosten mit der Notenpresse relativ leicht finanzieren. Staaten verschulden sich dazu direkt bei der Notenbank, was die Geldmenge massiv ausweitet. In Kriegszeiten nehmen viele Regierungen zudem Kriegsanleihen auf dem Kapitalmarkt auf. Eine hohe Inflation in der Nachkriegszeit sorgt dafür, dass der Realwert der auf nominale Beträge lautenden Schuld sinkt. Eine Schuld von 100 Mio. € ist bei einer Inflation von 100 % nach einem Jahr real nur noch 50 Mio. € wert. Die Staatsverschuldung lässt sich also durch eine massive Nachkriegszeitinflation in kurzer Zeit deutlich reduzieren.

Hyperinflationen können nur mit Währungs- und Wirtschaftsreformen bekämpft werden, die u. a. folgendes beinhalten können: glaubwürdige Reduzierung von Budgetdefiziten, Unabhängigkeit der Notenbank, Bindung der eigenen Währung an eine andere Währung zur Stabilisierung des Wechselkurses.

Ein Positivbeispiel: Die DM-Ära

Als weitgehend **inflationsfreier Zeitraum** gilt die DM-Ära in Deutschland während des Zeitraums 1948 – 1998. Hier lag die Inflationsrate mit durchschnittlich 2,75 % auf einem bemerkenswert niedrigen Niveau (Abb. 9.1). Allerdings können selbst derart geringe Inflationsraten langfristig zu einem beträchtlichen Geldwertverlust führen. So lag der Geldwert der DM 1998 nur noch bei rund ¼ ihres Ausgangswertes im Jahr 1948 ($1{,}0275^{50} = 3{,}89$; $1/3{,}89 = 0{,}26$ und damit rd. 25 %).

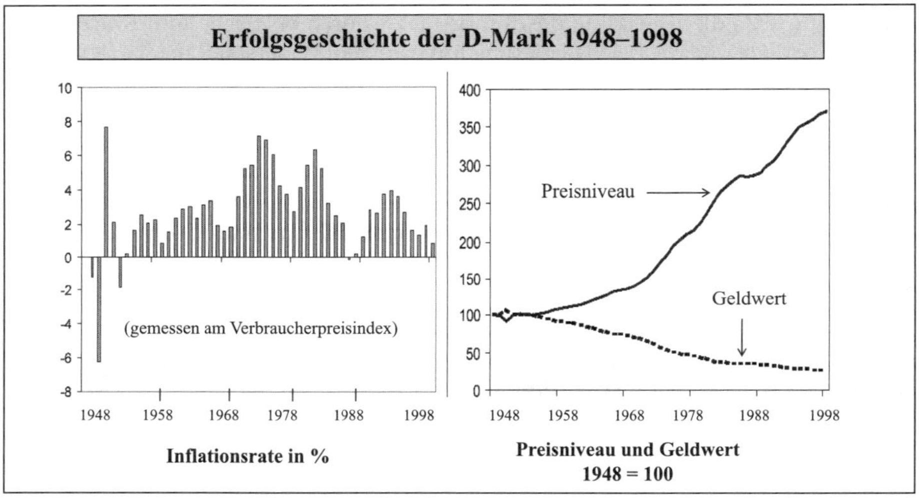

Abb. 9.1: Inflationsrate und Geldwertverlust in Deutschland (1948–1998)
Quelle: Statistisches Bundesamt

Schlagwörter		
	• Hyperinflation • Inflationsrate	• Geldwert • Geldwertverlust • Preisniveaustabilität

9.2 Inflationsmessung

Das Problem der „richtigen Inflationsmessung" ist ein altes Thema der Ökonomie. Bereits Anfang des 18. Jahrhunderts wurden erste Abhandlungen zu dieser Thematik verfasst. Auch gegenwärtig findet dieses Thema wieder größere Aufmerksamkeit. Dies liegt einerseits daran, dass herkömmliche Methoden der Inflationsmessung zu einer Überzeichnung des Preisanstiegs führen können. In diesem Fall sind die veröffentlichten Inflationsraten nur mit Einschränkungen für den Verbraucher geeignet. Andererseits sind die Notenbanken heute noch stärker als früher auf das Ziel der Preisniveaustabilität verpflichtet. Diese Aufgabe setzt eine korrekte Messung der Inflation voraus.

Inflation wird im alltäglichen Sprachgebrauch häufig mit dem Verlust an Kaufkraft gleichgesetzt. Dies ist korrekt, wenn sich dieser Vergleich auf die **Kaufkraft des Geldes** bezieht. Davon abzugrenzen ist jedoch die **Kaufkraft des verfügbaren Einkommens**, die einerseits von den Preisen, zum anderen aber auch von der Entwicklung der Einkommen bestimmt wird. Einen Vergleichsmaßstab liefert z. B. die Umrechnung in die Arbeitszeit, die benötigt wird, um ein bestimmtes Gut kaufen zu können (**Kaufkraft der Lohnminute**). Um sich z. B. im Jahr 2005 einen Fernseher leisten zu können, musste man deutlich weniger arbeiten als 1991 (Abb. 9.2). Derart langfristige Vergleiche sind natürlich mit Vorsicht zu betrachten, da sich die Qualitäten der Güter ändern können.

Kaufkraft der Nettoverdienste

So lange musste ein westdeutscher Arbeitnehmer durchschnittlich für den Erwerb eines Gutes arbeiten (in Stunden / Minuten)

Gut	Einheit	1960		1991		2005	
		€	Std./Min.	€	Std./Min.	€	Std./Min.
Mischbrot	1 kg	0,41	0/20	1,82	0/11	2,28	0/10
Hähnchen	1 kg	2,82	2/13	2,60	0/15	2,42	0/11
Kabeljau	1 kg	1,19	0/56	9,67	0/57	13,78	1/01
Zeitungsabo	1	2,13	1/41	12,12	1/12	20,60	1/32
Strom	200 Kwh	12,86	10/07	32,36	3/11	39,54	2/56
Benzin	1 l	0,31	0/14	0,65	0/4	1,20	0/5
Kühlschrank	1	198,89	156/30	309,33	30/27	321,28	23/53
Fernsehgerät	1	446,87	351/38	883,23	79/04	464,05	34/30
PC	1	–	–	1.351,28	132/59	248,27	18/35
Nettolohn/Stunde		1,27		10,16		13,45	

Abb. 9.2: Kaufkraft der Lohnminute
Quelle: IW, Institut der Deutschen Wirtschaft

Methoden der Inflationsmessung stützen sich weniger auf derartige Kaufkraftvergleiche, sondern auf **Preisindizes**. Mit Hilfe von Preisindizes können Sie Geldbeträge zu unterschiedlichen Zeitpunkten vergleichen. In der Liste der erfolgreichsten Filme aller Zeiten (*www.the-numbers.com/movies/records/worldwide.php*) steht auf dem ersten Platz der Film *„Avatar"* aus dem Jahr 2009 (Umsatz: 2.783,9 Mill. US-$). *„Vom Winde verweht"* aus dem Jahr 1939 steht mit einem Umsatz von 390,5 Mill. US-$ nur auf Rang 148. Bei einer Inflationsbereinigung der Umsätze würde *„Vom Winde verweht"* der mit Abstand erfolgreichste Film sein. Bei einer unterstellten Inflation von durchschnittlich 3 % wäre der aktuelle Wert des eingespielten Umsatzes mehr als 3 Mrd. US-$.

Preisbereinigungen bieten somit die Möglichkeit, die Höhe aktueller Geldbeträge, wie Umsätze, Gehälter u. a., realistischer einschätzen zu können. Preisindizes bilden die Grundlage für viele wirtschaftspolitische Entscheidungen und dienen der Information der Öffentlichkeit über die Geldentwertung. Für viele Marktteilnehmer spielen sie eine wichtige Rolle beim Abschluss von Verträgen (z. B. Kredite, Mieten). Um die Preisentwicklung auf den verschiedenen Märkten statistisch beobachten und darstellen zu können, gibt es in Deutschland ein nahezu lückenloses System von Preisindizes. Die nachfolgenden Ausführungen beschränken sich auf die Messung der Verbraucherpreise.

Schlagwörter	• Kaufkraft des Geldes • Kaufkraft der Lohnminute	

9.2.1 Verbraucherpreisindex

Im Mittelpunkt des öffentlichen Interesses zur Beurteilung der Inflation steht der **Verbraucherpreisindex** (VPI), der ab dem 1. Januar 2003 nicht mehr differenziert nach verschiedenen Haushaltstypen, sondern nur noch als Durchschnittsgröße ausgewiesen wird. Darüber hinaus gibt es neben dem Verbraucherpreisindex für Deutschland den für die EU bestimmten **Harmonisierten Verbraucherpreisindex** (HVPI). Nehmen wir an, dass der Verbraucherpreisindex in den Jahren 2005 bis 2010 folgende Entwicklung genommen hat:

Jahr	2005	2006	2007	2008	2009	2010
Verbraucherpreisindex	100	104	108	112	115	119
Veränderung gegenüber Vorjahr in %	–	+ 4,0	+ 3,8	+ 3,7	+ 2,7	+ 3,4

Der Preisindex ist 2010 (119) gegenüber 2009 (115) um 4 Indexpunkte gestiegen. Dies entspricht einer Erhöhung um rund 3,4 % (jährliche Inflationsrate). Insgesamt mussten im Berichtsjahr exakt 19 % mehr für den gleichen Warenkorb als im Basisjahr (2005) gezahlt werden.

Die Berechnung des Verbraucherpreisindexes beruht auf einem Warenkorb, den ein „repräsentativer Bürger" konsumiert. Ausgangspunkt der Berechnung für den Warenkorb eines Basisjahres ist ein Wägungsschema, das etwa 750 Güter zu 12 Hauptgruppen zusammenfasst (Abb. 9.3).

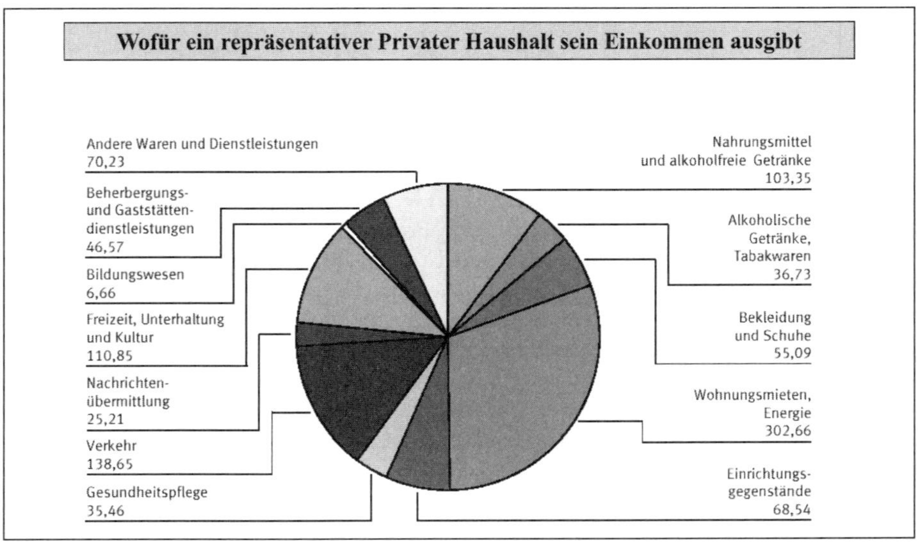

Abb. 9.3: Wägungsschema (2005)
Quelle: Statistisches Bundesamt

Wir betrachten nachfolgend aus Vereinfachungsgründen einen Warenkorb mit nur drei Gütergruppen: Textilien, Lebensmittel sowie Mieten und Energie. Es liegen für die Jahre 2005 und 2010 folgende Informationen vor:

	Basisjahr 2005				Berichtsjahr 2010	
Gütergruppe	Preis p_0	Menge q_0	Ausgabe $p_0 \times q_0$	Ausgabenanteil v_0	Preis p_t	Menge q_t
Textilien	20	10	200	20 % (0,2)	28	13
Lebensmittel	5	60	300	30 % (0,3)	6	65
Miete, Energie	100	5	500	50 % (0,5)	110	5
gesamt			1.000	100 %		

Die Güter(mengen), die den Warenkorb des Basisjahres 2005 bilden, werden im Jahr 2010 mit den aktuellen Preisen bewertet und in Relation zur Ausgabe des Basisjahres gesetzt. Der so ermittelte Preisindex des Jahres 2010 lässt sich wie folgt darstellen:

$P = (28 \times 10 + 6 \times 60 + 110 \times 5) / (20 \times 10 + 5 \times 60 + 100 \times 5) = (1.190/1.000) = 1{,}19$

Diese Vorgehensweise entspricht der Berechnung mit Hilfe des Preisindex nach Laspeyres (nach *E. Laspeyres, 1834–1913*):

$$P_L = \frac{\sum p_t \times q_0}{\sum p_0 \times q_0} \times 100$$

In der Praxis wird normalerweise eine andere Darstellung des Laspeyres-Index verwendet:

$$P_L = \sum \frac{p_t}{p_0} \times v_0 \times 100$$

Studien kommen zu dem Ergebnis, dass der Preisindex für die Lebenshaltung die tatsächliche Inflation in Deutschland um bis zu rd. ¾ eines Prozentpunktes pro Jahr zu hoch ausweist (Tab. 9.2). Die Folgen dieser Verzerrung, sind nicht nur aus statistischer Sicht von Bedeutung. Nominelle Transferleistungen (z. B. Renten) oder Mieten, die an die Preisentwicklung gekoppelt sind, werden in diesem Fall zu stark erhöht. Auch die Notenbank muss diese Verzerrungen in ihren Zielvorstellungen von Preisniveaustabilität berücksichtigen.

Substitutionsprozesse

Probleme bei der Messung entstehen bei zunehmendem Abstand von Vergleichsjahr und Basisjahr (Tab. 9.2). Der Warenkorb wird immer weniger repräsentativ. Dies begründet sich zum einen im veränderten Konsumentenverhalten (Kauf von neuen Gütern, Substitution teurer durch billigere Güter), wie auch in der qualitativen Steigerung der Güter (bessere Computer). Nehmen wir an, Sie trinken jeden Monat je 50 Tassen Kaffee und 50 Tassen Tee zu 2 € und gönnen sich dazu 50 Stücke Kuchen zu 4 €.

Steigt nun der Kaffeepreis auf 3 € je Tasse, werden sie ausschließlich Tee konsumieren. Während die Preissteigerung des Warenkorbes ohne Substitution 12,5 % beträgt, tritt im Fall der Substitution gar keine Preissteigerung auf (Tab. 9.3).

Tab. 9.2: Ursachen der verzerrten Inflationsmessung

Betrachtung	Anmerkung
Warenkorb (p × q)	
Repräsentative Preise (p)	Neue Vertriebsformen des Einzelhandels, z. B. Discounter oder Handel im Internet, bieten Güter oft zu einem günstigeren Preis-Leistungsverhältnis an als die traditionellen Vertriebsformen
Repräsentatives Mengengerüst (q)	Das eigene Konsumverhalten kann sich deutlich von demjenigen eines repräsentativen Haushalts unterscheiden
Struktur des Warenkorbes	
Gütersubstitution	Wenn die Preise einiger Konsumgüter stärker steigen als andere, werden Private Haushalte ihren Konsum von Gütern mit überdurchschnittlichen Preissteigerungen zu Gütern mit unterdurchschnittlichen Preissteigerungen umschichten. Diese Substitutionsvorgänge werden nicht erfasst, weil den relativ preiswerter gewordenen Gütern noch das alte, zu niedrige (Mengen-)Gewicht und nicht das aktuelle, höhere Gewicht beigemessen wird
Veränderung der Produktzyklen	Viele Güter (z. B. Digital-Kameras) können nach der Markteinführung im Fall steigender Nachfrage zu sinkenden Stückkosten produziert werden. Werden solche Güter erst bei Aktualisierung des Warenkorbes aufgenommen, bleiben Preissenkungen bei der Messung der Teuerung unberücksichtigt
Qualitätsveränderungen	Preisänderungen, die aus Qualitätsänderungen resultieren, dürfen idealerweise bei der Preismessung nicht berücksichtigt werden

Tab. 9.3: Inflationsmessung mit und ohne Substitution von Gütern

	2005	2006 ohne Substitution	2006 mit Substitution
Kaffee	50 × 2€ = 100€	50 × 3€ = 150€	0
Tee	50 × 2€ = 100€	50 × 2€ = 100€	100 × 2€ = 200€
Kuchen	50 × 4€ = 200€	50 × 4€ = 200€	50 × 4€ = 200€
Warenkorb	400€	450€	400€
Preissteigerung		[(450/400) – 1)] × 100 = 12,5 %	[(400/400) – 1)] × 100 = 0 %

Qualitätsänderungen und hedonische Preismessung

Seit einiger Zeit kommen Ansätze der hedonischen Preismessung zum Einsatz, die Preisentwicklungen um Qualitätsveränderungen von Gütern bereinigen (Tab. 9.2). Dazu wird ein Zusammenhang zwischen Verkaufspreis der Güter und Ausstattungsmerkmalen hergestellt, um die jeweiligen Güterpreise anhand ihrer Qualitätsmerkmale beurteilen zu können. Ein Verfahren zur Qualitätsbereinigung ist die Verkettung von Messzahlenreihen in einem überlappenden Zeitraum. Nehmen wir an, in der Preisbeobachtung eines PKW kommt es zu einem Modellwechsel (Tab. 9.4). Wir wollen unterstellen, dass der höhere Preis des neuen Modells allein auf Qualitätsverbesserungen zurückzuführen ist. Wir verketten die Messzahlenreihe auf das Basisjahr, indem wir den Nenner bei der Bildung der Messzahl ab dem Jahr des Modellwechsels um das Verhältnis zwischen neuer und alter Messzahl vergrößern. Auf diese Weise wird der Gesamtquotient verringert. Die gleiche Vorgehensweise lässt sich im Kern anwenden, wenn ein Gut aus einem Sortiment wegfällt und durch ein qualitativ vergleichbares Gut ersetzt werden muss.

Tab. 9.4: Inflationsmessung mit und ohne Qualitätsänderungen von Gütern
Quelle: Backes, 2005

Preise/Messzahlen	Beobachtungsjahr			
	2005	2006	2007 (Modellwechsel)	2008
Preis altes Modell	20.000€	20.600€	22.000€	–
Preis neues Modell	–	–	23.000€	23.500€
Messzahl unbereinigt	100	103	110 altes Modell 115 neues Modell	117,5 neues Modell
Messzahl bereinigt	100	103	110 = 115/(115/110)	112,4 = 117,5/(115/110)

Kerninflation

Zur Ausschaltung temporärer Preissprünge lassen sich **Kerninflationsraten** ausweisen (Abb. 9.4). Dazu werden besonders schwankungsanfällige Gütergruppen aus den Indexberechnungen herausgenommen. Dazu zählen z. B. Heizöl und Kraftstoffe sowie Nahrungsmittel, die u. a. stark von Wechselkursveränderungen, saisonalen Einflüssen und dem Preissetzungsverhalten der Anbieter beeinflusst werden. So könnten sich z. B. in den Tarifverhandlungen unterschiedliche Ergebnisse ergeben, wenn die Kerninflationsrate als Basis herangezogen würde und diese unterhalb der „normalen" Inflationsrate liegt. Auch die Notenbank stützt sich bei ihren geldpolitischen Entscheidungen häufig auf Kerninflationsraten, da sie davon ausgeht, dass temporäre externe Preisschocks und jahreszeitliche Schwankungen die mittelfristige Preisniveaustabilität nicht gefährden.

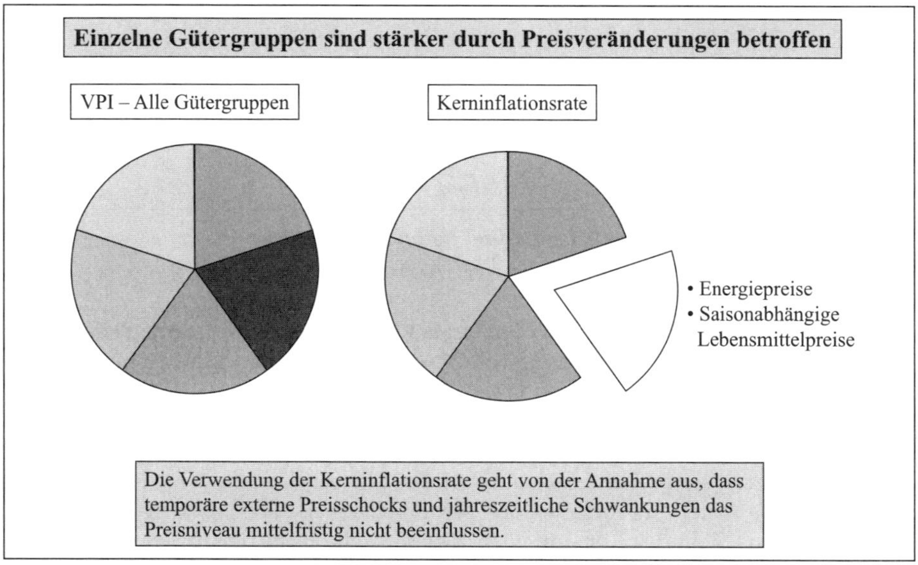

Abb. 9.4.: Verbraucherpreisindex und Kerninflationsrate

Schlagwörter	• Wägungsschema • Warenkorb • Laspeyres-Preisindex	• Verzerrte Inflationsmessung • hedonische Preismessung

9.2.2 Inflationswahrnehmung und gefühlte Inflation

Als 2002 das Euro Bargeld eingeführt wurde, gab es in vielen Ländern Klagen über massive Preiserhöhungen. Viele Medien berichteten ausführlich über den „Teuro". Gleichzeitig konnte die europäische Statistikbehörde EUROSTAT Preisniveaustabilität registrieren. Offensichtlich klafft eine Diskrepanz zwischen der wahrgenommenen Inflation in der Bevölkerung und den harten Fakten der offiziellen Statistik. Ausgehend von Wetterberichten, die einen Unterschied zwischen tatsächlichen und gefühlten Temperaturen (– 10° = gefühlte – 20°) ausweisen, gibt es den Index der **gefühlten Inflation**, der den Unterschied zur offiziellen Statistik ausdrücken soll. Auch einige Jahre nach der Einführung des Euro liegt die wahrgenommene Inflation deutlich oberhalb der statistisch ausgewiesenen Inflation, so dass es sich nicht um ein einmaliges Phänomen handelt (Abb. 9.5).

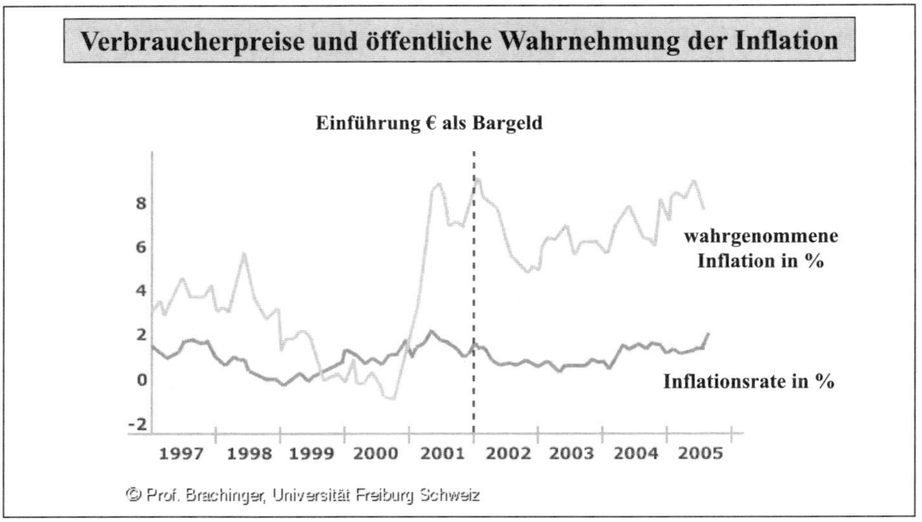

Abb. 9.5: Index der gefühlten Inflation
Quelle: Brachinger, 2006

Die Inflationsmessung durch den VPI bzw. HVPI behandelt Abweichungen der Preise symmetrisch, d. h. eine Preiserhöhung von 1 € wird ebenso behandelt wie eine Preissenkung von 1 €. Preiserhöhungen und Preissenkungen werden also gegeneinander verrechnet. Damit misst die Statistik nicht, was die Menschen als Inflation wahrnehmen. Dies ist nicht überraschend, denn wir haben im Kapitel zuvor gelernt, dass die Messung durch den Verbraucherpreisindex verzerrt ist. Die Theorie der Inflationswahrnehmung ist jedoch keine Kritik am Vorgehen des Verbraucherpreisindex, sondern sie beurteilt die Inflation aus Sicht des Konsumenten. Theoretische Basis der Inflationswahrnehmung ist die **Prospekt-Theorie**, die u. a. von *Daniel Kahnemann* als Modell des individuellen Entscheidungsverhaltens bei Risiko entwickelt wurde (Abb. 9.6). Er erhielt im Jahr 2002 den Nobelpreis *„für das Einführen von Einsichten der psychologischen Forschung* *in die Wirtschaftswissenschaft, besonders bezüglich Beurteilungen und Entscheidungen bei Unsicherheit."*

Die Käufe von Gütern erfolgen isoliert und Preisveränderungen werden in der Regel nicht miteinander verrechnet. Es ist aus psychologischen Studien bekannt, dass Konsumenten Preisveränderungen nicht symmetrisch wahrnehmen. Gewinne und Verluste werden entsprechend einer Wertefunktion (V) bewertet, und zwar Verluste relativ höher als Gewinne (Verlustaversion). Verbraucher kodieren in ihrer Wahrnehmung die Preise der gekauften Güter zudem zu Referenzpreisen. Haben Sie für eine Tankfüllung z. B. einen Referenzpreis von 50 € und bezahlen Sie 25 % mehr, so werden Sie dies gedanklich häufig als Preiserhöhung von 50 % wahrnehmen. Bezahlen Sie hingegen nur 40 € (= – 25 %), so werden Sie dies zwar als Gewinn speichern, jedoch häufig als prozentual geringere Preissenkung wahrnehmen. Bei der Bewertung der Gewinne und Verluste verhält sich der Verbraucher also asymmetrisch, indem Verluste höher und Gewinne tiefer bewertet werden.

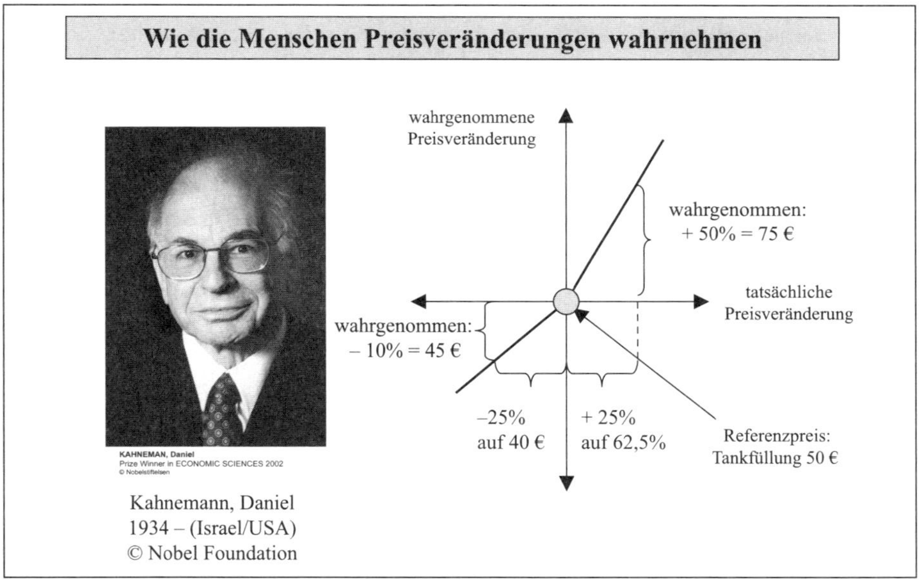

Abb. 9.6: Wertfunktion des Index der wahrgenommenen Inflation

Die **wahrgenommene Inflation** ist kein theoretisches Konstrukt, sondern sie lässt sich ebenso messen wie die vom Statistischen Bundesamt ausgewiesene (amtliche) Inflation. Dazu werden formal folgende **Annahmen** getroffen:

- Die besonders häufig gekauften Güter werden stärker gewichtet. Diese Kaufhäufigkeiten lassen sich relativ genau ermitteln.
- Preiserhöhungen werden gemäß der Verlust-Aversion höher bewertet. Beispielsweise bedeutet eine Verlust-Aversion von 2, dass eine 10-prozentige Preiserhöhung als 20-prozentige Preiserhöhung wahrgenommen wird.

Kaufhäufigkeit von Gütern und Einkommenshöhe

Nehmen wir an, ein Roggenmischbrot zu 750 Gramm, das täglich gekauft wird, kostet im Januar 2009 1,85 €. Ein Jahr später kostet das Brot 1,90 €. Die jährliche Autoinspektion hat sich im gleichen Zeitraum von 200 € auf 220 € verteuert:.

	Roggenbrot	Autoinspektion
Januar 2009	1,85 €	200 €
Januar 2010	1,90 €	220 €
Verteuerung absolut	+10 Cent	+20 €
Verteuerung relativ	+2,7 %	+10 %
Kaufhäufigkeit im Jahr	365	1
Belastung des Budgets im Jahr	36,50 €	20 €

Welche Bedeutung haben diese Preisveränderungen für den Konsumenten? Spontan würden Sie sicher sagen, dass 10 Cent mehr für den Kauf eines Brotes ja nicht viel sind, während 20 € für die Inspektion doch schon deutlich zu Buche schlagen. Gewichtet mit der Kaufhäufigkeit kostet Sie die Verteuerung des Brotes im Jahr jedoch 36,50 € und belastet das Budget relativ stärker als die Autowerkstatt. Es ist also wichtig, welches Gewicht die einzelnen Güter innerhalb des monatlichen oder jährlichen Gesamtbudgets einnehmen.

Die wahrgenommene Teuerungsrate berechnet der Haushalt also in der Regel nicht im Rahmen einer umfassenden Bilanz am Ende des Monats oder eines Jahres. Er bekommt sie vor Ort beim Einkauf zu spüren. Je häufiger er Käufe von bestimmten Gütern tätigt, die deutlich teurer geworden sind (z. B. Lebensmittel), umso stärker nimmt er die Teuerung war. Schwieriger wird die Betrachtung bei langlebigen Gebrauchsgütern. Wie würden Sie z. B. vorgehen, wenn Sie sich nach 5 Jahren einen neuen Fernseher kaufen, der in Relation zum alten Gerät zudem noch um 100 € billiger geworden ist? Preissenkungen im Vergleich zum alten Gerät wird ein Konsument kaum richtig interpretieren können, da der Kauf lange zurück liegt und die Güter sich auch in der Leistungsfähigkeit deutlich voneinander unterscheiden. Preisrückgänge bei Gütern, die selten oder nicht im Rahmen eines expliziten Kaufaktes erworben werden (z. B. Mietzahlungen), haben also nur einen geringen Effekt auf die Inflationswahrnehmung.

Der Index der gefühlten Inflation liegt für viele Menschen häufig oberhalb der statistisch ausgewiesenen Inflation, die nur einen Durchschnittswert abbildet. Auch das jeweilige Einkommen hat einen Einfluss auf das Ausmaß der gefühlten Inflation. Betrachten wir dazu zwei Haushalte, die monatlich ein durchschnittliches bzw. geringes Einkommen zur Verfügung haben und vollständig verausgaben. Unterschiedlich ist in unserem Beispiel u. a. der relative Anteil der täglich konsumierten Lebensmittel im Budget.

Warenkorb	Durchschnitt	Geringverdiener
Lebensmittel	500 (= 12,5 %)	500 (= 33,3 %)
Miete, Energie	1.000 (= 25 %)	500 (= 33,3 %)
Sonstiges	2.500 (= 62,5 %)	500 (= 33,3 %)
Summe der Ausgaben	4.000 (= 100 %)	1.500 (= 100 %)

Wenn wir jetzt annehmen, dass sich die Lebensmittelpreise von 500 € auf 1.000 € verdoppeln, so führt dies zwar bei beiden Einkommensgruppen zu einer Steigerung des Anteils um 100 %. Beide Einkommensgruppen dürften jedoch diesen Anstieg deutlich anders erleben, da Geringverdiener jetzt z. B. keine sonstigen Käufe mehr tätigen können.

Warenkorb	Durchschnitt	Geringverdiener
Lebensmittel	1.000 (= 25 %)	1.000 (= 67,7 %)
Miete, Energie	1.000 (= 25 %)	500 (= 33,3 %)
Sonstiges	2.000 (= 50 %)	–
Summe der Ausgaben	4.000 (= 100 %)	1.500 (= 100 %)

Der Index der gefühlten Inflation soll die amtliche Statistik nicht ersetzen. Der VPI bzw. HVPI bildet die Referenz für die Beurteilung der Preisniveaustabilität aus Sicht der Geldpolitik. Für andere Fragestellungen ist hingegen die wahrgenommene Inflation wichtiger. Aus ökonomischer Sicht ist ein Auseinanderfallen zwischen tatsächlicher und gefühlter Inflation allerdings nicht unproblematisch. Nur wenn sich die von den Verbrauchern gefühlten Preissteigerungen an die tatsächliche Inflation anpassen, ist z. B. damit zu rechnen, dass bei sinkenden Inflationsraten die Binnenkonjunktur belebt wird. Auch könnten einzelne Gruppen für sich mehr Einkommen mit dem Hinweis fordern, dass Nahrungsmittel in ihren Budgets ein besonders hohes Gewicht haben. Gewerkschaften könnten mit diesen Zahlen höhere Lohnforderungen begründen. Ergebnis könnte dann genau das sein, was eigentlich alle vermeiden wollen: eine höhere Inflation.

Schlagwörter	• gefühlte Inflation • Kaufhäufigkeit	• Inflationswahrnehmung

9.3 Kosten der Inflation

Unabhängig von der Art der Messung haben hohe Inflationsraten sowie andauernde Inflationsprozesse eine Reihe „unerwünschter Nebenwirkungen". Eine Inflation ist **verdeckt**, wenn die Preise durch staatliche Eingriffe künstlich konstant gehalten werden oder – wie in den früheren sozialistischen Ländern – kein entsprechendes Güterangebot zur Verfügung steht. Kennzeichen sind z. B. lange Schlangen vor den Geschäften oder Rationierungen von Gütern. In der Regel werden im Falle der **offenen** Inflation Zuwächse bis zu einer jährlichen Rate von 5 % als **schleichende**, bis zu 10 % als **trabende** und darüber hinaus als **galoppierende Inflation** bezeichnet (Abb. 9.7). Als Extremfall gilt die **Hyperinflation** mit einem Zuwachs von mehr als 50 % im Monat.

Die Inflation führt zu einem Auseinanderfallen von nominalen und realen Größen. Nehmen wir an, Sie haben einen Betrag von 20.000 € zur Verfügung, den Sie in einem Jahr zu einem **nominalen Zins** von 6 % anlegen können. Nach einem Jahr erhalten Sie einen Betrag von 20.000 € × 1,06 = 21.200 € zurück. Was können Sie sich **real** für diesen Betrag nach einem Jahr kaufen? Es ist leicht einsehbar, dass die Beantwortung dieser Frage von der **erwarteten Inflation** abhängt. Liegt diese z. B. bei 4 %, dann beträgt die Kaufkraft Ihres in einem Jahr erwarteten Geldbetrages nur noch 20.385 €. Die reale Verzinsung Ihrer Anlage sinkt dadurch auf rund 2 %. Sie können an diesem Beispiel

Ausprägungen der Inflation

Kriterium	Ausprägung	
Erkennbarkeit	offen	verdeckt
Dauer	temporär (auf einen Konjunkturzyklus beschränkt)	permanent
Ausmaß	schleichend: bis 5% (pro Jahr) trabend: bis 10% (pro Jahr) galoppierend: bis 20% (pro Jahr) Hyperinflation: über 50% (pro Monat)	
Herkunft	„hausgemacht" (binnenwirtschaftlich)	außenwirtschaftlich

Abb. 9.7: Merkmale einer Inflation

erkennen, dass die Differenz zwischen realer und nominaler Verzinsung in etwa der erwarteten Inflationsrate entspricht.

Anlagebetrag für ein Jahr zu einem Nominalzins von 6 %	20.000€
Rückzahlung nach einem Jahr	21.200€
Realer Wert bei Inflationsrate von z. B. 4 %	21.200€/1,04 = 20.385€
Realer Zins	(20.385/20.000 – 1) × 100 = 1,925 %

Der Realzins und die Inflationserwartung der Wirtschaftsteilnehmer sind im Gegensatz zum Nominalzins keine beobachtbaren Größen. Aus diesem Grund wird in der Praxis häufig mit dem **ex-post Realzins** gearbeitet. Der Realzins wird dann mit der bereits eingetretenen Inflationsrate berechnet. Diese Ungenauigkeit bei der Bestimmung ist gering, wenn sich Inflationsraten kurzfristig nicht sprunghaft verändern. Im Fall von **Erwartungsfehlern** unterscheiden sich ex-post und **ex-ante Realzinsen**. Nur in Zeiten stabiler Preise, d. h. bei einer Inflationsrate von Null, sind Nominalzins und Realzins gleich. In der Regel steigt der Nominalzins bei einer Zunahme des Preisniveaus. Ist dieser Zusammenhang proportional, haben monetäre Veränderungen keine Auswirkungen auf den Realzins, d. h. Geld wäre sozusagen neutral (Fisher-Effekt, Box 9.2). Steigt die Inflationsrate in unserem Zahlenbeispiel von 4% auf 5% – d. h. um einen Prozentpunkt – dann sinkt der Realzins bei konstantem Nominalzins um rund 1%.

Anlagebetrag für ein Jahr zu einem Nominalzins von 6 %	20.000€
Rückzahlung nach einem Jahr	21.200€
Realer Wert bei Inflationsrate von 5 %	21.200/1,05 = 20.190€
Realer Zins	(20.190/20.000 – 1) × 100 = 0,95 %

Im Extremfall kann der Realzins sogar negativ werden. Der Gläubiger eines Geldkreditgeschäfts verliert in diesem Fall Kapital.

Box 9.2: Fisher-Effekt – Zinsen und Inflationserwartungen

Haben Marktteilnehmer gleiche Vorstellungen über den Umfang der Geldentwertung, schlagen sich Änderungen der erwarteten Inflationsrate in entsprechenden Veränderungen des nominalen Zinssatzes nieder (Fisher-Effekt). Es gilt: (1) $(1 + i^{nominal}) = (1 + i^{real}) \times (1 + \pi^e)$ Umgestellt nach $i^{nominal}$ ergibt sich: (2) $i^{nominal} = i^{real} + \pi^e + i^{real} \times \pi^e$ Bei geringer Inflation ist der letzte Summand gering, so dass approximativ gilt: (3) $i^{nominal} = i^{real} + \pi^e$	**Hintergrund:** Der in Verträgen festgelegte Zins ist der Nominalzins. Der Realzins lässt sich erst ex-post berechnen. Er gibt die Verzinsung in Gütereinheiten an und bestimmt maßgeblich Investitions-, Spar- und Konsumentscheidungen. Nominal- und Realzins sind durch Inflationserwartungen miteinander verknüpft. In der Praxis wird kurzfristig mit der bereits eingetretenen Inflationsrate gearbeitet.

Schlagwörter	• schleichende, trabende, galoppierende Inflation	• realer, nominaler Zins • Fisher-Effekt

9.3.1 *Verlust von Geldfunktionen*

In Zeiten der Inflation verliert Geld nach und nach seine Funktionen. Die grundlegende Funktion als **allgemeines Tauschmittel** lässt sich verstehen, wenn Sie sich z. B. eine Volkswirtschaft mit nur drei Personen ohne Geld vorstellen:

Person	fragt nach	bietet an
Schneider	Brot	Kleidung
Bäcker	Schuhe	Brot
Schuster	Kleidung	Schuhe

Alle Personen können ihre Bedürfnisse nicht durch direkten Tausch befriedigen. Der Tauschvorgang lässt sich nur indirekt durchführen. Derjenige, von dem ich etwas kaufen will, muss gerade das benötigen, was ich anbiete. Diese **doppelte Koinzidenz der Wünsche** ist nur selten erfüllt – zum Nachteil des Professors, der jemanden finden müsste, der z. B. Brot gegen eine Unterrichtsstunde der Makroökonomie tauschen würde.

Die Zahl der Preisverhältnisse ohne Geld mit n Produkten beträgt: $(n - 1) \times n/2$. In einer **Geldwirtschaft**, in der Geld als Bezugsbasis oder Numéraire zur Verfügung steht, reduziert sich diese Zahl auf: $(n - 1)$. Dies bedeutet beispielsweise, dass in einer Volkswirtschaft mit 750 Produkten ohne Geld 280.875 Austauschverhältnisse existieren würden, mit Geld nur noch 749.

Geld erfüllt darüber hinaus folgende Funktionen:

- Geld als **Recheneinheit** dient als Maßstab, um Preise anzugeben. Ein T-Shirt kostet beispielsweise 20 €, ein Big Mac 2 €. Auf diese Weise können die Preise verschiedener Güter verglichen werden. Ein T-Shirt ist zehnmal so teuer wie ein Big Mac.
- Geld als **Wertaufbewahrungsmittel** ermöglicht es, Kaufkraft aus der Gegenwart in die Zukunft übertragen zu können (z. B. Sparen für den späteren Hausbau). Geld dient als **Liquiditätsreserve**, die notwendig ist, weil z. B. Einkommen nur in Intervallen bezogen wird, Ausgaben jedoch täglich oder unverhofft anfallen.

Geld erleichtert die Umrechnung von Gütereinheiten

	Äpfel (1kg)	Bier (0,5 l)	Schuhe	Geld-Gut (1 Euro)
Äpfel	–	1,25 kg Äpfel	50 kg Äpfel	0,5 kg Äpfel
Bier	0,4 l Bier	–	20 l Bier	0,2 l Bier
Schuhe	1/50 Schuhe	1/40 Schuhe	–	1/100 Schuhe
Geld-Gut	2,00	2,50	100	1

Abb. 9.8: Preisrelationen ohne und mit Geld

- Geld dient als **Kreditübertragungs-** und **Schuldentilgungsmittel**, das eine Kaufkraftübertragung vom Gläubiger auf den Schuldner ermöglicht, z. B. Kreditaufnahme zur Finanzierung eines Autos.

Bereits bei Preissteigerungen zwischen fünf und zehn Prozent zeigt die Inflation ihr „hässliches Gesicht". Sie verfälscht die Preissignale und gefährdet die Funktionsfähigkeit des Preismechanismus (Abb. 9.9). Sie täuscht falsche Knappheiten vor und lenkt die Güter und Produktionsfaktoren in ineffiziente Verwendungen. In Zeiten zerrütteter Währungsverhältnisse – wie etwa in Deutschland nach dem Ersten und dem Zweiten Weltkrieg – kommt es zu einer Trennung der Zahlungsmittel- und Tauschmitteleigenschaft des Geldes. Das Geld muss zwar nach wie vor zur Begleichung von Schulden akzeptiert werden, wird aber im privaten Wirtschaftsverkehr nicht mehr als Tausch-

Auswirkungen der Inflation auf den Preis einer CD, die heute 10 € kostet

Inflationsrate pro Jahr	1%	2%	5%	10%	30%
	Preis bei Preisniveaustabilität (in €)		**Preis bei einem inflationären Umfeld (in €)**		
1 Jahr später	10,10	10,20	10,50	11,00	13,00
2 Jahre später	10,20	10,40	11,03	12,10	16,90
3 Jahre später	10,30	10,61	11,58	13,31	21,97
4 Jahre später	10,41	10,82	12,16	14,64	28,56
5 Jahre später	10,51	11,04	12,76	16,11	37,13
10 Jahre später	11,05	12,19	16,29	25,94	137,86

Berechnung: $10\ € \times (1 + \text{Inflationsrate})^n$

Abb. 9.9: Inflation und Preisentwicklung

mittel verwendet, sondern durch ausländische, wertstabile Währungen oder Waren (z. B. Zigarettenwährung) ersetzt.

Menükosten

Für viele Unternehmen ist es nicht einfach, Preise laufend anzupassen. Jede Anpassung ist mit Kosten, sogenannte Menükosten, verbunden, z. B. durch das Drucken neuer Kataloge und Preislisten oder erneute Preiskalkulationen. Zudem entsteht Unmut durch dauernde Preisänderungen bei den Konsumenten. Viele Unternehmen setzen daher ihre Preise für längere Perioden fest. Aufgrund dieser Menükosten passen Unternehmen ihre Preise nur so oft an, wie unbedingt notwendig.

Schuhsohlenkosten

Die Inflation lässt sich als versteckte Steuer auf die Geldhaltung interpretieren. Wenn Sie Bargeld halten (oder zinslose Sichtguthaben) nehmen Sie einen finanziellen Rückgang ihrer Geldwerte hin, wenn das Preisniveau steigt – gerade so, als wenn ein Teil ihres Geldwertes durch eine Steuer reduziert würde. Je höher die erwartete Inflationsrate ist, desto weniger Bargeld werden die Menschen nachfragen. Sie müssen dann öfter zur Bank gehen, um Bargeld abzuheben.

Diese Unannehmlichkeiten und Kosten, die aus einer reduzierten Bargeldhaltung entstehen, werden als sogenannte Schuhsohlenkosten bezeichnet, denn der häufige Gang zur Bank nutzt die Schuhe schneller ab. Ökonomisch gesprochen, könnten wir sagen, dass reduzierte Bargeldhaltung höhere Transaktionskosten verursacht. Nehmen wir an, die Inflationsrate sei Null, der Marktzins für Bankeinlagen betrage 2 % und Sie möchten 1.000 € an Bargeld halten. In einem solchen Fall würden die Opportunitätskosten der Geldhaltung (d. h. der Verzicht auf Zinsen) 20 € betragen. Nun sei angenommen, dass die Nominalzinsen auf Bankeinlagen aufgrund einer höheren Inflation auf 10 % steigen. Wenn Sie noch immer 1.000 € an Bargeld halten wollen, erhöhen sich die Opportunitätskosten der Geldhaltung auf 100 €. In der Regel werden Menschen dann die Bargeldhaltung reduzieren, um die Opportunitätskosten zu senken. Nachteilig sind dann die größeren „Schuhsohlenkosten", weil Sie dann aber im gleichen Zeitabschnitt häufiger Bargeld bei ihrer Bank abheben müssen. Generell kann man also feststellen: je höher der Zinssatz ist, desto geringer ist die Bargeldnachfrage, d. h. die Geldnachfrage ist zinselastisch.

Verzerrungen von Anreizsystemen

Nehmen wir an, Sie werden gefragt, wie lang der Meter im nächsten Jahr sein sollte. Sie würden sicherlich antworten, dass er möglichst gleich bleiben soll, weil das Leben sonst komplizierter wird. Bei der Inflation verhält es sich ähnlich. Das Geld, die Maßeinheit für den Wert aller Güter, verändert andernfalls seine Gewichtung und trägt zur Verzerrung von Anreizen bei. Betrachten wir als Beispiel ein Steuersystem, bei dem die Ersparnisse besteuert werden.

Der Ertrag des Sparens liegt darin, dass Sie heute auf Konsum verzichten und sich zukünftig mehr leisten können. Entscheidend ist ein positiver **Realzins**, denn nur dieser steigert Ihre Kaufkraft. In diesem Zusammenhang ist zu berücksichtigen, dass in der Regel nicht der Realzins, sondern der Nominalzins besteuert wird. Selbst bei einer geringen Inflation kann dies dazu führen, dass die effektive Belastung des Realzinses höher ausfällt. Betrachten wir nun zwei Länder, in denen keine bzw. eine Inflation von 8 % herrscht (Tab. 9.5):

Tab. 9.5: Realzins, Nominalzins, Besteuerung und Inflation

	A-Land	B-Land
Realzins	4 %	4 %
Inflationsrate	0 %	8 %
Nominalzins (= Realzins + Inflationsrate)	4 %	12 %
Steuersatz	25 %	25 %
Nominalzins nach Steuern (= (1 – Steuersatz) × Nominalzins)	3 %	9 %
Realzins nach Steuern (= Nominalzins nach Steuern abzüglich Inflationsrate)	3 %	1 %
Allgemein gilt: **Realzins nach Steuern = (1 – Steuersatz) × Nominalzins – Inflationsrate**		

Der Unterschied zwischen Realzinsen vor und nach Steuern in B-Land beträgt 3 Prozentpunkte (= 4 % – 1 %). Somit ergibt sich eine Besteuerung der Realzinsen von 75 % (!). Je höher die Inflationsrate ist, desto größer ist der Kaufkraftverlust durch die Besteuerung und desto stärker wird die Sparneigung verzerrt. Inflation und Steuerbelastung wirken sich also auf die Rendite des Kapitals aus. Je höher beide sind, desto höhere Renditen müssen erzielt werden, damit sich das Kapital vermehrt (Tab. 9.6).

Tab. 9.6: Renditen, Besteuerung und Inflation

Steuersatz	erforderliche nominale Rendite bei einer jährlichen Inflationsrate von			
	3 %	4 %	5 %	6 %
30 %	4,29 %	5,71 %	7,14 %	8,57 %
35 %	4,62 %	6,15 %	7,69 %	9,23 %
40 %	5,00 %	6,67 %	8,33 %	10,00 %
45 %	5,45 %	7,27 %	9,09 %	10,91 %
50 %	6,00 %	8,00 %	10,00 %	12,00 %
Lesebeispiel: Bei einem Steuersatz von 50 % und einer Inflationsrate von 4 % müssen Sie für Ihren Kaufkrafterhalt (also einem Realzins nach Steuern von Null) eine Rendite von 8 % erreichen. (1.000 € heute sind bei einer Rendite von 8 % morgen 1.080 €. Da die Besteuerung der nominalen Rendite 50 % beträgt, ergibt sich ein Betrag nach Steuern von 1.040 €. Bei einer Inflationsrate von 4 % ist somit die Kaufkraft erhalten geblieben. Erst bei einer höheren Rendite erhöht sich die Kaufkraftkraft des Kapitals.)				

Ebenfalls verzerrend ist es, wenn inflationsbedingt gestiegene Einkommen aufgrund der Progression des Steuersystems höher versteuert werden, ein Phänomen, das als **kalte Progression** bezeichnet wird.

Schlagwörter		
	• Funktionen des Geldes	• Menükosten • Schuhsohlenkosten der Inflation

9.3.2 Umverteilungseffekte

Unternehmen, Gewerkschaften, Banken und Kreditnehmer sind bestrebt, die **erwartete Inflation** in ihren Entscheidungen zu berücksichtigen. Besonders problematisch ist eine **unerwartete Inflation**. Sie führt zu einer Umverteilung von Einkommen und Vermögen.

Umverteilungseffekte

Die meisten Menschen betrachten vor allem die Besteuerung als Größe, die ihr Einkommen schmälert. Der Einfluss der Inflation wird häufig unterschätzt. Eine Inflation verändert die Einkommensverteilung, wenn die Einkommen gar nicht oder nicht rechtzeitig an die Inflationsrate angepasst werden (Tab. 9.7). Wenn z. B. ein Arbeitnehmer mit einem Monatslohn von 4.000 € (brutto) eine jährliche nominale Gehaltserhöhung von 2 % erhält, dann entspricht dies einer Erhöhung auf 4.080 €. Beträgt die Inflationsrate 3 %, ergibt sich eine reale Erhöhung um rund –1 % ([102/103 – 1] × 100 = –0,971 %). Die verzögerte Anpassung der Löhne an die Inflationsrate wird als **wage-lag** bezeichnet. Der **transfer-lag** bezeichnet die verzögerte Anpassung der Festeinkommen (z. B. Renten, Bafög). Wird beispielsweise eine Rente von 2.000 € drei Jahre lang nicht an die Inflationsrate angepasst, dann beläuft sich der reale Wert der Rente bei einer Inflationsrate von 3 % pro Jahr nach 5 Jahren auf nur noch rund 1.725 € (= $2000/1{,}03^5$).

Tab. 9.7: Auswirkung der Inflation auf die Kaufkraft

	Wert von 100 € nach … Jahren bei einer Inflationsrate von		
	3 %	**4 %**	**5 %**
5 Jahre	86,20 €	82,19 €	78,37 €
10 Jahre	77,40 €	67,57 €	61,38 €
20 Jahre	55,37 €	45,66 €	37,69 €
30 Jahre	41,20 €	30,83 €	23,13 €
40 Jahre	30,65 €	20,83 €	14,20 €

Lesebeispiel:
Bei einer Inflationsrate von 4 % ist von der heutigen Kaufkraft von 100 € in 20 Jahren nur noch eine Kaufkraft von 45,66 € vorhanden: $100/1{,}04^{20} = 45{,}66$ €

Während Schuldner von einer unerwarteten Inflation profitieren, erfahren Gläubiger Verluste. Betrachten Sie dazu folgendes Beispiel:

Sie wollen ein Haus bauen, das 360.000 € kostet. Die Grundstückskosten betragen 80.000 €, die Bau(neben)kosten insgesamt 280.000 €. Zur Finanzierung stehen 60.000 € an Eigenkapital zur Verfügung. 300.000 € stellt Ihnen Ihre Hausbank als Hypothek bereit. Die tatsächliche Belastung ist ganz wesentlich von der Höhe der Inflationsrate abhängig, deren Verlauf naturgemäß unsicher ist. Liegt die tatsächliche Inflation unterhalb der im Vertrag unterstellten Inflation, die im Nominalzins zum Ausdruck kommt, dann ist die reale Belastung höher als erwartet. Liegt die tatsächliche Inflation oberhalb der im Vertrag unterstellten Inflation, werden Zins und Tilgungsraten sowie die Restschuld stärker entwertet als erwartet (Tab. 9.8). Bei langen Zinsbindungsfristen ist dies vor allem für den Darlehensgeber problematisch.

In der Regel besteht die Auffassung, dass das Sachvermögen in Form von Immobilien einen Schutz gegen Inflation bietet. Studien zeigen jedoch, dass diese Auffassung nicht immer richtig ist, z. B. wenn der Wertzuwachs der Immobilien unterhalb der Inflationsrate liegt. Die Erklärung liegt im Verhalten der Notenbank begründet. Wenn die

Tab. 9.8: Zahlenbeispiel zur Bedeutung der unerwarteten Inflation

	Fall 1	Fall 2	Fall 3
erwartete Inflationsrate	4 %	4 %	4 %
Nominalzins (= erwartete Inflation + Realzins)	7 %	7 %	7 %
Tilgungsprozentsatz	1 %	1 %	1 %
jährliche Belastung, nominal	300.000 × 0,08 = 24.000 €	300.000 × 0,08 = 24.000 €	300.000 × 0,08 = 24.000 €
tatsächliche Inflationsrate	4 %	5 %	3 %
jährliche Belastung, real	24.000 € / 1,04 = 23.077 €	24.000 € / 1,05 = 22.857 €	24.000 € / 1,03 = 23.301 €

Inflation zunimmt, heben die Notenbanken in der Regel die Leitzinsen an. Dadurch steigen in der Folge die Finanzierungskosten, die Nachfrage nach Immobilien geht zurück und damit auch ihr Preis.

Zinseszins, Sparen und Inflation

„Die größte mathematische Erfindung des menschlichen Geistes? – Die Zinseszinsen!" – so *Albert Einstein (1879–1955)*. Diese Aussage des berühmten Physikers ist durchaus verständlich. Zins und Zinseszins können bereits aus relativ kleinen Beträgen im Verlauf der Zeit ein ansehnliches Vermögen machen (vgl. Box 9.3; Tab. 9.9). Als **Zinseszins** bezeichnet man einen Zins, der für bereits gutgeschriebene Zinsen einer früheren Berechnungsperiode gezahlt wird. Kurz gesagt, handelt es sich also um einen Zins auf den Zins. Nicht nur die ursprüngliche Summe wird verzinst, sondern auch die jährlichen Zinsen auf diese Summe. Daraus folgt, dass der verzinsliche Betrag jedes Jahr steigt.

Tab. 9.9: Zinseszinseffekt (Angaben in €)

	Wert einer monatlichen Einzahlung von 100 € bei einem Zinssatz von					
Dauer in Jahren	**4 %**	**5 %**	**6 %**	**7 %**	**8 %**	**9 %**
1	1.226	1.233	1.239	1.246	1.252	1.259
10	14.719	15.502	16.331	17.208	18.137	19.120
15	24.549	26.596	28.839	31.298	33.994	36.951
20	36.508	40.754	45.577	51.060	57.294	64.385
25	51.058	58.824	67.977	78.777	91.529	106.596
30	68.760	81.886	97.953	117.651	141.831	171.543
35	90.298	111.320	138.068	172.174	215.741	271.472
40	116.501	148.886	191.750	248.646	324.339	425.225
45	148.382	196.830	263.589	355.901	483.905	661.793
50	187.170	258.021	359.726	506.332	718.360	1.025.783

Lesebeispiel:
Bei einer regelmäßigen Anlage von 100 € jeweils am Monatsanfang, einer Laufzeit von 30 Jahren und einer unterstellten Verzinsung von 6 % ergibt sich einschließlich Zinseszins ein Endbetrag von rund 97.953 €.

Einstein hat bei dieser Aussage sicher im Blick gehabt, dass das menschliche Gehirn Schwierigkeiten hat, exponentielle Entwicklungen richtig einzuschätzen. Inflation und Zinseszins sind Musterbeispiele dafür. Wenn die Inflationsrate 4 % pro Jahr beträgt, dann ergibt dies über 10 Jahre eine Preissteigerung von 48 % und nicht nur von 40 %. Über 30 Jahre sind es bereits 224 % und über 50 Jahre 611 %. Durch diesen Effekt zahlt sich bereits ein früher Einstieg in die Altersvorsorge aus. Betrachten wir ein Beispiel: Wenn Sie 30 Jahre lang monatlich 100 € zu 6 % anlegen, können Sie zum Ablauf dieser Zeit über fast 100.000 € verfügen (Tab. 9.9). Davon kommen nur 36.000 € aus Ihrem Geldbeutel, die restlichen rund 64.000 € sind Zins- und Zinseszinserträge. Entscheidend für einen solchen Vermögenszuwachs ist eine langfristige Strategie, denn erst dann entfaltet der Zinseszinseffekt seine volle Wirkung.

Auch der Zinseszins berücksichtigt wie die Inflationsrate, dass der Vorjahreswert immer als Grundlage in die Berechnung des nächsten Jahres mit eingeht. Je höher der Prozentsatz und je länger der Zeitraum, desto stärker der Effekt. Beispielsweise wird bei sieben Prozent Zinsen aus 10.000 € nach gut zehn Jahren das Doppelte. Nach zwanzig Jahren hat sich der Betrag vervierfacht und nach 25 Jahren mehr als verfünffacht.

Vor allem in langfristiger Sicht erweisen sich selbst auf den ersten Blick geringe Inflationsraten als **schleichendes Gift**. Viele Menschen unterschätzen das Auseinanderfallen von nominalen und realen Größen, d. h. sie unterliegen einer **Geldillusion**. Ökonomische Fehlentscheidungen sind vorprogrammiert. Die Inflation lässt daher auch eine private Altersvorsorge nicht unberührt.

Nehmen wir an, Sie möchten als heute 30-jähriger ab dem 65. Geburtstag 50 % des heutigen Lebensstandards durch eine private Altersvorsorge abdecken. Sie geben derzeit 3.000 € im Monat aus. Sie ignorieren die zukünftige Inflation und legen Geld auf einem Sparbuch mit 3 % an. Am Ende eines jeden Monats zahlen Sie 300 € ein. Nach 35 Jahren beträgt Ihr Vermögen etwa 220.656 €. Bleibt das Geld weiterhin zu 3 % angelegt, können Sie aus dem angesparten Betrag etwa 15 Jahre, also bis zum 80. Lebensjahr, monatlich 1.500 € verbrauchen. Da Sie die Inflation vergessen haben, decken die 1.500 € aber gar nicht mehr 50 % Ihres Lebensstandards. Nach 35 Jahren, wenn Sie das 65. Lebensjahr erreicht haben, betragen Ihre monatlichen Ausgaben 6.000 €, falls die jahresdurchschnittliche Inflationsrate 2 % beträgt. Die Preise haben sich also über diesen Zeitraum verdoppelt. Wollen Sie also weiterhin 50 % des Lebensstandards durch ihre Rücklagen decken, müssten Sie sich im ersten Monat 3.000 € auszahlen, in den Folgejahren entsprechend der Inflationsentwicklung mehr. Ein monatlicher Betrag von 3.000 € würde aber nicht einmal 7 Jahre vorhalten.

Es ist also von großer Bedeutung für die Altersvorsorge, die Inflationsrate langfristig richtig einzuschätzen. Dies ist aber praktisch nahezu unmöglich. Wer gibt schon Prognosen für 10 oder gar 30 Jahre ab. Die Erfahrung lehrt, dass die Vergangenheit kein schlechter Ratgeber ist. Die Vorsorge sollte also immer der aktuellen Entwicklung angepasst werden. Ratsam ist ein **Denken in Prozentsätzen** anstatt in festen Beträgen. Nach Ermittlung des künftigen Bedarfs und Berechnung des monatlichen Sparbetrages ist dieser immer anzuheben, wenn die Inflationsrate steigt. In der Regel steigt mit der Inflation, wenn auch zeitverzögert, ihr Gehalt, so dass sich die Sparsumme vergrößern lässt. Betrachten wir unser Beispiel. Dort haben Sie 10 % Ihrer Ausgaben monatlich zurückgelegt. Bei einer Inflation von 2 % sollten Sie dann im zweiten Jahr nicht 300 €, sondern 306 € monatlich zurücklegen und im dritten Jahr 312 €. Bei einer Rendite von 3 % ergibt sich dann nach 35 Jahren ein Vermögen von 297.060 € (und nicht von 220.565 €). Aus diesem Betrag könnten Sie einen Betrag von 1.500 € etwa 10 Jahre lang auszahlen. Nur wenn es gelingt, die Verzinsung der Geldanlagen im Ausmaß der Inflation zu steigern, sind sie vor Verlusten sicher. Einen gewissen Schutz bietet die Zinsentwicklung selbst. Wenn die Inflationsrate steigt, erhöhen sich in der Regel auch die Zinsen.

Schlagwörter	• unerwartete Inflation • wage-lag • transfer-lag	• Geldillusion • Zinseszins

9.4 Deflation und Wirtschaftskrise

Während die negativen Wirkungen anhaltender Inflationsprozesse mit Blick auf die beschriebenen Auswirkungen nun sicher einleuchten, liegt die Schädlichkeit von Geldaufwertungsprozessen – d. h. einer **Deflation** – oftmals nicht so auf der Hand. Dabei ist jedoch zu berücksichtigen, dass bis Mitte des 20. Jahrhunderts nahezu alle schweren Wirtschaftskrisen Deflationskrisen waren. Definitionsgemäß handelt es sich um ein Absinken der in der Wirtschaft umlaufenden Geldmenge, was zu einem fallenden Preisniveau führt. Der Rückgang der Inflationsrate – d. h. eine Verlangsamung des Preisauftriebs – ist hingegen keine Deflation, sondern eine **Disinflation**. Für Waren und Dienstleistungen muss zwar jedes Jahr etwas mehr gezahlt werden, die Inflationsrate wird jedoch immer niedriger (Abb. 9.10).

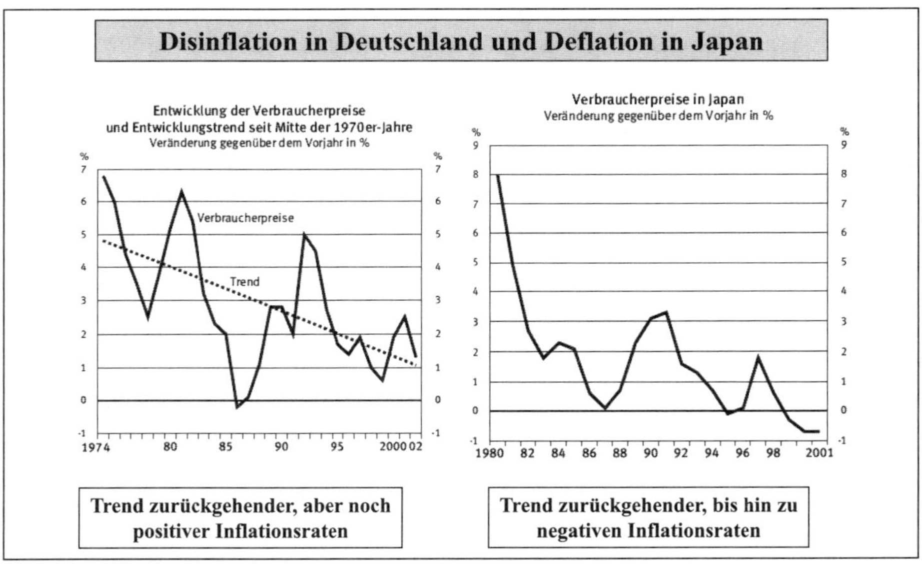

Abb. 9.10: Disinflation und Deflation

Zunächst könnten wir daran denken, dass eine Deflation von den Menschen dann angenehm empfunden wird, wenn sie sich jahrzehntelang an steigende und nicht an fallende Preise gewöhnt haben. Das Geld ist mehr wert, die Verbraucher können ohne Gehaltserhöhungen mehr kaufen und die Wirtschaft wachsen zu lassen. Dieser Sachverhalt ist dann unproblematisch, wenn Produktivitätssteigerungen für Preissenkungen verantwortlich sind, d. h. die Produktion effizienter und kostengünstiger wird. Andererseits zeigen Erfahrungen mit Deflationen, dass ein nachhaltiger und unerwarteter Rückgang des gesamtwirtschaftlichen Preisniveaus ernsthafte Konsequenzen für Produktion und Beschäftigung hat.

Ursachen der Deflation

Eine Deflation kann nicht-monetäre und monetäre Ursachen haben (Tab. 9.11). Beginnen wir mit den nicht-monetären Ursachen. Hier resultiert der Verfall der Preise aus einem **Überangebot** an Gütern im Verhältnis zur Nachfrage.

Tab. 9.11: Ursachen für Deflationen

Ursache	Marktsituation	Hintergrund
Nichtmonetär	Güterangebot > Güternachfrage	Investitionszurückhaltung Konsumzurückhaltung geringere Staatsausgaben
Monetär	Geldangebot < Geldnachfrage	restriktive Geldpolitik Rückgang der Umlaufgeschwindigkeit Bindung der nationalen Währung an feste Werte

Es kommt es zu einer **deflatorischen Lücke**. Ein anhaltender Preisrückgang bei Gütern und Dienstleistungen führt bei relativ fixen Kosten zu einer Verschlechterung der Erlös-Kosten-Relation der Unternehmen. Der Druck auf die Gewinnmargen und die Ungewissheit über Ausmaß und Dauer des Preisverfalls beeinträchtigen die **Investitionsneigung**. Weil die Preise sinken, warten die Menschen oft ab, bis es noch billiger wird. Alle Käufe, die nicht unmittelbar getätigt werden müssen, werden verschoben, d.h. es kommt zu einer **Konsumzurückhaltung**. Die Unternehmen produzieren Überschüsse, die nur noch zu „Schnäppchenpreisen" verkauft werden können. Es kommt zu sinkenden Erlösen, zu einer Drosselung der Produktion und zur Entlassung von Mitarbeitern. Viele Unternehmen müssen Insolvenz anmelden, wenn sie laufende Kredite nicht mehr bedienen können. Die **Schulden** steigen mit zunehmendem Wert des Geldes real an, auch wenn der Nominalwert erhalten bleibt.

Betrachten wir ein Zahlenbeispiel. Ein Unternehmen habe einen laufenden Kredit von 100.000 € für ein Jahr zu 10 % nominaler Verzinsung aufgenommen. Bekanntermaßen gilt:

$i^{nominal} = \text{Inflationsrate} + i^{real}$

Im Fall einer Deflation steigt die reale Schuldenlast für das Unternehmen:

$i^{nominal}$	Inflationsrate	i^{real}	reale Schuldenlast
10 %	15 %	–5 %	–5.000 €
10 %	5 %	5 %	5.000 €
10 %	0 %	10 %	10.000 €
10 %	**–5 %**	15 %	15.000 €

Das Unternehmen müsste mehr Güter verkaufen, um den Kredit zurückzahlen zu können. Dieser Sachverhalt vergrößert die Probleme der verschuldeten Unternehmen und sorgt für weitere Insolvenzen. Ebenfalls in Schwierigkeiten geraten verschuldete Konsumenten, vor allem Eigenheimbesitzer. Auf der einen Seite verliert ihre Immobilie in Folge der Deflation laufend an Wert. Diese Entwicklung wird verschärft, wenn zahlungsunfähige Bürger ihr Haus oder ihrer Wohnung zu verkaufen versuchen, so dass das Angebot an Immobilien zunimmt. Gleichzeitig sinken die Preise deshalb, da die Nachfrage nach Immobilien aufgrund der wirtschaftlichen Krise rückläufig ist.

Eine Deflation führt nicht bei allen Menschen zu einer höheren Kaufkraft. Dies ist nur bei denjenigen der Fall, die über mehr Geld verfügen als sie zum Leben brauchen, d.h. nicht unmittelbar auf Arbeit angewiesen sind. Gesamtwirtschaftlich wird die Kaufkraft eher sinken als steigen. Ursächlich ist die **steigende Arbeitslosigkeit**. Zumeist sinken mit einer Deflation die Löhne, da die Unternehmen geringere Gewinne und Erlöse haben. Hier sprechen wir von einer **Lohndeflation**. Geringere Nachfrage, Arbeitslosigkeit und weitere Insolvenzen sind die Folge. Es kommt zu einer bedrohlichen **Abwärtsspirale** (Abb. 9.11).

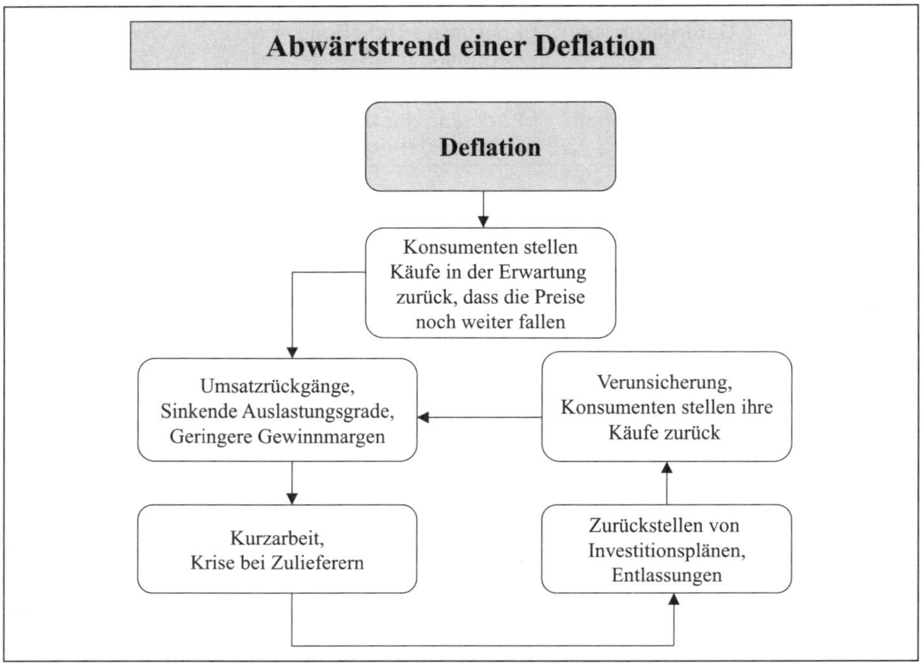

Abb. 9.11: Deflationsspirale

Vom Staat können die Arbeitslosen keine große Unterstützung erwarten, da seine Einnahmen sinken und seine Ausgaben im Fall einer höheren Arbeitslosigkeit steigen. Der Staat trägt sogar zu einer Deflation bei, wenn er durch Sparmaßnahmen seine Nachfrage stark einschränken muss. Deflation führt insgesamt zu einer massiven Vernichtung von Vermögenswerten durch Bankrotte und durch sinkende Preise aufgrund von kontinuierlich nachlassender Nachfrage nach Gütern, Aktien und Immobilien. Es kommt zu einer **Vermögensdeflation**.

Wenn eine Deflation **monetär** ausgelöst wird, ist im Geldkreislauf weniger Geld, also geringere potenzielle Kaufkraft, enthalten als der Wert der angebotenen Waren. Dadurch sinken die Preise. Nehmen wir an, in einer Volkswirtschaft kosten 400 Äpfel (reales BIP) jeweils 1 €. Bei einer Umlaufgeschwindigkeit des Geldes (UG) von 4 beträgt die erforderliche Geldmenge (M) 100 €. Unterstellen wir nun, die Notenbank reduziert die Geldmenge auf 90 €. Die Nachfrager haben nur noch 360 € zur Verfügung und es werden weiterhin 400 Äpfel angeboten. Somit können nur noch 0,90 € für einen Apfel gezahlt oder zu dem alten Preis von 1 € nur noch 360 Äpfel verkauft werden.

Auch eine geringere Umlaufgeschwindigkeit kann zur Deflation beitragen. Wenn die Umlaufgeschwindigkeit auf 2 sinkt und die Geldmenge weiterhin bei 100 € bleibt, dann gibt es nur noch kaufkraftwirksame 200 €. Wenn alle Äpfel verkauft werden sollen, darf jeder Apfel nicht mehr 1 €, sondern nur noch 0,50 € kosten. Sollte hingegen der Preis von 1 € beibehalten werden, könnten nur noch 200 Äpfel verkauft werden.

Eine besondere Situation ergibt sich in Geldordnungen, die eine strikte Kopplung der Geldmenge an eine fixe Wertmenge (z. B. Gold) oder an eine ausländische Währung vorsehen. Betrachten wir ein kleines Land, dass seine Währung strikt an die Währung eines wirtschaftlich stärkeren Landes koppelt (***currency board***). In diesem Fall wird die Veränderung der heimischen Geldmenge allein durch Zu- bzw. Abflüsse der Währungsreserven bestimmt. Die Zentralbank wird zu einer reinen **Wechselstube**, da sie ihr eigenes Geld nur gegen die Hereinnahme harter Währung bereitstellen darf. Sie erhofft sich dadurch, dass sich die Härte der Ankerwährung auf die Landeswährung überträgt. Diese Politik ist durchaus sinnvoll, um vorangegangene hohe Inflationsraten zurückzuführen. Die Zentralbank verliert jedoch die Autonomie über die Geldpolitik, weil eine Wechselkursanbindung bedeutet, dass Inlands- und Auslandszins übereinstimmen müssen. Im Fall einer inländischen Rezession kann die Zentralbank die Zinsen nicht senken um Investitionen und Konsum zu stimulieren. Es würde ansonsten zur Kapitalflucht aufgrund höherer Zinsgewinne im Ausland kommen.

Betrachten wir einige historische Beispiele für Deflationen:

- Extremes Beispiel einer Deflation ist die **Weltwirtschaftskrise des Jahres** 1929 (globale Deflation), in der der Zusammenbruch der Börsen das Vermögen von Millionen US-Bürgern vernichtete. Die Erklärung dieser großen Depression gilt als der **Heilige Gral der Makroökonomie**. Zum einen war die Depression der Grund, warum überhaupt die Makroökonomie als eigenes Studiengebiet entstand. Zum anderen beeinflusst, mehr als allgemein angenommen, die Erfahrung der 1930er-Jahre noch immer die Annahmen, Politikempfehlungen und Forschungsprogramme der Makroökonomen. Verantwortlich für die Krise waren die Überproduktion nach dem Ersten Weltkrieg, der Schwarze Freitag an den US-Börsen und die verfehlte Politik der US-Notenbank, die die Geldmenge um 30 % senkte. Besonders spürbar waren die Auswirkungen in Deutschland, da die umlaufende Geldmenge zu 40 % durch Gold und Devisen gedeckt werden musste. Die USA forderten zur Bewältigung ihrer eigenen Probleme die an Deutschland gewährten Kredite zurück. Da die Schulden hauptsächlich in Gold beglichen wurden, sanken die daran gekoppelte Geldmenge und der Geldumlauf rasch. Die Löhne und die Preise brachen ein, die Arbeitslosigkeit stieg auf 6 Mio. Menschen (20 % der Erwerbsbevölkerung). Die Deflation wurde in der Folge durch staatliche Sparpolitik und Lohnkürzungen weiter verschärft.
- Die Erfahrungen **Argentiniens**, das in den 90er Jahren als ein Musterbeispiel erfolgreicher Festkursbindung galt, zeigen, dass ein auf diese Weise extern bestimmtes Zinsniveau zu erheblichen makroökonomischen Störungen führen kann. In den 90er Jahren litt Argentinien unter einer extremen Inflation (Hyperinflation), die durch ein currency-board mit dem US-$ gelöst werden sollte. Trotz Erfolgen in der Rückführung der Inflation konnte Argentinien sein Verschuldungsproblem nicht lösen. Die ausländischen Anleger verloren nach und nach das Vertrauen und zogen ihr Kapital schrittweise ab. Das argentinische currency-board musste den Inlandszins erhöhen, um die Geldmenge an die rückläufigen Devisenreserven anzupassen. Die Hochzinspolitik verringerte Konsum und Investitionen und führte zu einem starken

Rückgang der Preise. Anfang 2002 gab Argentinien seine Wechselkursbindung an den US-$ auf.

- In den Jahren 1985 bis 1989 erlebte **Japan** einen enormen Anstieg der Vermögenswerte (Aktien, Immobilien, Grundstücke). Diese Entwicklung platzte in Form einer spekulativen Blase. Der Nikkei-Index ging innerhalb weniger Jahre von 35.000 Punkten bis auf 16.000 Punkte (1992) zurück. Die damit verbundenen Vermögensverluste veranlassten viele japanische Bürger zu einem strikten Sparkurs. Die Konsumzurückhaltung führte zu einer Unterauslastung der Kapazitäten und zu einer Deflationsspirale. Der japanische Staat reagierte mit einer expansiven Geldpolitik in Form einer **Nullzinspolitik**, die jedoch wenig Wirkung zeigte, da sich die Volkwirtschaft nach Auffassung von einigen Ökonomen in der **Liquiditätsfalle** befand. Die eingeschlagene expansive Finanzpolitik (deficit spending, Steuersenkungen) konnte den Rückgang der Nachfrage zwar stabilisieren, führte jedoch auch zu einem Anstieg der Verschuldung.

Die Prozesse der Inflation, Disinflation und Deflation sind miteinander verbunden. Ihr Zusammenhang wird unter dem Stichwort der monetären Stabilisierung diskutiert und ist Gegenstand der Transmissionsmechanismen der Geldpolitik (vgl. Kap. 13).

Schlagwörter	• Disinflation • Deflation	• Weltwirtschaftskrise • currency-board • Nullzinspolitik

9.5 Fallbeispiele zu Kapitel 9

Lösungs- und Bearbeitungshinweise sowie alle Abbildungen dieses Kapitels finden Sie unter: www.vahlen.de

Fallbeispiel 9.1: Hyperinflation (+)

1) Was verstehen Sie unter einer Hyperinflation?
2) Wie gehen Hyperinflationen zu Ende bzw. wie lassen sie sich bekämpfen?
3) Bitte ermitteln Sie in der nachfolgenden Tabelle die noch fehlenden Werte für drei Länder. Unterstellen Sie, dass das Preisniveau am Anfang des Jahres bei 1 liegt.

Monetäre Größe	Land A	Land B	Land C
monatliche Inflationsrate	25 %		
Preisniveau in zwölf Monaten			1,27
jährliche Inflationsrate		12.000 %	

Fallbeispiel 9.2: Warenkorb (0)

1) Wie wird der Verbraucherpreisindex ermittelt?
2) Ermitteln Sie die durchschnittliche Preissteigerungsrate des folgenden Warenkorbes.

Güterart	Preisänderung gegenüber Vorjahr in %	Ausgaben pro Jahr in €	Anteil an Gesamtausgaben in %
Lebensmittel/Gesundheit	3	400	20
Bekleidung/Unterhaltung	2	200	10

Güterart	Preisänderung gegenüber Vorjahr in %	Ausgaben pro Jahr in €	Anteil an Gesamtausgaben in %
Wohnen	4	800	40
Verkehr/Transport	–2	200	10
Kommunikation/Bildung	1	200	10
Energie	–1	200	10
gesamter Warenkorb		2.000	100

3) Können sich bei Preisniveaustabilität einzelne Preise signifikant, d.h. um mehr als 10% pro Jahr verändern?

Fallbeispiel 9.3: Preisindex und Inflationsrate (0)

1) Zeigen Sie, wie sich Preisindex und Inflationsrate für die Jahre 5, 6 und 7 berechnen lassen, wenn der jeweilige Warenkorb in diesen Jahren 3.320, 3.405 und 3.500€ beträgt.

Jahr	Warenkorb	Preisindex	Inflationsrate
1	2.325	100	–
5	3.320		
6	3.405		
7	3.500		

2) 1976 gewann Björn Borg die US-Open und ein Preisgeld von 400.000 US-$. Im Jahr 2001 bekam Boris Becker für den gleichen Titel ein Preisgeld von 1 Mio. US-$. Der Verbraucherpreisindex (Basisjahr 1985) lag 1976 bei 61 und im Jahr 2001 bei 154. Berechnen Sie das Preisgeld beider Tennisspieler ausgedrückt in Preisen des Jahres 1985.
3) Wodurch wird die Inflationsberechnung verzerrt?

Fallbeispiel 9.4: Erfassung von Qualitätsänderungen durch hedonische Preismessung (++)

In einer Ökonomie gibt es nur zwei Güter, Sportautos und Computer, deren Preise und Mengen in zwei Jahren wie folgt gegeben sind (Quelle: *Forster/Klüh/Sauer, 2005, S.15):*

Jahr	Sportwagen		Computer	
	Preis	Menge	Preis	Menge
2010	100	10	50	10
2011	90	10	70	10

1) Ermitteln Sie die Preissteigerung auf Grundlage des Laspeyres-Index.
2) Der Computer besteht aus Festplatte und Prozessor, die im Jahr 2010 jeweils 25 kosteten, im Jahr 2011 aber grundlegend verbessert wurden. Zur alten Qualität würden beide Teile im Jahr 2010 jeweils nur noch einen Preis von 20 erzielen. Berechnen Sie die Preissteigerung, indem Sie den Computer in seine Einzelteile zerlegen.
3) Welche Grundidee liegt der Berechnung aus 2) zugrunde?

Fallbeispiel 9.5: Gefühlte Inflation (0)

Im Zusammenhang mit der Frage, ob der Euro ein „Teuro" sei, setzt sich die EZB in ihren Monatsberichten vom Juli und Oktober 2002 mit der „gefühlten Inflation" auseinander. Mitte des Jahres 2002 lag die Teuerungsrate der Lebenshaltungskosten aller privaten Haushalte bei etwa 1%, die „gefühlte Inflation" wurde mit etwa 5% wahrgenommen.

1) Auf welchen Hypothesen baut die Theorie der Inflationswahrnehmung auf?
2) Erläutern Sie mögliche wirtschaftliche Folgen, wenn die „gefühlte Inflation" deutlich über der tatsächlichen Teuerungsrate liegt.

Fallbeispiel 9.6: Real- und Nominalzins (+)

1) Der Nominalzins beträgt 7 % und das gegenwärtige Preisniveau weist einen Indexwert von 150 auf. Wie hoch ist der Realzins, wenn das von einem Investor erwartete Preisniveau bei einem Indexwert von 156 liegt?
2) Für zwei Länder sind folgende Daten bekannt:

	A-Land	B-Land
1. Realzins	3	3
2. Inflationsrate	0	3
3. **Nominalzins**		
4. Steuern (33 %)		
5. Nominalzins nach Steuern		
6. Realzins nach Steuern		

Vervollständigen Sie die Tabelle und berechnen Sie die effektive Steuerbelastung der realen Zinserträge.
3) Sie kaufen eine Anleihe mit einer Laufzeit von 1 Jahr, die mit 4 % verzinst wird. Sie erwarten eine Inflation von 2 %. Wie hoch ist die reale Rendite nach Steuern, wenn Sie eine Kapitalertragsteuer von 25 % zahlen müssen? Wie hoch ist die reale Rendite nach Steuern, wenn die tatsächliche Inflation bei 3 % liegt?

Fallbeispiel 9.7: Funktionen des Geldes (+)

1) Zwei Indianer (A und B) besitzen folgende Güter:
A: 3 Zelte, 2 Pferde, 5 Gewehre;
B: 2 Zelte, 3 Pferde, 8 Gewehre.
Es gelten folgende Tauschrelationen:
   - 2 Messer = 1 Hose
   - 2 Messer + 1 Hose = 1 Decke
   - 2 Messer + 1 Hose + 1 Decke = 1 Gewehr
   - 2 Messer + 1 Hose + 1 Decke + 1 Gewehr = 1 Pferd
   - 2 Messer + 1 Hose + 1 Decke + 1 Gewehr + 1 Pferd = 1 Zelt

   Welcher Indianer ist „reicher"? (Quelle: *Deutsche Bundesbank, 2005, S. 11*)
2) Sie gehen in ein Geschäft, in dem 50 verschiedene Güter angeboten werden. Es existieren für diese Güter nur relative Preise (Tauschrelationen). Wie viele Tauschrelationen müssen Sie kennen, um die Güter vergleichen zu können? Würde sich durch die Einführung des Geldes etwas verändern?
3) Ein bekannter Ökonom (*Hicks*) hat gesagt: „Money is what money does". Erläutern Sie die Funktionen des Geldes.

Fallbeispiel 9.8: Kosten der Inflation (0)

1) Was verstehen Sie unter sogenannten Menü- und Schuhsohlenkosten der Inflation? Warum lässt sich die Inflation als versteckte Steuer auf die Geldhaltung interpretieren?
2) Um eine zukünftige Versorgungslücke zu vermeiden beschließt jemand den Kauf von Wertpapieren zum Gegenwert von 50.000 €. Der jährliche Nominalzins beträgt 8 %, die Inflationsrate beträgt 5 %. Von den jährlichen Zinserträgen sind 50 % an den Staat abzuführen. Berechnen Sie die reale Rendite nach Steuern.

Fallbeispiel 9.9: Geldillusion (+)

1) Mit Blick auf die demografische Entwicklung in Deutschland warnen Forscher vor einem Kaufkraftverlust der Renten, wenn keine Anpassungen stattfinden. Die Standardrente im Jahr 2003 lag annahmegemäß bei 1.170 €. Ermitteln Sie die Kaufkraft der Rente für folgende Personengruppen wenn die Inflationsrate bei jährlich 1,5 % liegt:

Aktuelles Alter	Kaufkraft mit 65 Jahren	Kaufkraft mit 80 Jahren
50 Jahre		
40 Jahre		
30 Jahre		

2) Auf Anfrage wird einem Angestellten mitgeteilt, dass er in 32 Jahren mit einer Rente von 2.217 € rechnen kann. Er geht davon aus, dass sein letztes reales Einkommen vor Bezug der Rente 3.179 € beträgt. Er lehnt sich entspannt zurück, da sich die Rente immerhin auf ca. 70 % seines letzten Arbeitseinkommens beläuft. Wie beurteilen Sie die Situation, wenn die Inflationsrate bis zum Beginn der Rentenzahlung durchschnittlich 1,5 jährlich beträgt. Gibt es eine Versorgungslücke?

Fallbeispiel 9.10: Zinseszins (+)

1) Sarah legt 2.500 € für 20 Jahre an. Die Bank zahlt jedes Jahr einen Zins von 4,5 %. Wie viel Geld erhält Sarah nach 20 Jahren bei linearer oder Zinseszinsrechnung zurück?
2) Sarah bekommt von ihrer Großmutter 888 € geschenkt. Sie möchte das Geld anlegen und hofft, dass Sie in 5 Jahren 1.500 € hat, um sich einen Wunsch erfüllen zu können.
   a) Kann Sarah dieses Ziel erreichen, wenn die Bank einen Zins pro Jahr von 5 % bietet?
   b) Ermitteln Sie das Anfangskapital, den Zinssatz und die Anlagedauer, die zu einer Erreichung des Sparziels von Sarah führen.

Fallbeispiel 9.11: Inflation und (Real-)Lohnentwicklung (++)

Ein Beamter und blickt zufrieden auf folgende Daten, die die Entwicklung des Nominallohnes und des Verbraucherpreisindex (VPI) zeigen:

Jahr	Nominallohn	VPI
1985	40.000 €	112,0
2005	60.000 €	134,4

1) Wie haben sich Nominallohn und Inflationsrate von 1985 bis 2005 entwickelt.
2) Berechnen Sie die exakte Zunahme des Reallohns von 1985 bis 2005.
3) Nehmen Sie an, ein Kollege hätte 1985 einen Verdienst von 30.000 €. Wie viel hätte er im Jahr 2005 verdient, wenn der Nominallohn entsprechend des Durchschnitts der Jahre 1985–2005 gestiegen wäre. Wie hoch hätte sein Nominallohn im Jahr 2005 sein müssen, um einen Verlust an Kaufkraft zu vermeiden?
4) Gegeben sind folgende Ausgangsdaten, die die Entwicklung der Nominallöhne und des Verbraucherpreisindex (VPI) in zwei Ländern zeigen:

Jahr	Hochinflationsland		Niedriginflationsland	
	Nominallohn	VPI	Nominallohn	VPI
2006	100 Peso	100	20 €	100
2007	220 Peso	200	21 €	102

Ermitteln Sie für beide Länder den Anstieg des Reallohnsatzes. Was lässt sich bezogen auf den Umgang mit prozentualen Veränderungsraten erkennen?

Fallbeispiel 9.12: Verlierer und Gewinner der Inflation (0)

1) Wer profitiert bzw. verliert in folgenden Fällen von einer Inflation in Höhe von 6 %?

Person	Verlierer	keine Auswirkungen	Gewinner
A ist Besitzer eines Hauses			
B besitzt eine festverzinsliche Anleihe, Zins 4 %			
C hat eine Kapitalanlage, Zins 7 %			
D hat eine Rente, die auf 1.500 € fixiert ist			
E ist Beamter. Jährlich wird sein Gehalt dem Preisindex angepasst			
F hat eine Darlehensschuld, Zins 8 %			

2) Unterscheiden Sie die Kosten einer erwarteten und unerwarteten (/tatsächlichen) Inflation.
3) Eine Familie sieht sich folgende Daten gegenüber:
   - Jahreseinkommen: 50.000 €
   - Sparguthaben, Jahreszins: 4 %: 20.000 €
   - Doppelhaushälfte, Wert: 300.000 €
   - darauf: Hypothekendarlehen, Kreditzins 5 % 100.000 €

   Ist die Familie Inflationsgewinnerin oder Inflationsverliererin? Unterscheiden Sie zwischen Nominal- und Sachwerten, Nominal- und Realzinsen sowie zwischen antizipierter und nicht -antizipierter Inflation. Hinweis: Eine zahlenmäßige Ermittlung des Inflationsgewinns oder -verlusts ist nicht erforderlich. Argumentieren Sie verbal.

Fallbeispiel 9.13: Monetäre Fehlentwicklungen (0)

1) Ordnen Sie den nachfolgenden Inflationsraten folgende Begriffe zu: Disinflation, Deflation, Preisniveaustabilität, schleichende galoppierende und Hyperinflation:
   a) –2 %, b) 0 %, c) 2 %, d) 5 %, e) 25 %, f) 50 %
2) Ordnen Sie die nachfolgenden Kennzeichen der (Dis-)Inflation und Deflation zu.

Kennzeichen	Inflation	Disinflation	Deflation
Kaufzurückhaltung			
Geldentwertung			
Zurückgehende Inflationsraten			
Enteignung von Sparern			
Schrumpfung der realen Gewinne			

3) Was verstehen Sie unter einer Nullzinspolitik? Kann der Realzins in dieser Situation negativ werden? Ein Ökonom behauptet, dass die glaubhafte Ankündigung einer Inflationsrate von 2 % zur Überwindung der japanischen Deflation beitragen kann. Interpretieren Sie diesen „Lösungsvorschlag".

Kapitel 10: Ursachen und Formen der Inflation

Kapitel 10

Inhaltsübersicht

Lernzielorientierte Sachverhalte

- Die Ursachen der Inflation sind nicht immer eindeutig zu erkennen. Ohne Ausweitung der Geldmenge ist dauerhaft jedoch keine Inflation möglich.
- Eine Nachfrageinflation kann nur in konjunkturellen Aufschwungphasen auftreten.
- Eine Angebotsinflation ist in jeder Konjunkturphase möglich. Zu unterscheiden sind Kostensteigerungen und Steigerungen des Preisniveaus, die auf Marktmacht zurückzuführen sind.
- Eine Lohn-Preis-Spirale schadet der Gesellschaft und ist nicht dazu geeignet, die Ansprüche gesellschaftlicher Gruppen durchzusetzen.
- Die Inflation kann durch verschiedene Wege vom Ausland in das Inland übertragen werden.
- Die Indexierung kann die Kosten einer unerwarteten Inflation reduzieren. Sie kann jedoch die Ursachen der Inflation nicht bekämpfen.
- Die Verhängung eines Preisstopps ist keine geeignete Maßnahme der Inflationsbekämpfung, sondern führt mittelfristig zu zahlreichen unerwünschten Nebenwirkungen.

10.1 Übersicht

Autofahrer ärgern sich aus verständlichen Gründen über steigende Preise für Benzin. Die Ursachen für die Preiserhöhung sind aber nicht immer sofort sichtbar. Der Anstieg der Mineralölpreise kann z. B. zurückzuführen sein auf (Abb. 10.1)

- die Verknappung des Erdöls mit langen Schlangen vor den Tankstellen als Kennzeichen einer verdeckten Inflation,
- den Anstieg der Nachfrage durch die PKW-Nutzer und/oder eine preisunelastische Nachfrage,

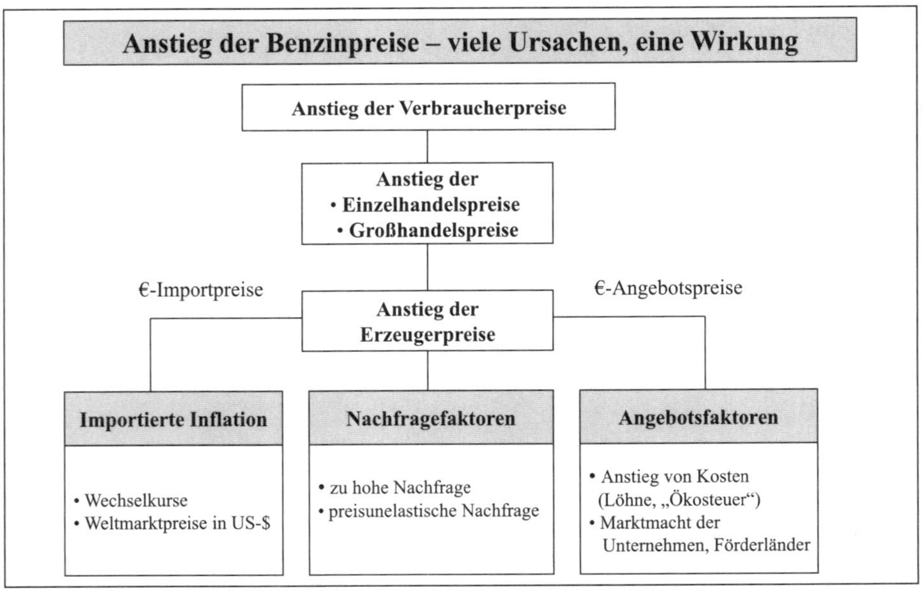

Abb. 10.1: Multikausale Inflationsursachen am Beispiel von Benzinpreisen

- die Marktmacht der Unternehmen oder der OPEC-Staaten,
- die Erhöhung der „Ökosteuer" durch die Bundesregierung,
- die Abwertung des € gegenüber dem US-$.

Systematisierung der Inflationsursachen

Die Inflation ist wie der Anstieg der Benzinpreise häufig auf mehrere Ursachen zurückzuführen und nur multikausal zu erklären. Oft ist der auslösende Impuls für inflationäre Prozesse zudem nicht eindeutig zu identifizieren. Ohne eine entsprechende Erhöhung der Geldmenge ist jedoch dauerhaft keine anhaltende Inflation möglich. Dies erklärt die zentrale Verantwortlichkeit der Geldpolitik für das Ziel der Preisniveaustabilität und für die Steuerung der Geldmenge. Ausgangspunkt einer Geldmengensteuerung der Zentralbank ist die **Quantitätsgleichung** (vgl. Box 10.1; Abb. 10.2). In Veränderungsraten geschrieben:

(1) $W_M + W_{UG} = W_{BIP}^{real} + W_P$

Zuwächse des realen BIP sind in „entwickelten Ländern" eher moderat und die Veränderungsraten der Umlaufgeschwindigkeit erfahrungsgemäß eher gering. Ein gemessen am Zuwachs des realen BIP zu großes Wachstum der Geldmenge führt dann zur Inflation:

(2) $\mathbf{W_P} = W_M + W_{BIP}^{real} - W_{UG}$

Box 10.1: Quantitätstheorie – Inflation als monetäres Phänomen	
(1) $M \times UG = BIP^{real} \times P$ In Veränderungsraten gilt näherungsweise: (2) $W_M + W_{UG} = W_{BIP}^{real} + W_P$ (3) $W_M = W_{BIP}^{real} + W_P - W_{UG}$	**Hintergrund:** Nach den Annahmen der klassischen Theorie gibt es keinen langfristigen Zusammenhang zwischen nominalen und realen Größen. Das reale BIP hängt somit nur von realen Größen wie den Arbeitskräften, dem physischen Kapital u. a. ab. Wird die Umlaufgeschwindigkeit des Geldes zudem als konstant angenommen, führt eine Geldmengenerhöhung zu höherer Inflation.

Grundsätzlich lassen sich folgende Inflationsursachen unterscheiden:

- **Geldmengeninflation** entsteht, wenn die Geldmenge zu stark wächst. Ursache ist z. B. die vermehrte Kreditvergabe der Banken, also: $W_M > W_P + W_{BIP}^{real}$ (bei konstanter Umlaufgeschwindigkeit). Ursächlich können auch Interventionsverpflichtungen der Notenbanken bei festen Wechselkursen sein (vgl. Kap. 20).
- **Nachfrageinflation** entsteht, wenn die Nachfrage nach Gütern das vorhandene Angebot übersteigt. Ursache kann ein zu starkes Wachstum der privaten oder staatlichen Konsumgüternachfrage sowie der Investitionsgüter- oder der Exportnachfrage sein.
- **Angebotsinflation** entsteht, wenn die Kosten der Produktion für Unternehmen steigen (u. a. aufgrund höherer Lohnstückkosten, Ölpreise) und in Form höherer Preise (W_P) an die Verbraucher weitergegeben werden. Auch marktmachtbedingte Gewinnsteigerungen der Unternehmen können zu einer Erhöhung der Angebotspreise führen (**Marktmachtinflation**).

In der Realität können sich Nachfrage- und Angebotsinflation überlagern. In diesem Fall ist nicht unmittelbar zu erkennen, welche Seite den auslösenden und welche Seite den reagierenden Teil im Inflationsprozess ausmacht. Ein praktisches Beispiel ist die **Lohn-Preis-Spirale**.

Schlagwörter	• Inflationsursachen	• Quantitätsgleichung

10.2 Nachfrageinflation

Der Ansatz der Nachfrageinflation gilt als der älteste Ansatz der Inflationserklärungen. Ausgangspunkt für die **nicht-monetäre Nachfragesogtheorie** ist die Erhöhung der Gesamtausgaben. Gemäß der Verwendungsgleichung des BIP können der Staat, die privaten Haushalte, die Unternehmen und das Ausland verantwortlich für inflationäre Impulse sein, also die rechte Seite der Quantitätsgleichung:

(1) $M \times UG = BIP^{nominal}$ (Ausgaben für C + I + G + Ex – Im = monetäre Nachfrage)

Der Nachfrageüberhang trifft auf ein Angebot, das kurzfristig nicht ausgedehnt werden kann. Die überschüssige Güternachfrage führt zu einer Steigerung der Preise, mit der die zusätzliche monetäre Nachfrage sozusagen „aufgesaugt" wird (**demand pull inflation**). Beispielsweise kann die private Konsumgüternachfrage aufgrund von Veränderungen der Konsumneigung, der Einkommens- und Vermögensverteilung und der Bevölkerungsentwicklung inflationär expandieren. Die Finanzierung speist sich aus zusätzlicher Verschuldung, Steigerung der Löhne, Vermögensabbau oder Senkung der Sparquote. Eine notwendige Bedingung für einen langanhaltenden Prozess der Nachfrageinflation ist die monetäre Begleitung in Form der Geldmengenexpansion (**monetärer Nachfragesog**). Erhöht die Notenbank die Geldbasis nicht oder nicht im notwendigen Umfang, können die für die zusätzlichen Ausgaben notwendigen Kredite durch die Geschäftsbanken nicht zur Verfügung gestellt werden. Der inflationäre Prozess wird gebremst.

Monetäre und nicht-monetäre Nachfragesogtheorien führen formal zum selben Ergebnis. Betrachten wir dazu im Folgenden ein fiktives Zahlenbeispiel. Für das Jahr 2008 gelte:

(2) $M \times UG = BIP^{real} \times P$

(3) 1.000 Mrd. € × 2 = 2.000 Mrd. € × 1

Das nominale BIP in Höhe von 2.000 Mrd. € entspricht im Jahr 2008 dem realen BIP, da dieses Jahr als Basisjahr betrachtet wird. Wird eine konstante Umlaufgeschwindigkeit des Geldes von 2 und in der Basisperiode ein BIP-Deflator von 1 unterstellt, ist zur monetären Abwicklung des nominalen BIP eine Geldmenge von 1.000 Mrd. € erforderlich.

Nachfrageinflation bei ausgelasteten und nicht ausgelasteten Kapazitäten

Angenommen sei, dass das reale BIP aufgrund einer steigenden Konsumnachfrage im Jahr 2009 um 2,5 % auf 2.050 Mrd. € zunimmt und das Preisniveau nachfragebedingt um 2 % wächst. Das nominale BIP steigt somit im Jahr 2009 auf 2.091 Mrd. € (2.050 × 1,02), d. h. um rund 4,5 %. Das benötigte Geldmengenwachstum beträgt ebenfalls 4,5 %. Es entspricht dem Wachstum des nominalen BIP und näherungsweise der Summe aus den Wachstumsraten des realen BIP (2,5 %) und des BIP-Deflators (2 %).

Jahr	BIP^{nom}	BIP^{real}	Deflator	M	$W_{BIP}{}^{real}$	W_P	W_M
2008	2.000	2.000	100	1.000	–	–	–
2009	2.091	2.050	102	1.045,5	2,5 %	2 %	4,5 %

Eine Nachfrageinflation tritt nur dann auf, wenn die Produktionskapazitäten weitgehend ausgelastet sind und die zusätzliche Nachfrage zu Produktionsengpässen führt. Typisch ist eine solche Situation vor allem im **Aufschwung bzw. in der Hochkonjunktur**.

Angenommen sei nun, dass das reale BIP im Jahr 2010 an seine Kapazitätsgrenzen stößt (also nicht wächst) und die privaten Haushalte weiterhin höhere Konsumausgaben tätigen wollen. Stellt der monetäre Sektor zusätzliches Geld zur Verfügung, kommt es zwar nicht zu Mengensteigerungen, wohl aber zu Preiserhöhungen. Wird die Geldmenge um rund 4 % ausgeweitet, führt dies zu einer proportionalen Steigerung des Preisniveaus (Abb. 10.2):

(4) $W_M + W_{UG} = W_{BIP}{}^{real} + W_P$

(5) für das Jahr 2010: 4 % + 0 % = 0 % + 4 %

Ursächlich für inflationäre Prozesse ist ein Nachfrageüberhang (Angebotslücke) auf dem Gütermarkt. Die Gesamtausgaben der Wirtschaftssubjekte sind gemessen am kurzfristig konstanten realen Angebot zu hoch und führen zur inflatorischen Lücke (**demand-pull inflation**). Im gesamtwirtschaftlichen Totalmodell lässt sich diese Situation als Rechtsverlagerung der gesamtwirtschaftlichen Nachfragefunktion (GN) bei vertikaler gesamtwirtschaftlicher Angebotskurve (GA) darstellen (Abb. 10.2).

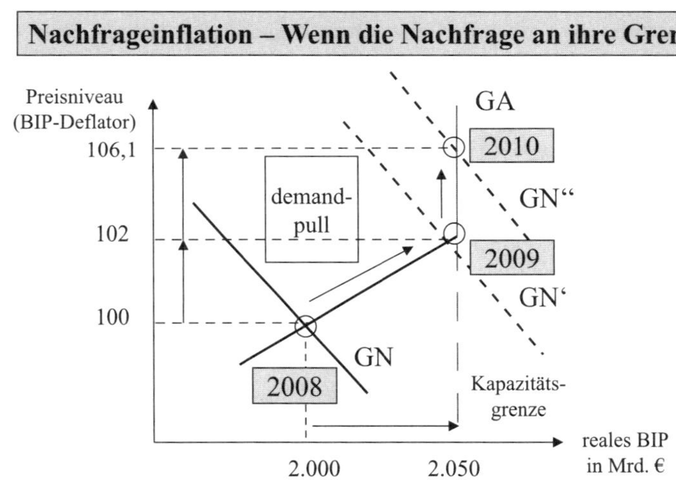

Jahr	BIP^{nom}	BIP^{real}	Deflator	M	$W_{BIP}{}^{real}$	W_P	W_M
2008	2.000	2.000	100	1.000	–	–	–
2009	2.091	2.050	102	1.045,5	2,5%	2%	4,5%
2010	2.174,6	2.050	106,1	1.087,3	0%	4%	4%

Abb. 10.2: Nachfragesog-Inflation

Die Nachfrageinflation wird gebremst, wenn die Wirtschaftssubjekte ihre Einkommen nicht im gleichen Umfang an die steigenden Preise anpassen können (z. B. Lohnempfänger, Bezieher von Festeinkommen) und ihre Konsumausgaben einschränken müssen. Ebenso können verringerte Gewinnerwartungen der Unternehmen zu einem Rückgang der Investitionsgüternachfrage führen. Auch der Staat kann seine Nachfrage einschränken und einen Stabilitätsbeitrag zur Eindämmung inflationärer Prozesse leisten. Die Nachfrageinflation wird vor allem dann gestoppt, wenn der monetäre Sektor die Geldmenge begrenzt. Dadurch kommt es z. B. zu Engpässen für Kredite, die Unternehmen, Staat und private Haushalte zur Finanzierung ihrer Ausgaben benötigen. Der entsprechende Zinsanstieg für Kredite schränkt den inflationären Prozess ein.

Einen Spezialfall der Nachfrageinflation stellt die **demand-shift inflation** dar. Grundgedanke ist, dass es in einer wachsenden Wirtschaft aufgrund von Nachfrageverschiebungen zwischen schrumpfenden und wachsenden Sektoren zu einem Anstieg des

Preisniveaus kommt. Ursächlich sind z. B. mangelnde Preissenkungen in schrumpfenden Sektoren aufgrund starrer Löhne und konstanter anderer Kosten, während es in wachsenden Sektoren infolge der höheren Nachfrage zu Preiserhöhungen kommt. Gesamtergebnis dieser Entwicklung ist ein steigendes Preisniveau in der Volkswirtschaft.

Schlagwörter	• Nachfrage(sog)inflation • demand-pull inflation	• demand-shift inflation

10.3 Angebotsinflation

Während die Nachfrageinflation in Zeiten der konjunkturellen Überhitzung einer Volkswirtschaft auftritt, sind inflationäre Impulse auf der Angebotsseite in jeder konjunkturellen Phase möglich. Eine Systematisierung der Ursachen ergibt sich aus den einzelnen Komponenten der Angebotspreise. Diese bestehen aus Kosten, Steuern und dem Gewinn. Erhöht sich eine dieser Komponenten, so liegt eine Kosten-, Steuer- oder Gewinninflation vor:

Angebotspreis	Kosten	⇒	Kosteninflation
	Steuern	⇒	Steuerinflation
	Gewinn	⇒	Gewinninflation

Kostendruckinflation

Im Fall der Kostendruckinflation (*cost-push inflation*) reagieren die Unternehmen auf Kostensteigerungen mit entsprechenden Erhöhungen ihrer Konsum- und Investitionsgüterpreise. Bedeutsame Formen sind die **Lohnkosteninflation** sowie die **importierte Kosteninflation**. Auch Anhebungen der Gütersteuern (z. B. der Mineralölsteuer oder der Mehrwertsteuer), die zunächst von den Unternehmen getragen werden, können zur Inflation beitragen (**Steuerinflation**).

Steigerungen der Löhne (ls) führen jedoch nur dann zu inflationären Prozessen, wenn sie über dem Wachstum der Arbeitsproduktivität (μ) liegen, d. h. die **Lohnstückkosten** (k_A) steigen:

$$k_A = \frac{Lohnkosten}{Produkteinheiten} = \frac{Arbeitszeit \times Stundenlohn}{Produkteinheiten} = \frac{Stundenlohn}{Arbeitsproduktivität} = \frac{ls}{\mu}$$

In Veränderungsraten gilt näherungsweise: $W_{k_A} = W_{ls} - W_{\mu}$

Beträgt der Lohn pro Stunde z. B. 25 € und die Arbeitsproduktivität pro Stunde (gemessen in produzierten Stückzahlen) 5, ergeben sich Lohnstückkosten von 5 €. Steigen die Löhne um 5 % und erhöht sich die Arbeitsproduktivität um 3 %, ergeben sich die Lohnstückkosten als: 26,25 €/5,15 = 5,1 €. Die Lohnstückkosten sind bezogen auf den Ausgangswert von 5 € um rund 2 % gestiegen und geben Anlass, die Angebotspreise zu erhöhen.

Stagflation

Die Kombination aus Stagnation bzw. Rückgang des realen BIP und steigenden Preisen wird als **Stagflation** bezeichnet. Im Totalmodell entspricht diese Situation einer Linksverlagerung der GA-Funktion (Abb. 10.3). In diesem Fall sind mehrere volkswirtschaftliche Ziele gleichzeitig verletzt (Preisniveaustabilität, angemessenes Wirtschaftswachstum, gegebenenfalls auch ein hoher Beschäftigungsstand).

Angenommen sei, dass die steigenden Rohölpreise im Jahr 2009 zu höheren Belastungen von Unternehmen und Verbrauchern führen. Ergebnis sei eine Erhöhung des Preisniveaus um 6 % und ein Rückgang des realen BIP um 2 %. Die Identität der Quantitätsgleichung ist durch ein Geldmengenwachstum von 4 % hergestellt:

Jahr	BIP^{nom}	BIP^{real}	Deflator	M	$W_{BIP}{}^{real}$	W_P	W_M
2008	2.000	2.000	100	1.000	–	–	–
2009	2.080	1.960	106,1	1.040	–2 %	6 %	4 %

Soll die Inflation durch eine Verringerung des Geldmengenwachstums z. B. auf 2 % (**restriktive Geldpolitik**, Linksverschiebung der GN-Funktion) bekämpft werden, wird die Rezession verschärft. Soll hingegen die Rezession durch eine Ausweitung der Geldmenge bekämpft werden (**expansive Geldpolitik**, Rechtsverlagerung der GN-Funktion) wird die Inflation weiter angeheizt. Diese Problemkonstellation stellt also besondere Herausforderungen für die Wirtschaftspolitik (vgl. Kap. 18) dar.

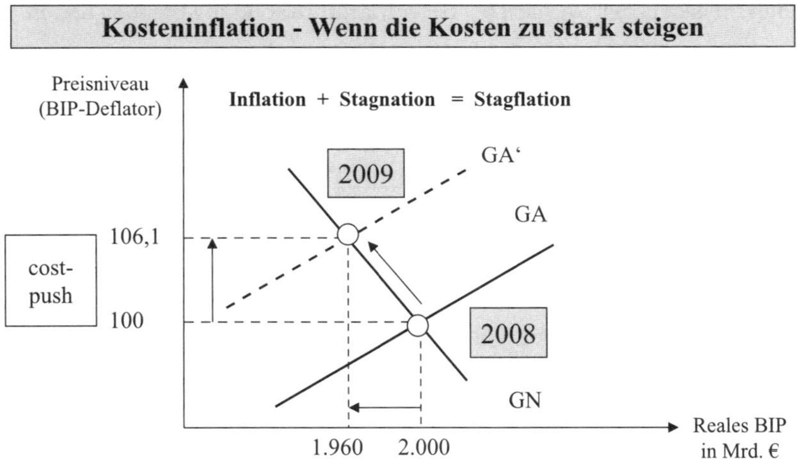

Jahr	BIP^{nom}	BIP^{real}	Deflator	M	$W_{BIP}{}^{real}$	W_P	W_M
2008	2.000	2.000	100	1.000	–	–	–
2009	2.080	1.960	106,1	1.040	–2,0%	6%	4%

Abb. 10.3: Angebotsinflation und Stagflation

Administrierte Preise

Werden die Preise nicht durch das freie Spiel von Angebot und Nachfrage gebildet, liegen **administrierte Preise** vor. Unternehmen können die Güterpreise aufgrund bestehender Marktmacht weitgehend unabhängig von den Nachfrageverhältnissen gestalten. Die Marktmacht ist entweder durch mangelnden Wettbewerb auf oligopolistisch oder monopolistisch strukturierten Märkten oder durch eine geringe Preiselastizität der Nachfrage verursacht. Beide Faktoren erlauben es den Unternehmen, vorhandene Preissetzungsspielräume zu nutzen und zu erweitern, ohne dass bedeutende Nachfrageverluste eintreten. Dieser Sachverhalt kann zu einer **Marktmacht**- oder **Gewinndruckinflation** führen. Sofern ein mangelnder Wettbewerb ursächlich für Marktmacht und entsprechende Preiserhöhungen ist, wäre eine konsequente Wettbewerbspolitik der geeignete Ansatzpunkt zur Rückführung der Inflation.

Studien zeigen, dass ca. 40 % der im Warenkorb enthaltenen Güterpreise durch den Staat direkt oder indirekt beeinflusst werden. Sie werden häufig auch als **administrative Preise** bezeichnet. Sie lassen sich in folgende Gruppen einteilen:

- direkt administrative Preise werden vom Staat unmittelbar festgelegt, z. B. Verkehrstarife oder Gebühren,
- teiladministrative Preise, die vom Staat kontrolliert werden und genehmigungspflichtig sind, z. B. Versorgungs- und Versicherungstarife,
- quasi-administrative Preise, die infolge eines hohen Anteils der Verbrauchersteuern vom Staat beeinflusst werden, z. B. bei Benzin, Heizöl, Tabak und Alkohol,
- indirekt administrative Preise, die durch EU-Marktverordnungen mit beeinflusst werden, z. B. die Preise für landwirtschaftliche Produkte.

Wenn der Anteil der administrativ beeinflussten Preise hoch ist, kann eine Steigerung dieser Preise inflationstreibend wirken. Administrative Preisbildung kann die Inflation geringer erscheinen lassen, wenn die staatlich beeinflussten oder festgelegten Preise unter den Preisen liegen, die sich bei freier Marktpreisbildung ergeben hätten.

Schlagwörter	• cost-push inflation • Angebotsinflation • Kostendruckinflation • Lohnkosteninflation • Lohnstückkosten	• Stagflation • Marktmachtinflation • Gewinndruckinflation • administrierte Preise • administrative Preise

10.4 Lohn-Preis-Spirale

Wir haben bisher die Nachfrage- und Angebotsinflation aus didaktischen Gründen isoliert betrachtet. In der Realität können sich beide Inflationsursachen überlagern. Bekanntestes Erscheinungsbild dieses Sachverhalts ist die Lohn-Preis-Spirale (Abb. 10.4). Grundgedanke dabei ist, dass die Arbeitnehmer bzw. die Gewerkschaften mindestens einen gleich bleibenden Reallohn (w/P) anstreben. Die Unternehmen hingegen möchten mindestens einen konstanten Gewinnaufschlag (∂) erwirtschaften.

Sicht der Arbeitnehmer(vertreter)

Die Gleichung, die eine Nominallohnsetzung beschreibt (**Lohnsetzungsgleichung**), lautet:

(1) $ls^{nom} = P^e \times f(ALQ, \Phi)$

Der **Nominallohn** (ls^{nom}) hängt einerseits vom erwarteten Preisniveau (P^e), andererseits von einer Funktion ab, die als erklärende Variable die Arbeitslosenquote (ALQ) und andere Einflussgrößen (Φ) enthält. Zwischen der Höhe des Nominallohns (ls^{nom}) und der Arbeitslosenquote (ALQ) besteht ein negativer Zusammenhang, der im Wesentlichen die Verhandlungsposition der Arbeitnehmer und Gewerkschaften wiedergibt. Bei geringer Arbeitslosigkeit ist es für die Unternehmen schwieriger, genügend qualifizierte Arbeitskräfte zu finden. Sie müssen deshalb höhere Löhne anbieten. Bei einer hohen Arbeitslosenquote ist die Verhandlungsposition der Arbeitnehmer ungünstiger. Ihr Einfluss auf die Bestimmung der Lohnhöhe nimmt ab. Die Sammelvariable Φ umfasst die restlichen Faktoren, die die Lohnsetzung beeinflussen, wie z. B. die Höhe des Arbeitslosengeldes oder gesetzliche Mindestlöhne. Zwischen dem Nominallohn und der Variablen Φ besteht in der Regel ein positiver Zusammenhang.

Sicht der Unternehmen

Die Preise der Unternehmen ergeben sich nach der **Preissetzungsgleichung**:

(2) $P = (1 + \partial) \times ls^{nom}$ oder $ls^{nom}/P = 1/(1 + \partial)$

Die Preise (P) werden bestimmt durch die Höhe des Gewinnaufschlags (∂) und der Höhe des Nominallohns (ls^{nom}). Wenn nun die Lohnkosten für die Unternehmen steigen und nicht durch Kostensenkungen aufgefangen werden können, dann werden die Unternehmen die erhöhten Kosten auf die Güterpreise abwälzen, um ihren Gewinnaufschlag konstant zu halten.

Anspruchsinflation

Wenn die Preiserhöhungen auf dem Markt durchsetzbar sind, werden die Gewerkschaften einen Inflationsausgleich in Form von Lohnerhöhungen fordern. Dies wiederum bedeutet erneut eine Kostenerhöhung für die Unternehmen, die dann wiederum auf die Güterpreise abgewälzt wird. Diese Preiserhöhungen als Reaktion auf vorangegangene Kostensteigerungen werden als Zweitrundeneffekte bezeichnet.

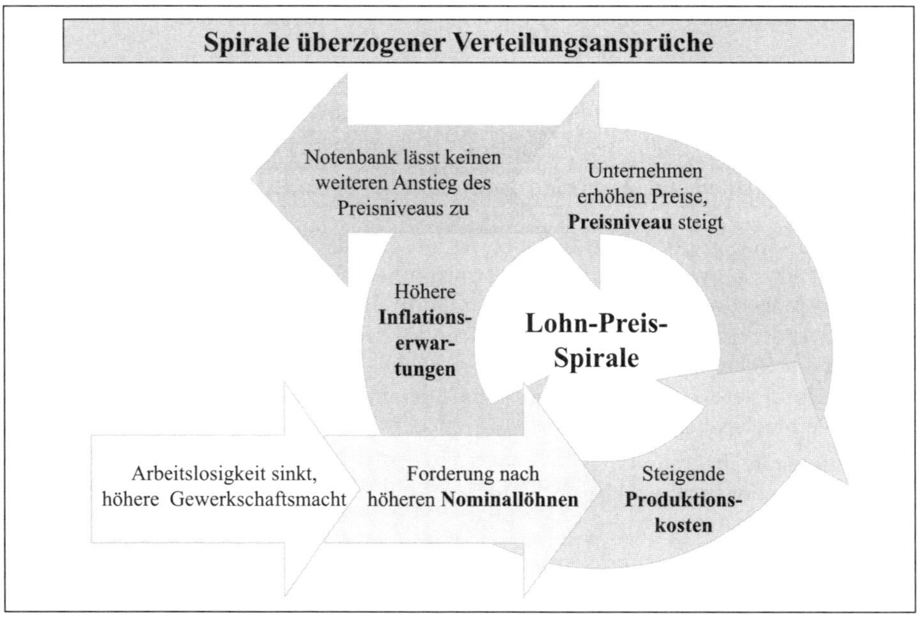

Abb. 10.4: Verteilungskampf und Anspruchsinflation

Letztendlich verbirgt sich hinter dieser Spirale, die auch als Preis-Lohn-Spirale auftreten kann, ein Verteilungskampf zwischen den Tarifpartnern (Gewerkschaften und Arbeitgebern), d. h. eine **Anspruchsinflation** um Teile des Produktionszuwachses. Die Existenz und Dauer dieses Verteilungskampfes ist von verschiedenen Rahmenbedingungen abhängig:

- Die Gewerkschaften müssen in der Lage sein, gesamtwirtschaftliche und nicht branchenbezogene Lohnerhöhungen durchzusetzen, die oberhalb des Produktivitätsanstiegs liegen. In konjunkturellen Abschwungphasen dürfte die Gefahr von Lohn-Preis-Spiralen tendenziell geringer sein.

- Auf hart umkämpften Märkten mit internationaler Konkurrenz sind die Unternehmen oft nicht in der Lage, die gestiegenen Kosten auf die Preise zu überwälzen. In diesem Fall werden die Unternehmen mit anderen Maßnahmen – z. B. dem Abbau von Arbeitsplätzen – reagieren. Auf „vermachteten" Märkten sind hingegen Preiserhöhungen als Folge gestiegener Löhne (Kosten) relativ leichter durchzusetzen.
- Notwendige Bedingung für eine anhaltende Lohn-Preis-Spirale ist wie bei allen inflationären Prozessen die Ausweitung der Geldmenge durch die Notenbank. In diesem Falle kann sich die Inflation ungehemmt entfalten.

10.5 Importierte Inflation

Bekanntestes Beispiel für eine **importierte Kosteninflation** ist der Anstieg der Ölpreise (Abb. 10.5). Da Rohöl auf US-$ Basis gehandelt wird, besteht zwischen dem €-Preis für ein Barrel Rohöl (Grenzübergangswert) und dem US-Dollarpreis pro Barrel folgende Beziehung:

€-Preis pro Barrel Rohöl = US-$ Preis pro Barrel Rohöl / Wechselkurs US-$ pro €

Ausgehend von einem Rohölpreis von 40 US-$ pro Barrel und einem Wechselkurs 1,2 US-$ pro € kann man folgende Grenzübergangswerte unterscheiden:

Ausgangssituation	48 € = 40 US-$ / 1,20 US-$ pro €
Importierte Inflation, **konstante** Wechselkurse	72 € = 60 US-$ / 1,20 US-$ pro €
Importierte Inflation **und** Aufwertung des €	78 € = 60 US-$ / 1,30 US-$ pro €
Importierte Inflation **und** Abwertung des €	66 € = 60 US-$ / 1,10 US-$ pro €

Die Gefahr einer importierten Inflation ist am größten, wenn steigende Weltmarktpreise mit einer schwachen Inlandswährung einhergehen. Wenn wir den Einfluss der importkostenbedingten Inflation auf die inländische Inflationsrate beurteilen wollen, müssen wir den prozentualen Anteil der importierten Inflation an der Gesamtinflationsrate berechnen. Dazu sind zwei Zahlenangaben erforderlich. Die Importpreisveränderung und der Anteil der importierten Güter am BIP (Importquote). Wir betrachten dazu ein einfaches Beispiel:

- Inflationsrate insgesamt: + 4 %
- Steigerung der Importpreise: + 10 %
- Importquote: 25 %

Da 25 % aller Güter importiert werden und sich diese Güter um 10 % verteuern, beträgt der außenwirtschaftliche Anteil an der Inflationsrate 2,5 Prozentpunkte bzw. 62,5 %. Die binnenwirtschaftlich verursachte Inflation hat einen Anteil von 1,5 Prozentpunkten bzw. 37,5 %.

Inflation	Preisanstieg	Anteil am BIP	Prozentpunkte	Bedeutung in Prozent
importiert	10 %	25 %	0,1 × 0,25 = 0,025 (2,5 %)	62,5 % (2,5/4)
binnenwirtschaftlich	2 %	75 %	0,02 × 0,75 = 0,015 (1,5 %)	37,5 % (1,5/4)
insgesamt	4 %	100 %	4 %	100 %

Importierte Nachfrageinflation

Wenn das Inland im Vergleich zum Ausland eine relative Preisniveaustabilität aufweist, steigen die Exporte und die Importe nehmen ab. Der Anstieg der Exporte ist beschäftigungspolitisch positiv zu bewerten. Übersteigt jedoch die Auslandsnachfrage die Produktionsmöglichkeiten der Exportwirtschaft, steigen im Inland die Preise. Die exportabhängigen Wirtschaftszweige erzielen höhere Gewinne und sind in der Lage, höhere Löhne zu zahlen. Der Prozess von steigenden Preisen und Löhnen kann sich in die übrigen Wirtschaftszweige fortpflanzen, so dass es zu einem allgemeinen Anstieg des Preisniveaus kommt. Die höhere Inflationsrate des Auslandes wird in das Inland hereingetragen.

Ob und wann dieser Prozess der **importierten Nachfrageinflation** zum Stillstand kommt, hängt nicht nur von der weiteren Inflationsentwicklung im Ausland, sondern auch von der Ausgestaltung des Wechselkurssystems ab.

Steigende Exporte führen über ein zunehmendes Angebot an Devisen zu Aufwertungstendenzen für die heimische Währung. Im Fall **fester Wechselkurse** ist die Notenbank gezwungen, dieser Tendenz durch Interventionen am Devisenmarkt entgegenzutreten. Die inländische Notenbank muss die überschüssigen Devisen gegen inländische Währung aufkaufen. Der Prozess kommt erst dann zum Stillstand, wenn die Unterschiede zwischen den Inflationsraten der Länder weitgehend beseitigt sind. Ein dauerhaftes Abkoppeln der Entwicklung im Inland von der des Auslandes ist bei festen Wechselkursen nicht möglich. Im System **flexibler Wechselkurse** kommt es dagegen nicht zu dauerhaften außenwirtschaftlichen Ungleichgewichten. Die inländische Währung wertet auf, so dass sich im Normalfall die Exporte verteuern und die Importe verbilligen (vgl. dazu Kap. 20). Der Wechselkursmechanismus führt automatisch zu einem Ausgleich der außenwirtschaftlichen Ströme und zur Verhinderung einer importierten Inflation.

Schlagwörter	• importierte Inflation • Wechselkurse	• Rohölpreise • Lohn-Preis-Spirale

10.6 Indexierung und zurückgestaute Inflation

Bei allen Verträgen, die in die Zukunft reichen, ist der künftige Wert von Forderungen und Verbindlichkeiten entscheidend. In den Vertragsabschluss gehen in hohem Maße **Inflationserwartungen** ein. Eine Bekämpfung der Inflation setzt deshalb voraus, dass die Inflationserwartungen stabilisiert werden. Gegen die Unsicherheit hinsichtlich des künftigen Geldwertes könnten sich die Vertragsparteien durch **Indexklauseln** absichern. Eine Indexierung, d. h. Bindung an einen Preisindex, von z. B. Kredit-, Lohn-, Mietverträgen, hat zur Folge, dass die bei Vertragsabschluss herrschenden Inflationserwartungen belanglos sind. Vereinbart wird ein fester Nominalbetrag, ergänzt um eine Klausel, die besagt, dass dieser Betrag mit einem Preisindex steigt oder fällt. Die Vertragspartner einigen sich also darauf, **real** zu rechnen. Was letztlich nominal herauskommt, bleibt offen. Wegen dieses Nichtwissens bedient man sich der Indexklausel. Es könnte in einer Welt mit indexierten Verträgen also zu keiner Überraschungsinflation kommen und die Geldpolitik wäre nicht mit dem Problem der Glaubwürdigkeit konfrontiert (vgl. dazu Kap. 12).

Inflationsindexierung von Anleihen

„Stellen Sie sich vor, Sie sparen auf ein Auto und am Ende langt das Geld nur für ein Fahrrad". So oder so ähnlich lauten die Werbeschriften von Kapitalanlagefonds. Ein Weg, solchen Befürchtungen aus dem Wege zu gehen, sind **inflationsindexierte Anleihen**. Es handelt sich um Anleihen, deren Nominalwert in regelmäßigen Abständen an die jeweilige Preissteigerung angepasst wird. Damit erhöht sich zugleich die Berechnungsgrundlage für die jährlichen Zinszahlungen, so dass der Besitzer einer solchen Anleihe sowohl seine Kapitalsubstanz als auch seine Zinserträge gegen Inflation schützt.

Betrachten wir ein Zahlenbeispiel, das eine Anleihe von 1.000 € über drei Jahre zu einem jährlichen Nominalzins von 3 % (vereinfacht ohne Zinseszins) betrachtet (Tab. 10.1). Im ersten Fall wird keine, im zweiten Fall eine jährliche Inflationsrate von 2 % unterstellt.

Tab. 10.1: Inflationsindexierte Anleihe

	ohne Inflation		**inflationsindexiert**			
	Anleihe	Zinsertrag	Anleihe, nominal	Anleihe, real	Zinsertrag, nominal	Zinsertrag, real
1. Jahr	1.000	30	1.020,00	1.000	30,60	30
2. Jahr	1.000	30	1.040,40	1.000	31,21	30
3. Jahr	1.000	30	1.061,21	1.000	31,84	30

Garantiert werden in diesem Fall also reale, nicht nominale Erträge. Bei einer konventionellen Anlage sind hingegen die nominalen, nicht die realen Erträge garantiert. Als Patentrezept für eine Geldanlage nach dem Motto „einmal gekauft und dann für die Anlagezeit keine Sorgen" versteht sich diese Anlageform nicht. Vor dem Kauf lohnt es sich die herrschenden Marktbedingungen und die Prognosen zu beachten. Ob sich der Einstieg in inflationsgeschützte Anleihen eher lohnt als beispielsweise in Festzinspapiere, hängt von der Entwicklung der Geldentwertung ab. Nehmen wir an, Sie haben die Wahl zwischen folgenden Anlageformen und erwarten eine Inflationsrate von 2,5 %:

	konventionell	**inflationsindexiert**
Nominalzins	**4 % (garantiert)**	4 %
Realzins	1,5 %	**1,5 % (garantiert)**
Inflationsrate	2,5 % (unsicher)	2,5 % (unsicher)

Bleibt die Inflationsrate – wie erwartet – bei 2,5 Prozent, so erbringen beide Anleihen eine Realverzinsung von 1,5 Prozent. Sollte die tatsächliche Inflation höher als erwartet ausfallen, so ist die inflationsindexierte Anleihe im Vorteil, denn hier erhalten Sie einen garantierten Realzins von 1,5 %. Bei konventionellen Anleihen zehrt die Inflation hingegen einen größeren Teil der Rendite auf, so dass die Realverzinsung unter 1,5 Prozent sinkt. Ist jedoch die Inflation geringer als erwartet, so sind normale Anleihen im Vorteil. Auch hier haben also die Inflationserwartungen eine zentrale Bedeutung.

Indexmiete

Ein bekanntes Beispiel für die Kopplung einer Wertgröße an die Inflationsrate ist die **Indexmiete**. Bezugsgröße ist die jährliche Entwicklung des Verbraucherpreisindex. Die **Staffelmiete** ist hingegen eine Form der Miete, bei der im Vorhinein festgelegt ist, in welchem Umfang sich die Miete zu bestimmten Zeitpunkten erhöht. In der Praxis sind Indexmieten in Deutschland regional unterschiedlich weit verbreitet. Das liegt daran, dass andere Möglichkeiten der Mieterhöhung zumindest dann eine bessere Rendite versprechen, wenn die Höchstwerte des Mietspiegels noch nicht erreicht sind. Von Vorteil für den Mieter ist bei einer solchen Vereinbarung, dass die Lebenshaltungskosten in der Regel eher gering steigen. Nachteilig für den Mieter ist, dass er mit ziemlicher Sicherheit ein Mal pro Jahr mit einer Mietsteigerung rechnen muss. Für den Vermieter ist die Miete hingegen vollständig wertgesichert (Abb. 10.5).

Indexierung soll Vermögenswerte sichern

	Preisindex
2004	103
2008	112
Steigerung	(112–103)/103 = 8,74%

	Miete
2004	1.000,00 €
2008	1.080,74 €
Steigerung	80,74 € (8,74%)

Die Indexierung soll Wertverluste durch eine Kopplung von Vermögenswerten an die Entwicklung der Inflationsrate verhindern.

Abb. 10.5: Indexierung am Beispiel der Miete

Indexklauseln werden häufig dann vereinbart, wenn es sich um längerfristige Verträge handelt. Indexklauseln dürften – bei gegebenen Laufzeiten – umso begehrter sein, je weniger Gewissheit über die künftigen Schwankungen des Geldwerts besteht.

Indexklauseln führen daher zu Verträgen, die sonst vielleicht überhaupt nicht zustande kämen. Konkreter Ausdruck solcher Vereinbarungen in Deutschland sind die **Wertsicherungsklauseln**. Es gibt genehmigungspflichtige und genehmigungsfreie Wertsicherungsklauseln. Beide haben sich vor allem für langfristige Dauerschuldverhältnisse (z. B. Kredite, Miete, Pacht) entwickelt. Die aktuelle Rechtslage finden Sie im **Preisklauselgesetz**.

Lohnindexierung

Die Lohnindexierung war lange Zeit ein Merkmal für Arbeitsmärkte in vielen Ländern. In der Europäischen Union wird sie heute nur noch in Belgien und Luxemburg angewendet. Da Lohnverhandlungen zeitintensiv und mitunter schwierig sind, werden Löhne nicht jeden Monat verhandelt, sondern es werden Verträge überwiegend mit Laufzeiten von einem bis zu drei Jahren geschlossen. Da sich die Preise während dieser Vertragslaufzeit ändern, erfolgt eine Anpassung an die Inflationsrate. Denkbar ist ähnlich wie im Fall der Miete

- die Löhne regelmäßig, z. B. nach einem Quartal, **automatisch** an die Preiserhöhungen dieser Periode anzupassen,
- periodisch **vorangekündigte** Lohnerhöhungen vorzusehen, die auf der erwarteten Inflationsrate basieren (z. B. jedes Halbjahr um 1 %).

Wenn die Inflationsrate mit Sicherheit prognostizierbar wäre, kämen beide Methoden zum gleichen Ergebnis. Schwierigkeiten bereitet diese Prognose jedoch vor allem in Ländern, in denen die Inflation bereits hoch ist. Hier finden sich daher eher Lohnindexierungen als periodisch vorangekündigte Lohnerhöhungen. Die bekannteste Form der Lohnindexierung ist die **Preisniveauindexierung**. Bekanntester Befürworter war der Nobelpreisträger *Milton Friedman*. Theoretischer Hintergrund ist, dass aus Sicht der monetaristischen Denkschule eine Flexibilität der Löhne und Preise eine notwendige Bedingung zur Beseitigung von Funktionsstörungen auf den Arbeits- und Gütermärkten darstellt. In der Praxis sind aber Senkungen der Nominallöhne aufgrund institutioneller Hemmnisse kaum rasch und vollständig durchzusetzen, d. h. die Nominallöhne sind nach unten starr. Eine Lohnindexierung kann hier Abhilfe schaffen, da zwar die Reallöhne konstant bleiben, die Nominallöhne jedoch flexibel sind:

Nachfrage	Preisniveau	Nominallohn	Reallohn
steigt (Aufschwung)	steigt (Inflation)	steigt	konstant
sinkt (Abschwung)	sinkt (Disinflation)	sinkt	konstant

Aus dieser Sicht reduzieren sich die Kosten einer monetären Inflationsbekämpfung durch Kopplung des **Nominallohnes** an das Preisniveau. Die durch eine restriktive Geldpolitik eingeleitete Inflationssenkung wird automatisch an die Lohnzuwächse weitergegeben, d. h. der **Reallohn** bleibt bei einer **Disinflation** konstant. Sind die Nominallöhne hingegen starr, kann es bei einer Disinflation zu einem Anstieg der Reallöhne kommen.

Bei der Beurteilung dieses Instruments in einem **inflationären Umfeld** muss zwischen Nachfrage- und Angebotsschocks unterschieden werden. Im Fall einer **Nachfrageinflation** liegt eine „reine" Inflationsstörung vor. Die Unternehmen können es sich sozusagen „leisten", die gleichen Reallöhne zu bezahlen, da sie die nominalen Lohnerhöhungen auf die Preise überwälzen können. Es kommt dann jedoch zu einer akzelerierenden Inflation.

Anders sieht die Situation im Fall einer **Angebotsinflation** aus. Nehmen wir an, die Rohstoffkosten steigen und die Unternehmen überwälzen diese Kostenerhöhung auf ihre Güterpreise. Die Konsumentenpreise und die Inflationsrate würden zunehmen. Durch eine Indexierung würden anschließend auch die Löhne steigen. Dies würde zu weiteren Preis- und Lohnerhöhungen führen und könnte eine Lohn-Preis-Spirale initiieren. Die Lohnindexierung verkompliziert also die Anpassung einer Volkswirtschaft an Angebotsschocks, die sich graphisch in einer Linksverlagerung der aggregierten Angebotsfunktion zeigt (Abb. 10.6). Gerade in diesen Zeiten ist jedoch eine Flexibilität des Reallohnes notwendig.

Output und Beschäftigung gehen zurück, während das Preisniveau steigt. Je schneller der Reallohn auf einen negativen Angebotsschock reagiert, umso geringer wird der Rückgang des BIP und der Beschäftigung ausfallen. Die Angebotsfunktion verschiebt sich bei einer Reallohnsenkung wieder nach rechts unten, da aufgrund der Reallohnsenkung auch die realen Produktionskosten zurückgehen.

Sind die Reallöhne konstant, ist diese Reaktion nicht möglich. Auch eine expansive **Nachfragepolitik** könnte die Probleme nicht lösen. Sie würde die gesamtwirtschaftliche Nachfragefunktion nach rechts verlagern und zu einer Erhöhung des Preisniveaus führen. Im Fall der Lohnindexierung steigen dann jedoch die Nominallöhne und die Kosten der Unternehmen, so dass sich die Angebotsfunktion weiter nach oben links verlagert. Die ursprüngliche Beschäftigung könnte, wenn überhaupt, nur auf Kosten

Indexierung – die falsche Antwort auf Angebotsschocks

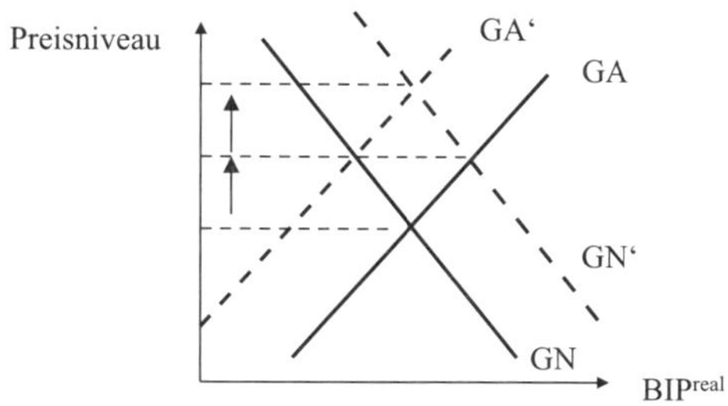

Die Lohnindexierung koppelt die Löhne an die Inflationsentwicklung. Im Fall eines negativen Angebotsschocks kann dies die notwendig Flexibilität der relativen Preise verhindern.

Abb. 10.6: Indexierung und makroökonomische Schocks

eines ständigen Anstiegs des Preisniveaus aufrechterhalten werden. Dieser Sachverhalt ist u. a. in die Diskussion der **Phillips-Kurve** eingeflossen, die den Zielkonflikt zwischen Beschäftigungssteigerung und Rückführung der Inflationsrate zum Gegenstand hat (vgl. dazu Kap. 13).

Eine möglichst breite Indexierung von nominalen Größen (Anleihen, Mieten, Löhnen) macht das Leben mit Inflation auf den ersten Blick leichter, da ein Großteil der Kosten einer unerwarteten Inflation verschwindet. Indexierung kann zwar nicht unmittelbar als Ursache einer Inflation betrachtet werden, jedoch ist die Indexierung häufig in einem inflationären Umfeld zu beobachten. Vor diesem Hintergrund stehen viele Regierungen und Notenbanken einer Indexierung ablehnend gegenüber:

- Wie am Beispiel der Lohnindexierung deutlich gemacht, kann eine Volkswirtschaft schwieriger mit solchen Schocks umgehen, die eine Veränderung der relativen Preise erfordern (z. B. Angebotsschocks).
- Die Indexierung ist in der Praxis technisch schwierig auszugestalten. So müsste in alle Verträge ein zusätzlicher Berechnungsmaßstab eingeführt werden. Eine Indexierung kann jedoch niemals perfekt sein, da es bei der Messung des Preisniveaus Verzerrungen gibt und es bei der Durchführung von Anpassungen zu zeitlichen Verzögerungen kommt. Umstritten ist auch, welcher Preisindex herangezogen werden soll.
- Der politische Wille zur Bekämpfung der Inflation nimmt ab. Eine Indexierung kann nicht die Ursachen der Inflation bekämpfen. Es wird eine reine Symptomtherapie betrieben. Es wird befürchtet, dass die Widerstände gegen Inflation geringer werden, d. h. die Inflation wird institutionalisiert und es entsteht eine **Inflationskultur.**

Preisstopp

Hat sich die Inflation verfestigt, kann ein weiterer Anstieg auf den ersten Blick dadurch unterbunden werden, dass die Preise für alle oder ausgewählte Güter in einem bestimmten Zeitraum behördlich festgelegt werden. **Höchstpreise** dürfen nicht überschritten werden und liegen unterhalb des Niveaus der Preise, das sich bei freier Marktpreisbildung ergeben würde. Ein solcher Preisstopp ist die schärfste Form der politischen Preisbildung. Der Einsatz dieses Instruments ist in einer Marktwirtschaft umstritten, da die Preise ihrer allokativen Funktion beraubt werden. Ein Preisstopp des Staates kann die Inflation allenfalls kurzzeitig verdecken und verschärft Mangelsituationen.

Der Staat muss sich bei der Festlegung von Preisen überlegen, wie die knappen Güter angesichts des Nachfrageüberhangs verteilt werden sollen. Dazu stehen verschiedene Mechanismen bereit. Einige Beispiele:

- **Windhundprinzip:** *„Wer zuerst kommt, mahlt zuerst."* Dieser Mechanismus führt in der Regel zu Warteschlangen. Die Güter erhalten diejenigen, die zuerst kommen, nicht diejenigen, die sie am dringendsten brauchen.
- **Türsteherprinzip:** Die Güter werden nach bestimmten Kriterien zugeteilt. Auch hier geht es nicht gerecht zu, weil Personen gegenüber anderen bevorzugt werden.
- **Kärtchenprinzip:** Der Staat übernimmt die Verteilung von Gütern, indem er Rationierungsmaßnahmen anordnet, z. B. Lebensmittelkarten, Bezugsscheine oder Wartelisten.

Der Nachfrageüberhang lässt sich auch durch eine Ausweitung des Angebots abbauen. Der Staat kann z. B. die Unternehmen durch **Subventionen** zur Produktion anregen. Höchstpreise erfordern einen umfangreichen **Kontrollapparat**. Mittelfristig kann sich das (offizielle) Angebot sogar verringern, wenn Unternehmen angesichts unrentabler Produktion Kapazitäten abbauen. Häufig entstehen parallele **Schwarzmärkte**, auf denen sich die Preise entgegen den staatlichen Vorschriften frei bilden (Abb. 10.7).

Sofern Höchstpreise wirksam sind, bewirken sie eine **Einkommensumverteilung** zugunsten der Konsumenten und zu Lasten der Produzenten. Ein Preisstopp wird daher oft durch einen **Lohnstopp** begleitet, um derartige Umverteilungen zu verhindern. Dies erfordert jedoch einen umfangreichen Kontrollapparat, der erhebliche Ressourcen bindet.

Preisstopp – die unterdrückte Inflation

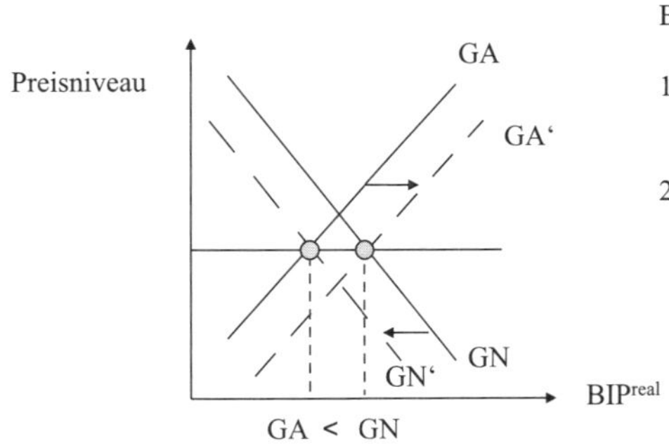

Beseitigung der Unterversorgung

1. Reduzierung der Güternachfrage (GN nach links) z.B. durch Rationierung
2. Ausweitung des Güterangebots (GA nach rechts) z.B. durch Subventionierung

Preisstopps sollen verhindern, dass sich die Inflation fortsetzt. Sie entsprechen ökonomisch Höchstpreisen, die unterhalb von Gleichgewichtspreisen liegen. Es entstehen Schwarzmärkte, da das Angebot hinter der Nachfrage zurückbleibt.

Abb. 10.7: Preisstopp

In der Praxis haben derartige Zwangseingriffe nicht die erhofften Erfolge gezeigt. Nach Aufhebung der Preisstopps kommt es häufig zu hohen Preissteigerungen (**aufgestaute Inflation**). Die Preise holen nach, was zuvor aufgrund staatlicher Auflagen nicht möglich war.

Schlagwörter	• Indexierung • Indexmiete • Wertsicherungsklauseln	• Lohn-, Preisniveauindexierung • Höchstpreise • Preis-, Lohnstopps

10.7 Fallbeispiele zu Kapitel 10

Lösungs- und Bearbeitungshinweise sowie alle Abbildungen dieses Kapitels finden Sie unter: www.vahlen.de

Fallbeispiel 10.1: Quantitätsgleichung (0)

1) Erläutern Sie den Unterschied zwischen der Quantitätsgleichung und der Quantitätstheorie.
2) Das reale BIP eines Landes liegt bei 2.000 Mrd. € und das Preisniveau beträgt 2. Wie groß ist die Inflationsrate, wenn die Notenbank die Geldmenge auf 1.250 Mrd. € erhöht und die Umlaufgeschwindigkeit des Geldes konstant bei 4 liegt?
3) In einer „Bananenrepublik" ist die Inflationsrate um 100 % gestiegen, während die Geldmenge nur um 50 % gewachsen ist. Welche Reaktionen sind im Rahmen der Quantitätsgleichung zu erwarten? Stellen Sie dazu die Quantitätsgleichung in Form von Wachstumsraten dar.

Fallbeispiel 10.2: Geldmengen- und Nachfrageinflation (0)

Eine Volkswirtschaft weist im Jahr 2010 folgende Größen auf:

- BIP^{real} = 2.250 Mrd. €
- UG = 3
- M = 1.500 Mrd. €

1) Wie hoch ist das Preisniveau im Jahr 2010?
2) Die Notenbank erhöht die Geldmenge in den beiden Folgejahren jeweils um 5 %, während das reale BIP jeweils aber nur um 2 % wächst. Wie verändert sich das Preisniveau in den nächsten beiden Jahren?
3) Nehmen Sie an, das reale BIP der Ausgangsperiode könne kurzfristig nicht ausgedehnt werden und bilde die Kapazitätsgrenze der Volkswirtschaft. Bestimmen Sie nun die Auswirkungen einer Erhöhung der Geldmenge von 5 %, wenn die Umlaufgeschwindigkeit weiterhin bei 3 liegt.
4) Worauf ist eine nicht-monetäre Nachfragesoginflation zurückzuführen?

Fallbeispiel 10.3: Angebotsinflation (+)

Die Quantitätsgleichung in einem Land ist gegeben durch folgende Größen:

- M = 1.000 Mrd. €
- BIP^{real} = 2.000 Mrd. €
- P = 1
- UG = 2

1) Um wie viel Prozent muss sich die Geldmenge verändern, wenn das Preisniveau aufgrund verteuerter Rohölpreise um 10 % bei konstanter Umlaufgeschwindigkeit steigt und das reale BIP um 100 Mrd. € sinkt?
2) Wie lässt sich diese Situation graphisch darstellen und begrifflich kennzeichnen? In welchen konjunkturellen Situationen kann die Kosteninflation auftreten?
3) Angenommen sei, dass die Gewerkschaften einen Lohnanstieg von 3 % durchsetzen können, während die Arbeitsproduktivität im gleichen Jahr um 4 % steigt. Kann der Lohnanstieg in diesem Fall ursächlich für inflationäre Prozesse sein?

Fallbeispiel 10.4: Administrierte Preise (+)

1) Was verstehen Sie unter administrierten und administrativen Preisen?
2) Ein Ökonom beobachtet, dass es trotz sinkender oder stagnierender Nachfrage nach Rohöl zu einem Anstieg der Benzinpreise gekommen ist. Erläutern Sie mögliche Ursachen, die in Bezug zu administrierten oder administrativen Preisen stehen.
3) Welche Güter unterliegen der direkten, teilweisen oder quasi-administrativen Preisbildung:
   - Rundfunkgebühren
   - Beiträge zur Krankenversicherung
   - Kindergartenbeiträge
   - Miete für Sozialwohnungen
   - Tabak
   - Strom
   - Kaffee
   - Wasserpreise
4) Die administrative Preisbildung kann die Inflation forcieren oder geringer erscheinen lassen, als sie eigentlich ist. Erläutern Sie diesen Satz.

Fallbeispiel 10.5: Preis-Lohn-Spirale (+)

1) Erläutern Sie mögliche Ursachen einer Lohn-Preis-Spirale von der Nachfrage- bzw. Angebotsseite einer Volkswirtschaft aus betrachtet.
2) Sollten wir nicht besser von einer Preis-Lohn-Spirale als von einer Lohn-Preis-Spirale sprechen?
3) Von welchen Rahmenbedingungen ist die Existenz und Dauer einer Lohn-Preis-Spirale abhängig?
4) Der Präsident der Notenbank appelliert mit Blick auf eine mögliche Lohn-Preis-Spirale in einer Rede an die Verantwortung des Staates, der Unternehmen und der Tarifpartner. Interpretieren Sie diese Aussage.

Fallbeispiel 10.6: Importierte Inflation (+)

1) Folgende Daten sind gegeben:
   - Anstieg des inländischen Preisniveaus: 5 %
   - Anstieg der Importpreise: 8 %
   - Importquote: 20 %

   Berechnen Sie den Einfluss der importkostenbedingten Inflation auf die inländische Inflationsrate in Prozentpunkten und in Prozent.
2) Unterstellen Sie, dass die Inflationsraten in Nicht-EWU Staaten regelmäßig höher als in Deutschland sind. Wie lässt sich in diesem Fall eine importiere Inflation beschreiben? Um welchen Inflationstyp handelt es sich?
3) Welche Bedeutung haben feste bzw. flexible Wechselkurse für den Import von Inflationen, die durch eine höhere Auslandsnachfrage ausgelöst werden?

Fallbeispiel 10.7: Indexierung und Inflationsbekämpfung (++)

1) In einer Ökonomie liegt das Preisniveau bei 2 und der durchschnittliche Nominallohn im Monat bei 2.000 €. Im nächsten Jahr verdoppelt sich das Preisniveau auf 4. Vervollständigen Sie die nachfolgende Tabelle:

Preisniveau	Indexierung	Nominallohn	Reallohn
4	Vollständig		
4	Keine		
4	50 %		

2) Wieso lassen sich die monetären Kosten der Inflationsbekämpfung durch eine Lohnindexierung reduzieren?
3) Erläutern Sie in einem Preis-Mengendiagramm die Auswirkungen einer Lohnindexierung, wenn:
   a) die Ursachen inflationärer Prozesse auf der Nachfrageseite und hier in einer exzessiven staatlichen Ausgabenerhöhung liegen und
   b) die Inflation durch angebotsseitige Faktoren und hier durch eine Erhöhung der Rohölpreise ausgelöst wird.

Fallbeispiel 10.8: Preisstopp und Inflationsbekämpfung (+)

Die Quantitätsgleichung in einem Land ist gegeben durch folgende Größen:

- M = 1.000 Mrd. €
- BIP^{real} = 2.000 Mrd. €
- P = 1
- UG = 2

1) Im Laufe der Zeit ergibt sich ausgehend von den genannten Größen eine Lohn-Preis-Spirale, die zu einer galoppierende Inflation von 50 % im Jahr, zu einer Stagnation des realen BIP und zu einer Ausweitung der Geldmenge um 25 % führt. Vervollständigen Sie die Quantitätsgleichung.
2) Aufgrund der galoppierenden Inflation verhängt die Regierung mit Blick auf die Situation in 1) einen Preisstopp, die Notenbank friert die Geldmenge auf dem Niveau des Vorjahres ein und das reale BIP sinkt um 10 %. Berechnen und interpretieren Sie das Ergebnis auf Basis der Quantitätsgleichung.
3) Stellen Sie einen Preisstopp in einem Preis-Mengen-Diagramm graphisch dar. Halten Sie einen Preisstopp für ein geeignetes Mittel der Inflationsbekämpfung?

Kapitel 11: Europäische Wirtschafts- und Währungsunion

Inhaltsübersicht

Lernzielorientierte Sachverhalte

- Die Errichtung der EWU und die Einführung des Euro ist ein ökonomisches Jahrhundertprojekt, das weltweit ohne Vorbild ist. Die monetäre Integration ist damit in einigen Ländern der EU abgeschlossen. Es fehlt noch eine weitergehende wirtschaftspolitische Integration.
- Die ökonomische Theorie hat Kriterien entwickelt, mit denen sich beurteilen lässt, ob und inwieweit die EWU als optimaler Währungsraum einzuordnen ist.
- In einer Währungsunion stehen Zinsen und Wechselkurse nicht mehr als nationale Instrumente bereit, wenn eine Volkswirtschaft von einem makroökonomischen Schock betroffen ist. In diesem Fall müssen andere Mechanismen die Anpassungslast übernehmen.
- Die Konvergenzkriterien des Maastricht-Vertrages formulieren die Hürden, die ein Staat überspringen muss, um an der EWU teilnehmen zu können. Auch nach Beitritt eines Staates müssen diese Kriterien erfüllt werden.
- Das Europäische System der Zentralbanken (ESZB) ist verantwortlich für die Geldpolitik in der EWU und für die Gewährleistung der Preisniveaustabilität. Diese Aufgabe hat Priorität und Verfassungsrang.
- Von zentraler Bedeutung für den Erfolg der Geldpolitik ist die Unabhängigkeit der Notenbank. In der EWU sind sehr weitgehende Regelungen getroffen worden, damit die Notenbank ihre Verfassungsaufgabe ohne Einfluss von Dritten wahrnehmen kann.

11.1 Die EWU als optimaler Währungsraum

Die Europäische Währungsunion ist das bisher ehrgeizigste Projekt der **regionalen Integration** von Volkswirtschaften. Ökonomisches Ziel von Integrationsvorhaben ist es, die Potentiale des intraregionalen Handels auszuschöpfen und Wohlfahrts- und Wettbewerbsvorteile zu erzielen. Regionale Integrationsvorhaben unterscheiden sich nach Umfang und Intensität (Tab. 11.1). Die **Freihandelszone** ist durch Zollfreiheit und den Abbau mengenmäßiger Beschränkungen (z. B. Export- und Importkontingente) zwischen den Mitgliedsländern gekennzeichnet. Ergebnis ist ein freier Warenverkehr. Die Europäische Freihandelszone (European Free Trade Association, EFTA) wurde bereits 1960 gegründet. Die **Zollunion**, die in Westeuropa 1968 errichtet wurde, erweitert die Freihandelszone um das Element gemeinsamer Außenzölle gegenüber Drittstaaten.

Tab. 11.1: Regionale Integrationsformen

Regionale Integrationsformen	(1)	(2)	(3)	(4)
Freihandelszone	X	–	–	–
Zollunion	X	X	–	–
Gemeinsamer Markt	X	X	X	–
Wirtschafts- und Währungsunion	X	X	X	X

(1) Abbau von Zöllen, mengenmäßigen Beschränkungen
(2) Gemeinsamer Außenzoll gegenüber Drittstaaten
(3) Mobilität von Kapital und Arbeit, Dienstleistungs- und Niederlassungsfreiheit
(4) Gemeinsame Währung und Abstimmung der Wirtschaftspolitik

Mit der Errichtung des **Europäischen Binnenmarktes** zum 1.1.1993 sind mit der Mobilität von Waren, Dienstleistungen, Arbeit und Kapital die vier grundlegenden Freiheiten vollendet. Diese Integration findet in der **EWU** und der Einführung der Gemeinschaftswährung Euro zum 1.1.1999 ihren Höhepunkt (Abb. 11.1). Zum 1. März 2002 haben die nationalen Währungen ihren Status als gesetzliches Zahlungsmittel verloren. Die politischen Entscheidungsträger haben sich für einen Weg entschieden, der über eine währungspolitische Integration die politische Integration in der EU beschleunigen soll (**Grundsteintheorie**). Dieser Ansatz ist nicht unumstritten, denn vielfach wird die Auffassung vertreten, dass die währungspolitische Integration erst nach einer politischen Integration angestrebt werden sollte (**Krönungstheorie**).

Währungsreform und -union

In Deutschland sind im Vorfeld der EWU Vorbehalte gegen die Einführung einer europäischen Währung geäußert worden, die u. a. auf historischen Erfahrungen beruhen. Die **Währungsreformen** der Jahre 1923 und 1948 haben tiefe Spuren und Inflationsängste hinterlassen. Der wirtschaftliche Aufstieg der Bundesrepublik Deutschland nach dem II. Weltkrieg ist hingegen untrennbar mit der Erfolgsgeschichte einer „stabilen" D-Mark verknüpft. Die Aufgabe der eigenen Währung im Zuge der **Währungsunion** fällt einer an Preisniveaustabilität gewohnte Volkswirtschaft nicht leicht.

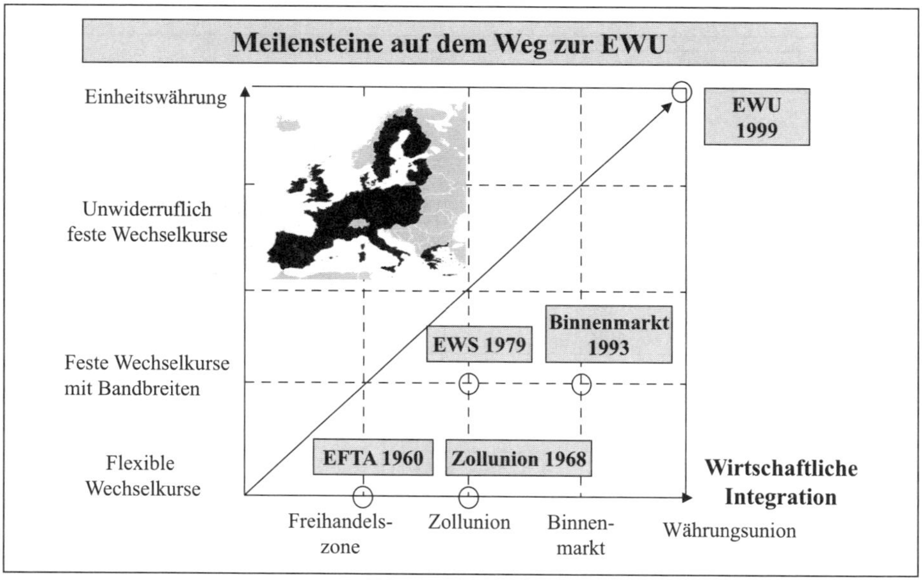

Abb. 11.1: Wirtschaftliche und monetäre Integration in Europa

Eine **Währungsreform** ist die Neugestaltung der Geldordnung und Geldverfassung. Sie erfolgt dann, wenn die wesentlichen Funktionen des Geldes nicht mehr erfüllt werden. Die Umstellung der nationalen Währungen auf den Euro ist geldtechnisch betrachtet eine **Währungsumstellung** und ein buchungstechnischer Vorgang (Tab. 11.2). Alle Bestands- und Stromgrößen (z. B. Einkommen, Vermögenswerte) in nationaler Währung werden zum selben Kurs in Euro umgerechnet.

Tab. 11.2: Währungsreform 1949 und EWU 2002

Aktiva	Währungsreform 1949 (Reichsmark gegen DM)	Währungsunion 2002 (DM gegen €)
Laufende Zahlungen (Löhne, Renten)	1 : 1	1,95583 : 1
Geldvermögen (Lebensversicherungen, Wertpapiere)	10 : 1	1,95583 : 1
Bankeinlagen	15,4 : 1	1,95883 : 1

Am 31.12.1998 wurden die fixierten Umrechnungskurse der nationalen Währungen zum Euro bekanntgegeben (Abb. 11.2; Box 11.1). Durch eine **Währungsumstellung** bleibt der Realwert sowohl der Ersparnisse als auch der Einkommen erhalten und es ändert sich lediglich die Recheneinheit. Eine **Währungsunion** ist ein Zusammenschluss souveräner Staaten mit zuvor getrennten Währungen zu einem einheitlichen Währungsgebiet. Zwei Wege stehen dazu offen:

- eine Währungsunion mit unwiderruflich festgelegten Wechselkursen zwischen verschiedenen Währungen, die aber bestehen bleiben,
- oder eine Währungsunion mit einheitlicher Währung, die nationale Währungen ablöst.

Historische Umrechnungskurse

	1 € entspricht	
1. Belgien	BEF	40,3399
2. Deutschland	DEM	1,95583
3. Spanien	ESP	166,3861
4. Frankreich	FRF	6,5595
5. Irland	IEP	0,7875
6. Italien	ITL	1936,2787
7. Luxemburg	LUF	40,3399
8. Niederlande	NLG	2,2037
9. Österreich	ATS	13,7603
10. Portugal	PTE	200,4827
11. Finnland	FIM	5,9456

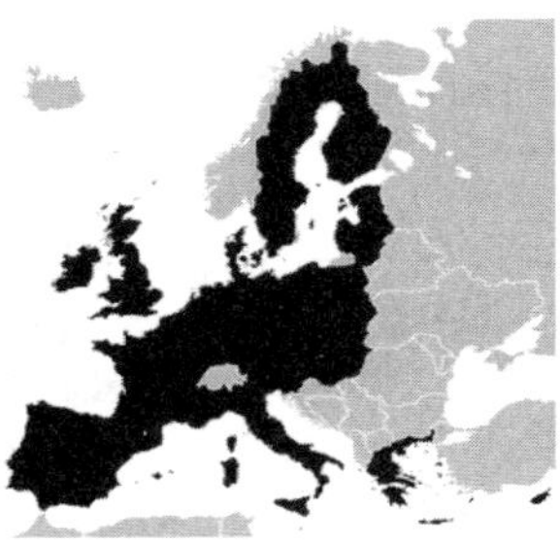

Abb. 11.2: Historische Euro-Umrechnungskurse der EWU-Staaten zum 1.1.1999

Die Staaten der EU haben im **Innenverhältnis** Vorteile aus festen Wechselkursen gesucht und waren bereit, auf eine eigenständige Währungs- und Geldpolitik zu verzichten. Mit dem Inkrafttreten der Währungsunion werden über 60 % des Außenhandels der Mitgliedstaten zum Binnenhandel. Es entsteht ein mit den USA vergleichbarer Wirtschaftsraum, dessen Außenhandel 10 bis 12 % des BIP entspricht. Mit flexiblen Wechselkursen besteht im **Außenverhältnis** der EU ein Währungswettbewerb zwischen Euro, US-$ und Yen hinsichtlich der Anerkennung als international akzeptierte Reserve-, Handels- und/oder Leitwährung.

Box 11.1: DM/Euro – Die Festlegung von Wechselkursen in der EWU		
1. Schritt	DM-Betrag im Euro-Währungskorb	0,6242 DM
2. Schritt	DM-US-$ Wechselkurs (Preisnotierung) am 31.12.1998	1,6763 DM/US-$
3. Schritt	Gegenwartswert (GG) des nationalen Währungsbetrages in US-$	0,6242 DM/1,6763 DM/US-$ = 0,3723677 US-$ = GG
4. Schritt	Schritte 1 bis 3 für alle im Euro-Währungskorb enthaltenen Währungen	ΣGG_i = 1,16675 US-$/€
5. Schritt	Ermittlung des Wechselkurses DM zum € durch Multiplikation von (4) und (2)	1,6763 DM/US-$ × 1,16675 US-$/€ **= 1,95583 DM/€**

Schlagwörter		
	• regionale Integrationsformen • Grundsteintheorie • Krönungstheorie	• Währungsreform • Währungsunion

11.1.1 Asymmetrische Schocks und Anpassungsmechanismen

Anhaltspunkte zur Beurteilung des Reifegrades der EWU liefert die **Theorie optimaler Währungsräume,** die u. a. von *Robert Mundell* entwickelt wurde. Im Jahre 1999 erhielt er den Nobelpreis *„für seine Analyse der Geld- und Fiskalpolitik in verschiedenen Wechselkurssystemen und für seine Analyse optimaler Währungsgebiete"* (zum Mundell-Fleming-Modell vgl. Kap. 22). Die Optimalität eines Währungsraumes bemisst sich an der Fähigkeit, ein externes Gleichgewicht bei gleichzeitiger Erreichung binnenwirtschaftlicher Ziele herbeizuführen. Dazu stehen neben aktiven finanzpolitischen Maßnahmen vor allem Zinsen, Wechselkurse, Güterpreise und Löhne als Anpassungsmechanismen bereit. Ausgangspunkt für die Beurteilung ihrer Wirksamkeit ist die Untersuchung im Fall asymmetrischer Schocks. Dabei kann es sich um kurzfristige Veränderungen auf der Nachfrageseite (z. B. Veränderungen der Exportnachfrage) oder der Angebotsseite (z. B. Auswirkungen von Ölpreisveränderungen) handeln. Wir wollen diese Überlegung anhand eines Beispiels vorstellen.

Asymmetrischer Nachfrageschock

Wir betrachten zwei Länder, die beide ein Gut (hier: PKW) erzeugen. Angenommen sei, dass die in B hergestellten PKW gegenüber den in A-Land produzierten PKW bevorzugt werden. Dieser **asymmetrische Schock** führt zu einem Rückgang der Nachfrage in A-Land, zu einem Anstieg der (konjunkturellen) Arbeitslosigkeit und einem Außenhandelsdefizit. In B-Land dagegen steigt die (nachfragebedingte) Inflationsrate. Die Geld- bzw. Wechselkurspolitik könnte im Fall getrennter Währungsgebiete zur Abmilderung der Probleme beitragen (Abb. 11.3):

- Eine restriktive Geldpolitik (z. B. durch Anhebung der Leitzinsen) könnte die Inflation in B-Land senken. In A-Land wäre eine expansive Geldpolitik in der Lage, der Wirtschaft positive Impulse zu verleihen.
- Eine Abwertung der Währung von A-Land gegenüber der Währung von B-Land würde die Wettbewerbssituation von A-Land verbessern. Die Exportgüter würden relativ preiswerter, die Auslandnachfrage würde steigen und die Arbeitslosigkeit ginge zurück. In B-Land würde die Aufwertung der Währung die Inflationsimpulse aus dem Ausland durch Verbilligung der Importgüter abschwächen. Die Verteuerung der Exportgüter würde der Überhitzung der Konjunktur entgegenwirken.

In einer Währungsunion stehen diese Instrumente auf nationaler Ebene nicht mehr zur Verfügung, so dass andere Instrumente die Anpassungslasten übernehmen müssen. In diesem Zusammenhang ist zwischen Niveau- und Struktureffekten zu unterscheiden. Niveaueffekte beziehen sich auf die Höhe der Veränderungen von makroökonomischen Größen, z. B. des Einkommens oder des Outputs. Struktureffekte meinen die Verteilung dieser Veränderungen auf die Länder der Währungsunion.

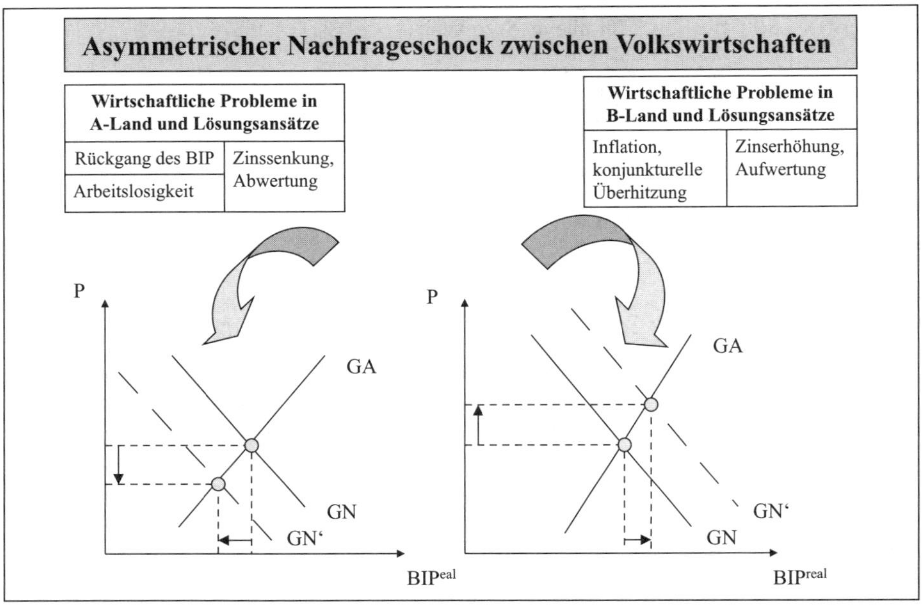

Abb. 11.3: Asymmetrischer Nachfrageschock zwischen Volkswirtschaften

Anpassungsmechanismen in einer Währungsunion

Expansive Geldpolitik: Im Außenverhältnis ist zunächst zu klären, wie sich die Währung des Währungsraums gegenüber Währungen von Drittstaaten verändert. Unterstellen wir, dass es aufgrund der expansiven Geldpolitik zu einer Zinssenkung kommt, die den Zins unterhalb des Weltmarktzinssatzes drückt. Im Fall vollständiger Kapitalmobilität und flexibler Wechselkurse kommt es zu einer Abwertung der Inlandswährung, die im Normalfall zu einer Verbesserung der Nettoexporte des Währungsraums gegenüber Drittstaaten führen kann (vgl. Kap. 21). Es kommt also zu einer Erhöhung des Einkommensniveaus in einer Währungsunion. Wie sich dieser Effekt auf die Länder der EWU verteilt, ist ohne nähere Informationen nicht zu klären.

Bezogen auf das Innenverhältnis kann die Notenbank nur noch eine einheitliche Geldpolitik für den Währungsraum betreiben. Damit lässt sich ein bestehendes Konjunkturgefälle zwischen A-Land und B-Land nicht beseitigen. Die Notenbank steht vor einem Zielkonflikt:

Gemeinsame Geldpolitik	A-Land	B-Land
expansiv	BIP steigt	Inflation steigt weiter
restriktiv	BIP sinkt weiter	Inflation sinkt

Expansive Finanzpolitik: Auch hier bleibt zunächst zu diskutieren, wie sich die Währung des Währungsraums gegenüber der Währung von Drittstaaten verändert. Zudem ist zwischen einem aktiven Land (z. B. B-Land) und einem passiven Land (z. B. A-Land) zu unterscheiden. Wir unterstellen, dass beide Länder in etwa gleich groß sind.

Aufgrund der expansiven Finanzpolitik des aktiven Landes kommt es zu einer Stimulierung der Gesamtnachfrage (Abb. 11.4, Punkt 1). Kurzfristig kann es zu **Zinssteigerungen** in A-Land und zu Kapitalzuflüssen aus B-Land kommen. Zinssteigerungen können dann zu einer **Aufwertung** der gemeinsamen Inlandswährung gegenüber Drittstaaten führen, so dass die Nettoexporte aller am Währungsraum beteiligten Länder zurückgehen. Das aktive Land kann seine Position zu Lasten des passiven Landes verbessern. Es wird also ein Konjunkturgefälle aufgebaut, das aber mit Nachteilen einhergeht. Es liegt eine Spielart der **beggar-my-neighbour-policy** vor (englisch: den Nachbarn zum Bettler machen). Somit besteht ein Anreiz auch für A-Land auch eine aktive Finanzpolitik zu betreiben, zumal keine nationale Verantwortung für die Erreichung des Ziels Preisniveaustabilität besteht. Die staatliche Stimulierung der Nachfrage in der EWU hat auch aus diesem Grund **Verschuldungsgrenzen** zu berücksichtigen, die durch Konvergenzkriterien und den Stabilitätspakt gesetzt werden (vgl. dazu Kap. 8).

Transferleistungen: Denkbar wären in einer Währungsunion **Transferleistungen** von B-Land („reiches" Land) zu A-Land („armes" Land), das infolge des asymmetrischen Schocks von Arbeitslosigkeit und Rückgang des BIP betroffen ist. Dies provoziert Verteilungskonflikte zwischen Geber- und Empfängerländern. Transferleistungen können zudem falsche Anreize setzen und zu einer Transfermentalität führen, die dauerhaft nicht finanzierbar ist.

Veränderung der relativen Preise: Sinkt die Nachfrage nach Gütern von A-Land und steigt sie in B-Land, können wir erwarten, dass die **relativen Preise** in A-Land fallen und in B-Land steigen. Preisveränderungen übernehmen die Funktion der Wechselkurse (Abb. 11.4, Punkt 2).

Diesen Aspekt wollen wir uns etwas genauer anschauen. Dazu nehmen wir an, dass die Veränderung des Wechselkurses (Δw) langfristig die Inflationsunterschiede zwischen zwei Ländern wiederspiegelt, d. h. die relative Kaufkraftparität gilt (vgl. dazu Kap. 21).

(1) $\Delta w = \Delta P^{A\text{-}Land} - \Delta P^{B\text{-}Land}$

Wir unterstellen, dass sich die Preisbildung in beiden Ländern durch ein Aufschlag (∂) auf die Kosten ergibt, die im Wesentlichen aus den Lohnkosten bestehen. Zu berücksichtigen bleibt das Verhältnis der Lohnsätze (ls) zur Arbeitsproduktivität (μ), d. h. die Lohnstückkosten. Für A-Land gilt daher (entsprechend für B-Land):

(2) $P^{A\text{-}Land} = \partial \times (ls/\mu)$

Nehmen wir an, dass der Aufschlagsatz unverändert bleibt. Dann ergibt sich für die Preisbildung in A-Land ausgedrückt in Veränderungsraten:

(3) $\Delta P^{A\text{-}Land} = \Delta ls^{A\text{-}Land} - \Delta\mu^{A\text{-}Land}$

Die Veränderung des Wechselkurses in einer Währungsunion ist definitionsgemäß Null, so dass es mittelfristig zu einer Angleichung der Inflationsraten zwischen zwei Ländern kommen muss:

(4) $\Delta w = 0 = \Delta P^{A\text{-}Land} - \Delta P^{B\text{-}Land}$ oder

(5) $\Delta ls^{A\text{-}Land} - \Delta\mu^{A\text{-}Land} = \Delta ls^{B\text{-}Land} - \Delta\mu^{B\text{-}Land}$

Wenn sich nun die Arbeitsproduktivitäten zwischen A-Land und B-Land unterscheiden ($\Delta\mu^{A\text{-}Land} = \Delta\mu^{B\text{-}Land}$), muss sich dies auch in den Lohnsätzen der Länder niederschlagen ($\Delta ls^{A\text{-}Land} = \Delta ls^{B\text{-}Land}$). Ansonsten kommt es zu einer Erhöhung der Lohnstückkosten mit entsprechend nachteiligen Konsequenzen für die Wettbewerbsfähigkeit eines Landes. Für die Lohn- und Tarifpolitik in der Währungsunion heißt dies, dass eine Angleichung der Löhne bei der Existenz von Produktivitätsunterschieden zwischen den EU-Staaten nicht angestrebt werden sollte. Will A-Land seine Arbeitslosigkeit verringern und die Beschäftigungssituation dauerhaft verbessern, müssen die Lohnabschlüsse hinter dem Produktivitätsfortschritt zurückbleiben. Nur längerfristig lassen sich die Arbeitsproduktivitäten angleichen, z. B. indem die einzelnen Länder mit Sach- und Humankapital ausgestattet werden oder durch technisch-organisatorischen Fortschritt die Produktivität der Arbeitnehmer erhöht wird.

Migration der Arbeitskräfte: Wenn die Nachfrage nach Gütern in A-Land abnimmt und die Arbeitslosigkeit steigt, dann könnten Arbeitslose nach B-Land wandern (**Migration**) und für einen Ausgleich der asymmetrischen Schocks sorgen. Bekannt ist dieser Mechanismus z. B. aus den USA. Geht es einem Bundesstaat konjunkturell „schlecht" und ist die Arbeitskräftemobilität hoch, wandern die Arbeitskräfte in die Bundesstaaten, denen es besser geht.

Allerdings könnte durch die Wanderung von Arbeitskräften das BIP in A-Land sinken (Abb. 11.4, Punkt 3). Denkbar wäre auch eine Reduzierung der Angebotskapazitäten (Abb. 11.4, Punkt 4). In der EWU ist die **Arbeitskräftemobilität** aufgrund der sprachlichen Barrieren eher gering. Selbst innerhalb einzelner EWU-Länder ist die Arbeitskräftemobilität nicht stark ausgeprägt und die Arbeitsmärkte sind rigide strukturiert.

Wie auf asymmetrische Schocks reagiert werden kann

Mundell, Robert A.
1932 – (Kanada)
© Nobel Foundation

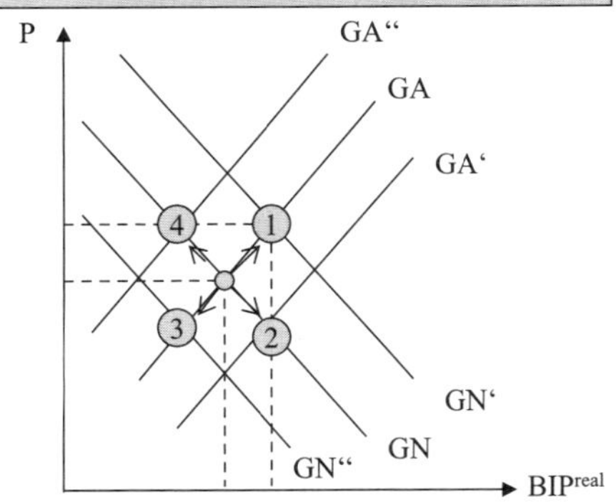

Wirtschaftliche Probleme in A-Land und Lösungsansätze	
Rückgang des BIP, Arbeitslosigkeit	1. Stimulierung der Binnennachfrage
	2. Flexible Preise und Löhne
	3. Migration von Personen
	4. Abbau von Kapazitäten

Abb. 11.4: Anpassungsmechanismen in einer Währungsunion

Offenheit und Exportvielfalt einer Volkswirtschaft

Zu fragen ist, wie anfällig einzelne Volkswirtschaften für asymmetrische Nachfrageschocks überhaupt sind. *Ronald Mc Kinnon* hat 1963 den **Offenheitsgrad** einer Volkswirtschaft in die Diskussion eingebracht. Je größer das Verhältnis von handelbaren zu nicht-handelbaren Gütern ist, desto weniger effektiv lässt sich ein flexibler Wechselkurs als Anpassungsinstrument nach einem asymmetrischen Schock einsetzen. Nehmen wir an, A-Land wird von einem Nachfragerückgang nach seinem wichtigsten Exportgut „PKW" betroffen. Eine Abwertung könnte zur Stimulierung der ausländischen Nachfrage beitragen. Gleichzeitig würden jedoch die importierten Vorleistungen und Güter teurer. Inländische Güter werden durch die Abwertung also erst billiger, dann durch eine importierte Inflation wieder teurer. Im Extremfall einer vollständig offenen Ökonomie würde eine Währungsabwertung (z. B. um 5 %) eine proportionale Veränderung des Preisniveaus bewirken, d. h. die inländischen Preise sind relativ instabil. Je kleiner und offener eine Volkswirtschaft ist (z. B. Niederlande, Belgien), desto lohnender ist der Beitritt zu einer größeren Währungsunion mit relativ stabileren Preisen.

Peter Kenen hat 1969 das Kriterium der **Exportdiversifikation** eingeführt. Störungen der Exportnachfrage gleichen sich bei einer diversifizierten Produktionsstruktur und Unabhängigkeit der einzelnen Störungen zumindest teilweise aus, so dass die Exporterlöse relativ stabil bleiben. Ein Nachfragerückgang bei einzelnen Exportgütern führt gesamtwirtschaftlich dann nur zu einer geringeren Arbeitslosigkeit. Die Erfordernis von Wechselkursanpassungen tritt folglich vor allem bei Volkswirtschaften mit einer gering diversifizierten Exportstruktur auf.

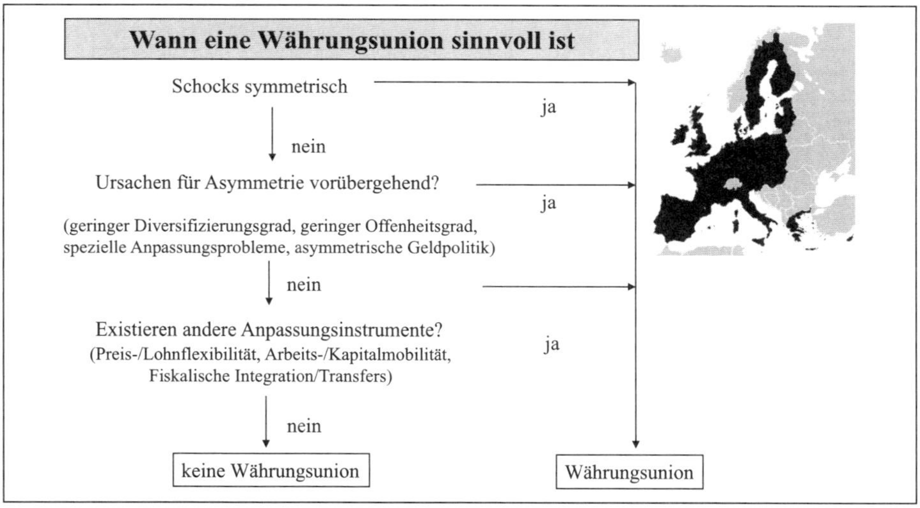

Abb. 11.5: Argumente gegen und für die Errichtung einer Währungsunion

Zusammenfassend ist die EWU gemessen an ökonomischen Kriterien nicht eindeutig als optimaler Währungsraum zu klassifizieren (vgl. Tab. 11.3). Zwar weist die Mehrzahl der Mitgliedstaaten eine diversifizierte Exportstruktur auf und die Volkswirtschaften sind offen. Im Rahmen der nationalen Finanzpolitik, der Lohn- und Preisflexibilität sowie der Arbeitskräftemobilität sind jedoch Beschränkungen vorhanden, die eine Anpassung an sektorale Probleme zumindest erschweren können.

Schlagwörter	• asymmetrische Schocks • Anpassungsmechanismen in einer Währungsunion	• Exportdiversifikation • Arbeitskräftemobilität

Tab. 11.3: Kriterien eines optimalen Währungsraums

Kriterium	wichtiges Element	Erfordernis	Realisierungsgrad in der EWU
makroökonomische Stabilisierung	Geldpolitik	Integration der nationalen Geldpolitiken; homogene Präferenzen der Inflationsbekämpfung	Integration formal erfüllt (ESZB); heterogene Einstellungen zur Inflationsgefahr
	Fiskalpolitik	Angleichung der Fiskalpolitik	formale Regeln zur Staatsverschuldung liegen vor; jedoch Haushaltssouveränität in jedem Mitgliedsland
Flexibilität von Arbeits- und Gütermärkten	Faktormobilität	hohe Mobilität des Faktors Arbeit	formal möglich; jedoch aufgrund kultureller und sprachlicher Hindernisse geringe Mobilitätsbereitschaft
	Lohnfindung	Flexibilität von Löhnen	keine Flexibilität nach unten (Mindestlöhne) in nahezu allen EWU-Ländern
Handelsverflechtung und Integration	Offenheit	hoher Anteil handelbarer Güter	intensive Handelsverflechtung gegeben
	Branchenstruktur	Diversifizierung der Produktions-, Exportstruktur	teilweise gegeben
	Finanzmärkte	hohes Maß an Integration	gegeben

11.1.2 Kosten und Nutzen einer Währungsunion

Auch eine Währungsunion lässt sich einer Kosten-Nutzen Analyse unterziehen. Eine Währungsunion ist dann vorteilhaft, wenn die Kosten unterhalb des Nutzens liegen. Die makroökonomischen **Kosten** bestehen in einem Verlust der nationalen Wechselkurs- und Geldpolitik. Dieser Verlust wiegt umso geringer, je höher der Grad der wirtschaftlichen Verflechtung ist. Die Beziehung zwischen Handelsintensität und Kosten einer Währungsunion ist folglich negativ (Kostenkurve K_1, Abb. 11.6).

Stehen einige der zuvor genannten Anpassungsmechanismen bereit (z. B. flexible Löhne und Preise, Transfersystem), dann verschiebt sich die Kostenkurve nach unten (K_2). Bei einem gegebenen Grad an Handelsintegration fallen die Kosten der Einheitswährung geringer aus. Zu berücksichtigen bleiben ferner die Einführungskosten einer neuen Währung sowie die damit verbundenen Umstellungskosten z. B. für Unternehmen und Konsumenten.

Für diejenigen Länder, die vor Gründung einer Währungsunion hohe Inflationsraten hatten, kann die Übernahme einer stabilen Währungsunion vorteilhaft sein. Aber auch Länder, die stets relativ geringe Inflationsraten aufwiesen, z. B. Deutschland, können profitieren. Die Vorteile sind weniger makroökonomischer Natur, sondern bestehen vorwiegend in **mikroökonomischen Effizienzgewinnen**. Dazu zählen:

- Wegfall von Transaktionskosten im Zusammenhang mit dem Umtausch von Währungen (geschätzter Vorteil: 0,3 %–0,4 % des EU-BIP),
- erhöhte Preistransparenz im Währungsraum durch den Ausweis von Güterpreisen in einheitlicher Währung,

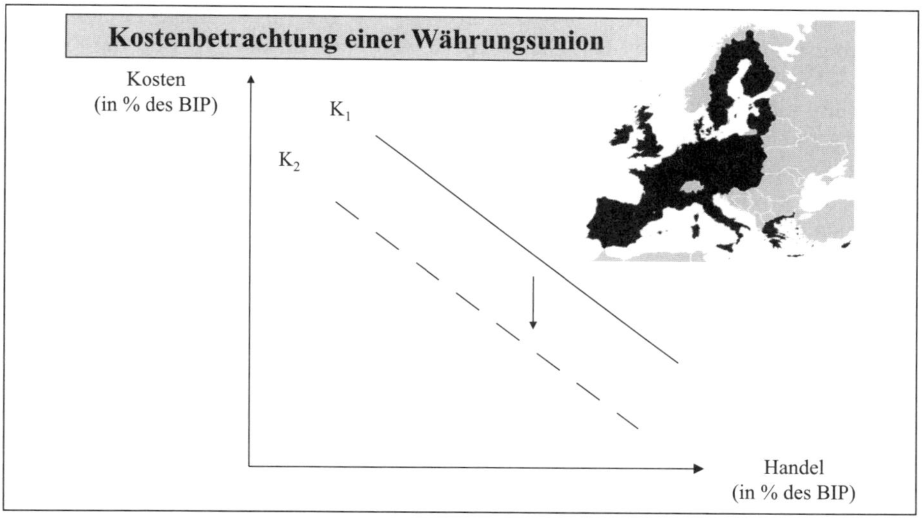

Abb. 11.6: Kostenfunktion einer Währungsunion
Quelle: de Grauwe, 2009

- höheres internationales Gewicht einer Gemeinschaftswährung,
- Wachstumseffekte des gemeinschaftlichen Handels durch Wegfall des Wechselkursrisikos.

Diese Effizienzgewinne sind umso höher, je intensiver der **Handel** zwischen den Mitgliedstaaten eines Währungsraums ist. Es ist anzunehmen, dass die absolute Höhe der Transaktionskosten positiv vom Handelsvolumen abhängt. Für diejenigen Länder, die durch eine Gemeinschaftswährung eine Stabilisierung ihres Preisniveaus erreichen, ist der Nutzen bei einem gegebenen Handelsvolumen höher. Grafisch entspricht dies einer Verschiebung der Nutzen-Kurve nach oben (in Abb. 11.7 von N_1 nach N_2).

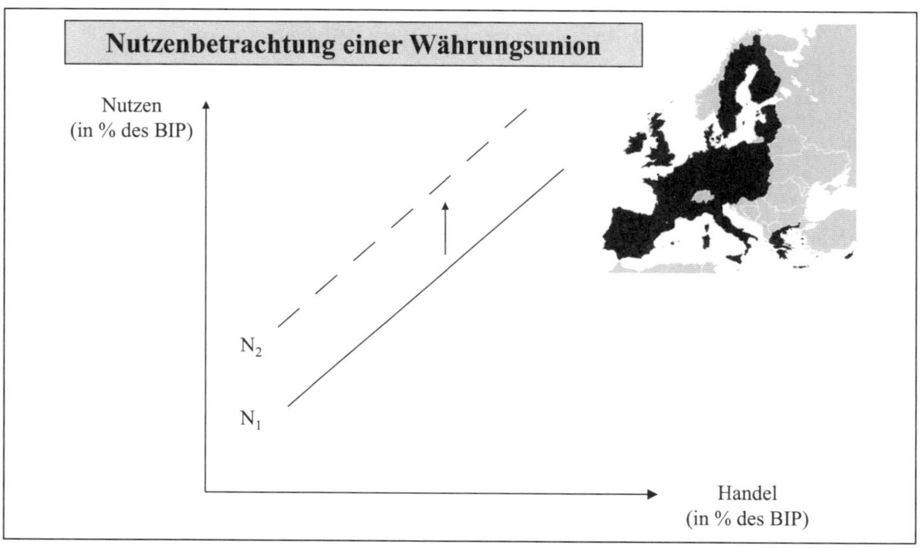

Abb. 11.7: Nutzenfunktion einer Währungsunion
Quelle: de Grauwe, 2009

Sofern die Nutzen die Kosten übersteigen, wäre der Beitritt zu einem einheitlichen Währungsraum vorteilhaft. Hat ein Land z. B. die Nutzen-Kurve N_1 und die Kosten-Kurve K_1, wäre ein Beitritt ab einem Handelsvolumen von H_1 zu empfehlen (Abb. 11.8). Ist die Situation durch die Nutzen-Kurve N_2 und die Kosten-Kurve K_2 gegeben, ist der Beitritt sogar zu einem geringeren Handelsvolumen von $H_2 < H_1$ lohnenswert. Was grafisch gut nachvollziehbar ist, steht in der Praxis vor dem Problem, die **Kosten-Nutzen-Kurven** für ein Land empirisch zu ermitteln. Dennoch liefern die Kriterien wichtige Argumente zur Beurteilung einer Währungsunion.

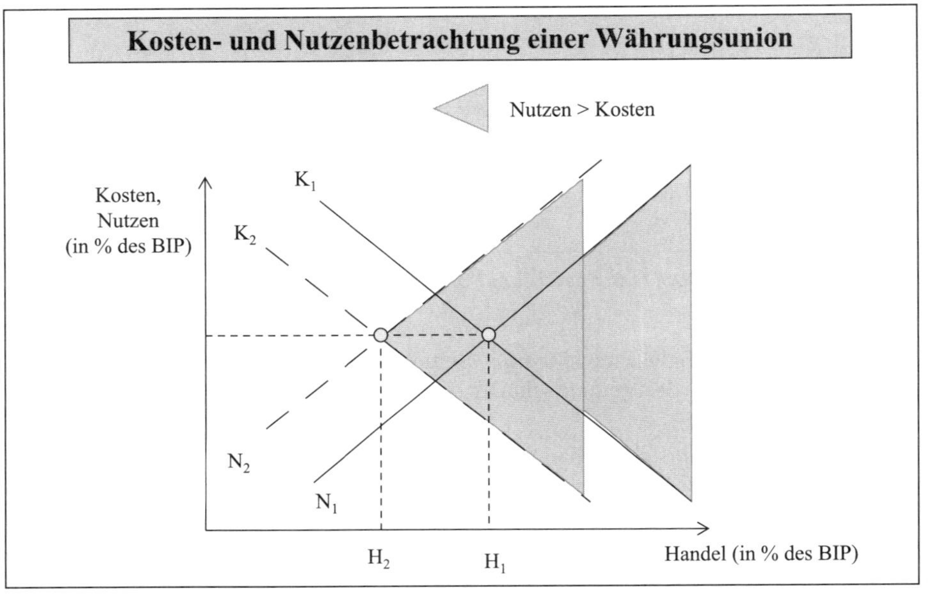

Abb. 11.8: Kosten-Nutzen-Analyse einer Währungsunion

Tab. 11.4: Nutzen und Kosten einer Währungsunion

	Nutzen	Kosten
Wirtschaftspolitik	• Vertiefung der währungspolitischen Zusammenarbeit • größere internationale Bedeutung der Gemeinschaftswährung	• Verlust an nationaler Geldpolitik und Wechselkurspolitik
Gütermarkt	• Preistransparenz • Wachstumseffekte durch Wegfall des Wechselkursrisikos • geringere Transaktionskosten	• größerer Wettbewerb durch Preistransparenz für nichtwettbewerbsfähige Unternehmen
Kapitalmarkt	• größere Attraktivität für ausländische Investoren	• Kapitalflucht • Standortkonkurrenz
Arbeitsmarkt	• Flexibilisierung der Arbeitsmärkte, dadurch geringere Arbeitslosigkeit • Know-how-Transfer bei Rückwanderung	• Verlust qualifizierter Arbeitskräfte bei Abwanderung • Lohnsenkungen und höhere Arbeitslosigkeit einheimischer Arbeitskräfte
Transfers	• Nettoempfänger	• Nettozahler • Verteilungskämpfe

Insgesamt sind die Nutzen und Kosten einer Währungsunion vielfältig. Die Übersicht (Tab. 11.4) erhebt keinen Anspruch auf Vollständigkeit, sondern spiegelt die Auswertung von Studien wieder.

Die angemessene Zahl der Länder – z. B. 6, 9, 15 oder gar 30 – lässt sich aus der Theorie optimaler Währungsräume nicht eindeutig ableiten. Allerdings zeigt die Übertragung aus dieser Theorie entwickelter Kriterien auf die EWU, dass sich zum Teil unterschiedliche Schlussfolgerungen ergeben, die entweder einen eher kleinen oder einen großen Währungsraum empfehlen bzw. einen Währungsraum mit Ländern nahe legen, die sich in ihren Strukturen eher ähneln sollten.

Schlag-wörter	• Grad an Offenheit • Produktdiversifizierung	• Kosten-Nutzen-Analyse einer Währungsunion

11.2 Institutionelle Grundlagen

Die Idee zur Errichtung einer EWU lässt sich bis 1970 zurückverfolgen. Aber erst 1990 hat dieses **Jahrhundertprojekt** konkrete Gestaltung angenommen. Die Entwicklung in den 90er Jahren hin zur EWU kann grob in drei Stufen zerlegt werden (Abb. 11.9). Zu Beginn standen die verstärkte Kooperation und Konvergenz in den Bereichen der Finanz- und Geldpolitik einschließlich der Einführung des freien Kapitalverkehrs auf der Prioritätenliste der Agenda. Mit dem Vertrag von Maastricht wurden die Kriterien für die Aufnahme der Mitgliedstaaten, die **Konvergenzkriterien**, konkretisiert. Die geldpolitischen Entscheidungen werden seit dem 1.1.1999 autonom vom Europäischen System der Zentralbanken (**ESZB**) getroffen. Zu unterscheiden ist das ESZB vom **Eurosystem**. Der Begriff wurde eingeführt, um das Zentralbankensystem des Euro-Währungsgebietes unmissverständlich zu definieren. Das Eurosystem ist eine im Rahmen

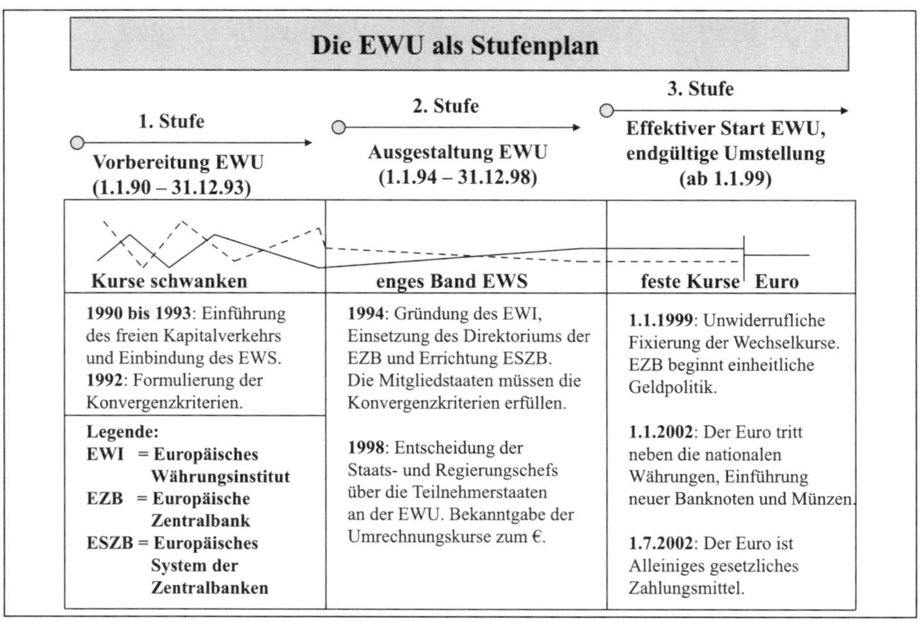

Abb. 11.9: Stufen der Entwicklung der EWU

der EWU gebildete Organisationseinheit. Es besteht aus den nationalen Zentralbanken der EU-Staaten, die den Euro als gesetzliches Zahlungsmittel eingeführt haben, und der Europäischen Zentralbank (**EZB**). Solange es EU-Staaten gibt, die nicht dem Euro-Währungsgebiet angehören, werden das Eurosystem und das ESZB nebeneinander bestehen. Wir werden nachfolgend vorwiegend den Begriff der ESZB verwenden.

Schlagwörter	• Drei Stufen der EWU	• ESZB, EZB, Eurosystem

11.2.1 Konvergenzkriterien

Die EWU ist als **Stabilitätsgemeinschaft** konzipiert, die eine Erfüllung von **Konvergenzkriterien** durch die einzelnen Volkswirtschaften vorsieht (Art. 109j des EU-Vertrages von Maastricht). Es handelt sich um Kriterien der monetären und fiskalischen Konvergenz. Die Formulierung von Konvergenzkriterien basiert auf der These, dass sich nur Volkswirtschaften mit relativ ähnlicher ökonomischer Struktur bzw. Leistungsfähigkeit zu einer erfolgreichen Währungsunion zusammenschließen können. Ausgeprägte wirtschaftliche Unterschiede würden zum Nicht-Funktionieren der monetären Union führen.

Monetäre Konvergenzkriterien

Die Kriterien der **monetären Konvergenz** formulieren Bedingungen hinsichtlich des Preis- und Zinsniveaus sowie der Wechselkursstabilität (Abb. 11.10). Die Forderung nach einer weitgehenden Konvergenz der **Inflationsraten** in der EWU wird durch die **Kaufkraftparitätentheorie** unterstützt. Die **relative Version** der KKP besagt, dass die Veränderung der Wechselkurse ($\Delta w/w$) längerfristig der Inflationsdifferenz zwischen In- und Ausland entspricht (vgl. Box 11.2 sowie ausführlicher Kap. 21).

Monetäre Konvergenzkriterien des Maastricht-Vertrages

Kriterium	Formulierung
Inflationskriterium	Ein hoher Grad an Preisniveaustabilität gilt als erreicht, wenn die Inflationsrate eines Landes ein Jahr vor der Eintrittsprüfung jahresdurchschnittlich um nicht mehr als 1,5% über der Inflationsrate in jenen – höchstens drei – Mitgliedstaaten liegt, die auf dem Gebiet der Preisniveaustabilität das beste Ergebnis erzielt haben.
Zinskriterium	Der durchschnittliche langfristige Nominalzins soll um nicht mehr als 2% über dem entsprechenden Satz in jenen – höchstens drei – Mitgliedstaaten liegen, die auf dem Gebiet der Preisniveaustabilität das beste Ergebnis erzielt haben.
Wechselkurskriterium	Im Hinblick auf die Wechselkursentwicklung gilt ein Land qualifiziert, wenn es die im Rahmen des EWS vorgesehenen normalen Bandbreiten zumindest in den letzten zwei Jahren vor der Prüfung ohne starke Spannung eingehalten hat.

Abb. 11.10: Monetäre Konvergenzkriterien des Maastricht-Vertrages

Für das **Zinskriterium** gelten ähnliche Überlegungen wie im Fall des Inflationskriteriums. Würden sich die Zinssätze in einer Währungsunion nicht auf einem annähernd gleichen Niveau bewegen, würde eine „Kapitalflucht" in das Land mit dem höchsten Zinsniveau einsetzen. Die **Zinsparitätentheorie** besagt, dass sich bei der in der EWU gegebenen vollständigen Kapitalmobilität die Zinssätze im In- und Ausland nur durch die erwartete Wechselkursänderungsrate unterscheiden (vgl. Box 11.2, Kap. 21). Eine anhaltende **Wechselkursstabilität** ist ein Kennzeichen dafür, dass ein Land bei Eintritt in die EWU auf dieses Instrument verzichten kann.

Als Zwischenfazit lässt sich festhalten, dass die drei monetären Kriterien durchaus auf wissenschaftlich begründeten Überlegungen beruhen. Im Beitrittsjahr zur EWU haben 14 der damals 15 EU-Mitgliedstaaten das Inflations- und Zinskriterium erfüllt (Abb. 11.11).

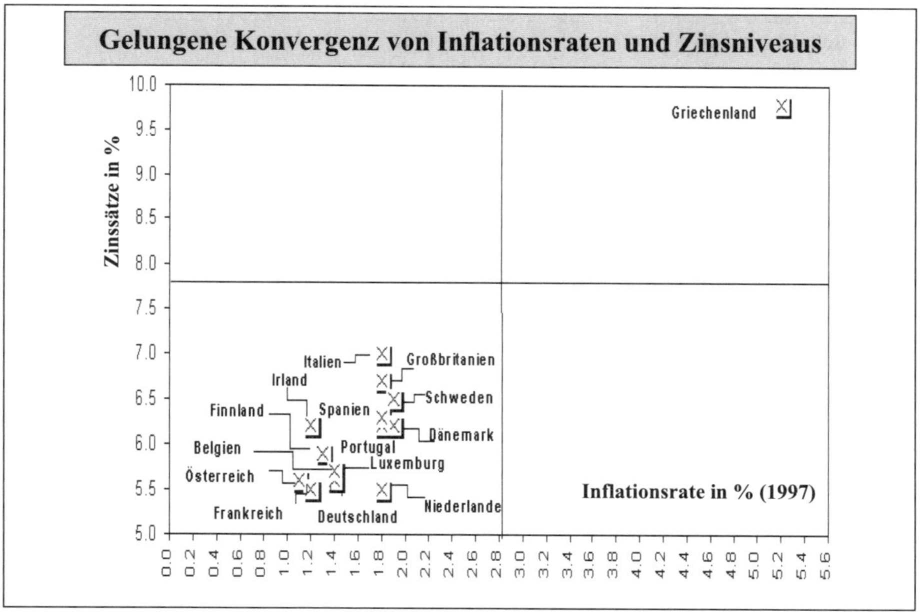

Abb. 11.11: Inflations- und Zinskriterium im Jahr 1997
Quelle: Friedrich Ebert Stiftung, 1999

Fiskalische Konvergenzkriterien

Die fiskalischen Kriterien beziehen sich auf die laufenden Defizite und den Schuldenstand der öffentlichen Haushalte in einer Volkswirtschaft. Die Kriterien sollen verhindern, dass eine ausufernde Staatsverschuldung die monetäre Stabilität gefährdet und die Inflationsgefahren erhöht. In der EWU sind folgende Grenzen vorgesehen (Abb. 11.12):

- laufende Defizite maximal 3 % des nominalen BIP,
- Schuldenstand maximal 60 % des nominalen BIP.

Der Zusammenhang zwischen Defizit- und Schuldenstandskriterium ist formaler Art (vgl. Box 11.2). Im Jahr 1991, dem Jahr vor Unterzeichnung der Verträge von Maastricht, betrug der Durchschnitt der Verschuldung in den EU-Staaten 60 %.

In einer wachsenden Wirtschaft ist die Entwicklung der Schuldenstandsquote abhängig von folgenden Größen (vgl. Kap. 8):

(1) $\Delta (B/Y) = BD/Y - g \times B/Y$

Fiskalische Konvergenzkriterien des Maastricht-Vertrages

Kriterium	Formulierung
Defizit-Kriterium	Das jährliche Budgetdefizit darf den Referenzwert von 3% des BIP (nominal) nicht überschreiten, es sei denn, die Quote ist erheblich und laufend zurückgegangen und liegt in der Nähe des Referenzwertes oder der Referenzwert wird nur ausnahmsweise und vorübergehend überschritten.
Schuldenstands-Kriterium	Der Gesamtschuldenstand darf den Referenzwert von 60% des BIP (nominal) nicht überschreiten, es sei denn das Verhältnis ist hinreichend rückläufig und nähert sich dem Referenzwert.

Abb. 11.12: Fiskalische Konvergenzkriterien des Maastricht-Vertrages

Die Entwicklung des Schuldenstandes wird stabilisiert ($\Delta(B/Y) = 0$), wenn gilt.

(2) $BD/Y = g \times B/Y$

Wir können erkennen, dass eine Stabilisierung der Schuldenstandsquote bei 60 % ein nominales Wachstum von 5 % erfordert, wenn das Defizit 3 % nicht überschritten werden soll: 0,03 = 0,05 × 0,60

Liegt die zulässige Neuverschuldung hingegen bei 4 % und das nominale BIP bei 5 %, dann konvergiert der Schuldenstand gegen 80 % (0,04/0,05). Bezogen auf die gegenwärtigen makroökonomischen Daten in den Mitgliedstaaten erscheinen die gewählten Referenzwerte eher zu „optimistisch".

Die Finanzkriterien sind nicht eindeutig definiert. Wird der Schwellenwert von 3 % überschritten, ist zu überprüfen, „ob die Defizitquote erheblich und laufend zurückgegangen ist und einen Wert in der Nähe des Referenzwertes erreicht hat" oder „ob der Referenzwert nur ausnahmsweise und vorübergehend überschritten wird und das Verhältnis in der Nähe des Referenzwertes bleibt". Diese Begriffsbildung ist unklar. Auch das Schuldenstandskriterium lässt Auslegungsspielräume zu. Es gilt als erfüllt, wenn die Quote in „hinreichendem Maße" rückläufig ist und sich rasch genug dem Referenzwert nähert. Die Begriffe „erheblich", „laufend" und in „hinreichendem Maße" sind weder vertraglich noch von öffentlicher Seite aus bislang konkretisiert worden. Es ist daher nicht erstaunlich, dass angesichts einer zum Teil „kreativen Buchführung" gerade die Kriterien der Finanzpolitik Anlass zu Meinungsverschiedenheiten gegeben haben.

Bei einer **strengen Auslegung** der Kriterien hätten letztendlich nur vier Länder (Finnland, Frankreich, Großbritannien, Luxemburg) an der EWU teilnehmen dürfen, auch Deutschland hätte das Schuldenstandkriterium wenn auch knapp mit 60,3 % verfehlt (Abb. 11.13).

Strukturelle und reale Konvergenz

Inzwischen wird nicht nur ein Überdenken der fiskalischen Referenzwerte gefordert, sondern auch die Erweiterung der Maastricht-Kriterien durch strukturelle bzw. real-

Box 11.2: Konvergenzkriterien – Die Logik der EWU

Inflationskonvergenz:
Eine Fixierung des Wechselkurses in einer Währungsunion setzt ein annäherndes Gleichgewicht der Inflationsraten voraus:
(1) $\Delta w/w = \pi^{Inland} - \pi^{Ausland}$
(2) $\Delta w/w = 0$, wenn $\pi^{Inland} = \pi^{Ausland}$

Zinskonvergenz:
Da in einer Währungsunion keine Wechselkursänderungen möglich sind, müssen sich die Zinssätze mittelfristig im Gleichgewicht befinden:
(3) $(\Delta w/w)^{erwartet} = i^{Inland} - i^{Ausland}$
(4) $(\Delta w/w)^{erwartet} = 0$, wenn $i^{Inland} = i^{Ausland}$

Konvergenz der Verschuldung:
Für die Änderung der Schuldenquote gilt:
(5) $\Delta(B/Y)) = BD/Y - g \times B/Y$

Wenn die Schuldenquote unverändert bleiben soll, d. h. $\Delta(B/Y) = 0$, gilt:
(6) $BD/Y = g \times B/Y$

Hintergrund:
Die Konvergenzkriterien sollen zu einer Annäherung in wirtschaftlichen Grunddaten der Beitrittsländer führen.

Nach dem Beitritt ist aufgrund einer einheitlichen Geldpolitik zumindest mittelfristig mit einer annähernden Inflations- und Zinskonvergenz zu rechnen.

Die fiskalische Konvergenz ist nicht zwangsläufig gesichert, da die Finanzpolitik noch in nationaler Hand liegt. Sie soll durch den Stabilitäts- und Wachstumspakt erreicht werden.

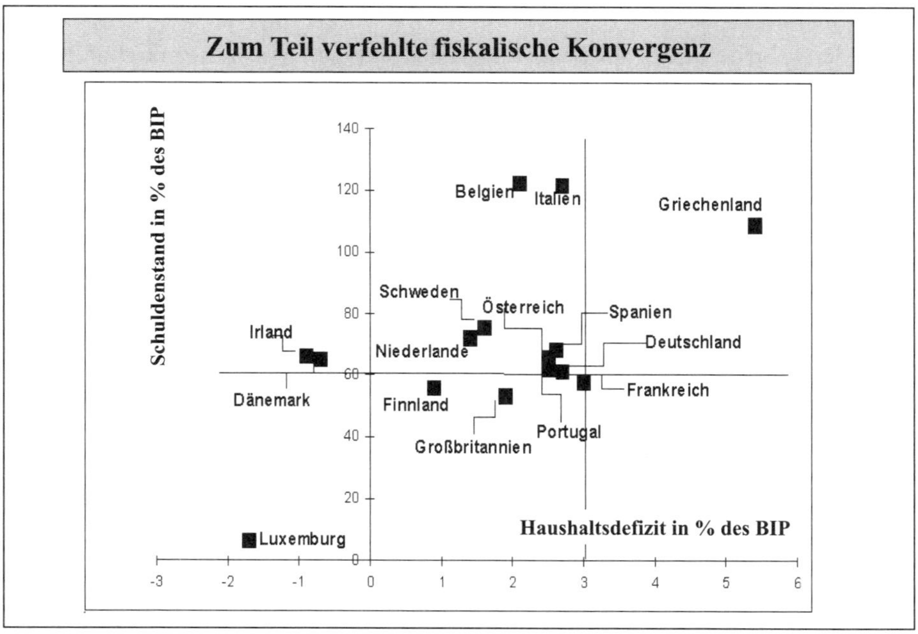

Abb. 11.13: Fiskalische Konvergenzkriterien (1997)
Quelle: Friedrich Ebert Stiftung, 1999

wirtschaftliche Aspekte diskutiert. Ansätze dazu finden sich im Maastricht-Vertrag selbst (Art. 109j, Abs. 1): *„Die Berichte der Kommission … berücksichtigen auch … die Ergebnisse bei der Integration der Märkte, den Stand und die Entwicklung der Leistungsbilanzen, die Entwicklung bei den Lohnstückkosten und andere Preisindizes.“* Die **strukturelle Konvergenz** bezeichnet die Angleichung der Konsum- und Produktionsmuster sowie institutionelle Veränderungen, die sich vorteilhaft auf die Fähigkeit der Länder auswirken, externe Störungen aufzufangen. Dazu zählen z. B. die Integration der Arbeitsmärkte, die Annäherung der steuerpolitischen Rahmenbedingungen und die Beseitigung von Marktbarrieren auf den Gütermärkten.

Die **reale Konvergenz** bezieht sich auf die Verringerung der Unterschiede bei Kenngrößen wie z. B. BIP-pro-Kopf, Lebensstandard und Arbeitslosenquote. Die Bedeutung dieser Kriterien liegt auf der Hand, insbesondere mit Blick auf die wirtschaftlichen Unterschiede der Mitgliedstaaten in der EU bzw. EWU.

Schlagwörter	• monetäre, fiskalische Konvergenz • Zins-, Inflations-, Wechselkurskriterium • Kaufkraftparitätentheorie	• Zinsparitätentheorie • Schuldenstandkriterium • Defizitkriterium • strukturelle, reale Konvergenz

11.2.2 Struktur und Aufgaben des ESZB

Das **ESZB** umfasst die EZB und die nationalen Zentralbanken aller EU-Mitgliedstaaten (Artikel 107 Absatz 1 des EG-Vertrags), unabhängig davon, ob sie den Euro eingeführt haben oder nicht. Das **Eurosystem** besteht aus der EZB und den nationalen Zentralbanken der Länder, die Mitglieder der EWU sind. Solange es EU-Mitgliedstaaten gibt, die nicht dem Euro-Währungsgebiet angehören, werden das Eurosystem und das ESZB nebeneinander bestehen.

Die föderale Struktur des ESZB ist vergleichbar mit dem früheren deutschen Notenbanksystem (Abb. 11.14). Die Europäische Zentralbank (EZB) entspricht als Leitorgan der Bundesbank, die nationalen Notenbanken den deutschen Landeszentralbanken:

- Das **Direktorium** leitet die EZB und ist für die laufenden Geschäfte zuständig. Es setzt u. a. die vom EZB-Rat festgelegten geldpolitischen Leitlinien um und erteilt den nationalen Zentralbanken die entsprechenden Weisungen. Dem Direktorium gehören der EZB-Präsident, der Vizepräsident sowie bis zu vier weitere Mitglieder an. Ihre Ernennung erfolgt durch den Europäischen Rat der Staats- und Regierungschefs auf Empfehlung des Rates der Finanz- und Wirtschaftsminister. Die Amtszeit beträgt acht Jahre. Eine Wiederwahl ist nicht möglich. Damit soll die längerfristige Orientierung der Geldpolitik gefördert werden.
- Der **Rat** (vergleichbar mit dem Zentralbankrat der Deutschen Bundesbank) legt die geldpolitischen Leitlinien der Geldpolitik fest. Darunter fallen beispielsweise Veränderungen der Leitzinsen. Mitglieder sind das Direktorium (6 Stimmen) und die Notenbankpräsidenten der EWU-Mitgliedstaaten Die Ernennung der nationalen Notenbankpräsidenten erfolgt nach nationalem Verfahren. Die Amtszeit in Deutschland beträgt acht, mindestens jedoch fünf Jahre. Eine Wiederwahl ist möglich. Die Entscheidungen werden mit einfacher Mehrheit gefällt (Ausnahmen: Entscheidungen über das EZB-Kapital, Weitergabe von Währungsreserven der nationalen Zentralbanken an die EZB). Bei Stimmengleichheit entscheidet der Präsident der EZB. Der Präsident des Ministerrates und ein Mitglied der EU-Kommission können an den Sitzungen des ESZB-Rates teilnehmen, sie haben jedoch kein Stimmrecht.
- Darüber hinaus wird ein **Erweiterter Rat** gebildet, um die noch nicht der EWU angehörenden EU-Mitgliedstaaten stärker einzubinden. Ihm gehören der Präsident und der Vizepräsident der EZB sowie die Notenbankpräsidenten aller Zentralbanken der Europäischen Union an. Seine Aufgaben betreffen die Gestaltung der Geld- und Währungspolitik zu den EU-Mitgliedstaaten, die den Euro noch nicht eingeführt

haben. Ihre Währungen sind über den **Wechselkursmechanismus II** mit dem Euro verbunden.

Rotationsmodell

Mit Blick auf die zu erwartende Erweiterung der EWU haben sich die EU-Staats- und Regierungschefs im März 2003 auf ein **Rotationsmodell** geeinigt. Es sind die 6 Direktoriumsmitglieder mit dauerhaftem Stimmrecht sowie maximal 15 stimmberechtigte Zentralbankpräsidenten im EZB-Rat vorgesehen (Tab. 11.3). Das früher übliche Modell „one country, one vote" wird also durchbrochen, da dieses – so die Befürchtung – Entscheidungsprozesse erschwert und das Gewicht des Direktoriums verringert. Die nationalen Zentralbank-Präsidenten müssen entsprechend der Größe des Landes rotieren. Dazu werden die Mitgliedstaaten gewichtet nach ihrer Wirtschaftskraft und der Stärke ihres Finanzsektors geordnet und in Gruppen geteilt. Das Stimmrecht wird persönlich ausgeübt und rotiert innerhalb der einzelnen Gruppen. Die zeitliche Rotationsfolge wird vom EZB-Rat flexibel beschlossen. Die nicht stimmberechtigten nationalen Zen-

Tab. 11.5: Rotationsmodell des ESZB bei 27 Mitgliedstaaten

Gruppe	Anzahl der Mitglieder	Stimmberechtigte (Repräsentanz der Gruppe an geldpolitischen Entscheidungen)
EZB-Direktorium	6	6 (100 %)
große Mitgliedstaaten	5 (u. a. Deutschland, Frankreich)	4 (80 %)
mittlere Mitgliedstaaten	14 (u. a. Niederlande, Polen)	8 (57 %)
kleine Mitgliedstaten	8 (u. a. Slowenien, Bulgarien)	3 (37,5 %)

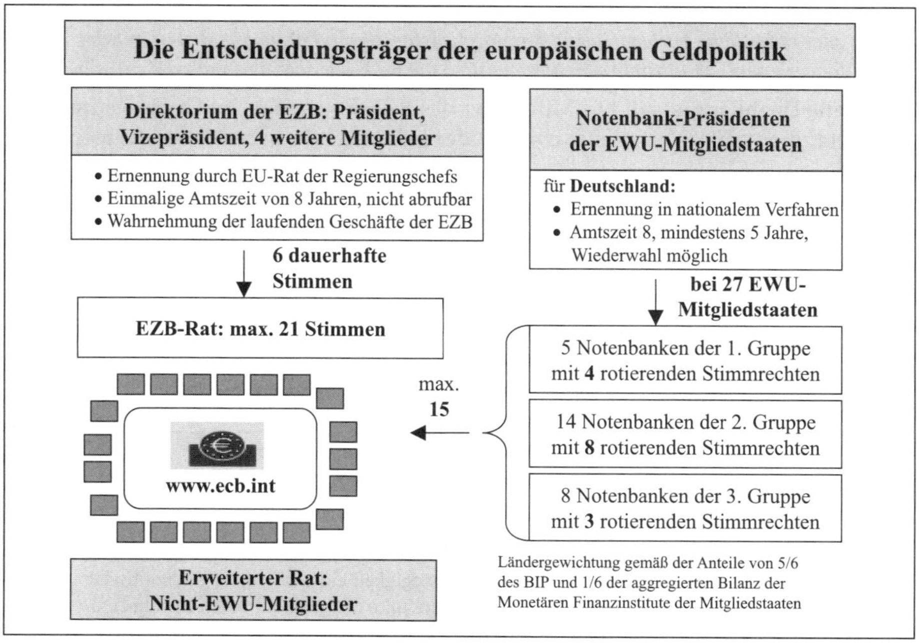

Abb. 11.14: Struktur und Aufbau des ESZB

tralbankpräsidenten nehmen ebenfalls an den EZB-Ratssitzungen teil. Entscheidungen werden in der Regel mit einfacher Mehrheit getroffen.

Unabhängigkeit des ESZB

Das ESZB genießt laut Art. 108 EG-Vertrag einen unabhängigen Status. Bei der Erfüllung ihrer Aufgaben dürfen weder die EZB noch die nationalen Notenbanken Weisungen von Organen und Einrichtungen der Gemeinschaft, Regierungen der Mitgliedstaaten und anderen Institutionen einholen oder entgegennehmen. Die Anforderungen an die Unabhängigkeit lassen sich in verschiedene Aspekte untergliedern (Abb. 11.15).

Ziel-Unabhängigkeit: Eine vollständige Unabhängigkeit bedeutet, dass die Notenbank zwischen verschiedenen Zielen wählen kann (z. B. Federal Reserve System zwischen Wachstumsziel und Inflation). In der EWU besteht insofern eine eingeschränkte Unabhängigkeit, da das ESZB durch Art. 105 EG-Vertrag ausdrücklich auf die Gewährleistung der Preisniveaustabilität festgelegt ist. Dieses Ziel wird von der EZB bei einer Inflationsrate von „nahe unter 2 %" definiert (Stand 2012). *„Soweit dies ohne Beeinträchtigung des Zieles der Preisstabilität möglich ist, unterstützt das ESZB die allgemeine Wirtschaftspolitik in der Gemeinschaft, um zur Verwirklichung der in Artikel 2 festgelegten Ziele der Gemeinschaft beizutragen."* (Art. 105 Absatz 1 des EG-Vertrags).

Instrumentelle Unabhängigkeit: Dieser Aspekt umfasst die Kontrolle über die Notenbankzinsen, über den Wechselkurs und über Notenbank-Kredite an den Staat. Nach Art. 111 des EG-Vertrages fallen jedoch Vereinbarungen über ein Wechselkurssystem für den Euro gegenüber Drittlandswährungen sowie allgemeine Orientierungen für die Wechselkurspolitik in die Kompetenz des Rates der Finanzminister (nach Anhörung der EZB). Art. 101 des EG-Vertrages enthält ein klares Verbot der Kreditgewährung an den Staat: *„Überziehungs- oder andere Kreditfazilitäten bei der EZB oder den Zentralbanken der Mitgliedstaaten (im Folgenden als „nationale Zentralbanken" bezeichnet) für Organe oder Einrichtungen der Gemeinschaft, Zentralregierungen, regionale oder lokale Gebietskörperschaften oder andere öffentlich-rechtliche Körperschaften, sonstige Einrichtungen des öffentlichen Rechts oder öffentliche Unternehmen der Mitgliedstaaten sind ebenso verboten wie der unmittelbare Erwerb von Schuldtiteln von diesen durch die EZB oder die nationalen Zentralbanken."*

Personelle Unabhängigkeit: Die Mitglieder des EZB-Rates und des Direktoriums können nicht über kurze Vertragslaufzeiten oder jederzeit mögliche Abberufungen unter

Dimensionen der Unabhängigkeit der EZB

Dimension	Art.	Inhalt
Institutionell	108 EGV	Die Mitglieder des EZB-Rates sind von Weisungen Dritter unabhängig.
Funktionell	105 I EGV	Vorrangiges Ziel ist die Gewährleistung der Preisniveaustabilität.
Finanziell	101 EGV	Verbot der monetären Haushaltsfinanzierung für Gemeinschaftsorgane und Regierungen.
Personell	108 EGV	Lange Amtszeiten der Mitglieder des Direktoriums (8 Jahre ohne Wiederwahl).
Operativ	108 EGV	Keine Weisungsabhängigkeit hinsichtlich der geldpolitischen Strategie und des Einsatzes der geldpolitischen Instrumente.

Abb. 11.15: Unabhängigkeit der Europäischen Zentralbank

„Druck gesetzt" werden. Es erfolgt zudem keine Veröffentlichung von Abstimmungsergebnissen und keine strukturierte Analyse von möglichen Zielverfehlungen. Andernfalls bestünde die Gefahr, dass die Mitglieder des EZB-Rats durch politischen Druck (insbesondere von nationaler Seite) in ihrer Unabhängigkeit eingeschränkt würden.

Finanzielle Unabhängigkeit: Die EZB hat einen eigenen Haushalt und kann selbst über den Einsatz ihrer Mittel entscheiden, mit denen sie von den Mitgliedsländern ausgestattet wird. Die Kapitalbeteiligungen an der EZB richten sich zur Hälfte nach der Bevölkerungszahl, und zur Hälfte nach der Höhe des BIP. Der Anteil der Deutschen Bundesbank beträgt rund 20 %. Nicht nur die Verteilung der Gewinne, sondern auch die Verlustverteilung, die Kapitalaufbringung und die Übertragung der Devisenreserven richten sich nach den Kapitalanteilen.

Unabhängigkeit der Notenbank und Preisniveaustabilität

Für die Unabhängigkeit der Notenbank spricht das Argument, dass auf diese Weise Kreditwünschen des Staates und einer unkontrollierten Geldschöpfung wirksam begegnet werden kann. Ferner vermeidet die geldpolitische Autonomie der Notenbank langwierige Entscheidungsprozeduren und die Vermischung von geldpolitischen Zielen mit der Tagespolitik. Eine Notenbank steht anders als Politiker zudem nicht unter dem Druck der Wiederwahl. Politiker, so die Befürchtung, könnten vor einer Wahl einen Anreiz haben, die Wirtschaft anzukurbeln und wären bereit, eine höhere Inflation in Kauf zu nehmen. Empirische Analysen zeigen, dass die Volkswirtschaften, die die Inflationsbekämpfung in die Hände einer unabhängigen Zentralbank gegeben haben, erfolgreicher in der Erreichung geldpolitischer Ziele sind (Abb. 11.16). Anders formuliert: *„Jede Gesellschaft hat letztlich die Inflationsrate, die sie verdient und im Grunde auch will" (Ottmar Issing,* früherer Chef-Volkswirt der EZB).

Messung der Unabhängigkeit einer Notenbank

Dimension	Mögliche Kriterien (Einordnung in Skalenwerte)
Politisch (personell/institutionell)	Amtszeit des Präsidenten; Wer ernennt die Mitglieder? Entlassung möglich?
	Welche Ziele werden verfolgt? Gibt es klare rechtliche Regelungen?
Wirtschaftlich (finanziell/operativ)	Kreditgewährung an Staaten möglich?
	Alleinige Kontrolle der geldpolitischen Instrumente durch die Notenbank?

Abb. 11.16: Unabhängigkeitsindex der Zentralbank und Inflationsrate

Aufgaben

Die grundlegenden Aufgaben der Europäischen Zentralbank sind in Art. 105 Absatz des EG-Vertrages festgelegt. Dazu zählen

- Festlegung und Durchführung der Geldpolitik,
- Durchführung von Devisengeschäften,
- Verwaltung der offiziellen Währungsreserven der Mitgliedstaaten,
- Versorgung der Volkswirtschaft mit Geld und Gewährleistung eines reibungslosen Zahlungsverkehrs.

Zu klären ist, ob und inwieweit die Notenbank als **Kreditgeber der letzten Instanz** (*lender of last resort*) einspringen muss, indem sie dem Bankensystem in Krisensituationen die notwendige Liquidität zur Verfügung stellt. Dabei gilt in der Regel der Grundsatz, dass nur solvente Banken gegen gesetzlich vorgeschriebene Sicherheiten Liquidität erhalten.

Eine Notenbank sollte jedoch nur **Liquiditätshilfe** und keine **Insolvenzhilfe** bei Bankkonkursen leisten. Würde die Notenbank auch im Fall der Insolvenz bereitstehen, könnte dies ein **moral hazard Verhalten** fördern. Finanzinstitute gehen dann zu hohe Risiken ein, da bei einer Krise die Notenbank stets einspringt. Dies gilt auch im internationalen Kontext, wenn eine Währung als weltweite Reservewährung fungiert und die Notenbank die Funktion eines *lender of last resort* einnimmt, d.h. Kredite an „notleidende" Banken vergeben muss, um damit einem Zusammenbruch des Bankensystems entgegenzuwirken.

Aufkauf von Staatsanleihen durch die EZB

Am 6. September 2012 hat die EZB den Aufkauf von Staatsanleihen beschlossen. Diese Maßnahme ist umstritten. Hintergrund der EZB-Entscheidung ist die relative große Zinsdifferenz für Staatsanleihen in der Währungsunion. So lag der Zinssatz für spanische Staatsanleihen mit zehnjähriger Laufzeit Anfang September 2012 bei 6,66 Prozent. Italien musste 5,71 Prozent Zinsen zahlen. Die Rendite für deutsche Bundesanleihen mit zehnjähriger Laufzeit lag hingegen nur 1,40 Prozent. Nach Erfahrungen gilt es als kritisch, wenn ein hochverschuldetes Land mit zudem schlechten Wirtschaftsdaten dauerhaft für neue Kredite Zinsen von 7 Prozent und höher zahlen muss. Dies erhöht die Gefahr, dass ein Land seinen Verpflichtungen nicht mehr nachkommen kann. Die Maßnahme soll „Verzerrungen" auf den Kapitalmärkten verhindern und letztendlich die Zinspolitik der Notenbank unterstützen. Die Niedrigzinspolitik der Notenbank hat die Kreditvergabe in den Krisenländern nicht stimulieren können.

Befürworter sehen diese Maßnahme noch innerhalb des Mandats, das der Notenbank durch das Gesetz vorgegeben ist. Die Risikoaufschläge für die Staatsanleihen sind, so die Befürworter, nicht als Ergebnis von Fundamentaldaten der Krisenländer, sondern resultieren aus dem Zweifel an der Funktionsfähigkeit der Währungsunion. Der EZB, so die Argumentation, sei es zwar verboten, Staaten direkt Geld zu leihen. Nicht verboten sei es hingegen, Anleihen an den Finanzmärkten zu erwerben. Kritiker hingegen betrachten die Maßnahme als verfassungswidrig und als Tabubruch, da die Grenze zwischen Geld- und Fiskalpolitik verschwimmt.

Im Einzelnen beinhaltet die EZB-Entscheidung folgende Maßnahmen:

- Die Notenbank kann „fokussiert" und ohne Obergrenze für das Volumen von Krisenstaaten vorrangig Staatspapiere mit einer Laufzeit von einem und drei Jahren aufkaufen.
- Der Aufkauf erfolgt unter Bedingungen. Die Krisenländer müssen einen Hilfsantrag beim Rettungsfonds EFSF/ESM stellen, der aus Steuergeldern gespeist wird. Die Krisenländer müssen ein Sanierungs- und Reformprogramm auflegen und sich Kontrollen durch EZB, EU und IWF unterziehen. Die EZB will das Programm durch den Aufkauf von Staatsanleihen auf dem Sekundärmarkt nur dann flankieren, wenn die Staaten am vereinbarten Sanierungs- und Reformkurs festhalten.
- Die Maßnahme ist beendet, wenn die Ziele erreicht sind. Zum einen sollen die Krisenstaaten finanziell entlastet werden. Vergrößert die EZB den Kreis potentieller Anleihekäufer, kann die erhöhte Nachfrage die Kurse für die Staatsanleihen in die Höhe treiben. Dadurch sinken die Zinsen für die Anleihen. Zum anderen soll das Vertrauen in die Funktionsfähigkeit und die Stabilität der Währungsunion erhöht werden.

Es gibt bisher keine Erfahrungen mit dieser Maßnahme in der EWU. Die Risiken liegen in folgenden Punkten:

- Können sich Krisenstaaten günstiger finanzieren kann der Reformdruck sinken. Anleihekäufe können sich als der falsche Weg erweisen, wenn sie dringend notwendige Sparbemühungen und Strukturveränderungen in den öffentlichen Haushalten der hoch verschuldeten Länder unterlaufen und Anreize zur Sanierung nehmen. Die Europäische Zentralbank darf nicht in die Rolle einer Ersatzregierung gedrängt werden, da dies ihre Unabhängigkeit gefährdet.
- Der Aufkauf von Staatsanleihen entspricht de facto einer Schaffung von Zentralbankgeld. Die Maßnahme setzt Marktgesetze außer Kraft und bringt zu viel Geld in Umlauf dem keine Werte gegenüberstehen. Wenn die Notenbank das geschaffene Geld nach Entspannung der Situation nicht wieder einsammelt, vergrößert sich die Gefahr inflationärer Prozesse.
- Die Risiken für die Eigner-Staaten der EZB erhöhen sich, wenn die Notenbank Schuldscheine von Krisenstaaten erwirbt. Verlassen Krisenstaaten gar die Euro-Zone, droht die Notenbank auf ausfallgefährdeten Staatsanleihen sitzen zu bleiben. Letztendlich haften in diesem Fall die Steuerzahler. Für Deutschland beträgt der Anteil an der EZB rund 27 Prozent.

Schlagwörter	• ESZB • EZB-Direktorium • EZB-Rat • Erweiterter EZB-Rat	• EWS II • Notenbankunabhängigkeit • Kreditgeber der letzten Instanz

11.3 Fallbeispiele zu Kapitel 11

Lösungs- und Bearbeitungshinweise sowie alle Abbildungen dieses Kapitels finden Sie unter: www.vahlen.de

Fallbeispiel 11.1: Währungsreform und Währungsunion (0)

1) Beurteilen Sie die Unterschiede zwischen einer Währungsreform und einer Währungsunion mit Hilfe folgender Tabelle:

	Währungsreform	Währungsunion
Hoheitsgebiet		
Ausgangspunkt		
Ziele		
Methode		
Vermögenswirkung		

2) Welche Wege stehen zur Errichtung einer Währungsunion offen?

Fallbeispiel 11.2: Währungsumstellung Ostmark zur DM und DM zu Euro (++)

1) Die Währungsumstellung der Ostmark zur DM erfolgte differenziert nach Strom- und Bestandsgrößen. Während alle laufenden Transaktionen, also Löhne, Gehälter, Stipendien, Renten, Mieten und Pachten sowie weitere wiederkehrende Zahlungen im Verhältnis 1:1 umgestellt wurden, erfolgte die Umstellung der Vermögens- und Schuldverhältnisse

grundsätzlich im Verhältnis 2:1. Vor der Wiedervereinigung betrug der durchschnittliche Verrechnungskurs zwischen Ostmark und DM rund 4 Ostmark = 1 DM und das durchschnittliche Einkommen bzw. die durchschnittliche Produktivität je 1/3 des Westniveaus.

a) Wie beurteilen Sie vor diesem Hintergrund den gewählten Umtauschkurs für Einkommensbezieher und Unternehmen?
b) Warum wurden die Schulden des Staates und der Unternehmen nicht ebenfalls 1:1 umgestellt?

2) Der historische Umstellungskurs von DM zu € lautet: 1,95583 DM = 1 €.
a) Erläutern Sie kurz, wie dieser Kurs zustande gekommen ist.
b) Warum wurde nicht ein Kurs von 2 DM 1 € gewählt? Dies erleichtert doch die Umrechnung. Vervollständigen Sie dazu folgende Tabelle:

Größe	Wechselkurs: 1, 95583 EM = 1€	Vereinfacht: 2 DM = 1€	Nachteil für
Einkommen: 2.000 DM			
Kredit: 5.000 DM			
Miete: 1.000 DM			
1 Liter Milch: 1 DM			

Fallbeispiel 11.3: Asymmetrische Schocks in der EWU (+)

1) Angenommen sei ein asymmetrischer Nachfrageschock, bei dem eine Verschiebung der Nachfrage von französischen Gütern zu deutschen Gütern stattfindet. Erläutern Sie verbal die Auswirkungen auf folgende makroökonomischen Größen:

	Deutschland	Frankreich
Bruttoinlandsprodukt		
Außenbeitrag		
Inflationsrate		

2) Welche Wechselkurs- bzw. Zinsveränderungen sind aus Ihrer Sicht in Deutschland bzw. Frankreich mit Blick auf die unter 1) genannten Auswirkungen sinnvoll? Unterstellen Sie, dass in beiden Ländern eine eigenständige Geld- und Wechselkurspolitik möglich ist.

	Deutschland	Frankreich
Wechselkurs		
Zins		

3) Wie verändert sich Ihre Antwort unter 2), wenn Deutschland und Frankreich eine Währungsunion bilden?
4) Beurteilen Sie anhand der nachfolgenden Tabelle die Bedeutung der einzelnen Kriterien und daran gemessen den „Optimalitätsgrad“ der EWU.

Kriterium	Hoch	Gering	Erfüllt (ja/nein)
Arbeitskräftemobilität			
Preis- und Lohnflexibilität			
Offenheitsgrad			
Diversifizierung der Branchenstruktur			

Fallbeispiel 11.4: Kosten und Nutzen einer regionalen Zusammenarbeit von Staaten (++)

1) Land A und B wollen zusammenarbeiten. Wenn nur ein Staat seinen Markt für den anderen öffnet, so kostet das den öffnenden Staat 10 Mrd. €, für beide Staaten fällt ein Gewinn von jeweils 7 Mrd. € an. Öffnen beide Staaten den Markt, so fallen Kosten von 10 Mrd. € an, es entsteht jedoch zweimal ein Gewinn von 7 Mrd. €. Übertragen Sie die möglichen Ergebnisse in nachfolgende Matrix und erläutern sie das Ergebnis.

		Staat B	
		Kein Gemeinsamer Markt	Gemeinsamer Markt
Staat A	Kein Gemeinsamer Markt	A: B:	A: B:
	Gemeinsamer Markt	A: B:	A: B:

2) Diskutieren Sie mögliche Vor- und Nachteile eines Beitritts zur EU unter folgenden Gesichtspunkten:

	Vorteile	Nachteile
Handel		
Kapitalverkehr		
Migration		
Transfers		

Fallbeispiel 11.5: Konvergenzkriterien in der EWU (0)

1) Was verstehen Sie unter Konvergenz? Erläutern Sie die Begriffe strukturelle und reale Konvergenz.
2) Betrachten Sie folgende Daten von Beitrittskandidaten zur EWU:

Land	langfristiger Nominalzins	Inflationsrate	laufendes Defizit im Haushaltsjahr in Mrd. €	Schuldenstand in Mrd. €	BIP^{nom} in Mrd. €
1	7 %	4 %	–20	250	500
2	6 %	3 %	–50	1.200	2.000
3	8 %	5 %	–25	440	750
4	6 %	2 %	–30	700	1.000
5	6 %	2,5 %	–10	350	600
6	8,5 %	5,5 %	–50	500	1.000

Welche Länder könnten bei einer strengen Auslegung der Konvergenzkriterien des Maastricht-Vertrages an einer Währungsunion teilnehmen?

3) Gegeben sind folgende Werte von zwei Ländern. Berechnen Sie Defizit- und Schuldenstandsquoten und interpretieren Sie die Ergebnisse.

Größe	Land 1	Land 2
BIP^{real}	2.000	1.000
BIP-Deflator	105	120
Laufendes Defizit	50	25
Schuldenstand	1.200	600

4) Ökonomen verweisen darauf, dass das 3 %-Kriterium zur Begrenzung der Neuverschuldung aus heutiger Sicht zu hoch erscheint. Wie hoch könnte das Defizit in Deutschland ausfallen, wenn das nominale BIP-Wachstum bei 3 % liegt und das Schuldenstandskriterium nicht verletzt werden soll?

Fallbeispiel 11.6: Aufbau und Unabhängigkeit des ESZB (0)

1) Beschreiben Sie den institutionellen Aufbau des ESZB.
2) Nennen Sie mögliche Merkmale, anhand derer die Zentralbankautonomie in den nachfolgenden Kategorien der Unabhängigkeit beurteilt werden kann:

Unabhängigkeit	Merkmal
Funktionell	
Institutionell	
Operativ	
Personell	
Finanziell	

3) Unter welchen Bedingungen kann die Autonomie des ESZB aufgehoben werden?

Fallbeispiel 11.7: Zielprioritäten des ESZB (+)

Gehen Sie von folgender Problemsituation in einer Währungsunion aus, die aus Vereinfachungsgründen nur aus den Ländern A und B besteht:

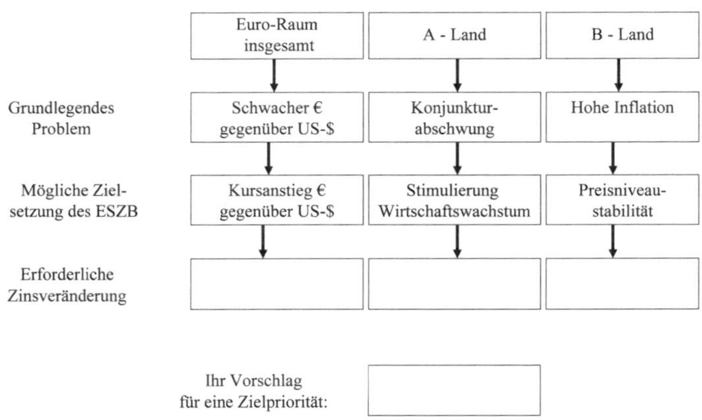

1) Welche Zinsveränderung (Senken, Konstanz, Erhöhen) wäre notwendig, damit das ESZB das **jeweils** genannte Ziel erreichen kann? Begründen Sie kurz Ihre Antwort.
2) Worin könnte das „Entscheidungsdilemma" des ESZB liegen.
3) Welches Ziel sollte bzw. muss das ESZB in der EWU vorrangig verfolgen? Begründen Sie Ihre Aussage?

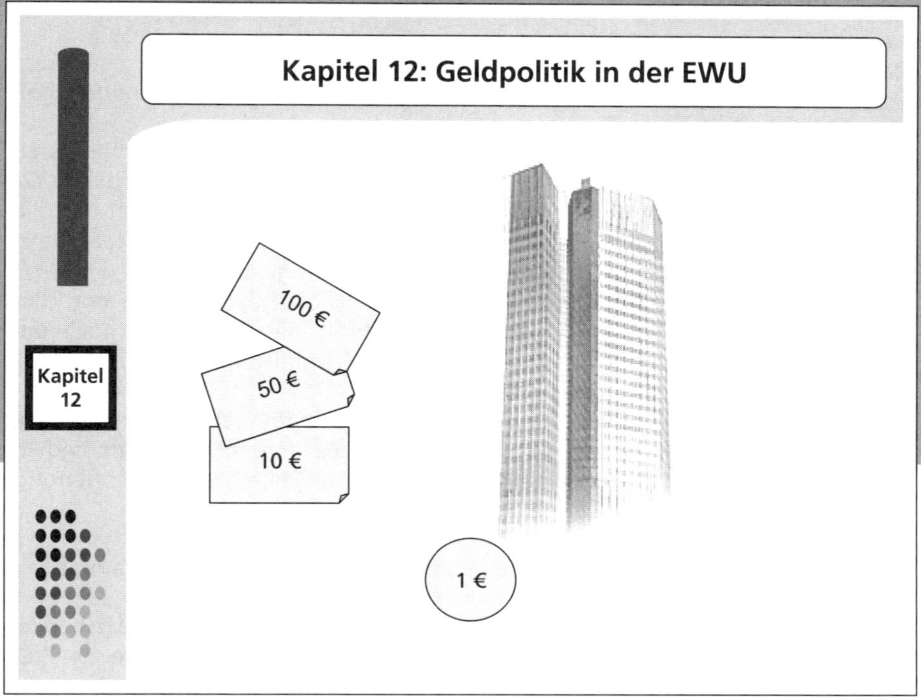

Inhaltsübersicht

Lernzielorientierte Sachverhalte

- Volkswirtschaften besitzen ein Mischgeldsystem, das aus Zentralbankgeld und Giralgeld besteht.
- Geld lässt sich zu verschiedenen Geldmengenaggregaten zusammenfassen.
- Das Angebot an Zentralbankgeld wird durch die Notenbank kontrolliert. Die Nachfrage nach Zentralbankgeld hängt von der Nachfrage nach Bargeld, von dem von den Geschäftsbanken gewählten Verhältnis von Reserven zu Sichteinlagen und von der gesamten Geldnachfrage ab.
- Das Giralgeld wird von den Geschäftsbanken bereitgestellt. Sie brauchen jedoch gleichzeitig Zentralbankgeld, um ihren Verpflichtungen nachkommen zu können. Die Notenbank hat damit unmittelbar Einfluss auf die Geldschöpfung des Bankensystems.
- Nur eine glaubwürdige Notenbank kann ihre geldpolitischen Ziele erreichen. Von zentraler Bedeutung für die Glaubwürdigkeit einer Notenbank sind Reputation, Verständlichkeit und Transparenz ihrer Geldpolitik. Dafür benötigt die Notenbank eine klare geldpolitische Strategie.
- In der EWU verfolgt die Notenbank eine Zwei-Säulen-Strategie.
- Wichtige operative Instrumente innerhalb der geldpolitischen Strategie sind die Leitzinsen.
- Zentralbankgeld stellt den Input für das Kreditgeschäft der Geschäftsbanken dar. Die Notenbank kann die Kreditzinsen beeinflussen, indem sie den Preis für diesen Input-Faktor bestimmt. Wichtigstes Instrument ist das Hauptrefinanzierungsgeschäft.
- Da sich Geschäftsbanken Zentralbankgeld auch von anderen Banken leihen können, muss die Notenbank die Konditionen auf dem Geldmarkt kontrollieren. Mit der Spitzenrefinanzierungsfazilität setzt sie eine Obergrenze, mit der Einlagenfazilität eine Untergrenze. Mit Hilfe dieses Zinskanals kann die Notenbank die kurzfristigen Zinsen relativ gut steuern.

12.1 Geldmengenbegriffe

Alle Zahlungsmittel, die Geldfunktionen ausüben, werden als Geld bezeichnet. Das Bargeld zerfällt in Banknoten und Münzen und ist **gesetzliches Zahlungsmittel**, das z. B. von Gläubigern bei der Rückzahlung von Schulden akzeptiert werden muss. Nur die Europäische Zentralbank ist zur Ausgabe gesetzlicher Zahlungsmittel berechtigt. Die Münzen dürfen hingegen von den staatlichen Münzprägeanstalten erstellt werden. Das **Buchgeld** umfasst die jederzeit fälligen Guthaben bei der Zentralbank und bei den Geschäftsbanken (Abb. 12.1). Bargeld und Sichtguthaben bei den Geschäftsbanken gelten in unserer arbeitsteiligen Wirtschaft als perfekte Zahlungsmittel, da sie den höchsten Liquiditätsgrad aufweisen. Durch Überweisungen von Konto zu Konto lassen sich Zahlungen bequemer und sicherer vornehmen als mit Bargeld. Das Geld wird sozusagen „unsichtbar" transferiert, weshalb es als **Giralgeld** (italienisch: giro = der Kreis) bezeichnet wird. Anders als Banknoten ist das Giralgeld kein gesetzliches Zahlungsmittel, auch wenn es im täglichen Leben allgemein akzeptiert wird. Die Akzeptanz beruht darauf, dass die Guthaben jederzeit (auf Sicht = **Sichtguthaben**) in Bargeld umgetauscht werden können. In den letzten Jahren ist **elektronisches Geld** neben Bar- und Buchgeld getreten. Elektronisches Geld ist eine auf einem Medium (z. B. Geldkarte) elektronisch gespeicherte Werteinheit, die genutzt werden kann, um z. B. Zahlungen zu leisten. Als **Netzgeld** wird die „Aufladung" eines PC mit Geld und der

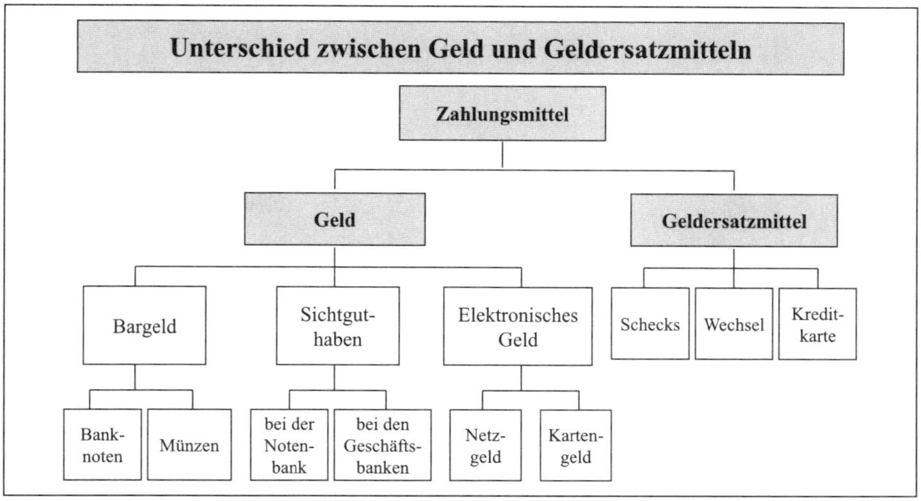

Abb. 12.1: Zahlungsmittel

Einsatz dieser Mittel zu Bezahlung von Leistungen über das Internet oder andere Rechnernetze bezeichnet. **Kartengeld** liegt vor, wenn auf einer Plastikkarte ein bestimmter Geldbetrag gespeichert ist, für den der Kunde vorab bezahlt hat.

Geldersatzmittel

Der Begriff der Zahlungsmittel umfasst neben Bargeld, Buchgeld und elektronischen Zahlungsmitteln auch **Geldersatzmittel**. Diese ersetzen zeitweilig eine Zahlung und treten im Zusammenhang mit Zahlungen auf. Dazu zählen z. B. der Scheck, der ein Verfügungsrecht über Buchgeld darstellt, und der Wechsel, der bei seiner Weitergabe bis zur Einlösung Bar- und Buchgeld ersetzt. Breiter Beliebtheit erfreut sich die Kreditkarte, die ähnlich wie der Scheck für eine gewisse Zeit Bar- und Buchgeld substituiert. Anders als beim Kartengeld ist auf einer als Geldersatzmittel eingesetzten Kreditkarte kein Geldbetrag unmittelbar gespeichert.

Geldangebot

In modernen Volkswirtschaften gibt es zwei Anbieter von Geld. Die Notenbank stellt Zentralbankgeld bereit und die Geschäftsbanken Sichtguthaben. Die Bereitstellung von Geld erfolgt nicht gegenüber allen wirtschaftlichen Sektoren, sondern vollzieht sich getrennt (Abb. 12.2). So wird z. B. Bargeld für die Nichtbanken über die Geschäftsbanken bereitgestellt. Die Grundvorgänge der Geldschöpfung sind in beiden Fällen gleich. Notenbank und Geschäftsbanken schaffen ihr Geld, indem sie Forderungen gegen sich selbst ausstellen, die Geld darstellen. Wir werden diese Formen der Geldschaffung nachfolgend näher betrachten. Von entscheidender Bedeutung für die Geldpolitik ist die Frage, ob und inwieweit die Notenbank das Geldangebot in einer Volkswirtschaft kontrollieren kann.

Schlag-wörter	• Bar-, Buch-, Giralgeld • Netzgeld • Kartengeld	• Geldersatzmittel • Geldangebot

Bereitstellung von Geld

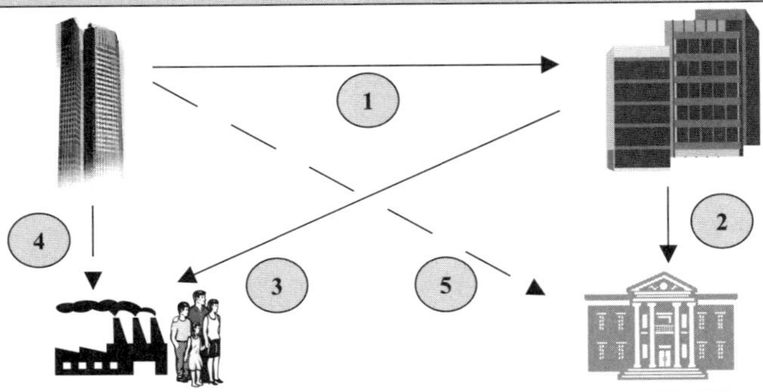

Pfeil	Bedeutung
1	ZB stellt Geldbasis für GB bereit, das zur Schaffung von Giralgeld (= Kredite) genutzt werden kann (= Geldschöpfung)
2	GB kann Kredite an den Staat vergeben (= Geldschöpfung)
3	GB kann Kredite an Private vergeben (= Geldschöpfung)
4	Nicht relevant, da ZB nur Geschäfte mit GB tätigt
5	Kredite der ZB an den Staat sind in der EWU verboten

Abb. 12.2: Geldangebot

12.1.1 Zentralbankgeld und Geldbasis

Wie bereits am Namen deutlich wird, kann das **Zentralbankgeld** nur von der Notenbank selbst geschaffen werden. Dazu zählen das **umlaufende Bargeld** und die **Zentralbankeinlagen** der **Geschäftsbanken**, die aus **Mindest-** und **Überschussreserven** bestehen. Im Fall der Mindestreserven sind die Geschäftsbanken gesetzlich verpflichtet, einen bestimmten Prozentsatz der Einlagen von Nichtbanken bei der Zentralbank zu hinterlegen. Die Mindestreservepflicht erfüllt zum einen die Funktion, die Einlagen der Nichtbanken bei den Geschäftsbanken „abzusichern", zum anderen ist der **Mindestreservesatz** ein geldpolitisches Steuerungsinstrument. Überschussreserven können freiwillig gebildet werden. Zentralbankguthaben werden am Geldmarkt zum Liquiditätsausgleich zwischen den Banken gehandelt. Die Summe aus Bargeld (ausgenommen Bestände bei den Banken) und Zentralbankeinlagen der Geschäftsbanken bildet die **Geldbasis** einer Volkswirtschaft (auch als Geldmenge B bezeichnet; Abb. 12.3). Sie bildet die **Grundlage für die Geldschöpfung der Geschäftsbanken** (Giralgeldschöpfung, vgl. 12.1.2)

Jede Zunahme der Aktivposten in der Notenbankbilanz entspricht einer Schaffung, jede Abnahme einer Verminderung von Zentralbankgeld (Abb. 12.4).

Grundsätzlich gibt es weder rechtliche noch wirtschaftliche Grenzen für die Schaffung von Zentralbankgeld, da die Zentralbank stets mit Geld zahlt, das sie nur allein schaffen kann. Die Notenbank kann sogar **Geldschöpfungsgewinne** erzielen, indem sie ihr Geld gegen Zinsen verleiht und für freiwillige Einlagen der Geschäftsbanken keine Zinsen bezahlt (**Seignorage**, vgl. Kap. 7). Rechtliche Grenzen sind gegeben, wenn die Zentralbank z. B. einen bestimmten Prozentsatz der umlaufenden Banknoten durch Sicherheiten (u. a. Gold) decken müsste. Derartige Deckungsvorschriften haben sich in allen großen Inflationen als nicht sehr bindend erwiesen und sind heute nicht mehr üblich. Klar gezogene Grenzen der Schöpfung von Zentralbankgeld resultieren aus dem

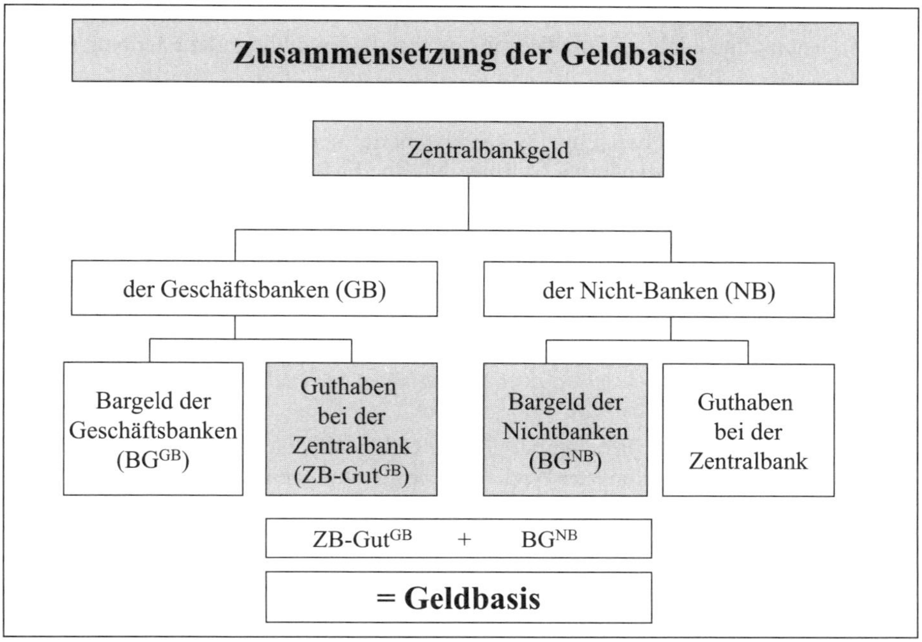

Abb. 12.3: Zentralbankgeld (Geldbasis)

Möglichkeiten zur Schaffung von Zentralbankgeld

Bilanz der Zentralbank (vereinfacht)	
Aktiva	Passiva
• Kredite an Geschäftsbanken • Währungsreserven • Sonstige Aktiva (z.B. Wertpapiere)	• Bargeldumlauf • Zentralbankeinlagen der • Geschäftsbanken (Mindest- und Überschussreserven) • Sonstige Einlagen
Entstehung von Zentralbankgeld	**Verwendung von Zentralbankgeld**

Möglichkeiten zur Schaffung von Zentralbankgeld:
1. Kreditvergabe an Geschäftsbank
2. Zentralbank kauft Devisen bzw. Wertpapiere von Geschäftsbanken

Anmerkung:
Schreibt die Zentralbank den Betrag auf dem Konto einer Geschäftsbank gut, verändert sich die Zentralbankgeldmenge direkt. Der Teil, der als Bargeld ausgezahlt wird, zählt erst dann zur Geldmenge, wenn er von der Geschäftsbank an Nichtbanken weitergegeben wird.

Abb. 12.4: Vereinfachte Bilanz einer Notenbank

gesetzlichen Auftrag des Eurosystems, die Preisniveaustabilität innerhalb der EWU zu gewährleisten. Eine wichtige Vorkehrung dazu ist die Unabhängigkeit der Notenbank.

Im Kern kann die Notenbank die Geldbasis perfekt kontrollieren, denn sie ist die Summe von Bilanzpositionen. Dennoch kann es zwei Problembereiche bei der Bereitstellung der Geldbasis geben. Eine Lücke entsteht dann, wenn sich der Staat direkt bei der Notenbank verschulden kann. Nehmen wir an, die Bundesregierung würde einen Kredit von 1 Mrd. € von der Notenbank erhalten. Dadurch nehmen ihre Guthaben bei der Notenbank zu. Sobald die Bundesregierung damit Zahlungen an Geschäftsbanken vornimmt, steigen deren Notenbank-Guthaben und die Geldbasis erhöht sich. Da viele Inflationen auf diesem Weg entstanden sind, schreibt Artikel 101, Abs. 1 des *EG-Vertrages ein Verbot der Kreditgewährung an den Staat vor: „Überziehungs- oder andere Kreditfazilitäten bei der EZB oder anderen Zentralbanken der Mitgliedstaaten (…) für Organe oder Einrichtungen der Gemeinschaft, Zentralregierungen, regionale oder lokale Gebietskörperschaften (…) sind (…) verboten (…).“*

Ein außenwirtschaftlicher Problembereich der Geldpolitik ist dann gegeben, wenn die Notenbank in einem **System fester Wechselkurse** gezwungen ist, Devisen zur Kursstützung aufzukaufen oder zu verkaufen. In diesem Fall sind die Währungsreserven und damit die Geldbasis nicht vollständig kontrollierbar (vgl. dazu Kap. 20). Nehmen wir z. B. an, die Notenbank ist gezwungen, Devisen im Gegenwert von 1 Mio. € aufzukaufen, in deren Besitz die Geschäftsbanken durch Außenhandelsgeschäfte der Unternehmen gelangt sind. In diesem Fall erhöhen sich die Einlagen der Geschäftsbanken bei der Notenbank und die Geldbasis steigt (Tab. 12.1).

Tab. 12.1: Schaffung von Zentralbankgeld durch Devisengeschäfte

Zentralbankbilanz (vereinfacht)			
Aktiva		Passiva	
Kredite an GB		Umlauf Bargeld	
Währungsreserven	**+ 1 Mio. €**	Einlagen der GB	**+ 1 Mio. €**
Geldbasis	**+ 1 Mio. €**	Geldbasis	**+ 1 Mio. €**

Dieses Problem kann nur durch eine sogenannte **Sterilisierung** geschlossen werden. In diesem Fall kann die Notenbank z. B. im gleichen Umfang Wertpapiere an die Geschäftsbanken verkaufen (Tab. 12.2).

Tab. 12.2: Sterilisierung der Schaffung von Zentralbankgeld durch Devisengeschäfte

Zentralbankbilanz (vereinfacht)			
Aktiva		Passiva	
Kredite an GB		Umlauf BG	
Währungsreserven	**+ 1 Mio. €**	Einlagen GB	**+ 1 Mio. €**
Wertpapiere	**– 1 Mio. €**	Einlagen GB	**– 1 Mio. €**
Geldbasis M (0)	**+/– 0 Mio. €**	Geldbasis M (0)	**+/– 0 Mio. €**

Flexible Wechselkurse gelten daher als wichtige Voraussetzung für eine autonome Geldpolitik.

Schlagwörter	• Zentralbankgeld • Geldbasis	• Geldschöpfungsgewinne • Sterilisierung

12.1.2 Giralgeldschöpfung

Während die Zentralbank eine Monopolstellung hinsichtlich der Zentralbankgeldmenge besitzt, haben die Geschäftsbanken eine vergleichbare Funktion hinsichtlich der Bereitstellung von Giralgeld (Abb. 12.5). Im Fall der **passiven Giralgeldschöpfung** kommt es zu keiner Veränderung der Geldmenge. Nehmen wir z. B. an ein Kunde löst ein langfristiges Sparguthaben auf und lässt sich den Gegenwert in Höhe von 100.000 € auf seinem Girokonto gutschreiben (Tab. 12.3). Durch diese Transaktion ist nur die Passivseite, nicht die Aktivseite der Bilanz betroffen. Daher der Name passive Giralgeldschöpfung.

Tab. 12.3: Passive Giralgeldschöpfung

Geschäftsbank		**Nichtbank**	
Aktiva	**Passiva**	**Aktiva**	**Passiva**
	Langfristige Verbindlichkeiten: – 100.000 €	Langfristige Guthaben: – 100.000 €	
	Sichteinlagen: + 100.000 €	Sichteinlagen: + 100.000 €	
	+/– 0	**+/– 0**	

Möglichkeiten zur Schaffung von Giralgeld

Bilanz einer Geschäftsbank (vereinfacht)	
Aktiva	Passiva
- Geld in der „Kasse" - Zentralbankeinlagen - Guthaben bei anderen Geschäftsbanken - Kredite an Nichtbanken - Sonstige Aktiva	- Sichteinlagen der Nichtbanken - Verbindlichkeiten bei anderen Geschäftsbanken - Verbindlichkeiten gegenüber der Notenbank - Sonstige Verbindlichkeiten
Entstehung von Giralgeld	**Verwendung von Giralgeld**

Abb. 12.5: Vereinfachte Bilanz einer Geschäftsbank

Zu den Passivgeschäften zählt auch die Überweisung eines Kunden an eine andere Bank. Dieser Vorgang führt zu einer Verringerung der Sichteinlagen der Hausbank und zu einer Erhöhung der Sichteinlagen einer anderen Bank.

Für die Geldpolitik ist die **aktive Giralgeldschöpfung** interessanter. Häufigster Fall ist die Kreditgewährung. Betrachten wir ein Beispiel. Herr Müller will einen neuen PKW für 20.000 € erwerben. Da er nicht über ein entsprechendes Guthaben verfügt, nimmt er einen **Kredit** bei seiner Hausbank auf. Die Hausbank bewilligt den Kredit und stellt ihm 20.000 € auf seinem Girokonto zur Verfügung (Tab. 12.4). Die Nachfrage von Herrn Müller nach Geld ist in diesem Fall also identisch mit der Nachfrage nach einem Kredit (dies wäre z. B. nicht der Fall, wenn Herr Müller vorhandene Guthaben auflösen würde).

Der Begriff aktive Giralgeldschöpfung rührt daher, dass bei der Geschäftsbank die Aktiva zunehmen.

Tab. 12.4: Aktive Giralgeldschöpfung

Geschäftsbank		Nichtbank	
Aktiva	**Passiva**	**Aktiva**	**Passiva**
Forderungen an Kunden + 20.000€	Sichteinlagen + 20.000€	Sichteinlagen + 20.000€	Verbindlichkeiten gegen GB + 20.000€
	+ 20.000€	**+ 20.000€**	

Die Möglichkeiten der Kreditvergabe **einer einzelnen Bank** sind im Wesentlichen identisch mit dem Besitz oder der Fähigkeit zur Beschaffung des erforderlichen Bedarfs an Zentralbankgeld. Wenn Herr Müller das Geld **bar** abheben will, benötigt seine Hausbank 20.000€ an Bargeld, d.h. Zentralbankgeld, das sie selbst nicht schaffen kann. Um an das Bargeld zu gelangen, benötigt die Hausbank ein Guthaben bei der Notenbank. Auch im Fall der Überweisung benötigt die Hausbank von Herrn Müller Zentralbankgeld (gesetzliche Zahlungsmittel) in Höhe von 20.000€. Die Bank des Autohauses wird ihrem Kunden den Überweisungsbetrag nur dann gutschreiben, wenn sie von der Hausbank von Herrn Müller dafür gesetzliche Zahlungsmittel erhält (nicht betrachtet wird der Fall, dass Herr Müller und das Autohaus Konten bei der gleichen Bank besitzen). Geschäftsbanken unterhalten für den Überweisungsverkehr bei der Notenbank Sichteinlagen in Form gesetzlicher Zahlungsmittel **(Clearingfunktion der Notenbank)**. Durch die Überweisung sinkt das Guthaben der Hausbank von Herrn Müller bei der Zentralbank, während das Notenbankguthaben der Bank des Autohauses zunimmt (Tab. 12.5). Bei jeder Überweisung von einer Bank an eine andere ist also parallel dazu eine gleichhohe Übertragung von Zentralbankgeld erforderlich, da die empfangende Bank nur dann die Überweisung anerkennt. Diese begleitende Zentralbankgeld-Übertragung zwischen den Banken erfolgt entweder zeitgleich oder über den Ausgleich der Tagessalden.

Tab. 12.5: Tagessalden und Überweisungsverkehr von Geschäftsbanken

	Hausbank Müller	**Hausbank Autohaus**
Überweisung	–20.000€ ZBG-Guthaben	+20.000€ ZBG-Guthaben
Tagessalden	Kontoüberziehung am Ende eines Geschäftstages auf dem Zentralbankkonto = Antrag auf Inanspruchnahme eines Übernachtkredits in Höhe der Überziehung gegen Hinterlegung von Sicherheiten	Guthaben am Ende eines Geschäftstages auf dem Zentralbankkonto = Antrag auf Anlage des Guthabens über Nacht
Zinssätze	Kurzfristige Deckung des Liquiditätsbedarfs bei der EZB über Nacht (Übernachtkredit) = Spitzenrefinanzierungsfazilität	Kurzfristige Anlage von Liquiditätsüberschüssen (Übernachtanlage) = Einlagenfazilität

Am Tagesende ergeben sich Überschüsse oder Defizite auf den Zentralbankkonten der Geschäftsbanken. Zentralbankgeld-Überschüsse können an die Banken verkauft werden, die über Defizite verfügen. Die Banken gleichen damit den unterschiedlichen Bedarf an kurzfristiger Liquidität untereinander aus. Der Zinssatz, den die Banken unter einander aushandeln, heißt **Tagesgeldsatz**. Den Preis für das Zentralbankgeld gibt die Notenbank durch den **Leitzins** vor.

Banken, denen es nicht gelingt, Fehlbeträge am Geldmarkt zu schließen, können sich diese über Nacht beim ESZB zum **Spitzenrefinanzierungssatz** ausleihen. Umgekehrt können sie Zentralbankgeld-Überschüsse über Nacht beim ESZB gegen Verzinsung zwischenparken (**Einlagenfazilität**).

Für die Geldpolitik ist es wichtig, den Bedarf des **Bankensystems** an Zentralbankgeld insgesamt zu kennen. Dieser ist geringer als der einer einzelnen Bank, da es im Fall der Überweisung zu einer Verminderung der Notenbankguthaben der Bank A kommt, sich aber gleichzeitig die Zentralbank-Guthaben von Bank B erhöhen. Für das Bankensystem insgesamt bleiben also die Zentralbankbestände bei dieser Zahlungsform weitgehend unverändert. Es kommt lediglich zu höheren Mindestreserven von Bank B, während die Mindestreserven von Bank A zurückgehen.

Der Gesamtbedarf des Bankensystems an Zentralbankgeld lässt sich mit Hilfe des **Geldschöpfungs-** bzw. **Kreditschöpfungsmultiplikators** beantworten (Box 12.1).

Box 12.1: Geldschöpfungsmultiplikator: Wie zusätzliches Geld weiteres Geld schafft

Kreditschöpfungsmultiplikator (1) $\Delta Kr = \frac{1}{b + mrs \times (1-b)} \times ÜR$ Giralgeldschöpfungsmultiplikator (2) $\Delta SE = \frac{1-b}{b + mrs \times (1-b)} \times ÜR$	**Hintergrund:** Die Kreditschöpfungs- und Giralgeldschöpfungsmöglichkeiten des Geschäftsbankensystems sind abhängig vom Umfang der frei verfügbaren Überschussreserven (ÜR), der Höhe des Mindestreservesatzes (mrs) und der Bargeldabflussquote (b).

Betrachten wir dazu unser PKW-Beispiel:

Bank B erhält durch die Überweisung der Hausbank von Herrn Müller zusätzliche Zentralbankeinlagen in Höhe von 20.000 €, die dem Autohaus gutgeschrieben werden.

Diese Einlagen sollen in vollem Umfang als Kredit an andere Kunden vergeben werden. Darüber hinaus wird angenommen, dass der Mindestreservesatz (mrs) auf alle Einlageformen 20 % und die Bargeldabflussquote (b) der Kunden 10 % beträgt.

Entsprechend dieser Annahmen müssen von den 20.000 € zunächst 4.000 € als Mindestreserve bei der Zentralbank hinterlegt werden. Die Kreditnehmer heben 10 %, also 1.600 €, als Bargeld ab. Damit stehen 14.400 € für die Kreditvergabe zur Verfügung.

Geschäftsbank B		
Zentralbankeinlagen:	20.000 €	Sichtguthaben: 14.400 €
Mindestreserve:	- 4.000 €	
Bargeld:	- 1.600 €	
Kredite:	14.400 €	

Im Fall einer Gutschrift bei Bank C sieht die Situation wie folgt aus, wenn die Einlagen wiederum vollständig als Kredite vergeben werden:

Geschäftsbank C		
Zentralbankeinlagen:	14.400€	Sichtguthaben: 10.360€
Mindestreserve:	– 2.880€	
Bargeld:	– 1.160€	
Kredite:	10.360€	

Dieser Prozess führt bei maximaler Kreditvergabe im Bankensystem dazu, dass sich die Geldmenge um ein Vielfaches der ursprünglich frei verfügbaren Überschussreserven in Höhe von 16.000€ erhöht. Er ist beendet, wenn die ursprünglich frei gewordene Zentralbankgeldmenge in Höhe von 20.000€ in Mindestreserven und Bargeld gebunden ist. Bezogen auf das obige Zahlenbeispiel ergibt sich eine maximale Kreditexpansion von: $1/(0{,}1 + 0{,}2 \times (1 - 0{,}1)) \times 16.000€ = 57.140€$

Der Kreditschöpfungsmultiplikator beträgt also rund 3,57. Die maximale Ausweitung der Sichteinlagen ergibt: $(1 - 0{,}1)/(0{,}1 + 0{,}2 \times (1 - 0{,}1)) \times 16.000€ = 51.420€$

Der Giralgeldschöpfungsmultiplikator beträgt rund 3,214. Die Differenz aus maximaler Kreditexpansion (57.120€) und maximaler Giralgeldschöpfung (51.420€) entspricht der insgesamt abgeflossenen Menge an Bargeld (rund 5.700€). Nur wenn kein Bargeld abfließt, fallen Kredit- und Giralgeldschöpfungsmultiplikator zusammen.

Banken als Geldproduzenten

Parameter: **Zufluss an Zentralbankgeld (ZBG): 20**
Mindestreservesatz 20%
Bargeldabflussquote 10%
Überschussreservesatz 80%

Multiplikatoren:
Giralgeld 57,14 : 16 = 3,57
Kredite 51,42 : 16 = 3,21

1	2	3 (20% von 2)	4 (80% von 2)	5 (10% von 4)	6 (4 – 5)
Bank	Zufluss an ZBG = Zunahme an Sichteinlagen	Mindest-Reserve	Überschussreserve (= maximale Kreditvergabe)	Abfluss an Bargeld	Abfluss an ZBG durch Überweisungen an andere Banken
B	**20**	4	16	1,6	14,4
C	14,4	2,88	11,52	1,16	10,36
D	10,36	2,08	8,28	0,83	7,45
E	7,45	1,5	5,96	0,60	5,36
...					
Summe	71,42	**14,28**	57,14	**5,72**	51,42

Kreditschöpfung

Erweiterung der monetären Basis = Verwendung des Zentralbankgeldes

Abb. 12.6: Multiple Giralgeldschöpfung

Das Modell der multiplen Giralgeldschöpfung gibt lediglich den **maximalen Rahmen** der Bereitstellung von Geschäftsbankengeld an. Wenn die Bankkunden keine Kredite wollen oder die Kreditinstitute für ihr frei verfügbares Geld andere Anlageformen wählen, ist der Prozess der Giralgeldschöpfung unmittelbar unterbrochen. Insofern ist das **Verhalten** der auf dem Geldmarkt beteiligten Akteure (Zentralbank, Geschäftsbanken, Nichtbanken) von Bedeutung für die Analyse des Geldangebots. Aus der

Definition des Giralgeldschöpfungsmultiplikators ist erkennbar, dass die Giralgeldmenge steigt,

- je größer der **Bestand** an Zentralbankgeld für die Geschäftsbanken ist,
- je kleiner der **Verlust** an Zentralbankgeld für die Geschäftsbanken ist (durch Mindestreservesatz und Bargeldabhebung durch Nichtbanken).

In der Regel steigt die Reservehaltung der Geschäftsbanken bei der Zentralbank, wenn die Unsicherheit über die zukünftige Einlagenentwicklung und das Risiko der Nicht-Rückzahlung gewährter Kredite zunehmen. Die Reservehaltung der Banken bei der Zentralbank reduziert die eigenen Kreditschöpfungsmöglichkeiten. Die Reservehaltung wird zurückgehen, wenn die Kreditzinsen steigen oder wenn die Kosten zur Beschaffung von Liquidität bei anderen Banken sinken. Grundsätzlich dürften die Geschäftsbanken bestrebt sein, möglichst geringe Überschussreserven zu halten. Zudem haben die Banken die Möglichkeit, ihre Überschussreserven anzulegen, z. B. bei anderen Geschäftsbanken.

Geldbasis und Geldmenge M1

In einer aggregierten Betrachtung entfallen die Beziehungen zwischen den Banken sowie zwischen einer Bank und der Notenbank (Abb. 12.7).

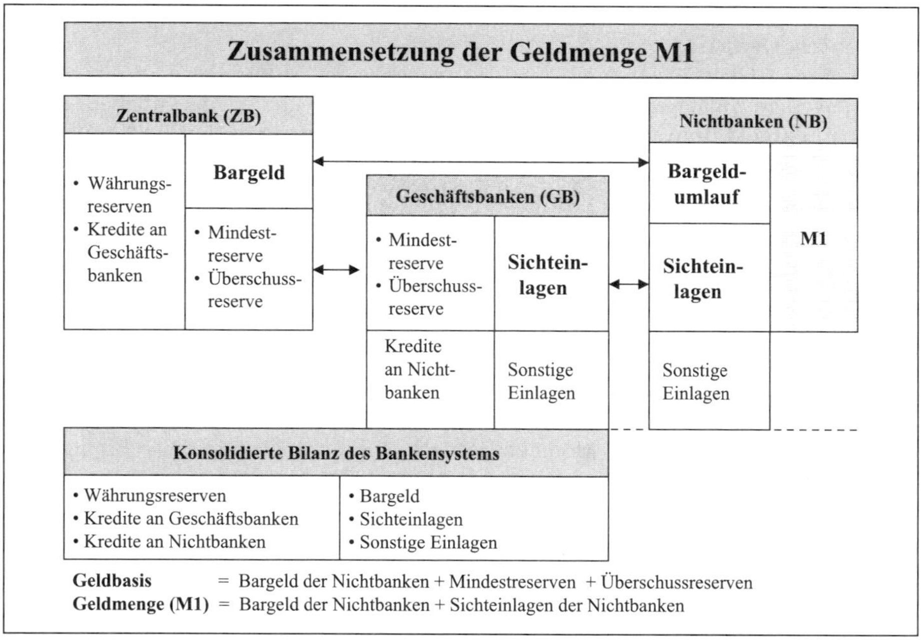

Abb. 12.7: Geldmenge M1 und Geldbasis

Es werden nur noch Forderungen und Verbindlichkeiten des Bankensystems gegenüber **Nichtbanken** dargestellt. Auf der Passivseite der Bilanz des Bankensystems findet sich die **Geldmenge M1**, wenn von sonstigen Einlagen abgesehen wird. Auf der Aktivseite werden Kredite sowie Währungsreserven ausgewiesen. Deutlich wird die enge Beziehung zwischen Geld und Kredit. Die **Geldbasis** stellt den „Inputfaktor" für die Geldmenge M1 bereit. „Output" des Prozesses sind Zahlungsmittel im Sinne der Geldmenge M1 (Bargeld, Sichtguthaben).

Schlagwörter	• multiple Giralgeldschöpfung • Bargeldabflussquote • Mindestreserven	• Überschussreserven • Giralgeldmultipikator • Kreditschöfpungsmultiplikator

12.1.3 Geldmenge M1 bis M3

Neben der Geldmenge M1 gibt es weitere monetäre Aggregate, die auch die **Wertaufbewahrungsfunktion des Geldes** berücksichtigen (Abb. 12.8). Sie werden in der EWU gebildet, indem der **Geldgrad (Liquiditätsgrad)** verschiedener Forderungen bestimmt wird. Je besser ein Vermögenswert die Geld- bzw. Liquiditätsfunktionen erfüllt, desto höher ist der Geldgrad. Täglich fällige Einlagen haben einen sehr hohen Geldgrad, während z. B. Immobilien oder Aktien eher geldferne Aktiva darstellen. Kriterien zur Bestimmung des Geldgrades sind:

- **Übertragbarkeit:** Sie bezieht sich auf die Möglichkeit, in Aktiva angelegte Gelder unter Nutzung von Zahlungsmöglichkeiten (z. B. Schecks, Überweisungsaufträge, Lastschriftverkehr) zu mobilisieren.
- **Konvertibilität**: Sie bezieht sich auf die Möglichkeit und die Kosten der Umwandlung von Aktiva in Bargeld oder übertragbare Einlagen.
- **Laufzeit**: Hier erfolgt eine Differenzierung zwischen den Aktiva nach dem Zeitraum zwischen Vertragsabschluss und Auflösungstermin, zu dem angelegte Gelder umgetauscht werden können.
- **Kündigungsfrist**: Sie entspricht der Zeit zwischen der Ankündigung des Inhabers, die jeweilige Anlage einlösen zu wollen, und dem Tag, an dem der Inhaber die Anlage in Bargeld umwandeln darf. Je kürzer die Laufzeit und die Kündigungsfrist, desto höher ist in der Regel der Geldgrad der Forderung.

Grundsätzlich werden nur die Geldkomponenten ausgewiesen, die sich in Händen der **Nichtbanken** (Unternehmen, Private Haushalte, Staat) befinden. Die Geldbestände der Banken gehören aus dieser nachfrageorientierten Sicht nicht zur Geldmenge, sondern repräsentieren lediglich das Potential des Geldangebotes.

Geldmenge M2

Zur „mittleren" Geldmenge M2 zählen neben den Komponenten von M1 Einlagen mit einer Laufzeit von bis zu zwei Jahren sowie Einlagen mit einer vereinbarten Kündigungsfrist von bis zu drei Monaten. Je nach Geldgrad können diese Einlagen in Komponenten von M1 umgewandelt werden, zum Teil sind jedoch Kündigungsfristen zu beachten:

- **Spareinlagen** sind Einlagen mit vereinbarter Kündigungsfrist, deren Verzinsung wegen des großen Volumens dieser Einlagen zumindest in Deutschland eine bedeutende Größe für bankpolitische Entscheidungen ist.
- **Termineinlagen** sind verzinsliche befristete Einlagen, die den Banken als Festgeld für mindestens einen Monat überlassen oder als Kündigungsgeld vereinbart werden.

Geldmenge M3

Die weit abgegrenzte Geldmenge M3 umfasst neben den Komponenten von M2 sogenannte marktfähige Finanzinstrumente. Aufgrund des hohen Liquiditätsgrades und der relativen Kurssicherheit dieser Anlageformen handelt es sich um enge Substitute für Einlagen. Hierbei haben in den letzten Jahren insbesondere in anderen europäischen Ländern Geldmarktfonds und Geldmarktpapiere eine zunehmende Bedeutung erlangt.

Im Gegensatz zu Termineinlagen können **Geldmarktpapiere** als fungible Wertpapiere grundsätzlich jederzeit vor Fälligkeit verkauft werden. Dazu zählen z. B. Schatzwechsel, die von Regierungen und staatlichen Stellen ausgegeben werden oder Bankschuldverschreibungen, die von Banken zur Refinanzierung ihrer Geschäfte emittiert worden sind. **Geldmarktfonds** stellen Investmentfonds von Kapitalgesellschaften dar, deren Vermögen im Wesentlichen in Geldmarktpapieren angelegt ist. Die Fondsrendite entspricht weitgehend dem kurzfristigen Zinsniveau. Geldmarktfonds eignen sich für Kleinanleger sowie Anleger, die ihre kurzfristig verfügbaren Gelder streuen wollen. Zur Geldmenge M3 zählen auch von Banken ausgegebene Wertpapiere, **Schuldverschreibungen** bis zu zwei Jahren sowie **Repogeschäfte** (repurchase agreement, kurz: repo). Repogeschäfte umfassen zeitlich befristete monetäre Transaktionen zwischen Notenbanken, zwischen Notenbanken und Kreditinstituten (Hauptrefinanzierungsgeschäfte) sowie zwischen Kreditinstituten und Nichtbanken. Nur letztere sind in der Geldmenge M3 enthalten.

Wie sich die Geldmengen M1, M2 und M3 unterscheiden

	Verbindlichkeiten der Banken gegenüber den Nicht-Banken	M1	M2	M3	in Mrd. € Stand: Sept. 2006	in %
Tauschmittelfunktion	Bargeld	x	x	x	559	7,5
	Sichteinlagen	x	x	x	3.012	40,3
	Termineinlagen bis zu zwei Jahren		x	x	1.270	17,0
	Spareinlagen mit Kündigungsfrist von bis zu drei Monaten		x	x	1.567	21,0
Wertaufbewahrungsfunktion	Repogeschäfte mit Nicht-Banken			x	255	3,4
	Geldmarktfonds, Geldmarktpapiere			x	623	8,3
	Schuldverschreibungen bis zu zwei Jahren			x	179	2,5
	Geldmenge M3 insgesamt				**7.467**	**100**

Abb. 12.8: Geldmengenaggregate in der EWU

Breit gefasste Aggregate wie M3 weisen eine höhere Stabilität und bessere Vorlaufeigenschaften gegenüber dem Preisniveau auf als enger gefasste Größen wie M1. Sie genügen damit den makroökonomischen Anforderungen der Geldmengensteuerung. Ursächlich ist, dass sie von renditebedingten Umschichtungen zwischen verschiedenen Einlageformen weniger beeinflusst werden. Gleichzeitig wird der Funktion des Geldes als Tauschmittel weniger Rechnung getragen. Umgekehrt sind enger gefasste Aggregate zwar leichter durch die Notenbank zu kontrollieren, haben aber den Nachteil, dass sie durch zinsbedingte Umschichtungen zwischen verschiedenen geldnahen Einlageformen verändert werden. Das Eurosystem verwendet im Rahmen seiner geldpolitischen Strategie die weit abgegrenzte Geldmenge M3. Sie werden regelmäßig von der Europäischen Zentralbank veröffentlicht: *www.ecb.int.*

Schlagwörter	• Geldgrad • Spareinlagen • Termineinlagen • Geldmarktfonds	• Geldmarktpapiere • Schuldverschreibungen • M1, M2, M3

12.2 Geldpolitische Strategien

Die geldpolitische Strategie einer Notenbank sollte **glaubwürdig**, d. h. konsistent und in sich schlüssig sein. Allerdings kann das Verhalten der Notenbank auch der Zeitinkonsistenz unterliegen. Dieser Begriff bezeichnet das nicht konsistente Festhalten an der Ankündigung eines Entscheidungsträgers. Es fehlen Anreize, ein einmal gegebenes Versprechen im Zeitablauf einzuhalten. Sofern die fehlenden Anreize von Wirtschaftssubjekten antizipiert werden, kommt es zu einer Selbstschädigung. 2004 erhielten *Finn E. Kydland* und *Edward C. Prescott* den Nobelpreis *„für ihre Beiträge zur dynamischen Makroökonomie, insbesondere für ihre Arbeiten über das Problem der Zeitinkonsistenz wirtschaftspolitischer Entscheidungen und die treibenden Kräfte hinter Wirtschaftszyklen"*.

Zeitinkonsistenz der Geldpolitik

Gehen wir davon aus, dass die Notenbank eine stabilitätsorientierte Geldpolitik (π nahe unter 2 %) verkündet. Wenn sich die Wirtschaftssubjekte daran orientieren ($\pi^{erwartet}$ = 2 %), werden Verträge – z. B. Tarifverträge – auf dieser Basis abgeschlossen (Abb. 12.9). Verfolgt die Notenbank eine **beschäftigungspolitische Zielsetzung**, dann muss die Einhaltung der Strategie für die Notenbank nicht mehr optimal sein. Sie könnte eine Überraschungsinflation von z. B. 4 % zulassen, um die Reallöhne zu senken und positive Beschäftigungseffekte zu erzielen. Sofern die Wirtschaftssubjekte **rationale Erwartungen** haben, wissen sie um diese Möglichkeit der Zentralbank. Sie orientieren sich nicht an der angekündigten, sondern an einer höher erwarteten Inflationsrate von 4 %. In diesem Fall hat die Notenbank keine andere Wahl, als die Inflationsrate auf 4 % steigen zu lassen, um keine negativen Beschäftigungseffekte aufgrund höherer Reallöhne zu

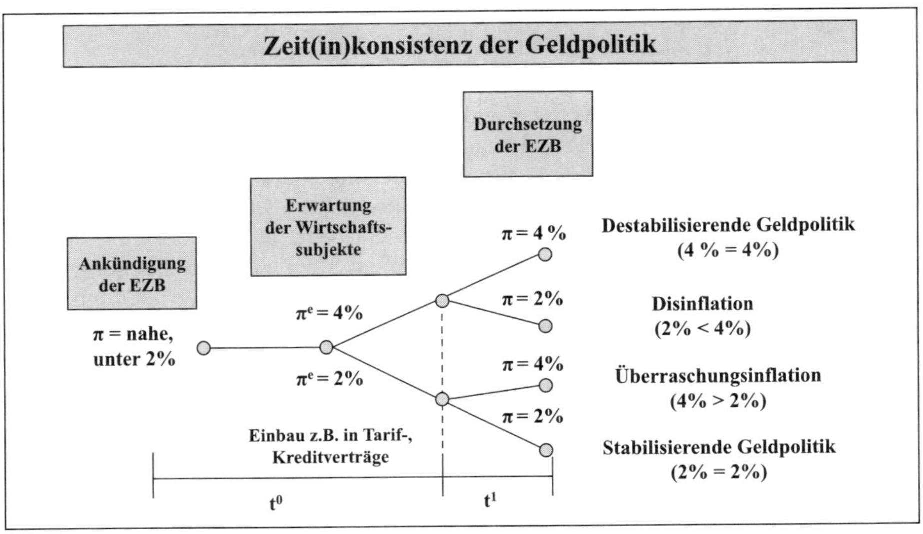

Abb. 12.9: Zeitinkonsistenz der Geldpolitik

Tab. 12.8: Ergebnisse einer (un-)glaubwürdigen Geldpolitik

Geldpolitik	Erwartungen	Inflationsziel	Arbeitslosigkeit
stabilisierend	glaubwürdige Notenbank	erreicht	unverändert
überraschend	werden getäuscht	verfehlt	sinkt
Disinflation	nicht rational	erreicht	steigt (Reallöhne steigen)
destabilisierend	rational	verfehlt	unverändert

verursachen. In diesem Fall kommt es also nicht zu positiven Beschäftigungseffekten, wohl aber zu einer höheren Inflation von 4 % (Tab. 12.8). Zudem ist die Glaubwürdigkeit der Notenbank in Frage gestellt.

Glaubwürdigkeit und Reputation einer Notenbank

Eine Notenbank gilt als glaubwürdig, wenn sie eine Politik der Preisniveaustabilität ankündigt und die privaten Akteure bei allen zukunftsgerichteten Entscheidungen (Lohnabschlüsse, Miet- und Kreditverträge) von entsprechend niedrigen Inflationsraten ausgehen. Die Glaubwürdigkeit der Notenbank führt dazu, dass die Inflationsrate im Sinne einer sich selbst erfüllenden Prognose niedrig gehalten wird. Glaubwürdigkeit entsteht dann, wenn die Notenbank über Jahre hinweg konsequent an dem Ziel der Preisniveaustabilität festhält, selbst wenn dies temporär mit unpopulären Ergebnissen (z. B. Beschäftigungseinbußen) und öffentlicher Kritik verbunden ist (Abb. 12.10). Wäre die Geldpolitik nicht glaubwürdig, würden die **Inflationserwartungen** steigen und eine Überraschungsinflation auftreten. In der EWU bewegen sich Inflationserwartungen seit 1999 innerhalb einer Bandbreite von 1,7 – 2,4 % und damit auf einem Niveau, dass weitgehend noch mit der Definition von Preisniveaustabilität vereinbar ist.

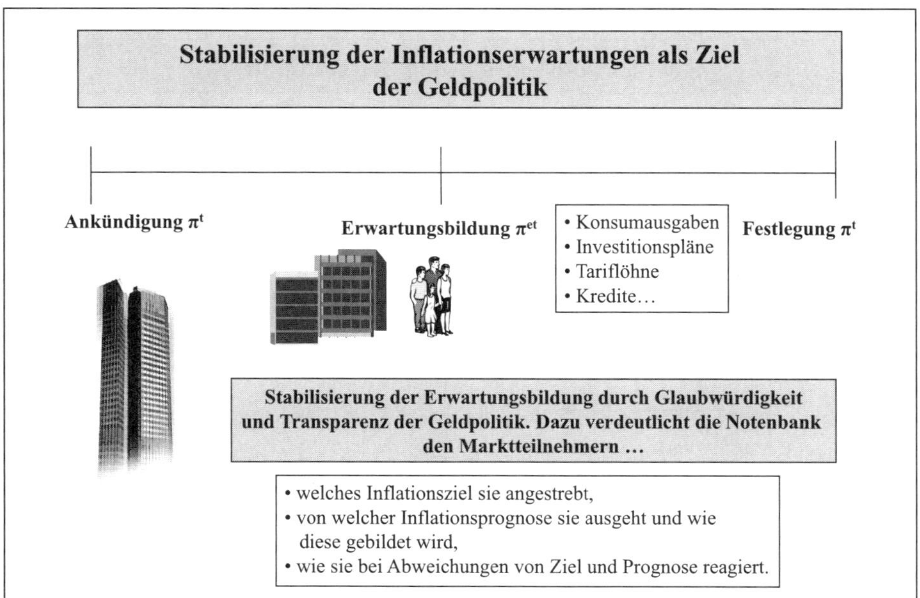

Abb. 12.10: Stabilisierung der Inflationserwartungen

Diese feste Verankerung der Inflationserwartungen bei den Marktteilnehmern spricht für eine glaubwürdige Geldpolitik des ESZB. Indem sich eine Notenbank zu einer Transparenz ihrer Geldpolitik bereitfindet, setzt sie ein klares Zeichen, dass sie nicht an einer Politik der Überraschungsinflation interessiert ist.

Fehlinterpretationen der Geldpolitik werden reduziert, indem geldpolitische Entscheidungen gegenüber der Öffentlichkeit klar begründet werden. Der Internationale Währungsfonds (IWF) hat im Jahr 1999 einen **Verfahrenskodex** entwickelt, um die Politikmaßnahmen der Zentralbanken transparenter zu gestalten, d.h. sie der Öffentlichkeit besser verständlich zu machen und für eine breite Unterstützung der Geldpolitik zu sorgen.

Geldpolitische Strategien

Eine Möglichkeit, Reputation und Glaubwürdigkeit aufzubauen sowie die Erwartungen zu stabilisieren, liegt in der transparenten und nachprüfbaren Handhabung von **geldpolitischen Strategien**. Derartige Regeln (Heuristiken) haben zwei wichtige Funktionen:

- Im Innenverhältnis reduzieren sie ein komplexes Entscheidungsproblem und führen zu schlanken Entscheidungsprozessen innerhalb der Notenbank.
- Im Außenverhältnis kann die Öffentlichkeit die geldpolitischen Entscheidungen nachvollziehen.

Die **Strategie der Geldpolitik** gibt den Weg vom Instrumenteneinsatz bis zu dem (den) geldpolitischen Ziel(en) vor. In der Praxis gibt es unterschiedliche Strategien, die von der Größe der Volkswirtschaft, dem Grad ihrer außenwirtschaftlichen Verflechtung oder den Finanzmarktstrukturen abhängen (vgl. Tab. 12.9; Abb. 12.11):

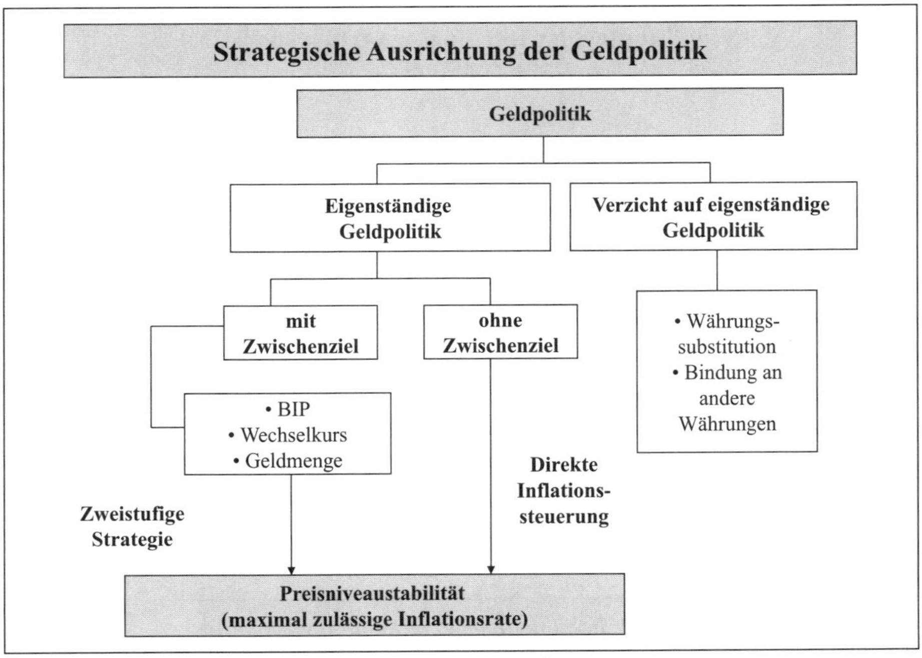

Abb. 12.11: Ausrichtung der Geldpolitik

- **Einstufige Strategie:** Sie verzichtet auf die Einbeziehung geldpolitischer Zwischenziele und orientiert den Instrumenteneinsatz (z.B. Leitzins) ausschließlich an der erwarteten Entwicklung eines Inflationsziels, das auf der Grundlage makroökonomischer Indikatoren prognostiziert wird.
- **Zweistufige Strategie:** Sie stützt sich auf geldpolitische Zwischenziele (z.B. Wechselkurse, nominales BIP, Geldmenge) zur Erreichung eines Oberziels wie der Preisniveaustabilität.

In der Umsetzung ist die Unterscheidung zwischen operativen Zielen (*operating targets*) und Zwischenzielen (*intermediate targets*) zu beachten. **Zwischenzielgrößen** haben einen

Tab. 12.9: Geldpolitische Konzeptionen im internationalen Vergleich
Quelle: in Anlehnung an SVR, 2003/2004, Tabelle 15, S. 90

	US-Fed	EZB	Bank of England
vorrangiges Endziel	vier gleichberechtigte Ziele: Wirtschaftswachstum, hohes Beschäftigungsniveau, stabile Preise, angemessenes langfristiges Zinsniveau	Preisniveaustabilität Konjunkturelle Ziele nur wenn das Ziel der Preisstabilität nicht verletzt wird.	Preisniveaustabilität
Quantifizierung	nein	nahe, unter 2 %	Inflationsziel der Regierung
Bekanntgabe der Strategie	nein	Zwei-Säulen-Strategie	direkte Inflationsteuerung
Bekanntgabe eines Zwischenziels	nein	nein	Inflationsprognose
Bekanntgabe wichtiger Indikatoren	Geldmengen- und Kreditwachstum	Referenzwert für Geldmengenwachstum	nein
Bekanntgabe geldpolitischer Beschlüsse	ja	ja	ja
Richtungsaussagen zur zukünftigen Zinspolitik	Risikobewertung	gelegentlich	nein
Jahresbericht	ja	ja	ja
Anhörungen im Parlament	mindestens zweimal im Jahr	mindestens viermal im Jahr	regelmäßig
Berichte zur Wirtschaftslage	monatlich	monatlich	vierteljährlich
Pressekonferenz	nein	monatlich	vierteljährlich
Sitzungsprotokolle	nach sechs bis acht Wochen	nein	nach zwei Wochen
Protokolle der Abstimmung	nach sechs bis acht Wochen	nein	nach zwei Wochen

direkten Effekt auf **Oberziele** (*goals*) wie Preisniveau und Wirtschaftswachstum. Sie können jedoch nicht direkt von der Zentralbank kontrolliert werden. **Operative Zielgrößen** wie die Leitzinsen oder der Tagesgeldsatz stehen hingegen unter ihrem mehr oder weniger direkten Einfluss und können die Zwischenziele und/oder die Oberziele erreichen helfen.

Schlagwörter	• Zeitinkonsistenz • Transparenz, Glaubwürdigkeit der Geldpolitik • Inflationserwartungen	• geldpolitische Strategien • einstufige, zweistufige Strategien • Regelbindung der Geldpolitik

12.2.1 Einstufige Strategien

Im Fall der einstufige Strategie bzw. der **direkten Inflationssteuerung** (*inflation targeting*), die z. B. von der Bank of England verfolgt wird (Abb. 12.12), verkündet die Notenbank im Voraus einen jährlichen Zielwert (oder Zielkorridor) für die von ihr angestrebte Inflationsrate. Es wird versucht, mit dem zur Verfügung stehenden Instrumentarium, die Inflation direkt zu steuern. Diese Strategie wird mit folgenden Argumenten begründet:

- Es besteht kein stabiler Zusammenhang zwischen Zwischenzielgrößen, wie z. B. Geldmengenentwicklung und Inflationsrate.
- Ein direktes Inflationsziel ist transparent und nachprüfbar für die Öffentlichkeit und kann somit zur Reputation der Notenbank beitragen.

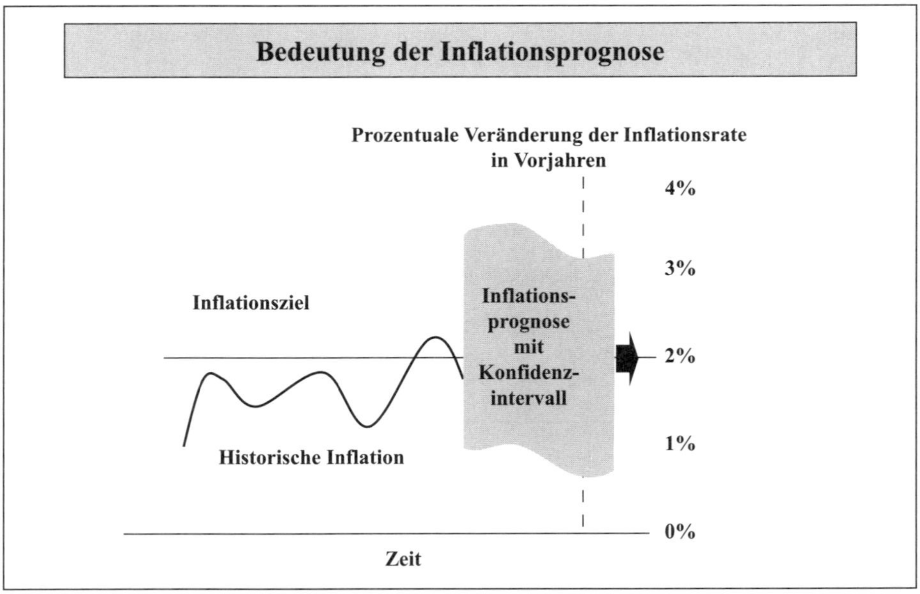

Abb. 12.12: Inflationsprognose

Voraussetzungen der Inflationssteuerung

Voraussetzung dieser Strategie ist eine stabile **Inflationsprognose**, auf denen der Zielwert oder der Zielkorridor aufbaut. Die Notenbank publiziert die Inflationsprognose und sorgt für eine intensive Kommunikation mit der Öffentlichkeit (*inflation reports*). Sie versucht auf diese Weise die Erwartungen der privaten Marktteilnehmer zu beeinflussen. Dies führt bei Abwesenheit von exogenen Schocks zu einem sich selbst stabilisierenden Prozess. Die Notenbank steuert also allein durch ihre Ankündigung von Inflationszielen die tatsächliche Entwicklung. Die Heuristik liefert eine klare Handlungsempfehlung (Abb. 12.13):

- Liegt die Prognose über dem Zielwert muss der Zins angehoben werden.
- Liegt die Prognose darunter muss der Zins gesenkt werden.

Taylor-Regel

Anfang der 90er Jahre war es dem Ökonomen *John Taylor* ein großes Anliegen, dass die Idee einer geldpolitischen Regelbindung Eingang in die Notenbankpraxis der USA findet. Die nach ihm benannte Regel wird zum Teil auch als praktische Umsetzung des *inflation targeting* bezeichnet. Unter einer geldpolitischen Regel versteht *Taylor* eine Handlungsanweisung, in der möglichst präzise bestimmt wird, wie die Notenbank ihre Instrumentvariable in Abhängigkeit von den vorliegenden ökonomischen Bedingungen festlegen soll. *Taylor* hat folgende Regel als Handlungsmuster konstruiert (Abb. 12.14):

(1) $i_t = i^{real} + \pi_t + a \times (\pi_t - \pi^*) + b \times y_t,$

mit

i_t = Zinsinstrument der Notenbank (kurzfristiger Nominalzins)

i^{real} = realer kurzfristiger Gleichgewichtszins

π_t = durchschnittliche Inflationsrate über die vergangenen vier Quartale

π^* = Inflationsziel

y = Outputlücke (prozentuale Abweichung des realen BIP vom potentiellen BIP)

t = Zeitindex

a,b = positive Konstanten

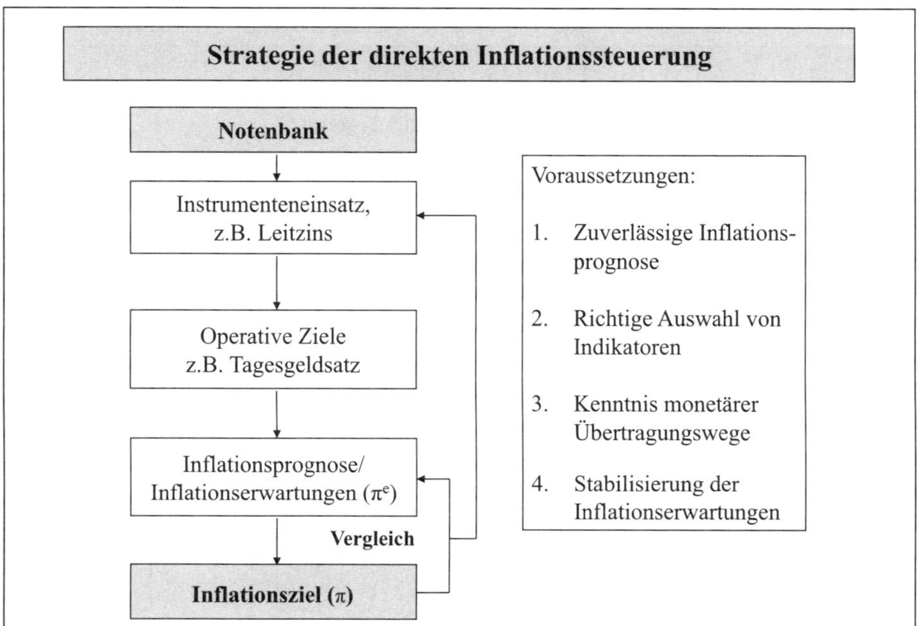

Abb. 12.13: Direkte Inflationssteuerung

Die Regel wird also von vier Faktoren bestimmt:

1) **Realer Gleichgewichtszins** (i^{real}): Dieser Zins bezeichnet ein Niveau, bei dem weder expansive noch restriktive geldpolitische Impulse entstehen. Ein solches Niveau ist zu wählen, wenn sich die Wirtschaft im Gleichgewicht befindet, d. h. die Inflationsrate mit dem Inflationsziel und das BIP mit seinem potentiellen Niveau übereinstimmen. Der Zinssatz in einem solchen Fall wird als neutral bezeichnet, da die Ökonomie bei Preisniveaustabilität mit der Trendrate wächst.
2) **Inflationsrate** (π_t): Dieser Faktor ergänzt den Realzins. Die Notenbank benötigt eine Handlungsanweisung für den Nominalzins, denn nur diesen kann sie steuern. Sie addiert daher die aktuelle Inflationsrate zum realen Gleichgewichtszins hinzu. Die Summe aus Realzins und Inflationsrate ergibt den nominalen Gleichgewichtszins. Wenn wir voraussetzen, dass die Inflationsrate der letzten Quartale eine Annäherung an die erwartete Inflationsrate darstellt, entspricht dies dem Fisher-Theorem (Realzins + erwartete Inflationsrate = Nominalzins).
3) **Inflationslücke** ($\pi_t - \pi^*$): Dieser Größe bewirkt, dass Abweichungen der Inflationsrate vom Inflationsziel durch entgegengesetzte Zinsreaktionen beseitigt werden: Ein Anstieg der Inflation über das Inflationsziel hinaus wird durch Zinserhöhungen beantwortet, ein Rückgang durch eine Zinssenkung. Die Inflationsrate soll dadurch auf ihrem mittelfristigen Niveau (π^*) stabilisiert werden. Die Konstante a gibt die Stärke der Zinsreaktion bei Zielabweichungen vor.
4) **Outputlücke** (y): Durch diese Größe werden zyklische Outputschwankungen um den langfristigen Trend geglättet. Die potentiellen Wachstumsmöglichkeiten sollen möglichst voll ausgeschöpft werden, ohne dass es zu einer Überauslastung der Produktionskapazitäten kommt. Die Konstante b gibt die Stärke der Zinsreaktionen auf Outputschwankungen an. Der Begriff Outputlücke ist hier sprachlich so zu verstehen, dass der Auslastungsgrad unter sein normales Niveau fällt. Eine „positive Lücke“ würde demgegenüber eine Überauslastung darstellen.

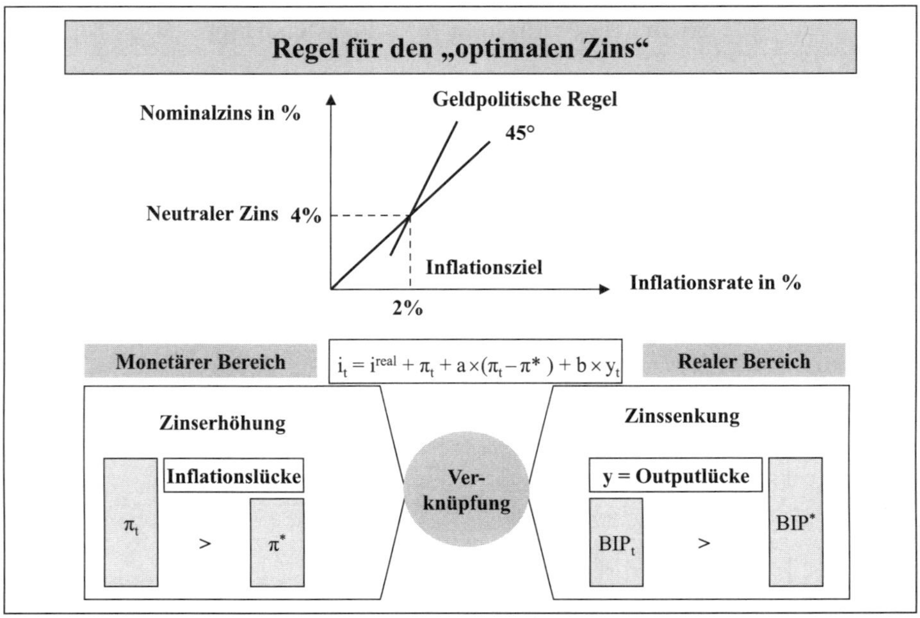

Abb. 12.14: Taylor-Zins

Taylor hat mit der Vorstellung der Regel im Jahr 1993 zugleich konkrete Werte für die nicht empirisch beobachtbaren Größen vorgeschlagen. Für den neutralen Gleichgewichtszins und das Inflationsziel wählte er jeweils 2 %, für die Gleichgewichtskonstanten a und b jeweils den Wert 0,5. Dadurch soll signalisiert werden, dass beide Größen gleich wichtig für geldpolitische Entscheidungen sind. Gleichung (1) lässt sich dann wie folgt darstellen:

(2) $i_t = 2 + \pi_t + 0{,}5 \times (\pi_t - 2) + 0{,}5 \times (y_t)$

Anhand von Gleichung (2) können verschiedene Fälle konstruiert werden:

1) Keine Inflations- und keine Outputlücke: Entspricht die tatsächliche Inflationsrate dem Inflationsziel von 2 % und liegt keine Outputlücke vor, ergibt sich ein Taylor-Zins von 4 %. Dieser kann als Orientierung für ein neutrales, nominales Zinsniveau interpretiert werden.

$4\,\% = 2 + 2 + 0{,}5 \times (2 - 2) + 0{,}5 \times 0$

2) Output sinkt unter sein potentielles Niveau, keine Inflationslücke: Sinkt der Output im Zuge einer konjunkturellen Abschwächung um einen Prozentpunkt unter sein potentielles Niveau, so nimmt der Taylor-Zins von 4 % auf 3,5 % ab:

$3{,}5\,\% = 2 + 2 + 0{,}5 \times (2 - 2) + 0{,}5 \times (-1)$

Der Realzins fällt dann um 0,5 % auf 1,5 %, so dass ein expansiver monetärer Impuls entsteht. Die Regel enthält damit eine automatische, antizyklische Zinssteuerung.

3) Inflationsrate steigt an, keine Outputlücke: Wenn die Inflationsrate um einen Prozentpunkt von 2 % auf 3 % steigt, dann erhöht sich der Taylor-Zins von ursprünglich 4 % um 1,5 Prozentpunkte:

$5{,}5\,\% = 2 + 3 + 0{,}5 \times (3 - 2) + 0{,}5 \times 0$

Dieser Fall zeigt eine ganz wesentliche Eigenschaft der Taylor-Regel. Ein Inflationsanstieg um einen Prozentpunkt wird mit einem Zinsanstieg von 1,5 Prozentpunkten beantwortet. Diese überproportionale Reaktion des Nominalzinssatzes auf die Inflationsrate wird als **Taylor-Prinzip** bezeichnet. Dieses Prinzip führt graphisch gegenüber einer gedachten 45°-Linie zu einem steileren Verlauf der geldpolitischen Regel (Abb. 12.14). Überschreitet die aktuelle Inflationsrate den Zielinflationswert, wird der Zinssatz überproportional verändert. Dies führt zu einem dämpfenden Effekt, da in diesem Fall der Realzins um 0,5 % auf 2,5 % steigt.

$i^{real} = i^{nominal}$-Inflationsrate, also $2{,}5\,\% = 5{,}5\,\% - 3\,\%$

Die Symmetrie der geldpolitischen Reaktionen auf die Inflations- und Outputlücke bezieht sich auf den kurzfristigen Realzins. Würde hingegen der Nominalzins nur um 50 Basispunkte angehoben, würde die Geldpolitik sogar expansiver werden, denn der Realzins würde wegen des Inflationsanstiegs zurückgehen: 1,5 % = 4,5 % – 3 %.

Obwohl also der Taylor-Zins als kurzfristiger Nominalzins spezifiziert ist, betont die Regel die Bedeutung des Realzinses für die Geldpolitik.

4) Inflationsrate steigt und Output sinkt (Stagflation): Schwieriger ist die geldpolitische Handlungsanweisung im Fall von Angebotsschocks, die z. B. durch steigende Ölpreise ausgelöst werden. Ergibt sich z. B. eine positive Inflationslücke von einem Prozentpunkt und gleichzeitig eine Outputlücke in gleicher Höhe, empfiehlt die Regel eine neutrale Geldpolitik bei einem Realzinsniveau von 2 % bzw. einem Nominalzins von:

$5\,\% = 2 + 3 + 0{,}5 \times (3 - 2) + 0{,}5 \times (-1)$

Die Regel versucht eine Kompromisslinie zu fahren, die nicht überhastet auf einen Inflationsanstieg bzw. einen Rückgang des Outputs reagiert.

Diese Fälle zeigen, dass eine „moderne Zinssteuerung" auf Basis der Taylor-Regel folgende Forderungen erfüllen sollte:

- Nachfrageschocks sollen durch eine antizyklische Zinspolitik geglättet werden (Fall 2).
- Die Notenbank soll durch eine Steuerung der Realzinsen versuchen, die Inflation mittelfristig auf dem Niveau des Inflationsziels zu halten (Fall 3).
- Die Annäherung an das Inflationsziel soll im Fall von Angebotsschocks mit Rücksicht auf Outputverluste nicht zu abrupt erfolgen (Fall 4).

Weitere Besonderheiten der Taylor-Regel sind:

- Realzinsen: Die Regel betont die zentrale Rolle der Realzinsen für die Geldpolitik, auch wenn die Nominalzinsen die Instrumentvariable der Notenbank sind. Es wird unterstellt, dass die Notenbank über eine Variation der Realzinsen das Outputniveau beeinflussen kann.
- Instrumentvariable: Entscheidendes geldpolitisches Instrument ist der Nominalzins und nicht z. B. die Variation der Geldmenge.
- Geldpolitische Ziele: Eine Geldpolitik, die sich an der Taylor-Regel orientiert, möchte nicht nur Preisniveaustabilität erreichen, sondern auch die vorhandenen Wachstumsmöglichkeiten ausnutzen. Mit der Regel werden also Inflations- und Konjunkturziele verfolgt.

Die Empfehlung an die Notenbanken, sich an der Taylor-Regel auszurichten, hat eine breite Diskussion unter Praktikern und Geldtheoretikern über das Für und Wider einer solchen Regelbindung ausgelöst, die an dieser Stelle nicht im Detail nachgezeichnet werden kann. Wichtige Kritikpunkte sind:

- Es gibt keine einheitliche Berechnungsmethode zur Bestimmung des Taylor-Zinssatzes. Beispielsweise können die Konstanten (a, b) bei einer empirischen Schätzung zu anderen Politikempfehlungen führen. Dazu folgendes Beispiel:

	Gewicht	**jeweilige Lücke: + 1 %**	i^{nom}	i^{real}
Symmetrische Reaktion	Output: 0,5	2 + 2 + 0,5 × (2 – 2) + 0,5 × (+1)	4,5 %	2,5 %
	Inflation: 0,5	2 + 3 + 0,5 × (3 – 2) + 0,5 × (–0)	5,5 %	2,5 %
Asymmetrische Reaktion	Output: 1	2 + 2 + 0,5 × (2 – 2) + **1** × (+1)	5 %	3 %
	Inflation: 0,25	2 + 3 + **0,25** × (3 – 2) + 0,5 × (–0)	5,25 %	2,25 %

- Auch sind einzelne Größen der Regel nicht direkt beobachtbar und müssen geschätzt werden (z. B. Realzins, Outputlücke).
- Die Regel schränkt die Flexibilität der Geldpolitik ein. Eine vorausschauende Geldpolitik ist mit der Regel nicht möglich.
- Die mit der Regel verbundene antizyklische Geldpolitik ist aufgrund mangelnder Informationen über die tatsächliche wirtschaftliche Situation nicht effizient und ist in der praktischen Umsetzung Wirkungsverzögerungen unterworfen. Die ständige Variation des Leitzinssatzes kann zudem die Stabilität der monetären Märkte gefährden.

Schlagwörter	• direkte Inflationssteuerung • Inflationsprognose	• Taylor-Regel • Taylor-Prinzip

12.2.2 Zweistufige Strategien

Die zweistufige Strategie bezieht im Unterschied zur einstufigen Strategie **Zwischenzielgrößen** zur Erreichung von Oberzielen mit ein. Als Zwischenzielgrößen können z. B. die Wechselkurse, das nominale BIP oder die Geldmenge fungieren. Die Strategie der **Wechselkurssteuerung** (*exchange rate targeting*) sieht die Anbindung der eigenen Währung an die stärkere Währung eines anderen Landes vor. Diese Strategie ist insbesondere in kleineren offenen Volkswirtschaften anzutreffen und führt zu einer Abhängigkeit von der Ankerwährung.

Geldmengensteuerung

Die Konzeption der Geldmengensteuerung (*monetary targeting*), die von monetaristisch orientierten Theoretikern Ausgang der sechziger Jahre entwickelt wurde, basiert auf der Erkenntnis, dass die geldpolitischen Instrumente nur mit langen zeitlichen Verzögerungen (*time-lags*) auf die Zielvariable der Preisniveaustabilität einwirken. Durch diese Verzögerungen kann es zum einen zu unvorhergesehenen Einflüssen kommen, zum anderen sind die genauen Wirkungszusammenhänge zwischen Instrument und Ziel nicht bekannt und variabel innerhalb des Zeitablaufs. Aus diesem Grunde lag es nahe, anstatt des Fernzieles der Preisniveaustabilität, ein Zwischenziel auszuwählen, das früher reagiert und an dem der Instrumenteneinsatz ausgerichtet werden kann. In Deutschland hatte die Bundesbank als erste Notenbank bereits 1973 das Geldmengenaggregat M3 als Zwischenziel bestimmt. Basis für die Ableitung eines Geldmengenwachstums, das **mittelfristig** ein inflationsfreies Wachstum ermöglicht, ist die **Quantitätsgleichung**. Damit wird unterstellt, dass die Inflation ohne ein monetäres Wachstum dauerhaft nicht möglich ist. Es besteht die Möglichkeit ein Punktziel (z. B. 4,5 %) oder ein Bandbreitenziel (z. B. 3,5 % bis 5,5 %) zu wählen. Punktziele bergen die Gefahr des Vertrauensverlustes, wenn sie dauerhaft verfehlt werden. Formal gilt:

(1) $M \times UG = BIP^{real} \times P$

Zur Ableitung des Geldmengenziels für ein bestimmtes Jahr muss die Quantitätsgleichung in Form von prozentualen Veränderungs- bzw. Wachstumsraten (W) betrachtet werden. Formal gilt näherungsweise:

(2) $W_M + W_{UG} = W_{BIP}{}^{real} + W_P$

Die **Zielrate** des **Geldmengenwachstums** (W_M*) ergibt sich aus dem prognostizierten realen Wachstumstrend der Volkswirtschaft ($W_{BIP}{}^{real}$), der Zielinflationsrate (W_P*) und dem Trend in der Entwicklung der Umlaufgeschwindigkeit des Geldes (W_{UG}):

(3) $W_M{}^* = W_{BIP}{}^{real} + W_P{}^* - W_{UG}$

Wird unterstellt, dass das reale BIP langfristig von exogenen Wachstumsfaktoren abhängt und die Umlaufgeschwindigkeit des Geldes relativ stabil ist, dann muss zwischen der Veränderung der Geldmenge (W_M) und der Inflationsrate (W_P) ein direkter Zusammenhang bestehen (Abb. 12.15). Die Geldmenge läuft dabei der Inflationsrate voraus (Frühindikatorfunktion, z. B. sechs Monate).

Die Geldmenge ist aus dieser Sicht zumindest langfristig neutral in Bezug auf die Entwicklung der gesamtwirtschaftlichen Produktion (**Neutralität des Geldes**). Wächst die Wirtschaft z. B. mit einer durchschnittlichen Rate von 3 % und hält die Notenbank eine Inflationsrate von 2 % für akzeptabel (oder unvermeidbar), muss die Geldmenge bei konstanter Umlaufgeschwindigkeit mittelfristig mit einer Rate von 5 % ausgeweitet werden. Das behindert einerseits nicht das Wirtschaftswachstum, lässt andererseits keine unakzeptabel hohe Inflation entstehen. Die Handlungsanweisungen liegen auf der Hand:

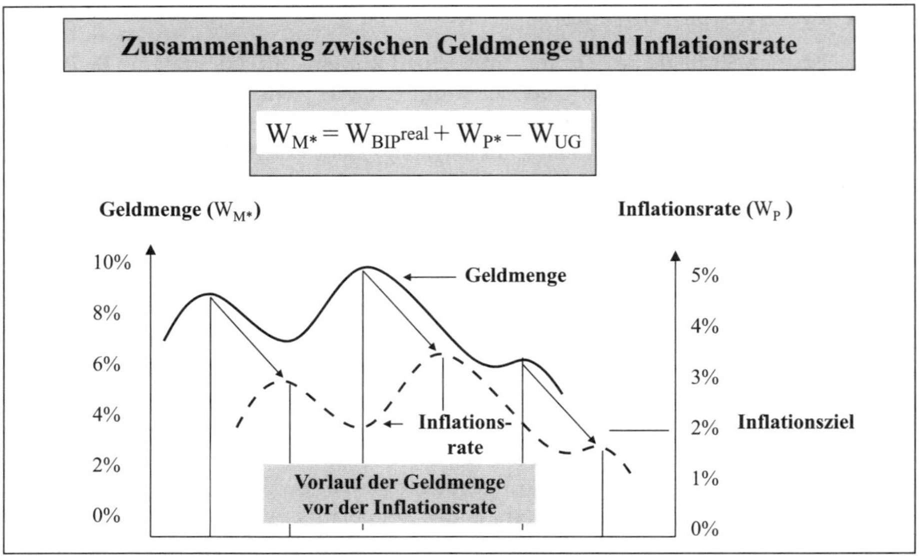

Abb. 12.15: Geldmenge und Inflationsrate

- wenn $W_M > W_M^*$: Inflationsgefahr, z. B. Liquiditätsentzug oder Zinserhöhung,
- wenn $W_M < W_M^*$: Deflationsgefahr, z. B. Liquiditätszufuhr oder Zinssenkung,
- wenn $W_M = W_M^*$: stabilitätsorientierte Geldmengenausweitung, kein Instrumenteneinsatz erforderlich, Zinsen können beibehalten werden.

Voraussetzungen der Geldmengensteuerung

Diese auf den ersten Blick einfache Handlungsregel basiert auf einigen Voraussetzungen. Um die Geldmenge steuern zu können, muss die Geldnachfrage bzw. die Umlaufgeschwindigkeit des Geldes (UG) hinreichend stabil sein (Abb. 12.16).

Die Umlaufgeschwindigkeit ist z. B. in der EWU mit relativ konstanten Veränderungsraten im Trend rückläufig. Bitte achten Sie darauf, welche Geldmengenaggregate beim Ausweis der Umlaufgeschwindigkeit in das Verhältnis gesetzt werden. Dazu folgendes Zahlenbeispiel:

Geldmenge Mrd. €	nominales BIP Mrd. €	UG	Kassenhaltung kk = 1/UG	Zahlungsintervall (kk in % im Jahr)
M1: 3.500	8.000	2,3	0,435	0,435 × 12 = 5,22 Monate
M3: 7.250	8.000	1,1	0,909	0,909 × 12 = 10,9 Monate

Die Geldmenge muss zudem einen vorhersehbaren und hinreichend stabilen Zusammenhang zum Oberziel der Preisniveaustabilität aufweisen. Zwangsläufig muss die Geldmenge eine Vorlaufeigenschaft gegenüber der Inflationsrate besitzen, damit rechtzeitig geldpolitische Maßnahmen ergriffen werden können. Zudem muss die Geldmenge durch den Einsatz der geldpolitischen Instrumente hinreichend kontrollierbar sein. Schließlich muss die Erwartungsbildung der privaten Akteure unterstützt werden (Abb. 12.17).

Bedeutung der Umlaufgeschwindigkeit

Keine Effekte am Gütermarkt $\uparrow M \times UG \downarrow = BIP^{real} \times P$	Werden monetäre Impulse durch eine **gegenläufige Entwicklung der Umlaufgeschwindigkeit** kompensiert, entstehen keine Preisniveau- und Mengenanpassungen.
Effekte am Gütermarkt $\uparrow M \times \overline{UG} = BIP^{real} \times P$	Bei einer **konstanten Umlaufgeschwindigkeit** (bzw. gleichmäßigen Veränderungen) werden monetäre Impulse auf die Gütermärkte übertragen und führen zu Preisniveau- und Mengenanpassungen.
Effekte am Gütermarkt $\overline{M} \times UG \updownarrow = BIP^{real} \times P$	Bei einer **Instabilität der Umlaufgeschwindigkeit** ergeben sich – bei unveränderter Geldmenge – Auswirkungen auf das Preisniveau bzw. das reale BIP.

Abb. 12.16: Bedeutung der Umlaufgeschwindigkeit für die Geldmengensteuerung

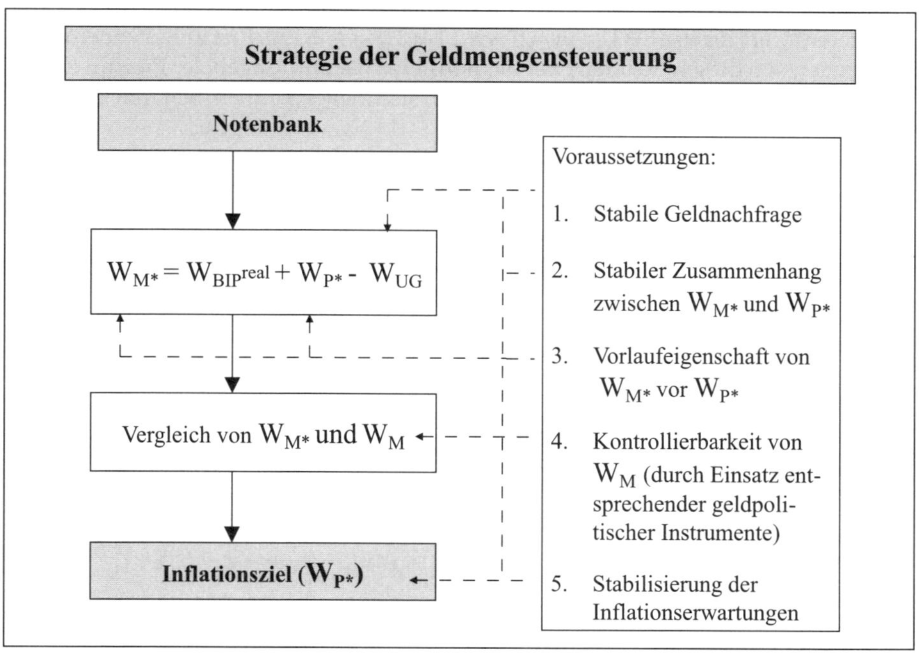

Abb. 12.17: Voraussetzungen der Geldmengensteuerung

Schlagwörter	• Wechselkursziel • Geldmengensteuerung • Quantitätsgleichung	• Umlaufgeschwindigkeit • Neutralität des Geldes

12.2.3 Geldpolitische Strategie des ESZB

Das Eurosystem verfolgt eine Zwei-Säulen-Strategie, um ihr Inflationsziel zu erreichen (Abb. 12.18). Das Ziel der Preisniveaustabilität gilt als erreicht, wenn der Harmonisierte Verbraucherpreisindex mittelfristig unter, aber nahe 2 % liegt. Diese Marge soll deflationären und inflationären Tendenzen entgegenwirken sowie Messfehlern des Preisindexes und Inflationsunterschieden innerhalb der EWU Rechnung tragen:

- Als **erste Säule** (wirtschaftliche Analyse) werden die Inflation selbst und Größen analysiert, die Einfluss auf die Inflation haben (z. B. Löhne und Gehälter, Wechselkursentwicklung, langfristige Zinssätze, Messgrößen für Wirtschaftstätigkeit, fiskalpolitische Indikatoren, Preis- und Kostenindizes und Unternehmens- und Verbraucherumfragen).
- Als **zweite Säule** (monetäre Analyse) wird die Entwicklung der Geldmenge M3 beobachtet, da ein übermäßig hohes Geldmengenwachstum langfristige Inflationsrisiken anzeigt. Zur Orientierung gibt die EZB einen inflationsneutralen Referenzwert für das Geldmengenwachstum an. Die Höhe des Referenzwertes wird auf der Basis der mittelfristigen Veränderungen des realen Wirtschaftswachstums und der Umlaufgeschwindigkeit des Geldes in der EWU sowie der Preisnorm des ESZB festgelegt. Wird z. B. ein mittelfristiges Wachstum des realen BIP von 2 % prognostiziert, eine trendmäßige Abnahme der Umlaufgeschwindigkeit der Geldmenge M3 von 0,5 % im Jahr sowie eine Zielinflationsrate der Notenbank von 2 % unterstellt, ergibt sich ein Referenzwert für die EWU von: 4,5 % = 2 % + 2 % – (–0,5 %). Erst anhaltende Abweichungen von diesem Referenzwert signalisieren Gefährdungen der Preisniveaustabilität, die geldpolitische Maßnahmen nach sich ziehen können. Seit Mai 2003 wird

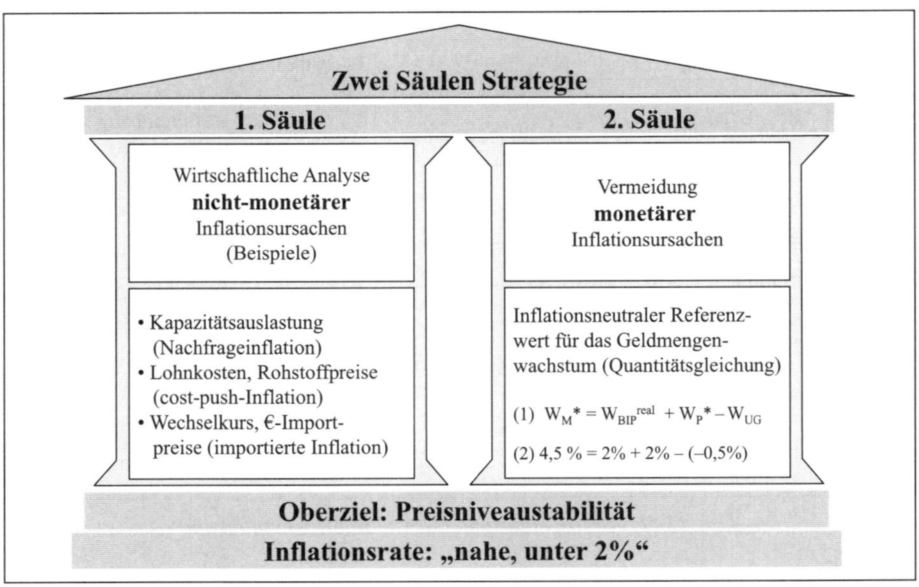

Abb. 12.18: Zwei-Säulen-Strategie

der mittelfristige Referenzwert für die Geldmengenentwicklung nicht mehr jährlich (jeweils im Dezember) evaluiert und veröffentlicht, sondern erst, wenn Änderungen eintreten. Damit soll dessen längerfristiger Charakter unterstrichen werden.

Das ESZB hat im Mai 2003 seine **Strategie überprüft** und die Zwei-Säulen-Strategie neu geordnet. Der Geldmenge M3 kommt innerhalb der monetären Analyse zwar immer noch eine bedeutende Rolle zu, sie wird aber zurückgestuft. Dies ist u. a. daran erkennbar, dass ab Mai 2003 in der monatlich stattfindenden EZB-Rat-Sitzung erst die wirtschaftliche und anschließend die monetäre Analyse vorgestellt wird. Letztere wurde zuvor stets allen Erörterungen vorangestellt.

Hintergrund ist, dass der Zusammenhang zwischen Geldmenge und Inflation seit 1995 nicht mehr so ausgeprägt ist. Praktische Erfahrungen zeigen, dass das ESZB das Geldmengenziel tendenziell eher zu gering anlegt (in der Vergangenheit jährlich bei 4,5 %). In der Regel liegt die tatsächliche Geldmengenentwicklung oberhalb des Zielwerts. Dieser Sachverhalt gewährleistet eine Art Schutzfunktion gegen einen politischen oder öffentlichen Druck auf Zinssenkungen. Wenn die Notenbank Zinssenkungen möchte, kann sie sich stets auf „Sonderfaktoren" berufen.

Um der Forderung nach größerer Transparenz ihrer Geldpolitik zu entsprechen, veröffentlicht die EZB seit Dezember des Jahres 2000 ihre **interne Inflationsprognose**. Maßgeblich für die Inflationsprognose sind u. a. die erwartete Entwicklung der Importpreise, der Lohnstückkosten und der Kapazitätsauslastung. Diese Prognose wird zweimal im Jahr aufgestellt und soll gleichzeitig die Erwartungen auf den Finanzmärkten stabilisieren.

Diese interne Prognose wird in ihrer Bedeutung zweifach eingeschränkt. Einerseits handelt es sich lediglich um eine Projektion, d. h. um eine bedingte Prognose, die von unveränderten makroökonomischen Größen für den betrachteten Zeitraum ausgeht. Andererseits wird diese Projektion nicht vom EZB-Rat – dem wichtigstem Entscheidungsträger des ESZB – veröffentlicht, sondern vom Volkswirtschaftlichen Ausschuss der EZB. Generell besteht das Risiko von veröffentlichten Inflationsprognosen der Zentralbank darin, dass sie von den Marktteilnehmern antizipiert werden (z. B. in Lohnverhandlungen) und somit den Charakter einer sich selbst erfüllenden „Prophezeiung" bekommen.

Die bisherigen Erfahrungen mit der geldpolitischen Strategie des Eurosystems deuten auf eine **Kompromisslösung** hin:

- Einerseits handelt es sich um eine zweistufige Strategie. Dass das ESZB – anders als früher die Deutsche Bundesbank – kein Geldmengenziel, sondern nur einen Referenzwert für das Geldmengenwachstum ankündigt und diesen eher für die längerfristige Bewertung der Inflationsrisiken heranzieht, zeigt, dass die Bindung an die Geldmengenorientierung von dem ESZB als weit weniger eng betrachtet wird als im Rahmen der früheren Bundesbankstrategie.
- Andererseits finden auch Elemente einer Strategie eines direkten Inflationsziels Berücksichtigung, indem das im EG-Vertrag vorrangig festgelegte Ziel der Geldpolitik – Gewährleistung der Preisniveaustabilität – quantitativ präzisiert wird. Zugleich wird deutlich, dass das ESZB den von ihr veröffentlichten Inflationsprojektionen eine geringere Rolle zuerkennt, als sie den Inflationsprognosen im Rahmen einer reinen Strategie des direkten Inflationsziels zukommt.

Mit ihrem diversifizierten Ansatz will das ESZB dem Umstand Rechnung tragen, dass die Geldpolitik in einem durch **Unsicherheiten** geprägten Umfeld betrieben wird. Diese betreffen u. a. den Transmissionsmechanismus monetärer Impulse, die Zuverlässigkeit in der Messung und Interpretation der verfügbaren Konjunktur- und Finanzmarktindikatoren und die zugrunde gelegten Annahmen der Inflationsprognosen, z. B. über Entwicklungen der Rohstoffpreise und der Weltkonjunktur. Von einer umfassenden Informationsverwertung verspricht sich das ESZB eine Verminderung des Risikos von Fehlbeurteilungen und somit eine „robustere" Strategie als bei einer ausschließlichen Orientierung an einer der beiden Säulen.

Der diversifizierte Ansatz des ESZB eröffnet allerdings einen Interpretations- und Ermessensspielraum. Intransparenz und Probleme bei der Vermittlung geldpolitischer Entscheidungen ergeben sich dann, wenn von beiden Säulen unterschiedliche Signale bezüglich der Risiken für die zukünftige Preisniveaustabilität ausgehen und das Publikum nicht weiß, wie das ESZB die unterschiedlichen Inflationssignale im geldpolitischen Entscheidungsprozess gewichtet.

Schlagwörter	• Zwei-Säulen-Strategie • Wirtschaftliche, monetäre Analyse	• Referenzwert • Inflationsprognose, -projektion

12.3 Geldpolitische Instrumente

Die Europäische Zentralbank steht seit der Anfangsphase der Währungsunion bei der Ausgestaltung der operativen Geldpolitik vor zwei Herausforderungen: Zum einen werden in der EWU Länder mit unterschiedlichen Produktionsstrukturen, Finanzsektoren, Steuersystemen, Staatsquoten und Marktregulierungen zu einem Währungsgebiet zusammengefügt. Je nachdem wie deutlich diese Unterschiede ausgeprägt sind, können sich Zinsänderungen der Europäischen Zentralbank in unterschiedlicher Intensität und Geschwindigkeit auf die ökonomische Aktivität in den Ländern der EWU auswirken. Zum anderen lässt sich die Geldpolitik in einem einheitlichen Währungsraum nicht länderspezifisch differenzieren. Die Europäische Zentralbank kann nur einen Zinssatz für die Bereitstellung von Zentralbankgeld wählen. Andernfalls würden die Abweichungen in den Zinsniveaus durch die bei freiem Kapitalverkehr mögliche Arbitrage verschwinden. Unterschiedlichen Konjunkturlagen in verschiedenen Teilgebieten der Währungsunion kann und soll die Zentralbank nicht Rechnung tragen. Es ergeben sich folglich in den Mitgliedstaaten mehr oder weniger starke Anpassungserfordernisse für die übrigen Politikbereiche, je nachdem, wie synchron die Konjunkturzyklen verlaufen.

Da in den einzelnen Teilnehmerstaaten vor Errichtung der EWU unterschiedliche geldpolitische Instrumente eingesetzt wurden, musste ein **neues Instrumentarium** entwickelt werden. Dabei sollte zum einen den unterschiedlichen Finanzmarktstrukturen in den Teilnehmerstaaten Rechnung getragen werden, zum anderen sollte sich das geldpolitische Instrumentarium durchaus an erfolgreich praktizierten Konzepten orientieren, insbesondere an der Geldpolitik der Bundesrepublik Deutschland.

Kontrolle der Geldbasis

Der Kontrolle der Geldbasis kommt in der makroökonomischen Steuerung der Geldmenge eine zentrale Rolle zu. Dazu wird der Notenbank in allen modernen Geldordnungen bzw. Geldverfassungen ein **Monopol** verliehen: *„Die EZB hat das ausschließliche Recht, die Ausgabe von Banknoten innerhalb der Gemeinschaft zu genehmigen. Die EZB und die nationalen Notenbanken sind zur Ausgabe von Banknoten berechtigt. Die von der EZB und den nationalen Zentralbanken ausgegebenen Banknoten sind die einzigen Banknoten, die in der*

Gemeinschaft als gesetzliches Zahlungsmittel gelten" (*Art. 106 EU-Vertrag*). Die Kontrolle der Geldbasis durch die Notenbank basiert darüber hinaus auf folgenden Überlegungen:

- Wenn die Banken zusätzliche Kredite vergeben wollen, benötigen sie zusätzliches Zentralbankgeld.
- Die Notenbank ist alleiniger Herausgeber von Zentralbankgeld.
- Die Bereitstellung von Zentralbankgeld erfolgt im Wesentlichen durch Refinanzierungskredite.
- Die Konditionen der Refinanzierungskredite beeinflussen indirekt den Interbankenhandel und die Kreditvergabe der Banken an die Nichtbanken.

Die Bereitstellung von Refinanzierungskrediten an die Geschäftsbanken kann auf zwei Wegen erfolgen:

- **Direkte Steuerung der Geldbasis**, indem die Notenbank die Menge der Kredite an die Geschäftsbanken festlegt. Die Notenbank vergibt die Kredite zu dem Zinssatz, zu dem der Markt geräumt ist. In diesem Fall kann die Notenbank die Geldbasis relativ genau steuern, während sie den Zins nur indirekt über die zugeteilte Menge beeinflussen kann.
- **Direkte Steuerung des Zinssatzes** für Refinanzierungskredite. In diesem Fall hat die Notenbank den Zinssatz für ihre Kredite unter Kontrolle, während die Geldbasis nur indirekt über den geforderten (Mindest-)Zins kontrollierbar ist.

Da die Geschäftsbanken durch zu starke Schwankungen der kurzfristigen Zinsen verunsichert werden, wird heute die **direkte Steuerung des Zinssatzes für Refinanzierungskredite** bevorzugt. Ein Kontrollverlust über das Volumen der Geldbasis ist damit nicht notwendigerweise verbunden, da das ESZB über ein flexibles geldpolitisches Instrumentarium verfügt.

Monetäre Teilmärkte und Zinssätze

Im Mittelpunkt auch des öffentlichen Interesses an der Geldpolitik stehen die **Leitzinsen**. Sie sind der Preis für Zentralbankgeld, das sich die Geschäftsbanken leihen können. Zentraler Ansatzpunkt für geldpolitische Maßnahmen des ESZB ist der **Regulierungs-Geldmarkt**, auf dem die Zentralbank Geschäfte mit den Kreditinstituten tätigt (Abb. 12.19). Darüber hinaus lassen sich folgende Zinssätze des Geldmarktes unterscheiden:

- Zinssätze für Kredite der Geschäftsbanken untereinander (Interbankenhandel, Geldmarkt, u. a. Tagesgeldzinsen),
- Zinssätze der Banken (Publikumssätze, in der Regel bis zu einem Jahr: Kredit- und Einlagenmarkt, Sollzinsen für Kredite, Habenzinsen für Sicht-, Termin- und Spareinlagen).

Ausgehend von dem Regulierungs-Geldmarkt schlagen sich geldpolitische Maßnahmen (z. B. Veränderung der Leitzinsen) in der Regel in gleichgerichteten Entwicklungen der Geldmarktgeschäfte zwischen den Geschäftsbanken nieder. Wie jeder Markt, wird auch der (Interbanken-)Geldmarkt durch Preis und Menge bestimmt, in diesem Fall durch **Zins** und **Bankenliquidität**. Das Eurosystem konzentriert sich auf die kurzfristigen Geldmarktzinsen, insbesondere die Tagesgeldzinsen. Ziel ist es, durch entsprechende geldpolitische Aktivitäten die Geldmarktzinsen zu steuern. Indirekt sollen nachfolgend die Konditionen der Kreditinstitute (d. h. die Kredit- und Einlagezinsen) für ihre Geschäfte mit den Nichtbanken beeinflusst werden.

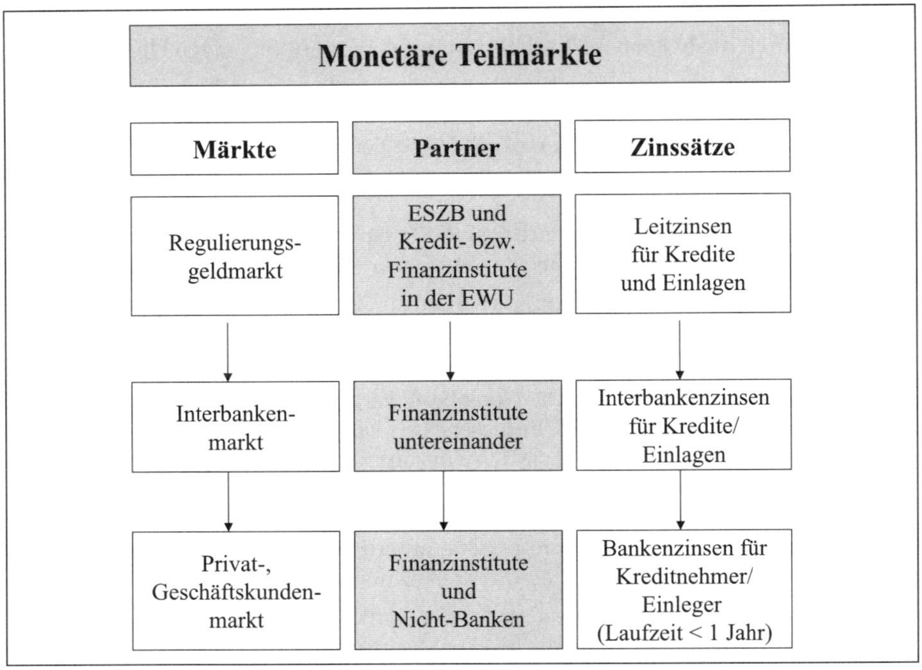

Abb. 12.19: Geldmarkt als Gegenstand der Geldpolitik

Kapitalmarktsätze (Kapitalmarkt, Renditen von Wertpapieren wie Aktien und Anleihen) sind nicht direkt Gegenstand geldpolitischer Aktivitäten, werden aber indirekt über die Geldmarktsätze bzw. die Inflationserwartungen beeinflusst.

Im Vergleich zu den von der Deutschen Bundesbank eingesetzten Instrumenten sind jene des ESZB den Marktgegebenheiten neu angepasst und differenzierter ausgestaltet. Ansatzpunkt des geldpolitischen Instrumentariums sind die der Bankenaufsicht unterliegenden Kreditinstitute, die in der EWU ansässig sind und der Mindestreservepflicht unterliegen. Nur diese Geschäftspartner sind in die Transaktionen mit dem ESZB einbezogen. Grundsätzlich lassen sich die geldpolitischen Instrumente des Eurosystems in drei Kategorien einteilen, die sich entweder auf der Aktiv- oder der Passivseite der Bilanz der Zentralbank niederschlagen (Tab. 12.10):

- **Offenmarktgeschäfte:** Dazu zählen vor allem verschiedenartig ausgestattete Refinanzierungsgeschäfte, bei denen das ESZB für einen bestimmten Zeitraum Wertpapiere von den Geschäftsbanken entgegen nimmt und ihnen **befristet Liquidität** zur Verfügung stellt. Es wird also kurzfristig Liquidität (Zentralbankgeld) bereitgestellt und anschließend wieder vernichtet.

Tab. 12.10: Bilanz der Zentralbank und geldpolitische Instrumente

Bilanz der Zentralbank (vereinfacht)	
Aktiva	**Passiva**
Refinanzierungskredite an Geschäftsbanken **Spitzenrefinanzierungsfazilität** Währungsreserven Sonstige Aktiva (z. B. Wertpapiere)	Bargeld Reserven/Einlagen der Geschäftsbanken • **Einlagenfazilität** • **Mindestreserven** • Überschussreserven

- **Ständige Fazilitäten:** Sie bieten den Geschäftsbanken die Möglichkeit, bei den nationalen Notenbanken Übernachtliqudität auszuleihen oder anzulegen.
- **Mindestreserve:** Hier handelt es sich um verzinsliche Einlagen, die die Geschäftsbanken bei ihren nationalen Notenbanken unterhalten müssen.

Das geldpolitische Instrumentarium verfolgt unterschiedliche Ziele. Zu berücksichtigen ist ferner, dass die Initiative zur Durchführung der verschiedenen Aktivitäten teilweise von der Zentralbank und zum Teil von den Geschäftsbanken ausgeht. Wir werden nachfolgend insbesondere die Instrumente der Hauptrefinanzierung und die Ständigen Fazilitäten betrachten, da diese Instrumente den Kern der Geldpolitik ausmachen (Abb. 12.20).

Operative Ebene der Geldpolitik

Spitzenrefinanzierungsfazilität	4,5%
Mindestbietungssatz	3,5%
Einlagenfazilität	2,5%

Aktuelle Leitzinssätze unter www.ecb.int

Haupt-instrument	Einzel-instrument	Rhythmus	Dauer	Ziel	Initiative
Offenmarkt-geschäfte	• Hauptrefinanzierung • Längerfristige Refinanzierung	Woche Monat	Woche 3 Monate	Zins- und Liquiditäts-Steuerung	ESZB
Ständige Fazilitäten	• Spitzenrefinanzierung • Einlagen	täglich	Über-Nacht	Deckung, Absorption kurzfristiger Liqudität	Geschäfts-banken
Mindestreserve	Mindestreservesatz	Monat	Monat	Schaffung Bedarf an ZBG	ESZB

Abb. 12.20: Wichtige geldpolitische Instrumente des Eurosystems
Quelle: EZB,1998

Schlag-wörter	• Regulierungs-Geldmarkt • Interbankenhandel	• Kapitalmarkt • Kreditmarkt • Einlagenmarkt

12.3.1 Offenmarktgeschäfte und Refinanzierung

Zu den Offenmarktgeschäften zählen Kredite, die die Geschäftsbanken von dem ESZB gegen Verkauf bzw. Verpfändung von Wertpapieren bei gleichzeitiger Rückkauf- bzw. Rücknahmevereinbarung erhalten können. Grundsätzlich handelt es sich um **befristete Transaktionen**, die in Form von sogenannten **Tendern** im Wege der Ausschreibung durchgeführt werden. Sie dienen der Refinanzierung der Geschäftsbanken, indem kurzfristig Geld bereitgestellt und nachfolgend wieder vernichtet wird (Abb. 12.21). Die Initiative geht jeweils von der Notenbank aus. Das **Hauptrefinanzierungsinstrument** besteht aus wöchentlich angebotenen Offenmarktgeschäften, mit einer Laufzeit von einer Woche.

Über dieses Instrument stellt das ESZB dem Finanzsektor den größten Teil des Refinanzierungsvolumens zur Verfügung. Außer den einwöchigen Offenmarktgeschäften bietet das ESZB im monatlichen Abstand **längerfristige Refinanzierungsgeschäfte** mit drei Monaten Laufzeit an. Im Gegensatz zu den Hauptrefinanzierungsoperationen sollen mit diesen Geschäften keine geldpolitischen Signale gesetzt, sondern den Geschäftsbanken vielmehr Liquidität zu den geltenden Marktkonditionen bereitgestellt werden. Haupt- und längerfristige Refinanzierungsgeschäfte können als **Pensionsgeschäfte** oder **Pfandkredite** ausgestaltet werden. Bei Pensionsgeschäften wird das Eigentum an einem Vermögenswert (z. B. Wertpapier, Wechsel) dem Gläubiger übertragen. Gleichzeitig verpflichten sich die Vertragsparteien zu einer Rückkaufvereinbarung, so dass der Vermögenswert zum Ende der Geschäftslaufzeit wieder an den ursprünglichen Besitzer übergeht. Bei Pfandkrediten wird dem Gläubiger hingegen ein durchsetzbares Sicherungsrecht an dem hinterlegten Pfand eingeräumt, während die Sicherheiten im Eigentum des Schuldners verbleiben. Die Deutsche Bundesbank führt ihre im Auftrag des ESZB durchzuführenden befristeten Transaktionen gegen die Verpfändung von refinanzierungsfähigen Sicherheiten durch.

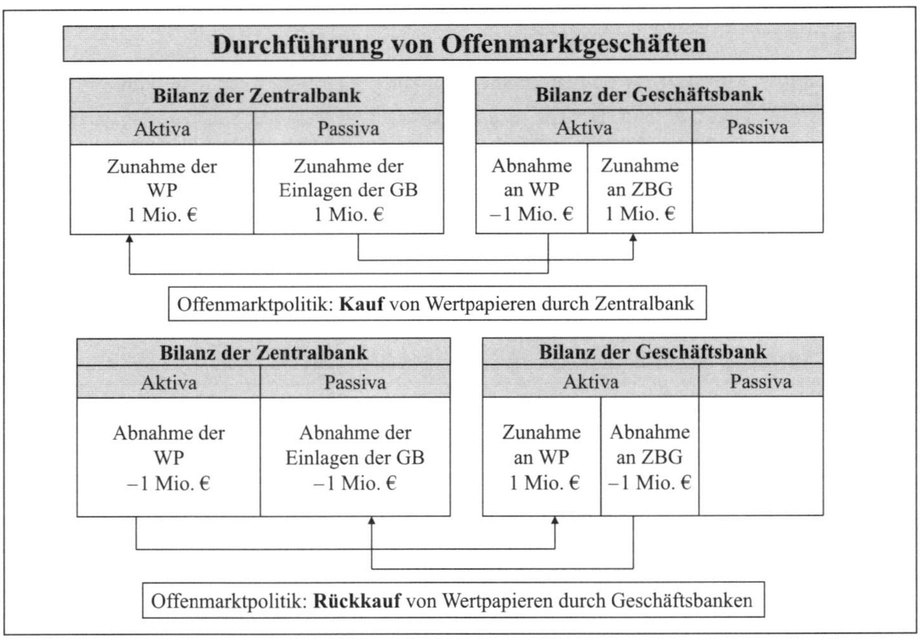

Abb. 12.21: Befristete Transaktion im Rahmen der Offenmarktpolitik

Diese Sicherheiten müssen nicht bei der Abgabe von Geboten hinterlegt werden, sondern werden erst bei Zuteilung je nach Zuteilungsbetrag gefordert. Als Sicherheit können öffentliche und private Schuldtitel herangezogen werden, die hinsichtlich der Bonität in verschiedene Kategorien eingeteilt sind. Im Rahmen der Finanzkrise 2008 und der EWU-Schuldenkrise 2010 wurden auch Schuldtitel geringerer Bonität als Sicherheit akzeptiert, um den Markt mit ausreichender Liquidität zu versorgen. Eine besondere Bedeutung innerhalb des geldpolitischen Instrumentariums hat der Zinssatz für das Hauptrefinanzierungsinstrument. Er soll geldpolitische Signale setzen und hat eine Leitzinsfunktion für den Geldmarkt, insbesondere für den Tagesgeldmarkt.

Tenderverfahren

Grundsätzlich wird das Hauptrefinanzierungsinstrument (und das Instrument der längerfristigen Refinanzierung) in Form eines **Tenderverfahrens** abgewickelt, das aus einer Reihe festgelegter **Verfahrensschritte** besteht (Abb. 12.22). Für Standardtender beträgt die Dauer zwei Tage, für Schnelltender kann sich die Frist zwischen Tenderankündigung und Abwicklung der Transaktion auf wenige Stunden verkürzen. Standard- und Schnelltenderverfahren lassen sich als **Mengen-** oder **Zinstender** ausgestalten.

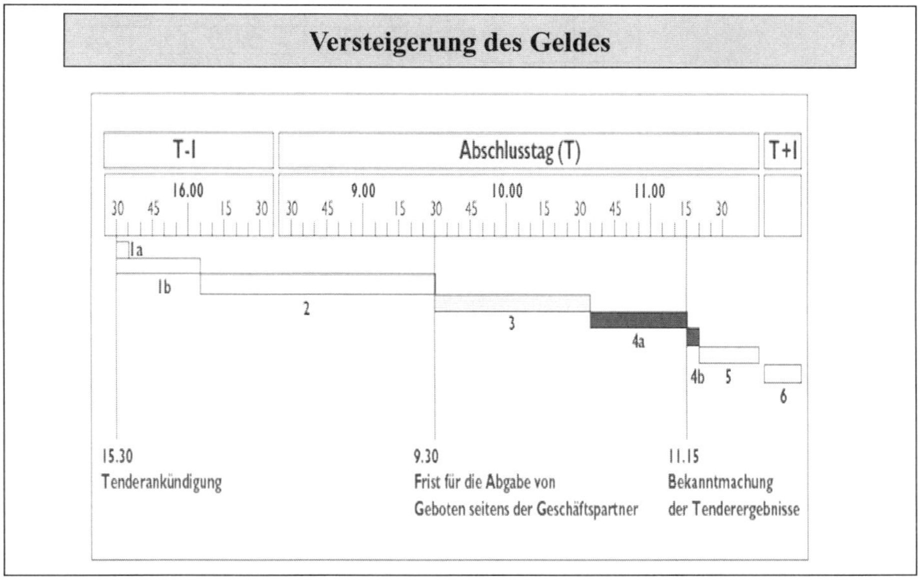

Abb. 12.22: Zeitrahmen für Verfahrensschritte bei Standardtender
Quelle: EZB

Mengentender

Betrachten wir ein Beispiel: Der EZB-Rat beschließt, dem Geldmarkt Liquidität in Höhe von 40 Mio. € zu einem vorab festgesetzten Zins von 4 % über eine befristete Transaktion in Form eines Mengentenders zuzuführen. Drei Geschäftsbanken geben Gebote über insgesamt 50 Mio. € ab (Abb. 12.23). Übersteigen die Gebote der Kreditinstitute den von dem ESZB vorgesehenen Zuteilungsbetrag, werden sie anteilig im Verhältnis des Zuteilungsbetrages zu den Geboten insgesamt zugeteilt (**Repartierung**). Im Beispiel beträgt die Zuteilung an alle Geschäftsbanken einheitlich 80 % (= (40/50) × 100) der jeweiligen Gebote.

Zinstender

Im Fall des Zinstenders müssen die Geschäftsbanken neben dem mengenmäßigen Gebot auch einen Zinssatz nennen, zu dem sie bereit sind, befristete Transaktionen mit dem ESZB abzuschließen. Nehmen wir an, das ESZB möchte wiederum 40 Mio. € zu einem Mindestbietungszins von 4 % zuteilen. Im Fall von **Zinstendern** müssen die Geschäftsbanken neben dem mengenmäßigen Gebot auch einen Zinssatz nennen, zu dem sie bereit sind, befristete Transaktionen mit dem ESZB abzuschließen. Sie benötigen daher eine eigene Einschätzung der Zinsentwicklung am Geldmarkt. Angesichts

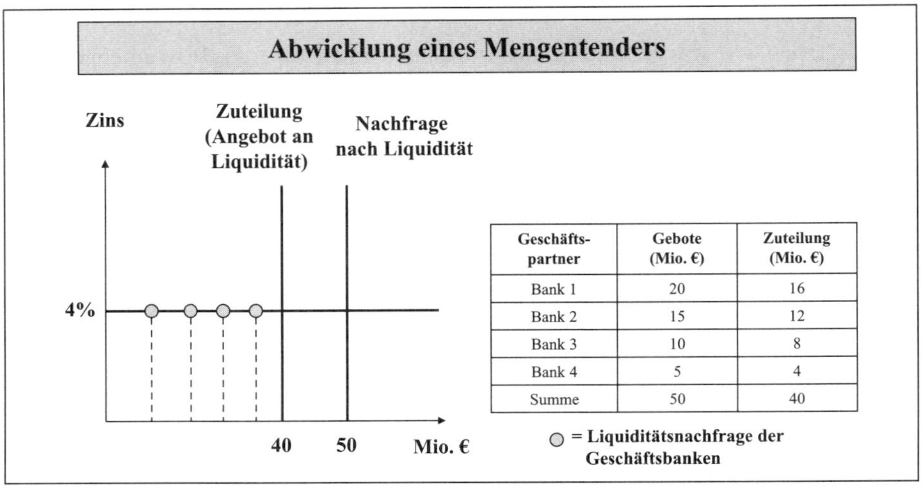

Abb. 12.23: Mengentender

der damit verbundenen Unsicherheiten der Zuteilung werden sie in der Regel ihre Liquiditätswünsche aufspalten (Tab. 12.11, Abb. 12.24).

Im Fall von Zinstendern kann das ESZB die Zuteilung nach einem einheitlichen Zinssatz (holländisches Verfahren) oder zu einem individuellen Bieterzins (amerikanisches Verfahren) anwenden. Im Fall des **holländischen Verfahrens** werden alle akzeptierten Gebote zum niedrigsten noch zum Zuge kommenden Zins (**Marginalzins**) abgerechnet. Im Fallbeispiel ist diese Grenze bei einem Zins von 4,2 % erreicht. Bei diesem Zinssatz wird das Zuteilungsvolumen durch die Gebote überschritten und es erfolgt eine Repartierung der jeweiligen Gebote zu 75 % ((40 – 25)/20 × 100). Im Fall des **amerikanischen Verfahrens** erfolgt hingegen eine Zuteilung nach individuellen Bieterzinsen in abnehmender Reihenfolge der Zinsgebote. Beispielsweise erhält Bank A 5 Mio. € zu 4,5 %, 5 Mio. € zu 4,3 % und 3,75 % zum Marginalzins von 4,2 %. Zinstender haben den Vorteil, dass sie den Wettbewerb der Banken berücksichtigen, die Abgabe von „Mondscheingeboten" behindern und zu marktgerechten Lösungen führen.

Seit Mitte des Jahres 2000 präferiert das ESZB den Zinstender nach amerikanischem Verfahren. Allerdings bergen Zinstender die Gefahr, dass die Gebote der Banken im Fall von Zinsunsicherheiten von den geldpolitischen Vorstellungen des ESZB abweichen können. Deshalb erfolgt die Zuteilung des Hauptrefinanzierungsgeschäfts im Zinstender-Verfahren zusätzlich mit einem **Mindestbietungssatz**, den das ESZB vorab festlegt.

Tab. 12.11: Zinstender

Zinsgebote der Banken	Mengengebote				Gebote kumuliert	Zugeteilte Menge			
	A	B	C	D		A	B	C	D
4,5 %	5	–	5	5	15	5	–	5	5
4,3 %	5	5	–	–	25	5	5	–	–
4,2 %	5	10	5	–	45	3,75	7,5	3,75	–
4,0 %	5	–	–	–	50	–	–	–	–
Gesamt	20	15	10	5	50	13,75	12,5	8,75	5

Abwicklung eines Zinstenders

△ Volle Zuteilung

⬡ Quotierte Zuteilung

◇ Keine Zuteilung

Zinsgebote der Banken	Mengengebote				Gebote kumuliert	Zugeteilte Menge			
	A	B	C	D		A	B	C	D
4,5%	5	-	5	5	15	5	-	5	5
4,3%	5	5	-	-	25	5	5	-	-
4,2%	**5**	**10**	**5**	**-**	**45**	**3,75**	**7,5**	**3,75**	**-**
4,0%	5	-	-	-	50	-	-	-	-
Gesamt	20	15	10	5	50	13,75	12,5	8,75	5

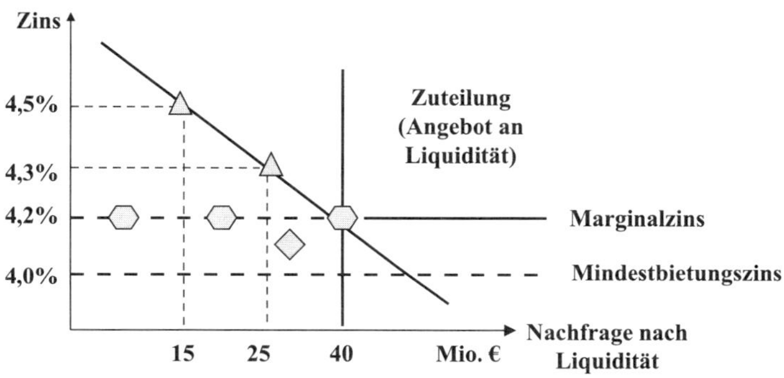

Abb. 12.24: Zinstender

Expansive und restriktive Geldpolitik

Da sich zwei Hauptrefinanzierungsgeschäfte an einem Zuteilungstag überlappen, kommt es nur dann zu einer Veränderung der Bankenliquidität, wenn die aus den Neuabschlüssen resultierende Bereitstellung von Zentralbankgeld die aus den vorangegangenen Geschäften resultierende Abschöpfung von Zentralbankgeld übersteigt. Die Notenbank kann zudem den Zuteilungszins variieren, so dass ein gedachter expansiver oder restriktiver Impuls auch von der Zinsseite unterstützt wird (Abb. 12.25, Tab. 12.12).

Tab. 12.12: Ausrichtung der Geldpolitik

Zentralbank	expansiver Impuls	restriktiver Impuls
Mengenpolitik	(Netto-)Zuteilung an Liquidität	(Netto-)Entzug an Liquidität
Preispolitik	Senkung der Zinsen (z.B. Mindestbietungssatz)	Erhöhung der Zinsen (z.B. Mindestbietungssatz)

Schlagwörter		
	• Offenmarktpolitik • befristete Transaktionen • Hauptrefinanzierung • längerfristige Refinanzierung • Standard-, Schnelltender	• Zinstender • Mengentender • amerikanisches, holländisches Verfahren • Marginal-, Mindestbietzins

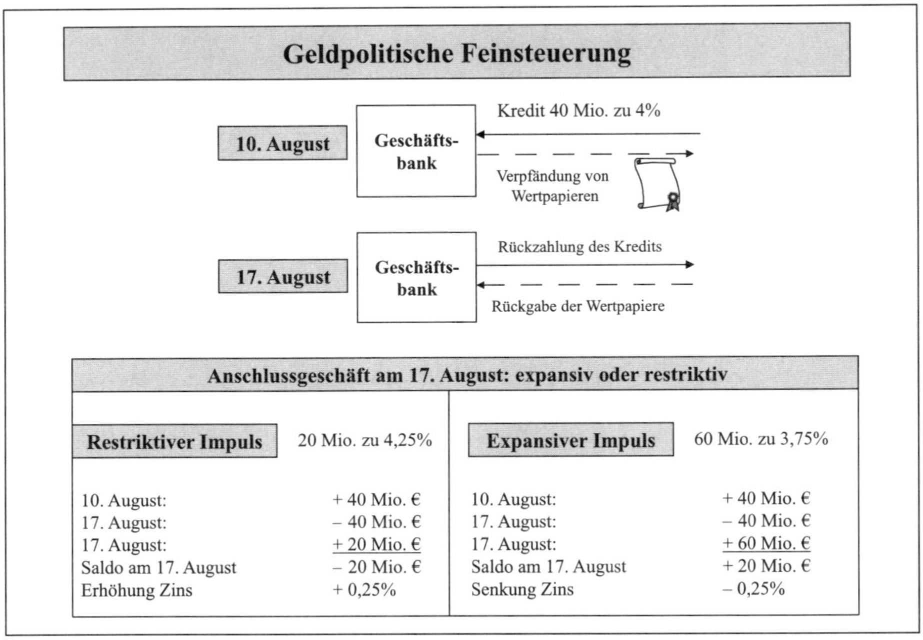

Abb. 12.25: (Netto-)Effekte von Hauptrefinanzierungsgeschäften für den Geldmarkt

12.3.2 Zinskanal der Geldpolitik

Der Mindestbietungssatz orientiert sich nicht nur an geldpolitischen Erfordernissen, sondern auch an den Referenzzinssätzen des europäischen Geldmarktes. Der **EURIBOR** (*European Interbank Offered Rate*) errechnet sich aus den Geldmarktsätzen (z. B. für 3 Monate, 6 Monate, 12 Monate) von Bankhäusern erster Bonität innerhalb der EWU.

Der **EONIA** (*Euro Overnight Index Average*) ist der durchschnittliche Tagesgeldsatz ausgewählter Kreditinstitute, zu dem Geld „über Nacht" verliehen wird.

Zinskanal und Zinsverbund

Da das ESZB vor allem an einer Kontrolle der kurzfristigen Zinssätze interessiert ist, benötigt es weitere Instrumente. Zum einen werden die Hauptrefinanzierungsgeschäfte nur wöchentlich mit einer Laufzeit von einer Woche durchgeführt, zum anderen kann es Schwankungen in der Bargeldnachfrage geben. Um kurzfristige Liquiditätsengpässe zu vermeiden, bietet das ESZB den Banken das Instrument der **Spitzenrefinanzierungsfazilität** in Form von Übernacht-Krediten an. Der durch das ESZB festgelegte Spitzenrefinanzierungssatz legt die **Obergrenze** des **Tagesgeldsatzes** fest (Tab. 12.13).

Tab. 12.13: Ständige Fazilitäten

Fazilität	Funktion	Liquiditäts-Bereitstellung	Liquiditätsabschöpfung	Initiative	Laufzeit
Spitzen	Obergrenze für Tagesgeld	ja	–	Geschäftspartner des ESZB	über Nacht
Einlagen	Untergrenze für Tagesgeld	–	ja	Geschäftspartner des ESZB	über Nacht

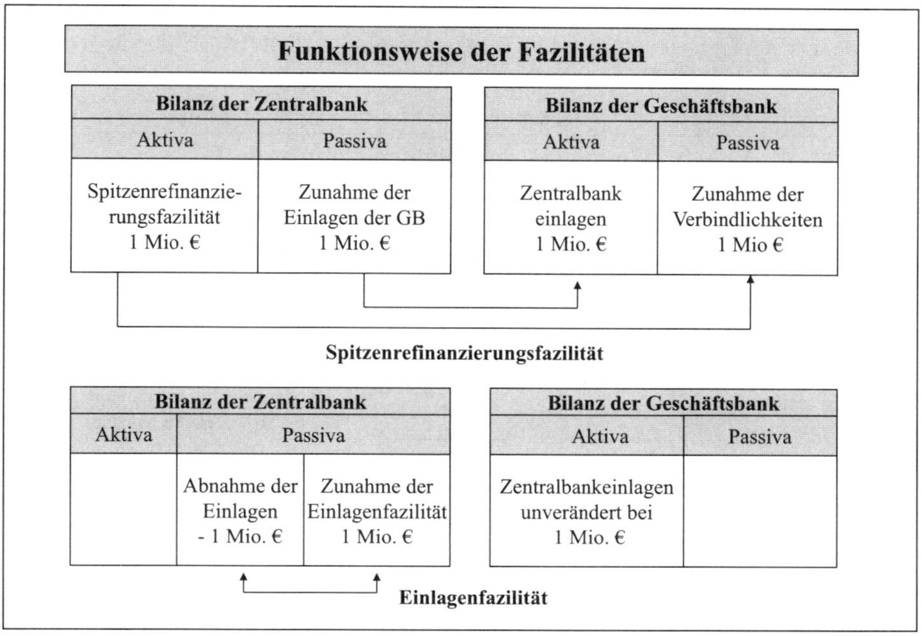

Abb. 12.26: Ständige Fazilitäten

Eine Inanspruchnahme dieses Instruments durch die Geschäftsbanken zeigt sich auf beiden Seiten der Bilanz des ESZB. Zum einen steigen die Forderungen des ESZB an den Finanzsektor, zum anderen nehmen die Einlagen der Geschäftsbanken auf ihren Girokonten des ESZB (Zentralbankgeld) im gleichen Ausmaß zu (Abb. 12.26).

In der Regel gibt es für die Kreditaufnahme keine Höchstgrenzen, allerdings sind ausreichende Sicherheiten zu hinterlegen. Die Aufnahme von Krediten ist zu beantragen bzw. Defizitbestände der Geschäftsbanken beim ESZB werden automatisch als Antrag auf Gewährung einer Spitzenrefinanzierung angesehen.

Die **Einlagenfazilität** eröffnet für die Geschäftsbanken die Möglichkeit, überschüssige Liquidität bis zum nächsten Geschäftstag („über Nacht") bei der nationalen Notenbank zu einem durch das ESZB festgelegten Zins anzulegen. Dieser Zins stellt die **Untergrenze** für den **Tagesgeldsatz** dar. Durch die Inanspruchnahme dieses Instruments sinken die Einlagen der Geschäftsbanken auf ihren Girokonten und nehmen die Guthaben auf den Konten für die Einlagenfazilität zu. Es kommt daher zu einer Umbuchung von Transaktionen auf der Passivseite der Bilanz des ESZB. Da sich jede Bank im Rahmen der Spitzenrefinanzierung über Nacht Liquidität beschaffen kann, kann der Geldmarktsatz für die gleiche Fristigkeit nicht über den Spitzenrefinanzierungssatz hinausgehen. In diesem Fall würde sich keine Bank zu einem höheren Satz am Geldmarkt verschulden. Bei reichlicher Liquidität kann allerdings der Geldmarktsatz deutlich unter den Spitzenrefinanzierungssatz sinken. Für diesen Fall bietet das ESZB die **Einlagenfazilität** an, die ebenfalls eine Frist von einem Tag hat. Sie bietet den Banken eine Anlagemöglichkeit für überschüssige Liquidität. Damit kann der Geldmarktsatz nicht unter die Einlagenfazilität sinken, da keine Bank Mittel am Geldmarkt zu einem niedrigeren Zinssatz anlegen würde.

Mit diesen beiden Fazilitäten kann das ESZB die Entwicklung des Geldmarktes innerhalb eines engen **Zinsverbundes** relativ genau steuern. Im Rahmen der Zinssteuerung durch das ESZB wird mit den beiden Zinssätzen für die Ständigen Fazilitäten ein **Zinskanal** festgelegt, der durch den Tagesgeldzinssatz (EONIA) in der Regel nicht verlassen wird (Abb. 12.27).

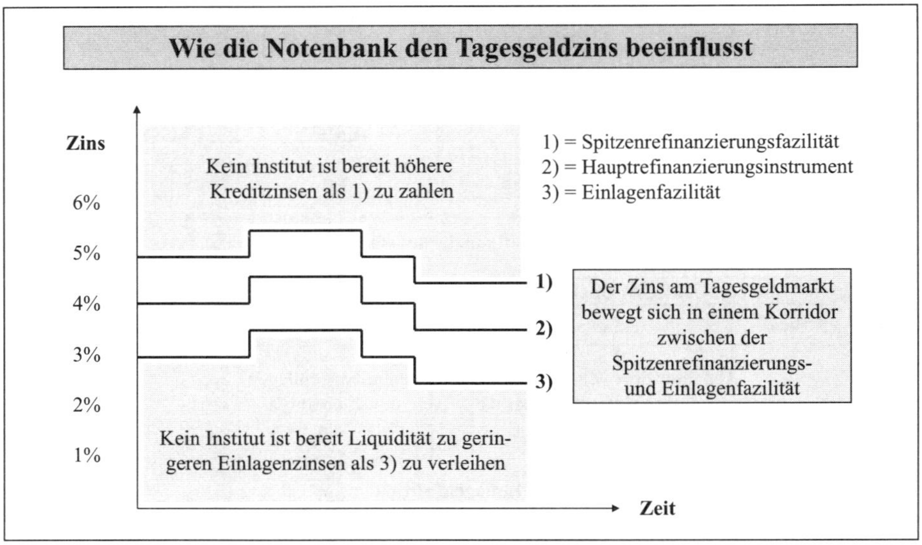

Abb. 12.27: Zinskanal der Geldpolitik

Es gibt also eine Vielzahl von unterschiedlichen Zinssätzen. Nur die Referenzzinssätze des Geldmarktes sind direkt durch die Geldpolitik zu beeinflussen. Alle anderen Zinssätze sind durch Arbitrageprozesse mit den Referenzzinssätzen verknüpft. Machen Sie sich nochmals den Unterschied zwischen einzelnen Zinssätzen klar (vgl. Box 12.2).

Box 12.2: Zinsen – Die zehn wichtigsten Begriffe

Referenzzinsen des Geldmarktes
- (1) Untergrenze: Einlagenfazilität
- (2) Geldpolitischer Kurs: Mindestbietungszins des Hauptrefinanzierungsgeschäfts
- (3) Obergrenze: Spitzenrefinanzierungsfazilität

Interbankenzinsen
- (4) für Tagesgeld: EONIA
- (5) für 3- bis 12-Monatsgeld: EURIBOR

Zinsen im Kundengeschäft der Banken
- (6) Kreditzinsen (Sollzinsen)
- (7) Einlagenzinsen (Habenzinsen)

Langfristige Zinsen (Laufzeit > 1 Jahr)
- (8) Nominalzinsen für Staatschuldpapiere oder vergleichbare Wertpapiere

Zusammenhänge
- (9) Zinsspanne: Habenzins – Sollzins
- (10) Zinsstruktur: Kurzfrist-, Langfristzins

Hintergrund:
Es gibt sehr viele unterschiedliche Zinssätze. Nur die Referenzzinssätze des Geldmarktes sind direkt durch die Geldpolitik zu beeinflussen. Alle anderen Zinssätze sind durch Arbitrageprozesse mit den Referenzzinssätzen verknüpft.

Schlagwörter		
	• EURIBOR • EONIA • Fazilitäten	• Zinsverbund • Zinskanal

12.4 Fallbeispiele zu Kapitel 12

Lösungs- und Bearbeitungshinweise sowie alle Abbildungen dieses Kapitels finden Sie unter: www.vahlen.de

Fallbeispiel 12.1: Geldbegriffe (0)

1) Grenzen Sie Geld und Geldersatzmittel voneinander ab.
2) Was verstehen Sie unter gesetzlichen Zahlungsmitteln?
3) Definieren Sie den Begriff Geldbasis bzw. Zentralbankgeld. Wie entsteht dieses Geld?
4) Kann die Zentralbank so viel Geld schaffen wie sie will?

Fallbeispiel 12.2: Multiple Giralgeldschöpfung (0)

Gegeben sind folgende Werte:
Bargeldabflussquote (b) = 20%; Mindestreservesatz (mrs) = 10%. Durch den Verkauf von Wertpapieren an die Zentralbank verfügt das Geschäftsbankensystem über Überschussreserven von 5 Mrd. €, die vollständig als Kredite vergeben werden sollen.

1) Wie hoch ist der Geldschöpfungs- bzw. Kreditschöpfungsmultiplikator?
2) Angenommen, der Bedarf an Bargeld in der Vorweihnachtszeit steigt auf 25%. Wie verändert sich ceteris paribus der Geldschöpfungsmultiplikator?
3) Angenommen, die Nichtbanken schränken ihre Kreditnachfrage unmittelbar ein. Wie verändert sich der Geldschöpfungsmultiplikator?

Fallbeispiel 12.3: Verbuchung von Geldströmen (+)

Folgende Vorgänge werden beobachtet:

1) Eine Geschäftsbank verkauft Devisen im Umfang von 1000 € an die Zentralbank.
2) Die Geschäftsbank nimmt einen Kredit von 1000 € bei der Zentralbank auf.
3) Die Geschäftsbank gewährt einen Kredit von 1000 € an ein Unternehmen.
4) Das Unternehmen zahlt 1000 € in bar auf das Geschäftskonto der Geschäftsbank.
5) Die Geschäftsbank kauft Wertpapiere von privaten Haushalten in Höhe von 1000 €.

Verbuchen Sie die Vorgänge jeweils getrennt in den jeweiligen Konten der Transaktionspartner und beurteilen Sie, ob sich die Geldmenge verändert.

Fallbeispiel 12.4: Geldmengenaggregate (+)

1) Beurteilen Sie, wie sich die einzelnen Geldmengenaggregate bei folgenden Vorgängen verändern (↓ = Sinkt, ↑ = Steigt, 0 = konstant):

Vorgang	M1	M2	M3
Abhebung von Bargeld am Bankautomaten			
Erfolgreicher Banküberfall von Bonny und Clyde			
Umschichtung von Girokonten zu Termineinlagen			
Umschichtung von Geldmarktfonds zu Termineinlangen			

Vorgang	M1	M2	M3
Umschichtung von Termineinlagen zu Girokonten und Geldmarktpapieren			
Termineinlagen zu Aktien			
Sichteinlagen zu Termineinlagen mit Laufzeiten > 2 Jahre			

2) Was spricht für bzw. gegen die Steuerung großer Geldmengenaggregate?

Fallbeispiel 12.5: Zeitinkonsistenz und Glaubwürdigkeit der Notenbank (++)

1) Was verstehen Sie unter Zeitinkonsistenz der Geldpolitik?
2) Vervollständigen Sie die nachfolgende Tabelle:

Situation	Ankündigung der Notenbank	Erwartungen der Wirtschaftssubjekte	tatsächliche Politik der Notenbank	Folgen der Geldpolitik
A	2 %	2 %	2 %	
B	2 %	2 %	4 %	
C	2 %	4 %	4 %	
D	2 %	4 %	2 %	

Unter welchen Voraussetzungen kann die Notenbank eine Verringerung der Arbeitslosigkeit erreichen? Welches Ergebnis ist zu erwarten, wenn die Wirtschaftssubjekte der Ankündigung der Notenbank nicht vertrauen und eine höhere als die angekündigte Inflation erwarten?
3) Was verstehen Sie unter Glaubwürdigkeit und Reputation der Notenbank?
4) Nennen Sie Ansatzpunkte zur Lösung des Problems der Zeitinkonsistenz der Geldpolitik.

Fallbeispiel 12.6: Geldpolitik und Inflationserwartungen (+)

In einer Volkswirtschaft kann die Notenbank die Inflationsrate durch ihre Geldpolitik perfekt bestimmen. Die Inflationsrate ist durch folgenden Zusammenhang gegeben:

$\pi_t = \pi^e_t + 0{,}04 - 0{,}5 \times ALQ$

Die tatsächliche und die erwartete Inflationsrate betragen seit Jahren 5 %. Die Zentralbank möchte ihr Ziel der Preisniveaustabilität von 2 % erreichen, indem sie die Inflationsrate schrittweise Jahr für Jahr um 1 % verringert. Die Wirtschaftssubjekte erwarten für die Inflation immer die Inflationsrate der Vorperiode: $\pi^e_t = \pi_{t-1}$

1) Wie entwickelt sich die Inflationsrate im Zeitablauf? Was lässt sich erkennen?

t	π_t	π^e_t	ALQ
0	5 %	5 %	8 %
1	5 %	5 %	
2	4 %		
3	3 %		
4	2 %		
5	2 %		

2) Wie beurteilen Sie die Erwartungsbildung der Wirtschaftssubjekte?
3) Wie verändern sich die Inflationserwartungen, wenn die Notenbank die Inflationsrate perfekt steuern kann?
4) Zeitungsnotiz: „Höhere Inflationserwartungen führen zu einem Anstieg der Inflation und zu höheren Zinsen". Wie lässt sich diese Meldung erklären?

Fallbeispiel 12.7: Taylor-Zins als Orientierungspunkt der Geldpolitik (+)

1) Beschreiben Sie, aus welchen Komponenten sich der Taylor-Zins zusammensetzt.
2) Im März 2001 hat die US-Notenbank den Leitzins um 50 Basispunkte auf 5,0 % verändert. Folgende makroökonomische Daten lagen im März 2001 vor:

Wachstumsrate der Geldmenge M3	8,0 %
Inflationsrate	1,9 %
Arbeitslosenquote	10 %
Outputlücke	2,4 %
Haushaltsdefizit in % des $BIP^{nominal}$	– 2 %

Beurteilen Sie, ob dieser Zinsschritt mit der Taylor-Regel vereinbar ist? Gehen Sie von den üblichen Spezifizierungen der Taylor-Regel aus.
3) Ordnen Sie folgende Situationen in die Tabelle ein und bestimmten Sie ausgehend von der Ausgangsgleichung der Taylor-Regel den Leitzins und die Ausrichtung der Geldpolitik.
   1) Keine Outputlücke, keine Inflationslücke
   2) Verfehlung des Inflationsziels um 1 %, keine Outputlücke
   3) Outputlücke von 1 %, keine Inflationslücke
   4) Verfehlung des Inflationsziels um 1 %, Outputlücke jeweils 1 %

	$BIP^t = BIP^*$	$BIP^t < BIP^{potential}$	$BIP^t > BIP^{potential}$
$\pi_t = \pi^*$			
$\pi_t < \pi^*$			
$\pi_t > \pi^*$			

4) Welche Kritik lässt sich gegen die Taylor-Regel vorbringen?

Fallbeispiel 12.8: Referenzwert des Geldmengenwachstums (0)

1) Der Präsident der Europäischen Zentralbank stellt im Jahr 2004 das Geldmengenziel für die EWU auf Basis der Quantitätsgleichung vor. Ermitteln Sie den inflationsneutralen Geldmengenzuwachs für das Jahr 2004. Wie würde sich das Ergebnis verändern, wenn das Wachstum der Umlaufgeschwindigkeit des Geldes im Jahr 2004 um 1 % zurückgeht?

Größe	Dimension	Jahr 2003	Jahr 2004
BIP, nominal	Mrd. €	2.500	2.600
Inflationsrate	Index (2003 = 100)	100	104
Geldmenge	Mrd. €	1.250	
Umlaufgeschwindigkeit	Normierter Wert	2	2

2) Nennen Sie die grundlegenden Voraussetzungen der Geldmengensteuerung.

Fallbeispiel 12.9: Geldpolitische Strategie des ESZB (0)

1) Was verstehen Sie unter ein- und zweistufigen Strategien der Geldpolitik?
2) Was sind die Charakteristika der Strategie des ESZB?
3) Warum verfolgt das ESZB kein Inflationsziel von Null Prozent?
4) Nehmen Sie an, die EZB beobachtet ein aus ihrer Sicht zu starkes Geldmengenwachstum. Gleichzeitig deuten Umfragen auf eine Abschwächung der Wirtschaftsaktivität in einigen Euro-Ländern hin. Wie sollte die EZB im Rahmen ihrer Strategie reagieren?
5) Erläutern Sie mögliche Vor- und Nachteile geldpolitischer Regeln.

Fallbeispiel 12.10: Geldpolitische Instrumente in der EWU (0)

1) Aus welchen Teilmärkten setzt sich der Geldmarkt zusammen? Auf welchem Teilmarkt ist der Ansatzpunkt für geldpolitische Maßnahmen des ESZB?
2) Vervollständigen Sie nachfolgende Tabelle:

Instrument	Laufzeit	Zentralbankgeld wird		Frequenz
		bereitgestellt	absorbiert	
Hauptrefinanzierungsinstrument				
Längerfristige Refinanzierung				
Spitzenrefinanzierungsfazilität				
Einlagenfazilität				
Mindestreserve				

Fallbeispiel 12.11: Offenmarktoperationen der Geldpolitik (+)

1) Beurteilen Sie die Auswirkungen der nachfolgenden Maßnahmen der Notenbank auf die Liquiditätssituation des Bankensystems:

Maßnahme	Schaffung von Liquidität	Abschöpfung von Liquidität
Verkauf von Wertpapieren an Banken		
Gewährung von Krediten an Banken gegen Verpfändung von Wertpapieren		
Kauf von US-$-Beständen der Banken		

2) Beurteilen Sie die bilanzmäßigen Auswirkungen eines Kaufs von festverzinslichen Wertpapieren der Notenbank bei den Geschäftsbanken im Wert von 100.

Aktiva	Notenbank Passiva

Aktiva	Geschäftsbanken Passiva

3) Was verstehen Sie unter Hauptrefinanzierungsgeschäften?

Fallbeispiel 12.12: Geldpolitische Tenderverfahren (+)

Die Kreissparkassen Bonn, Siegburg und Köln geben im Rahmen eines einwöchigen Hauptrefinanzierungsgeschäfts am 10.1.2005 folgende Gebote ab:

Zins	Bonn	Siegburg	Köln	Σ Gebote	Kumuliert
2,08		15	15		
2,07	5	5	10		
2,06	10	5	15		
2,05	10	5	15		
2,04	5	10	10		
2,03	5		10		

1) Ermitteln Sie die Zuteilungen für die einzelnen Banken, wenn das ESZB 95 Mio. € nach dem Zinstenderverfahren zuteilen möchte.

2) Stellen Sie am Beispiel der Kreissparkasse Bonn dar, welche Zuteilungen sich für diese Bank beim amerikanischen Verfahren ergeben.
3) Lassen sich im Beispiel der Marginal- und der Mindestbietungszinssatz erkennen?

Fallbeispiel 12.13: Ausrichtung der Geldpolitik (+)

1) Welche der folgenden geldpolitischen Maßnahmen der EZB wirkt kontraktiv oder expansiv?

Maßnahme	Wirkung
Erhöhung Spitzenrefinanzierungsfazilität	
Erhöhung Rediskontingente für Geschäftsbanken	
Aufkauf von Devisen	
Durchführung von Offenmarktoperationen: Aufkauf von Staatspapieren	
Senkung des Mindestreservesatzes	

2) Gehen Sie davon aus, dass das ESZB dem Geldmarkt im Rahmen eines Mengentenders zu 3 % eine Liquidität von 60 Mrd. € für 3 Monate zugeteilt hat. Ermitteln Sie den Zins- bzw. Liquiditätseffekt für folgende Anschlussgeschäfte (jeweils Mengentender mit Laufzeiten von 3 Monaten):

Zuteilungskonditionen	Gebote kumuliert	Zinseffekt (restriktiv/ expansiv)	Liquidität
3,1 %, 60 Mrd. €	60 Mrd. €		
3,1 %, 40 Mrd. €	60 Mrd. €		
2,8 %, 80 Mrd. €	90 Mrd. €		
2,8 %, 60 Mrd. €	90 Mrd. €		
2,8 %, 40 Mrd. €	90 Mrd. €		

Fallbeispiel 12.14: Leitzinsen in der EWU (0)

1) Welche Informationen liefern die Referenzzinssätze EURIBOR und EONIA?
2) Was verstehen Sie unter dem Zinskanal der Geldpolitik?
3) Warum muss der Tagesgeldsatz zwischen dem Spitzenrefinanzierungssatz und der Einlagenfazilität liegen?
4) Interpretieren Sie folgende Zinssätze, die Sie einer Tageszeitung entnehmen können:

Spitzenrefinanzierungsfazilität	Tagesgeld der Giro-Bank
4 %	4,5 %

Kapitel 13: Transmissionsprozess der Geldpolitik

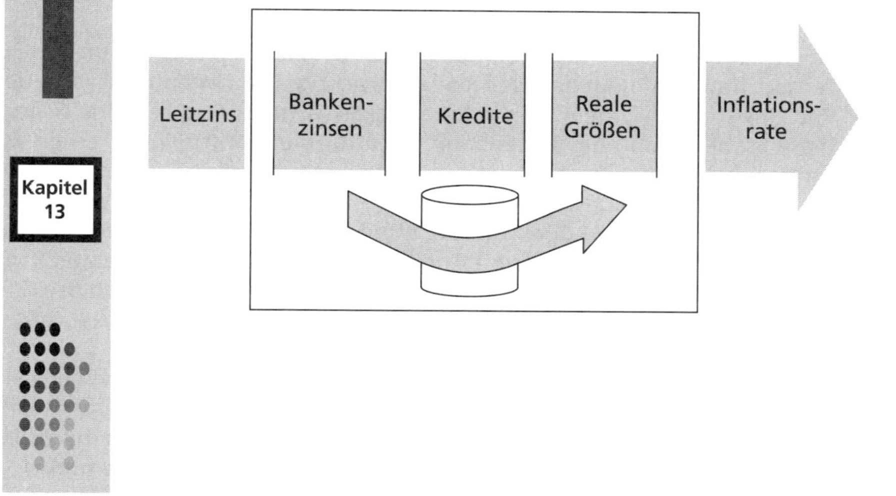

Inhaltsübersicht

Lernzielorientierte Sachverhalte

- Der Zusammenhang zwischen monetären und realen Größen wird im Rahmen der Phillips-Kurve erörtert. Diese Diskussion hat die makroökonomische Theorie in den vergangenen Jahrzehnten stark geprägt. Im Mittelpunkt steht die Frage, ob und inwieweit die Inkaufnahme einer höheren Inflation zu einer Reduzierung der Arbeitslosigkeit führt.
- Ausschlaggebend für die Geldnachfrage ist der Nominalzins, für die Güternachfrage ist hingegen der Realzins wichtig. Die Notenbank kann den Realzins steuern, indem sie die Inflationserwartungen stabilisiert. Gelingt diese Stabilisierung der Notenbank, wird für die Marktteilnehmer ein Zusammenhang zwischen Nominal- und Realzins hergestellt.
- Im Fall von Nachfrageschocks kann die Notenbank Zinssenkungen zur Anregung der Nachfrage durchführen, ohne dass das Ziel der Preisniveaustabilität verletzt wird. Im Fall von Angebotsschocks steht die Notenbank vor einem Zielkonflikt zwischen dem Ziel der Preisniveaustabilität und dem Ziel der Stabilisierung von Wachstum und Beschäftigung. In der Praxis werden in diesem Fall oft Kompromisse verfolgt.
- Die Übertragung von geldpolitischen Impulsen auf reale Größen vollzieht sich über mehrere Kanäle. Im Mittelpunkt steht der Kredit-, Vermögens- und Wechselkurskanal. Diese Übertragung kann an mehreren Stellen durchbrochen werden, so dass die Auswirkungen der Geldpolitik unsicher sind.
- Die Effekte geldpolitischer Maßnahmen sind zum Teil langen Wirkungsverzögerungen unterworfen, so dass ein Einsatz geldpolitischer Instrumente nicht immer zu den angestrebten Ergebnissen führt.
- Die Finanzkrise des Jahres 2008/2009 liefert aus makroökonomischer Sicht ein gutes Anschauungsmaterial zur Entstehung von krisenhaften Entwicklungen im Geldsektor, zur Verknüpfung von Geld- und Realwirtschaft und damit verbundenen Folgen für Beschäftigung und Wachstum.

13.1 Phillips-Kurve als Menükarte der Wirtschaftspolitik

Die Wirtschaftspresse vermittelt in ihren Meldungen den Eindruck, dass die Erhöhung oder Senkung der Leitzinsen durch die Notenbanken von zentraler Bedeutung für den Gang der Wirtschaft ist. Hinter den Meldungen steht die Annahme, dass eine Veränderung des Geldangebots nicht nur Einfluss auf monetäre Größen hat, sondern auch zu einer Veränderung von realen Größen wie Produktion und Beschäftigung führt. Der Zusammenhang zwischen monetären und realen Größen wird im Rahmen der **Phillips-Kurve** erörtert. Diese Diskussion hat die makroökonomische Theorie in den vergangenen Jahrzehnten stark geprägt. Im Mittelpunkt steht die Frage, ob und inwieweit die Inkaufnahme einer höheren Inflation zu einer Reduzierung der Arbeitslosigkeit führt.

13.1.1 Originäre und modifizierte Phillips-Kurve

Originäre Phillips-Kurve

Im Jahr 1958 veröffentlichte der neuseeländisch-britische Ökonom *Alban William Phillips* einen Aufsatz, der die Beziehung der Lohnänderungsrate zur Änderungsrate der Beschäftigung untersuchte. Die **originäre (ursprüngliche) Phillips-Kurve** formuliert einen negativen Zusammenhang zwischen der Wachstumsrate der Nominallöhne und der Arbeitslosenquote (Abb. 13.1). Diese Beziehung lässt sich gut nachvollziehen.

Im Fall hoher Arbeitslosigkeit sind die Gewerkschaften in einer schlechten Verhandlungsposition und die Löhne steigen – wenn überhaupt – nur wenig. Bei einer guten Beschäftigungslage fällt es den Gewerkschaften hingegen leichter, Lohnsteigerungen durchsetzen. Zudem werden die Unternehmen im Fall einer geringeren Arbeitslosigkeit und höherer Beschäftigung um Arbeitnehmer konkurrieren und bereit sein, höhere Löhne zu zahlen.

Ausgangspunkt der Phillips-Kurve

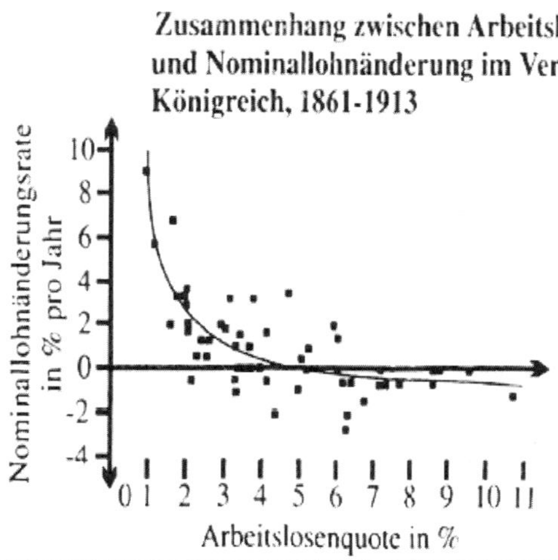

Abb. 13.1: Originäre Phillips-Kurve
Quelle: Phillips, 1958

Modifizierte Phillips-Kurve

Paul Anthony Samuelson und *Robert Solow* verknüpften die Phillips-Analyse in den 60er Jahren mit der Inflationstheorie zur **modifizierten Phillips-Kurve**. In der Preiskalkulation der Unternehmen spielen Löhne und Produktivität eine wichtige Rolle. Unternehmen passen ihre Preise an die Lohnentwicklung an, nehmen aber einen **Abschlag** für den Produktivitätsfortschritt vor. Wenn die Löhne z.B. um 4% (W_{ls}) steigen und die Produktivität um 2% (W_{μ}) zunimmt, erhöhen die Unternehmen ihre Preise um 2%. Ersetzen wir den Nominallohnanstieg der originären Phillips-Kurve durch die Inflationsrate (π), ergibt sich die modifizierte Phillips-Kurve (Box 13.1).

Box 13.1: Phillips-Kurve – Die Menükarte der Wirtschaftspolitik

Originäre Phillips-Kurve (1) $W_{ls} = f(ALQ)$ **Modifizierte Phillips-Kurve** (2) $\pi = W_{ls} - W_{\mu}$ Nominallohnanstieg aus Gleichung (1) eingesetzt in Gleichung (2) ergibt: (3) $\pi = f\,(ALQ) - W_{\mu}$	**Hintergrund:** Beschrieben wird der Zusammenhang zwischen der Veränderung von Nominallöhnen bzw. Preisniveau auf der einen und Arbeitslosigkeit auf der anderen Seite. In einer praxisnahen Ausgestaltung der Phillips-Kurve muss zudem die von Arbeitgebern und Arbeitnehmern erwartete Inflationsentwicklung berücksichtigt werden.

Die Lücke zwischen monetärem und realem Sektor ist in Form der Phillips-Kurve geschlossen (Abb. 13.2). Die Phillips-Kurve formuliert einen inversen Zusammenhang zwischen Inflation und Arbeitslosigkeit, d. h. einen Trade-off. Niedrige Arbeitslosigkeit geht einher mit einer hohen Inflationsrate und umgekehrt. Der inverse Zusammenhang ist nicht linear.

Menükartendenken

Die modifizierte Phillips-Kurve ist als „**Menü-** bzw. **Speisekarte**" (*menu of choice*) auch für wirtschaftspolitische Entscheidungen von Interesse. Eine verlässliche Phillips-Gleichung würde den Politikern deutlich machen, wie viel Preisniveaustabilität geopfert werden muss, um eine höhere Beschäftigung zu erhalten und umgekehrt. In der Wirtschaftspolitik gilt die Phillips-Kurve daher als Paradebeispiel eines **konkurrierenden Zielbündels**. Die Attraktivität einer wirtschaftspolitischen „Menükarte" hat der frühere Bundeskanzler *Helmut Schmidt* erkannt, als er sagte: *„Mit scheint, dass das deutsche Volk – zugespitzt – fünf Prozent Preisanstieg eher vertragen kann als fünf Prozent Arbeitslosigkeit."* Im Rahmen dieser (keynesianischen) Denkschule kann eine sinkende Arbeitslosigkeit nur zu Lasten einer steigenden Inflationsrate „erkauft" werden.

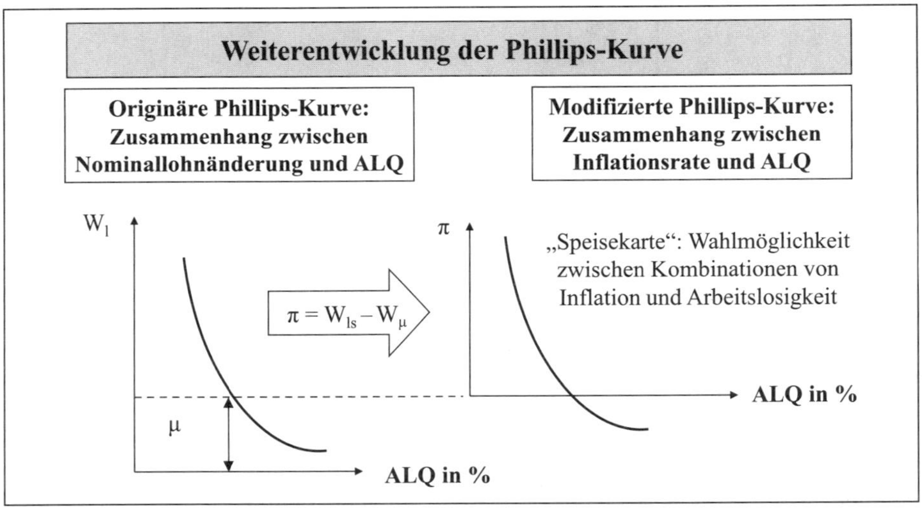

Abb. 13.2: Originäre und modifizierte Phillips-Kurve

Geldillusion

Im Kontext der Phillips-Kurve ist der Aspekt der Geldillusion von Bedeutung. Nehmen Sie an, Ihnen werden folgende Gehaltserhöhungen unterbreitet:

Lohnerhöhung, nominal	Inflation	Lohnerhöhung, real
+3 %	+5 %	–2 %
–2 %	0	–2 %

Als aufmerksamer Leser dieses Buches erkennen Sie hoffentlich, dass die reale Kaufkraft in beiden Fällen um 2 % sinkt. Experimente zeigen jedoch, dass viele Menschen bei dieser Frage die erste Situation für günstiger halten. Viele Menschen bewerten eine Erhöhung ihres Einkommens positiv, selbst wenn die Inflation diesen Zugewinn komplett wieder auffrisst. Der Effekt nennt sich **Geldillusion** bzw. **Geldwertillusion**. Es dürfte ihn nach Auffassung von Ökonomen gar nicht geben. Schließlich ändert sich nichts an der realen Kaufkraft des Einkommens. Einem rationalen Marktteilnehmer sollte es unter diesen Bedingungen völlig egal sein, ob sein nominales Einkommen sinkt oder steigt, wenn das Realeinkommen gleich bleibt. In Fragebogenstudien und Laborexperimenten wurde dieser Effekt aber nachgewiesen. Geld wird also eher nominal und nicht real wahrgenommen. Sollte dieser Effekt gelten, würden viele auch makroökonomisch relevante Zusammenhänge in ein anderes Licht gerückt:

- Inflation bzw. eine expansive Geldpolitik **könnte** einen positiven Effekt auf Beschäftigung und Wirtschaftswachstum haben. Wenn also die Notenbank die Zinsen senkt bzw. mehr Geld in Umlauf bringt, könnte dies positive Auswirkungen auf die reale Wirtschaft haben.
- Nominale Löhne sind weitgehend starr, reale Löhne können hingegen bei Inflation sinken. Wer mehr verdient, fühlt sich wohlhabender und gibt gegebenenfalls auch mehr aus.
- Wirtschaftssubjekte lassen sich durch große Zahlen verführen. Diese Geldillusion spielt eine Rolle bei der Erklärung spekulativer Blasen an Immobilien- und Aktienmärkten. Beispielsweise könnten Menschen den Wert ihrer Häuser überschätzen, so dass die Preise immer weiter steigen.

Unterliegen die Arbeitnehmer einer **Geldillusion**, d. h. bemerken sie den Anstieg der Preise nur zeitverzögert, oder können Tarifverträge nur nachträglich angepasst werden, bleiben die Nominallöhne bei steigenden Preisen konstant. Die Reallöhne hingegen sinken und schaffen einen Anreiz, zusätzliche Arbeitskräfte einzustellen.

Inflationserwartungen

Die Weiterentwicklung der (kurzfristigen) Phillips-Kurve geht davon aus, dass die Inflationsrate π bestimmt wird von

- der erwarteten Inflationsrate π^e,
- der Abweichung der Arbeitslosenquote von ihrem „natürlichen" Niveau: $ALQ^n - ALQ$,
- von Störungen des Angebots θ.

Formal dargestellt bedeutet dies:

$\pi = \pi^e + a \times (ALQ^n - ALQ) + \theta$; mit $a > 0$.

Diese Form der Phillips-Kurve hat die gleichen Eigenschaften wie die **Gesamtangebotskurve** (vgl. Kap. 3). Da sie die Beziehung zwischen realen Aktivitäten und unerwarteten Preisänderungen erklärt, können wir sie als Formulierung des Gesamtangebots interpretieren.

Betrachten wir nun die einzelnen Komponenten dieser Phillips-Kurve. Die Differenz zwischen tatsächlicher und natürlicher Arbeitslosenquote sagt etwas über die konjunkturelle Lage aus. Dabei kann „natürliche" Arbeitslosigkeit als strukturelle bzw. friktionelle Arbeitslosigkeit interpretiert werden:

- Ist diese gleich Null ($ALQ = ALQ^n$), so befindet sich die Wirtschaft in einer Normallage.
- Ist sie negativ ($ALQ > ALQ^n$), so befinden wir uns in einer Rezession; der Preisauftrieb wird gedämpft.
- Ist sie positiv($ALQ < ALQ^n$), so befinden wir uns in einem Aufschwung bzw.Boom; der Preisauftrieb wird verstärkt. Es liegt eine **Nachfrage(sog-)inflation** vor.

Die Größe θ drückt aus, dass die Inflationsrate auch durch einen Angebotsschock steigen kann. In diesem Fall liegt eine **Kostendruckinflation** (*cost-push inflation*) vor.

Die Lage der kurzfristigen Phillips-Kurve hängt von den Inflationserwartungen (π^e) ab. Nehmen die Preiserwartungen zu, so verschiebt sich die kurzfristige Phillips-Kurve nach oben, nehmen diese ab, so verschiebt sie sich nach unten (Abb. 13.3). Die Lage der kurzfristigen Phillips-Kurve ist zudem durch den Term θ bestimmt.

Unterstellen wir eine Ausgangssituation, die durch eine Arbeitslosenquote (z. B. 8 %) und keine Inflation ($\pi_0 = 0$) gekennzeichnet ist (Punkt A der Phillips-Kurve, Abb. 13.3). Diese Kombination von Inflation und Arbeitslosenquote ist auch ein Punkt (A) auf der sogenannten **politischen Indifferenzkurve**. Diese gibt an, welche Kombinationen von Inflation und Arbeitslosigkeit für die Politik den gleichen „Wert" haben.

Im Rahmen einer „Menükartenpolitik" könnten Entscheidungsträger in die Versuchung geraten, die Senkung der Arbeitslosigkeit durch eine höhere Inflationsrate von 2 % zu erkaufen (Punkt B, Abb. 13.3). Die Arbeitslosigkeit sinkt auf 6 %, da die Reallöhne zurückgehen. Es ist jedoch unwahrscheinlich, dass die Arbeitnehmer diesen Inflationsanstieg längerfristig nicht in ihr Kalkül einbeziehen, d. h. einer **Geldillusion** unterliegen. Wenn wir davon ausgehen, dass die Arbeitnehmer die Erhöhung der Inflationsrate zumindest partiell berücksichtigen, werden die Inflationserwartungen zunehmen ($\pi^e = 2\,\%$). Die bekannte Formel des **Inflationsausgleichs** ist Ausdruck dieser Erwartungsbildung. Werden die höheren Nominallöhne durchgesetzt, versuchen die Unternehmen, die gestiegenen Arbeitskosten auf die Preise zu überwälzen, um ihre Gewinnmargen aufrecht zu erhalten. Die Phillips-Kurve verlagert sich somit nach rechts oben ($\pi^e = \pi_1$).

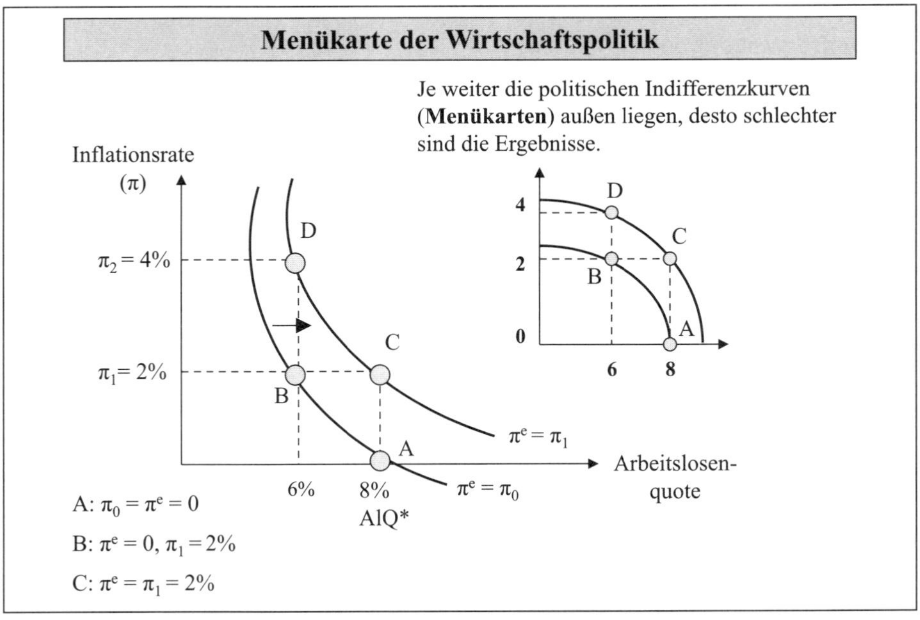

Abb. 13.3: Phillips-Kurven und Inflationserwartungen

Da jetzt nur noch Punkte auf der höheren Phillips-Kurve zu erreichen sind, hat die Politik nur noch die Wahl zwischen den Punkten C oder D. Da diese Punkte gleichzeitig auf einer höheren politischen Indifferenzlinie liegen, bedeutet dies, dass sie zwischen zwei schlechteren Punkten als in der Ausgangssituation wählen kann. Diese Lohn-

Preis-Spirale wird erst dann unterbrochen wenn ein Punkt gewählt wird, bei dem die Inflationsrate stabil bleibt.

Der Verlauf der Phillips-Kurve ist u. a. von Annahmen hinsichtlich der Bildung von Inflationserwartungen abhängig. Wir wollen nachfolgend einzelne Hypothesen der Erwartungsbildung in die Phillips-Kurven Diskussion integrieren.

Schlagwörter	• originäre Phillips-Kurve • modifizierte Phillips-Kurve • kurzfristige Phillips-Kurve	• natürliche Arbeitslosigkeit • Menükartendenken • Geldillusion

13.1.2 Phillips-Kurven Diskussion

In den 1970er Jahren herrschte in vielen Ländern eine **Stagflation**, was zunächst als Widerlegung der Phillips-Kurve gesehen wurde. Spätere Analysen ergaben hingegen auch für die siebziger Jahre einen relativen stabilen Zusammenhang von Arbeitslosigkeit und der **Kerninflationsrate**. Dazu wurde die Inflationsrate um durch Rohstoffmärkte induzierte Preissteigerungen bereinigt, denn es waren überwiegend die steigenden Rohölpreise, die die Stagflation ausgelöst hatten.

Grundlegende Kritik an der Existenz der Phillips-Kurve wurde nachfolgend von der **monetaristischen Denkschule** (*Milton Friedman, Edward Phelps*) geäußert. Die „Menükartenpolitik" der Phillips-Kurve basiert nach Auffassung monetaristischer Ökonomen auf einem gravierenden Denkfehler. Nicht nur Arbeitgeber, sondern auch Arbeitnehmer bzw. ihre Interessenvertretungen interessieren sich in Tarifverhandlungen nicht für den Nominallohn, sondern für den Reallohn. Sie müssen sich Vorstellungen über das zukünftige Preisniveau bilden, d. h. **Inflationserwartungen** (π^e) in ihre Überlegungen einbeziehen. Der Einbau der **Erwartungsbildung** in makroökonomische Modelle ist inzwischen weit fortgeschritten. Dahinter verbirgt sich die Erkenntnis, dass viele Entscheidungen kaum etwas damit zu tun haben, was heute passiert, sondern was zukünftig erwartet wird. Die Hypothesen der Erwartungsbildung unterscheiden sich vor allem hinsichtlich der Annahmen der Lernfähigkeit und des Wissensstandes von Wirtschaftssubjekten.

Insofern handelt es sich um den Einbau mikroökonomischer Verhaltensweisen. Nicht nur im Zusammenhang mit Inflationserwartungen, sondern auch in anderen ökonomischen Fragestellungen spielt die Frage der Erwartungsbildung eine Rolle. Beispielhaft sei verwiesen auf

- die Geldnachfrage und hier der Zusammenhang zwischen Spekulationsmotiv und dem Zins,
- die Konsumnachfrage und hier vor allem die permanente Einkommenshypothese,
- die Investitionsgüternachfrage, die stark von der Absatz- und Ertragserwartungen der Unternehmen geprägt wird,
- die Wechselkurserwartungen.

In der Makroökonomie sind verschiedene Annahmen zur Erwartungsbildung anzutreffen (Tab. 13.1). Wir wollen uns nachfolgend auf die adaptive und rationale Erwartungsbildung beschränken.

Adaptive Erwartungsbildung

Diese Hypothese geht davon aus, dass die Fehler aus der Vergangenheit bei der Bildung neuer Erwartungen berücksichtigt werden. Es wird sozusagen ein Element des **Lernens**

Tab. 13.1: Hypothesen der Erwartungsbildung

Erwartungs-bildung	Denkweise	Beispiel
Statisch	Es wird stets der gleiche Wert für eine ökonomische Größe erwartet.	Im Juni regnet es – wie jeden Monat – immer an zehn Tagen.
Adaptiv	Es werden vergangene Erwartungsfehler berücksichtigt.	Gestern bin ich vom Regen überrascht worden, heute nehme ich deshalb einen Schirm mit.
Rational	Es werden bestmögliche Schätzungen für künftige Größen auf Basis aller verfügbaren Informationen abgegeben.	Der Wettbericht hat eine Wahrscheinlichkeit von Regen zu 80 % angekündigt. Ich nehme einen Schirm mit.

eingebaut. Nehmen wir an, eine Gewerkschaft bildet die Inflationserwartungen wie folgt:

$\pi^e_t = \pi^e_{t-1} + b \times (\pi_{t-1} - \pi^e_{t-1})$

Betrachten wir ein Beispiel. Die tatsächliche Inflationsrate beträgt konstant 3 %. Die Gewerkschaft hat anfangs eine Inflationserwartung von 0 %. Wir nehmen an, dass die Größe b, mit der der Schätzfehler der Vergangenheit berücksichtigt wird, 0,5 beträgt. In den nächsten 5 Perioden entwickelt sich die Inflationserwartung der Gewerkschaft wie folgt:

Periode	Kalkül	Inflationserwartung	Inflation
1	0 + 0,5 (0 – 0)	0 %	3 %
2	3 + 0,5 (3 – 0)	1,5 %	3 %
3	3 + 0,5 (3 – 1,5)	2,25 %	3 %
4	3 + 0,5 (3 – 2,25)	2,625 %	3 %
5	3 + 0,5 (3 – 2,625)	2,8125 %	3 %
b = 0: $\pi^e_t = \pi^e_{t-1}$ (konstante Erwartungen) b = 1: $\pi^e_t = \pi_{t-1}$ (naive Erwartungen)			

Mittelfristig gleichen sich die Inflationserwartungen im Fall der adaptiven Erwartungsbildung an die tatsächliche Inflationsrate an (Abb. 13.4).

Kurz- und langfristige Phillips-Kurve

Kommen wir nochmals zurück zur Definition der Phillips-Kurve. Diese war gegeben durch:

(1) $\pi = \pi^e + a \times (ALQ^n - ALQ) + \theta$

Nehmen wir an, der Störterm (Zufall) sei zunächst Null. Daraus folgt:

(2) $\pi - \pi^e = a \times (ALQ^n - ALQ)$

Die natürliche Arbeitslosenquote einer Ökonomie betrage 6 %. Eine Konjunkturbelebung durch eine expansive Geldpolitik, z. B. ausgelöst durch Zinssenkungen, kann dazu beitragen, dass die Arbeitslosigkeit z. B. auf 4 % sinkt (A nach B, Abb. 13.5). Diese Situation kann jedoch nur aufrechterhalten werden, wenn sich die Erwartungen nicht hinreichend schnell an die höhere Inflation anpassen. Ist dies jedoch der Fall, wird die Phillips-Kurve instabil, d. h. sie verlagert sich nach oben (B nach C, Abb. 13.5). Um anhaltende Beschäftigungserfolge zu erzielen, müsste sich die Inflation weiter beschleunigen (**Akzelerationstheorem**). Dieser Prozess ist dauerhaft nicht durchzuhalten, da er

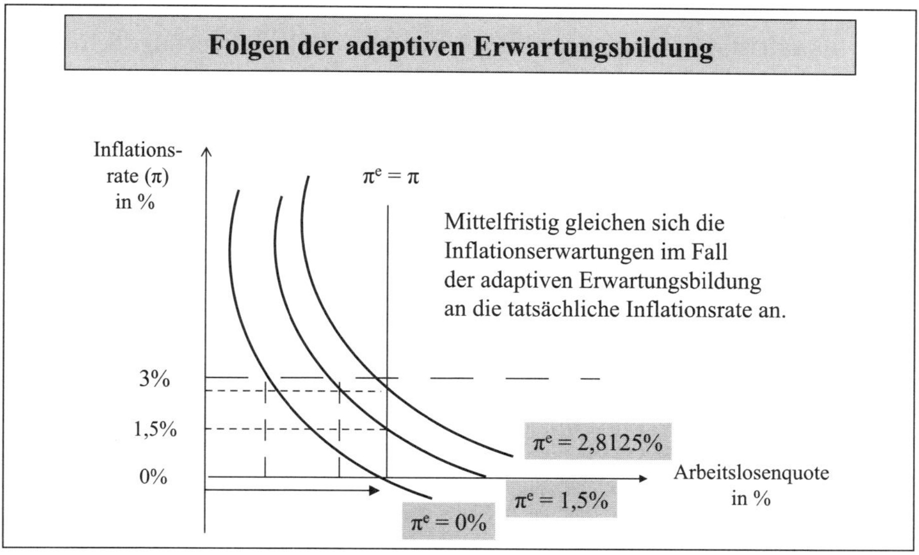

Abb. 13.4: Phillips-Kurve bei adaptiver Erwartungsbildung

in die Lohn-Preis-Spirale führt. Eine aktive Konjunkturpolitik kann also nur kurzfristig eine Reduzierung der Arbeitslosigkeit erreichen. Insofern besteht auch nicht die Wahl zwischen mehreren Gerichten einer Speisekarte, sondern die Menükarte reduziert sich langfristig auf ein Gericht. Dieses Gericht ist jedoch zu jedem Preis, d. h. zu beliebig vielen Inflationsraten, erhältlich und für eine Gesellschaft aufgrund der Folgen einer akzelerierenden Inflation nicht gut zu „verdauen". Es kommt daher darauf an, ob die **erwartete Inflation** eintrifft oder nicht. Erfüllt die Inflation die Erwartungen, dann erfolgt keine Umverteilung. Ist die Inflation höher als erwartet und bei den Tarifverhandlungen von den Gewerkschaften falsch berücksichtigt, erfolgt eine Umverteilung zugunsten der Arbeitgeber. Ist die Inflation niedriger als erwartet, sind die Arbeitnehmer gegebenenfalls „teurer" als von den Unternehmen kalkuliert. Es erfolgt eine Umverteilung zugunsten der Arbeitnehmer.

Die langfristige Phillips-Kurve verläuft deshalb **senkrecht**. Die hier bestehende **natürliche Arbeitslosigkeit** lässt sich nicht durch eine weitere Konjunkturbelebung beseitigen. Aktive Konjunkturpolitik über diesen Punkt hinaus wirkt nur inflationstreibend. Vereinfacht können wir uns die Erklärung so vorstellen, dass Arbeitnehmer und Arbeitgeber sich einen bestimmten Anteil an der Produktion sichern wollen. Sind diese Ansprüche zu groß, kommt es zu einem Anstieg der Nominallöhne und der Güterpreise, so dass auch die Inflation zunimmt.

Durch die Arbeitslosigkeit werden diese Ansprüche so koordiniert, dass die Inflationsrate konstant bleibt. Die gleichgewichtige bzw. **inflationsstabile Arbeitslosenquote** (*non accelerating inflation rate of unemployment, NAIRU*) stellt insofern Gleichgewicht zwischen den Verteilungsansprüchen her, indem sie Arbeitnehmer mit dem Verlust des Arbeitsplatzes und Arbeitgeber mit Absatzeinbußen (vor allem durch einen Rückgang der Nachfrage) bedroht und diese deswegen ihre Forderungen einschränken.

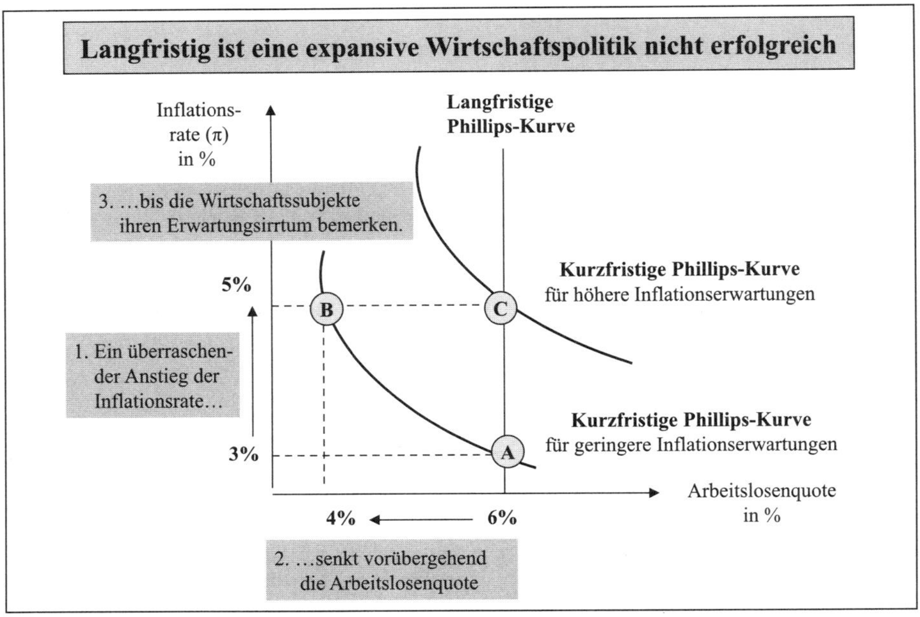

Abb. 13.5: Kurz- und langfristige Phillips-Kurve

Rationale Erwartungsbildung

Im Rahmen der rationalen Erwartungsbildung wird der rechte Teil der Phillips-Kurven-Gleichung Null und der Prozess der Erwartungsanpassung verläuft direkt:

Erwartungsbildung	Prozess (vgl. Abb. 13.5)
adaptiv	A, B, C
rational	A, C

Jeder systematische Versuch der Wirtschaftspolitik, die Inflationsrate zu verändern, wird antizipiert. Nur eine nicht erkannte Inflation oder Einflüsse innerhalb des Störterms führen demnach zu einer Veränderung der natürlichen Beschäftigungslage. **Rationale Erwartungsbildung** bedeutet, dass die Wirtschaftssubjekte Zukunftserwartungen auf der Basis von verfügbaren Informationen bilden. Zwei Annahmen sind grundlegend:

- Die Wirtschaftssubjekte sind im Besitz der relevanten Informationen über gegenwärtige und vergangene Wirtschaftsdaten (d. h. jeder hat den gleichen und notwendigen Informationsstand).
- Die Wirtschaftssubjekte besitzen Kenntnisse über wirtschaftliche Abläufe und können diese richtig einschätzen. Ausgangsdaten können dann verlässlich in Zukunftsdaten transformiert werden.

Rationale Erwartungen sind jedoch nicht mit perfekter Voraussicht gleichzusetzen, da keine vollkommenen Informationen bezüglich der Prognosevariablen vorliegen bzw. die Beschaffung von Informationen mit Kosten verbunden ist. Rationalität bedeutet, dass Abweichungen zwischen tatsächlicher und erwarteter Entwicklung rein zufälliger (stochastischer) Natur sind. Menschen machen lediglich zufällige und keine systematischen Fehler.

Trotz rationaler Erwartungen kann eine expansive Geldpolitik anfangs erfolgreich sein, aber spätestens beim wiederholten Einsatz dieser Maßnahme werden Arbeitnehmer lernen und einen höheren Nominallohn fordern, sobald sie eine ähnliche Politik erwarten. Sie kann nur dann Erfolg haben, wenn sie die Wirtschaftssubjekte überraschen kann (Überraschungsinflation). Wirtschaftspolitische Maßnahmen können nur im Rahmen eines unerwarteten Störterms der rationalen Erwartungen wirksam werden. Systematische, antizyklische Wirtschaftspolitik im Sinne von *Keynes* ist zumindest auf lange Sicht unmöglich. Für diese Überlegungen erhielt *Robert Emerson Lucas 1995* den Nobelpreis für Wirtschaftswissenschaften. Die **Lucas-Kritik** verwies darauf, es müsse bei der Beurteilung der Wirkung wirtschaftspolitischer Maßnahmen berücksichtigt werden, dass diese bei rationalen Akteuren zu Verhaltensänderungen führen. Prognosen aufgrund von Verhaltensgleichungen, die aus Daten der Vergangenheit gewonnen werden, seien somit unzuverlässig oder gar unzulässig. Dieser Kritik wird inzwischen Rechnung getragen, indem Erwartungsgrößen in die Prognosemodelle eingefügt werden.

Verläufe der Phillips-Kurve

Die Entwicklung in den 90er Jahren in den USA hat die Diskussion um die Möglichkeit eines **gleichzeitigen** Rückgangs von Arbeitslosigkeit und Inflationsrate unter dem Stichwort der „New Economy" belebt. Für viele Ökonomen überraschend, ging der Produktivitätsanstieg in den USA mit einem starken Beschäftigungsanstieg einher, ohne dass sich die (Kern-)Inflationsrate merklich erhöht hat. Gleichzeitig ist die natürliche Arbeitslosenquote gesunken.

Die Phillips-Kurve hätte in diesem Fall einen sehr **flachen Verlauf** bzw. im Extrem sogar einen waagerechten Verlauf (vgl. Abb. 13.6). Je flacher die Phillips-Kurve verläuft, desto geringer ist der Einfluss der Arbeitslosigkeit auf die (Kern-)Inflationsrate. Eine andere

Verschiedene Formen der Phillips-Kurve

Modell		Preisniveau	Beschäftigung, Produktion
„Speisekarte" (keynesianisch)		+	+
monetaristisch (mit Inflationserwartungen)	kurzfristig	+	+
	langfristig	++	0
„New Economy"		0 (gering)	+
Anstieg (+); starker Anstieg (++); kein Einfluss (0)			

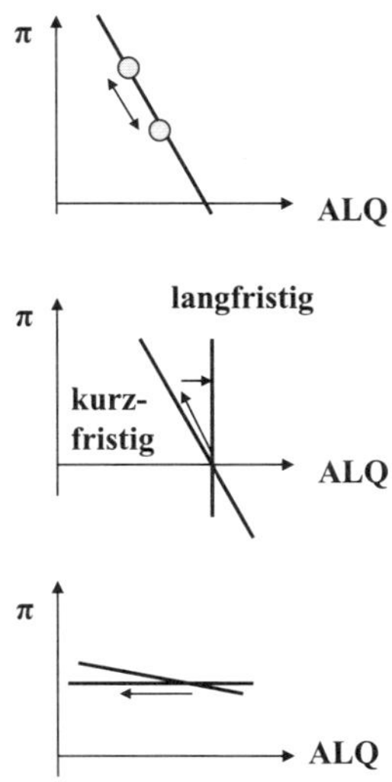

Abb. 13.6: Verläufe der Phillips-Kurve im Überblick

Erklärung könnte darin liegen, dass ein harter Wettbewerb die Unternehmen daran hindert, mit Preiserhöhungen auf eine höhere Auslastung zu reagieren.

Ziehen wir ein **Fazit**: Der Verlauf der Phillips-Kurve wird zwischen makroökonomischen Denkschulen bzw. innerhalb von Modellen und Erklärungsansätzen unterschiedlich beurteilt (Abb. 13.6). Gestalt und Lage sind u. a. abhängig von der Bildung von Inflationserwartungen, der Fristigkeit der Betrachtung und einzelnen historischen Zeitabschnitten, die der Analyse zugrunde liegen. Erschwert wird die Suche nach der „richtigen" Phillips-Kurve dadurch, dass in der Praxis inzwischen nahezu alle Kombinationen zwischen Arbeitslosigkeit und Inflationsrate aufgetreten sind.

Für Deutschland zeigen die Kombinationen von jährlicher Inflationsrate und Arbeitslosenquote längerfristig (1980–2000) das Bild deutlich ausgeprägter Schleifen (**Phillips-Loops**), die sich im Uhrzeigersinn zunehmend nach rechts verschieben (Abb. 13.7).

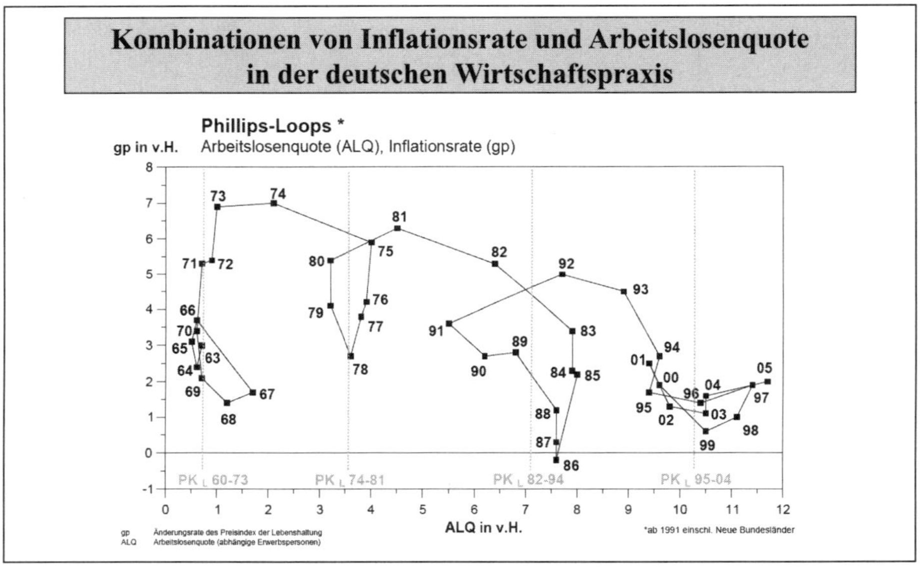

Abb. 13.7: Phillips-Loops für Deutschland (1963–2005)
Quelle: Thieme, 2005/2006

Werden normative Toleranz-Schwellen eingetragen (z. B. 2 % für die Inflationsrate und 6 % für die Arbeitslosenquote), so zeigt sich, dass Inflationsrate und Arbeitslosenquote ab den 70er Jahren überwiegend außerhalb dieses Stabilitätsbereichs lagen. Ursächlich ist u. a. der Tatbestand, dass konjunkturelle Fehlentwicklungen in der Regel von **strukturellen Problemen** überlagert werden.

Schlagwörter	• adaptive, rationale Erwartungen • Akzelerationstheorem • Überraschungsinflation • natürliche Arbeitslosigkeit	• langfristige Phillips-Kurve • Lucas-Kritik • Phillips-Loops

13.2 Geldpolitische Stabilisierung

Für die Geldpolitik ist es von entscheidender Bedeutung, dass die Menschen möglichst stabile Inflationserwartungen haben. Wenn sich die erwartete Inflationsrate mit der Zielrate der Notenbank deckt, ist die Geldpolitik glaubwürdig. Für ökonomische Entscheidungen ist daher der Realzins und nicht der Nominalzins entscheidend (Abb. 13.8). Der Realzins ist definiert als: $i^{real} = i^{nominal} - \pi^{e}$.

- Erwarten die **Anleger** eine höhere Inflationsrate, werden sie einen höheren Nominalzins verlangen, der dafür sorgt, dass die Kaufkraft des investierten Geldbetrages nicht durch die höhere Inflation aufgezehrt wird.
- Müssen **Unternehmen** für Kredite höhere Nominalzinsen zahlen, haben sie nur dann keine höheren Kosten, wenn die Verkaufspreise und die Erlöse mit der Inflationsrate steigen.
- Müssen **Konsumenten** für den Kauf von Immobilien oder langfristigen Konsumgütern (z. B. PKW) höhere Nominalzinsen zahlen, bleibt ihre Kaufkraft nur dann unverändert, wenn das Einkommen entsprechend der Inflationsrate steigt.

Die Notenbank kann nur dann reale Effekte erzielen, wenn sie Einfluss auf den **kurzfristigen Realzins** nimmt. Nehmen wir an, die Notenbank möchte den realen Zins senken, um die Konjunktur anzuregen. Dazu stehen verschiedene Wege zur Verfügung (Abb. 13.8):

- Die Geldpolitik kann durch Verfolgung einer strikt stabilitätsorientierten Geldpolitik die Inflationserwartungen senken. In diesem Fall sinken Nominal- und Realzins. Ein großer Teil der Notenbankpolitik ist in der Praxis darauf ausgerichtet, die Risikoprämie für eine unerwartete Inflation zu minimieren. Dazu zählt z. B. die ausführliche Erläuterung des geldpolitischen Konzepts durch die Notenbank.

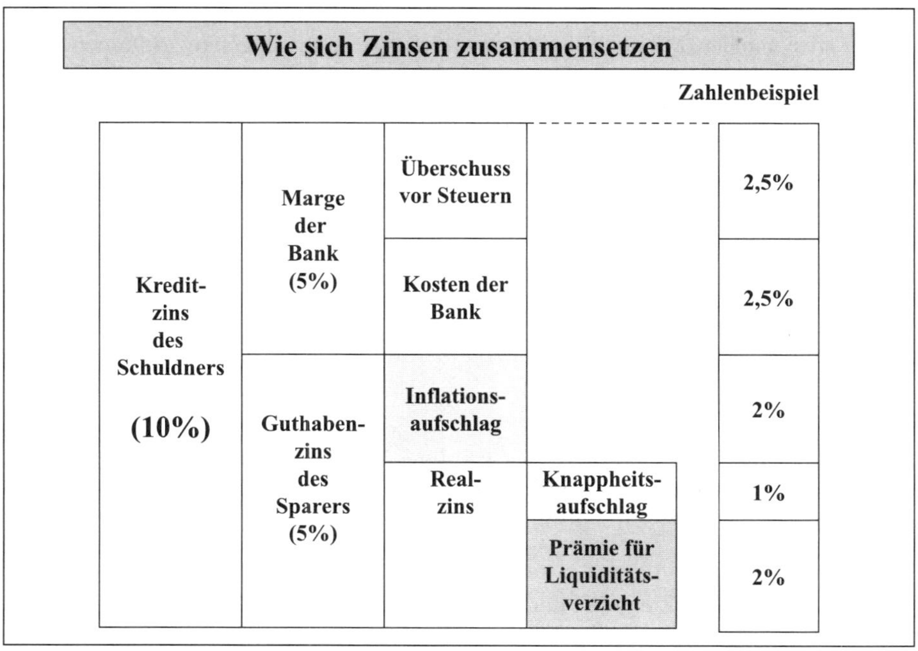

Abb. 13.8: Zusammensetzung von Zinssätzen

- Die Geldpolitik kann die konjunkturelle Entwicklung durch Senkung des Realzinses fördern. Dies gelingt, wenn die Senkung des Nominalzinssatzes nicht mit einem Anstieg der erwarteten Inflation (π^e) einhergeht. Eine solche Situation liegt vor allem im Fall hoher Arbeitslosigkeit und unausgelasteten Kapazitäten vor.
- Die Geldpolitik kann realwirtschaftliche Wirkung erzielen, wenn sie eine Inflation erzeugt, die von Entscheidungsträgern nicht antizipiert wird (**Überraschungsinflation:** $\pi^{tatsächlich} - \pi^e > 0$). Der Reallohn ist eine Größe, die u.a. von der erwarteten Inflationsrate abhängt. Eine Überraschungsinflation führt dazu, dass der Reallohn sinkt. Die Beschäftigung steigt, bis die Nominallöhne in den nächsten Tariflohnverhandlungen an das höhere Inflationsniveau angepasst werden. Dauerhaft wären dann jedoch keine realen Effekte zu erwarten (vgl. Phillips-Kurven-Diskussion).

Insofern stellt sich für die Notenbank die Notwendigkeit, eine **optimale Zinspolitik** zu betreiben. Diese Aufgabe kann nicht losgelöst von wirtschaftspolitischen Problemsituationen (Schocks) gelöst werden.

Schlagwörter	• Nominal-, Realzins • Risikoprämie	• Überraschungsinflation

13.2.1 Geldpolitik und Schocks

Wir wollen nun die Frage beantworten, wie sich die Notenbank im Fall von makroökonomischen Schocks verhalten soll. Die EZB ist beispielsweise ist in ihren Entscheidungen nicht frei, sondern bestimmten verfassungsrechtlichen Regelungen unterworfen. Im Vordergrund steht das Ziel der Preisniveaustabilität. Aus Vereinfachungsgründen gehen wir von einer geschlossenen Volkswirtschaft ohne Staat aus.

Modellrahmen zur Diskussion von Geldpolitik und Schocks

Zunächst wollen wir einen Zusammenhang zwischen Zins und gesamtwirtschaftlicher Nachfrage herstellen. Mit der IS-Funktion und den zinsabhängigen Investitionen haben wir dazu einen entsprechenden Rahmen kennengelernt. Wir nehmen an, die Investitionsfunktion habe folgende Form (vgl. dazu *Bofinger, 2011, 453ff.*):

(1) $I = 10 - 2 \times i^{nominal}$

Da die Investitionen vom Realzins abhängen, müssen wir die Funktion umwandeln. Dazu benutzen wir die **Fisher-Gleichung**. Für eine erwartete Inflationsrate von 2% erhalten wir:

(2) $I = 10 - 2 \times (i^{real} + 2)$ oder

(3) $I = 6 - 2 \times i^{real}$

Hinzu kommen die Konsumausgaben, die wir durch folgende Konsumfunktion darstellen:

(4) $C = 2 + 0{,}5 \times Y$

Liegt der gleichgewichtige Realzins bei 2%, dann ergibt sich die gesamtwirtschaftliche Nachfrage, die einen hohen Beschäftigungsstand gewährleistet, als:

(5) $Y = 2 + 0{,}5 \times Y + 6 - 2 \times 2$

(6) $Y = 8$

Die Inflationsrate, als Zielgröße der Geldpolitik, wird maßgeblich von drei Faktoren bestimmt: der Arbeitsmarktsituation, der Produktivitätsentwicklung (w_μ) und den Inflationserwartungen. Formal:

(7) $\pi = \pi^e + f\,(ALQ) - W_\mu$

Wir unterstellen, dass der Produktivitätsfortschritt kurzfristig Null beträgt und die Notenbank **glaubwürdig** ist. Die Wirtschaftssubjekte erwarten dann eine Inflationsrate, die dem Inflationsziel entspricht ($\pi^e = \pi^* = 2\,\%$).

Ferner gehen wir davon aus, dass es einen engen Zusammenhang zwischen der Arbeitslosigkeit und der Output-Lücke (Differenz zwischen dem tatsächlichen Output und dem Vollbeschäftigungsoutput) gibt. Wir können dann die Arbeitslosenquote (auch in der Phillips-Kurve) durch die Output-Lücke ersetzen:

(8) $\pi = 2 + 0{,}4 \times (Y - Y^*)$, mit Y^* = Vollbeschäftigungseinkommen

Beachten Sie, dass wir hier aus Gründen der Anschaulichkeit eine andere Form der Phillips-Kurve wählen. Sie zeigt grafisch einen mit dem **Output** steigenden Verlauf und entspricht damit der gesamtwirtschaftlichen Angebotsfunktion (Abb. 13.9). Die Differenz zwischen Y und Y* entspricht der Output-Lücke, die hier mit einem Parameter von 0,4 gewichtet wird. Bei einem Realzins von 2 % und einem „Vollbeschäftigungseinkommen" von 8 beträgt die Output-Lücke Null und die Inflationsrate von 2 % entspricht der Zielinflationsrate:

(9) $2 = 2 + 0{,}4 \times (8 - 8)$

Eine Inflationsrate von Null würde bei einer Output-Lücke von 5 und einem Realzins von 3,25 % (siehe Gleichung (5)) erreicht:

(10) $0 = 2 + 0{,}4 \times (3 - 8)$

Wir wollen nun diesen Modellrahmen nutzen und die Reaktion der Geldpolitik auf makroökonomische Schocks diskutieren.

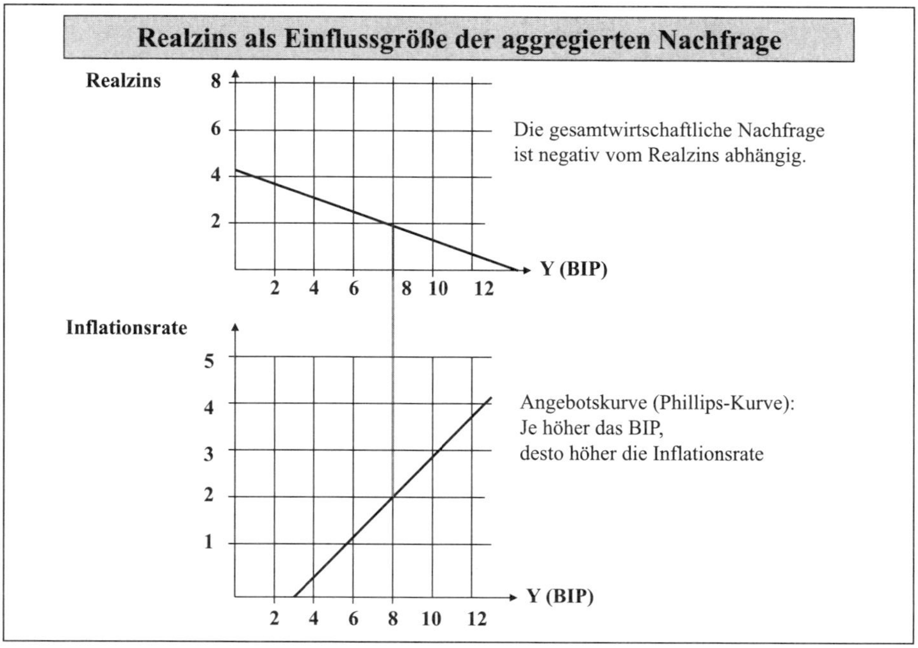

Abb. 13.9: Gesamtwirtschaftliche Nachfrage und Realzins

Negativer Nachfrageschock

Nehmen wir an, es kommt auf den **Aktienmärkten** zu einem **Kurseinbruch**, der in der Folge einen negativen Nachfrageschock auslöst und sich in einem Rückgang des autonomen Konsums von 2 auf 1 zeigt. Der Realzins bleibt zunächst unverändert. Die Nachfrage verringert sich auf:

(1) $Y = 1 + 0{,}5 \times Y + 6 - 2 \times 2$

(2) $Y = 6$

Das Gleichgewichtseinkommen reduziert sich von 8 auf 6. Eingesetzt in die Philipps-Kurve erhalten wir eine Inflationsrate, die unterhalb der Zielrate von 2 % liegt:

(3) $\pi = 2 + 0{,}4 \times (6 - 8) = 1{,}2$

In einer solchen Situation sind mehrere makroökonomische Ziele verletzt (Abb. 13.10):

- Anstieg der Output-Lücke und Verletzung des Ziels Wirtschaftswachstum,
- Anstieg der Arbeitslosigkeit,
- deflationäre Tendenzen.

Was geschieht nun, wenn die Notenbank den Realzins von 2 % auf 1,5 % senkt? Betrachten wir unsere Nachfragefunktion:

(1) $Y = 1 + 0{,}5 \times Y + 6 - 2 \times 1{,}5$

(2) $Y = 8$

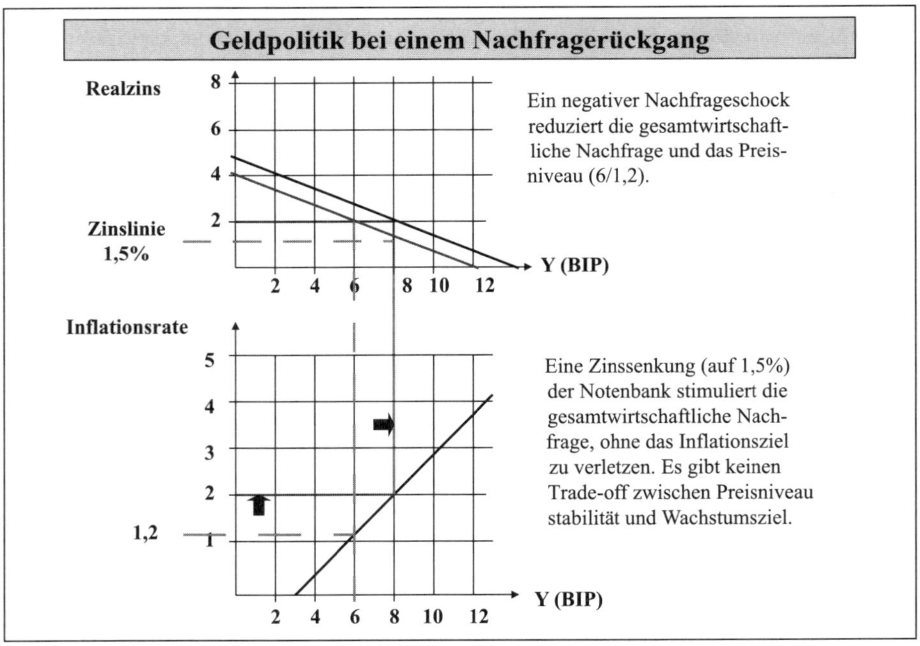

Abb. 13.10: Reaktion der Geldpolitik auf einen negativen Nachfrageschock

Die Output-Lücke würde sich schließen. Die Notenbank könnte also über eine Senkung des realen Zinses den Output stabilisieren und einen negativen Nachfrageschock kompensieren ohne das Ziel der Preisniveaustabilität zu gefährden. Es gibt in diesem Fall **keinen** Trade-off zwischen einem Beschäftigungsziel und dem Ziel der Preisniveaustabilität. Im Fall eines positiven Nachfrageschocks und damit verbundener Inflationsgefahren liegt die Empfehlung nahe, den Zinssatz anzuheben. Eine Senkung der Inflation (Disinflation) geht jedoch in der Regel mit einer Zunahme an Arbeitslosigkeit bzw. Outputverlusten einher. Der **Opferquotient** (*sacrifice ratio*) sagt uns, wie viel Output verloren geht, wenn die Inflation um einen Prozentpunkt sinkt:

Opferquotient = Reduktion des BIP in % / Reduktion der Inflationsrate in %

Der Opferquotient für Deutschland liegt, in Abhängigkeit der verwendeten Messmethode und verschiedener Zeitpunkte, zwischen 0,8 und 4. Je höher die *„Sacrifice Ratio"* ist, desto höher sind die Kosten der Inflationsbekämpfung. Ein Opferquotient von 5 würde z. B. bedeuten, dass eine anvisierte Reduktion der Inflationsrate von 10 % auf 4 % mit Outputverlusten von 30 % erkauft werden müsste: 5 = –30 % / –6 %.

Negativer Angebotsschock

Betrachten wir als Beispiel für einen Angebotsschock einen Anstieg der Erdölpreise. Wir nehmen an, dieser Schock habe einen Wert von 1 (**Störterm** $\theta = 1$), so dass die Inflationsrate von 2 % auf 3 % steigt. Grafisch verschiebt sich die Phillips-Kurve nach oben. Bei unverändertem Realzins bleibt der Output zunächst unverändert. Wie soll nun die Notenbank auf eine derartige Störung reagieren?

Wenn der Realzins nach dem Schock weiterhin bei 2 % liegen soll, muss die Notenbank den Nominalzins bei einer Inflationsrate von 3 % auf 5 % anheben. Diese Strategie hat das Risiko, dass die Unternehmen und privaten Haushalte ihre Inflationserwartungen in der nächsten Periode nach oben anpassen ($\pi^e > \pi^*$). Will die Notenbank dieses Risiko vermeiden und die Inflationsrate bei ihrem Zielwert von 2 % stabilisieren, muss sie die Realzinsen erhöhen. Dieses reduziert den Output:

(1) $\pi = 2 + 0{,}4 \times (Y - 8) + \theta$

(2) $2 = 2 + 0{,}4 \times Y - 3{,}2 + 1$

(3) $2{,}2 = 0{,}4 \times Y$

(4) $Y = 5{,}5$

Eingesetzt in unsere Gleichung des BIP:

(5) $Y = 2 + 0{,}5 \times Y + 6 - 2 \times i^{real}$

(6) $5{,}5 = 2 + 0{,}5 \times 5{,}5 + 6 - 2 \times i^{real}$

(7) $5{,}5 = 10{,}75 - 2 \times i^{real}$

(8) $i^{real} = 2{,}625\,\%$

Anders als im Fall eines negativen Nachfrageschocks, sieht sich die Notenbank einem **Zielkonflikt** gegenüber, der sich aus dem Wachstumsziel (Beschäftigungsziel) sowie dem Inflationsziel ergibt. Wie sich die Notenbank entscheidet, ist u. a. davon abhängig wie sie die Ziele gewichtet und wie sie z. B. die Reaktion der Tarifpartner einschätzt. Würde die Notenbank beide Ziele gleich gewichten, würde die tolerierte Inflationsrate nicht bei 2 %, sondern bei 2,5 % liegen. In diesem Fall errechnet sich eine Outputlücke von 1,25 (Y = 6,75) und ein Realzins von 2,3125 % (Abb. 13.11).

In der Praxis lassen sich häufig Kompromisslösungen zwischen beiden Zielen beobachten. Dies wird z. B. dann deutlich, wenn die Notenbank (wie z. B. die EZB) ein Inflationsziel nur „mittelfristig" anstrebt und ein temporäres Überschießen z. B. durch Ölpreissteigerungen toleriert.

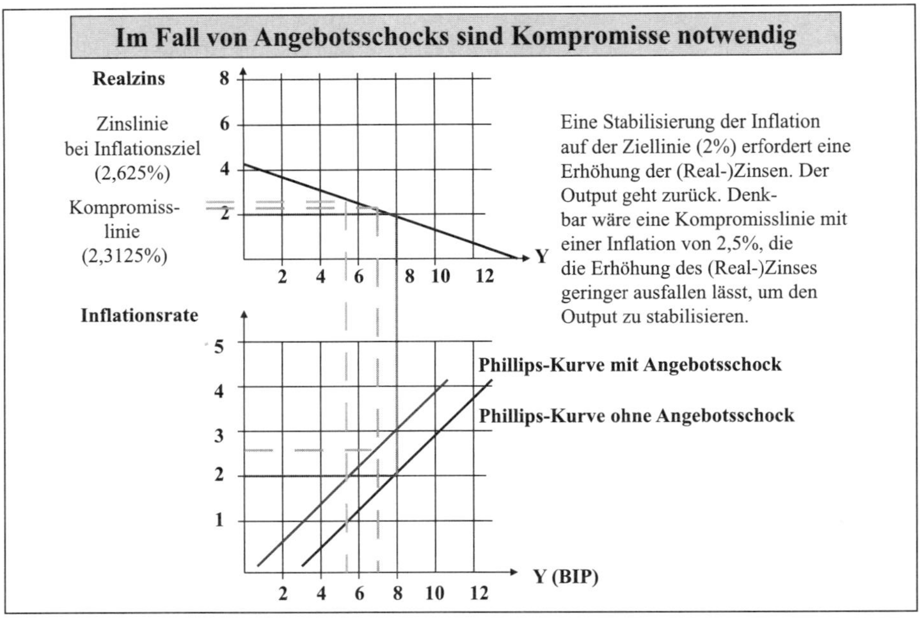

Abb. 13.11: Reaktion der Geldpolitik auf einen negativen Angebotsschock

„Optimale" Reaktion der Geldpolitik

Die „optimale" Reaktion der Geldpolitik auf makroökonomische Schocks ist u. a. davon abhängig, in welcher Problemsituation sich eine Volkswirtschaft befindet (Tab. 13.2). Idealtypisch können wir folgende Situationen und Reaktionsmuster der Notenbank unterscheiden, wobei die EZB zwar verfassungsrechtlich nur ein Inflationsziel verfolgt, aber realwirtschaftliche Zielsetzungen Auswirkungen nicht völlig aus den Augen verliert.

Tab. 13.2: Geldpolitik und makroökonomische Schocks

Problemsituation	Inflationsziel	BIP	Reaktionsweise
negativer Nachfrageschock	unterschritten	rückläufig	expansive Geldpolitik, z. B. Senkung der Leitzinsen
positiver Nachfrageschock	verfehlt	ansteigend	im Zweifel restriktive Geldpolitik, z. B. Erhöhung der Leitzinsen
negativer Angebotsschock	verfehlt	rückläufig	Zielkonflikt; Kompromisslinie wahrscheinlich
positiver Angebotsschock	erreicht	ansteigend	Zielkomplementarität; keine aktive Geldpolitik notwendig

Schlagwörter		
	• Fisher-Gleichung • Output-Lücke	• Opferquotient • Angebots-, Nachfrageschock

13.2.2 Übertragungskanäle der Geldpolitik

Die Notenbank möchte mit ihren geldpolitischen Instrumenten Inflations- und Wachstumsziele erreichen. Dies ist in der Praxis nicht so einfach, da keineswegs klar ist, ob und wie sich geldpolitische Impulse auf monetäre oder reale Größen auswirken und übertragen. Die Notenbank muss wissen,

- wie eine Veränderung der Leitzinsen die **Preise** (Preisniveau) und die **Mengen** (Produktion, Beschäftigung) beeinflusst,
- auf welchen **Wegen** sich die geldpolitischen Maßnahmen auf die Volkswirtschaft übertragen,
- welche **Zeitverzögerungen** auftreten, und zwar bezüglich des Preisniveaus und der Produktion, und wie die Wirkungen über die Zeit variieren,
- ob es **Wirkungsunterschiede** zwischen den einzelnen Teilnehmerstaaten der EWU gibt und gegebenenfalls welche.

Die Beantwortung dieser Fragen ist Gegenstand der **Transmissionstheorien**. Bekannte Metaphern wie „Man kann die Pferde zwar zur Tränke führen, aber nicht zum Saufen zwingen", oder „Nicht das Geld geht in die Läden und kauft ein, sondern die Wirtschaftssubjekte" umschreiben in anschaulicher Weise die Auswirkungen monetärer Impulse auf Größen wie das BIP oder die Beschäftigung. Es gibt nicht „die" Transmissionstheorie, sondern eine Vielzahl von Erklärungsansätzen. Insgesamt ist dieser Teilbereich der Geldpolitik zwar weit erforscht, aber die Ergebnisse sind nach wie vor sehr unterschiedlich. Hinzu kommt, dass einzelne Denkschulen (z. B. keynesianische und monetaristische Ökonomen) sich in der Interpretation der Ergebnisse deutlich voneinander unterscheiden.

Wir wollen uns im nachfolgenden auf die grundlegenden **makroökonomischen Ansätze** beschränken und wählen eine Systematisierung der EZB (Abb. 13.12). Zu den wichtigsten zählen der Zins- bzw. Kreditkanal, der Vermögens- und Wechselkurskanal.

Wir werden die Kanäle aus didaktischen Gründen getrennt darstellen, obwohl sie sich in der Regel überlagern.

Zinskanal: Der Kreditmarkt

Der **Zinskanal** ist der **traditionelle Übertragungsweg** in makroökonomischen Modellen einer geschlossenen Volkswirtschaft (Abb. 13.13). Zwei Ansatzpunkte sind zu unterscheiden:

- Zum einen geht es um die Reaktion der Investoren als **Kreditnachfrager** auf eine Erhöhung (Senkung) der Leitzinsen. Angenommen wird, dass die Kreditinstitute Veränderungen ihrer Refinanzierungszinsen an ihre Kunden weitergeben. Bei Gültigkeit der Annahme führt die Erhöhung (Senkung) der Leitzinsen zu einer Erhöhung (Senkung) der Kreditzinsen und zu einem Anstieg (Rückgang) der Kapitalkosten. Die Investitionstätigkeit wird je nach Zinselastizität gedämpft (stimuliert).
- Zum anderen geht es um Veränderungen im **Ausgabenverhalten der privaten Haushalte**: Bei einer Zinserhöhung (-senkung) ist es attraktiver, mehr zu sparen (zu entsparen) als zu konsumieren.

Der Einfluss der Geldpolitik auf die Nachfrage ist in der Praxis keineswegs gesichert. Der Einfluss der Zinssätze auf die Investitionsnachfrage ist u. a. abhängig von ihrer Elastizität. In einer Rezession kann eine Zinssenkung verpuffen, wenn die Unternehmen die Aussicht auf eine allgemeine Besserung der Lage nicht teilen. Gleiches gilt, wenn die privaten Haushalte z. B. aufgrund von Arbeitsplatzrisiken ihre Konsumzurückhaltung nicht aufgeben.

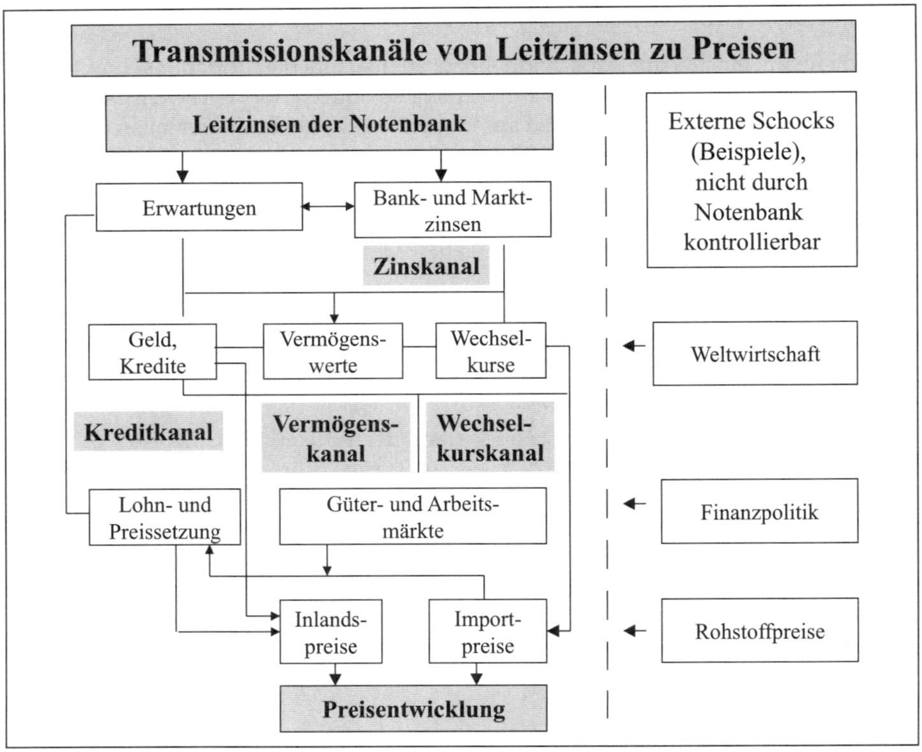

Abb. 13.12: Transmissionsmechanismus
Quelle: EZB, 2004a, S. 45

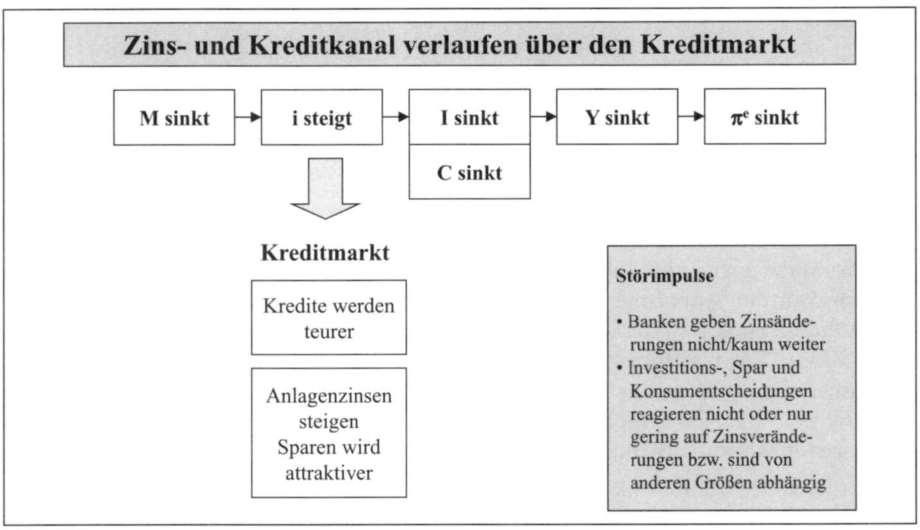

Abb. 13.13: Zins- und Kreditkanal für eine restriktive Geldpolitik

Zinsstruktur: kurz- und langfristige Zinsen

Wir haben gelernt, dass die Notenbanken die kurzfristigen Zinsen bestimmen. Da die Erträge von Investitionen aber im Zeitablauf anfallen, bevorzugen z. B. Unternehmen eine längerfristige Finanzierung. Die Geldmarktzinsen müssen daher zumindest mittelbar auch einen Einfluss auf die längerfristigen (Kapital-)Marktzinsen ausüben, wenn die Investitionen beeinflusst werden sollen. In der Regel werfen lang laufende Zinspapiere eine höhere Rendite ab als kurz laufende. Das ist nachvollziehbar, denn schließlich gehen Anleger, die sich länger binden, höhere **Risiken** ein.

Das höhere Risiko, das sich beispielsweise in Form einer steigenden Inflation oder in der Ungewissheit über die Bonität des Schuldners zum Rückzahlungszeitpunkt zeigen kann, wird mit einer höheren Verzinsung entlohnt. Eine weitere Determinante ist die **Liquiditätspräferenz**. Die Hypothese besagt, dass die Nachfrager nach Liquidität eine Vorliebe für kurzfristige Geldanlagen haben und nur zu längerfristigen Anlagen bereit sind, wenn dafür ein höherer Zinssatz geboten wird. Umgekehrt sind die Banken bereit, höhere Zinsen für eine längerfristige Geldüberlassung zu zahlen. In der Regel schwanken die längerfristigen weniger stark als die kurzfristigen Zinssätze. Ablesen lässt sich das Verhältnis der kurzfristigen (Zinsen am kurzen Ende) zu den langfristigen Zinsen (Zinsen am langen Ende) in der **Zinsstrukturkurve**. Die Zinsstruktur spiegelt zugleich auch Erwartungen über die Veränderung der Inflationsrate wieder.

Nehmen wir an, die Wirtschaftssubjekte erwarten **steigende Inflationsraten und damit steigende Zinsen**. Kreditanbieter werden in diesem Fall ihr Kapital am kurzen Ende „parken", um es nach erfolgtem Anstieg des Zinsniveaus langfristig anlegen zu können. Dadurch steigt das Angebot am kurzen und fällt am langen Ende. Kreditnachfrager hingegen werden versuchen, sich in Erwartung steigender Zinsen noch zu relativ niedrigen Zinsen langfristig zu verschulden. Die Nachfrage sinkt am kurzen und steigt am langen Ende. Im Ergebnis sinkt das Zinsniveau am kurzen Ende und es steigt am langen Ende. Die Zinsstrukturkurve wird steiler.

	kurzes Ende	langes Ende
Kreditanbieter	steigt	sinkt
Kreditnachfrager	sinkt	steigt
Zinssatz	sinkt	steigt

Es ist nahe liegend, dass die Zusammenhänge umgekehrt ausfallen, wenn die Anbieter und Nachfrager von Krediten **sinkende Inflationsraten und sinkende Zinsen** erwarten.

	kurzes Ende	langes Ende
Kreditanbieter	sinkt	steigt
Kreditnachfrager	steigt	sinkt
Zinssatz	steigt	sinkt

Im Ergebnis wird die Zinsstruktur flacher (Abb. 13.14). Von einer **flachen Zinsstrukturkurve** wird gesprochen, wenn die Zinssätze für alle Zinsbindungsdauern in etwa gleich hoch sind. Eine schwach steigende Zinsstruktur bedeutet, dass für langlaufende Titel lediglich die Liquiditätsprämie bezahlt wird und der Markt keine Zinsänderung erwartet. Mit einer flachen Zinsstrukturkurve verbinden Marktteilnehmer positive Konjunkturerwartungen.

Von einer **inversen** Zinsstrukturkurve, die seltener als eine flache Zinsstrukturkurve auftritt, ist die Rede, wenn die kurzfristigen Zinssätze höher sind als die langfristigen. Das heißt, die Zinsstrukturkurve fällt. Beispiele:

- Die Zinssätze für Termineinlagen sind (in Abweichung von der Norm) umso niedriger, je länger die Laufzeiten sind.
- Die Rendite von Wertpapieren ist umso niedriger, je länger die Restlaufzeit der Wertpapiere ist.

Eine inverse Zinsstruktur entsteht entweder, wenn die Notenbank die kurzfristigen Zinsen erhöht oder wenn Anleger, die eine kurz- bis mittelfristige Konjunkturschwäche befürchten, ihr Kapital vermehrt in langfristige Zinspapiere umschichten und damit deren Renditen drücken. Zinserhöhungen beschließt eine Notenbank typischerweise, wenn sie, etwa wegen steigender Ölpreise, Inflationsgefahren prognostiziert. Viele Ökonomen interpretieren eine inverse Zinsstrukturkurve als Vorboten eines bevorstehenden wirtschaftlichen Abschwungs (Frühindikator).

Zwar gibt es keine direkten kausalen Zusammenhänge zwischen dem zukünftigen Zinsniveau und der erwarteten Inflationsrate, dennoch gibt uns die Zinsstruktur Auskünfte über diese Entwicklungen. Sie sagt uns zwar nicht, wie hoch diese Größen tatsächlich ausfallen, aber sie ist eine Art Meinungsumfrage unter den Marktteilnehmern.

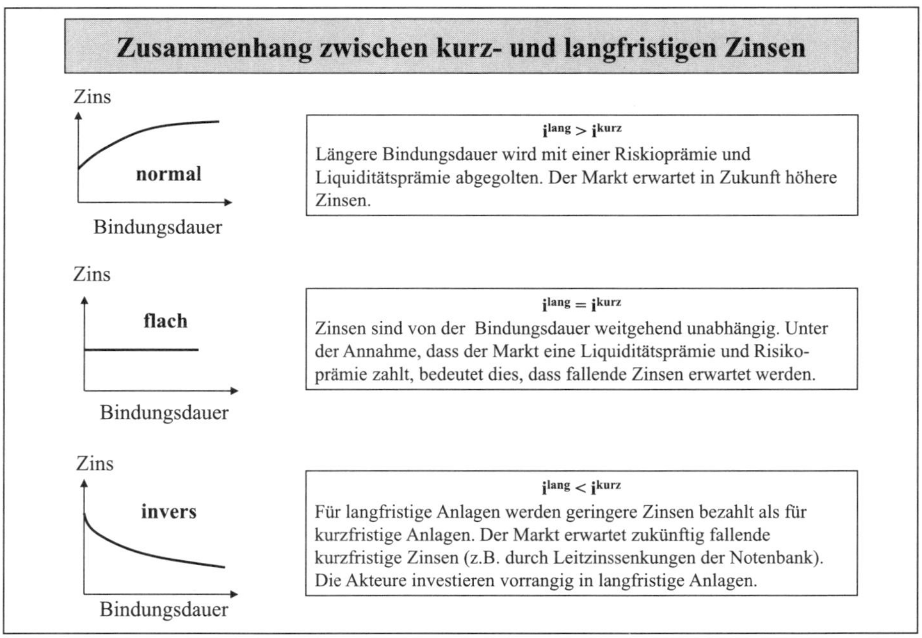

Abb. 13.14: Zinsstrukturkurven

Neben dem traditionellen Übertragungsmechanismus geldpolitischer Impulse werden weitere Transmissionskanäle diskutiert, wie der Kreditkanal, der Bankenkanal und der Bilanzkanal.

Der **Kreditkanal** (*credit channel*) wird vor allem im Kontext restriktiver geldpolitischer Maßnahmen erörtert. Ausgangspunkt ist die Beobachtung, dass die realen Auswirkungen einer restriktiven Geldpolitik (z. B. Rückgang der Investitionen) häufig stärker ausfallen als aufgrund der Veränderungen der Notenbank- und Marktzinsen zu erwarten wäre. Allgemeine Ursache für diesen „finanziellen Akzelerator“ (Beschleuniger) sind informationsbedingte Kreditangebotsbeschränkungen, die in einer Kreditselektion zu Lasten bestimmter Kreditnehmer bzw. sogar in eine Kreditrationierung einmünden.

Der **Bankenkanal** (*bank lending channel*) bezeichnet zunächst das Kreditangebotsverhalten der Geschäftsbanken als Reaktion auf geldpolitische Impulse. So wird bei (kleinen) Banken mit geringer Liquidität bzw. Kapitalausstattung eine stärkere Verknappung des Kreditangebots vermutet als bei (großen) Banken mit hoher Liquidität bzw. Kapitalausstattung. Ein anderer Ansatz stellt auf das selektive Verhalten der Banken gegenüber bestimmten Kreditnachfragern ab. Viele potentielle Schuldner (Unternehmen und private Haushalte) sind auf Kredite angewiesen. Geht das Kreditvolumen der Banken in der Folge einer Zinserhöhung durch die Notenbank zurück, schlägt sich dies in geringeren Investitions- und Konsumausgaben nieder, wenn keine anderen Verschuldungsmöglichkeiten gegeben sind.

Dies kann vor allem kleine und mittelständische Unternehmen treffen, wenn ihnen alternative Finanzierungswege der Kreditfinanzierung (z. B. in Form der Aktien- und Wertpapieremission) weitgehend versperrt sind. Das Kreditangebotsverhalten der Geschäftsbanken als Reaktion auf gestiegene Notenbankzinsen wird zudem dadurch geprägt, dass erfahrungsgemäß bei Zinserhöhungen der Anteil risikobehafteter Kredite am Kreditvolumen steigt. Ursächlich ist, dass profitablere, aber zugleich risikohöhere Investitionsprojekte zunehmen und wenig profitable, eher solide Projekte zurückgestellt werden. Für die Geschäftsbanken kann es dann günstiger sein, auf mögliche Geschäfte zu verzichten (Abb. 13.15).

Bankenkanal

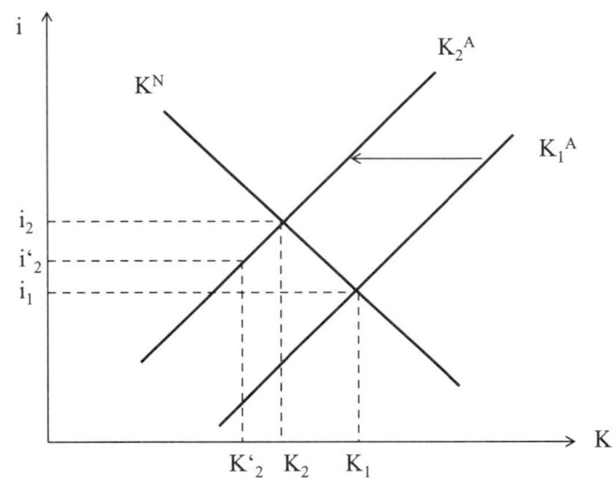

Abb. 13.15: Bankenkanal auf dem Geldmarkt

Ausgehend von einer Gleichgewichtssituation am Kreditmarkt (K_1, i_1) soll die restriktive Geldpolitik zur Einschränkung des Kreditangebots der Banken führen (K_1^A zu K_2^A). Ein neues Gleichgewicht wäre zwar möglich (Situation K_2, i_2), es würde sich jedoch nicht zwangsläufig einstellen, wenn die Geschäftsbanken ihr Kreditangebot rationieren (z. B. K'_2 zum Zinssatz von i'_2). Davon könnten vornehmlich der Konsum der privaten

Haushalte und die Investitionen kleiner und mittelständischer Unternehmen betroffen sein, da große Unternehmen eher auf den Kapitalmarkt ausweichen können. Dieses Bankenverhalten lässt sich dadurch erklären, dass sie bei höheren Kreditzinsen und – im Vergleich zu K'_2 – höherem Kreditvolumen (K_2, i_2) zunehmende Risiken befürchten. Die Ausfallkosten von Krediten wären dann höher als die höheren Erträge bei einem ausgeweiteten Kreditgeschäft.

Die Befürchtung zunehmender Risiken lässt sich durch eine asymmetrische Informationsverteilung und dadurch hervorgerufene Aspekte des *moral hazard* und der adversen Selektion begründen. **Moral hazard** kann sich ergeben, weil für Kreditnehmer bei höheren Kreditzinsen ein Anreiz besteht, riskantere Projekte in Angriff zu nehmen und dies gegenüber dem Kreditgeber zu verschleiern. Kreditnehmer sind in der Regel über die Risiken der Vorhaben besser informiert als der Kreditgeber. **Asymmetrische Information** führen bei den Banken zu hohen Informationskosten.

Dies gilt vor allem bezogen auf Unternehmen, die nur über geringe Eigenmittel verfügen, sich noch nicht erfolgreich am Markt platziert haben und für die noch kein externes Rating vorliegt. Banken werden im Zweifel mit solchen Unternehmen keine Geschäfte tätigen, um eine negative Auslese von Kreditnehmern zu vermeiden (**adverse Selektion**). Zu berücksichtigen ist, dass Informationsasymmetrien auch von der Dauerhaftigkeit der Beziehungen zwischen Geschäftsbanken und Kunden abhängen. Beim Hausbankenprinzip wie in Deutschland dürften solche Informationsprobleme der Geschäftsbanken relativ geringer ausfallen als in anderen Ländern der EWU.

Der **Bilanzkanal** (*balance sheet channel*) betont die Beeinflussung der Unternehmenswerte und anderer Kreditsicherheiten durch Zinserhöhungen der Notenbank. Eine restriktive Geldpolitik mit steigenden Zinsen führt über Vermögenseffekte tendenziell zu sinkenden Kursen bei Aktien, festverzinslichen Wertpapieren und Immobilien. Diese Substanzwerte sind häufig als Kreditsicherheiten bei Banken hinterlegt. Wertverluste dieser Vermögensklassen können die Sicherheitsbasis der Banken schmälern und so zur Verknappung des Kreditangebots führten. Ein extremer Verlust der Vermögenspreise kann letztendlich sogar dämpfende volkswirtschaftliche Effekte haben, wenn die Kreditvergabemöglichkeit der Banken stark eingeschränkt wird. Der Finanzierungsbedarf von Unternehmen und privaten Haushalten wird nur noch unzureichend gedeckt oder es wird ein Zinszuschlag verlangt, da das Kreditrisiko steigt. Dieser Effekt, der sowohl die Angebots- als auch die Nachfrageseite der Wirtschaft negativ beeinflussen kann, ist als „Kreditklemme" (*credit crunch*) bekannt.

Vermögenskanal: Der Markt für Sachaktiva und Vermögenswerte

Die Geldpolitik wird auch über die Preise von Vermögenswerten, wie zum Beispiel Aktienkurse und Immobilienpreise, übertragen. Auch in diesem Fall bleiben Störimpulse zu berücksichtigen. In Verbindung mit Vermögenspreisen wird zwischen folgenden Arten von Transmissionsmechanismen unterschieden (Abb. 13.16):

- **Investitionseffekte**: Ein Mechanismus für die wirtschaftlichen Auswirkungen von Aktienkursschwankungen lässt sich mit Tobin's q aufzeigen (vgl. Kap. 6):

  Marktwert eines Unternehmens / Wiederbeschaffungswert eines Unternehmens

  Das Tobin-q ist definiert als das Verhältnis zwischen dem Marktwert eines Unternehmens und seinen Wiederbeschaffungskosten. Eine restriktive Geldpolitik, die die Leitzinsen erhöht, lässt Anleihen im Vergleich zu Aktien attraktiver erscheinen. Die Aktiennachfrage sinkt, was die Kurse drückt. Das vorhandene Sachvermögen wird im Verhältnis zu neu gebildetem Sachvermögen relativ billiger, da der Marktwert eines Unternehmens durch den Rückgang der Aktienkurse sinkt. Die Bereitschaft, Neuinvestitionen vorzunehmen, gehrt zurück. Die Zinserhöhung erhöht zudem die Kapitalkosten der Unternehmen und verstärkt die Tendenz zu sinkenden Investitionsausgaben.

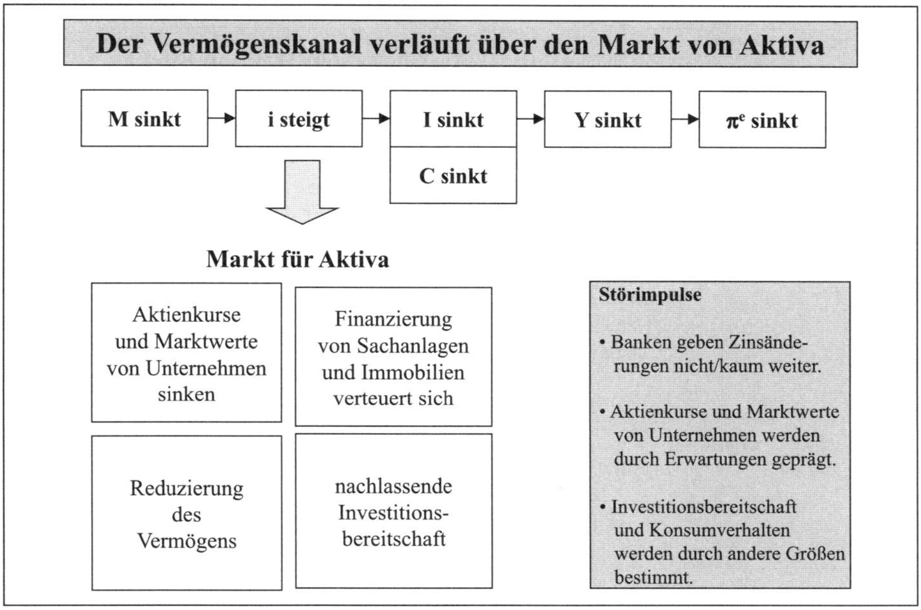

Abb. 13.16: Vermögenskanal für eine restriktive Geldpolitik

- **Vermögenseffekte**: Der Konsum wird auch durch das Finanzvermögen bestimmt. Sinkende Aktienkurse reduzieren das Finanzvermögen und haben daher nachteilige Effekte. Steigende Zinsen erhöhen zudem die Kosten der Wohnungsfinanzierung. Die sinkende Nachfrage lässt die Immobilienpreise sinken. Rückläufige Aktienkurse und Immobilienpreise verschlechtern die Bilanzen der Unternehmen und privaten Haushalte, belasten Konsum und Investitionen und folglich die gesamtwirtschaftlichen Ausgaben.

Die **Subprime-Krise** in den USA lehrt zusätzlich folgendes: Ein Anstieg der Notenbankzinsen kann dazu führen, dass viele Hausbesitzer, die ihre Bauten über kurzfristige oder variable Schulden finanzieren, ihre Raten nicht mehr zahlen können. Dies belastet zunächst zwar nur die Baufinanzierer, kann dann aber aufgrund von Kreditverflechtungen auf die gesamte Bankenlandschaft übergreifen. Im Fall von längerfristigen Hypothekendarlehen ist dieser Effekt naturgemäß deutlich weniger oder gar nicht ausgeprägt.

Wechselkurskanal: Der Devisenmarkt

Die Wirkung der Geldpolitik über den Wechselkurskanal erfolgt in der Regel schneller als über andere Kanäle. Eine Zinsanhebung als Folge einer restriktiven Geldpolitik im Inland steigert die Attraktivität der inländischen Kapitalanlagen und führt zu Kapitalzuflüssen. Es kommt zu einer Aufwertung der heimischen Währung. Die Exporterlöse gehen bei normaler Reaktion zurück und entlasten den Preisdruck von der Nachfrageseite. Auf der Angebotsseite verbilligen sich die z. B. Importpreise für

Rohstoffe und schaffen Spielraum für Kostenentlastungen. Auch dadurch wird der Preisdruck entschärft (Abb. 13.17). Die Auswirkungen auf den Output hängen von der Nettowirkung der Export- und Importveränderungen ab. Diese Nettowirkung ist nicht immer eindeutig, auch wenn der Außenbeitrag bei einer Aufwertung der heimischen Währung tendenziell sinken dürfte.

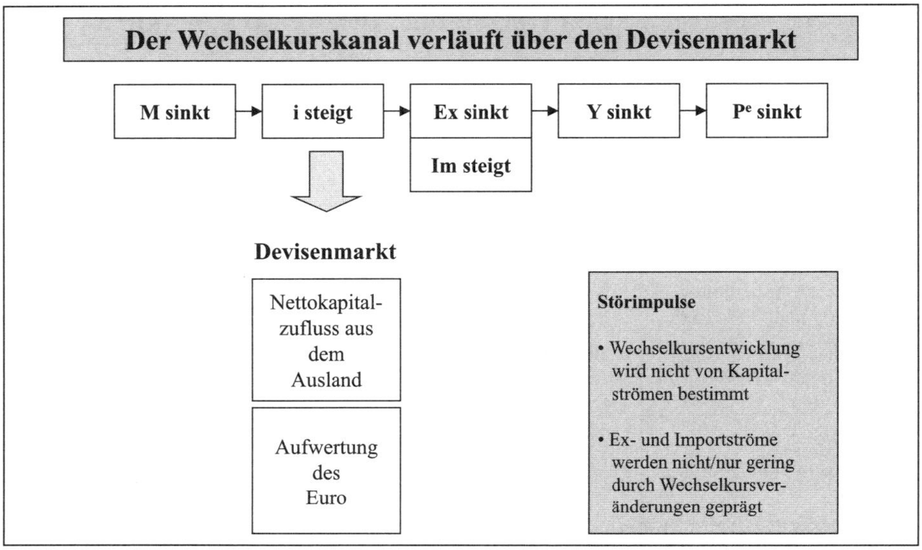

Abb. 13.17: Wechselkurskanal für eine restriktive Geldpolitik

Fassen wir zusammen: Es gibt vielfältige Übertragungswege geldpolitischer Impulse, die an unterschiedlichen Größen ansetzen (Tab. 13.3). Diese Übertragungswege können an mehreren Stellen unterbrochen werden. Es ist daher keineswegs sicher, ob z. B. Zinssenkungen auch die erhofften Wirkungen auf Wachstum und Beschäftigung haben können.

Tab. 13.3: Übertragungswege geldpolitischer Impulse

Geldpolitischer Impuls	Beispiel einer restriktiven Geldpolitik: Geldmenge sinkt, Zins steigt		
Kanal	Kreditkanal	Vermögenskanal	Wechselkurskanal
Übertragungs-wege	Kreditkosten Steigen	Aktien-/Immobilienpreise und Vermögen sinken	Nettokapitalzufluss, Euro-Aufwertung
Privater Konsum	sinkt (Sparen steigt)	sinkt	–
Investitionen	sinken	sinken (Tobin-q)	–
Exporte – Importe	–	–	Außenbeitrag sinkt
Produktion	sinkt	sinkt	sinkt
Preisniveau	sinkt	sinkt	sinkt

Wirkungsverzögerungen der Geldpolitik

Die Notenbank steht zunächst vor der Aufgabe, die Ursache einer inflationären Störung zu identifizieren. Hier zeigt sich die Qualität volkswirtschaftlicher Analysen. Wir können unterstellen, dass diese hoch ist, auch wenn die erforderlichen Daten mit einer gewissen Zeitverzögerung zur Verfügung stehen. Da die Notenbank unabhängig ist, kann sie ihre Entscheidungen in der Regel rasch treffen. Der **Inside-lag**, der sich innerhalb von Entscheidungsinstanzen abspielt, ist also relativ kurz.

Entscheidendes Problem der Geldpolitik sind die Außenverzögerungen (**Outside-lag**). Studien zeigen, dass die Wirkungsverzögerungen von Zinssenkungen auf das Wirtschaftswachstum bis zu drei Quartale betragen. Zinserhöhungen greifen mit rund zwei Quartalen zwar schneller, allerdings ist die Unsicherheit der Schätzergebnisse hoch (Abb. 13.18).

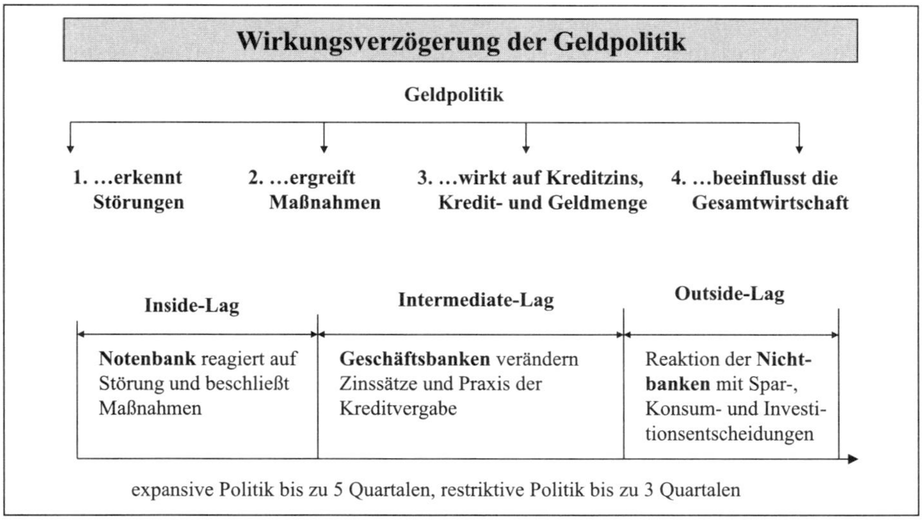

Abb. 13.18: Wirkungsverzögerungen der Geldpolitik

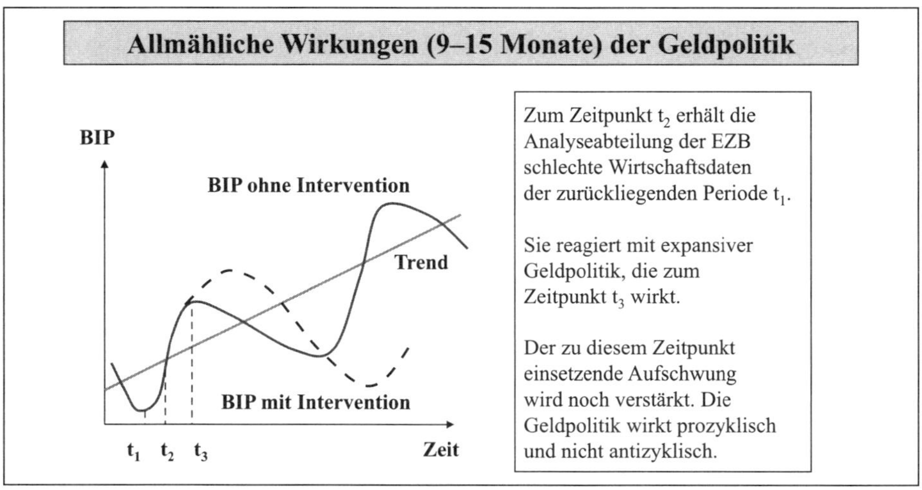

Abb. 13.19: Destabilisierende Geldpolitik

Sind die Wirkungsverzögerungen (*time-lags*) der Geldpolitik lang und variabel, wird die gesamtwirtschaftliche Entwicklung nicht stabilisiert, sondern destabilisiert. Zum Beispiel können bei langen Wirkungsverzögerungen, Zinserhöhungen der Notenbank zur Dämpfung der gesamtwirtschaftlichen Nachfrage erst wirksam werden, wenn sich die Konjunktur bereits abgeschwächt hat.

In diesem Fall würde die Konjunktur zusätzlich durch die Zinserhöhungen belastet. Aus einer antizyklischen wird eine **prozyklische Politik**, die konjunkturelle Schwankungen nicht dämpft, sondern verstärkt (Abb. 13.19).

Potentialorientierte Geldmengenentwicklung

Viele Ökonomen raten mit Blick auf die Wirkungsverzögerungen von einer antizyklisch ausgerichteten Geldpolitik ab. Statt einer Zinssteuerung wird vor allem von monetaristischer Seite eine Geldmengensteuerung empfohlen, die sich an der Entwicklung des Produktionspotentials orientiert (**potentialorientierte Geldmengensteuerung**). Die Verkündung eines (mehr-)periodischen Geldmengenwachstums soll der Verstetigung der Erwartungsbildung der wirtschaftlichen Entscheidungsträger dienen.

Auch soll eine **Geldmengenpolitik**, die mit Zielvorgaben arbeitet, disziplinierend wirken, da sich die Notenbank für Abweichungen vom verkündeten Zielpfad verantworten muss. Theoretisch basiert diese Auffassung auf der **Hubschrauber-Parabel** des Ökonomie-Nobelpreisträgers *Milton Friedman*. Der Gründer des Monetarismus war der Frage nachgegangen, was passiert, wenn nachts ein Helikopter frisch gedruckte Geldscheine abwirft. Seine Antwort: Die Menschen wachen mit mehr Geld auf und beginnen, dieses auszugeben oder Aktien und Anleihen zu kaufen, wodurch laut *Friedman* früher oder später die Preise steigen. In realer Rechnung ändere sich am Ende nichts. So führt eine einmalige Erhöhung der reale Geldmenge (M/P) zwar bei zunächst unveränderten Inflationserwartungen zu einem sinkenden Realzins und zu einem Anstieg der zinsabhängigen Nachfrage. Die Steigerung des Outputs führt in der Folge allerdings wieder zu einer Anpassung der Preise, bis sich die reale Geldmenge wieder auf ihrem Ausgangsniveau einpendelt.

Geldpolitik zwecks Nachfragesteuerung hat aus dieser Sicht – wenn überhaupt – bloß vorübergehende Effekte auf das reale BIP und die Beschäftigung, sehr wohl aber kurz- und langfristige Effekte auf das Preisniveau (Abb. 13.20). Dies bedeutet, dass eine expansive Geldpolitik vorhandene Nachfrageschwächen nicht oder nur vorübergehend überwinden kann, während sie die Inflationsrate dauerhaft erhöht. Umgekehrt kann nur eine restriktive Geldpolitik die Inflationsrate dauerhaft senken, wobei eine vorübergehende Rezession ausgelöst wird, die als Preis für die Preisniveaustabilität in Kauf genommen werden muss. Mit der Geldpolitik wird also in erster Linie die Inflation kontrolliert. Das reale BIP tendiert nach „Störungen" durch geldpolitische Maßnahmen immer wieder in Richtung des natürlichen BIP. Hier ist die Arbeitslosenquote gerade so hoch, dass sie mit der Inflationsnorm vereinbar ist.

Inflationserwartungen und Glaubwürdigkeit der Geldpolitik

Viele Verträge, z. B. Arbeits- und Kreditverträge, enthalten mehr oder minder direkt Erwartungen über die künftige Inflationsrate. Diese Erwartungen werden wesentlich von der Einschätzung über den geldpolitischen Kurs bestimmt. Verglichen mit den Unsicherheiten des Transformationsprozesses, die wir bereits angesprochen haben, ist der Einfluss der Notenbank auf die Erwartungen ein durchaus wirksames Instrument der Geldpolitik. Die Glaubwürdigkeit der Notenbank ist an institutionelle und funktionelle Voraussetzungen geknüpft, insbesondere die Unabhängigkeit der Notenbank, ihre Rechenschaftspflicht und die Transparenz ihrer Entscheidungen. Zudem muss die Notenbank von den Akteuren als erfolgreich wahrgenommen werden. Die Glaubwürdigkeit einer Notenbank wird gefördert, wenn sie einen strikten Kurs verfolgt und die kurzfristigen Zinssätze nicht zu häufig ändert.

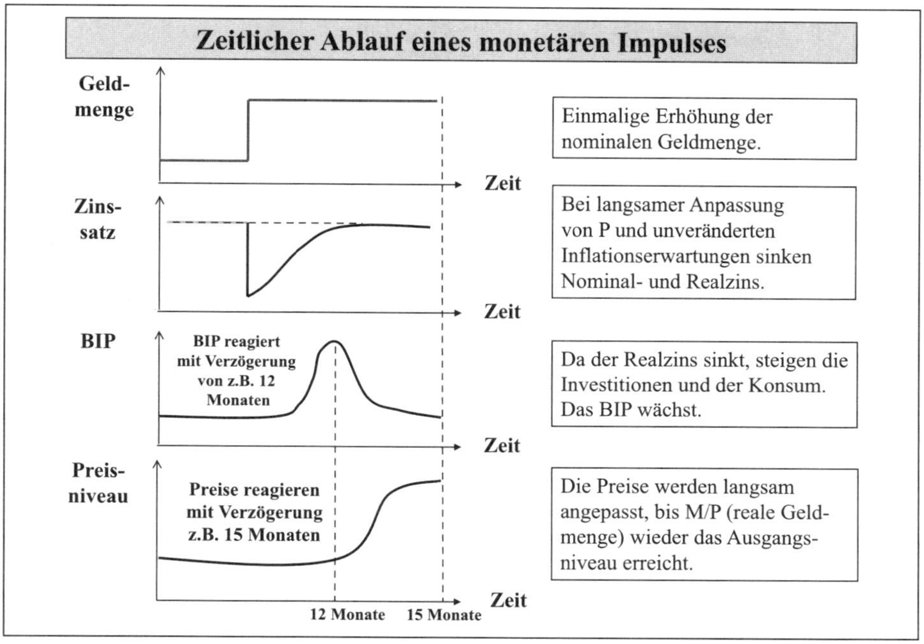

Abb. 13.20: Anpassungsprozesse von Größen bei einer Erhöhung der nominalen Geldmenge

Darüber hinaus hängt der Erfolg der Geldpolitik davon ab, wie sich die Finanz- und die Lohnpolitik verhalten. Diese Bereiche werden jedoch hauptsächlich auf der nationalen Ebene entschieden. Hinzu kommt, dass die Notenbank auf bestimmte makroökonomische Schocks in der Regel nur reaktiv oder gar nicht reagieren kann (Abb. 13.21).

Gegenwärtig verfolgen die Notenbanken der großen Industriestaaten eher eine Politik der **Zinssteuerung**. Würde sich eine Notenbank für eine Politik des „konstanten Zinssatzes" entscheiden, könnten bei negativen Nachfrageschocks destabilisierende Effekte auftreten und auf Angebotsschocks könnte nicht angemessen reagiert werden. Geldpolitik bleibt daher in der Praxis mehr eine „Kunst als eine Wissenschaft" (*Otto Pöhl,* ehemaliger Präsident der deutschen Bundesbank).

Schlagwörter	• Transmissionstheorie • Zins-, Vermögens-, Wechselkurskanal	• Zinsstruktur • Wirkungsverzögerungen der Geldpolitik

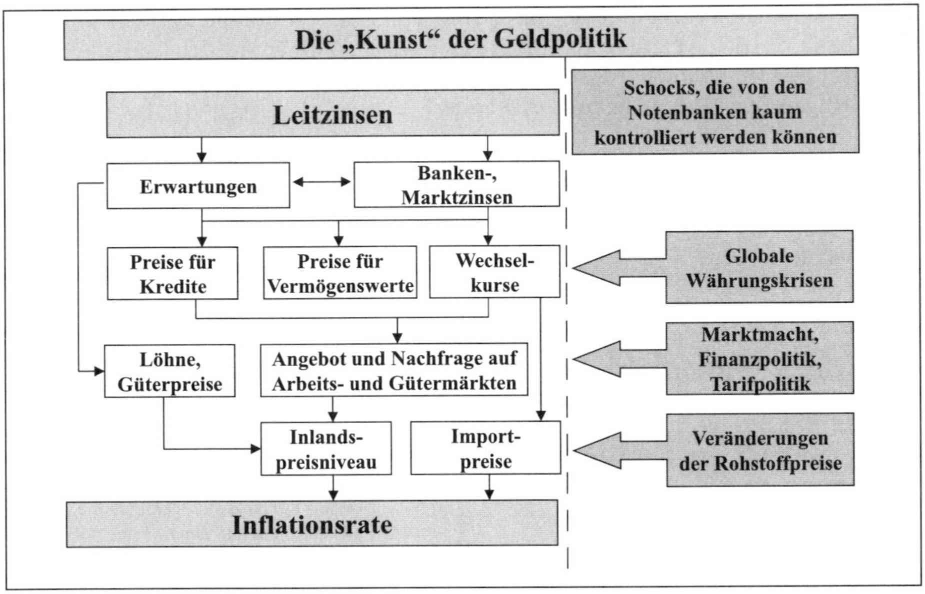

Abb. 13.21: Die Ungewissheit geldpolitischer Impulse

13.3 Fallbeispiele zu Kapitel 13

Lösungs- und Bearbeitungshinweise sowie alle Abbildungen dieses Kapitels finden Sie unter: www.vahlen.de

Fallbeispiel 13.1: Originäre und modifizierte Phillips-Kurve (0)

1) Welchen Zusammenhang formulieren die originäre und modifizierte Phillips-Kurve? Stellen Sie beide Funktionen graphisch dar.
2) Wie wird der Zusammenhang zwischen originärer und modifizierter Phillips-Kurve hergestellt?

Fallbeispiel 13.2: Menükartendenken und Phillips-Kurve (+)

Der Phillips-Kurven-Zusammenhang kann wie folgt beschrieben werden:

$\pi_t - \pi_{t-1} = 1{,}5 \times (ALQ^n - ALQ_t)$

Die natürliche Arbeitslosenquote (ALQ^n) beträgt in der Ausgangsperiode 8 %. Die Inflationsrate der Vorperiode betrug 4 %.

1) Ermitteln Sie die Inflationsrate, die sich in Periode Null ergibt, wenn die tatsächliche Arbeitslosenquote in der Periode die Werte von 6 %, 7 %, 8 %, 9 % und 10 % annimmt. Zeichnen Sie das Ergebnis in folgendes Diagramm:

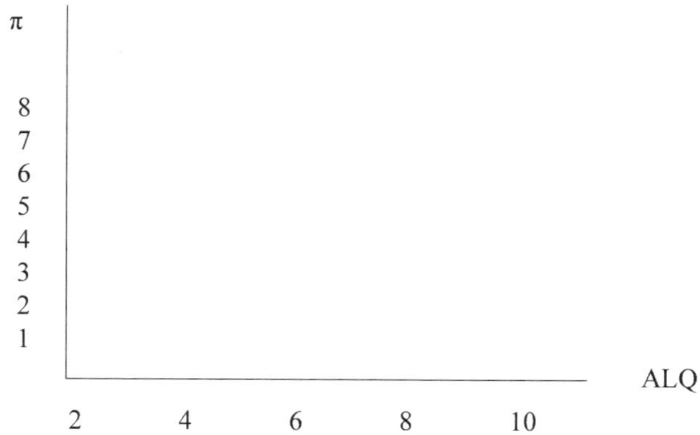

2) In Periode Null verharrt die Arbeitslosenquote auf ihrem natürlichen Niveau. Zu Beginn der Periode 1 plädiert der Zentralbankchef für eine strikte Einhaltung des Inflationsziels von annahmegemäß Null. Die Wirtschaftssubjekte reduzieren ihre Inflationserwartungen und setzen auf ein konstantes Preisniveau. Welche Kombinationen von Arbeitslosenquote und Inflationsrate sind für die folgenden Perioden zu erwarten?

Fallbeispiel 13.3: Inflationsausgleich und Tarifverhandlungen (+)

1) Wie begründen Gewerkschaften in Tarifverhandlungen die Forderung nach einem „Inflationsausgleich"? Ist ein Inflationsausgleich für die Arbeitgeber kostenneutral?
2) „Aufgrund der langen Laufzeit von Tarifverträgen sollte über die zu erwartende und nicht über die vergangene Inflationsrate verhandelt werden". Wie beurteilen Sie diese Aussage? Welches Problem kann daraus für die Geldpolitik resultieren?
3) In einer Ökonomie sind für einen 10-Jahreszeitraum folgende Daten bekannt:
   - Arbeitnehmerentgelte: + 45 %
   - Bruttolöhne: + 30 %
   - Nettolöhne: + 25 %
   - Preise: + 30 %
   - Produktivität: + 20 %

   Beurteilen Sie die Verteilungsposition der Arbeitnehmer und Arbeitgeber.

Fallbeispiel 13.4: Kurz- und langfristige Phillips-Kurve (+)

1) Welche Zielkonflikte formuliert die kurz- bzw. langfristige Phillips-Kurve?

Fassung	Zielkonflikt (Trade-off) zwischen ...
kurzfristige Phillips-Kurve	
langfristige Phillips-Kurve	

2) Ex-Bundeskanzler Helmut Schmidt hat angeführt: „5 % Inflation sind mir lieber als 5 % Arbeitslosigkeit". Welchen Zusammenhang unterstellte Schmidt bei dieser Aussage? Unter welchen Bedingungen kann eine auf dieser Aussage aufbauende Politik nur Erfolg haben?

Fallbeispiel 13.5: Konzepte der Erwartungsbildung in der Ökonomie (++)

1) Geben Sie Beispiele für ökonomische Sachverhalte, bei denen die Erwartungsbildung eine große Rolle spielt. Welche Konsequenz hat die Ausklammerung von Erwartungen aus der ökonomischen Theorie?

2) Unterscheiden Sie die Hypothesen der adaptiven und rationalen Erwartungsbildung unter folgenden Gesichtspunkten:

	adaptiv	rational
Datengrundlage		
Lerneffekte		
Erwartungsfehler		

3) Bedeutet rationale Erwartungsbildung, dass Menschen die Inflation genau vorhersagen können?

Fallbeispiel 13.6: Phillips-Kurven Diskussion (+)

In einem Land sind die Kombinationen von Inflationsrate und Arbeitslosenquote folgender Grafik zu entnehmen:

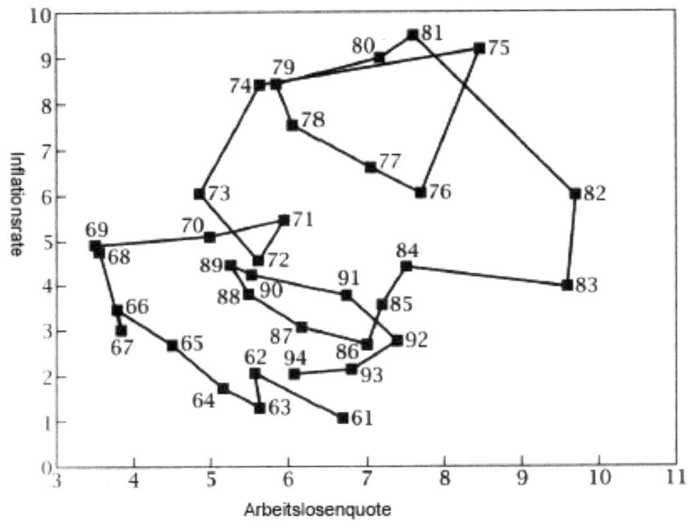

1) Welchen (groben) Zusammenhang zwischen Inflationsrate und Arbeitslosenquote erkennen Sie in folgenden Zeiträumen:
   - 1961–1969
   - 1972–1974
   - 1976–1979
2) Welchen Verlauf weist die Phillips-Kurve auf, wenn Arbeitslosigkeit und Inflationsrate gleichermaßen zurückgehen? Wie lässt sich diese Situation erklären?

Fallbeispiel 13.7: Zielkonflikte und Prioritäten der Geldpolitik (++)
(Bofinger, 2011, S. 474)

In der Öffentlichkeit wird oft ein Widerspruch zwischen dem Ziel der Geldwertstabilität und dem Ziel des Wachstums bzw. der Beschäftigung gesehen.

1) Beschreiben Sie eine volkswirtschaftliche Störung, bei der die Notenbank in der Lage ist, sowohl die Inflationsrate auf ihrem Zielwert zu halten als auch nachteilige Beschäftigungseffekte zu vermeiden. Verwenden Sie eine geeignete Grafik.
2) Bei welcher Art von Störung steht die Notenbank vor einem Zielkonflikt? Stellen Sie diesen grafisch dar und diskutieren Sie einen möglichen Kompromiss der Notenbank. Wovon hängt es ab, für welche Option sich die Notenbank entscheidet?

Fallbeispiel 13.8: Zinskanal der Geldpolitik und Zinsstruktur (++)

1) Beschreiben Sie die Wirkungskette des Zinskanals für eine expansive Geldpolitik.
2) Stellen Sie den Verlauf verschiedener Zinsstrukturkurven grafisch dar.
3) Wieso ist die Zinsstrukturkurve für die Geldpolitik interessant?

Fallbeispiel 13.9: Banken- und Bilanzkanal der Geldpolitik (+)

Was verstehen Sie unter dem Banken- und Bilanzkanal der Geldpolitik?

Fallbeispiel 13.10: Vermögens- und Wechselkurskanal der Geldpolitik (++)

Der Notenbankchef eines Landes möchte über eine Ausweitung der Geldmenge die Wirtschaft seines Landes ankurbeln.

1) Stellen Sie dar, wie der Vermögenskanal der Geldpolitik die erhoffte Stimulierung der Wirtschaft unterstützen kann.
2) Auf einer Pressekonferenz weist der Notenbankchef darauf hin, dass der Zinseffekt der expansiven Geldpolitik durch den Wechselkurskanal unterstützt wird. Erläutern Sie diese Aussage.

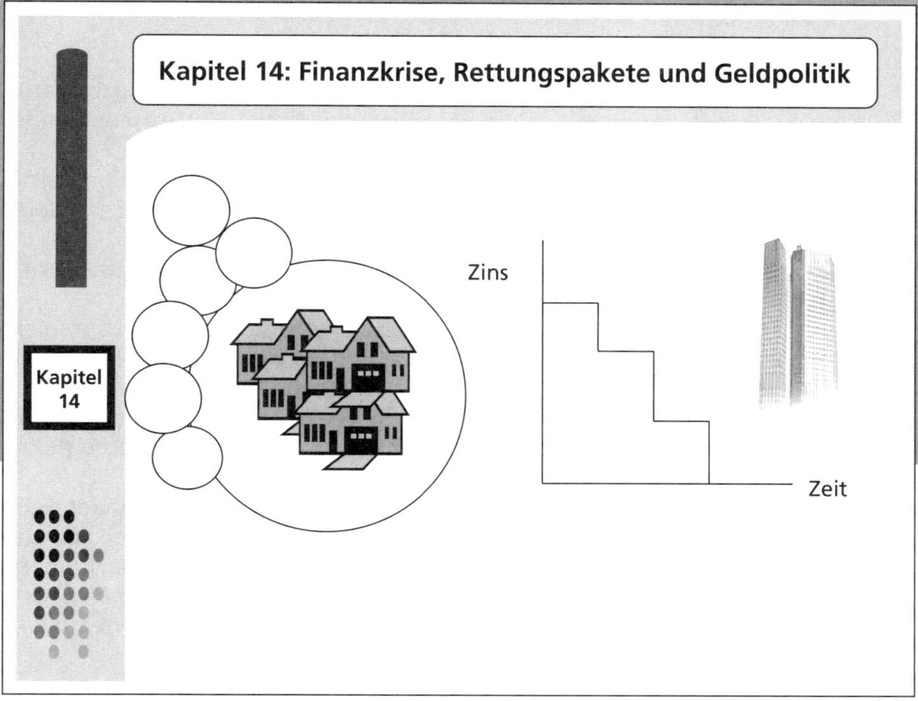

Inhaltsübersicht

Lernzielorientierte Sachverhalte

- Finanzkrisen (u. a. Währungs- und Bankenkrisen) können ernsthafte ökonomische Folgewirkungen auf die Realwirtschaft haben. Betroffene Länder brauchen Jahre, um die Folgen derartiger Krisen zu überwinden.
- In Industrieländern führen derartige Krisen zu geringeren Einbußen als in Entwicklungsländern. Weder reichen noch armen Staaten gelingt es jedoch, diese Einbußen innerhalb von zehn Jahren wieder auszugleichen.
- Auslöser der Finanzkrise 2008 war eine Immobilienkrise, die sich als Bankenkrise und realwirtschaftliche Krise ausgeweitet hat.
- Staatliche Rettungspakete können verwendet werden zum Aufkauf „fauler" Wertpapiere, Auslagerung dieser Wertpapiere in eine sogenannte Bad Bank, zur Rekapitalisierung der Banken bis hin zur Verstaatlichung.
- Eine Nullzinspolitik ist nicht zwangsläufig geeignet, um die Wirtschaft zu stimulieren. Insbesondere am Rande einer Deflation ist eine solche Politik problematisch.
- Unkonventionelle Maßnahmen der mengenmäßigen Ausweitung der Geldmenge durch die Notenbank betreffen die Umschichtung bzw. den Aufkauf von Vermögensanlagen oder die Stimulierung von Inflationserwartungen.
- Die unkonventionelle Geldpolitik bewegt sich auf einem schmalen Grat zwischen Inflation und Deflation. In der Liquiditätsfalle und in einer Bilanz-Rezession kann diese Politik versagen.

14.1 Immobilien- und Bankenkrise

Die Finanzkrise des Jahres 2007/2008 liefert aus makroökonomischer Sicht eine Reihe von Anschauungsmaterial zur Entstehung von krisenhaften Entwicklungen im Geldsektor, zur Verknüpfung von Geld- und Realwirtschaft und den Folgen für Beschäftigung und Wachstum. Zum realwirtschaftlichen Sektor einer Volkswirtschaft gehören Verbrauchsgüter ebenso wie Anlagegüter, d. h. Vermögenswerte in Form von Produktivkapital oder Immobilien. Der monetäre Sektor einer Volkswirtschaft ist dagegen derjenige Sektor, in dem Geldgeschäfte gemacht werden.

Studien zeigen, dass Finanzkrisen (u. a. Währungs- und Bankenkrisen) ernsthafte ökonomische Folgewirkungen auf die Realwirtschaft haben. Die Auswirkungen derartiger Krisen lassen sich nur mittel- bis langfristig überwinden. In Industrieländern führen diese Krisen zu geringeren Einbußen als in Entwicklungsländern. Weder reichen noch armen Staaten gelingt es jedoch laut Studien, diese Einbußen innerhalb von zehn Jahren wieder auszugleichen. Betrachten wir dazu ein Zahlenbeispiel (Tab. 14.1). Ein Land habe im Jahr 2008 ein BIP von 1.000 Mrd. €. Bei einem jährlichen Wachstum von 3 % würde

Tab. 14.1: Realwirtschaftliche Folgen einer Finanzkrise (Zahlenbeispiel)

Jahr	BIP ohne Finanzkrise, 3 % Wachstum p.a	BIP mit Finanzkrise 3 % Wachstum p.a.	BIP mit Finanzkrise, 4 % Wachstum p.a.
2008	1.000	1.000	1.000
2009	$1.030 = 1.000 \times 1{,}03$	**950**	**950**
2010	$1.061 = 1.000 \times 1{,}03^2$	$978 = 950 \times 1{,}03$	$988 = 950 \times 1{,}04$
...			
2018	$1.344 = 1.000 \times 1{,}03^{10}$	$1.240 = 950 \times 1{,}03^9$	$1.352 = 950 \times 1{,}04^9$

das BIP bis 2018 auf 1.344 Mrd. € steigen. Wenn nun das BIP im Jahr 2009 aufgrund einer Finanzkrise um 5 % schrumpft und nach einem Jahr dauerhaft wieder mit 3 % wächst, läge das BIP im Jahr 2018 nur bei 1.240 Mrd. €. Um den durch die Finanzkrise verursachten Wohlstandsverlust innerhalb von zehn Jahren aufzuholen, müsste die Wirtschaft nach der Krise jährlich um ca. 4 % statt um 3 % Prozent wachsen. Solch eine Aufholjagd findet in der Realität so gut wie nie statt.

Immobilienkrise

Die Finanzkrise 2008 hat ihre Ursprünge zu Beginn des Jahrzehnts. Seit dem Jahr 2001 und verstärkt nach dem 11. September hatte die US-Notenbank eine Politik der niedrigen Zinsen betrieben. Nach den Terroranschlägen sollte so die Wirtschaft belebt werden. Die Notenbank behielt ihre Niedrigzinspolitik auch bei, als es der Wirtschaft in den USA längst besser ging. Zwischen Anfang 2001 und Mitte 2003 sanken die Zinsen von 6,5 % auf 1 %. Erst Mitte 2004 begann die Notenbank, die Zinsen Schritt für Schritt zu erhöhen. Über Jahre hinweg war Geld also preiswert und eröffnete Spielraum für die Kreditvergabe von Banken vor allem zur Finanzierung von Immobilien. Auch politisch wurde die Steigerung der Eigenheimquote vor allem für Bezieher geringer Einkommen unterstützt. Die Nachfrage nach Häusern war größer als das Angebot. Zwischen 1998 bis 2005 stiegen die Immobilienpreise real um mehr als 30 % und erweckten nahezu den Eindruck des „kostenlosen Wohnens".

Betrachten wir ein Beispiel: Eine US-Bank verleiht 1 Mio. US-$ an drei Hauskäufer zu 6 % für 30 Jahre. Zins und Tilgung belaufen sich pro Jahr auf grob 70.000 US-$ (genau 72.648 US-$) und haben sich nach 30 Jahren kumuliert zu 2,1 Mio. US-$ (Abb. 14.1). Die Hauskäufer haben zwar nur geringes bzw. im Extrem gar kein Eigenkapital, erhalten jedoch einen Kredit. Sie werden sich vielleicht fragen, warum eine Bank in diesem Fall überhaupt einen Kredit vergibt. In Zeiten steigender Immobilienpreise kann die Bank im Prinzip nur gewinnen. Zahlt der Kreditnehmer seinen Kredit zurück, hat die Bank die oben genannten Einnahmen. Selbst bei Abzug der Inflation fallen bei einem realen Zins von z. B. 2 % nach 30 Jahren für die Bank noch akzeptable Gewinne an. Sollte der

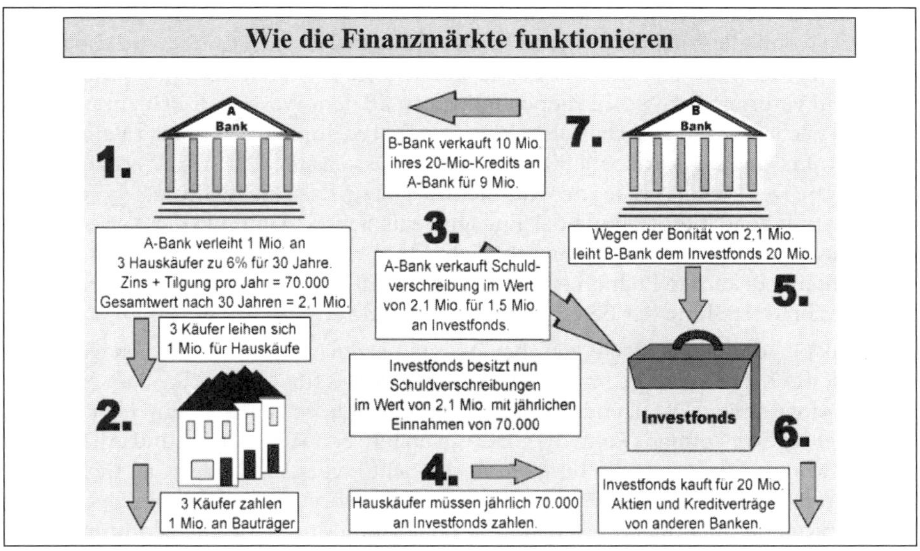

Abb. 14.1: Aufbau eines Finanzmarktes (Beispiel)
Quelle: Buchenberg, 2008

Kreditnehmer seine Schulden nicht zurückzahlen können, fällt die Immobilie an die Bank. Bei steigenden Preisen macht sie also auch in diesem Fall einen Gewinn. Die Bank kann die bestehenden Schuldverträge zudem weiterverkaufen.

Die drei Käufer zahlen den Kaufpreis von 1 Mio. US-$ an die Bauträger und ziehen in die Häuser ein. Es kommt zu einem realen Impuls für die Bauwirtschaft. Auch die Hauskäufer sind risikobereit. Sie haben sich auf die Prognose verlassen, dass die Immobilienpreise weiter steigen und sie notfalls die Häuser mit Gewinn verkaufen können. Viele Banken haben die Kunden zudem mit niedrigen Anfangszinsen gelockt (aus Vereinfachungsgründen sehen wir im Beispiel von dieser variablen Verzinsung ab). Viele Hauskäufer unterschätzen die tatsächliche Belastung der Finanzierung. Selbst unser einfaches Beispiel macht deutlich, dass Käufer für ihren Hypothekenkredit im Zeitablauf deutlich mehr als die ursprüngliche Kreditsumme zurückzahlen müssen. Im vorliegenden Fall müssen Immobilien im Wert von 1 Mio. US-$ bei 6 % Zins im Laufe von 30 Jahren mit 2,1 Mio. US-$ bezahlt werden. Haben die Schuldner z. B. 1,5 Mio. US-$ zurückgezahlt und werden plötzlich zahlungsunfähig, verfügt die Bank neben dieser Geldsumme zusätzlich über die Immobilien.

Die steigende Kreditgewährung der zum Teil riskanten Immobilienfinanzierungen hat ab 2006 US-Banken veranlasst, viele dieser Kreditforderungen in wertpapierähnliche, leicht übertragbare **CDOs** (*collateralized debt obligations*) oder ähnliche strukturierte Finanzierungsformen zu bündeln.

Wegen des guten Ratings amerikanischer Geschäftsbanken durch externe Agenturen konnten diese Wertpapiere auch an europäische oder asiatische Banken verkauft werden. Damit wurde ein eigentlich rein amerikanisches Risiko internationalisiert. Zunächst wird der einzelne Immobilienkredit z. B. von einer Hypothekarbank ausgereicht und mit anderen Hypothekarkrediten gebündelt (*originate and distribute model*). Anschließend lassen sich die Pakete auf eine Zweckgesellschaft transferieren und in Form forderungsgesicherter Wertpapiere an andere Finanzmarktteilnehmer weiterverkaufen.

Ein Charakteristikum der Forderungen ist, dass sie in einzelne Tranchen mit unterschiedlichen Ausfallwahrscheinlichkeiten und Bonität zerlegt werden (Überlaufprinzip). Erst wenn alle Ansprüche der sichersten Tranche befriedigt sind, wird die zweite Branche bedient, danach die dritte und danach die weiteren Tranchen. Indem der Verlust in verbrieften Hypothekenportfolios gemäß dem Wasserfall-Prinzip zunächst von den nachrangigen Tranchen absorbiert wird, ist es durch diese Art der Verbriefung möglich, aus einem Portfolio mäßiger Güter erstklassige ausfallsichere Wertpapiere zu generieren. Der Weiterverkauf der Kredite führt dazu, dass die Institute kein Interesse an der laufenden Überwachung der Engagements haben. Am Ende der Kette werden Hypotheken auch an bonitätsschwache Schuldner vergeben. Es tritt das aus der Mikroökonomie bekannte Phänomen des **moral hazard** auf, das auf eine asymmetrische Informationsverteilung der Beteiligten zurückzuführen ist.

Die Bank gibt damit das Risiko von eher zweitklassigen (**subprime**) Krediten weiter. Sie verkauft die Kreditverträge im Wert von 2,1 Mio. US-$ für 1,5 Mio. US-$ an einen Investmentfonds. Sie selbst hat nur 1 Mio. US-$ ausgezahlt, verfügt aber nun über 1,5 Mio. US-$. Der Investmentfonds kann die CDOs an andere Fonds verkaufen und erhält dafür z. B. 1,6 Mio. US-$. Durch die Bündelung der Schuldverschreibungen ist nicht mehr transparent, welche Bonität die einzelnen Schuldverschreibungen tatsächlich besitzen. Die Marktteilnehmer müssen sich auf die Einstufung durch Ratingagenturen verlassen. Wir unterstellen, dass der Investmentfonds die CDOs in seinem Portfolio behält und jährliche Einnahmen von 70.000 US-$ von den Hauskäufern erhält. Für sie ist der

Wechsel des Eigentümers nicht von Bedeutung. Oft bleibt sogar das Einzahlungskonto für Zins und Tilgung gleich.

Der Investmentfonds verfügt nun über Aktiva von 2,1 Mio. US-$ und fragt annahmegemäß bei B-Bank, welche Kredite für diese vermeintlichen Sicherheiten aufgenommen werden können. Gehen wir davon aus, dass der Investmentfonds zunächst 2 Mio. US-$ Kredit erhält, für die er Aktien kauft. Dadurch hat er zusammen mit den 2,1 Mio. US-$ aus den Schuldverschreibungen bereits 4,1 Mio. US-$ an Aktiva verbucht. Dieser Prozess kann sich fortsetzen. Wir unterstellen, dass der Investmentfonds sich auf diese Weise insgesamt mit 20 Mio. US-$ verschuldet. Er kauft z. B. Unternehmen, Aktien oder weitere CDOs. Die Aktienkurse steigen, der Investmentfonds erhält erstklassige Beurteilungen durch Ratingagenturen. Es ist reichlich Liquidität am Markt vorhanden. Die B-Bank will ihr Risiko diversifizieren. Sie teilt den Kreditvertrag mit dem Investmentfonds, schnürt ihn zu einem CDO und verkauft ihn an die A-Bank. Diese verbucht 10 Mio. US-$ an Aktiva in ihre Bilanz. Wäre der Prozess nun zu Ende, hätten alle Beteiligten profitiert:

- Die Käufer wohnen ohne Einsatz von viel Eigenkapital in ihren Häusern.
- Die A-Bank hat ihre Kreditforderungen mit Gewinn verkauft.
- Der angesehene Investmentfonds erhält 20 Mio. US-$, mit denen er viele Geschäfte tätigen kann.
- Die A- und B-Bank haben nur „erstklassige" Schuldner.

Durch die Verbriefung der Kredite, so dachte man lange Zeit, verteile sich das Risiko etwaiger Kreditausfälle auf zahlreiche Schultern und die geballte Kraft vieler Anleger könne die Last sicher tragen. Niemand wusste jedoch genau, welchen Anteil der zum Teil „faulen" Kredite ein Investor über den Kauf von verbrieften Hypotheken erworben hatte. Zu kompliziert war die Struktur der Kreditpapiere.

Die Immobilienblase platzte 2006. Nach Jahren ungebremsten Baubooms hatte das Angebot an Immobilien die Nachfrage überholt und die Häuserpreise gingen zurück. Die Sicherheiten für die Kredite (also die Immobilien selber) waren wesentlich weniger wert. Die Banken sorgten sich, sie könnten einmal verliehenes Geld nicht mehr zurückbekommen. Das Rating nahm stark ab. Da aber Kredite mit einem niedrigen Rating aufgrund der Ausfallrisiken zu höheren Zinsen führen, wurden von den Kreditnehmern höhere Raten verlangt. Dies führte dazu, dass viele Hauskäufer ihre Kredite nicht mehr zurückzahlen konnten. Immer mehr Immobilien wurden auf den Markt geschwemmt. Die Preise gerieten weiter unter Druck und die Sicherheiten wurden weiter abgewertet. Ende 2006 lag die Zahl der in Zwangsvollstreckung befindlichen Hypothekenkredite auf dem höchsten Stand seit fast 40 Jahren. Die Banken und Hypothekenfinanzierer verloren so viel Geld, dass ihre Existenz in Gefahr geriet. Die Kreditverbriefungen fielen drastisch im Wert. Weil so viele Anleger sie erworben hatten, gerieten auch international tätige Geldhäuser in den Strudel der Vermögensvernichtung. So wurde aus der Immobilien- und Bankenkrise eine internationale Wirtschaftskrise.

Bankenkrise

Die Konsequenzen der Immobilienkrise für das Bankensystem lassen sich im Rahmen einer vereinfachten Bilanz erklären (vgl. Tab. 14.2; in Anlehnung an *Blanchard/Illing, 2009, Kap. 22*):

- Die Bilanz zeigt auf der **Aktivseite** die Geschäftsaktivitäten einer Bank. Sie stellt Kredite zur Verfügung und hält Wertpapiere in Form von Unternehmens- und Staatsanleihen. Kredite und Wertpapiere werden in der Regel nach dem Risiko ihres Ausfalls gewichtet, so wie es Aufsichtsbehörden und Wirtschaftsprüfer tun.

Das Risiko, dass z.B. eine Staatsanleihe ausfällt, ist weniger wahrscheinlich, als dass z.B. ein Unternehmens- oder Konsumentenkredit nicht zurückgezahlt wird. Entsprechend diesen Wahrscheinlichkeiten werden die Aktiva bewertet. Die sich daraus ergebende Summe muss die Bank mit eigenem Kapital absichern. Eine Bank, die riskante Geschäfte tätigt, sollte also mehr Kapital vorhalten als eine Bank, die sichere Staatspapiere kauft.

- Die **Passivseite** gibt Auskunft über die Finanzierung der Geschäfte. Die Bank hat Sichtguthaben gegenüber Sparern und Verbindlichkeiten in Form von Schuldverschreibungen gegenüber anderen Banken oder privaten Unternehmen. Das Verhältnis von Eigenkapital zu Gesamtkapital wird als Eigenkapitalquote bezeichnet. Sie beträgt im Beispiel 10 % (20/200).

Tab. 14.2: Geschäftsbankbilanz

Aktiva		Passiva	
1. Kreditvergabe	100	1. Einlagen	150
2. Wertpapiere (Anleihen)	100	2. Schuldverschreibungen	30
		3. Eigenkapital	20
	200		200

Probleme ergeben sich, wenn Banken Kreditrisiken falsch eingeschätzt haben. Droht ein Ausfall der Kredite, dann sinkt der Wert der Aktiva. Je größer das Eigenkapital, desto größer die Verluste, die eine Bank bzw. das Bankensystem verkraften kann. Drohen in unserem Beispiel Kredite im Umfang von 20 auszufallen (also: 20 %), dann ist das Eigenkapital der Bank (20) aufgebraucht. In diesem Fall müssen auch Inhaber von Schuldverschreibungen der Bank bzw. Einleger mit Verlusten rechnen. Die Bank muss wahrscheinlich schließen oder wird von einer anderen Bank übernommen. Verluste der vom Staat garantierten Einlagen muss – falls vorhanden – die staatliche Einlagensicherung übernehmen.

Die durch die Immobilienkrise des Jahres 2006 ausgelöste Finanzkrise 2007/2008 beruhte weniger auf dem Ausfall von direkten Krediten, sondern dem Verfall der Immobilienpreise. Angenommen, die Märkte rechnen damit, dass 20 % der verbrieften Hypothekenkredite (Wertpapiere) ausfallen. In diesem Fall wird der Kurs auf 80 % des Nennwertes (also: 80) sinken (Tab. 14.3).

Tab. 14.3: Verfall der Immobilienpreise und Geschäftsbankbilanz

Aktiva		Passiva	
1. Kreditvergabe	100	1. Einlagen	150
2. Wertpapiere (Anleihen)	**80**	2. Schuldverschreibungen	30
		3. Eigenkapital	**0**
	180		180

Der Wert der direkten Kredite beträgt hingegen weiterhin 100, weil sie an Kunden mit hoher Bonität ausgegeben worden sind. Der Wert der Aktiva sinkt also auf 180 und führt zu zwei Problemen:

1. **Kapitalknappheit (Schuldenprobleme)**: Der Wert der verbliebenen Aktiva entspricht gerade den Verbindlichkeiten. Die Bank besitzt kein Eigenkapital mehr. Wenn wei-

tere Kredite und Anleihen ausfallen bzw. Sparer ihre Einlagen abheben, ist die Bank technisch gesehen überschuldet. Die Bank könnte sich zwar bei anderen Banken refinanzieren, doch stehen diese gegebenenfalls vor dem gleichen Problem. Kredite sind dann oft nur kurzfristig und zu hohen Zinssätzen zu erhalten. Gelingt es nicht, zusätzliches Kapital zu erhalten, müssen verbliebene Aktiva verkauft werden. Wenn dies bei vielen Banken der Fall ist, sinken die Kurse weiter unter ihren Nennwert. Der Preisverfall lässt sich dann nicht mehr stoppen. Auch die Kreditvergabe wird eingestellt. Das Finanzsystem droht auszutrocknen.

2. **Liquiditätsprobleme (bank runs)**: Eine Bank muss jederzeit liquide, d.h. in der Lage sein, ihre Zahlungsverpflichtungen zu erfüllen (Tab. 14.4). Der Begriff Liquidität ist für Banken von besonderer Bedeutung. Aufgrund der unterschiedlichen Laufzeiten von Bankgeschäften (Einlagen bzw. Kreditaufnahme mit kurzem Horizont und Kreditvergabe mit langem Horizont) benötigt die Bank liquide Mittel. Für Banken drohen Liquiditätsprobleme, wenn langfristige Kreditvergaben (Aktivkäufe) nicht mehr durch kurzfristige Kredite finanziert werden können. Diese treten beispielsweise dann auf, wenn Anleger aufgrund mangelnden Vertrauens ihre Einlagen zurückziehen (im Beispiel von 150 auf 100). Das mangelnde Vertrauen kann darauf zurückzuführen sein, dass tatsächlich hohe Forderungsverluste auf der Aktivseite drohen. Im Fall von „Gerüchten" über drohende Verluste werden Einlagen „sicherheitshalber" abgezogen. Die Banken müssen dann Forderungen liquidieren (im Beispiel Rückgang der Kreditvergabe von 100 auf 50; „fire sales").

Die schnelle Veräußerung dieser Aktiva ist oft nur noch zu geringeren Preisen möglich, so dass im Zweifel nicht alle Einlagen zurückgezahlt werden können. Im Extrem kann es zu einer **Bankenpanik** kommen. Derartige **bank runs** sind vor allem ein Problem in Systemen mit partieller Reservehaltung. Da die Banken nur einen Teil ihrer Einlagen als Reserven halten, können sie in diesem Fall nicht alle Auszahlungswünsche der Einleger erfüllen, wenn diese gleichzeitig auftreten. Der Staat ist dann mehr oder minder gezwungen, einen **Einlagensicherungsfonds** zu bilden, wenn eine Bankenpanik vermieden werden soll.

Tab. 14.4: Schulden- und Liquiditätsprobleme einer Geschäftsbank

Aktiva		Passiva	
1. Kreditvergabe	**50**	**1. Einlagen**	**100**
2. Wertpapiere (Anleihen)	**80**	2. Schuldverschreibungen	30
		3. Eigenkapital	**0**
	130		130

Problematisch ist, wenn Einleger unterstellen, dass alle Banken gleichermaßen von den genannten Problemen betroffen sind. Mangelndes Vertrauen der Einleger und die engen Interbank-Kreditbeziehungen greifen dann durch Einschränkung der Kreditvergabe (**Kreditklemme, credit crunch**) auf die Realwirtschaft über. Die Kreditvergabepolitik der Banken ist also eine wichtige Nahtstelle zur Realwirtschaft. Platzt eine zuvor gebildete Blase, wird die Kreditvergabe aufgrund der zuvor aufgehäuften Menge schlecht gesicherter Kredite gedrosselt. Dies bedingt sinkende Investitionen und Insolvenzen, die die Bonität der Schuldner verschlechtern und die Anzahl „notleidender Banken" erhöhen. Diese drosseln ihr Kreditgeschäft noch weiter und schwächen nachfolgend die Wirtschaft. Die Kreditklemme wird ernst, wenn Banken die Refinanzierung am Geldmarkt schwer fällt. Normalerweise versorgen sich Banken über kurzfristige Kredite im Interbankenhandel mit Liquidität, da ihre eigenen Gelder in längerfristigen Anlagen gebunden sind. Fällt diese Option weg, da die Geldmärkte wegen einer Kreditklemme unterversorgt sind, geraten die Institute in Zahlungsschwierigkeiten. Eine Herabstufung ihres Kreditratings ist die Folge, so dass die Beschaffung liquider Mittel noch schwieriger wird. Betroffen sind vor allem Banken, die keine Spareinlagen als Rückgriffmöglichkeit haben (z. B. Investmentbanken).

Schlagwörter	• Immobilienkrise • Bankenkrise • Kapitalknappheit	• Bankenpanik, bank run • Kreditklemme

14.2 Rettungspakete

Banken haben eine **systemische** (d. h. eine umfassende, das Ganze betreffende) **Funktion**, da sie die Gesamtwirtschaft mit Geld versorgen. Das Misstrauen unter den Banken und das fehlende Vertrauen der privaten Kapitalanleger in ihre Geldhäuser führen dazu, dass diejenigen, die noch über Liquidität verfügen, diese im Zweifel lieber unverzinst lassen als dass sie diese anderen gegen Zins überlassen. Damit ist das eigentliche „Schmiermittel der Wirtschaft", die Geldversorgung, ins Stocken geraten. Wenn nun Banken die Insolvenz droht, dann hat dies sowohl Auswirkungen auf die Gläubiger wie auf die Schuldner einer Bank. Gläubiger sorgen sich um ihre Einlagen, Schuldner um den Fortbestand ihrer Kredite. Das heißt nicht, dass laufende Kredite sofort gekündigt werden, jedoch besteht die Gefahr, dass Darlehen nach Ablauf ihrer Zinsbindungsfrist nicht mehr verlängert werden. Damit stellte sich aus Sicht der Schuldner das Problem der Fortsetzung der bestehenden Finanzierung mit einem anderen Institut. Scheitert dieses Bemühen, so gerät der Schuldner selbst in eine Liquiditätskrise mit der Gefahr einer anschließenden Insolvenz. Auch an dieser Stelle pflanzen sich die geldwirtschaftlichen Probleme im realwirtschaftlichen Sektor fort.

Zur Lösung bzw. Milderung der Finanz- bzw. Bankenkrise sind eine Reihe von Lösungsvorschlägen unterbreitet worden. Ausgangspunkt bildet das **Basisszenario** der Tabelle 14.3.

Banken müssen die in ihren Bilanzen eingestellten Werte von Wertpapieren mindern, wenn sich keine Käufer finden lassen. Damit verlieren die Papiere ständig an Wert. In diesem Kontext werden die Begriffe Abschreibung und Wertberichtigung oft als Synonyme verwendet. Das sind sie jedoch nicht. Die Abschreibung beschreibt den endgültigen Verlust einer Forderung. Wenn eine Bank einem Unternehmen einen Kredit einräumt, das Unternehmen in Konkurs geht und der Kredit unwiederbringlich verloren ist, dann schreibt die Bank den Kredit ab. Zunächst kommt es jedoch sehr viel häufiger zu Wertberichtigungen. Hierbei handelt es sich nur um vorübergehende Wertverluste. Wenn die Preise (Kurse) für Produkte an Märkten für forderungsbesicherte Wertpapiere fallen, muss dieser Verlust nicht endgültig sein, denn es ist nicht auszuschließen, dass sich die Preise wieder erholen.

Ob sich die Kurse erholen oder nicht, ist nicht mit Sicherheit vorhersagbar. In dem Basisszenario liegt der Marktwert der Wertpapiere bei 80 % des Nennwertes (Tab. 14.5). Sinkt der Kurs weiter auf 60 (Variante: „schlecht"), ist eine Umschuldung notwendig. Gläubiger müssen auf einen Teil ihrer Forderungen verzichten, was zu einem Rückgang der langfristigen Schuldverschreibungen (auf 10) führt. Haben überstürzte Verkäufe den Marktwert der Wertpapiere gedrückt und erholt sich dieser nach Beruhigung der Märkte, kann sich auch das Eigenkapital wieder erhöhen (Variante: „günstig").

Tab. 14.5: Szenarien zur Entwicklung von Marktwerten für Anleihen

Aktivseite				Passivseite			
	Günstig	Basis	Schlecht		Günstig	Basis	Schlecht
1. Kredit-vergabe	100	100	100	1. Einlagen	150	150	150
2. Wert-papiere (Anleihen)	**100**	**80**	**60**	**2. Schuldver-schreibun-gen**	**30**	**30**	**10**
				3. Eigen-kapital	**20**	**0**	**0**
	200	180	160		200	180	160

Vorgeschlagen wird häufig ein **Aufkauf von Wertpapieren** durch den Staat. Im Extremfall kann der Staat oder eine so genannte **Bad Bank** den gesamten Bestand aufkaufen bzw. zumindest „faule Papiere". Nehmen wir an, der Staat möchte 10 dafür einsetzen:

- Wenn ein Kauf von Wertpapieren erfolgt, findet eine Umwandlung der Anleihen in Barvermögen statt (Basisszenario). Der Staat kann z. B. bei einem **Marktwert** von 80 % Anleihen im Nennwert von 12,5 (=10/0,8) kaufen. Die Bank behält die restlichen Anleihen im Wert von 70 (Nennwert: 87,5; Tab. 14.6: Basisvariante). Verfällt der Kurs auf 60, dann haben die durch den Staat für 10 (des Basisszenarios) gekauften Anleihen nur noch einen Wert von 7,5. Die Bank hält die restlichen Anleihen im Wert von 52,5 (Variante „schlecht"). Erholt sich der Marktwert der Wertpapiere wieder auf den Nennwert von 100, erhöht sich der Wert der Wertpapiere bei der Bank von 70 auf 87,5 und beim Staat von 10 auf 12,5. Der Staat ist also potentiell an den Gewinnen beteiligt. Das Eigenkapital der Bank erhöht sich von 0 auf 17,5 (Variante: „günstig").

Tab. 14.6: Aufkauf der Anleihen zum Marktwert

Aktiva				Passiva			
	Günstig	Basis	Schlecht		Günstig	Basis	Schlecht
1. Kreditver-gabe	100	100	100	1. Einlagen	150	150	150
2. Wert-papiere (Anleihen)	**87,5**	**70**	**52,5**	**2. Schuldver-schreibun-gen**	**30**	**30**	**12,5**
3. Barver-mögen	**10**	**10**	**10**	**3. Eigen-kapital**	**17,5**	**0**	**0**
	197,5	180	162,5		197,5	180	162,5

- Der Staat kann für den Betrag 10 die Papiere zum **Nennwert** aufkaufen. Die Bank hält dann nur noch Anleihen im Nennwert von 90, die einen Marktwert von 72 (= 0,8 × 90) haben. Die Differenz zwischen Markt- und Nennwert der vom Staat gekauften Wertpapiere (10 – 8) erhöht die Eigenkapitalbasis der Bank um 2 (Tab. 14.7). Ein Vergleich mit Tabelle 14.6 macht deutlich, dass die Bank von dieser Variante profitiert, denn der Staat übernimmt einen höheren Teil des Ausfallrisikos. Fällt der

Kurs auf 60, werden die Gläubiger begünstigt, da der Staat einen größeren Teil der Kursverluste trägt (Variante: „schlecht"). Bei einem Kursanstieg auf den Nennwert von 100 profitieren die Aktionäre der Bank. Das Eigenkapital beträgt wieder 20. Der Staat hat in diesem Fall keine Verluste erlitten, aber auch keine Gewinne erzielt (Variante: „günstig").

Tab. 14.7: Aufkauf der Anleihen zum Nennwert

Aktiva				**Passiva**			
	Günstig	Basis	Schlecht		Günstig	Basis	Schlecht
1. Kreditvergabe	100	100	100	1. Einlagen	150	150	150
2. Wertpapiere (Anleihen)	**90**	**72**	**54**	**2. Schuldverschreibungen**	**30**	**30**	**14**
3. Barvermögen	**10**	**10**	**10**	**3. Eigenkapital**	**20**	**2**	**0**
	200	182	164		200	182	164

- Der Staat kann der Bank **zusätzliches Eigenkapital** von 10 zuführen (Tab. 14.8). Fällt in der „schlechten" Variante der Kurs der Wertpapiere auf 60, wird zunächst das neue Eigenkapital aufgebraucht. Die Gläubiger müssen „nur" auf Forderungen im Wert von 10 verzichten. Erholt sich in einer „günstigen" Variante der Kurs der Wertpapiere wieder auf den Nennwert, beträgt das gesamte Eigenkapital der Bank 30.

Tab. 14.8: Rekapitalisierung der Geschäftsbank durch staatliche Einlagen

Aktiva				**Passiva**			
	Günstig	Basis	Schlecht		Günstig	Basis	Schlecht
1. Kreditvergabe	100	100	100	1. Einlagen	150	150	150
2. Wertpapiere (Anleihen)	100	80	60	2. Schuldverschreibungen	30	30	20
3. Barvermögen	**10**	**10**	**10**	3. altes Eigenkapital	20	0	0
				4. neues Eigenkapital	**10**	**10**	**0**
	210	190	170		210	190	170

Wenn die Zufuhr von Eigenkapital nicht ausreicht, um die Kreditvergabe wieder in Gang zu setzen, kann eine **(Teil-)Verstaatlichung** erwogen werden. Dabei gibt es mehrere Schwierigkeiten. Die Bilanz einer Bank muss von „faulen" Krediten bereinigt werden, die in eine Bad Bank ausgelagert werden könnten. Diese ist kein Kreditinstitut im eigentlichen Sinn, sondern eher eine Zweckgesellschaft. Sie kauft die „faulen" Kredite notleidender Banken auf. Die zu sanierende Bank tritt dazu Kreditforderungen an die Bad Bank ab und erhält einen Kaufpreis, der dem Nominalwert der Kredite abzüglich der erwarteten Kreditausfälle entspricht. Das Risiko höherer Verluste bzw. die Chance geringerer Verluste trägt die Bad Bank. Die zu sanierende Bank ist von der Haftung für diese Kreditforderungen befreit und muss dafür kein Eigenkapital vorhalten. Sie muss jedoch den Buchverlust in Höhe des Abschlags zahlen. Kann sie diesen nicht aus Eigenkapital aufbringen, ist die Bank „bankrott" – es sei denn, die Bank erhält zusätzliches Kapital in Form von Eigenkapital. Auch die Bad Bank selbst benötigt von außen ausreichendes Kapital, um die Risiken tragen zu können. Dies kann technisch z. B. über Bürgschaften des Staates erfolgen.

Längerfristig, darin ist sich die Mehrzahl der Fachleute einig, sind staatliche Rettungspakete allerdings nicht in der Lage, eine umfassende Systemkrise zu bewältigen.

Erforderlich sind **strukturelle Reformen**. Dazu zählen

- eine funktionsfähige Bankenaufsicht,
- die Überprüfung der Anforderungen an die Kreditvergabe,
- eine höhere Eigenkapitalunterlegung,
- eine institutionelle Regelung der Kontrolle von Banken und Bankensystemen,
- die Überprüfung der Zulassung neuer Bankprodukte,
- ein umfassender Gläubigerschutz.

Schlagwörter	• Rettungspakete • Bad Bank	• Teilverstaatlichung

14.3 Unkonventionelle Geldpolitik

In normalen Zeiten gilt die Geldpolitik der Zentralbank als mächtige Waffe. Schwächt sich die Konjunktur ab, weil die Wirtschaft in eine zyklische Krise geraten ist, senkt die Notenbank ihre Leitzinsen. Geben die Banken diesen Impuls weiter, lohnt es sich zu investieren und zu konsumieren, während das Sparen weniger attraktiv wird. Idealtypisch springt die Konjunktur wieder an. Nach diesem Muster sind die Notenbanken auch in der Finanzkrise verfahren. Sie haben ihre Leitzinsen Schritt für Schritt gesenkt. Die Grenze ist natürlicherweise erreicht, wenn die Leitzinsen auf Null sinken (**Nullzinspolitik**). Leitzinsen von (nahe) Null bedeuten nicht automatisch, dass Kredite der Banken für Unternehmen und Verbraucher tatsächlich preiswerter werden. „Billiges Geld" reicht nicht aus, Konsum und Investitionen zu stimulieren, wenn kein Vertrauen in die Wirksamkeit der Maßnahmen besteht. Auch Banken werden sich bei geringen Zinsen bzw. Nullzinsen kaum noch Kredite untereinander geben. Die Notenbank hätte damit eine erste Maßnahme gegen eine Wirtschaftskrise ausgeschöpft, ohne eine dauerhafte Wirkung zu erzielen.

Quantitative Lockerung

Ist der Spielraum für Zinssenkungen erschöpft und halten Rezession bzw. Deflation dennoch an, greifen Zentralbanken zu unkonventionellen Maßnahmen, die als **mengenmäßige bzw. quantitative Lockerung** (*quantity easing*) bezeichnet werden.

Der Notenbank stehen verschiedene Optionen zur Verfügung, um die Wirtschaft bei einem Nullzins zu stimulieren. Neben der quasi Nullzinspolitik werden den Banken und sonstigen Finanzinstituten zusätzliche Zentralbankreserven **(Basisgeld)** durch die verstärkte Aufnahme von Wertpapieren zur Verfügung gestellt. Ziel ist es, die Banken mit Geld zu versorgen um einerseits den beeinträchtigten Interbankenhandel zu fördern. Andererseits besteht die Hoffnung, dass die Geschäftsbanken die liquiden Mittel an Unternehmen, Staat und private Haushalte durch Kreditvergabe weiterreichen, so dass gleichzeitig die Konjunktur belebt wird (Tab. 14.11).

Tab. 14.11: Mengenmäßige Ausweitung der Notenbankbilanz

Aktiva	Passiva
Währungsreserven	Bargeldumlauf
Kredite an Geschäftsbanken	Einlagen der Geschäftsbanken
Wertpapiere	
zusätzliche Wertpapiere	**zusätzliche Einlagen der Geschäftsbanken**

Hierbei stehen der Notenbank generell verschiedene Optionen in Abstufungen zur Verfügung:

- Aufkauf von Wertpapieren, beispielsweise langfristige Treasury-Wertpapiere, Staatsanleihen, Unternehmensanleihen und sonstige finanzielle Wertpapiere (einschl. Aktien) von Geschäftsbanken und anderen Finanzinstitutionen.
- Längere Laufzeiten der befristeten Offenmarktgeschäfte (abgeschwächtes quantity easing); beispielsweise hat die EZB am 21.12.2011 einen 3-Jahres-Tender angeboten.
- Geringere Anforderungen an die Sicherheiten bei befristeten Offenmarktgeschäften (*quality easing*).

Die Notenbankbilanz wird mengenmäßig ausgeweitet und die Geldmärkte werden mit Basisgeld versorgt.

Monetaristisch betrachtet, beinhaltet eine monetäre Expansion stets Inflationsrisiken. Wie bereits erwähnt, erhöht sich die Summe des Zentralbankgeldes direkt über höhere Sichtguthaben der Geschäftsbanken bei der Zentralbank. Die zirkulierende Geldmenge in der Wirtschaft wird jedoch nicht direkt beeinflusst (M1, M2, M3). Die entscheidende Bedingung dafür ist nicht, dass die Banken höhere Kontobestände bei der Notenbank unterhalten, sondern, dass die Banken mehr Kredite vergeben, d.h. Geldschöpfung betreiben.

In einer Finanzkrise sind Geschäftsbanken in der Regel zurückhaltender, verfügbare Liquidität in zusätzliche Kreditvergabe umzusetzen. Angesichts der sinkenden Kapazitätsauslastung in der Wirtschaft sowie der gedämpften Konsum- und Investitionsnachfrage ist es daher möglich, dass die Expansion der monetären Basis verpufft. Da „normale" Transmissionsmechanismen der Geldpolitik beeinträchtigt sind, führt eine größere monetäre Basis nicht zu einer Erhöhung der breiteren Geldmengenaggregate. In diesem Fall überwiegen also eher Deflations- als Inflationsrisiken.

Die Notenbank kann versuchen, Inflationserwartungen zu stimulieren und eine *managed inflation* zu praktizieren. Dies führt dazu, dass bei geringen bzw. Nullzinsen die **Realzinsen** sinken bzw. sogar negativ werden. Sinkende Realzinsen haben vier Effekte:

- Investitionen, die vorher unprofitabel waren, rechnen sich. Je kurzfristiger eine Volkswirtschaft finanziert ist, desto größer ist der Effekt der Zinspolitik.
- Es verbilligen sich nicht nur die Raten für neue, sondern auch für bestehende Konsumkredite oder Hypotheken. Dadurch haben die Konsumenten mehr Geld für Ausgaben zur Verfügung.
- Sinkende Realzinsen stabilisieren oder stimulieren Aktien- und Immobilienmärkte. Dies erhöht das Vermögen der Privaten und kann zu Steigerungen der Ausgaben führen.
- Ein Inflationsprozess könnte zudem als einfacher Ausweg zur (staatlichen) Entschuldung betrachtet werden.

Allerdings ist es schwierig, einen kontrollierten Inflationsprozess in Gang zu setzen, ohne dass die Geldpolitik an Glaubwürdigkeit verliert.

Fallbeispiel Japan

Es ist keineswegs sichergestellt, dass die genannten Maßnahmen auch Erfolg versprechen. Betrachten wir dazu das Beispiel Japans. Als am japanischen Aktienmarkt der Nikkei-Index zum Jahreswechsel 1989/1990 mit fast 40.000 Punkten sein absolutes Hoch erreichte, war das Ende einer Phase massiver spekulativer Übertreibungen am Immobilien- und Aktienmarkt erreicht. Eine falsche Zinspolitik durch die japanische Notenbank und eine dadurch begünstigte viel zu lockere Vergabe von Krediten durch die großen Geschäftsbanken hatten in den Achtzigerjahren zu deutlichen Überinvestitionen in der Wirtschaft und am Immobilienmarkt geführt. Als die Notenbank die Zinsen anhob, um den ungezügelten Investitionsboom zu bremsen, brach das „Kartenhaus" zusammen. Viele Banken gingen in Konkurs, weil sie „faule" Kredite angehäuften hatten. Durch das Misstrauen auf dem Interbankenmarkt kam der Finanzmarkt zum Erliegen.

Die japanische Notenbank hob den Zins zwischen 1989–1991 um 350 Basispunkte (= 3,5 Prozentpunkte) an, weil sie einen Anstieg der Inflation befürchtete. Ein Kursrutsch an dem Aktien- und Immobilienmarkt war die Folge. Die Bank of Japan unterstützte lediglich einige kleinere Banken und vermied es, „faule" Kredite aufzukaufen. Die Banken blieben somit auf ihren Problemkrediten sitzen. Kreditabschreibungen führten zu einem Rückgang ihres Eigenkapitals und verminderten den Spielraum für die Vergabe neuer Kredite. Jeder Yen, der abgeschrieben werden musste, verringerte den Kreditspielraum um ein Mehrfaches. Das führte in der Folge dazu, dass die Wirtschaftstätigkeiten immer weiter zum Erliegen kamen. Der Kreditmarkt, Triebfeder des Wirtschaftskreislaufs, hörte praktisch auf zu existieren. Erst 1991, als sich die Krise der japanischen Ökonomie weiter zuspitzte, senkte die Notenbank den Leitzins Schritt für Schritt auf Null Prozent. Diese Politik kam zu spät und konnte den Wirtschaftskreislauf nicht neu beleben. Erst 1998 gründete die japanische Regierung einen Rettungsfonds, der von den Banken „faule" Kredite aufkaufte. Für diesen Fonds und weitere Maßnahmen zur Stärkung des Bankeneigenkapitals wurden in der Folge rund 350 Milliarden Euro ausgegeben. Erst 2003 kam es zu einer Stabilisierung am Immobilienmarkt. Bis 2002 hat die Krise in Japan nach Schätzungen rund 25% des BIP gekostet. Sieben Banken wurden verstaatlicht, 61 Finanzinstitute wurden geschlossen, 28 Banken fusionierten. Ökonomen sprechen von einem „verlorenen Jahrzehnt".

Warum hat die Geldpolitik nicht gewirkt? Die Situation in Japan in den 90er Jahren gilt neben der Weltwirtschaftskrise 1929 als Beleg für die durch *Keynes* eingeführte **Liquiditätsfalle**. Dieser Begriff bezeichnet einen Zustand, in dem die Geldnachfrage aufgrund des Spekulationsmotivs unendlich zinselastisch ist. Die Wirtschaftssubjekte schätzen den Zins so niedrig ein, dass hohe Kursverluste bei festverzinslichen Wertpapieren zu befürchten sind. Folglich ziehen sie die Geldhaltung vor. Fällt der Zins weiter, wird die Geldhaltung noch weiter steigen, bis im Extremfall keine Wertpapiere mehr gehalten werden (Abb. 14.2). Die Wirtschaftssubjekte rechnen damit, dass die Zinsen demnächst steigen und somit die Kurswerte fallen. Ihre Spekulationskasse ist „prall gefüllt". Normalerweise sinkt der Zinssatz bei Ausweitung des Geldangebots durch die Zentralbank (z. B. durch Ankauf von Wertpapieren) und regt die zinsabhängige Investitionsgüternachfrage an. In der Liquiditätsfalle ist jedoch kein Vertrauen der Investoren in die Wirtschaft gegeben, so dass selbst bei einem Zinssatz von nahe Null keine zusätzlichen Investitionen stattfinden. Die Geldpolitik der Notenbank hat keine Auswirkungen auf den Output. Die Unternehmen investieren und die Verbraucher konsumieren nicht. Die Wachstumsrate des BIP und das Preisniveau sinken. Fällt die Inflationsrate unter null und verharrt dort, herrscht **Deflation**.

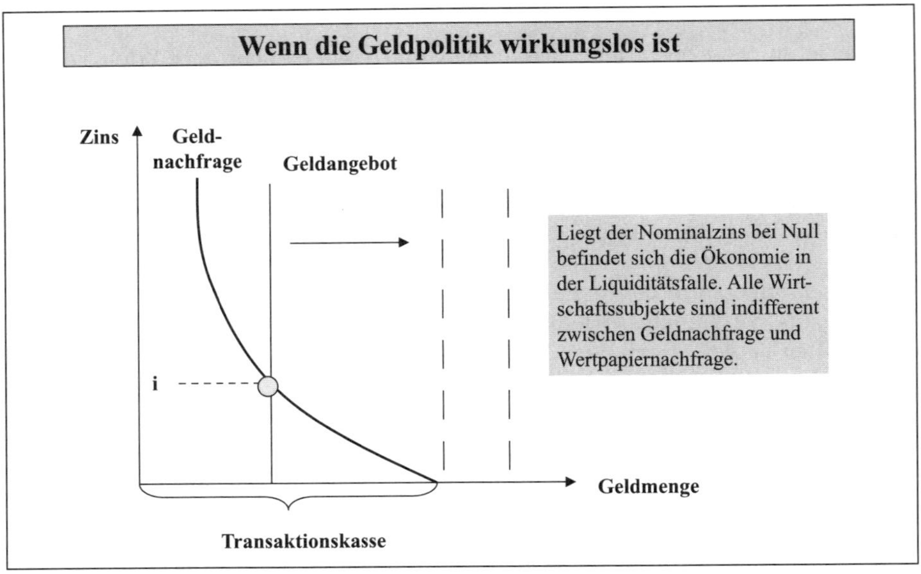

Abb. 14.2: Geldpolitik in der Liquiditätsfalle

Andere Autoren verweisen darauf, dass die japanische Wirtschaft nicht in einer normalen, d. h. zyklischen Rezession, sondern in einer **Bilanz-Rezession** gesteckt hat. Diese liegt vor, wenn beispielsweise eine Vermögensblase geplatzt ist und große Vermögenswerte „praktisch über Nacht" vernichtet werden. In diesem Fall kann die Wirtschaft nicht mit niedrigen Zinsen wieder zum Leben erweckt werden, da Unternehmen und Konsumenten überschuldet sind und versuchen, ihre Schulden zurückzuführen. Der Entschuldungsprozess kann auf verschiedenen Wegen erfolgen

- durch Einsammeln von neuem Eigenkapital, um so die Eigenkapital-Schulden-Relation zu verbessern,
- durch den Verkauf von Vermögensaktiva und Nutzung der Einnahmen zur Schuldentilgung oder
- durch Sparen, d. h. durch den Versuch, nicht das gesamte laufende Einkommen auszugeben.

Das Problem besteht darin, dass dieser Entschuldungsprozess für einige Akteure funktionieren kann, nicht jedoch, wenn das **Bankensystem** oder der **private Sektor insgesamt** diese Strategie verfolgen. Es kommt dann zur Verschärfung der Situation und zum Gegenteil dessen, was ursprünglich angedacht war.

Versuchen beispielsweise im Finanzsektor mehrere illiquide Banken, sich mit Notverkäufen von denselben Wertpapieren oder Aktien zu entschulden, dann werden die Preise dieser Aktiva stark fallen und die Erträge aus den Verkäufen so niedrig ausfallen, dass im Endeffekt eine Verschlechterung der Eigenkapital-Schulden-Relation droht. Zudem müssen alle anderen Finanzinstitute ebenfalls ihre Vermögensaktiva zu den erzielten niedrigeren Preisen neu bewerten, was auch ihr Eigenkapital in den Bilanzen schmelzen lässt.

Ebenfalls der Versuch, durch eine restriktivere Kreditvergabe die Eigenkapitalquote zu erhöhen, führt nicht zum Erfolg, da der Wirtschaft die Finanzierungsmittel für Investitionen und Konsum fehlen. Der Wirtschaftsabschwung wird verlängert. Weitere Kreditausfälle und Abschreibungen drohen.

Ähnlich verhält es sich im nicht-finanziellen Sektor. Wenn eine große Zahl an Unternehmen gleichzeitig versucht, weniger auszugeben und Kosten zu senken, können in der Folge die Einnahmen sinken. Dies reduziert die Fähigkeit der Unternehmen, ihre Schulden zu bedienen. Der zunehmende Druck auf die Güterpreise kann sogar zu einer Schuldendeflation führen. Für die privaten Haushalte ergibt sich ein vergleichbares Bild. Wenn sie z. B. mit steigenden Immobilienpreisen gerechnet und im Vertrauen darauf immer weniger gespart haben, müssen sie nun beim Verfall der Preise zwangsläufig mehr Sparen, wenn sie die Verschuldung zurückfahren wollen. Der dadurch sinkende Konsum wirkt sich negativ auf die Wirtschafts- und Beschäftigungsentwicklung aus.

In der Bilanzrezession wie auch in der Liquiditätsfalle versagen die Instrumente der Notenbank. Das Marktversagen kann man nur noch mit fiskalpolitischen Mitteln bekämpfen.

Schlagwörter	• Nullzinspolitik • quantitative Lockerung • Deflation	• managed inflation • Liquiditätsfalle • Bilanz-Rezession

14.4 Fallbeispiele zu Kapitel 14

Lösungs- und Bearbeitungshinweise sowie alle Abbildungen dieses Kapitels finden Sie unter:
www.vahlen.de

Fallbeispiel 14.1: Finanzkrise (+)

1) In einer Zeitungsmeldung können Sie lesen, dass die Immobilienkrise bei Banken zu Schulden- bzw. Liquiditätsproblemen führt. Erläutern Sie diesen Sachverhalt.
2) Erläutern Sie ausgehend von einer Geschäftsbankenbilanz Lösungsvorschläge zur Überwindung der Finanzkrise.

Aktiva		Passiva	
1. Kreditvergabe		1. Einlagen	
2. Wertpapiere		2. Schuldverschreibungen	
		3. Eigenkapital	

Fallbeispiel 14.2: Unkonventionelle Geldpolitik: Nullzins und quantitative Lockerung (+)

1) Der Taylor Zins ist wie folgt konkretisiert:
$i_t = 2 + \pi_t + 0{,}5 \times (\pi_t - 2) + 0{,}5 \times y_t$

Wirtschaftsforschungsinstitute haben für das Jahr 2009 folgende Daten vorgelegt:

Wachstumsrate der Geldmenge M3	10 %
Inflationsrate	0 %
Arbeitslosenquote	10 %
Outputlücke (y)	– 6 %
Haushaltsdefizit in % des $BIP^{nominal}$	– 3 %

a) Wie hoch wäre der mit der Taylor-Regel vereinbare Leitzins im Jahr 2009? Interpretieren Sie das Ergebnis.
b) Nehmen Sie an, die EZB betreibt eine Null-Zins Politik. Wie beurteilen Sie die realwirtschaftlichen Folgen, wenn die Inflationsrate im Jahr 2009 einen Wert von Minus 2 % erreicht?
c) Der Ökonom Paul Krugman hat der EZB vorgeschlagen, die Leitzinsen bei Null zu belassen, selbst wenn der Anstieg der Geldmenge zu einer Inflationsrate von 3 % führt. Wie lässt sich diese Auffassung interpretieren?

2) Beschreiben Sie den Hintergrund, die Vorgehensweise und die Probleme einer Geldpolitik der „quantitativen Lockerung".

Fallbeispiel 14.3: Liquiditätsfalle und Versagen der Geldpolitik (++)

1) Die Situation in Japan in den 90er Jahren gilt als Lehrbuchbeispiel für eine Liquiditätsfalle. Was verstehen Sie unter einer Liquiditätsfalle?
2) Die Situation in Japan in den 90er Jahren wird mit einer Bilanz-Rezession beschrieben.
   a) Was verstehen Sie unter einer Bilanz-Rezession?
   b) Erläutern Sie, warum eine Geldpolitik in einer Bilanz-Rezession versagen kann.

Teil IV
Wirtschaftswachstum, Wohlstand und Beschäftigung

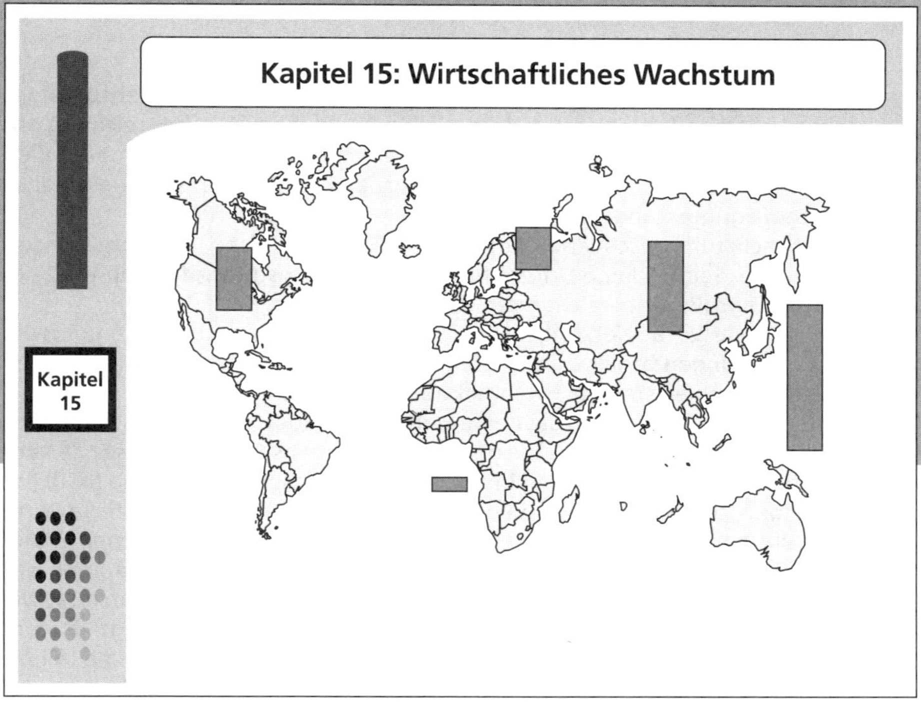

Inhaltsübersicht

Lernzielorientierte Sachverhalte

- Ein angemessenes und stetiges Wirtschaftswachstum ist ein eigenständiges ökonomisches Ziel. Es wird jedoch auch als Zwischenziel zur Erreichung anderer Ziele betrachtet. Dazu zählen vor allem die Erhöhung des materiellen Lebensstandards, die Finanzierbarkeit sozialer Leistungen sowie ein hoher Beschäftigungsstand.
- Die Wachstumsgeschwindigkeit von Volkswirtschaften ist höchst unterschiedlich. Selbst kleine Unterschiede in den Wachstumsraten führen langfristig zu großen Abweichungen des realen BIP-pro-Kopf.
- Als zentrale Voraussetzungen für Wirtschaftswachstum haben empirische Untersuchungen vor allem die Offenheit einer Volkswirtschaft, Investitionen in Bildung, einen stabilen Finanzsektor und politische Stabilität identifiziert.
- Untersuchungen zeigen, dass eine hohe Korrelation zwischen Gesundheit, Bildung und Wachstum des Pro-Kopf-Einkommens besteht. Dieser Zusammenhang lässt sich durch den Index der menschlichen Entwicklung (HDI) beschreiben, der regelmäßig von den Vereinten Nationen veröffentlicht wird.
- Das BIP ist unter mehreren Gesichtspunkten kein angemessener Wohlfahrtsindikator. Beispielsweise werden negative Begleiterscheinungen des wirtschaftlichen Wachstums wie der Verbrauch natürlicher Ressourcen sowie steigende Umweltbelastungen nur unzureichend berücksichtigt. Zudem werden einige wohlfahrtsrelevante Vorgänge nicht erfasst, z. B. die unentgeltlich erbrachte Hausarbeit von Familienmitgliedern oder die Erziehungsarbeit von Eltern.
- In internationalen Vergleichen des BIP-pro-Kopf, die nur auf Basis einer einheitlichen Währung durchzuführen sind, müssen die Verteilungsrelationen sowie der Einfluss von Inflation und von Wechselkursen beachtet werden.

15.1 Wirtschaftswachstum als wirtschaftspolitisches Ziel

Der russische Wissenschaftler *Nikolai Kondratieff (1892–1938)* behauptete, dass die wirtschaftliche Entwicklung Westeuropas und der USA nicht nur durch das Auftreten kurzer und mittlerer Konjunkturschwankungen gekennzeichnet sei, sondern dass in den kapitalistischen Ländern auch lange Phasen von Prosperität und Rezession periodisch auftreten. Der österreichische Wissenschaftler *Joseph Alois Schumpeter (1883–1950)* integrierte diese Wellenbewegung in seine bereits früher entwickelte Theorie der kapitalistischen Wirtschaftsweise mit ihrem **Prinzip der kreativen Zerstörung** und nannte sie zu Ehren seines russischen Kollegen **Kondratieff-Zyklen**. Sie sind auch als **lange Wellen** bekannt, die eine Dauer von 40 bis 60 Jahren aufweisen. Treibende Kraft sind Basisinnovationen, die nicht nur die wirtschaftlichen, sondern auch die gesellschaftlichen Strukturen verändern. Ausgelöst wird der wirtschaftliche Aufschwung durch eine Übersättigung der Nachfrage und einen Rückgang der Gewinnmargen profitorientierter Unternehmen. Dieser unbefriedigende Zustand veranlasst Unternehmen zu Anstrengungen, den Output mit geringerem Faktoreinsatz zu erzeugen, die Qualität der Güter zu steigern und/oder die Kosten zu senken. Dabei werden die Bedürfnisse der Konsumenten und die vorangegangenen technisch-wissenschaftlichen Entwicklungen zu neuen Ideen zusammengefasst. Es lässt sich damit gut erklären, warum gleichartige Erfindungen oftmals zeitgleich erfolgen. Der eigentliche Wachstumsimpuls wird jedoch nicht durch Entdeckungen selbst ausgelöst, sondern durch die breite **Diffusion** neuer Güter, Verfahren oder Organisationsmethoden. Diese Diffusion geht mit der

Schaffung von Netzwerken einher, die einen erheblichen unternehmerischen Einsatz erfordert (vgl. Tab. 15.1). Jede dieser Wellen hat die Gesellschaft ihrer Zeit gründlich verändert. Es entstanden neue Arbeitsformen und Berufe, neue Lebensweisen und Konsummuster. Der erste und zweite Kondratieff-Zyklus machte Bauern zu Arbeitern, der dritte Zyklus bescherte uns das hellerleuchtete, bunte Nachtleben in den Städten und das unzerbrechliche Kaffeegeschirr in Form von Plastik. Im vierten Kondratieff entwickelte sich der Massenverkehr und im fünften Kondratieff zogen der Computer und das Mobiltelefon in den Alltag ein.

Tab. 15.1: Merkmale der Kondratieff-Zyklen
Quelle: in Anlehnung an Freeman, 1998, S. 139

Merkmale / Zeitraum	Basisinnovationen	zentrale Bedürfnisse	Netzwerke
1793–1847	Dampfmaschine, Eisenindustrie	Arbeit erleichtern	Handel
bis 1893	Eisenbahn, Schifffahrt, Stahl	Ressourcen verfügbar machen	Transport
bis 1939	Elektrizität, Chemie	Lebensräume gestalten	Energie
bis 1984	PKW, Erdöl, Elektronik	Mobilität fördern	Verkehr, Kommunikation
bis 2010	Informations- und Kommunikationstechniken, Wissen	Wissen verfügbar machen	Computer, Internet
ab 2010	Gesundheits- und Umwelttechnologien	Gesundheit, Schutz der Umwelt	Mensch

Die Spitze eines Kondratieff-Zyklus ist nach rund 25 Jahren erreicht. Zu diesem Zeitpunkt wächst in Folge der verbesserten Produktionsverfahren das Angebot schneller als die Nachfrage. Es kommt aufgrund von Angebotsüberhängen zu einem Verfall der Preise und zur Erlahmung der Innovationsanreize.

Das Überschreiten des Höhepunktes eines Kondratieff-Zyklus führt dazu, dass Investitionen in die durch Basisinnovationen geprägten Wirtschaftsbereiche keinen entscheidenden Produktivitätszuwachs mehr bewirken. Steht eine andere, hinreichend produktivitätsfördernde Basisinnovation nicht bereit, dann erlahmt die Wachstumsdynamik. Andernfalls wird der Baustein für eine erneute Aufschwungphase gelegt. Der 6. Kondratieff hat etwa im Jahr 2010 eingesetzt. Als Basisinnovationen dieses Zyklus gelten u. a. Gesundheits- und Umwelttechnologien. Kondratieff-Zyklen sind jedoch keine Naturgesetze. Im Gegensatz zu früheren Epochen wird zunehmend bezweifelt, ob eine Basisinnovation allein die treibende Kraft des Wirtschaftswachstums sein kann.

Wirtschaftswachstum als Ziel

Mit dem Wachstum einer Volkswirtschaft werden sowohl kurz- als auch längerfristige Entwicklungen betrachtet. In § 1 des Stabilitäts- und Wachstumsgesetzes der Bundesrepublik Deutschland aus dem Jahr 1967 findet sich die Zielsetzung, ein **angemessenes und stetiges Wirtschaftswachstum** zu erreichen:

- Angemessen bezieht sich auf den Zuwachs an Wirtschaftsleistung, z. B. gemessen am realen BIP.
- Stetig bezieht sich auf eine Vermeidung von zu großen Schwankungen des BIP im Konjunkturverlauf.

Das BIP-pro-Kopf hat sich in Deutschland seit 1900 etwa versechsfacht. Dieses auch in anderen Ländern beobachtbare rapide Anwachsen der ökonomischen Leistungsfähigkeit war Anlass, das wirtschaftliche Wachstum ab Mitte der 60er Jahre zu einem wichtigen Untersuchungsgegenstand der Makroökonomie und zu einer zentralen Zielsetzung der Wirtschaftspolitik zu machen.

Wirtschaftliches Wachstum wird vielfach nicht als eigenständiges Ziel, sondern als **Sekundärziel** zur Erreichung anderer wirtschafts- oder gesellschaftspolitischer Ziele ausgelegt. Die Frage, ob eine Ökonomie auf Wachstum angewiesen ist, hat Nobelpreisträger *Milton Friedman* wie folgt beantwortet: *„We don't have a desperate need to grow. We have a desperate desire to grow"*. Für diese Auffassung lassen sich verschiedene Gründe anführen:

- Wachstum, verstanden als höhere und gegebenenfalls „bessere" Güterversorgung der Bevölkerung, wird als entscheidende Basis für den **materiellen Wohlstand** einer Volkswirtschaft betrachtet. Auf diese Weise kann es gleichzeitig zur Erhaltung der politischen Stabilität eines Landes beitragen.
- Wirtschaftswachstum setzt positive Nettoinvestitionen voraus, die als Erweiterung des Sachkapitalbestandes eine entscheidende Voraussetzung für einen **hohen Beschäftigungsstand** sind.
- Eine wachsende Wirtschaft trägt zur **Entschärfung** von **Verteilungskonflikten** bei. Lohnerhöhungen sind in einer wachsenden Wirtschaft eher durchzusetzen als im Fall einer wirtschaftlichen Stagnation. Auch öffentliche Güter wie Ausbildung und Gesundheit sind in einer wachsenden Wirtschaft leichter zu finanzieren, da das Wirtschaftswachstum zu Steuermehreinnahmen führt.
- Ohne ausreichendes Wirtschaftswachstum kann der **Sozial-** und **Wohlfahrtsstaat** an die Grenzen seiner Finanzierbarkeit geraten. In Deutschland führt ein um 1 % höheres nominales Wirtschaftswachstum bei einer gesamtwirtschaftlichen Steuerquote von rund 25 % zu Steuermehreinnahmen von 6 bis 7 Mrd. €.
- Wirtschaftswachstum erleichtert den **Strukturwandel** und stimuliert den technischen Fortschritt. Arbeitskräfte, die in schrumpfenden Branchen nicht mehr benötigt werden, können in expandierenden Branchen einer wachsenden Wirtschaft leichter eine neue Beschäftigung finden. Voraussetzung ist, dass die angebotenen und nachgefragten Qualifikationen der Arbeitskräfte sich entsprechen oder durch Weiterbildungsmaßnahmen angeglichen werden.
- Technischer Fortschritt, als eine wichtige Quelle des Wachstums, kann dazu beitragen, dass **Umweltschutzaufgaben** durch verbesserte und neue Technologien besser zu erfüllen sind.

Schlagwörter	• Wachstumszyklen • Kondratieff-Zyklen	• Basisinnovationen • angemessenes und stetiges Wachstum

15.2 Messung und Geschwindigkeit des Wirtschaftswachstums

In der Regel messen wir das wirtschaftliche Wachstum anhand des realen BIP. In diesem Kontext sind die Begriffe Wachstumsrate, Wachstumsfaktor, absolutes und relatives Wachstum zu unterscheiden.

Die absolute Veränderung des BIP gegenüber dem Vorjahr beschreibt das **absolute Wachstum** einer Volkswirtschaft (ΔBIP):

(1) $\Delta BIP = BIP_t - BIP_{t-1}$

Die **Wachstumsrate** (W_{BIP}) ist das absolute Wachstum in Relation zur Ausgangsgröße:

(2) $W_{BIP} = \frac{BIP_t - BIP_{t-1}}{BIP_{t-1}} \times 100 = \left(\frac{BIP_t}{BIP_{t-1}} - 1 \right) \times 100$

Der **Wachstumsfaktor** (f_{BIP}) ist die Zahl, mit der die Ausgangsgröße multipliziert werden müsste um die den aktuellen BIP-Wert zu erhalten:

(3) $f_{BIP} = \frac{BIP_t}{BIP_{t-1}} = (1 + W_{BIP} / 100)$

Betrachten wir dazu ein Zahlenbeispiel (Tab. 15.2). Sie sehen, dass die Volkswirtschaft im ersten Jahr um rund 4,39 % wächst, im zweiten Jahr jedoch nur noch um rund 4,29 %. Das absolute BIP und das absolute Wachstum sind hingegen trotz sinkender Wachstumsrate gestiegen. Häufig würde dennoch vielleicht die Auffassung verbreitet, die wirtschaftliche Situation habe sich im Vergleich zum Vorjahr verschlechtert.

Tab. 15.2: Absolutes und relatives Wachstum

Jahr	BIP	absolutes Wachstum	relatives Wachstum	
	(Mrd. €)	(Mrd. €)	Wachstumsfaktor	Wachstumsrate (%)
1	2.050	–	–	–
2	2.140	90	1,0439	4,39 %
3	2.232	92	1,0429	4,29 %
Beispiel: Wachstumsfaktor im Jahr 3: 2.232/2.140 = 1,0429				
Beispiel: Wachstumsrate im Jahr 3: [(2.232 / 2.140) – 1)] × 100 = 4,29 %				

Der **Wachstumstrend** wird durch die jahresdurchschnittliche Wachstumsrate beschrieben. Betrachten wir dazu folgende fiktive Entwicklung des BIP-Wachstums für den Zeitraum 1996–2000 (Tab. 15.3):

Tab. 15.3: Wachstumsrate und Wachstumsfaktor

	1995	1996	1997	1998	1999	2000
BIP	2000,0	2016,0	2044,2	2087,2	2120,5	2186,3
BIP-Wachstumsrate	–	+0,8	+1,4	+2,1	+1,6	+3,1
BIP-Wachstumsfaktor	–	1,008	1,014	1,021	1,016	1,031

Die Wachstumsrate über n Perioden (hier: 5 Jahre) entspricht nicht dem arithmetischen Mittel der jährlichen Wachstumsraten, sondern wird mit Hilfe des geometrischen Mittels der jährlichen Wachstumsfaktoren berechnet:

(4) $W_{1996/2000} = [(1{,}008 \times 1{,}014 \times 1{,}021 \times 1{,}016 \times 1{,}031)^{1/5} - 1] \times 100$
$= (1{,}09314205^{1/5} - 1) \times 100 = 1{,}8\,\%$

Sind die einzelnen Wachstumsraten nicht bekannt, erhält man das gleiche Ergebnis mit Hilfe der Formel:

(5) $[(\text{Endwert} / \text{Anfangswert})^{1/5} - 1] \times 100 = [(2186{,}3 / 2000{,}0)^{1/5} - 1] \times 100 = 1{,}8\,\%$

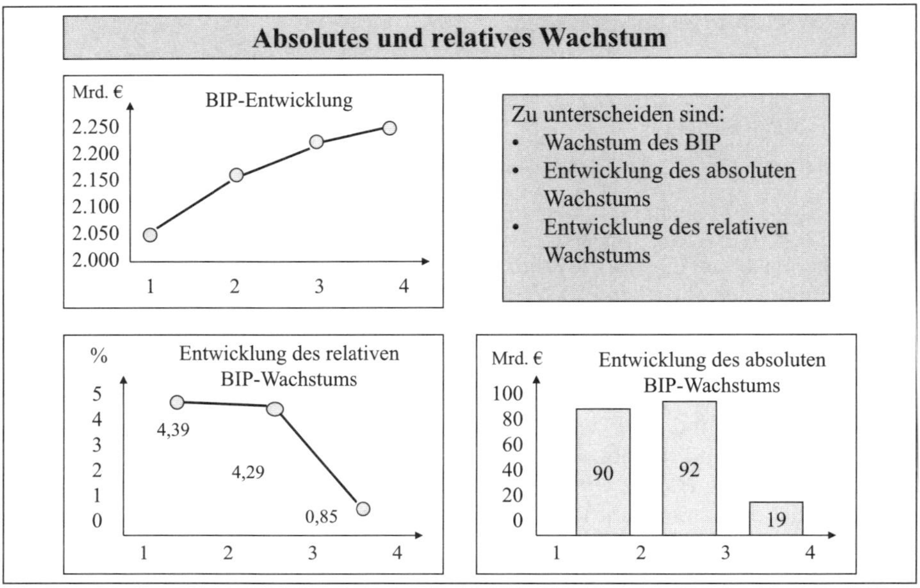

Abb. 15.1: Absolutes und relatives Wachstum (Zahlenbeispiel)

Wachstumstempo

Zur Zeit weisen Länder wie China eindrucksvolle Wachstumsraten von 10 % jährlich auf. Gleichzeitig wissen wir aber, dass der chinesische Lebensstandard im Durchschnitt noch relativ gering ist. Es wird deshalb noch einige Zeit dauern, bis China einen z. B. mit Deutschland vergleichbaren Wohlstand gemessen am BIP-pro-Kopf erreicht hat. Kann man diesen Zeitraum genau abschätzen? Hilfreich ist dafür eine approximative Formel für die Verdoppelungszeit einer Größe, die als **70er-Regel** (*magic rule of 70*) bekannt ist (Box 15.1).

Box 15.1: 70er-Regel – Wie lange dauert die Verdoppelung ökonomischer Größen, die mit einer konstanten Rate wachsen?

Problem:	**Hintergrund:**
Finde t, so dass (1) $X \times (1 + g/100)^t = 2 \times X$ Logarithmieren ergibt (2) $\ln X + t \times \underbrace{\ln (1 + g/100)}_{\approx g/100} = \underbrace{\ln 2}_{\approx 0{,}7} + \ln X$ ergibt approximiert: $t = 70/g$	Bei einer Wachstumsrate von g% pro Zeiteinheit dauert es etwa 70 / g Zeiteinheiten bis zur Verdoppelung.

Weist Deutschland z. B. ein durchschnittliches jährliches Wachstum von 2,5 % auf, verdoppelt sich der Ausgangswert in etwa 28 Jahren: 70/2,5 = 28 Jahre. Bei einer Wachstumsrate von 7 % würde sich der Ausgangswert bereits nach 10 Jahren verdoppeln, nach 20 Jahren vervierfachen und nach 30 Jahren verachtfachen. Derartige Betrachtungen geben Antworten auf die Frage, ob es zu einer Divergenz oder zu einer Konvergenz der ökonomischen Entwicklung kommt. Vergleichen wir zwei Volkswirtschaften mit einem unterschiedlichen Ausgangsniveau des BIP. Land A sei ein reifes Industrieland mit einem hohen Anfangsniveau (2.000 Mrd. €) und einer durchschnittlichen Wachstumsrate von 2,3 % pro Jahr. Land B ist ein „Tigerstaat"; es startet auf der Hälfte des Niveaus (1.000 Mrd. €) mit einer durchschnittlichen Wachstumsrate von 7 %.

	Land A (reifes Industrieland)	Land B (Tigerstaat)
Ausgangsniveau	2.000 Mrd. €	1.000 Mrd. €
nach 10 Jahren		2.000 Mrd. €
nach 20 Jahren		4.000 Mrd. €
nach 30 Jahren	4.000 Mrd. €	8.000 Mrd. €

Sie sehen, dass sich der Output für Land A nach 30 Jahren verdoppelt, für Land B hingegen bereits nach 10 Jahren. Nach 20 Jahren beträgt der Output das 4-fache des Ausgangsniveaus. Land B holt also zügig auf und erreicht das Niveau von Land A nach ca. 15 Jahren.

Allgemein kann man den Zeitpunkt, zu dem sich unterschiedliche Ausgangsniveaus ($x_A > x_B$) bei unterschiedlichen Wachstumsraten ($W_B > W_A$) angleichen, näherungsweise berechnen durch:

(1) $t = \ln (x_A/x_B) /(W_B/100 - W_A/100)$

Somit ergibt sich in unserem Beispiel:

(2) $t = \ln (2000/1000) / (0{,}07 - 0{,}023) \approx 0{,}7 / 0{,}047 = 14{,}89 \approx 15$ Jahre

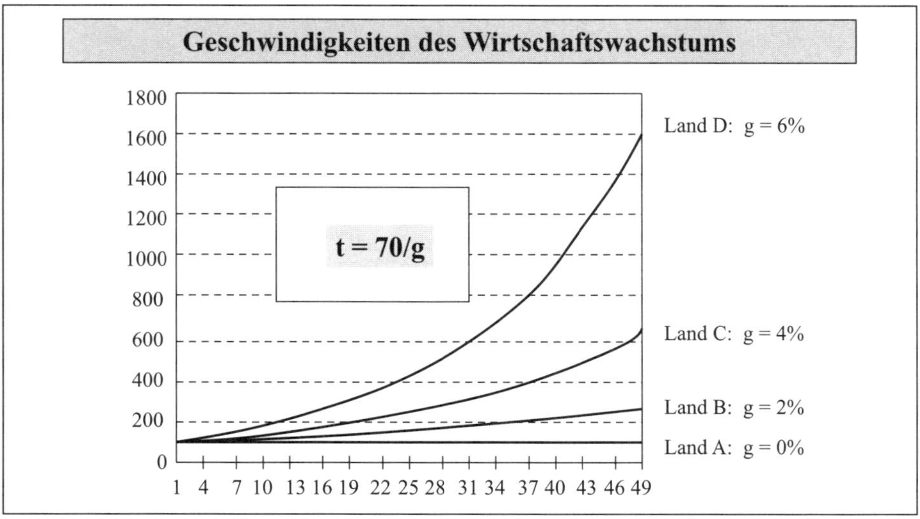

Abb. 15.2: Wachstumstempo bei unterschiedlichen Wachstumsraten

Beachten Sie, dass bereits kleine Unterschiede in den Wachstumsraten schon einige Generationen später zu großen Abweichungen des BIP führen. Wächst ein Land wie die USA ausgehend von einem Ausgangswert von 3.340 US-$ pro Kopf (Jahr 1870) in

130 Jahren jedes Jahr konstant mit 1,78 %, dann verzehnfacht sich das BIP-pro-Kopf bis zum Jahr 2000 auf 33.340 US-$. Ein um 1 % höheres Wachstum (2,78 %) würde hingegen zu einem Wachstum des BIP-pro-Kopf auf rund 118.000 US-$ führen. Ein um 1 % geringeres Wachstum (0,78 %) hat hingegen ein drastisch geringeres BIP-pro-Kopf zur Folge. Es erreicht nur noch 27,5 % des für das Jahr 2000 ausgewiesenen Wertes.

In den Wirtschaftswissenschaften ist es üblich, für die Analyse längerer Zeitreihen eine **logarithmische Darstellung** zu wählen. Dieses Verfahren hat den Vorteil, dass konstante Zuwachsraten einer Größe durch die lineare Entwicklung einer Zeitreihe abgebildet werden können. Wenn wir die logarithmierten Werte voneinander subtrahieren, entspricht die Differenz in etwa der prozentualen Veränderung zwischen diesen beiden Perioden (Abb. 15.3).

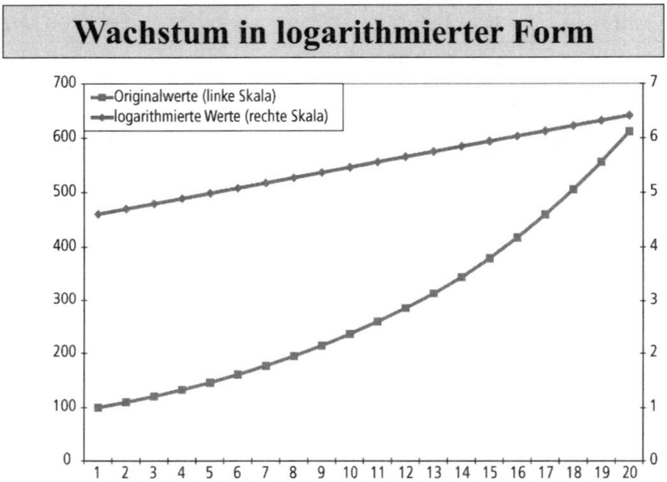

Periode	BIP, real (absolut)	Zuwachs in %	BIP, real (ln)	Differenz der ln-Werte
1	100		4,61	
2	110	10%	4,70	0,09 = ca. 10%
3	121	10%	4,80	0,10 = 10%
4	133,10	10%	4,89	0,09 = ca. 10%

Abb. 15.3: Längerfristiges Wachstum in absoluter und logarithmischer Darstellung
Quelle für das Zahlenbeispiel: Bofinger, 2011, S. 322

Schlag-wörter	• Wachstumsrate • Wachstumsfaktor • absolutes Wachstum • relatives Wachstum	• Wachstumstrend • years to double

15.3 Wachstum und Entwicklung

In den letzten Jahren wurden umfangreiche Studien über die Bedeutung einzelner Bestimmungsfaktoren des Wachstums vorgenommen. Die Erforschung der wirtschaftlichen Entwicklung unter besonderer Berücksichtigung der Probleme von Entwicklungs- und Schwellenländern ist in der Vergangenheit mehrfach mit dem Nobelpreis bedacht worden (Abb. 15.4).

Lewis, Arthur
1915–1991 (USA)
© Nobel Foundation

Schultz, Theodore William
1902–1998 (USA)
© Nobel Foundation

Sen, Amartya Kumar
1933 (Indien)
© Nobel Foundation

Für ihre bahnbrechenden Arbeiten in der Erforschung der wirtschaftlichen Entwicklung, unter besonderer Berücksichtigung der Probleme der Entwicklungsländer"

Für seine grundlegenden theoretischen Beiträge zur Wohlfahrtsökonomie u.a. in Entwicklungsländern

Abb. 15.4: Nobelpreisträger für Wirtschaftswissenschaften (Entwicklungsökonomik)

Lange Zeit wurde angenommen, dass Reichtum an natürlichen Ressourcen (z. B. Erdöl) grundsätzlich ein Segen für ein Land sei und Entwicklung und Wohlstand garantiere. In den 1980er Jahre trat hingegen die These auf, dass es sich hier eher um einen „Fluch" handeln könne. Der Begriff **Ressourcenfluch** bezeichnet die verschiedenen negativen Folgen, die der Reichtum an natürlichen Ressourcen für ein Land und seine Bevölkerung haben kann. Paradox erscheint, dass das Wirtschaftswachstum in Ländern, die stark vom Export mineralischer und fossiler Rohstoffe abhängig sind, in der Regel geringer ist als in rohstoffarmen Ländern. Dies kann verschiedene Gründe haben. Die *„dutch disease"* **(Holländische Krankheit)** entsteht, wenn Ressourcen im großen Stil exportiert werden und die erhöhte Nachfrage die Währung aufwertet. Dadurch werden andere Exportprodukte teurer und weniger konkurrenzfähig, d. h. die verarbeitenden Exportindustrien werden geschwächt. Häufig entwickelt sich deshalb keine ausgeprägte Industriestruktur. Ursächlich sind oft der staatliche Missbrauch von Einkünften aus dem Rohstoffsektor oder mangelnde Investitionen in Infrastruktur und Bildung.

Hier ist zu beachten, dass dieser „Fluch" natürlich nicht in den Rohstoffen selbst begründet liegt, sondern im Fehlverhalten der jeweiligen Entscheidungsträger. Liegt dieses Fehlverhalten nicht vor, kann sich der Ressourcenreichtum hingegen zum Segen eines Landes und seiner Bevölkerung entwickeln.

Viele Untersuchungen zeigen einen positiven Zusammenhang zwischen der **Offenheit** einer Wirtschaft und Wachstum des BIP (Abb. 15.5). Praktische Beispiele finden sich unter den offenen westeuropäischen Ländern und den südostasiatischen Tigerstaaten.

Es ist davon auszugehen, dass die Offenheit von Volkswirtschaften den Wissenstransfers und den Technologieaustausch beschleunigt, was sich positiv auf das Wachstum auswirkt. Auch stehen die Unternehmen in offenen Volkswirtschaften unter einem relativ größeren Wettbewerbsdruck als in geschlossenen Volkswirtschaften, so dass sie ständig zu Innovationen gezwungen werden. Dieser Druck hat positive Auswirkungen auf Produktivität und Wachstum.

Ebenfalls bestätigt ist der positive Zusammenhang zwischen Wachstum und Investitionen in **Humankapital**. Untersuchungen zeigen, dass die Erhöhung der Schulzeit der Bevölkerung um ein Jahr das Wachstum um 1,2 % pro Jahr beschleunigen kann (*vgl. Barro, 1997*). Ähnlich positive Ergebnisse für das wirtschaftliche Wachstum lassen sich aus stabilen politischen Verhältnissen und einem gut entwickelten **Finanzsystem** ableiten. Wichtig für Investitionen sind zudem dauerhafte und garantierte **Eigentumsrechte** (*property rights*).

Als zentrale Voraussetzung für die Bildung von Humankapital gilt u. a. ein gut ausgebautes Gesundheitssystem. Eine schlechte Gesundheitsversorgung verkürzt die Lebenserwartung und mindert den Anreiz, in Humankapital zu investieren. Arme Länder, die nicht in das Bildungs- und Gesundheitssystem investieren, können nur unzureichend einen sich selbst tragenden Wachstumsprozess in Gang bringen.

Einflussgrößen des Wirtschaftswachstums

Zusammenhang zwischen Wirtschaftswachstum und …	eindeutig positiv	eher positiv	nicht signifikant
Offenheit der Wirtschaft	X		
Humankapital	X		
politische Stabilität	X		
stabiler Finanzsektor	X		
gerechte Einkommensverteilung		X	
Korruption		X	
hoher Staatskonsum		X	
hohe Inflation (> 5% p.a.)			X (eher nachteilig)

Abb. 15.5: Einflussgrößen des Wirtschaftswachstums
Quelle: Brunetti, 1998

Untersuchungen der Vereinten Nationen (UN) zeigen, dass eine hohe Korrelation zwischen Gesundheit, Bildung und Wachstum des Pro-Kopf-Einkommens besteht. Die UN berechnet dazu einen **Index der menschlichen Entwicklung** (Human Development Indicator, HDI, Abb. 15.6). Der HDI kann Werte zwischen 0 und 1 erreichen. Deutschland erreichte im Jahr 2007/2008 einen HDI-Wert von 0,935 und damit Platz 22 der internationalen Rangfolge. Spitzenreiter war Island mit einem HDI-Wert von 0,968 (unter 177 Ländern).

Für andere Einflussgrößen – z. B. (Un-)Gleichheit der Einkommensverteilung oder demokratischen Strukturen – sind die empirischen Ergebnisse weniger eindeutig. In früheren Arbeiten wurde die These vertreten, dass es einen inversen U-förmigen Zusammenhang zwischen Ungleichheit der Einkommensverteilung (z. B. gemessen am Gini-Koeffizienten, vgl. Kap. 25) und wirtschaftlicher Entwicklung gibt. Dieser

Index der Menschlichen Entwicklung (Human Development Index)

Subindex	gemessen durch
Gesundheit	Lebenserwartung in Jahren
Bildung	mittlere Anzahl von Schuljahren (eines 25-Jährigen) erwartete Anzahl von Schuljahren (eines Kindes)
Einkommen	BIP-pro-Kopf (in US-$), wegen der großen Einkommensdifferenzen werden logarithmierte Werte verwendet

Alle Subindizes errechnen sich wie folgt:

$$\frac{(\text{aktueller Wert} - \text{minimaler beobachteter Wert})}{(\text{maximaler beobachteter Wert} - \text{minimaler beobachteter Wert})}$$

Der Human Development Index (HDI) ist das geometrische Mittel der Subindizes

über	0,8		hohe menschlichen Entwicklung
0,5	bis	0,8	mittlere menschliche Entwicklung
unter	0,5		geringe menschliche Entwicklung

Abb. 15.6: Index der menschlichen Entwicklung (HDI)

Zusammenhang ist als **Kuznets-Funktion** bekannt (Abb. 15.9). Kuznets erhielt 1985 den Nobelpreis *„für seine erfahrungsmäßig gefundenen Erklärungen von wirtschaftlichem Wachstum, welche zu neuen und vertieften Einsichten in die wirtschaftlichen und sozialen Strukturen und Entwicklungsprozesse führten".*

Die Kuznets-Kurve basiert auf der Vorstellung, dass sich im Zuge der wirtschaftlichen Entwicklung zunächst die personelle Einkommensverteilung verschlechtert. Ursache ist eine unterschiedliche Streuung der Gewinne in der Bevölkerung. Solange Arbeitskräfte z. B. in Entwicklungsländern reichlich vorhanden sind und Kapital knapp ist, steigen im Zuge der wirtschaftlichen Entwicklung die Kapitaleinkommen stärker als die Arbeitseinkommen. Diese Veränderung in der funktionalen Einkommensverteilung überträgt sich auf die personelle Einkommensverteilung. Erst im Verlauf der Entwicklung, wenn Arbeitskräfte knapper und Kapital reichlicher vorhanden sein wird, können die wirtschaftlichen Erfolge der Entwicklung gleichmäßiger verteilt werden.

Das Konzept der Kuznets-Kurve findet sich inzwischen auch in der Diskussion des Zusammenhangs zwischen Wirtschaftswachstum und Umweltschutz **(ökologische Kuznets-Kurve)**. Danach nimmt die Umweltverschmutzung im Verlauf der wirtschaftlichen Entwicklung zunächst zu und dann ab. Beide Ausprägungen der Kuznets-Kurve führen in der empirischen Überprüfung zu keinen eindeutigen Aussagen.

Schlagwörter	• Wachstumsdeterminanten • Kuznets-Funktion	• Index der menschlichen Entwicklung (HDI)

Wirtschaftswachstum und Einkommensverteilung

Gini-Koeffizient = Maß für Einkommensverteilung
BIP pro Kopf = Maß für wirtschaftliche Entwicklung

Kuznets, Simon Smith
1901 – 1985 (USA)
© Nobel Foundation

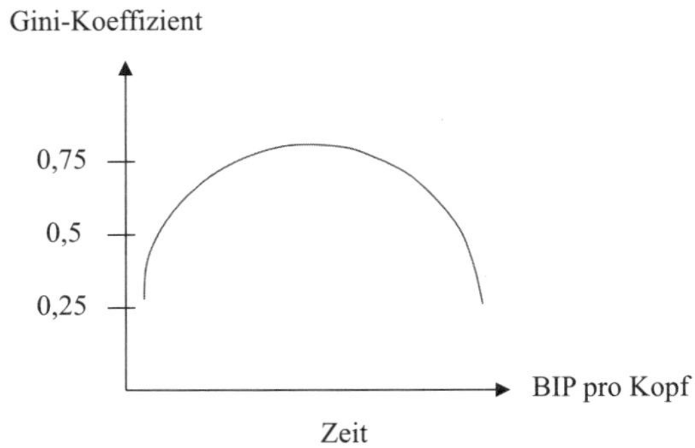

These: Wenn sich eine Volkswirtschaft entwickelt, wird zunächst die Ungleichheit der Einkommen höher. Der Anstieg der Ungleichheit wird im Verlauf geringer; ab einem bestimmten Entwicklungsniveau steigt die Gleichheit wieder an (inverses U).

Abb. 15.7: Idealtypische Kuznets-Funktion

15.4 Wachstumskritik

Die Messung des wirtschaftlichen Wachstums anhand des BIP ist mit zahlreichen Schwierigkeiten verbunden, die insgesamt seine Aussagefähigkeit als Wohlfahrtsmaßstab beeinträchtigen. Wir wollen die wichtigsten Kritikpunkte anhand der einzelnen Teilrechnungen des BIP auflisten (Abb. 15.8).

Entstehung des BIP

Das BIP sagt nichts darüber aus, welche Güter produziert werden. Auch die Qualität und die Nutzungsdauer der produzierten Güter werden nicht berücksichtigt. Ein TV-Gerät, das nach 3 Jahren ersetzt wird, erhöht das BIP früher als ein Gerät, das 10 Jahre hält. Zur Beurteilung der Produktionsleistung müssen ferner die Bedingungen ihrer Entstehung berücksichtigt werden. Zu verweisen ist hier u. a. auf die Arbeitszeit oder die gesundheitlichen Belastungen, die möglicherweise während des Produktionsprozesses auftreten.

Wir wollen uns beispielhaft mit der **Arbeitszeit** beschäftigen. Das BIP-pro-Kopf kann als Produkt der Arbeitsproduktivität (pro Stunde) und der geleisteten Arbeitsstunden (AV) je Einwohner (BEV = Bevölkerung) eines Landes dargestellt werden:

(1) (BIP / BEV) = (BIP / AV) × (AV / BEV)

Die Arbeitsstunden pro Kopf der Bevölkerung können wiederum in drei Komponenten

- durchschnittliche Arbeitszeit pro Erwerbstätigem (AV / EWT),
- Anteil der Erwerbstätigen an den Erwerbspersonen (EWT / EP),
- Erwerbsbeteiligung (EP / BEV)

aufgespalten werden:

(2) (AV / BEV) = (AV / EWT) × (EWT / EP) × (EP / BEV)

Bruttoinlandsprodukt (zu Marktpreisen) kritisch betrachtet

Teilrechnung	Frage	Zu hinterfragen:
Entstehung	Welche Güter werden unter welchen Bedingungen erzeugt?	Art der Güter („Schulen oder Panzer"); Qualität, Nutzungsdauer
	Welche Güter werden gar nicht erfasst, da sie keine Marktpreise haben ?	Erziehungsarbeit, Do-it-yourself Tätigkeiten
	Wie hoch sind die externen Kosten der Produktion?	Umweltverbrauch; Schadstoff-Emissionen
Verwendung	Welche Güter werden als Konsum-, Investitions- oder Staatsausgaben erfasst?	Einordnung von Vorleistungen, Investitionsbegriff
Verteilung	Wie wird das Einkommen verteilt?	Einkommensverteilung pro Kopf
	Kann man die Wohlfahrt zwischen Volkswirtschaften vergleichen?	Umrechnung in einheitliche Währung

Abb. 15.8: Probleme der Wohlfahrtsmessung anhand des BIP

Aus Gleichung (1) ist ersichtlich, dass ein höheres BIP-pro-Kopf bei annähernd gleichen Produktivitäten auf eine höhere Arbeitszeit zurückgeführt werden kann. Nehmen wir an, dass sich die Produktivitäten zwischen Land A (z.B. Deutschland) und Land B (z.B. USA) nicht unterscheiden. Wenn das BIP-pro-Kopf von Land A nur 80% von Land B erreicht, kann dies an einer längeren durchschnittlichen Arbeitszeit in Land B liegen. Wie soll dieser Sachverhalt interpretiert werden? Die geringere Arbeitszeit z.B. in Deutschland könnte eine freiwillige Entscheidung und eine höhere Präferenz für Freizeit oder mehr Urlaubstage widerspiegeln. In diesem Fall würde das BIP-pro-Kopf den Lebensstandard in Deutschland im Vergleich zu den USA unterschätzen. Der „Genuss" von Freizeit kann zur Lebensqualität beitragen, wird jedoch nicht bei der Berechnung des BIP berücksichtigt.

Die Erhöhung der durchschnittlichen Produktivität (BIP/AV) und die geringere Zahl an Arbeitsstunden können ausgehend von Gleichung (2) folgende Gründe haben:

- geringere Arbeitszeiten (AV/EWT),
- geringere Erwerbstätigkeit (EWT/EWP) und somit höhere Arbeitslosigkeit,
- geringere Zahl von Personen, die am Arbeitsprozess teilnehmen (EWP/BEV).

Der erste Grund kann z.B. eine Frühverrentung widerspiegeln, die gegebenenfalls sogar unfreiwillig erfolgt. Die Gesellschaft verliert in diesem Fall nicht nur Güter, die von diesen Personen hätten produziert werden können, sondern muss die zusätzlichen Rentner aus der laufenden Produktion finanzieren. Dies kann zu erheblichen Belastungen der Alterssicherungssysteme führen. Höhere Arbeitslosigkeit kann z.B. aufgrund hoher Kosten des Faktors Arbeit entstehen. In diesem Fall werden weniger produktive Arbeitnehmer nicht eingestellt bzw. entlassen. Ursächlich können sein: zu hohe Lohnzusatzkosten, Gewerkschaftsmacht oder fehlende Anreize, eine Arbeit aufzunehmen. Damit steigen die durchschnittliche Produktivität und Arbeitslosigkeit. Gleichzeitig sinkt die Zahl der Personen, die am Arbeitsprozess teilnehmen.

Kritisiert wird, dass das BIP viele **wohlfahrtsrelevante Vorgänge** nicht erfasst. Dazu zählt z.B. die unentgeltlich erbrachte Hausarbeit von Familienmitgliedern oder die

Erziehungsarbeit von Eltern. Diese „Produktion“ ist ohne Frage wohlstandsrelevant, wird aber im BIP nicht berücksichtigt. Do-it-yourself Tätigkeiten im Haushalt werden ebenfalls nicht berücksichtigt. Wird die Gartenarbeit nicht als Freizeitaktivität ausgeführt, sondern an einen Gartenbetrieb vergeben, steigt das BIP.

Umgekehrt werden Vorgänge erfasst, die zwar Marktpreise haben, aber nicht unbedingt wohlfahrtssteigernd wirken. Betrachten wir als Beispiel die Auswirkungen des Rauchens auf das BIP. Wachstumsfördernd sind z. B.

- der Verkauf von Tabak und die Ausgaben für Zigarettenwerbung,
- die Aufwendungen zur Suchtprävention,
- die mittel- und langfristig anfallenden Ausgaben des Gesundheitssystems zur Reduzierung der körperlichen Schäden, die das Rauchen verursacht.

Viele dieser Ausgaben müssten bei einer sinnvollen Bilanzierung des Rauchens auf der Negativseite verbucht werden. Ähnliche Betrachtungen lassen sich für den Straßenverkehr anstellen. Der zunehmende Verkehr belastet Menschen in Form von Lärm und Abgasen. Die Gesundheitskosten steigen. Diese **externen Kosten** werden nicht dem Verursacher auferlegt, sondern der Allgemeinheit. Das aufgewendete Einkommen steht dem Konsum nicht mehr zur Verfügung. Diese Nebeneffekte des Güterverkehrs sind wohlfahrtsmindernd. Ein Anstieg des Verkehrs erfordert mehr Straßen und Parkplätze, d. h. Flächenverbrauch. Dieses Anwachsen hat in der Regel auch Staus und Unfälle zur Folge. Im BIP wird der Verkauf von Autos, das Bauen neuer Straßen, aber auch die Behandlung von Unfallopfern als wirtschaftlicher Faktor bewertet. Nicht berücksichtigt wird, dass die Produktion und die Entsorgung der Autos Umweltressourcen verbrauchen. Gegengerechnet werden müssen auf der anderen Seite die **externen Vorteile** des Verkehrs z. B. in Form von Wertschöpfung, Arbeitsplätzen oder einer höheren Mobilität.

Anders als z. B. bei den **Umweltökonomischen Gesamtrechnungen (UGR)** wird beim BIP der Rohstoffverbrauch, z. B. fossile Energien, als Umsatz positiv bilanziert, ohne dass der Rückgang an Rohstoffreserven im Sinne einer Vermögensbilanz an anderer Stelle bei der BIP-Berechnung wieder abgezogen wird. Für die Berechnung des BIP wird der Wert von Ressourcen aller Art (fossile Rohstoffe, nachwachsende Rohstoffe, genetische Ressourcen) wie auch ihre Qualität (Reinheit von Luft und Wasser, Fruchtbarkeit und Schadstoffbelastung von Böden, Artenvielfalt) nicht direkt berücksichtigt. Nur indirekte Effekte werden einbezogen, z. B. die Dämpfung der Konjunktur durch Rohstoffverknappung. Auch negative Folgewirkungen des Rohstoffverbrauchs (z. B. der Klimawandel durch Verbrennen fossiler Energien mit längerfristig auftretenden Schadenskosten) bleiben bei der BIP-Berechnung eines Jahres nicht nur unberücksichtigt, sondern können das BIP in den Folgejahren sogar steigen lassen, z. B. wenn die nachträgliche Schadensbewältigung Investitionen erfordert (z. B. Einbau von Filteranlagen in Industriebetrieben). Eine kritische Betrachtung der hohen Wachstumsraten von Entwicklungs- und Schwellenländern ist in diesem Zusammenhang ebenfalls notwendig.

Langfristig gesehen können die Umweltschäden und die Ressourcenverluste die Ergebnisse der wirtschaftlichen Entwicklung sogar aufheben. Das Statistische Bundesamt versucht durch eine **ökologische Gesamtrechnung** bereits seit Jahren, diese Schäden zumindest ansatzweise zu beziffern und ein Öko-Inlandsprodukt auszuweisen. Die größte Schwierigkeit solcher Berechnungen besteht darin, den Verbrauch von Umweltgütern in Preisen auszudrücken, da es für diese Güter keine Märkte und Marktpreise gibt. Das Statistische Bundesamt konzentriert sich in seiner umweltökonomischen Gesamtrechnung auf die Auflistung der wichtigsten Stoffströme, die in den Wirtschaftskreislauf eingebracht werden. Auf diese Weise werden wichtige Detailinformationen geliefert, die zumindest aufzeigen können, wo die ökologischen Kosten entstehen (vgl. ausführlich auch: *http://www.statistik-bund.de*).

Verwendung des BIP

Betrachten wir einzelne Verwendungskomponenten des BIP:

- **Konsumausgaben:** Viele ökonomische Tatbestände werden nicht als Vorleistungen, sondern als Endverbrauch erfasst, z. B. Fahrten zum Arbeitsplatz als privater Konsum. Diese lassen sich aber ebenso wie z. B. Bildungs- und Gesundheitsaufwendungen des Staates als Vorleistungen für den Produktionsprozess interpretieren. In diesen Fällen würde das BIP zu hoch ausgewiesen.
- **Investitionsausgaben:** Es wird ein eingeschränkter Investitionsbegriff verwendet, da beispielsweise das Humankapital nicht erfasst wird. Investitionen zur Korrektur von Umweltschäden wirken hingegen wohlstandssteigernd (z. B. Einbau von Filtern in Industrieanlagen).
- **Staatliche Dienstleistungen:** Sie werden – z. B. im Bereich Bildung, innere und äußere Sicherheit – zu Faktorkosten bewertet. Wird unterstellt, dass die Marktpreise (z. B. aufgrund einer in den Faktorkosten nicht enthaltenen Gewinnkomponente) höher liegen, wird das BIP zu gering bewertet. Umgekehrt führt eine Aufblähung der Faktorkosten bei der Erstellung staatlicher Dienstleistungen (z. B. im Bildungs- und Gesundheitsbereich) zu einer höheren Produktion, ohne das es zwangsläufig zu Qualitätssteigerungen kommt.

Die BIP-Berechnung ist quasi **blind gegenüber der Zukunft**. Viele der kritisierten Aspekte (z. B. Ressourcenverbrauch, Umweltschäden) belasten zukünftige Generationen und beeinträchtigen die Generationengerechtigkeit. Beispielsweise wird der Aufwand für einen Geländewagen gleichbewertet mit Investitionen in Bildung in gleicher Höhe. Während der Geländewagen jedoch vielfältige Folgeschäden (u. a. Verbrauch fossiler Energien, Schadstoffausstoß, Treibhausgase) verursacht, die den Wohlstand mindern, haben Bildungsausgaben längerfristig positive Effekte auf das Wachstum. Beim BIP wird also nicht unterschieden, ob Ausgaben im Sinne der **Nachhaltigkeit** aus echten Erträgen (Überschüsse, Gewinne, Einkommen) oder aus der Substanz (Minderung des Vermögens) bzw. über Schulden finanziert werden. So erhöht die Finanzierung von privaten wie auch staatlichen Ausgaben über Kredite das BIP, ohne dass die Belastungen aus der Verschuldung für künftige Generationen gegenbilanziert werden. Es müsste z. B. geprüft werden, in welchem Ausmaß sich die Belastung des Vermögens bzw. die Verschuldung für künftige Generationen rentiert.

Verteilungsrechnung

Das BIP-pro-Kopf ist eine **Durchschnittsgröße**, die eine ungleiche Einkommensverteilung nicht transparent macht (Abb. 15.9). Der Begriff „Wohlstand" sollte also differenziert beurteilt werden, denn auch bei einem hohen BIP-pro-Kopf kann die Mehrheit der Bevölkerung arm sein. Die Durchschnittszahl gibt lediglich einen Hinweis auf die Wirtschaftskraft der Volkswirtschaft insgesamt.

In internationalen Vergleichen des BIP-pro-Kopf ist zu berücksichtigen, dass Wechselkursveränderungen die Ergebnisse verzerren können. Auf den Devisenmärkten gebildete Wechselkurse sind nur bedingt als Basis der Umrechnung geeignet, da sie die Kaufkraftunterschiede der Währungen nur unzureichend wiedergeben. Es werden daher **KKP-Wechselkurse** (Kaufkraftparitäten, vgl. Kap. 21) verwendet, die Konsumgüter über Länder hinweg mit einheitlichen Preisen bewerten. In Entwicklungs- und Schwellenländern wird das BIP auch zu gering ausgewiesen, weil ein Teil der Wirt-

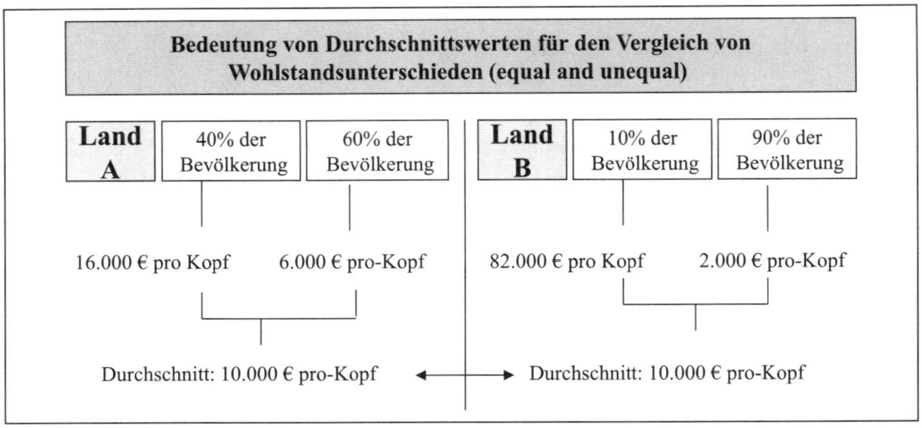

Abb. 15.9: BIP- pro-Kopf und Einkommensverteilung

schaftsleistung aus nicht über dem Markt gehandelten, arbeitsintensiven Leistungen für den Eigenbedarf resultiert.

Betrachten wir ein Beispiel, in dem ein armes und ein reiches Land beschrieben werden (Abb. 15.10, Pro-Kopf-Werte). Kaufhäufigkeiten und Qualitäten der Güter werden aus Vereinfachungsgründen nicht berücksichtigt. Ausgedrückt in einheitlicher Währung zum Marktwechselkurs von 5 Peso/€ ergibt sich, dass das arme Land nur einen relativen Konsum von 8 % gemessen am reichen Land aufweist:

(1) Da der Wechselkurs aus der Sicht des armen Landes in Preisnotierung (5 Peso/€) angegeben ist, erhalten wir den Konsum pro Kopf in € wie folgt:

20.000 Peso / 5 (Peso/€) = 4.000 €.

(2) Der relative Konsum beträgt damit: 4.000 € / 50.000 € = 0,08 (also 8 %)

Ausgedrückt in Kaufkraftparitäten werden die Mengen des armen Landes mit den entsprechenden Euro-Preisen gewichtet. Wir erhalten dann:

(3) 8 € × 1.000 + 2 € × 8.000 = 24.000 €

Der relative Konsum beträgt nicht mehr 8 % sondern:

(4) 24.000 € / 50.000 € = 0,48 (also 48 %)

Der KKP-Wechselkurs ergibt sich als

(5) 20.000 Peso / 24.000 € = 0,833 (Peso/€)

Dieser Kurs gibt an, zu welchem Wechselkurs sich die gleichen Konsumgüter im Verhältnis von 1:1 tauschen ließen. Bewerten wir das Konsumgüterbündel im armen Land (in Peso) mit diesem Wechselkurs, erhalten wir den bereits ermittelten relativen Konsum in Höhe von 24.000 €:

(6) 20.000 Peso × 1/0,833 [€/Peso] = 24.000 €

Fassen wir zusammen: Das BIP stellt eine eindimensionale Wohlstandsbetrachtung dar, die nicht unerheblichen Messproblemen unterworfen ist. Das BIP ist also kein perfekter Maßstab des „Wohlstandes". Für viele ökonomische Fragestellungen gibt es jedoch oft keine anderen Bezugspunkte. In diesen Fällen sollten wir die Unzulänglichkeiten der Messung im Hinterkopf behalten, um die Schlussfolgerungen kritisch hinterfragen zu können.

Bedeutung von Wechselkursen für den Vergleich von Wohlstandsunterschieden (poor and rich)

	Fernseher		Nahrungsmittel		Konsum in lokaler Währung
Land (Währung)	Preis	Menge	Preis	Menge	
Reich (€)	8	5.000	2	5.000	50.000 €
Arm (Peso)	12	1.000	1	8.000	20.000 Peso

Marktwechselkurs von 5 (Peso/€):

20.000 Peso / 5 (Peso/€) = 4.000 €

Relativer Konsum:

4.000/50.000 = 8%

Methode der Kaufkraftparität:

8 € × 1.000 + 2 € × 8.000 = 24.000 €

Relativer Konsum:

24.000 €/50.000 € = 48%

KKP-Wechselkurs:

20.000 Peso / 24.000 € = 0,833 (Peso/€)

20.000 Peso / 0,833 (Peso/€) = 24.000 €

Abb. 15.10: Kaufkraftparitäten-Wechselkurs und Einkommensunterschiede

Schlagwörter		
	• Über-, Unterzeichnung des BIP • externe Kosten	• Umweltökonomische Gesamtrechnung • Kaufkraftparitäten-Wechselkurse

15.5 Fallbeispiele zu Kapitel 15

Lösungs- und Bearbeitungshinweise sowie alle Abbildungen dieses Kapitels finden Sie unter: www.vahlen.de

Fallbeispiel 15.1: Die langen Wellen des Wachstums (0)

1) Was beschreiben die Kondratieff-Zyklen?
2) Welche Kondratieff-Zyklen lassen sich seit der Industrialisierung unterscheiden?
3) Warum verläuft die Einführung von Basisinnovationen in der Ökonomie wellenförmig?

Fallbeispiel 15.2: Absolutes, relatives und durchschnittliches Wirtschaftswachstum (0)

1) Einer Tageszeitung können Sie folgende Werte entnehmen:

Jahr	BIP	Absolutes Wachstum	Relatives Wachstum	
	(Mrd. €)	(Mrd. €)	W-Faktor	W-Rate (%)
2007	2000	–	–	–
2008	2050			
2009	2150			
2010	2250			
2011	2350			

Berechnen Sie

a) das absolute Wachstum und relative Wachstum,

b) die durchschnittliche Wachstumsrate des realen BIP zwischen 2008 – 2011.

2) Die Entwicklung des BIP einer Volkswirtschaft ist durch folgende Daten gekennzeichnet

Veränderung gegenüber dem Vorjahr in %						
2003	2004	2005	2006	2007	2008	2009
4,0	3,4	5,1	5,3	4,3	5,6	3,8

a) Im Jahr 2002 betrug das BIP 1.600 Mrd. €. Wie hoch war das BIP im Jahr 2009?

b) Wie hoch war das durchschnittliche Wachstum zwischen 2002 und 2009?

3) Was bedeutet es, wenn Volkswirtschaften jedes Jahr um den gleichen Betrag wachsen?

Fallbeispiel 15.3: Wachstumsgeschwindigkeit von Volkswirtschaften (+)

1) Die durchschnittliche (reale) Wachstumsrate in verschiedenen Volkswirtschaften ist für den Zeitraum 1970 – 2000 wie folgt gegeben:

Land	Wachstumsrate
Frankreich	1,4
USA	5,0
Deutschland	2,5

Ermitteln Sie, in welchem Zeitraum sich das BIP-pro-Kopf in den einzelnen Ländern verdoppelt hat.

2) In der nachfolgenden Abbildung sehen Sie den Zeitpfad des Outputs von Land A, das sich im Wachstumsgleichgewicht befindet und mit 2 % pro Jahr wächst. Skizzieren Sie den Wachstumspfad des Outputs pro Kopf von Land B, das halb so reich ist wie Land A aber doppelt so schnell wächst. Kommentieren Sie die Entwicklung.

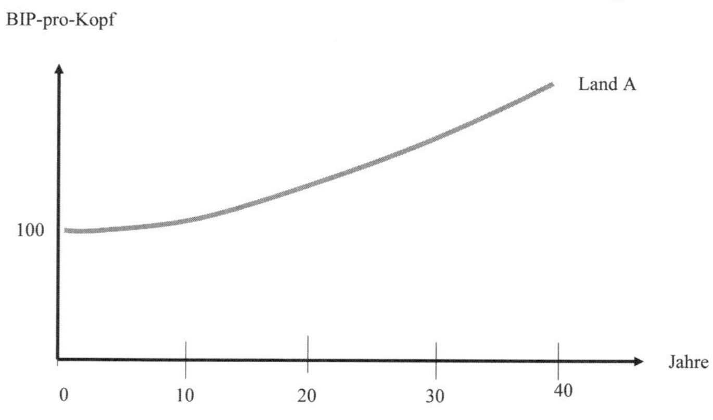

Fallbeispiel 15.4: Längerfristiges Wachstum von Volkswirtschaften (0)

Das reale BIP-pro-Kopf hat in Deutschland (1870) 1.223 US-$ pro Kopf betragen und im Jahre 1990 exakt 14.288 $ pro Kopf.

1) Um welchen Faktor hat sich das Pro-Kopf-Einkommen in 120 Jahren insgesamt vergrößert?

2) Wie groß war die durchschnittliche Wachstumsrate pro Jahr?

3) Wie groß wäre das Pro-Kopf-Einkommen in 1990 gewesen, wenn die durchschnittliche Wachstumsrate in Deutschland um 1 %-Punkt niedriger gewesen wäre, als sie es tatsächlich war? Interpretieren Sie das Ergebnis.

Fallbeispiel 15.5: Einteilung der Welt in Ländergruppen (++)

1) Zur Charakterisierung des Entwicklungsstandes von Volkswirtschaften finden sich die Begriffe Industrie- (IL), Schwellen- (SL) und Entwicklungsländer (EL). Was verstehen Sie unter den beiden zuletzt genannten Begriffen?
2) Die nachfolgende Übersicht zeigt Faktoren, mit deren Hilfe sich Ländergruppen näher beschreiben lassen. Vervollständigen Sie die Tabelle und unterscheiden Sie zwischen Industrie-, (IL), Schwellen- (SL) und Entwicklungsländern (EL).

Länder	BIP/Kopf im Jahr in US-$	wirtschaftliche Faktoren						sozio-kulturelle Faktoren					
		I	II	III	IV	V	VI	I	II	III	IV	V	VI
IL	> 9.656												
SL	3.126 - 9.655												
EL	< 3.125												

I = primärer Sektor
II = sekundärer Sektor
III = tertiärer Sektor
IV = Rolle neuer Technologien
V = Qualität der Infrastruktur
VI = Einbettung in Weltwirtschaft

I = soziale Sicherheit
II = Ausbildungsstand
III = Gesundheitssystem
IV = Lebenserwartung
V = Armut
VI = Bevölkerungsentwicklung

-- = kaum Bedeutung
- = rückläufig
0 = stagnierend
+ = wachsend
++ = stark wachsend

3) Wie beurteilen Sie die Aussagefähigkeit derartiger Einteilungen? Wofür wird eigentlich eine derartige Einteilung benötigt?

Fallbeispiel 15.6: Wachstum und Index der menschlichen Entwicklung (+)

Ermitteln Sie den HDI-Wert und beurteilen Sie, um was für ein Land es sich handelt.

Indikator	Maximum	Minimum	aktueller Wert	Indexwert
Subindex Gesundheit: Lebenserwartung in Jahren	85	25	60	
Subindex Bildung: • mittlere Anzahl von Schuljahren (eines 25-jährigen) • erwartete Anzahl von Schuljahren (eines Kindes)	 12 12	 0 0	 6 9	
Subindex Einkommen: BIP/Kopf (in US-$) (Werte logarithmieren)	40.000	100	5.000	

Fallbeispiel 15.7: Wohlfahrtsrelevanz von ökonomischen Vorgängen (++)

Wie wirken sich folgende Vorgänge auf das BIP bzw. Volkseinkommen aus?

1. Reiner renoviert das Zimmer von Wiltrud und umgekehrt. Dafür zahlen sie sich gegenseitig 300 €, die sie nachfolgend für den Kauf neuer Güter ausgeben. Wie ändert sich die Betrachtung, wenn beide gebrauchte Güter erwerben?
2. Reiner und Wiltrud renovieren ihre gemeinsame Wohnung als do-it-yourself Tätigkeit.
3. Firma „Mörtel" verkleidet im ersten Halbjahr für 5.000 € ein Wohnhaus mit asbesthaltiger Wärmedämmung. Im zweiten Halbjahr führt Firma „Mörtel" eine Asbestsanierung für 5.000 € durch. Der Mehrwertsteuersatz beträgt 15 %. Ergeben sich Unterschiede in der Betrachtung, wenn die Kosten von einem Besitzer eines privaten Hauses bzw. einer öffentlichen Schule übernommen werden?

4. Student Manfred macht eine Wochenendtour mit seinem PKW. Er tankt Benzin im Wert von 100 €. Der Steueranteil beträgt 60 %, der Anteil importierten Rohöls 20 %.
5. Der evangelische Priester Johannes heiratet seine Haushälterin. Sie erhält als Hausfrau nun ein zusätzliches Haushaltsgeld in Höhe ihres früheren Gehalts.
6. Die evangelische Kirche führt das Zölibat ein.
7. Unternehmen produzieren PKW im Wert von 100 Mio. €. 70 % der PKW bestehen aus Vorleistungen, wobei 50 % davon aus dem Ausland kommen. Alle PKW werden im Inland verkauft.
8. Die 9-jährige Nastasja wurde seit ihrer Geburt von ihrem Vater zu Hause betreut. Nun übernimmt die Nachmittagsbetreuung ein Hort gegen Zahlung von 200 € im Monat, da der Vater wieder seiner Berufstätigkeit nachgeht.
9. An zwei neu errichteten Einfamilienhäusern tritt ein Mauerschaden in Höhe von 10.000 € auf, der nun repariert werden muss. Ein Haus ist in Schwarzarbeit errichtet worden, ein Haus durch Bauunternehmer „Mörtel".

Fallbeispiel 15.8: Kaufkraftparitätentheorie und Lebensstandard in Ländern (+)

Die nachfolgende Tabelle zeigt Ihnen den Warenkorb von Gütern, die ein repräsentativer Konsument in Deutschland und Rumänien kauft *(Quelle: Forster/Klüh/Sauer, 2005, S. 213):*

	Grundnahrungsmittel		Pauschalreisen	
Land (Währung)	Preis	Menge	Preis	Menge
Deutschland (€)	2	4.000	4	8.000
Rumänien (Leu)	2	2.000	20	1.000

1) Berechnen Sie den Konsum pro Kopf in beiden Ländern in Landeswährung.
2) Nehmen Sie an, der Wechselkurs zwischen € und Leu ist 10 Leu/€ (= Mengennotierung aus EU-Sicht). Ermitteln Sie den Konsum pro Kopf in Rumänien als Anteil des Konsums pro Kopf in Deutschland. Welche Schlüsse können daraus für den Lebensstandard in beiden Ländern gezogen werden?
3) Ermitteln Sie den relativen Lebensstandard mit Hilfe der Methode der Kaufkraftparität. Vergleichen Sie das Ergebnis mit 2.
4) Ermitteln Sie den Wechselkurs auf Basis der Kaufkraftparitätentheorie und interpretieren Sie das Ergebnis.

Kapitel 16: Wachstumstheorie: Erklärungsfaktoren des Wachstums

Kapitel 16

Inhaltsübersicht

Lernzielorientierte Sachverhalte

- Die Ursachen für weltweite Einkommens- und Wachstumsunterschiede lassen sich im Rahmen von Wachstumsmodellen diskutieren. Von zentraler Bedeutung für die Entwicklung des Pro-Kopf-Einkommens sind die Ersparnisbildung, das Alter des Kapitalstocks, das Bevölkerungswachstum und der technische Fortschritt.
- Ausgangspunkt der Wachstumstheorie ist eine aggregierte Produktionsfunktion, die die Beziehung zwischen dem Output und den Inputfaktoren beschreibt. Bei konstanten Skalenerträgen der Produktionsfunktion kann die Produktion pro Beschäftigten zunehmen, wenn der Kapitaleinsatz pro Beschäftigten steigt.
- Volkswirtschaften bewegen sich im Modellrahmen langfristig auf einem „steady-state"-Wachstumspfad und müssen ein optimales Niveau von Sparen und Investitionen finden. Die Sparrate bestimmt die Wachstumsrate der Produktion pro Kopf. Die Akkumulation des Kapitals allein kann jedoch kein dauerhaftes Wachstum aufrechterhalten.
- Dauerhaftes Wachstum basiert zu einem großen Teil auf dem technischen Fortschritt. Zusammen mit der Qualität der eingesetzten Arbeitskräfte trägt er dazu bei, dass das Gesetz des abnehmenden Grenzertrages der zusätzlichen Kapitalbildung außer Kraft gesetzt wird. Volkswirtschaften können in diesem Fall dauerhaft wachsen und müssen sich in ihrem Entwicklungsniveau nicht zwangsläufig annähern.
- Eine verbesserte Qualifikation und Ausbildung trägt zur Bildung von Humankapital bei. Auch ein Studium führt zur Steigerung des Humankapitalbestandes und begünstigt das Wirtschaftswachstum.

16.1 Formen und Bestimmungsfaktoren des Wachstums

Das langfristige Wachstum volkswirtschaftlicher Kapazitäten (W^{PP}) hängt eng mit der Ausstattung eines Landes mit der Quantität und Qualität an Produktionsfaktoren zusammen (Abb. 16.1). Hinzu kommen staatliche Rahmenbedingungen (z. B. Steuern, Infrastruktur) sowie kulturspezifische Faktoren, die sich einer formalen Darstellung in der Regel entziehen.

Die mengenmäßige Ausweitung der Produktionskapazitäten entspricht einem **extensiven** oder **quantitativen Wachstum**. Ein **intensives Wachstum** liegt vor, wenn eine Ausweitung der Produktionskapazitäten durch qualitative Verbesserungen des Einsatzes der Produktionsfaktoren erreicht wird (Abb. 16.2). Dieses **qualitative Wachstum** erhöht nicht nur die gesamtwirtschaftliche Produktionsmenge, sondern verbessert die Lebensqualität, schont die natürlichen Ressourcen oder führt zu einer gerechteren Einkommensverteilung. In diesem Fall wird auch von einem **nachhaltigen Wirtschaftswachstum** gesprochen, das die Integration ökonomischer, ökologischer und sozialer Dimensionen zum Ziel hat. In Deutschland wird mehrheitlich ein qualitatives und nachhaltiges Wachstum gefordert. Triebkraft dieses Wachstums sind vor allem **Produktivitätssteigerungen**.

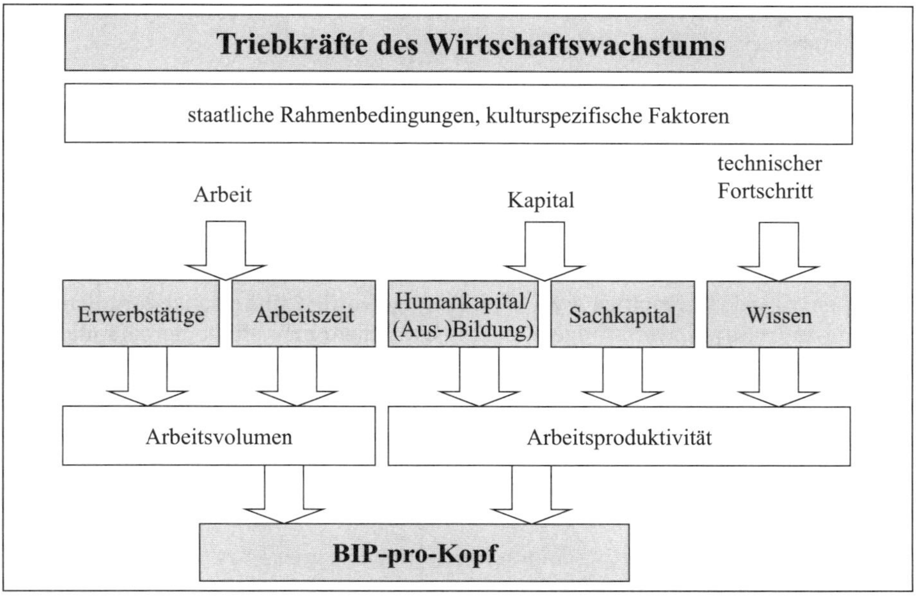

Abb. 16.1: Bestimmungsfaktoren des Wachstums in Wachstumstheorien

Quantitatives und qualitatives Wachstum (Beispiele)

$W^{PP} = f(W^{Arbeit}, W^{Kapital}, W^{Ressourcen}, W^{Technischer\ Fortschritt})$

Faktor	quantitativ (mengenmäßig)	qualitativ
Arbeit	Mehreinsatz an Arbeit	bessere Ausbildung
Kapital	Mehreinsatz an Kapital (ohne Fortschritt)	höherwertige Anlagen
Ressourcen	Mehreinsatz an Ressourcen	Investitionen zur Verringerung des Ressourcenverbrauchs
technischer Fortschritt	–	Innovationen
Wachstumstypus	quantitatives Wachstum	qualitatives Wachstum

Abb. 16.2: Extensives (quantitatives) und intensives (qualitatives) Wachstum

Nehmen wir an, für eine Volkswirtschaft liegen folgende (fiktive) gesamtwirtschaftliche Rahmenbedingungen vor (Tab. 16.1):

Tab. 16.1: Kennziffern zum Einsatz von Arbeit und Kapital in einer Volkswirtschaft

Kennziffer	Wert	Einheit
Kapitalstock	10.000	Mrd. €
Bruttoinlandsprodukt, real	2.000	Mrd. €
Erwerbstätige	40	Mio. Personen
Arbeitsvolumen	50	Mrd. Stunden

Die **Arbeitsproduktivität** (APR) wird je Stunde (APR^{Std}) oder je Erwerbstätigem (APR^{EWT}) berechnet. In unserem Zahlenbeispiel:

(1) APR^{Std} = 2.000 Mrd. € / 50 Mrd. Stunden = 40 € je Stunde

(2) APR^{EWT} = 2.000 Mrd. € /40 Mio. Erwerbstätige = 50.000 € je Erwerbstätigem.

Die Arbeitsproduktivität bestimmt maßgeblich den realen Lebensstandard, den ein Land für seine Bürger erzielen kann. Auch die Lohnpolitik soll sich nach Auffassung vieler Ökonomen an der Arbeitsproduktivität ausrichten. In Deutschland ist die Arbeitsproduktivität in den letzten Jahrzehnten im Durchschnitt um rund 1,5 % gewachsen. Diese statistisch gemessene Produktivität ist nicht ursächlich in dem Sinne zu verstehen, dass Erwerbstätige etwa „fleißiger" geworden sind. Sie ist vor allem eine Folge davon, dass je Erwerbstätigem im Zeitablauf mehr bzw. effizientere Kapitalgüter eingesetzt worden sind.

Wird das reale BIP auf den realen Kapitalstock (K) bzw. das Bruttoanlagevermögen bezogen, ergibt sich die **Kapitalproduktivität** (KPR). Das Bruttoanlagevermögen umfasst alle Sachvermögensobjekte mit einer Nutzungsdauer von mehr als einem Jahr. Der Wert wird zu Wiederbeschaffungs-, Anschaffungs- oder zu Preisen eines Basisjahres ermittelt.

Die Kapitalproduktivität beträgt in unserem Zahlenbeispiel:

(3) KPR = 2.000 Mrd. € / 10.000 Mrd. € = 0,2

Der reziproke Wert der Kapitalproduktivität entspricht dem **Kapitalkoeffizienten** (KK). Er gibt an, welches Bruttoanlagevermögen notwendig ist, um eine Einheit des Bruttoinlandsprodukts zu erstellen. Bezogen auf unser Zahlenbeispiel gilt:

(4) KK = 10.000 Mrd. € / 2.000 Mrd. € = 1 / 0,2 = 5

Die Kapitalproduktivität zielt auf die mengenmäßige Ergiebigkeit des eingesetzten Kapitals ab. Während die Arbeitsproduktivität erfahrungsgemäß im Trend steigt, sinkt die Kapitalproduktivität. Es ist also ein immer größerer Kapitaleinsatz zur Erstellung des gleichen Produktionsvolumens notwendig. Dadurch verschlechtert sich die Relation Investitionsaufwand zu Produktionsvolumen. Das Verhältnis von Kapitalstock und der Zahl der Erwerbstätigen wird als **Kapitalintensität** (KI) bezeichnet. Sie ist ein Maß für die durchschnittliche Kapitalausstattung eines Arbeitsplatzes und zeigt, wie sich die beiden Produktionsfaktoren Kapital und Arbeit im Verhältnis zueinander entwickelt haben. In unserem Beispiel gilt:

(5) KI = 10.000 Mrd. € / 40 Mio. Erwerbstätige = 250.000 € je Erwerbstätigem

In der Regel steigt die Kapitalintensität im Zeitablauf, da durch den technischen Fortschritt bzw. eine bessere Produktionstechnik mehr Kapital pro Erwerbstätigem eingesetzt wird.

Zwischen den genannten Größen bestehen nicht nur definitorische, sondern auch wichtige wechselseitige Zusammenhänge (vgl. Abb. 16.3). So ist die Arbeitsproduktivität nichts anderes als das Produkt von Kapitalintensität und Kapitalproduktivität:

(6) APR^{EWT} = 50.000 € je Erwerbstätigen = 250.000 € je Erwerbstätigem × 0,2

Eine Steigerung der Kapitalintensität bewirkt Zuwächse der Arbeitsproduktivität, jedoch verringern sich diese Zuwächse durch den Rückgang der Kapitalproduktivität. Um dieselben Zuwachsraten der Arbeitsproduktivität zu erreichen, muss die Kapitalintensivierung laufend beschleunigt werden. Diese Argumentation gilt allerdings nur für gegebenes technisches Wissen. Zur Erklärung des Wachstums reichen diese defi-

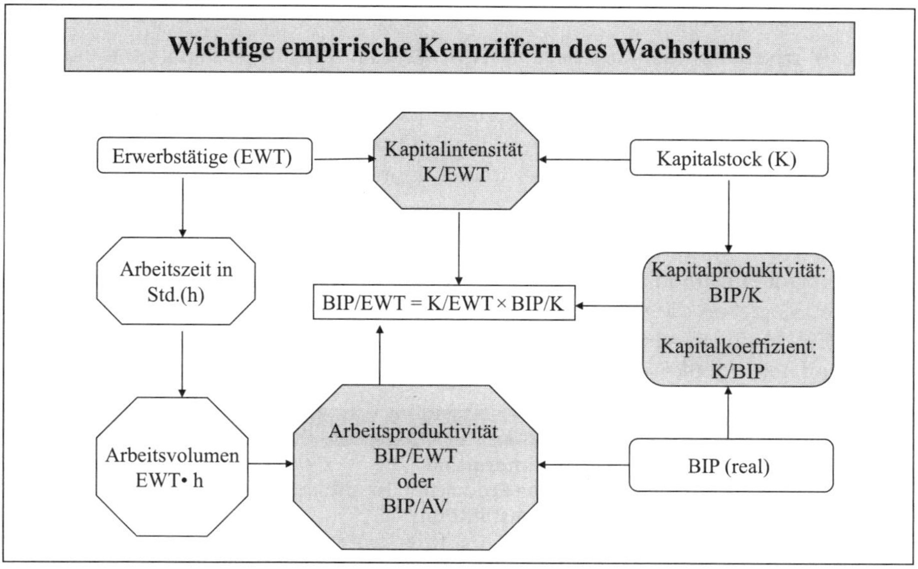

Abb. 16.3: Kennziffern zum Einsatzverhältnis von Arbeit, Kapital und Produktion

nitorischen Betrachtungen selbstverständlich nicht aus. Dazu müssen sie nachfolgend in einen theoretischen Erklärungszusammenhang gerückt werden.

Schlagwörter	• extensives, intensives Wachstum • qualitatives, quantitatives Wachstum • nachhaltiges Wachstum	• Arbeitsproduktivität • Kapitalproduktivität • Kapitalkoeffizient • Kapitalintensität

16.2 Kapitalbildung

Eine Volkswirtschaft kann langfristig ein höheres **BIP-Niveau** erzielen, wenn es gelingt, das Investitionsvolumen zu steigern. Zu klären ist, ob es möglich ist, eine dauerhaft höhere **Wachstumsrate** zu erzielen. Diese Frage lässt sich im Rahmen eines Modells diskutieren, das von *Robert Solow* entwickelt worden ist. Er erhielt 1987 den Nobelpreis *„für seine Arbeiten über wirtschaftliche Wachstumstheorien"*. Das Solow-Modell gilt als Grundgerüst für Analysen des Wachstums.

Das Solow-Modell betrachtet eine geschlossene Volkswirtschaft (ohne Außenhandel). Es stellt die Wirtschaft als **Ein-Gut-Parabel** dar. Dieser Begriff drückt aus, dass nur ein Gut produziert wird, das entweder als Investitions- oder als Konsumgut dient. Diese Annahme hat den Vorteil, dass das Aggregations-Problem unterschiedlicher Güter gelöst wird. Die Größe des Kapitalstocks ist im Ein-Gut-Fall durch die Menge der Güter gegeben, die als Produktionsmittel eingesetzt werden. Ausgangspunkt des Solow-Modells ist die Annahme, dass der **Kapitalstock** die Höhe des Outputs bestimmt, d. h. der Faktor Kapital wird zum Wachstumsmotor oder zur Wachstumsbremse. Der Output wiederum determiniert die Höhe der Ersparnis bzw. Investition und die Erweiterung des Kapitalstocks (Kapitalakkumulation).

Produktionsfunktion

Um das Wirtschaftswachstum darzustellen, wird ein Zusammenhang zwischen den Produktionsfaktoren und dem Output in Form einer Produktionsfunktion hergestellt. Eine Variante des Solow-Modells geht von einer **Cobb-Douglas-Produktionsfunktion** aus, die den Zusammenhang zwischen den Produktionsfaktoren Arbeit (A) und Kapital (K) und dem Output (Y) unter Berücksichtigung des technischen Fortschritts (TF) beschreibt:

(1) $Y = TF \times K^{\alpha} \times A^{1-\alpha}$

Die Exponenten α und $(1-\alpha)$ in der Produktionsfunktion stellen Produktionselastizitäten dar. Sie geben die relativen Veränderungen des Outputs als Reaktion auf eine relative Erhöhung eines Inputs an. Diese partiellen Produktionselastizitäten bestimmen den Anteil der Produktionsfaktoren am Volkseinkommen bzw. am BIP (vgl. Box 16.1).

Box 16.1: Cobb-Douglas-Produktionsfunktion – Modellierung des Wachstums

(1) $Y = TF \times K^{\alpha} \times A^{1-\alpha}$ Dividiert durch die Anzahl der Arbeitskräfte erhält man die Produktionsfunktion pro Kopf: (2) $Y/A = TF \times [K/A]^{\alpha}$	**Hintergrund:** Die Produktion ist abhängig vom Einsatz der Produktionsfaktoren: • TF = Effizienzparameter (konstanter Faktor) • K, A = Kapital und Arbeit • α = Anteil des Faktors Kapital am Einkommen • $1-\alpha$ = Anteil des Faktors Arbeit am Einkommen Wir formulieren die Produktionsfunktion häufig als Pro-Kopf-Funktion. Damit können Volkswirtschaften unabhängig von ihrer (Bevölkerungs-)Größe verglichen werden.

Wenn sich die Produktionselastizitäten wie im vorliegenden Fall zu Eins addieren, liegen **konstante Skalenerträge** vor. Die Verdoppelung (bzw. Vervielfachung) aller Inputs führt dann zu einer Verdoppelung (bzw. Vervielfachung) des Outputs. Betrachten wir dazu ein Zahlenbeispiel:

TF	K	A	$Y = 5 \times K^{0,4} \times A^{0,6}$
5	15.000	40	$Y = 5 \times 15.000^{0,4} \times 64^{0,6} = 2.141$
5	30.000	80	$Y = 5 \times 30.000^{0,4} \times 128^{0,6} = 4.282$
5	45.000	120	$Y = 5 \times 45.000^{0,4} \times 192^{0,6} = 6.423$

Eine weitere Eigenschaft dieser Funktion liegt in **abnehmenden Grenzerträgen** des Kapitals. Bei einem kleinen Kapitalstock führt der Einsatz zusätzlicher Einheiten Kapital zu einer relativ hohen Steigerung von Y. Die Zuwächse (ΔY) werden aber umso geringer, je größer der Kapitalstock ist. Der Output pro Kapitaleinheit wird dementsprechend mit steigendem Kapitaleinsatz kleiner (Tab. 16.2).

Gleichgewichtswachstum

Das Solow-Modell beruht neben der Produktionsfunktion auf folgenden Grundannahmen. Die volkswirtschaftliche Ersparnis (S), die wiederum die Höhe der Investitionen bestimmt (S = I), ist eine Funktion des Einkommens (Y) bei konstanter Sparquote (s):

(2) $S = s \times Y$

Die Veränderung des Kapitalstocks (ΔK) entspricht den Nettoinvestitionen (I). Diese ergeben sich als Differenz aus den Bruttoinvestitionen (I^{brutto}) und den Abschreibun-

Tab. 16.2: Abnehmende Grenzerträge des Kapitals einer Produktionsfunktion

TF	A	K	ΔK	Y	ΔY	Y / K
5	40	15.000	.	2.141	.	0,1427
5	40	15.100	100	2.147	6	0,1422
.		.	.	.	.	.
5	40	30.000	.	2.825	.	0,0942
5	40	30.100	100	2.829	4	0,0940
.		.	.	.	.	.
5	40	45.000	.	3.323	.	0,0738
5	40	45.100	100	3.326	3	0,0737

gen, die als Teil des alten Kapitalbestandes definiert werden, der ersetzt werden muss ($\delta \times K$). Formal gilt somit:

(3) $\Delta K = K_t - K_{t-1} = I$

Das Bevölkerungswachstum, das den Umfang des angebotenen Produktionsfaktors Arbeit bestimmt, wächst mit einer vorgegebenen Rate W_A (vgl. Abb. 16.4). Die Arbeitsnachfrage hängt von verschiedenen Größen (Lohnsatz, Zinsen, Güternachfrage) ab. Es wird angenommen, dass Vollbeschäftigung herrscht.

Solow definiert Gleichgewichtswachstum in dem Sinne, dass die Wachstumsraten von Arbeit und Kapital gleich sind, d. h. die Wachstumsrate der Kapitalintensität (KI = K/A) gleich Null ist. In diesem Fall bleibt die einmal erreichte Vollbeschäftigung stets erhalten. Es stellen sich somit zwei Fragen:

a) Existiert ein solches Gleichgewicht?
b) Ist dieses Gleichgewicht langfristig stabil?

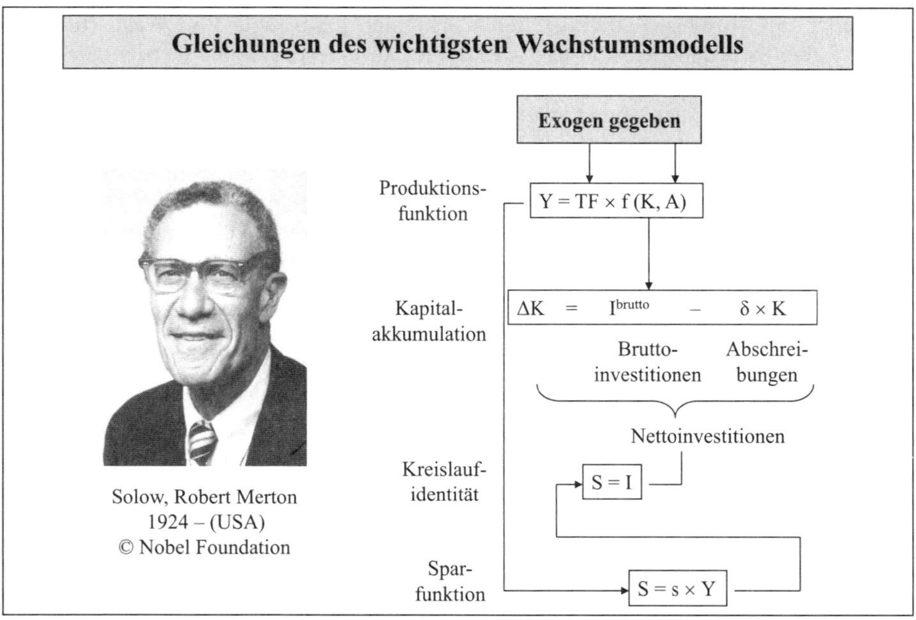

Abb. 16.4: Struktur des Solow-Wachstumsmodells

Aus den Gleichungen (1) bis (3) kann man folgende Bestimmungsgleichung für das Gleichgewichtswachstum ableiten:

(4) $0 = W_{KI} = s \times (Y/A) - KI \times W_A$ und somit $KI = s \times (Y/A) / W_A$

Wir verzichten an dieser Stelle auf die Herleitung dieser Gleichung. Interessierte seien auf den Originalartikel von Solow verwiesen (*Quaterly Journal of Economics*, Feb. 1956, S. 65–94). Gleichung (4) führt wegen der Form der Produktionsfunktion immer zu einem Gleichgewicht, d. h. zu einer Kapitalintensität KI*, in dem die Kapitalintensität nicht mehr wächst. Zudem ist dieses Gleichgewicht stabil:

a) Im Falle $KI^* > KI$ gilt: $s \times (Y/A) > KI \times W_A$ bzw. $W_{KI}{}^* > 0$, d. h. KI steigt an.
b) Im Falle $KI^* < KI$ gilt: $s \times (Y/A) < KI \times W_A$ bzw. $W_{KI}{}^* < 0$, d. h. KI sinkt.

Die Wirtschaft strebt also in jedem Fall dem Gleichgewicht zu.

Wir betrachten dazu wiederum unser Zahlenbeispiel. Die Produktionsfunktion pro Kopf ist gegeben durch:

$Y/A = (5 \times K^{0,4} \times A^{0,6}) / A = 5 \times (K/A)^{0,4} = 5 \times (KI)^{0,4}$

Wir nehmen an, dass die Sparquote 20 % beträgt, also: s = 0,2. Das Wachstum des Produktionsfaktors Arbeit betrage $W_A = 0{,}01$ (1 %). Dann gilt:

$0 = W_{KI} = 0{,}2 \times (5 \times (KI)^{0,4}) - KI \times 0{,}01$

und somit:

$0{,}2 \times 5 \times (KI)^{0,4} / 0{,}01 = KI$ bzw. $(1/0{,}01) = (KI)^{0,6}$ bzw. $KI = 100^{1,67} = 2154{,}43$

Bei einer Kapitalausstattung von 2154,43 Kapitaleinheiten pro Arbeitseinheit würde der stabile gleichgewichtige Wachstumspfad (*steady-state*) erreicht werden.

Das Modell erlaubt folgende Aussagen:

- Volkswirtschaften, die einen *steady-state* erreicht haben, werden darin verharren.
- Volkswirtschaften, die einen *steady-state* noch nicht erreicht haben, werden auf diesen Zustand zustreben.
- Länder mit ähnlichen strukturellen Merkmalen (Sparquote und Wachstumsrate der Arbeit) werden sich langfristig einander annähern, d. h. sie werden auf einen ähnlichen *steady-state* konvergieren.
- Die langfristige Wachstumsrate entspricht (in dem Modell ohne technischen Fortschritt) der Wachstumsrate des Produktionsfaktors Arbeit. Das Niveau der ursprünglichen Kapitalausstattung ist für das langfristige Wachstum irrelevant. Länder mit niedriger Kapitalausstattung weisen aber (bei vergleichbaren Sparquoten) zunächst höhere Wachstumsraten des BIP auf, die aber langfristig zur Wachstumsrate des Produktionsfaktors Arbeit tendieren.

Von großer Bedeutung für den Wachstumsprozess ist die Sparquote. Sie bestimmt die Höhe der Ersparnis und somit der Netto-Investitionen. Man könnte deshalb zu dem Schluss gelangen, dass eine höhere Ersparnis immer eine gute Sache ist, weil sie zu einem höheren Einkommen führt. Diese Schlussfolgerung ist jedoch im Solow-Modell zu relativieren. Die Ersparnis und die daraus gespeiste Investition haben einen Einfluss auf das **Niveau** der *steady-state* Produktion, nicht jedoch auf die gleichgewichtige **Wachstumsrate**. Wir betrachten dazu wiederum unser Zahlenbeispiel, das bei einem Kapitalbestand von 15.000 beginnt.

Grundsätzlich lässt sich aus dem Solow-Modell die Schlussfolgerung ableiten, dass Volkswirtschaften mit hoher Sparquote langfristig einen hohen Kapitalstock und daher eine hohe Wirtschaftsleistung erreichen. Länder mit geringer Sparquote sind hingegen auf einem entsprechend niedrigerem Produktions- und Einkommensniveau unterwegs.

Tab. 16.3: Wachstum bei unterschiedlichen Sparquoten

Jahr	A	Y	Y/A	C/A	I/A	K/A	W_Y in %	W_A in %	s
1	40,0	2141,1	53,5	42,8	10,7	375,0	–	1	0,2
10	43,7	2490,1	56,9	45,5	11,4	437,2	1,6	1	0,2
100	107,1	8564,0	79,9	64,0	16,0	1022,3	1,2	1	0,2
1	40,0	2141,1	53,5	32,1	21,4	375,0	–	1	0,4
10	43,7	2708,6	61,9	37,1	24,8	539,0	2,5	1	0,4
100	107,1	12171,8	113,6	**68,2**	45,5	2461,9	1,3	1	**0,4**
1	40,0	2141,1	53,5	26,8	26,8	375,0	–	1	0,5
10	43,7	2813,9	64,3	32,2	32,2	593,6	2,8	1	0,5
100	107,1	13780,6	**128,6**	64,3	64,3	3357,8	1,4	1	**0,5**

Diese Sicht erklärt z. B. ausgehend von einem relativ niedrigen Kapitalstock das rasche Wachstum in Deutschland und Japan nach dem 2. Weltkrieg mit den hohen Sparquoten in diesen Ländern. Auch der rasante ökonomische Aufstieg südostasiatischer Tigerstaaten kann so erklärt werden. Allerdings gleichen sich langfristig die Wachstumsraten an, da sie nicht von der Sparquote abhängen. Die gleichgewichtige Wachstumsrate ist in allen drei betrachteten Fällen 1 % und entspricht somit dem Wachstum des Produktionsfaktors Arbeit. Hier gilt wiederum zu beachten, dass wir bisher ein Wachstum des technischen Fortschritts außer Acht gelassen haben.

Von Interesse ist die Frage welcher steady-state Zustand der „Richtige" ist. Die Antwort gibt die **goldene Regel der (Kapital-)Akkumulation**. Danach ist der stationäre Zustand des Kapitalstocks optimal, bei dem der Pro-Kopf-Konsum höher ist als bei allen anderen möglichen stationären Zuständen. Ein solcher Zustand wird erreicht, wenn die Sparquote der Produktionselastizität des Kapitals entspricht. In unserem Zahlenbeispiel ist die optimale Sparquote somit $s = 0{,}4 = \alpha$. Obwohl bei einer Sparquote von 0,5 langfristig ein höheres Pro-Kopf-Einkommen (Y/A = 128,6) erreicht wird, ist der Konsum pro Kopf im Falle einer Sparquote von 0,4 maximal (C/A = 68,2) (siehe Tab. 16.3 und Abb. 16.5).

Das Solow-Modell kann also durchaus die Frage beantworten, warum manche Länder reich und andere arm sind. Länder mit höherer Spar- und Investitionsrate gehören in der Regel zu den reicheren Ländern. Sie akkumulieren mehr Kapital pro Beschäftigten und generieren mehr Output pro Beschäftigtem. Länder mit höherem Bevölkerungswachstum gehören – gemessen am BIP pro Kopf – eher zu den ärmeren. Die Fortsetzung unseres Zahlenbeispiels in Tab. 16.4 macht dies deutlich. Diese Länder brauchen mehr Kapital um die gleichgewichtige Kapitalintensität (das Verhältnis Kapital zur Arbeit) zu erreichen. Kapitalerhöhung pro Kopf (*capital deepening*) ist schwieriger und die Volkswirtschaften tendieren dazu, weniger Kapital pro Beschäftigten zu akkumulieren. Ursächlich ist, dass die zusätzliche Bevölkerung mit einem Kapitalstock ausgestattet werden muss, dieser aber nicht notwendigerweise durch entsprechende Ersparnisbildung bereitgestellt werden kann. Dieses impliziert nicht, dass sich ein schnelles Bevölkerungswachstum wachstumshemmend auswirken muss. Ein schnelles Bevölkerungswachstum kann einer Wirtschaft sogar Impulse geben. Diese kommen erst zum Tragen, wenn sich eine Wirtschaft bereits in einem Wachstumsprozess befindet.

Goldene Regel der Kapitalakkumulation

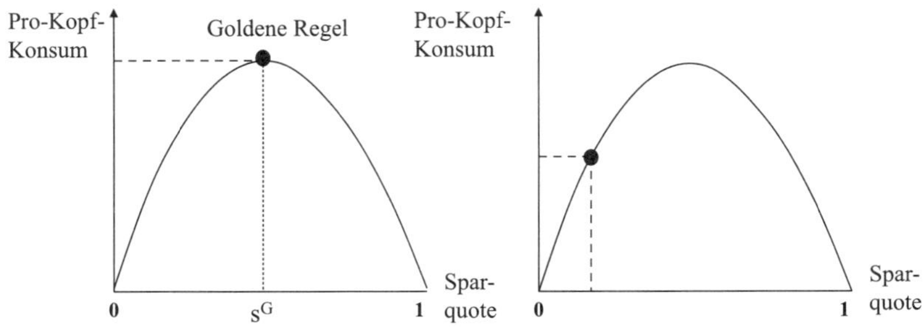

Die Goldene Regel gibt an, bei welcher Sparquote der Pro-Kopf-Konsum langfristig maximiert wird (linke Abbildung). Der gegenwärtige Konsum wird häufig höher bewertet als der zukünftige Konsum. In diesem Fall liegt die tatsächliche Sparquote unterhalb des optimalen Niveaus (rechte Abbildung).

Abb. 16.5: Goldene Regel der Akkumulation

Tab. 16.4: Wachstum bei unterschiedlichem Bevölkerungswachstum

Jahr	A	Y	Y/A	C/A	I/A	K/A	W_Y in %	W_A in %	s
1	40,0	2141,1	53,5	42,8	10,7	375,0	–	1	0,2
10	43,7	2490,1	56,9	45,5	11,4	437,2	1,6	1	0,2
100	107,1	8564,0	79,9	64,0	16,0	1022,3	1,2	1	0,2
1	40,0	2141,1	53,5	42,8	10,7	375,0	–	2	0,2
10	47,8	2631,9	55,1	44,0	11,0	402,3	2,3	2	0,2
100	284,1	18066,3	63,6	50,9	12,7	576,8	2,1	2	0,2

Ursächlich für Entwicklungsunterschiede von Ländern sind aus dieser Sicht also vor allem strukturelle Unterschiede in den zentralen Parametern des Modells (Spar- und Investitionsquote, Bevölkerungswachstum).

Ein Blick in die Empirie zeigt, dass das Modell einige Fragen nicht beantworten kann. Beispielsweise müsste in Ländern mit einem bereits hohem Pro-Kopf Einkommen eigentlich nur noch eine relativ geringe wirtschaftliche Dynamik zu beobachten sein. Es kann im bisherigen Modellrahmen nicht erklärt werden, warum es z. B. in den USA, in Japan oder in Deutschland über längere Zeiträume möglich war, das Gesetz vom abnehmenden Grenzertrag außer Kraft zu setzen. Zur Erklärung verweist die Wachstumstheorie vor allem auf den technischen Fortschritt und das Humankapital.

Schlagwörter	• Cobb-Douglas Produktionsfunktion • abnehmende Grenzerträge	• steady-state • Gleichgewichtswachstum • Goldene Regel der Akkumulation

16.3 Technischer Fortschritt

Technischer Fortschritt lässt sich im täglichen Leben in Form von Neuerungen gut beobachten. Wir können z.B. sehen, dass die Informations- und Kommunikationstechniken zu schnelleren Abläufen in der Produktion führen, Filteranlagen den Schadstoffausstoß reduzieren, neue Medikamente viele Krankheiten wirksamer bekämpfen oder Mobiltelefone uns überall erreichen lassen. Technischer Fortschritt umfasst bei *Solow* die Summe aller technologischen und organisatorischen Verbesserungen, die es einer Volkswirtschaft gestatten, mit gegebenem Faktorbestand dauerhaftes Wirtschaftswachstum zu erzeugen. Die langfristige Wachstumsrate einer Volkswirtschaft wird wesentlich vom Wachstum des technischen Fortschritts beeinflusst. Im Wachstumsgleichgewicht müssten dann Variablen wie Arbeitsproduktivität und Reallohn mit eben dieser Rate wachsen.

Es ist jedoch schwierig, den Einfluss des technischen Fortschritts auf gesamtwirtschaftlicher Ebene direkt zu messen. In vielen Ansätzen fällt der technische Fortschritt als Restfaktor gleichsam wie „Manna vom Himmel“. Hilfsweise können wir dem technischen Fortschritt indirekt Zahlen zuordnen, wenn wir mit messbaren Größen beginnen. Messbar sind z.B. das Wachstum des BIP, der Kapitalstock, die Zahl der Erwerbstätigen und die durch sie geleisteten Arbeitsstunden. Wenn wir wissen, wie viel des Wachstums auf die Faktoren Arbeit und Kapital zurückzuführen ist, muss der „Rest“ auf den technischen Fortschritt entfallen. Dieser nicht direkt erklärbare Teil des Wachstums wird als **Solow-Residuum** oder **totale Faktorproduktivität** bezeichnet.

Zerlegung des Wachstums

Das Konzept der statistischen Zerlegung des Wirtschaftswachstums ist ein Standard-Konzept der empirischen Wachstumsforschung. Ausgangspunkt ist die bereits bekannte Cobb-Douglas-Produktionsfunktion: $Y = TF \times K^{\alpha} \times A^{1-\alpha}$.

Zur Ermittlung der Wachstumsbeiträge ist zu berücksichtigen, dass die Produktionsfaktoren Arbeit und Kapital nicht im gleichen Maße zum Wachstum beitragen. Maßgeblich sind die Produktionselastizitäten α für den Faktor Kapital und $(1-\alpha)$ für den Faktor Arbeit. Sie entsprechen auch dem Anteil der Produktionsfaktoren am gesamtwirtschaftlichen Faktoreinkommen. Der Beitrag des technischen Fortschritts (TF) ergibt

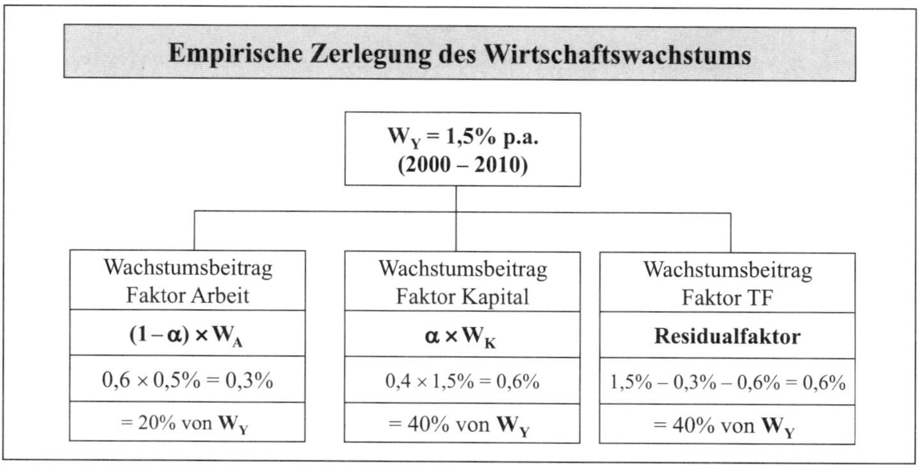

Abb. 16.6: Zerlegung des BIP in Wachstumskomponenten (fiktives Zahlenbeispiel)

sich als Restfaktor (vgl. Box 16.3). Legt man die Cobb-Douglas-Produktionsfunktion unseres Zahlenbeispiels zugrunde und unterstellt eine durchschnittliche Wachstumsrate des BIP von 1,5%, so zeigt sich, dass der größte Beitrag der Produktionsfaktoren für das BIP-Wachstum vom technischen Fortschritt ausgegangen ist (Abb. 16.6). Er äußert sich z. B. in verbesserter Ausbildung des Faktors Arbeit, einer Steigerung der Arbeitsproduktivität oder einer höheren Kapitalausstattung der Arbeitsplätze, wobei wechselseitige Zusammenhänge zwischen den Größen bestehen.

Box 16.3: Wachstumszerlegung – Auf der Suche nach dem technischen Fortschritt

(1) $Y = TF \times K^{\alpha} \times A^{1-\alpha}$

In Veränderungsraten formuliert:
(2) $W_Y = W_{TF} + \alpha \times W_K + (1-\alpha) \times W_A$

Der Beitrag des technischen Fortschritts ergibt sich gemäß Gleichung (2) als Residuum:

(3) $W_{TF} = W_Y - \alpha \times W_K - (1-\alpha) \times W_A$

Hintergrund:
Mit Hilfe der Solow-Wachstumszerlegung kann das Wirtschaftswachstum, d. h. das Wachstum des gesamtwirtschaftlichen Outputs Y, als Summe der Wachstumsbeiträge der Produktionsfaktoren Arbeit (A) und Kapital (K) sowie eines verbleibenden Rests, das Solow-Residuum, aufgeteilt werden. Dieser Rest wird als totale Faktorproduktivität bezeichnet und kann als Maß für den technischen Fortschritt angesehen werden.

Die empirischen Ergebnisse der Wachstumszerlegung sind abhängig von der Messung und der Wahl der Daten, so dass vor allem bei internationalen Vergleichen Vorsicht geboten ist. Beispielsweise kann der Arbeitseinsatz bezogen werden auf die Zahl oder die Stunden der Erwerbstätigen. So führt z. B. eine Zunahme der Teilzeitbeschäftigung zu einer größeren Zahl an Erwerbstätigen und zu einer Überschätzung des Wachstumsbeitrages des Faktors Arbeit. Zu klären ist ferner die Messung des Kapitalstocks. Zu unterscheiden sind

- volkswirtschaftlicher Kapitalstock oder Kapitalstock der Unternehmen,
- Brutto- oder Nettokapitalstock,
- Bewertung des Kapitalstocks zu Anschaffungs- oder Wiederbeschaffungspreisen.

Letztendlich kann auch die Wahl (bzw. Schätzung) der Produktionselastizitäten und somit der Einkommensanteile von Arbeit und Kapital am Volkseinkommen unterschiedlich ausfallen. So erhöht der Ausweis eines kalkulatorischen Unternehmerlohns für Selbständige den Anteil des Faktors Arbeit.

Unabhängig von den statistischen Berechnungsproblemen machen alle Analysen die überragende Rolle des technischen Fortschritts für Wachstumsprozesse deutlich. Bei der Interpretation der oft sehr hohen Anteile des technischen Fortschritts am Wirtschaftswachstum ist zu berücksichtigen, dass bei der Wachstumszerlegung der **Produktionsfaktor Energie** ausgeblendet wird. Ein Großteil von (Basis-)Innovationen ist jedoch nur durch und mit dem Einsatz von Energie möglich (z. B. Energieeinsatz für Flugzeuge, Autos, Computer, Transistoren). In Relation zu den anderen Produktionsfaktoren zeigen neuere Untersuchungen, dass Energie relativ zu billig ist. Dies führt in Industrieländern dazu, dass relativ teure Arbeitsplätze durch relativ günstige Energie substituiert werden. Daraus resultiert wiederum der Zwang zu einem höheren Wirtschaftswachstum, um zusätzliche Arbeitsplätze schaffen zu können.

Schlagwörter	• technischer Fortschritt • Solow-Residuum	• totale Faktorproduktivität • Wachstumszerlegung

16.4 Endogenes Wachstum

Im Solow-Modell und darauf aufbauenden neoklassischen Wachstumsmodellen ist das Langzeitwachstum exogen bestimmt. Wichtige Faktoren wie die Wachstumsrate des technischen Fortschritts sowie das Bevölkerungswachstum liegen außerhalb dieser Modelle. Diese Modelle, so die Kritik, erklären daher nicht den Ursprung des Wachstums. Die **endogene Wachstumstheorie** hingegen versucht diese Defizite zu überwinden, indem sie alle Wachstumskomponenten endogen, also aus dem Modell heraus, zu erklären versucht.

Endogenes Wachstum und Wissen

Modelle des endogenen Wachstums geben u.a. die Annahme sinkender Grenzproduktivitäten auf. Mehrheitlich erklären sie das Wachstum u.a. dadurch, dass sie den Kapitalbegriff weiter fassen und Humankapital in die Betrachtung einbeziehen. Humankapital sind die Fähigkeiten und Fertigkeiten sowie das Wissen, das in Personen verkörpert ist und durch Erziehung, Ausbildung, Weiterbildung sowie Erfahrung erworben wird. Rein formal wird die Produktionsfunktion durch die Integration des Humankapitals modifiziert, indem die Produktion je Beschäftigten nicht nur von der physischen Kapitalintensität (K/A), sondern auch vom Bestand an Humankapital (H/A) abhängt:

$Y/A = f\,(K/A, H/A).$

Der Pro-Kopf-Output steigt, wenn die Kapitalausstattung pro Arbeitsplatz (K/A) oder die durchschnittliche Qualifikation (H/A) steigt. Steigen die gesamtwirtschaftlichen Investitionen in Humankapital, z.B. durch Ausbildung, dann erhöht sich die Produktion je Beschäftigten. In diesem Sinne ist Humankapital als **gebundenes Wissen** einzustufen, das dem Prinzip der Ausschließbarkeit und einer Rivalität der Nutzung unterliegt (Tab. 16.4).

Tab. 16.4: Klassifikation des Wissens (in Anlehnung an Grupp, 1998, S. 336)

Ausschließbarkeit	gebundenes Wissen (Rivalität der Nutzung)	ungebundenes Wissen (keine Rivalität der Nutzung)
komplett	**immobiles Humankapital**	praktisch erworbenes Wissen (learning by doing)
teilweise	**mobiles Humankapital**	Patente, technisches Design
unmöglich	–	veröffentlichtes Wissen, abgelaufene Patente

Der Humankapitalbestand eines Individuums geht mit dessen Tod verloren. Kollektives Wissen dagegen ist dauerhaft akkumulierbar und es steht späteren Generationen zur Verfügung. Die Weitergabe des Wissens ist vielschichtig. Arbeitskräfte, die über unternehmensinterne Kenntnisse verfügen, können durch einen Wechsel zu Konkurrenten zumindest einen Teil dieses Wissens unentgeltlich „mitnehmen“.

Auch bei der Imitation von Konkurrenzprodukten kommt ein Unternehmen in den Besitz fremden (externen) technischen Wissens. Ein solcher Transfer erfolgt seitens des Wissensproduzenten unfreiwillig. Selbst wenn Unternehmen, die Wissen produzieren, dieses durch Patente oder Geheimhaltung vorübergehend für sich behalten können, diffundiert es früher oder später zu anderen Unternehmen und führt dort zu Produktivitätszuwächsen. Im Fall des staatlichen Angebots wird Wissen der Allgemeinheit kostenlos zur Verfügung gestellt, z. B. durch staatlich finanzierte Forschung. Diese Form des Wissens wird nicht durch den Marktmechanismus entlohnt. Es liegen **positive Externalitäten** (*spill-overs*) vor. Die private Rendite des Wissens ist kleiner als die soziale Rendite.

Steigende Grenzerträge und Regelkreisläufe

Wissen hat einige Besonderheiten, die das Gesetz abnehmender Grenzerträge der physischen Produktionsfaktoren außer Kraft setzen. Neues Wissen kann nahezu unbegrenzt produziert werden und es kann – anders als z. B. ein physisches Investitionsgut – von mehreren Anwendern gleichzeitig genutzt werden, ohne an Wert zu verlieren. Im Gegenteil, je mehr Personen mit Wissen ausgestattet sind, desto schneller kann es sich verbreiten. Im ökonomischen Sinne liegen **steigende Grenzerträge** vor. Was hier auf den ersten Blick vielleicht als einfache Idee gelten mag, konnte lange Zeit nicht mathematisch modelliert werden. Wir brauchen aber die Mathematik an dieser Stelle nicht, sondern bedienen uns der Intuition. Was würde z. B. geschehen, wenn der Beitrag des Faktors Wissen am BIP größer ist als seine Entlohnung? In einem solchen Fall würden die Faktoren Arbeit und Kapital sozusagen den Faktor Wissen ausbeuten, insbesondere wenn dieser weitgehend ohne Entgelt genutzt werden kann. Sie erhielten eine ökonomische Rente, die aus der Erzeugung neuen Wissens entsteht. Dies muss aber, so der US-Ökonom *Paul Romer*, nicht zur Ineffizienz führen, weil die Grenzerträge neuen Wissens nicht abnehmen.

Im Kern modellieren endogene Wachstumstheorien wechselseitige Zusammenhänge und Regelkreisläufe zwischen Realkapital, Humankapital, Wissen und der Kapitalproduktivität (Abb. 16.7). Zunehmender Sachkapitaleinsatz erfordert zunehmendes Humankapital. Der Humankapitalzuwachs bewirkt eine zunehmende Innovationstätigkeit und eine Kumulierung von Wissen. Das zunehmende Wissen erfordert für seine Verbreitung mehr Humankapital und für seine materielle Durchsetzung zusätzliches Sachkapital. Die positiven externen Effekte des Wissens führen dazu, dass die Grenzproduktivität des Kapitals nicht oder nicht im von der neoklassischen Wachstumstheorie erwarteten Ausmaß sinkt.

Damit bleibt der Anreiz zur Sachkapitalbildung erhalten und **permanentes Wachstum** wird möglich. Kurzum: mehr Bildung, mehr Wissen schaffen mehr Ideen und diese schaffen Wachstum. Einzelne Modelle der endogenen Wachstumstheorie unterscheiden sich im Wesentlichen dadurch, welche dieser Regelkreise modelliert werden.

Wenn nun neues Wissen (technischer Fortschritt) – wie in traditionellen Wachstumsmodellen – nicht überall gleichermaßen verfügbar ist, verschwindet die Tendenz zur Angleichung. In der Realität treten Innovationsprozesse in räumlichen Ballungen *(cluster)* auf. Beispielhaft sei auf Silicon Valley in den USA verwiesen. Länder oder Regionen können sich daher dauerhaft unterschiedlich entwickeln. Es kann erklärt werden, warum das Wachstum in den am weitesten entwickelten Ländern nicht bzw. nicht in dem Maße, wie von der neoklassischen Theorie erwartet, abnimmt. In Volkswirtschaften wie z. B. in den USA ist das für Wachstum notwendige Umfeld bereits auf hohem Niveau vorhanden und begünstigt die endogene Dynamik und das Zusammenspiel von Innovation, Humankapital und Realkapital. Dieses ist die Kernbotschaft des endogenen Wachstums. In vielen Entwicklungs- und Schwellenländern fehlt dieses komplementäre Wachstumsumfeld.

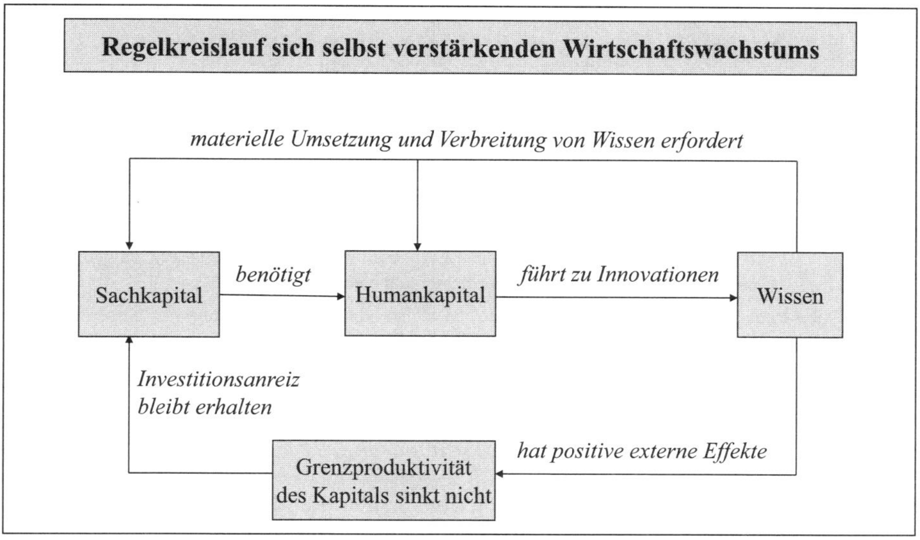

Abb. 16.7: Regelkreisläufe endogenen Wachstums

Mit diesen Argumenten hat sich die wachstumstheoretische Forschung von den klassischen Wachstumsdeterminanten Kapital und Arbeit entfernt. Sie stellt zunehmend die Fähigkeit einer Gesellschaft in den Vordergrund, die Faktoren Arbeit und Kapital produktiv einzusetzen. Endogenes Wachstum bedeutet daher, dass wirtschaftspolitische Entscheidungen die langfristige Wachstumsrate positiv beeinflussen können. Beispielhaft sei auf das Bildungssystem eines Landes verwiesen. Wir wollen uns diesem Bereich näher zuwenden und hier beispielhaft die Kosten und Nutzen eines Hochschulstudiums betrachten.

Schlagwörter	• neue Wachstumstheorie • positive Externalitäten	• endogenes Wachstum • cluster

16.5 Humankapital und Studium

Die Entscheidung für ein Studium kann viele, und auch außerökonomische Gründe haben. Diese außerökonomischen Gründe (z. B. emanzipatorisches Interesse, gesellschaftlicher Status, „Auszeit" von gesellschaftlichen Zwängen, Zeit der „Selbstfindung") sollen hier nicht untersucht werden, sind aber gleichwohl wichtig und dürften überwiegend einen positiven Studienanreiz darstellen. Es ist naheliegend, dass Studierende und Gesellschaft eine unterschiedliche Perspektive haben, was Kosten und Nutzen eines Studiums betrifft (Abb. 16.8).

Der Wert eines Hochschulabschlusses wird in der Regel anhand einer **Investitionsrechnung** überprüft, da es sich um eine (Human-)Kapitalgröße handelt. Externe Effekte und nicht unmittelbar messbare Effekte bleiben außen vor. Die Anwendung von Verfahren der Investitionsrechnung führt zu Bildungsrenditen, die sich in eine **private** und **soziale (gesellschaftliche) Kategorie** einteilen lassen. Der Rechenweg berücksichtigt zwei Aspekte:

Studium aus individueller und gesellschaftlicher Sicht

	Studierende	Gesellschaft
Kosten	entgangenes Einkommen während des Studiums, Kosten des Studiums	Ausgaben für Hochschulen (Personal, Sachausgaben), Transfers an Studierende (z.B. Bafög), entgangene Steuereinnahmen während des Studiums
Nutzen	höheres Einkommen während des Erwerbslebens	Bildung von Humankapital als Voraussetzung für Wirtschaftswachstum und Produktivitätssteigerungen, Steuermehreinnahmen
Externe Effekte	Eigenwert des Studiums	gesellschaftlicher Nutzen durch Bildung, z.B. bessere – Kindererziehung, – niedrige Kriminalität, – höheres kulturelles Niveau

Abb. 16.8: Kosten-Nutzen-Betrachtung eines Hochschulstudiums

- Zum einen bezieht sich die Ermittlung der sozialen Rendite auf die **Bruttoeinkommen**, um die Rückflüsse aus den Steuereinnahmen nach dem Studium berücksichtigen zu können.
- Zum anderen werden die abdiskontierten **staatlichen Bildungsausgaben** für einen Studierenden im jeweiligen Studiengang berücksichtigt.

Studium – ja oder nein?

In ökonomischer Hinsicht ist die Frage nach der Vorteilhaftigkeit eines Studiums als eine **intertemporale Wahlentscheidung** zu betrachten. Bei derartigen Betrachtungen wird die Entscheidung auf rein finanzielle Aspekte reduziert und jegliche positiven (z. B. Studentenfeiern) oder negativen (z. B. Prüfungsangst) Begleiterscheinungen werden ausgeklammert.

Wenn Sie ein Studium aufnehmen, sind Sie mit zwei wesentlichen Kostenfaktoren konfrontiert. Da Sie auf eine berufliche Tätigkeit verzichten, entgehen Ihnen **heute** Gehälter (Opportunitätskosten des Studiums). Darüber hinaus ist das Studium **heute** mit direkten Kosten verbunden, z. B. Studiengebühren. Diesen Kosten steht die Möglichkeit gegenüber, dass **später** im gesamten Berufsleben aufgrund der Ausbildung ein höheres Einkommen erzielt werden kann. Sie müssen also entscheiden, ob Sie heute auf Einkommen verzichten, um in Zukunft mehr verdienen zu können.

Da wir in diesem Zusammenhang verschiedene Zeitpunkte vergleichen, müssen wir die Geldeinheiten auf einen gemeinsamen Vergleichszeitpunkt beziehen. Dies geschieht durch Abdiskontierung mit dem Zinssatz (i). Somit beträgt der **Gegenwartswert** (GW) **eines Einkommensstroms** von m_t Euro:

$$(1)\ GW_m = \sum_{t=1}^{n} \frac{m_t}{(1+i)^t}$$

bzw. für einen **Zahlungsstrom** von z_t Euro:

$$(2)\ GW_z = \sum_{t=1}^{n} \frac{z_t}{(1+i)^t}$$

Die Differenz entspricht dem **Nettogegenwartswert** (NGW):

$$(3)\ NGW = GW_m - GW_z$$

Eine Investition wäre rentabel, wenn der Nettogegenwartswert größer als Null ist. Betrachten wir ein Beispiel, das nur zwei Perioden (heute und morgen) umfasst:

	kein Studium	Studium
Einkommensverzicht durch Studium heute	0€	40.000€
Kosten Studium heute	0€	15.000€
Zusätzliches Einkommen morgen	0€	60.000€

Unterstellen wir zunächst einen Zinssatz von 0%. In diesem Fall ergeben sich folgende Nettogegenwartswerte:

- kein Studium: 0€
- Studium: 5.000€ = –40.000€ – 15.000€ + 60.000€

In diesem Fall hat das Studium einen höheren Nettogegenwartswert. Nun unterstellen wir einen Zinssatz von 20%. In diesem Fall kehrt sich die Entscheidung um, d.h. kein Studium wird rentabler:

- kein Studium: 0€
- Studium: –5.000€ = – 40.000€ – 15.000€ + 60.000€ / 1,2

Verantwortlich dafür ist die Veränderung des Zinssatzes, die eine Zeitpräferenz widerspiegelt. Die vorherigen Überlegungen sollen nun etwas praxisnäher ausgestaltet werden. Unterstellen wir folgende Ausgangsdaten:

- Gesamtbetrachtung 30 Jahre
- gesamte direkte und indirekte Kosten des Studiums pro Jahr: 20.000€
- Studiendauer 5 Jahre
- Einkommensdifferenz: + 10.000€ pro Jahr (über die Jahre hinweg konstant)

In diesem Fall errechnet sich der Nettobarwert wie folgt:

$$[-20/(1+i) - \ldots - 20/(1+i)^5] + [10/(1+i)^6 + \ldots + 10/(1+i)^{35}]$$

Aus Vereinfachungsgründen wollen wir die Inflationsrate vernachlässigen, da sie alle Personen ohne und mit Studium gleichermaßen betrifft. Wenn wir nun einen Zins von z.B. 5% wählen, errechnet sich ein Nettobarwert von etwa 33.858€. Dieser Zins ergibt sich z.B. indem wir alternative Anlageentscheidungen betrachten. Finanziell wäre es also eine gute Entscheidung, in ein Studium zu investieren (Abb. 16.9).

Dieser Ertrag lässt sich als Investition in Humankapital interpretieren.

Allerdings sollten Sie sich nicht nur durch solche monetären Überlegungen zur Wahl eines Studiums oder eines Berufs verleiten lassen. Derartige Berechnungen sind methodischen Einschränkungen unterworfen. Zunächst haben wir unterstellt, dass das zusätzlich Einkommen tatsächlich aufgrund der Ausbildung (Produktivität) erzielt wird und nicht aufgrund anderer Unterschiede (z.B. soziale Fähigkeiten, Engagement im Beruf, „Vitamin B", Begabung, Talent). Ebenso ist zu beachten, dass eine Person ohne Ausbildung während der Ausbildungsperiode nicht unbedingt spart und daher keine Zinseinkünfte erzielt, die weitere Opportunitätskosten für die Person mit Ausbildung darstellen würden. Wichtig ist zudem der Umstand, dass Nominaleinkommen und Ausgaben über viele Jahre hinweg verglichen werden. So würde ein größerer Inflationsschub die Zusatzverdienste gegenüber den (nominal fixen) Bildungskosten ansteigen lassen und so den Diskontsatz anheben.

In einer Erweiterung der Überlegungen kann auch das **Risiko der Arbeitslosigkeit** einbezogen werden. Das erzielbare Zusatzeinkommen hängt von der Lage am Arbeitsmarkt ab. Grundsätzlich ist zu erwarten, dass nach der Produktivität entlohnt wird. Besteht aber ein Überschuss an Akademikern, wird der Wettbewerb Druck auf die Akademikergehälter ausüben und das erzielbare Zusatzeinkommen verringern.

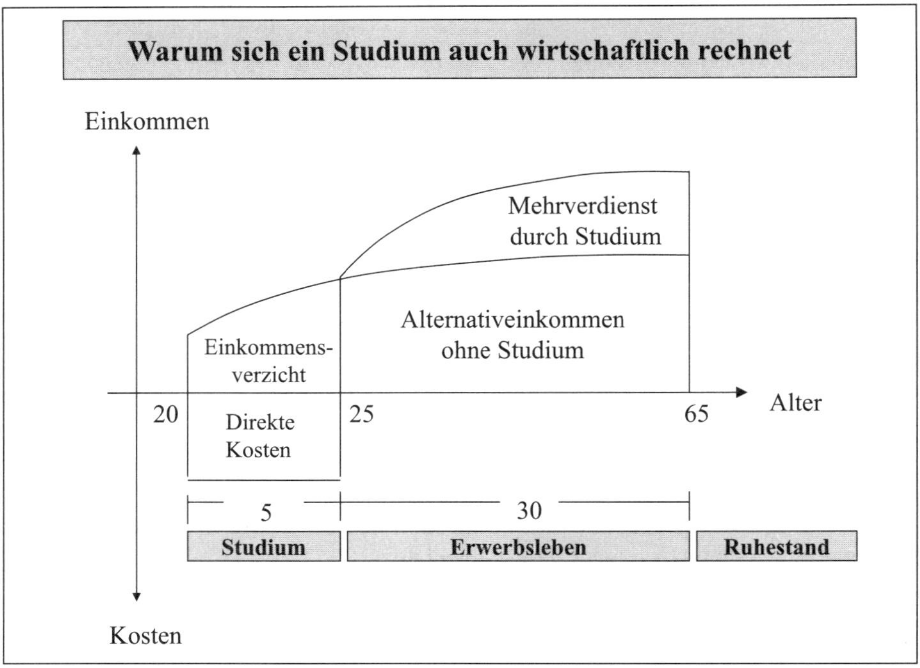

Abb. 16.9: Individuelle Kosten und Erträge eines Studiums

Beim Vergleich verschiedener Jahre kann dieses den Ertrag des Studiums verändern. Die Einkommenshöhe (Stundenlöhne, Arbeitszeit) sowie deren Veränderung über die Jahre ist zwischen den Wirtschaftssektoren unterschiedlich. In der Praxis müssen daher entweder die Einkommen in einem bestimmten Sektor oder gesamtwirtschaftliche Durchschnitte verglichen werden.

Das individuelle und das gesellschaftliche (soziale) Kalkül zur Aufnahme eines Studiums unterscheiden sich durch die Kosten und Erträge. Untersuchungen zeigen, dass die soziale Rendite in der Regel unterhalb der privaten Rendite liegt, d.h. Bildung ist aus gesellschaftlicher Sicht auf den ersten Blick ein Zuschussgeschäft. Sofern die soziale Rendite oberhalb der privaten Rendite liegt, scheint dies darauf hinzudeuten, dass über stärkere Anreize auch Bildung attraktiver gemacht werden kann und sich in der Folge positive Auswirkungen auf das Wirtschaftswachstum ergeben.

Umgekehrt kann jedoch für den Fall, dass die soziale unterhalb der privaten Rendite liegt, keine „Überinvestition in Bildung" gefolgert werden. Dies liegt im Wesentlichen daran, dass sich die Auswirkungen einer besseren und höherwertigen Ausbildung auf das Wirtschaftswachstum kaum zuverlässig erfassen lassen. Wir müssten wissen, wie hoch das Wachstum des BIP ohne staatliche Investitionen ausgefallen wäre. Sofern der zusätzliche soziale Ertrag größer als der Zuwachs des BIP ist, dürfte es positive spill-over Effekte der akademischen Bildung auf die Gesamtwirtschaft geben. Dies wäre dann die Rechtfertigung für eine staatliche Förderung der Studierenden und der (teilweisen) Finanzierung der Hochschulen.

Schlag-wörter	• Humankapital • private und soziale Rendite eines Studiums	• Nettogegenwartswert eines Studiums

16.6 Fallbeispiele zu Kapitel 16

Lösungs- und Bearbeitungshinweise sowie alle Abbildungen dieses Kapitels finden Sie unter: www.vahlen.de

Fallbeispiel 16.1: Wachstumsformen (++)

1) Wodurch unterscheiden sich folgende Wachstumsbegriffe?
   - extensiv, intensiv
   - nominal, real
   - quantitativ, qualitativ
2) Was bedeutet ein angemessenes und stetiges Wirtschaftswachstum?
3) Kann qualitatives Wachstum zu einer Erhöhung des BIP führen?

Fallbeispiel 16.2: Wachstum und Produktivität (0)

1) Definieren Sie die Begriffe Arbeitsproduktivität, Kapitalproduktivität und Kapitalintensität und zeigen Sie den Zusammenhang zwischen den genannten Größen auf.
2) Für eine Volkswirtschaft liegen folgende Größen vor:
   - BIP^{real} 2.000 Mrd. €
   - $Kapitalstock^{real}$ 10.000 Mrd. €
   - Erwerbstätige 40 Mio.
   - Arbeitsvolumen 50 Mrd. Stunden

   Ermitteln Sie folgende Größen:
   a) Arbeitsproduktivität je Stunde
   b) Kapitalproduktivität
   c) Kapitalkoeffizient
   d) Arbeitsproduktivität je Erwerbstätigen
   e) Kapitalintensität

   Überprüfen Sie, ob der unter 1) ermittelte Zusammenhang zwischen den genannten Größen gilt.

Fallbeispiel 16.3: Produktionsfunktion (+)

1) Eine Volkswirtschaft lässt sich näherungsweise durch folgende Cobb-Douglas Produktionsfunktion beschreiben: Effizienzparameter TF = 15; K = 1.000, A = 50, $\alpha = 0{,}3$
   a) Bestimmen Sie das BIP des Landes.
   b) Wie hoch ist das BIP, wenn sich der Einsatz von Kapital und Arbeit verdoppelt?
   c) Interpretieren Sie die Exponenten der Produktionsfunktion.
   d) Was verstehen Sie unter abnehmenden Grenzerträgen?
2) Das BIP in einer Volkswirtschaft ist gegeben durch folgende Produktionsfunktion: $Y_0 = K^{0,3} \times A^{0,7}$. Durch ein Erdbeben werden 25 % des Kapitalstocks vernichtet. Berechnen Sie die Höhe der Produktion nach Reduktion des Kapitalstocks.

Fallbeispiel 16.4: Solow-Wachstumsmodell (++)

1) Beschreiben Sie den Aufbau des Solow-Modells.
2) Welche Empfehlungen liefert das Solow-Modell für eine Steigerung des Pro-Kopf Einkommens in Entwicklungs- und Schwellenländern?
3) Kann das Modell dauerhaftes Wachstum von Volkswirtschaften ohne technischen Fortschritt erklären?

Fallbeispiel 16.5: Ansatzpunkte zur Überwindung der Armut (++)

In einem Entwicklungsland setzt sich ein Haushalt aus Eltern sowie jeweils 2 Söhnen und 2 Töchtern zusammen. Die Familie bewirtschaftet 2 Hektar Land und kann 2 Tonnen Mais auf einem Hektar produzieren, der sich in der Stadt für umgerechnet 150 US-$ verkaufen lässt. Aufgrund des geringen Pro-Kopf Einkommens kann die Familie nichts sparen ((*in Anlehnung an Sachs, 2005, S. 220ff.*).

1) Berechnen Sie das nominale BIP, das BIP-pro-Kopf und den Konsum.
2) Diskutieren Sie, wie sich durch folgende Maßnahmen das Einkommen steigern lässt:
   a) Rückgang des Konsum auf 3 Tonnen Mais
   b) Steigerung des Ertrags pro Hektar auf 3 Tonnen
   c) Umstrukturierung von Mais zu Weizenanbau, der 800 US-$ pro Hektar erbringt
   d) Beschränkung der Kinderzahl auf 2
3) Wie lässt sich ein Absinken des Pro-Kopf-Einkommens erklären?

Fallbeispiel 16.6: Technischer Fortschritt und wirtschaftliches Wachstum (0)

Gegeben sind folgende Werte:

Jahr	Bruttoinlandsprodukt (Mrd. €)	Kapital (Mrd. €)	Arbeit (Mio. Erwerbstätige)
2009	2.000	4.000	35,0
2010	2.100	4.200	35,7

Der Anteil des Kapitals am Volkseinkommen beträgt 25 %.

1) Ermitteln Sie den Wachstumsbeitrag des technischen Fortschritts.
2) Im Jahr 2011 stieg der technische Fortschritt um 1 %, der Kapital- und Arbeitseinsatz nahmen um jeweils 2 % zu. Die Anteile der Faktoren Kapital und Arbeit am Volkseinkommen veränderten sich zu 0,3 und 0,7. Wie groß ist die Wachstumsrate des BIP?

Fallbeispiel 16.7: Humankapital, Wissen und wirtschaftliches Wachstum (+)

1) Was verstehen Sie unter Humankapital? Wie lässt sich der Zusammenhang zwischen Humankapital und Wirtschaftswachstum herstellen?
2) Ordnen Sie folgende Begriffe in nachfolgende Matrix ein: eigene Ausbildung, *„learing by doing"*, Arbeitsplatzwechsel, abgelaufene Patente, neue Patente.

Ausschließbarkeit	gebundenes Wissen (Rivalität der Nutzung)	ungebundenes Wissen (keine Rivalität der Nutzung)
komplett		
teilweise		
unmöglich		

3) Wie erfolgt die Weitergabe des Wissens? Wieso ist die soziale (gesellschaftliche) Rendite des Wissens kleiner als die Rendite privaten Wissens?

Fallbeispiel 16.8: Kosten und Nutzen eines Studiums (++)

1) Nastasja muss entscheiden, ob sie eine Hochschule besuchen soll. Wenn sie drei Jahre die Universität besucht und jedes Jahr 5.000 € Studiengebühr bezahlt, wird sie eine Arbeitsstelle bekommen, in der sie für den Rest seines Arbeitslebens 50.000 € jährlich verdienen wird. Entscheidet sie sich gegen die Hochschule, wird sie sofort eine Arbeitsstelle annehmen. In dem Fall wird sie in den nächsten drei Jahren 15.000 €, in den folgenden drei Jahren 25.000 € und in allen weiteren Folgejahren 50.000 € verdienen. Lohnt sich eine Entscheidung für die Universität, wenn der Zinssatz bei 10 Prozent liegt?

2) Beurteilen Sie Kosten und Nutzen eines Studiums aus Sicht des Staates bzw. von Studierenden.

	Kosten	Nutzen
Staat		
Studierende		

3) Welche Auswirkungen haben folgende Maßnahmen auf die individuelle und soziale Rendite?

Maßnahme	Individuelle Rendite	Soziale Rendite
Verkürzung der Studiendauer durch effizientere Gestaltung des Studiums		
höhere Belastung besser verdienender Akademiker nach dem Studium		
Lohnsysteme, die Alter bzw. Erfahrung, nicht aber das Studium honorieren		
Einführung von Studiengebühren		
Verlängerung der Lebensarbeitszeit		

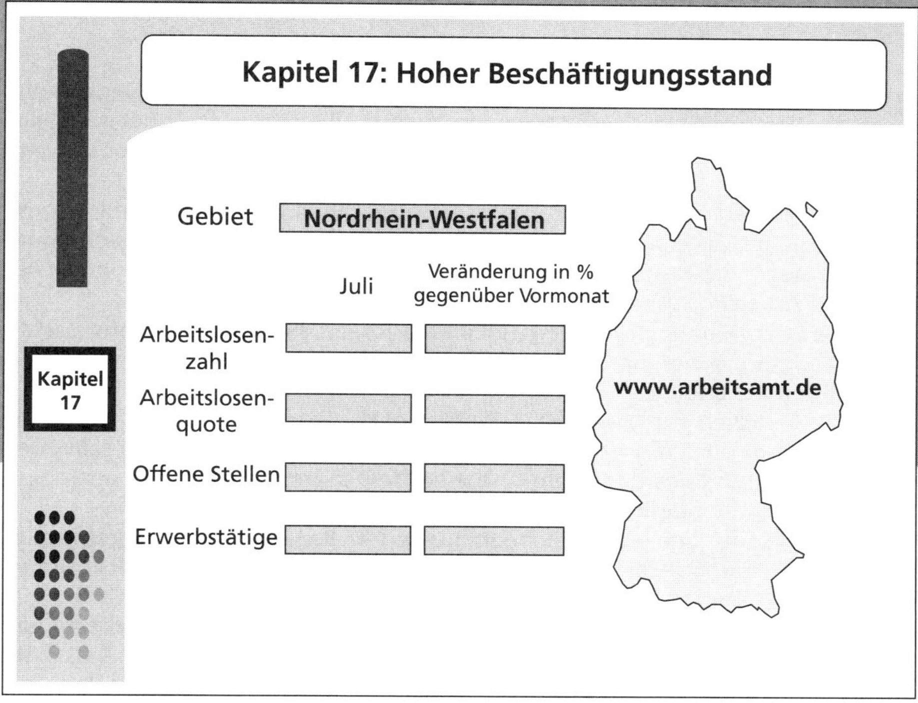

Inhaltsübersicht

Lernzielorientierte Sachverhalte

- Arbeitslosigkeit ist von allen makroökonomischen Problemstellungen jene, die Menschen am unmittelbarsten betrifft. Arbeitslosigkeit hat nicht nur eine individuelle, sondern auch eine gesellschaftliche und makroökonomische Dimension.
- Zur Beurteilung der Arbeitsmarktsituation stehen verschiedene Indikatoren bereit. Im Mittelpunkt des öffentlichen Interesses steht die Arbeitslosenquote. Sie ist das Resultat der Teilrisiken Betroffenheit, Häufigkeit und Dauer von Arbeitslosigkeit.
- Die Beurteilung der Arbeitslosigkeit muss das Arbeitsangebot berücksichtigen, das u. a. von der demographischen Entwicklung und vom Erwerbsverhalten abhängig ist.
- Die Ursachen für Mismatch-Arbeitslosigkeit liegen auf dem Arbeitsmarkt begründet. Häufig ist der Wechsel zwischen Beschäftigungsverhältnissen nicht reibungslos oder aufgrund einer fehlenden Qualifikation auch dauerhaft nicht möglich.
- Auch institutionelle Rahmenbedingungen – z. B. zu hohe Mindestlöhne oder zu vielschichtige arbeitsrechtliche Regelungen – können Arbeitslosigkeit verursachen.
- Arbeitslosigkeit muss seine Ursachen nicht auf dem Arbeitsmarkt haben. Verantwortlich sind häufig gesamtwirtschaftliche Entwicklungen. Dazu zählen vor allem ein Nachfragemangel auf dem Gütermarkt, technologische Entwicklungen oder ein zu geringes Wirtschaftswachstum.

17.1 Hoher Beschäftigungsstand als wirtschaftspolitisches Ziel

In Deutschland gehörte die anhaltend hohe Arbeitslosigkeit *über mehrere* Jahrzehnte zu den gravierendsten ökonomischen und sozialen Problemen. In vielen Jahren war die Arbeitslosigkeit durch ein hohes Maß an Beharrlichkeit (Persistenz) gekennzeichnet. In den Abschwungphasen 1973/74, 1981/82 und 1992/93 stieg die **konjunkturelle Arbeitslosigkeit** sprunghaft an. Gleichzeitig etablierte sich eine hohe **Sockelarbeitslosigkeit**, die im konjunkturellen Aufschwung nicht spürbar abgebaut werden konnte. In einigen Jahren stieg die Arbeitslosigkeit sogar trotz eines zunehmenden Angebots an offenen Stellen. Dies ist ein Indiz für das Vorliegen einer **strukturellen Arbeitslosigkeit** (Abb. 17.1). Zu diskutieren bleibt, welches Ausma*ß* an Beschäftigung realistisch erscheint. Dabei ist zu berücksichtigen, dass es eine unvermeidbare **friktionelle Arbeitslosigkeit** gibt, die vor allem aus dem Wechsel von Arbeitsverhältnissen resultiert. Der Begriff **Vollbeschäftigung** wird oft als erreicht betrachtet, wenn alle, die einer bezahlten Arbeit nachgehen möchten, einen Arbeitsplatz besitzen. Die Vollbeschäftigungsgrenze in den 60er Jahren wurde bei einer Arbeitslosenquote von etwa einem Prozent gesehen.

Begründung des Ziels

Arbeitslosigkeit ist diejenige makroökonomische Problemstellung, die Menschen am unmittelbarsten betrifft. Arbeitslosigkeit führt in der Regel zu Einkommenseinbußen und bei längerfristiger Dauer zu psychischen Belastungen, Verlust an Selbstwertgefühl und Status in einer leistungsorientierten Gesellschaft (Abb. 17.2). Es ist daher nachvollziehbar, dass die ursprüngliche Begründung für die Bekämpfung der Arbeitslosigkeit im sozialethischen Bereich liegt. Aus gesellschaftspolitischer Sicht gilt Arbeitslosigkeit

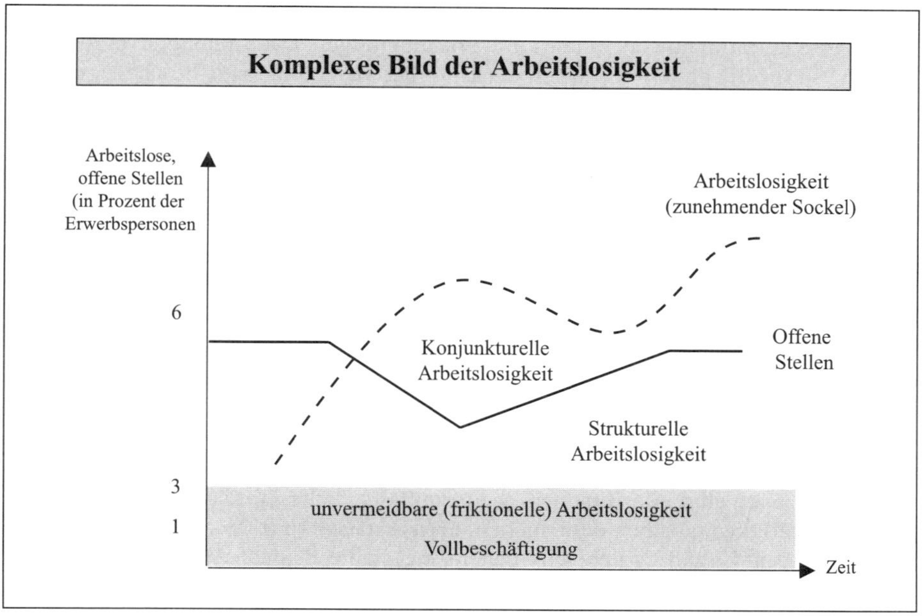

Abb. 17.1: Arbeitslosigkeit

Dimensionen der Arbeitslosigkeit

Gesellschaftlich-individuelle Dimension

Soziale Kosten	**Beispiele**
individuelle Ebene	Verlust an Selbstwertgefühl
	Statusverlust
	materielle Not
gesellschaftliche Ebene	Gefährdung der politischen Ordnung bei Massenarbeitslosigkeit

Ökonomische Dimension

Fiskalische Kosten	Beispiele	Mrd. €.
Mehrausgaben	Arbeitslosengeld I, Arbeitslosengeld II	
	Wohngeld	
	Sozialversicherungsbeiträge	
Mindereinnahmen	Steuern	
	Sozialversicherungsbeiträge	
Summe		

Outputverluste	Beispiele	Mrd. €.
entgangenes BIP	Verschwendung von Humankapital	
Summe		

Abb. 17.2: Dimensionen der Arbeitslosigkeit

als systemgefährdend, da sie zumindest bei Auftreten von **Massenarbeitslosigkeit** antidemokratischen Strömungen Vorschub leisten kann.

Ökonomisch bedeutet Arbeitslosigkeit, dass der Produktionsfaktor Arbeit nicht in ausreichendem Maße zur Produktion eingesetzt werden kann. Ein erreichbares Wohlfahrtsmaximum wird verfehlt, wobei die entstehenden Kosten der Produktionsausfälle nur schwer zu beziffern sind. Messbar sind hingegen die direkten Kosten der Arbeitslosigkeit. Sie entstehen durch zusätzliche Ausgaben der öffentlichen Hand und durch verringerte Einnahmen von Steuern und Sozialbeiträgen. Die umfassendste rechnerische Größe für die gesamten Kosten der Unterbeschäftigung bzw. Beschäftigungslücke ist das **entgangene Bruttoinlandsprodukt**. Diese Größe bezeichnet den Verlust an gesellschaftlicher Wohlfahrt durch Unterbeschäftigung, ausgedrückt als Entzug von zusätzlich verteilbarem Einkommen bzw. Gütern. Das Institut für Arbeitsmarkt- und Berufsforschung (IAB) hat versucht, die gesamtwirtschaftlichen Kosten der Unterbeschäftigung zu berechnen. Danach wäre das nominale BIP im Jahr 2006 um rund 230 Mrd. höher gewesen, wenn zu dieser Zeit ein hoher Beschäftigungsstand geherrscht hätte. Zwar sind derartige Berechnungen mit methodischen Unsicherheiten behaftet, sie zeigen dennoch die hohen ökonomischen Wohlfahrtseinbußen einer anhaltend hohen Arbeitslosigkeit.

Messung des Ziels

Die Messung des Ziels „Hoher Beschäftigungsstand" im Stabilitäts- und Wachstumsgesetz erfordert zunächst einen Blick auf beschäftigungsrelevante Größen (Abb. 17.3). **Erwerbspersonen** sind alle Personen, die unmittelbar oder mittelbar eine auf Erwerb gerichtete Tätigkeit ausüben oder suchen. **Erwerbstätige** sind Personen, die entweder in einem Arbeitsverhältnis stehen (Arbeiter, Angestellte, Beamte, Auszubildende), oder selbstständig ein Gewerbe betreiben bzw. einen freien Beruf ausüben. Das **Erwerbspersonenpotential** bezeichnet in einer weiten Abgrenzung den Umfang des Arbeitskräfteangebots der Wohnbevölkerung im Alter zwischen 15 bis 65 Jahren (abhängig vom gesetzlichen Renteneintrittsalter). In einer engen Abgrenzung erfasst das Erwerbspersonenpotential die Erwerbspersonen und die **Stille Reserve**.

Zur Stillen Reserve zählen nichtbeschäftigte Personen, die eine Erwerbstätigkeit suchen, jedoch nicht die Arbeitsagentur einschalten bzw. Personen, die zur Zeit zwar keine Arbeit suchen, aber im Fall einer besseren Arbeitsmarktlage dem Arbeitsmarkt

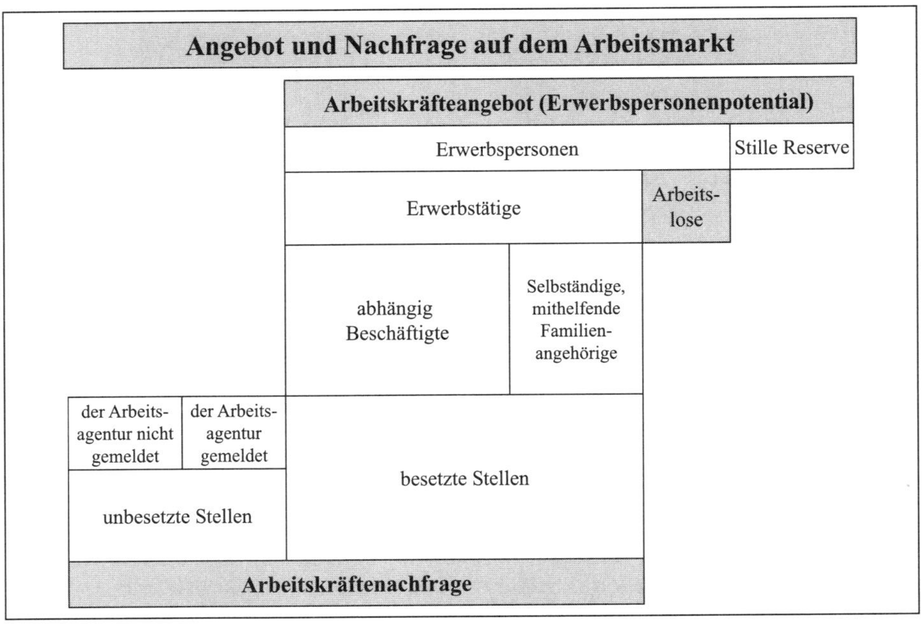

Abb. 17.3: Arbeitskräfteangebot und -nachfrage

zur Verfügung stehen würden. Zu dieser Größe zählen vor allem Hausfrauen, ältere Arbeitskräfte oder in (Ausweich-)Ausbildung stehende Personen.

Ausgehend von den beschäftigungsrelevanten Größen lassen sich Beschäftigungs-, Erwerbs- und Arbeitslosenquoten ausweisen (Abb. 17.4). In der Regel wird der „Negativindikator" Arbeitslosenquote für die Umschreibung des Ziels „Hoher Beschäftigungsstand" verwendet, nicht aber z. B. die Erwerbsquote. In der öffentlichen Diskussion werden zumeist die Zahlen der **Bundesagentur für Arbeit** (BA) herangezogen, weil sie kontinuierlich und flächendeckend verfügbar sind. Die Statistik der registrierten Arbeitslosigkeit wird monatlich von der Bundesagentur für Arbeit veröffentlicht. Danach gelten Personen zwischen 15 und 65 Jahren als „registriert arbeitslos", wenn sie

- bei der Bundesagentur für Arbeit arbeitslos gemeldet sind,
- beschäftigungslos sind oder einer geringfügigen Tätigkeit von höchstens 14 Stunden pro Woche nachgehen,
- eine sozialversicherungspflichtige Beschäftigung von mindestens 15 Stunden pro Woche suchen und
- für die Vermittlung verfügbar sind. Verfügbarkeit bedeutet, dass der Arbeitslose der Vermittlung in eine Beschäftigung oder in eine Maßnahme der aktiven Arbeitsmarktpolitik sofort zur Verfügung steht.

Nicht als registriert arbeitslos zählen Personen, die keine Erwerbstätigkeit ausüben dürfen oder können (z. B. Ausländer ohne Arbeitserlaubnis oder Personen, die erwerbsunfähig erkrankt sind). Ebenfalls nicht als arbeitslos registriert sind Personen im Bildungssystem, in Altersrente sowie Wehr- oder Zivildienstleistende. Auch Teilnehmer an Maßnahmen der aktiven Arbeitsmarktpolitik zählen nicht zu den registrierten Arbeitslosen.

Nicht registriert arbeitslos sind zudem Personen, die wegen verminderter Leistungsfähigkeit Arbeitslosengeld erhalten sowie nicht arbeitsbereite ältere Arbeitslose und

Kennziffern zur Beurteilung der Arbeitsmarktsituation

Arbeitsnachfrage

$$\textbf{Beschäftigungsquote} = \frac{\text{Erwerbstätige}}{\text{Bevölkerung im Alter von 15–65 Jahren}}$$

Arbeitsangebot

$$\textbf{Erwerbsquote} = \frac{\text{Erwerbspersonen}}{\text{Bevölkerung im Alter von 15–65 Jahren}}$$

Matching

$$\textbf{Arbeitslosenquote} = \frac{\text{Arbeitslose (registriert)}}{\text{Erwerbspersonen}}$$

Abb. 17.4: Arbeitsmarktindikatoren

Personen mit dem Status „Altersruhestand wegen Arbeitslosigkeit". Üblich ist die Beurteilung der Arbeitslosigkeit anhand folgender Arbeitslosenquoten (ALQ):

- weite Definition: ALQ = (Arbeitslose / Erwerbspersonen) × 100
- enge Definition: ALQ = (Arbeitslose / (Arbeitslose + abhängig Beschäftigte)) × 100

Da die Zahl der Selbständigen nicht in die enge Definition einfließt, ist die Quote bei einer gegebenen Zahl von registrierten Arbeitslosen entsprechend höher (in der Praxis etwa 1 %). Wir betrachten dazu ein Zahlenbeispiel: In einer Volkswirtschaft gibt es 5 Mio. Schüler und Studierende, 5 Mio. Rentner, 18 Mio. Erwerbstätige, 2 Mio. Selbständige und 2 Mio. Arbeitslose. Schüler, Studierende und Rentner gehen keiner Beschäftigung nach. Auf dieser Grundlage errechnet sich folgende Arbeitslosenquote:

- enge Definition (ohne Selbständige): (2 Mio./(18 Mio. + 2 Mio.)) × 100 = 10 %
- weite Definition (mit Selbständigen): (2 Mio./(18 Mio. + 2 Mio. + 2 Mio.)) × 100 = 9,1 %

Die Arbeitslosenquote steht in komplementärer Beziehung zum Beschäftigungsgrad (BEG):

BEG = (Arbeitsnachfrage / Arbeitsangebot) × 100
= (Erwerbstätige / Erwerbspersonen) × 100

Schlagwörter		
	• Sockelarbeitslosigkeit • Vollbeschäftigung • Massenarbeitslosigkeit • registrierte Arbeitslosigkeit	• Erwerbspersonen • Erwerbstätige • Erwerbspersonenpotential • Stille Reserve • Beschäftigungsgrad

17.1.1 Arbeitsmarktindikatoren

Die geläufige statistische Betrachtung der Arbeitslosenzahl bzw. Arbeitslosenquote verkennt, dass sich hinter dieser Bestandszahl erhebliche Bewegungen am Arbeitsmarkt verbergen können. Die Zahl der Arbeitslosen wird durch verschiedene Komponenten bestimmt:

- Zugang an Arbeitslosen **(Zugangsrisiko)**,
- Abgang aus der Arbeitslosigkeit,
- Dauer der Arbeitslosigkeit **(Verbleibrisiko)**.

Im Jahr 2009 waren nach Angaben der Bundesagentur für Arbeit etwa 3,1 Mio. Personen arbeitslos; die Zugänge in die Arbeitslosigkeit betrugen in diesem Jahr etwa 8,7 Mio. Fälle, die Abgänge etwa 8,5 Mio. Fälle. Es ist einleuchtend, dass die Arbeitslosenzahl (-quote), umso höher ist,

- je öfter die Menschen arbeitslos werden,
- je länger die Menschen arbeitslos bleiben und
- je mehr Menschen von Arbeitslosigkeit betroffen sind.

Eine Zerlegung der Arbeitslosigkeit in ihre einzelnen Komponenten liefert für die Beschäftigungs- und Arbeitsmarktpolitik wichtige Anhaltspunkte. So weist eine Kombination von niedrigem Verbleibrisiko und hohem Zugangsrisiko auf **saisonale Arbeitslosigkeit** hin, während ein hohes Verbleibsrisiko ein Indiz auf **strukturelle Arbeitslosigkeit** ist. Ein hohes Verbleibrisiko in Verbindung mit einem hohen Zugangsrisiko ist hingegen kennzeichnend für die **Langzeitarbeitslosigkeit**.

Die Beurteilung der Arbeitslosigkeit muss komplexe Wirkungszusammenhänge zwischen dem Arbeitsmarkt, der Arbeitslosigkeit, dem Bildungssystem und dem Entscheidungsverhalten der Arbeitssuchenden bzw. Beschäftigten berücksichtigen. Wir betrachten dazu einige Beispiele, wobei aus Vereinfachungsgründen auf die Einbeziehung der Selbständigen verzichtet wird:

Bereich	Relevante Größen (Beispiele)
Arbeitsmarkt	abhängig Beschäftigte, offene Stellen
Arbeitslosigkeit	registrierte Arbeitslose
Bildungssystem	Studium, Ausbildung, Weiterbildung
Entscheidungsverhalten	(freiwillige) Kündigung, Aus- und Fortbildung, Ruhestand

Die Zusammenhänge zwischen Arbeitsmarkt, Bildungssystem und Erwerbstätigkeit lassen sich wie folgt erklären (Abb. 17.5):

- Aus der erwerbsfähigen Bevölkerung im Alter zwischen 15–65 Jahren bieten einige ihre Leistungen nicht auf dem Arbeitsmarkt an (1), z. B. Hausmänner und Hausfrauen; und einige sind noch im Bildungssystem (2), z. B. Studierende.
- Das Arbeitsangebot setzt sich aus angebotenen Vollzeit- und Teilzeitkräften (3) zusammen.
- Der überwiegende Teil der Arbeitsanbieter erhält einen Arbeitsplatz (4), der Rest ist arbeitslos (5). Gleichzeitig werden offene Stellen angeboten (6).
- Der „Sektor" Arbeitslose ist durch Entlassungen (7), durch freiwillige Kündigungen (8) und Einstellungen (9) mit dem Beschäftigungssektor verbunden.
- Arbeitslose gehen in das Bildungssystem (10), z. B. Fortbildung; auch aus dem Sektor Beschäftigte kann das Bildungssystem Zulauf erhalten (11), z. B. wenn begabte Auszubildende ein Studium aufnehmen. Beide Gruppen bieten nach dem Ende ihrer Ausbildung wieder Arbeit an (12), oder sie kehren nicht auf den Arbeitsmarkt zurück (17), z. B. weil sie während der Ausbildungsphase eine Familie gründen.

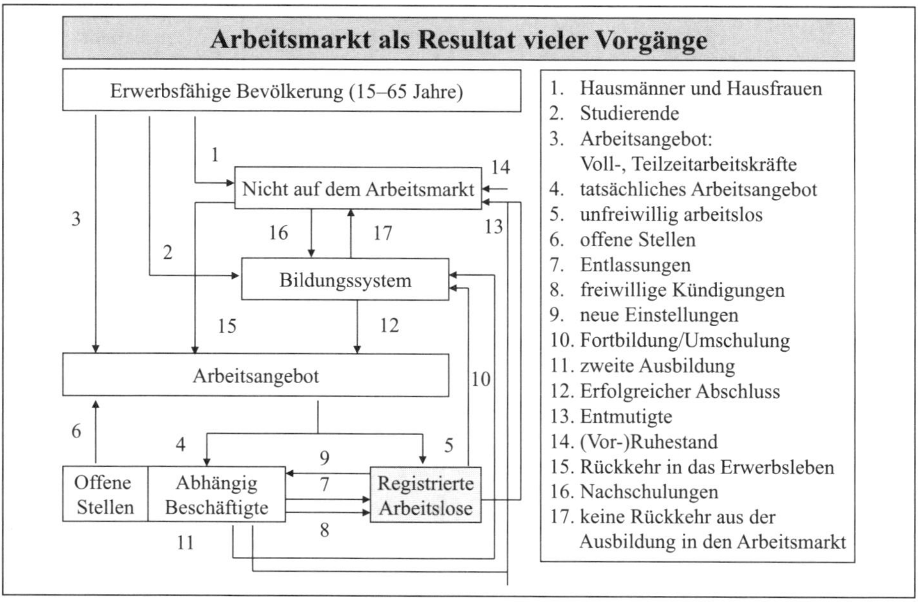

Abb. 17.5: Vorgänge zwischen (Nicht-)Arbeitsmarkt und Bildungssystem
Quelle: in Anlehnung an Franz, 2006, S. 7

- Vergeblich Arbeitssuchende verlassen entmutigt den Arbeitsmarkt (13) und gehen ebenso wie zuvor abhängig Beschäftigte in den (Vor-)Ruhestand (14). Diese Personen können jedoch wieder in den Arbeitsmarkt zurückkehren (15), z. B. Rentner, die wieder eine geringfügige Beschäftigung aufnehmen oder sich weiterqualifizieren (16).

Viele dieser Vorgänge haben Auswirkungen auf die Arbeitslosenquote und über- bzw. unterzeichnen die Arbeitslosigkeit.

Konzeptionelle Effekte

Im Kern soll in der Statistik nur die **unfreiwillige Arbeitslosigkeit** ausgewiesen werden. Eine **freiwillige Arbeitslosigkeit** liegt vor, wenn Menschen zum herrschenden Lohnsatz nicht bereit sind, eine Arbeit aufzunehmen. Schwierig ist diese Differenzierung jedoch bezogen auf jene Menschen, die z. B. dann arbeiten würden, wenn es eine bessere Kinderbetreuung gäbe. Stehen keine Hortplätze zur Verfügung, werden diese Menschen unter den gegebenen Umständen als freiwillig und nicht als unfreiwillig arbeitslos betrachtet.

Zutreffender wird dieser Teil der Arbeitslosen als **Stille Reserve** bezeichnet. Dazu zählen auch Personen, die nicht bei der Bundesagentur für Arbeit registriert sind, die aber aus **eigener Initiative** eine Beschäftigung suchen. Gleichzeitig sind nicht alle von der Statistik erfassten Personen unfreiwillig arbeitslos. Menschen können sich arbeitslos melden, obwohl sie eigentlich gar keine Arbeit suchen bzw. aufnehmen wollen, aber Anspruch auf Lohnersatzleistungen haben. Wir müssten also die Personen hinzurechnen, die zu Unrecht nicht erfasst (z. B. Stille Reserve) und diejenigen Personen herausrechnen, die zu Unrecht erfasst werden. Neben der Stillen Reserve wird häufig noch eine **verdeckte Arbeitslosigkeit** ausgewiesen (Tab. 17.1).

Tab. 17.1: Abgrenzung: Stille Reserve, verdeckte und unechte Arbeitslosigkeit
Quelle: in Anlehnung an von der Lippe, 1996, Kap. II.2.5

subjektive Bewertung	erwerbstätig	arbeitslos	
		nicht registriert	registriert
Befriedigend	**Fall A:** Normalfall der Beschäftigung	**Fall C:** keine Arbeitssuche	**Fall E:** unechte (freiwillige) Arbeitslosigkeit
unbefriedigend	**Fall B:** Dauer, Umfang und Art der Tätigkeit nicht wie gewünscht	**Fall D:** Entmutigte, die eine Arbeitssuche aufgegeben haben	**Fall F:** offene, echte Arbeitslosigkeit

Der Begriff „unbefriedigend" ist gemeint im Sinne von für die Arbeit überqualifiziert; eine Änderung der Beschäftigung oder Beendigung der Arbeitslosigkeit ist erwünscht. Aus dieser Tabelle ergeben sich folgende Konzepte:

Konzepte	Personenkreis
Fälle A bis F	Erwerbspersonenpotential
Fälle C und D	Stille Reserve
Fälle B und D	verdeckte Arbeitslosigkeit
Fall E	unechte Arbeitslosigkeit

Je nach Abgrenzung erscheint damit die statistisch ausgewiesene Zahl der Arbeitslosen zu groß oder zu klein. Eine korrigierte Arbeitslosenzahl könnte sein:

Registrierte Arbeitslose + verdeckte Arbeitslosigkeit – unechte Arbeitslosigkeit.

Neben der Arbeitslosenstatistik der Bundesagentur für Arbeit werden Arbeitslose seit März 2005 vom Statistischen Bundesamt auch in einer repräsentativen **Telefonumfrage** erfasst. Sie werden dort **Erwerbslose** genannt. Dieses Erhebungskonzept orientiert sich an den internationalen Empfehlungen der ILO (*International Labour Organization*) zur Messung der Arbeitslosigkeit, die von der deutschen Systematik abweichen (Abb. 17.6).

Unterschiedliche Erfassungsmethoden der Arbeitslosigkeit

	als erwerbslos gelten Personen, die ...	als arbeitslos gelten Personen, die ...
Erfassung	bei telefonischer Befragung angeben, dass sie keine Beschäftigung oder eine Beschäftigung von weniger als 1 Stunde pro Woche ausüben	sich arbeitslos gemeldet haben und die keine Beschäftigung oder eine Beschäftigung von weniger als 15 Stunde pro Woche ausüben
Suche	eine Beschäftigung von mindestens 1 Stunde pro Woche suchen und in den letzten vier Wochen selbst aktiv nach Arbeit gesucht haben	eine Beschäftigung von mindestens 15 Stunden je Woche suchen
Verfügbarkeit	dem Arbeitsmarkt innerhalb von zwei Wochen zur Verfügung stehen	dem Arbeitsmarkt zeitnah zur Verfügung stehen

Abb. 17.6: Erwerbs- und Arbeitslose

Eine Umstellung der Arbeitslosenstatistik der Bundesagentur für Arbeit auf diese Kriterien, wie sie z. B. von der OECD und dem Europäischen Statistikamt (*eurostat*) nach den ILO-Konzept ermittelt werden, würde die offizielle Arbeitslosenquote in einigen Jahren um bis zu 1,5 Prozentpunkte senken.

Schlagwörter		
	• verdeckte Arbeitslosigkeit • Dauer der Arbeitslosigkeit • Zugangsrisiko • Verbleibrisiko	• Stille Reserve • (un-)freiwillige Arbeitslosigkeit • Arbeitslose • Erwerbslose

17.1.2 Arbeitsangebot und Arbeitsvolumen

Grundsätzlich ist Arbeitslosigkeit ein Verteilungsproblem der vorhandenen Arbeit und lässt immer wieder den Ruf nach ihrer gerechteren Verteilung (z. B. durch Arbeitszeitverkürzung) laut werden. Arbeitslosigkeit kann daher nicht losgelöst vom Arbeitsangebot betrachtet werden. Das quantitative Arbeitsangebot hat eine **demographische**, eine **verhaltensmäßige** und eine **zeitliche** Dimension (Abb. 17.7). Aus qualitativer Sicht ist zudem der Ausbildungsstand des Arbeitsangebots zu berücksichtigen. Das gesamtwirtschaftliche Arbeitsangebot oder Arbeitsvolumen einer Volkswirtschaft entspricht der Menge an Arbeitsleistungen (Vollzeit, Teilzeit, Überstunden), die in einer Periode (z. B. in einem Jahr) von allen Erwerbspersonen geleistet werden (im Jahr 2010 etwa: 57 Mrd. Stunden).

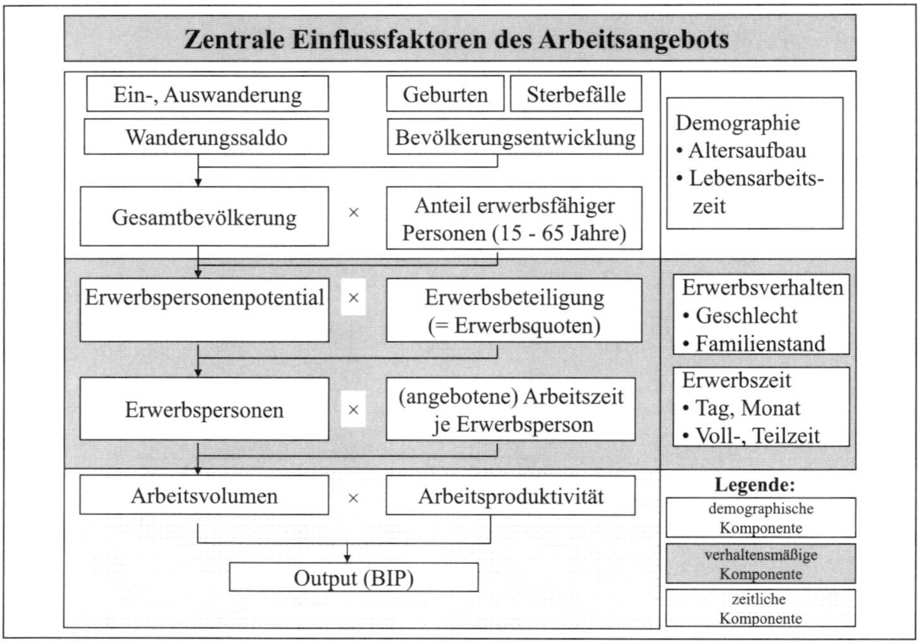

Abb. 17.7: Bestimmungsgrößen des Arbeitsvolumens

Bevölkerungsentwicklung

Die Größe einer Bevölkerung ist abhängig von der Zahl der Geburten und Sterbefälle sowie Wanderungsbewegungen. Obwohl die Geburtenrate in Deutschland seit Jahrzehnten niedrig ist, kam es bisher nicht zu einem deutlichen Bevölkerungsrückgang, weil die Lebenserwartung der Einwohner gestiegen ist und zudem regelmäßig mehr Menschen nach Deutschland ein- als auswandern. Die zusammengefasste **Fertilitätsrate** gestattet eine Aussage zum Erhalt einer Bevölkerung (ohne Berücksichtigung von Wanderungen). Diese Kennziffer bezeichnet im statistischen Mittel die Anzahl der Lebendgeborenen, die eine Frau während ihres gesamten gebärfähigen Alters (gewöhnlich zwischen 15 und 45 Jahren) zur Welt bringt. Dabei wird unterstellt, dass die derzeitigen altersspezifischen Geburtenraten im Laufe des gebärfähigen Lebensabschnitts einer Frau konstant sind.

Die Fertilitätsrate von 2,1 ist dabei von besonderer Bedeutung. Für den Erhalt der Bevölkerung sind pro Frau mindestens zwei Kinder als „Ersatz" für Vater und Mutter notwendig, zusätzlich eines „Ausgleichs" von 0,1 für diejenigen, die keine Kinder bekommen oder frühzeitig gestorbene Kinder (Erhaltungs-, Nettoreproduktionsrate). Generell ergeben sich folgende Fälle:

Geburtenrate unterhalb 2,1 Kinder pro Frau	Bevölkerung schrumpft
Geburtenratenrate nahe 2,1 Kinder pro Frau	Bevölkerung nahezu konstant
Geburtenrate oberhalb 2,1 Kinder pro Frau	Bevölkerung wächst

Bei einer Geburtenrate von 1,4 Kindern pro Frau, wie sie zurzeit in Deutschland gegeben ist, nimmt die Bevölkerung innerhalb einer Generation, d.h. innerhalb von 30 Jahren, um 34 % ab. Dieser Prozess hat längerfristig auch Auswirkungen auf den

Arbeitsmarkt. Der seit dem Beginn der Industrialisierung andauernde Trend eines stetigen Bevölkerungswachstums ist beendet.

Selbst wenn jährlich 200.000 Migranten nach Deutschland zuwandern (**Einwanderungsland**), könnte die Bevölkerung von derzeit 82 Millionen auf 70 Millionen im Jahr 2050 schrumpfen (Abb. 17.8). Der **Bevölkerungsrückgang** lässt sich durch halbwegs realistische Zuwanderungsraten nur mildern, aber nicht aufhalten.

Schrumpfende Bevölkerung

Bevölkerungsprojektionen

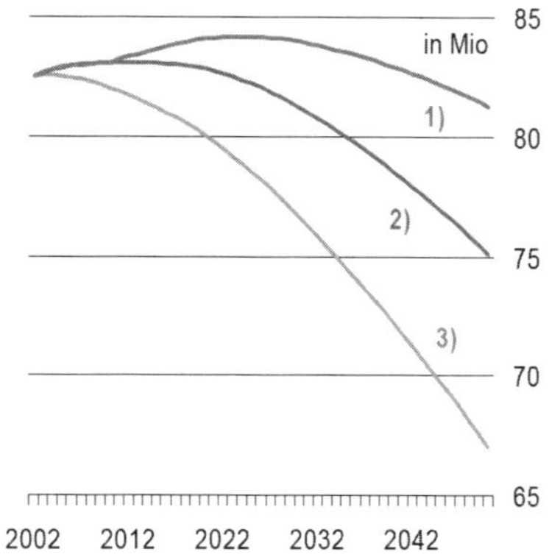

Annahmen

Geburtenrate 1,4

1) „Stagnation": Hohe Lebenserwartung (Lebenserwartung bei Geburt bis 2050 im Durchschnitt +7,6 Jahre), Nettozuwanderung 300.000 p.a. (VAR 9)

2) „Moderate Schrumpfung": Mittlere Lebenserwartung (bis 2050 +6,1 Jahre), Nettozuwanderung 200.000 p.a. (VAR 5)

3) „Beschleunigter Rückgang": Niedrige Lebenserwartung (bis 2050 +4,5 Jahre), Nettozuwanderung 100.000 p.a. (VAR 1)

Abb. 17.8: Bevölkerungsentwicklung in Deutschland bis 2050
Quelle: DB-Research, 2006

Niedrige Geburtenraten und steigende Lebenserwartungen lassen die **Alterung** der Bevölkerung voranschreiten. Der Anteil der Hochbetagten (über 80 Jahre) wird sich voraussichtlich bis 2035 von derzeit weniger als 4 % auf über 12 % mehr als verdreifachen. Die dramatische Alterung belastet die sozialen Sicherungssysteme (Rente, Gesundheit, Pflege) und erfordert langfristige Anpassungsstrategien. Im deutschen Rentensystem kommen die derzeit Erwerbstätigen und ihre Arbeitgeber mit ihren Beiträgen für diejenigen auf, die heute Rente beziehen. Deshalb können wir aus der Erwerbstätigkeit ableiten, wie stark die sozialen Sicherungssysteme künftig durch den erhöhten Anteil älterer Menschen belastet werden. Als Maßzahl hierfür wird der **Rentnerquotient** genommen, d.h. die Anzahl der Beitragszahler (Erwerbstätige), die für einen Rentner aufkommen (Abb. 17.9).

Im Sinne des Generationenvertrags kommen derzeit dreieinhalb Erwerbstätige jeweils für einen Rentner auf. Aufgrund sinkender Geburtenraten und steigender Lebenserwartung werden in 30 Jahren nur noch zwei Beitragszahler für jeweils einen Rentenbeziehenden sorgen. Der **Altenquotient**, auch Altenlastquote, ist hingegen ein Begriff aus der Demografie. Er gibt das Verhältnis von der Anzahl Menschen an, die nicht mehr im erwerbsfähigen Alter sind (ab 65 Jahre), zu der Anzahl der Menschen, die im erwerbsfähigen Alter sind (15 bis unter 65 Jahre). Je nach länderspezifischem Bildungssystem und Renteneintrittsalter kann es auch engere oder weitere Abgrenzungen der Personengruppen geben.

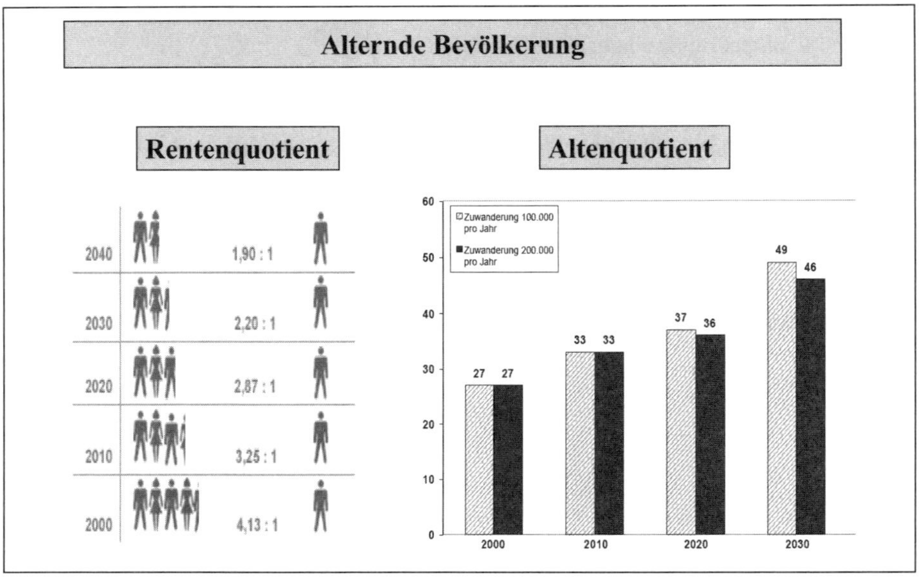

Abb. 17.9: Renten- und Altenquotient (2000–2030)
Quelle: Rürup-Kommission, 2003

Mögliche Probleme der Rentenversicherung lassen sich anhand der elementaren Finanzierungsgleichung der Rentenversicherung diskutieren:

Anzahl der Versicherten × Lohn × Beitragssatz = Anzahl der Rentner × Höhe der Rente

Daraus lassen sich verschiedene Reformoptionen ableiten:

- Wir können die Zahl der Versicherten erhöhen, z. B. durch Erhöhung der Lebensarbeitszeit oder die Einbeziehung weiterer Personenkreise in die Rentenversicherung. Im zweiten Fall erhöht sich unmittelbar die Zahl der Versicherten und schafft auf der linken Seite der Gleichung zusätzliche Einnahmen. Auf der rechten Seite der Gleichung kommt es allerdings ebenfalls zu Belastungen, weil jeder Beitragszahler auch später ein Rentner wird. Anders ist es allerdings bei der Erhöhung der Lebensarbeitszeit. Hier sinkt die Zahl der Rentner respektive der Zeitraum, in dem diese eine Rente beziehen. Die Maßnahme ist also mit Blick auf die Finanzen der Rentenkasse als positiv zu beurteilen.
- Eine Erhöhung der Löhne oder der Beitragssätze steigert die Einnahmen, ist aber aus beschäftigungspolitischer Sicht nicht unproblematisch und führt auch zu höheren Rentenansprüchen auf der rechten Seite.
- Eine Ausgabensenkung über eine Kürzung der Rente wäre möglich, die Anzahl der Rentner lässt sich jedoch nicht reduzieren.

Vereinfachend lässt sich sagen, dass Erhöhungen auf der linken Seite der Gleichung stets zu Lasten der aktuellen Beitragszahlergeneration gehen, während Kürzungen auf der rechten Seite der Gleichung zu Lasten der jetzigen Rentnergeneration gehen.

Die Auswirkungen der demographischen Entwicklung auf die sozialen Sicherungssysteme lassen sich vereinfacht darstellen, wenn wir uns eine Volkswirtschaft mit 100 Personen vorstellen, die ein BIP von 1 Mio. € produziert. Daraus ergibt sich ein Einkommen pro Kopf von 10.000 €. Wenn in dieser Volkswirtschaft 60 Personen erwerbstätig sind und die anderen 40 Leistungsempfänger (Rentner), dann muss jeder Erwerbstätige im Durchschnitt 16.667 € erwirtschaften (Tab. 17.2).

Tab. 17.2: Zahlenbeispiel zur Demographie und sozialen Sicherungssystemen

	Erwerbstätige	Leistungsempfänger	BIP
Anzahl	60	40	1 Mio. €
Produktion je Erwerbstätigem	16.667 €	–	1 Mio. €
Einkommen pro Kopf	10.000 €	10.000 €	1 Mio. €

Wenn die Zahl der Erwerbstätigen auf 50 zurückgeht und die Zahl der Leistungsempfänger im gleichen Umfang steigt, dann müssen die Erwerbstätigen bei gleicher Höhe des Pro-Kopf-Einkommens von 10.000 € ein BIP von 20.000 € je Person erwirtschaften. Diese zusätzliche Leistung kann z. B. durch Produktivitätssteigerungen möglich werden. Geht die Zahl der Rentner aufgrund einer Erhöhung des Renteneinstiegsalters von 40 auf 20 zurück und erhöht sich dementsprechend die Zahl der Erwerbstätigen von 60 auf 80, dann müssen die Erwerbstätigen nur noch 12.500 € erwirtschaften, wenn der Lebensstandard unverändert bleiben soll.

Erwerbsverhalten und Arbeitszeit

Seit den 70er Jahren sind veränderte Verhaltensweisen in der **Erwerbsbeteiligung** erkennbar **(Verhaltenskomponente)**:

- Verringerung der Erwerbsquoten der jüngeren Bevölkerung infolge längerer Ausbildungszeiten (einschließlich Studium),
- geringere Erwerbsquoten der über 60-jährigen aufgrund früheren Renteneintritts,
- höhere Erwerbsquoten von Frauen.

Die zeitliche Zusammensetzung des Arbeitsvolumens weist in den letzten Jahrzehnten deutliche Veränderungen auf (Abb. 17.11). Seit 1960 hat sich die tatsächliche **Lebensarbeitszeit** fast halbiert. Ursächlich sind neben den längeren Ausbildungszeiten (einschließlich Studium) die Zunahme der Urlaubstage, die Verringerung der Arbeitsstunden pro Woche sowie ein früherer Eintritt in die Rente. Auch die effektive **Jahresarbeitszeit** ist deutlich zurückgegangen. Angesichts der demographischen Entwicklung wird heute vermehrt über eine Verlängerung der Wochenarbeitszeit sowie eine längere Beschäftigung von älteren Arbeitnehmern diskutiert.

Kennziffern des Arbeitslebens

Durchschnittswerte	1960	2010
Urlaubstage	15,5	31,0
Arbeitsstunden / Woche	44,5	36,5
effektive Jahresarbeitszeit in Stunden	2.080	1.550
Renteneintrittsalter in Jahren	64,7	62,8

Abb. 17.10: Arbeitszeitrelevante Eckwerte

Wirtschaftswachstum, Arbeitsvolumen und Arbeitszeit

Die Arbeitsproduktivität in Deutschland ist gestiegen, während die Arbeitszeit und das gesamtwirtschaftliche Arbeitsvolumen gesunken sind. Diese Entwicklung hat Konsequenzen für den Arbeitsmarkt.

Wir betrachten folgendes Zahlenbeispiel: Die Firma „Solar Deutschland GmbH" produziert mit 50 Beschäftigten (EWT), die 8 Std. pro Tag und 200 Tage im Jahr arbeiten, im Jahr 320.000 Solarzellen (Beitrag zum BIP). Das Arbeitsvolumen (AV) im Jahr beträgt also 80.000 Stunden (50 × 8 × 200). Folgende Kennziffern lassen sich berechnen (Tab. 17.3):

Tab. 17.3: Zahlenbeispiel zu Wirtschaftswachstum Arbeitsvolumen und Arbeitszeit

Produktivität je Stunde	Arbeitszeit je Beschäftigtem	Produktivität je Beschäftigtem	Produktivität je Beschäftigtem
APR^{Std} = BIP/AV	h = AV/EWT	$APR^{EWT} = APR^{Std} \times h$	APR^{EWT} = BIP/EWT
4 = 320.000/80.000	1.600 = 80.000/50	6.400 = 4 × 1.600	6.400 = 320.000/50

Das BIP und die daraus resultierende Nachfrage nach Erwerbstätigen ergibt sich als:

Erwerbstätigenzahl × Jahresarbeitszeit pro Erwerbstätigen × Produktivität je Arbeitsstunde.

Somit ergibt sich: 50 (EWT) × 1.600 (AV/EWT) × 4 (BIP/AV) = 320.000 (BIP)

Je höher die Produktivität ist, desto geringer das Arbeitsvolumen, das für ein bestimmtes BIP benötigt wird. Ebenso gilt: je länger die durchschnittliche Arbeitszeit pro Erwerbstätigen, desto weniger Erwerbstätige sind nötig, um dieses BIP zu erstellen. Wir wollen nun davon ausgehen, dass es aufgrund von technologischen Neuerungen gelingt, die Produktivität um 25 % zu steigern, d.h. es können anstatt 4 nunmehr 5 Solarzellen pro Stunde hergestellt werden. Was folgt daraus? Zunächst könnten wir insgesamt 400.000 Stück produzieren, wenn das Arbeitsvolumen unverändert bleibt (80.000 · 5). Wenn wird unterstellen, dass wir 360.000 Stück absetzen können (Produktion und Absatz: +12,5 %), müssen wir das Arbeitsvolumen reduzieren: 360.000 : 5 = 72.000 Stunden/Jahr. Das verringerte Arbeitsvolumen von 72.000 Stunden lässt sich auf verschiedene Varianten verteilen (Tab. 17.4).

Bei konstantem Arbeitsvolumen erzeugt der Produktivitätsfortschritt also eine Produktionssteigerung (Wirtschaftswachstum). Bei gleicher Produktionsmenge impliziert der Produktivitätsfortschritt eine Reduzierung des benötigten Arbeitsvolumens. Diese Aussagen ergeben sich rein aufgrund definitorischer Beziehungen. Sie geben einen ersten Orientierungsrahmen, der aufzeigt, welche Kombinationen von Entwicklungen möglich bzw. unmöglich sind. Es handelt sich jedoch nicht um Ursache-Wirkungs-Zusammenhänge.

Schlagwörter		
	• Arbeitsangebot • Geburtenrate, Fertilitätsrate • Bevölkerungsentwicklung • Bevölkerungsrückgang	• Erwerbsbeteiligung • Lebens-, Jahres-, Wochenarbeitszeit • Rentnerquotient • Altenquotient

Tab. 17.4: Arbeitsvolumen, Produktivität und Beschäftigung

Variante	Beschäftigte	Jahresarbeitszeit (Tage × Stunden)	Arbeitsvolumen	Interpretation
Arbeitszeit unverändert	45	1.600	72.000	Entlassung von 5 Mitarbeitern (entspricht: –10 %)
Beschäftigung unverändert	50	1.440	72.000	Reduzierung der Jahresarbeitszeit (um 10 %)
Beschäftigung unverändert	50	180 × 8 = 1.440	72.000	Reduzierung der Jahresarbeitstage (auf 180 Tage)
Beschäftigung unverändert	50	200 × 7,2 = 1.440	72.000	Reduzierung der Wochenarbeitszeit (auf 36 Stunden)
Beschäftigung unverändert	40	200 × 8 = 1.600	64.000	Vollzeit (keine Veränderung)
	10	200 × 4 = 800	8.000	Kurzarbeit (gewollte Teilzeit)

17.1.3 Formen der Arbeitslosigkeit und Beschäftigungsstrategien

Die Frage nach den Ursachen der Arbeitslosigkeit hat zu berücksichtigen, dass es aus makroökonomischer Sicht eigentlich keinen klar abgegrenzten Arbeitsmarkt gibt. Er zerfällt vielmehr in mehr oder minder gut strukturierte **Teilarbeitsmärkte**, die sich nach mehreren Kriterien differenzieren lassen, z. B. für

- qualifizierte, unqualifizierte, angelernte, ungelernte Arbeitskräfte,
- Vollzeit- und Teilzeitbeschäftigte, geringfügig beschäftigte Arbeitskräfte,
- ältere, jüngere Arbeitskräfte.

Es ist angesichts der Existenz von Teilarbeitsmärkten nahe liegend, dass sich auch die Ursachen der Arbeitslosigkeit unterscheiden.

Formen der Arbeitslosigkeit

Eine geläufige Einteilung trennt hinsichtlich Dauer (kurz-, mittel-, langfristig) und Verbreitung (Gesamtwirtschaft oder bezogen auf einzelne Branchen) der Arbeitslosigkeit (Abb. 17.11). Jede Arbeitslosigkeit unterhalb von drei Monaten gilt als **Sucharbeitslosigkeit** oder **friktionelle Arbeitslosigkeit**. Liegt die Dauer der Arbeitslosigkeit oberhalb eines Jahres, liegt **Langzeitarbeitslosigkeit** vor. Eine kurzfristige Erscheinungsform ist die **saisonale Arbeitslosigkeit.** In Abschwungphasen tritt **konjunkturelle Arbeitslosigkeit** auf und ist auf einen Mangel an gesamtwirtschaftlicher Nachfrage zurückzuführen. Aufgrund der engen Zusammenhänge zwischen Wachstum und Konjunktur ergeben sich Berührungspunkte zur **wachstumsdefizitären Arbeitslosigkeit**, die auf zu geringes Wachstum zurückzuführen ist. Beide Formen können branchenspezifisch oder gesamtwirtschaftlich auftreten. Die **strukturelle Arbeitslosigkeit** ist zählebig und kann sich über längere Zeiträume verfestigen.

Ursächlich sind personengebundene Merkmale (Berufswahl, Alter, Geschlecht, Nationalität), sektorale und regionale Probleme sowie institutionelle Regelungen, wie z. B. Mindestlöhne oder starre Arbeitsmarktregelungen.

Systematik der Arbeitslosigkeit

Fristigkeit	Form der Arbeitslosigkeit
kurzfristig (bis zu 3 Monaten)	friktionell (Sucharbeitslosigkeit) saisonal (eher branchenspezifisch)
mittelfristig (vorübergehend)	konjunkturell wachstumsdefizitär
langfristig (strukturell)	tarifvertraglich, institutionell, gesetzlich branchenspezifisch, regional berufsbezogen personengebunden Ausbildung

Abb. 17.11: Formen der Arbeitslosigkeit

Andere Systematiken unterteilen die Arbeitslosigkeit in gesamtwirtschaftliche Formen **(klassische, keynesianische Arbeitslosigkeit)** und Mismatch-Arbeitslosigkeit **(strukturelle, friktionelle Arbeitslosigkeit)**. Die gesamtwirtschaftlichen Formen betonen den Sachverhalt, dass die Ursachen für Arbeitslosigkeit nicht auf dem Arbeitsmarkt liegen müssen. Der Begriff **Mismatch-Arbeitslosigkeit** ist hingegen auf die Vorgänge und Strukturen des Arbeitsmarktes bezogen. Allerdings sind die Grenzen zwischen beiden Kategorien fließend. So kann sich konjunkturell entstandene Arbeitslosigkeit strukturell verfestigen, wenn Arbeitslose im Laufe der Zeit an Qualifikation verlieren. Die keynesianische Arbeitslosigkeit entspricht im Kern der konjunkturellen Arbeitslosigkeit. Die klassische Arbeitslosigkeit bezeichnet den Fall der lohnbedingten Arbeitslosigkeit, wobei vor allem auf die Mindestlohnarbeitslosigkeit als Spezialfall der strukturellen Arbeitslosigkeit abgestellt wird.

Beschäftigungsstrategien

Wenn Arbeitslosigkeit unterschiedliche Ursachen hat, müssen notwendigerweise auch die Beschäftigungsstrategien verschieden sein. Einen Königsweg zur Lösung der Beschäftigungsprobleme scheint es nicht zu geben. Grundsätzlich lassen sich offensive und defensive Beschäftigungsstrategien unterscheiden (Abb. 17.12):

- **Offensive Strategien** wollen das Beschäftigungsproblem über die Schaffung neuer und zusätzlicher Arbeitsplätze lösen. Dazu zählen aktive Maßnahmen der Konjunktur- und Wachstumspolitik.
- **Defensive Strategien** wollen das Beschäftigungsproblem verringern, indem sie die Zahl der Erwerbspersonen bzw. die Lebensarbeitszeit reduzieren.
- Darüber hinaus gibt es Maßnahmen der **Arbeitsmarktpolitik**, die u. a. die Arbeitsförderung und Qualifizierung beinhalten.

Staatliche Entscheidungsträger können nur in begrenztem Maße den verschiedenen Ursachen der Arbeitslosigkeit Rechnung tragen, z. B. indem sie gesetzliche Regelungen verändern oder nachfragestimulierende Maßnahmen verabschieden. Zu berücksichtigen bleibt, dass die die Gewerkschaften und die Arbeitgeberverbände in Deutschland **autonom** über Löhne und Arbeitsbedingungen verhandeln. Insofern hat auch die Lohn- und Tarifpolitik eine gesamtwirtschaftliche Dimension (vgl. dazu Kap. 18).

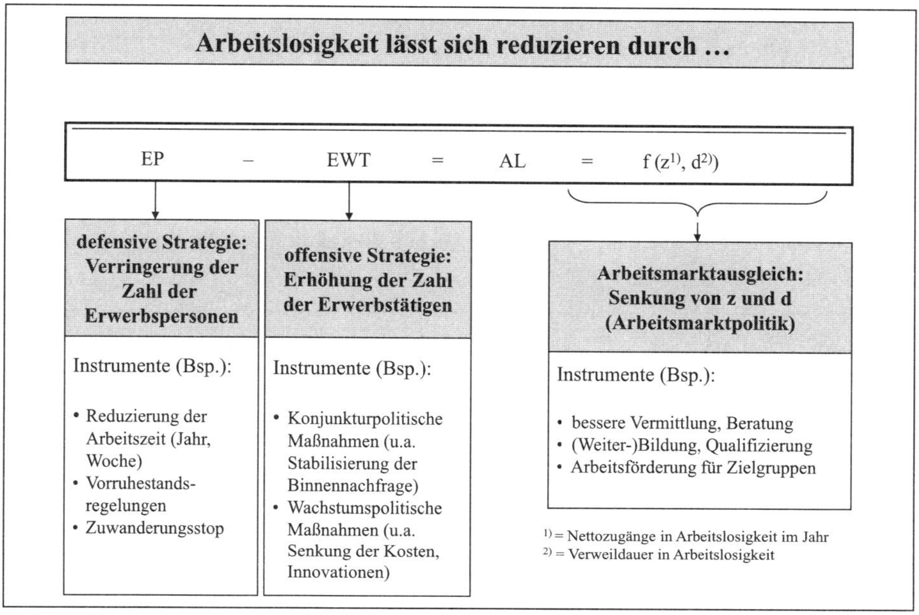

Abb. 17.12: Beschäftigungsstrategien im Überblick

Schlagwörter	• Teilarbeitsmärkte • Ursachen der Arbeitslosigkeit	• offensive, defensive Beschäftigungsstrategien • aktive Arbeitsmarktpolitik

17.2 Arbeitsmarktbezogene Ursachen der Arbeitslosigkeit

Es ist nahe liegend, die Ursachen der Arbeitslosigkeit zunächst auf dem Arbeitsmarkt selbst zu suchen. Ursächlich sind vor allem

- die fehlende Übereinstimmung zwischen Arbeitsnachfrage und Arbeitsangebot **(Mismatch)** sowie
- institutionelle Rahmenbedingungen des Arbeitsmarktes (u. a. Lohnfindung, gesetzliche Rahmenbedingungen, verfehlte Arbeitsmarktpolitik).

Die Mismatch-Arbeitslosigkeit bezeichnet den Sachverhalt, dass strukturelle Disparitäten zwischen Arbeitsangebot und Arbeitsnachfrage bestehen. Das **Niveau** von Arbeitsangebot und Arbeitsnachfrage kann hingegen durchaus übereinstimmen. Die Ursachen der Disparitäten liegen in qualitativen, regionalen oder sektoralen Faktoren. Beispielsweise kann ein Nachfrageüberschuss an qualifizierten und zugleich ein Angebotsüberschuss an nicht ausreichend qualifizierten Arbeitskräften bestehen. Auch die zeitweise Arbeitslosigkeit, die aus der Suche nach einem neuen Beschäftigungsverhältnis resultiert (friktionelle Arbeitslosigkeit), wird zur Mismatch-Arbeitslosigkeit gerechnet.

Beveridge-Kurve

Ein Konzept zur grafischen Beurteilung von verschieden Formen der Arbeitslosigkeit ist die **Beveridge-Kurve**, benannt nach dem britischen Ökonomen *William Henry Beve-*

ridge (1879–1963). Die Kurve setzt offene Stellen in das Verhältnis zur Arbeitslosigkeit, die dem Angebotsüberschuss auf dem Arbeitsmarkt entspricht (Abb. 17.13). Ein Anstieg der Arbeitsnachfrage

- reduziert ceteris paribus die Arbeitslosigkeit und
- erhöht ceteris paribus die Zahl offener Stellen.

Durch Spiegelung auf einer 45°-Hilfslinie lässt sich die Beveridge-Kurve konstruieren. Der negative Zusammenhang zwischen offenen Stellen und Arbeitslosigkeit ist nicht linear, da es immer einen Teil friktioneller Arbeitslosigkeit gibt. Die Beveridge Kurve verläuft in diesem Fall gekrümmt.

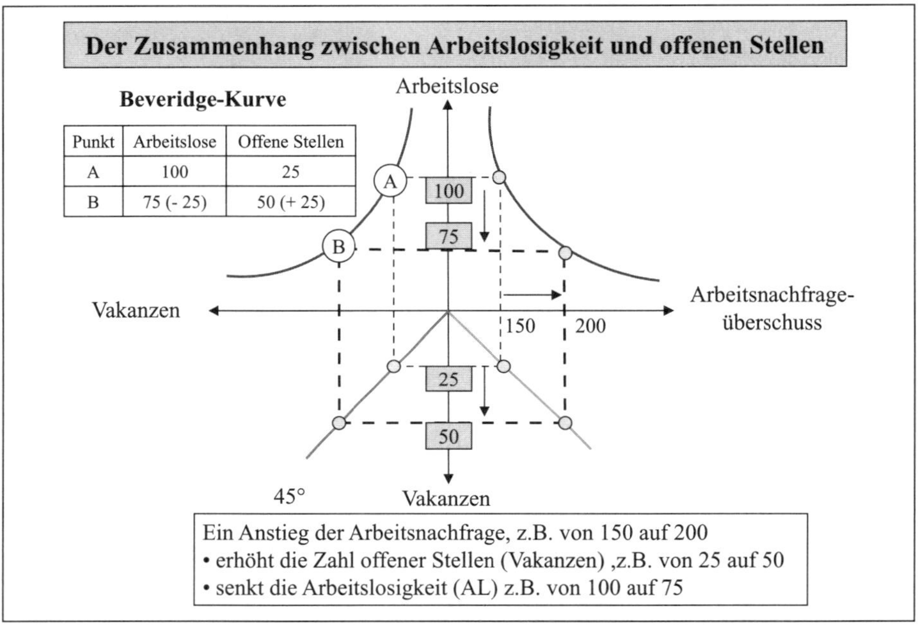

Abb. 17.13: Herleitung der Beveridge-Kurve

Häufig werden die Achsen der Beveridge-Kurve getauscht und nicht absolute Zahlen, sondern Vakanzquoten bzw. Arbeitslosenquoten ausgewiesen. Jede **Bewegung** auf der Kurve spiegelt eine Veränderung der Arbeitsnachfrage wieder, jede **Verschiebung** der Kurve eine Veränderung der Bestimmungsfaktoren der Arbeitslosigkeit und offenen Stellen (Abb. 17.14). Entlang einer eingezeichneten 45°-Linie entspricht die Zahl der offenen Stellen der Zahl der registrierten Arbeitslosen, z. B. die Punkte A, B und C:

- Eine Verschiebung der **Beveridge-Kurve** vom Ursprung weg (entlang der 45°-Linie von A nach B) entspricht einem **Effizienzverlust** des Matching-Prozesses auf dem Arbeitsmarkt. Die Arbeitslosenzahl und die Zahl der offenen Stellen steigen gleichzeitig. Dies ist ein Hinweis auf strukturelle Probleme auf dem Arbeitsmarkt.
- Eine Bewegung nach rechts unten (A nach C) zeigt eine **konjunkturell bedingte Verschlechterung** an. Im Konjunkturabschwung sinkt die Anzahl der offenen Stellen und die Arbeitslosenzahl erhöht sich.
- Eine Bewegung nach links oben (A nach D) zeigt eine **konjunkturell bedingte Verbesserung** an. Im Konjunkturaufschwung steigt die Anzahl der offenen Stellen an

und die Arbeitslosigkeit verringert sich. Können die offenen Stellen nachfolgend nicht besetzt werden, wäre dies ein Indiz für ein Mismatch auf dem Arbeitsmarkt.
- Eine Bewegung hin zum Ursprung zeigt eine Verbesserung der Matching-Effizienz auf dem Arbeitsmarkt. Die vorherrschende Arbeitslosigkeit ist hier eher friktioneller Natur (A nach E).

Denkbar ist auch eine Drehung der 45°-Linie. Wenn z. B. die Verhandlungsmacht der Gewerkschaften steigt und höhere Löhne ausgehandelt werden, steigt die Arbeitslosenquote und sinkt die Zahl der offenen Stellen, da der „erwartete Gewinn" bei einer Besetzung für die Arbeitgeber geringer wird. Die 45°-Linie würde sich im Ursprung nach rechts drehen.

Eine Drehung nach links oben ist zu erwarten, wenn die Produktivität und der „erwartete Gewinn" der Arbeitgeber bei einer Besetzung von offenen Stellen steigt. Gelegentlich wird auch eine **korrigierte Beveridgekurve** gewählt. Die „Zahl der offenen Stellen" wird in der amtlichen Statistik allein aus den bei den Arbeitsagenturen gemeldeten offenen Stellen berechnet. Dieser Indikator ist verzerrt, da viele offene Stellen zunächst betriebsintern ausgeschrieben (und häufig auch wiederbesetzt) und nicht alle extern ausgeschriebenen Stellen der Arbeitsagentur gemeldet werden. Daher wird die „Zahl der offenen Stellen" um den Einschaltungsgrad der Arbeitsämter korrigiert.

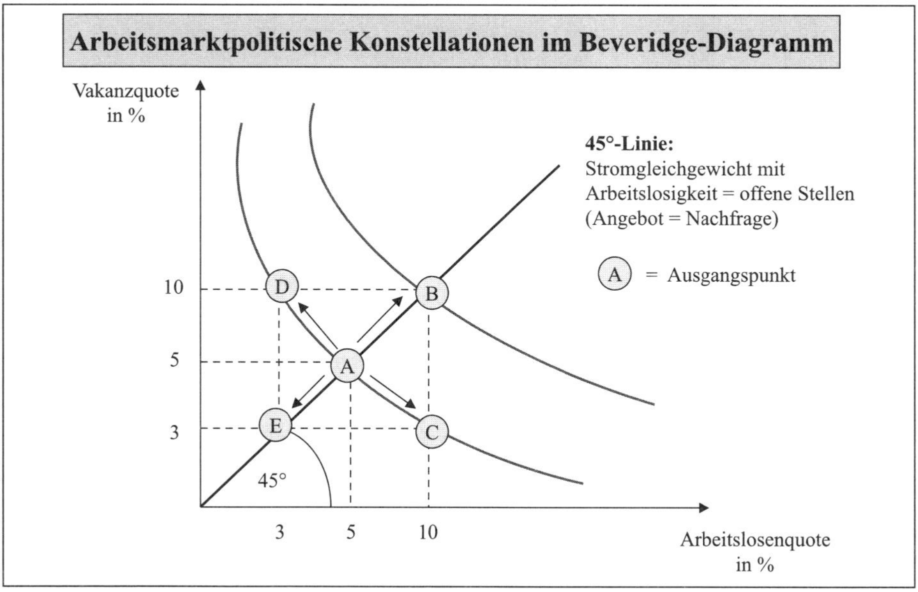

Abb. 17.14: Verschiebungen und Bewegungen auf der Beveridge-Kurve

Schlagwörter	• Mismatch-Arbeitslosigkeit	• Beveridge-Kurve • Effizienzverlust

17.2.1 Friktionelle Arbeitslosigkeit

Offizielle Angaben zur Arbeitslosigkeit stützen sich mehrheitlich auf die Arbeitslosenquote. Dieselbe Arbeitslosenquote kann aber völlig verschiedene Situationen abbilden. Es kann sich um einen aktiven **Arbeitsmarkt** handeln, auf dem viele Beschäftigungsverhältnisse gelöst werden, gleichzeitig aber viele Arbeitssuchende eine neue Beschäftigung finden. Andererseits kann es sich um einen Arbeitsmarkt handeln, der durch eine geringe Zahl von Kündigungen und Neueinstellungen und einen hohen Bestand an Langzeitarbeitslosen gekennzeichnet ist.

Stromgrößen und Bestände auf dem Arbeitsmarkt

Die Arbeitslosenquote ist eine **Bestandsgröße**, die wenig über die Dynamik am Arbeitsmarkt, d.h. über **Bewegungsvorgänge**, aussagt. Obwohl ein hoher Bestand an Arbeitslosigkeit im Verlauf eines Jahres vorliegt, kann sie mit einer dynamischen Entwicklung auf dem Arbeitsmarkt einhergehen. Notwendig ist es, die Zugänge in die und die Abgänge aus der Arbeitslosigkeit detaillierter zu betrachten (Abb. 17.15). Die jahresdurchschnittliche Bestandsgröße der Arbeitslosigkeit unterliegt starken Schwankungen durch Bewegungsströme der Zugänge in bzw. der Abgänge aus Arbeitslosigkeit. In der Regel sind die **Ströme** von Zugängen zur Arbeitslosigkeit und Abgängen aus Arbeitslosigkeit pro Jahr um ein Vielfaches größer als der **Bestand** an Arbeitslosen zu einem bestimmten Zeitpunkt.

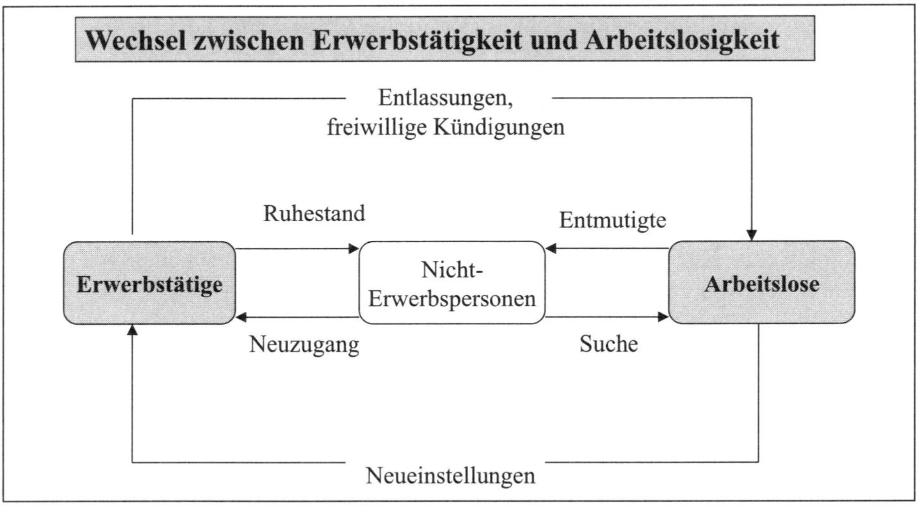

Abb. 17.15: Bewegungen am Arbeitsmarkt

Friktionelle Arbeitslosigkeit oder **Sucharbeitslosigkeit** entsteht aus der zeitlichen Diskrepanz zwischen Beendigung eines alten und Aufnahme eines neuen Beschäftigungsverhältnisses. Unerheblich ist es, ob der Arbeitnehmer freiwillig oder gezwungenermaßen sein Beschäftigungsverhältnis beendet. Das erforderliche Arbeitsplatzangebot ist vorhanden, es müssen jedoch geeignete Bewerber gefunden werden. Die Zeitdauer hängt u.a. von der qualitativen und räumlichen Verfügbarkeit adäquater Beschäftigungsverhältnisse ab. Durch Verbesserung des Stelleninformations- und Stellenvermittlungssystems soll die Verweildauer in friktioneller Arbeitslosigkeit verringert werden. Friktionelle Arbeitslosigkeit ist in einer sich wandelnden Wirtschaft unvermeidbar und wird zum Teil sogar als Beleg für einen wachstumsfördernden Arbeitsplatzwechsel betrachtet.

Bezogen auf die Gesamtzahl der Erwerbstätigen werden häufig 2 bis 3 % als friktionell arbeitslos betrachtet. Zu beachten ist jedoch, dass nur ein Teil der Zugänge in und der

Abgänge aus Arbeitslosigkeit als Sucharbeitslosigkeit zu klassifizieren ist. Auch der Wechsel in oder aus der Selbständigkeit, in oder aus der Stillen Reserve oder die Nicht- bzw. Erwerbstätigkeit ist in diesem Zusammenhang möglich.

Stromgleichgewicht

Ein Modell kann die Anhaltspunkte für eine Art gleichgewichtige Arbeitslosenquote liefern, bei der sich Zugänge in Arbeitslosigkeit und Abgänge daraus die Waage halten (vgl. Box 17.1; Abb. 17.16).

- Wenn 5% der Beschäftigten jeden Monat den Arbeitsplatz verlieren (= **f**), beträgt die durchschnittliche Dauer eines Beschäftigungsverhältnisses: 1/0,05 = 20 Monate.
- Wenn 20% der Arbeitslosen wieder eine Beschäftigung finden (= **h**), beträgt die durchschnittliche Dauer der Arbeitslosigkeit 1/0,2 = 5 Monate.
- Wenn 2% der Erwerbspersonen aus der Erwerbsbevölkerung ausscheiden, dann verringert sich die die durchschnittliche Arbeitslosigkeit auf: 1/(0,2 + 0,02) = 4,54 Monate.

Box 17.1: Arbeitsmarkt – Der Kreislauf von Zu- und Abgängen	
(1) Erwerbspersonen = Erwerbstätige + Arbeitslose (EP = EWT + AL) (2) Arbeitslosenquote = Arbeitslose / Erwerbspersonen (ALQ = AL / EP) (3) f = Anteil der Erwerbstätigen, die ihren Arbeitsplatz in einer Periode verlieren (Entlassungsrate: f = fire) (4) h = Anteil der Arbeitslosen, die in einer Periode einen neuen Arbeitsplatz finden (Einstellungsrate: h = hire) (5) Gleichgewichtsbedingung: h × AL = f × EWT (6) h × AL = f × (EP – AL) (7) f × EP = AL × (h + f) (8) ALQ = f/(h + f) × 100	**Hintergrund:** Der Arbeitsmarkt lässt sich als Kreislauf von Zu- und Abgängen darstellen. Bei konstantem Arbeitsangebot kann ein Abbau der Arbeitslosigkeit erfolgen, wenn mehr Personen eingestellt (h steigt) und/oder weniger Personen entlassen werden (f sinkt).

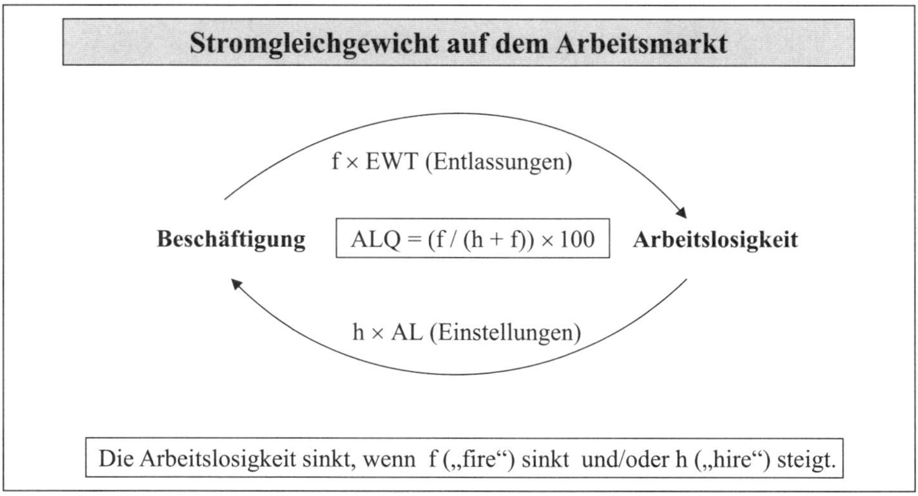

Abb. 17.16: Stromgleichgewicht auf dem Arbeitsmarkt

Die friktionelle Arbeitslosigkeit kann bei konstanter Erwerbsbevölkerung dann reduziert werden, wenn die Entlassungsrate f („fire“) reduziert und/oder die Einstellungsrate h („hire“) erhöht wird.

Kündigungs- und Einstellungsrate haben jeweils eine strukturelle und eine konjunkturelle (zyklische) Komponente (Tab. 17.5). Da beide Parameter Verhaltensparameter der Unternehmen bzw. privaten Haushalte sind, kann der Staat durch entsprechende Anreizmechanismen Einfluss nehmen. Zu erwähnen sind z. B. die institutionellen Rahmenbedingungen des Arbeitsmarktes, die Einfluss auf das Einstellungs- und Kündigungsverhalten haben. Alle Maßnahmen sind jedoch ein „Kurieren an Symptomen“, denn die Ursachen der Arbeitslosigkeit werden nicht erklärt.

Tab. 17.5: Strukturelle und konjunkturelle Komponenten der friktionellen Arbeitslosigkeit

	strukturelle Komponente	**konjunkturelle Komponente**
Kündigungsquote	Wie einfach ist es, Arbeitskräfte zu entlassen?	In einer Rezession steigt die Wahrscheinlichkeit den Arbeitsplatz zu verlieren.
Einstellungsquote	• Wie effizient ist der Suchprozess? • Wie groß sind die Anreize für Arbeitslose zu suchen? • Wie einfach ist es für Unternehmen, Arbeitskräfte befristet einzustellen?	In einer Rezession gibt es weniger offene Stellen; somit sinkt die Wahrscheinlichkeit eine offene Stelle zu finden.

Schlagwörter	• Strom-, Bestandsgrößen auf dem Arbeitsmarkt • friktionelle Arbeitslosigkeit	• Entlassungsrate • Einstellungsrate

17.2.2 Strukturelle Arbeitslosigkeit

Der Begriff der strukturellen Arbeitslosigkeit ist nicht einheitlich definiert. Übereinstimmung besteht dahingehend, dass es sich um eine zählebige und dauerhafte Form der Arbeitslosigkeit handelt. Es ist bereits sprachlich klar, dass strukturelle Arbeitslosigkeit mit dem Strukturwandel einer Volkswirtschaft zusammenhängt. Der Strukturwandel muss jedoch nicht zwangsläufig zur Arbeitslosigkeit führen, wenn die in einzelnen Bereichen nicht mehr benötigten Beschäftigten in anderen expandierenden Bereichen eine neue Arbeit finden. Strukturelle Arbeitslosigkeit ist eher ein Problem einzelner Teilmärkte (Abb. 17.17). Als Strukturmerkmale kommen branchenmäßige, regionale und personengebundene Merkmale in Betracht, die auf einzelnen Teilarbeitsmärkten zu einem Ungleichgewicht führen. Beispiel ist ein zu großes Angebot an ungelernten Fachkräften bei gleichzeitigem Facharbeitermangel auf anderen Teilarbeitsmärkten.

Branchenbezogene, regionale Dimension

Betroffen sind vor allem **Branchen**, deren volkswirtschaftliche Bedeutung dauerhaft zurückgeht (z. B. Landwirtschaft, Bergbau), die durch technologische Entwicklungen unter Anpassungsdruck geraten (z. B. Unterhaltungselektronik) oder die sich im internationalen Wettbewerb einer zunehmenden Standortkonkurrenz ausgesetzt sehen (z. B. Textil-, Bekleidungsindustrie). Der Strukturwandel führt dazu, dass bestimmte Sektoren und **Berufe** an Bedeutung verlieren. Notwendig ist in diesem Fall ein breites Angebot an Umschulungs- und Weiterbildungsmaßnahmen sowie ein hohes Maß an beruflicher Mobilität der Betroffenen. Sofern Regionen durch Monostrukturen geprägt sind, können sektorale und regionale Arbeitslosigkeit zusammenfallen (z. B. Bergbau in Nordrhein-Westfalen, Werftindustrie in Küstenländern). Regionale Arbeitslosigkeit kann unabhängig von sektorspezifischen Problemen entstehen, wenn ein Raum aufgrund seiner geographischen Lage benachteiligt ist (z. B. früheres „Zonenrandgebiet", Gebirgsregionen). Diese Ausprägung der Arbeitslosigkeit wird verstärkt, wenn eine geringe Mobilitätsbereitschaft der Betroffenen vorliegt.

Personenbezogene Dimension

Die Ursachen für strukturelle Arbeitslosigkeit können in **personengebundenen Merkmalen** der Arbeitskräfte (Alter, fehlende Qualifikation, Geschlecht, Nationalität oder Gesundheitszustand) liegen. Wenn derartige Merkmale als „problematisch" eingestuft und nicht mehr nachgefragt werden, kann **Langzeitarbeitslosigkeit** entstehen. Betroffen sind vor allem „Risikogruppen" ohne Berufsausbildung, höheren Alters oder mit gesundheitlichen Einschränkungen.

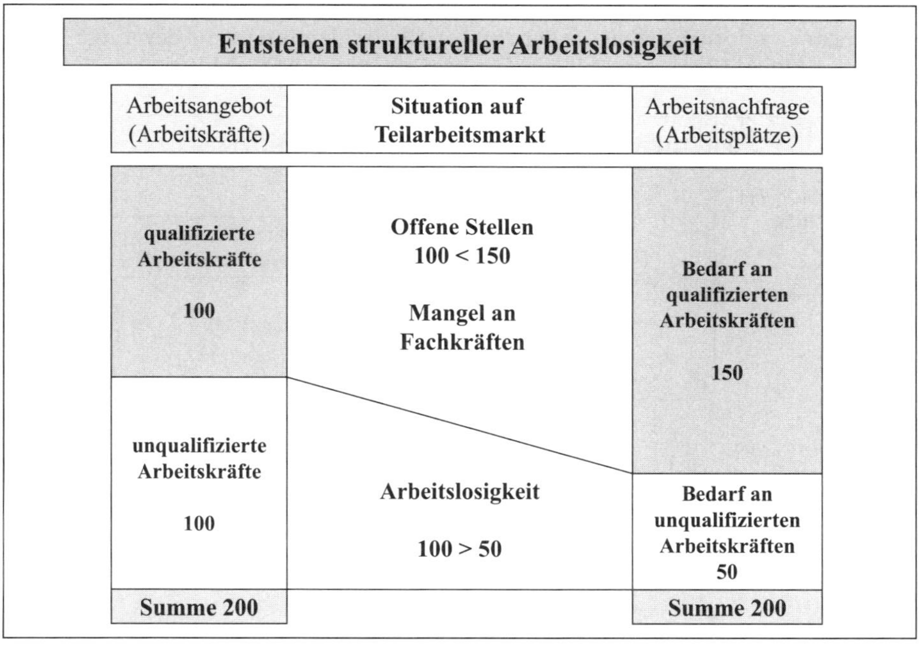

Abb. 17.17: Mismatch auf Teilarbeitsmärkten

Eine **qualifikations-** oder **berufsspezifische Arbeitslosigkeit** beruht auf einer nichtvorhandenen oder nicht marktadäquaten Ausbildung. Das Institut für Arbeitsmarkt- und Berufsforschung hat für das Jahr 2007 ermittelt, dass von 100 Langzeitarbeitslosen in Deutschland rund 50 % keine oder eine abgebrochene Berufsausbildung aufweisen. Dieser Tatbestand ist beunruhigend, da sich längerfristig ein Trend zur Höherqualifizierung erkennen lässt. In zunehmendem Maße werden Arbeitskräfte mit einfachen Kenntnissen durch qualifizierte Arbeitnehmer ersetzt. Die Vermittlungschancen von Personen mit fehlender oder nicht marktadäquater Ausbildung werden dadurch erschwert. Umgekehrt sinkt das Risiko einer dauerhaften Arbeitslosigkeit mit besserer

Ausbildung deutlich. Auch ein (erfolgreiches) Studium ist eine Art „Versicherung" gegen zukünftige Arbeitslosigkeit.

Zur Darstellung eines Mismatch auf dem Arbeitsmarkt eignen sich **qualifikationsspezifische Beveridge-Kurven** (Abb. 17.18). Vereinfacht werden nur qualifizierte und gering qualifizierte Tätigkeiten unterschieden. Im Fall eines Trends zur Höherqualifizierung durch Strukturwandel steigt die Nachfrage nach qualifizierten Mitarbeitern. Die Vakanzquote für die Qualifizierten kann sich erhöhen, während ihre Arbeitslosenquote sinkt. Der gegenteilige Effekt tritt innerhalb der Gruppe der Geringqualifizierten auf. Denkbar ist auch, dass es innerhalb der Gruppe der Qualifizierten zu einem Anstieg der Arbeitslosigkeit und der offenen Stellen kommt.

Dies ist z. B. der Fall, wenn Fehlqualifikationen bestehen (z. B. zu viele Lehrer und zu wenige Ingenieure) und es Zeit braucht, bis die erforderlichen Qualifikationen bereitstehen (graphisch würde sich die Beveridge-Kurve für Qualifizierte nach rechts verlagern).

Eigentlich müssten Beveridge-Kurven für geringe Qualifikationen näher am Ursprung liegen, da offene Stellen aufgrund des Anforderungsprofils schneller zu besetzen sind. Erkennbar ist jedoch in vielen Ländern (u. a. in Deutschland), dass die Beveridge-Kurve für geringe Qualifikationen weiter außen liegt als für hohe Qualifikationen.

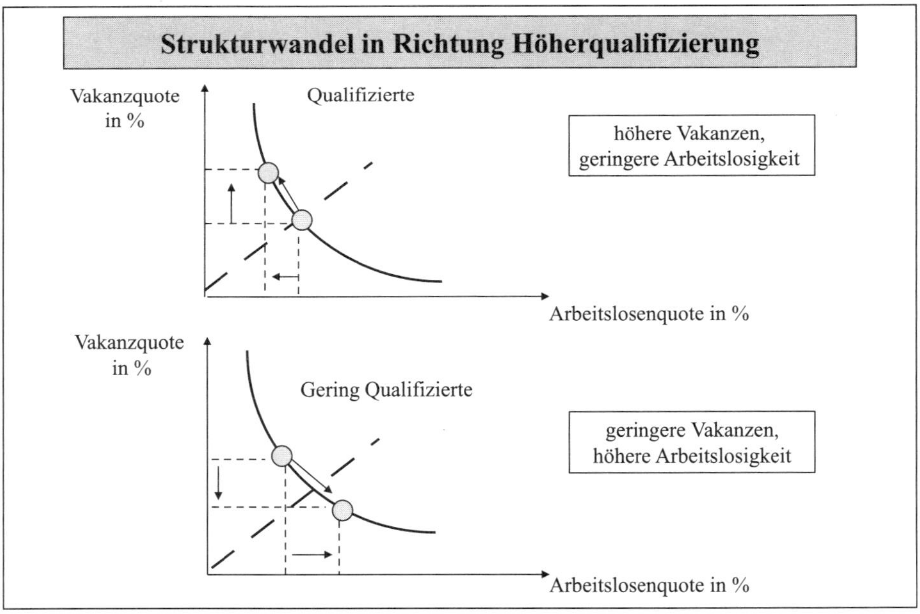

Abb. 17.18: Qualifikationsspezifische Beveridge-Kurve und Strukturwandel

Im Zeitablauf kann sich die Beveridge-Kurve für geringe Qualifikationen nach rechts verlagern (Abb. 17.19). Das Mismatch fällt dann bei geringen Qualifikationen stärker aus als bei höheren Qualifikationen. Die Ursachen können aus der Beveridge-Kurve nicht direkt abgeleitet werden, sondern erfordern eine tiefergehende Betrachtung. Ein Mismatch hinsichtlich formaler Anforderungen ist in der Gruppe der gering Qualifizierten unplausibel, da die offenen Stellen bezogen auf diese Gruppe nur wenige Anforderungen stellen.

Studien verweisen eher auf andere Ursachen. Beispielsweise entsprechen die sozialen Kompetenzen (*soft skills*) nicht den Anforderungen des Arbeitsplatzes oder der Abstand zwischen den Lohneinkommen und der staatlichen Arbeitslosenunterstützung wird als zu gering erachtet. Zum Teil fehlt auch die Bereitschaft Personen mit „Handicaps" einzustellen (z. B. Personen mit gesundheitlichen Einschränkungen).

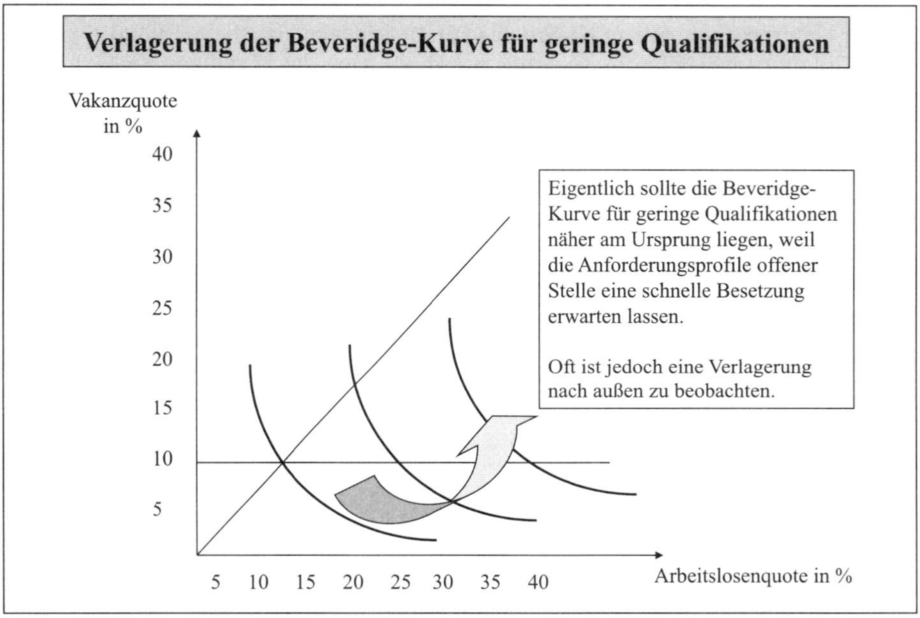

Abb. 17.19: Stilisierter Verlauf der Beveridge-Kurve für geringe Qualifikationen

Insgesamt können die verschiedenen Ausprägungen der strukturellen Arbeitslosigkeit nur mit einem breiten Maßnahmenbündel verringert werden. Ansatzpunkte finden sich in der breiten Palette der aktiven Arbeitsmarktpolitik, z. B.

- stärkerer Druck zur Aufnahme von gering qualifizierten Tätigkeiten („fördern und fordern"),
- Arbeitsbeschaffungsmaßnahmen (ABM), um eine Verringerung der Qualifikationen zu verhindern,
- kontinuierliche Fortbildungen von Arbeitslosen,
- geringere Löhne für Neueingestellte,
- Lohnsubventionen und Eingliederungszuschüsse.

Schlagwörter	• strukturelle Arbeitslosigkeit • Langzeitarbeitslosigkeit • qualifikationsspezifische Arbeitslosigkeit	• qualifikationsspezifische Beveridge-Kurven

17.3 Institutionelle Rahmenbedingungen

In das Handlungsfeld der Lohn- und Tarifpolitik fallen alle betrieblichen und staatlichen Maßnahmen, die auf die Gestaltung von Höhe, Struktur und Entwicklung der Löhne ausgerichtet sind. Träger sind in Deutschland die Gewerkschaften und die

Arbeitgeberverbände, die autonom über Löhne und Arbeitsbedingungen verhandeln (**Tarifautonomie**). In den Tarifverhandlungen können verteilungspolitische Ziele, wie z. B. jenes einer „gerechten" Einkommens- und Vermögensverteilung verfolgt werden. Hohe Lohnabschlüsse verbessern die Verteilungsposition der Arbeitnehmer und umgekehrt. Generell sind die Tarifverhandlungen durch einen **Verteilungskonflikt** geprägt, der die zwei Seiten des Lohnes verdeutlicht.

Für die Unternehmen stellt er Kosten dar, für die privaten Haushalte ist er die wesentliche Einkommensquelle. Instrumente zur Erreichung der jeweiligen Ziele sind auf Arbeitgeberseite die Aussperrung, Rationalisierung oder die Produktionsverlagerung. Gewerkschaften können mit Streiks antworten (Abb. 17.20). Denkbar ist auch, dass „zu hohe Lohnabschlüsse" zu Lasten von Arbeitslosen gehen. Der Einfluss des Staates ist weitgehend auf moralische Appelle „vernünftiger" Lohnabschlüsse reduziert.

Tarifkonflikte als Bestandteil der Marktwirtschaft

Akteure	Ziele	Mittel in bzw. nach der Tarifauseinandersetzung
Arbeitgeber	Gewinne, Produktion	Preiserhöhungen, Aussperrung, Rationalisierung, Produktionsverlagerung
Gewerkschaften	Lohnerhöhung, Arbeitszeitverkürzung, humane Arbeitswelt	Schwerpunktstreiks, Warnstreiks Flächenstreiks, Arbeitsverweigerung
Staat	Senkung der Arbeitslosigkeit	nicht beteiligt (Ausnahme: als Arbeitgeber)
Arbeitslose	Beschäftigung	nicht an Tarifverhandlungen beteiligt

Abb. 17.20: Akteure auf dem Arbeitsmarkt bei Tarifautonomie

Tarifverhandlungen können auf Ebene der Gesamtwirtschaft, innerhalb der Branche oder auf Unternehmensebene stattfinden. So sind z. B. die skandinavischen Länder eher in zentralisierten Lohnfindungssystemen organisiert. Das deutsche Tarifverhandlungssystem ist mit dem Flächentarifvertrag (Verhandlungen auf Branchenebene) den intermediären Systemen zuzuordnen. Die USA und Kanada weisen eher dezentralisierte Strukturen der Lohnfindung auf. Die **hump-shape Hypothese** von *Calmfors* und *Driffill* stellt eine buckelförmige Beziehung zwischen dem Zentralisierungsgrad der Lohnverhandlungen und der Arbeitsmarktsituation einer Volkswirtschaft her (Abb. 17.21). Danach wirken zentrale und dezentrale Organisationen eher positiv auf den Arbeitsmarkt, während ein mittlerer Organisationsgrad eher negative Auswirkungen auf die Beschäftigungssituation ausübt.

In einer dezentralen Organisation sind Arbeitnehmer bzw. Gewerkschaften **Lohnnehmer**, die keinen Einfluss auf die gesamtwirtschaftliche Entwicklung haben. Überzogene Lohnforderungen würden die Wettbewerbsfähigkeit und die Arbeitsplätze ihrer Unternehmen gefährden. Die Konsequenzen hätten die Arbeitnehmer unmittelbar selbst zu tragen. Bei zentralen Organisationen akzeptieren die Gewerkschaften ihre gesamtwirtschaftliche Verantwortung. Sie erkennen, dass sich überzogene Lohnforderungen in einer höheren Inflationsrate (und somit geringeren Reallöhnen) bzw. in einer höheren Arbeitslosenquote niederschlagen. Im mittleren Bereich haben die Gewerkschaften zwar Einfluss auf die gesamtwirtschaftliche Entwicklung, sie erkennen dies jedoch nicht immer, so dass sie der Volkswirtschaft durch überzogene Lohnforderungen schaden können. Organisierte Interessen sind so stark, dass sie Störungen im gesamtwirtschaftlichen Ablauf produzieren können, aber nicht umfassend genug, um die dadurch verursachten volkswirtschaftlichen Kosten zu tragen. Sie werden auf andere Gruppen überwälzt (Tab. 17.7).

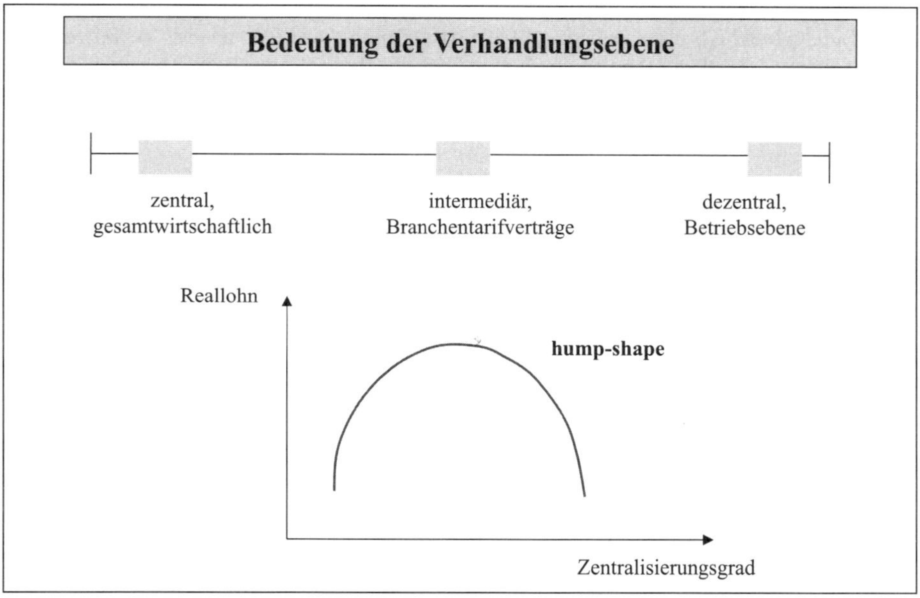

Abb. 17.21: Hump-shape Hypothese

Das eben skizzierte Modell ist in vielerlei Hinsicht weiterentwickelt, aber auch kritisiert worden. Bemängelt wird z. B. die Ausklammerung der Außenwirtschaft. Stehen die nationalen Unternehmen im internationalen (Preis-)Wettbewerb, bleiben die Rückwirkungen der Nominallöhne auf die Preise zu diskutieren. Im Modell ist nicht berücksichtigt, dass die Lohnbildung in einem mehrstufigen Prozess erfolgen kann. Zentralisierte Systeme sind häufig dadurch gekennzeichnet, dass auf lokaler Ebene nach Abschluss der zentralen Tarifverträge zusätzlich verhandelt wird. In Deutschland ist dies weit verbreitet. Je nach Konstellation kann dies entweder zu einer Verbesserung oder Verschlechterung der Arbeitsmarktsituation führen.

Tab. 17.7: Verhandlungsebenen der Tariflohnpolitik

Verhandlungsebene	Wirksamkeit der Marktkräfte	Berücksichtigung externer Effekte der Lohnabschlüsse (z. B. auf Inflation)	Lohnabschlüsse
dezentral (Betrieb)	ja	nein	moderat
Region/Branche	eingeschränkt	eingeschränkt	überzogen
zentral	nein	ja	moderat

Schlag-wörter	• Verteilungskonflikt • Tarifautonomie	• hump-shape Hypothese

17.3.1 Lohnverhandlungen

Tarifverhandlungen finden in der Regel in einem festen Rhythmus statt. Zunehmend werden längerfristige Vereinbarungen getroffen, die als Junktim mit anderen Regelungen verbunden sind (z. B. Lohnzurückhaltung gegen Beschäftigungssicherung bzw. Schaffung zusätzlicher Arbeitsplätze) und den Beteiligten eine größere Planungssicherheit geben. Können sich die Tarifpartner nicht einigen, ist ein Verfahren zur Beilegung von strittigen Punkten mit dem Ziel der Beendigung bzw. Vermeidung von Arbeitskämpfen (Streiks) vorgesehen **(Schlichtungsverfahren).** Als Vermittler ist eine überparteilich anerkannte Persönlichkeit zu wählen.

Brutto-, Netto-, Nominal – und Reallöhne

In den Tarifverhandlungen werden **Bruttolöhne** ausgehandelt. Die Verhandlungen enthalten implizit Erwartungen über die Entwicklung der Inflation. **Reallöhne** ergeben sich inflationsbereinigt, indem die Veränderungen des Preisniveaus berücksichtigt werden.

Die **Nettolöhne** ergeben sich nach Abzug der Lohn- und Einkommensteuer und des Arbeitnehmeranteils an der gesetzlichen Sozialversicherung (Renten-, Kranken-, Arbeitslosen- und Pflegeversicherung) von den Bruttolöhnen. Für die Arbeitgeber bleibt darüber hinaus der Arbeitgeberanteil an der gesetzlichen Sozialversicherung zu berücksichtigen, der den Charakter eines „zweiten Lohnes" annehmen kann (Abb. 17.22).

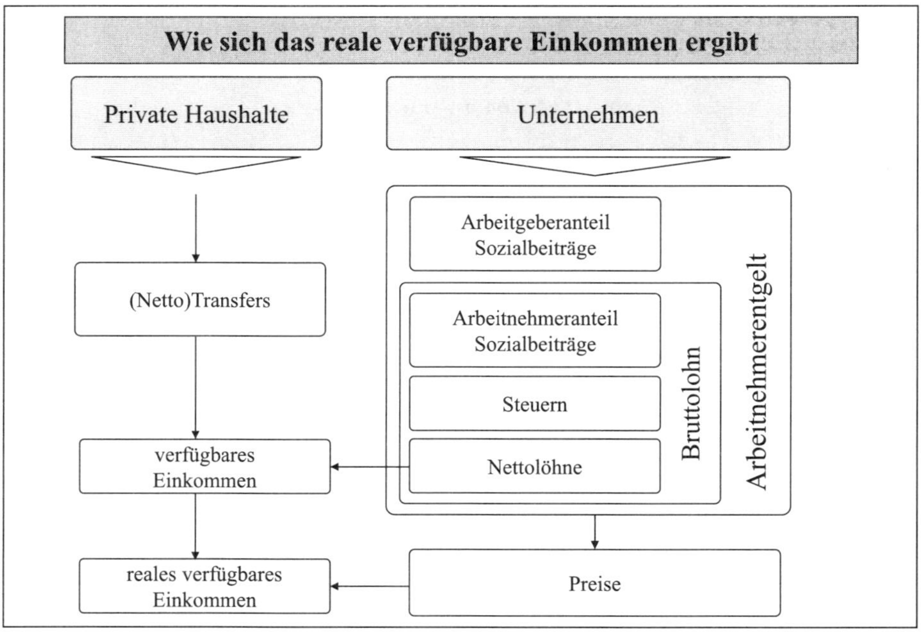

Abb. 17.22: Lohn- und Einkommenskategorien

An den realen Ergebnissen der Lohnverhandlungen sind also neben den Tarifpartnern indirekt der Staat und gegebenenfalls auch andere Gruppen beteiligt, die die Inflationsrate beeinflussen können.

Personalzusatzkosten

Ursächlich für die große Diskrepanz zwischen Arbeitskosten sowie Brutto- und Nettolöhnen ist die Entwicklung der Personalzusatzkosten. Rund die Hälfte dieser Kosten ist gesetzlich bedingt (insbesondere zur Finanzierung der sozialen Sicherungssysteme), die andere Hälfte wird im Rahmen von Tarifverhandlungen bestimmt (z. B. Weihnachts-, Urlaubsgeld; Abb. 17.23).

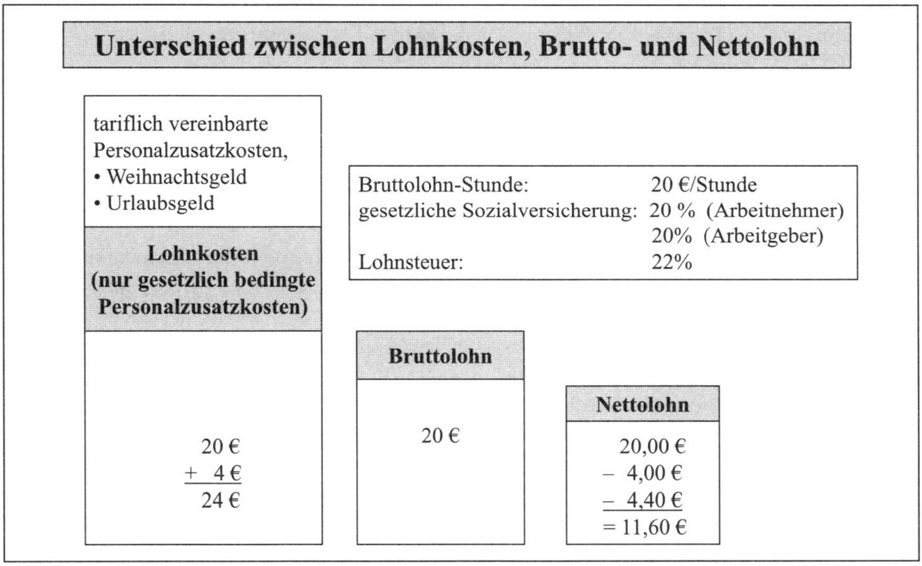

Abb. 17.23: Brutto- und Nettolohn

Der Faktor Arbeit wird letztendlich durch drei Kategorien „belastet“: Einkommensteuern, Sozialversicherungsbeiträge der Arbeitgeber und der Arbeitnehmer. Alle drei Kategorien sind bedeutsam, da sie das Nettoeinkommen der Arbeitnehmer reduzieren und das Arbeitsangebot beeinflussen bzw. die Arbeitskosten erhöhen und die Arbeitsnachfrage durch die Unternehmen verändern. Auch eine Veränderung der Sozialbeiträge hat folglich gesamtwirtschaftliche Auswirkungen.

Effektiv-, Effizienz- und Mindestlöhne

Der tatsächliche, dem Arbeitnehmer gezahlte Lohn wird als **Effektivlohn** bezeichnet (Tab. 17.8). Er setzt sich aus dem Tariflohn, Überstundenvergütungen und sonstigen Zuschlägen zusammen. Da der Effektivlohn relativ flexibel an die jeweilige wirtschaftliche Situation angepasst werden kann, liegt er während einer Hochkonjunktur häufig über dem Tariflohn. Die Differenz zwischen Tarif- und Effektivlohn wird **Lohndrift** genannt.

Unternehmen werden vor allem (hoch-)qualifizierten Arbeitnehmern Löhne zahlen, die oberhalb ihres „Grenzprodukts“ liegen. Dies senkt die Fluktuationskosten und kann die Produktivität erhöhen. Auch werden sich bei relativ höheren Löhnen tendenziell höher qualifizierte Arbeitskräfte bewerben. Dieser Lohn, der über dem markträumenden Gleichgewichtsniveau liegt, wird als **Effizienzlohn** bezeichnet.

Auch **Mindestlöhne** können über einem markträumenden Gleichgewichtsniveau liegen. Sie werden pro Stunde (z. B. 8 €) oder im Monat (z. B. 1.200 €) für eine Branche (z. B. Gebäudereinigung) gesetzlich oder durch einen allgemeinverbindlichen Tarifvertrag festgeschrieben. Zielgruppe sind vor allem gering qualifizierte Arbeitnehmer im Niedriglohnsektor, deren Einkommenssituation durch Mindestlöhne verbessert werden sollen. Die ökonomischen Auswirkungen werden kontrovers diskutiert.

Tab. 17.8: Lohnkategorien

Lohnkategorie	Wer ist verantwortlich?	Zielgruppe (Beispiele)
Tariflohn	Tarifpartner	Branche / Unternehmen
Effektivlohn	Tarifpartner, Arbeitgeber	Branche / Unternehmen
Mindestlohn	Gesetzgeber	z. B. Berufsgruppen im Niedriglohnsektor
Effizienzlohn	Arbeitgeber	z. B. höher qualifizierte Berufsgruppen

Lohndifferenzierung

Um Arbeitslosigkeit abzubauen, wird z. B. die Einführung von Öffnungsklauseln diskutiert, die vom Tarifvertrag abweichende Regelungen über Arbeitsentgelte zulassen. Empfohlen werden **Härteklauseln** zur Abwehr drohender Insolvenzen, zur Sicherung von Arbeitsplätzen oder zur Verbesserung der Sanierungsaussichten von Unternehmen. Ein Teil der Regelungskompetenzen wird somit von den Tarifpartnern auf die Betriebsebene verlagert. In Deutschland verteilen sich die Tarifverhandlungen zeitlich über ein Jahr oder einen längeren Zeitraum. Bei jeder Verhandlung spielen auch die Ergebnisse der vorherigen und die Prognosen für die nächsten Tarifrunden eine Rolle. Die Gewerkschaften einer Branche wollen nicht hinter den Abschlüssen anderer Branchen zurückstehen. Umgekehrt wollen die Arbeitgeber einer Branche keine größeren Kostensteigerungen hinnehmen als andere Branchen. Abschlüsse in anderen Branchen werden daher oft als Maßstab betrachtet. Es kann sogar ein **Trend zur Angleichung** der Abschlüsse einsetzen, der den unterschiedlichen Entwicklungen in den Branchen nur bedingt Rechnung tragen kann. Häufig ist daher die Forderung zu hören, die Löhne stärker an die jeweiligen wirtschaftlichen Bedingungen anzupassen und zu differenzieren.

Schlagwörter	• Tarifautonomie • Brutto-, Nettolöhne • Nominal-, Reallöhne • Personalzusatzkosten	• Tariflöhne • Effektivlöhne • Lohndrift • Effizienzlöhne • Mindestlöhne

17.3.2 Marktunvollkommenheiten

In der Makroökonomie spielt der Begriff der **natürlichen Arbeitslosigkeit** eine wichtige Rolle. Dieser auf *Milton Friedman* zurückgehende Begriff umfasst im Kern Ausprägungen der strukturellen und friktionellen Arbeitslosigkeit. Diese Form der Arbeitslosigkeit lässt sich nicht kurzfristig beseitigen und resultiert aus Informationsmängeln, Mobilitätshemmnissen, Anpassungskosten, demographischen Veränderungen, kurzum aus **Marktunvollkommenheiten**, die eine Theorie oft ausblendet. Nur in Theoriemodellen mit funktionierenden Wettbewerbs- und Arbeitsmärkten ist Vollbeschäftigung mit einer Arbeitslosigkeit von Null gleichzusetzen. In der Realität wird (konjunkturelle) Arbeitslosigkeit aufgrund der Marktunvollkommenheiten nicht verschwinden, sondern um ein bestimmtes Niveau pendeln, das als natürliche Arbeitslosenquote bezeichnet wird. Dieses Niveau ist vor allem durch ordnungs- und strukturpolitische Maßnahmen, nicht aber durch Konjunkturpolitik zu beeinflussen (Abb. 17.24).

Die natürliche Arbeitslosigkeit wollen wir nachfolgend gleichsetzen mit dem Begriff der **NAIRU** (*non accelerating inflation rate of unemployment*), die inflationsstabile Arbeitslosenquote. Ab diesem Punkt trägt eine Konjunkturbelebung nicht zur Verbesserung der Arbeitsmarktlage bei, sondern treibt die Inflation nach oben. Ein Abbau der Arbeitslosigkeit ist ähnlich wie beim Konzept der natürlichen Arbeitslosigkeit nur über eine Veränderung der Rahmenbedingungen möglich. Die NAIRU gibt Informationen über die Grenze zwischen der Arbeitslosigkeit, die auf Funktionsstörungen auf Arbeits- und Gütermärkten beruht, und einer darüber hinausgehenden konjunkturellen Arbeitslosigkeit. Zu klären bleibt der Begriff „inflationsstabil". Dazu ist zu berücksichtigen, dass Arbeitnehmer und Unternehmen über Marktmacht verfügen und sich einen Anteil an der Produktion sichern wollen. Ausdruck dieser Marktmacht ist der Lohnbildungs- und Preisbildungsprozess. Folgende Situationen sind denkbar:

tatsächliche Arbeitslosenquote > NAIRU	Arbeitsplatzverluste der Arbeitnehmer Absatzverluste der Unternehmen
tatsächliche Arbeitslosenquote < NAIRU	höhere Nominallohnforderungen der Arbeitnehmer höhere Absatzpreise der Unternehmen

Der Mechanismus, der die Verteilungsansprüche von Arbeitnehmern und Arbeitgebern in Übereinstimmung bringt, ist die Arbeitslosigkeit. Im Fall überzogener Verteilungsansprüche werden Arbeitnehmer mit dem Verlust des Arbeitsplatzes und Arbeitgeber mit Absatzeinbußen (u. a. durch Rückgang der Nachfrage infolge der Arbeitslosigkeit) bedroht.

Schlagwörter	• natürliche Arbeitslosigkeit • NAIRU	• Arbeitsmarktpolitik

17.4 Gesamtwirtschaftliche Ursachen der Arbeitslosigkeit

Bisher wurde nur der Arbeitsmarkt als Ausgangspunkt für Beschäftigungsprobleme betrachtet. Diese Analyse wird nun erweitert, da auch andere Faktoren ursächlich für die Existenz von Arbeitslosigkeit sein können. Zu nennen sind insbesondere ein schleppender Konjunkturverlauf, ein zu geringes wirtschaftliches Wachstum, der technologische Fortschritt und ein zu großes Arbeitsangebot. Wir werden diese Faktoren unter den Begriffen der konjunkturellen und wachstumsdefizitären Arbeitslosigkeit diskutieren.

17.4.1 Konjunkturelle Arbeitslosigkeit

Die konjunkturelle Arbeitslosigkeit sieht die Ursache des Beschäftigungsproblems in einem **Rückgang** der **aggregierten Nachfrage** (Abb. 17.24). Diese Form der Arbeitslosigkeit ist als ein zyklisches Phänomen aufzufassen. Im Fall der konjunkturellen Erholung und einer zunehmenden Auslastung der Produktionskapazitäten, so die Erwartung, geht diese Form der Arbeitslosigkeit wieder zurück.

Arbeitslosigkeit im Konjunkturzyklus

Stilisierte Fakten:
- Verarbeitendes Gewerbe und Baugewerbe sind stärker als andere Branchen (z.B. Dienstleistungen) der Konjunktur unterworfen.
- Abschwung- und Aufschwungphasen treten nicht in allen Branchen gleichermaßen und zeitgleich ein.
- Die Investitionsgüterproduktion schwankt stärker als die Konsumgüterproduktion.

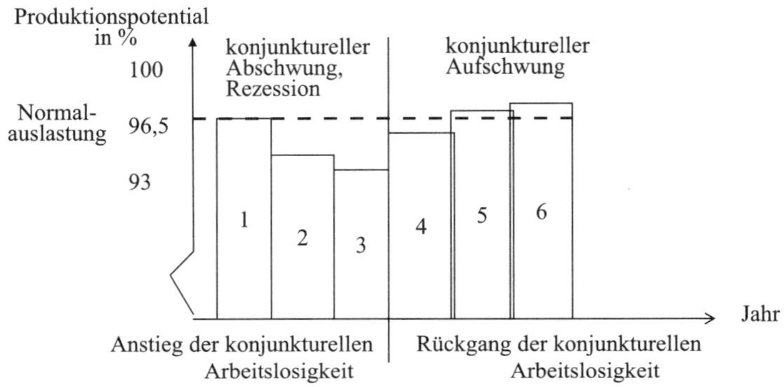

Abb. 17.24: Konjunkturelle Arbeitslosigkeit

Die konjunkturelle Arbeitslosigkeit variiert entsprechend den Phasen des jeweiligen Konjunkturzyklus.

In der Regel sind nicht alle Branchen einer Volkswirtschaft gleichmäßig von einem Rückgang der gesamtwirtschaftlichen Nachfrage betroffen. Es kann sich eine **gespaltene Konjunkturentwicklung** ergeben, in dem z.B. die Produktionskapazitäten der exportabhängigen Industriebranchen (Automobil-, Maschinenbau) unterausgelastet sind, während die Konsumgüterindustrie oder Dienstleistungsbranchen expandieren. Sofern nur einzelne Branchen von einem Nachfragerückgang betroffen sind, wird von einer **strukturalisierten konjunkturellen Arbeitslosigkeit** gesprochen.

Gleichgewicht bei Unterbeschäftigung

Die konjunkturelle Arbeitslosigkeit weist Verbindungen zur keynesianischen Theorie auf, nach der sich ein **Gleichgewicht bei Unterbeschäftigung** einspielen kann. Dieser Terminus ist eigentlich ein Widerspruch in sich, denn Unterbeschäftigung bedeutet, dass der Arbeitsmarkt im Ungleichgewicht ist. Es soll vielmehr zum Ausdruck kommen, dass vom Gütermarkt keine Impulse zur Beseitigung der Arbeitslosigkeit ausgehen (Abb. 17.25):

- Die Investitionsnachfrage hängt aus keynesianischer Sicht nicht nur von den Kosten der Finanzierung, sondern vor allem auch vom erwarteten Gewinn der Investition ab. Wenn in einer Volkswirtschaft pessimistische **Zukunftserwartungen** bestehen, ergeben sich geringe oder gar negative Renditen. In diesem Fall werden viele Unternehmen nicht investieren. Die Nachfrage nach Investitionsgütern bleibt aus und nicht alle produzierten Güter werden verkauft. Die Unternehmen werden nur so viele Mitarbeiter beschäftigen, wie zur Produktion der absetzbaren Menge benötigt werden. Wenn diese Anzahl an Mitarbeitern unter dem Arbeitsangebot liegt, kommt es zu konjunktureller Arbeitslosigkeit.

- Aus **mikroökonomischer Sicht** ist diese Arbeitslosigkeit Ausdruck eines nicht funktionierenden Arbeitsmarktes. In diesem Fall führt ein sinkender Lohn dazu, dass Einstellungen attraktiver werden und die Arbeitslosigkeit verringert wird. Eine **allgemeine Senkung des Reallohnsatzes**, wie sie aus (neo-)klassischer Sicht empfohlen wird, wäre in einer solchen Situation aus keynesianischer Sicht aber wenig erfolgversprechend. Zum einen sind Nominallohnsätze häufig starr, so dass eine Senkung des Reallohnsatzes nur durch Preissteigerungen möglich ist. Selbst bei flexiblen Löhnen kann es jedoch zur Arbeitslosigkeit kommen. Grundlegende Ursache der Arbeitslosigkeit ist die fehlende Güternachfrage, die durch sinkende Löhne kaum steigen dürfte. Das Gegenteil wäre zu befürchten, denn fallende Löhne würden zu noch größerer Zurückhaltung beim Konsum führen. Die Menschen kaufen neue Autos oder PC, wenn die Einkommen steigen, und nicht, wenn sie fallen. Es kann eine Deflation eintreten, in der Löhne, Preise und Einkommen sinken und die Nachfrage immer weiter zurückgeht.

Aus dieser Situation können sich die Tarifvertragsparteien nicht selbst befreien. Sie brauchen Unterstützung. In keynesianischer Denktradition besteht diese primär in fiskalpolitischen Maßnahmen.

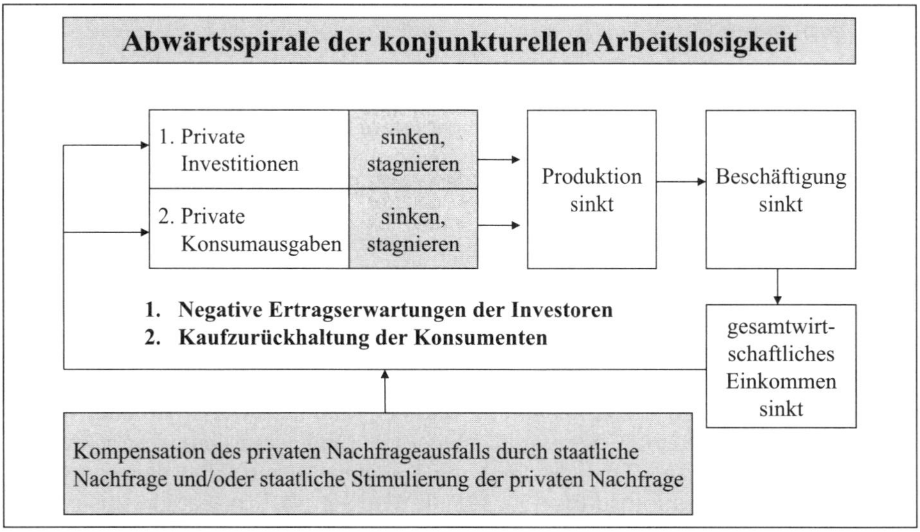

Abb. 17.25: Konjunkturelle Arbeitslosigkeit als Folge eines Nachfragemangels

Kaufkraftargument

Eine Erhöhung der Gesamtnachfrage durch Lohnerhöhungen verspricht das Kaufkraftargument. Löhne sind wesentlicher Bestandteil des Verfügbaren Einkommens der Arbeitnehmer. Lohnerhöhungen haben positive Auswirkungen auf die Kaufkraft der Arbeitnehmer und über eine Steigerung ihre Konsumausgaben positive Implikationen für Investitionen und Beschäftigung (Abb. 17.26).

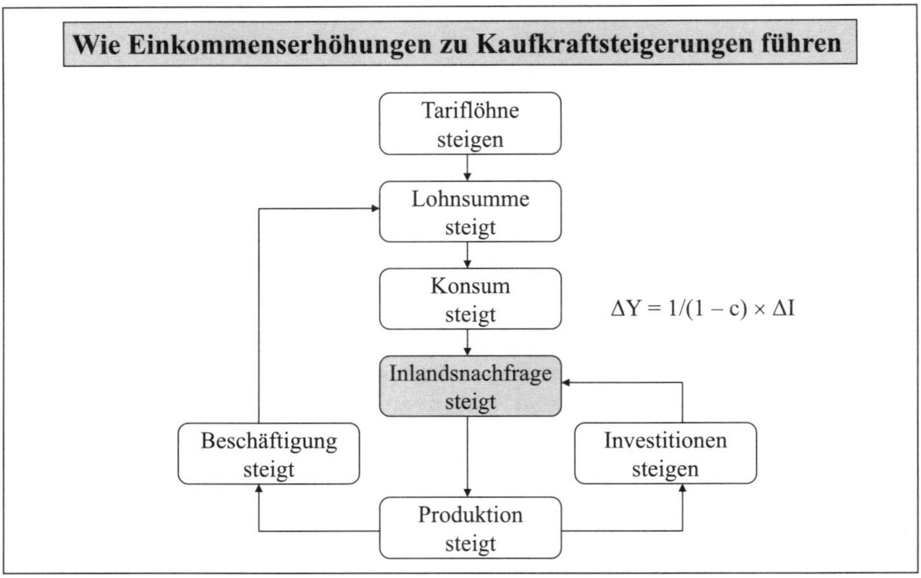

Abb. 17.26: Kaufkraftargument

Kostenargument

Das Kostenargument stellt die nachteiligen Auswirkungen von Lohnerhöhungen heraus, die oberhalb des Produktivitätsfortschritts liegen und die Lohnstückkosten erhöhen (Abb. 17.27). Die daraus resultierende geringere Rentabilität der Produktion und Gewinnschmälerungen lassen aus unternehmerischer Sicht folgende Reaktionsweisen erwarten:

- Rationalisierung, geringere Investitionen und Beschäftigung,
- Verlagerung der Produktion in das Ausland,
- Erhöhung der Angebotspreise mit nachteiligen Folgen für die Kaufkraft der Löhne und die Inlandsnachfrage.

Die Nachfrageeffekte des Kaufkraftarguments werden zwar auch von angebotsorientierten Ökonomen nicht vernachlässigt, sie werden jedoch geringer eingeschätzt. Steuern, Sozialbeiträge, Ersparnisbildung und der Kauf ausländischer Güter führen zu **Sickerverlusten** innerhalb des inländischen Einkommenskreislaufs und schmälern die Kaufkrafteffekte einer Tariflohnerhöhung. Untersuchungen gehen davon aus, dass von 100 € Lohnerhöhung (brutto) etwa 40 € als direkter Nachfrageeffekt für inländische Unternehmen verbleiben (Abb. 17.28). Diese Sicht ist allerdings zu relativieren. Sofern ein Teil der (Brutto-)Lohnerhöhungen aufgrund von Steuern und Sozialbeiträgen versickert, ist zu berücksichtigen, dass der Staat diese Einnahmen wieder in den Wirtschaftskreislauf zurückgibt und seinerseits Nachfrage schafft, z. B. in Form von öffentlichen Investitionen, Subventionen an Unternehmen oder Transferleistungen an die privaten Haushalte. Auch die Ausgaben für Importe verschwinden nicht einfach, sondern können dazu dienen, dass das Ausland Exportgüter des Inlandes kaufen kann.

Eine zuverlässige Beurteilung beider Argumentationsketten ist insofern schwierig, da beide in sich geschlossen wirken und auf anderen theoretischen Zusammenhängen beruhen.

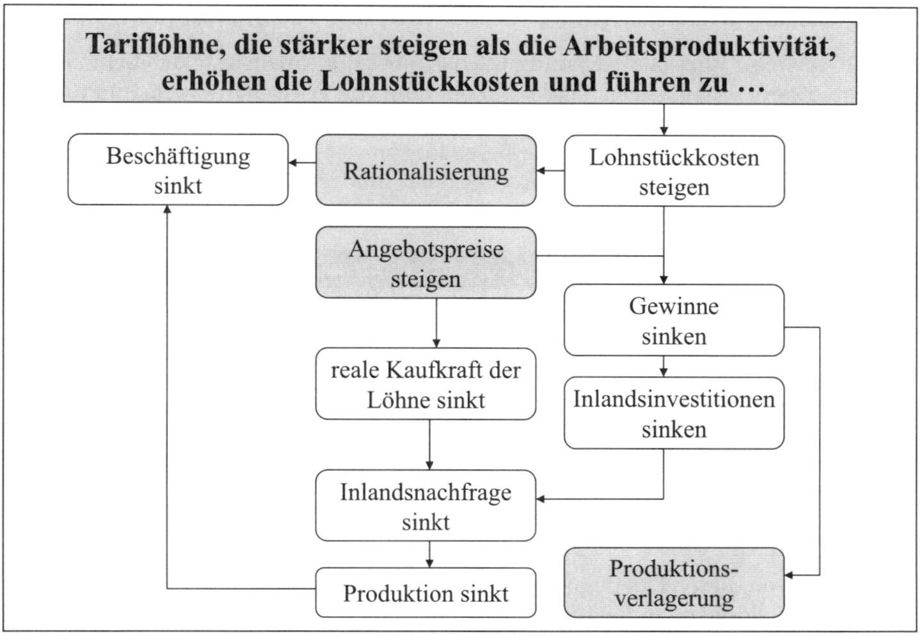

Abb. 17.27: Kostenargument

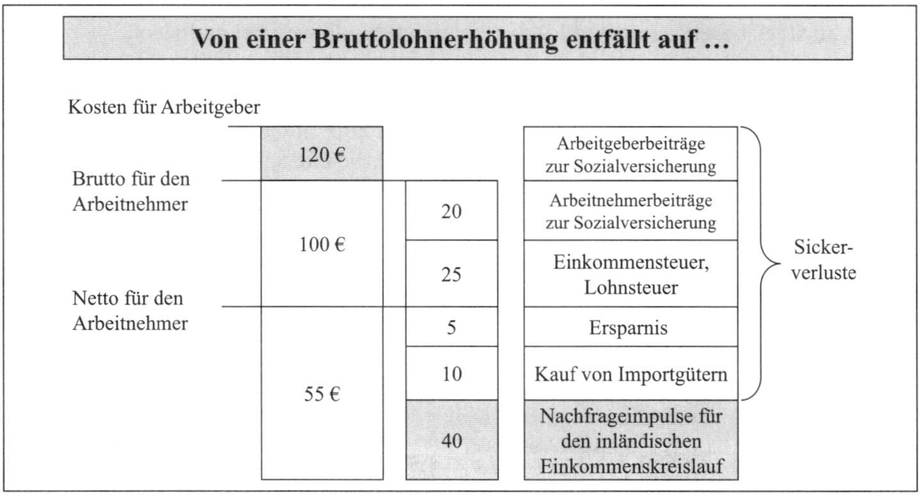

Abb. 17.28: Sickerverluste im inländischen Einkommenskreislauf (Zahlenbeispiel)

Schlag-wörter	• konjunkturelle Arbeitslosigkeit • Gleichgewicht bei Unterbeschäftigung	• Kaufkraftargument • Kostenargument

17.4.2 Wirtschaftswachstum, Produktivität und Arbeitslosigkeit

Obwohl die reale Wirtschaftsleistung wächst, muss die Arbeitslosigkeit nicht zurückgehen. Sie kann sogar steigen. Diese Entkopplung von Wirtschaftswachstum und Beschäftigung wird unter dem Begriff der **wachstumsdefizitären Arbeitslosigkeit** (*jobless growth*) diskutiert. Das Wachstum der Beschäftigung ist im Wesentlichen vom Verhältnis der Zuwachsraten von Arbeitsproduktivität und realem BIP sowie von der Entwicklung der Arbeitszeit und der Zahl der Erwerbspersonen abhängig (vgl. Box 17.3).

Box 17.3: Beschäftigung – Wovon hängt die Schaffung neuer Arbeitsplätze ab?	
(1) EP = EWT + AL (2) ALQ = AL / EP (3) BQ = EWT / EP = 1 – ALQ (4) AV = EWT × AZ (5) $APR^{Std} = BIP^{real} / AV$ In Veränderungsraten (W) ergeben sich näherungsweise folgende Zusammenhänge (6) $W_{AV} = W_{EWT} + W_{AZ}$ (7) $W_{EWT} = W_{BIP}{}^{real} - W_{APR}{}^{Std} - W_{AZ}$ (8) $W_{BQ} = W_{BIP}{}^{real} - W_{APR}{}^{Std} - W_{AZ} - W_{EP}$	**Hintergrund:** Die Beschäftigungsquote ist das Ergebnis des Zusammenspiels von folgenden Größen: • Arbeitsproduktivität (APR) • reales Bruttoinlandprodukt (BIP) • Arbeitsvolumen (AV) • Erwerbspersonen (EP)

Ausgehend von diesen Überlegungen lassen sich folgende Arten der wachstumsdefizitären Arbeitslosigkeit unterscheiden:

- **Stagnationsarbeitslosigkeit** ($W_{BIP}{}^{real}$ ist zu gering): Das Wirtschaftswachstum verlangsamt sich, es entstehen zu wenig neue Arbeitsplätze.
- **Technologische Arbeitslosigkeit** ($W_{APR}{}^{Std}$ ist zu groß): Der technische Fortschritt hat sich zu stark beschleunigt und Arbeitsplätze werden wegrationalisiert.
- **Demographische Arbeitslosigkeit** (W_{EP} ist zu groß): Das Arbeitskräftewachstum war zu groß, es gibt einen Mangel an Arbeitsplätzen für geburtenstarke Jahrgänge.

In Deutschland lässt sich derzeit mit Blick auf eher abnehmende Wachstumsraten der Bevölkerung nicht von einer demographischen Arbeitslosigkeit sprechen. Dies war eher in den 80er Jahren der Fall, als es zu einer deutlichen Zuwanderung und zu einem Anstieg der Frauenerwerbsquote kam.

Wir wollen im Folgenden das Verhältnis von Wirtschafts-, Produktivitäts- und Beschäftigungswachstum näher betrachten (Abb. 17.29).

Wachstum und Beschäftigung

Wenn wir von einer Veränderung der Erwerbspersonen (EP) absehen, können wir folgende Gleichung aufstellen (vgl. Box 17.3):

(1) $W_{BIP}{}^{real} = W_{APR}{}^{Std} + W_{AZ} + W_{EWT}$

Für ein Zahlenbeispiel unterstellen wir folgende Daten:

(2)

$W_{BIP}{}^{real}$	$W_{APR}{}^{Std}$	W_{AZ}	W_{EWT}
4 %	2,5 % +	–1 %	+2,5 %

Eine Erhöhung des BIP-Wachstums um einen Prozentpunkt (von 4 % auf 5 %) würde bei Konstanz der übrigen Größen mit einer Erhöhung der Wachstumsrate der Erwerbstätigen im gleichen Umfang (von 2,5 % auf 3,5 %) einhergehen. Nach dieser Gleichung schafft Wachstum also Beschäftigung.

Dennoch ist die Gleichung mit Vorsicht zu interpretieren, denn sie kann ein schlechter Ratgeber sein, wenn man sie unbedacht zum Einsatz bringt. Nehmen wir an, wir erwarten ein BIP-Wachstum und eine Steigerung der Arbeitsproduktivität von je 2 %, während die Arbeitszeit konstant bleibt. Mit Hilfe unserer Ausgangsgleichung erfahren wir dass sich die Beschäftigung in diesem Fall nicht erhöht:

(3)

W_{BIP}^{real}	W_{APR}^{Std}	W_{AZ}	W_{EWT}
2 %	2 %	0 %	0 %

Da wir an der Schaffung von Arbeitsplätzen interessiert sind, verkürzen wir einfach die Jahresarbeitszeit um z. B. 2 %. Die Beschäftigung würde um 2 % wachsen:

(4)

W_{BIP}^{real}	W_{APR}^{Std}	W_{AZ}	W_{EWT}
2 %	2 %	–2 %	2 %

Es tritt ein, was einige Ökonomen immer schon geahnt haben. Eine Arbeitszeitverkürzung schafft Arbeitsplätze. So einfach ist es aber nicht. Doch wo liegt der Fehler? Wir haben doch gerade erfahren, dass die Ausgangsgleichung definitorisch immer erfüllt sein muss. Der Fehler liegt im unbedachten Einsatz einer ex post gültigen Beziehung für ein ex ante Problem.

Wenn die Arbeitszeit tatsächlich um 2 % gekürzt würde, können wir nicht einfach davon ausgehen, dass das BIP und die Arbeitsproduktivität nach wie vor um jeweils 2 % wachsen würden:

- Würde die Arbeitszeitverkürzung **ohne Lohnausgleich** durchgeführt, dann sinken die Einkommen der Wirtschaftssubjekte und die daraus resultierende Nachfrage. Die Unternehmen würden in einer solchen Situation die Produktion kaum ausweiten und zusätzliche Beschäftigte einstellen.
- Würde die Arbeitszeitverkürzung **mit Lohnausgleich** durchgeführt, dann würde sich die Arbeit verteuern. Einige Unternehmen wären dieser Kostenlast nicht gewachsen, andere würden versuchen, die gestiegenen Kosten über die Preise weiter zu geben, sofern sie über die notwendigen Spielräume verfügen. Das würde sich aber negativ auf die Nachfrage auswirken. Es ist also wiederum fraglich, dass die Wirtschaft unverändert um 2 % wächst.

Okuns Gesetz

Der zuvor dargestellte Zusammenhang zwischen Beschäftigung und Wirtschaftswachstum wird in modifizierter Form unter dem Begriff **Okuns Gesetz** diskutiert. Der US-Ökonom *Arthur M. Okun (1928 – 1980)* formulierte folgenden Zusammenhang:

$$ALQ_t - ALQ_{t-1} = -\beta \times (W_{BIPt} - W_{BIPn})$$

Die Veränderung der Arbeitslosenquote (ALQ) in %-Punkten entspricht der Abweichung des BIP-Wachstums von seinem normalen Niveau (W_{BIPn}) multipliziert mit einem Koeffizienten (–β). Dieser Koeffizient ist ein Maß für die Stärke des Effekts, den ein Anstieg des Produktionswachstums über das normale Niveau hinaus auf die Arbeitslosenquote hat. Betrachten wir ein Zahlenbeispiel für Deutschland und die USA (Abb. 17.29):

	Regression	Interpretation
D	$\Delta ALQ = -0{,}2 \times (BIP_t - 3{,}5\,\%)$	Es kommt nur dann in Deutschland zu einem Rückgang der ALQ, wenn das Wachstum die Schwelle von 3,5 % (für USA: 3 %) überschreitet. Ein Produktionswachstum um 1 %-Punkt über der Wachstumsrate von 3,5 % führt in Deutschland zu einer Absenkung der Arbeitslosenquote um 0,2 % (für USA: 0,4 %)
USA	$\Delta ALQ = -0{,}4 \times (BIP_t - 3\,\%)$	

Die Koeffizienten zeigen **unterproportionale Zusammenhänge** an. Ursachen dafür sind:

- Unternehmensorganisation und gesetzliche Regelungen lassen es nicht zu, dass auf eine veränderte Nachfrage vollständig mit Entlassungen oder Neueinstellungen reagiert wird. Mitarbeiter werden unabhängig vom Produktionsniveau benötigt (z. B. in der Verwaltung), Mitarbeiter gehortet (um Kosten für spätere Neueinstellungen zu sparen), Mehrarbeit wird zunächst mit Überstunden oder durch das Auffüllen von Arbeitszeitkonten geleistet.
- Neueinstellungen führen nicht im gleichen Maße zur Reduzierung der Arbeitslosigkeit. Offene Stellen werden nicht ausschließlich mit registrierten Arbeitslosen besetzt, sondern auch aus der Stillen Reserve rekrutiert.

Okuns Gesetz fällt in Ländern unterschiedlich aus

Deutschland: $\Delta ALQ = -0{,}2 \times (W_{BIP} - 3{,}5\%)$

Vereinigte Staaten: $\Delta ALQ = -0{,}4 \times (W_{BIP} - 3{,}0\%)$

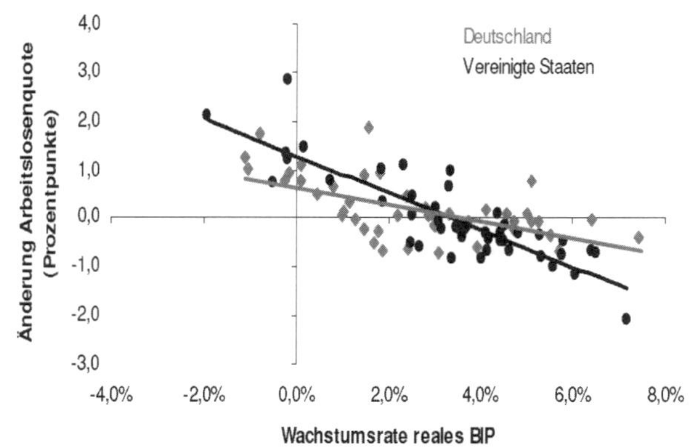

Abb. 17.29: Okuns Law
Quelle: Blanchard/Illing, 2009, S. 282 ff.

Okuns Gesetz ist eine Art Daumenregel. Im vorigen Abschnitt haben wir erläutert, dass zwischen den Wachstumsraten der Größen Bruttoinlandsprodukt, Erwerbstätige, Produktivität und Arbeitszeit ein definitorischer Zusammenhang besteht. Die Wachstumsrate des BIP ist auch in Okuns Gesetz enthalten. Indirekt taucht in Okuns Gesetz auch die Veränderung der Zahl der Erwerbstätigen auf, denn die Zahl der Erwerbstätigen und die Arbeitslosenquote sind hoch negativ korreliert.

Die Veränderung der Zahl der Erwerbstätigen würde sich exakt in der Veränderung der Zahl der Arbeitslosen spiegeln, wenn die Zahl der Erwerbspersonen konstant bleibt, da definitorisch gilt: Erwerbspersonen = Erwerbstätige + Arbeitslose.

Je kürzer der betrachtete Zeitraum ist, desto eher können wir davon ausgehen, dass die Zahl der Erwerbspersonen relativ konstant ist und ein Arbeitsloser weniger einen Erwerbstätigen mehr bedeutet. Wenn wir nun annehmen, dass die Produktivität um 3 % steigt und auch die Arbeitszeit konstant bleibt, dann gilt:

$$W_{EWT} = W_{BIP}^{real} - W_{APR}^{Std} - W_{AZ} = W_{BIP}^{real} - 3\,\%$$

Diese Regel ist Okuns Gesetz sehr ähnlich, denn wir erkennen, dass das BIP um wenigstens 3 % steigen muss, damit die Erwerbstätigkeit zunimmt bzw. die Arbeitslosigkeit abnimmt. Dieser Wert bezeichnet die **Beschäftigungsschwelle**.

Beschäftigungsschwelle

Die gesamtwirtschaftliche Beschäftigungsschwelle lag in der Bundesrepublik Deutschland im Zeitraum 1992–2004 bei rund 1,5 % (Abb. 17.30). Sie ist sektoral unterschiedlich und in der Industrie höher als in Dienstleistungsbereichen, weil dort die Möglichkeiten von Produktivitätssteigerungen (z. B. durch Kapitaleinsatz und technischen Fortschritt) geringer sind. Im Zuge des zunehmenden Einsatzes von Informationstechnologien im Dienstleistungsbereich kann sich diese Entwicklung jedoch verändern. Gesamtwirtschaftlich galt nach Berechnungen des Instituts für Arbeitsmarkt- und Berufsforschung (Nürnberg) folgende Faustregel: Jeder %-Punkt, den das Produktionswachstum über dem Wachstum der Arbeitsproduktivität liegt, schafft gesamtwirtschaftlich rund 100 bis 150 Tsd. neue Arbeitsplätze.

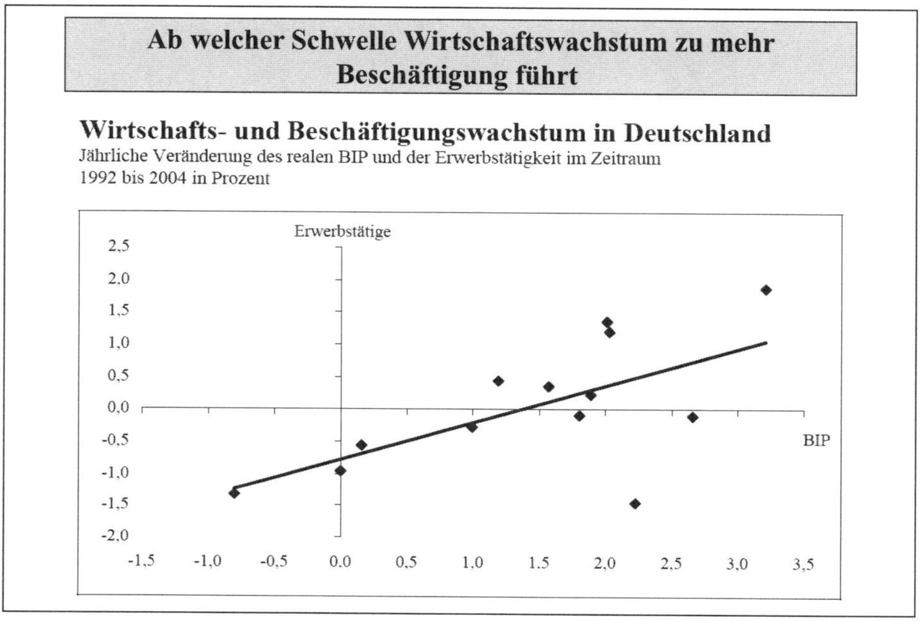

Abb. 17.30: Beschäftigungsschwelle in Deutschland (1992–2004)
Quelle: IW, 2005

Wirtschaftliches Wachstum ist in den „hochentwickelten" Volkswirtschaften weitgehend auf **Produktivitätssteigerungen** der Faktoren Arbeit und Kapital sowie den technischen Fortschritt zurückzuführen (qualitatives Wachstum). Dies macht es möglich, dass die gleiche Produktionsleistung mit einem geringeren Arbeitskräfteeinsatz oder eine höhere Produktionsleistung mit dem gleichen Arbeitskräfteeinsatz erzeugt werden kann (Abb. 17.31). Im Wachstumsprozess werden nur dann zusätzliche Arbeitsplätze geschaffen, wenn die Produktionsleistung (BIP) schneller wächst als die Arbeitsproduktivität. Der oft unterstellte positive Zusammenhang von Wachstum und Beschäftigung ist damit je nach technologischer Entwicklung, Steigerungsraten der Arbeitsproduktivität und Art der Investition (z. B. Ersatz-, Erweiterungs-, Modernisierung-, Rationalisierungsinvestition) nicht automatisch gewährleistet. Wirtschaftliches Wachstum allein reicht nicht zwangsläufig aus, um das Problem der Arbeitslosigkeit nachhaltig zu lösen. Dies gilt vor allem, wenn die Hauptursachen der Arbeitslosigkeit struktureller Natur sind (Tab. 17.9).

Bei der Beurteilung der Wachstums- und Freisetzungseffekte des technischen Fortschritts ist zudem die sektorale Zusammensetzung einer Volkswirtschaft zu berücksichtigen.

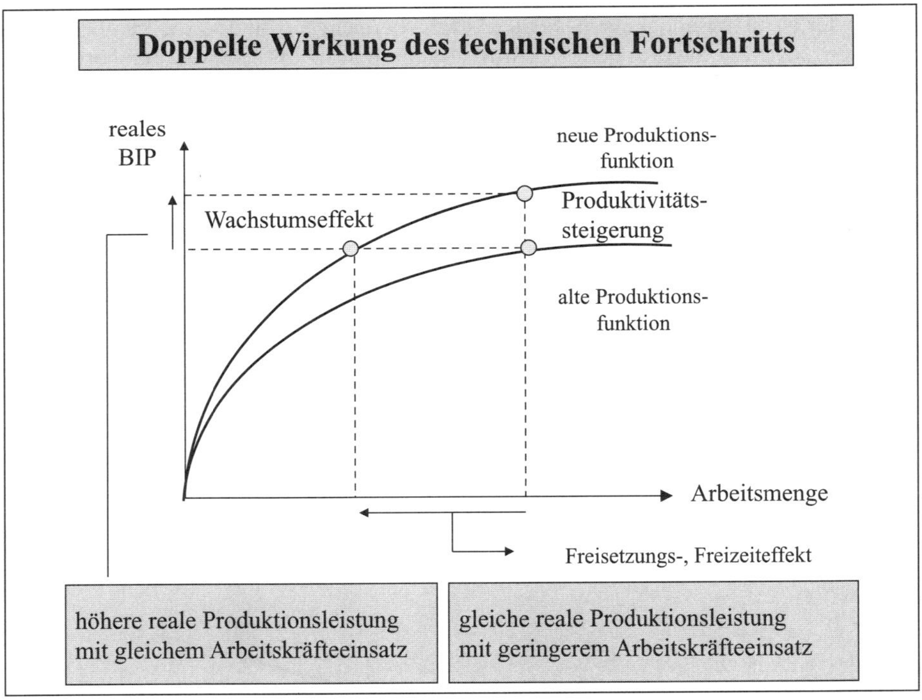

Abb. 17.31: Wachstums- und Freisetzungseffekte des technischen Fortschritts

So können z. B. produktivitätsbedingte Entlassungen in der Industrie von Dienstleistungsbranchen absorbiert werden. Voraussetzung ist, dass eine Umqualifizierung der Arbeitskräfte reibungslos gelingt und keine Mismatch-Situationen entstehen (Tab. 17.9).

Tab. 17.9: Produktivitätswachstum und Arbeitslosigkeit

Konstellation	Erläuterung	Beispiel
$W_{APR}^{Branche} > W_{Branche}$ Freisetzung von Arbeitskräften	Branchen mit einem im Vergleich zum Produktivitätswachstum zu geringem Produktionswachstum	Landwirtschaft, Teile der Industrie
$W_{APR}^{Branche} < W_{Branche}$ Aufnahme von Arbeitskräften	Branchen mit einem im Vergleich zum Produktivitätswachstum zu hohem Produktionswachstum	Dienstleistungsbereiche
$W_{APR}^{Branche} = W_{Branche}$ beschäftigungsneutral	Branchen mit einem im Vergleich zum Produktivitätswachstum gleichem Produktionswachstum	einige Dienstleistungs- und Industriebereiche

Schlagwörter		
	• jobless growth • Stagnationsarbeitslosigkeit • technologische-, demographische Arbeitslosigkeit	• Okuns law • Beschäftigungsschwelle

17.5 Fallbeispiele zu Kapitel 17

Lösungs- und Bearbeitungshinweise sowie alle Abbildungen dieses Kapitels finden Sie unter: www.vahlen.de

Fallbeispiel 17.1: Arbeitslosenquote und ihre Komponenten (++)

1) In einer Volkswirtschaft sind folgende Angaben zum Arbeitsmarkt gegeben:
   - Erwerbstätige (Bestand im Jahresdurchschnitt) 36 Mio.
   - Arbeitslose (Bestand im Jahresdurchschnitt) 4 Mio.
   - registrierte Fälle von Arbeitslosigkeit im Jahr 8 Mio.
   - von Arbeitslosigkeit betroffene Personen 6 Mio.

   Berechnen Sie folgende Kennziffern:
   a) Zugangsrisiko in Arbeitslosigkeit
   b) Verbleibrisiko
   c) durchschnittliche Mehrfacharbeitslosigkeit
   d) durchschnittliche Dauer der Arbeitslosigkeit
   e) Betroffenheit von Arbeitslosigkeit
   f) Arbeitslosenquote
2) Wer gilt nach der Statistik der Bundesagentur für Arbeit als arbeitslos?

Fallbeispiel 17.2: Bildungssystem, Arbeitsmarktpolitik und Arbeitsmarkt (+)

Die Arbeitslosenquote in einem Land errechnet sich als: $4/(36 + 4) \times 100 = 10\,\%$. Ordnen Sie den genannten Vorgängen einzelne Ziffern aus Abbildung 17.5 zu und beurteilen Sie, ob und inwieweit diese Vorgänge die Situation auf dem Arbeitsmarkt verändern.

Vorgang	Ziffer	Arbeitslose	abhängig Beschäftigte	ALQ
a) 200.000 Arbeitslose nehmen Fortbildungsmaßnahmen des Arbeitsamtes in Anspruch.				

Vorgang	Ziffer	Arbeitslose	abhängig Beschäftigte	ALQ
b) 500.000 abhängig Beschäftigte nutzen Vorruhestandsregelungen und melden sich arbeitslos.				
c) 500.000 entmutigte Arbeitslose verlassen den Arbeitsmarkt.				
d) 400.000 Auszubildende wechseln nach ihrer Ausbildung in ein Studium.				
e) 500.000 Hausfrauen wechseln aus der Stillen Reserve in offene Stellen und werden zu abhängig Beschäftigten.				
f) 400.000 Arbeitslose erhalten neue ABM-Stellen.				
g) 500.000 Personen schließen ihr Studium ab werden zu abhängig Beschäftigten.				

Fallbeispiel 17.3: Arbeitsvolumen und Erwerbsbeteiligung (++)

1) Was verstehen Sie unter dem Arbeitsvolumen einer Volkswirtschaft?
2) Welche Informationen liefern die Größen Erwerbsbevölkerung und Erwerbsquote sowie Alten- und Rentenquotient?
3) Zeitungsnotiz: „Obwohl heute die Ausbildungszeiten länger sind und früher aus dem Erwerbsleben ausgeschieden werden kann, liegt die Erwerbsquote heute höher." Worauf könnte dieser Sachverhalt zurückzuführen sein?
4) Erhöht Zuwanderung bzw. eine Erhöhung der Zahl der Erwerbstätigen zwangsläufig das Arbeitsvolumen einer Volkswirtschaft?

Fallbeispiel 17.4: Arbeitsvolumen und Arbeitszeit (++)

1) Ein Ökonom behauptet, dass eine Arbeitszeitverkürzung stets mehr Arbeitsplätze (Erwerbstätige) mit sich bringt. Überprüfen Sie diese Aussage ausgehend von der definitorischen Beziehung zwischen Arbeitsvolumen und Arbeitszeit.
2) Nehmen Sie an, in einer Volkswirtschaft würden jedes Jahr 2 Mrd. Überstunden anfallen. Ein Institut hat berechnet, dass davon exakt 40 % in Vollzeitstellen umgewandelt werden können. Ermitteln Sie den Beschäftigungseffekt, wenn jährlich 1.600 Stunden gearbeitet werden. Mit welchen Problemen könnte die Umsetzung eines solchen Vorschlags verbunden sein?

Fallbeispiel 17.5: Ursachen der Arbeitslosigkeit und Maßnahmen ihrer Bekämpfung (+)

1) Ordnen Sie den nachfolgenden Situationen Ursachen der Arbeitslosigkeit zu. Liegen diese auf der Arbeitgeber- und/oder Arbeitnehmerseite?

Situation
(1) Paolo T., 42 Jahre, arbeitet seit 22 Jahren in einer Lackfabrik als Hilfsarbeiter und verdient gut. Nun ist er arbeitslos und hat Probleme einen neuen Job zu finden. Seine Deutschkenntnisse sind immer noch nicht ausreichend.
(2) Die Konjunkturflaute führt dazu, dass immer weniger Neuwagen gekauft werden. Die Automobilindustrie rechnet mit Entlassungen.
(3) Die Konsumenten kaufen immer weniger analoge, sondern verstärkt digitale Kameras. Die Hersteller haben bereits die Hälfte der Beschäftigten entlassen.

Situation
(4) Der Einsatz von Fertigungsrobotern hat den Anteil körperlich schwerer Arbeit in der Automobilindustrie reduziert aber auch Arbeitsplätze gekostet.
(5) In der Grenzregion Obertau schließt der größte Arbeitgeber seine Tore. Die Lohnkosten in der angrenzenden Auslandsregion sind deutlich niedriger und Umweltauflagen gibt es nicht.
(6) Herbert K. ist Ingenieur in einem Softwareunternehmen, das seinen Hauptsitz von Hamburg nach München verlegt. Herbert K. kann seinen Arbeitsplatz behalten, wenn er mitzieht. Die Familie entscheidet sich dagegen, da sie vor vier Jahren ein neues Haus bezogen hat und die Kinder viele Freunde vor Ort gefunden haben.
(7) Sarah S., gelernte Krankenschwester, wartet schon seit zwei Monaten auf die Mitteilung für offene Stellen in Krankenhäusern.

2) Um dem Problem der Arbeitslosigkeit zu begegnen, müssen Maßnahmen an verschiedenen Stellen/Ebenen greifen. Ordnen Sie die aufgelisteten Vorschläge einzelnen Aufgabenträgern (Staat, Arbeitsagentur, Tarifpartner, Arbeitsloser; Mehrfachnennungen möglich) zu.
   - Reduzierung von Lohnnebenkosten
   - Bereitschaft zur Mobilität
   - Förderung von Existenzgründungen
   - flexible Arbeitszeitmodelle
   - Angebot zur Umschulung, Fortbildung
   - Erneuerung des Arbeitsrechts
   - raschere Vermittlung von Arbeitslosen
   - Bereitschaft zum Lernen
   - flexiblere Lohnabschlüsse
   - Förderung von Investitionen
   - Zeit- und Leiharbeit als Zwischenlösung

Fallbeispiel 17.6: Mismatch-Arbeitslosigkeit (0)

1) Was verstehen Sie unter Mismatch-Arbeitslosigkeit? Diskutieren Sie im Rahmen der folgenden Tabelle.

Vakanzquote	Hoch		
	Gering		
		Gering	Hoch
		Arbeitslosenquote	

2) Stellen Sie folgende Situationen mit Hilfe der Beveridge-Kurve dar:
   - Anstieg der strukturellen Arbeitslosigkeit
   - konjunkturelle Verbesserung
   - konjunkturelle Verschlechterung

Fallbeispiel 17.7: Kündigungs- und Einstellungsverhalten auf dem Arbeitsmarkt (++)

1) Zur Reduzierung der Arbeitslosigkeit hat die von der Bundesregierung eingesetzte „Hartz-Kommission“ verschiedene Vorschläge vorgelegt. Erläutern Sie die möglichen Auswirkungen auf die Arbeitslosenquote.

Vorschlag	„fire"	„hire"	gleichgewichtige Arbeitslosenquote (ALQ)
Lockerung des Kündigungsschutzes			
bessere Online-Arbeitsplatzvermittlung durch die Arbeitsämter			
Stärkung der privaten Arbeitsvermittlung			
Senkung der Arbeitslosenunterstützung			
verbesserte Aus- und Weiterbildung			

2) Erläutern Sie die strukturelle und zyklische Komponente der Kündigungs- und Einstellungsquote.

	strukturelle Komponente	zyklische Komponente
Kündigungsquote		
Einstellungsquote		

Fallbeispiel 17.8: Strukturelle Arbeitslosigkeit und Beveridge-Kurve (+)

1) Tragen Sie folgende Kombinationen von Arbeitslosenquote und Vakanzquote in ein Beveridge-Diagramm ein und interpretieren Sie die drei Situationen.

Situation	Erwerbspersonen in Mio.	Erwerbstätige in Mio.	Offene Stellen in % der Erwerbspersonen
1	40	36	2
2	30	27,5	8,33
3	40	38,8	6

2) Beurteilen Sie, in welcher Situation eine Zuwanderung von hochqualifizierten Arbeitskräften zur Lösung vorhandener Arbeitsmarktprobleme beitragen könnte.
3) In welche Richtung würde sich die Beveridge-Kurve verlagern, wenn Langzeitarbeitslose besser vermittelt werden könnten. Sollte die Beveridge-Kurve für gering qualifizierte näher oder weiter vom Ursprung entfernt liegen? Begründen Sie kurz Ihre Antwort.

Fallbeispiel 17.9: Arbeitskosten (0)

Wie hoch sind die betrieblichen Lohnkosten im Jahr (einschließlich aller lohnabhängigen Nebenkosten) und die Lohnkosten für eine Fertigungsstunde, wenn folgende Angaben gelten (*in Anlehnung an Wöhe/Kaiser/Döring, 2008, S. 46*):

• Tarifliche Arbeitszeit bei Std. pro Tag	2.080 Stunden/Jahr
• Effektive Arbeitszeit	1.496 Stunden
• Arbeitslohn/Std.	20 €
• Arbeitgeberanteil zur Sozialversicherung (% vom Bruttolohn)	20 %
• Urlaubsgeld/Jahr (30 Urlaubstage)	20 %
• Weihnachtsgeld/Jahr (% vom Bruttomonatslohn)	60 %
• Vermögenswirksame Leistungen/Jahr, betrieblicher Anteil	150 €

Fallbeispiel 17.10: Personalzusatzkosten und Beschäftigung (++)

Der Arbeitsmarkt ist durch folgende Funktionen beschrieben:

- Arbeitsnachfrage: $130 - (1 + z) \times ls$
- Arbeitsangebot: $70 + 1{,}2 \times ls$

Die Größe z beschreibt den Zuschlagsatz der Personalzusatzkosten auf den Lohnsatz.

1) Ermitteln Sie den Lohn und die Höhe der Beschäftigung, wenn z = 0,2 (d.h. 20 %) sei.
2) Zur Finanzierung der Ausgabensteigerungen im Bereich der gesetzlichen Alterssicherung muss der Abgabensatz auf z = 0,3 erhöht werden. Ermitteln Sie die Auswirkungen auf die Höhe der Beschäftigung.
3) Welcher Lohn wäre erforderlich, um wieder die Beschäftigungssituation wie in 1) herzustellen?
4) Ermitteln Sie die Höhe des gesamtwirtschaftlichen Lohnverzichts und die Höhe der zusätzlichen Soziallasten.

Fallbeispiel 17.11: Mindestlöhne (++)

Die Baubranche einer Volkswirtschaft sei bezogen auf eine Arbeitsstunde durch folgende Funktionen gekennzeichnet:

- Arbeitsangebot: 50 + 10 × ls
- Arbeitsnachfrage: 250 – 10 × ls

1) Bestimmen Sie den Nominallohn, die Höhe der Beschäftigung und die Lohnsumme im Arbeitsmarktgleichgewicht.
2) Bestimmen Sie die Beschäftigung und die Lohnsumme, wenn ein Mindestlohn von 12 € festgelegt wird. Wie verändert sich das Ergebnis, wenn ein Mindestlohn von 15 € eingeführt wird? Interpretieren Sie das Ergebnis?
3) Nehmen Sie an, der Mindestlohn wird bei 15 € je Stunde (brutto) festgesetzt. Die Arbeitszeit im Monat liegt bei 140 Stunden und die durchschnittliche Belastung des Bruttoeinkommens mit Steuern und Abgaben bei 33 %. Diskutieren Sie mögliche Folgen, wenn das Arbeitslosengeld bei 1.200 € im Monat liegen würde.

Fallbeispiel 17.12: (Teil-)Arbeitsmärkte und Lohndifferenzierung (+)

Der Arbeitsmarkt einer Volkswirtschaft ist wie folgt gekennzeichnet:

- Arbeitsangebot: 4 + 1,2 × ls
- Arbeitsnachfrage: 36 – 0,4 × ls

1) Ermitteln Sie den Gleichgewichtslohnsatz und die dazugehörige Beschäftigung.
2) Für zwei Teilarbeitsmarktmärkte sind folgende Funktionen gegeben:

hochqualifiziert	geringqualifiziert
Angebot: 4 + 1,0 × ls	Angebot: 0,2 × ls
Nachfrage: 32 – 0,3 × ls	Nachfrage: 4 – 0,1 × ls

Bestimmen Sie die Arbeitsmarktsituation auf beiden Märkten, wenn der zuvor ermittelte Gleichgewichtslohnsatz aufgrund gesetzlicher Regelungen auf beiden Teilarbeitsmärkten gültig wäre.

3) Ermitteln Sie den Lohnsatz für den Arbeitsmarkt geringer und höher qualifizierter Arbeitskräfte bei flexiblen Lohnsätzen und interpretieren Sie das Ergebnis.

Fallbeispiel 17.13: Lohnsenkungen und Arbeitslosigkeit (+)

In einer Volkswirtschaft sind folgende Funktionen für den Arbeitsmarkt gegeben:

- Arbeitsangebot: 2.000 + 300 ls/P
- Arbeitsnachfrage: 14.000 – 300 ls/P

1) Ermitteln Sie den Lohnsatz, bei dem sich der Arbeitsmarkt im Gleichgewicht befindet. Unterstellen Sie in Preisniveau von 1. Wie hoch ist das gesamtwirtschaftliche Einkommen (Lohnsumme) im Monat, wenn die Beschäftigten jeweils 40 Stunden arbeiten.

2) Nehmen Sie an, den Arbeitgebern gelingt es, in den Tarifverhandlungen einen Lohnsatz von 15 € pro Stunde durchzusetzen. Ermitteln Sie die Auswirkungen auf Beschäftigung und Lohnsumme. Interpretieren Sie das Ergebnis.

Fallbeispiel 17.14: Kaufkraft- und Kostenargument (+)

Gegeben sind folgende Größen:

• Bruttoeinkommen	4.000 €
• Arbeitnehmer-, Arbeitgeberanteil zur Sozialversicherung je	20 %
• Lohn- und Einkommensteuer	20 %
• Sparquote	10 %
• Anteil ausländischer Güter am Konsum	20 %

1) Berechnen Sie folgende Werte:
   - Nettolohn
   - Arbeitskosten
   - Anteil des Nettolohns an den Arbeitskosten
2) Berechnen Sie die nachfragewirksamen Effekt einer Bruttolohnerhöhung von 200 € für den inländischen Einkommenskreislauf.
3) Nennen Sie Argumente der Tarifparteien, die für das Kosten- bzw. das Kaufkraftargument sprechen könnten.

Fallbeispiel 17.15: Produktivitätsfortschritt, Wachstum und Arbeitsmarkt (+)

In einem Land sind in zehn Jahren folgende Größen zu beobachten (in prozentualen Veränderungen)

Erwerbsquote	–0,9	Gesamtbevölkerung	+3,7
BIP, real	+30,7	Arbeitsproduktivität	+37,2
Erwerbsfähigenquote	–2,1	Jahresarbeitsvolumen	–3,1

Ermitteln Sie folgende Größen:

- Veränderung des Arbeitsangebots
- Veränderung der Arbeitsnachfrage
- Veränderung der Beschäftigungsquote

Interpretieren Sie die Entwicklung auf dem Arbeitsmarkt.

Fallbeispiel 17.16: Okuns Law (+)

Eine Volkswirtschaft ist durch folgende Daten charakterisiert:

Jahr	ALQ	BIP^{real}	Wachstumsrate BIP^{real} in %	Veränderung ALQ in %-Punkten
0	5	1.000,0		
1		1.010,0		
2		1.040,3		
3		1.113,1		

1) Vervollständigen Sie obige Tabelle, wenn vorliegender Zusammenhang zu Okuns Law ermittelt wurde: $\Delta ALQ = -0{,}5\,(W_{BIP}^{real} - 5\,\%)$ bzw. $-0{,}5 \times W_{BIP}^{real} + 2{,}5\,\%$.
2) Begründen Sie, ob der Zusammenhang zwischen Wachstumsrate des BIP und Veränderung der Arbeitslosenquote linear, über- oder unterproportional ist.

Inhaltsübersicht

Lernzielorientierte Sachverhalte

- Angebotsschocks betreffen die Produktionsseite einer Volkswirtschaft und führen häufig zu Kostensteigerungen für Unternehmen. Im Fall der Stagflation sind mehrere gesamtwirtschaftliche Ziele verletzt. Das Lehrbuchbeispiel für eine solche Situation sind Ölpreiskrisen. Eine Stagflation lässt sich ursachengerecht nicht durch nachfrageorientierte Maßnahmen der Geld- und Finanzpolitik, sondern nur durch angebotspolitische Maßnahmen bekämpfen.
- Die Angebotspolitik beruht auf Basishypothesen, die primär der (neo-)klassischen Theorie entstammen und auf mikroökonomischen Überlegungen aufbauen. Im Mittelpunkt stehen Maßnahmen, die Marktkräfte unterstützen, Anreizstrukturen verändern sowie die Investitions- und Innovationstätigkeit von Unternehmen stärken.
- Maßnahmen der Angebotspolitik wirken oft nur mit Zeitverzögerungen und müssen Gruppeninteressen überwinden. Rasche Erfolge sind eher selten.
- Aus angebotspolitischer Sicht muss die Tariflohnpolitik ihrer beschäftigungspolitischen Verantwortung gerecht werden. Sie muss dazu die Produktivitätsentwicklung, die Inflationsrate und die Verteilungspositionen der Arbeitnehmer und Arbeitgeber im Auge behalten. Als Richtschnur für verteilungsneutrale Lohnabschlüsse gilt die produktivitätsorientierte Lohnpolitik.
- Internationale Vergleiche von Arbeitskosten müssen die unterschiedlichen Produktivitäten zwischen Volkswirtschaften und Wechselkursveränderungen berücksichtigen.

18.1 Angebotsorientierte Wirtschaftspolitik

Konjunkturelle Probleme werden zum Teil überlagert von **Angebotsschocks**. Das Lehrbuchbeispiel für einen negativen Angebotsschock sind Ölpreiskrisen.

Ölpreiskrise

In Deutschland hatten die niedrigen Energiepreise das Wirtschaftswunder nach 1949 beschleunigt. Die Automobilindustrie hatte sich zu einer der tragenden Säulen der deutschen Wirtschaft entwickelt. Mobilität in Form eines eigenen PKW war für die Bundesbürger nicht mehr wegzudenken und zum Bestandteil von „Lebensqualität" geworden. Diese Errungenschaften schienen in den 70er Jahren in akuter Gefahr zu sein. Der Rohölpreis, der 1971 noch bei rund 2,5 US-$ pro Barrel (158,8 Liter) lag, hatte sich bis zur Jahreswende 1973/74 fast verfünffacht.

Ursächlich war eine Einschränkung des Erdölangebots durch die OPEC (*Organization of the Petroleum Exporting Countries*). Der Ölpreisschock stellte also keine Versorgungskrise dar, sondern wurde durch die konzertierte Aktion der Förderstaaten verursacht. Die westlichen Industriestaaten traf die **erste Ölpreisexplosion** wie ein Schock. Billiges Öl galt bis dahin als Grundvoraussetzung für das Wirtschaftswachstum. Gesamtwirtschaftlich hatten die Ölpreiserhöhungen weiterreichende Folgen als leere Autobahnen und autofreie Sonntage vor dem Fernseher. In einer Kettenreaktion kam es zu einem drastischen Anstieg der Inflationsrate, (1974/75: rund 7 %), der Lohnkosten (im öffentlichen Dienst: 11 %), der Arbeitslosenquote (1973: 1,2 %; 1975: 4,7 % mit einem Anstieg der Arbeitslosenzahl auf rund 1 Mio.) und zu einem Rückgang des realen BIP. Der Preisanstieg des Erdöls setzte sich fort und erreichte Ende der 70er Jahre einen Höchststand (**zweite Ölpreiskrise**). Der Zeitraum 2003/2004 wird zum Teil als **dritte Ölpreiskrise** bezeichnet. Dieser Preisanstieg war jedoch im Gegensatz zu den Ölpreiskrisen 1973

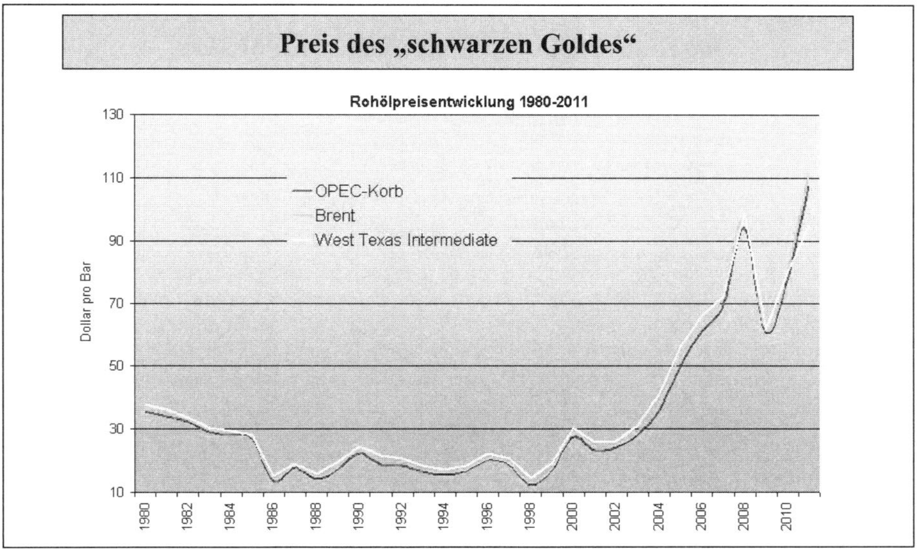

Abb. 18.1: Entwicklung der nominalen Rohölpreise (1980–2010)
Quelle: Mineralölwirtschaftsverband

und 1981 nicht auf eine Drosselung der Förderung, sondern auf die steigende Weltnachfrage zurückzuführen. Es handelt sich daher weniger um einen Angebotsschock als um einen **Nachfrageschock**.

Ölpreiskrise im gesamtwirtschaftlichen Modell

Um die Ölpreiskrise im Modell darzustellen, müssen wir zunächst eine methodische Erweiterung vornehmen, denn natürliche Ressourcen wie das Erdöl sind bisher weder in der gesamtwirtschaftlichen Angebots- noch in der Nachfragefunktion aufgetreten. Am ehesten lassen sich natürliche Ressourcen in die gesamtwirtschaftliche **Produktionsfunktion** integrieren. Der Faktor Energie tritt dann gleichberechtigt neben die anderen Faktoren Kapital, Arbeit und technischer Fortschritt. Wir können die Erhöhung des Ölpreises aber auch als eine Erhöhung des **Gewinnaufschlags** (∂) in der Gleichung der Angebotsfunktion interpretieren (vgl. Kap. 3):

$$P = (1 + \partial) \times ls^{nom} = P^e \times (1 + \partial) \times f(ALQ, \Phi) \text{ oder } ls^{nom} / P = 1/(1 + \partial)$$

Der Gewinnaufschlag stellt dar, wie weit der Angebotspreis über den Löhnen festgelegt wird. Bei gegebenen Löhnen steigen die Produktionskosten, wenn sich die Ölpreise erhöhen. Sofern der Wettbewerb es zulässt, werden die Unternehmen die Preise anheben. Ein Anstieg des Gewinnaufschlags verschiebt die Preissetzungsfunktion nach unten, was zu einer Zunahme der Arbeitslosigkeit und zu einem Rückgang des Outputs führt (Bewegung von Punkt A nach B, Abb. 18.2). Infolge des höheren Gewinnaufschlags verschiebt sich die Angebotskurve nach links oben. Ein Anpassungsprozess wird über höhere **Inflationserwartungen** in Gang gesetzt. Das neue Gleichgewicht ist durch höhere Preise und einen geringeren Output gekennzeichnet (Punkt B, Abb. 18.2).

Übertragungskanäle eines Ölpreisschocks

Vor allem für die Geldpolitik ist es wichtig zu wissen, wie sich steigende Ölpreise auf das Preisniveau oder andere Größen übertragen. Üblicherweise werden direkte und indirekte Erstrundeneffekte und Zweitrundeneffekte unterschieden (Abb. 18.3):

Ölpreisanstieg im makroökonomischen Modell

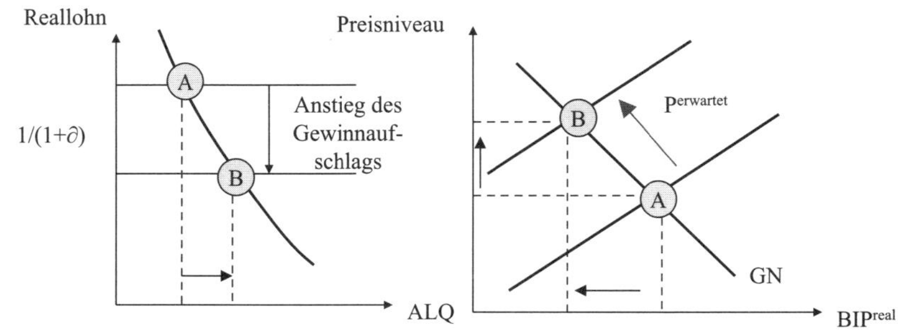

Ein Anstieg der Erdölpreise erhöht den Gewinnaufschlag und führt
- zu einem Rückgang des Outputs
- zu einer Erhöhung des Preisniveaus
- zu einem Anstieg der Arbeitslosigkeit

Abb. 18.2: Ölpreisschock im gesamtwirtschaftlichen Modellrahmen

- Die **direkten Erstrundeneffekte** können Sie selbst an den Zapfsäulen beobachten. Sie machen sich im Anstieg der Energiepreise (z. B. Benzin) und nachgelagert im Verbraucherpreisindex bemerkbar.
- Ein Anstieg der Energiepreise geht nicht nur über den direkten Energieverbrauch in die Inflationsrate ein. Energie ist ein wichtiger Faktor bei der Erzeugung anderer Güter. Wird eine Ölverteuerung auch von Unternehmen energieferner Güter in ihren Produzentenpreisen weitergegeben, so können sich durch diesen **indirekten Erstrundeneffekt** die Preise anderer Güter im Warenkorb erhöhen.
- Geldpolitisch sind vor allem die **Zweitrundeneffekte** von Bedeutung. Diese entstehen aus höheren **Inflationserwartungen**, die zu höheren **Lohnforderungen** führen können.

Stagflation und angebotsorientierte Wirtschaftspolitik

Die Erfahrungen der 70er Jahre haben dazu geführt, dass sich Ökonomen verstärkt mit negativen Angebotsschocks auseinandersetzen. Dazu zählen auch Lohnerhöhungen oberhalb des Produktivitätsfortschritts und das Aufkommen von Schwellenländern im internationalen Wettbewerb. Eine **Stagflation** stellt die Wirtschaftspolitik vor einen **Zielkonflikt**, der sich nicht durch eine nachfrageorientierte Politik lösen lässt:

- Der Versuch, die reale Produktionsleistung durch nachfragepolitische Maßnahmen (Rechtsverlagerung der aggregierten Nachfragefunktion) zu erhöhen, würde zu einem weiteren Anstieg der Inflation führen.
- Der Versuch, die Inflation durch eine entsprechende Geldpolitik zu verringern (Linksverlagerung der aggregierten Nachfragefunktion), führt zu weiteren Wachstums- und Beschäftigungsverlusten.

Ursachengerecht lösen lässt sich diese Problemsituation, die z. B. in den 80er Jahren in vielen westlichen Industriestaaten aufgetreten ist, durch eine **angebotsorientierte Wirtschaftspolitik** (*supply-side economics*). *Reaganomics* in den USA und *Thatcherismus* in Großbritannien sind bekannte Umschreibungen derartiger Konzeptionen (Abb. 18.4).

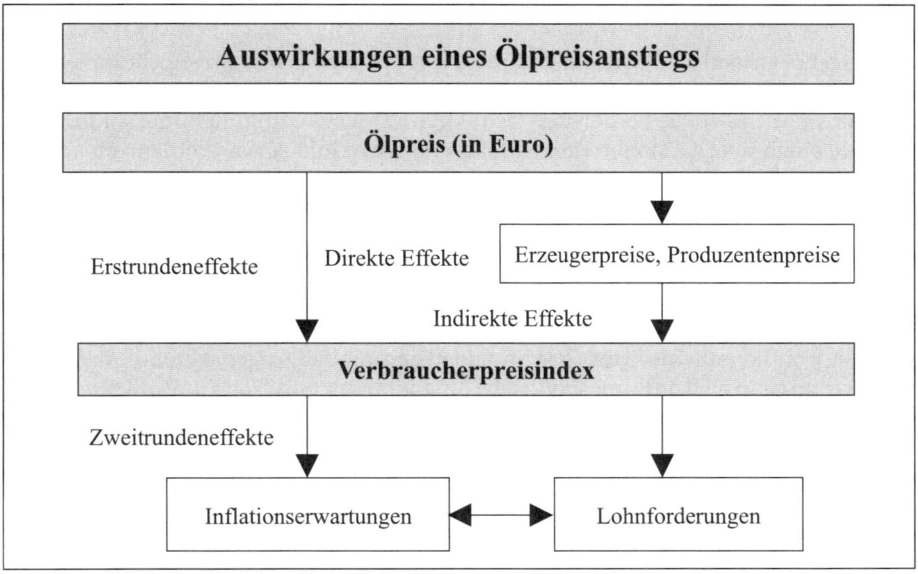

Abb. 18.3: Erst- und Zweitrundeneffekte eines Ölpreisschocks
Quelle: EZB, 2004b, S. 58

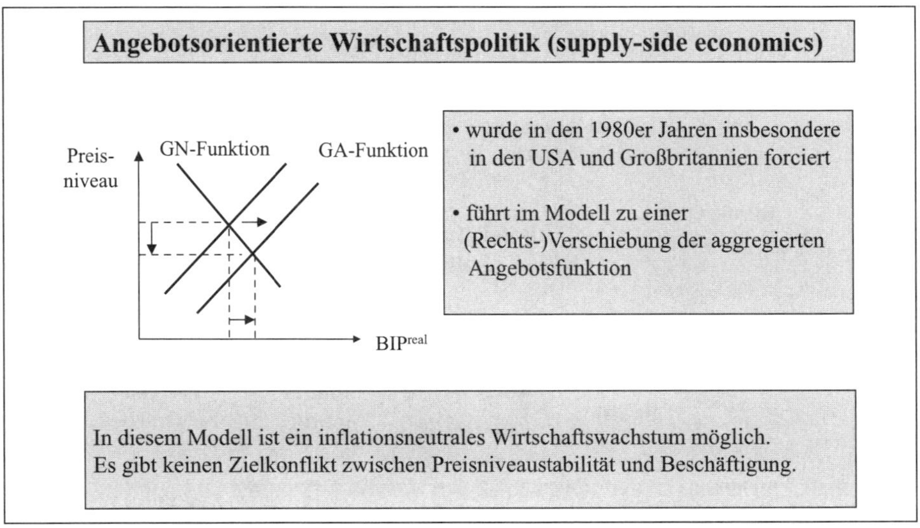

Abb. 18.4: Angebotsorientierte Wirtschaftspolitik

Auch die unter *Helmut Kohl* in Deutschland praktizierte Wirtschaftspolitik wurde zumindest von offizieller Seite als angebotsorientiert eingestuft.

Schlag-wörter	• Angebotsschock • Ölpreisschock	• Stagflation • angebotsorientierte Wirtschaftspolitik

18.1.1 Grundsatzpositionen

Die angebotsorientierte Wirtschaftspolitik (***supply-side economics***) geht davon aus, dass Unternehmen Investitionen dann tätigen, wenn die Ertragsaussichten positiv sind. Deshalb müssen – so die Forderung – attraktive Rahmenbedingungen geschaffen werden, die einen international freien Handel und einen intensiven Wettbewerb auf den Märkten fördern sowie die Kosten der Produktion (Arbeitskosten, Steuern/Abgaben, Zinsen) möglichst gering halten. In der populärwissenschaftlichen Diskussion wird diese Position oft als **neoliberale Position** bezeichnet, dem u. a. auch der gegenwärtige Trend der Globalisierung folge. Zu berücksichtigen bleibt, dass es in der (makro-) ökonomischen Theorie kein in sich geschlossenes Konzept der angebotsorientierten Politik gibt. Es gibt jedoch einige klar erkennbare Kernaussagen und aus diesen abgeleitete Politikempfehlungen. Zur Systematisierung der Angebotspolitik bietet sich eine Trennung in eine ordnungspolitische, finanzpolitische, wachstumsorientierte und beschäftigungspolitische Dimension an (Abb. 18.5).

Ordnungspolitische Dimension

Die angebotspolitische Konzeption basiert weniger auf makroökonomischen Kreislaufzusammenhängen, sondern auf Grundaussagen der **mikroökonomischen** und **(neo-) klassischen Theorie**. Ausgangspunkt ist die Annahme, dass **Marktwirtschaften stabil** und weitgehend selbst in der Lage sind, wirtschaftliche Probleme zu meistern. Es werden zwar auch Marktmängel betrachtet, jedoch werden diese vorrangig auf der

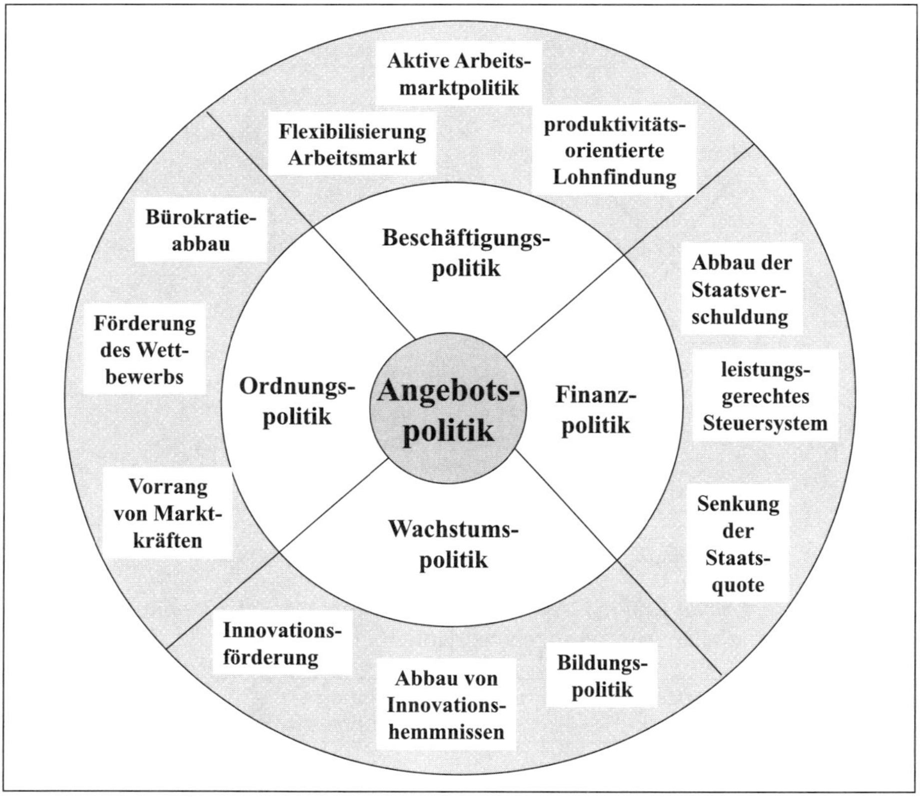

Abb. 18.5: Grundpostulate der Angebotspolitik

Angebotsseite erkannt. Voraussetzung für die Selbstheilungskräfte des Marktes ist ein **funktionsfähiger Preismechanismus**.

Seine Wirksamkeit setzt einen weitgehend **freien Wettbewerb** voraus. Ausgehend von dieser Vorstellung sind in der Praxis eine Reihe marktwidriger Regulierungen (**Deregulierung**) abgebaut und zahlreiche Bereiche für den Wettbewerb geöffnet worden (z. B. Telekommunikation, Finanzdienstleistungen, Energieversorgung). Die Gesamtheit dieser Maßnahmen soll ein kostengünstiges und effizientes Angebot ermöglichen und dem schärferen internationalen Wettbewerb Rechnung tragen. Wettbewerb und die Aktivitäten **dynamischer Unternehmen** führen zu einem zeitlichen Vorlauf des Güterangebots vor der Nachfrage. Auch wenn auf einzelnen Märkten die Nachfrage nicht ausreicht, um das Angebot aufzunehmen, sind in gesamtwirtschaftlicher Sicht dauerhafte Nachfragelücken nicht zu erwarten, sofern die Preise auf den Märkten flexibel sind.

Grundlage für diese Argumentation ist das nach dem französischen Ökonomen *Jean Baptiste Say (1776–1832)* benannte **Saysche Gesetz**, nach dem sich jedes Angebot seine eigene Nachfrage schafft. Betrachten wir dazu ein Beispiel. Die Produktion in Höhe von 100 Mio. € führt zu einem Faktoreinkommen im gleichen Umfang, das sich auf Gewinne und Arbeitseinkommen aufteilt. Die Gewinne werden entweder investiert oder gespart, die Arbeitseinkommen konsumiert oder gespart. Von zentraler Bedeutung ist, dass das gesparte Einkommen über den Kapitalmarkt von Unternehmen und privaten Haushalten in Form von Krediten vollständig aufgenommen wird und anschließend zu Konsum oder Investitionen führt. Einen Nachfrageausfall kann es nach diesem Verständnis des Wirtschaftskreislaufs nicht geben (Abb. 18.6). Anders als in der keynesianischen Theorie sind die Größen Konsum (C) und Investitionen (I) nicht vom Einkommen, sondern vom **Zins** abhängig.

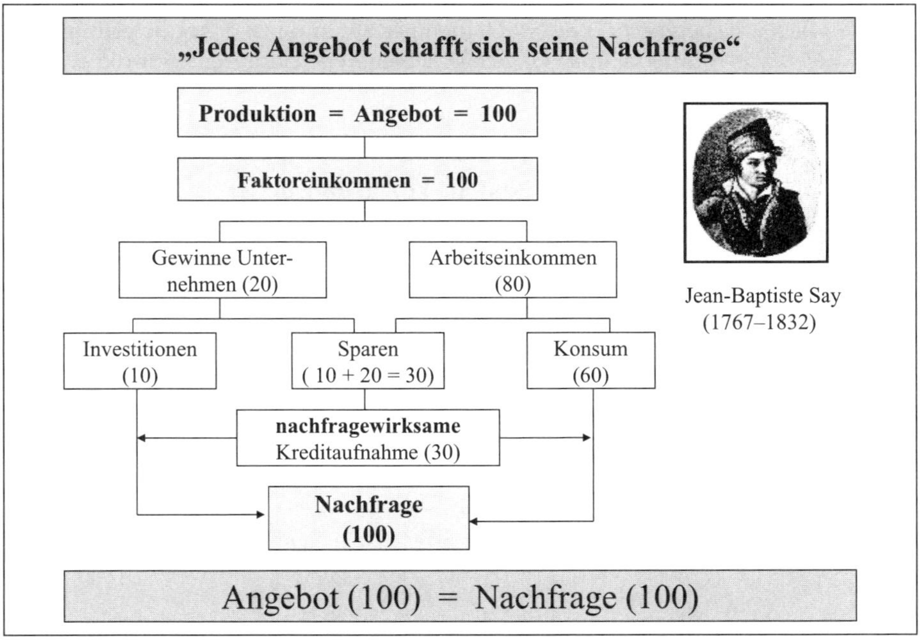

Abb. 18.6: Saysches Gesetz

Finanzpolitische Dimension

Die angebotsorientierte Politikkonzeption lehnt eine **antizyklische Fiskalpolitik** ab, da diese konjunkturelle Schwankungen nicht beseitigt, sondern sie zum Teil sogar verursacht.

Die für investive Entscheidungen der Unternehmen wichtigen wirtschaftspolitischen Daten sollen nicht laufend geändert werden, sondern sich in ein längerfristiges Konzept einordnen. Nur unter diesen Voraussetzungen sind die Unternehmer bereit und in der Lage, ihr Investitionskalkül auf einen längeren Zeithorizont auszurichten und ihr Kapital in Anlagen zu binden, die sich erst auf lange Sicht als rentabel erweisen. Gefordert wird eine **langfristig ausgerichtete Finanzpolitik**, die sich ebenso wie die Geldpolitik an der Entwicklung des Produktionspotentials orientiert. Neben dem Abbau von leistungshemmenden Abgaben sollen leistungsmindernde staatliche Ausgaben zurückgeführt werden. Dazu zählen z. B. Erhaltungssubventionen oder Sozialausgaben, die das Anspruchsdenken privater Wirtschaftssubjekte erhöhen können.

Eine Einschränkung der Staatstätigkeit muss mit dem **Abbau struktureller Budgetdefizite** einhergehen (Abb. 18.7). Zum einen führen steigende Zins- und Tilgungslasten dazu, dass der finanzielle Manövrierspielraum und die wirtschaftspolitische Gestaltungsmöglichkeit abnehmen. Zum anderen belastet der Staat durch eine wachsende Verschuldung den Kapitalmarkt. Dadurch bedingte Zinssteigerungen können in der Folge die private Investitionstätigkeit negativ beeinflussen. Umgekehrt kann der Abbau staatlicher Budgetdefizite das Angebot am Kapitalmarkt erhöhen. Dadurch ausgelöste Zinssenkungen können die privaten Investitionen stimulieren, das gesamtwirtschaftliche Wachstum und die Nachfrage nach Arbeitskräften steigern.

Hinsichtlich der Einnahmenpolitik wird eine **anreizorientierte Senkung** der **Steuern** empfohlen. Eine zu hohe marginale Steuer- und Abgabenbelastung birgt die Gefahr, dass die Leistungsbereitschaft der Arbeitnehmer abnimmt und das Investitionsverhalten der privaten Unternehmen zurückgeht. Steuererleichterungen für die privaten

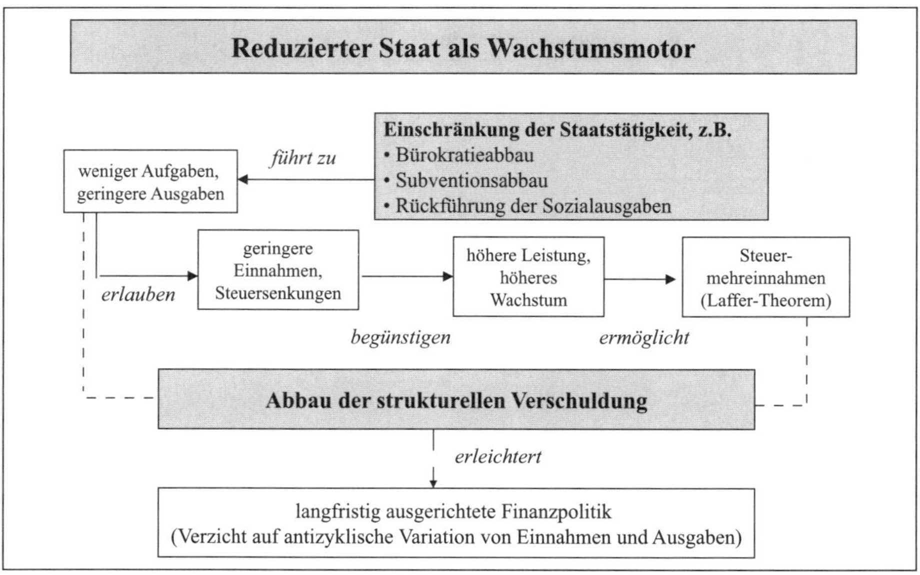

Abb. 18.7: Finanzpolitische Dimension der Angebotspolitik

Haushalte erhöhen ihr verfügbares Einkommen, ermöglichen ein größeres Sparen, steigern das Angebot auf dem Kapitalmarkt und schaffen Spielräume für Zinssenkungen.

In der Folge können die Investitionen und das Güterangebot zunehmen und zur Einstellung zusätzlicher Arbeitskräfte führen. Die Angebotspolitik stellt somit den wachstumstheoretischen **Zusammenhang** zwischen **Ersparnisbildung**, **Investitionen** und **Wachstum** in den Vordergrund. Hinsichtlich der Finanzierbarkeit von Steuersenkungen setzen angebotspolitische Vorschläge häufig auf das Laffer-Theorem (vgl. dazu Kap. 7).

Wachstumsorientierte Dimension

Zentrale Schlüsselgröße für wirtschaftliches Wachstum sind **private Investitionen**. Zur Stimulierung dieser Größe werden im Rahmen der angebotsseitigen Politik viele Größen gebündelt. Besondere Bedeutung kommt den innovationsorientierten Maßnahmen zu (Abb. 18.8). Der Pionierunternehmer treibt als Innovator die wirtschaftliche Entwicklung voran. Diese Sichtweise geht auf *Joseph Schumpeter (1883–1950)* zurück (Abb. 18.9). In seiner „Theorie der Wirtschaftlichen Entwicklung“ (1911) interpretiert der österreichische Ökonom die Dynamik der marktwirtschaftlichen Entwicklung als einen **Prozess der kreativen Zerstörung**. Träger dieses **Fortschrittsprozesses** sind die dynamischen Pionierunternehmer. Sie sind die Motoren des Fortschritts und der wirtschaftlichen Entwicklung. Sie erkunden neue Märkte (**Produktinnovationen**), wenden neue Verfahren an (**Verfahrensinnovationen**), erschließen neue Rohstoffquellen (**Ressourceninnovationen**) und setzen **organisatorische Neuerungen** um. Den Anreiz bilden **Pioniergewinne**, die dafür sorgen, dass Konkurrenten als Nachahmer (**Imitatoren**) auftreten und für die rasche Verbreitung und Diffusion der Neuerungen sorgen.

Die Produkt- und Prozessinnovationen zerstören zwar alte Märkte (z. B. werden Schreibmaschinen durch Computer ersetzt), dieser Prozess ist jedoch wohlstandsmehrend und erhöht die Produktivität der Volkswirtschaft. Sättigungstendenzen auf alten Märkten werden durch Schaffung **neuer Märkte** überkompensiert. Ohne Pioniere besteht die Gefahr, dass das Wirtschaftssystem in einen Zustand der Sklerose gerät. Maßgeblich für das Auftreten der Pionierunternehmer sind entsprechende **Rahmenbedingungen**.

Private Investitionen im Focus der Wirtschaftspolitik (Ausweitung des Produktionspotentials)

Raum für Investitionen schaffen	Innovationsorientierte Maßnahmen	Kostensenkende Maßnahmen
• Innovationshemmnisse abbauen • Internationale Märkte öffnen	• Förderung von Innovationen und Existenzgründungen • zukunftsfähige Bildungspolitik	• Senkung von direkten Kosten (u.a. Steuern, Arbeitskosten, Kapitalkosten)

Abb. 18.8: Ansatzpunkte zur Förderung privater Investitionen

Der Staat muss insbesondere dafür Sorge tragen, dass

- die nationalen und internationalen Märkte offen sind und neue Konkurrenten auftreten können,

- administrative und bürokratische Wettbewerbshemmnisse beseitigt werden,
- hohe Pioniergewinne nicht durch zu hohe Steuern abgeschöpft werden.

Wirtschaftspolitisch sind also Marktöffnung, Deregulierung, Privatisierung und die Senkung der hohen Grenzsteuersätze geboten. Zur Stärkung der Innovationsfähigkeit und der Wachstumskräfte enthält die Angebotspolitik zum Teil Forderungen an eine **zukunftsgerichtete Bildungspolitik**, deren vielfältige Maßnahmen die Aus- und Weiterbildung sowie die Lernbedingungen an Schulen und die Studienbedingungen an Hochschulen umfassen.

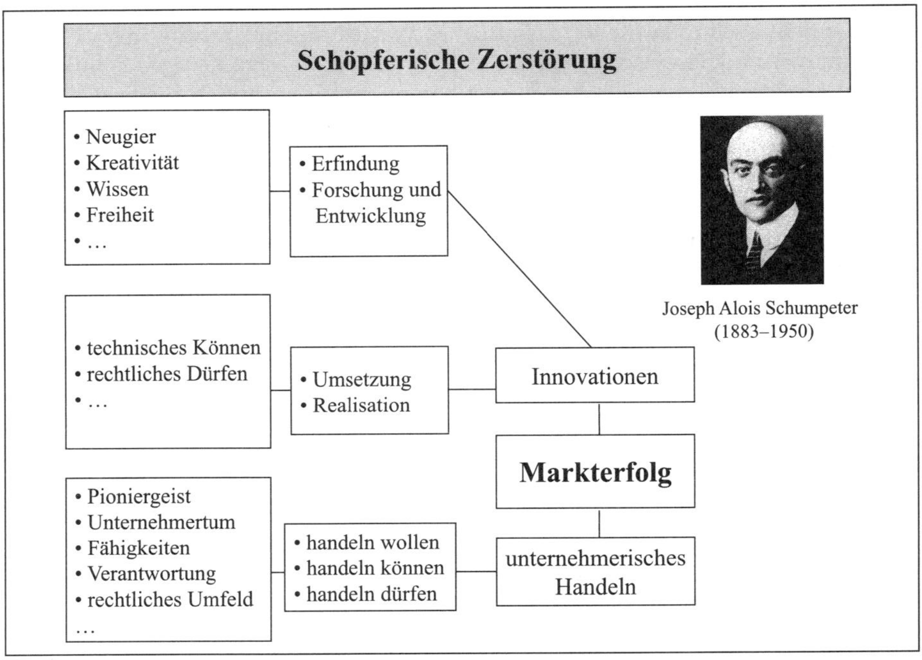

Abb. 18.9: Schumpeter-Prozess der schöpferischen Zerstörung

Auch die gezielte **Förderung** von **Forschungs-** und **Entwicklungsvorhaben** soll das Innovationspotential steigern und zu neuen Produkten und Produktionsverfahren führen, die auf den internationalen Märkten wettbewerbsfähig sind. Die Palette ist vielfältig und reicht von technologieorientierten Existenzgründungen bis hin zur staatlichen Finanzierung von Großprojekten.

Beschäftigungspolitische Dimension

Bezogen auf den Arbeitsmarkt ist die Angebotspolitik als offensive Strategie einzustufen, da sie das Beschäftigungsproblem vorrangig über die Schaffung neuer und zusätzlicher Arbeitsplätze lösen will. Arbeitslosigkeit ist aus angebotsorientierter Sicht auch auf die **institutionellen Rahmenbedingungen** des Arbeitsmarktes zurückzuführen. Folgerichtig finden sich zahlreiche Vorschläge, die zu einer größeren **Flexibilisierung der Arbeitsmärkte** beitragen sollen (Abb. 18.10).

Generell verbindet sich damit die Hoffnung, dass sich im konjunkturellen Aufschwung ein stärkerer positiver Effekt auf den Arbeitsmarkt ergibt und strukturell verfestigte Formen der Arbeitslosigkeit abgebaut werden. Umgekehrt können die Unternehmen bei flexiblen Regelungen im Konjunkturabschwung besser auf die veränderten Bedingungen, z. B. durch die Nutzung von Zeitkonten, reagieren.

Tauziehen um die Ausgestaltung von Beschäftigungsverhältnissen

flexibel		rigide
• stärkere Differenzierung zwischen Branchen und Regionen • möglichst freie Lohnbildung	Arbeitsentgelt	• kollektive Lohnverhandlungen • Mindestlöhne
• Anpassung an Kapazitätsauslastung der Unternehmen • Teilzeit • flexible Arbeitszeitmodelle	Arbeitszeit	• identische Betriebszeiten • fest vorgegebene Arbeitszeiten
• Lockerung von Kündigungsschutzregeln • Einführung von Öffnungsklauseln in Tarifverträgen	Arbeitsplatzsicherheit	• ausgeprägter Kündigungsschutz • keine Öffnungsklauseln

Abb. 18.10: Ansatzpunkte zur Flexibilisierung des Arbeitsmarktes

Schlagwörter		
	• Ordnungspolitik • Wettbewerb • Deregulierung	• dynamische Pionierunternehmen • Saysches Gesetz • Flexibilisierung der Arbeitsmärkte

18.1.2 Umsetzungsprobleme

Die Maßnahmen der Angebotspolitik laufen darauf hinaus, die Rahmenbedingungen für private Investitionen und Innovationen zu verbessern, um ein höheres Wachstum erreichen und Arbeitsplätze schaffen zu können (Abb. 18.11). Angebotsorientierte Maßnahmen brauchen jedoch Zeit, um ihre Wirkungen zu entfalten. „Wunder" sind nicht zu erwarten. Die Angebotspolitik ist im wesentlichen **Ordnungspolitik**, die z. B. den Wettbewerb fördern und Investitionshemmnisse abbauen will. Die erforderlichen Maßnahmen (z. B. Verkürzung von Planungs- und Genehmigungsverfahren für Investitionen, Öffnung von Märkten für den Wettbewerb) sind oft nur mühsam durchzusetzen und die entsprechenden Gesetzesänderungen erfordern Zeit. Erfahrungen mit angebotsorientierten Konzepten zeigen, dass durchaus 3–5 Jahre vergehen können, bis die Maßnahmen greifen.

Im Zweifel sind Regierungen, die diese Maßnahmen beschlossen und umgesetzt haben, gar nicht mehr im Amt, so dass Nachfolgeregierungen sich mit den positiven wie negativen Folgen auseinandersetzten müssen. Demokratisch legitimierten Regierungen kann vor der Wirksamkeit der Maßnahmen das Vertrauen entzogen werden; die nachfolgende Regierung muss den eingeschlagenen Kurs keineswegs fortsetzen.

Es ist schwierig, die Angebotspolitik hinsichtlich ihres wirtschaftlichen Erfolges zu überprüfen. Dies liegt neben dem erwähnten Zeitfaktor daran, dass die Angebotspolitik in der Praxis nicht in der reinen Form umgesetzt worden ist. Beispielsweise ist die unter *Ronald Reagan* praktizierte Angebotspolitik (**Reaganomics**) keineswegs ein

Lehrbuchbeispiel. So führte die US-amerikanische Wirtschaftspolitik, die zu Beginn der 80er Jahre mit Senkungen der direkten Steuern bei gleichzeitiger Steigerung der öffentlichen Ausgaben vor allem im militärischen Bereich einherging, zu steigenden Haushaltsdefiziten. Dieses **deficit spending** kann nicht als Bestandteil der Angebotspolitik betrachtet werden. „Echte" Angebotspolitik würde beispielsweise bedeuten, dass eine Senkung der Steuersätze durch eine Senkung von konsumtiven Staatsausgaben finanziert wird. Haushaltsdefizite kann man auf diese Weise vermeiden.

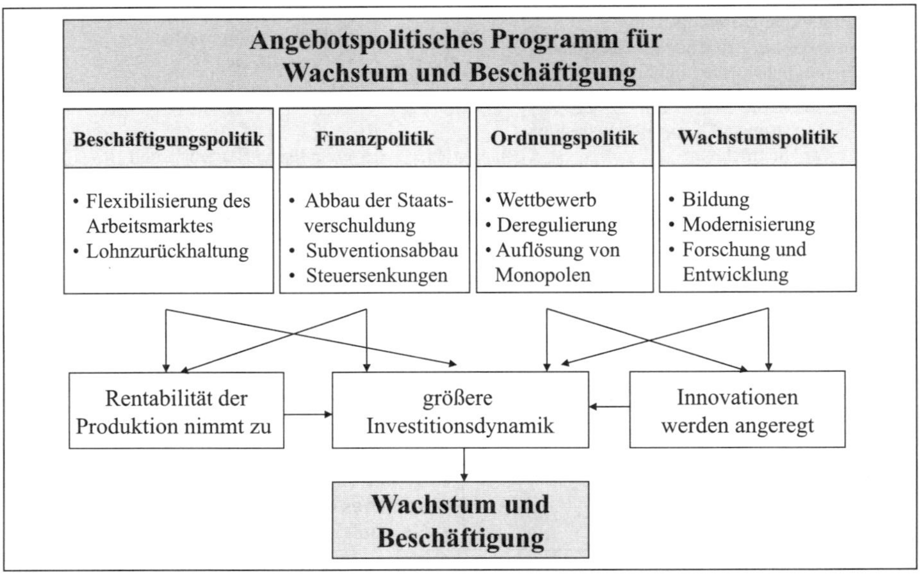

Abb. 18.11: Zielsetzungen der Angebotspolitik

Neben diesen praktischen Problemen der Überprüfbarkeit ist die angebotsorientierte Politik auch konzeptionellen Kritikpunkten ausgesetzt. Die angebotsorientierte Wirtschaftspolitik geht von einer eindeutigen Beziehung zwischen zu hohen Kosten (z. B. Löhnen, Steuern) und zu geringer Investitionsneigung der Unternehmen aus. Wird unterstellt, dass die angebotsorientierten Maßnahmen primär auf der Angebotsseite greifen, stellt sich die Frage, ob das erhöhte Angebot zu einer Nachfragesteigerung führt. Die Annahme, dass sich jedes Angebot seine Nachfrage schafft, ist nicht zwangsläufig gegeben. Kurzfristig kann die Nachfrage durchaus hinter dem Angebot zurückbleiben (Abb. 18.12). Unternehmen können im Ausland investieren oder in Beteiligungen, die volkswirtschaftlich nicht zu einem Zuwachs im Inland führen. Private Haushalte können einen Teil ihrer Ersparnis in Geldvermögen halten. Dieses „Horten" führt aus Sicht der keynesianischen Theorie zu einem Nachfrageausfall, da es nicht zur Gewährung von Krediten an andere Wirtschaftssubjekte zur Verfügung steht. In der Vergangenheit ist daher vielfach für eine „gemäßigte" Variante der Angebotspolitik plädiert worden, die auch die nachfrageseitigen Kreislaufzusammenhänge berücksichtigt.

Die Angebotspolitik kann die Faktorpreise und damit die Produktionskosten aufgrund der **Autonomie** der **Entscheidungsträger** nur begrenzt beeinflussen. Dies gilt für die Senkung der Löhne oder der tariflich vereinbarten Lohnnebenkosten auf den Arbeitsmärkten ebenso wie für die Wettbewerbspolitik auf den Gütermärkten, da sich zumindest die grenzüberschreitend tätigen Unternehmen einer nationalen Politik

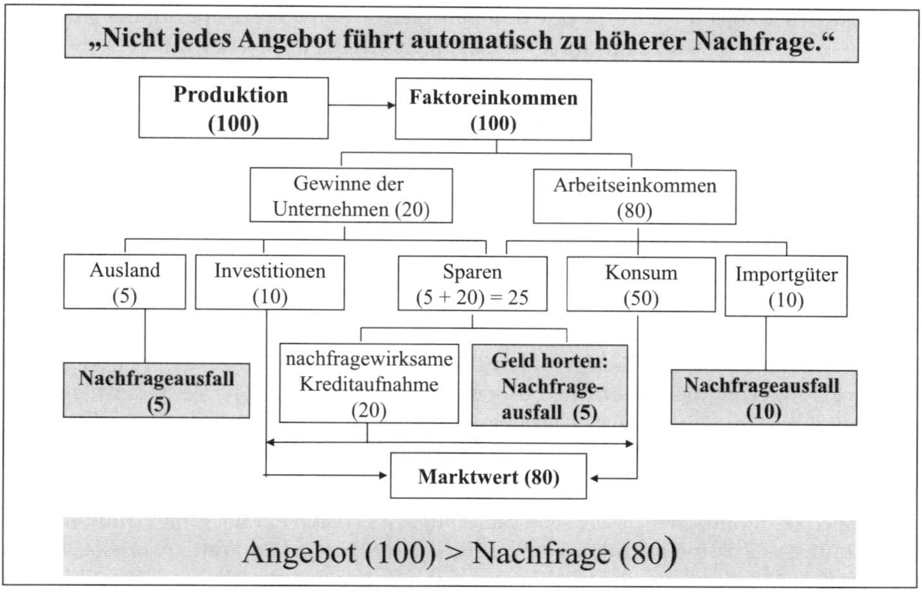

Abb. 18.12: Saysches Theorem und Nachfrageausfall

entziehen können. Ein weiterer Problemkreis der angebotsorientierten Politik resultiert aus ihrer **politischen Akzeptanz**. Da diese Politik Besitzstände in Frage stellt (z. B. durch den Abbau wettbewerbsverzerrender Subventionen), gerät sie rasch in Konflikt mit den jeweiligen Interessengruppen.

Schlag-wörter	• Reaganomics • Autonomie der Entscheidungs-träger	• politische Akzeptanz • wirtschaftspolitische Kontroversen

18.2 Beschäftigungskonforme Lohnpolitik

In der Diskussion um die Wettbewerbsfähigkeit einer Volkswirtschaft bzw. ihrer Unternehmen nimmt die Frage nach der Höhe der „richtigen" Lohnabschlüsse unabhängig von der jeweils verfolgten wirtschaftspolitischen Konzeption eine zentrale Rolle ein. Die Löhne oder Arbeitskosten allein haben jedoch nur eine begrenzte Aussagekraft. Entscheidend ist vielmehr das Konzept der **Lohnstückkosten**, das die Relation aus Arbeitskosten und Produktionsleistung beschreibt:

(1) Lohnstückkosten = Lohnkosten / Output

Die Lohnkosten können in die Komponenten Lohnsatz je Arbeitseinheit und Anzahl der Arbeitseinheiten aufgespalten werden. Dabei werden – je nach Fragestellung – als Arbeitseinheiten entweder die geleisteten Arbeitsstunden oder die Anzahl der beschäftigten Personen verwendet. Daraus können zwei weitere alternative Definitionen der Lohnstückkosten abgeleitet werden:

(2) Lohnstückkosten = (Lohnsatz je Arbeitsstunde × Arbeitsstunden) / Output
= Lohnsatz / Arbeitsproduktivität je Stunde

(3) Lohnstückkosten = (Lohnsatz je Beschäftigtem × Zahl der Beschäftigten) / Output
= Lohnsatz / Arbeitsproduktivität je Beschäftigtem

Der Zusammenhang zwischen Lohnstückkosten und Arbeitsproduktivität soll an folgendem Zahlenbeispiel verdeutlicht werden:

	Unternehmen A	Unternehmen B
Stundenlohn (in € je Arbeitsstunde)	30	25
Arbeitsproduktivität (Output je Arbeitsstunde)	100	70
Lohnstückkosten (€ je Outputeinheit)	0,3 = 30 / 100	0,36 = 25 / 70

Obwohl in Unternehmen A die Arbeitskosten je Stunde höher als in Unternehmen B sind, weist Unternehmen A aufgrund der höheren Produktivität geringere Lohnstückkosten als Unternehmen B auf. Von besonderer Bedeutung sind die Veränderungen der Lohnstückkosten. Beispielsweise erhöht ein Lohnanstieg, der über die Produktivitätsentwicklung hinausgeht, die Lohnstückkosten und bei gleich bleibenden Kapitalstückkosten die gesamten Stückkosten.

Auf makroökonomischer Ebene sind die Lohnstückkosten ein wichtiger Indikator für Verteilungsspielräume im Inland sowie für die internationale Wettbewerbsfähigkeit. Bei der Berechnung der Lohnstückkosten auf gesamtwirtschaftlicher Ebene wird als Bezugsgröße für die Produktionsleistung das reale BIP gewählt. Die Lohnkosten entsprechen dem Arbeitnehmerentgelt, also der Summe aus den Bruttolöhnen und -gehältern und den Sozialversicherungsbeiträgen der Arbeitgeber. Die Arbeitsproduktivität wird auf der Basis der Erwerbstätigen (Arbeitnehmer und Selbstständige) ermittelt, da diese an der Produktion des BIP beteiligt sind. Der Lohnsatz wird auf der Basis der Arbeitnehmer bestimmt, da nur bei ihnen das Arbeitnehmerentgelt anfällt. Somit ergibt sich in der Abgrenzung des statistischen Bundesamtes folgende Definition der gesamtwirtschaftlichen Lohnstückkosten:

$$(4)\ Lohnstückkosten = \frac{Arbeitnehmerentgelt\ je\ Arbeitnehmer}{Arbeitsproduktivität\ je\ Erwerbstätigen}$$

Diese Abgrenzung ist nicht direkt mit den Abgrenzungen der Gleichungen (1) bis (3), die auf Unternehmensebene angewendet werden können, vergleichbar. Vielmehr gilt:

$$(5)\ Lohnstückkosten = \frac{Arbeitnehmerentgelt}{BIP(real)} \times \frac{Erwerbstätige}{Arbeitnehmer}$$

Schlagwörter	• Lohnstückkosten • Arbeitnehmerentgelt	• Arbeitsproduktivität je Stunde • Arbeitsproduktivität je Beschäftigtem • Lohnsatz

18.2.1 *Lohnformeln und Verteilungsspielräume*

Lohnabschlüsse haben Auswirkungen auf die Inflationsrate, die Primärverteilung zwischen Arbeitnehmern und Arbeitgebern, und auf die Beschäftigungssituation. Wir wollen diesen Sachverhalt anhand von Beispielen diskutieren, die stets nur eine der genannten Rahmendaten ändern. Die Darstellung hat didaktischen Charakter, da sich die Größen in der Praxis gleichzeitig verändern.

Produktivitätsorientierte Lohnpolitik

Angenommen sei, dass die Volkswirtschaft nur aus einem Unternehmenssektor besteht, in dem aus Vereinfachungsgründen nur Arbeitskosten anfallen (Abb. 18.13). Wir unterstellen nun, dass sich die Produktion bei gleichbleibendem Arbeitseinsatz aufgrund des technischen Fortschritts um 10 % auf 55.500 Stück je Monat erhöht (**Variante 1,** Abb. 18.14). Die Arbeitsproduktivität steigt ebenfalls um 10 % (55.500 / 100 = 550). Werden die Stundenlöhne im Ausmaß der Produktivitätssteigerung um 10 % auf 33 € erhöht, steigt zwar die Lohnsumme, die Lohnstückkosten bleiben jedoch mit 9 € konstant. Von der Lohnsteigerung gehen keine Auswirkungen auf die Preise aus und die funktionelle Einkommensverteilung, d. h. das Verhältnis von Gewinn zur Lohnsumme, bleibt konstant.

Unternehmensdaten

Annahme:
Es werden eine monatliche Produktionsleistung sowie monatlich anfallende Lohnkosten betrachtet. Alle sonstigen Kosten werden nicht berücksichtigt.

Gewinn = Erlös – Kosten

Arbeitskosten	Beschäftigte × Lohnsatz je Stunde × Arbeitsstunden pro Monat = Lohnkosten	Menge × Preis = Erlös
	100 × 30 × 150 = 450.000	50.000 × 10 = 500.000
Gewinn	500.000 – 450.000 = 50.000	

Lohnstückkosten: 450.000 : 50.000 = 9

Abb. 18.13: Rahmenbedingungen der Lohnpolitik

Lohnpolitik kann verteilungsneutral sein

Mengensteigerungen führen zu proportionalen Lohnerhöhungen. Die Verteilungspositionen verändern sich im gleichen Ausmaß

Gewinn = Erlös – Kosten

Arbeitskosten	Beschäftigte × Lohnsatz × Stunden = Lohnkosten	Menge × Preis = Erlös
	100 × 33 × 150 = 495.000	55.000 × 10 = 550.000
Gewinn	550.000 – 495.000 = 55.000	

Lohnstückkosten: 495.000 : 55.000 = 9

Abb. 18.14: Produktivitätsorientierte Lohnpolitik

Diese Form der Lohnpolitik ist beschäftigungsneutral. Da die Lohnstückkosten konstant bleiben, besteht kein Anlass, Arbeitskräfte durch Kapital zu ersetzen oder Investitionen in das Ausland zu verlagern. Viele Ökonomen plädieren daher für mehrjährige Tariflohnabschlüsse, die sich am Trend der Arbeitsproduktivität orientieren und den Unternehmen Planungssicherheit geben.

Im Jahr 2005 wurde der Begriff **Entlassungsproduktivität** zum Unwort des Jahres gewählt. Dieser Begriff bezeichnet eine gleich bleibende oder gesteigerte Produktionsleistung, nachdem Mitarbeiter entlassen wurden. Gleichzeitig wird damit die Mehrbelastung derjenigen verschleiert, die ihren Arbeitsplatz behalten. Betrachten wir unser Beispielunternehmen. Es ist leicht einsehbar, dass die Produktion je Arbeitnehmer selbst bei gleicher Anzahl von produzierten Stücken (hier: 50.000) um 10 % auf 550 Stück je Arbeitnehmer steigt, wenn knapp 10 % der Arbeitskräfte entlassen werden. Lassen wir die Stundenlöhne unverändert, dann führt die Entlassung von Mitarbeitern zu einer deutlichen Senkung der Lohnstückkosten und zu einem vermeintlichen Gewinn an Wettbewerbsfähigkeit (Tab. 18.2).

Tab. 18.2: Entlassungsproduktivität

Kennzahlen Variante 1	**Ausgangslage**	**neuer Wert (relative Veränderung)**
1. Arbeitnehmer	100	**91 (–9 %)**
2. Produktionsmenge	50.000	50.000
3. Produktion/Arbeitnehmer	500	550 (+10 %)
4. Arbeitsstunden pro Monat	150	150
5. Lohnsatz je Stunde	30€	30€
6. Lohnkosten (1 × 4 × 5)	450.000€	409.500€
7. Lohnstückkosten (6 : 2)	9€	**8,19€ (–9 %)**

Maßstab der Lohnpolitik und Richtschnur für Produktivitätserhöhungen kann nur der „echte" Produktivitätsanstieg sein, der z. B. auf technischen Fortschritt oder Höherqualifizierung der Beschäftigten zurückzuführen ist. Korrekterweise müsste die Grenzproduktivität, d. h. der Lohnanstieg bei jeder zusätzlichen Einheit, als Maßstab für Lohnsteigerungen herangezogen werden. In der Praxis wird jedoch aufgrund von Messproblemen die Durchschnittsproduktivität gewählt. Diese Vorgehensweise ist nicht unproblematisch, da sich die Arbeitsproduktivität sektoral unterschiedlich darstellt (z. B. zwischen den Branchen Industrie, Banken und Versicherungen sowie öffentlicher Dienst).

Inflationstreibende Lohnpolitik

Wird unterstellt, dass die Lohnerhöhungen in Höhe von 10 % ohne eine entsprechende Produktivitätssteigerung einhergehen, entsteht aus Sicht des Unternehmenssektors ein Überwälzungsbedarf, d. h. die Lohnerhöhungen wirken inflationstreibend (**Variante 2**, Abb. 18.15). Eine reale Anhebung der Einkommen hat nicht stattgefunden und beide Tarifparteien tragen die Inflation von 10 % in gleicher Höhe. Gesamtwirtschaftlich eröffnet diese Variante die Gefahr einer **Lohn-Preis-Spirale**, wenn die Notenbank nicht gegensteuert. In der Vergangenheit haben die Notenbanken häufiger durch die Ankündigung restriktiver geldpolitischer Maßnahmen versucht, bei laufenden oder bevorstehenden Tarifverhandlungen darauf „hinzuweisen", dass eine „Lohn-Preis-

Spirale" nicht toleriert wird. In einem solchen Fall sind die Tarifpartner gut beraten, stabilitätsorientierte Lohnabschlüsse zu vereinbaren.

Lohnpolitik kann die Inflation anheizen

Lohnerhöhungen führen zu steigenden Lohnstückkosten. Es entsteht die Gefahr einer Lohn-Preis-Spirale, wenn die Unternehmen die Preise erhöhen.

Gewinn = Erlös – Kosten

Arbeitskosten	Beschäftigte × Lohnsatz × Stunden = Lohnsumme	Menge × Preis = Erlös
	100 × 33 × 150 = 495.000	50.000 × 11 = 550.000
Gewinn	550.000 – 495.000 = 55.000	

Lohnstückkosten: 495.000 : 50.000 = 9,9

Abb. 18.15: Inflationstreibende Lohnpolitik

Umverteilende Lohnpolitik

In der Realität ist nicht sichergestellt, dass die Überwälzung der Lohnkosten durch die Unternehmen gelingt. Wird z. B. unterstellt, dass die Europäische Zentralbank die Überwälzung mit Blick auf bevorstehende Inflationsgefahren nicht „akzeptiert" und eine restriktive Geldpolitik betreibt, dann führt die Lohnerhöhung zwangsläufig zu einer Umverteilung zu Lasten der Gewinne (**Variante 3**, Abb. 18.16).

Lohnpolitik kann umverteilen

Lohnerhöhungen führen zu steigenden Lohnstückkosten. Es kommt zur Umverteilung zu Lasten der Unternehmen, wenn diese die Preise nicht erhöhen können

Gewinn = Erlös – Kosten

Arbeitskosten	Beschäftigte × Lohnsatz × Stunden = Lohnsumme	Menge × Preis = Erlös
	100 × 33 × 150 = 495.000	50.000 × 10 = 500.000
Gewinn	500.000 – 495.000 = 5.000	

Lohnstückkosten: 495.000 : 50.000 = 9,9

Abb. 18.16: Umverteilende Lohnpolitik

Arbeitszeitverkürzungen versus Entlassungen

Die Gewerkschaften können im Rahmen der Tarifverhandlungen nur die Höhe des Lohnsatzes, nicht aber die Lohnsumme bestimmen. Wenn die Überwälzung durch die Unternehmen nicht möglich ist, weil die Wettbewerbssituation dies nicht zulässt, kommt es zu einer Verschlechterung der Verteilungsposition und in der Regel zu Gegenreaktionen der Unternehmen. Denkbar und wahrscheinlich ist, dass die Unternehmen durch einen Abbau der Beschäftigung sozusagen „nachträglich" die Produktivität so steigern, wie es die Lohnerhöhungen erfordern (**Variante 4**, Abb. 18.17). Diese Variante ist zwar produktivitätsorientiert, jedoch gleichzeitig beschäftigungsfeindlich, da die höhere Produktivität nur durch Entlassungen bzw. Verkürzungen der Arbeitszeit zustande kommt.

Lohnpolitik kann Beschäftigung vernichten

Lohnerhöhungen führen bei unveränderten Erlösen zu einer
a) Reduzierung der Beschäftigung oder
b) Arbeitszeitverkürzung

Gewinn = Erlös – Kosten

Arbeitskosten	Beschäftigte × Lohnsatz × Stunden = Lohnsumme	Menge × Preis = Erlös
a)	91 × 33 × 150 ≈ 450.000	50.000 × 10 = 500.000
b)	100 × 33 × 136 ≈ 450.000	
Gewinn	500.000 – 450.000 = 50.000	

Lohnstückkosten: 450.000 : 50.000 = 9

Abb. 18.17: Beschäftigungsfeindliche Lohnpolitik

Vorschläge zur **Reduzierung der Arbeitszeit** plädieren für eine gerechtere Verteilung der bei nicht ausreichendem Wirtschaftswachstum zur Verfügung stehenden Arbeitszeit auf alle Arbeitnehmer. Derartige Vorschläge haben auf den ersten Blick große Beschäftigungseffekte. Würden beispielsweise von den im Jahr 2007 in Deutschland geleisteten 1,6 Mrd. Überstunden die Hälfte in neue Beschäftigungsverhältnisse (Vollzeit) umgewandelt, könnten mit rund 1.600 Arbeitsstunden im Jahr 500.000 neue Stellen geschaffen werden:

800 Mio. Überstunden/1.600 Stunden (Jahr) = 500.000. In der Praxis ergeben sich aber Umsetzungsprobleme:

- Es gibt ein Mismatch zwischen denjenigen, die Überstunden leisten und jenen, die Arbeit suchen. Studien kommen zu dem Ergebnis, dass überwiegend qualifizierte Arbeitskräfte Überstunden leisten.
- Überstunden gelten als Flexibilitätspuffer vor allem für kleinere Unternehmen.
- Die Umwandlung von Überstunden in neue Stellen ist für Unternehmen teuer, da u. a. auch Lohnnebenkosten für die neu eingestellten Personen anfallen.

- Für kleinere Unternehmen sind die innerbetrieblichen Strukturen ungeeignet.
- Bezieher geringerer Einkommen sind oft auf Überstunden angewiesen.

Es ist strittig, ob durch eine forcierte **Arbeitszeitverkürzung** (z. B. durch Übergang auf die 35-Stunden-Woche) tatsächlich das Beschäftigungsproblem einer Lösung zugeführt werden kann. In der Praxis ist eher zu beobachten, dass der Beschäftigungseffekt der Arbeitszeitverkürzung ganz oder teilweise durch Produktivitätssteigerungen infolge von Arbeitsverdichtung (höhere Leistung bei unverändertem Maschinenpark) und Rationalisierungsinvestitionen neutralisiert wird. Der Beschäftigungseffekt verpufft also zumindest teilweise.

In der jüngsten Zeit wird mit Blick auf die im internationalen Vergleich vergleichsweise geringen Arbeitszeiten in Deutschland eine **Verlängerung der wöchentlichen Arbeitszeit** gefordert. Tendenziell sinken durch diese Maßnahme die Stundenlöhne, wenn der Monatslohn konstant bleiben soll. Bei gleich bleibender Produktion wird allerdings auch weniger Personal benötigt. Die Lohnstückkosten sinken und die Unternehmen werden von der Kostenseite her entlastet. Andererseits wird durch den Beschäftigungsabbau zumindest kurzfristig die Kaufkraft im Inland geschwächt. Nicht eindeutig zu beantworten ist die Frage, ob die gestiegene internationale Wettbewerbsfähigkeit diese Nachteile überkompensieren kann und in der Folge wieder zu mehr Beschäftigung führt.

In einer Übersicht lassen sich die Auswirkungen der genannten Varianten auf einzelne gesamtwirtschaftliche Rahmendaten nochmals zusammenfassen (Tab. 18.3). Es ist zu erkennen, dass nur die produktivitätsorientierte Lohnpolitik zentrale gesamtwirtschaftliche Rahmendaten nicht nachteilig beeinflusst.

Tab. 18.3: Gesamtwirtschaftliche Auswirkungen von Lohnkonzepten

Lohnpolitische Zielsetzungen	Variante 1	Variante 2	Variante 3	Variante 4
Produktivitätsorientiert	ja	nein	nein	ja (nachträglich durch Beschäftigungsabbau)
Inflationsneutral	ja	nein	ja	Ja
Verteilungsneutral	ja	ja	nein	Ja
Beschäftigungsneutral	ja	ja	ja	nein

Schlagwörter		
	• produktivitätsorientierte Lohnpolitik • Entlassungsproduktivität	• inflationstreibende Lohnpolitik • umverteilende Lohnpolitik • Arbeitszeitverkürzung

18.2.2 Arbeitskosten und internationale Wettbewerbsfähigkeit

In Zeiten anhaltend hoher Arbeitslosigkeit mehren sich die Vorschläge einer **beschäftigungsorientierten Lohnpolitik**. Alle Vorschläge gehen von dem Grundsatz aus, dass der Zuwachs der Löhne hinter dem Anstieg der Arbeitsproduktivität zurückbleiben muss, wenn die Arbeitslosigkeit spürbar abgebaut werden soll. Arbeitnehmer, so die Forderung, sollten in Zeiten hoher Arbeitslosigkeit einen Lohnabschlag hinnehmen, damit den Unternehmen größere Spielräume für Investitionen und Neueinstellungen verbleiben. Produktivitätssteigerungen sollten vorrangig der Beschäftigungsförderung dienen und nicht gleichgewichtig auf Arbeitnehmer und Unternehmen verteilt werden.

Lohnabschläge

Eine beschäftigungsorientierte Tarifpolitik, die von dem Grundkonzept einer produktivitätsorientierten Lohnpolitik ausgeht (w_μ), einen Inflationsausgleich (w_p) und einen beschäftigungsfördernden Lohnabschlag (φ) berücksichtigt, lässt sich wie folgt darstellen:

(1) $W_{ls} = W_\mu + W_P - \varphi$

Ein Vorschlag zur Operationalisierung des beschäftigungsfördernden Lohnabschlages sieht für je zwei Prozent der Arbeitslosenquote (ALQ) einen Lohnabschlag von 1 % als beschäftigungsfördernde Komponente vor (**Eekhoff-Formel**). Wird davon ausgegangen, dass eine gewisse Arbeitslosigkeit (ALQ^n) in einer dynamischen Wirtschaft u. a. aufgrund friktioneller und struktureller Ursachen unvermeidbar ist, lässt sich die Betrachtung wie folgt erweitern:

(2) $W_{ls} = W_\mu + W_P - 0{,}5 \times (ALQ - ALQ^n)$

Ein Beispiel soll die Zusammenhänge verdeutlichen. Bei einem Produktivitätsanstieg von 2,5 %, einer erwarteten Inflationsrate von 2 %, einer tatsächlichen Arbeitslosenquote von 10 % und einer unvermeidbaren Arbeitslosenquote von 4 % ergibt sich:

(3) $W_{ls} = 2{,}5\,\% + 2\,\% - 0{,}5 \times (10\,\% - 4\,\%) = 1{,}5\,\%$

Die beschäftigungsfördernde Lohnpolitik führt zu einem Anstieg der Löhne von 1,5 %, während die produktivitätsorientierte Lohnpolitik mit Inflationsausgleich einen Zuwachs von 4,5 % möglich macht. In Zeiten hoher Arbeitslosigkeit und geringer Inflation läuft diese Lohnformel auf Lohnsteigerungen hinaus, die unterhalb des Produktivitätsfortschritts liegen. Simulationsrechnungen des Instituts für Arbeitsmarkt- und Berufsforschung und anderer Institute zeigen, dass etwa 300.000 neue Arbeitsplätze entstehen können, wenn die Lohnerhöhungen drei Jahre lang um jeweils einen Prozentpunkt unter dem Produktivitätsfortschritt liegen. Es liegt auf der Hand, dass eine solche Empfehlung aus gewerkschaftlicher Sicht kritisch hinterfragt wird, zumal nicht sichergestellt ist, dass die entsprechende Umverteilung zugunsten der Unternehmen tatsächlich zu Investitionen und Neueinstellungen führt. Derartige Verabredungen lassen sich nur am „runden Tisch" vollziehen (**Bündnis für Arbeit**).

Internationaler Vergleich von Arbeitskosten

Die Notwendigkeit einer beschäftigungsorientierten Lohnpolitik wird u. a. damit begründet, dass sie die internationale Wettbewerbsfähigkeit heimischer Unternehmen stärkt. Unumstritten ist, dass die Arbeitskosten in Deutschland einschließlich der Personalzusatzkosten im internationalen Vergleich eine Spitzenposition einnehmen. Allerdings müssen derartige Vergleiche in einheitlicher Währung durchgeführt und auf die Lohnstückkosten bezogen werden. Allgemein gilt also:

$$(1)\ \textit{Lohnstückkosten in nationaler Währung} = \frac{\textit{Lohnsatz im Inland}}{\textit{Arbeitsproduktivität im Inland}}$$

$$(2)\ \textit{Lohnstückkosten in gemeinsamer Währung} = \frac{\textit{Lohnsatz im Ausland} \times \textit{Wechselkurs}}{\textit{Arbeitsproduktivität im Ausland}}$$

Eine Verschlechterung der Lohnstückkostenrelation zwischen In- und Ausland ist also ceteris paribus möglich, wenn

- die Löhne im Inland schneller steigen als die Arbeitsproduktivität,
- die heimische Währung aufwertet (die ausländische Währung abwertet).

Zahlenbeispiel: Einheitliche Währung, unterschiedliche Wettbewerbsfähigkeit

Ein Handyhersteller will insgesamt 120.000 Geräte fertigen, davon jeweils 60.000 Geräte an einem Standort in Frankreich und in Portugal (gemeinsame Währung Euro). Die Produktionsbedingungen an beiden Standorten sind folgender Tabelle zu entnehmen.

	Arbeitstag	Produktion je Arbeitstag	Zahl der Arbeiter	Arbeitskosten in € je Stunde	Verkaufspreis in € je Stück
Frankreich	8 Stunden	400	10	40	50
Portugal	10 Stunden	250	10	20	50

Wir wollen zunächst die **Produktivität** je Arbeitsstunde an beiden Standorten ermitteln. Diese kann auf der Basis der Produktion pro Tag oder der Gesamtproduktion erfolgen. Für Frankreich ergeben sich folgende Ergebnisse:

(1a) 400 Stück / (8 Stunden × 10 Arbeiter) = 5 Stück/Stunde oder

(1b) 60.000 Stück / (150 Tage × 8 Stunden × 10 Arbeiter) = 5 Stück/Stunde

Für Portugal ergeben sich folgende Ergebnisse:

(2) 250 Stück / (10 Stunden × 10 Arbeiter) = 2,5 Stück/Stunde oder

(2b) 60.000 Stück / (240 Tage × 10 Stunden × 10 Arbeiter) = 2,5 Stück/Stunde

Ergebnis 1: Hohe Produktivitäten können hohe Löhne ausgleichen.

Für die Beurteilung der betriebswirtschaftlichen **Wirtschaftlichkeit** müssen wir die Betrachtung erweitern. Dazu setzen wir die Leistung und die Kosten in ein Verhältnis. Wir unterstellen, dass die gesamten Fertigungskosten je Stunde in Frankreich bei 100 € und in Portugal bei 50 € liegen.

Dann ergibt sich für Frankreich:

Leistung: 60.000 Stück × 50 € = 3.000.000 €.

Kosten: 12.000 Stunden × 100 € = 1.200.000 €.

Wirtschaftlichkeit: 3.000.000 € / 1.200.000 € = 2,5.

Betrachten wir Portugal. Hier ergeben sich folgende Ergebnisse:

Leistung: 60.000 × 50 € = 3.000.000 €

Kosten: 24.000 Stunden × 50 € = 1.200.000 €

Wirtschaftlichkeit: 1.200.000 €/3.000.000 € = 2,5

Die Wirtschaftlichkeit, eine dimensionslose Zahl, ergibt sich als Quotient aus Leistung und Kosten. Sie ist an beiden Standorten gleich hoch. Der französische Standort ist zwar deutlich produktiver, allerdings weist der Standort in Portugal Kostenvorteile auf. Diese kompensieren exakt den Produktivitätsvorteil.

Ergebnis 2: Geringere Kosten können Produktivitätsvorteile kompensieren.

Wir wollen nun die Rahmenbedingungen der Produktion verändern.

a) Erhöhung der Arbeitskosten in Frankreich von 40 € auf 50 € je Stunde:

In diesem Fall steigen die gesamten Fertigungskosten in Frankreich auf 110 € je Stunde. Damit sinkt die Wirtschaftlichkeit in Frankreich auf:
3.000.000 € / (12.000 Stunden × 110 €) = 2,27

Aus betriebswirtschaftlicher Sicht hat der Standort Portugal also Vorteile.

b) Reduzierung der Arbeitszeit durch neue Technologien in Portugal auf 8 Stunden je Tag:

In diesem Fall steigt die Produktivität je Stunde in Portugal auf:
250 Stück / (8 Stunden × 10 Arbeiter) = 3,125 Stück/Stunde

Insgesamt sind nur noch 19.200 Stunden in Portugal notwendig, um 60.000 Geräte herzustellen. Dadurch steigt die Wirtschaftlichkeit der Produktion auf: 3.000.000 €/(19.200 Stunden × 50 €) = 3,125

Aus betriebswirtschaftlicher Sicht hat der Standort Portugal also auch in diesem Fall Vorteile. Diese Schlussfolgerungen aus a) und b) lassen sich gut mit den Ergebnissen verknüpfen, die wir bereits bei der Analyse der Währungsunion abgeleitet haben.

Ergebnis 3: Ein Land kann seine Wettbewerbsfähigkeit in einer Währungsunion verbessern, wenn es zu geringeren Löhnen produziert und/oder die Produktivität erhöhen kann.

Lohnstückkosten übernehmen in einer Währungsunion sozusagen die Funktion des Wechselkurses. Steigen die Löhne schneller als die Produktivität, kommt es zur Verteuerung der Produktion und zu Preisniveausteigerungen, da die Unternehmen die steigenden Lohnstückkosten auf die Preise überwälzen. Gelingt dies nicht, drohen Rationalisierungsinvestitionen oder die Verlagerung von Standorten in das kostengünstigere Ausland. Die Lohnstückkosten sind besonders dann niedrig, wenn sich niedrige Arbeitskosten mit einer hohen Produktivität kombinieren lassen. Das ist oft bei Direktinvestitionen in „Niedriglohnländer“ möglich.

Zahlenbeispiel: Verschiedene Währungen, unterschiedliche Wettbewerbsfähigkeit

Wir wollen nun unterschiedliche Währungsgebiete betrachten. Wir wählen dazu die gleichen Ausgangsdaten und die türkische Lira als fremde Währung.

	Arbeitstag	Produktion je Arbeitstag	Zahl der Arbeiter	Arbeitskosten in € je Stunde	Verkaufspreis in € je Stück
Frankreich	8 Stunden	400	10	40 €	50
Türkei	10 Stunden	250	10	20 Lira	50

Zunächst ermitteln wir die Lohnstückkosten je Arbeitsstunde an beiden Standorten in heimischer Währung. Der Wechselkurs sei: 1 € = 2 Lira. Die Lohnstückkosten sind definiert als: Lohnstückkosten = Arbeitskosten je Stunde / Arbeitsproduktivität je Arbeitsstunde.

In Frankreich betragen die Lohnstückkosten:
(40 €/Stunde) / (5 Stück/Stunde) = 8 €/Stück.

Für die Türkei ergibt sich: (20 Lira/Stunde) / (2,5 Stück/Stunde) = 8 Lira/Stück.

Internationale Vergleiche erfordern die Umrechnung in einheitliche Währung (hier: in Euro). Eine Arbeitsstunde in der Türkei koste umgerechnet 10 €. Die Lohnstückkosten in der Türkei in € betragen somit: (10 €/Stunde) / (2,5 Stück/Stunde) = 4 €/Stück.

Wir wollen nun eine Aufwertung des € auf 1 € = 4 Lira unterstellen. Durch die Aufwertung des € kostet eine Arbeitsstunde in der Türkei nun umgerechnet nur noch 5 €. Die Lohnstückkosten in € betragen damit: (5 €/Stunde) / (2,5 Stück/Stunde) = 2 €/Stück.

Wird der € aufgewertet, sinken die in € umgerechneten Stundenlöhne in der Türkei und damit unter sonst gleichen Bedingungen die dortigen Lohnstückkosten in €. Dies verbessert aus Sicht der Türkei die Exportchancen nach Frankreich oder in andere Staaten.

Ergebnis 4: Die Aufwertung der heimischen Währung kann preisliche Wettbewerbsvorteile reduzieren. Umgekehrt verschafft die Abwertung der heimischen Währung den Unternehmen „Luft" im internationalen Wettbewerb.

Methodisch sind derartige Vergleiche aber weitaus schwieriger als es unsere vereinfachten Beispiele zeigen. So stellen sich u. a. folgende Fragen:

- Werden die gleichen Produktionsbedingungen verglichen? Lohnstückkosten können z. B. beim Übergang zu kapitalintensiven Produktionsverfahren niedriger ausfallen.
- Sollen beim Ausweis der Löhne auch die Lohnzusatzkosten berücksichtigt werden? Sollen Brutto- oder Nettolöhne verglichen werden?
- Welche Produktivitätsentwicklung und welcher Wechselkurs (z. B. Kaufkraftparitäten-Wechselkurs, realer Wechselkurs, effektiver Wechselkurs) soll als Maßstab herangezogen werden?
- Welcher Preisindex soll beim Vergleich der realen Lohnstückkosten in einheitlicher Währung herangezogen werden?
- Werden Lohnstückkosten für die Industrie ausgewiesen oder für die Gesamtwirtschaft? Im letzteren Fall ist zu berücksichtigen, dass sich die Produktivitäten, z. B. im Dienstleistungsbereich, oft nur schwer bestimmen lassen.

Insgesamt ist die Frage nach den Kostenvorteilen und Kostennachteilen im internationalen Wettbewerb eingebettet in ein komplexes Geflecht von Zusammenhängen, die eine Reihe von Faktoren zur Steigerung der preislichen Wettbewerbsfähigkeit nahe legen (Abb. 18.20).

Die Senkung der Arbeitskosten ist dabei nur ein Element. Es ist umstritten, ob es für Hochlohnländer eine geeignete Strategie sein kann, den Platz an der Lohnhierarchie zu räumen und durch Lohnsenkungen den Wettbewerbsdruck der aufholenden Schwellenländer zu vermindern. Ein Arbeitskostendruck besteht für Länder wie Deutschland

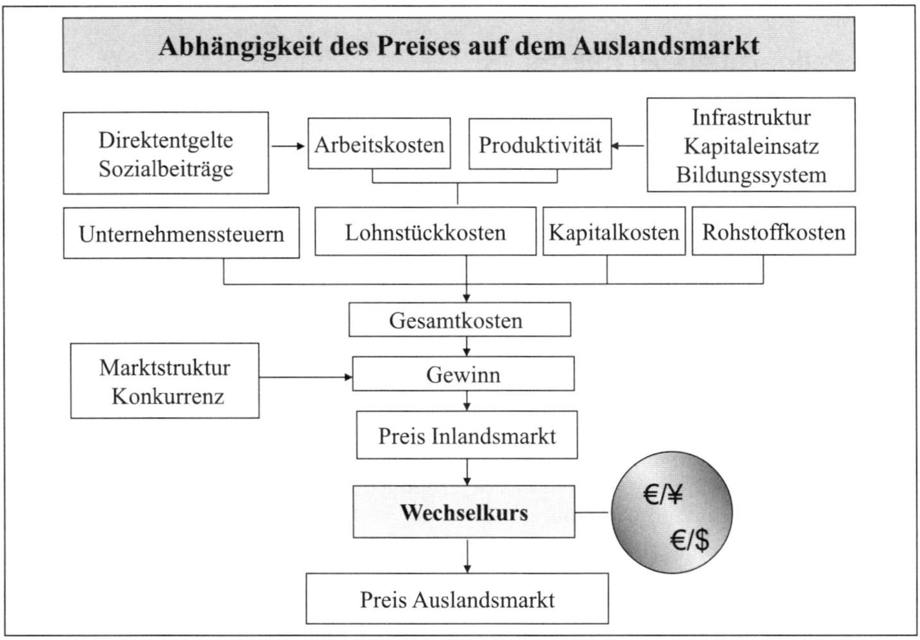

Abb. 18.18: Bestimmungsfaktoren der internationalen preislichen Wettbewerbsfähigkeit

vor allem in den Bereichen, die ein hohes Maß an unqualifizierter Arbeit erfordern und durch Produktionsprozesse weitgehend standardisiert sind. Angesichts der zunehmenden Globalisierung und des Konkurrenzdrucks durch kostengünstigere Anbieter bei standardisierten Verfahren und Prozessen können entwickelte Volkswirtschaften nur mit Hilfe von Innovationen erfolgreich sein. In internationalen Vergleichen muss weiter berücksichtigt werden, dass die **Bedeutung der Arbeitskosten** in den einzelnen Branchen unterschiedlich ist. In vielen Bereichen der sogenannten Wissensgesellschaft kann zudem gefragt werden, ob das Humankapital nur Lohnkosten und damit Passiva darstellt oder eher Aktiva sind, die ganz wesentlich zur internationalen Wettbewerbsfähigkeit eines Unternehmens beitragen.

Vor allem für die Unternehmen, die in hohem Maße in Forschung und Entwicklung investieren und qualitativ hochwertige Güter herstellen, ist davon auszugehen, dass die Wertschöpfung primär durch den Faktor Arbeit erzielt wird. Angesichts der im internationalen Vergleich zum Teil vorhandenen Defizite von Humankapital- und Forschungsinvestitionen, wird die Bedeutung von Prozentpunkte-Veränderungen der Arbeitskosten für die mittel- bis längerfristige Wettbewerbsfähigkeit Deutschlands nach Auffassung von Fachleuten überschätzt. Studien für Deutschland zeigen beispielsweise, dass veraltete Produktions- und Distributionsprozesse sowie ungenügendes Qualitäts- und Personalmanagement in der Vergangenheit in einzelnen Branchen zu Produktivitätsdefiziten von bis zu 40 % geführt haben. Auch dies wirkt sich negativ auf die Lohnstückkosten aus. Die Reorganisation von Arbeitsabläufen in Entwicklung, Produktion und Vertrieb eröffnet in manchen Branchen ein Kostensenkungspotential von bis zu 30 %. Diese Hinweise machen deutlich, dass in der Kostendebatte eine differenzierte Argumentation unumgänglich ist.

Schlagwörter	• beschäftigungsorientierte Lohnpolitik	• preisliche internationale Wettbewerbsfähigkeit

18.3 Fallbeispiele zu Kapitel 18

Lösungs- und Bearbeitungshinweise sowie alle Abbildungen dieses Kapitels finden Sie unter:
www.vahlen.de

Fallbeispiel 18.1: Ölpreisschock (+)

Gegeben sind folgende Ausgangsdaten:

Größe	Dimension	Januar 2008	Februar 2008
Wechselkurs	US-$ / € (= Mengennotierung)	1,25	1,20
Rohöl	1 Barrel in US-$	50	60

Ein deutsches Chemieunternehmen stellt Kunststoffe her. Diese können ausschließlich auf der Basis von Rohöl gefertigt werden. Das Unternehmen kaufte in den letzten Monaten stets 10.000 Barrel auf dem Weltmarkt ein.

1) Welchen €-Betrag muss das Unternehmen im Januar bzw. Februar 2008 für den Kauf des Rohöls aufwenden?
2) Das Unternehmen beklagt einen drastischen Anstieg der Kosten. Worauf ist die veränderte Kostensituation des Unternehmens im Februar 2008 zurückzuführen?

3) Stellen Sie diese veränderte Kostensituation im makroökonomischen Modell dar.
4) Durch veränderte Produktionsprozesse soll es dem Unternehmen ab März 2008 dauerhaft gelingen, die Menge des benötigten Erdöls deutlich um 20 % zu reduzieren. Welcher Euro-Betrag müsste im März 2008 aufgewendet werden, wenn sich das Unternehmen im Rahmen eines Devisengeschäfts den gleichen Wechselkurs wie im Februar 2008 sichern konnte und der Rohölpreis auf dem Februar Niveau verharrt? Was lässt sich erkennen?

Fallbeispiel 18.2: Ölpreiskrise und Stagflation (++)

1) Was verstehen Sie unter direkte und indirekte Erstrundeneffekte und Zweitrundeneffekte einer Ölpreiserhöhung?
2) Gesamtwirtschaftlich rechnet die EZB aufgrund der Verteuerung des Erdöls mit einem Anstieg des Preisniveaus und mit einem Rückgang der Produktion.
   a) Welche zwei Reaktionen der Notenbank auf diese gesamtwirtschaftliche Situation sind vorstellbar? Stellen Sie diese im gesamtwirtschaftlichen Totalmodell dar. Wofür wird sich die Notenbank voraussichtlich entscheiden?
   b) Welche Politik ist dauerhaft geeignet, die Folgen der genannten gesamtwirtschaftlichen Zielverletzungen ursachengerecht zu beseitigen? Wie lässt sich diese Politik im gesamtwirtschaftlichen Totalmodell darstellen?

Fallbeispiel 18.3: Saysches Gesetz (+)

1) In einer Volkswirtschaft sind folgende Daten bekannt:

Arbeitsmarkt	Gütermarkt
Arbeitsangebot: 2 × ls	Y = C = 15 + 0,8 × Y (Hinweis: Es gibt nur die Konsumnachfrage.)
Arbeitsnachfrage: 30 – ls	
Arbeitsproduktivität: 5 Einheiten	

   Bestimmen Sie Beschäftigung, Arbeitslosigkeit und gesamtwirtschaftliches Einkommen aus angebots- und nachfragetheoretischer Sicht und interpretieren Sie das Ergebnis.
2) In einem Buch können Sie lesen: *„Sparen ist für eine Volkswirtschaft keineswegs so tugendhaft, wie dies der Laie zu glauben geneigt ist".*
   a) Sie sind Laie und leben in einer Volkswirtschaft, in der folgende Daten bekannt sind: C = 50 + 0,9 × Y und I = 100
      Berechnen Sie das Gleichgewichtseinkommen, den Konsum und das Sparen. Interpretieren Sie das Ergebnis.
   b) Nehmen Sie an, dass sich die marginale Sparquote verdoppelt. Ermitteln Sie wiederum das Gleichgewichtseinkommen, den Konsum und das Sparen. Wie würden Sie aus Sicht des Sayschen Theorems argumentieren, wenn das Sparen größengleich zur Steigerung der Investitionen führt?

Fallbeispiel 18.4: Ansatzpunkte und Probleme der Angebotspolitik (+)

1) Begründen Sie, welche der folgenden Maßnahmen nicht Bestandteil der Angebotspolitik ist. Welchen Zusammenhang sehen Sie zur Schumpeter-Pionierunternehmer-Hypothese?

Maßnahme
(1) Senkung der Unternehmenssteuern
(2) Erhöhung der Staatsausgaben
(3) Privatisierung staatlicher Betriebe
(4) Abbau von Reglementierungen auf dem Arbeitsmarkt

Maßnahme
(5) Stärkung der Kaufkraft von privaten Haushalten durch hohe Lohnabschlüsse
(6) Förderung von Forschung und Entwicklung
(7) Ausweitung öffentlicher Bildungsinvestitionen
(8) Zinssenkungen zur Stimulierung privater Investitionen
(9) Förderung des Wettbewerbs auf internationalen Märkten

2) Ein früherer Finanzminister Deutschlands hat behauptet „Angebotspolitik sei die beste Nachfragepolitik". Wie könnte der Minister argumentieren?
3) Mit welchen Problemen ist die Umsetzung einer angebotsorientierten Wirtschaftspolitik konfrontiert?

Fallbeispiel 18.5: Produktivitätsorientierte Lohnpolitik (++)

Die nachfolgende Tabelle zeigt die betriebliche Kalkulation (vereinfacht) eines mittelständischen Unternehmens. In der Ausgangslage werden 4.000 Einheiten in 1.000 Arbeitsstunden produziert.

	Ausgangslage a)	Fall b)	Fall c)	Fall d)
1. Produktionsergebnis	4.000	4.200	4.200	4.200
2. Arbeitsstunden	1.000	1.000	1.000	1.000
3. Arbeitsproduktivität				
4. Stundenlohn (€)	16			
5. Lohnsumme (€)				
6. Lohnstückkosten (€)				
7. Materialkosten je Stück (€)	25	25	25	25
8. Sonstige Kosten je Stück (€)	10	10	10	10
9. Stückkosten insgesamt (€)				
10. Verkaufspreis (€)	40	40	40	42
11. Erlöse (€)				
12. Kosten (€)				
13. Gewinn (€)				
14. Gewinn/Lohnsumme				

a) Berechnen Sie die fehlenden Werte für die Ausgangslage.
b) Der Betriebsrat fordert die Erhöhung der Stundenlöhne entsprechend der Arbeitsproduktivität. Berechnen Sie die fehlenden Werte. Interpretieren Sie das Ergebnis.
c) Aufgrund der Lohnzurückhaltung in den vorangegangenen Jahren fordern die Gewerkschaften eine Stundenlohnerhöhung um das Zweifache der Erhöhung der Arbeitsproduktivität. Berechnen und interpretieren Sie das Ergebnis.
d) Das Unternehmen stimmt nach zähem Ringen dem Vorschlag unter c) zu. In der Folge gelingt es dem Unternehmen, die Stundenlohnerhöhung teilweise auf die Preise zu überwälzen (42 €). Berechnen Sie die fehlenden Werte und interpretieren Sie das Ergebnis.

Fallbeispiel 18.6: Entlassungsproduktivität (+)

1) Unterstellen wir, dass in einem Unternehmen rationalisierungsbedingte Entlassungen von 5 % der Belegschaft mit einer Produktionssteigerung von 5 % einhergehen, die auf-

grund des Einsatzes kapitalintensiver Verfahren möglich wird. Wie würden sich die Löhne je Stunde und die Lohnstückkosten entwickeln, wenn die „echte" Produktivitätssteigerung als Maßstab gewählt würde? Vervollständigen Sie dazu die nachfolgende Tabelle.

Kennzahlen Variante 1	Ausgangslage	Veränderung
1. Arbeitnehmer	100	
2. Produktion/Menge	5.000	
3. Produktion/Arbeitnehmer	50	
4. Arbeitsstunden im Monat	150	
5. Lohn je Stunde	25€	
6. Lohnkosten (1 × 4 × 5)	375.000€	
7. Lohnstückkosten (6 : 2)	75€	

2) Welches Ergebnis wäre zu erwarten, wenn die die gesamte Produktivitätssteigerung als Maßstab gewählt würde?

Fallbeispiel 18.7: Arbeitszeitverkürzung und Verteilungsspielraum (+)

Ein mittelständisches Unternehmen produziert mit 500 Mitarbeitern bei einer Arbeitszeit von 40 Stunden je Woche 5.000 Teile für den Automobilbau, die für 100€ verkauft werden. Der Stundenlohn beträgt 20€. Weitere Kosten werden nicht berücksichtigt.

1) Ermitteln Sie folgende Größen:
   - Arbeitsproduktivität je Stunde,
   - Lohnstückkosten,
   - Gewinnquote,
   - Lohnquote.
2) Durch den Einsatz neuer Maschinen erhöht sich die Produktivität um 4%. Dieser soll nach Auffassung der Geschäftsleitung verteilungsneutral zu einer Erhöhung des Nominallohnes führen. Ermitteln Sie den Wochenlohn und beurteilen Sie, ob diese Erhöhung verteilungsneutral ist, wenn die Mehrproduktion auch abgesetzt werden kann.
3) Der Betriebsrat möchte die Produktivitätserhöhung zu einer Arbeitszeitverkürzung bei vollem Lohnausgleich nutzen. Er erhofft sich dadurch die Neueinstellung von Arbeitskräften. Ermitteln Sie die Zahl der zusätzlich benötigten Arbeitskräfte und beurteilen Sie, ob auch diese Maßnahme verteilungsneutral ist.

Fallbeispiel 18.8: Arbeitszeitverlängerung und Wettbewerbsfähigkeit (+)

Ein im Wettbewerb stehendes Unternehmen sieht sich folgenden Daten gegenüber:

Kennzahlen	Ausgangslage
1. Produktionsmenge	5.000
2. Arbeitnehmer	100
3. Arbeitsstunden im Monat	120
4. Lohnsatz je Stunde	25€
5. Lohnkosten (2 × 3 × 4)	300.000€
6. Lohnstückkosten (5 : 1)	60€

Um im Wettbewerb bestehen zu können, wird eine Verlängerung der Arbeitszeit auf 125 Stunden pro Monat bei gleichem Monatslohn vereinbart. Ermitteln und interpretieren Sie folgende Größen, wenn die Arbeitsproduktivität je Erwerbstätigenstunde gleich bleibt:

1) die „effektiven" Stundenlöhne aus Sicht des Unternehmens,
2) die Zahl der benötigten Arbeitskräfte,
3) die Lohnstückkosten je Arbeitsstunde,
4) die Lohnsumme.

Fallbeispiel 18.9: Vergleich von Lohnkonzepten (+)

Die Tarifverhandlungen in einer Branche werden auf Grundlage folgender Angaben geführt, die vom Statistischen Bundesamt vorgelegt worden sind:

Volkswirtschaftliche Größe	Einheit	1999	2000
Erwerbstätige (EWT)	Mio.		40
BIP / Erwerbstätige	€/EWT	49.020	
Arbeitslose	Mio.		4
Arbeitslosenquote	%		
BIP, real	Mrd. €	1.950	2.000
Inflationsrate	W-Rate in %	2	2

Ermitteln Sie den Lohnabschluss im Jahr 2000, der mit den folgenden Vorschlägen zustande kommen würde:

1) Forschungsinstitute haben für die anstehende Tarifrunde einen Abschluss auf Basis der Produktivitätsentwicklung (BIP/Erwerbstätige) und eines Inflationsausgleichs gefordert.
2) Die Arbeitgeber fordern aufgrund der gestiegenen Gesamtkosten anderer Produktionsfaktoren (Kapital, Rohöl) in Höhe von 4 % einen Lohnabschluss, der die Gesamtkostensituation des Unternehmens unverändert lässt (sog. kostenniveauneutrale Lohnpolitik).
3) Ausgehend von einer „unvermeidbaren" Arbeitslosenquote von 4 % schlägt „Die Vereinigung der Arbeitslosen" einen Tarifabschluss auf Basis der sogenannten Eekhoff-Formel vor.

Fallbeispiel 18.10: Lohnstückkosten und internationale preisliche Wettbewerbsfähigkeit (++)

Ein Handyhersteller will insgesamt 10.000 Geräte fertigen, und zwar je 5.000 Geräte an einem Standort in Deutschland und in Slowenien (mit gemeinsamer Währung Euro). Die Produktionsbedingungen an beiden Standorten sind folgender Tabelle zu entnehmen:

	Stunden je Arbeitstag	Produktion je Arbeitstag	Zahl der Arbeiter	Arbeitskosten in € je Stunde	Verkaufspreis je Stück
Deutschland	8 Stunden	400	10	40	50 €
Slowenien	10 Stunden	250	10	20	50 €

1) Berechnen Sie die Produktivität je Arbeitsstunde an beiden Standorten.
2) Berechnen Sie die Wirtschaftlichkeit (Kosten/Leistung) der Produktion an beiden Standorten, wenn die gesamten Fertigungskosten je Stunde in Deutschland bei 100 € und in Slowenien bei 50 € liegen. Interpretieren Sie kurz das Ergebnis.
3) Welchen Standort würden Sie unter ökonomischen Gesichtspunkten wählen, wenn folgende Veränderungen eintreten (bei ansonsten konstanten Größen)? Berechnen Sie dazu – falls notwendig – die Wirtschaftlichkeit an dem Standort, der durch die Veränderung betroffen ist:
   a) Erhöhung der Arbeitskosten in Deutschland auf 50 € je Stunde
   b) Reduzierung der Verkaufspreise je Stück auf 40 €

c) Reduzierung der Arbeitszeit durch neue Technologien in Slowenien auf 8 Stunden je Tag

4) Gleiche Situation wie oben – nun aber unterschiedliche Währungen zwischen zwei Standorten:

	Stunden je Arbeitstag	Produktion je Arbeitstag	Zahl der Arbeiter	Arbeitskosten je Stunde
Deutschland	8 Stunden	400	10	40€
Polen	10 Stunden	250	10	20 Zloty

a) Ermitteln Sie zunächst die Lohnstückkosten je Arbeitsstunde an beiden Standorten in heimischer Währung. Der Wechselkurs sei: 1 € = 2 Zloty.

b) Nehmen Sie eine Aufwertung des € auf 1 € = 4 Zloty an. Wie verändern sich die Lohnstückkosten an beiden Standorten? Interpretieren Sie das Ergebnis.

Teil V
Außenhandel, Devisenmarkt und offene Volkswirtschaft

Kapitel 19: Zahlungsbilanz

Kapitel 19

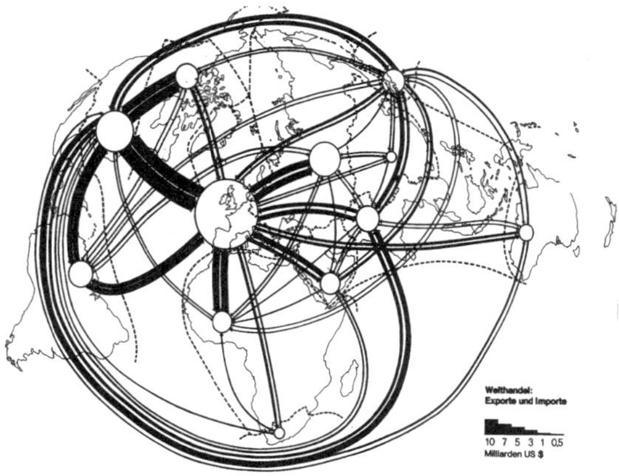

Inhaltsübersicht

Lernzielorientierte Sachverhalte

- Die Zahlungsbilanz ist keine Bilanz im eigentlichen Sinne, sondern eine Stromrechnung. Sie erfasst vielfältige Transaktionen zwischen dem In- und Ausland.
- Aufgrund der Systematik der doppelten Buchführung ist die Zahlungsbilanz stets ausgeglichen. Überschüsse oder Defizite treten nur in den Teilbilanzen auf.
- Der internationale Güteraustausch zeigt sich in der Handels- und Dienstleistungsbilanz.
- Die Kapitalbilanz erfasst die Zahlungsvorgänge, die aus der Güter- und Faktormobilität resultieren. Hinzu kommen reine Finanztransaktionen, die z. B. aus Direktinvestitionen oder Portfolioinvestitionen resultieren. Daneben werden Währungsreserven von Unternehmen, privaten Haushalten und Staat erfasst.
- Der gesonderte Ausweis einer sogenannten Devisenbilanz lässt sich durch die besondere Rolle der Notenbanken erklären. Der Saldo der Devisenbilanz weist die Veränderung der Währungsreserven der Zentralbank aus.
- Die Leistungsbilanz ist der Gradmesser für die ökonomische Leistungsfähigkeit einer Volkswirtschaft. Eine ausgeglichene Leistungsbilanz kann als außenwirtschaftliches Gleichgewicht interpretiert werden.
- Ein Leistungsbilanzüberschuss bedeutet, dass das Inland netto Vermögen gegenüber dem Ausland aufbaut. Das Inland wird zu einem Gläubigerland. Ein Leistungsbilanzdefizit bedeutet, dass das Inland über seine Verhältnisse lebt. Dieses Defizit muss finanziert werden. Das Land wird zu einem Schuldnerland.

19.1 Grundlagen

19.1.1 Aufbau der Zahlungsbilanz

Ein wesentlicher Teil unseres materiellen Lebensstandards ist auf die Einbettung deutscher Unternehmen in den internationalen Handel zurückzuführen (Abb. 19.1). Die deutsche Volkswirtschaft weist traditionell hohe Export- und Importquoten sowie einen hohen Offenheitsgrad auf. Die Investitionstätigkeit deutscher Unternehmen im Ausland ist Begleiterscheinung einer weltweit erfolgreichen Exportnation. Ein großer Teil der durch den Export verdienten Devisen wird wieder im Ausland ausgegeben, sei es durch Urlaub in anderen Ländern oder durch den Kauf ausländischer Güter. Die Mehrzahl der Handelsaktivitäten, Touristenströme, Auslandsinvestitionen oder des Technologietransfers zeigt sich in der Zahlungsbilanz eines Landes. Sie kann als ökonomisches **Spiegelbild der Globalisierung** dienen. Die **Zahlungsbilanz** ist definiert als systematische Aufzeichnung des Werts aller ökonomischen Transaktionen an Gütern und Forderungen bzw. Verbindlichkeiten zwischen In- und Ausländern in einer Periode. Wir werden sehen, dass nicht nur Zahlungen, sondern eine Vielzahl außenwirtschaftlicher Transaktionen erfasst werden. Es erfolgt keine zeitpunktbezogene Erfassung von Beständen, wie es z. B. in der Bilanz im betrieblichen Rechnungswesen geschieht. Erfasst werden Stromgrößen in einem bestimmten Zeitraum (Abb. 19.2). Die Zahlungsbilanz entspricht somit konzeptionell eher der Gewinn- und Verlustrechnung.

Zur Unterscheidung zwischen In- und Ausländern dient der Wohnsitz bzw. die Ansässigkeit und nicht die rechtlich-formale Staatsangehörigkeit. Die Erfassung erfolgt

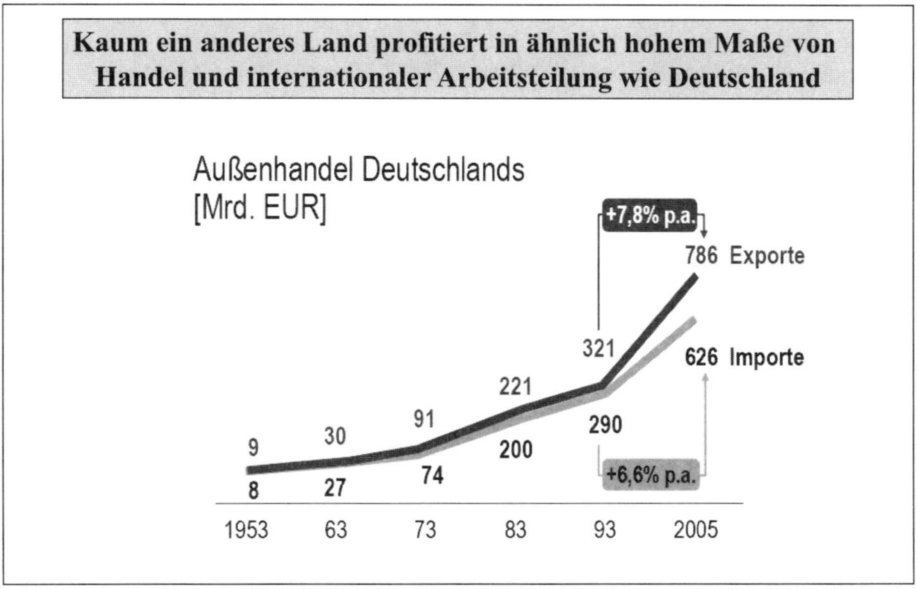

Abb. 19.1: Außenhandel Deutschlands (1953–2005)
Quelle: Statistisches Bundesamt

Spiegelbild der Globalisierung

Zahlungsbilanz 2004 in Mrd. EUR	Deutschland	Euroland
I. Leistungsbilanz	83,5	41,6
1. Außenhandel	155,1	105,7
2. Dienstleistungen	- 31,0	21,6
3. Erwerbs- + Vermögenseinkommen	0,1	- 32,2
4. Laufende Übertragungen	- 28,4	- 53,6
II. Vermögensübertragungen	0,4	15,7
III. Kapitalbilanz (Nettokapitalexport: -)	- 112,6	- 16,6
1. Direktinvestitionen	- 22,2	- 36,4
2. Wertpapiere	20,8	54,7
3. Kreditverkehr	- 107,00	- 32,1
4. Finanzderivate	- 4,2	- 2,8
IV. Veränderungen der Währungsreserven zu Transaktionszwecken (Zunahme: -)	1,5	12,4
V. Restposten	27,2	53,1

Abb. 19.2: Zahlungsbilanz für Deutschland (2004)
Quelle: Statistisches Bundesamt

zu Transaktionswerten (Marktpreisen). Als Erfassungszeitpunkt gilt der Zeitpunkt, zu dem die Transaktion stattfindet. Die Verbuchung der Transaktionen zwischen In- und Ausländern erfolgt aus Sicht des Inlandes nach dem **Prinzip der doppelten Buchführung**, so dass die Zahlungsbilanz formal stets ausgeglichen ist. Alle Positionen werden in **inländischen Währungseinheiten** ausgewiesen. In Deutschland gibt die Deutsche Bundesbank monatlich die Zahlungsbilanz heraus. Grundlage ist eine Richtlinie des Internationalen Währungsfonds (IWF) über den Aufbau der Zahlungsbilanz.

Sie sehen, dass die Zahlungsbilanz in Unterbilanzen gegliedert ist. Die Gütertransaktionen werden in der **Leistungsbilanz** (LB) gebucht und die Finanztransaktionen in der **Kapitalbilanz** (KB). Vermögensübertragungen (VÜ), die einmalige Transaktionen (z. B. Erbschaften, Schenkungen) beinhalten, werden in einem eigenen Teil erfasst. In der Praxis dient – da nicht alle Transaktionen statistisch korrekt erfasst werden – der **Restposten** dazu, einen Ausgleich der Zahlungsbilanz zu erreichen. Da er nur ein Ausdruck der statistischen Unvollkommenheit ist, wird er nachfolgend nicht weiter berücksichtigt. Auch **Vermögensübertragungen** bleiben aus Vereinfachungsgründen nicht weiter betrachtet, da es sich um einmalige Vorgänge handelt.

Aufbau

In der **Kontendarstellung** der Zahlungsbilanz werden Zahlungszuflüsse des Inlandes auf der Aktivseite und Zahlungsabflüsse des Inlandes auf der Passivseite der jeweiligen Teilbilanz verbucht (Abb. 19.3). Als Folge der doppelten Buchführung muss die Gesamtsumme der Teilsalden der Zahlungsbilanz Null ergeben. Ein Kapitalexport ist identisch mit einem Import an Forderungen bzw. Eigentumsrechten auf ausländisches Kapital. Der Import von Forderungen wird daher verbucht wie der Import von Gütern. Auch Devisen – z. B. US-$ im Besitz von Inländern – sind Forderungen und werden bei einer Zunahme auf der Habenseite verbucht. Entsprechend sind Euro-Bestände im Besitz von Ausländern Verbindlichkeiten des Inlandes; eine Zunahme wird auf der Sollseite verbucht. In der Kontendarstellung wird jeder Vorgang zweiseitig verbucht, d. h. annahmegemäß steht einem Wertstrom vom Inland in das Ausland stets ein gleich großer Wertstrom vom Ausland in das Inland gegenüber. Somit führt jede Sollbuchung zu einer entsprechenden Habenbuchung und umgekehrt. Zahlungszuflüsse werden jeweils auf der Aktivseite, Zahlungsabflüsse auf der Passivseite verbucht. Demnach würde z. B. eine Wareneinfuhr in das Inland auf der Passivseite verbucht und damit einhergehende Abnahme der Forderungen (Devisen fließen in das Ausland) auf der Aktivseite.

Die **Leistungsbilanz** (LB) unterteilt sich in die **Handelsbilanz** (HB), die **Dienstleistungsbilanz** (DL), die Bilanz der **Erwerbs- und Vermögenseinkommen** (Faktoreinkommen FE), und die Bilanz der **laufenden Übertragungen** (LÜ). Beispiele für **Zahlungszuflüsse** in der Leistungsbilanz aus Sicht des Inlandes sind:

- in der Handelsbilanz: die Warenexporte;
- in der Dienstleistungsbilanz: z. B. Ausgaben ausländischer Touristen im Inland oder Verkauf von Lizenzen durch deutsche an ausländische Unternehmen;
- in der Einkommens- und Vermögensbilanz: z. B. Einkommen deutscher Arbeitnehmer im Ausland oder die Überweisung von Anlagezinsen aus dem Ausland;
- in der Übertragungsbilanz: z. B. regelmäßige Zahlungen von der EU.

In der **Kapitalbilanz** werden grenzüberschreitende Kapitalbewegungen mit Ausnahme der Devisentransaktionen der Notenbank erfasst (Abb. 19.4). Die Bundesbank unterteilt die Kapitalbilanz in folgende Unterbilanzen:

- Kreditverkehrsbilanz (erfasst werden neben den Kredittransaktionen auch die Devisenänderungen im Besitz von privaten Haushalten, Unternehmen und Staat),
- Bilanz der Direktinvestitionen (erfasst werden Beteiligungen deutscher Unternehmen an ausländischen Unternehmen und umgekehrt von mehr als zehn Prozent),

Teilbilanzen der Zahlungsbilanz im Überblick

Leistungsbilanz

Teilbilanz	Aktiv	Passiv
Handelsbilanz	Export Waren	Import Waren
Dienstleistungsbilanz	Export Dienst leistungen	Import Dienstleistungen
der Faktoreinkommen	vom Ausland	an das Ausland
der laufenden Übertragungen	vom Ausland	an das Ausland

Kapitalbilanz

Teilbilanz	Aktiv	Passiv
der Direkt-Investitionen	vom Ausland	an das Ausland
der Wertpapiere	vom Ausland	an das Ausland
der Kredite und des sonstigen Kapitalverkehrs	vom Ausland	an das Ausland

Veränderung der Devisenreserven der Notenbank

← - - - - - Devisenabfluss, Zahlungsausgang

———→ Devisenzufluss, Zahlungseingang

Abb. 19.3: Aufbau der Zahlungsbilanz

Teilbilanzen der Kapitalbilanz im Überblick

Kapitalbilanz	
Kapitalimport (Zahlungszufluss)	Kapitalexport (Zahlungsabfluss)
Zunahme der Verbindlichkeiten gegenüber dem Ausland (+)	Abnahme der Verbindlichkeiten gegenüber dem Ausland (–)
Abnahme der Forderungen gegenüber dem Ausland (–)	Zunahme der Forderungen gegenüber dem Ausland (+)
Buchungsbeispiele	
Gewährung von Krediten Ausland an Inland	Gewährung von Krediten Inland an Ausland
ausländische Kapitalanlagen im Inland	inländische Kapitalanlagen im Ausland
Devisen fließen an das Ausland	Devisen fließen vom Ausland ins Inland
Auflösung inländischer Kapitalanlagen im Ausland	Auflösung ausländischer Kapitalanlagen im Inland

Abb. 19.4: Kapitalbilanz

- Wertpapierbilanz (Aktien, Investmentzertifikate, Rentenwerte und andere Geldmarktpapiere).

Im Fall der Kapitalbilanz sind zwei unterschiedliche Arten von Transaktionen zu unterscheiden:

- **induzierte Finanztransaktionen**: dazu zählen sämtliche Vorgänge, die durch die Transaktionen der Leistungsbilanz induziert worden sind, z.B. Zahlungen oder Kreditbeziehungen aus dem Ex- und Import von Waren und Dienstleistungen.

- **autonome Finanztransaktionen**: diese bestehen aus zwei gegenläufigen Kapitalströmen. Durch diese zu- und abfließenden Ströme ändert sich nur die Zusammensetzung, nicht jedoch die Höhe des Nettovermögens.

Kapitalimporte erscheinen als Zahlungszufluss auf der Aktivseite. Sie entsprechen dem Verkauf inländischer Vermögensobjekte an Ausländer oder der Gewährung von Krediten durch das Ausland. **Kapitalexporte** führen zu Zahlungsabflüssen und werden auf der Passivseite verbucht. Sie kennzeichnen den von Inländern getätigten Kauf von Vermögensobjekten oder die Vergabe von Krediten an das Ausland. Als **Nettokapitalexporte** wird die Differenz der Kapitalexporte und -importe bezeichnet. Sie entspricht dem Saldo der Kapitalbilanz.

Im Gegensatz zu anderen Teilbilanzen sind in der Kapitalbilanz nicht nur Plus-, sondern auch Minusbuchungen möglich, wenn z. B. Kredite zurückgezahlt oder Direktinvestitionen aufgelöst werden.

Die sogenannte **Devisenbilanz** kann in einer weitergehenden Betrachtung als Teilbilanz der Kapitalbilanz verstanden werden. Sie erfasst die Transaktionen der Notenbank, die ihre Nettoauslandsaktiva (= Auslandsposition) verändern. Sind die Devisen im Besitz der privaten Haushalte, der Unternehmen oder des Staates, werden sie in der **Kreditverkehrsbilanz** erfasst. Sind sie im Besitz der Notenbank, erscheinen sie in der Devisenbilanz. Banknoten und Münzen, sogenannte Sorten, werden stets in der Devisenbilanz erfasst. Verbucht werden in der Devisenbilanz auch Stützungsankäufe und Stützungsverkäufe von Devisen, Forderungen bzw. Verbindlichkeiten gegenüber dem Internationalen Währungsfonds sowie eine Veränderung der Währungsreserven, die hauptsächlich aus US-$ bestehen. Der Saldo der Devisenbilanz weist die Veränderung der Währungsreserven der Zentralbank aus.

Kauft die Europäische Zentralbank (bzw. die Deutsche Bundesbank) Währungsreserven von Gebietsfremden, nehmen ihre Forderungen an das Ausland zu. Gleichzeitig steigen die Verbindlichkeiten der Notenbank gegenüber dem Ausland, da die Notenbank als Gegenleistung für die Überlassung der Währungsreserven den Gebietsfremden den entsprechenden €-Gegenwert gutschreiben muss. Die Transaktion findet also Niederschlag in der Devisenbilanz und in der Kapitalbilanz (Zunahme der Verbindlichkeiten). Beim Kauf von Devisen z. B. bei gebietsansässigen Geschäftsbanken würden hingegen die Forderungen der Geschäftsbanken gegenüber dem Ausland abnehmen.

Da die Transaktionen in inländischer Währung ausgewiesen werden, enthält die Devisenbilanz einen **Ausgleichsposten** zur Auslandsposition der Bundesbank. Dieser dient der Korrektur unterschiedlich bewerteter Währungsbestände, die nicht aus Devisentransaktionen, sondern z. B. aus Veränderungen der Wechselkurse resultieren.

Betragen die Devisenreserven der Notenbank z. B. 40 Mrd. US-$ und entspricht ein US-$ einem €, ergibt sich ein €-Gegenwert von 40 Mrd. €. Verändert sich der Wechselkurs z. B. auf 1 US-$/0,90 €, verändert sich der €-Gegenwert der Devisenreserven auf 36 Mrd. €, ohne dass eine Kapital- oder Leistungstransaktion stattgefunden hat. In der Praxis kommt es zu einer Abschreibung (-) von Beständen, im umgekehrten Fall zu einer Zuschreibung (+). Ab- und Zuschreibungen werden im Ausgleichsposten zur Auslandsposition der Notenbank gegengebucht. Tabelle 19.1 zeigt die wichtigsten Positionen der Währungsreserven der Deutschen Bundesbank, die nach einem einheitlichen Schema für alle Mitgliedstaaten des Internationalen Währungsfonds monatlich erstellt werden.

Die Währungsreserven sind Teil der Auslandsposition der Bundesbank (Auslandsvermögensstatus). Seit mehr als dreißig Jahren spielt Gold für die Zentralbanken zumin-

Tab. 19.1: Währungsreserven der Deutschen Bundesbank in Mio. €, Stand: März 2005

1. Devisen, darunter: Wertpapiere Einlagen bei Währungsbehörden und Geschäftsbanken außerhalb der EWU	 29.908 20.460 9.448
2. Reserveposition IWF	4.979
3. Sonderziehungsrechte	1.558
4. Gold und Goldforderungen	36.348
Insgesamt	**72.794**

dest als Reserve kaum noch eine Rolle. Als Anfang der 70er Jahre das einst in Bretton Woods geschaffene System weltweiter fester Wechselkurse zerbrach, hatte Gold als Reservemedium ausgedient. Die USA entledigten sich ihrer Verpflichtung, jederzeit US-Dollar zu einem festen Kurs gegen Gold einzutauschen. An seine Stelle traten Devisenreserven, die den Vorteil haben, dass sie Zinsen abwerfen. Ein Land kann auf verschiedene Wege in den Besitz von Währungsreserven gelangen:

- Leistungsbilanzüberschüsse,
- Kredite,
- Kauf von Währungen,
- Zuteilung von Währungen (z. B. vom Internationalen Währungsfonds),
- Eigenproduktion (z. B. von Gold, US-$ durch US-Notenbank).

Ob und inwieweit sich die Devisenbilanz ändert, hängt auch von der Konstruktion des **internationalen Währungssystems** ab. In einem Währungssystem mit Interventionszwang der Zentralbanken zur Stabilisierung der Wechselkurse (i. d. R. im Rahmen einer engen Bandbreite) verändern sich durch Kauf oder Verkauf von Devisen die Währungsreserven und die Geldmenge. Nehmen wir z. B. **feste Wechselkurse** zwischen dem € und dem US-$ an, so bestehen folgende Zusammenhänge:

Intervention der Notenbank	Abwertungstendenz des € gegenüber dem US-$	Aufwertungstendenz des € gegenüber dem US-$
Richtung	Ankauf von €, Verkauf von US-$	Verkauf von €, Ankauf von US-$
Devisenreserven	sinken	steigen
Euro-Geldmenge	sinkt	steigt

In einem System **flexibler Wechselkurse** besteht für die Notenbank kein Interventionszwang, so dass sich ihre Währungsreserven nicht verändern.

Saldenmechanik

Betrachten wir den Aufbau der Zahlungsbilanz nun in formaler Hinsicht. Die Leistungsbilanz (LB) ist gegeben durch:

(1) LB = HB + DL + FE + LÜ

Die Kapitalbilanz im weiteren Sinne (KBW) lässt sich einteilen in Transaktionen der Nicht-Zentralbanken (KB) und der Notenbank (DB, Devisenbilanz):

(2) KBW = KB + DB

Greift die Zentralbank netto in den Markt für ausländische Wertpapiere (Devisen) ein, so ergibt sich ein Saldo der DB. Hierdurch verändert sich der Bestand an Devisen im Besitz der Zentralbank. Diese Nettoauslandsaktiva im Besitz der Zentralbank sind **Währungsreserven** (R). Kauft die Zentralbank z. B. Devisen gegen die Hergabe eigener Währung, so steigen die Währungsreserven transaktionsbedingt ($\Delta R > 0$). Es liegt ein Kapitalexport der Zentralbank ($DB < 0$) vor. Die Änderung der Währungsreserven ist aus Sicht der Liquiditätsversorgung von besonderem Interesse.

In einem System **flexibler Wechselkurse** tätigt die Zentralbank netto keine wechselkursbeeinflussende Devisenmarkttransaktionen, d. h. der Saldo der Devisenbilanz ist Null.

In einem System **fester Wechselkurse** ist die Zentralbank zur Kursstützung verpflichtet. Tritt bei dem fixierten Wechselkurs ein Devisenangebotsüberschuss auf, so muss dieser von der Zentralbank gegen eigene Währung aufgekauft werden, um eine Abwertung der Auslandswährung zu verhindern. Umgekehrt muss die Zentralbank einen Devisennachfrageüberschuss durch die Abgabe eigener Währungsreserven ausgleichen. Der formale Ausgleich der Zahlungsbilanz wird hier also über eine Veränderung der Währungsreserven hergestellt.

(3) $LB + KB + DB = 0$

Schlagwörter	• Teilbilanzen der Zahlungsbilanz • induzierte, autonome Finanztransaktionen	• Saldenmechanik

19.1.2 Ausgleich der Zahlungsbilanz

In der Zahlungsbilanz findet das Prinzip der doppelten Buchführung Anwendung. Zu jeder Buchung muss eine Gegenbuchung erfolgen. Jede **Leistungstransaktion** zieht eine Finanztransaktion nach sich (**induzierte Finanztransaktion**) und wirkt sich auf die Leistungs- und die Kapitalbilanz aus. **Autonome Finanztransaktionen** bestehen aus zwei Finanztransaktionen, d. h. diese Transaktionen sind auf die Kapitalbilanz beschränkt. Dazu zählt z. B. der Kauf von Aktien und deren Bezahlung (Tab. 19.2).

Tab. 19.2: Beispiele für internationale Transaktionen

reine Leistungstransaktionen ($\Delta LB = 0$)	1) Inländischen Güterexporten stehen gleich hohe Güterimporte gegenüber (betroffen ist nur die Handelsbilanz).
	2) Das Inland leistet Entwicklungshilfe (= Übertragungsbilanz), die vollständig für den Kauf inländischer Waren verwendet wird (= Handelsbilanz).
komplementäre Transaktionen ($\Delta LB + \Delta KB = 0$)	3) Die ausländischen Lieferanten von Importen (= Import) verwenden den Erlös zum Kauf von inländischen Wertpapieren (= Kapitalimport).
	4) Das Inland gewährt einem Entwicklungsland einen Kredit (= Kapitalexport), der für den Kauf inländischer Waren verwendet wird (= Export).
reine Finanztransaktionen ($\Delta KB = 0$)	5) Inländer erwerben ausländische Aktien (= Kapitalexport) und tauschen zur Finanzierung bei ihren Hausbanken inländische Währung in ausländische Währung um (= Kapitalimport, Rückgang der Auslandsforderungen)
	6) Ein ausländisches Unternehmen nimmt im Inland Direktinvestitionen vor (= Kapitalimport) und finanziert diese in gleicher Höhe mit inländischen Krediten (= Kapitalexport).

Zahlungsbilanzkonto

Um die Zahlungsbilanz abzuschließen, werden die Salden der einzelnen Teilbilanzen gebildet und auf das **Zahlungsbilanzkonto** umgebucht. Die Buchungssätze sind entsprechend nummeriert. Überwiegen die Positionen auf der Aktivseite, erhält der Saldo ein positives Vorzeichen, überwiegen die Positionen auf der Passivseite, erhält der Saldo ein negatives Vorzeichen. Die Vorzeichenregelung der Devisenbilanz ist genau umgekehrt zu interpretieren, um Leistungs- und Kapitalbilanz den Veränderungen der Währungsreserven gegenüberzustellen: $\Delta R = - DB$.

Das Grundprinzip der Zahlungsbilanzbuchung können wir am besten anhand von Buchungsbeispielen nachvollziehen (Tab. 19.3).

Tab. 19.3: Buchungsbeispiele zur Zahlungsbilanz

1	Deutsche Unternehmen exportieren Waren gegen Kasse (Devisen) in Höhe von 2.000 Mio. €.
2	Deutsche Unternehmen importieren Waren gegen Devisen in Höhe von 2.100 Mio. €.
3	Deutsche Unternehmen exportieren Waren auf Ziel im Wert von 500 Mio. €
4	Deutsche Touristen zahlen im Ausland 150 Mio. € per Kreditkarte.
5	Deutsche Unternehmen verkaufen im Rahmen des Technologietransfers Lizenzen an südostasiatische Unternehmen im Wert von 10 Mio. €.
6	Eine US-Bank überweist Zinsen in Höhe von 100 Mio. € an deutsche Anleger.
7	Musiker mit Wohnsitz in USA erhalten von deutschen Musikunternehmen 20 Mio. € an Tantiemen.
8	Die Bundesregierung überweist 50 Mio. € an die Vereinten Nationen.
9	Ausländische Gastarbeiter in Deutschland überweisen 30 Mio. € in ihre Heimatländer.
10	Deutsche Unternehmen kaufen eine Produktionsstätte in Brasilien für 250 Mio. €.
11	Deutsche Unternehmen erwerben Mehrheitsbeteiligungen an US-Unternehmen im Umfang von 1.000 Mio. €.
12	Die Deutsche Bank kauft Anleihen von einer US-Bank in Höhe von 1.000 Mio. €.
13	Deutsche Anleger kaufen ein Aktienpaket von US-Investmentbanken in Höhe von umgerechnet 500 Mio. €.
14	Eine deutsche Geschäftsbank kauft bei der Europäischen Zentralbank 30 Mio. US-$ zum Kauf von US-Staatsanleihen.
15	Die Bundesregierung kauft Devisen bei der Europäischen Zentralbank in Höhe von 10 Mio. US-$, um Verpflichtungen beim Internationalen Währungsfonds zu erfüllen.

Aus didaktischen Gründen trennen wir die Verbuchung der Vorgänge 1 bis 9 und 10 bis 15. Die Vorgänge 1 bis 9 führen zu **induzierten Finanztransaktionen** (Tab. 19.4).

Die Gegenbuchungen zur Leistungsbilanz lassen erkennen, dass zwischen der Leistungsbilanz und der Kapitalbilanz ein direkter Zusammenhang besteht (Tab. 19.5).

Tab. 19.4: Verbuchung der Leistungstransaktionen in der Leistungsbilanz

	Aktiva		Passiva	
HB	1. Warenexport	2.000	2. Warenimport	2.100
	3. Warenexport	500		
			Saldo	**+400**
DL	5. Dienstleistungs-Export	10	4. Dienstleistungs-Import	150
	Saldo	**–140**		
FE	6. empf. Faktoreinkommen	100	7. geleistete Faktoreinkommen	20
			Saldo	**+80**
ÜB			8. geleistete Übertragungen	50
			9. geleistete Übertragungen	30
	Saldo	**–80**		
	Summe (ohne Salden):	2.610	Summe (ohne Salden):	2.350
	Saldo Leistungsbilanz	**+260**		

Tab. 19.5: Gegenbuchungen zur Leistungsbilanz (induzierte Finanztransaktionen)

	Aktiva		Passiva	
KB	2. Kapitalimporte (Devisen)	2.100	1. Kapitalexporte (Devisen)	2.000
	4. Kapitalimporte (Devisen)	150	3. Kapitalexporte (Devisen)	500
	7. Kapitalimporte (Devisen)	20	5. Kapitalexporte (Devisen)	10
	8. Kapitalimporte (Devisen)	50	6. Kapitalexporte (Devisen)	100
	9. Kapitalimporte (Devisen)	30		
	Summe:	2.350	Summe:	2.610
	Saldo	**–260**		

Wenn ein Land einen Leistungsbilanzüberschuss erwirtschaftet, geht dies einher mit einem Aufbau privater Forderungen gegenüber dem Ausland, mit einer Zunahme der Währungsreserven oder einer Abnahme der Verbindlichkeiten gegenüber dem Ausland. Wenn ein Land hingegen mehr Leistungen importiert als exportiert hat (Leistungsbilanzdefizit), dann muss dieser Importüberschuss finanziert worden sein, sei es durch Abbau privater Forderungen gegenüber dem Ausland, durch Reduktion der Währungsreserven der Zentralbank oder durch eine Zunahme der Verbindlichkeiten gegenüber dem Ausland.

Verbuchung autonomer Transaktionen

Es fehlt noch die Verbuchung der autonomen Kapitalbeziehungen (Buchungssätze 10 bis 15). Sie erkennen, dass die Kapitalbilanz für diese Buchungen ausgeglichen ist, d. h. es verändert sich nur die Zusammensetzung aber nicht die Höhe des Vermögens (Tab. 19.6).

Skalenform der Zahlungsbilanz

Wenn wir jetzt die Zahlungsbilanz in die Skalen- oder Staffelform bringen, wird erkennbar, dass die Summe der Teilbilanzen Null ist (Tab. 19.7).

Tab. 19.6: Verbuchung autonomer Transaktionen in der Zahlungsbilanz

	Aktiva		Passiva	
DI			10. Kapitalexporte (DI)	250
			11. Kapitalexporte (DI)	1.000
	Saldo	**–1.250**		
WP			12. Kapitalexporte (WP)	1.000
			13. Kapitalexporte (WP)	500
			14. Kapitalexporte (WP)	30
	Saldo	**–1.530**		
KB	10. Kapitalimporte (DI)	250	15. Kapitalexporte (Kredite)	10
	11. Kapitalimporte (DI)	1.000		
	12. Kapitalimporte (Devisen)	1.000		
	13. Kapitalimporte (Devisen)	500		
			Saldo	**+2.740**
DB	14. Veränderung WR (DB)	30		
	15. Veränderung WR (DB)	10		
			Saldo	**+40**

Tab. 19.7: Skalenform der Zahlungsbilanz

Teilbilanz	Transaktion	Wert	Saldo
HB	Warenexport (1), (3)	+2.500	
	Warenimport (2)	–2.100	**+400**
DL	Dienstleistungs-Export (5)	+10	
	Dienstleistungs-Import (4)	–150	**–140**
FE	Empfangene Faktoreinkommen (6)	100	
	Geleistete Faktoreinkommen (7)	–20	**+80**
ÜB	Empfangene Übertragungen	0	
	Geleistete Übertragungen (8), (9)	–80	**–80**
KB	Kapitalimporte (2), (4), (7), (8), (9), (10), (11), (12), (13)	+5.100	
	Kapitalexporte (1), (3), (5), (6), (10), (11), (12), (13), (14), (15)	–5.400	**–300**
DB	Veränderung Währungsreserven (14), (15)	+40	**+40**
		Summe der Salden	**0**

Die Summe aller Teilbilanzen der Zahlungsbilanz ist Null. Hier geht ein Leistungsbilanzüberschuss mit Nettokapitalexporten und einer Abnahme der Währungsreserven der Zentralbank einher. In der Realität kann eine Vielzahl von Zahlungsbilanzsituationen auftreten (Abb. 19.5):

(1) LB + KB + DB = 0

(2) LB + KB = – DB

Die Zahlungsbilanz ist als geschlossenes Rechenwerk daher ein guter Ausgangspunkt für die Beurteilung der internationalen Wirtschaftsbeziehungen eines Landes.

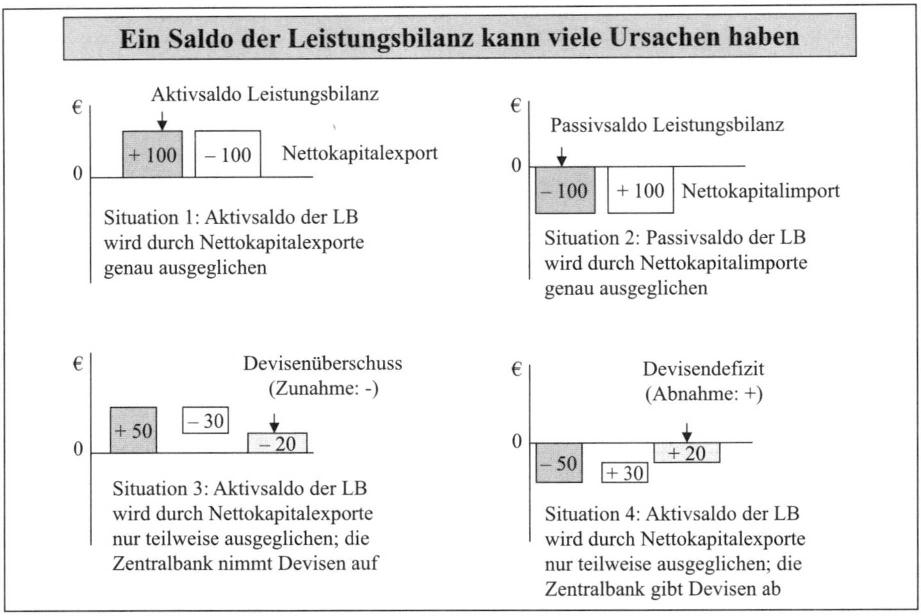

Abb. 19.5: Zahlungsbilanzsituationen (Beispiele)
Quelle: www.rzuser.uni-heidelberg.de/~ataalouc/jurdolm/30_11_04.pdf

Schlagwörter	• Zahlungsbilanzausgleich • Zahlungsbilanzkonto	• Skalen-, Staffelform der Zahlungsbilanz

19.2 Außenwirtschaftliches Gleichgewicht

Innerhalb des Stabilitäts- und Wachstumsgesetzes von 1967 ist die Zielsetzung eines außenwirtschaftlichen Gleichgewichts gesetzlich verankert. Bund und Länder sind demnach verpflichtet, ihre wirtschafts- und finanzpolitischen Maßnahmen so zu treffen, dass sie zur Erreichung dieses Ziels beitragen. Ein außenwirtschaftliches Gleichgewicht ist dadurch gekennzeichnet, dass von den wirtschaftlichen Beziehungen des Inlands mit dem Ausland **keine negativen Wirkungen auf die binnenwirtschaftliche Entwicklung** ausgehen. Es sollen aus dem Ausland also weder eine importierte Inflation, eine importierte Arbeitslosigkeit noch eine importierte Wachstumsschwäche in die Binnenwirtschaft hereingetragen werden. Umgekehrt sollen heimische Fehlentwicklungen nicht zu Lasten des Auslandes gelöst werden (kein Export der heimischen Inflation, kein Export der heimischen Beschäftigungsprobleme bzw. keine exportierte Wachstumsschwäche). Eine Politik, die heimische Probleme auf Kosten des Nachbarn löst, wird als **beggar-my-neighbour policy** bezeichnet.

Messung des Ziels

In der Literatur gibt es keine einheitliche Operationalisierung des außenwirtschaftlichen Gleichgewichts. Ausgangspunkt für alle Interpretationen ist die Zahlungsbilanz. Da diese ex-post stets ausgeglichen ist, kann sich die Interpretation nur auf die Teilbilanzen beziehen (Abb. 19.6).

Positive Salden einzelner Teilbilanzen bedeuten ...

Teilbilanz	Der Saldo der Bilanz ist z.B. positiv, wenn:	Bezeichnung des Saldos
Handels- und Dienstleistungsbilanz	Exporte > Importe (Exportüberschuss)	Außenbeitrag zum BIP
Bilanz der Faktoreinkommen	Einnahmen > Ausgaben	Außenbeitrag zum BNE
Bilanz der laufenden Übertragungen	Leistungen vom Ausland > Leistungen an das Ausland	Differenz aus S und I (Leistungsbilanzsaldo)
Vermögensein-kommensbilanz	Vermögenszuwachs > Vermögensabnahme	Finanzierungssaldo gegenüber Ausland
Devisenbilanz (andere Vorzeichenregelung!)	Währungsreserven abnehmen	Netto-Auslandsposition der Notenbank

Abb. 19.6: Teilbilanzen und Salden der Zahlungsbilanz

Der Saldo aus Handels- und Dienstleistungsbilanz entspricht dem **Außenbeitrag** zum **BIP**. Wird zusätzlich der Saldo der Faktoreinkommen berücksichtigt, ergibt sich der **Außenbeitrag** zum **Bruttonationaleinkommen**. Der Saldo aus Ersparnis und Nettoinvestitionen lässt sich ermitteln, wenn zusätzlich die Bilanz der laufenden Übertragungen in die Analyse einbezogen wird. Wird der Leistungsbilanzsaldo um den Saldo der Vermögenseinkommen korrigiert, entsteht der **Finanzierungssaldo** gegenüber dem Ausland. Ist dieser positiv, entspricht dies einer Zunahme der Forderungen, d. h. der Netto-Auslandsposition des Inlandes. Die Veränderung der **Netto-Auslandsposition der Notenbank** (Devisenbilanz) zeigt die Entwicklung ihres Bestandes der Gold- und Devisenreserven auf. Die Teilbilanzen der Zahlungsbilanz liefern unter verschiedenen Gesichtspunkten interessante Informationen und dienen als Ausgangspunkt für wirtschaftspolitische Ziele (Abb. 19.7). Die **Handelsbilanz** zeigt, wie gut es der heimischen Wirtschaft gelungen ist, Güter auf den Weltmärkten zu verkaufen. Die Entwicklung der **Direktinvestitionen** gibt Aufschluss über die Vorteilhaftigkeit eines Investitionsstandortes. Der Auslandsabsatz **inländischer Wertpapiere** dient als Indikator für die Attraktivität des heimischen Kapitalmarktes. Zu berücksichtigen ist, dass nicht alle Ziele gleichzeitig zu erreichen sind. Wenn der Außenhandelssaldo zum großen Teil durch die Kapitalbilanz ausgeglichen wird, stellt sich z. B. die Frage, ob Deutschland „Exportweltmeister" oder ein schlechter Unternehmensstandort ist. Im ersten Fall wird der Exportüberschuss an Waren und Dienstleistungen betont, im zweiten Fall der Kapitalexportüberschuss.

In der Praxis ist die Formulierung eines außenwirtschaftlichen Gleichgewichts häufig mit der Forderung nach einem Überschuss des **Außenbeitrages** (z. B. 1,5 % des BIP) verknüpft worden. Begründet wird diese Forderung damit, dass durch einen Überschuss in der Handels- und Dienstleistungsbilanz Devisen verdient werden, um z. B. Defizite in der Bilanz der laufenden Übertragungen finanzieren zu können (Abb. 19.8). Ist dieser Saldo gerade so groß, dass ein Defizit in der Bilanz laufender Übertragungen oder anderen Teilbilanzen der Leistungsbilanz abgedeckt werden kann, entspricht diese Forderung im Kern einer **ausgeglichenen Leistungsbilanz**.

Wirtschaftspolitische Ziele mit Bezug auf Teilbilanzen

Leistungsbilanz + **Kapitalbilanz** + **Devisenbilanz** = 0

Handelsbilanz (1) (2) (3) (4)

(1) **Handelsbilanzüberschuss** (wettbewerbsfähige Wirtschaft)

(2) **Gläubiger gegenüber dem Ausland** (Unabhängigkeit)

(3) **Nettokapitalimporteur** (Attraktivität des Wirtschaftsstandortes)

(4) **Aufbau von Devisenreserven** (Unabhängigkeit, Bildung von Rücklagen)

Aber: 1 – 4 sind nicht gleichzeitig erreichbar !

Abb. 19.7: Salden der Zahlungsbilanz und wirtschaftspolitische Ziele

Das außenwirtschaftliche Gleichgewicht wird in Deutschland mit einer ausgeglichenen Leistungsbilanz umschrieben.

Teilbilanz	Zahlungszuflüsse des Inlandes	Zahlungsabflüsse des Inlandes	Zahlenbeispiel
Handels-Bilanz	Exporterlöse für Waren	Importausgaben für Waren	+ 50
Dienstleistungs-bilanz	Exporterlöse für Dienstleistungen	Importausgaben für Dienstleistungen	– 10
Bilanz der Faktoreinkommen	Faktoreinkommen aus dem Ausland	Faktoreinkommen an das Ausland	– 20
Bilanz der Übertragungen	Empfangene Übertragungen	Geleistete Übertragungen	– 20
Leistungsbilanz			0

BIP: 2.000 Mrd. €
Anteil des Außenbeitrages am BIP: (40/2.000) × 100 = 2%

Abb. 19.8: Außenwirtschaftliches Gleichgewicht

Nur wenige Länder haben dauerhaft eine ausgeglichene Leistungs- und Kapitalbilanz. Ob ein Ungleichgewicht für ein Land kurz- oder langfristig positive oder negative Folgen hat, ist anhand der Zahlungsbilanz nur schwer zu beurteilen. Hier spielen die zeitliche Dimension und die wirtschaftliche Gesamtlage eines Landes eine Rolle, so dass **Leistungsbilanzungleichgewichte** nur mit Hilfe weiterer Informationen beurteilt werden können.

Schlagwörter	• außenwirtschaftliches Gleichgewicht • Außenbeitrag zum BIP • Außenbeitrag zum BNE	• Finanzierungssaldo gegenüber dem Ausland • Netto-Auslandsposition der Notenbank

19.2.1 Leistungsbilanz, Ersparnis und Investitionen

Offene Volkswirtschaften ermöglichen es, dass sich ein Land im Ausland verschulden oder Ersparnisse im Ausland anlegen kann. Wir haben diesen Sachverhalt bereits im Zusammenhang mit der Kreislaufanalyse kennengelernt (vgl. Kap. 2) und wollen ihn nochmals aufgreifen. Wir vereinfachen diese Analyse unter zwei Gesichtspunkten:

- Wir setzen das BIP mit dem BNE gleich, d. h. der Saldo der Primäreinkommen mit dem Ausland ist Null bzw. die Erwerbs- und Vermögenseinkommensbilanz ist ausgeglichen.
- Der Saldo der Leistungsbilanz kann vereinfacht mit dem Saldo der Handels- und Dienstleistungsbilanz gleichgesetzt werden, d. h. der Leistungsbilanz-Saldo (LB) ist identisch mit der Differenz zwischen Ex- und Importen (vgl. Box 19.1).

Box 19.1: Leistungsbilanz: Wann lebt ein Land über bzw. unter seinen Verhältnissen?	
(1) $BIP = C + I + G + Ex - Im$ (2) $LB = Ex - Im$ (3) $BIP = C + I + G + LB$ Die private Ersparnis ist vereinfacht gegeben als $S^{privat} = BIP - T - C$ oder $BIP = S^{privat} + T + C$. Daraus folgt: (4) $C + I + G + LB = S^{privat} + T + C$ Lösen wir Gleichung (4) nach LB auf, ergibt sich: (5) $LB = (S^{privat} - I) + (T - G)$	**Hintergrund:** Ist der Leistungsbilanzsaldo größer als Null, so liegt ein Leistungsbilanzüberschuss vor, im umgekehrten Fall ein -defizit. Ein Überschuss bedeutet, dass die inländischen Ersparnisse die Investitionen übersteigen. Ein Defizit bedeutet umgekehrt, dass die inländischen Investitionen größer sind als die Ersparnis im Inland.

19.2.2 Leistungsbilanzsalden

Ein Land kann in der Regel mit einem Überschuss in der Leistungsbilanz besser „leben" als mit einem Defizit. Ein Leistungsbilanzüberschuss bedeutet, dass ein Land mehr produziert als es an eigenen oder fremden Waren nachfragt. Der Überschuss wird exportiert und leistet einen Beitrag zur (Über-)Auslastung der heimischen Kapazitäten. Gleichzeitig fließt Kapital in das Ausland ab, d. h. die es kommt zu einem (Netto-) Kapitalabfluss. Das Inland baut netto Vermögen gegenüber dem Ausland auf und wird zu einem **Gläubigerland**. Dieser Vermögensaufbau kann in einem Anstieg der Forderungen gegenüber dem Ausland und/oder dem Aufbau von Währungsreserven bestehen (Abb. 19.9). Der Begriff des „Kapitalabflusses" darf in dieser Situation nicht negativ interpretiert werden, sondern ist Ergebnis eines Leistungsbilanzüberschusses. Die saldenmechanischen Zusammenhänge sagen jedoch nichts darüber aus, worauf ein Leistungsbilanzüberschuss zurückzuführen ist. Denkbar sind z. B. ein Anstieg der Nettoexporte durch hohe Wettbewerbsfähigkeit der heimischen Produkte, eine Abwertung der heimischen Währung, die Exporte verbilligt, oder eine hohe private oder staatliche inländische Ersparnis, die sich nicht in hohen inländischen Investitionen niederschlägt.

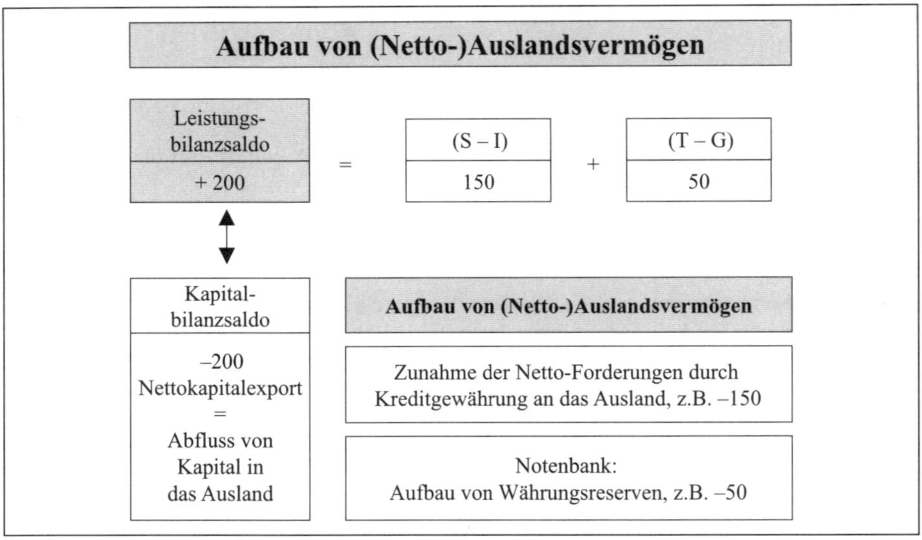

Abb. 19.9: Leistungsbilanzüberschuss

In vielen **Entwicklungs- und Schwellenländern** reichen die privaten Ersparnisse oft nicht aus, um die privaten und gegebenenfalls auch öffentlichen Investitionen zu finanzieren (Abb. 19.10). Ist das staatliche Budget ausgeglichen, dann muss auf ausländische Ersparnisse (Kapitalimport) zurückgegriffen werden, um einen Teil der inländischen Investitionen finanzieren zu können. Ein **Leistungsbilanzdefizit** bedeutet also, dass das Inland über seine Verhältnisse lebt, da die importierten Leistungen die Leistungsexporte übersteigen. Es kann nachfolgend zu einem Export von Arbeitsplätzen oder einem Import von Arbeitslosigkeit kommen. Dieses Defizit muss finanziert werden. Das Land wird zu einem **Schuldnerland**.

Zunächst können zur Finanzierung eines Leistungsbilanzdefizits Kredite im Ausland (Kapitalimport) aufgenommen werden. Diese Transaktionen tauchen in der Kapitalbilanz als Gegenbuchung zur Leistungstransaktion (z. B. Import von Waren) auf. Ein Ausgleich der Kapitalbilanz kann auch durch die Zentralbank erfolgen. Eine Devisennachfrage kann von der Zentralbank solange befriedigt werden, wie Devisenreserven vorhanden sind. Die Zentralbank verkauft die Devisen an Inländer, damit sie ihren Verpflichtungen gegenüber dem Ausland nachkommen können. Im Extremfall wird das Leistungsbilanzdefizit dann von der Zentralbank finanziert. Die Zentralbank-Reserven gehen in Höhe des Leistungsbilanzdefizits zurück. Wenn die Reserven aufgebraucht sind, hilft nur noch der **Schuldenerlass**.

Besonders risikoreich gelten bestehende makroökonomischen Ungleichgewichte in Form von simultanen Budget- und Leistungsbilanzdefiziten (**Zwillingsdefizite**; Fall b) in Abb. 19.10), die eine erhöhte Abhängigkeit von ausländischen Investoren nach sich ziehen. Ursächlich ist oft eine massive Staatsverschuldung, der keine hinreichende inländische Ersparnis zur Verfügung steht.

Das Beispiel der USA macht deutlich, dass Leistungsbilanzdefizite und selbst Zwillingsdefizite über längere Zeit existieren können. Dazu ist es notwendig, dass internationale Investoren dieses Defizit finanzieren. In dem Moment, in dem die internationalen Kapitalmärkte eine weitere Finanzierung verweigern, steht die betroffene Volkswirtschaft unter dem Zwang, Devisen zu erwirtschaften, d.h. das Defizit muss in einen

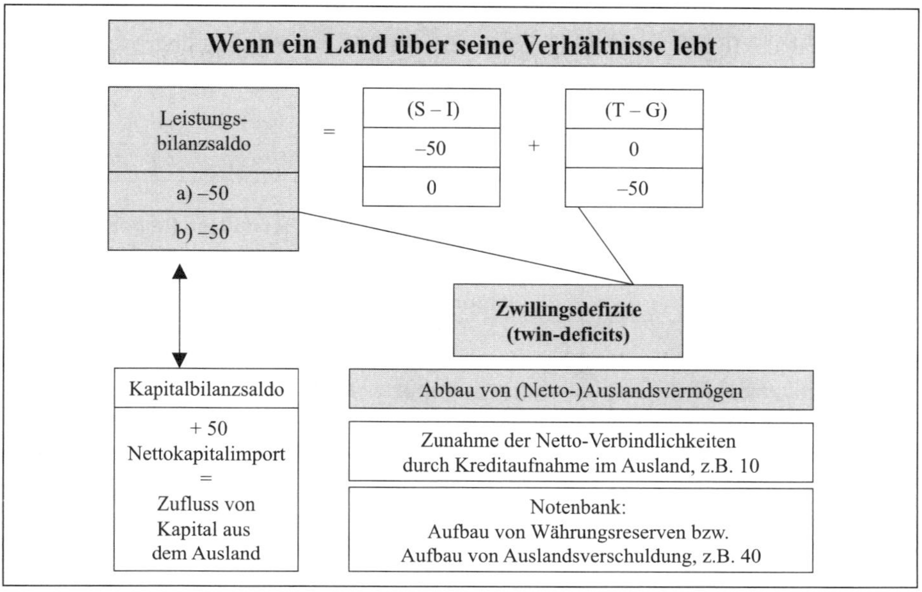

Abb. 19.10: Leistungsbilanzdefizit und Zwillingsdefizit

Überschuss umgewandelt werden. Dazu eignet sich eine **Abwertung** der heimischen Währung. Die inländischen Güter können im Ausland billiger angeboten werden, während die Importe im Verhältnis teurer werden. Durch den Anstieg der Nettoexporte würde sich das Leistungsbilanzdefizit tendenziell wieder ausgleichen. Das Beispiel des US-$ zeigt jedoch, dass dieser Mechanismus nicht zwangsläufig einsetzt, da der Wechselkurs von vielen Einflussfaktoren abhängig ist. Der US-$ wurde zeitweise sogar aufgewertet. Grund dafür war, dass durch die gleichzeitige hohe Attraktivität der USA für Kapitalanlagen die Kapitalimporte stets die Kapitalexporte überschritten und auf diese Weise die Leistungsbilanzdefizite „finanziert" werden konnten.

Auf Basis der bisherigen Überlegungen können wir nicht sagen, ob ein Leistungsbilanzüberschuss oder -defizit gut oder schlecht ist. In dieser Form ist die Frage auch nicht richtig gestellt, da wir die zeitliche Dimension und die jeweiligen Rahmenbedingungen berücksichtigen müssen. Beginnen wir unsere Ausführungen mit einem (**werdenden**) **Gläubigerland**, das schrittweise Leistungsbilanzüberschüsse aufbaut und Kapitalexporte tätigt. Wir könnten hier z. B. an ein erdölexportierendes Land denken, das einen Teil seiner Erdöleinnahmen im Ausland anlegt.

Damit verzichtet das Land kurzfristig auf Konsummöglichkeiten im Inland und lebt unter seinen Verhältnissen. Durch zukünftige Zinserträge kann das Land jedoch in Zukunft ein höheres Konsumniveau aufrechterhalten, auch wenn die Ölreserven versiegt sind.

Werdendes Gläubigerland		
Aktiva	**Passiva**	**Interpretation:**
Importe (100)	Exporte (150)	Der Exportüberschuss wird zu einer Nettokreditvergabe an das Ausland verwendet (= Nettokapitalexport).
Nettokapitalexport (50)		

Ein solches Land hat die Chance, zu einem **reifen Gläubigerland** zu werden, das dauerhaft Kapitalrückflüsse aus anderen Ländern erhält. Dieses Beispiel überträgt die Idee des intertemporalen Konsums auf Nationen, da ein heutiger Leistungsbilanzüberschuss das inländische Einkommen in Zukunft steigen lässt.

Reifes Gläubigerland		
Aktiva	**Passiva**	**Interpretation:**
Importe (100)	Exporte (50)	Der Zufluss an realen Ressourcen (Importe > Exporte) wird durch Rückfluss aus dem Auslandsvermögen finanziert (Zinserträge = Nettokapitalimport).
	Nettokapitalimport (50)	

Ein **(werdendes) Schuldnerland** hat einen negativen Saldo der Leistungsbilanz und einen positiven Saldo der Kapitalbilanz. Es importiert also Güter und für deren Bezahlung auch Kapital. Zu diesem Zeitpunkt werden Schulden aufgebaut, um importieren zu können, jedoch noch keine Schuldendienste geleistet (daher: werdendes Schuldnerland).

Werdendes Schuldnerland		
Aktiva	**Passiva**	**Interpretation:**
Importe (100)	Exporte (50)	Der Zufluss an realen Ressourcen (Importe > Exporte) wird durch ausländische Kredite (= Nettokapitalimport) finanziert
	Nettokapitalimport (50)	

Vor allem für Entwicklungs- und Schwellenländer kann die Kreditaufnahme in der Folge zu ernsthaften ökonomischen Problemen führen, wenn mangels international wettbewerbsfähiger Güter keine Devisen erwirtschaftet werden können. Betrachten wir dazu folgendes Beispiel. Betragen die Exporte z. B. 100 Geldeinheiten und die Importe 200 Geldeinheiten, so hat das Ausland dem Inland faktisch einen Kredit in Höhe von 100 Geldeinheiten gewährt, die als Kapitalzufluss zu interpretieren sind. Die Auslandsverschuldung des Landes ist damit um 100 Geldeinheiten gestiegen. Hohe Auslandsschulden haben Rückwirkungen auf die Leistungsbilanz, da die Zahlungen an das Ausland für Zinsen und Tilgung in der Bilanz der Erwerbs- und Vermögenseinkommen verbucht werden. Es kann ein Teufelskreis entstehen. Ein Leistungsbilanzdefizit wird durch Nettokapitalimporte finanziert. Dies erhöht den Bestand an Auslandsschulden, die ihrerseits wieder den Schuldendienst erhöhen. Der höhere Schuldendienst schlägt sich wiederum in einem höheren Leistungsbilanzdefizit nieder und verschärft die Situation (Abb. 19.11). Letztendlich hilft in solchen Situationen oft nur noch der **Schuldenerlass**. Denkbar sind auch Hilfsprogramme des Internationalen Währungsfonds.

Anders gelagert ist der Fall, wenn die Kapitalimporte und die Auslandsverschuldung vorrangig dazu dienen, die Investitionen im Inland zu erhöhen. Dies kann sinnvoll sein, wenn aufgrund eines geringen Pro-Kopf-Einkommens die Ersparnis nicht gesteigert werden kann bzw. nicht auf gegenwärtigen Konsum verzichtet werden soll. Es besteht dann die Aussicht, durch zukünftige Exportsteigerungen den Schuldendienst erbringen zu können. In diesem Fall wäre das Land ein **reifes Schuldnerland**. Müssen keine neuen Schulden mehr aufgenommen werden, können mittel- und langfristig sogar Verbindlichkeiten abgebaut werden.

Wenn die Schuldenspirale droht

Jahr	Handels-bilanz	Kapital-zufluss	Schuldendienst (10% des Vorjahres)	Schulden-stand	Leistungs-bilanz
1	–100	100	–	100	–100
2	–100	110	10	210	–110
3	–100	121	11	321	–121

Ein Leistungsbilanzdefizit wird durch Kapitalimporte finanziert. Dies erhöht die Auslandsschulden und den Schuldendienst. Dieser schlägt sich wiederum in einem höheren Leistungsbilanzdefizit nieder.

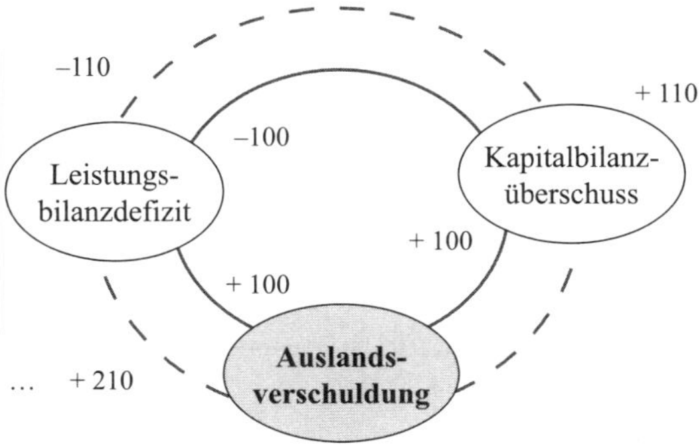

Abb. 19.11: Problematik eines Leistungsbilanzdefizits

Reifes Schuldnerland		
Aktiva	**Passiva**	**Interpretation:** Der Exportüberschuss reicht aus, um die Zinsen auf die Auslandsschuld zahlen zu können und Tilgungen vorzunehmen (= Nettokapitalexport).
Importe (100)	Exporte (150)	
Nettokapitalexport (50)		

Schlag-wörter	• Leistungsbilanzüberschuss, -defizit	• Gläubiger-, Schuldnerland • Zwillingsdefizit

19.3 Fallbeispiele zu Kapitel 19

Lösungs- und Bearbeitungshinweise sowie alle Abbildungen dieses Kapitels finden Sie unter: www.vahlen.de

Fallbeispiel 19.1: Internationale Güterströme (+)

Folgende Angaben liegen vor (in US-$ bei einem Wechselkurs von 1 € = 1 US-$, in Mrd. €):

Größe	Jahr 2011	Jahr 2012
Welthandel	5.000	5.500
Exporte aus Deutschland	500	510
Importe nach Deutschland	400	408
BIP	2.000	2.010

1) Ermitteln Sie folgende Quoten bzw. Anteile für Deutschland:
   a) Exportquote, Importquote und Außenbeitragsquote im Jahr 2011
   b) Exportanteil und Außenhandelsanteil im Jahr 2011
2) Beurteilen Sie die Dynamik der Exporttätigkeit für Deutschland in den Jahren 2011 und 2012.

Fallbeispiel 19.2: Internationale Kapitalströme (0)

1) Beurteilen Sie anhand der nachfolgend dargestellten Ströme, in welchen Fällen es sich um internationale Kapitalbewegungen handelt

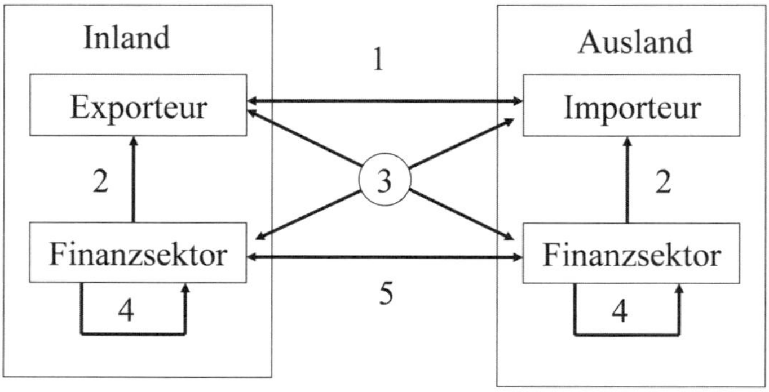

2) Was verstehen Sie unter induzierten bzw. autonomen Finanztransaktionen?
3) Welche Teilbilanzen werden in der Kapitalbilanz ausgewiesen?

Fallbeispiel 19.3: Währungsreserven (++)

1) Was versteht der IWF unter Währungsreserven?
2) Pressemeldung: „Entgegen vieler Erwartungen hat die Deutsche Bundesbank im vergangenen Jahr aus ihren Währungsreserven nur einen Gewinn von 676 Millionen Euro erzielt." Worauf könnte der geringere Gewinn zurückzuführen sein?
3) Zeitungsnotiz: Für 2004 könne der Euro-Wechselkurs zum Dollar beim Bundesbankgewinn drastische Korrekturen erzwingen, berichtet das Handelsblatt. „Jeder Cent, um den der Euro über den Jahresschlusskurs von 2003 von 1,25 Dollar steigt, führt zu einem Abschreibungsbedarf von rund 200 Mio. €", so ein Sprecher der Deutschen Bundesbank. Überprüfen Sie diese Aussage, wenn die Deutsche Bundesbank über Devisenbestände von 30 Mrd. US-$ verfügt.
4) Nehmen Sie an, dass die Währungsreserven südostasiatischer Länder ausschließlich in US-$ gehalten werden. Was würde geschehen, wenn diese Länder sich plötzlich entschließen würden, die Hälfte ihrer Reserven in € anzulegen?

Fallbeispiel 19.4: Buchungsbeispiele zum Zahlungsbilanzausgleich (++)

1) Verbuchen Sie die folgenden Transaktionen in einer Zahlungsbilanz mit diesen Teilbilanzen: Handels-, Dienstleistungs-, Erwerbs- und Vermögenseinkommens-, Übertragungsbilanz, Kreditverkehrsbilanz, Bilanz der Direktinvestitionen und Devisenbilanz Die folgenden Kapitaltransaktionen werden ausschließlich in Devisen abgewickelt.
   a) Einfuhr landwirtschaftlicher Erzeugnisse im Wert von umgerechnet 120 Mrd. €.
   b) Export von KFZ und Maschinen im Wert von umgerechnet 240 Mrd. €.
   c) Auslandsreisen deutscher Touristen im Wert von 60 Mrd. €.
   d) Ausländer erhalten Zinsen und Dividenden aus Anlagen im Inland im Wert von 60 Mrd. €.
   e) Gastarbeiter tätigen Überweisungen in ihre Heimatländer im Wert von 6 Mrd. €.
   f) Gewährung eines (langfristigen) Kredits an Russland im Wert von 10 Mrd. €.

g) Unentgeltliche Lieferung von Wasserpumpen an Äthiopien im Rahmen der Entwicklungshilfe im Wert von 1 Mrd. €.
h) Inländische Unternehmen erwerben Mehrheitsbeteiligungen an Auslandsunternehmen im Wert von 50 Mrd. €.
i) Japanische Unternehmen erwerben deutsche Unternehmen und überweisen 42 Mrd. €.
j) Deutsche Bundesbank verkauft US-Wertpapiere an US-Bank, die 22 Mrd. US-$ überweist.

2) Stellen Sie ein Zahlungsbilanzkonto auf und bilden Sie die Salden der Zahlungsbilanz in Skalenform ab.

Fallbeispiel 19.5: Zahlungsbilanzsituationen (+)

Stellen Sie folgende Zahlungsbilanzsituationen grafisch dar. Gehen Sie von Abb. 19.5 aus.

1) Situation 1:
Der Nettokapitalexport ist größer als der Aktivsaldo der LB; die Zentralbank gibt Devisen ab.
2) Situation 2:
Der Nettokapitalimport übersteigt den Passivsaldo der LB; die Zentralbank nimmt Devisen auf.
3) Situation 3:
Aktivsaldo der LB und Nettokapitalimport treffen zusammen; Zentralbank nimmt Devisen auf.
4) Situation 4:
Passivsaldo der LB und Nettokapitalexport treffen zusammen; die Zentralbank gibt Devisen ab.

Fallbeispiel 19.6: Leistungsbilanz und Außenbeitrag (++)

Folgende Transaktionen sind gegeben (in Mrd. €):

(1) Export von Waren	625
(2) Zahlung von Faktorentgelten an private Haushalte a) vom Staat b) von Unternehmen c) aus dem Ausland	 200 1.100 50
(3) Ausgaben deutscher Touristen im Ausland	50
(4) Kauf von Konsumgütern der privaten Haushalte	1.300
(5) Bruttoinvestitionen der Unternehmen und des Staates	450
(6) Staatliche Konsumausgaben	500
(7) Import von Waren	550
(8) Faktoreinkommen der Ausländer aus dem Inland	100
(9) Übertragungen des Inlandes an das Ausland	25

1) Ermitteln Sie den Leistungsbilanzsaldo.
2) Errechnen Sie das BIP bzw. das Bruttonationaleinkommen (BNE).
3) Berechnen Sie den Außenbeitrag zum BIP bzw. zum BNE.

Fallbeispiel 19.7: Exportweltmeister (+)

1) Nehmen Sie an, die Handelsbilanz eines Landes habe einen Überschuss von 100 Mrd. € und der Wechselkurs liege bei 1 € = 1 US-$.

Exporterlöse 200	Importausgaben	100
	Saldo	100

Aufgrund hoher Inlandslöhne verlagern die Unternehmen Wertschöpfung im Umfang von 20 Mrd. € in das Ausland. Durch die möglichen Kosteneinsparungen können die Exportgüter billiger hergestellt werden. Folge ist ein Anstieg der Exporterlöse um 40 Mrd. €. Interpretieren Sie das Ergebnis.

2) Ist der Titel „Exportweltmeister" ein Zeichen für einen starken Wirtschaftsstandort? Beachten Sie hier die Saldenmechanik der Zahlungsbilanz.
3) In einer Zeitung können Sie lesen, dass Deutschland seinen Titel als Exportweltmeister dank eines starken € verteidigt hat. Interpretieren Sie diese Meldung ausgehend von einem Wechselkurs von 1,25 US-$/€.

Fallbeispiel 19.8: Außenwirtschaftliches Gleichgewicht (+)

Folgende Transaktionen sind gegeben (in Mrd. €):

(1) Export von Waren	600
(2) Zahlung von Faktorentgelten an private Haushalte a) vom Staat b) von Unternehmen c) aus dem Ausland	 200 1.100 50
(3) Ausgaben deutscher Touristen im Ausland	30
(4) Kauf von Konsumgütern der privaten Haushalte	1.100
(5) Bruttoinvestitionen der Unternehmen und des Staates	450
(6) Staatliche Konsumausgaben	400
(7) Import von Waren	550
(8) Faktoreinkommen der Ausländer aus dem Inland	60
(9) Übertragungen des Inlandes an das Ausland	30

1) Berechnen Sie den Anteil des Außenbeitrages am BIP.
2) Beurteilen Sie, ob in dieser Situation ein außenwirtschaftliches Gleichgewicht vorliegt. Wie hoch müsste der Außenbeitrag zum BIP ausfallen, damit von einem Außenwirtschaftlichen Gleichgewicht gesprochen werden könnte?

Fallbeispiel 19.9: Außenwirtschaftliches Ungleichgewicht (+)

Für die USA liegen folgende Werte vor:

(1) Konsumausgaben Privater Haushalte	3.090
(2) Export	820
(3) Import	780
(4) Gesamtwirtschaftliche Investitionen	800
(5) Abschreibungen	230
(6) Staatliche Konsumausgaben	800
(7) Einkommen aus Unternehmertätigkeit und Vermögen an Ausländer	140
(8) Arbeitnehmerentgelte an ausländische Grenzgänger (Mexiko, Kanada)	120

1) Ermitteln Sie den Anteil des Außenbeitrages am Bruttonationaleinkommen.
2) Berechnen Sie die gesamtwirtschaftliche Ersparnis und erläutern Sie, welcher Zusammenhang zwischen Investition und inländischer Ersparnis in den USA besteht.

Fallbeispiel 19.10: Saldenmechanik der Leistungsbilanz (++)

1) Leiten Sie ausgehend von der Verwendungsgleichung des BIP die Gleichung für die Leistungsbilanz ab. Gehen Sie vereinfacht davon aus, dass der Saldo der Primäreinkommen Null beträgt.
2) Welche Informationen liefert Ihnen ausgehend von der Gleichung der Leistungsbilanz ein Defizit bzw. ein Überschuss?
3) Gegeben ist folgende Ausgangssituation eines Landes.

Leistungsbilanzsaldo	(S – I)	(T – G)
10	10	0

Erläutern Sie die Auswirkungen auf die Leistungsbilanz, wenn im Inland zeitgleich folgende Veränderungen eintreten: Konsumsteigerung um 5, Investitionserhöhung um 5 und Erhöhung des staatlichen Defizits um 10. Welche Folgen hinsichtlich der Finanzierung resultieren daraus für das Inland?

Fallbeispiel 19.11: Auslandsverschuldung (++)

1) Ein Entwicklungsland weist drei Jahre hintereinander jeweils ein Handelsbilanzdefizit von 100 Mio. Geldeinheiten auf, das durch einen Kapitalzufluss aus dem Ausland gedeckt wird. Der Schuldendienst beträgt 10 % des Vorjahres. Beurteilen Sie die Entwicklung der Leistungsbilanz und den Schuldenstand nach drei Jahren.
2) Zur Reduzierung der Auslandsverschuldung werden u. a. auch die Strategien der Exportdiversifizierung und der Importsubstitution diskutiert. Was könnten diese Strategien bedeuten?

Fallbeispiel 19.12: Leistungsbilanzsituationen (++)

1) Zeitungsnotiz: „Argentinien droht aufgrund seines Leistungsbilanzdefizits die Zahlungsunfähigkeit". Wie lässt sich diese Notiz erklären?
2) Welche grundsätzlichen Möglichkeiten bestehen grundsätzlich zur Finanzierung von Leistungsbilanzdefiziten?
3) Was verstehen Sie unter einem Zwillingsdefizit?
4) Stellen Sie sich vor, Sie wären Berater des IWF und müssten Ratschläge zur Beseitigung von Defiziten bzw. Überschüssen in der Leistungsbilanz geben. Welche Ratschläge (erhöhen, senken) würden Sie bezogen auf folgende Größen geben?

	Leistungsbilanz-Defizit	Leistungsbilanz-Überschuss
Importe		
Exporte		
Sparen		
Investieren		
Steuern		
Staatsausgaben		

Kapitel 20: Devisenmarkt: Der Wechselkurs als makroökonomische Stellgröße

Kapitel 20

Inhaltsübersicht

Lernzielorientierte Sachverhalte

- Der Devisenmarkt ist ein Spiegelbild der Zahlungsbilanz. Die dort erfassten Transaktionen, die etwa Exporte, Importe, den Kauf ausländischer Aktien oder Immobilien einschließen, erfordern den Kauf oder Verkauf von Devisen.
- Angebot und Nachfrage auf dem Devisenmarkt ergeben den Wechselkurs. In der Praxis sind verschiedene Wechselkursbegriffe zu unterscheiden. Dazu zählen z. B. An- und Verkaufskurse, Kassa- und Terminkurse sowie reale und nominale Wechselkurse.
- Der Devisenhandel eröffnet durch die Unterscheidung von Kassa- und Terminkursen die Möglichkeit, Kurs- und Zinsdifferenzen auszunutzen.
- Der Devisenmarkt lässt sich mikroökonomisch darstellen. Im Fall flexibler Wechselkurse bildet sich die Notierung durch das freie Spiel von Angebot und Nachfrage. Einflussgrößen für die Bildung von Wechselkursen sind vor allem der Außenhandel, Inflations- und Zinsunterschiede zwischen Ländern sowie Wechselkurserwartungen.
- Die Wahl eines Wechselkurssystems hat nachhaltige Auswirkungen auf den internationalen Handel, die Beschäftigung und das Einkommensniveau eines Landes sowie die Wirksamkeit wirtschaftspolitischer Maßnahmen. Es handelt sich um eine der wichtigsten Entscheidungen, die ein Land zu treffen hat.
- In der Praxis gibt es ein breites Spektrum von Systemen, die zwischen flexiblen und festen Wechselkurse angesiedelt sind. Ein Beispiel für ein System fester Wechselkurse mit Bandbreiten ist das Europäische Währungssystem (EWS), das eine Vorgängerfunktion für die Einführung des Euro darstellte.

20.1 Übersicht

In einem System **flexibler Wechselkurse** bildet sich der Gleichgewichtspreis der Währungen allein aufgrund der Konstellationen auf dem Devisenmarkt (Abb. 20.1). Die Zentralbank oder andere Währungsbehörden nehmen durch Interventionen am Devisenmarkt keinen Einfluss auf den Kurs. Flexible Wechselkurse entsprechen daher dem Prinzip marktwirtschaftlicher Preisbildung. Aus dem englischen Sprachgebrauch ist für das System flexibler Wechselkurse der Ausdruck **floating** übernommen worden, da der flexible Wechselkurs im Zeitablauf „auf den Wellen der Marktkräfte schwimmt". Häufig verbreitet ist das manipulierte oder **managed floating**, bei dem sich zwar der Wechselkurs im Wesentlichen aufgrund der Transaktionen der privaten Wirtschaftssubjekte bildet, die Zentralbanken aber zusätzlich intervenieren. Die Notenbanken sind jedoch nicht zur Intervention und zur Verteidigung eines Kurses verpflichtet. Ziel der Interventionen ist es, zu starke kurzfristige Schwankungen des Wechselkurses zu vermeiden. In einem System **fester Wechselkurse** würde der Kurs durch staatliche bzw. politische Institutionen festgelegt (**Paritätskurs** oder **Leitkurs**). Zwischen den beiden Grundformen gibt es verschiedene Unterformen, die u. a. auch eine Schwankung des Wechselkurses innerhalb von Bandbreiten mit einem oberen und unteren Interventionskursen vorsehen.

In der Praxis sind Beschränkungen in der Umtauschbarkeit von Währungen, d. h. der **Konvertibilität,** zu berücksichtigen. Diese liegen z. B. vor, wenn nur bestimmten Personengruppen der Umtausch von Währungen erlaubt ist oder nur ein Umtausch in wenige andere Währungen möglich ist. Nur voll konvertible Währungen können

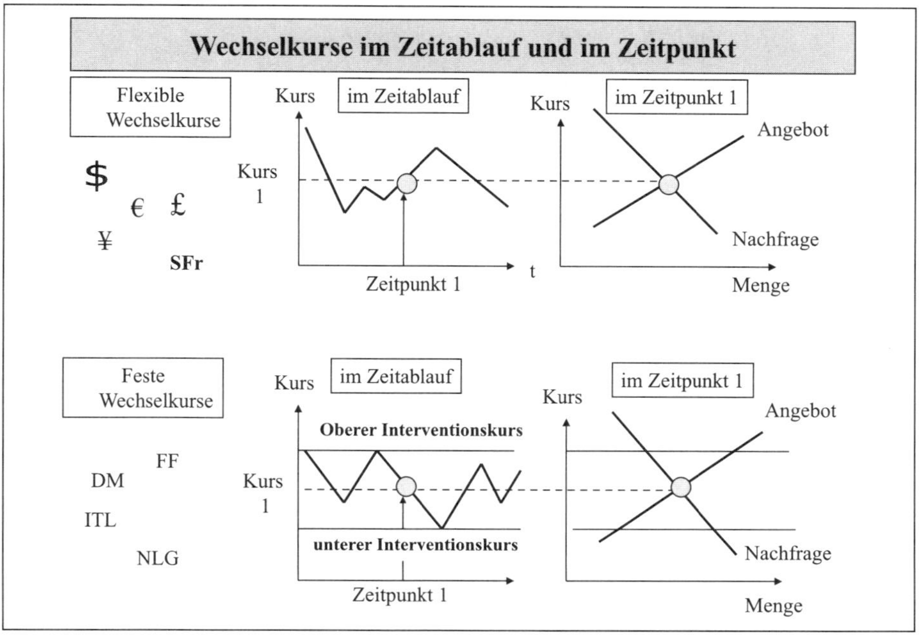

Abb. 20.1: Flexible und feste Wechselkurse

eine Funktion als international anerkannte **Leitwährung** für die Geldpolitik anderer Ländern oder eine Rolle als **Reservewährung** einnehmen. Wir werden im Folgenden zunächst flexible Wechselkurssysteme betrachten und anschließend auf alternative Wechselkurssysteme eingehen.

Schlagwörter	• flexible Wechselkurse • feste Wechselkurse	• Konvertibilität • Leitwährung

20.2 Devisenmarkt

Der **Devisenmarkt** ist ein Spiegelbild der **Zahlungsbilanz**. Die dort erfassten Transaktionen, die etwa Exporte, Importe, den Kauf ausländischer Aktien oder Immobilien einschließen, erfordern in der Regel den Kauf oder Verkauf von Devisen, also ausländischer Währung. Am Devisenmarkt bildet sich der **Wechselkurs** als Preis einer ausländischen Währung im Verhältnis zur inländischen Währung. Der Devisenmarkt ist einer der vollkommensten und liquidesten Märkte der Welt (Abb. 20.2). Hier spielen dank Computertechnik Zeit und Raum kaum noch eine Rolle. Es gibt keinen Börsenschluss und keine Eröffnung. Die Devisenhändler handeln über alle Zeitzonen ununterbrochen. Weltweit werden täglich Devisen im Volumen von etwa 1.800 Milliarden US-$ gehandelt. Bei rund 260 Handelstagen ergibt sich eine gigantische Summe von 468.000 Milliarden US-$ im Jahr. Diese kaum vorstellbare Größenordnung beruht auf den Besonderheiten des Devisenmarktes, die im weiteren Verlauf deutlich werden.

Devisenmarkt – rund um den Globus und rund um die Uhr geöffnet

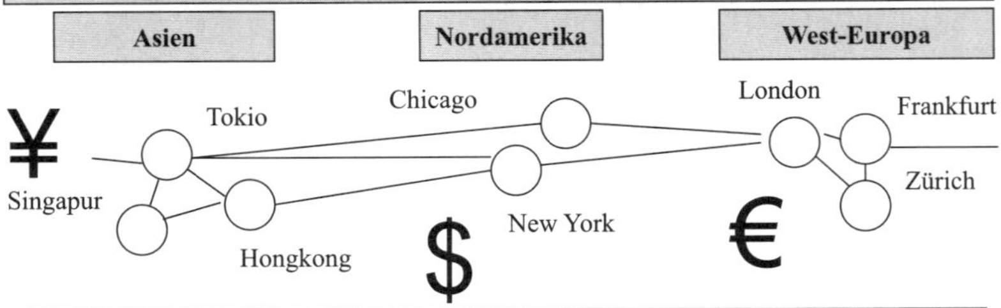

Der Devisenmarkt

- ist Spiegelbild der Zahlungsbilanz und des An- bzw. Verkaufs von Währungen
- sichert die Funktionsfähigkeit des Welthandels, ist aber auch stark durch renditeorientierte Kapitalbewegungen gekennzeichnet
- hat keinen zentralen, physischen Platz und ist 24 Stunden geöffnet
- wird durch wenige, voll konvertible (umtauschbare) Währungen geprägt (insbesondere US-$, €, Yen)

Abb. 20.2: Merkmale des Devisenmarktes

Akteure auf dem Devisenmarkt

In Lehrbüchern taucht der Devisenmarkt in zwei Formen auf. Zum einen wird er wie jeder andere Markt behandelt und mittels **Angebots-** und **Nachfragekurven** dargestellt, deren Schnittpunkt den Wechselkurs bestimmt. Im anderen Fall wird der Devisenmarkt auf eine **Gleichgewichtsbedingung** reduziert, wie etwa im Fall der ungedeckten Zinsparität (vgl. dazu Kap. 21). Im Allgemeinen wird vom Devisenmarkt gesprochen, wenn es um den Handel von Währungen geht.

Der Handel mit Währungen findet jedoch nicht zentralisiert an einem Ort (wie z. B. einer Börse) statt, sondern jeder, der Geld von einer in eine andere Währung wechseln möchte, ist prinzipiell Teil des Devisenmarktes. Auch Sie sind Teil dieses Marktes, sobald sie Geld von einer in eine andere Währung tauschen. Darüber hinaus muss der Devisenmarkt in viele verschiedene Teilmärkte (z. B. der Markt für US-$) zerlegt werden, welche weiter verfeinert werden können (z. B. der Handel Dollar gegen Euro, Dollar gegen Yen). Akteure an den Devisenmärkten sind im Wesentlichen Exporteure und Importeure, Kapitalanleger, Zinsarbitrageure, Terminspekulanten, Devisenhändler und Zentralbanken. Sie lassen sich von unterschiedlichen Einflussgrößen leiten (Abb. 20.3).

Für die **Außenhändler** (Ex- und Importeure) stehen die Güterpreise im Vordergrund, die wiederum von den aktuellen (w) und den erwarteten Wechselkursen (w^e) bestimmt werden. **Kapitalanleger** orientieren sich eher an längerfristigen Renditezielen. **Zinsarbitrageure** treten am Kassa- bzw. Termindevisenmarkt auf und orientieren sich vorwiegend an der internationalen Zinsdifferenz. **Spekulanten** versuchen, durch den Vergleich aktueller und erwarteter Kurse Gewinne zu erzielen. **Zentralbanken** verfolgen im Rahmen ihrer Interventionen auf den Devisenmärkten vor allem Wechselkursziele und versuchen nachteilige Auswirkungen z. B. auf das inländische Preisniveau zu vermeiden.

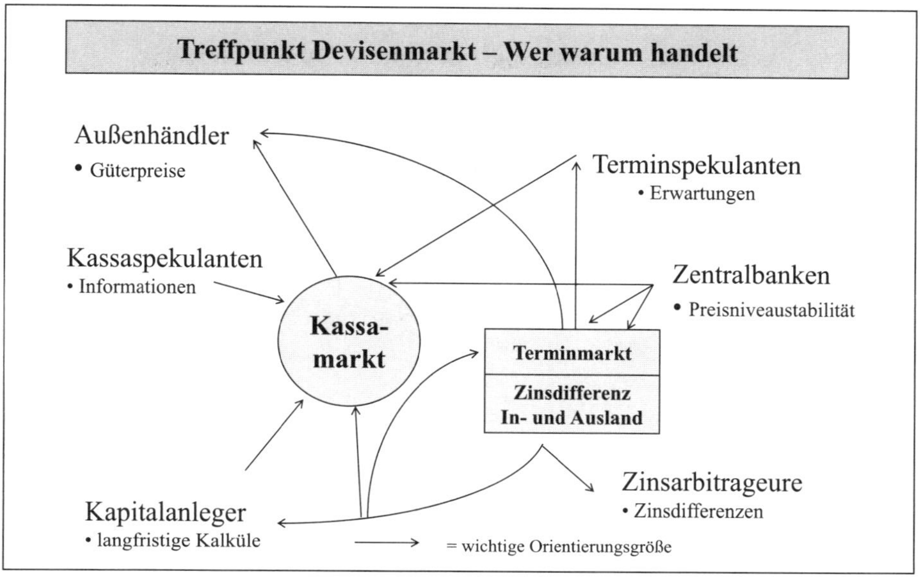

Abb. 20.3: Akteure auf dem Devisenmarkt

Schlagwörter	• Devisenmarkt • Außenhändler	• Zinsarbitrageure • Spekulanten

20.2.1 Grundbegriffe

Wenn Sie morgens auf dem Weg in die Hochschule an einer Bank vorbeikommen oder beim Frühstück den Wirtschaftsteil einer Zeitung lesen, können Sie sich über die aktuellen Wechselkurse der wichtigsten Währungen informieren. Wechselkursumrechner bieten im Internet die Möglichkeit, sich in Sekundenschnelle die Paritäten von rund 165 Währungen ausweisen zu lassen (vgl. z. B. http://www.oanda.com; http://de.finance.yahoo.com).

An- und Verkaufskurs von Währungen

Wenn Sie vor oder nach dem Urlaub Devisen umtauschen wollen, wird Ihnen auffallen, dass es immer einen Geld- und einen Briefkurs gibt. Beide Kurse werden aus Sicht der Bank aufgestellt. Beim Ankaufskurs (Geldkurs) erhalten Sie für einen Euro z. B. 1,285 US-$. Beim Verkaufskurs (Briefkurs) erhalten Sie z. B. einen Euro für 1,29 US-$.

Ankaufskurs (Geldkurs)	Verkaufskurs (Briefkurs)
Bankkunde zahlt mit Euro Ankauf von Euro durch die Bank	Bankkunde zahlt mit ausländischer Währung Verkauf von Euro durch die Bank
Für einen Euro erhält der Kunde x Einheiten der ausländischen Währung (z. B. 1,285 US-$).	Für x Einheiten der ausländischen Währung (z. B. 1,29 US-$) erhält der Bankkunde einen Euro.

Der Ankaufskurs ist immer niedriger als der Verkaufskurs. Mit der Differenz, dem sogenannten **Spread**, decken die Banken ihre Kosten bzw. erzielen einen Gewinn.

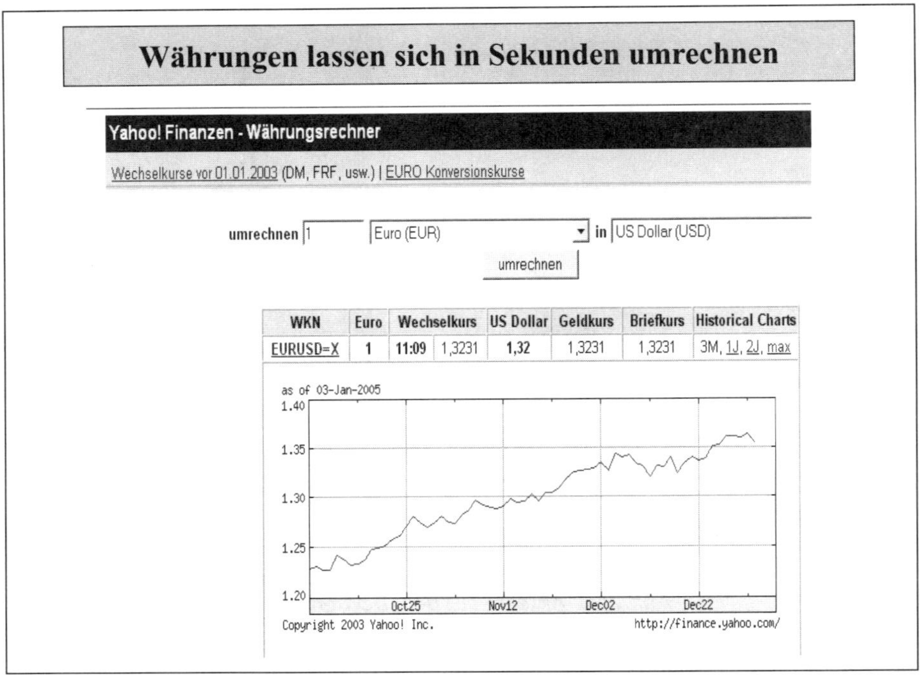

Abb. 20.4: Währungsrechner
Quelle: http://de.finance.yahoo.com

Betrachten wir zur Verwendung der oben angegebenen Kurse noch einige Beispiele:

Sie möchten für 1.000 € US-$ kaufen.	€ × Geldkurs = US-$	Sie erhalten: 1.000 € × 1,285 US-$/€ = 1.285 US-$
Sie möchten für 1.000 € US-$ verkaufen.	€ × Briefkurs = US-$	Sie zahlen: 1.000 € × 1,29 US-$/€ = 1.290 US-$
Sie möchten 1.000 US-$ kaufen.	US-$: Geldkurs = €	Sie zahlen: 1.000 US-$: 1,285 US-$/€ = 778,21 €
Sie möchten 1.000 US-$ verkaufen.	US-$: Briefkurs = €	Sie erhalten: 1.000 US-$: 1,29 US-$/€ = 775,19 €

Kreuzwechselkurs und Arbitrage

Von einem **Kreuzwechselkurs** wird gesprochen, wenn der implizite Wechselkurs bei drei Währungen (wie beispielsweise Euro, Dollar und Yen) gemeint ist. Beispielsweise ergibt sich der Kreuzwechselkurs Yen/US-$ aus dem Produkt der Wechselkurse €/US-$ und Yen/€:

(1) 0,6737 €/US-$

(2) 161,02 Yen/€

(3) 108,479 Yen/US-$ = 0,6737 €/US-$ × 161,02 Yen/€

In der Regel sollte der Kreuzwechselkurs zwischen Euro und Dollar dem tatsächlichen Wechselkurs entsprechen. Tatsächlich eröffnen jedoch kleine Kursdifferenzen die Möglichkeit der sogenannten **Arbitrage**. Die Arbitrage bezeichnet den gleichzeitigen Kauf und Verkauf ein und desselben Gutes auf zwei unterschiedlichen Märkten, um den zwischen diesen Märkten bestehenden Preisunterschied gewinnbringend zu nutzen. Mit anderen Worten: Man kauft ein Gut auf dem Markt, auf dem es preiswert ist und verkauft es zugleich auf dem Markt, auf dem es teuer ist („*buy low, sell high*"). Da sowohl der Ankaufs- wie auch der Verkaufspreis bekannt sind, handelt es sich bei Arbitrage um eine risikolose Transaktion. Kursarbitrage ist lohnenswert, wenn die Notierungen des Wechselkurses zweier Währungen an verschiedenen Börsenplätzen voneinander abweichen.

Wird z. B. ein US-$ in Frankfurt mit 1 € und in New York zum gleichen Zeitpunkt mit 1,02 € notiert, so lässt sich ein Gewinn erzielen, wenn Sie in Frankfurt US-$ kaufen und diese in New York unmittelbar verkaufen. Ein Einsatz von 1 Mio. € führt dann zu einem Gewinn von 20.000 €, wenn wir von Transaktionskosten absehen. Eine besondere Form der Arbitrage ist die Dreiecksarbitrage zwischen drei Währungen, deren Kreuzwechselkurs an zwei verschiedenen Börsenplätzen unterschiedlich ist. Der Kreuzwechselkurs zwischen €, US-$ und Yen ist gegeben als:

(1) (€/US-$) × (Yen/€) = Yen/US-$

Angenommen sei nun, dass in Frankfurt Kurse von 1,05 €/US-$ und von 100Yen/€ notiert werden. Daraus errechnet sich in Frankfurt ein Kreuzwechselkurs von 105 Yen/US-$:

(2) (1,05 €/US-$) × (100Yen/€) = 105 Yen/US-$

In New York sei der Yen zeitgleich mit 100 Yen/US-$ notiert. Auf Basis von US-$ ist der Yen also in Frankfurt billiger als in New York. Es lohnt sich folglich in Frankfurt Yen-Beträge gegen € zu kaufen, diese in New York gegen US-$ zu tauschen und diesen US-$ Betrag in Frankfurt wieder in € zurückzutauschen. Würde z. B. ein Betrag von 1 Mio. € eingesetzt, lässt sich ein Gewinn von 50.000 € (ohne Transaktionskosten) erzielen:

- 1 Mio. € · (100Yen/€) = 100 Mio. Yen
- 100 Mio. Yen = 1 Mio. US-$
- 1 Mio. US-$ = 1,05 Mio. €

Solche Arbitragegeschäfte lassen sich in kurzer Zeit abwickeln. Da die Akteure auf dem Devisenmarkt über weitgehend identische Informationen verfügen, bestehen solche Arbitragefenster oft nur wenige Minuten. Gewinne sind also nur durch schnelle Reaktionen möglich. Eine solche Situation wird nicht lange Bestand haben, da sie eine Vielzahl von entsprechenden Anlagen nach sich zieht und somit zu einem Ausgleich der Kurse führt.

Kassa- und Terminkurse

Wird ein Devisenkurs gestellt, so ist dieser in der Regel als **Kassakurs** zu verstehen. Dieser Kurs bezieht sich auf Geschäfte, die zwei Tage nach Abschluss erfüllt werden. Das reine Devisenkassageschäft ist ein Währungsumtausch.

	Umtausch von € in US-$	Umtausch von US-$ in €
Zahlungsstrom	10.000.000 €	10.000.000 US-$
Devisenkurs	1 € = 1,1774 US-$	1 € = 1,1777 US-$
maßgeblich	Geldkurs (Bank kauft € an)	Briefkurs (Bank verkauft €)
Berechnung	10.000.000 × 1,1774	10.000.000 / 1,1777
Betrag	10.177.400 US-$	8.491.126,77 €

Als ein **Devisentermingeschäft** bezeichnet man eine Vereinbarung von zwei Geschäftspartnern über den Tausch zweier Währungen, der zu einem in der Zukunft liegenden Termin stattfinden soll. Dabei werden bereits zum Vertragszeitpunkt der Kurs (Terminkurs), zu dem der Währungstausch erfolgt, das Erfüllungsdatum sowie die betreffenden Beträge vereinbart. Zentrale Aufgabe des Devisentermingeschäfts ist es, Schutz vor **Wechselkursrisiken** zu gewähren. Beispielsweise steht der Exporteur vor dem Risiko, dass der Fremdwährungsbetrag nach seinem Eingang zu einem niedrigeren Kurs gegen Euro verkauft werden muss, als bei Kalkulation des Angebotspreises angenommen wurde. Der Importeur steht hingegen vor dem Risiko, dass sich seine Einkäufe bei Zahlungsfälligkeit durch einen Kursanstieg der Fremdwährung gegenüber dem Geschäftsabschluss verteuert haben.

Das Wechselkursrisiko entsteht durch unvorhergesehene Schwankungen des Wechselkurses. In der Literatur werden im Wesentlichen drei Arten von Wechselkursrisiken unterschieden:

- Das stichtagsbezogene **Währungskonversionsrisiko** (*translation risk*) bezeichnet den Fall, dass eine Unternehmung Bilanzpositionen aufweist, die nicht ihrer Bilanzwährung entsprechen (z. B. Gewinne von Tochterunternehmen). Sie müssen zum Ende des Geschäftsjahres zu Konsolidierungszwecken umgerechnet werden. Es handelt sich nicht um güterwirtschaftliche Transaktionen, sondern vielmehr um eine buchhalterische Anpassung der verschiedenen Bilanzpositionen. Das Währungskonversionsrisiko steht also für die Wirkung einer Wechselkursänderung auf buchhalterische Jahresabschlusszahlen.
- Das **Währungstransaktionsrisiko** (*transaction risk*) betrachtet die Gefahr einer Wechselkursänderung auf bereits kontrahierte (vereinbarte) Zahlungsströme, die in Höhe und Fälligkeitszeitpunkt bereits bekannt sind. Dieses reine Preisrisiko bezieht sich auf den Kurs zwischen Vertragsabschluss und der Begleichung der Forderung bzw. Verbindlichkeit.
- Das **ökonomische Währungsrisiko** (*economic risk*) beschreibt das Risiko der Auswirkungen einer Wechselkursänderung auf die noch nicht kontrahierten Zahlungsströme. Diese sind sowohl von der Entstehung, als auch in ihrer Höhe unsicher und bergen neben dem Preis- auch ein Mengenrisiko. Das ökonomische Währungsrisiko beinhaltet auch das schwer greifbare Risiko einer Verschiebung der Wettbewerbsposition aufgrund von Wechselkursänderungen. Die Tatsache, dass dieses Risiko mit einem ganzen Bündel ungewisser Zahlungsströme zusammen hängt, unterstreicht seinen strategischen Charakter. Der betroffene Zeithorizont überschreitet den Rahmen konventioneller Absicherungsinstrumente.

Effektive Wechselkurse

Während der nominale bzw. der reale Wechselkurs bilaterale Währungspreise darstellen und damit den Preis von zwei Währungen vergleichen, stellen **effektive Wechselkurse** den Preis einer Währung gegenüber einem Währungskorb dar. Nehmen wir an, Deutschland würde nur mit den USA und Japan Handel betreiben:

Land	Anteil am Außenhandel	Wechselkurs (Mengennotierung)	
		Jahr 2005	Jahr 2010
USA	0,7	0,9 $	1,15 $
Japan	0,3	100 Yen	130 Yen

Der nominale Außenwert des € gegenüber dem US-$ wäre damit in 5 Jahren um 27,7 % und gegenüber dem Yen um 30 % gestiegen. Der effektive Außenwert hingegen verzeichnet eine Zunahme um 28,4 % (0,7 × 127,7 + 0,3 × 130 = 128,4). Der Gesamtindex liegt zwischen den Einzelindexergebnissen und näher beim Einzelindexergebnis für die wichtigere Währung. Die Europäische Zentralbank berechnet den effektiven Wechselkurs des Euro als Index gegenüber den Währungen von 23 Haupthandelspartnern. Bedeutsam sind vor allem der US-Dollar, das britische Pfund und der japanische Yen, die derzeit gemeinsam über 55 Prozent des gesamten effektiven Wechselkurses des Euro ausmachen.

Schlagwörter	• Ankaufs-, Verkaufskurs • Spread • Kassakurs	• cross-rates • effektive Wechselkurse • Terminkurs

20.2.2 Devisenhandel

Charakteristisch für den Kassa-Devisenmarkt ist die Handelsorganisation nach dem **Market-Maker** Prinzip. Das bedeutet, dass jede am Devisenmarkt agierende Bank zu jedem Zeitpunkt bereit ist, auf Anfrage Ankaufs- und Verkaufskurse für eine Währung zu nennen, ohne zu wissen, ob der Anfragende ein potenzieller Käufer oder Verkäufer ist. Dabei ist die Bank verpflichtet, zu den von ihr genannten Kursen dann auch tatsächlich Transaktionen vorzunehmen. Das führt häufig dazu, dass eine Bank z. B. ein Dollar-Guthaben erwirbt, ohne dafür tatsächlich einen Bedarf zu haben. In einem **Market-Maker System** ist dies nicht problematisch, da sie sich nun an eine andere Bank wenden kann. Auf diese Weise kann es dazu kommen, dass ein z. B. von einem Unternehmen in den Devisenmarkt gebrachtes Dollar-Guthaben sehr häufig zwischen den Market-Makern umläuft, bis es bei einer Bank angelangt, die tatsächlich einen zusätzlichen Bedarf an Dollar-Guthaben hat. Dieses Organisationsprinzip des Devisenmarktes ist auch die Haupterklärung für die extrem hohen Umsätze auf diesem Markt (geschätzt: 1,5 Bio. US-Dollar pro Handelstag!).

Das „Entstehen" eines Terminkurses

Grundlage für die Berechnung des Kurses eines Devisentermingeschäftes ist der aktuelle Kassakurs. Aufgrund der in der Zukunft liegenden Fälligkeit (Laufzeit) eines Devisentermingeschäftes beeinflusst auch die Differenz zwischen den Zinssätzen der beteiligten Währungen den Terminkurs. Grundidee ist, dass die Anlage eines Betrags in Euro z. B. auf ein Jahr den gleichen Ertrag bringen muss wie

- der Umtausch des Betrages in US-$ zum Kassakurs (w),
- die Anlage auf ein Jahr in US-$ und
- den anschließenden Verkauf der US-$ in einem Jahr zum erwarteten Kassakurs (w^e).

In der Regel wird von der Risikoneutralität der Akteure ausgegangen. Die Bildung eines Terminkurses wollen wir anhand eines Beispiels verdeutlichen. Nehmen wir an, Sie haben eine Mio. € zur Verfügung, die wahlweise im In- bzw. Ausland angelegt werden können. Sie haben folgende Informationen:

- aktueller Kassakurs: 1,30 US-$/€
- inländischer Zins: 4 % p.a.
- ausländischer Zins: 2 % p.a.

Aus dieser Konstellation lässt sich der theoretisch korrekte Terminkurs von 1,275 US-$/€ herleiten (vgl. Abb. 20.5). Sie können erkennen, dass sich die Erträge bei diesem

Kurs zwischen Inlands- und Auslandsanlage entsprechen. Was würde nun bei einem anderen Terminkurs passieren? Nehmen wir dazu an, der tatsächliche weicht vom korrekten Terminkurs ab und liege bei 1,25 US-$/€. In diesem Fall können Sie eine risikolose Arbitrage erzielen:

(1) Auslandserträge: 1.060.800 € (= 1.326.000 US-$ / 1,25 US-$/€)

(2) Inlandserträge: 1.040.000 €

(3) Arbitrage: 20.800 €

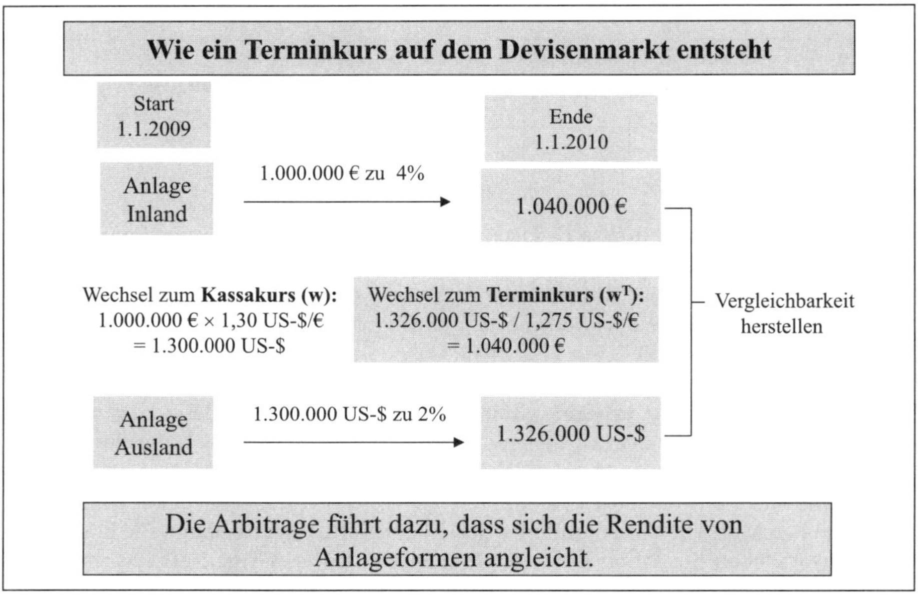

Abb. 20.5: Terminkurs

Auf dem Kassa- und Terminmarkt kommt es zu folgenden Anpassungsreaktionen:

	Kassamarkt (w): 1,30 US-$/€		Terminmarkt (w^T): 1,25 US-$/€	
	€	US-$	€	US-$
Nachfrage	sinkt	steigt	steigt	sinkt
Angebot	steigt	sinkt	sinkt	steigt
Kurs	sinkt		steigt	
Beachten Sie: Das Euro-Angebot lässt sich als US-$-Nachfrage interpretieren bzw. die Euro-Nachfrage als US-$-Angebot.				

Die Prozesse verlaufen solange, bis die Renditen der beiden Anlageformen identisch sind. Überlegen Sie selbst, welche Anpassungsprozesse einsetzen, wenn der Terminwechselkurs nicht unterhalb, sondern oberhalb des korrekten Terminkurses von 1,275 US-$/€ liegen würde. Dieser Zusammenhang zwischen Kassakurs, Terminkurs und Zinssätzen wird durch die **gedeckte Zinsparität** beschrieben. Da die Zinsparität eine Arbitragebedingung darstellt und Arbitragemöglichkeiten dauerhaft nicht bestehen können, hat dieser Gleichheitssatz nahezu immer Gültigkeit. Die gedeckte Zinsparität lautet:

(1) $(1 + i^{Inland}) = (1 + i^{Ausland}) \times (w \,/\, w^T)$

In unserem Zahlenbeispiel: (1 + 0,4) = (1,02) × (1,3 / 1,275)

Für relativ kleine Zinssätze und Wechselkursänderungen können wir (1) ersetzen durch:

(2) $i^{Inland} = i^{Ausland} - (w^T/w - 1)$

Durch das höhere Zinsniveau im Inland muss die Inlandswährung gegenüber der Auslandswährung abwerten. Die Zinsdifferenz von 2 % entspricht näherungsweise der Abwertungsrate des € gegenüber dem US-$. Nach der Logik der Arbitrage erklärt sich der Terminwechselkurs im Handel als Ergebnis der Zinsdifferenz zwischen zwei Währungen. Für relativ geringe Werte entspricht die Differenz zwischen Kassakurs (w) und Terminkurs (w^T) dem **Swap**. Um Swaps mit einem Zins vergleichen zu können, erfolgt eine Umrechnung auf ein Jahr. Bei einer Drei-Monats-Betrachtung wird also mit Vier multipliziert. Der Swapsatz stellt die Kurssicherungskosten des internationalen Kapitaltransfers dar und gleicht das zwischenstaatliche Zinsgefälle aus. In unserem vorherigen Zahlenbeispiel errechnet sich ein Swapsatz von –0,026 % (vgl. Abb. 20.6). Swapsätze werden noch nach Report und Deport unterschieden. Aus Sicht einer mengennotierten Währung wird die Differenz zwischen Termin- und Kassakurs als **Report** (Aufschlag auf den Kassakurs) oder **Deport** (Abschlag auf den Kassakurs) bezeichnet.

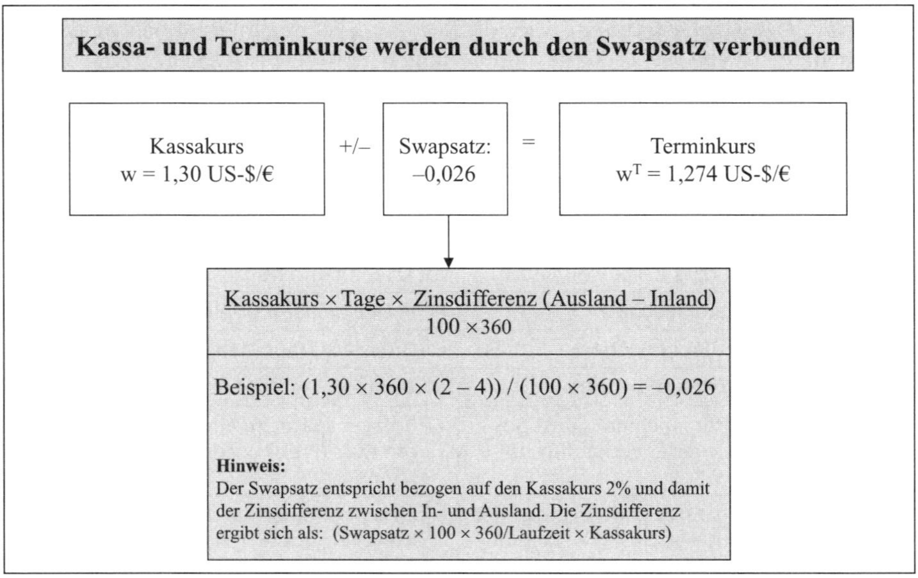

Abb. 20.6: Kassa- und Termingeschäft

Arbitragefenster bestehen oft nur wenige Minuten oder sogar noch kürzer. Schnelligkeit ist daher gefragt, um Zusatzrenditen erzielen zu können. Um die Kapitalbewegungen zwischen den größten Finanzplätzen der Welt (New York, London, Frankfurt, Tokio) zu charakterisieren, ist die Annahme der gedeckten Zinsparität durchaus plausibel. Bereits kleine Zinsveränderungen oder Gerüchte über Wechselkursveränderungen reichen aus, um innerhalb von Minuten Kapitalbewegungen zu mobilisieren. Voraussetzung ist, dass der Kapitalverkehr ohne staatliche Restriktionen und Eingriffe funktioniert. Kapitalverkehrskontrollen und Transaktionskosten erschweren die Zinsarbitrage.

Der Anleger muss zudem risiko-neutral bezüglich der Wechselkursentwicklung sein. Es ist somit für ihn ohne Bedeutung, ob sein Portfolio inländische oder ausländische Wertpapiere enthält, solange der Ertrag nach der Umrechnung auf Basis des Wechselkurses gleich ist. Dadurch lassen sich auch verschiedene Gründe für das hohe Volumen des täglichen Devisenhandels erkennen:

- die Verwendung des US-$ als *„vehicle currency"*, die zu einer Verdopplung aller Transaktionen führt,
- das Market Maker-Prinzip,
- die Kopplung von Kassa- und Termingeschäften durch Swapgeschäfte.

Wir werden im Rahmen der Zinsparitätentheorie nochmals auf die Grundlagen des Devisenhandels zurückkommen (vgl. Kapitel 21).

Schlagwörter	• Kassakurs • Terminkurs	• Arbitrage • Swapsatz

20.2.3 Determinanten des Wechselkurses

Wechselkursveränderungen haben Konsequenzen für eine Vielzahl von Größen. Wenn der nächste Türkei-Urlaub für Sie billiger wird, kann dies auch auf eine Aufwertung des Euro gegenüber der türkischen Lira zurückzuführen sein. Vergleichbares gilt für die Kosten eines Auslandsstudiums. Auch die Rechnungslegung international agierender Unternehmen ist von Wechselkursveränderungen betroffen. Auf freien Devisenmärkten führt eine Vielzahl von Güter- und Kapitaltransaktionen zu Schwankungen des Wechselkurses (Tab. 20.1).

Tab. 20.1: Währungsangebot und -nachfrage am Beispiel € und US-$

Euroangebot / Dollarnachfrage	Euronachfrage / Dollarangebot
Eine Person, die € in US-$ umtauscht, bietet € an und fragt US-$ nach, weil sie z.B.	Eine Person, die US-$ in € umtauscht, bietet US-$ an und fragt € nach, weil sie z.B.
• in den USA Urlaub macht	• in Deutschland Urlaub macht
• Güter aus den USA importiert	• Güter aus Deutschland importiert
• Wertpapiere in den USA kauft	• Wertpapiere in Deutschland kauft
• hofft, US-$ später zu einem günstigeren Kurs (Preis) wieder verkaufen zu können	• hofft, € später zu einem günstigeren Kurs (Preis) wieder verkaufen zu können
• einen US-Kredit zurückzahlen muss, der aufgrund geringerer Zinsen aufgenommen wurde	• einen in Deutschland aufgenommenen Kredit zurückzahlen muss, der aufgrund geringerer Zinsen aufgenommen wurde

In Lehrbüchern wird der Devisenmarkt oft grafisch darstellt (Abb. 20.7). Sie müssen darauf achten, aus welcher Ländersicht und in welcher Notierung dies geschieht. Grundsätzlich sind die Darstellungen ineinander überführbar. Das Angebot an € entspricht der Nachfrage nach US-$ bzw. das Angebot an US-$ der Nachfrage nach €. Ansonsten haben die Angebots- und Nachfragefunktionen den aus der Mikroökonomie bekannten Verlauf. Wir werden – anknüpfend an übliche Darstellungen – für den Devisenmarkt an der Preisachse die Preisnotierung (€/$) eintragen. (In der Praxis wird der Euro-Wechselkurs bekanntermaßen in der Mengennotierung angegeben.) Im Kern lässt sich die Preisbildung auf dem Devisenmarkt also auf Güter- und Kapitalströme zurückführen. In einer formalen Darstellung gelten folgende Beziehungen (Tab. 20.2):

Tab. 20.2: Einflussgrößen eines Wechselkurses

Funktion	Einflussgrößen
(1) Devisennachfrage: DN = Im + KEX	Importe, Kapitalexporte
(2) Devisenangebot: DA = Ex + KIM	Exporte, Kapitalimporte
(3) Im = Im (w, p, Y)	Wechselkurs, Güterpreisverhältnis, Inlandseinkommen
(4) Ex = Ex (w, p, Y*)	Wechselkurs, Güterpreisverhältnis, Auslandseinkommen
(5) p = P/P*	Güterpreisverhältnis
(6) KEX = KEX (w, w^e, i-i*, re-re*)	Wechselkurs, erwartete Veränderungsrate des Wechselkurses, Zinsdifferenz zwischen EWU und USA, Differenz der Rendite von Direktinvestitionen in der EWU und USA
(7) KIM = KIM (w, w^e, i-i*, re -re*)	

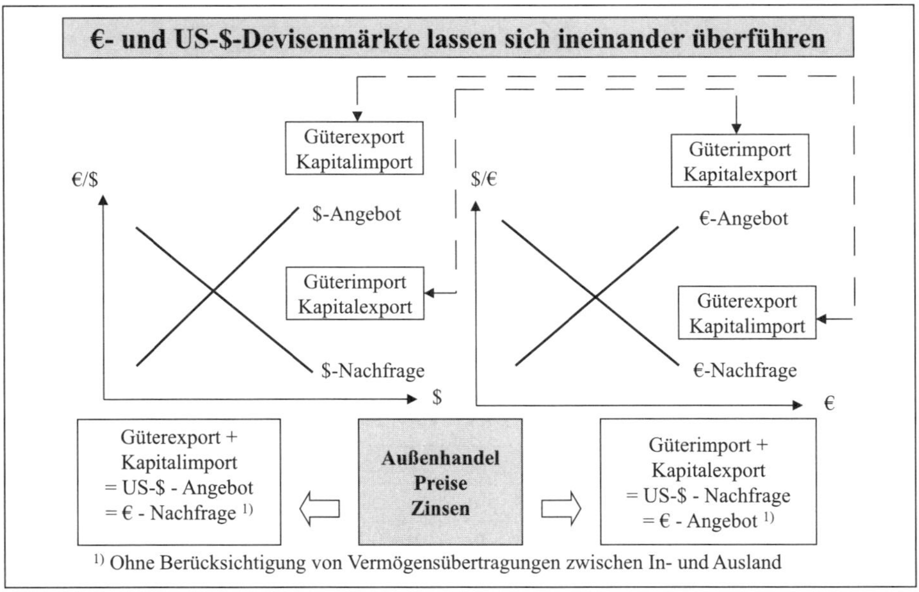

Abb. 20.7: Grafische Darstellung eines Devisenmarktes

Die **Güterströme** werden im Wesentlichen geprägt durch den Außenhandel und die Preisunterschiede der gehandelten Güter (Tab. 20.3).

Außenhandel

Wenn die Volkswagen AG Autos in die USA exportiert, verkauft der US-Importeur US-$ am Devisenmarkt und kauft €, da die Volkswagen AG am Erhalt von € interessiert ist. Wird das Geschäft hingegen in US-$ abgewickelt, verkauft die Volkswagen AG die US-$ am Devisenmarkt und kauft dafür €. Entsprechende Überlegungen gelten für den Import von Gütern. Im Außenhandel ist der Geschäftspartner gegen das Risiko einer Wechselkursänderung abgesichert, in dessen Währung das Geschäft fakturiert (abgewickelt) wird.

Veränderungen des Außenhandels haben eine Veränderung der Wechselkurse zur Folge. Höhere Importe führen zu einer größeren Nachfrage nach ausländischer Währung (hier US-$) und einem steigenden Preiswechselkurs, was einer Abwertung der inländischen Währung (hier €) entspricht. Höhere Exporte, z. B. aufgrund eines Einkommensanstiegs in den USA, bewirken eine Ausweitung des Angebots an Auslandswährung und somit eine Abwertung des US-$, d. h. eine Aufwertung der inländischen Währung (sinkender Preiswechselkurs, Abb. 20.8). Wir werden sehen, dass diese Aussagen nur unter bestimmten Bedingungen Gültigkeit besitzen und z. B. von der Größenordnung der Nachfrageelastizitäten abhängen (vgl. Kap. 21).

Güterströme als Einflussgröße von Wechselkursen

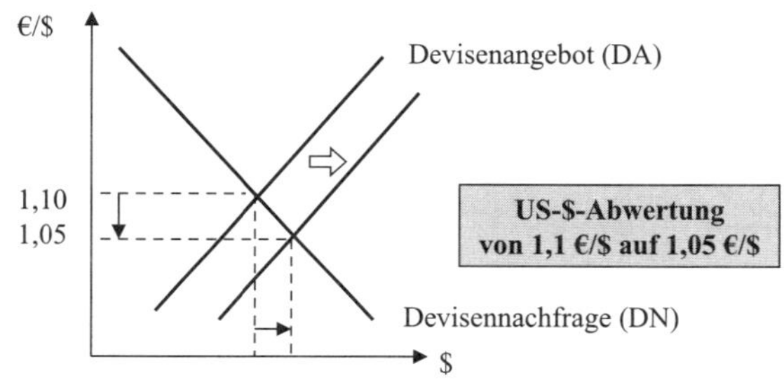

Impuls	Reaktion	DN-Kurve	DA-Kurve	US-$
Einkommensanstieg in den USA	Exportanstieg	–	rechts	Abwertung

Abb. 20.8: Außenhandel und Wechselkurs

Tab. 20.3: Auswirkungen des Güterhandels auf den Wechselkurs
Quelle: Dieckheuer, 2004

Impuls	Reaktion	DN-Kurve	DA-Kurve	Euro
Einkommensanstieg USA	$\Delta EX / \Delta Y^* > 0$	–	nach rechts	Aufwertung
Einkommensanstieg EWU	$\Delta EX / \Delta Y > 0$	nach links	–	Abwertung
Erhöhung des Preisniveaus in EWU	$\Delta EX / \Delta P_{Ex} < 0$	–	nach links	Abwertung
	$\Delta EX / \Delta P_{Im} > 0$	nach rechts	–	
Erhöhung des Preisniveaus in USA	$\Delta EX / \Delta P^*_{Ex} > 0$	–	nach rechts	Aufwertung
	$\Delta EX / \Delta P^*_{Im} < 0$	nach links	–	

Preisunterschiede

Preisunterschiede verändern die relative Wettbewerbssituation von Volkswirtschaften und Unternehmen. Nehmen wir an, das Preisniveau im Inland sei geringer als im Ausland (also: $p^{Inland} < P^{Ausland}$). In diesem Fall kommt es zu einer Zunahme der Güterexporte in die USA (= zunehmendes Devisenangebot). Das Ergebnis dieser Situation ist eine Abwertung der Auslandswährung, d. h. eine Aufwertung der Inlandswährung (Abb. 20.9).

Inflationsraten als Bestimmungsgröße von Wechselkursen

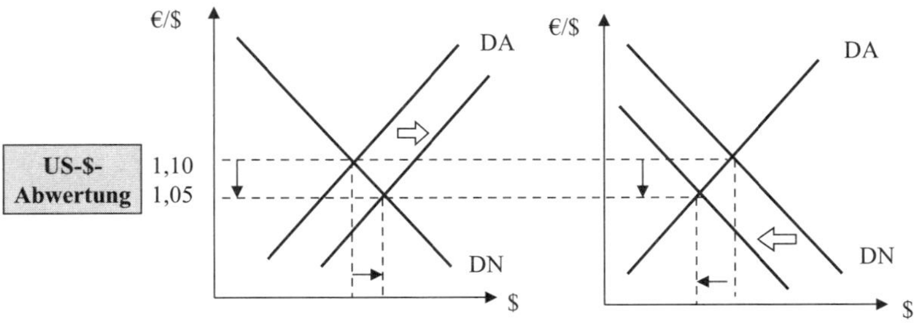

Impuls	Reaktion	DN-Kurve	DA-Kurve	US-$
$p^{Inland} < p^{Ausland}$	Exportanstieg	–	rechts	Abwertung
	Importrückgang	links	–	

Abb. 20.9: Inflationsunterschiede und Wechselkurs

Die **Kapitalströme** sind im Wesentlichen geprägt durch Zinsunterschiede und Wechselkurserwartungen (Tab. 20.4).

Zinsunterschiede

Zinsunterschiede zwischen Ländern sind ein wichtiger Einflussfaktor für Wechselkurse, da Kapitalanleger ihre Finanzanlagen an den internationalen Zinsniveaus orientieren. Wenn ein amerikanischer Investor z. B. deutsche Wertpapiere kauft weil ihre Verzinsung oberhalb des amerikanischen Niveaus liegt, kommt es zu einem Kapitalimport, steigenden Angebot an US-$ und zu einer vermehrten Nachfrage nach €. Gleichzeitig besteht für deutsche Kreditnehmer ein Anreiz, Kredite in den Vereinigten Staaten aufzunehmen, wobei die US-Kredite entsprechend dem Verwendungszweck in € getauscht werden. Folge ist eine Abwertung des US-$ und somit eine Aufwertung der Inlandswährung (Abb. 20.10).

Wechselkurserwartungen

Wechselkurse werden durch zahlreiche **psychologische Faktoren** beeinflusst. Hierzu zählen aktuelle oder erwartete politische Krisen sowie Nachrichten über die Entwicklung der unterschiedlichsten volkswirtschaftlichen Daten (z. B. Inflation, Zinsen, Wirtschaftswachstum, Arbeitslosenzahlen, Aktienkurse, Lohnverhandlungen, Rohstoffpreise, Kriege). Aufgrund der positiven oder negativen Informationen werden sich die Marktteilnehmer ein Urteil über die Höhe des Wechselkurses in der Zukunft bilden und ihre Aktionen an ihren **Erwartungen** orientieren. Bei negativen Nachrichten im Ausland wird die Nachfrage nach Devisen sinken bzw. deren Angebot steigen. Der preisnotierte Wechselkurs der Auslandswährung sinkt (Abwertung). Umgekehrt lassen negative Nachrichten im Inland die Nachfrage nach Auslandswährung steigen, der preisnotierte Wechselkurs der ausländischen Währung steigt (Aufwertung).

Zinsunterschiede als Einflußgröße von Wechselkursen

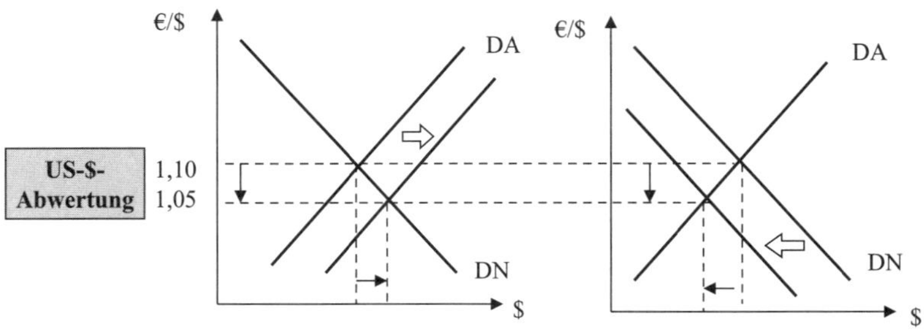

Impuls	Reaktion	DN-Kurve	DA-Kurve	US-$
$i^{Inland} > i^{Ausland}$	Anstieg der Kapitalimporte	–	rechts	Abwertung
	Rückgang der Kapitalimporte	links	–	

Abb. 20.10: Zinsunterschiede und Wechselkurs

Erwarten die Wirtschaftssubjekte, dass der Dollar in der Zukunft aufwertet, dann lohnt es sich, heute € in Dollar zu tauschen (d. h. Dollar nachzufragen) und nach erfolgtem Preisanstieg wieder in € zurückzutauschen. Analog haben die Wirtschaftssubjekte einen finanziellen Anreiz, Dollarbestände zu verkaufen (Dollar anzubieten), wenn erwartet wird, dass der Preis des Dollar fallen wird (Abb. 20.11).

Erwartungen als Einflussgröße von Wechselkursen

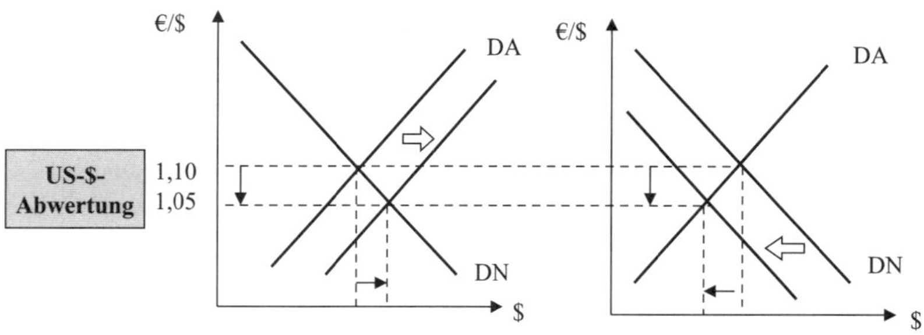

Impuls	Reaktion	DN-Kurve	DA-Kurve	US-$
Abwertungserwartung des US-$	Anstieg Kapitalimporte	–	rechts	Abwertung
	Rückgang Kapitalexporte	links	–	

Abb. 20.11: Erwartungen und Wechselkurs

Erwartungen bezüglich einer Änderung des Wechselkurses können dazu beitragen, dass die erwartete Veränderung tatsächlich eintritt. Rechnen die Marktteilnehmer mit einem steigenden (sinkenden) Preiswechselkurs, erhöht sich die Nachfrage nach (das Angebot von) ausländischer Währung. Dies bewirkt, dass der Kurs tatsächlich steigt (sinkt). Dieses Phänomen ist als sich selbst erfüllende Prognose aus vielen Zusammenhängen bekannt. Bereits die Erwartung eines steigenden Kurses kann schon für einen Kursanstieg verantwortlich sein.

Internationale Renditeunterschiede können nicht nur zu einer Veränderung des kurzfristigen, sondern auch des langfristigen Kapitalverkehrs führen. Eine höhere Rendite im Ausland führt wegen der damit verbundenen Ausweitung der Devisennachfrage zu einer Kurssteigerung, während hohe Inlandsrenditen einen Kursverfall der Auslandswährung zur Folge haben. So kann beispielsweise ein Aufwertungsdruck auf den chinesischen Yuan (teilweise) mit dem starken Zustrom von **Direktinvestitionen** nach China erklärt werden.

Tab. 20.4: Auswirkungen des Kapitalverkehrs auf den Wechselkurs
Quelle: Dieckheuer, 2004

Impuls	Reaktion	DN-Kurve	DA-Kurve	Euro
Abwertungserwartung des Euro	$\Delta KEX / \Delta w^e > 0$	nach rechts	–	Abwertung
	$\Delta KIM / \Delta w^e < 0$		nach links	
Erhöhung des inländischen Zinsniveaus bzw. der inländischen Renditeerwartung	$\Delta KEX / \Delta i < 0$	nach links	–	Aufwertung
	$\Delta KIM / \Delta i > 0$	–	nach rechts	
Erhöhung des ausländischen Zinsniveaus bzw. der ausl. Renditeerwartung	$\Delta KEX / \Delta i^* > 0$	nach rechts	–	Abwertung
	$\Delta KIM / \Delta i^* < 0$	–	nach links	

Devisenmarktinterventionen

Notenbanken können Devisen gegen die eigene Landeswährung an- und verkaufen, um den Wechselkurs einer Währung zu beeinflussen. Die Notenbank kann durch den Verkauf von Auslandswährung die eigene Währung stützen bzw. durch eine verstärkte Devisennachfrage den Kurs der Auslandswährung erhöhen.

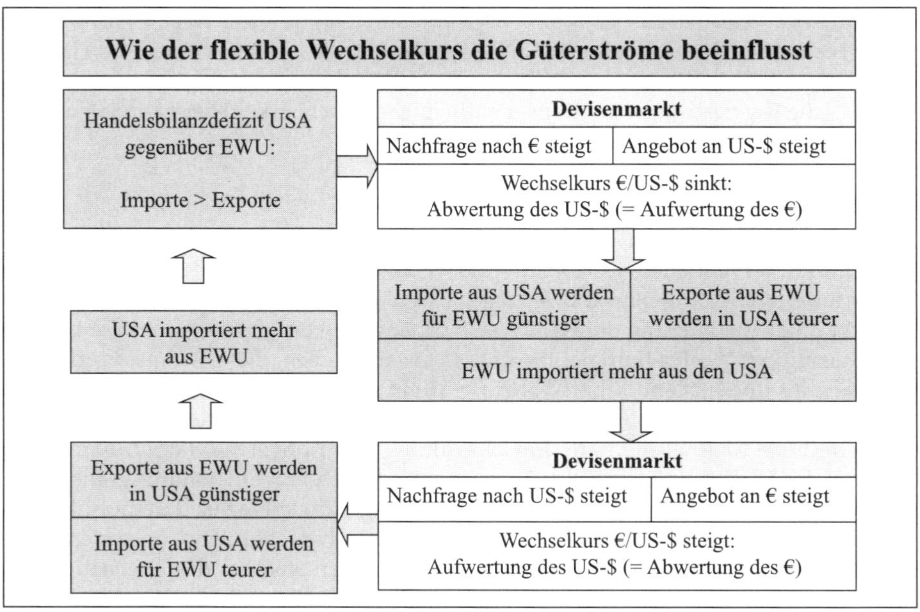

Abb. 20.12: Flexibler Wechselkurs und Veränderung der Güterströme

In der Realität ist zu berücksichtigen, dass eine wechselseitige Abhängigkeit der Einflussfaktoren und des Wechselkurses besteht. So wird z. B. der Wechselkurs vom Außenhandel beeinflusst, aber umgekehrt werden Importe und Exporte auch von Wechselkursveränderungen berührt. Deutlich wird, dass flexible Wechselkurse zu einem **Abbau von Handelsbilanzungleichgewichten** beitragen können. Allerdings müssen Devisenangebot und -nachfrage in diesem Fall maßgeblich im Zusammenhang mit Güterströmen stehen (Abb. 20.12).

Schlagwörter	• Außenhandel • Zinsunterschiede • Preisunterschiede	• Wechselkurserwartungen, • Devisenmarktinterventionen

20.3 Alternative Wechselkurssysteme

Die Wahl eines Wechselkurssystems hat nachhaltige Wirkungen auf den internationalen Handel, die Beschäftigung und das Einkommensniveau eines Landes sowie die Wirksamkeit wirtschaftspolitischer Maßnahmen. Es handelt sich daher um eine der wichtigsten makroökonomischen Entscheidungen, die ein Land zu treffen hat.

20.3.1 Übersicht

Zur **Wechselkurspolitik** zählen wirtschafts- und währungspolitische Maßnahmen, mit denen ein Land seine Wechselkurse beeinflusst sowie ordnungspolitische Entscheidungen, mit denen es die Rahmenbedingungen für die Bestimmung seiner Wechselkurse festlegt oder verändert. Wir können folgende Bereiche der Wechselkurspolitik unterscheiden:

- Wahl des Wechselkursregimes, d. h. die Wahl zwischen festen oder flexiblen Wechselkursen bzw. einer Zwischenform.
- Wahl des Wechselkursniveaus bzw. der Parität im Regime fester Wechselkurse sowie die Festlegung der Maßnahmen am Devisenmarkt, die zur Erreichung und Haltung der angestrebten Wechselkurse eingesetzt werden.
- Mögliche Begrenzungen der Konvertibilität (Umtauschbarkeit) der nationalen Währung.

Instrumente der Wechselkurspolitik

Zu den **indirekten Instrumenten** der Wechselkurspolitik zählen alle Formen von Devisenmarktinterventionen, also Käufe und Verkäufe von Kassa- oder Termindevisen an den jeweiligen Märkten oder Swapgeschäfte. Sie beeinflussen den Wechselkurs nur indirekt unter Ausnutzung der Funktionsmechanismen des Devisenmarktes. **Direkte** Instrumente der Wechselkurspolitik sind alle Maßnahmen, die das Tauschverhältnis zwischen in- und ausländischer Währung direkt festsetzen oder beeinflussen. Dazu zählen die Einführung administrierter Wechselkurse oder gespaltener Wechselkurse und sämtliche Maßnahmen zur Einschränkung der Konvertibilität. Direkte Maßnahmen der Wechselkurspolitik führen unvermeidlich zur Entstehung grauer bzw. schwarzer Devisenmärkte. Nur die indirekt durchgeführte Wechselkurspolitik ist in ordnungspolitischer Hinsicht konform mit der Marktwirtschaft. Dies entspricht auch den Prinzipien der Währungskonvertibilität gemäß den Statuten des Internationalen Währungsfonds (IWF), die seine 188 Mitgliedsländer, also nahezu alle Länder der Erde, anerkennen müssen. Allerdings können sich Mitgliedsländer Ausnahmegenehmigungen einräumen lassen, die sie für eine gewisse Zeit von der Verpflichtung zur Einführung der vollen Konvertibilität entbinden. Weltweit lässt sich ein Trend weg von direkter Manipulation der Wechselkurse und hin zu freier Konvertibilität und einer nur indirekt operierenden Wechselkurspolitik feststellen.

Träger der Wechselkurspolitik

In operativer Hinsicht sind die nationalen Zentralbanken die institutionellen Träger der Wechselkurspolitik, in manchen Ländern auch die Finanzministerien (Schatzamt, *treasury*). Diese Institutionen müssen die nationalen Währungsreserven verwalten bzw. über freien Zugang zu diesen verfügen, andernfalls würde eine wesentliche Voraussetzung für die glaubwürdige Durchführung der Interventionspolitik fehlen. In Bezug auf die politische Verantwortung für Ziele und für die Durchführung der Wechselkurspolitik ist das Bild nicht so eindeutig, wie das Beispiel der EWU zeigt. Während die Europäische Zentralbank (EZB) für die operative Durchführung der Wechselkurspolitik zuständig ist, hat der Ministerrat nach Artikel 111 des EG-Vertrags das Recht, Leitkurse für Drittwährungen vorzugeben oder zumindest Orientierungen für die Wechselkurspolitik gegenüber Drittländern aufzustellen. Somit ist die Unabhängigkeit der EZB in Bezug auf die Wechselkurspolitik eingeschränkt.

Ausgestaltung von Wechselkurssystemen

Mit festen bzw. flexiblen Wechselkursen stehen grundsätzlich zwei Möglichkeiten zur Ausgestaltung eines Wechselkurssystems zur Verfügung. Flexible Wechselkurse sind im strengen Sinne kein „Regime", da die Wechselkurspolitik den Wert des Wechselkurses ignoriert. Dieser wird ohne jegliche Interventionen seitens der Zentralbank auf den „Wellen des Devisenmarktes" bestimmt. Im Fall fester Wechselkurse ist die Wechselkurspolitik darauf ausgerichtet, den Wechselkurs gegenüber einer anderen Währung bei einer vorgegebenen Parität zu halten (Abb. 20.13). Problematisch ist es, wenn ein Kurs z. B. künstlich niedrig gehalten wird, um Exportvorteile zu erzielen. In diesem Fall strömen Devisen in das Land, die von der Notenbank gegen heimische Währung aufgekauft werden müssen. Steht kein entsprechendes Güterangebot bereit, kann es zu inflationären Tendenzen kommen. Diese werden verstärkt durch die gleichzeitige

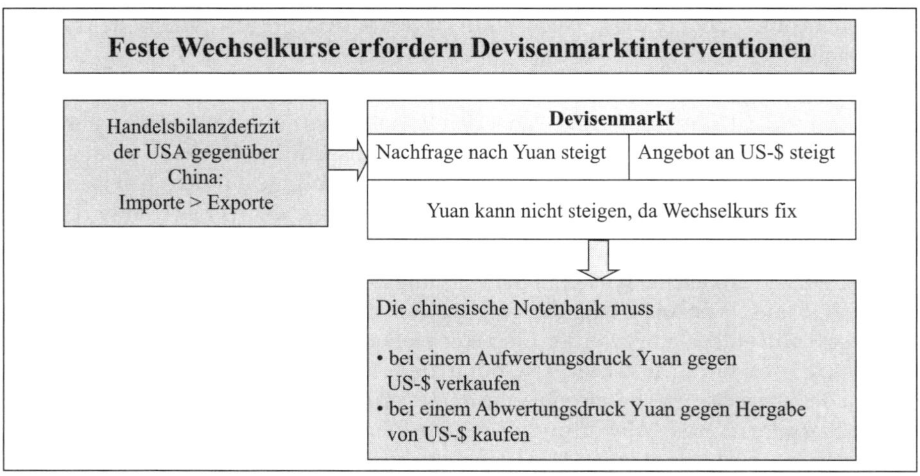

Abb. 20.13: Feste Wechselkurse und Devisenmarktinterventionen

Verteuerung der Importe. Diese Situation war in den letzten Jahren im Verhältnis von China und den USA zu beobachten.

Als Mittelweg zwischen flexiblen und festen Wechselkursen gelten die **kooperativen Wechselkursregimes**. Diese Bezeichnung, die auf den Sprachgebrauch des IWF zurückgeht, wurde bis Ende 1998 auch für diejenigen Mitgliedsländer der EU verwendet, die am Wechselkursmechanismus des Europäischen Währungssystems (EWS) teilnahmen. Hier handelt es sich zugleich um einen Währungskorb, der sich aus den teilnehmenden Währungen zusammensetzt (Abb. 20.14).

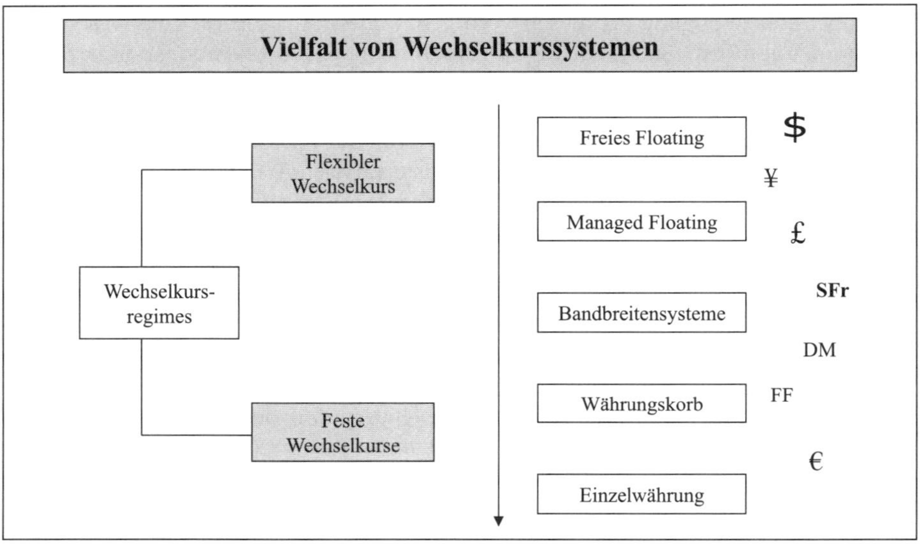

Abb. 20.14: Wechselkurssysteme

Im Fall des **kontrollierten Floating** wird die Wechselkursbildung zwar grundsätzlich dem freien Spiel der Marktkräfte überlassen. Interventionen der Zentralbanken werden jedoch eingesetzt, um zu starke kurzfristige Schwankungen des Wechselkurses zu vermeiden und um den internationalen Güter- und Kapitalverkehr zu erleichtern. Feste (aber auch kooperative) Wechselkurssysteme sind oft als **Bandbreitensysteme** ausgestaltet.

In diesem Fall kann der Wechselkurs innerhalb vorgegebener Zielzonen schwanken (z. B. um +/-1 %). Diese Konstruktion hat den Vorteil, dass die beteiligten Staaten nicht ununterbrochen intervenieren müssen, um den Wechselkurs aufrecht zu erhalten. Der Wechselkurs wird nach wie vor von Angebot und Nachfrage auf dem Devisenmarkt bestimmt und nur dann durch Interventionen beeinflusst, wenn er sich außerhalb der Bandbreite befindet.

Im Fall starker Ungleichgewichte in der Zahlungsbilanz ist es Ländern oft nicht möglich, den Wechselkurs innerhalb der vorgeschriebenen Bandbreite zu halten. In dieser Situation kann entschieden werden, den Wechselkurs einmalig zu ändern. Eine solche Änderung kann bis zu 10 % betragen, ohne die Erlaubnis des IWF zu benötigen. Das System des *adjustable pegs* beschreibt eine derartige einmalige Aufwertung (Zahlungsbilanzüberschuss) bzw. Abwertung (Zahlungsbilanzdefizit) des Wechselkurses zur Korrektur des vorherrschenden Ungleichgewichts (Abb. 20.15). Bei einem *crawling peg* handelt es sich um die Weiterführung des *adjustable pegs*. Ein *crawling peg* beschreibt die Modifizierung des Wechselkurses in regelmäßigen Intervallen um eine festgelegte Bandbreite. Diese Intervalle sind genau festgelegt und orientieren sich an makroökonomischen Indikatoren wie z. B. der Inflationsrate. Ziel ist es, die möglichen Nachteile der plötzlichen und abrupten Veränderung eines *adjustable pegs* zu vermeiden.

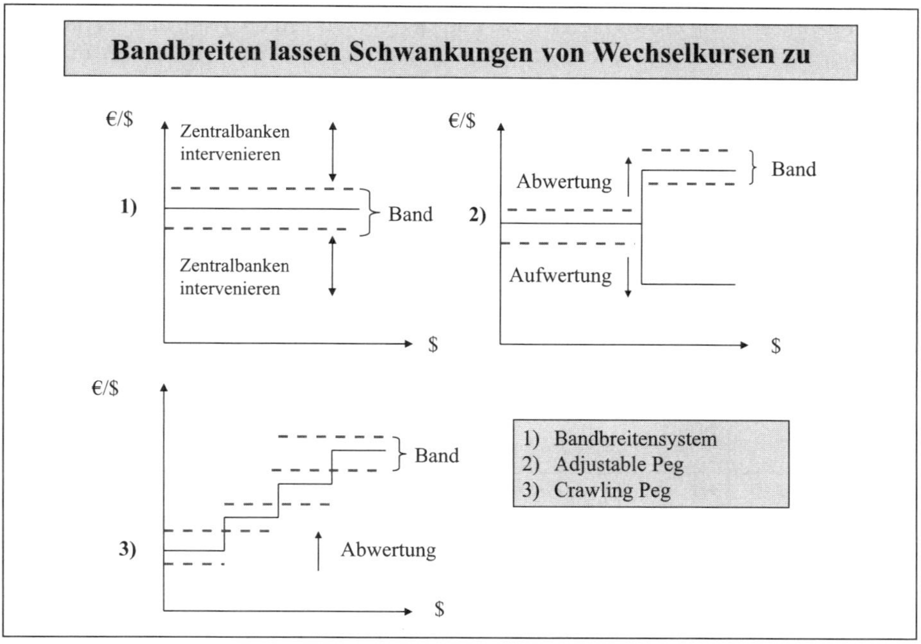

Abb. 20.15: Bandbreitensysteme

Bei einem *currency board* fungiert die Zentralbank als Währungsamt. Ein derartiges System ist im Wesentlichen durch drei Merkmale gekennzeichnet

- fester Wechselkurs gegenüber der Ankerwährung,
- unbeschränkte Konvertibilität der Landeswährung in die Ankerwährung,
- vollständige Deckung der inländischen Geldmenge durch Devisenreserven, d. h. die Währungsbehörde (*currency board*) emittiert nur eigene Währung gegen Ankauf von Reservewährung.

Ein Land mit einem *currency board* verzichtet auf eine eigene Geldpolitik und bei externen Schocks kann der Wechselkurs nicht angepasst werden. Auch die Höhe der inländischen Zinsen hängt von dem Zinsniveau im Ankerland ab (sie sind in der Regel höher, da ansonsten kein Grund besteht, die inländische Währung zu halten). Fürsprecher des *currency board* betonen, dass die Glaubwürdigkeit und Transparenz des Landes gesteigert wird.

Dollarisierung bedeutet die freiwillige Verwendung einer fremden Währung (zumeist des US-Dollars) neben oder anstelle der einheimischen Währung. Erfüllt diese Fremdwährung die Geldfunktionen einer Volkswirtschaft, liegt eine Währungssubstitution vor. Auf diese Weise wollen sich (z. B. in der Vergangenheit lateinamerikanische Länder) die Vorteile einer stabilen und international anerkannten Währung nutzbar machen. Auch Abwertungsrisiken der eigenen Währung und Transaktionskosten beim Umtausch von Währungen entfallen. Sie garantiert gegenüber Investoren und Kreditgebern Glaubwürdigkeit sowie sinkende Inflationsraten und moderate Zinsen.

Gleichzeitig wird die Möglichkeit einer eigenen Geld- und Wechselkurspolitik aufgegeben. Da die monetären Anpassungsinstrumente ausgeschaltet sind, erfordert die Bewältigung asymmetrischer Schocks dann auch umso größere reale Anpassungen. Die gleichen Überlegungen gelten tendenziell für die **Euroisierung** von einzelnen Staaten Mittel- und Osteuropas, d. h. einer vorzeitigen Einführung des Euro als gesetzliches Zahlungsmittel. Eine einseitige Einführung der gemeinsamen Währung durch eine Euroisierung widerspricht allerdings dem Charakter der EWU. Die Einführung des Euros sollte der letzte Schritt eines strukturierten Konvergenzprozesses innerhalb eines multilateralen Rahmens sein. In der Praxis finden sich alle dargestellten Wechselkursysteme wieder (Tab. 20.5).

Tab. 20.5: Wechselkurssysteme in der Praxis

Flexibilitätsgrad	Ausprägungen	Spezifische Vorteile
Wechselkursfixierung	fixer Wechselkurs zu Währungskorb	sinnvoll bei Abhängigkeit von mehreren großen Handelspartnern
	fixer Wechselkurs zu Ankerwährung	sinnvoll bei Abhängigkeit von einem großen Handelspartner
	fixer Wechselkurs mit Bandbreite	Übergangslösung bei Übergang von flexiblen zu festen Wechselkursen
Wechselkursanpassung	fester Kurs, regelmäßige und angekündigte Auf- und Abwertung (*crawling peg*)	vertrauensbildend, Vermeidung von Überbewertung
	fester Kurs, unregelmäßige und angekündigte Auf- und Abwertung (*adjustable peg*)	
Wechselkursflexibilität	unangekündigte Interventionen zur Erreichung eines Wechselkursziels (*managed floating*)	keine fixer Kurs, flexible Reaktion möglich
	floating	Marktkräfte bestimmen den Wechselkurs

Mit flexiblen Wechselkurssystemen haben wir uns bereits detailliert beschäftigt. Es fehlt die Analyse eines Systems fester Wechselkurse. Aufgrund der Bedeutung des EWS für die währungspolitische Integration in Europa werden wir uns auf dieses feste Wechselkurssystem mit Bandbreiten beschränken.

Schlagwörter		
	• Wechselkurspolitik • flexible, feste Wechselkurse • kooperative Wechselkurssysteme	• crawling peg • adjustable peg • Dollarisierung

20.3.2 Europäisches Währungssystem (EWS)

Nach den Währungsturbulenzen in den 70er Jahren sollte mit dem Europäischen Währungssystem (EWS) eine Zone monetärer Stabilität in Europa geschaffen werden. Die Gründerstaaten versprachen sich davon auch weitere Impulse für den Integrationsprozess in der Europäischen Gemeinschaft. Das EWS setzt sich aus folgenden Elementen zusammen:

- Es handelte sich um ein System fixer Wechselkurse mit Bandbreiten zwischen den Währungen der Mitgliedsländer.
- Es wurde eine europäische Währungseinheit ECU als gewogener Durchschnitt aller am EWS beteiligten Staaten ermittelt. Der ECU diente als künstliche Bezugsgröße für Wechselkurse bzw. Wechselkursabweichungen und Rechengröße für die Abwicklung von Transaktionen zwischen den Notenbanken und Institutionen der EU. Die Gewichte ergaben sich aus den Anteilen der Länder am innereuropäischen Handel. Durch die Fixierung der Wechselkurse am ECU entstand ein System ECU-bezogener Leitkurse, die die Grundlage des EG-Paritätengitters bildeten.
- Die Kurse der beteiligten Länder dürfen nur um +/–2,25 % vom jeweiligen ECU-Leitkurs abweichen. Die maximale Bandbreite beträgt also 4,5 %. Allerdings müssen bei Erreichen von 75 % der maximal erlaubten Abweichung („**Divergenzschwelle**", also +/–1,6875 %) bereits wirtschafts- und währungspolitische Maßnahmen ergriffen werden, damit eine Intervention erst gar nicht nötig wird.
- Es besteht ein ausgebautes Kreditsystem, d. h. ein **Währungsbeistand.**

Wir wollen nachfolgend einige Grundzüge dieses Systems darstellen. Nehmen wir an, das EWS besteht vereinfacht nur aus drei Ländern (Deutschland, Frankreich, Italien), deren Währungen folgende bilateralen Leitkurse aufweisen (hier in Mengennotierung):

DM zu Franc = 1 : 2

DM zu Lira = 1 : 4

Franc zu Lira = 1 : 2

Der vereinbarte Währungskorb lautet: 1 ECU = 4 DM + 2 Franc + 1 Lira

Die ECU-bezogenen Leitkurse der Währungen lauten:

1 ECU = 4 DM + 1 DM + 0,25 DM = 5,25 DM

1 ECU = 8 Franc + 1 Franc + 0,5 Franc = 10,5 Franc

1 ECU = 16 Lira + 4 Lira + 1 Lira = 21 Lira

Diese Leitkurse sind die am Devisenmarkt gültigen Paritäten. Die maximale Schwankungsbreite wird auf +/–2,25 % festgesetzt. Italien bildet eine Ausnahme mit +/–6 %. Aus diesen Angaben lässt sich ein Paritätengitter errechnen (Tab. 20.6).

Stabilisierung der Wechselkurse

Nehmen wir nun an, dass die Handels- und Dienstleistungsbilanz Deutschlands im bilateralen Austausch von Waren und Dienstleistungen mit Frankreich dauerhafte Überschüsse (Exporte nach Frankreich > Importe aus Frankreich) aufweist und das Zinsniveau in Deutschland über jenem in Frankreich liegt.

Tab. 20.6: Paritätengitter im EWS

Paritätengitter	Frankfurt in DM	Paris in Franc	Rom in Lira
+2,25 % 100 DM –2,25 %	100	204,5 200 195,5	424 400 376
+2,25 % 100 Franc –2,25 %	51,125 50 48,875	100	212 200 188
+6 % 100 Lira –6 %	26,5 25 23,5	53 50 47	100

Diese Situation führt dazu, dass sich das Angebot an Franc in Deutschland ausweitet (Rechtsverschiebung der FF-Angebotsfunktion in Abb. 20.16), und zwar

- durch die Exporterlöse in Franc, die von den deutschen Exporteuren in DM umgetauscht werden und
- durch den Kapitalimport, d.h. den auf Renditeüberlegungen zurückzuführenden Kauf deutscher Aktiva durch französische Anleger.

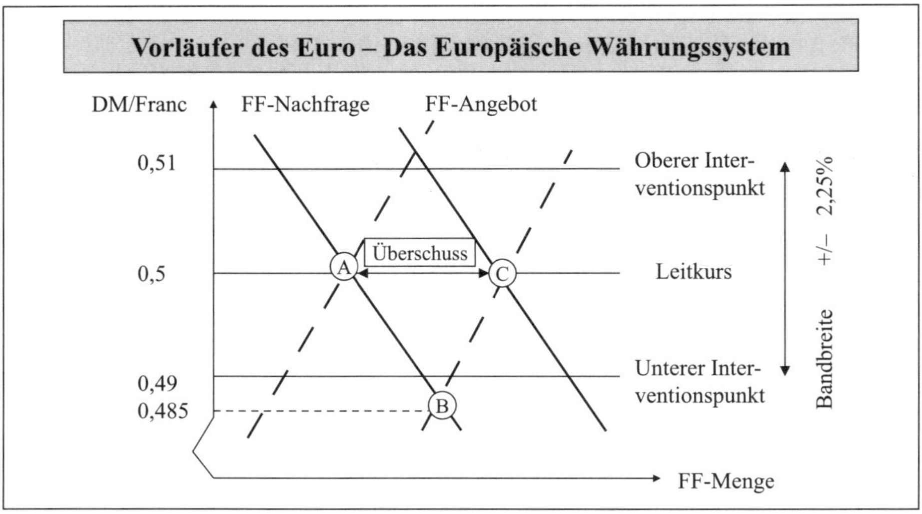

Abb. 20.16: Überschussland im System fester Wechselkurse (EWS)

Kommt es nun zu einer Aufwertungstendenz der DM gegenüber dem Franc von z. B. 100 DM = 206 Franc, also um 3%, dann sind Interventionen nötig (beachten Sie, dass wir in der graphischen Darstellung wie üblich die Preisnotierung wählen; in der Preisnotierung wird der Franc also preiswerter, er sinkt gerundet auf 100/206 = 0,485 FF je DM). Der Wechselkurs der DM gegenüber dem Franc muss auf den vorherigen Wert 1 : 2 zurückgeführt werden. Der Interventionsmechanismus verlangt, dass die beteiligten Zentralbanken am Devisenmarkt intervenieren:

- Die Bundesbank fragt Franc nach und bietet dafür DM an, um den Franc-Kurs zu erhöhen (Rechtsverlagerung der FF-Nachfragefunktion) und
- die französische Zentralbank bietet DM an und fragt Franc nach um den DM-Kurs zu reduzieren (Linksverschiebung der FF-Angebotsfunktion).

Auswirkungen von Devisenmarktinterventionen

Dauerhafte Stützungsmaßnahmen am unteren Interventionspunkt bergen für das Überschussland (hier: Deutschland) die Gefahr einer inflationären Aufblähung der inländischen Geldmenge, da ständig Devisen gegen Ausgabe heimischer Währung gekauft werden müssen. Nehmen wir z. B. an, dass die inländischen Banken durch Exportgeschäfte inländischer Unternehmen und Kapitalanlagen von Ausländern im Inland in den Besitz von FF-Devisen in Höhe von 50 gelangt sind. Die Notenbank ist in diesem Fall verpflichtet, die überschüssige Menge an Devisen aufzukaufen. Es kommt zu einer Bilanzverlängerung, da die Zentralbankeinlagen der Geschäftsbanken in gleicher Höhe zunehmen.

Soll die monetäre Basis konstant bleiben, müsste die Notenbank Einflüsse, die von der Änderung der Währungsreserven auf die monetäre Basis ausgehen, durch ihr geldpolitisches Instrumentarium kompensieren **(Neutralisierungspolitik)**. Dies wäre z. B. durch den Verkauf von Inlandsaktiva (Offenmarktoperationen) in Höhe von 50 durch die Notenbank gegen heimische Währung möglich.

Zentralbankbilanz (mit und ohne neutralisierte) Devisenmarktinterventionen			
Aktiva		**Passiva**	
Kredite an Geschäftsbanken	200	Bargeldumlauf	100
Währungsreserven	**400 (+50) = 450**	Einlagen der Geschäftsbanken	700 (+50; –50)
Inlandsaktiva (z. B. Wertpapiere)	**400 (–50) = 350**	Sonstige Einlagen	200
Monetäre Basis	1.000		1.000

Im Fall der Neutralisierungspolitik steht der Erhöhung der Auslandsaktiva eine Verringerung der Inlandsaktiva im gleichen Umfang gegenüber, während die Passivseite der Bilanz unverändert bleibt. Der neutralisierte Devisenkauf hat keine Wirkung auf die inländische Geldmenge.

Devisenkauf	**Wirkung auf die inländische Geldmenge**	**Wirkung auf Inlandsaktiva**	**Wirkung auf Auslandsaktiva**
nicht neutralisiert	+50	0	+50
neutralisiert	0	–50	+50

Bei freiem Kapitalverkehr kann die Neutralisierungspolitik dauerhaft nicht funktionieren. Ist z. B. der inländische Zinssatz so hoch, dass ein ständiger Devisenbilanzüberschuss besteht, so muss die Zentralbank ständig Devisen kaufen um den Wechselkurs stabil zu halten. Die Anleger profitieren von den höheren Zinsen. Zusätzlich können sie darauf hoffen, dass irgendwann der Wechselkurs freigegeben wird. In diesem Fall würde die Inlandswährung aufwerten und die Anleger hätten einen zusätzlichen Gewinn. Die Anleger können also nicht verlieren. Dies bedeutet, dass immer mehr Auslandsaktiva in das Land fließen und die Devisenreserven sich vergrößern. Letztendlich wird ein Punkt erreicht, an dem eine Reduzierung der inländischen Komponente der Geldbasis durch Verkauf von Inlandsaktiva nicht mehr möglich ist. Überlegen Sie selbst die Konsequenzen, die sich bei einem Abfluss an Devisen für ein Land ergeben.

Funktionsbedingungen des EWS

Ein System wie das EWS muss eine **formale Symmetrie** bei der Durchführung von Interventionen am Devisenmarkt seitens der Stark- und Schwachwährungsländer aufweisen.

Zur Stabilisierung der EWS-Wechselkurse existierten zwei Formen der Intervention. Mit obligatorischen Interventionen griffen die teilnehmenden Zentralbanken immer dann in das Marktgeschehen ein, wenn ihre Währungen gegenüber einer Partnerwährung den oberen bzw. unteren Interventionspunkt erreichten. Obligatorische Interventionen erfolgten grundsätzlich in Teilnehmerwährungen. Im Falle der intramarginalen Interventionen wurden die Notenbanken dagegen auch schon dann aktiv, wenn der

	starke Währung (DM)	schwache Währung (FF)	inländische Geldmenge
Schwachwährungsland (hier FF)	verkaufen gegen FF		sinkt
Hartwährungsland (hier DM)		aufkaufen gegen DM	steigt
ohne Neutralisierungspolitik			

Wechselkurs sich noch innerhalb der Bandbreite befand. Hier waren auch andere Währungen als Interventionswährungen gestattet.

Um Wechselkursspannungen auf Dauer zu verhindern, musste die Geldpolitik der teilnehmenden Länder auf die Erfordernisse des Wechselkurszusammenhalts ausgerichtet und ein höheres Maß an Konvergenz erreicht werden. Interventionen konnten nur die erste Maßnahme der Zentralbanken sein, um die Wechselkurse ihrer Währungen anhaltend zu stabilisieren. Das EWS sah daher bei dauerhaften Spannungen Leitkursänderungen (*realignments*) vor. Festkurssysteme zwingen die Mitgliedstaaten dazu, in ihrer Politik jenem Land zu folgen, dessen Politik auf Geldwertstabilität ausgerichtet ist. Innerhalb des EWS hatte Deutschland diese Rolle inne. Die Länder, die keine Abwertung ihrer Währungen gegenüber der DM hinnehmen wollten, mussten der Politik der Bundesbank folgen (Asymmetrie). Eine eigenständige, an nationalen wirtschaftspolitischen Interessen ausgerichtete Politik musste aufgegeben werden.

Deutsche Wiedervereinigung und die Krise des EWS 1992/93

Im Rahmen der deutschen Wiedervereinigung beschloss die Bundesregierung 1990 ein großangelegtes „Aufbauprogramm Ost", das überwiegend kreditfinanziert wurde. Die staatliche Kreditnachfrage führte über steigende Zinsen und Kapitalimporte zu einem Anstieg der Nachfrage nach DM, so dass die DM unter Aufwertungsdruck geriet. Gleichzeitig war die Deutsche Bundesbank bemüht, durch eine restriktive Geldpolitik die Inflation einzudämmen, die durch die Lohnangleichung und die starke Konsumnachfrage in Ostdeutschland hervorgerufen wurde. Die restriktive Politik der Bundesbank trieb die Zinsen in die Höhe, wodurch sich der Aufwertungsdruck auf die DM weiter erhöhte. Um dem Abwertungsdruck auf ihre eigenen Währungen zu begegnen, waren die Partnerstaaten im EWS gezwungen, am Devisenmarkt zu intervenieren und DM aus ihren Devisenreserven zu verkaufen. Dies hatte entsprechende restriktive Effekte auf die eigene inländische Geldmenge. Wer den lästigen Interventionspflichten zuvorkommen wollte, musste sich der deutschen Hochzinspolitik anpassen und gleichfalls einen restriktiven geldpolitischen Kurs einschlagen. Dies war nicht im Sinn der meisten europäischen Länder, die sich, im Gegensatz zum wiedervereinigten Deutschland, mehrheitlich in der Rezession befanden. Durch den Zwang, den stabilen Wechselkurs zu verteidigen, konnten sie nicht vom Wiedervereinigungsboom profitieren. Sie beschuldigten die Deutsche Bundesbank durch ihre Hochzinspolitik für die konjunkturelle Krise in Europa verantwortlich zu sein, doch die Bundesbank lehnte eine Änderung ihres geldpolitischen Kurses ab. Der wachsende Unwille in den europäischen Ländern, die festgelegten Währungsbandbreiten zu verteidigen, rief Spekulanten auf den Plan, die eine Abwertung bestimmter Währungen erwarteten. Die Spekulationskäufe erhöhten den Abwertungsdruck. Die Krise führte schließlich im September 1992 zum Austritt Großbritanniens und Italiens aus dem EWS und schließlich zu einer Erweiterung der Schwankungsbreiten auf +/–15 % im Juli 1993 (Abb. 20.17).

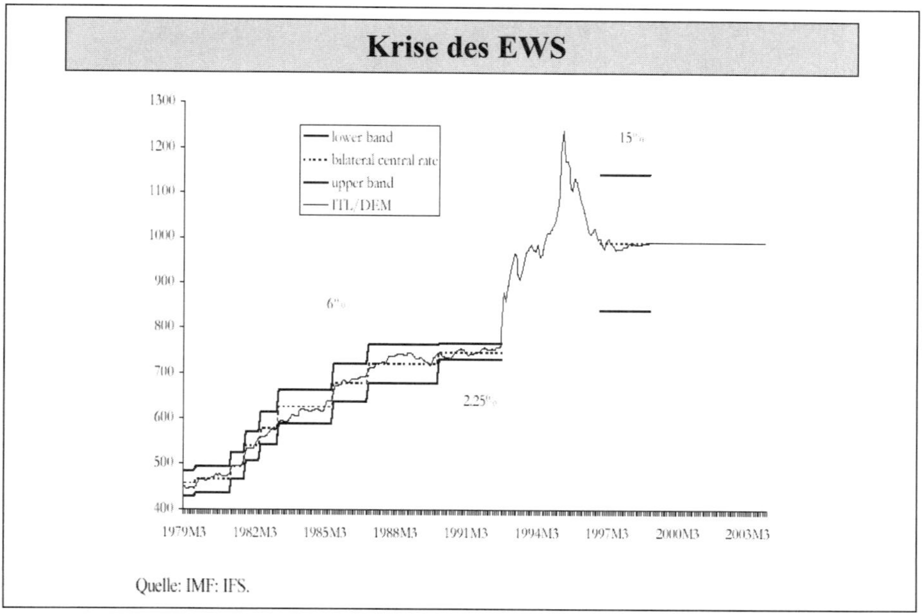

Abb. 20.17: Wechselkurs DM/Lira und Bandbreiten im EWS
Quelle: Internationaler Währungsfonds

Wechselkursmechanismus II (EWS II)

Bereits bei den Verhandlungen um den Maastrichter Vertrag 1991/92 wurde deutlich, dass nicht alle EU-Staaten bereits zu Beginn der Währungsunion teilnehmen wollten. Es galt für diese Staaten (so genannte **Pre-Ins**) Mechanismen zu schaffen, die einen späteren Beitritt möglich machen sollte. Generell behalten die Pre-Ins ihre nationale Währung und die damit verbundene Souveränität ihrer Geldpolitik. Um mögliche Wechselkursvolatilitäten gering zu halten und die Brücke zur EWU nicht abbrechen zu lassen, wurde auf der Konferenz von Amsterdam 1997 ein neuer Wechselkursmechanismus (WKM II oder EWS II) beschlossen, der den Pre-Ins eine enge Bindung an den Euro ermöglicht.

Für die am EWS II teilnehmenden Währungen dürfen die Wechselkurse maximal um ± 15 Prozent gegenüber dem Euro schwanken, es können aber auch engere Schwankungsbreiten festgelegt werden. Bei Erreichen der Schwankungsbreiten sind die EZB und die jeweiligen nationale Zentralbank zu Interventionen auf dem Devisenmarkt verpflichtet. Um der EWU beitreten zu können, sollte ein Land zunächst mindestens zwei Jahre Mitglied im EWS II sein. Bezüglich der Konvergenz müssen die Pre-Ins die gleichen Bedingungen erfüllen wie die Euro-Länder. Dazu müssen sie regelmäßig Konvergenzprogramme erstellen und vorlegen. Mindestens alle zwei Jahre oder auf Antrag eines der Pre-Ins wird geprüft und entschieden, ob die Voraussetzungen für den Beitritt in die EWU erfüllt sind.

Schlag-wörter	• EWS • ECU • Leitkurs • Paritätengitter	• obligatorische Interventionen • intramarginale Interventionen • realignment • Wechselkursmechanismus II

20.4 Fallbeispiele zu Kapitel 20

Lösungs- und Bearbeitungshinweise sowie alle Abbildungen dieses Kapitels finden Sie unter: www.vahlen.de

Fallbeispiel 20.1: Flexible und feste Wechselkurse (++)

Gegeben sind folgende Devisenangebots- und Devisennachfragefunktionen nach US-$ auf dem inländischen Devisenmarkt. Für den Wechselkurs gelte die Preisnotierung (€/US-$):

- Devisenangebot = 1.000 – 200/w
- Devisennachfrage = 1.000 – 50 × w

1) Ermitteln Sie den Wechselkurs bei freier Preisbildung.
2) Ermitteln Sie den Wechselkurs in einem System flexibler Wechselkurse, wenn sich der vom Wechselkurs unabhängige Teil des Devisenangebots um 150 Mrd. US-$ erhöht und die Devisennachfrage gegenüber 1) gleich bleibt.
3) Nehmen Sie an, die beteiligten Notenbanken haben eine Parität von 1,5 US-$ je inländischer Währungseinheit vereinbart. Durch welche Maßnahme könnte die inländische Notenbank das Erreichen dieser Parität unterstützen?

Fallbeispiel 20.2: Wechselkursbegriffe (+)

1) Was verstehen Sie unter Geld- und Briefkurs? Welcher Kurs ist aus Sicht des Kunden höher? Begründen Sie Ihre Antwort.
2) Jemand fliegt in den Semesterferien in die USA. Vor dem Abflug wechselt er 700 € in US-$ um. Während seines US-Aufenthalts hat er eine Rechnung über 325 US-$ für ein Mietauto mit Kreditkarte bezahlt. Nach seiner Rückkehr tauscht er 150 US-$ wieder in € zurück. Folgende Kurse stehen in der üblichen Notierung im Aushang seiner Hausbank:

US-Dollar	Devisen		Sorten	
	Ankauf	Verkauf	Ankauf	Verkauf
	1,14	1,13	1,15	1,12

   a) Wie viele US-$ erhält er für 700 € bei seiner Hausbank?
   b) Wie hoch ist die Belastung auf seiner Kreditkarte in €?
   c) Wie viele € bekommt er für 150 US-$ bei seiner Hausbank?
   d) Welche der Transaktionen a) bis c) werden für ihn günstiger bzw. ungünstiger, wenn sich die Kurse wie folgt verändern:

US-Dollar	Devisen		Sorten	
	Ankauf	Verkauf	Ankauf	Verkauf
	1,20	1,19	1,21	1,18

3) Was verstehen Sie unter einem Kreuzwechselkurs? Ermitteln Sie den Kreuzwechselkurs €/US-$, wenn folgende Kurse bekannt sind:
   - 108,479 Yen/US-$
   - 161,02 Yen/€

Fallbeispiel 20.3: Währungsarbitrage (0)

1) Was verstehen Sie unter Arbitrage? Ist diese mit einem Risiko verbunden?
2) In Frankfurt wird der € für 1,21 US-$/€ gehandelt, in New York steht er bei 0,83 €/US-$. Eine Investmentbank hat 100 Mio. € für Arbitragegeschäfte zur Verfügung und kann De-

visen ohne Transaktionskosten gleichzeitig an beiden Börsen handeln. Welchen Gewinn könnte die Bank kurzfristig erwirtschaften, wenn sie welche Transaktionen durchführt?

3) Folgende Kurse sind gegeben: 100 Yen/€; 110 Yen/US-$; 1 €/US-$.
   a) Geben Sie den direkten sowie (mit Hilfe der cross-rate) den indirekten Wechselkurs €/Yen an.
   b) Sie setzen 5.000 € ein und wollen die Kursdifferenzen der direkten und indirekten Notierung nutzen. Welche Arbitragetransaktionen führen Sie durch? Wie kommt ein Arbitragegleichgewicht zustande?

Fallbeispiel 20.4: Kassakurs (+)

Ein Importeur benötigt 1 Mio. US-$ zur Begleichung einer Rechnung in zwei Monaten. Der momentane Kassakurs notiert bei 1,10 US-$/€.

1) Wie viel € kostet der Import auf aktueller Kassakursbasis?
2) Welcher €-Aufwand entsteht, wenn das Unternehmen erst in zwei Monaten die benötigten US-$ erwirbt, und zwar zu den dann gültigen Kassakursen von 1,2 US-$/€ bzw. 1 US-$/€?
3) Welches Chancen-Risiko-Profil lässt sich entwickeln? Stellen Sie dieses in einer Grafik dar. Unter Chance verstehen wir Minderaufwendungen des €, unter Risiko die Mehraufwendungen an € – jeweils bei Erwerb der US-$ in zwei Monaten gegenüber dem €-Aufwand bei Durchführung des Kassageschäfts auf aktueller Kassakursbasis.

Fallbeispiel 20.5: Terminkurs (+)

Die „Export AG" liefert hochwertige medizinische Geräte nach Lateinamerika. In einem Vertrag ist die Zahlung von 1 Mio. US-$ bei Lieferung in 12 Monaten vereinbart. Da das Unternehmen ein Währungsänderungsrisiko nicht ausschließt, wird die Fixierung eines Termingeschäfts auf Basis des Kassakurses bei 1,2 US-$/€ bei der Hausbank beschlossen.

1) Wie hoch ist der €-Ertrag auf Basis des Termingeschäfts?
2) Welcher €-Ertrag ergibt sich, wenn der US-Dollar in zwölf Monaten bei 1,3 US-$/€ bzw. bei 1,1 US-$/€ stehen würde.
3) Welches Chancen-Risiko-Profil lässt sich entwickeln? Stellen Sie dieses in folgender Grafik dar.

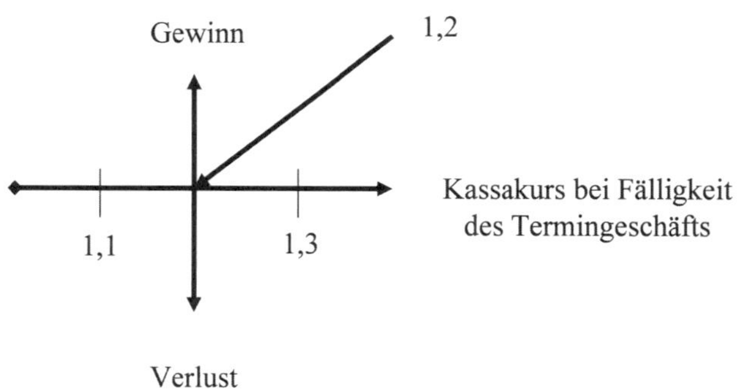

Fallbeispiel 20.6: Außenhandel und Devisenmarkt (+)

Der Devisenmarkt zwischen den USA und der EWU ist wie folgt gekennzeichnet:

- Devisennachfrage: $4.000 - 200 \times w$
- Devisenangebot: $4.000 - 800/w$

1) Ermitteln Sie den gleichgewichtigen Wechselkurs und die Devisenmenge in einem flexiblen Wechselkurssystem.
2) Aufgrund eines Überschusses im Außenbeitrag steigt das autonome Devisenangebot um 15 %. Zeigen Sie rechnerisch und graphisch die neue Gleichgewichtssituation.

Fallbeispiel 20.7: Devisenmarktinterventionen der Notenbank (++)

Der Präsident des EZB hat sich das Ziel gesetzt, den Wechselkurs des € gegenüber dem US-$ in einem Verhältnis von 1:1 zu stabilisieren. Gegeben ist folgende Ausgangssituation:

- Devisenangebot: $50 + 20 \times w^{€/US\text{-}\$} + 20 \times (i^{EWU} - i^{USA})$
- Devisennachfrage: $100 - 30 \times w^{€/US\text{-}\$} - 10 \times (i^{EWU} - i^{USA})$

Der gegenwärtige Anlagezins in den USA liegt bei 6 % und jener in der EWU bei 4 %.

1) Der EZB-Präsident will den Wechselkurs ohne Zinsveränderungen stabilisieren. Ermitteln Sie die dazu notwendigen Devisenmarktinterventionen.
2) Einige Notenbankpräsidenten aus den EWU-Teilnehmerstaaten fordern hingegen den Verzicht auf Devisenmarktinterventionen und schlagen stattdessen eine Zinsänderung vor. Welche Höhe muss der Zins in diesem Fall aufweisen?
3) Welcher Wechselkurs würde sich einstellen, wenn die EZB überhaupt nicht eingreift?

Fallbeispiel 20.8: Bestimmungsgründe des Wechselkurses (+)

1) Beurteilen Sie aus Sicht der EWU die Auswirkungen folgender Situationen auf Devisennachfrage (DN) bzw. Devisenangebot (DA) sowie auf den Wechselkurs des US-$ (Auf-, Abwertung bzw. Konstanz des Wechselkurses).

Situation	Auswirkung auf	Reaktion	DN	DA	US-$
Einkommensanstieg im Ausland	Güterexport				
$P^{Inland} < P^{Ausland}$	Güterexport				
	Güterimport				
$i^{Inland} > i^{Ausland}$	Kapitalexporte				
	Kapitalimport				

2) Interpretieren Sie folgende Zeitungsmeldungen:
   a) „Schwacher US-$ bremst Exporte deutscher Automobilproduzenten".
   b) „Trotz schwachem US-$ weiterhin große Absatzerfolge der deutschen Maschinenbauproduzenten in den USA".
   c) „Höhenflug des US-$ lässt US-Automobilproduzenten nach protektionistischen Maßnahmen gegen japanische Konkurrenten rufen".
   d) „Teurer Yen lässt Preise für japanische Elektronik in Deutschland klettern".
   e) „Aufwertung des € macht den nächsten Urlaub in den USA billiger".

Fallbeispiel 20.9: Feste Wechselkurse und Kursstützung durch die Notenbank (+)

Gegeben ist folgende Ausgangssituation zwischen zwei Jahren:

Jahr		Inland (EUR)	Ausland (USD)
2005	Preisniveau	100	100
	fester Wechselkurs	2 EUR / 1 USD	0,5 USD / 1 EUR
	PKW-Preis	100.000,– EUR (50.000,– USD)	50.000,– USD (100.000,– EUR)
2006	Preisniveau	100	120
	fester Wechselkurs		
	PKW-Preis		

1) Erläutern Sie die Auswirkungen der dargestellten Situation für In- und Ausland in einem System fester Wechselkurse. Gehen Sie von ausgelasteten Kapazitäten im Ausland aus.
2) Wie verändern sich die Daten in einem System flexibler Wechselkurse?

Fallbeispiel 20.10: Europäisches Währungssystem (++)

1) Aus welchen Kernelementen bestand das Europäische Währungssystem?
2) „Rückblickend betrachtet ist die Niederlande bis zum Eintritt in die EWU sehr gut mit einem festen Wechselkurs des Gulden gegenüber der DM gefahren", so ein Notenbankchef. Erläutern Sie, wieso diese Strategie sinnvoller gewesen sein könnte als eine Politik flexibler Wechselkurse.
3) Nehmen Sie an, im EWS ist die Inflationsrate in Frankreich deutlich höher als in Deutschland. Begründen Sie, ob sich Frankreich an die Bundesbank (Hartwährungsland) anpassen muss oder umgekehrt?

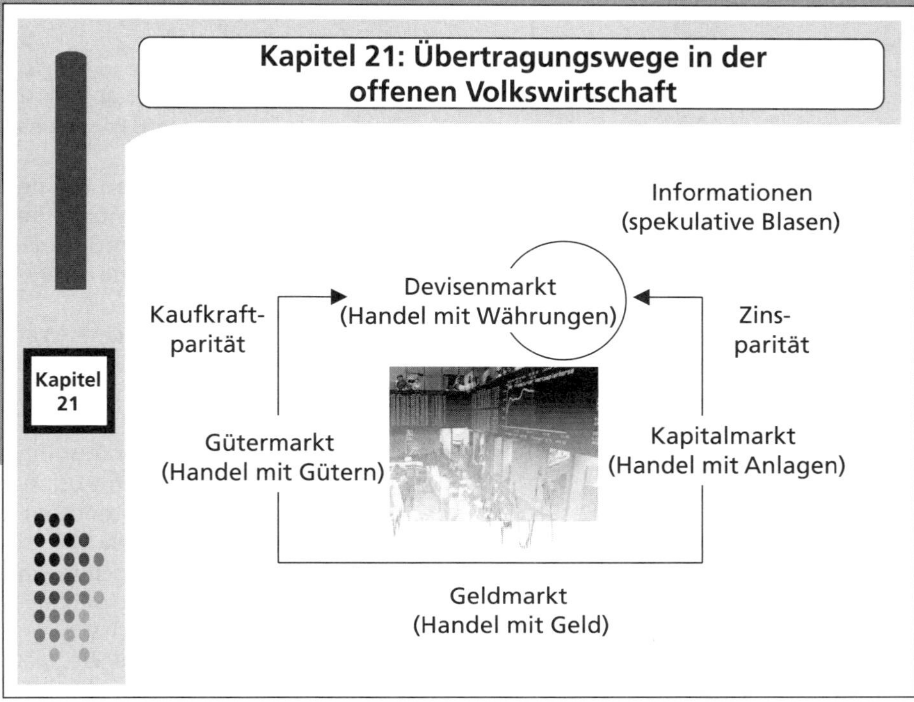

Inhaltsübersicht

Lernzielorientierte Sachverhalte

- Außenwirtschaftliche Impulse übertragen sich über Güter- und Kapitalströme auf das Inland. Maßgebend sind konjunkturelle Faktoren, das Preisniveau und die Zinsen.
- Durch den internationalen Nachfrageverbund hängt das BIP von Ex- und Importen ab. Die Exporte haben einen ähnlich starken makroökonomischen Effekt wie der private Konsum oder die privaten Investitionen. Große Volkswirtschaften können im Fall unterschiedlich versetzter Konjunkturverläufe die Rolle einer Lokomotive für andere Länder übernehmen.
- Im Fall flexibler Wechselkurse führt eine Abwertung der heimischen Währung normalerweise zu einer Verbesserung des Außenbeitrages. Gleichzeitig können sich die realen Austauschverhältnisse (*terms of trade*) des Landes verschlechtern.
- Durch den internationalen Preisverbund kommt es zu einer Verknüpfung zwischen inländischer Preisentwicklung und der Inflationsrate im Ausland. Bei flexiblen Wechselkursen kommt es nach der Kaufkraftparitätentheorie zu einem Ausgleich der national unterschiedlichen Inflationsraten.
- Der reale Wechselkurs ist ein relativer Preis zwischen inländischen und ausländischen Gütern. Auf- und Abwertungen des realen Wechselkurses verändern die preisliche Wettbewerbssituation einer Volkswirtschaft.
- Der internationale Zinsverbund führt gemäß der Zinsparitätentheorie dazu, dass die Zinsdifferenzen zwischen zwei Ländern der erwarteten Veränderung ihrer Wechselkurse entsprechen. Spekulative Erwägungen können diesem Ausgleich entgegenwirken.

21.1 Internationaler Nachfrageverbund

In vielen Jahren waren die Exporte (Auslandsnachfrage) der Konjunkturmotor der deutschen Wirtschaft und der Wachstumsbeitrag der Exporte war größer als jener der Binnennachfrage. Ein positiver Außenbeitrag entlastet die Binnenkonjunktur, erhöht jedoch die Abhängigkeit von der konjunkturellen Situation im Ausland. Wird ein Teil des inländischen Einkommens für den Import ausländischer Güter ausgegeben, steht es nicht mehr für die Nachfrage im Inland zur Verfügung. Die Integration der Ex- und Importe in die Analyse des internationalen Nachfrageverbundes lässt sich zunächst anhand der **Multiplikatoranalyse** nachvollziehen (vgl. dazu Kap. 6). Wir gehen zunächst von folgenden Annahmen aus:

- Das Preisniveau im In- und Ausland ist exogen gesetzt, d. h. Veränderungen des Preisniveaus werden ausgeschlossen.
- Die Wechselkurse werden auf 1 normiert, d. h. Wechselkursveränderungen werden nicht berücksichtigt.

Diese Annahmen mögen restriktiv erscheinen. Andererseits sind sie bezogen auf Wirtschaftsräume wie die EWU, in denen es nur eine einheitliche Währung und eine gemeinsame Geldpolitik gibt, durchaus zu rechtfertigen. Mit der monetären Integration Europas sind die Wechselkursgrenzen zwischen den beteiligten Staaten weggefallen und die Inflationsdifferenzen zwischen diesen Staaten sind im Zuge einer einheitlichen europäischen Geldpolitik geringer geworden. Für die Analyse des internationalen Nachfrageverbundes z. B. zwischen der EWU und den USA werden wir diese Annahme aufheben.

21.1.1 Außenwirtschaftsmultiplikator

Die Exporte sind eine wichtige Komponente der volkswirtschaftlichen Nachfrage. Daraus folgt unmittelbar, dass sich eine Erhöhung der Exporte wie die Erhöhung jeder anderen Nachfragekomponente positiv auf das BIP bzw. das Volkseinkommen auswirkt. Die Exporte (Ex) eines Landes hängen u. a. von den Preisen und der Qualität der Güter, der internationalen Wettbewerbsfähigkeit der Exporteure und der konjunkturellen Situation in den wichtigsten Abnehmerländern ab. Angesichts der Vielzahl dieser Bestimmungsgrößen werden die Exporte in volkswirtschaftlichen Modellen oft als **autonom** (= Ex_{aut}) betrachtet. In diesem Fall verläuft die Exportfunktion waagerecht. Für die Importe (Im) wird angenommen, dass sie mit steigendem BIP des Inlands zunehmen und umgekehrt. Das Ausmaß der Importveränderung wird durch die marginale Importneigung (m) dargestellt. Sie gibt an, in welchem Umfang sich die Importe verändern, wenn das BIP variiert. Für stark importabhängige Volkswirtschaften kann dieser Wert 30% erreichen, d. h. m = 0,3. Neben einkommensabhängigen Importen müssen die autonomen einkommensunabhängigen Importe (Im_{aut}) berücksichtigt werden. Sind die Zusammenhänge linear, lautet die **Importfunktion**:

(1) $Im = Im_{aut} + m \times Y$, bzw. im Fall von Veränderungen des BIP

(2) $\Delta Im = m \times \Delta Y$

Import- und Exportfunktion verändern sich u. a. in Abhängigkeit von der in- und ausländischen Konjunktur. Steigt im Ausland (Inland) das Einkommen, führt dies über den Kauf inländischer (ausländischer) **Güter** auch zu einer Steigerung des Einkommens im Inland (Ausland). Dieser Effekt wird **Einkommensmechanismus** genannt.

Importe stellen vergleichbar zu Steuern, Ersparnissen und Preisniveausteigerungen **Sickerverluste** für den inländischen Wirtschaftskreislauf dar. Auch Multiplikatoreffekte fallen daher geringer aus. Nachfolgend wird ein Modell mit einkommensabhängigen Steuern unterstellt (vgl. Kap. 6). Bei Vorliegen autonomer Größen gelten ähnliche Schlussfolgerungen:

(3) $Y = (C_{aut} + c \times (1 - t) \times Y) + I_{aut} + G_{aut} + Ex_{aut} - (Im_{aut} + m \times Y)$

(4) $Y - c \times (1 - t) \times Y + m \times Y = C_{aut} + I_{aut} + G_{aut} + Ex_{aut} - Im_{aut}$

(5) $Y = \frac{1}{1 - c \times (1 - t) + m} \times [C_{aut} + I_{aut} + G_{aut} + Ex_{aut} - Im_{aut}]$

Aus diesen Überlegungen können wir drei Aussagen ableiten (Abb. 21.1):

- Exporte wirken expansiv auf das Gleichgewichtseinkommen.
- Importe wirken kontraktiv auf das Gleichgewichtseinkommen.
- Die marginale Importneigung verringert den Multiplikatoreffekt.

Betrachten wir folgendes Zahlenbeispiel (autonome Angaben in Mrd. €):

autonome Größen	marginale Quoten
C_{aut} = 20	Konsumquote: c = 0,8
I_{aut} = 300	Steuerquote: t = 0,25
G_{aut} = 400	Importquote: m = 0,2
Ex_{aut} = 400	
Im_{aut} = 20	

Das Gleichgewichtseinkommen ergibt sich als:

$$(6)\ Y = \frac{1}{1-0{,}8\times(1-0{,}25)+0{,}2}\times[20+300+400+400-20] = 1.833$$

Steigen z. B. die autonomen Exporte um 50 Mrd. €, so ergibt sich als multiplikativer Effekt:

$$(7)\ \Delta Y = \frac{1}{1-0{,}8\times(1-0{,}25)+0{,}2}\times 50 = 83{,}3$$

Aus dem gestiegenen Bruttoinlandsprodukt bzw. Volkseinkommen resultiert gleichzeitig ein höherer Import entsprechend der marginalen Importneigung: 0,2 × 83,3 Mrd. € = 16,7 Mrd. €. Die Verbesserung der Handelsbilanz fällt deshalb geringer aus als der Anstieg der Exporte (50 Mrd. € – 16,7 Mrd. € = 33,3 Mrd. €). Sind die Kapazitäten im Inland ausgelastet, sind Exportsteigerungen nur möglich, wenn die Inlandsnachfrage reduziert wird. Ansonsten führt der Zuwachs der Auslandsnachfrage zur Inflation. Eine reale wirtschaftliche Expansion findet nicht statt.

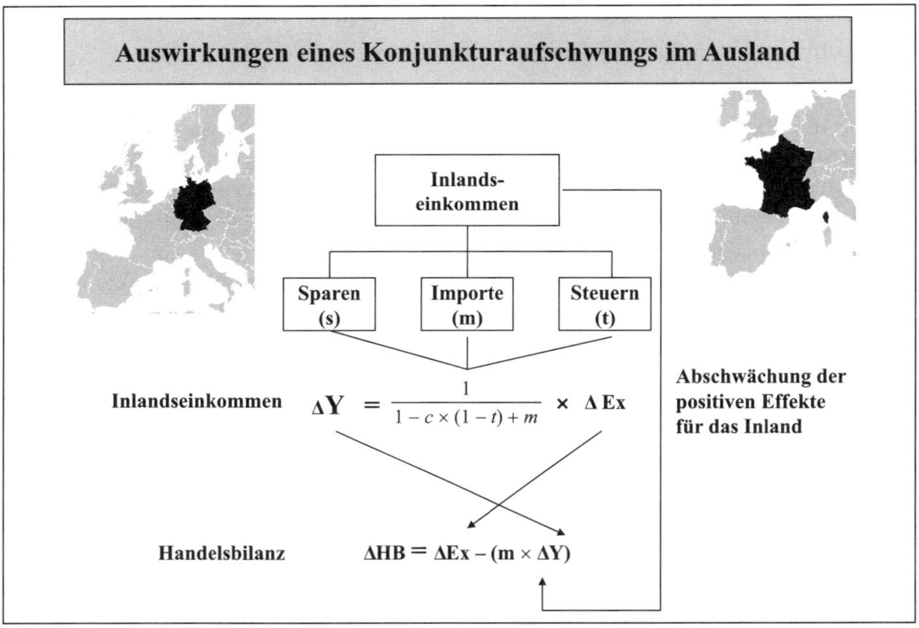

Abb. 21.1: Außenwirtschaftsmultiplikator

Schlagwörter	• Außenwirtschaftsmultiplikator	• Importfunktion • Einkommensmechanismus

21.1.2 Phasenverlauf internationaler Konjunkturen

Von Bedeutung für die Wirksamkeit von Außenhandelsmultiplikatoren ist die Frage, in welcher konjunkturellen Ausgangssituation sich die jeweiligen Volkswirtschaften befinden und wie stark der Export- bzw. Importzusammenhang ist. Dieser Frage kann im Rahmen eines Zwei-Länder-Beispiels nachgegangen werden, wobei die Wechselkurse und das Preisniveau – wie gesagt – als konstant gelten.

Phasengleichlauf

Befinden sich die deutsche und die französische Wirtschaft gleichzeitig in einem konjunkturellen Aufschwungprozess **(Phasengleichlauf)**, kann die zunehmende Exportnachfrage der Handelspartner zur Überhitzung der jeweiligen Binnenkonjunktur beitragen und inflationäre Prozesse begünstigen. Im Fall einer parallelen Abschwungphase kann sich diese in den jeweiligen Ländern wechselseitig verschärfen (Abb. 21.2). So sahen sich beispielsweise die Industrieländer Mitte der 70er und Anfang der 80er Jahre insgesamt einem Abschwung ausgesetzt (Weltrezession). Zusätzlich zum Rückgang der Binnennachfrage schrumpfte bzw. stagnierte die Auslandsnachfrage. Dies betraf vor allem die exportabhängigen Industrieländer (u. a. Deutschland, Japan). Derartige Situationen können längerfristig zu staatlichen Gegenmaßnahmen führen, die zur Stützung der Inlandsnachfrage die Importe beschränken oder die Exporte fördern. Auch Abwertungen der Währungen können als Auswege betrachtet werden, sind zwischen den EWU-Mitgliedstaaten aufgrund der einheitlichen Währung aber nicht mehr **möglich.**

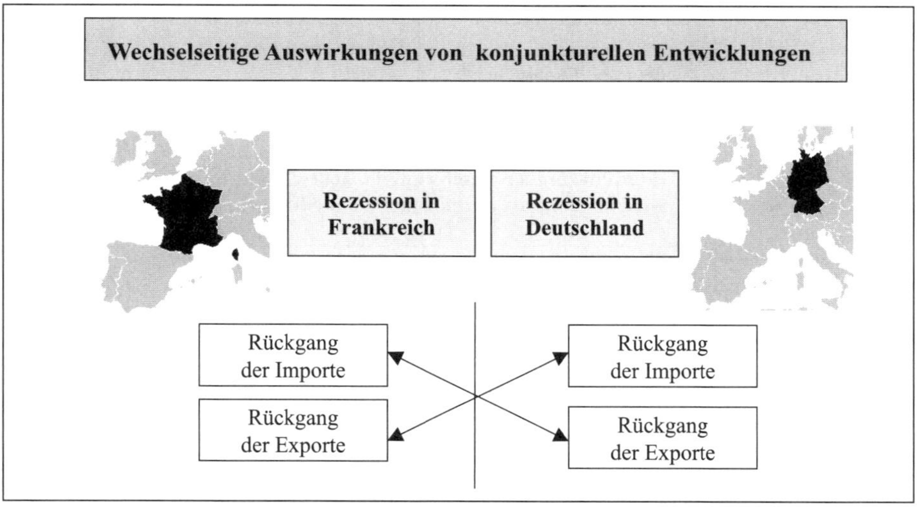

Abb. 21.2: Internationaler Phasengleichlauf von Konjunkturen

Phasenverschiebung

Angenommen sei nun, dass sich die Wirtschaft in Frankreich in einer Hochkonjunktur befindet, während die deutsche Volkswirtschaft und jene anderer EWU-Staaten durch einen konjunkturellen Abschwung gekennzeichnet sind, d. h. eine **Phasenverschiebung** vorliegt. Der Rückgang des BIP führt nach Maßgabe der deutschen Importfunktion zunächst zu einer Verringerung der einkommensabhängigen Importe aus Frankreich. Die Hochkonjunktur in Frankreich führt gemäß der französischen Importfunktion hingegen zu einer Zunahme der Importe aus Deutschland und anderer EWU-Staaten. Für diese Staaten werden die Exporte nach Frankreich zunehmen, so dass sich multiplikative Auswirkungen auf das BIP anderer EWU-Staaten ergeben (Abb. 21.3). In der Folge trägt dieser Mechanismus in Frankreich über größere Importe zu einer Dämpfung der französischen Inlandskonjunktur bei, während sich die konjunkturelle Situation in den anderen EWU-Staaten über zunehmende Exporte belebt.

Im Zeitablauf führt die konjunkturelle Belebung in den EWU-Staaten zu einer Zunahme der einkommensabhängigen Importe und hat positive Auswirkungen auf die französische Wirtschaft. Es wäre also verkürzt gedacht, Nachbarländer wegen ihrer besseren Einkommens- oder Konjunkturentwicklung zu beneiden. Wir sollten uns darüber freuen, da dies in der Folge zu Käufen heimischer Güter beiträgt.

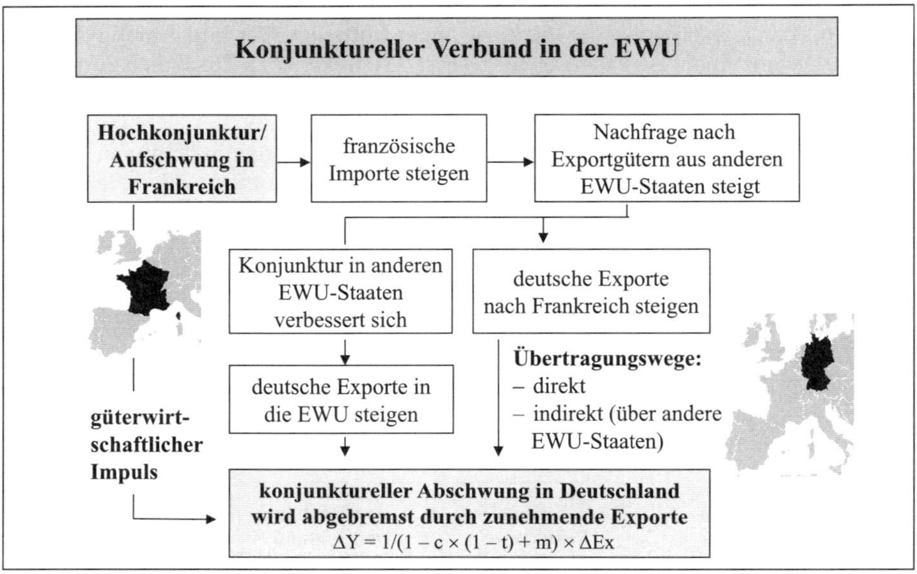

Abb. 21.3: Internationaler Phasenvorlauf von Konjunkturen

Lokomotivfunktion und Größe des Landes

Der zeitlich versetzte Konjunkturverlauf großer Handelspartner stellt den Idealfall des internationalen Konjunkturverbundes dar. Die Import- und Exportveränderungen dämpfen in diesem Fall extreme Konjunkturausschläge (Rezession, Boom) im In- und Ausland und verringern den wirtschaftspolitischen Handlungsbedarf. Dieser Fall entspricht der **Lokomotivtheorie**, bei der einzelne Länder durch den konjunkturellen Aufschwung in anderen Ländern mitgezogen werden. Zuweilen wird von Ländern mit einer hohen Außenhandelsquote gefordert, eine gezielte Politik der Konjunkturbelebung zu betreiben. Auf diese Weise soll über die Steigerung der Importnachfrage die konjunkturelle Entwicklung des Auslands gestützt werden – eine Forderung, der sich in der Vergangenheit die Bundesrepublik Deutschland innerhalb der EU zuweilen ausgesetzt sah. Zu berücksichtigen ist jedoch die Größe eines Landes. Betrachten wir als Beispiel die Auswirkungen einer **Erhöhung der Staatsausgaben** um 50 Mrd. € in einem großen Land mit einer marginalen Importquote von 0,1 (10 %):

$$(1)\ \Delta Y = \frac{1}{1-0{,}8\times(1-0{,}25)+0{,}1}\times 50 = 100$$

Der Multiplikator bezogen auf die Inlandsnachfrage beträgt also 2. Der Anstieg der Importe, der aus der Produktion resultiert, führt zu folgender Veränderung der Nettoexporte (NX):

$$(2)\ \Delta NX = -0{,}1 \times \Delta Y = -10$$

Betrachten wir nun ein kleines Land, das eine marginale Importquote von 0,5 (50 %) aufweist und die Staatsausgaben um 50 Mrd. € ausweitet:

$$(3)\ \Delta Y = \frac{1}{1-0,8\times(1-0,25)+0,5}\times 50 = 55,5$$

Die Ausweitung der Staatsnachfrage hat nur einen multiplikativen Effekt von 1,11. Die Nettoexporte sinken hingegen um die Hälfte:

(4) $\Delta NX = -0,5 \times \Delta Y = -27,75$

Es gibt somit unterschiedliche Auswirkungen einer Erhöhung der Staatsausgaben in beiden Ländern. Für das große Land ist die Wirkung auf die Inlandsnachfrage groß und auf die Handelsbilanz klein. Für das kleine Land ist die Wirkung auf die Inlandsnachfrage klein, während sich die Handelsbilanz durch die Importzunahme deutlich verändert. In kleinen Ländern ist es also schwieriger, die Inlandsnachfrage mit Hilfe der Fiskalpolitik zu stimulieren, da ein Großteil der stimulierenden Nachfrage auf das Ausland entfällt.

Schlagwörter	• Phasengleichlauf von Konjunkturen • Phasenverschiebung von Konjunkturen	• Lokomotivtheorie

21.1.3 *Wechselkurse und Handelsbilanz*

In einem System flexibler Wechselkurse kann die Konjunkturübertragung unterbrochen werden (Abb. 21.4). Angenommen sei, dass sich die US-Wirtschaft in einer Aufschwungphase befindet. Gemäß der US-Importfunktion würden die Importe aus Deutschland zunehmen. Im Fall flexibler Wechselkurse kommt es auf dem Devisenmarkt aufgrund der steigenden Exporte deutscher Unternehmen zu einem zunehmenden Angebot an US-\$, das bei konstanter Nachfrage in der Folge zu einer Abwertung des US-\$ bzw. Aufwertung des € führt. Diese Wechselkursveränderung verteuert die deutschen Exportgüter (in US-\$ gerechnet) und führt tendenziell zu einem Rückgang der Exportnachfrage. Der konjunkturelle Anstoß aus den USA für die deutsche Wirtschaft wird zumindest abgeschwächt. Wir wollen im Folgenden die Wirkungen von Wechselkursänderungen auf die Handelsbilanz näher untersuchen. Der Saldo der Handelsbilanz (HB) in Inlandswährung ist gegeben durch:

(1) $HB = P^{€} \times q^{Exporte} - [w\ (€/US\text{-}\$) \times P^{US\text{-}\$} \times q^{Importe}]$

Folgende Ausgangsdaten für Deutschland seien gegeben:

Wechselkurs (Preisnotierung): w = 1 €/US-$			
Exporte		**Importe**	
Menge ($q^{Exporte}$)	60	Menge ($q^{Importe}$])	30
Preis in € ($P^{€}$)	2	Preis in €	4
Preis in US-$	2	Preis in US-$ ($P^{US\text{-}\$}$)	4
Wert	120	Wert	120
Außenbeitrag: 0			

(2) $2\,€ \times 60 - [1\ (€/US\text{-}\$) \times 4\,US\text{-}\$ \times 30] = 0\,€$

Die Handelsbilanz in der Ausgangssituation ist ausgeglichen. Nun unterstellen wir eine **Abwertung** des Euro auf 1,5 €/US-$ und normale Nachfragereaktionen, d. h. im Fall von Preiserhöhungen werden die jeweiligen Export- bzw. Importgüter weniger nachgefragt

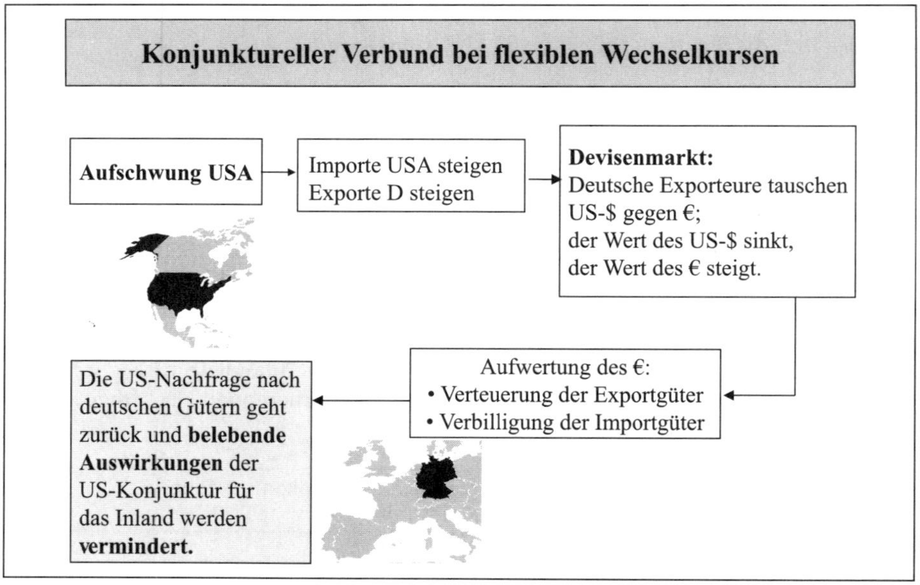

Abb. 21.4: Wechselkursmechanismus

und umgekehrt. Wir unterstellen bezogen auf Exporte und Importe jeweils eine Preiselastizität (Verhältnis von relativer Mengenänderung zu relativer Preisänderung) von exakt 1. Sie können dann leicht errechnen, dass die Veränderung des Wechselkurses die in US-$ umgerechneten Exportpreise um 33,3 % senkt und die in € umgerechneten Importpreise um 50 % erhöht. Dies führt zu gleich großen, aber entgegengesetzten Mengenreaktionen. Insgesamt führt die Abwertung des Euro in diesem Fall zu einer deutlichen Steigerung des Außenbeitrages. Die Handelsbilanz verbessert sich. Es liegt eine **normale Reaktion** vor (Abb. 21.5).

Sie können erkennen, dass der in Euro ausgewiesene Exportwert im Fall einer Abwertung der heimischen Währung immer steigt, es sei denn die ausländische Exportnachfrage reagiert völlig unelastisch (d. h. die Elastizität ist Null und die nachgefragte Menge bleibt konstant). In allen anderen Fällen nimmt der Exportwert gemessen in € zu. Dies gilt auch bei kleinen Elastizitäten. Liegt die Exportelastizität z. B. bei 0,5, nimmt der Exportwert immer noch auf 140 zu (Abb. 21.6). Im Fall des €-Importwertes ist der Sachverhalt komplizierter, da er von zwei Seiten beeinflusst wird: Positiv dadurch, dass sich der Preis erhöht, negativ dadurch, dass die Menge abnimmt. Die Frage nach dem Einfluss der Mengen- und Preisänderung kann nur mit Hilfe der Elastizität beantwortet werden. Wenn die Elastizität relativ klein ist, kann es zu einer **anormalen Reaktion** der Handelsbilanz kommen. Nehmen wir dazu in Reaktion auf den Preisanstieg um 50 % einen Mengenrückgang von 12,5 % an (Elastizität: 0,25). Im Vergleich zur normalen Reaktion steigt der Importwert in diesem Fall, da die Preise stärker als die Mengen reagieren. Auch der Außenbeitrag würde sich in einer solchen Situation verschlechtern.

Mathematisch lässt sich zeigen, dass immer dann eine normale Reaktion der Handelsbilanz zu erwarten ist, wenn die Summe der Nachfrageelastizitäten der Ex- und Importe eines Landes größer als absolut 1 ist (**Marshall-Lerner-Bedingung**).

Eine anormale Reaktion der Ex- und/oder Importströme ist auch zu erwarten, wenn der Außenhandel von nicht-preislichen Faktoren bestimmt wird, d. h. z. B.

Reaktion der Handelsbilanz bei ausreichend großen Nachfrageelastizitäten

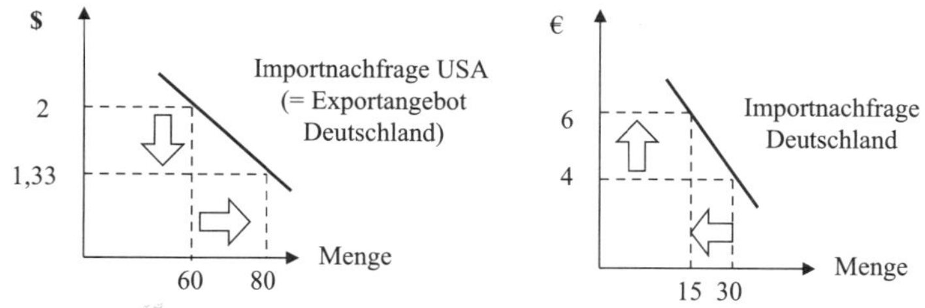

Wechselkurs (Preisnotierung): 1,5 €/US-$			
Exporterlöse		Importausgaben	
Menge	**80 (+ 33%)**	Menge	**15 (– 50%)**
Preis (€)	2	Preis (€)	**6 (+ 50%)**
Preis (US-$)	**1,33 (– 33%)**	Preis (US-$)	4
Elastizität	1	Elastizität	1
Wert in €	160	Wert in €	90
Außenbeitrag in €: 70 (normale Reaktion)			

Abb. 21.5: Normale Reaktion der Handelsbilanz

Reaktion der Handelsbilanz bei geringen Nachfrageelastizitäten

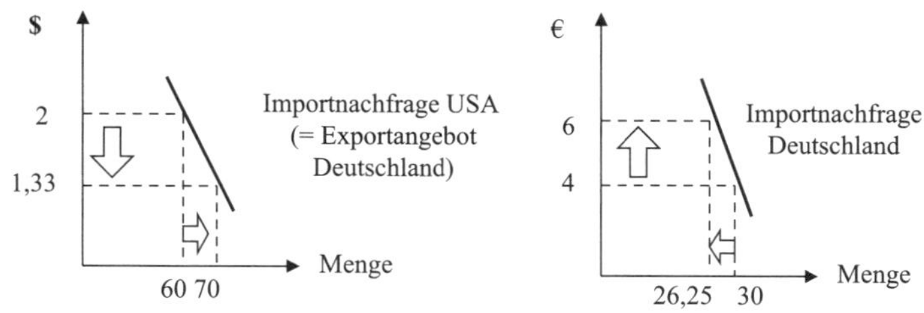

Wechselkurs (Preisnotierung): 1,5 €/US-$			
Exporte		Importe	
Menge	**70 (+ 16,7%)**	Menge	**26,25 (–12,5%)**
Preis (€)	2	Preis (€)	**6 (+ 50%)**
Preis (US-$)	**1,33 (–33%)**	Preis (US-$)	4
Elastizität	0,5	Elastizität	0,25
Wert in €	140	Wert in €	157,5
Außenbeitrag in €: –17,5 (anormale Reaktion)			

Abb. 21.6: Anormale Reaktion der Handelsbilanz

- keine Substitutionsgüter gegeben sind (Beispiel: Erdöl auf der Importseite),
- Monopolstellungen existieren (z. B. der Herstellung von Medikamenten durch Patentschutz),
- Qualitäten dominieren (z. B. Maschinenbauprodukte) oder
- Präferenzen die Kaufentscheidungen prägen (z. B. exklusive Sportwagen).

Fassen wir zusammen: Bei einer normalen und preiselastischen Reaktion der Ex- und Importnachfrage ist auf eine Abwertung der Inlandswährung mit einer Zunahme des Exportwertes und mit einer Abnahme des Importwertes zu rechnen, so dass sich eine Tendenz zur Verbesserung des Außenbeitrages ergibt (Abb. 21.7).

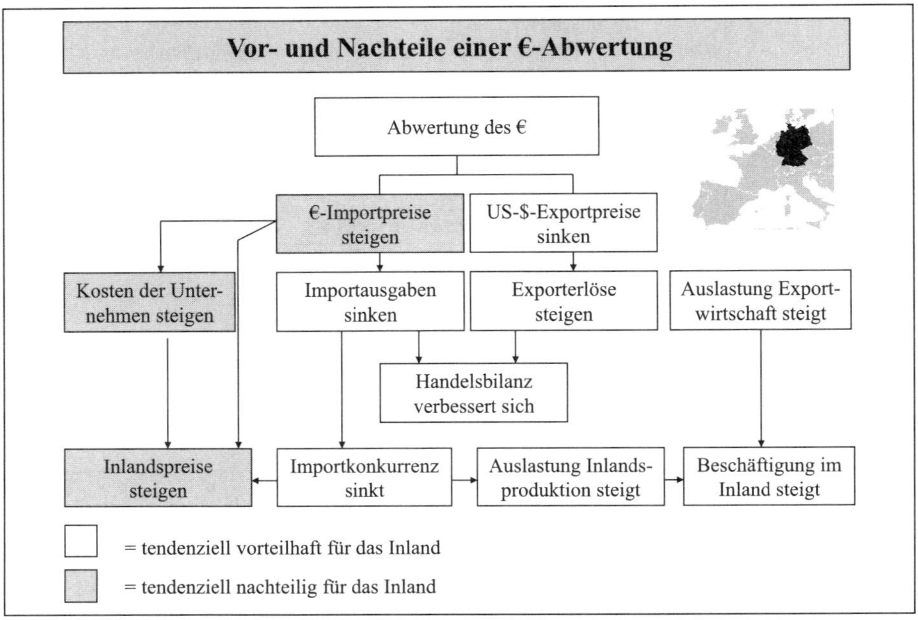

Abb. 21.7: Auswirkungen einer Abwertung des €

Insofern kann sich eine Abwertung positiv auf die inländische Konjunktur auswirken. Die Wettbewerbschancen für exportorientierte Unternehmen verbessern sich. Gleichzeitig führt der Rückgang der Importe zu einer geringeren Importkonkurrenz auf dem Inlandsmarkt. Aus beiden Effekten könnten positive Beschäftigungsimpulse für das Inland entstehen. Dieser Sachverhalt führte in der Vergangenheit dazu, dass Länder eine bewusste Abwertung ihrer Währung hinnahmen, um die Exporte zu stimulieren und den Außenbeitrag zu verbessern. Im Extrem kann sogar ein **Abwertungswettlauf** zwischen Ländern einsetzen.

Obwohl eine Abwertung kurzfristige Erfolge für den Export verspricht, dürfen die Nachteile nicht aus den Augen verloren werden. Sie resultieren vor allem aus zusätzlichen Inflationsimpulsen aus dem Ausland. Ursächlich ist eine Erhöhung der Importpreise, die bei preisunelastischer Importgüternachfrage die Produktionskosten und infolge einer Überwälzung auf die inländischen Verbraucher auch das Inlandspreisniveau steigen lässt. Auch Exportgüter können sich verteuern, wenn in ihnen ein hoher Anteil importierter Vorleistungen enthalten ist.

Dynamische Analyse: Der J-Kurven Effekt

Wie hoch die Nachfrageelastizitäten sind und welche Reaktion der Handelsbilanz in Reaktion auf eine Wechselkursveränderung zu erwarten ist, ist letztendlich eine empirische Frage. Untersuchungen deuten darauf hin, dass die Nachfrageelastizitäten in kurzer Frist deutlich kleiner sind als in der langen Frist. Dies ist z. B. darauf zurückzuführen, dass sich Kaufgewohnheiten nur langsam ändern oder vertragliche Vereinbarungen im Außenhandel bestehen. Mengenreaktionen erfolgen dann langsamer als Preisreaktionen. Daraus resultiert ein zeitlich differenzierter Wirkungsablauf einer Wechselkursveränderung. Eine Abwertung bewirkt zunächst (in der Periode t = 1) nur einen (negativen) Preiseffekt, während Mengenreaktionen nicht oder nur relativ gering zum Tragen kommen. Es kommt zu einer anormalen Reaktion. In der Folgezeit kann sich jedoch der Mengeneffekt allmählich entfalten und dem Preiseffekt entgegenwirken, so dass sich die Handelsbilanz normalisiert. Diese Reaktion wird aufgrund des Verlaufs als **J-Kurven Effekt** bezeichnet und dauert im Allgemeinen sechs bis zwölf Monate (Abb. 21.8). Im Fall einer Aufwertung der heimischen Währung kann sich ein **Spazierstock-Effekt** ergeben.

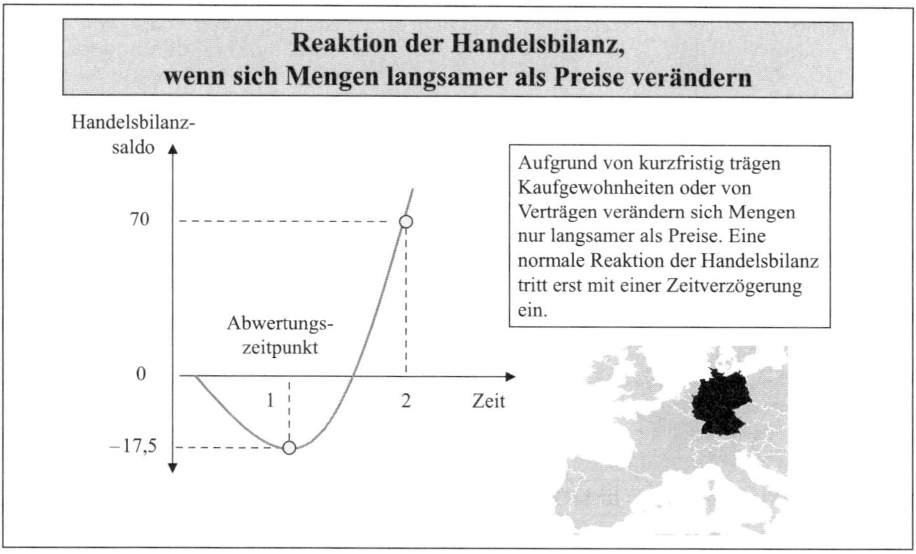

Abb. 21.8: J-Kurven-Effekt

Wechselkurse und Wettbewerbsverhältnisse auf den Märkten

Wir haben bisher unterstellt, dass sich Wechselkursveränderungen unmittelbar in den Verkaufspreisen der jeweiligen Güter niederschlagen, also z. B. im Fall einer Aufwertung des Euro gegenüber dem US-$ die Exportpreise in US-$ steigen und die Importpreise in € sinken. Dieser Sachverhalt wird als vollständiger *„exchange rate pass through"* bezeichnet. Im Fall des sogenannten *pricing to market* bleiben die Import- und Exportpreise hingegen unverändert (Tab. 21.1). Im Fall eines *pass-through* werden bei einer Aufwertung wechselkursbedingte Verteuerungen der Exportgüter an den Kunden weitergegeben. Das damit verbundene Risiko des Verlusts an Marktanteilen ist gering, wenn die Konkurrenz gering ist bzw. nicht-preisliche Faktoren eine große Rolle bei der Kaufentscheidung spielen. Sind die Konkurrenz groß und die Nachfrage elastisch, dürfte eine vollständige Überwälzung kaum möglich sein. Das Unternehmen muss Preiszugeständnisse machen und kann im Extrem vollständig auf eine Preiserhöhung verzichten, was dann zu einer Reduzierung der Erlöse und Gewinne führt.

Diese Strategie des *pricing to market* führt dazu, dass das Exportvolumen eher unelastisch auf Wechselkursveränderungen reagiert. Dies kann zumindest temporär sinnvoll sein, wenn Marktanteile gesichert werden. Ein weiterer Grund liegt in der Heftigkeit und der Häufigkeit von Wechselkursänderungen. Nicht immer ist es sinnvoll oder möglich, unmittelbar mit entsprechenden Preisreaktionen zu antworten. Erst im Fall dauerhaft eingestufter Wechselkursveränderungen dürften die Anbieter entsprechende Preiskorrekturen vornehmen. Letztendlich läuft diese Situation auf eine internationale Preisdifferenzierung hinaus, die zur Güterarbitrage z. B. in Form von Re-Importen führen.

Tab. 21.1: Pass-through-Effekt von Wechselkursen

Aufwertung des Euro			
	Importpreise in €	**Exportpreise in $**	**Folgen**
vollständiges pass-through	sinken	steigen	vollständige Weitergabe der Wechselkursveränderung an die jeweiligen Verkaufspreise
unvollständiges pass-through (*pricing to market*)	**konstant**	**konstant**	Erlöse der Exporteure sinken (Ziel: Stabilisierung von Marktanteilen); Zusatzgewinne bei ausländischen Lieferanten/Importeuren

Betrachten wir folgendes **Beispiel**: In Deutschland kostet ein PKW eines Automobilherstellers 40.000 €. Der Wechselkurs sei aktuell 1,3 US-$/€. In den USA kostet das Auto folglich 52.000 US-$ (40.000 € × 1,3 US-$/€). Bei diesem Wechselkurs hat das Unternehmen in beiden Ländern einen guten Umsatz erzielt. Nehmen wir an, der Wechselkurs verändert sich ein halbes Jahr später auf 1,16 US-$/€, d. h. der Euro hat abgewertet. Somit sinkt der Preis in den USA auf 46.400 US-$. Das deutsche Unternehmen kann sich dann entscheiden, ob es den alten Preis von 52.000 US-$ beibehält und einen zusätzlichen Gewinn von 5.600 US-$ je PKW erzielt, oder ob es den Preis reduziert und durch eine höhere Absatzzahl Umsatz und Gewinn steigert.

Für den Käufer stellt sich die Frage, ob es vorteilhafter ist im Inland oder im Ausland zu kaufen. Im Kern entspricht diese Frage der Betrachtung des **realen Wechselkurses** (w^{real}). Wir betrachten dazu folgende Abgrenzung (in Preisnotierung)

$$(1)\ w^{real} = \frac{\text{Verkaufspreis im Ausland}}{\text{Verkaufspreis im Inland}} \times \text{Wechselkurs in Preisnotierung}$$

Bezogen auf unser Zahlenbeispiel bedeutet dies in der Ausgangssituation:

(2) (52.000 US-$ /40.000 €) × (1 € /1,3 US-$) = 1

Im Beispiel ist der reale Wechselkurs Eins. Dies bedeutet, dass der Käufer keinen Verlust oder Gewinn macht, egal in welchem Land er kauft. Die Kaufkraftparitätentheorie ist erfüllt. Nehmen wir nun an, das deutsche Unternehmen senkt den Preis in den USA auf 49.000 US-$. In diesem Fall würde der Käufer mit den kalkulierten 40.000 € zur Bank gehen und diese in 52.000 US-$ tauschen. Er würde den realen Wechselkurs als Kaufkriterium zu Rate ziehen. Dieser ist gegeben durch:

(3) (49.000 US-$ /40.000 €) × (1 € /1,3 US-$) = 0,94

Ist der reale Kurs kleiner als 1, lohnt sich ein Kauf im Ausland. Der Käufer erzielt einen Gewinn von 3.000 US-$. Nach der Abwertung des Euro sieht die Situation jedoch anders aus:

(4) (49.000 US-$ /40.000 €) × (1 € /1,16 US-$) = 1,06

Jetzt liegt der reale Kurs über 1, so dass ein Kauf im Inland ratsam erscheint. Eine nominale Auf- oder Abwertung führt also dazu, dass sich die Gewinnmargen verschlechtern oder verbessern. Um den Einfluss der Wechselkursschwankungen zu entgehen, wenden viele Unternehmen daher die Strategie des *pricing to market* an. Diese Preisdifferenzierung ist jedoch nur dann möglich, wenn die Transportkosten entsprechend hoch sind oder eine Güterarbitrage durch nationale Anforderungen zusätzlich verteuert wird (z. B. Nachrüstung von Fahrzeugen). Hier ist gleichzeitig „Fingerspitzengefühl“ gefordert. Ist die Preisdifferenzierung zu groß, öffnen sich Türen für Reimporte. Bietet unser Händler den PKW in Deutschland für 40.000 € und in den USA für umgerechnet 35.000 € an, können Reimporteure dieses „originalverpackt“ wieder nach Deutschland zurückführen. Bei einem Verkaufspreis von 38.000 € in Deutschland entstehen Verluste von 2.000 €. Durch Schaffung eines Preiskorridors, der Verkaufspreise im relativ teureren Land senkt und im relativ billigeren Land erhöht, kann der gewinnbringende Reimport erschwert werden.

Schlagwörter	• Wechselkursmechanismus • Export-, Importwert • Preiselastizitäten • normale Reaktion • anormale Reaktion	• Marshall-Lerner Bedingung • J-Kurven-, Spazierstock-Effekt • Abwertungswettlauf • exchange rate pass through • pricing to market

21.2 Internationaler Preisverbund

21.2.1 Kaufkraftparitätentheorie

Angenommen es gibt in den USA und in Deutschland nur das Gut Brot. Ein US-Amerikaner verdient im Monat 3.600 US-$ und der Preis für ein Brot beträgt 2 US-$. Er kann sich also 1.800 Brote kaufen. Ein Deutscher verdient 3.000 €, was bei einem nominellem Wechselkurs von 1,2 US-$/€ einem Einkommen von umgerechnet 3.600 US-$ entspricht. Diese Betrachtung verleitet zur Aussage, dass der Deutsche genau so reich ist wie der US-Amerikaner. Die Aussage ist jedoch zu relativieren, da sie die Kaufkraft nicht berücksichtigt. Angenommen, ein Brot kostet in Deutschland 2 €. Dafür können also nur 1.500 Brote und nicht 1.800 Brote wie in den USA gekauft werden. Ein Deutscher kann in Deutschland 300 Brote weniger kaufen als ein US-Amerikaner in den USA. Wenn wir von Transportkosten und Zöllen absehen, würde es in diesem Beispiel für einen Deutschen ökonomisch sinnvoll sein, das Brot in den USA zu bestellen.

Nach Umrechnung mit dem Wechselkurs von 1,2 US-$/€ würde das deutsche Brot 2,40 US-$ und das amerikanische Brot 1,67 € kosten. Der kaufkraftbereinigte Wechselkurs ergibt sich demgegenüber auf der Grundlage des **Gesetzes der Preisunterschiedslosigkeit** (*law of one price*). Es besagt, dass auf Wettbewerbsmärkten vergleichbare handelbare Güter ausgedrückt in Einheiten derselben Währung zu einem einheitlichen Preis angeboten werden. Der kaufkraftbereinigte Wechselkurs müsste demnach 1,0 US-$/€ betragen. Der Euro ist in diesem Beispiel also aktuell überbewertet. In diesem Fall würde auch deutlich, dass der Monatsverdienst des Deutschen geringer ist als der des US-Amerikaners.

Das Gesetz der Preisunterschiedslosigkeit beruht auf der **Kaufkraftparitätentheorie**. Sie ist einer der ältesten Ansätze zur Erklärung von Wechselkursbewegungen. Sie geht zurück auf den schwedischen Ökonomen *Gustav Cassel (1866–1945)*.

Big Mac-Index

Ein bekannter Test zur Überprüfung des Gesetzes der Preisunterschiedslosigkeit ist der Big Mac-Index, der seit 1986 vom britischen Wirtschaftsmagazin *„The Economist"* veröffentlicht wird. Er vergleicht die Preise für dieses „globale" Gut in unterschiedlichen Ländern. Der Kaufkraftparitätenkurs ist erfüllt, wenn sich die Preise der Güter und die Wechselkurse so angleichen, dass das Gesetz der Preisunterschiedslosigkeit erfüllt ist. Die Betrachtung unterschiedlicher Preise für ein als homogen betrachtetes Gut gibt dann Hinweise auf eine mögliche Über- bzw. Unterbewertung einer Währung. (Abb. 21.9). In der Praxis ist die Kaufkraftparität zwischen den weltweit nachgefragten Big Macs nicht erfüllt. Diese Abweichungen vom *„law of one price"* sind nicht überraschend, denn der Big Mac ist nicht handelbar, wie es unterstellt wird. Zudem werden die nationalen Preise durch Handelsbarrieren, Steuern, unterschiedliche Gewinnspannen und Betriebskosten verfälscht. Neben dem Big-Mac werden inzwischen auch andere, weltweit verfügbare Güter herangezogen, um vergleichbare Indizes zu bilden (z. B. Starbucks Milch-Kaffee, Coca-Cola oder der i-Pod von Apple).

Big Mac – Preise und der „richtige" Wechselkurs

	nominaler Wechselkurs gegenüber US-$	Preis eines Big Mac in Landeswährung
USA	–	2,50 US-$
EWU	0,8 €/US-$	2,50 €
Mexiko	2,5 Peso/US-$	5 Peso

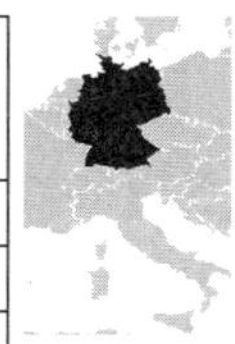

Mexiko	
KKP-Kurs	5 Peso/2,5US-$ = 2 Peso/US-$
Abweichung	Unterbewertung des Peso um 25%

EWU	
KKP-Kurs	2,50 €/2,5US-$ = 1 €/US-$
Abweichung	Überbewertung des € um 20%

Abb. 21.9: Big Mac-Index

Absolute Kaufkraftparitätentheorie

Mit der Erläuterung des Gesetzes der Preisunterschiedslosigkeit sind wir der absoluten Kaufkraftparität schon relativ nahe gekommen. Allerdings müssen wir unsere Betrachtung nicht nur auf ein Produkt, sondern auf einen Warenkorb richten. Das relative Preisniveau eines Warenkorbes entspricht bei Gültigkeit der absoluten Kaufkraftparität dem Wechselkurs (Box. 21.1). Sind Güter im Warenkorb eines Landes hingegen relativ zur Kaufkraftparität zu teuer, fällt die (Welt-)Nachfrage nach den Gütern und auch nach der Währung dieses Landes. Die Währung wertet ab und die Preise fallen. Es kommt zu einer Entwicklung in Richtung Kaufkraftparität.

Das „Gesetz des einzigen Preises" und die darauf aufbauende absolute Kaufkraftparitätentheorie basieren auf strengen Annahmen

- die Güter müssen handelbar sein,
- es dürfen keine Handelshemmnisse bestehen,
- es darf keine Transportkosten geben,
- die Güter müssen homogen sein.

Box 21.1: Kaufkraftparität: Inflationsdifferenzen als Bestimmungsgröße des Wechselkurses	
absolute Kaufkraftparität (hier in **Preisnotierung**) (1) $w = P^{Inland} / P^{Ausland}$ relative Kaufkraftparität (2) $\Delta w = \pi_{Inland} - \pi_{Ausland}$	**Hintergrund:** Langfristig zeigt sich, dass Länder mit geringer Inflation eine Aufwertung ihrer Währung erfahren und Inflationsländer entsprechend abwerten. Bitte achten Sie bei dieser Aussage stets auf die Notierung der Wechselkurse.

Offensichtlich werden diese Bedingungen nur für die wenigsten Güter erfüllt (Abb. 21.10):

- Nicht alle Güter sind handelbar. Während z. B. PKW, Bücher oder Weizen auf der ganzen Welt verkauft werden können, ist diese Bedingung bei Dienstleistungen nur eingeschränkt erfüllt.
- Einzelne Wirtschaftssektoren, die handelbare Güter herstellen, sind durch protektionistische Maßnahmen geschützt (z. B. Agrarprodukte).
- Sofern die Güter transportiert werden müssen, fallen Transportkosten an.
- Nur wenige Güter sind vollkommen homogen. Auch bei handelbaren Gütern (z. B. PKW) gibt es selbst zwischen ähnlich entwickelten Ländern Preisunterschiede. Ursächlich sind u. a. die Produktivitätsunterschiede bei der Herstellung der PKW oder die gezielte Marktsegmentierung oder Preisdifferenzierung durch Anbieter (vgl. Beispiel VW-Golf in Deutschland und VW-Rabbit in den USA).

Preise weichen nicht nur absolut, sondern auch relativ voneinander ab. Ursächlich sind z. B. unterschiedliche Produktionskosten. So können einige Länder aufgrund ihrer Ressourcenausstattung Güter günstiger herstellen. Zu berücksichtigen bleiben schließlich unterschiedliche Präferenzen und Einkommensverhältnisse der Konsumenten.

Relative Kaufkraftparitätentheorie

Da die absolute Kaufkraftparitätentheorie empirisch nicht haltbar ist, wird der Ausweg über die relative Kaufkraftparitätentheorie gesucht. Hier wird nicht der Wert des Wechselkurses mittels der Preisniveaus erklärt, sondern die relative Veränderung des Wechselkurses durch die Differenz der Inflationsraten im In- und Ausland.

Das Gesetz des einzigen Preises gilt nur unter restriktiven Bedingungen

Gesetz des einzigen Preises	Einschränkungen (Beispiele)
(1) handelbares Gut	z. B. einige Dienstleistungen
(2) keine Handelshemmnisse	Marktabschottung, Protektion
(3) keine Transportkosten	in der Regel nicht erfüllt
(4) homogenes Gut	Präferenzen der Verbraucher, Produktdifferenzierung der Unternehmen

Abb. 21.10: Einschränkungen der Kaufkraftparitätentheorie

Liegt z. B. die Inflationsrate in den USA bei 6 % und in der EWU bei 2 %, wertet sich der Euro bei einem Ausgangskurs von 1,25 €/US-$ auf 1,20 €/US-$ um 4 % gegenüber dem US-$ auf (Abb. 21.11). Dieses Ergebnis erscheint plausibel. Steigt im Ausland (USA) das Preisniveau stärker, so ziehen die dortigen Konsumenten den Kauf importierter Güter vor bzw. die inländischen Konsumenten weichen verstärkt auf heimische Güter aus. Die verstärkte Nachfrage nach inländischer Währung und das größere Angebot an ausländischer Währung führen zu einer Aufwertung der Inlands- und zu einer Abwertung der Auslandswährung. Die Währung eines relativ preisstabileren Landes wird sich also gegenüber inflationsanfälligen Währungen aufwerten.

Dieser Sachverhalt hat auch Konsequenzen für die Währungspolitik eines Landes:

- Eine Notenbank kann sich dafür entscheiden, ihren Wechselkurs gegenüber der Währung eines anderen Landes stabil zu halten. In diesem Fall wäre $\Delta w = 0$ und die Inflationsrate wird vom Wechselkurs bestimmt. Dieser Mechanismus wird als **direkter internationaler Preiszusammenhang** bezeichnet.
- Im Fall flexibler Wechselkurse sorgt der Wechselkurs hingegen für einen Ausgleich der nationalen Inflationsraten.

Empirische Analysen zeigen, dass die relative Kaufkraftparitätentheorie nur längerfristig gilt. Oft ist dann zuverlässig nicht mehr zu ermitteln, ob die Wechselkurse tatsächlich von den Inflationsraten bestimmt worden sind oder ob umgekehrt starke Wechselkursveränderungen zu entsprechenden Reaktionen der nationalen Inflationsraten geführt haben. Auffällig bei der Betrachtung empirischer Daten ist, dass vor allem in **Entwicklungsländern** eine starke Abweichung des offiziellen Wechselkurses von der Kaufkraft festzustellen ist. Besonders Touristen bemerken die dortige Unterbewertung der Währung recht deutlich, da sie sich im Urlaub oft mehr „leisten" können als im Inland.

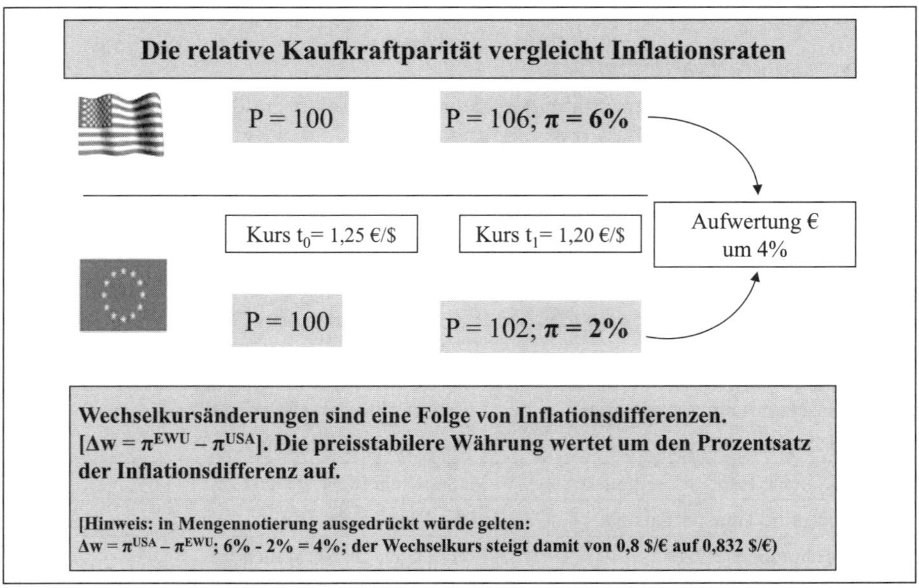

Abb. 21.11: Relative Kaufkraftparität

Balassa-Samuelson-Effekt

Die relative Kaufkraftparitätentheorie unterstellt, dass Preissteigerungen bzw. -senkungen bei allen Gütern des Warenkorbes in etwa parallel verlaufen, unabhängig davon, ob diese Güter international gehandelt werden oder nicht. Die Inflationsrate der handelbaren Güter ist demnach gleich der Inflationsrate der nicht-handelbaren Güter und damit der allgemeinen Preissteigerungsrate. In Arbeiten von *Bela Belassa* und *Paul Samuelson* wird strikt nach diesen beiden Güterkategorien unterschieden. Dies ist insofern sinnvoll, da die Kaufkraftparitätentheorie nur für handelbare Güter Gültigkeit beanspruchen kann. Ausgangspunkt der Überlegung von *Balassa* ist, dass Entwicklungsländer bei handelbaren Gütern (*tradeables*) in der Regel eine geringere Arbeitsproduktivität aufweisen als Industrieländer (Tab. 21.2). Bei nicht handelbaren Gütern (*non tradeables*) gibt es hingegen keine oder nur sehr geringe Produktivitätsunterschiede. Dies gilt vor allem für arbeitsintensive Güter, z. B. der Gang zum Friseur oder die Fahrt mit dem Taxi.

Tab. 21.2: Balassa-Samuelson-Effekt

Land	Autos (handelbar)	Frisuren (nicht handelbar)
reiches Land	Produktivität: 25; Löhne: 50 Lohnstückkosten: 50/25 = 2	Produktivität: 10; Löhne: 40 Lohnstückkosten: 40/10 = 4
armes Land	Produktivität: 10; Löhne: 10 Lohnstückkosten: 10/10 = 1	Produktivität: 10; Löhne: 10 Lohnstückkosten: 10/10 = 1

Die Löhne werden nach dieser Argumentation im Sektor der handelbaren Güter bestimmt. Bei unterstellter Mobilität der Arbeitskräfte gibt es jedoch keine Abweichungen zum Sektor der nicht handelbaren Güter. Bei niedrigen Löhnen und gleicher Produktivität sind die Preise für nicht handelbare Güter in armen Ländern deutlich geringer als in reichen Ländern. Auch das durchschnittliche Preisniveau liegt dann in armen Ländern unterhalb des Niveaus in reichen Ländern. Für Touristen aus einem reichen Industrieland erscheinen die nicht handelbaren Güter in einem Entwicklungsland preiswerter. Da die Kaufkraftparitätentheorie nur bei handelbaren Gütern gilt, bleibt das niedrigere Preisniveau der Entwicklungsländer bestehen und ihre Währungen sind unterbewertet.

Samuelson unterstellt, dass ärmere Länder im Zuge der wirtschaftlichen Entwicklung vor allem im Sektor der handelbaren Güter Produktivitätszuwächse erzielen (Tab. 21.3). Dies führt in der Folge zu entsprechenden Zuwächsen der Löhne. Die Preise steigen hingegen kaum, da die Lohnsteigerungen durch das Produktivitätswachstum ausgeglichen werden. Die höheren Löhne werden aber auch im Sektor nicht handelbarer Güter gezahlt, da sonst Arbeitnehmer dieses Sektors in den handelbaren Sektor wechseln würden. Im Sektor der nicht handelbaren Produkte herrscht jedoch kein vergleichbares Produktivitätswachstum, so dass die steigenden Kosten über Preissteigerungen kompensiert werden müssen. Demnach ist eine insgesamt höhere Inflationsrate als Folge eines ökonomischen Aufholprozesses wahrscheinlich.

Tab. 21.3: Balassa-Samuelson-Effekt im wirtschaftlichen Aufholprozess

Land	Autos (handelbar)	Frisuren (nicht handelbar)
reiches Land	Produktivität: 30; Löhne: 60 Lohnstückkosten: 60/30 = 2	Produktivität: 12; Löhne: 48 Lohnstückkosten: 48/12 = 4
armes Land	Produktivität: 20; Löhne: 20 Lohnstückkosten: 20/20 = 1	Produktivität: 12; Löhne: 20 Lohnstückkosten: 20/12 = 1,67

Beide Effekte lassen sich empirisch gut belegen und werden von den meisten Ökonomen als Faktum akzeptiert. Von wirtschaftspolitischer Bedeutung ist der Samuelson-Effekt, u. a. im Kontext der EU-Erweiterung. Nehmen wir an, zwei Brüder arbeiten in zwei Beitrittsländern der EU. Ein Bruder arbeitet in einer Automobilfabrik, der andere Bruder als Frisör. Die Automobilfirma arbeitet mit westeuropäischen Unternehmen zusammen und wird durch Technologietransfer auf international konkurrenzfähiges Niveau gebracht. Entsprechend steigt die Produktivität des ersten Bruders, der seine Arbeitskraft nun mit einem modernen Kapitalstock und moderner Technologie kombiniert. Mit der Produktivität steigt auch der Lohn der Beschäftigten der Fabrik. Der Frisör dagegen als Hersteller eines nicht international handelbaren Gutes nimmt an der Produktivitätssteigerung zunächst nicht teil. Damit er relativ zu seinem Bruder in der Einkommenshierarchie nicht zu weit zurückfällt und in der Volkswirtschaft weiterhin Menschen im Sektor der nicht-handelbaren Güter zu arbeiten bereit sind, verlangt er ebenfalls eine Lohnsteigerung. Mangels Produktivitätssteigerung muss der Inhaber des Friseurgeschäfts die Lohnsteigerung in Form höherer Preise an seine Kunden weitergeben. Produktivitätssteigerungen im Sektor der handelbaren Güter (Autos) führen nachfolgend zu Preissteigerungen im Sektor der nicht handelbaren Produkte (Haarschnitt). Solange der Sektor der handelbaren Güter wirtschaftlich floriert, ist eine Lohnanpassung im Bereich der nicht handelbaren Güter – und damit bei den Dienstleistungen – möglich.

Schlagwörter	• Big-Mac Index • absolute Kaufkraftparitätentheorie • relative Kaufkraftparitätentheorie	• Balassa-Samuelson-Effekt

21.2.2 Reale Wechselkurse

In den Medien wird täglich über nominelle Wechselkurse berichtet. Überwiegend wird hier auf die Mengennotierung Bezug genommen. Zentral für die Entscheidung, in- oder ausländische Güter zu kaufen ist aber nicht der nominelle, sondern der **reale Wechselkurs** (vgl. Box 21.2). Zwei Definitionen sind üblich:

- Der reale Wechselkurs ist der Preis inländischer Güter in Einheiten ausländischer Güter.
- Der reale Wechselkurs ist der Preis ausländischer Güter in Einheiten inländischer Güter.

Box 21.2: Reale Wechselkurse: Eine wichtige Orientierungsgröße der internationalen Wettbewerbsfähigkeit	
In **Mengennotierung** gilt: (1) $\varepsilon = w^n \times (P^{Inland} / P^{Ausland})$ In Wachstumsraten (W) ausgdrückt gilt: (2) $W\varepsilon = W_w^{nominal} + (W_P^{Inland} - W_P^{Ausland})$ Bei strenger Gültigkeit der Kaufkraftparität gilt für den realen Wechselkurs in Gleichung (1) der Wert Eins bzw. in Gleichung (2) der Wert Null.	**Hintergrund:** Der reale Wechselkurs (ε) setzt drei Größen in Beziehung: • den nominalen Wechselkurs, • das inländische Preisniveau, • das ausländische Preisniveau. Der reale Wechselkurs ist ein relativer Preis zwischen inländischen und ausländischen Gütern. Reale Auf- und Abwertungen des realen Wechselkurses verändern die preisliche Wettbewerbssituation einer Volkswirtschaft. Bitte achten Sie immer stets auf die Notierung der Wechselkurse!

Der reale Wechselkurs ist also ein relativer Preis. Wir wollen uns den Preis der inländischen Güter in Einheiten ausländischer Güter anhand eines Beispiels verdeutlichen (Abb. 21.12). Der Preis der inländischen Güter in Euro sei P^{Inland}. Wir multiplizieren P^{Inland} anschließend mit dem Wechselkurs, hier ausgedrückt in **Mengennotierung** als [US-$/€]. Wir erhalten dann den Preis der deutschen Güter in ausländischer Währung, abgekürzt: $w^n \times P^{Inland}$. Drückt man diese Größe in Relation zum den Preis der US-Güter in Dollar ($P^{Ausland}$), erhält man den realen Wechselkurs: $\varepsilon = w^n \times (P^{Inland} / P^{Ausland})$.

Betrachten wir ein Zahlenbeispiel:

- Deutschland exportiert PKW im Wert von jeweils 50.000 € in die USA.
- USA exportiert Erdöl nach Deutschland im Wert von 50 US-$ pro Barrel.
- Der nominelle Wechselkurs ist 1,2 US-$/€.

Der reale Wechselkurs als Preis eines deutschen PKW in Einheiten von US-Erdöl errechnet sich als: ε = (1,2 US-$/€) × (50.000 €/PKW) / (50 US-$ je Barrel) = 1.200 (Barrel/PKW).

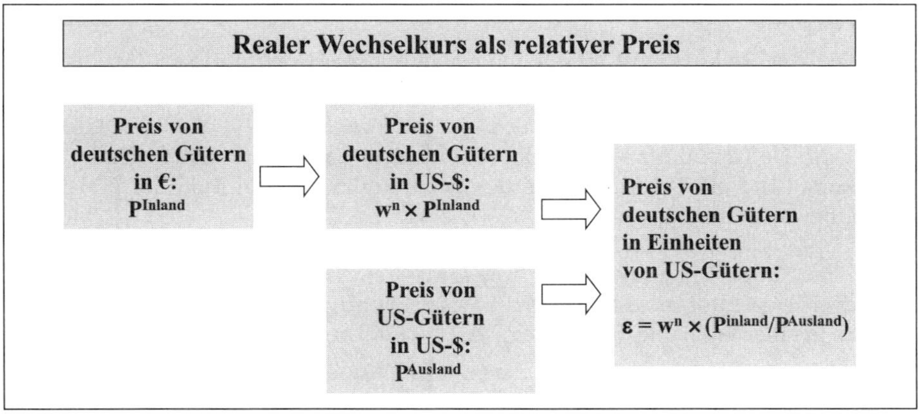

Abb. 21.12: Reale Wechselkurse

Normalerweise werden zwischen Ländern nicht zwei, sondern viele Güter gehandelt. Die Größe P ist daher keine absolute Größe, sondern ein Index (z. B. der BIP-Deflator). Auch der reale Wechselkurs wird als Index ausgewiesen, der im Basisjahr auf 1 bzw. 100 normiert wird. Auf diese Weise lassen sich dann **Veränderungen** des realen Wechselkurses interpretieren. Wenn z. B. der reale Wechselkurs zwischen Deutschland und den USA um 10 % steigt, so bedeutet dies, dass deutsche Güter im Vergleich zu den US-Gütern um 10 % teurer geworden sind. Wir sprechen von einer **realen Aufwertung**. Real bedeutet, dass wir uns auf Veränderungen der relativen Preise von Gütern und nicht auf Veränderungen der nominalen Wechselkurse beziehen. Umgekehrt bedeutet eine reale Abwertung, dass inländische Güter in Relation zu den ausländischen Gütern relativ billiger werden. In diesem Fall verbessert sich also die preisliche Wettbewerbsfähigkeit der inländischen Güter auf internationalen Märkten.

Wir können nun ausgehend von unserem obigen Zahlenbeispiel erkennen, dass eine reale Aufwertung auf Veränderungen des nominalen Wechselkurses und der in- und ausländischen Preise, d. h. auf drei Sachverhalte, zurückzuführen ist (für eine reale Abwertung gelten analoge Überlegungen; Tab. 21.4). Wenn sich der Wechselkurs und die Preisrelationen in die gleiche Richtung bewegen, ist der Effekt auf den realen Wechselkurs eindeutig. Ist dieses nicht der Fall ist der dominante Effekt entscheidend.

Tab. 21.4: Zahlenbeispiel zur realen Aufwertung einer Währung

Sachverhalt	Zahlenbeispiel: reale Aufwertung	Interpretation
nominelle Aufwertung: w^n steigt von 1,2 US-\$/€ auf 1,5 US-\$/€	$\varepsilon = \frac{1{,}5 \text{ US-\$/€} \times 50.000 \text{ €/PKW}}{50 \text{ US-\$ je Barrel}} = 1.500$	Man erhält pro Einheit der Inlandswährung mehr von der ausländischen Währung.
ausländischer Preis ($P^{Ausland}$) sinkt	$\varepsilon = \frac{1{,}2 \text{ US-\$/€} \times 50.000 \text{ €/PKW}}{40 \text{ US-\$ je Barrel}} = 1.500$	Für eine gegebene Menge inländischer Güter können mehr ausländische Güter erworben werden.
inländischer Preis (P^{Inland}) steigt	$\varepsilon = \frac{1{,}2 \text{ US-\$/€} \times 62.500 \text{ €/PKW}}{50 \text{ US-\$ je Barrel}} = 1.500$	Eine gegebene Menge inländischer Güter ist in inländischer Währung mehr wert.

Terms of trade

Der reale Wechselkurs wird oft mit den **realen Austauschverhältnissen** (*terms of trade*) gleichgesetzt. Diese Gleichsetzung ist nur bedingt richtig (Abb. 21.13):

- Bei der Berechnung der realen Wechselkurse fließen in die Größe P alle Güter ein (der BIP-Deflator umfasst handelbare und nicht handelbare Güter). Reale Wechselkurse sind ein Preisverhältnis der Warenkörbe und ein Maß der preislichen Wettbewerbsfähigkeit.
- Die *terms of trade* stellen nur auf die handelbaren Güter ab. Gefragt wird danach, wie viele Importguteinheiten für eine Einheit eines Exportgutes zu erhalten sind. Sie werden gemessen als Preisverhältnis der Exportgüter zu den Importgütern und zwar in einer Währung. Sie sind eine Art Wohlfahrtsmaß.

Betrachten wir dazu unser Beispiel, das mit PKW und Erdöl zwei handelbare Güter umfasst. Ausgedrückt in € betragen die *terms of trade* (T.o.T):

(1) Exportpreis PKW in € / (Importpreis Erdöl in US-\$ × Wechselkurs (€/US-\$)) = 50.000 € / (50 US-\$ × (0,833 €/US-\$)) = 1.200

Wir können also für einen exportierten PKW 1.200 Barrel Erdöl einkaufen. Betrachten wir nun eine Aufwertung des € auf 0,8 €/US-\$ (in Mengennotierung entspricht dies 1,25 US-\$/€):

(2) Exportpreis PKW in € / (Importpreis Erdöl in US-\$ × Wechselkurs (€/US-\$)) = 50.000 € / (50 US-\$ × (0,8 €/US-\$)) = 1.250

Eine nominale Aufwertung führt also zu einer Verbesserung der *terms of trade*. Der gleiche Sachverhalt tritt ein, wenn die Preise der Importgüter langsamer als jene der Exportgüter steigen, d. h. eine reale Aufwertung vorliegt.

Eine real aufwertende Währung zeichnet sich zwar durch eine höhere Kaufkraft gegenüber dem Ausland aus, gleichzeitig verringert sich jedoch die preisliche Wettbewerbsfähigkeit der inländischen Wirtschaft, da die inländischen Güter ausgedrückt in ausländischen Gütern teurer werden. Die Veränderung der *terms of trade*, die in der Praxis als **Index** von Exportpreisen zu Importgüterpreisen ausgewiesen werden, hängt nicht nur den Wechselkursen, sondern u. a. auch von der Entwicklung der Weltmarktpreise sowie den Preiselastizitäten für Export- und Importgütern im In- und Ausland ab. Die Entwicklung der *terms of trade* zwischen zwei Zeitpunkten wird als ein Anzeichen

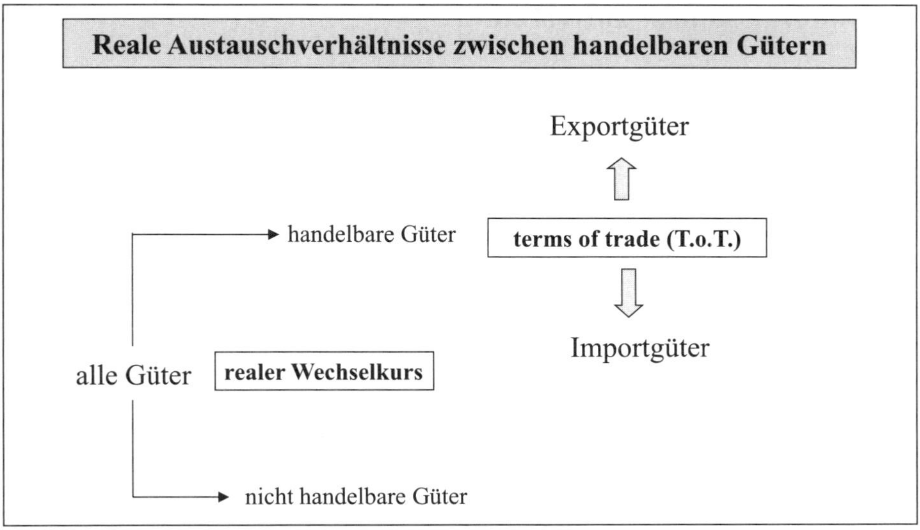

Abb. 21.13: Reale Wechselkurse und terms of trade

wohlstandsmehrender oder -mindernder Wirkungen des Außenhandels eines Landes oder einer Ländergruppe gewertet.

Eine Verschlechterung der *terms of trade* bedeutet, dass eine Volkswirtschaft für den Kauf der gleichen Menge Importgüter mehr an Exportgütern absetzen muss und dass die relativ teuren Importe die Binnennachfrage durch einen Entzug an Kaufkraft schmälern. Dies war in der Vergangenheit in Deutschland z. B. aufgrund der gestiegenen Ölpreise der Fall. Nehmen Sie an, in Gleichung (1) verdoppelt sich der Importpreis für ein Barrel Erdöl von 50 US-$ auf 100 US-$. Dies würde zu einer Halbierung der *terms of trade* führen:

(3) Exportpreis PKW in € / (Importpreis Erdöl in US-$ × Wechselkurs (€/US-$)) = 50.000 € / (100 US-$ × (0,833 €/US-$)) = 600

Für ein wohlhabendes und exportstarkes Land wie die Bundesrepublik Deutschland ist eine Verschlechterung der *terms of trade* kein Grund zu anhaltender Sorge. Der Verlust von Wohlstand macht sich auf kurze Sicht nicht bemerkbar. Er kann unter Umständen durch günstigere Tauschverhältnisse mit neuen Gütern kompensiert werden. Für viele Entwicklungs- und Schwellenländer dagegen kann eine Verschlechterung der *terms of trade* ernsthafte Konsequenzen haben, denn im Kern wird über die Veränderung der Tauschverhältnisse das Welt-BIP umverteilt.

Beispielsweise können rohstoffreiche Länder durch das Angebot eines unentbehrlichen und preisunelastischen Gutes (z. B. Erdöl) durch Preiserhöhungen und der dadurch verbesserten *terms of trade* einen größeren Teil des weltweiten Wohlstandes an sich ziehen. Ärmere Länder haben kaum eine Möglichkeit auszuweichen, wenn sie auf Öl als Energiequelle nicht verzichten können. Im Gegensatz zu reicheren Ländern haben sie dem verteuerten Öl auch nichts entgegenzusetzen, weil ihre Exportkraft mangels konkurrenzfähiger Güter zu schwach ist. Der zunächst abstrakte Begriff der *terms of trade* wird in einem solchen Fall schmerzlich konkret.

Schlagwörter	• realer Wechselkurs	• terms of trade

21.3 Internationaler Zinsverbund

Gegenwärtig unterliegen die internationalen Finanzströme weitgehend keinen Beschränkungen. Anleger können kurz- und langfristiges Kapital relativ frei von einem Land in ein anderes transferieren. In der Regel sind sie bestrebt, möglichste hohe Erträge zu erzielen. Das Entscheidungskalkül lässt sich im Rahmen der **Zinsparitätentheorie** darstellen. Grundaussage ist, dass beobachtbare Zinsdifferenzen zwischen In- und Ausland solange durch Wechselkursanpassungen begleitet werden, bis sich die Ertragsraten der Kapitalanlagen einander angeglichen haben. Bei vollkommener Kapitalmobilität bedeutet dies, dass es keine Bewertungsunterschiede zwischen in- und ausländischen Wertpapieren gibt.

21.3.1 Gedeckte Zinsparität

Die Zinsparität ist ein naher Verwandter der Kaufkraftparität. Sie hat zwar den Zusammenhang von Wechselkursen und Zinsen im Blick, baut jedoch ebenfalls auf dem Gesetz des einheitlichen Preises auf. Während bei der Kaufkraftparität ein Käufer beschrieben wird, der indifferent zwischen dem Kauf eines in- bzw. ausländischen Gutes ist, wird hier ein indifferenter Anleger beschrieben, der zwischen Kapitalanlagen zu entscheiden hat und sein Währungsrisiko durch ein Termingeschäft absichern will. Den Mechanismus der gedeckten Zinsparität haben wir bereits in Kap. 20 im Zusammenhang mit der Bildung eines Terminkurses auf dem Devisenmarkt kennengelernt. Wir können uns daher kurz fassen. Die **gedeckte Zinsparität** in allgemeiner Form lautet (Abb. 21.14):

(1) $(1 + i^{\text{Inland}}) = (1 + i^{\text{Ausland}}) \times (w \;/\; w^{T})$

Für relativ kleine Zinssätze und Wechselkursänderungen können wir (1) ersetzen durch:

(1) $i^{\text{Inland}} = i^{\text{Ausland}} - (w^{T} - w) \;/\; w$

Wir betrachten dazu ein Zahlenbeispiel:

aktueller Wechselkurs	in Mengennotierung: 1,30 US-$/€
Terminkurs nach einem Jahr	in Mengennotierung: 1,275 US-$/€
Zins (Inland)	4 %
Zins (Ausland)	2 %
Anlagebetrag	1 Mio. €

Eingesetzt in Gleichung (2) ergibt sich näherungsweise: 0,04 = 0,02 – (1,275 – 1,30)/1,30.

Durch das höhere Zinsniveau im Inland wertet die Inlandswährung gegenüber der Auslandswährung ab. Die Zinsdifferenz von 2 % entspricht näherungsweise der Abwertungsrate des € gegenüber dem US-$: (1 – 0,02) × 1,30 US-$/€ = 1,275 US-$/€. Bei der gedeckten Zinsparität wird ein Wechselkursrisiko vermieden. Würde die gedeckte Zinsparität nicht gelten, so hätten die Wirtschaftssubjekte die Möglichkeit zur Währungsarbitrage, das heißt, sie könnten internationale Zinsdifferenzen zu ihrem Vorteil zur Gewinnerzielung nutzen. Zu unterscheiden sind also Terminkurs und der zukünftigen Kassakurs des Wechselkurses. Der Terminkurs steht zum heutigen Zeitpunkt fest, der zukünftige Kassakurs ist hingegen unbekannt. Die Frage, welchen Wechselkurs wir bei den gegebenen Marktbedingungen (Kassakurs, Zinssätze) erwarten können, ist Gegenstand der ungedeckten Zinsparität.

Zinsparität und monetäre Märkte

	inländischer Kapitalmarkt	Kassa-devisenmarkt	Termin-devisenmarkt	ausländischer Kapitalmarkt
Preise in Periode t = 0	i^{Inland} 4%	w 1,30 US-$/€	w^T 1,275 US-$/€	$i^{Ausland}$ 2%
Preise in Periode t = 1	$1 + i^{Inland}$ 1,04 ←	**bei Gleichheit besteht Zinsparität**	→ $(1+ i^{Ausland}) \times (w/w^T)$ $1{,}02\times(1{,}3/1{,}275) = 1{,}04$	$(1+ i^{Ausland}) \times w$ $= 1{,}326$

Abb. 21.14: Gedeckte Zinsparität

21.3.2 Ungedeckte Zinsparität

Die ungedeckte Zinsparität greift das Prinzip des einheitlichen Preises auf und wendet es auf den Preis von Finanzprodukten an. In der Regel wird perfekte Kapitalmobilität unterstellt, so dass ein Anleger die Möglichkeit hat, ohne Transaktionskosten und ohne zeitliche Verzögerungen sein Portfolio umzuschichten. Wir stellen den Anleger vor die Wahl zwischen einer inländischen und ausländischen Anlage in der gleichen Risikoklasse.

Der Anleger wird die Rendite beider Anlagen vergleichen und berücksichtigen, dass er Euro zum bekannten Kassakurs in US-$ tauschen und am Ende des Anlagezeitraums wieder in Euro zurücktauschen muss. Die erwartete Rendite muss aufgrund von Arbitragekräften identisch sein. Würde eine Anlage eine höhere Rendite versprechen, würde die steigende Nachfrage den Preis der Anlage erhöhen und dementsprechend die Rendite verringern. Diese Gleichheit führt zu der Erwartung, dass die **Veränderung** des Wechselkurses die Zinsdifferenzen der Anlagen kompensiert (Box 21.3).

Box 21.3: Zinsparität – Zinsdifferenzen als Bestimmungsgröße des Wechselkurses	
(1) $(1+i^{Inland}) = (1+i^{Ausland}) \times (w/w^e)$ Eine häufig genutzte Annäherung von (1) ist: (2) $i^{Inland} = i^{Ausland} - (w^e - w)/w$	**Hintergrund:** Die zentrale Grundannahme der Zinsparitätentheorie ist, dass die Anleger dort investieren, wo sie die größte Rendite erwirtschaften können. Verhalten sich Investoren dementsprechend, so wird in einem Zwei-Länder-Fall immer die Währung des attraktiveren Anlagestandorts aufgewertet. Die Zinsparitätentheorie in ihrer Grundstruktur betrachtet als Renditegrößen den Zins und die Wechselkurserwartungen. Zu unterscheiden sind die ungedeckte und die durch Termingeschäfte abgesicherte Zinsparität.

Stellen Sie sich vor, dass Sie nach einer Erbschaft über 1 Mio. € verfügen, die Sie für 1 Jahr rentabel anlegen wollen. Sie können sich für eine Anlage im Inland entscheiden, die einen garantierten Ertrag pro Jahr abwirft. Der Ertrag der Inlandsanlage ist gegeben durch die Verzinsung dieser Anlage zum Inlandszins. Vielleicht werden Sie aber den Ertrag der Inlandsanlage mit einem möglichen Ertrag im Ausland vergleichen. Wenn

Sie sich für eine Auslandsanlage in den USA entscheiden, müssen Sie berücksichtigen, dass Sie den Anlagebetrag in Höhe von 1 Mio. € zunächst zum Kassakurs in US-$ tauschen müssen. Darüber hinaus brauchen Sie Vorstellungen über die Höhe des **erwarteten Wechselkurses** nach einem Jahr, wenn Sie die Erträge der Kapitalanlage in US-$ wieder in € zurücktauschen. In ihr Entscheidungskalkül gehen damit vier Variable ein:

- der inländischen Kapitalmarktzins (i^{Inland}),
- der ausländischen Kapitalmarktzins ($i^{Ausland}$),
- der aktuelle Devisenkassakurs (w),
- der zum Zeitpunkt t+1 gültige Wechselkurs.

Gehen wir beispielhaft von folgenden Daten aus:

aktueller Wechselkurs	in Mengennotierung: 1,30 US-$/€
erwarteter Kurs nach einem Jahr	in Mengennotierung: 1,25 US-$/€
Zins (Inland)	4 %
Zins (Ausland)	2 %
Anlagebetrag	1 Mio. €

Auf den ersten Blick erscheint die Inlandsanlage mit einer Verzinsung von 4 % rentabler als eine Auslandsanlage von 2 %. Zur Bewertung müssen wir jedoch den Wechselkurs berücksichtigen. Wir **erwarten** nach einem Jahr einen Wechselkurs von 1,25 US-$/€, d. h. eine Abwertung des €. Ihr Kalkül stellt sich wie folgt dar:

(1) **Umtausch** von 1 Mio. € in 1 Mio US-$ in 1,3 Mio. US-$.
(2) **Investieren** der US-$-Guthaben auf dem US-Geldmarkt zu einem Zinssatz von 2 % führt zu 1,326 Mio. US-$ nach einem Jahr.
(3) **Verkauf** des US-$-Guthabens in € nach einem Jahr ergibt: 1,326 Mio. US-$/1,25 US-$/€ = 1,060.8 Mio. €.
(4) **Die Anlage im Inland** erbringt nach einem Jahr nur 1,04 Mio. €.

Allgemein kann man nach folgender **Entscheidungsregel** vorgehen:

(5a) Betrag × (1 + Inlandszins) <
(Betrag/Kassakurs) × (1 + Auslandszins) × erwarteter Kassakurs oder
(5b) Inlandszins – Auslandszins < (erwarteter Kassakurs – Kassakurs)/Kassakurs

Im Vergleich mit der Rendite aus der sicheren Inlandsanlage von 40.000 € würden Sie nach einem Jahr bei einer Anlage in den USA einen Gewinn von 60.800 € erzielen. Die **Rendite** der Auslandsanlage beträgt rund 6,1 %, die sich näherungsweise zusammensetzt aus der **Verzinsung** von 2 % sowie der erwarteten Wechselkursänderung, die hier zu einem Währungstauschgewinn von rund 4 % führt (Abb. 21.15). Ein lohnendes Geschäft.

Es ist naheliegend, dass die vorherige Überlegung stark durch die Erwartung des Wechselkurses geprägt ist. Je nach Erwartungshaltung fällt die Entscheidung unterschiedlich aus. Die Frage ist, ob sich der US-Dollar in unserem Beispiel um mehr oder weniger aufwertet als es dem Zinsnachteil der US-Anlage entspricht:

- Erwarten wir, dass sich der Euro nur auf 1,28 US-$/€ abwertet, dann erhalten wir nach einem Jahr durch Umtausch in Euro einen Ertrag von rund 35.938 €. Die inländische Anlage wirft also eine höhere Rendite ab.
- Erwarten wir, dass sich der € z. B. deutlich auf 1,20 US-/€ abwertet, dann erhalten wir nach einem Jahr durch Umtausch in € einen Ertrag von rund 105.000, d. h. die Rendite der Auslandsanlage steigt deutlich auf rund 10 %.

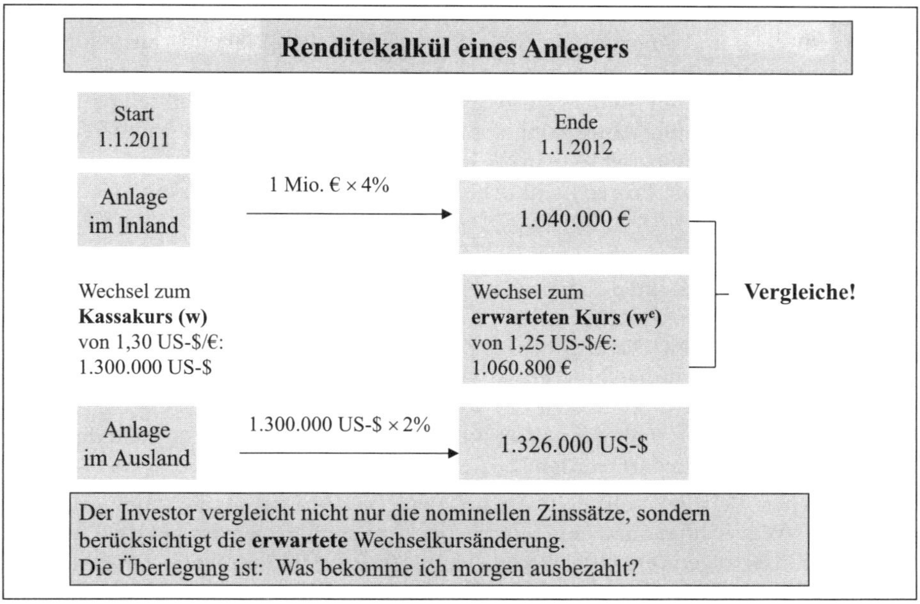

Abb. 21.15: Renditekalkül und Zinsdifferenzen

Die **ungedeckte Zinsparität** besagt, dass sich durch Anpassung der Wechselkurserwartungen und des Kassakurses die gleichen Ertragsraten von Inlands- und Auslandsanlage ergeben. Anders ausgedrückt: Die Zinsdifferenz der jeweiligen Ländern gibt die erwartete Änderungsrate des Kurses an. Ein guter Schätzwert für den zukünftigen Wechselkurs ist dabei der aktuelle Terminkurs (Abb. 21.16).

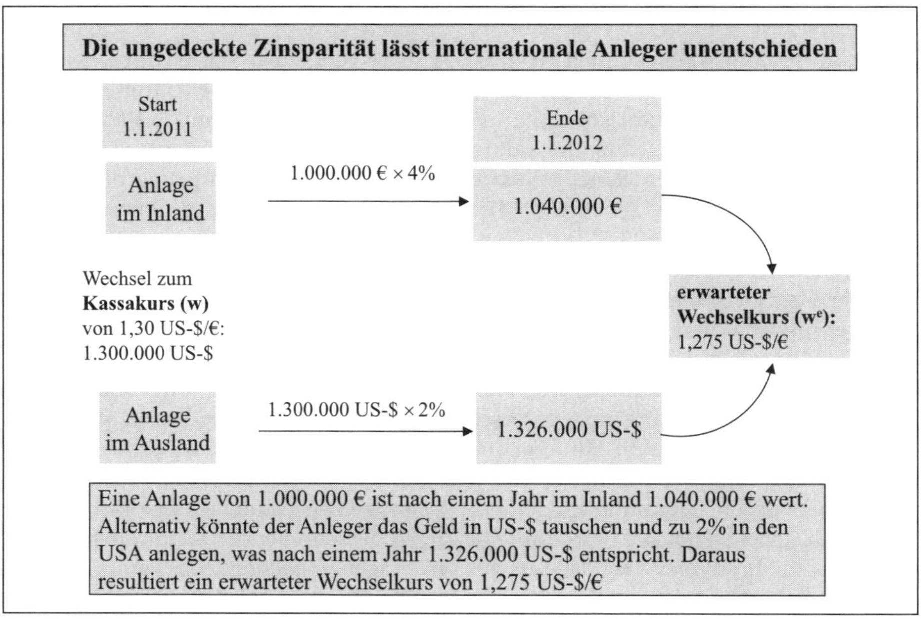

Abb. 21.16: Ungedeckte Zinsparität

Sind die Zinsen im Inland höher, geht die ungedeckte Zinsparität von einer Abwertung der inländischen und einer Aufwertung der ausländischen Währung aus. Nur dann sind die internationalen Anleger bereit, US-Anlagen trotz des niedrigen Zinssatzes in ihrem Portfolio zu halten. Anders ausgedrückt: Erwarten die Marktteilnehmer im Beispiel eine zweiprozentige Abwertung des Euro über den gegebenen Anlagezeitraum, so werden sie nur dann bereit sein, in die inländische Anlage zu investieren, wenn der Inlandszins genau zwei Prozentpunkte höher liegt als der Auslandszins.

Währungsspekulation

Im Gegensatz zur gedeckten Zinsparität ist die ungedeckte Zinsparität nicht zwangsläufig erfüllt. Die gedeckte Zinsparität ist eine Arbitragebedingung und hat per Definition immer Gültigkeit. Die ungedeckte Zinsparität ist hingegen ein **Prognosemodell**, bei dem es zu Abweichungen des erwarteten und des tatsächlich eintretenden Wechselkurses kommen kann. Grundsätzlich können daher auch z. B. alle Geschäfte eines exportorientierten Unternehmens als spekulativ betrachtet werden, die nicht durch ein Termingeschäft abgesichert werden.

Ein einfaches Beispiel soll den Ablauf von Währungsspekulationen erläutern (Abb. 21.17). Wir wählen dazu eine kurzfristige Transaktion, so dass auf die Einbeziehung von Zinserträgen verzichtet werden kann. Um 9.00 Uhr tauscht ein Finanzinstitut 10 Mio. US-$ zu einem Kurs von 1,30 US-$ um. Der Gegenwert beträgt also 13 Mio. US-$. Um 17.00 Uhr hat der Euro leicht nachgelassen und sich auf 1,28 US-$ abgewertet.

Tauscht nun das Finanzinstitut die erworbenen 13 Mio. US-$ zurück, ergibt sich ein Betrag von 10.156.250 € und ein Gewinn von 156.250 €. Liegen aufgrund von Informationen Hinweise auf eine bevorstehende Abwertung des € vor, so wird ein Großteil der am Devisenmarkt tätigen Akteure ebenfalls auf eine Abwertung setzen. Sie würden die Währung verkaufen, woraufhin der Wert der Währung weiter sinkt. Dieses „Herdenverhalten" internationaler Anleger kann den Wert einer Währung nachhaltig beeinflussen. Selbst in relativ kurzer Zeit kann es zu einer Abwertung und gegebenenfalls sogar zu einer Kapitalflucht kommen, die reale Folgen hat.

Währungsspekulationen können vor allem kleinere Volkswirtschaften mit schwachen Währungen Probleme bereiten oder sogar Währungskrisen herbeiführen. Hält eine Bank oder eine andere Einrichtung größere Mengen einer bestimmten Währung, so reicht schon eine geringe Kursschwankung, um hohe Gewinne erzielen zu können. So führt der Verkauf großer Mengen einer bestimmten Währung aufgrund des vergrößerten Angebots zu einer Abwertung dieser Währung. Je geringer die wirtschaftliche Kraft einer Volkswirtschaft ist, den Wert der eigenen Währung durch An- und Verkäufe oder zinspolitische Maßnahmen zu stabilisieren, umso leichter ist es für Devisenspekulanten, die erwünschten Kursschwankungen durch das Zurückhalten oder Anbieten größerer Mengen dieser Währungen zu provozieren. Da bei Devisenspekulationen in der Regel innerhalb eines kurzen Zeitraums große Mengen einer bestimmten Währung erst gekauft und dann wieder verkauft werden, sind diese Transaktionen von längerfristigen Überlegungen zu unterschieden, die z. B. der Finanzierung von Investitionen dienen. Vor diesem Hintergrund ist die Idee der Besteuerung kurzfristiger Spekulationen mit ausländischen Währungen unter dem Stichwort der **Tobin-Steuer** bekannt geworden, benannt nach dem gleichnamigen Nobelpreis-Träger (*James Tobin (1918–2002)*). Der Steuersatz würde auf alle grenzüberschreitenden Geldtransfers weltweit einheitlich erhoben und läge nach Vorschlägen zwischen 0,05 % und 1 %. Für Direktinvestitionen oder mit dem Warenhandel verbundene Geldtransfers soll diese Steuer somit vernachlässigbar gering sein.

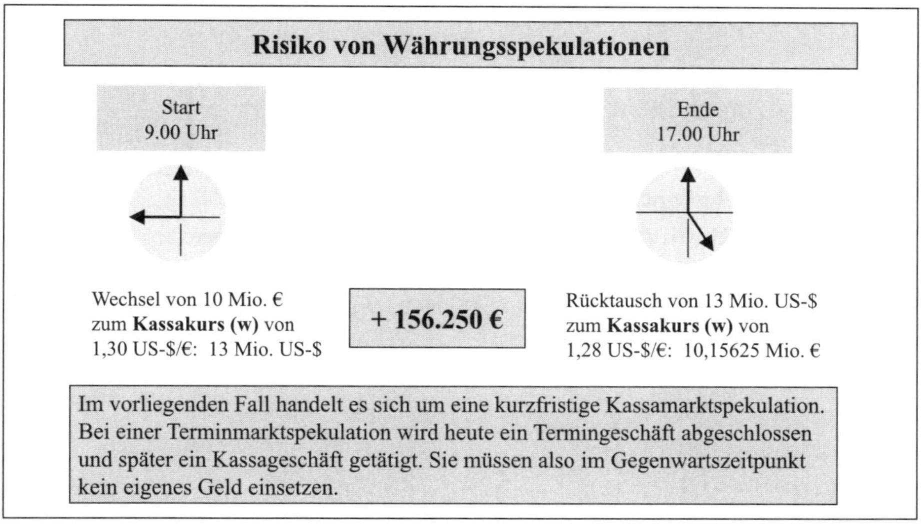

Abb. 21.17: Währungsspekulation

Für spekulative Transaktionen, die auf kurzfristige Schwankungen von Kursen setzen, sollen diese Abgaben jedoch die Gewinne eliminieren. Hier bleibt zu berücksichtigen, dass es sich beim spekulativen Devisenhandel oft um so genannte *second trading* Geschäfte oder *minute trading* Geschäfte handelt, bei denen selbst vier Stellen hinter dem Komma (*pip*) relevant sind. Zur Illustration der Belastung kurzfristiger Transaktionen soll folgendes Rechenbeispiel dienen: Bei einer Tobin-Steuer in Höhe von 0,2 % pro Transaktion (Kauf und Verkauf) würde für einen Kapitalbetrag, der ein Jahr lang jeden Monat einmal international wandert, eine Belastung von $12 \times 0{,}002 = 2{,}4\,\%$ anfallen bzw. $1 - (1 - 0{,}002)^{12} = 2{,}37\,\%$. Wenn der Betrag einmal wöchentlich transferiert wird, würde die Belastung auf $52 \times 0{,}002 = 10{,}4\,\%$ wachsen bzw. auf $1 - (1 - 0{,}002)^{52} = 9{,}89\,\%$. Bei einer Transaktion pro Arbeitstag würde der Betrag mit $52 \times 5 \times 0{,}2 = 52\,\%$ besteuert bzw. auf $1 - (1 - 0{,}002)^{260} = 40{,}58\,\%$.

Die Forderung Tobins nach der Besteuerung des Devisenhandels zur Eindämmung spekulativer Geschäfte wurde in den letzten Jahren von Globalisierungskritikern aufgegriffen. Die Einnahmen aus der Steuer sollten, so der Vorschlag, unter anderem zur Finanzierung von (Umwelt-) Projekten in Entwicklungsländern eingesetzt werden. Tobin selbst hat sich in den letzten Jahren seines Lebens von dieser Interpretation der Tobin-Steuer distanziert, u. a. weil die Diskussion in wesentlichen Punkten von seinem ursprünglichen Konzept abweicht, das die Steuerung von Devisenströmen und nicht die Finanzierung von Entwicklungsprojekten im Blick hatte. Ein Blick ins Internet zeigt, dass das Konzept der Tobin-Steuer gegenwärtig kontrovers diskutiert wird. Machen Sie sich selbst ein Bild.

Schlag-wörter	• (un-)gedeckte Zinsparität	• Währungsspekulation • Tobin-Steuer

21.4 Fallbeispiele zu Kapitel 21

Lösungs- und Bearbeitungshinweise sowie alle Abbildungen dieses Kapitels finden Sie unter: www.vahlen.de

Fallbeispiel 21.1: Außenwirtschaftsmultiplikatoren (++)

In einer offenen Volkswirtschaft gelten folgende Werte bzw. Funktionen:

(1) $C_H = 100 + 0{,}8 \times Y_v$

(2) $Yv = Y - T$

(3) $T = 0{,}25 \times Y$

(4) $I_{aut} = 300$

(5) $G_{aut} = 600$

(6) $Im = 100 + 0{,}1 \times Y$

(7) $Ex_{aut} = 600$

1) Ermitteln Sie das Gleichgewichtseinkommen.
2) Wie verändert sich das Gleichgewichtseinkommen und der Außenbeitrag bei einer Erhöhung der autonomen Exporte um 100 Mrd. €?
3) Im Ausland sind neue Güter entwickelt worden, die von den privaten Haushalten als so attraktiv empfunden werden, dass sie zu Lasten der privaten Ersparnis gekauft werden. Gesamtwirtschaftlich macht sich dies durch zusätzliche autonome Importe und zusätzlichen autonomen Konsum in Höhe von jeweils 50 Mrd. € bemerkbar. Welche Veränderung des Gleichgewichtseinkommens resultiert aus diesem Vorgang?
4) Aufgrund der zunehmenden internationalen Integration kommt es zu einer deutlichen Ausweitung der Importe, die zu einem Anstieg der marginalen Importquote auf 0,225 führt. Ermitteln Sie die Veränderung des Multiplikators und – isoliert betrachtet – den Anstieg der Importe. Wie stark müssten die Exporte steigen, um etwaige negative Einkommenseffekte für das Inland zu kompensieren?

Fallbeispiel 21.2: Außenwirtschaft als Konjunkturlokomotive (+)

Gegeben sind folgende Verhaltensfunktionen:

(1) $C = 20 + 0{,}8 \times Yv$

(2) $I_{aut} = 80$

(3) $T = 50 + 0{,}2 \times Y$

(4) $Tr_{aut} = 50$

(5) $G_{aut} = 80$

(6) $Ex_{aut} = 70$

(7) $Im = 0{,}14 \times Y$

1) Ermitteln Sie das Ausgangsgleichgewicht und den Saldo des Außenbeitrags.
2) Infolge einer deutlichen Abkühlung der konjunkturellen Situation wichtiger Handelspartner kommt es zu einem Exportrückgang in Höhe von 40 Mrd. €. Zugleich gehen die Investitionen aufgrund der angespannten inländischen Konjunktur um 10 Mrd. € zurück. Berechnen Sie das neue Gleichgewichtseinkommen und den Außenbeitrag.

Fallbeispiel 21.3: Phasengleichlauf und -verschiebung von Inlands- und Auslandskonjunktur (0)

Beurteilen Sie in einem System fester Wechselkurse die Auswirkungen der nachfolgenden konjunkturellen Ausgangssituationen auf die Ex- und Importströme sowie auf die konjunkturellen Ausschläge insgesamt. Was lässt sich erkennen?

Inland	Ausland	Inland		Ausland		Konjunkturelle Ausschläge
		Export	Import	Export	Import	
Rezession	Aufschwung					
Rezession	Rezession					
Aufschwung	Aufschwung					

Fallbeispiel 21.4: Wechselkurs und Elastizitäten (+)

Der Wechselkurs beträgt 1 US-$/€. Bei diesem Wechselkurs werden 1.500 Einheiten eines Gutes aus der EWU exportiert und 4.200 Einheiten eines anderen Gutes aus den USA importiert. Der €-Preis des Exportgutes beträgt 20.000 €, der US-$ Preis des Importgutes beläuft sich auf 4.000 US-$.

1) Ermitteln Sie den Handelsbilanzsaldo aus Sicht der EWU.
2) Der Wechselkurs des € verändert sich auf 1,25 US-$/€. Wie verändert sich der Handelsbilanzsaldo, wenn die Nachfrage im In- und Ausland vollkommen preisunelastisch reagiert?
3) Wie verändert sich das Ergebnis aus 2), wenn die Preiselastizität der Exportnachfrage 2 und die Preiselastizität der Importnachfrage 2,5 beträgt? Handelt es sich hier um eine normale Reaktion?

Fallbeispiel 21.5: Wechselkurse und Handelsbilanz (0)

1) Wie verändert sich die Handelsbilanz in folgenden Fällen:

Exportelastizitäten	Importelastizitäten	Handelsbilanz
$\lvert E_E \rvert > 1$	$\lvert E_{Im} \rvert > 1$	
$\lvert E_E \rvert > 1$	$\lvert E_{Im} \rvert = 1$	
$\lvert E_{Im} \rvert = 0{,}5$	$\lvert E_{Im} \rvert = 0{,}6$	
$\lvert E_{Im} \rvert = 0$	$\lvert E_{Im} \rvert = 0{,}6$	

2) Beurteilen Sie die Entwicklung der nachfolgenden Größen im Fall einer Aufwertung des Euro und einer normalen Reaktion der Handelsbilanz.

Exportpreise in US-$	steigen
Exportmengen	
Exporterlöse	
Importpreise in €	
Importmengen	
Importausgaben	
Nettoexporte	

3) Welche Faktoren können zu einer anormalen Reaktion der Handelsbilanz führen?

Fallbeispiel 21.6: Wechselkurs, Rohstoffpreise und Kostensituation (+)

Die Wechselkurse sind wie folgt gegeben:

Größe	Dimension	Jahr 2006	Jahr 2007
Wechselkurs	US-$/€ (= Mengennotierung)	1,25	1,20

Ein deutsches Pharmaunternehmen, das Medikamente herstellt, bezieht die benötigten Rohstoffe ausschließlich aus den USA. Das Unternehmen kaufte in den letzten Jahren stets 1.000 kg Rohstoffe zu 50 US-$ je kg von einem US-Lieferanten ein.

1) Welchen €-Betrag muss das Unternehmen in den Jahren 2006 und 2007 für den Kauf der Rohstoffe aufwenden?
2) Wie wird ein Unternehmen normalerweise auf diese Wechselkursveränderung reagieren? In welchen Fällen ist mit einer anormalen Reaktion zu rechnen? (maximal drei Ursachen). Welche Reaktion des Unternehmens erwarten Sie im konkreten Fall? Begründen Sie kurz Ihre Aussage.
3) Durch veränderte Produktionsprozesse soll es der Firma im Jahre 2007 dauerhaft gelingen, die Menge der benötigten Rohstoffe um 10 % zu reduzieren. Welchen €-Betrag müsste die Firma in diesem Fall im Jahr 2007 aufwenden, wenn der Preis der benötigten Rohstoffe weiterhin bei 50 US-$ je kg liegen würde? Was lässt sich erkennen?
4) Für das Jahr 2008 erwarten Fachleute einen Anstieg der Rohstoffpreise des US-Lieferanten auf 55 US-$ pro kg. Würden Sie der Firma unter Kostengesichtspunkten einen Wechsel zu einem Lieferanten in der EWU empfehlen, wenn dieser für das Jahr 2008 ein Angebot von 40.000 € unterbreitet? Der Wechselkurs und die benötigte Menge an Rohstoffen bleiben gegenüber dem Jahr 2007 unverändert. Mit welchem grundsätzlichen Problem ist diese Berechnung im vorliegenden Fall verbunden?

Fallbeispiel 21.7: J-Kurven Effekt (+)

1) Was verstehen Sie unter dem J-Kurven Effekt? Stellen Sie diesen Effekt grafisch dar.
2) Wie lässt sich dieser Effekt erklären?
3) Welche Rolle spielt die Preiselastizität für diesen Effekt?

Fallbeispiel 21.8: Wechselkurs und pricing to market (+)

1) Was verstehen Sie untern einem *pass-through* des Wechselkurses?
2) Ein bayrisches Automobilunternehmen produziert einen Geländewagen für den deutschen und den US-Markt. Der Listenpreis lässt sich folgender Tabelle entnehmen.

	2006	2007
Listenpreis in US-$ (einschl. Mehrwertsteuer)	30.000	30.000
Listenpreis in € (einschl. Mehrwertsteuer)	35.000	35.000
Wechselkurs US-$/€	1,02	1,46

   Lohnt sich ein Reimport aus den USA im Jahr 2007, wenn sich die Kosten für Zoll, Fracht, TÜV-Untersuchung und Nachrüstung auf 10.000 € belaufen?
3) Für einen ebenfalls in Bayern produzierten Sportwagen liegen folgende Daten vor:

	2006	2007
Listenpreis in € (einschl. Fracht/Zoll/Mehrwertsteuer)	50.000	50.000
Verkaufte Menge in den USA	10.000	10.000
Wechselkurs US-$/€	1,02	1,46

   a) Wie teuer wäre ein PKW im Jahr 2006 und 2007 in den USA?

b) Aufgrund des harten Preiswettbewerbs in den USA, verfolgt das Unternehmen in den USA im Jahr 2007 die Strategie des *pricing to market*. Was könnte damit gemeint sein?

Fallbeispiel 21.9: Big Mac-Index (0)

Aus der Zeitschrift „The Economist" können Sie folgende Tabelle entnehmen:

	Nominaler Wechselkurs gegenüber US-$	Preis eines Big Mac in Landeswährung
USA	–	2,50 US-$
EWU	0,8€/US-$	2,50€
Mexiko	2,5 Peso/US-$	5 Peso

a) Welche Währung ist im Vergleich zum US-$ über- bzw. unterbewertet? Geben Sie das Ausmaß der Fehlbewertung gegenüber dem US-$ an.
b) Welchen Gewinn bzw. Verlust erzielt ein Händler aus Mexiko, wenn er einen Big Mac in die USA exportiert. Unterstellen Sie, dass keine Transaktionskosten anfallen.

Fallbeispiel 21.10: Kaufkraftparitätentheorie (0)

Der internationale Handel beschränkt sich auf ein Gut, das in Deutschland 1€ und in Dänemark 5 Dänenkronen (dkr) kostet.

1) Welcher nominale Wechselkurs in Preisnotierung kommt auf Basis der absoluten Kaufkraftparitätentheorie zustande? Was bedeutet Kaufkraftparität in diesem Fall?
2) Nehmen Sie an, dass sich das Gut in Dänemark auf 6 Dänenkronen verteuert. Welche Wechselkursentwicklung lässt sich auf Basis der relativen Kaufkraftparitätentheorie vorhersagen? Welche Anpassungsprozesse sind in diesem Fall auf dem Devisenmarkt zu erwarten?

Fallbeispiel 21.11: Balassa-Samuelson-Effekt, ökonomische Entwicklung und Inflation (+)

1) Ein Ökonom macht Urlaub in einem Entwicklungsland und ist erstaunt über das im Vergleich zu seiner Heimat Deutschland geringe Preisniveau und den preiswerten Urlaub. Erläutern Sie diesen Sachverhalt im Rahmen des Balassa-Samuelson-Effekts.
2) Auf einer Reise in ein aufholendes Schwellenland macht der Ökonom die Beobachtung, dass die Inflationsrate deutlich oberhalb der Inflationsrate in Deutschland liegt. Erläutern Sie diese Beobachtung im Rahmen des Balassa-Samuelson-Effekts.

Fallbeispiel 21.12: Reale Wechselkuse (+)

1) Zwischen der EWU und den USA werden Automobile gehandelt. Der Preis in den EWU-Staaten liegt bei 20.000€, der US-Preis beträgt 24.000€. Der aktuelle Wechselkurs wird notiert zu 1,2 US-$/€.
   a) Ermitteln Sie den realen Wechselkurs und den realen Außenwert.
   b) Der US-$ wertet auf 1,25 US-$/€ ab. Wie müsste sich der Preis des PKW in € ändern, damit keine Veränderung der internationalen Wettbewerbsfähigkeit eintritt?
   c) Wovon ist die internationale Wettbewerbsfähigkeit beim Konzept des realen Wechselkurses bzw. realen Außenwertes abhängig?
2) Sie sind jetzt 10 Jahre mit Ihrer Freundin zusammen und Sie erinnern sich gerne an den letzten Türkeiurlaub. Ihre Freundin möchte wieder in die Türkei fliegen und versucht Sie mit folgendem Argument zu überzeugen: „Der Urlaub ist jetzt noch viel billiger als vor 10 Jahren. Das letzte Mal haben wir für 1€ 1.000 Lira bekommen, nun sind es 1.500 Lira." Als eifriger Zeitungsleser wissen Sie, dass die Inflation in Deutschland in den letzten

10 Jahren addiert 25% und in der Türkei 100% betragen hat. Sind Sie jetzt bei einem Urlaub in der Türkei bessergestellt?

Fallbeispiel 21.13: Terms of trade (++)

Ein deutsches Automobilunternehmen verkauft Luxus-PKW zum Stückpreis von 150.000€ in ein arabisches Land und importiert Erdöl zum Preis von 30 US-$ je Barrel. Der aktuelle Wechselkurs beträgt 1 U$/€.

1) Berechnen Sie das reale Austauschverhältnis.
2) Wie verändert sich das reale Austauschverhältnis, wenn der Wechselkurs um 10% sinkt, der Erdölpreis auf 37,5 US-$ je Barrel steigt und der PKW-Preis konstant bleibt.
3) Wie beurteilen Sie die internationale Tauschsituation Deutschlands und die internationale Wettbewerbsfähigkeit des deutschen Automobilunternehmens aufgrund dieser Datenänderungen?
4) Nehmen Sie an, der höhere Importpreis sei durch Marktmacht der OPEC-Staaten und der veränderte Wechselkurs durch Spekulanten verursacht worden. Was bedeuten derartige Entwicklungen für die Aussagekraft der *terms of trade*?

Fallbeispiel 21.14: Gedeckte Zinsparität (+)

1) Erläutern Sie die Grundidee der Zinsparitätentheorie. Wann ist die Zinsparität erfüllt?
2) Besteht bei der gedeckten Zinsparität ein Wechselkursrisiko?
3) Ermitteln Sie ausgehend von den nachfolgenden Daten den Terminkurs US-$/€, bei dem die gedeckte Zinsparität exakt bzw. näherungsweise erfüllt ist.

	Inland	Kassakurs	Terminkurs	Ausland
1.1.2009	14%	1,25 US-$/€	–	10%
1.1.2010			?	

4) Wie hoch ist die Rendite einer gedeckten Euroanlage bei den nachfolgenden Ausgangsdaten? Ist die gedeckte Zinsparität erfüllt?

	Inland	Kassakurs	Terminkurs	Ausland
1.1.2009	4%	1,05 US-$/€	–	10%
1.1.2010			1,113 US-$/€	

Fallbeispiel 21.15: Ungedeckte Zinsparität (++)

Nehmen Sie an, Sie wollen eine Anlageentscheidung treffen. Sie nehmen zwei Wertpapiere in die engere Wahl, die eine Laufzeit von einem Jahr haben und deren Nennwert nach einem Jahr zurückgezahlt wird. Die Nennwerte und Preise der beiden Wertpapiere sind der nachfolgenden Tabelle zu entnehmen. Der aktuelle Wechselkurs beträgt in Preisnotierung 0,95€/US-$ (in Anlehnung an *Blanchard/Illing, 2009, 548*).

	Nennwert	Kurs
US-Anleihe	13.333 US-$	12.698,10 US-$
EWU-Anleihe	10.000€	9.615,35€

1) Berechnen Sie für beide Wertpapiere den nominalen Zins.
2) Berechnen Sie den für das nächste Jahr erwarteten Wechselkurs, der mit der ungesicherten Zinsparität konsistent ist.
3) Wie würden Sie sich entscheiden, wenn Sie eine Abwertung des € erwarten.
4) Nehmen Sie an, nach Ablauf des Jahres liegt der Wechselkurs bei 0,9€/US-$. Welche Rendite konnten Sie für das US-Wertpapier erzielen?

5) Sind die Ergebnisse der Renditen aus 4) konsistent mit der ungedeckten Zinsparität oder nicht?

Fallbeispiel 21.16: Währungsspekulation (+)

1) Der gegenwärtige Kassakurs liege bei 0,95 €/US-$. Der Zinssatz in den USA betrage 5 %, in Deutschland können Sie 8 % erzielen. Sie haben 10.000 € für ein Jahr frei verfügbar. Wo würden Sie Ihr Kapital anlegen, wenn Sie in einem Jahr einen Kassakurs von 1 €/US-$ erwarten?
2) Der Terminkurs liege bei 1,07 €/US-$, der erwartete Kassakurs bei 1,05 €/US-$. Scheitert eine Spekulation, wenn Sie über kein Kapital verfügen? Welche Strategie könnte einen Spekulationsgewinn ergeben? Wie hoch wäre der Gewinn?
3) Nehmen Sie an, der Wechselkurs des € gegenüber dem argentinischen Peso sei 1:10. Eine Investmentbank rechnet mit einer Abwertung des Peso um 50 % und nimmt ein Fremdwährungsdarlehen für ein Jahr in Höhe von 100 Mio. Peso auf, das mit 10 % verzinst werden muss. Ermitteln Sie einen etwaigen Gewinn, wenn die Abwertung tatsächlich eintritt.

Kapitel 22

Kapitel 22: Wirtschaftspolitik in der offenen Volkswirtschaft

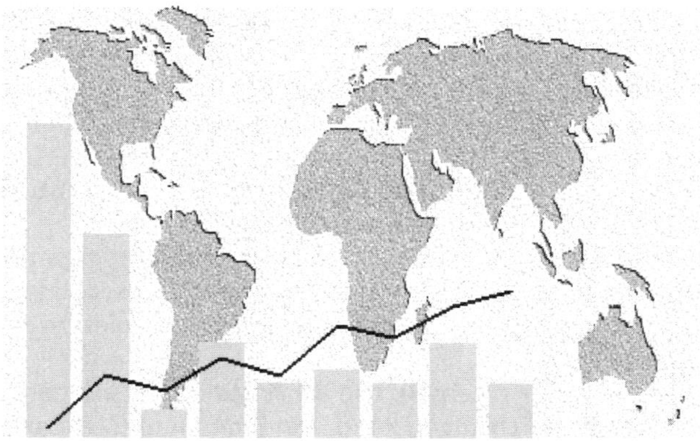

Inhaltsübersicht

Lernzielorientierte Sachverhalte

- Das Mundell-Fleming-Modell ist eine Erweiterung des IS-LM-Modells und bildet Güter-, Geld- und internationalen Finanzmarkt im Zusammenhang ab. Es beschreibt eine kleine offene Volkswirtschaft, die mit anderen Ländern durch Handel und grenzüberschreitende Kapitalströme verbunden ist. Das Modell zeigt, welche Politikoptionen bestehen und wie das Land auf innere und äußere Schocks reagiert.
- Der Fall eines kleinen Landes liegt vor, wenn seine makroökonomischen Daten keinen Einfluss auf die Weltwirtschaft haben. Umgekehrt wird dieses Land von den weltwirtschaftlichen Daten beeinflusst. Eine große Volkswirtschaft kann durch politische Maßnahmen selbst wichtige makroökonomische Größen (z. B. den Weltmarktzins) verändern.
- Eine Volkswirtschaft, die dem Ziel einer unabhängigen Geldpolitik großes Gewicht beimisst, wird sich für ein flexibles Wechselkurssystem aussprechen. Expansive finanzpolitische Maßnahmen sind in diesem System weitgehend unwirksam.
- Ein Regime fester Wechselkurse führt dazu, dass sich eine expansive Finanzpolitik besser durchsetzen kann. Hingegen laufen expansive geldpolitische Maßnahmen ins Leere und Schocks auf den internationalen Finanzmärkten schlagen voll auf die inländische Konjunktur durch.
- Von den drei (außen-)wirtschaftlichen Zielen autonome Geldpolitik, flexible Wechselkurse und freier Kapitalverkehr können immer nur zwei Ziele erreicht werden.
- Jedes Wechselkurssystem hat Vor- und Nachteile. Welches Wechselkursregime vorzuziehen ist, hängt wesentlich von den wirtschaftlichen Gegebenheiten und wirtschaftspolitischen Präferenzen der jeweiligen Länder ab.
- Direktinvestitionen global operierender Unternehmen, internationale Finanzmärkte und Zukunftserwartungen von Investoren und Verbrauchern lassen neue Wege der internationalen Konjunkturübertragung entstehen.

22.1 Mundell-Fleming Grundmodell

In der Makroökonomie hat der Begriff Offenheit verschiedene Dimensionen:

- **Offene Gütermärkte:** Sie ermöglichen den Konsumenten und Unternehmen die Wahl zwischen in- und ausländischen Märkten. Zölle und nicht-tarifäre Handelshemmnisse können diese Wahlmöglichkeiten einschränken.
- **Offene Finanzmärkte:** Sie ermöglichen den Anlegern die Wahl zwischen in- und ausländischen Finanzanlagen. Kapitalkontrollen können diese Wahlmöglichkeit behindern.
- **Offene Faktormärkte:** Sie ermöglichen den Unternehmen zu entscheiden, wo sie produzieren wollen, und den Arbeitnehmern zu entscheiden, wo sie arbeiten möchten. Einwanderungsbeschränkungen oder staatliche Eingriffe können die Öffnung der Faktormärkte reduzieren.

Als Grundgerüst der Makroökonomik offener Volkswirtschaften gilt das Mundell-Fleming-Modell. 1999 wurde *Robert A. Mundell* u. a. auch aufgrund dieses Ansatzes der **Nobelpreis** für Wirtschaftswissenschaften verliehen. Das Modell findet sich in vielen makroökonomischen Lehrbüchern unter der Bezeichnung als **IS-LM-Modell für die offene Volkswirtschaft**. Es beschreibt eine **kleine Volkswirtschaft**, die mit anderen Ländern durch Handel und grenzüberschreitende Kapitalströme verbunden ist. Das

Modell zeigt, welche Politikoptionen bestehen und wie das Land auf innere und äußere Schocks reagiert. Von besonderer Bedeutung sind hier u. a. die Auswirkungen von Währungstrends (Abb. 22.1).

Die Auswirkungen des Währungstrends[1]		
wirtschaftspolitische Primärziele	**starker € (Aufwertung)**	**schwacher € (Abwertung)**
Preisniveaustabilität	€-Importpreise sinken, also geringere Inflationsgefahren (positiv)	€-Importpreise steigen, also höhere Inflationsgefahren (negativ)
Wachstum, Beschäftigung	Exportmengen sinken, somit Wachstumsbremse, Abbau von Beschäftigung (negativ)	Exportmengen steigen, somit Wachstumsbeitrag, Aufbau von Beschäftigung (positiv)
außen-wirtschaftliches Gleichgewicht	Importausgaben steigen, Exporterlöse sinken, also verschlechtert sich die Leistungsbilanz (negativ)	Importausgaben sinken, Exporterlöse steigen, also verbessert sich die Leistungsbilanz (positiv)

1) aus Vereinfachungsgründen: nominale und reale Wechselkurse entsprechen sich, d.h. identische Inflationsraten zwischen In- und Ausland; normale Reaktion der Auslandsnachfrage

Abb. 22.1: Währungstrends und wirtschaftspolitische Primärziele

Kleine Volkswirtschaft bedeutet, dass die makroökonomischen Daten dieses Landes keine Auswirkungen auf die Weltwirtschaft haben.

22.1.1 Modellrahmen

Das Mundell-Fleming-Modell lässt sich in verschiedenen Varianten formulieren (Abb. 22.2). Wir betrachten nachfolgend nur die Situationen, in denen vollständige Kapitalmobilität vorliegt. Diese Annahme wird dem Sachverhalt globalisierter Kapitalmärkte am ehesten gerecht. Darüber hinaus verzichten wir im Fall fester Wechselkurse auf die Einbeziehung der Neutralisierungspolitik.

Das kurzfristige Mundell-Fleming-Modell ist eine Erweiterung des IS-LM-Modells und steht in einer keynesianischen Tradition. Es unterliegt damit bestimmten vereinfachenden Annahmen:

- Das inländische Preisniveau ist, wie im Rahmen des IS-LM-Modells üblich, konstant. Da es keine Inflation gibt, entsprechen sich nominale und reale Zinssätze.
- Nicht nur das inländische, sondern auch das ausländische Preisniveau ist gegeben. Damit sind auch der nominale und der reale Wechselkurs identisch.

Darüber hinaus ist der Arbeitsmarkt nicht in das Modell integriert. Diese Schwächen wurden in späteren Arbeiten beseitigt. Sie zeigen, dass graduelle Preisanpassungen und rationale Erwartungsbildung auf Finanzmärkten in die Analyse einbezogen werden können, ohne dass die grundlegenden Ergebnisse dadurch beeinflusst werden.

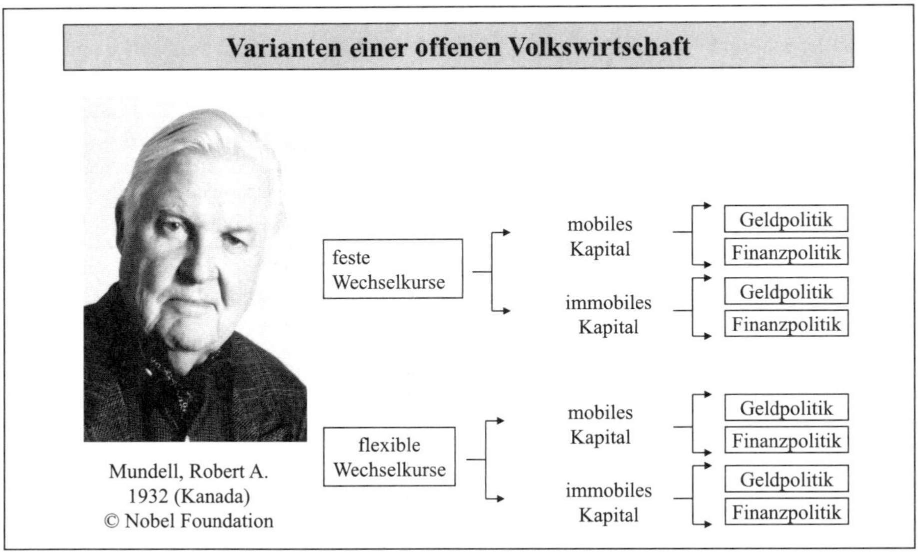

Abb. 22.2: Varianten des Mundell-Fleming-Modells

Gütermarktgleichgewicht (IS-Kurve)

Ausgangspunkt der Betrachtung ist die Verwendungsgleichung des BIP (Y):

(1) $Y = C + I + G + Ex - Im = C + I + G + NX$

Wir kennen bereits die Einflussfaktoren der inländischen Verwendungskomponenten:

- Der private Konsum hängt positiv vom verfügbaren Einkommen (Y_v) ab.
- Die Investitionen hängen negativ vom Zins (i) und positiv von der (erwarteten) Produktion (Y) ab.
- Die Staatsausgaben sind exogen gegeben.

In einer offenen Volkswirtschaft müssen die Bestimmungsgrößen des Außenbeitrages bzw. der Nettoexporte berücksichtigt werden. Betrachten wir zunächst die Importe. Ein Teil der Inlandsausgaben entfällt auf Importe. Zwischen inländischer Produktion und Importnachfrage besteht ein positiver Zusammenhang. Bei normalen Elastizitäten führt die Abwertung der heimischen Währung zu einem Rückgang der inländischen Importnachfrage:

(2) $Im = Im(Y, w)$

Da unsere Exporte den Importen der restlichen Welt entsprechen, gelten für die inländischen Exporte die gleichen Zusammenhänge, nur aus der Perspektive des Auslandes. Die inländischen Exporte hängen positiv von der ausländischen Produktion (Y^*) ab und entwickeln sich im Fall einer Abwertung der heimischen Währung bei normalen Elastizitäten positiv:

(3) $Ex = Ex(Y^*,w)$

Wir können nun die Gleichgewichtsbedingung für den Gütermarkt wie folgt formulieren:

(4) $Y = C(Y_v) + I(Y,i) + G_{aut} + NX(Y,Y^*,w)$

Die IS-Funktionen von offenen und geschlossenen Volkswirtschaften sind vom Verlauf ähnlich (Abb. 22.3). In der offenen Volkswirtschaft besteht aber noch ein weiterer

Zusammenhang. Der Zinssatz beeinflusst die Produktion nicht nur direkt über den Zinskanal, sondern auch über den Wechselkurskanal.

- **Zinskanal:** Ein geringerer Zins führt zu einem Anstieg der Investitionen. Dieser Kanal existiert auch in der geschlossenen Volkswirtschaft.
- **Wechselkurskanal:** Ein im Vergleich zum Ausland geringerer Zins führt zu steigender Nachfrage nach ausländischen Anlagen verbunden mit einer steigenden Devisennachfrage. Diese kann zu einer Abwertung der inländischen Währung und bei einer normalen Reaktion der Handelsbilanz zu höheren Nettoexporten führen.

Beide Effekte wirken in die gleiche Richtung, so dass die IS-Funktion einen positiven Verlauf annimmt. Der negative Zusammenhang zwischen dem inländischen Zins und dem Wechselkurs lässt sich aus der Bedingung der Zinsparität ableiten (vgl. Kap. 21):

(5) $i^{Inland} = i^{Ausland} - (w^e - w)/w$

Wir wollen aus Vereinfachungsgründen unterstellen, dass der erwartete Wechselkurs bei einer Veränderung des Zinssatzes unverändert bleibt **(statische Erwartungen)**. Bei Gültigkeit dieser Annahme führt ein niedriger inländischer Zins zu einer Abwertung. Ein hoher inländischer Zins führt hingegen zu einer Aufwertung.

Die IS-Funktion verschiebt sich, wenn sich die exogenen Variablen verändern. Betrachten wir dazu einige Beispiele für eine Rechtsverschiebung der IS-Funktion:

Variable	Bestimmungsgröße (Beispiel)
Private Konsumausgaben (+)	verfügbares Einkommen steigt, Aktienvermögen nimmt zu
Staatsausgaben (+)	expansive Finanzpolitik
Investitionsausgaben (+)	positive Zukunftserwartungen
Nettoexporte (+)	Konjunkturaufschwung bei wichtigen Handelspartnern, Abwertung der heimischen Währung

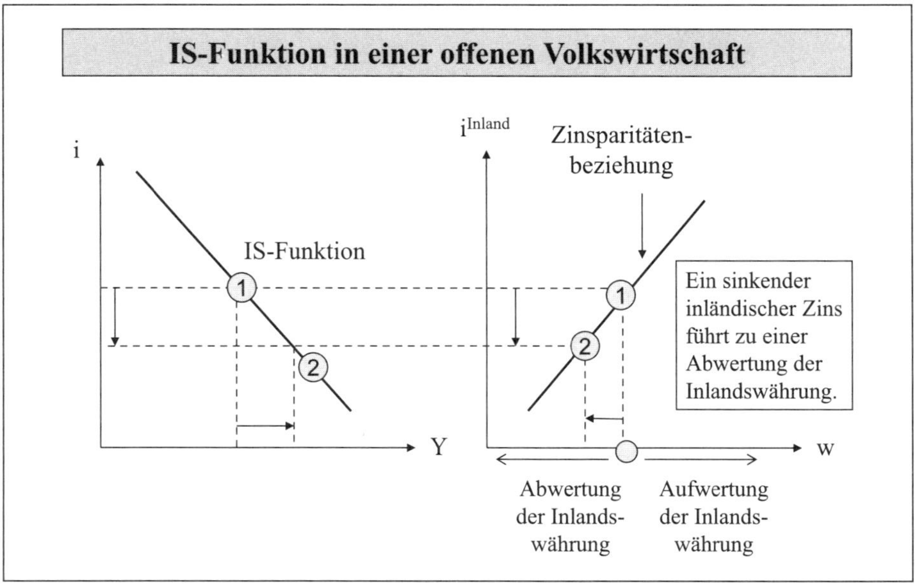

Abb. 22.3: IS-Funktion in der offenen Volkswirtschaft

Geldmarkt

Die zweite Verbindung zwischen dem Inland und der übrigen Welt verläuft über internationale Kapitalbewegungen und betrifft den Geldmarkt. Die LM-Funktionen einer offenen Volkswirtschaft (Abb. 22.4) und einer geschlossenen Volkswirtschaft sind vom Verlauf ebenfalls ähnlich. Sie sind positiv geneigt. Ein Anstieg des Einkommens (Y) lässt die Nachfrage nach Geld steigen, so dass ein Anstieg des Zinssatzes notwendig wird, um ein Geldmarktgleichgewicht bei gegebener realer Geldmenge (M/P) realisieren zu können. Bei gegebenem Auslandszins würden inländische Kapitalanlagen attraktiver, so dass sich die Inlandswährung aufwertet. Die LM-Kurve verschiebt sich nach rechts, wenn die reale Geldmenge (M/P) zunimmt. Da wir von einem konstanten Preisniveau ausgehen ist jede Zunahme der realen Geldmenge identisch mit einer Zunahme der nominalen Geldmenge.

Wie im IS-LM-Modell steigt die Geldnachfrage also mit zunehmendem Inlandsprodukt und sinkt mit steigendem Inlandszins. Die inländische Geldmenge M kann in der offenen Volkswirtschaft in die heimische Komponente M^I und die ausländische Komponente M^A zerlegt werden. Die inländische Komponente kann durch die Geldpolitik der Zentralbank unmittelbar beeinflusst werden. Die ausländische Komponente M^A ergibt sich als Liquiditätszufluss oder -abfluss, wenn die Notenbank Devisen kauft oder verkauft. Dies ist in einem System fester Wechselkurse der Fall. Hier ist die Notenbank verpflichtet, den Wechselkurs zu stützen. Die Bilanz der Notenbank ist vereinfacht wie folgt gekennzeichnet:

Aktiva	Passiva
Wertpapiere (B)	Geldbasis (B^m)
Währungsreserven (R)	

Wenn die Notenbank Währungsreserven gegen heimische Währung verkauft ($\Delta R < 0$), sinkt die Geldbasis ($DB^m < 0$). Die LM-Kurve verschiebt sich nach links. Umgekehrt führt ein Kauf von Währungsreserven zu einer steigenden Geldmenge. Es kommt zu einer Rechtsverlagerung der LM-Kurve.

Zinsniveau, Internationale Kapitalmobilität

Im Fall einer kleinen Volkswirtschaft unterstellen wir, dass die Ökonomie nur einen kleinen Teil der Weltwirtschaft ausmacht und keinen Einfluss auf das ausländische Zinsniveau (bzw. den Weltmarktzins) hat. Der Weltmarktzins wird bestimmt durch die Weltersparnis und die Höhe der globalen Investitionen. Ferner unterstellen wir den Fall einer **vollkommenen Kapitalmobilität.** Dies bedeutet, dass ein Land freien Zugang zu den Weltfinanzmärkten hat und die Regierung die internationalen Kapitalströme nicht behindert. Aufgrund dieser Annahme muss der Zinssatz einer kleinen Volkswirtschaft mit dem Zinssatz auf den Weltkapitalmärkten übereinstimmen: $i^{Inland} = i^{Ausland}$.

Diese Volkswirtschaft würde sich nicht zu einem Zinssatz verschulden, der höher ist als der Weltmarktzins, weil sie jederzeit zu diesem Niveau einen Kredit in der übrigen Welt aufnehmen könnte. Umgekehrt würde diese Volkswirtschaft keinen Kredit unterhalb dieses Niveaus vergeben, weil sie jederzeit durch Kreditvergabe an die übrige Welt einen Zinssatz in Höhe des Weltmarktzinssatzes erzielen kann. Dieser Sachverhalt wird im Modell durch eine **horizontale Linie der Finanzmarktintegration** symbolisiert. Sie wird auch als ZZ-Kurve bezeichnet. Der horizontale Verlauf der Linie der Finanzmarktintegration besagt, dass sich die Erträge für Finanzanlagen mit ähnlichen Eigenschaften weltweit annähern. Sie stellt das externe Gleichgewicht dar, da sie alle

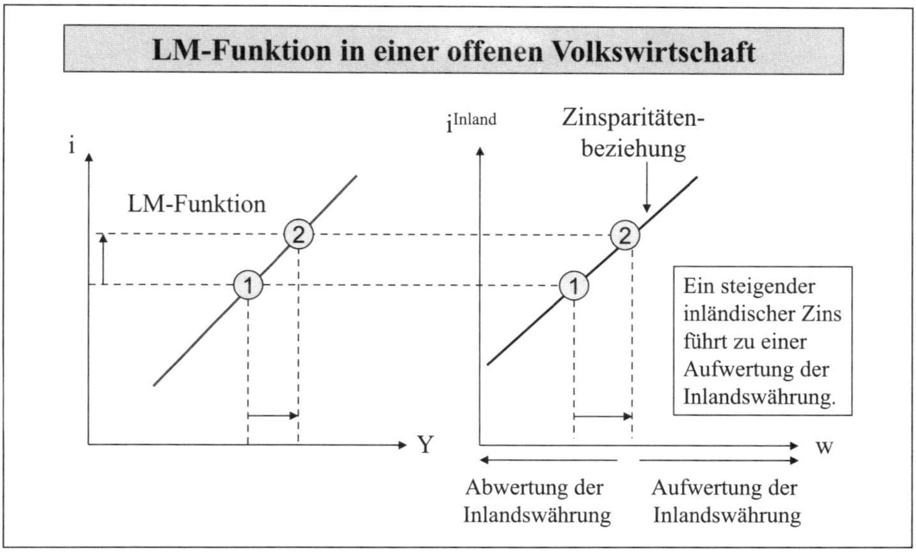

Abb. 22.4: LM-Funktion in der offenen Volkswirtschaft

Kombinationen von Zins und Einkommen symbolisiert, die mit einer ausgeglichenen **Devisenbilanz** vereinbar sind. Punkte unterhalb der Linie symbolisieren ein Devisenbilanzdefizit, Punkte oberhalb einen Devisenbilanzüberschuss (Abb. 22.5).

Zinssätze, Kapital- und Devisenbilanz

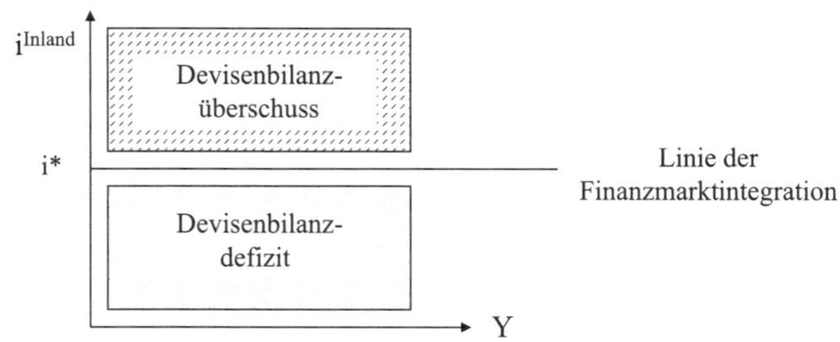

Zinssätze	Kapitalbilanz	Devisenbilanz
$i^{Inland} > i^*$	Kapitalzufluss, hohes Angebot an Devisen	bei festen Wechselkursen: Aufkauf von Devisen gegen Verkauf der eigenen Währung
		bei flexiblen Wechselkursen: Aufwertung der Inlandswährung
$i^{Inland} < i^*$	Kapitalabfluss, hohe Nachfrage nach Devisen	bei festen Wechselkursen: Verkauf von Devisen gegen Aufkauf der eigenen Währung
		bei flexiblen Wechselkursen: Abwertung der Inlandswährung

Abb. 22.5: Externes Gleichgewicht im Mundell-Fleming-Modell

Fassen wir den Modellrahmen zusammen (Abb. 22.6):

Markt			
Gütermarkt	IS	Y	$C(Y_v) + I(Y,i) + G_{aut} + NX(Y,Y^*,w)$
Geldmarkt	LM	M/P	L (i,Y)
Internationaler Finanzmarkt		$i^{Inland} = i^{Ausland}$	

Wenn wir eine **große offene Volkswirtschaft** darstellen (z. B. USA), müssen wir den Modellrahmen verändern. Wir müssen vor allem die Annahme aufheben, dass der Weltmarktzins gegeben ist. Je mehr Ersparnisse eine große Volkswirtschaft dem Ausland zur Verfügung stellt, umso größer ist das Kreditangebot in der Weltwirtschaft, und umso niedriger werden die internationalen Zinssätze sein. Je mehr Kredite eine große Volkswirtschaft im Ausland aufnimmt, umso höher sind die Weltzinssätze. Im Kern führen die Modelle für kleine und große offene Volkswirtschaften jedoch zu ähnlichen ökonomischen Ergebnissen, so dass für viele Fragestellungen das Modell der kleinen Volkswirtschaft verwendet werden kann.

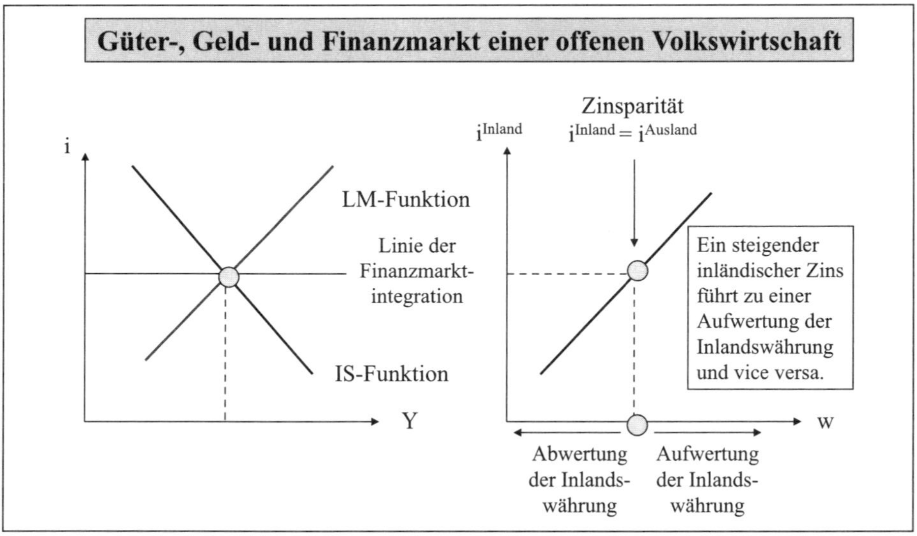

Abb. 22.6: Mundell-Fleming-Modell

Wir wollen unseren Modellrahmen anwenden, um zu analysieren, wie das Bruttoinlandsprodukt (BIP) und der Zins auf exogene Störungen reagieren. Gleichzeitig wird deutlich, welchen Einfluss unterschiedliche Wechselkurssysteme auf die Ergebnisse haben. Wir wählen folgendes Zahlenbeispiel (Abb. 22.7):

Realer Sektor	**Monetärer Sektor**
Y = 5.000	M/P = 2.000
C = 350 + 0,75 × (Y – T) – 2.000 × i	$L^T = 0{,}2 \times Y$
I = 1.000 – 5.000 × i	$L^S = 1.500 - 10.000 \times i$
G = 1.000, T = 1.000	$i^{Inland} = i^{Weltmarkt} = 0{,}05$ (5 %)
NX = Ex – Im = 500 – 500 w	im Fall der Preisnotierung gilt: (500 – 500/w)

Wir können somit folgende Ausgangswerte unserer Volkswirtschaft ermitteln:

(1) $C = 350 + 0{,}75 \times (5.000 - 1.000) - 2.000 \times 0{,}05 = 3.250$

(2) $S^{privat} = -350 + 0{,}25 \times (5.000 - 1.000) + 2.000 \times 0{,}05 = 750$

(3) $S^{Staat} = (1.000 - 1.000) = 0$

Die ex-post Identität von I und S gilt auch in einer offenen Volkswirtschaft:

(4) $S^{privat} + S^{Staat} = I + NX$

(5) $750 + 0 = 1.000 - 5.000 \times 0{,}05 + (500 - 500 \times w)$

Damit muss NX Null betragen und es gilt:

(6) $0 = 500 - 500 \times w$

Der Wechselkurs beträgt also 1.

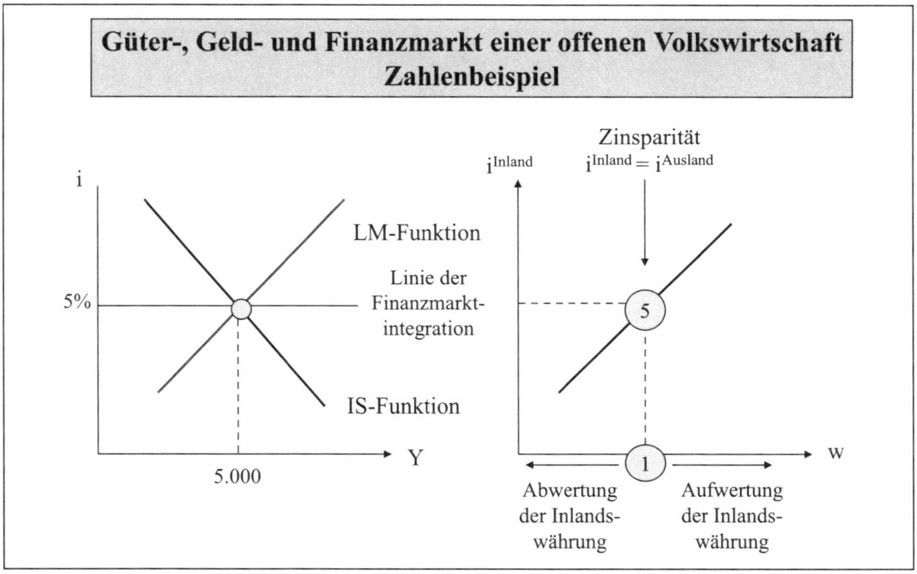

Abb. 22.7: Mundell-Fleming-Modell (Zahlenbeispiel)

Schlagwörter	• Mundell-Fleming-Modell • Güter-, Geld-, Finanzmarkt	• Zinseffekt • Wechselkurseffekt

22.1.2 Feste Wechselkurse

Wir beginnen mit der Analyse eines expansiven **Geldangebotsschocks**. Es kommt zu einer Ausweitung des Geldangebots und zu einer Rechtsverlagerung der LM-Funktion. In einer geschlossenen Volkswirtschaft führt die Expansion des Geldangebots zu einer Zinssenkung und zu einer Steigerung der Produktion. Betrachten wir ausgehend von unserem Zahlenbeispiel die Erhöhung der Geldmenge um 10 %, d. h. von 2.000 auf 2.200. In diesem Fall würde der Zins von 5 % auf 3 % sinken:

(1) $\mathbf{2.200} = 0{,}2 \times 5.000 + 1.500 - 10.000 \times i$

(2) $300 = 10.000 \times i$

(3) $i = 0{,}03$ (3 %)

Sie sehen, dass sich im Modell eine Abwertung des Euro ergeben würde (Abb. 22.8). In einem Modell fester Wechselkurse mit vollständiger Kapitalmobilität können sich weder der Wechselkurs noch der Weltmarktzins verändern. Die Notenbank muss intervenieren, indem sie Devisen verkauft und heimische Währung aufkauft. Die Notenbank verliert also netto Devisenreserven. Auf diese Weise wird die ursprüngliche monetäre Expansion kompensiert. Der Prozess ist beendet, wenn sich die LM-Kurve wieder in ihre ursprüngliche Situation zurückverschoben hat (Abb. 22.9). Das Geldangebot und die aggregierte Nachfrage ändern sich nicht. Bei festen Wechselkursen und hoher Kapitalmobilität ist die Notenbank außerstande, die im Umlauf befindliche Geldmenge autonom zu bestimmen. Die Geldpolitik ist also im Fall fester Wechselkurse (fast) wirkungslos.

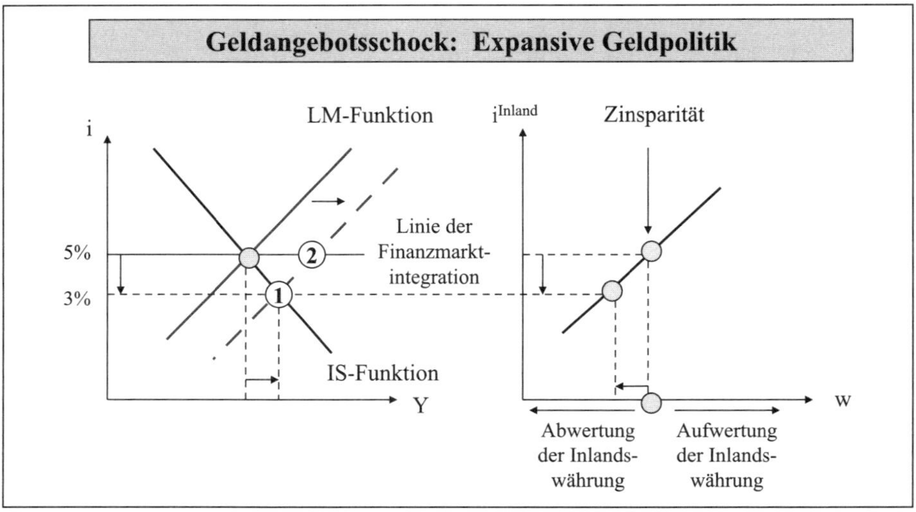

Abb. 22.8: Geldangebotsschock im Mundell-Fleming-Modell

Dies gilt aber nicht ganz: zwar sind Zinsen und Geldmenge unverändert geblieben, die Notenbank hat jedoch Währungsreserven verloren. Die Notenbank könnte versuchen, die ursprüngliche Ausweitung der Geldmenge beizubehalten, indem sie den Devisenverkauf z. B. durch zusätzliche Kreditvergabe neutralisiert (Neutralisierungspolitik oder Sterilisierungspolitik).

Dieser Prozess lässt sich jedoch nicht dauerhaft fortsetzen, da er aus Sicht der Notenbank zu einem **Liquiditätsproblem** führt, d. h. die Devisenreserven sich im Zeitablauf erschöpfen. Die Linie der Finanzmarktintegration symbolisiert den Sachverhalt, dass die Zentralbank im Fall eines kleinen Landes akzeptieren muss, den heimischen Zinssatz nicht verändern zu können.

Betrachten wir nun den Fall eines **expansiven Nachfrageschocks.** Wir unterstellen ausgehend von unseren Ausgangsdaten einen Anstieg Staatsausgaben von 1.000 auf 1.250. Wir wissen, dass sich in diesem Fall die IS-Kurve nach rechts verlagert. In einer geschlossenen Volkswirtschaft führt dies bei gegebener Geldmenge zu einer Erhöhung des Zinssatzes, der die Investitionen nachteilig beeinflusst (**crowding-out,** Kap. 3). In Zahlen (Abb. 22.10):

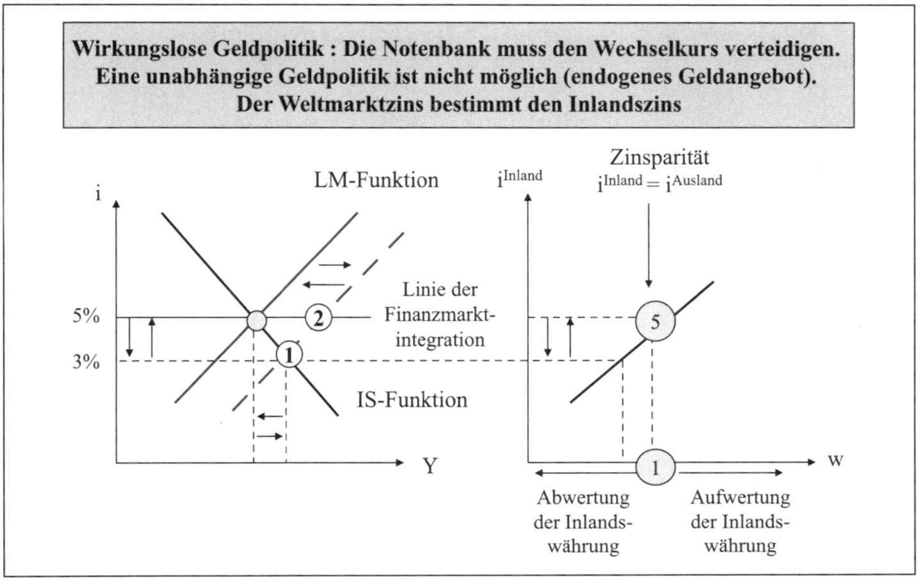

Abb. 22.9: Geldpolitik und feste Wechselkurse

(1) $Y = 350 + 0{,}75 \times (Y - 1.000) - 2.000 \times 0{,}05 + (1.000 - 5.000 \times 0{,}05) + \mathbf{1.250}$

(2) $Y = 350 + 0{,}75 \times Y - 750 - 100 + 750 + 1.250$

(3) $Y = 6.000$

Bei unveränderter Geldmenge gilt:

(4) $2.000 = 0{,}2 \times 6.000 + 1.500 - 10.000 \times i$

(5) $10.000 \times i = 700$

(6) $i = 0{,}07$ (7 %)

Sie sehen, dass sich die inländische Währung aufwerten müsste. Weder eine Änderung des Wechselkurses noch eine dauerhafte Abweichung des inländischen Zinsniveaus vom Weltmarktzins sind jedoch möglich. Bedingt durch den Aufwertungsdruck muss die Notenbank intervenieren und Devisen gegen inländische Währung ankaufen. Die LM-Kurve wird sich nach rechts verlagern (Punkt 2, Abb. 22.11) Eine expansive Fiskalpolitik ist also in der Stimulierung der inländischen Nachfrage wirkungsvoll, da es zu keinem zinsbedingten *crowding out* kommt.

Die gleiche Argumentation können wir auch bei anderen expansiven Nachfrageschocks führen (z. B. Steuersenkungen, Zunahme der Exporte). Beachten Sie aber, dass wir unterstellen, dass die Fiskalpolitik keinen Einfluss auf die Weltmarktzinssätze hat (kleines Land). Im Fall eines großen Landes müssen wir diese Annahme aufgeben.

Schlagwörter	• feste Wechselkurse und Geldangebotsschocks • feste Wechselkurse und Nachfrageschocks	• crowding out

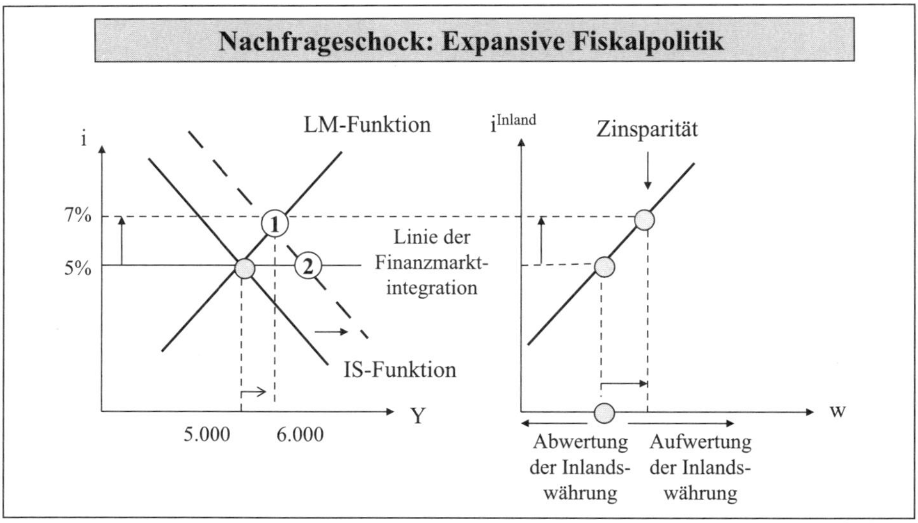

Abb. 22.10: Nachfrageschock (Fiskalpolitik) im Mundell-Fleming-Modell

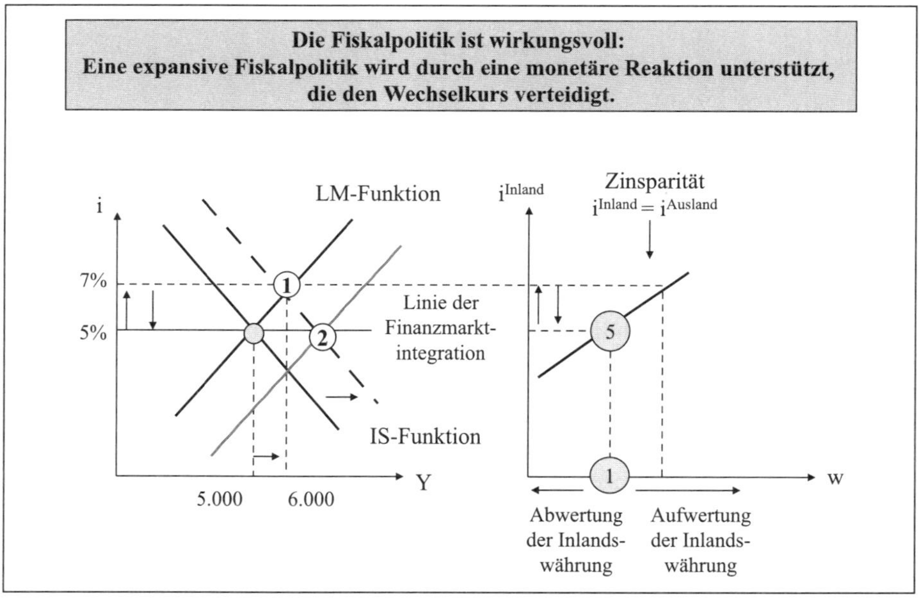

Abb. 22.11: Fiskalpolitik und feste Wechselkurse

22.1.3 Flexible Wechselkurse

Wir wollen nun die Auswirkungen von Schocks in einem System flexibler Wechselkurse betrachten und beginnen mit dem Fall eines expansiven Geldangebotsschocks. Wir hatten dazu eine Erhöhung der Geldmenge um 10 %, d. h. von 2.000 auf 2.200 betrachtet. In diesem Fall würde der Zins bekanntermaßen von 5 % auf 3 % sinken:

(1) $\mathbf{2.200} = 0{,}2 \times 5.000 + 1.500 - 10.000 \times i$

(2) $300 = 10.000 \times i$

(3) $i = 0{,}03$ (3 %)

Die LM-Kurve verschiebt sich nach rechts unten (Abb. 22.12). Der inländische Zins wird sich aber auch hier dauerhaft nicht verändern können, da er vom Weltmarktzins dominiert wird. Um ein neues Gleichgewicht auf dem Geldmarkt herzustellen, muss die einkommensabhängige Geldnachfrage zunehmen:

(4) $2.200 = 0{,}2 \times Y + 1.500 - 10.000 \times 0{,}05$

(5) $Y = 6.000$

Wir müssen nun die ex-post Identität herstellen. Es gilt:

(7) $S^{privat} + S^{Staat} = I + NX$

und somit

(7) $1.000 + 0 = 750 + (500 - 500 \times w)$

(8) $w = 0{,}5$

Die Inlandswährung hat sich gegenüber der Ausgangssituation (w = 1) abgewertet. Die im Vergleich zu den Auslandszinsen niedrigeren Inlandszinsen führen zu einem Kapitalabfluss, der den Abwertungseffekt auf die heimische Währung unterstützt. Insgesamt führt die Abwertung der Inlandswährung zu einer Verbesserung der Handelsbilanz, die die IS-Kurve nach rechts oben verschiebt. Ein neues Gleichgewicht wird im Schnittpunkt der drei Geraden erreicht (Punkt 2 in Abb. 22.12).

In einer offenen Volkswirtschaft mit flexiblen Wechselkursen und hoher Kapitalmobilität wirkt die Geldpolitik also über den Zinssatz auf den Wechselkurs und ist somit in der Lage, erwünschte Produktionseffekte zu realisieren. Da die Nachfrage infolge einer expansiven Geldpolitik allerdings zu Lasten ausländischer Produzenten in das Inland gelenkt wird, wird von einer **beggar-my-neighbour-Politik** gesprochen.

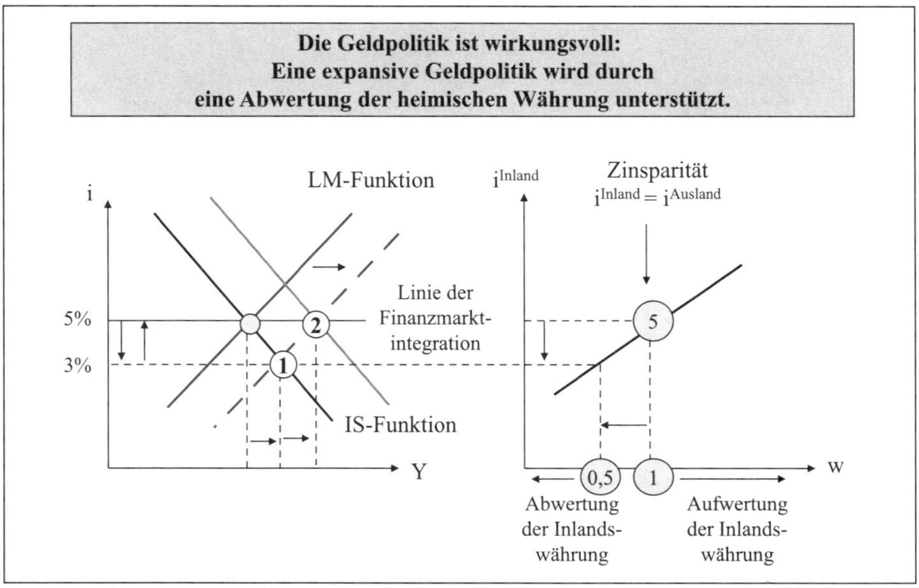

Abb. 22.12: Geldpolitik und flexible Wechselkurse

Betrachten wir nun den Fall eines **expansiven Nachfrageschocks.** Wir haben dazu ausgehend von unseren Ausgangsdaten einen Anstieg Staatsausgaben von 1.000 auf 1.250 unterstellt, der die IS-Kurve nach rechts verschiebt (Abb. 22.13).

(1) $Y = 350 + 0{,}75 \times (Y - 1.000) - 2.000 \times 0{,}05 + (1.000 - 5.000 \times 0{,}05) + \mathbf{1.250}$

(2) $Y = 350 + 0{,}75 \times Y - 750 - 100 + 750 + 1.250$

(3) $Y = 6.000$

Bei unveränderter Geldmenge:

(4) $2.000 = 0{,}2 \times 6.000 + 1.500 - 10.000 \times i$

(5) $10.000 \times i = 700$

(6) $i = 0.07$ (7 %)

Im Schnittpunkt der neuen IS-Kurve und der LM-Kurve sind die inländischen Zinsen höher als die Weltmarktzinsen. Dieser Effekt kann aufgrund der hohen Kapitalmobilität jedoch dauerhaft nicht aufrechterhalten werden. Für die ex-post Identität gilt:

(7) $S^{privat} + S^{Staat} = I + NX$

(8) $750 + (-250) = 750 + (500 - 500 \times w)$

(9) $w = 1{,}5$

Die inländische Währung wertet also auf. Auch der temporäre Kapitalzufluss verstärkt diesen Effekt. Eine Aufwertung der Inlandswährung führt zu einer Verringerung der Nettoexporte und verlagert die IS-Kurve zurück. Ein neues Gleichgewicht ist erreicht, wenn sich die expansive Nachfragewirkung der gestiegenen Staatsausgaben und der wechselkursbedingte Rückgang der Nettoexporte ausgleichen. Während Verdrängungseffekte der Fiskalpolitik in einer geschlossenen Volkswirtschaft die Investitionen betreffen, sind es in einer offenen Volkswirtschaft die Nettoexporte. Eine expansive Fiskalpolitik ist damit wirkungslos.

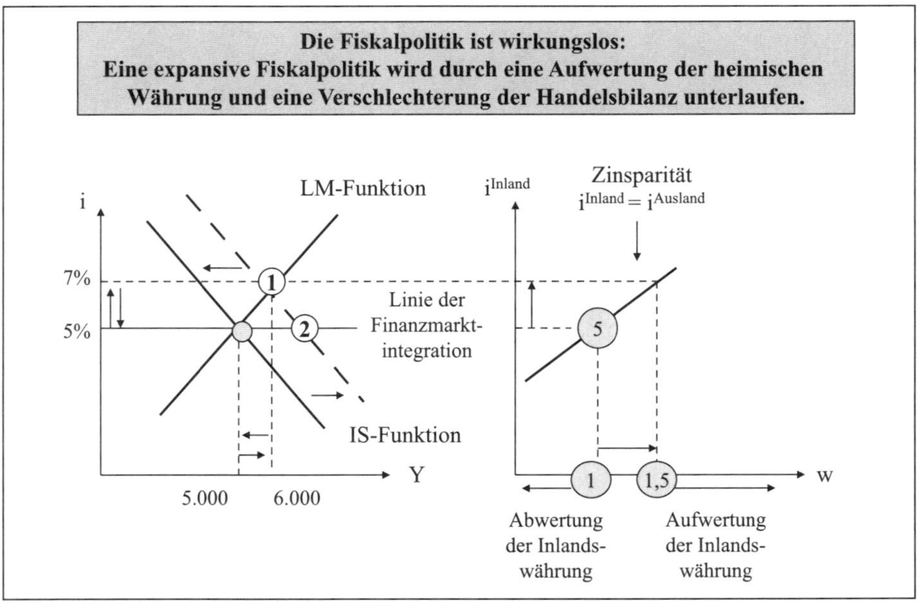

Abb. 22.13: Fiskalpolitik und flexible Wechselkurse

Schocks auf internationalen Finanzmärkten

Im Zeitalter der Globalisierung verlaufen die Übertragungswege von Schocks häufig über die internationalen Finanzmärkte. Betrachten wir als Beispiel einen Anstieg der Erträge von Finanzanlagen auf den ausländischen Kapitalmärkten von 5 % auf 10 %. Dadurch verschiebt sich die Linie der Finanzmarktintegration nach oben (Abb. 22.14). Da der Zins im Inland unterhalb des ausländischen Niveaus liegt, kommt es zu Kapitalabflüssen. Ist der Wechselkurs fest, muss die Notenbank intervenieren, um eine Abwertung der heimischen Währung zu verhindern. Der Aufkauf heimischer Währung reduziert die Geldmenge und die LM-Funktion verschiebt sich nach links.

Der damit verbundene Anstieg der Zinsen kann im Inland einen Nachfragerückgang und sogar eine Rezession hervorrufen. Bei festen Wechselkursen übertragen sich Zinsänderungen auf den internationalen Kapitalmärkten also direkt in das Inland. Bei flexiblen Wechselkursen kommt es hingegen zu einer **Abwertung** der heimischen Währung. Die Nettoexporte steigen, die IS-Kurve verschiebt sich nach rechts und das neue Gleichgewicht stellt sich in Punkt 2 ein. Betrachten wir dazu unser Zahlenbeispiel. Durch den Anstieg des Weltmarktzinssatzes, der auch den Inlandszins erhöht, steigen die inländischen Ersparnisse:

(1) $S^{privat} = -350 + 0{,}25 \times (5.000 - 1.000) + 20 \times 0{,}10 = 850$

Beachten Sie, dass jetzt die Investitionen zurückgehen, da der Inlandszins sich dem Weltmarktzins annähern muss:

(2) $I = 1.000 - 5.000 \times 0{,}10 = 500$

Somit gilt:

(3) $S^{privat} + S^{Staat} = I + NX$

(4) $850 + 0 = 500 + (500 - 500 \times w)$

(5) $w = 0{,}3$

Die Gesamtwirkung auf das BIP ist abhängig vom Verhältnis der Effekte. In unserem Beispiel kommt es zu einem Anstieg des BIP.

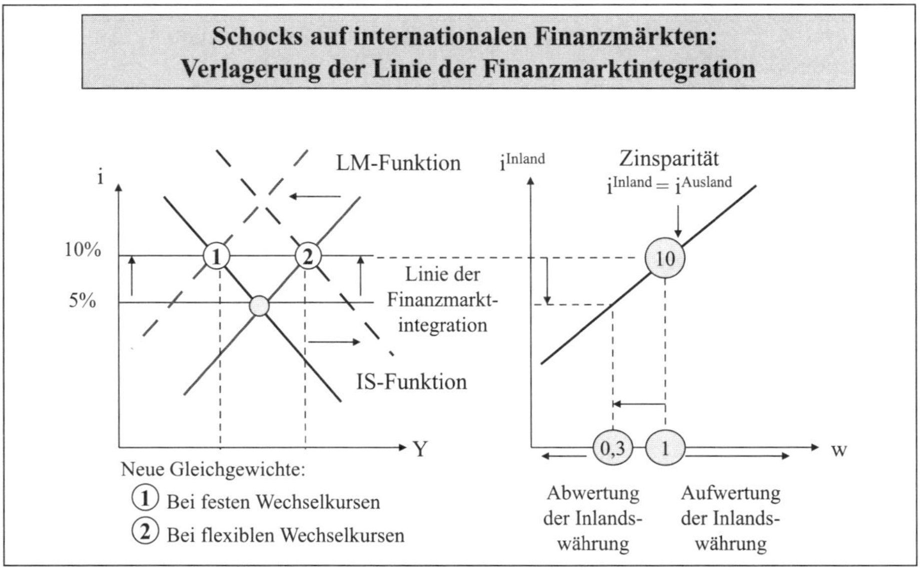

Abb. 22.14: Schock auf internationalen Finanzmärkten

Schlagwörter	• flexible Wechselkurse und Geldangebots-, Nachfrageschocks	• Schocks auf internationalen Finanzmärkten

22.2 Feste versus flexible Wechselkurse

In der makroökonomischen Literatur hat die „optimale" Wahl des Wechselkursregimes erhebliche Bedeutung. Die Frage, wann flexible und wann fixe Wechselkurse vorzuziehen sind, wird von Ökonomen unterschiedlich beantwortet.

Wechselkursregimes und makroökonomische Schocks

Wir haben bereits erkannt, dass es je nach Wechselkursregime im Fall von Schocks zu unterschiedlichen Ergebnissen auf zentrale makroökonomische Ergebnisse kommt (Tab. 22.1). Je nach Gewichtung der Ziele werden sich die politischen Entscheidungsträger anders entscheiden. Eine Volkswirtschaft, die dem Ziel einer unabhängigen Geldpolitik großes Gewicht beimisst, wird sich für ein flexibles Wechselkurssystem aussprechen. Zudem wird die Volkswirtschaft gegenüber Nachfrageschocks aus dem In- und Ausland abgeschirmt. Expansive finanzpolitische Maßnahmen sind hingegen in diesem System unwirksam, da die Handelsbilanz den positiven Effekt auf die inländische Nachfrage kompensiert. Ein Regime fester Wechselkurse führt dazu, dass sich positive Nachfrageschocks stärker durchsetzen.

Tab. 22.1: Wirkungen unterschiedlicher Politikoptionen im Mundell-Fleming-Modell

	Wechselkursregime					
	flexibel			fest		
	BIP	Wechselkurs	Nettoexporte	BIP	Wechselkurs	Nettoexporte
expansive Geldpolitik	steigt	Abwertung	steigen	kein Effekt	konstant	konstant
expansive Finanzpolitik	kein Effekt	Aufwertung	sinken	steigt	konstant	konstant
Weltmarktzins steigt	steigt	Abwertung	steigen	sinkt	konstant	konstant

Hingegen laufen expansive geldpolitische Maßnahmen ins Leere und Schocks auf den internationalen Finanzmärkten schlagen voll auf die inländische Konjunktur durch. Allerdings bleibt zu berücksichtigen, dass wir die einzelnen Politikmaßnahmen bisher isoliert betrachtet haben. In der Praxis lassen sich z. B. geld- und finanzpolitische Maßnahmen kombinieren (*policy-mix*), so dass sich einzelne Effekte aufheben.

Magisches Dreieck der Außenwirtschaftspolitik

Mit ihrer Währungspolitik verfolgen die meisten Länder drei zentrale Ziele:

(1) eine eigenständige Geldpolitik,
(2) einen stabilen Wechselkurs und
(3) freie Kapitalbewegungen.

Die These des Politik-Trilemma (*impossible trinity*) von *Robert Mundell* besagt, dass diese drei Ziele nicht unabhängig voneinander sind, sondern dass gewisse Interaktionen bestehen und nur jeweils zwei Ziele gleichzeitig erreichbar sind (Abb. 22.15). Länder können unterschiedlich mit diesem Sachverhalt umgehen:

a) Zu erkennen ist, dass sich die USA für die Ziele (1) und (3) entschieden haben. Eine Folge dieser Wahl ist die Volatilität des US-$ an den Devisenmärkten.
b) China hat sich über Jahre hinweg für die Ziele Nr. (1) und (2) eingesetzt. Wenn China eine restriktive Geldpolitik verfolgt und ein fester Wechselkurs besteht, so kann dies nur unter Aufgabe der Kapitalmobilität erfolgen. Läge Kapitalmobilität vor, würde es aufgrund höherer Inlandszinsen zu einem Kapitalzufluss aus dem Ausland kommen. Folge wäre ein Aufwertungsdruck für die heimische Währung, die durch Interventionsverpflichtungen einer restriktiven Geldpolitik entgegenwirkt. Eine autonome Geldpolitik wäre in diesem Fall nur bei Kapitalverkehrskontrollen möglich.
c) Die EWU hat sich für die Ziele (1) und (3) entschieden. Die EZB, nicht aber die einzelnen Länder der Euro-Zone, übt eine autonome Geldpolitik aus.

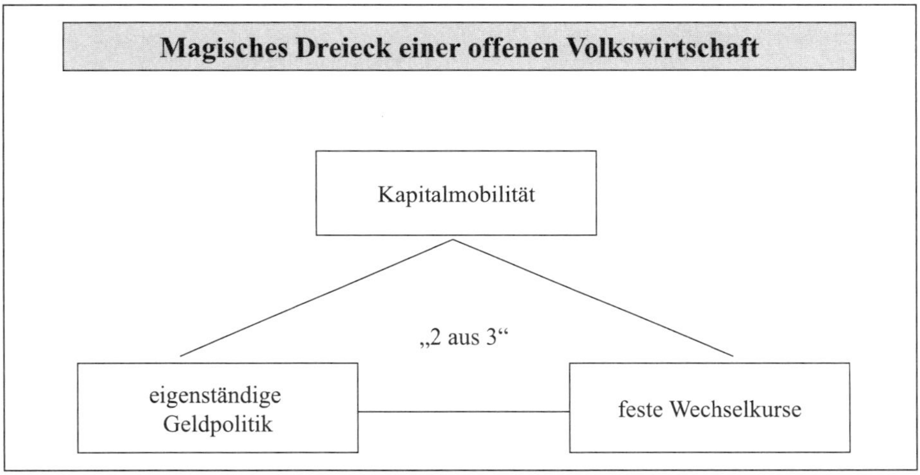

Abb. 22.15: Magisches Dreieck der Außenwirtschaftspolitik

Beurteilungskriterien von Wechselkurssystemen

Bei einem Leistungsbilanzüberschuss (-defizit) kommt es zu einer Aufwertung (Abwertung) der Landeswährung, wodurch das Leistungsbilanzungleichgewicht tendenziell korrigiert wird. Flexible Wechselkurse absorbieren also Schocks in- und ausländischen Ursprungs, d. h. sie dämpfen destabilisierende Effekte auf die Leistungsbilanz. Indem die Bildung des Wechselkurses dem freien Spiel der Marktkräfte überlassen wird, spiegeln sich im Wechselkurs die ökonomischen Fundamentaldaten (Wachstum, Inflation, Zinsniveau, Produktivität) wider. Große Länder, die weniger stark vom Außenhandel abhängig sind, lassen den Wechselkurs frei floaten (z. B. USA, EWU, Japan). Sie verfolgen bei ihrer Geldpolitik rein binnenwirtschaftliche Ziele (Preisniveaustabilität), während der Wechselkurs dem freien Spiel der Kräfte überlassen wird. Im Fall flexibler Wechselkurse kann ein Land weiterhin eine autonome Geldpolitik betreiben (Abb. 22.16). Die Notenbank unterliegt keiner Interventionspflicht und muss nicht befürchten, Devisenreserven zu verlieren.

Der Nachteil flexibler Wechselkurse besteht darin, dass schwankende Wechselkurse auch einen Einfluss auf das inländische Preisniveau haben. Importierte Güter sind ein

Bestandteil der im Inland konsumierten und investierten Güter. Je größer die Schwankungen des Wechselkurses sind und je größer der Anteil der importierten Güter am BIP, desto größer sind auch die Gefahren für die Preisniveaustabilität. Ökonomen raten deshalb kleinen offenen Volkswirtschaften zur Stabilisierung ihrer Wechselkurse.

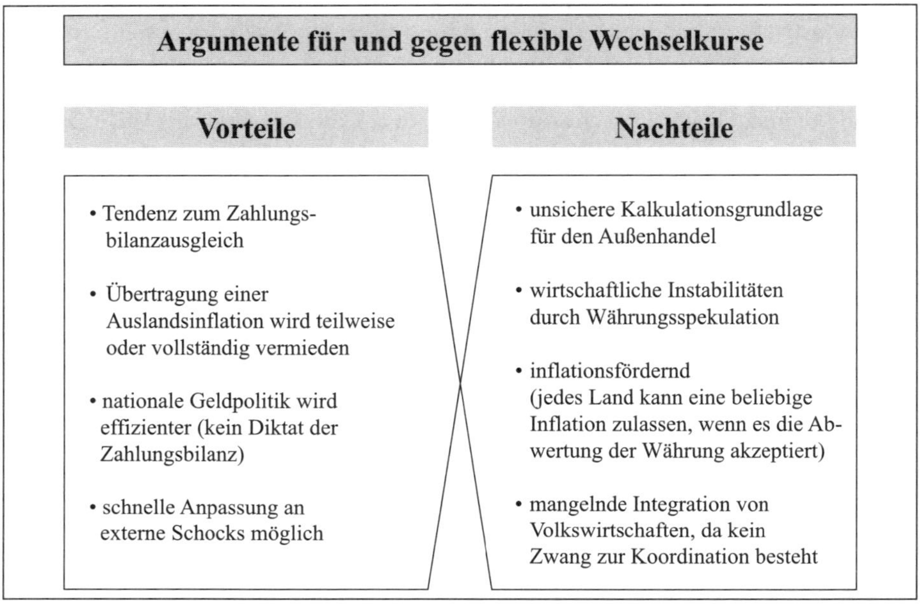

Abb. 22.16: Vor- und Nachteile flexibler Wechselkurse

In einem Regime mit festen Wechselkursen sind die teilnehmenden Länder jedoch gezwungen, ihre Geldpolitik an das Leitwährungsland anzupassen. Ein Land mit überdurchschnittlich hoher Inflationsrate muss ständig intervenieren, wodurch seine Devisenreserven abnehmen. Die Aufgabe der Parität kann durch Spekulation und Krisen von den Kapitalmärkten vorweggenommen werden. Von einem System fixer Wechselkurse geht somit ein Zwang zu geldpolitischer Disziplin aus. Will ein Land eine feste Wechselkursanbindung an ein anderes Land durchhalten, müssen Wechselkurs und nominaler Zinssatz zwei Bedingungen erfüllen:

1. Bedingung: $i^{Inland} = i^{Ausland}$	Wenn Kapitalanleger erwarten, dass der Wechselkurs unverändert bleibt, fordern sie in beiden Ländern den gleichen Zins. Die Zinsparität muss also erfüllt sein.
2. Bedingung: $M/P = L(i,Y)$	Wenn sich die Produktion verändert, hat dies Auswirkungen auf die Geldnachfrage. Reagiert die Notenbank nicht darauf, verändert sich der Zins und damit auch der Wechselkurs. Dies ist aber in einem System fester Wechselkurse nicht zulässig. Die Notenbank ist daher gezwungen, auf Veränderungen der Produktion und der Geldnachfrage mit Veränderungen der Geldmenge zu reagieren.

Das Land verliert die geldpolitische Autonomie, was vor allem dann von Nachteil ist, wenn zeitweilig eine andere Geldpolitik erwünscht wäre. Generell ist ein System fixer Wechselkurse nur dann langfristig funktionsfähig, wenn die teilnehmenden Länder die gleiche Stabilität des Geldwertes und eine ähnliche Wirtschaftsentwicklung aufweisen.

Der wesentliche Vorteil fester Wechselkurse (und der damit gleichzeitig wichtigste Nachteil flexibler Wechselkurse) wird darin gesehen, dass ein konstanter Wechselkurs die Risiken im Außenhandel und im Kapitalverkehr reduziert und Planungssicherheit schafft (Abb. 22.17).

Die Transaktionskosten für den internationalen Handel und Kapitalverkehr sinken, da Währungsrisiken nicht abgesichert werden müssen. Feste Wechselkurse werden häufig solchen Ländern empfohlen, die noch keine eigene „Stabilitätskultur" entwickelt haben.

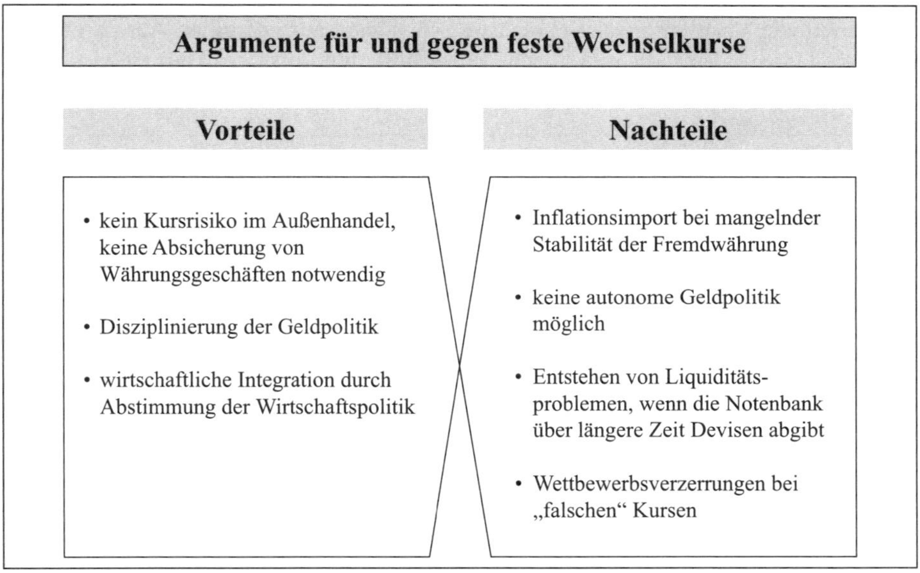

Abb. 22.17: Vor- und Nachteile fester Wechselkurse

Durch die Bindung an eine Währung kann die Reputation der Notenbank des Leitwährungslandes übernommen und so Vertrauen in der inländischen Bevölkerung und bei ausländischen Investoren geschaffen werden. Beispielsweise kann die Wechselkursbindung an jenes Land erfolgen, mit dem eine große wirtschaftliche Verflechtung besteht, bzw. ein großer Teil des Güterhandels und Kapitalverkehrs abgewickelt wird. Weitere Kriterien für die Wechselkursbindung können das Ausmaß der Übereinstimmung der volkswirtschaftlichen Struktur, der Autonomiegrad der Notenbank des Leitwährungslandes oder die gewünschte weltwirtschaftliche Ausrichtung der eigenen Volkswirtschaft sein. So sind die Währungen vieler Öl exportierender Länder an den Dollar gebunden, um ihre Dollareinkommen zu stabilisieren. Welches Wechselkursregime in welcher Situation vorzuziehen ist, kann nicht abschließend beurteilt werden und hängt wesentlich von den wirtschaftlichen Gegebenheiten und politischen Präferenzen in den einzelnen Ländern ab.

Schlagwörter	• magisches Dreieck der Außenwirtschaftspolitik	• Vor- und Nachteile flexibler bzw. fester Wechselkurse

22.3 Internationaler Konjunkturzusammenhang

Wenn es um den Einfluss der Weltwirtschaft auf die wirtschaftliche Entwicklung in Deutschland geht, richtet sich der Blick traditionell auf den Außenhandel. Dieses Bild ist allerdings unvollständig.

Analysen zeigen, dass Direktinvestitionen global operierender Unternehmen, internationale Finanzmärkte und verknüpfte Zukunftserwartungen bei Investoren und Verbrauchern neue Übertragungswege entstehen lassen (Abb. 22.18). Wirtschaftliche Aufschwungsphasen oder wirtschaftliche Schwächen auf wichtigen Absatzmärkten (z. B. USA) beeinflussen die inländische Wirtschaftsdynamik damit auf vielfältige Art und Weise.

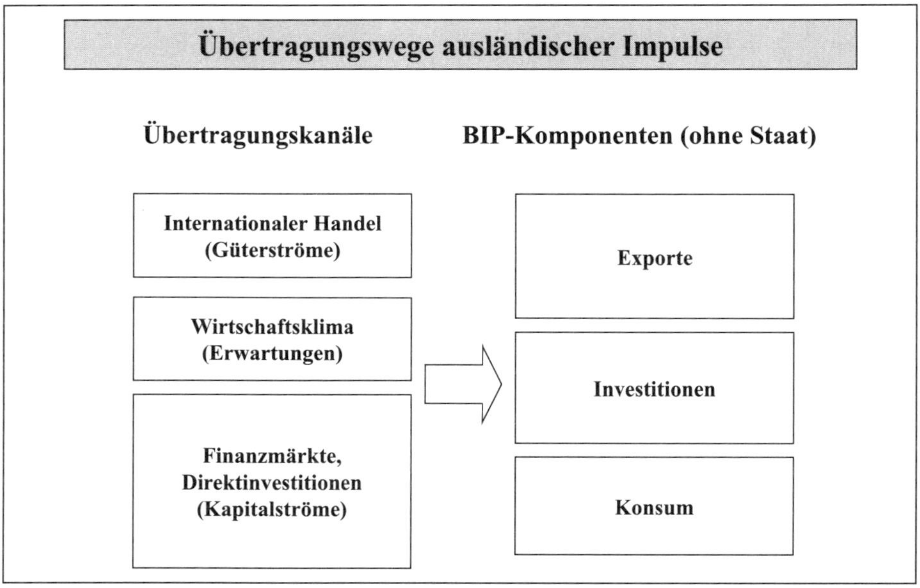

Abb. 22.18: Internationaler Konjunkturzusammenhang

Konträreffekte der Konjunkturübertragung

Angenommen sei, dass sich die US-Wirtschaft in einer Phase der Hochkonjunktur und die deutsche Wirtschaft in einer konjunkturellen Abschwungphase befinden. Ursächlich für den Aufschwungprozess in den USA ist eine Zinssenkung, die in der Folge die Inlandsnachfrage (Investitionen, Konsum) erhöht hat (Abb. 22.19). Das Zinsniveau in den USA liegt unter dem deutschen Zinsniveau, so dass es für US-amerikanische Anleger prinzipiell attraktiv wird, Kapital in der Bundesrepublik Deutschland anzulegen. Ausgehend von dieser Situation sind für die Beurteilung der Gesamteffekte auf den Außenhandel zwei Aspekte zu unterscheiden:

- **Güterebene:** Der konjunkturelle Aufschwung in den USA lässt zunächst einen Anstieg der Importe aus Deutschland erwarten, so dass sich positive Impulse für den deutschen Export in die USA und nachgelagert auch auf die deutsche Konjunktur ergeben werden.
- **Kapitalebene:** Sofern US-amerikanische Anleger aufgrund renditebedingter Überlegungen in großem Ausmaß Kapital in Deutschland anlegen, kommt es auf dem

Devisenmarkt zu einer größeren Nachfrage nach € und bei gleichbleibendem Angebot tendenziell zu einer Aufwertung des € bzw. zu einer Abwertung des US-$. Diese Änderung des Wechselkurses verteuert deutsche Exportgüter und kann dazu führen, dass der Effekt der Güterebene zumindest abgeschwächt wird.

Angesichts der Größenordnung der renditesuchenden Kapitalströme ist nicht auszuschließen, dass die Zinsunterschiede zumindest in kurzfristiger Sicht die Wechselkurse dominant beeinflussen. Positive Auswirkungen einer konjunkturellen Aufschwungsphase im Ausland auf die inländische Konjunktur würden konterkariert.

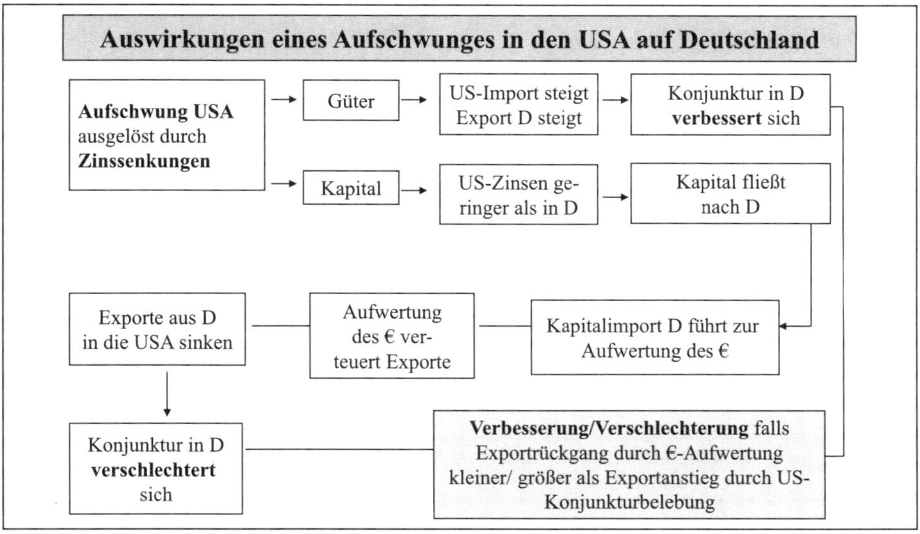

Abb. 22.19: Konträreffekte der internationalen Konjunkturübertragung

Paralleleffekte der Konjunkturübertragung

Auch jetzt sei angenommen, dass sich die US-Wirtschaft in einer Phase der Hochkonjunktur und die deutsche Wirtschaft in einer konjunkturellen Abschwungphase befinden. Ursächlich für den Aufschwungprozess in den USA ist nun eine **Ausweitung der Staatsausgaben,** die auf dem US-amerikanischen Kapitalmarkt eine Zinssteigerung zur Folge hat (Abb. 22.20). Das Zinsniveau in den USA liegt über dem deutschen Zinsniveau, so dass es jetzt für deutsche Anleger attraktiv wird, Kapital in den USA anzulegen. Ausgehend von dieser Situation sind bei der Beurteilung der Gesamteffekte auf den Außenhandel wieder zwei Aspekte zu unterscheiden:

- **Güterebene:** Der konjunkturelle Aufschwung in den USA lässt – analog zum vorherigen Fallbeispiel – zunächst einen Anstieg der Importe aus Deutschland erwarten, so dass sich positive Impulse für den deutschen Export in die USA und nachgelagert auch für die deutsche Konjunktur ergeben würden.
- **Kapitalebene:** Sofern deutsche Anleger aufgrund renditebedingter Überlegungen in großem Ausmaß Kapital in den USA anlegen, kommt es auf dem Devisenmarkt zu einer größeren Nachfrage nach US-$ und bei gleichbleibendem Angebot tendenziell zu einer Aufwertung des US-$ bzw. zu einer Abwertung des €. Diese Änderung des Wechselkurses verbilligt deutsche Exportgüter und führt dazu, dass der Effekt der Güterebene unterstützt wird.

In diesem Fallbeispiel verlaufen der Kapitalmarkteffekt und der Gütermarkteffekt in die gleiche Richtung und es erfolgt eine parallele Übertragung des US-amerikanischen Konjunkturaufschwungs auf die deutsche Wirtschaft.

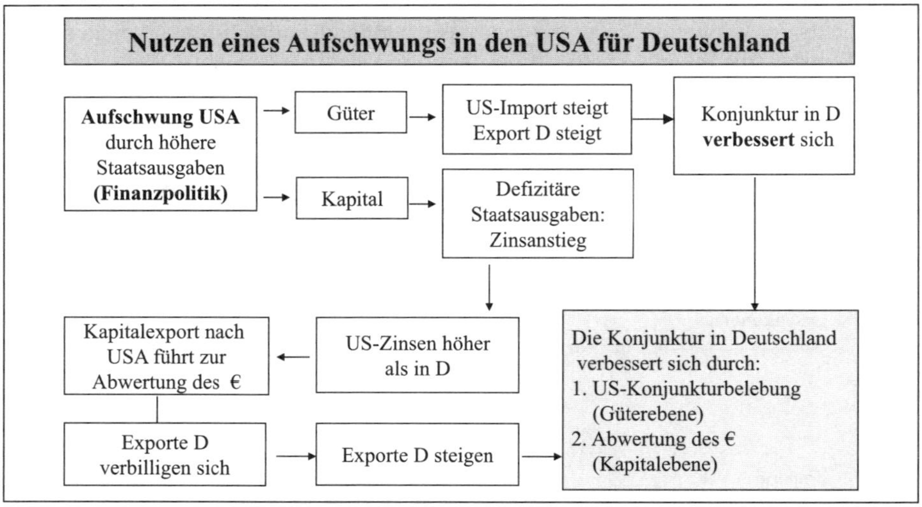

Abb. 22.20: Paralleleffekte der internationalen Konjunkturübertragung

Schlagwörter	• Paralleleffekte und Konträreffekte der Konjunkturübertragung	• Gütermarkteffekt • Kapitalmarkteffekt

22.4 Fallbeispiele zu Kapitel 22

Lösungs- und Bearbeitungshinweise sowie alle Abbildungen dieses Kapitels finden Sie unter: www.vahlen.de

Fallbeispiel 22.1: Geld- und Finanzpolitik im Mundell-Fleming-Modell bei festen Wechselkursen (+)

1) Eine kleine Volkswirtschaft öffnet sich dem Weltmarkt. Der inländische Zins und der Weltmarktzins liegen bei 5 %. Die Notenbank senkt den inländischen Zins auf 3 %, um der heimischen Wirtschaft positive Impulse zu verleihen. Gleichzeitig muss sie einen gegebenen Wechselkurs bei einer Parität von 1:1 verteidigen. Es herrscht vollkommene Kapitalmobilität. Analysieren Sie verbal und graphisch die Auswirkungen der Politikmaßnahmen auf BIP, Wechselkurs und Nettoexporte.
2) Wie würde sich das Ergebnis unter a) verändern, wenn die Stimulierung der heimischen Wirtschaft durch eine expansive Fiskalpolitik erfolgen würde? Analysieren Sie verbal und graphisch die Auswirkungen der Politikmaßnahmen auf BIP, Wechselkurs und Nettoexporte.

Fallbeispiel 22.2: Anstieg des Weltmarktzinses im Mundell-Fleming-Modell (++)

Eine kleine offene Volkswirtschaft ist durch folgende Daten gekennzeichnet:

(1) $Y = 300 + 0{,}8 \times (Y - T) - 8.000 \times i + G + 800 \times w$
(2) $M = 0{,}4 \times Y - 34.000 \times i + 200$

Die Zentralbank fixiert den Wechselkurs bei w=1. Der Staatshaushalt ist ausgeglichen bei 1.500 Mrd. €. Der Weltmarktzins beträgt 4 % und es gilt die Zinsparität.

1) Bestimmen Sie die Gleichgewichtswerte der endogenen Variablen.
2) Nehmen Sie an, der Weltmarktzins steigt auf 5 %. Berechnen Sie die neuen Gleichgewichtswerte. Interpretieren Sie das Ergebnis.
3) Stellen Sie eine einmalige Abwertung der inländischen Währung im Mundell-Fleming-Modell dar und interpretieren Sie das Ergebnis.

Fallbeispiel 22.3: Geld- und Finanzpolitik im Mundell-Fleming-Modell bei flexiblen Wechselkursen (+)

1) Stellen Sie die Auswirkungen einer kontraktiven Geldpolitik bei flexiblen Wechselkursen grafisch im Mundell-Fleming-Modell dar. Beurteilen Sie die Maßnahme bezogen auf BIP, Wechselkurs und Nettoexporte.
2) Welche Ergebnisse ergeben sich, wenn expansive finanzpolitische und expansive geldpolitische Maßnahmen kombiniert eingesetzt werden? Stellen Sie das Ergebnis grafisch dar und beurteilen Sie es unter den gleichen Gesichtspunkten wie in Aufgabe 1).

Fallbeispiel 22.4: Währungskrise im Mundell-Fleming-Modell (+)

In Deutschland kam es nach der Wiedervereinigung zu einer expansiven Fiskalpolitik, die zu einer „Sonderkonjunktur" führte. Um Inflationsgefahren zu begegnen, praktizierte die Deutsche Bundesbank eine restriktive Geldpolitik durch Zinserhöhungen. Die Zinserhöhungen der Deutschen Bundesbank dominierte die wirtschaftliche Situation in anderen Ländern des Europäischen Währungssystems (EWS), so dass es dort zum Teil zu rezessiven Tendenzen kam. Erörtern Sie mögliche Lösungsansätze aus Sicht der EWS-Partnerländer im Rahmen der folgenden Abbildung:

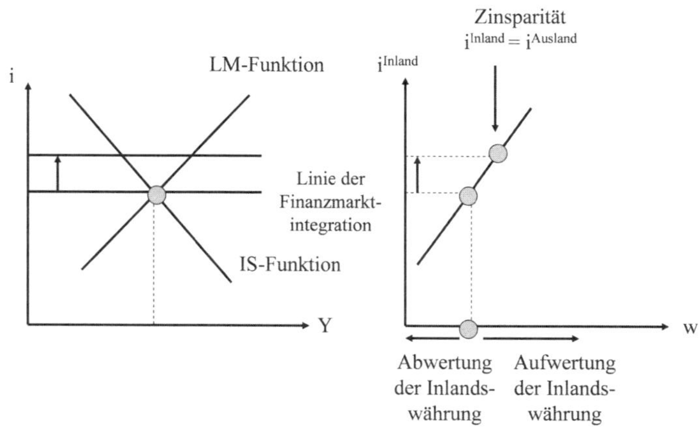

Fallbeispiel 22.5: Politik-Trilemma in offenen Volkswirtschaften (0)

Warum sind in offenen Volkswirtschaften internationale Kapitalmobilität, feste Wechselkurse und geldpolitische Autonomie nicht gleichzeitig erreichbar? Erläutern Sie den Sachverhalt am Beispiel des Anstiegs des ausländischen Zinsniveaus mit $i^{USA} > i^{EWU}$ in folgenden Situationen:

(1) Kapitalmobilität und feste Wechselkurse
(2) Kapitalmobilität und geldpolitische Autonomie
(3) Feste Wechselkurse und geldpolitische Autonomie

Fallbeispiel 22.6: Vor- und Nachteile alternativer Währungssysteme (+)

1) Welche Argumente sprechen für bzw. gegen feste und flexible Wechselkurssysteme?

Wechselkurssystem	Vorteile	Nachteile
flexible Wechselkurse		
feste Wechselkurse		

2) Beurteilen Sie anhand der nachfolgenden Tabelle, in welchen Fällen eher flexible bzw. eher feste Wechselkurse Vorteile mit sich bringen.

Kriterium	Ausprägung	fest	flexibel
Binnenmarkt	groß		
	klein		
Außenhandelsabhängigkeit	groß		
	klein		
Bedarf an regionaler Integration	nein		
	ja		
Wunsch nach autonomer Währungs- und Geldpolitik	nein		
	ja		

Fallbeispiel 22.7: Internationaler Konjunkturzusammenhang zwischen großen Wirtschafts- und Währungsräumen (++)

Wir nehmen an, die Weltwirtschaft besteht nur aus den Wirtschaftsräumen der EWU und den USA. Beide Regionen betreiben Handel. Der Wechselkurs sei 1 € = 1 US-$ und konstant. Die Güternachfrage ist durch folgende Tabelle beschrieben:

Größe	EWU	USA
Konsumfunktion	$950 + 0{,}6 \times (Y^{EWU} - T)$	$300 + 0{,}8 \times (Y^{USA} - T)$
Autonome Investitionen	1.000	1.100
Staatsausgaben (G)	1.000	1.500
Budgetdefizit (G – T)	100	300
Nettoexportfunktion (Exporte – Importe)	$0{,}1 \times Y^{USA} - 0{,}1 \times Y^{EWU}$	$0{,}1 \times Y^{EWU} - 0{,}1 \times Y^{USA}$

1) Ermitteln Sie die gleichgewichtige Produktion und die Handelsbilanzsituation in beiden Ländern.
2) Wie wirkt sich ein Anstieg der marginalen Importquote in den EWU-Staaten auf 0,15 aus.
3) Berechnen Sie ausgehend von den Ursprungswerten aus 1) die Auswirkungen einer kreditfinanzierten Staatsausgabenerhöhung um jeweils 100 in beiden Wirtschaftsräumen. In welcher Region hat die Staatsausgabenerhöhung einen höheren Einfluss auf die inländische Produktion? Wie werden die Nettoexporte beeinflusst?
(in Anlehnung an Forster/Klüh/Sauer, 2005, S. 360f.)

Fallbeispiel 22.8: Konjunkturzusammenhang und Devisenmarkt (+)

Erläutern Sie am Zwei-Länder-Modell (EWU/USA) den Einfluss des internationalen Konjunkturzusammenhanges auf den Devisenmarkt. Gehen Sie von einem deutlich höheren Anstieg des Volkseinkommens sowie von einem deutlich höheren Zinsniveau in den USA aus. Argumentieren Sie mithilfe

1) des Zinsniveaus,
2) der Einkommensentwicklung und
3) des Wechselkurses.

Teil VI
Nachhaltige Entwicklung und Makroökonomie

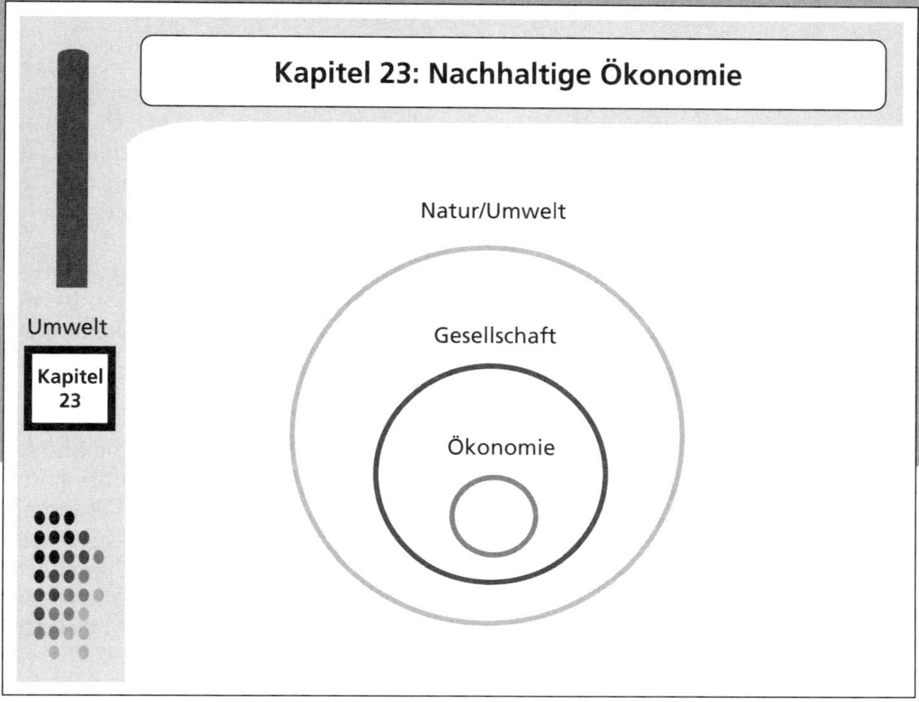

Inhaltsübersicht

Lernzielorientierte Sachverhalte

- Seit Beginn des 21. Jahrhunderts wird weltweit eine Reihe von ökologischen, ökonomischen und sozio-kulturellen Veränderungen diskutiert, die einzelne Volkswirtschaften und Regionen unterschiedlich betreffen. Viele dieser Entwicklungen sind nicht neu und zeichnen sich bereits seit Jahrzehnten ab. Was neu ist, ist das Bewusstsein des wechselseitigen Zusammenhangs zwischen diesen Veränderungen.
- Unter nachhaltiger Entwicklung wird laut Brundtland-Bericht eine Entwicklung verstanden, welche die Bedürfnisse der heutigen Generation befriedigt, ohne jene kommender Generationen zu beeinträchtigen. Die Bedürfnisse werden als gleichrangige Einheit von ökologischen, ökonomischen und sozialen Entwicklungsbedingungen verstanden und beinhalten zudem eine internationale Dimension.
- Die Erweiterung makroökonomischer Themen um eine ökologische und soziale Dimension ist eine sinnvolle Ergänzung der traditionellen Lehrinhalte. Zum einen haben die traditionellen Themenbereiche der Makroökonomie selbst Bezüge zum Thema der Nachhaltigkeit. Beispielsweise sei verwiesen auf Forderungen nach einer nachhaltigen Geld-, Finanz- und Beschäftigungspolitik. Zum anderen sind viele makroökonomische Themen nicht mehr losgelöst von ökologischen und sozialen Fragestellungen zu betrachten.
- Am Beispiel des Klimaschutzes lässt sich zeigen, dass marktwirtschaftliche Mechanismen keinen effektiven Schutz globaler Umweltprobleme leisten können. Die Ursachen des Klimawandels liegen nicht unerheblich in industriegesellschaftlichen Entwicklungen, dem damit verbundenen Wirtschaftswachstum sowie den Produktionsbedingungen und Verhaltensweisen im Konsum. Themen der sozialen Gerechtigkeit, der Einkommens- und Vermögensverteilung sowie der länderübergreifenden Armut sind ebenfalls untrennbar mit der wirtschaftlichen Entwicklung von Volkswirtschaften verbunden. Notwendig ist daher eine Integration von Nachhaltigkeitskonzepten in die Makroökonomie.
- Die Bausteine einer nachhaltigen Makroökonomie lassen sich gut identifizieren. Notwendig erscheint die Entwicklung eines übergreifenden Ansatzes. Die dazu erforderlichen Kriterien zur makroökonomischen Modellierung einer nachhaltigen Entwicklung sind in Ansätzen erkennbar.

23.1 Zentrale Herausforderungen einer nachhaltigen Ökonomie

Unter nachhaltiger Entwicklung wird laut dem **Brundtland-Bericht** aus dem Jahr 1987 (*vgl. Report of the World Commission on Environment and Development: Our Common Future*) eine Entwicklung verstanden, welche die Bedürfnisse der heutigen Generation befriedigt, ohne jene kommender Generationen zu beeinträchtigen. Die Bedürfnisse werden als gleichrangige Einheit von ökologischen, ökonomischen und sozialen Entwicklungsbedingungen verstanden und bedingen auch eine internationale Verantwortung über Ländergrenzen hinweg.

Es mag vor diesem Hintergrund überraschend sein, dass ein eher „traditionelles" makroökonomisches Lehrbuch auch Aspekte der Nachhaltigkeit anspricht, geht es in der Mehrzahl von makroökonomischen Curricula doch eher um die großen Themen „Inflation, Wachstum und Beschäftigung". Aus unserer Sicht stellt die Erweiterung dieser Themen um eine ökologische und soziale Dimension jedoch eine sinnvolle Ergänzung der traditionellen Lehrinhalte dar. Zum einen haben die genannten, eher traditionellen Themenbereiche der Makroökonomie selbst Bezüge zum Thema der Nachhaltigkeit. Beispielsweise sei verwiesen auf Forderungen nach einer nachhaltigen Geld-, Finanz- und Beschäftigungspolitik. Zum anderen sind viele primär makroökonomische Themen nicht mehr losgelöst von ökologischen und sozialen Fragestellungen zu betrachten. Beispielhaft sei auf den Klimawandel verwiesen. Dieser hat seine Ursache in nicht unerheblichem Maße in den Produktionsbedingungen und Konsumstrukturen, die sich im Verlauf der industriegesellschaftlichen Entwicklung herausgebildet haben. Auch Themen der sozialen Gerechtigkeit, der Einkommens- und Vermögensverteilung sowie der länderübergreifenden Armut sind häufig untrennbar mit der wirtschaftlichen Entwicklung von Volkswirtschaften verbunden. Es gibt also gute Gründe für die Erweiterung des Betrachtungsgegenstandes um die Dimensionen der nachhaltigen Entwicklung. Zu verweisen ist letztendlich auch auf den Bildungsauftrag von Hochschulen. Jahr für Jahr kommen junge Menschen zur Hochschule, die ein Anrecht darauf haben, mit den zentralen Fragestellungen des 21. Jahrhunderts konfrontiert zu werden. Dazu zählt ohne Frage auch die Nachhaltigkeit in ihren vielfältigen Facetten.

Seit Beginn des 21. Jahrhunderts werden weltweit eine Reihe von ökologischen, ökonomischen und soziokulturellen Veränderungen diskutiert, die die einzelnen Volkswirtschaften und Regionen unterschiedlich betreffen (Tab. 23.1). Ihre starken Interdependenzen machen eine Integration von **Nachhaltigkeitskonzepten** auch in die (Makro-) Ökonomie notwendig.

Tab. 23.1: Zentrale Herausforderungen einer nachhaltigen Makroökonomie

ökologische Dimension	ökonomische Dimension	soziokulturelle Dimension
Klimawandel	instabiles Währungs- und Finanzsystem	Armut, soziale Ungerechtigkeit
Zerstörung von Ökosystemen und Artenvielfalt	zunehmende Staatsverschuldung wichtiger Volkswirtschaften	teilweise rapides Bevölkerungswachstum in Entwicklungs- und Schwellenländern
Übernutzung natürlicher Lebensgrundlagen	außenwirtschaftliche Ungleichgewichte	Bevölkerungsrückgang in westlichen Volkswirtschaften
zunehmender Verbrauch von nicht erneuerbaren Ressourcen	Persistenz von „Unterentwicklung"	Gefahr gewaltsamer Konfliktlösungen
gesundheitsgefährdende Veränderungen der Umwelt (z. B. durch das „Ozonloch")	unzureichende Ausstattung mit öffentlichen Gütern	Belastungen für die Gesundheit und Lebensqualität

Bisher sind makroökonomische Modelle und Theorieansätze nur bedingt in der Lage, die genannten Herausforderungen zu bewältigen. Erstgenannte zerfallen – wie bekannt – gut unterscheidbar in einen eher (neo-)klassischen und einen keynesianischen Strang. Die **keynesianische Schule** konzentriert sich gegenwärtig vor allem auf Fragen rund um Konjunkturzyklen, Arbeitslosigkeit und Inflation. Hinzu kommen Arbeiten zur Ausgestaltung der Geldpolitik, die Ursachenanalyse von Finanzkrisen sowie die Analyse von Ausprägungen von Wachstum und Stagnation. Die keynesianische Theorie hat dem Staat dazu wichtige Stabilitätsaufgaben zugewiesen und damit zu ihrer Zeit eine Vorreiterrolle übernommen. Eine gestalterische Rolle im Sinne der **nachhaltigen Entwicklung** mit den dazugehörigen Instrumenten findet sich jedoch nicht. Die Integration ökologischer Aspekten der Nachhaltigkeit in streng nachfrageorientierte keynesianische Modelle findet sich nur in Ausnahmefällen.

Keynesianische Modelle (z. B. des Güter- und Geldmarktes) werden häufig um einen neo-klassischen Arbeitsmarkt und eine entsprechende Produktionsfunktion erweitert. Ergebnis ist die sogenannte **neue Synthese**, die zu gesamtwirtschaftlichen Totalmodellen in Form einer makroökonomischen Nachfrage- und Angebotsfunktion führt. Hier lassen sich die Auswirkungen von Politikmaßnahmen bei festen und flexiblen Preisen sowie bei Marktunvollkommenheiten diskutieren. Auch in diesen Modellen fehlt in der Regel eine Verknüpfung zu den ökologischen Aspekten der Nachhaltigkeit. Diese sind, wenn überhaupt, in die Produktionsfunktion integriert (z. B. in Form von Berücksichtigung der Produktionsfaktoren Umwelt, Ressourcen und Energie).

Es fehlt also bisher weitgehend an **makroökonomischen Theorieansätzen**, die wesentliche Aspekte der Nachhaltigkeit integrieren. Ansatzpunkte zur Diskussion von ökologischen Aspekten der Nachhaltigkeit finden sich hingegen eher im Rahmen der **mikroökonomisch** geprägten **(neo-)klassischen** Denkrichtung. Hier sind seit Anfang der 70er Jahre zunehmend Arbeiten der **Umwelt- und Ressourcenökonomie** zu finden, z. B. zur Internalisierung externer Effekte oder zu Allmendegütern. Diese Ansätze helfen zu verstehen, warum Umweltgüter (z. B. die Weltmeere) übernutzt werden und internationale Kooperationen bzw. Standards zur Lösung von globalen Umweltproblemen notwendig erscheinen. Dieser Sachverhalt soll nachfolgend am Beispiel des Klimawandels erläutert werden.

23.1.1 Fallbeispiel: Klimaschutz als globales öffentliches Gut

Inzwischen streiten die wenigsten Wissenschaftler ab, dass die gestiegenen wirtschaftlichen Aktivitäten (z. B. Verbrennung von Kohle, Öl und Gas in industriellen Produktionsprozessen) für den Treibhauseffekt maßgeblich mitverantwortlich sind. Das *International Panel of Climate Change* (IPCC) prognostiziert in seinem Sachstandsbericht aus dem Jahr 2007 einen globalen Temperaturanstieg um mehr als 2 °C bis zum Jahr 2050. Der IPPC hat bereits mehrfach auf mögliche Folgewirkungen des Klimawandels für einzelne Regionen der Welt hingewiesen und ihnen Wahrscheinlichkeiten zugewiesen (Tab. 23.3).

Untersuchungen kommen zu dem Ergebnis, dass der Klimawandel erhebliche volkswirtschaftliche Kosten verursachen kann, die je nach Einbeziehung von Risiken jährlich zwischen 5 % – 20 % des globalen BIP betragen können (vgl. *Stern*, 2006). Damit kann der Klimawandel weltweit zu einer Rezession beitragen. Neben den direkten ökonomischen Folgen auf die Energieerzeugung, die Landwirtschaft und die Industrie bleiben zusätzlich die Wirkungen des Klimawandels auf die Ökologie (wie z. B. die erhöhte Waldbrandwahrscheinlichkeit und Verluste an Artenvielfalt), aber auch gesundheitlich-ökonomische Aspekte von Krankheiten und Sterblichkeitsänderungen zu berücksichtigen. Andererseits wäre es mit Investitionen von etwa 1 % des globalen BIP möglich, durch eine Reduzierung der Treibhausgasemissionen die schlimmsten Folgen des globalen Klimawandels zu beschränken.

Derartige langfristige Prognosen und Simulationsrechnungen, die auch für Deutschland vorliegen, sind naturgemäß mit großen Unsicherheiten behaftet. Die Erfassung von Kosten und Nutzen ist schwierig und die Annahmen z. B. bezogen auf den Zinssatz und die Sterblichkeit, haben Einfluss auf die Ergebnisse der Berechnung. Ein dringen-

Tab. 23.3: Wahrscheinliche Auswirkungen des Klimawandels

Klimaereignis	Folgen
mehr heiße Tage und Hitzewellen	• mehr Todesfälle und ernsthafte Krankheiten • verstärkter Hitzestress für Vieh und Wildtiere • Verschiebung von Touristenzielen • zunehmendes Schadensrisiko mancher Nutzpflanzen • zunehmender Bedarf an elektrischer Kühlung
weniger Frosttage und Kältewellen	• Abnahme kältebedingter Krankheits- und Sterberaten • sinkendes Risiko von Schäden für eine Anzahl von Nutzpflanzen und steigendes Risiko für andere • stärkere Ausbreitung von Schädlingen und Krankheitsüberträgern • reduzierter Heizenergiebedarf
stärkere Regen- und Schneefälle	• Zunahme von Schäden durch Überschwemmungen • Zunahme von Erdrutschen und Lawinen • zunehmende Bodenerosion • verstärkter Druck auf staatliche und private Versicherungssysteme
zunehmende Trockenheit im Sommer, steigendes Dürre-Risiko	• sinkende Ernteerträge • zunehmende Schäden an Gebäudefundamenten • sinkende Qualität und Quantität von Wasserressourcen • steigendes Waldbrandrisiko
Zunahme der maximalen Windgeschwindigkeiten	• höheres Risiko von Infektionskrankheits-Epidemien • zunehmende Eigentums- und Infrastrukturverluste • zunehmende Küstenerosion, Schäden an Küstenbauwerken • zunehmende Schädigung von Küstenökosystemen wie Korallenriffen und Mangroven

der Handlungsbedarf ist jedoch weitgehend unumstritten. Aus ökonomischer Sicht lassen sich verschiedene Argumente anführen, dass marktwirtschaftliche Lösungen beim Klimaschutz ihr Ziel verfehlen.

Globales öffentliches Gut

Ihnen ist vielleicht aus der Mikroökonomie bekannt, dass reine öffentliche Güter sich durch die Merkmale der Nicht-Rivalität in der Nutzung und der Nicht-Ausschließbarkeit auszeichnen (Abb. 23.1). Nicht-Rivalität bedeutet, dass Konsumenten in der Nutzung des Gutes durch andere Konsumenten nicht eingeschränkt werden können. Es ist unerheblich wie viele Individuen dieses Gut konsumieren. So wird kein Mensch, der saubere Luft einatmet, in seinem Nutzen durch ein weiteres Individuum eingeschränkt, welches diese im selben Augenblick auch genießt. Nicht-Ausschließbarkeit meint, dass der technische, rechtliche, politische oder ökonomische Ausschluss von der Nutzung des Gutes unmöglich oder unverhältnismäßig aufwendig ist.

Auch der Klimaschutz hat Eigenschaften eines öffentlichen Gutes. So verbessert eine Reduktion der CO_2-Emissionen die globale Umweltqualität unabhängig vom Ort der Vermeidung. Niemand kann vom potentiellen Nutzen des Klimaschutzes ausgeschlossen werden (Nicht-Ausschließbarkeit). Der Nutzen eines Landes aus dem Klimaschutz rivalisiert nicht mit dem Nutzen anderer Länder (Nicht-Rivalität). Ein grundlegendes Problem des globalen Klimaschutzes ist es, dass es für ein Land wirtschaftlich vorteilhafter ist, wenn andere die Lasten des Klimaschutzes schultern (vgl. *Bardt, 2011*). Betrachten wir dazu beispielhaft den Klimaschutz aus Sicht eines Landes A (Tab 23.4):

Kriterien der Güterabgrenzung

		Rivalität im Konsum	
		Ja	**Nein**
		Private Güter	**Quasi-private Güter (Klubgüter) mit der Tendenz zur Unterversorgung**
Ausschließbarkeit	**Ja**	• Nahrungsmittel • PKW • Kleidung	• Tennisanlage eines Vereins • Gebührenpflichtige Straßen ohne Stau • Theater, Museum • Öffentlicher Nahverkehr
		Quasi-öffentliche Güter (Allmendegüter) mit der Tendenz zur Übernutzung	**Öffentliche Güter**
	Nein	• überfüllte öffentliche Straße • Fischbestände in Gewässern mit freiem Zugang	• Polizei • Justiz • Straßenbeleuchtung • Deich

Abb. 23.1: Güterarten

- Die Kosten des Klimaschutzes liegen deutlich unter den Schäden, die das Land im Falle eines weltweiten Klimawandels zu tragen hätte.
- Das einzelne Land kann den globalen Klimawandel nur in geringem Umfang beeinflussen. Der im Inland anfallende Schaden kann durch eigene Anstrengungen der Vermeidung nur um etwa 5% der maximalen inländischen Schadenssumme reduziert werden.

Unabhängig davon, ob sich der Rest der Welt um Klimaschutz bemüht oder nicht, muss das Land bei seiner politischen Entscheidung abwägen, ob es die vollständigen Kosten des nationalen Klimaschutzes tragen möchte, obwohl es dadurch nur in geringem Umfang niedrigere Schadenskosten vermeiden kann.

Ein Verzicht auf klimaschutzpolitische Maßnahmen ist die dominante Strategie für Land A, die in jedem der beiden Fälle rational erscheint. Dies gilt für den Großteil aller Länder, so dass eine wirksame internationale Klimapolitik schwer durchsetzbar ist. Ergebnis ist das aus der Spieltheorie bekannte **Gefangenendilemma**. Lösungsansätze wären Strafzahlungen, die die Auszahlungsmatrix verändern, bindende Selbstver-

Tab. 23.4: Auszahlungsmatrix zum öffentlichen Gut Klimaschutz

Klimaschutz als Gefangenendilemma (aus Sicht von Land A)		Rest der Welt	
		Klimaschutz (Vermeidungsstrategie)	**keine Vermeidung**
Land A	**Klimaschutz (Vermeidungsstrategie)**	Kosten: 100 Schaden: 0	Kosten: 100 Schaden: 190
	keine Vermeidung	Kosten: 0 Schaden: 10	Kosten: 0 Schaden: 200

pflichtungen und/oder ein Vertrauensaufbau. Auch der Staat kann als Lösungsinstanz eingreifen, indem er Anreize zu kooperativem Verhalten setzt oder Normen und Gesetze erlässt. Notfalls wird das Kollektivgut mittels Steuererhebung finanziert, so dass die Bereitstellung gesichert ist.

Dieser Sachverhalt gilt jedoch für globale Güter nur bedingt. Umweltprobleme machen nicht an Landesgrenzen Halt. Der Begriff der nationalen öffentlichen Güter wurde daher vom *United Nations Development Program* (UNDP) um jenen der globalen öffentlichen Güter erweitert. Neben den genannten Eigenschaften der Nicht-Rivalität und Nicht-Ausschließbarkeit kommen weitere Kriterien hinzu. Ihr Nutzen erstreckt sich über

- Länder (gemeint sind dabei mehr als eine Gruppe von Staaten),
- Menschen (im Sinne von verschiedenen, vorzugsweise allen Völkergruppen) und
- Generationen.

Diese Definition ist multidimensional und bezieht neben der geographischen eine soziale und zeitliche Dimension in ihre Analyse ein. Das Konzept des globalen öffentlichen Gutes ist somit in der Handhabung schwieriger als jenes des nationalen öffentlichen Gutes. Der Bereich globaler öffentlicher Güter ist in Abb. 23.2 umrandet gekennzeichnet:

- Quadrant 1 beschreibt (nationale) öffentliche Güter, die global jedoch als private Güter gelten, z. B. nationale Programme zur Sicherung der Artenvielfalt, zur Klimaanpassung und zur Armutsbekämpfung.
- Quadrant 2B und 4B verlangen nach einer Harmonisierung der nationalen Politik, um grenzüberschreitende externe Effekte zu internalisieren. Dazu zählen die Generierung positiver externer Effekte und die Korrektur negativer externer Effekte

Globale öffentliche Güter

		Rivalität im Konsum	
		Ja	**Nein**
		Private Güter	**Quasi-private Güter (Klubgüter)**
Ausschließbarkeit	**Ja**	**1**: Private Güter • Nationale Artenvielfalt • Nationale Klimaanpassung • Nationale Bildungsprogramme • Nationale Armutsbekämpfung	**2A**: nicht-rivalisierende Güter, die ausschließend gemacht wurden • kommerziell genutztes Wissen - - - - - - - - **2B**: nicht-rivalisierende Güter, die nicht ausschließend gemacht wurden • Beachtung der Menschenrechte • internationale Handelsabkommen
		Quasi-öffentliche Güter (Allmendegüter)	**Öffentliche Güter**
	Nein	**4A**: Rivalisierende Güter, die zum Teil ausschließend gemacht wurden • exklusive Wirtschaftszonen • Zielvorgaben zur Reduzierung der Emission von Ozongasen - - - - - - - - **4B**: rivalisierende Güter, die nicht ausschließend gemacht wurden • Atmosphäre, Ozeane • Ernährungssicherheit • Gesundheitsvorsorge	**3**: Reine **globale** öffentliche Güter • Klimastabilität • nachhaltige Umwelt • Schutz der Ozonschicht • Sonnenlicht • Frieden, Sicherheit • Entsorgung nuklearer Abfälle • Zugang zu Ressourcen der Weltmeere

Abb. 23.2: Globale öffentliche Güter
Quelle: in Anlehnung an Kaul u.a., 2003

gleichermaßen. Viele dieser Güter – z. B. Ernährungssicherheit und Gesundheitsvorsorge – sind Teil der UN-Milleniums-Entwicklungsziele, die bis 2015 erreicht werden sollen.
- Quadrant 3 beschreibt den Anwendungsfall reiner globaler öffentlicher Güter. Hier besteht das Problem darin, dass ein einzelner Staat keine hinreichend großen Anreize hat, um sich an kooperativen Lösungen zu beteiligen. Gleichzeitig können die Nationalstaaten nicht den gesamten Nutzen für Investitionen in globale öffentliche Güter für sich beanspruchen.

Die Diskussion um die Definition, die Bereitstellung und die Finanzierung globaler öffentlicher Güter (Quadranten 2B, 4B, 3) befindet sich noch am Anfang. Das Beispiel des Klimawandels zeigt, wie schwierig einvernehmliche Lösungsansätze auf internationaler Ebene sind.

Fehlende Handlungsinstanzen auf globaler Ebene

Am deutlichsten unterscheiden sich traditionelle von globalen öffentlichen Gütern in dem Fehlen einer übergeordneten Handlungsinstanz, welche die vom Eigeninteresse geleiteten souveränen Staaten zur Bereitstellung zwingen könnte (vgl. zu den nachfolgenden Ausführungen *Itzenplitz/Seifferth-Schmidt,* 2010). Staaten verfügen über die Handlungskompetenz und die Möglichkeit, Institutionen zur Überwachung zu etablieren, um die Bereitstellung der nationalen öffentlichen Güter sicher zu stellen (z. B. durch Setzen von Anreizen zum energiesparenden Bauen, oder Erlassen von Umweltgesetzen zur Sauberhaltung von Luft und Wasser). Diese Kompetenzen sind auf globaler Ebene nicht oder nur ansatzweise vorhanden. Keine übergeordnete Macht kann souveräne Staaten zwingen, ein Abkommen einzuhalten oder Institutionen beizutreten, die der Bereitstellung globaler öffentlicher Güter wie dem Klimaschutz dienen sollen.

Zwar existieren im Fall des Klimaschutzes supranationale Institutionen wie das IPCC mit dem Ziel Klimaschutzmaßnahmen zu harmonisieren, doch sind diese Organisationen nicht mit legislativen und exekutiven Hoheitsrechten ausgestattet. Freiwillige Verhandlungen mit dem Ziel selbstbindender internationaler Abkommen zwischen den souveränen Staaten stellen demnach häufig den einzigen Lösungsweg dar.

Unklare Kooperationsbereitschaft

Der Kreis der Nutznießer globaler öffentlicher Güter ist im Unterschied zu nationalen öffentlichen Gütern ungleich größer. Der Nutznießerkreis erstreckt sich nicht nur über mehrere Nationen, sondern er differenziert sich auch hinsichtlich seiner sozio-kulturellen Zusammensetzung. Es sind also wesentlich mehr unterschiedliche Interessen zu berücksichtigen. Diese Komplexität erschwert eine Kooperation. Auch ist der Nutzen von Klimaschutzmaßnahmen ungleichmäßig verteilt. Zum einen sind Länder mit einer bestimmten geographischen Lage (z. B. Küstennähe) im Besonderen von Klimawandel betroffen. Zum anderen haben Länder, deren BIP sich zu einem großen Teil aus von Klimawandel gefährdenden Sektoren zusammensetzt, einen höheren Nutzen von Klimaschutzmaßnahmen.

In der Realität sind trotz der schwierigen Ausgangssituation Verhandlungen (z. B. die Klimarahmenkonvention) und Kooperationsverträge (z. B. das Kyoto-Protokoll) zu beobachten. Ein Grund stellt die Regelmäßigkeit des Aufeinandertreffens der Staaten in mehreren Verhandlungsrunden dar. Im Fall der Wiederholung von Verhandlungen steigt die Wahrscheinlichkeit des Kooperierens, wenn sich die Präferenzen annähern. Allerdings sind die Ergebnisse von bestimmten Rahmenbedingungen abhängig und nicht immer vorhersagbar:

- **Heterogenität und Anzahl der Staaten:** Sobald der Nutzen aus einer Vermeidung des Klimawandels asymmetrisch auf die Länder verteilt ist, wird die Bereitschaft zur Kooperation vor allem in den verhältnismäßig stark von Klimawandel betroffenen Regionen (z. B. kleine Inselstaaten im Pazifik bzw. Küstenländer) steigen. Andere Staaten haben dann die Möglichkeit, von deren Verhinderungsmaßnahmen als *free rider* zu profitieren. Das Free-Rider-Problem wird umso wahrscheinlicher, je größer die Anzahl der potentiell kooperierenden Länder ist. Der Eintritt in Koalitionen ist mit hohen individuellen Vermeidungskosten verbunden. Der positive Effekt auf das Klima ist für jeden Einzelnen aber nur marginal zu spüren, da sich der Nettonutzen auf viele Länder verteilt
- **Umweltbewusstsein:** Je stärker Auswirkungen des eigenen Handelns auf die Umwelt von Individuen bedacht werden, umso mehr geraten die Regierungen unter Handlungsdruck. Medien beeinflussen durch ausführliche Berichterstattung die öffentliche Wahrnehmung über die Existenz und das Ausmaß von Klimaänderungen. Der Klimaschutz rückt somit in der Bevölkerung immer mehr in den Vordergrund.
- **Fairness und Transfers:** Kooperationen werden darüber hinaus begünstigt, wenn die Verträge den Akteuren als gerecht und fair erscheinen. Besonders im Fall des Klimaschutzes, in dem die Interessen der Industrieländer mit denen der Entwicklungsländer abgestimmt werden müssen, ist es jedoch schwer, den richtigen Maßstab für diese Fairness zu finden. In diesem Zusammenhang erhalten Transferzahlungen eine große Bedeutung. Der Nutzen der Transfers für das Kooperationsverhalten zeigt sich z. B. am *Clean Development Mechanism*, der im Kyoto-Protokoll als flexibles Instrument eingeführt wurde. Dieser sieht vor, dass Industrieländer Vermeidungsstrategien in Entwicklungsländern finanzieren können und so kostengünstig Klimaschutz implementieren. Als Nebeneffekt werden die Entwicklungsländer ebenso zu kooperativem Verhalten motiviert.

Externe Effekte

Öffentliche Güter sind aufgrund ihrer Charakteristika stets mit externen Effekten behaftet. Die Bereitstellung eines Kollektivgutes durch einen Akteur bewirkt nicht kompensierte Vor- oder Nachteile bei unbeteiligten Dritten. Handeln Individuen rational und nutzenmaximierend, dann werden öffentliche Güter, wenn überhaupt, nur suboptimal bereitgestellt. Sobald das Gut existiert, können alle davon profitieren, ohne etwas für die Bereitstellung zu zahlen. **Trittbrettfahren** ist die dominante Strategie der Akteure im Hinblick auf die Produktion und Finanzierung des öffentlichen Gutes. Eine unmittelbare Folge der beschriebenen Problematik ist, dass weder Unternehmen noch Verbraucher klimafreundliche und energiesparende Güter in der volkswirtschaftlich effizienten Höhe nachfragen.

Auf nationalstaatlicher Ebene hat die Politik verschiedene Instrumente zur Verfügung, die Externalitäten zu internalisieren, d. h. das einzel- und das volkswirtschaftliche Kalkül wieder in Einklang zu bringen. Beispielhaft sei verwiesen auf freiwillige Selbstverpflichtungen, den Handel von Emissionsrechten, Umweltsteuern oder umweltpolitische Gebote und Verbote. Auf transnationaler Ebene ist die Vereinbarkeit solcher Instrumente deutlich schwieriger.

Komplexität des Gegenstandes (Informationsprobleme)

Die Bereitstellung des globalen Klimaschutzes erfordert eine Abschätzung der Kosten weiterer Klimaschädigungen sowie eine Prognose der Nutzen, die durch kooperierendes Verhalten möglich werden. Beispiele für einen indirekten Nutzen des Klimaschutzes sind die Erhaltung der Artenvielfalt und die Vermeidung von Todesfällen aufgrund von Klimakatastrophen. Solche Nutzen sind nur schwer in monetäre Größen zu überführen. Auch die Diskontierung zukünftiger Nutzen aus Klimaschutzmaßnahmen über eine lange Zeitperiode hinweg hat einen bedeutenden Einfluss auf die Entscheidungen in der Gegenwart. Je höher die Regierungen den Nutzen diskontieren, desto höher bewerten sie die Gegenwart gegenüber der Zukunft. Auch Unternehmen und Verbraucher haben häufig eine Zeitpräferenz, die zukünftigen Zuständen eine geringere Bedeutung beimisst. So unterbleiben z. B. Investitionen in energieeffiziente Produktionsstätten, wenn die daraus resultierenden Einzahlungsüberschüsse erst in späteren Jahren anfallen.

Unterschiedliche Interessenlagen

Der internationale Freihandel bewirkt ein weiteres, speziell die Bereitstellung globaler öffentlicher Güter betreffendes Problem. In kooperierenden Staaten, die ihren CO_2-Ausstoß absenken, bewirken die ergriffenen Maßnahmen eine Verteuerung der Produktion CO_2-intensiver Industrien. Für defektierende Länder ergeben sich daraus komparative Kostenvorteile. Hier wird in der Folge mehr CO_2 ausgestoßen, da Industriezweige mit CO_2-intensiver Produktion in diese nicht-kooperativen Länder abwandern können. Zudem reduziert die verringerte Nachfrage der kooperierenden Staaten den Preis für Rohstoffe der klimaschädigenden Produktionsprozesse (z. B. fossile Brennstoffe). Die Nachfrage nach CO_2-intensiven Ressourcen wird somit in den nicht-kooperierenden Staaten weiter angeregt. Das Verhältnis des Anstiegs der Emissionen durch nicht kooperierende Länder zum Rückgang von Emissionen durch kooperierende Länder wird als **Leakage-Rate** bezeichnet.

Ähnlich der Leakage-Rate argumentiert Sinn (2008) in seiner Analyse des **„grünen Paradoxons"**. Die ausgestoßene CO_2-Menge ist abhängig von den Nachfragern dieser Rohstoffe aus „grünen Ländern", in denen alternative Energien genutzt werden, den Nachfragern der anderen Länder und der angebotenen Menge der Förderländer. Speziell die Angebotsseite wird nach Auffassung von Sinn in bisherigen Studien vernachlässigt. Seiner Ansicht nach ist das Angebot CO_2-intensiver Ressourcen nicht elastisch, sondern nahezu unelastisch. Bei geringer Elastizität des Angebots kann jedoch nicht davon ausgegangen werden, dass aus Nachfragereduktionen der grünen Länder auch eine Gesamtreduktion der ausgestoßenen CO_2-Menge folgt.

Ausschlaggebend dafür ist das Verhalten der Anbieter, die unabhängig von der Höhe des Preises eine feste Menge an fossilen Rohstoffen fördern. Würden sie die Förderung heute einschränken, müssten sie ihre Fördermenge in der Zukunft erhöhen, um nicht auf Gewinne verzichten zu müssen. Da sich die Förderländer bewusst sind, dass zukünftig striktere Maßnahmen zur Verhinderung des Klimawandels getroffen werden, die eine Preiserhöhung und folglich einen weltweiten Nachfragerückgang und somit eine Gewinnreduktion der OPEC-Länder bewirken, werden sie daher gegenwärtig so viel wie möglich fördern. Alle Vermeidungsmaßnahmen, die an der gegenwärtigen Nachfrageseite ansetzen, können dann paradoxerweise nicht eine Verbesserung, sondern eine Beschleunigung des Klimawandels bewirken.

Ein sich selbst überlassener Marktmechanismus scheint also nicht in der Lage zu sein, einen effektiven Klimaschutz zu gewährleisten und erfordert nach Auffassung von Kritikern eine grundsätzliche Neuorientierung auch ökonomischer Postulate (Tab. 23.5). Die Kritik an marktwirtschaftlichen Lösungen gilt auch bezogen auf andere globale öffentliche Güter. Diese umfassen neben der Umwelt die Themen Gesundheit (insbesondere der Schutz vor ansteckenden Krankheiten), Welthandelssystem (Weiterentwicklung der Beteiligung von Entwicklungsländern), das globale Finanzsystem (insbesondere seine Stabilität) und Wissen bzw. Wissensverbreitung (vor allem im Hinblick auf Entwicklung).

Tab. 23.5: Problematik des Klimawandels aus ökonomischer Sicht

Problem	mögliche Problemlösung	Hemmnisse
globales öffentliches Gut	Setzen von Anreizen für kooperatives Verhalten, Vertrauensaufbau	fehlende Handlungsinstanzen auf globaler Ebene, fehlende Kooperationsbereitschaft
externe Effekte	Internalisierung durch freiwillige Selbstverpflichtungen oder nicht zwingende Normen, marktwirtschaftliche Instrumente (z. B. Emissionshandel, Steuern)	fehlende Institutionen auf globaler Ebene
Komplexität (Informationsprobleme)	Kommunikation, Aufklärung, Labeling von Gütern (freiwillig, gesetzlich vorgeschrieben)	Zeitpräferenz, kursichtiges Handeln, unterschiedliche Interessen

Schlagwörter		
	• Nachhaltigkeitskonzepte • Klimawandel • öffentliche Güter • externe Effekte	• globale öffentliche Güter • Free-Rider-Problematik

23.1.2 Postulate einer nachhaltigen Ökonomie

Ähnlich wie die traditionelle Volkswirtschaftslehre bezweifelt auch die nachhaltige Ökonomie, dass Marktmechanismen stets für eine optimale Allokation von Gütern sowie für Gleichgewichte sorgen. Der Marktmechanismus führt für viele Güter und Faktoren zu einem gesellschaftlich inakzeptablen Ergebnis oder gar zu einem Marktversagen. Erkennbar sind solche Entwicklungen, neben der Übernutzung natürlicher Ressourcen, an Währungs- und Finanzkrisen, Armut und Verteilungsungerechtigkeit innerhalb wie auch zwischen den Regionen der Welt sowie der unzureichenden Finanzierung öffentlicher Güter. Die Grundpostulate der nachhaltigen Ökonomie sind vielfältig. Sie betreffen zum Teil die Weiterentwicklung und Ergänzung gesamtwirtschaftlicher Ziele, betonen allerdings auch die Notwendigkeit zur Einbeziehung der ökologischen und sozio-kulturellen Dimension (Tab. 23.6; vgl. z. B. *Rogoll, 2009*).

Eine nachhaltige Ökonomie übernimmt teilweise die Ansätze der traditionellen **Umweltökonomie** zur Erklärung des Marktversagens bei den natürlichen Ressourcen (z. B. die Problematik öffentlicher Güter, negative externe Effekte) und die Grundlagen zum Einsatz umweltpolitischer Instrumente. Sie geht jedoch darüber hinaus und kritisiert z. B. die Annahmen der Konsumentensouveränität, das Primat der Ökonomie und das größere Gewicht gegenwärtiger Zustände gegenüber der Zukunft (Diskontierung). Stattdessen wird die Festlegung von Handlungszielen im Sinne von Standards durch die demokratisch legitimierten Entscheidungsträger gefordert. Dazu zählt auch eine umfassende Bereitstellung von Gütern, die positive externe Effekte für die Gesellschaft erbringen (z. B. in den Bereichen Gesundheits- und Altersvorsorge, nachhaltige Nutzung der natürlichen Ressourcen).

Tab. 23.6: Grundpostulate der nachhaltigen Ökonomie

ökonomische Ebene	ökologische Ebene	sozio-kulturelle Ebene
Existenzsicherung, die ein menschenwürdiges Leben und soziale Sicherung bietet (Entwicklung statt Wachstum)	Schutz der Erdatmosphäre	partizipative Demokratie, Rechtsstaatlichkeit
Gewährleistung von Grundbedürfnissen an nachhaltigen Gütern, ökologischer Umbau von Volkswirtschaften (Internalisierung externer Effekte)	gesunde Lebensbedingungen (z. B. Vermeidung von Lärm, Schadstoffen)	soziale Sicherheit, Vermeidung von Armut
Preisniveaustabilität, angemessene Verteilung von Einkommen	nachhaltige Nutzung erneuerbarer Ressourcen	gewaltlose Konfliktlösungen
Entwicklungszusammenarbeit bei hoher Selbstversorgung, Vermeidung von außenwirtschaftlichen Ungleichgewichten	nachhaltige Nutzung nicht-erneuerbarer Ressourcen	Chancengleichheit, soziale Integration
handlungsfähiger Staatshaushalt, ausreichende Versorgung mit kollektiven Gütern	Erhalt der Arten- und Landschaftsvielfalt	Schutz der menschlichen Gesundheit, Lebensqualität

Die traditionelle Ökonomie hat die **natürlichen Ressourcen** in der Vergangenheit lediglich als Inputfaktor betrachtet, obgleich ohne diese weder ein Leben noch ein Wirtschaften auf der Erde möglich ist. Natürliche Ressourcen lassen sich jedoch nicht nur als Produktionsfaktor betrachten. Zu den natürlichen Ressourcen zählen alle Bestandteile der Natur. Sie werden in vier verschiedene Kategorien unterschieden:

1. Nicht erneuerbare Rohstoffe und Primärenergieträger (Kohle, Erdöl und Erdgas). Sie können sich in menschlichen Zeitmaßen nicht regenerieren und sind daher knapp.
2. Erneuerbare Ressourcen, die erschöpfbar sind, wenn ihre Regenerationsrate überschritten wird (z. B. von Menschen genutzten Tiere und Pflanzen).
3. Quasi unerschöpfliche Ressourcen (jedenfalls für menschliche Zeiträume) wie Sonne, Wind, Gezeiten und Erdwärme.
4. Umweltmedien (Boden, Wasser, Luft).

Die natürlichen Ressourcen haben wichtige Funktionen als natürliche Lebensgrundlagen:

- **Senkenfunktion:** Aufnahme nicht erwünschter Koppelprodukte wie Emissionen und Abfälle.
- **Lebensraumfunktion** in Boden, Wasser und Luft.
- **Aufrechterhaltungsfunktion:** Die natürliche Umwelt sorgt für die Aufrechterhaltung des Naturhaushalts (z. B. Klimagleichgewicht und funktionstüchtige Ozonschicht).
- **Reproduktionsfunktion:** Dazu zählen alle ästhetischen und Erholungsfunktionen der Umwelt.

Die Ökonomie erscheint daher aus systemischer Sicht nicht gleichberechtigt neben der Umwelt, sondern ist Teil der Umwelt (Abb. 23.3). Eine nicht-systemische Sicht entspricht aus Sicht ökologisch denkender Ökonomen eher einer Sichtweise, die zwar Interessenkonflikte thematisiert, aber immer noch primär dem Wirtschaftswachstum verpflichtet ist.

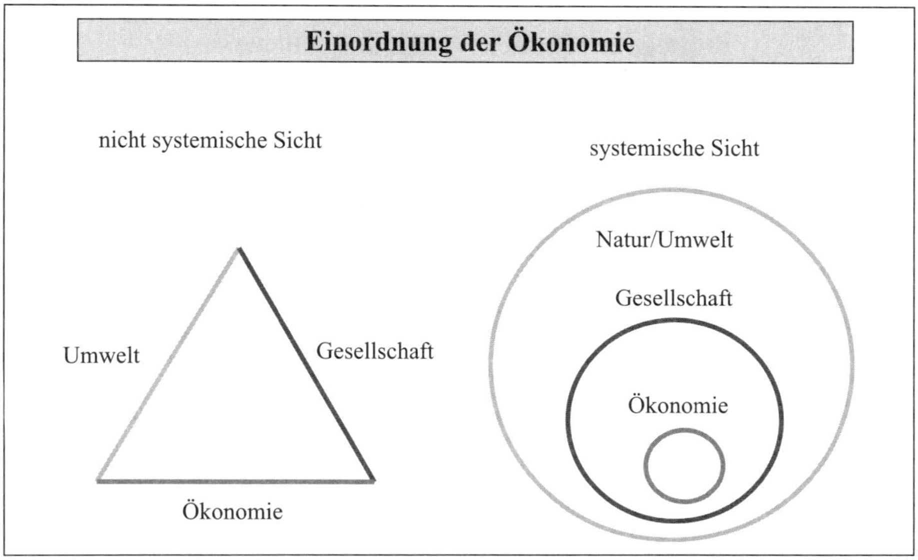

Abb. 23.3: Ökonomie als Teil der Natur/Umwelt

Gefordert wird eine Gleichgewichtsökonomie (*steady-state*), die darauf ausgerichtet ist, eine Ausstattung mit materiellen Gütern zu gewährleisten, die für ein „gutes Leben" ausreichen.

Dies entspricht der Forderung nach einem **selektiven Wachstum**. Durch entsprechende Gestaltung der Rahmenbedingungen (ökologische Leitplanken) wird demokratisch entschieden, was wachsen kann (z. B. Ausbildung) und was schrumpfen soll (z. B. Energie- und Ressourcenverbrauch). Ein selektives Wachstum soll durch Umsetzung der Strategien der Effizienz, Konsistenz und Suffizienz erreicht werden (Abb. 23.4, Tab. 23.7).

Effizienzstrategien setzen eher an der Produktions- und Angebotsseite an. Es geht vorrangig um die Minimierung des Ressourceneinsatzes. Die **Konsistenzstrategie** stellt die Entwicklung nachhaltiger Produktionssysteme, die in Einklang mit der Natur und Umwelt stehen, in den Vordergrund. Die **Suffizienzstrategie** hingegen setzt an der Nachfrage- bzw. Konsumseite an. Es geht primär um Prinzipien der Sparsamkeit und Einfachheit, die Entwicklung oder Wiederentdeckung von Lebensstilen und Konsummustern, die den ökologischen Strukturwandel unterstützen sollen.

Richtschnur für eine nachhaltige Entwicklung sind die **ethischen Grundwerte** der Gerechtigkeit und der Verantwortung für künftige Generationen. Diese Ethik führt zu den Forderungen nach intergenerativer Gerechtigkeit, Einhaltung des Vorsorgeprinzips und eigenen Schutzrechten für die Natur sowie der Stärkung und Weiterentwicklung der Demokratie- und Rechtsstaatsprinzipien. Der Staat hat die Aufgabe, die Freiheitsrechte jedes Menschen gleichgewichtig zu schützen und, wenn nötig, aktiv durchzusetzen.

Eine nachhaltige Ökonomie will sich an der Bewertung und Auswahl zukunftsfähiger Technologien beteiligen. Sie geht davon aus, dass bereits viele umweltfreundliche Technologien existieren, die nun mittels der richtigen politisch-rechtlichen Rahmenbedingungen durchgesetzt werden müssen. Um die Erfolgsbedingungen und Hemmnisse

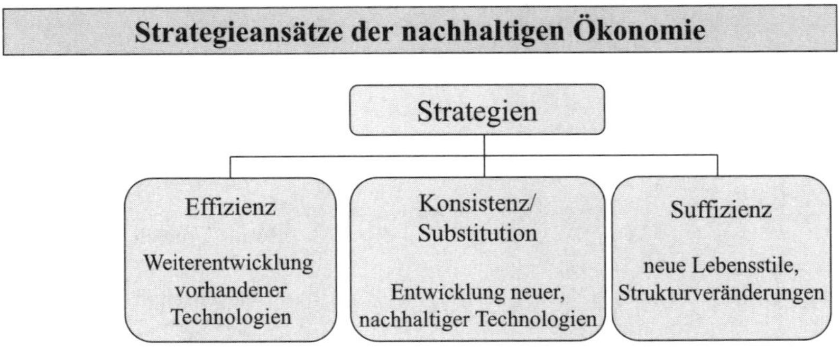

	Effizienz	Konsistenz	Suffizienz
Beispiele für Mobilität	1-Liter-PKW	Umweltverbund, neue Antriebstechnologien	Vermeidung unnötiger Fahrten, Regionalisierung, Entschleunigung
Beispiele für Energie	effiziente Stromerzeugung und Stromnutzung (z. B. im Verkehr)	Wasserkraft, Windkraft, Sonnenenergie, Biomasse	Reduzierung der Wohnfläche, Einschränkung der Nahrungsmittelproduktion, Regionalisierung

Abb. 23.4: Strategien der nachhaltigen Ökonomie

Tab. 23.7: Strategien der nachhaltigen Ökonomie

Dimension	Leitlinie	Erläuterung
Ökonomie	Effizienz	Im Vordergrund steht das Verhältnis von Nutzen zum Aufwand (z. B. Energie-, Ressourceneinsatz), der gebraucht wird. Dieser soll vorrangig durch technische Innovationen verbessert werden.
Ökologie	Konsistenz	Die Qualität der menschlichen Versorgungssysteme soll sich so ändern, dass diese die Natur bzw. Umwelt nicht oder weniger stören (z. B. durch angepasste Technologien).
Soziales	Suffizienz	Es gilt Lebensstile zu entwickeln, die zur Grundkonzeption von Nachhaltigkeit „passen" (z. B. nicht-materielles Verständnis von Lebensqualität).

der Umsetzung geeigneter Instrumente zu überprüfen, werden die unterschiedlichen Interessen der gesellschaftlichen Akteure einer kritischen Analyse unterzogen.

Schlagwörter	• nachhaltige Ökonomie • Effizienz	• Konsistenz • Suffizienz

23.2 Nachhaltige Makroökonomie

Wirtschaftswachstum galt und gilt in makroökonomischen Modellen bzw. Theorieansätzen vielfach als die zentrale Voraussetzung für Wohlstandsvermehrung, Beschäftigungssicherung, die Vermeidung von Verteilungskonflikten und die Finanzierung von sozialen Sicherungssystemen. Gleichzeitig generiert die Produktionsausweitung eine Vielzahl von Umweltbelastungen und kann die natürlichen Grenzen überschreiten. Vor diesem Hintergrund stellen sich folgende Fragen, die von einer nachhaltigen Makroökonomie beantwortet werden müssen:

- Können hochproduktive Volkswirtschaften wie Deutschland auch mit einer längerfristig stagnierenden wirtschaftlichen Produktion oder gar einem Rückgang leben oder gibt es einen Wachstumszwang?
- Welche Rahmenbedingungen müssten verändert werden um in einer Wirtschaft mit niedrigen Wachstumsraten ein gutes Leben für Menschen zu ermöglichen?
- Wie viel an wirtschaftlicher Produktion brauchen wir? Wie können wir sie ökologisch verträglich erzielen und möglichst allen nutzbar machen?
- Welche Barrieren sind zu überwinden, um die notwendigen wirtschaftlichen, sozialen und politischen Anpassungen an veränderte Bedingungen durchzuführen?
- Welche internationalen Regulierungen (z. B. der Güter-, Finanz-, Rohstoffmärkte) sind in einer globalisierten Welt notwendig, um eine weltweit nachhaltige Entwicklung zu unterstützen?

23.2.1 Bausteine

Globale Umweltprobleme (wie z. B. Klimawandel, Verlust der Biodiversität, eingeschränkte Assimilations- und Regenerationsfähigkeit natürlicher Systeme) und sozialpolitische Herausforderungen (wie z. B. Arbeitslosigkeit und Armut) zeigen eindringlich, dass viele Volkswirtschaften vor Veränderungsprozessen stehen, die neue Lösungsansätze erfordern. Für die Umsetzung einer nachhaltigen Entwicklung ist es dabei wichtig, die vielfachen Ursachen und Auswirkungen dieser Problembereiche zu analysieren, um strategische Lösungsmöglichkeiten entwickeln zu können. Auch die Makroökonomie als Wissenschaft von der Funktionsweise von Volkswirtschaften ist dazu gefordert. Es gibt gegenwärtig keine in sich geschlossene nachhaltige Makroökonomie. Gut erkennbar sind jedoch die Bausteine und Themengebiete, mit denen sich eine derartige Disziplin zu befassen hat. Sie lassen sich – aus didaktischen Gründen – in zehn Blöcken zusammenfassen, die in der Realität eng verwoben sind (Abb. 23.5):

1. Wachstum und Entwicklung

Wirtschaftswachstum hat in den letzten Jahrzehnten eine wichtige Rolle für die Steigerung unseres Wohlstands gespielt. In der gegenwärtigen ökonomischen Ordnung ist es häufig die einzige Antwort zur Bewältigung von Arbeitslosigkeit, zur Entschärfung von Verteilungskonflikten, zur Bedienung öffentlicher Schulden und zur Finanzierung der Sozialsysteme. Aber Wirtschaftswachstum löst nicht nur Probleme, sondern kann auch deren Ursache sein. So ist ein wachsendes BIP in vielen Ländern eng an die Ausbeutung knapper natürlicher Ressourcen gebunden. Dies kann irreversible Auswirkungen auf die Umwelt haben, die wirtschaftliche Existenzen gefährden und letztendlich die Lebensgrundlagen beeinträchtigen. Dazu zählen Entwicklungen wie Klimawandel, Verlust der Biodiversität, steigende Nahrungsmittelpreise und Armut. Es stellt sich vor diesem Hintergrund die Frage, wie die Rahmenbedingungen geändert werden müssen, die unsere Wirtschaft und Gesellschaft so wachstumsabhängig macht. Häufig wird als Nachhaltigkeitsformel für die wirtschaftliche Entwicklung gefordert, dass die Steigerung der Ressourcenproduktivität größer sein muss als die Steigerung des wirtschaftlichen Wachstums.

2. Ressourcenverbrauch

Der Ressourcenverbrauch in absoluten Zahlen ist in den letzten Jahrzehnten kontinuierlich angestiegen. Es hat zwar eine relative Entkopplung stattgefunden, d.h. eine Einheit BIP konnte mit weniger Ressourceneinsatz erzeugt werden. Durch die steigende Zahl der Weltbevölkerung und den damit verbundenen Güterverbrauch wurde die gestiegene Ressourceneffizienz aber häufig wieder wettgemacht.

Die Angleichung des Materialverbrauchs großer Schwellen- und Entwicklungsländer an das Niveau der Industriestaaten sorgt für einen neuen rasanten Entwicklungsschub im Ressourcenverbrauch. Gewinnung, Umwandlung und Nutzung von Energie müssen umweltverträglich und wettbewerbsfähig erfolgen, damit umweltverträgliches Wachstum auch in Entwicklungsländern möglich wird.

3. Produktion und Konsum – Ressourcen schonen

Beispielhaft sei in diesem Kontext auf die Bedeutung sauberen Trinkwassers und Biodiversität verwiesen. Die Versorgung mit sauberem und ausreichendem Trinkwasser sicherzustellen, gilt weltweit als eine der größten ökologischen und sozialen Herausforderungen der kommenden Jahre. Bereits heute zeichnen sich die politischen Auswirkungen von Wasserverknappung vor allem in Regionen mit starkem Bevölkerungszuwachs ab. Die Auswirkung von mangelndem Trinkwasser und schlechten hygienischen Bedingungen auf die Lebensbedingungen und Nahrungsmittelversorgung ganzer Regionen ist beträchtlich. Dies behindert die wirtschaftliche Entwicklung, ist häufig eine der Ursachen für politische Instabilität und macht es auch ausländischen Unternehmen schwer, sich dort mit Investitionen zu engagieren.

Pflanzen und Tiere sind nicht nur Futter- und Nahrungsmittel, sondern liefern ebenso Rohstoffe für Arzneimittel und chemische Produkte. Gleichzeitig sind sie Basis für biogene Brennstoffe. Durch die rasanten Entwicklungen gerade im Bereich der Biowissenschaften ergibt sich eine Vielzahl verbesserter Möglichkeiten, das Potenzial der Biodiversität zu nutzen. Die Volkswirtschaft eines Landes, das Ressourcen zur Verfügung stellt, muss an dem wirtschaftlichen Nutzen beteiligt werden.

Der starke Anstieg der Weltbevölkerung, gerade in Ländern mit geringer industrieller Entwicklung und großer Abhängigkeit von landwirtschaftlicher Produktion, ist ein Grund für die rapide Abnahme der Biodiversität. Besonders gravierend ist dies in Regionen der tropischen Regenwälder, in denen die kurz anhaltende Produktivität der Böden und der Einsatz falscher Produktionsmethoden zur Erschließung immer neuer Flächen durch großflächige Abholzung führen. Da aber diese Länder meist den größten Anteil an wirtschaftlich nutzbarem biologischem Potenzial haben, wird deutlich, dass eine nachhaltige wirtschaftliche Entwicklung entscheidend zum Artenschutz beitragen kann.

4. Geld und Finanzsystem

Trotz massivem Gegensteuern hat die Finanzkrise der letzten Jahre dramatische Auswirkungen auf Realwirtschaft, Arbeitsmärkte sowie Entwicklungs- und Schwellenländer gehabt. Verschiedene finanzbezogene Ursachen der Krise sind in der Diskussion: intransparente Finanzinnovationen, mangelnde Regulierung, falsche Anreize oder eine lockere Geldpolitik. Häufig führen spekulative Finanztransaktionen zu „Blasen“, die letztlich platzten und die Frage nach der Nachhaltigkeit einer solchen Wachstumsform nahe legen.

Eine nachhaltige Makroökonomie sieht die Geldpolitik nicht alleine als Politik zur Bekämpfung der Inflation. Sie weist ihr ein breites Aufgabenfeld zu, das neben Stabilisierungsaufgaben z. B. ein Niveau von Renditen und Zinsen anstrebt, das eine nachhaltige Entwicklung ermöglicht und längerfristige Investitionen belohnt. Eine nachhaltige Finanzpolitik könnte konkretisiert werden, wenn mittelfristig zumindest ein ausgeglichenes Staatsbudget oder eine niedrige Verschuldungsquote erreicht wird. Zu berücksichtigen bleiben zudem Aspekte der intra- und intergenerativen Gerechtigkeit.

5. Soziale Gerechtigkeit und Armut

Global betrachtet leben rund 2,5 Mrd. Menschen von weniger als 2 US-$ pro Tag. Trotz teilweiser positiver Entwicklungen in Ländern wie China und Indien wurde 2009 erstmals die Grenze von einer Milliarde Menschen überschritten, die an Hunger leiden. Auch in Europa ist ein nicht unbeträchtlicher Teil der Bevölkerung armutsgefährdet. In den meisten OECD-Ländern hat die (Lohn-)Einkommensungleichheit zwischen 1980 und 2010 zugenommen. Noch drastischer war und ist die Entwicklung der Ungleichverteilung von Vermögen.

„Soziale Gerechtigkeit" ist eine zentrale Kategorie für die Legitimität und Stabilität eines jeden politischen Gemeinwesens. Doch was soziale Gerechtigkeit (sowohl innerhalb eines Landes als auch zwischen Regionen der Welt) genau bedeutet und wie sie am besten zu realisieren ist, wird kontrovers diskutiert. Der Begriff der sozialen Gerechtigkeit ist als zeit- und raumabhängiges Resultat gesellschaftlicher Werthaltungen einem ständigen Bedeutungswandel unterworfen. Beispielhaft sei auf einen **„Gerechtigkeitsindex"** verwiesen, der fünf Zieldimensionen abbildet: Armutsvermeidung, Zugang zu Bildung, Einbeziehung in den Arbeitsmarkt, soziale Kohäsion und Generationengerechtigkeit (*Bertelsmann-Stiftung*, 2011).

6. Regionale Aspekte

Regionale Ökonomien werden immer stärker mit globalen Trends verbunden. Häufig werden die Bedrohungen und weniger die Möglichkeiten in den Vordergrund gerückt, die eine ökonomische Globalisierung in Form offener Märkte mit sich bringt. Das wirft die Frage auf, ob Regionen oder auch Volkswirtschaften überhaupt noch ihre eigenen Entwicklungen steuern können. Gesucht werden deshalb Instrumente, die einerseits das Potenzial offener Märkte nutzen und andererseits nachhaltigen Wohlstand und Lebensqualität für ihre Bewohner sichern können.

7. Lebensqualität und Messung von Wohlstand

Die übliche Messung von Wohlstand und wirtschaftlichem Erfolg beruht im Wesentlichen auf materiellen Größen und auf Durchschnittswerten (z. B. ausgedrückt durch das BIP-pro-Kopf). Verteilungsfragen und über den reinen materiellen Erfolg hinausgehende Aspekte bleiben häufig unberücksichtigt. Zu klären bleibt, wie die Messung des Lebens*standards* auf die Erfassung der Lebens*qualität* ausgedehnt werden kann, wie der Verteilungsaspekt besser erfasst werden kann und welche Alternativindikatoren es zu den BIP-Daten gibt.

8. Arbeit

Unter aktuellen Bedingungen ist häufig ein jährliches Wirtschaftswachstum von zwei Prozent oder mehr notwendig, um in Volkswirtschaften Arbeitsplätze zu sichern bzw. zu schaffen. Selbst wenn ökologische Bedenken ausgeblendet werden, bleibt die Skepsis, ob anhaltend hohe Wachstumsraten in hoch entwickelten Volkswirtschaften und Schwellenländern dauerhaft in der Zukunft erreicht werden können. Notwendig sind Ansätze, die auch bei geringeren Wachstumsraten Wege aus der Arbeitslosigkeit aufzeichnen und den Begriff der „Arbeit" in einem breiteren Sinn als formale Beschäftigung zu diskutieren.

9. Governance

Nachhaltiges Wachstum erfordert neue Wege der Politikgestaltung. Ansätze dazu sind auf nationaler und auch internationaler Ebene vorhanden. Zu klären ist, welche Governance-Praktiken einer nachhaltigen Regulierung der Finanzmärkte, einem effektiven Klima- und Umweltschutz und einer langfristig erfolgreichen Beschäftigungspolitik am besten dienen können und welche Akteure in die spezifischen Governance-Prozesse eingebunden werden sollen.

10. Nachhaltiges Management

Nachhaltiges Wachstum wird insbesondere durch das unternehmerische Verhalten in allen Bereichen der Wirtschaft bestimmt. Lebensqualität in der Arbeitswelt und wirtschaftliche Leistungsfähigkeit mit ökologischer und sozialer Verantwortung müssen gelebte Werte in Unternehmen sein, wenn das Konzept der Nachhaltigkeit umgesetzt werden soll. Sie sind verbunden mit den Begriffen *„responsible business"* bzw. *„corporate social responsibility"* (CSR). Gefordert sind Ansätze eines **sustainable managements**, die z. B. Unternehmenskonzepte, Geschäftsmodelle, Neuorganisation von Wertschöpfungsketten sowie das Zusammenspiel von Lieferanten, Kunden und Mitarbeitern umfasst. Beispielhaft sei verwiesen auf das „econsense Forum Nachhaltige Entwicklung der Deutschen Wirtschaft". Das Leitbild der Nachhaltigkeit wird bei den econsense-Unternehmen in die Unternehmensstrategie integriert. Dies bedeutet, dass in der täglichen Unternehmenspraxis die drei Dimensionen der Nachhaltigkeit in allen Entscheidungs-

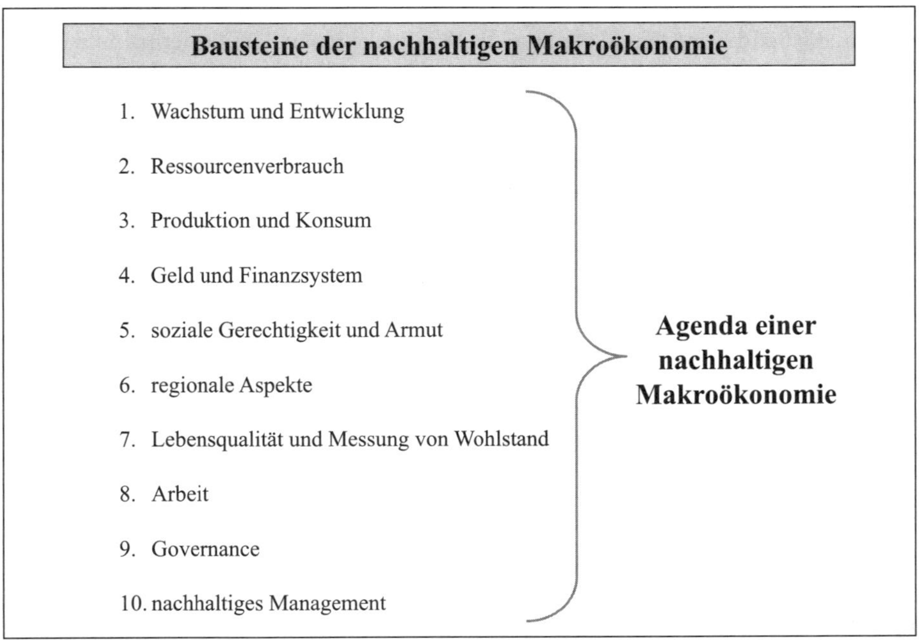

Abb. 23.5: Agenda einer nachhaltigen Makroökonomie

prozessen gegeneinander abgewogen und Zielkonflikte aufgelöst werden. Eine Entwicklung zur Nachhaltigkeit im Unternehmen betrifft im Wesentlichen

- die Gestaltung von Produkten und Produktionsprozessen im Rahmen einer kundenorientierten und verantwortlichen Produktpolitik,
- die Wahrnehmung von Verantwortung in der Gesellschaft, z. B. durch soziales Engagement, Stakeholderdialog oder Berichterstattung,
- die Förderung einer "Kultur der Nachhaltigkeit" innerhalb des Unternehmens.

Schlagwörter	• nachhaltige Makroökonomie	• sustainable management

23.2.2 Kriterien zur makroökonomischen Modellierung einer nachhaltigen Entwicklung

Bisher sind makroökonomische Modelle nur bedingt für die Analyse und Abbildung der nachhaltigen Entwicklung geeignet. Sie integrieren häufig nur Teilaspekte der Nachhaltigkeitskonzeption. Nachfolgend werden einige Kriterien genannt, die bei der makroökonomischen Modellbildung zu berücksichtigen sind (Abb. 23.6).

Berücksichtigung mehrerer Dimension von Nachhaltigkeit

Unter nachhaltiger Entwicklung wird laut Brundtland-Bericht eine Entwicklung verstanden, welche die Bedürfnisse der heutigen Generation befriedigt, ohne jene kommender Generationen zu beeinträchtigen. Die Bedürfnisse werden in diesem Zusammenhang als gleichrangige Einheit von ökologischen, ökonomischen und sozialen Entwicklungsbedingungen verstanden. Diese Dimensionen gilt es in die makroökonomische Modellbildung zu integrieren (Tab. 23.8).

Kriterien der Modellierung einer nachhaltigen Entwicklung

- Berücksichtigung mehrerer Dimensionen der Nachhaltigkeit
- Darstellung von Interdependenzen zwischen den Dimensionen
- Forderung der Entkopplung von Wirtschaftswachstum und Ressourcenverbrauch
- Integration des technischen Wandels
- soziale Wohlfahrt und Indikatoren für Nachhaltigkeit
- Modellierung des Außenhandels und der Globalisierung von Wirtschaftsaktivitäten
- Szenarienanalyse und Instrumente
- empirische Fundierung

Abb. 23.6: Makroökonomische Modellierung einer nachhaltigen Entwicklung

Tab. 23.8: Ausprägungen der Nachhaltigkeit

Dimension	
Generationengerechtigkeit	intragenerativ
	intergenerativ
ökonomische Dimension	Sachkapital, Anlagenkapital
ökologische Dimension	Naturkapital
soziale Dimension	Humankapital, Sozialkapital

Eine solche Konzeption bezogen über den Kapitalbegriff bietet zumindest aus ökonomischer Sicht Vorteile. So ist die Relevanz der Sachkapitalausstattung in fast allen ökonomischen Schulen unumstritten. Auch die Rolle des Humankapitals für die wirtschaftliche Entwicklung wird vom ökonomischen „Mainstream" betont. Aus Vollständigkeitsgründen führen wir auch das Sozialkapital an, das die als „institutionelle Faktoren wirtschaftlichen Handelns" weithin anerkannten Faktoren beinhaltet.

Ebenso ist das Naturkapital, das die Ressourcenbasis und die notwendigen ökologischen Senken repräsentiert, inzwischen in der Diskussion weitgehend verankert. Umstritten ist, ob und inwieweit die einzelnen Kapitalgüter substituierbar sind. Diese Diskussion ist Gegenstand schwacher und starker Nachhaltigkeitskonzepte (vgl. dazu Kapitel 24.2).

Erfassung von Wechselwirkungen zwischen den Dimensionen

Unter Nachhaltigkeitsgesichtspunkten sind ökonomische, ökologische und soziale Systeme zumindest gleichrangig zu bewerten. Sie sind interdependent und können in ihren vielfältigen Interaktionen nicht isoliert voneinander gesehen werden. Ein makroökonomisches Nachhaltigkeitsmodell muss in der Lage sein, ökonomische, ökologische und soziale Wechselwirkungen abzubilden (Abb. 23.7). Literaturstudien und Analysen vorhandener makroökonomischer Modelle zeigen, dass es durchaus Ansätze gibt, diese Wechselwirkungen zu erfassen (vgl. dazu *SERI*, 2010).

Zu klären bleibt die Frage der Messbarkeit der Wechselwirkungen. Wünschenswert wäre die Erfassung z. B. der physischen (mengenmäßigen) Entwicklung der einzelnen Umweltfaktoren als auch die **Zusammenhänge zwischen Umweltnutzung und wirtschaftlicher Leistung**. Diese Beziehung zwischen Bruttoinlandsprodukt und der Menge des jeweiligen Umweltfaktors wird als (Ressourcen-)Produktivität gemessen. Dazu lassen sich Zielwerte für den Ressourceneinsatz einer Ökonomie (*input, throughput*) vorgeben, die entweder als konkrete Reduktionsziele wie Faktor 10 und Faktor 4 oder als Managementregeln gefasst werden können, deren Befolgung zu ähnlichen Reduktionszielen führt. Ein solcher Ansatz ist mit wirtschaftlichen Entwicklungszielen vereinbar, verändert aber die Rahmenbedingungen und ermöglicht strukturelle Verschiebungen hin in Richtung auf einen nachhaltigen Entwicklungspfad.

Daten über das Gesundheitswesen, Bevölkerungsstrukturen, Zeitverwendung, sowie Erziehung und Bildung stellen wichtige Aspekte der **sozialen Dimension** dar, die modellmäßig erfasst werden können.

Eine wesentliche Rolle spielt die soziale Dimension zudem, wenn es um den Wandel der Präferenzen geht, der als wesentliche Voraussetzung für einen nachhaltigen Konsum betrachtet wird. Allerdings erscheint die Abbildung der sozialen Komponenten in einem quantifizierbaren Modellrahmen immer noch deutlich schwieriger als jene der ökologischen Dimension. Ein Grund dafür liegt darin, dass viele soziale Fragestellungen eher qualitativ als quantitativ erfasst werden können (z. B. jene der sozialen Gerechtigkeit). Außerdem sind Kausalbeziehungen zwischen verschiedenen Komponenten „sozialer Befindlichkeit" und jenen aus dem ökonomischen bzw. ökologischen Bereich wegen der Langfristigkeit sozialer Entwicklungen nur schwer zu belegen. Diese Probleme ändern aber nichts daran, dass die soziale Dimension stärker als bisher in umfassende gesamtgesellschaftliche Modelle zu integrieren ist. Ansonsten bleiben die Modelle unvollständig und Politikempfehlungen können zu Fehleinschätzungen führen.

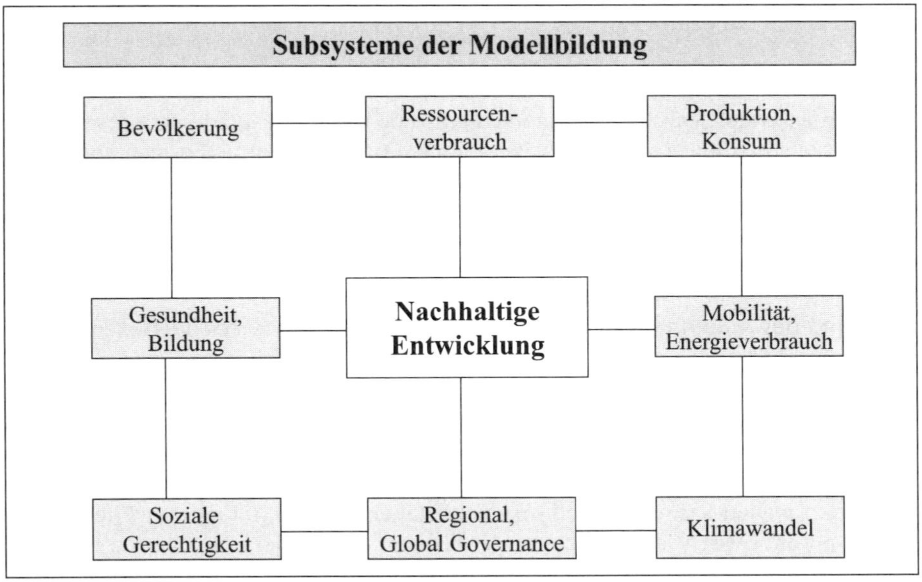

Abb. 23.7: Wechselwirkungen in Modellen zur nachhaltigen Entwicklung

Entkopplung

Um die Ressourcennutzung einer Volkswirtschaft nachhaltig einzudämmen, muss eine Entkopplung des Ressourcenverbrauchs vom Wirtschaftsergebnis erreicht werden. Gelingt diese Entkopplung nicht, zieht dies einen steigenden physischen Durchsatz der Ökonomie nach sich. Zu unterscheiden ist zwischen einer relativen und einer absoluten Entkopplung. Eine relative Entkopplung, die sich in einem mehr oder weniger konstanten Ressourcenverbrauch zeigt, ist von einer kontinuierlichen Steigerung der Ressourcenproduktivität (gemessen als Verhältnis des Bruttoinlandsprodukts zum Materialverbrauch) begleitet. Diese Produktivitätssteigerung muss jedoch keinen absoluten Rückgang des gesamten Materialaufwands bewirken. Der Materialverbrauch pro Einheit des BIP ist z. B. in vielen Volkswirtschaften durch Effizienzsteigerungen in der Produktion und einer Verschiebung vom Produktions- in den Dienstleistungssektor in den letzten Jahren stetig gesunken. Der absolute Ressourcenverbrauch hat jedoch zugenommen, da der Wachstumseffekt die Effizienzerhöhungen überkompensiert hat. Der entscheidende Indikator zur Beurteilung von ökologischen Fortschritten ist somit nicht die Relation von Umweltverbrauch zum BIP, sondern der tatsächliche absolute Verbrauch an Ressourcen. Um eine absolute Abkopplung von Ressourcenverbrauch und Wirtschaftswachstum zu ermöglichen, müssten die Wachstumsraten der Ressourcenproduktivität rascher ansteigen als die des BIP. Notwendig erscheint dazu allerdings eine disaggregierte Betrachtung, die auch strukturelle Verflechtungen wiedergibt.

Technischer Wandel

Technischer Wandel ist ein Schlüsselelement, das über die ökonomischen Kosten der Anpassung in Richtung Nachhaltigkeit entscheidet. Die Verfügbarkeit bzw. die schnellere Diffusion von neuen Technologien erleichtert die Reduktion von Materialströmen und Emissionen und somit die Anpassung an veränderte Umweltbedingungen. Die Integration des technischen Wandels in makroökonomische Modelle ist jedoch bisher nur unzureichend gelungen.

Soziale Wohlfahrt und Nutzenaspekte

Eine umfassende Evaluierung unterschiedlicher Übergangspfade zu nachhaltigen Strukturen setzt Bewertungsmaßstäbe voraus. Dazu sind Betrachtungen von Wohlfahrtseffekten erforderlich, die über die konventionelle makroökonomische Berechnung in der VGR hinausgehen. Dazu bietet sich z. B. der ökologische Fußabdruck oder ein Indikator an, der die menschliche Entwicklung nicht nur an Einkommensgrößen festmacht (z. B. der HDI, vgl. Kapitel 25).

Erfassung des Außenhandels und der Globalisierung von Wirtschaftsaktivitäten

Ein großer Teil der heimischen Produktion und des Binnenkonsums kann auf der Entnahme von Ressourcen und der Produktion von Abfällen im Ausland beruhen. Auch wenn der Ressourcenverbrauch pro Einheit BIP z. B. in Deutschland sinkt, muss dies nicht automatisch zu einer Abnahme des gesamten Ressourcenkonsums führen, da hinter diesem Trend auch ein erhöhter Import von material- und energieintensiven Produkten stehen kann. Sinnvoll erscheint daher die Integration von **Physical-Accounting-Konzepten**, die neben dem eigentlichen Gewicht der importierten Produkte auch deren Ressourcenverbrauch im Laufe ihrer Produktion im Ausland erfassen. Ein weiterer umweltrelevanter Aspekt der stetig wachsenden Außenhandelsströme ist die dahinterliegende Neu-Organisation von Produktionsprozessen (z. B. in Form der *just in time* Produktion), die ein erhebliches Transportaufkommen schafft. Folgen sind gegebenenfalls externe Kosten des Verkehrs, die der Allgemeinheit angelastet werden und die soziale Wohlfahrt negativ beeinträchtigen.

Szenarienanalyse und Instrumente

Quantitative Modellierungen der Nachhaltigkeit sollten auf einer **Szenarienanalyse** aufbauen, da numerische Modelle nur einige Aspekte der Szenarien abbilden können. Andere, vor allem soziale und institutionelle Aspekte bleiben ausgeklammert, so dass durch die Simulationen eine Reihe von Fragen nicht hinreichend beantwortet werden kann. Insoweit muss die Aussagekraft der Modellsimulationen für die Szenarien als Ganzes relativiert werden. Für die Strategieentwicklung sind deswegen auch qualitativ-argumentative Szenarioüberlegungen bedeutend. Mit Hilfe unterschiedlicher Szenarien können mögliche zukünftige Entwicklungspfade abgebildet werden. Bei der Szenarienanalyse wird ein Referenz-Szenario, das eine Entwicklung ohne die zu untersuchenden Maßnahmen darstellt, mit einem oder mehreren Politik-Szenarien, die sich vom Referenzszenario durch die Einführung verschiedener Instrumente und Maßnahmen unterscheiden, verglichen. Szenarien sind jedoch keine genauen Vorhersagen, sondern stellen alternative Bilder dar, die über mögliche Zukunftsentwicklungen

Aufschluss geben können. **Szenario-Analysen** weisen gegenüber Prognosen somit den Vorteil auf, dass sie nicht die Unsicherheit der Zukunft ausblenden wollen.

Wichtig für den Erfolg einer nachhaltigen Entwicklung ist das Zusammenspiel verschiedener Maßnahmen. Es geht um das Anstoßen eines Prozesses, der die wirtschaftliche Entwicklung in die richtige (nachhaltige) Richtung treibt. Entscheidend wird sein, dass z. B. umweltpolitische sowie sozial- und arbeitsmarktpolitische Maßnahmen einander ergänzen, um so Anstöße in Richtung einer umfassenden nachhaltigen Entwicklung zu geben.

Empirische Fundierung

Die Entwicklung adäquater Nachhaltigkeitsmodelle hängt entscheidend von den verfügbaren Daten ab. Bei der Prüfung der Verfügbarkeit und Eignung vorliegender ökologischer, sozialer und ökonomischer Daten zur Modellierung sind vier Bereiche genauer zu untersuchen:

- Bezüglich der Integration von Ökonomie und Ökologie ist zu klären, ob alle benötigten Umwelt- und Wirtschaftsdaten in geeigneter Klassifikation vorliegen und miteinander kompatibel sind.
- Es ist zu prüfen, inwieweit soziale Daten existieren, um die Modellierung der sozialen Nachhaltigkeit und ihrer Wechselwirkungen mit ökonomischen und ökologischen Aspekten zu ermöglichen.
- Notwendig ist eine Darstellung von Wechselwirkungen zwischen Bestands- und Stromgrößen.
- Es ist sicherzustellen, dass hinreichend lange Zeitreihen vorliegen, um dem langfristigen Charakter der Nachhaltigkeit gerecht zu werden.

Schlagwörter	• makroökonomisches Nachhaltigkeitsmodell	• Szenario-Analyse

23.3 Fallbeispiele zu Kapitel 23

Lösungs- und Bearbeitungshinweise sowie alle Abbildungen dieses Kapitels finden Sie unter: www.vahlen.de

Fallbeispiel 23.1: Klimawandel (0)

1) Erläutern Sie, warum der Klimaschutz zentrale Eigenschaften eines öffentlichen Gutes hat. Stellen Sie in diesem Zusammenhang das Gefangenendilemma dar.
2) Was verstehen Sie unter globalen öffentlichen Gütern?

Fallbeispiel 23.2: Postulate der Nachhaltigen Ökonomie (+)

Stellen Sie wichtige Postulate der nachhaltigen Ökonomie dar. Berücksichtigen dabei

- die Rolle des Marktmechanismus,
- die Sichtweise natürlicher Ressourcen,
- die Vorstellung einer Gleichgewichtsökonomie,
- ethische Zielvorstellungen,
- politische Rahmenbedingungen und Akteure.

Fallbeispiel 23.3: Nachhaltige Makroökonomie (+)

1) Welche Anforderungen sind an makroökonomische Nachhaltigkeitsmodelle zu stellen?
2) Welche Bereiche sind bei der Modellierung genauer zu untersuchen?

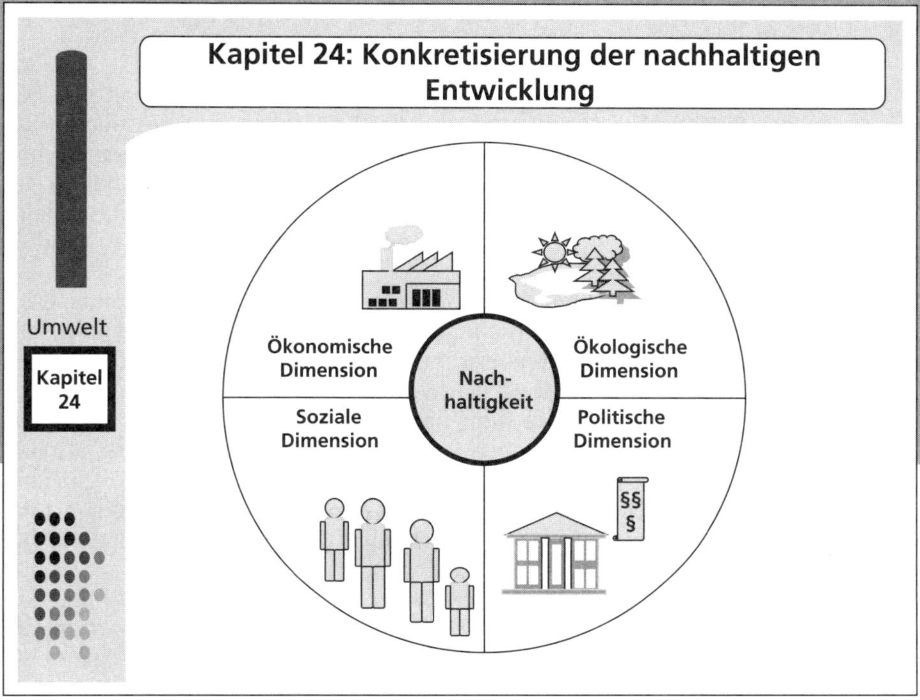

Inhaltsübersicht

Lernzielorientierte Sachverhalte

- Die Ökonomie hat sich in der Vergangenheit bereits intensiv mit den Folgen des Bevölkerungswachstums und der Endlichkeit von Ressourcen beschäftigt. Viele Prognosen vernachlässigen jedoch Faktoren des technischen Fortschritts, Substitutionseffekte zwischen Faktoren, die Preisbildung auf Faktormärkten und auch die Möglichkeiten des selbstbestimmten Handelns von Menschen, die zur Beschränkung des Konsums oder anderen Produktionsmustern führen können.
- Die „traditionellen" Säulen der nachhaltigen Entwicklung (Ökonomie, Ökologie, Soziales) werden häufig um politische, technologische und kulturelle Ebenen sowie auch um einen internationalen Kontext ergänzt. Zu betonen bleibt vor allem die integrative Sichtweise der verschiedenen Dimensionen.
- In der Nachhaltigkeitskonzeption hat die Zukunft, dargestellt durch die Diskontrate, einen großen Stellenwert. Eine zu hohe Zeitpräferenz, also ein zu hoher Wert der Gegenwart gegenüber der Zukunft, widerspricht dem Ziel der Generationengerechtigkeit. Es gilt also bereits in der Gegenwart mit Blick auf zukünftige Generationen ökologisch sowie sozial zu wirtschaften und entsprechend politisch umzusetzen.
- Das Nachhaltigkeitskapital besteht aus der Summe der ökonomischen, ökologischen und sozialen Kapitalstöcke. Diese von der Weltbank vorgenommene Trennung von Vermögensarten führt zu der Frage, ob und inwieweit die Substitution zwischen verschiedenen Vermögensarten überhaupt möglich ist und zulässig sein soll. Ergebnis sind Managementregeln der schwachen bzw. starken Nachhaltigkeit.
- Die schwache Nachhaltigkeit stützt sich auf die Theorie erschöpfbarer Rohstoffe und auf einige in diesem Kontext entwickelte Regeln. Das zugrunde liegende Axiom ist die Maximierung des intergenerationellen Nutzenniveaus bzw. die Verstetigung des intergenerationellen Verbrauchsniveaus pro Kopf der jeweiligen Bevölkerung.
- Das Konzept der starken Nachhaltigkeit basiert unter anderem auf naturwissenschaftlichen Erkenntnissen und geht davon aus, dass sich ökologische Kapitalgüter nur begrenzt durch andere Kapitalgüter substituieren lassen. Die daraus abgeleiteten Managementregeln beziehen sich auf die Bewirtschaftung von erschöpfbaren natürlichen Ressourcen, regenerativen natürlichen Ressourcen und Depositionsleistungen der Umwelt.

24.1 Ausgestaltung

Das „Nachhaltigkeitsproblem" – zunächst verstanden als Problem, das durch übermäßigen Ressourcenverbrauch verursacht wird – ist auch in ökonomischen Ansätzen nicht neu. Beispielhaft sei auf *Malthus* (1798) und *Jevons* (1865) verwiesen.

Malthus kommt in seinen Arbeiten, vereinfacht dargestellt, zu dem Ergebnis, dass das Bevölkerungswachstum geometrisch (1, 2, 4, 8, ...), die Produktion von Lebensmitteln jedoch nur arithmetisch (1, 2, 3, 4, ...) wächst (Abb. 24.1). Es ist nahe liegend, dass ab einem bestimmten Zeitpunkt die Versorgung von Menschen nicht mehr möglich ist. Die Ursache für das Auseinanderklaffen von Angebot und Nachfrage liegt vor allem im Ertragsgesetz begründet. Da der Produktionsfaktor Boden konstant ist, nimmt das Grenzprodukt der Landarbeit mit zunehmender Bevölkerungszahl ab. *Malthus* geht davon aus, dass als Folgen Hungerkatastrophen, Seuchen oder soziale Unruhen auftreten.

Dieses pessimistische Szenario ist nicht eingetreten. Insbesondere die Kapitalintensivierung der Landwirtschaft und der technische Fortschritt sind verantwortlich dafür, dass der Pro-Kopf-Konsum auch bei stetig gewachsener Bevölkerung nicht sinken muss. Im Gegenteil, auch eine wachsende Bevölkerung kann einen konstanten bzw. sogar steigenden Pro-Kopf-Konsum aufweisen, wenn die Kapitalakkumulation und der technische Fortschritt die abnehmende Grenzproduktivität des Bodens kompensieren können. Der Faktor „Boden" lässt sich also durch andere Produktionsfaktoren (hier: Kapital, technischer Fortschritt) substituieren. Die tatsächliche Entwicklung scheint **Malthus** in der Tat zu widerlegen. Zur Zeit *Malthus* betrug die Weltbevölkerung etwa 1 Mrd. Menschen, heute sind es ca. 7 Mrd. Im Jahr 1900 konnte ein Bauer etwa drei Menschen ernähren. Im Jahr 1950 waren es bereits zehn Menschen und heute sind es dank „grüner Revolution" rund einhundertfünfzig Menschen. Global betrachtet, bestehen allerdings in der Ernährung große Diskrepanzen zwischen Volkswirtschaften.

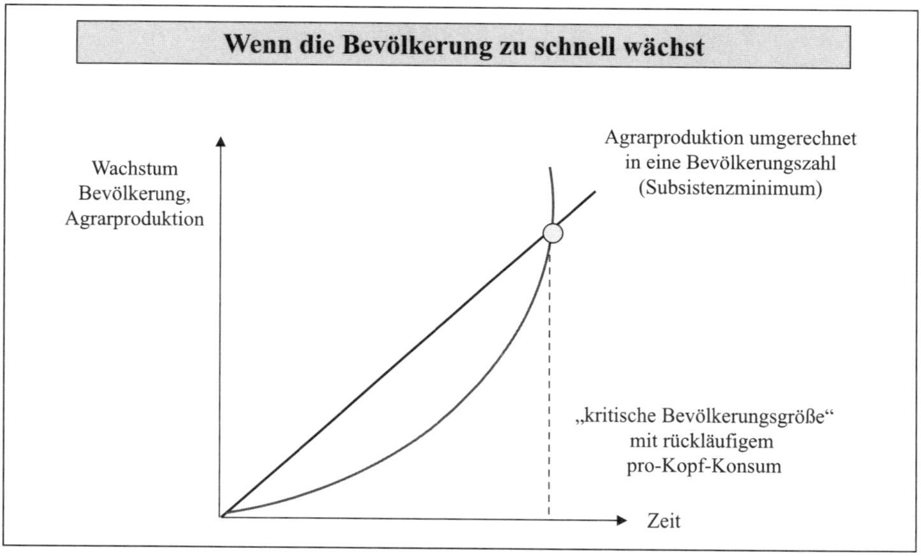

Abb. 24.1: Bevölkerungsentwicklung und „Gesetz von Malthus"

Jevons stellte in seinem Buch „*The Coal Question*" am Beispiel der Kohle zum ersten Mal die Frage nach der Nachhaltigkeit einer ständig wachsenden Nutzung von Energieträgern. Das **Jevons-Paradoxon** beschreibt die Beobachtung, dass der technologische Fortschritt, der die effizientere Nutzung eines Rohstoffs erlaubt, nicht zu einer Senkung, sondern zu einer verstärkten Nutzung dieses Rohstoffs (hier Kohle) führt. So benötigte die Dampfmaschine von *James Watt* im Vergleich zu den Vorgängertechnologien viel weniger Kohle und konnte damit kostengünstiger produzieren. In der Folge stieg Englands Verbrauch an Kohle jedoch drastisch an. Aus ökonomischer Sicht ist dieses Paradoxon gut erklärbar. Durch die Kostensenkung konnten sich deutlich mehr Unternehmen den Betrieb einer Dampfmaschine leisten. Der verminderte Einsatz von Kohle zum Betrieb der Dampfmaschine machte diese zu einer bezahlbaren Ressource und führte zur raschen Verbreitung der Technologie. Diese Verbreitung führte zu einem Umkehreffekt in der Nutzung einer eigentlich energiesparenden Technologie. Es wurde nicht weniger, sondern mehr Kohle benötigt. Die britischen Kohleminen mussten ihre Förderkapazitäten erhöhen, um die steigende Nachfrage befriedigen zu können.

Dieser Effekt wird heute als **Rebound-Effekt** diskutiert und lässt sich bei vielen Gütern beobachten.

Einflussfaktoren der produktbezogenen Energienachfrage sind u. a. die Preiselastizität der Nachfrage und der Sättigungsgrad. Beispielhaft sei auf den Markt für Klimaanlagen verwiesen (Abb. 24.2). Eine technische Effizienzsteigerung führt zwar zu einer Reduktion der Energiekosten für den Betrieb von Klimaanlagen (E-Effekt), in der Folge jedoch auch zu einer (eventuell überproportionalen) Ausweitung der Nachfrage (N-Effekt) nach Klimaanlagen, so dass insgesamt der Energieverbrauch steigt (vgl. *Bruckner, 2008*).

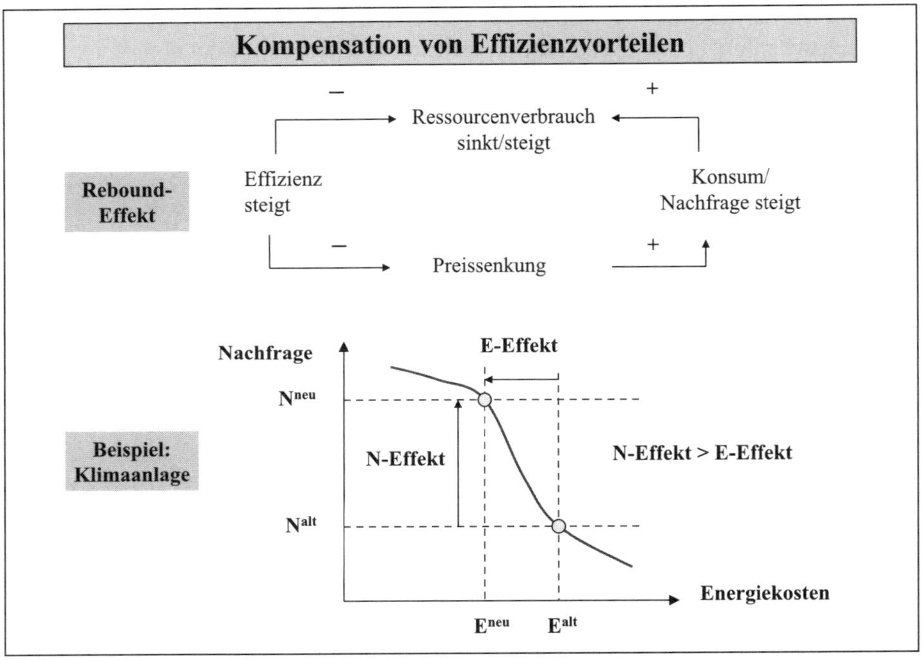

Abb. 24.2: Jevons-Paradoxon und Rebound-Effekt

Das Jevons-Paradoxon gilt als Vorläufer der heutigen Debatte um mögliche globale Auswirkungen des Fördermaximums von erschöpfbaren Ressourcen. Nach seiner Auffassung sollte die Preissenkung und zunehmende Nutzung des Energieträgers Kohle zu einem rapiden Rückgang der Kohlevorräte führen. Auch diese These hat sich nicht erfüllt. Nach Berechnungen reichen die Kohlevorräte bei heutigen Verbrauchsraten noch für mindestens 200 Jahre. Kohle ist trotz neu entdeckter Vorkommen in vielen Volkswirtschaften kein essentieller Energieträger mehr. Technologischer Fortschritt, erhöhte Effizienz in der Energienutzung und die Substitution von Kohle z. B. durch regenerative Energieträger zeigen, dass statische Berechnungen zur Reichweite von Ressourcenvorräten nicht immer zutreffen. Dieser Einwand wird auch gegenüber ähnlichen Prognosen des Berichts *„Limits to Growth"* an den Club of Rome erhoben. So kamen *Meadows et. al.* (1972) zu dem Schluss, dass z. B. die Rohstoffvorräte für die Aluminiumproduktion nur noch 31 Jahre reichen würden. Damit wären diese Vorräte bereits im Jahr 2003 erschöpft gewesen. Auch bezogen auf Erdöl und Erdgas zeigt die tatsächliche Entwicklung, dass die Möglichkeiten der Wissenschaft und des technologischen Fortschritts bei Berechnungen auf Basis vorhandener Reserven nicht genügend berücksichtigt wurden. Die These, dass die Endlichkeit der Ressourcenbestände immer weiter steigende Rohstoffpreise nach sich zieht, lässt sich nicht in allen Fällen bestätigen. Häufig sind zwar in der Tat nominale Preissteigerungen zu beobachten. Entscheidend sind jedoch nicht die nominalen, sondern die relativen Preisverhältnisse zwischen den Produktionsfaktoren. Vor allem im Vergleich zum Faktor Arbeit sind die Preise vieler Rohstoffe in der Vergangenheit nicht gestiegen, sondern gefallen. Viele Prognosen zur Endlichkeit von Ressourcen vernachlässigen also offensichtlich Faktoren des technischen Fortschritts, Substitutionseffekte zwischen Faktoren, die Preisbildung auf Faktormärkten und auch die Möglichkeiten des selbstbestimmten Handelns von Menschen, die zur Beschränkung des Konsums oder anderen Produktionsbedingungen führen können.

Schlagwörter	• Bevölkerungswachstum • Gesetz von Malthus	• Jevons-Paradoxon • Rebound-Effekt

24.1.1 Dimensionen

Die Arbeiten von *Malthus*, *Jevons* und *Meadows* – um nur einige Autoren zu nennen – haben zu einem Perspektivenwechsel beigetragen, der im Konzept der nachhaltigen Entwicklung seinen wichtigsten Vertreter findet. Als Ursprung des Nachhaltigkeitsbegriffs findet sich häufig die 1713 verfasste Abhandlung *„Sylvicultura oeconomica"* (von *Carlowitz*), die in einer Zeit extrem rückläufiger Waldbestände eine nachhaltige Bewirtschaftungsweise des Waldes fordert, die auf dauerhaften Holzertrag abzielt:

„Man soll keine alte Kleider wegwerffen / bis man neue hat / also soll man den Vorrath an ausgewachsenen Holtz nicht eher abtreiben / bis man siehet / dass dagegen gnugsamer Wiederwachs vorhanden."

Im 19. Jahrhundert wurde der Begriff des nachhaltigen Ertrages in die englischsprachige Literatur übernommen (*sustainable yield*). Dazu wurde das Konzept um ökologische und ästhetische Funktionen des Waldes erweitert.

In der Folge wurde der Begriff **Nachhaltigkeit** auf verschiedene Themengebiete ausgeweitet und durch die Brundtland-Kommission (*World Commission on Environment and Development, WCED, 1987, S. 43*) wie folgt beschrieben:

„Sustainable development is development that meets the needs of the present without compromising the ability of future generations to meet their own needs."

Aus dieser Begriffsdefinition lassen sich mehrere Aspekte ableiten:

- Dauerhaftigkeit meint ein langfristiges Entwicklungskonzept. Zu berücksichtigen ist in diesem Kontext, dass sich Präferenzen der Menschen im Zeitablauf ändern können.
- Bedürfnisse (*needs*) sind aus Sicht der Brundtland-Kommission vor allem Grundbedürfnisse, die das Existenzminimum beschreiben (Nahrung, Kleidung, Wohnung, Arbeit). Allerdings sind die Bedürfnisse kulturell verschieden und erfordern die Entwicklung von Vorstellungen, die mit einer nachhaltigen Entwicklung vereinbar sind.
- Angesprochen wird das Verhältnis von intra- und intergenerativer Gerechtigkeit. Es wird ein Ausgleich sowohl innerhalb der gegenwärtigen Generation wie auch zwischen dem Wohlergehen der heutigen Generation und den zukünftigen Generationen gesucht. Dieser Ausgleich bezieht sich auf *„needs"* (Bedürfnisse) nicht auf *„wants"* (Wünsche/Ansprüche). Den zukünftigen Generationen wird eine Eigenverantwortung zugesprochen (*„ability to meet"*).

Aus diesem Begriffsverständnis wurde in den letzten Jahrzehnten ein durchaus globales Politikziel zur Trendwende im Ressourcenverbrauch, der Umweltnutzung, den Produktionsmustern der weltweiten Arbeitsteilung sowie im Konsumverhalten abgeleitet. Die einzelnen **Ziele dieser Konzeption** sind

- eine Befriedigung von Grundbedürfnissen der Gegenwart,
- das Erreichen eines Wohlstandsniveaus jenseits nur materieller Werte,
- ein sozialer Ausgleich und die Schaffung gleicher Entwicklungsmöglichkeiten auch im internationalen Kontext,
- die Sicherung und Bewahrung natürlicher Lebensbedingungen für zukünftige Generationen.

Aus diesen Zielen sind drei **Dimensionen** ableitbar, die die engere Konzeption der Nachhaltigkeit bilden:

- Die **ökonomische Nachhaltigkeit** stellt die Forderung auf, die Wirtschaft so zu organisieren, dass sie dauerhaft eine tragfähige Grundlage für Wohlstand und Beschäftigung bietet. Von besonderer Bedeutung ist der Schutz wirtschaftlicher Ressourcen vor Ausbeutung.
- Die **ökologische Nachhaltigkeit** umschreibt das primäre Ziel, Natur und Umwelt für die nachfolgenden Generationen zu erhalten. Dieses Ziel umfasst vor allem den Erhalt der Artenvielfalt, die Pflege von Landschaftsräumen in ihrer ursprünglichen Gestalt und den schonenden Umgang mit der natürlichen Umgebung.
- Die **soziale Nachhaltigkeit** fordert vor allem die Sicherung der Grundbedürfnisse, die Armutsbekämpfung, Chancengleichheit und gerechten Zugang zu Ressourcen. In einer weiten Betrachtung sind auch Menschenrechte, Arbeitsrechte und eine verantwortungsvolle Unternehmensführung einbezogen.

Das traditionelle Modell der Nachhaltigkeit verlangt von den Akteuren die wechselseitige Akzeptanz der jeweiligen Interessen. Dadurch rücken politisch-institutionelle Verfahren in den Vordergrund, die einen konsensorientierten und möglichst partizipativen Ausgleich der divergierenden Interessen ermöglichen. Die traditionellen Säulen der nachhaltigen Entwicklung werden daher um die Ebene der politischen Umsetzung ergänzt (Abb. 24.3).

Das Konzept der Nachhaltigkeit wird häufig kritisiert, da es nur schwer operationalisierbar erscheint. Kritiker bemängeln, dass ein „Wunschzetteldenken" vorherrscht, in das jeder Akteur seine Anliegen einträgt. Ergebnis ist eine Komplexität, die die Akteure und auch das arbeitsteilige politische System in der Umsetzung überfordert. In der Tat ist diese Kritik nicht unberechtigt. So lässt sich z. B. der nachhaltige Konsum definieren als *„der Ver- bzw. Gebrauch von Gütern, der die Bedürfnisse der Konsumenten erfüllt, Umwelt und Ressourcen schont und sowohl sozialverträglich als auch ökonomisch tragfähig ist."* In dieser Form weist der nachhaltige Konsum einen hohen Abstraktionsgrad auf. Heruntergebrochen zeigt sich, dass viele Handlungsfelder angesprochen werden (Abb. 24.4). Viele Konsumenten fühlen sich überfordert. Eine Vielzahl von Organisationen gibt daher Hilfestellung bei der Entscheidung für den Konsum nachhaltiger Güter.

Zu betonen bleibt vor allem die integrative Sichtweise der verschiedenen Dimensionen. Sie stehen nicht isoliert nebeneinander, sondern sind miteinander verzahnt. Beispielsweise ist die Sicherung der Biodiversität zwar ein vorrangig ökologisches Thema, allerdings spielen auch hier Konsum- und Produktionsmuster, rechtliche Rahmenbedingungen und gesellschaftliche Wertvorstellungen eine wichtige Rolle.

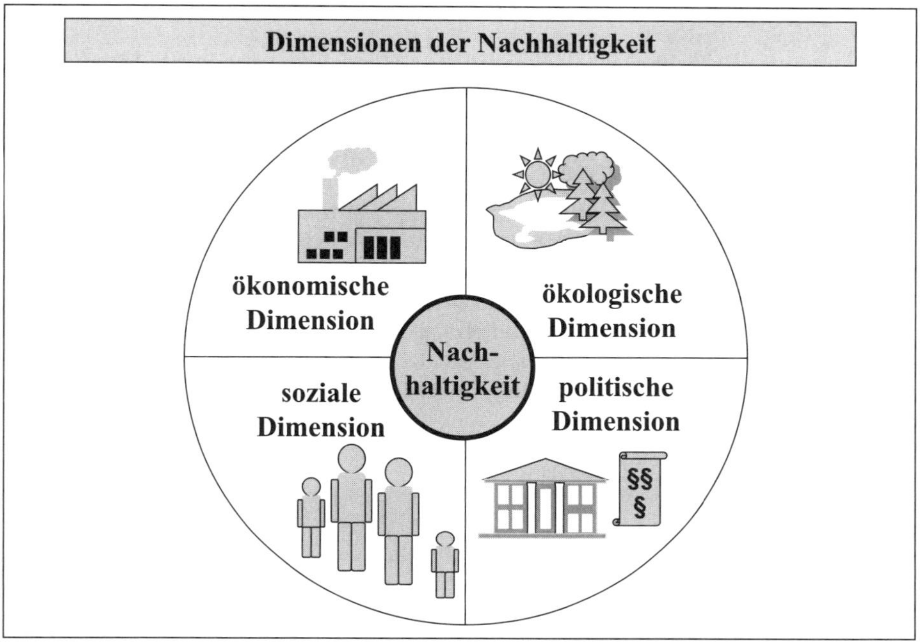

Abb. 24.3: Dimensionen der Nachhaltigkeit

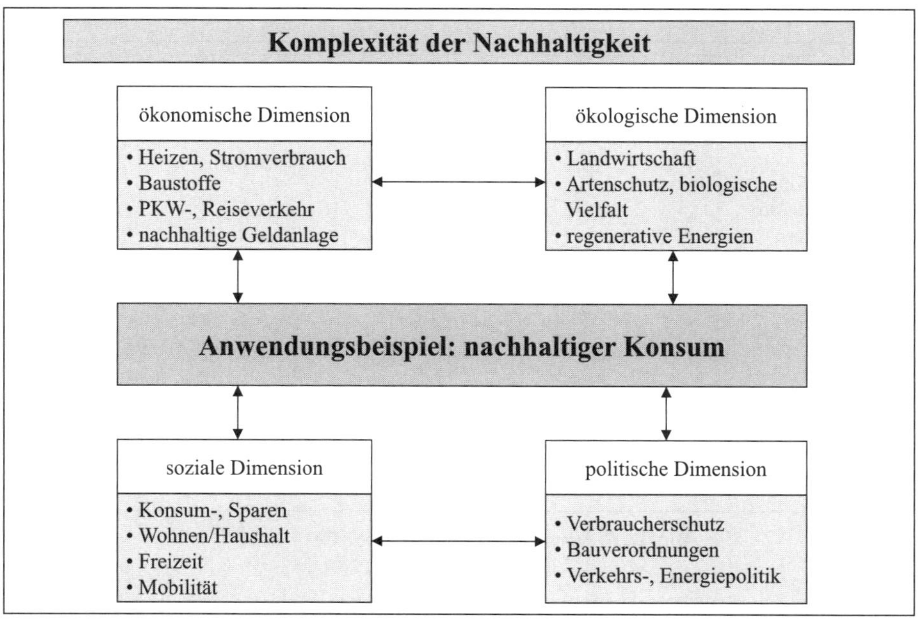

Abb. 24.4: Integrative Sicht von Nachhaltigkeit am Beispiel des Konsums

Schlagwörter	• Nachhaltigkeit • ökonomische, ökologische und soziale Nachhaltigkeit	• Dimensionen der Nachhaltigkeit • integrative Sicht von Nachhaltigkeit

24.1.2 Zeitpfade

Aus ökonomischer Sicht dient wirtschaftliches Handeln, das heißt das Handeln mit knappen Mitteln, der Befriedigung von menschlichen Bedürfnissen. Durch den Konsum von materiellen und immateriellen Gütern werden ein bestimmtes Maß an individueller, subjektiv empfundener Bedürfnisbefriedigung und ein bestimmter Nutzen erreicht. Nutzen ist nicht kardinal messbar, kann aber in eine ordinale Reihenfolge gebracht werden. Aus gesellschaftlicher Sicht müssen individuelle Nutzen anschließend zu einer intertemporalen gesellschaftlichen Wohlfahrtsfunktion zusammengefasst und unter bestimmten Nebenbedingungen maximiert werden. Wenn wir annehmen, dass eine solche Vorgehensweise grundsätzlich möglich ist, können wir verschiedene **Entwicklungspfade über Generationen** betrachten. Wir unterstellen dabei aus Vereinfachungsgründen lineare und keine exponentiellen Entwicklungspfade, da letztere in der Regel nicht mit einer nachhaltigen Entwicklung vereinbar erscheinen (Abb. 24.5).

Ein oft verwendetes Konzept beschreibt im Kontext der nachhaltigen Entwicklung einen nicht-abnehmenden Nutzen (U) über die Zeit, z. B. gemessen als Konsum Pro-Kopf:

- Entwicklung U(1), die z. B. durch eine Übernutzung von Umweltressourcen ausgelöst wird, erscheint nicht nachhaltig.
- Entwicklungspfad U(2) erscheint ebenfalls nicht nachhaltig, da es einen Zeitraum gibt, in der der gesellschaftliche Nutzen rückläufig ist und anschließend stagniert. In einer längerfristigen Betrachtung hingegen ist der Nutzen aber gestiegen.
- Entwicklungspfad U(3) erscheint langfristig den höchsten Nutzen zu stiften. Fraglich ist aber, ob und wie die Interessen zukünftiger Generationen in die Gegenwart eingebracht werden können.

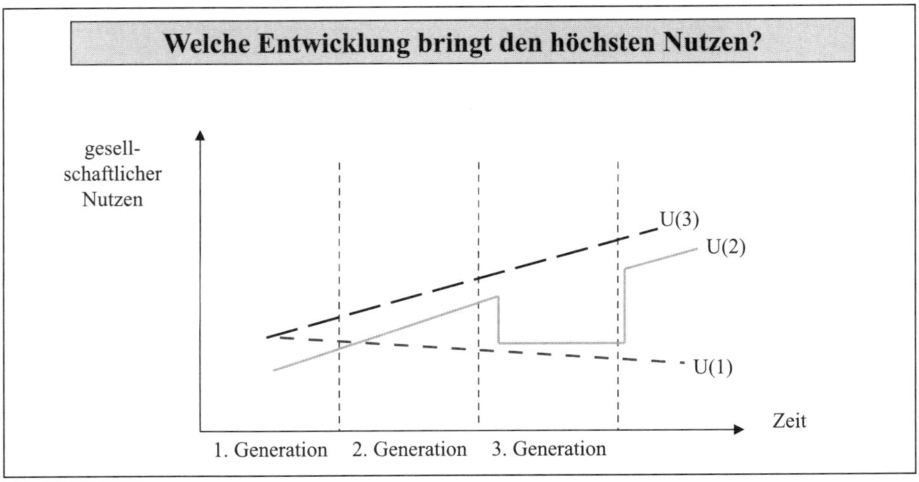

Abb. 24.5: Entwicklungspfade einer Gesellschaft

Welcher der Entwicklungspfade vorzuziehen ist, hängt von der **Summe der diskontierten Nutzen** über die Zeit, d.h. der Fläche unter dem jeweiligen Pfad ab. Maßgeblich sind damit vor allem der Zeithorizont der Betrachtung und die Diskontrate, mit der zukünftige Nutzen abgezinst wird. Eine Situation gilt aus ökonomischer Sicht als vorteilhaft, wenn der abdiskontierte Gegenwartswert positiv ist (Tab. 24.1).

Tab. 24.1: Gegenwartswert von Kosten und Nutzen in der Zeit

	t_0	t_1	t_2	t_3	Σ
Kosten (–)	–1.000				
Nutzen (+)		200	300	700	
Gegenwartswert: Zins von 5 %	–1.000	$200/1{,}05^1$	$300/1{,}05^2$	$700/1{,}05^3$	**67,3**
Gegenwartswert: Zins von 10 %	–1.000	$200/1{,}1^1$	$300/1{,}1^2$	$700/1{,}1^3$	**–44,3**

Je nach Diskontrate kann sich ein Entwicklungspfad gegenwärtig als optimal herausstellen, der jedoch aus intergenerativer Sicht zur Überlastung der Umwelt und zu einer Benachteiligung zukünftiger Generationen führt. Dieses Beispiel zeigt, dass die Zukunft in der Nachhaltigkeitskonzeption einen großen Stellenwert einnimmt. Eine zu hohe **Zeitpräferenz**, also ein zu hoher Wert der Gegenwart gegenüber der Zukunft, widerspricht dem Ziel der Generationengerechtigkeit. Nachhaltiges Wirtschaften macht es bereits in der Gegenwart erforderlich, dass ökologische und soziale Aspekte in ökonomische Konzepte einbezogen werden. Ausgangspunkt kann eine erweiterte Betrachtung von Kapitalgütern sein. Unterschieden werden der **natürliche Kapitalstock** (ökologisches System), **der ökonomische Kapitalstock** sowie das **soziale Kapital** einer Gesellschaft (Abb. 24.6). Das Nachhaltigkeitskapital besteht aus der Summe der Kapitalstöcke. Diese Trennung von Vermögensarten führt zu den Fragen

- ob und inwieweit die Substitution zwischen verschiedenen Vermögensarten überhaupt möglich ist und zulässig sein soll,
- wie die einzelnen Vermögensarten zu bewerten sind.

In diesem Kontext finden sich die Konzepte der schwachen und starken Nachhaltigkeit. Das **Konzept der schwachen Nachhaltigkeit** geht davon aus, dass die Summe aller

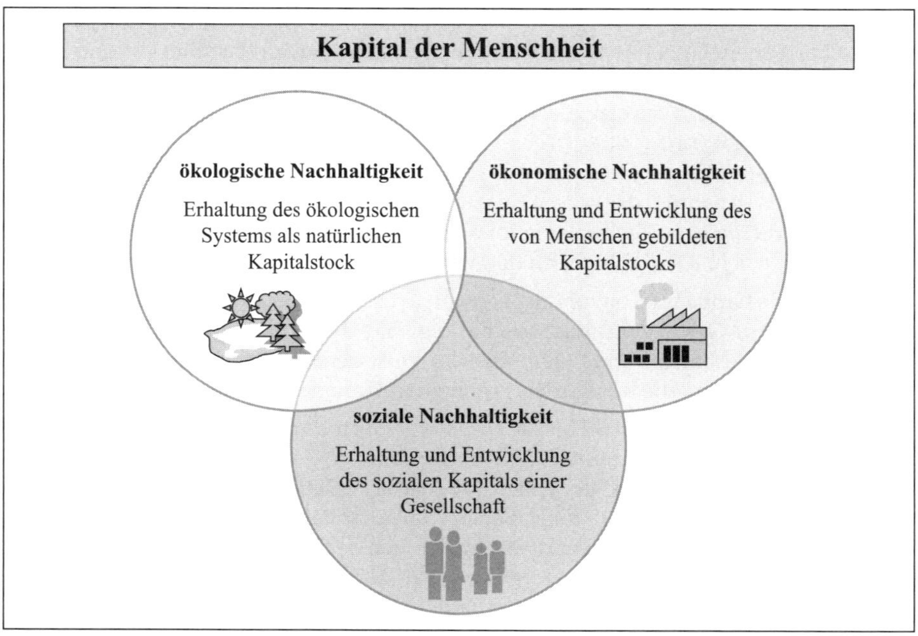

Abb. 24.6: Kapitalgüter und Nachhaltigkeit

Vermögensarten im Zeitverlauf nicht abnehmen soll. Eine Substitution zwischen Vermögensarten ist zulässig und kann vorgenommen werden (Tab. 24.2).

Tab. 24.2: Substitutionsmöglichkeiten im Konzept schwacher Nachhaltigkeit

Kapital	**Reproduzierbar**	**Austauschbar**
Sachkapital	ja	ja
soziales Kapital (Humankapital)	ja	ja
Naturkapital	nein	ja, partiell
Gesamtkapitalbestand konstant		
Entschädigung zukünftiger Generationen für Schäden möglich		
Diskontierung zukünftiger Ereignisse zur Ermittlung von Kosten und Nutzen		

So kann z. B. das Erdöl als Bestandteil des Naturkapitals aufgebraucht werden, wenn es durch technologischen Fortschritt ersetzt werden kann (z. B. Entwicklung neuer Technologien zur Nutzung der Sonnenenergie). Im Konzept schwacher Nachhaltigkeit wird ferner angenommen, dass es in der Regel möglich ist, nachteilig betroffene Personen oder Generationen zu entschädigen. Diese Kompensationsmöglichkeit spielt u. a. in der Kosten-Nutzen-Analyse eine zentrale Rolle. Welchen Wert zukünftige Kosten und Nutzen in der Gegenwart haben, hängt von der Wahl der Diskontrate ab. Probleme der Diskontierungstechnik entstehen somit zwangsläufig dann, wenn sich Kosten, z. B. der Naturzerstörung, nicht oder nur schwer messen lassen. Sie werden dann nur unvollständig in Nutzenkalküle einbezogen und im Zweifel vollständig ausgeblendet. Wie soll z. B. der Verlust an Artenvielfalt bewertet werden?

Die verschiedenen Kapitalbestände der Gesellschaft werden in der schwachen Nachhaltigkeitskonzeption sozusagen unter einer Portfolio-Perspektive betrachtet. Dabei ist das Naturkapital im Portfolio der Gesellschaft nur eine von mehreren Positionen, die zum menschlichen Wohlergehen beitragen. Im Hinblick auf die Maximierung des gesellschaftlichen Nutzens ist es zulässig, Verschiebungen im Portfolio vorzunehmen. Die Konzeption unterstellt einen gewissen Optimismus in der Substitutionsmöglichkeit der Kapitalbestände. Vertreter dieser Konzeption vertrauen im Wesentlichen auf die Funktionsfähigkeit von marktwirtschaftlichen Mechanismen. Steigen die Preise als Folge der Verknappung einer Ressource beginnt ein Suchprozess nach Substituten. Grundlegend ist die Annahme, dass diese Suche in der Regel erfolgreich sein wird. Ist dies der Fall, wird eine neue Technologie im Zeitablauf konkurrenzfähig, setzt sich durch und verbreitet sich. Knappheit kann demnach zumindest dauerhaft nicht auftreten.

Entscheidende Größe im Konzept der schwachen Nachhaltigkeit ist die Substitutionselastizität. Diese Größe zeigt das Ausmaß der Substitutionsmöglichkeit von Natur- durch reproduzierbares Kapital. Je höher der Wert der **Substitutionselastizität** (σ) ist, umso leichter können die Kategorien gegeneinander ausgetauscht werden (Tab. 24.3).

Eine vollkommene Substituierbarkeit von Natur- durch reproduzierbares Kapital erscheint nahezu unmöglich. Entscheidend ist daher die Messung der Substitutionselastizität der unterschiedlichen Arten von Naturkapitalbeständen. Dabei ist davon auszugehen, dass sich kleinere Einbußen an Naturkapital leichter substituieren lassen als komplette und irreversible Verluste. Hinsichtlich der intergenerativen Gerechtigkeit wird unterstellt, dass zukünftige „Verlierer“ an Naturkapital z. B. durch verbesserte Produktion von Gütern sozusagen entschädigt werden können.

Tab. 24.3: Substitutionselastizität von Naturkapital und reproduzierbarem Kapital

Substitutionselastizität	Implikationen
$\sigma > 1$	Die natürliche Ressource kann gut substituiert werden.
$\sigma = 1$	Die natürlichen Ressourcen können substituiert werden. Alle Produktionsfaktoren sind jedoch notwendig für die Produktion.
$0 < \sigma < 1$	Die natürlichen Ressourcen können schlecht substituiert werden.
$\sigma = 0$	Natur- und reproduzierbares Kapital stellen perfekte Komplemente dar und können nicht substituiert werden.

Damit wird implizit unterstellt, dass zukünftige Generationen mit einer solchen Kompensation einverstanden sind, auch wenn über ihre Präferenzen nur Annahmen getroffen werden können.

Das **Konzept der starken Nachhaltigkeit** geht davon aus, dass keine einzelnen Vermögensarten im Zeitverlauf abnehmen sollen (Tab. 24.4). Vor allem aus Sicht der intergenerativen Gerechtigkeit wird gefordert, dass die Bestände der verschiedenen Kapitalgüter unabhängig voneinander in biologischen bzw. physikalischen Maßstäben erhalten bleiben. Mehrere Begründungen lassen sich anführen:

- Die drei „klassischen" Dimensionen der Nachhaltigkeit (Ökonomie, Ökologie, Soziales) stehen nicht nebeneinander, sondern in einem systemischen Verhältnis. Die Gesellschaft ist eingebettet in die übergeordnete Ökologie (Natur) und die Ökonomie wiederum ist ein Teil der Gesellschaft.
- Natürliches Kapital und reproduzierbares Kapital (z. B. Sachkapital) stehen in Produktions- und Konsumprozessen nicht in einem substitutiven, sondern in einem komplementären Verhältnis zueinander. Beispielsweise sind Fischerboote ohne Fische nutzlos. Entnahmen aus dem natürlichen Kapitalstock sind also essentiell.
- Natürliches Kapital hat einen hohen und schützenswerten Eigenwert (*rights in nature*). Das bedeutet im Extremfall, dass nicht-erneuerbare Ressourcen (z. B. Erdöl) nur bedingt zu nutzen sind. Ihre Nutzung hat sich zudem vollständig in die natürlichen Kreisläufe einzugliedern.

Tab. 24.4: Substitutionsmöglichkeiten im Konzept starker Nachhaltigkeit

Kapital	Reproduzierbar	Austauschbar
Sachkapital	ja	ja
soziales Kapital (Humankapital)	ja	ja
(kritisches) Naturkapital	nein	nein
kein Absinken des (kritischen) Naturkapitals		

Die Konzeption der starken Nachhaltigkeit ist der ökologisch geprägten Sichtweise zuzuordnen. Das ökonomische System ist nur ein Teilsystem der umfassenden Ökosphäre und hinsichtlich der Ressourcenverfügbarkeit von ihr abhängig. Das Konzept der starken Nachhaltigkeit fragt folgerichtig nach den Grenzen der Inanspruchnahme der Ökosphäre durch das ökonomische System. Da aus dieser Sicht bereits gegenwärtig eine Verknappung von Teilen des Naturkapitals erkennbar ist, wird das Naturkapital und nicht das reproduzierbare Sachkapital der limitierende Faktor. Eine kritische Größe des Naturkapitals darf nicht überschritten werden (Abb. 24.7).

In diesem Konzept sind die Funktionen des natürlichen Kapitals und hier vor allem die Regenerationsfähigkeit des ökologischen Systems durch andere Kapitalarten – wenn überhaupt – nur innerhalb gewisser Grenzen austauschbar.

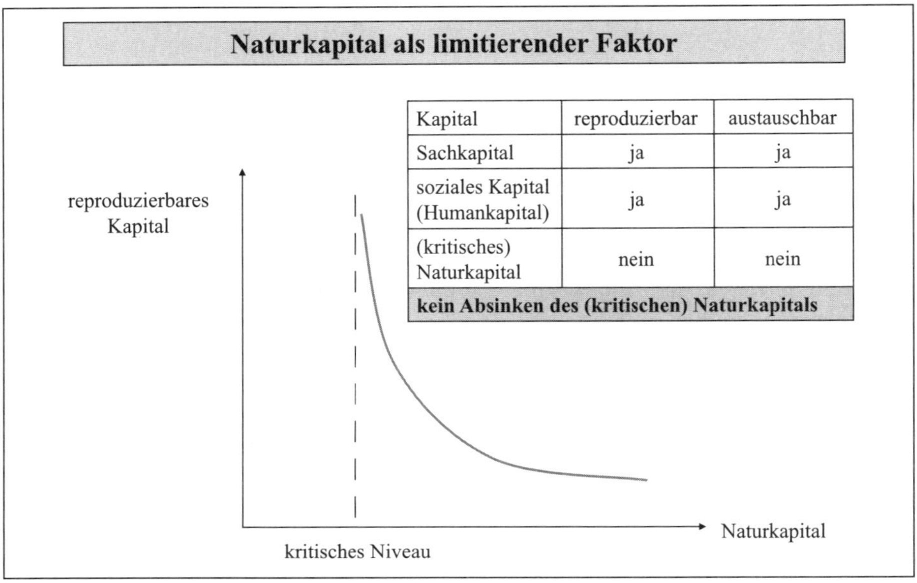

Kapital	reproduzierbar	austauschbar
Sachkapital	ja	ja
soziales Kapital (Humankapital)	ja	ja
(kritisches) Naturkapital	nein	nein
kein Absinken des (kritischen) Naturkapitals		

Abb. 24.7: „Kritische" Nachhaltigkeit

Eine zunehmende Substitution von Naturgütern durch reproduzierbares Kapital kann das ökologische System irreversibel zerstören. Das Konzept der starken Nachhaltigkeit ist dadurch gekennzeichnet, dass das als kritisch identifizierte Naturkapital nicht substituiert werden darf. Dazu zählen z. B. die Biodiversität, Ökosysteme, lebensunterstützende Funktionen (z. B. UV-Schutz durch die Ozonschicht und Treibhauseffekt) sowie der Bestand an regenerierbaren Ressourcen und an nutzbarem Boden.

Die Konzepte der schwachen und starken Nachhaltigkeit sind in Reinform nur schwer umsetzbar. Beim Ansatz der schwachen Nachhaltigkeit, der von der Substituierbarkeit von Kapitalgütern ausgeht, ergeben sich vor allem folgende Probleme:

- Die technischen Möglichkeiten des Recyclings sind begrenzt. Einmal verwendete Ressourcen können nicht wieder vollständig in den Herstellungskreislauf einfließen.
- Die Natur weist biochemische Prozesse wie z. B. die Photosynthese auf, die nicht zu reproduzieren sind. Es ist damit nicht möglich für alle natürlichen Ressourcen ein künstliches Substitut zu erstellen.

Die Position der starken Nachhaltigkeit kommt zu der Empfehlung, dass natürliche Ressourcen, die nicht ersetzt werden können auch nicht verbraucht werden dürfen. Sie wären unwiederbringlich für zukünftige Generationen verloren. Damit sind deutliche Einschränkungen hinsichtlich der Nutzbarkeit verbunden.

Die Beurteilung von Ländern mit Blick auf ihren Nachhaltigkeitszustand, die Wahl von Nachhaltigkeitsindikatoren und die Beurteilung der gewählten politische Strategien fallen je nach der Wahl des Konzeptes unterschiedlich aus. Dies liegt primär auch an den unterschiedlichen Betrachtungsweisen:

- Das Konzept der schwachen Nachhaltigkeit betrachtet primär ökonomische Größen bzw. führt Kosten-Nutzen-Analysen durch.
- Das Konzept der starken Nachhaltigkeit thematisiert in erster Linie physische Größen (z. B. die Zerstörung und den Verbrauch von Naturkapital).

Der Hauptunterschied zwischen beiden Konzeptionen liegt in der Beurteilung der Substitutionsmöglichkeiten von Naturkapital. Im Konzept der starken Nachhaltigkeit soll Naturkapital über die Zeit hinweg konstant gehalten werden. Im Gegensatz dazu kann im Konzept schwacher Nachhaltigkeit Natur- durch Sachkapital prinzipiell substituiert werden. In diesem Konzept kommt es nur darauf an, dass der Durchschnittsnutzen bzw. die durchschnittliche Wohlfahrt von Menschen dauerhaft erhalten wird.

Obwohl sich die zwei angesprochenen Konzepte gegensätzlich präsentieren, sind durchaus Mittelwege im Sinne einer **ausgewogenen Nachhaltigkeit** möglich (Abb. 24.8). In einer solchen vermittelnden Perspektive ist die Substitution von natürlichen Ressourcen durch künstliche Ressourcen zulässig, sofern die ursprünglichen Funktionen erhalten bleiben, d. h. wenn das Substitut die Funktionsweise der Ursprungsressource aufweist. Sollte eine Austauschbarkeit nicht möglich sein, müssen diese erhalten bleiben (z. B. Atemluft oder Trinkwasser) und z. B. Grenzwerte vorgegeben werden.

Unterschiedliches Verständnis von Nachhaltigkeit

Ausprägung	Weltbild	Zielbeziehung	Akteure (Beispiele)
schwache Nachhaltigkeit	Wachstumsoptimismus, Substituierbarkeit von Kapitalgütern	Zielharmonie zwischen den Dimensionen der Nachhaltigkeit	neoklassische Ökonomie, neoliberale Realpolitik, Wirtschaft
starke Nachhaltigkeit	Wachstumspessimismus, Komplementarität von Kapitalgütern, Naturkapital als limitierender Faktor	Zielkonflikte möglich, vor allem bezogen auf die Bewahrung natürlicher Lebensgrundlagen	ökologische Ökonomie, Naturwissenschaftler
ausgewogene Nachhaltigkeit	Wachstumsoptimierung, bedingte Substituierbarkeit von Kapitalgütern	Auflösung von Zielkonflikten durch Kompromisslösungen (qualitative Wende)	internationale Organisationen, Politik

Abb. 24.8: Konzeptionen der Nachhaltigkeit

Schlagwörter		
	• schwache Nachhaltigkeit • starke Nachhaltigkeit	• ausgewogene Nachhaltigkeit • Substitutionselastizität

24.2 Managementregeln

Einige Autoren stellen konkrete Handlungsanweisungen im Sinne von Managementregeln auf, die sie aus den verschiedenen Interpretationen des Nachhaltigkeitsbegriffs entwickeln. Sie unterscheiden sich in ihrem Umfang, Detaillierungsgrad und in der Formulierung. Die nachfolgenden Ausführungen geben dazu einen Überblick.

24.2.1 Schwache Nachhaltigkeit

Das Konzept der schwachen Nachhaltigkeit stützt sich u. a. auf die Theorie erschöpflicher Rohstoffe und auf einige in diesem Kontext entwickelte Regeln. Das zugrunde liegende Axiom ist die Maximierung des intergenerativen Nutzenniveaus bzw. die Verstetigung des intergenerativen Verbrauchsniveaus pro Kopf der jeweiligen Bevölkerung.

Basis der weltweiten Energieversorgung sind (immer noch) die fossilen Energieressourcen. Sie sind endlich und werden irgendwann erschöpft sein:

- Ressourcen sind Vorkommen, die nachgewiesen sind, aber noch nicht wirtschaftlich zu fördern sind bzw. Vorkommen, die noch nicht sicher nachgewiesen sind, die aber aufgrund geologischer Untersuchungen erwartet werden.
- Reserven sind sicher nachgewiesene und mit bekannter Technologie wirtschaftlich förderbare Vorkommen.
- Die statische Reichweite bezeichnet den Quotienten aus Reserven und aktueller Jahresförderung.

Das **McKelvey-Diagramm** ist eine hilfreiche Darstellungsform der aktuellen und potentiellen Reserven an Rohstoffen (Abb. 24.9). Wann die potentiellen Reserven erschöpft sind, hängt von vielen Einflussfaktoren (z. B. jährliche Fördermenge, weitere Erschließungen) ab. Entsprechend schwierig sind exakte Prognosen. Bei endlichen Ressourcen wie nicht-erneuerbaren Energieträgern stellt sich das Problem, dass der Verbrauch der heutigen Generation den Verbrauch zukünftiger Generationen einschränkt. Vor diesem Hintergrund sind Regeln und normative Vorstellungen über die Abbaurate sinnvoll. *Hotelling* hat bereits 1931 ein Konzept erschöpfbarer Ressourcen vorgelegt, nach dem ein funktionierender Markt den Preis der jeweiligen Ressource vor der Erschöpfung so ansteigen lässt, dass rechtzeitig Substitute entwickelt werden. Die **Hotelling-Regel** geht von folgenden Annahmen aus:

- Der Ressourcenbestand (in $t = 0$) ist fest vorgegeben und bekannt.
- Es erfolgt eine Preisbildung in der Marktform vollständiger Konkurrenz.
- Die Eigentumsrechte sind wohldefiniert.
- Der Ressourcenbestand ist homogen, d. h. alle Anbieter extrahieren mit denselben (konstanten) Grenzkosten.

Die Ressourcenbesitzer stehen vor folgenden Alternativen:

- Ressourcenextraktion und Anlage des Gewinns am Kapitalmarkt zum Marktzins (i),
- Belassen der Ressource im Boden.

Wir betrachten aus Vereinfachungsgründen nur die Perioden 0 und 1 sowie die Nutzerkosten UC (*utility costs*). Als Beispiel wählen wir die Förderung von Erdöl. Die Extraktionskosten betragen der Einfachheit halber Null, der Ausgangspreis beträgt 30 US-$ je Barrel Erdöl und der Marktzins liegt bei 10 %. In diesem Fall kommt die Regel zu folgender Empfehlung:

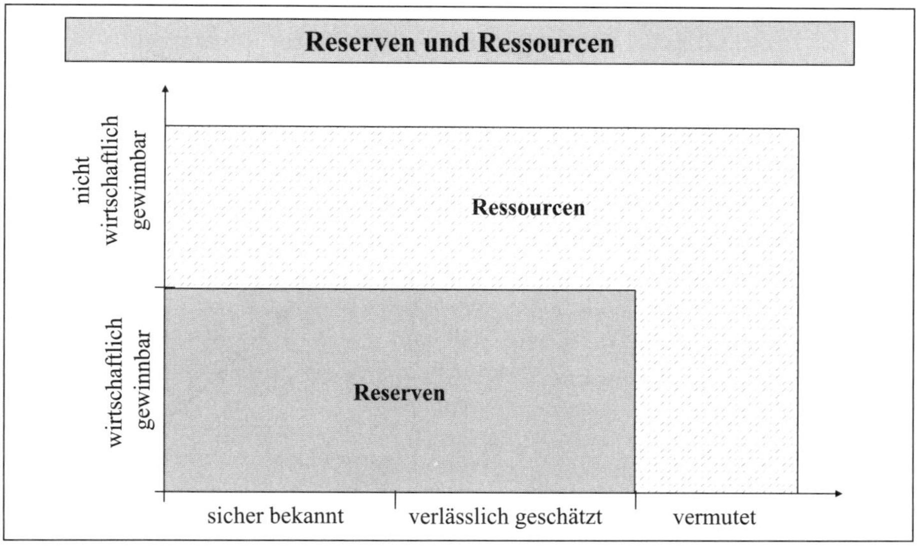

Abb. 24.9: McKelvey Diagramm

- UC_1 = 33 US-$/Barrel ➔ Indifferenz: Wenn der Ölpreis abzüglich der Förderkosten und der Marktzins im gleichen Ausmaß steigen, spielt es keine Rolle, ob das Öl im Boden verbleibt oder gefördert wird.
- UC_1 > 33 US-$/Barrel ➔ Die Ressource wird nicht gefördert: Das Öl sollte im Boden belassen werden, wenn wir davon ausgehen, dass der Ölpreis abzüglich der Förderkosten schneller steigt als der Marktzins.
- UC_1 < 33 US-$/Barrel ➔ Die Ressource wird gefördert: Das Öl sollte gefördert und verkauft werden, wenn wir erwarten, dass der Ölpreis abzüglich der Förderkosten langsamer steigt als der Marktzins.

Hotelling-Regel: Wachstumsrate der Ressourcen-Rente gleich Zinssatz.

Der Wert einer Ressource im Boden verzinst sich damit also wie Geld auf der Bank.

Wenn die Erdölpreise schneller steigen als der Marktzins, lohnt es sich abzuwarten, um in der Zukunft einen höheren Erlös zu erzielen (vgl. *Pindyck/Rubinfeld, 2009, Kap. 15*). Steigt der Ölpreis abzüglich der Produktionskosten langsamer als der Marktzins, werden die Produzenten versuchen, die gesamte Ölmenge zu verkaufen. Die Folge wären sinkende Preise (Abb. 24.10).

Die Preise erschöpfbarer Ressourcen müssen einen Ertrag erzielen, der dem Ertrag von Vermögenswerten entspricht. Der Preis des Erdöls abzüglich der Grenzkosten der Produktion (p – GK) steigt wie der Marktzins (Teil a, Abb. 24.10). Mit steigenden Preisen geht die Nachfrage nach erschöpfbaren Ressourcen zurück (Teil b, Abb. 24.10). Dieser Prozess setzt sich fort bis zu dem Zeitpunkt, an dem das gesamte Öl verbraucht und der Preis so hoch ist, dass die Nachfrage auf den Wert Null sinkt (p^T). Der Preisanstieg einer endlichen Ressource hat verschiedene Konsequenzen:

- Die Förderung wird interessanter, d.h. es wird bis zu höheren Grenzkosten abgebaut.
- Die Entdeckung unbekannter Bestände wird lohnender.
- Es lohnt sich für die Nachfrager einer Ressource, diese durch andere Inputfaktoren zu ersetzen und effizientere Technologien (sog. **Backstop Technologien**) zu installieren.

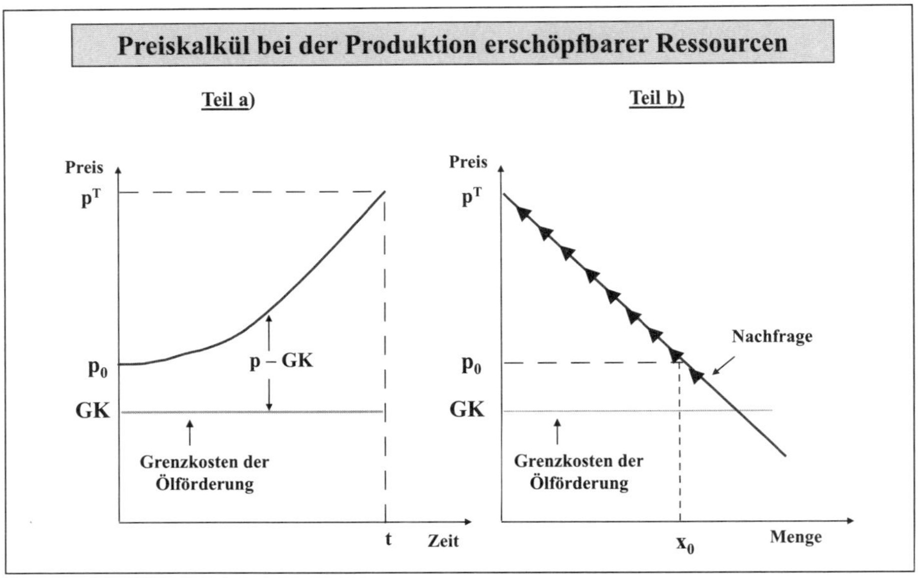

Abb. 24.10: Preisbildung einer erschöpflichen Ressource

Die Hotelling-Regel ist aufgrund ihrer Annahmen umstritten:

- Das Modell setzt einen vollkommenen Markt voraus. In der Realität gibt es aufgrund der Verteilung von Vorkommen hingegen häufig andere Marktformen. *Hotelling* bezieht den Fall des Monopols mit ein und kommt zu dem Ergebnis, dass sich durch Monopole die Nutzung und Zeitdauer der Ressourcen verlängern kann.
- Es wird unterstellt, dass es auf den Rohstoffmärkten kein spekulatives Verhalten gibt.
- Die zufällige Verteilung von Rohstoffen wird als exogen gesehen. Häufig werden durch den Marktmechanismus die Länder benachteiligt, die bestimmte Rohstoffe besonders benötigen.
- Die Regel betrachtet nur „tote" Ressourcen wie z. B. Mineralien oder Erdöl. Es gibt aber dynamische Systeme (z. B. das Meer) oder Teile von ökologischen Systemen (z. B. der Tropenwald) mit Einfluss auf andere Bereiche. Es ist nicht sicher vorhersagbar, welche Abbaumenge tolerierbar ist, denn aufgrund der ökologischen Vernetzung sind Maßzahlen schwierig zu benennen.
- Der Ressourcenbestand ist zwar relativ genau bestimmbar, aber nicht die Dauer, wie lange die Ressourcen letztendlich reichen. Der Einfluss neuer Technologien und von Recyclingmöglichkeiten wird vernachlässigt.

Aufbauend auf der Hotelling-Regel entwickelte *Hartwick* 1977 eine **Regel zur effizienten Ressourcennutzung**. Nachhaltig ist nach dieser Regel ein Ressourcenpfad, wenn die Gesellschaft die erschöpfbare Ressource im Sinne der Hotelling-Regel effizient abbaut und die entsprechende Knappheitsrente vollständig in reproduzierbares Kapital investiert. Eine nachhaltige Entwicklung ist damit nach der **Hartwick-Regel** wie folgt gekennzeichnet:

Der Dauerhaftigkeitsindikator (Z) ist positiv, wenn die Ersparnisse (S) der Summe aus den Abschreibungen auf Realkapital ($\alpha \times R$) und natürlichem Kapital ($\alpha \times N$) entsprechen. Formal gilt: $Z > 0$, wenn: $S/Y > (\alpha \times R + \alpha \times N) / Y$

Beispielsweise wären Nordesse-Anrainerstaaten bei Befolgung dieser Regel aufgefordert, die Einnahmen aus der Rohöl- und Erdgasförderung nicht in die Finanzierung sozialer Sicherungssysteme zu leiten (konsumtive Verwendung), sondern Investitionen vorzunehmen (z.B. in die Entwicklung regenerativer Energien). Nachhaltigkeit erscheint damit als nicht-abnehmende Wohlfahrt im Zeitablauf. Zur Erhaltung eines konstanten Konsums während der Zeit des Abbaus von Ressourcen muss so viel Finanzkapital angespart werden, dass zum Zeitpunkt der Erschöpfung der Ressource ein Betrag in Höhe des Barwertes der Überschüsse zur Verfügung steht. In diesem Fall kann dauerhaft in Höhe des Zinssatzes dieses Kapitals konsumiert werden. Die Befolgung dieser Regel führt zu einer gleichmäßigen Verteilung der Konsummöglichkeiten über die Zeit, d.h. zu einem konstanten Pro-Kopf-Konsum (Abb. 24.11). Sie kann durch die **Theorie der Gerechtigkeit** von *Rawls* begründet werden. Danach wird jener Konsumpfad gesucht, für den das Konsumniveau der am schlechtesten gestellten Generation maximiert wird. Jede Generation muss so viel sparen, dass ihre Kinder trotz der zu erwartenden Verknappung von Ressourcen gleich viel konsumieren können.

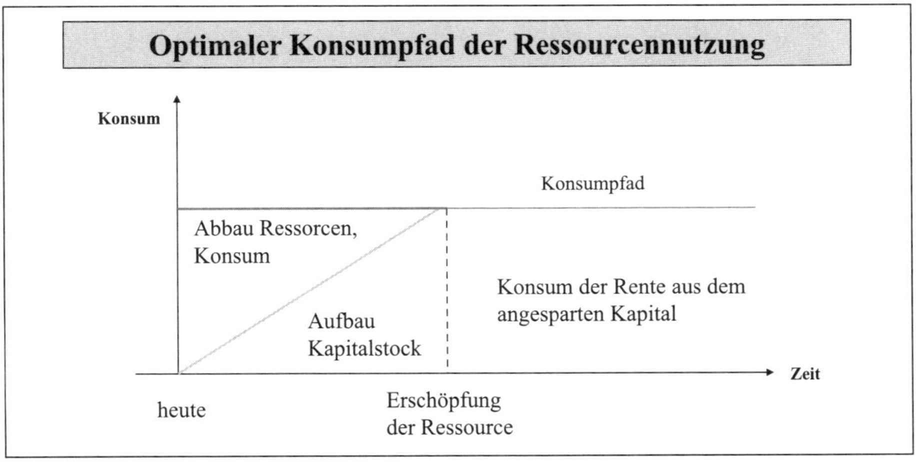

Abb. 24.11: Konstanter Konsumpfad der Hartwick-Regel

Die Hartwick-Regel basiert auf der Substituierbarkeit von Naturkapital und reproduzierbarem Kapital, wie sie durch die schwache Konzeption der Nachhaltigkeit unterstellt wird. Bei Existenz von technologischem Fortschritt ist die Regel gegebenenfalls zu streng, da ein Abbau des Kapitalstocks durch steigende Effizienz zu kompensieren ist. Bei einem starken Bevölkerungswachstum ist die Regel aber gegebenenfalls zu schwach, um einen konstanten pro-Kopf-Konsum sicherstellen zu können. Die Hartwick-Regel als Beitrag zur schwachen Nachhaltigkeit lässt sich verknüpfen mit dem **Konzept der Genuine Savings** („echte Ersparnisse"), das eine korrigierte monetäre Entwicklung einer Volkswirtschaft abbildet (Abb. 24.12).

Diese geht wie die Hartwick-Regel von der Substituierbarkeit des natürlichen Kapitals durch Sach- und Humankapital aus, um für die zukünftige Wohlfahrt zumindest den Gesamtkapitalstock eines Landes konstant zu halten. Gemäß der Hartwick-Regel kann also der Verlust von Naturkapital durch einen Zuwachs an reproduzierbarem Kapital kompensiert werden.

Die *genuine savings* der Weltbank beschreiben eine Art erweiterte volkswirtschaftliche Nettosparquote. Hierfür werden von der Bruttoersparnis die Abschreibungen auf

Bilanzierung der „echten" Ersparnisbildung

	Bruttoersparnisse	
–	Abschreibungen auf Realkapital	
=	Nettoersparnisse	
+	Bildungsausgaben	Humankapital
–	Ressourcenabbau	Abschreibungen auf Naturkapital
–	Umweltschäden durch Schadstoffe	
=	**genuine savings**	

Abb. 24.12: Konzept der Genuine Savings (echte Ersparnisse)

bestehendes Kapital sowie die Kosten der Umweltverschmutzung und des Verlusts von Ressourcen abgezogen und die Ausgaben für Bildung hinzugerechnet. Die so berechnete Nettoersparnis wird ins Verhältnis zum Bruttonationaleinkommen gesetzt. Sind die „echten Ersparnisse" negativ, deutet dies darauf hin, dass der Kapitalstock einer Volkswirtschaft als Summe aus Sach-, Natur- und Humankapital schrumpft und somit nicht nachhaltig gewirtschaftet wird. Sind die echten Ersparnisse positiv und liegt deren Wachstumsrate unter einem festgelegten Diskontsatz, dann steigen sowohl Nutzen als auch Wohlfahrt mit der Zeit.

Die *genuine savings* liegen für eine Vielzahl von Ländern vor und ihre Berechnung ermöglicht eine komparative Betrachtung. Berechnungen zeigen, dass viele Länder ihre Wohlfahrt im Zeitablauf erhöht haben. Untersuchungen kommen auch zu dem Ergebnis, dass viele Rohstoffländer die Hartwick-Regel verletzen. Die Förderung und der Verkauf einer erschöpfbaren Ressource entsprechen einer Senkung des Gesamtvermögens, solange die Hartwick-Regel missachtet wird, also der Erlös nicht vollständig in Umwelt-, Human-, Finanz- oder Sachkapital reinvestiert wird. Die oft negative genuine Sparquote erklärt wesentlich das oft zu beobachtende Phänomen des unterdurchschnittlichen Wachstums der Rohstoffländer im internationalen Ländervergleich, d. h. den sogenannten **„Ressourcenfluch"**.

Der Begriff beschreibt das scheinbare Paradoxon, dass das Wirtschaftswachstum in Ländern, die über ein hohes Maß an mineralischen und fossilen Rohstoffen verfügen und diese exportieren, häufig geringer ist als in rohstoffarmen Ländern.

Der „Ressourcenfluch" ist dabei vor allem im Fehlverhalten der Marktteilnehmer begründet. Hinzu kommen vielfach Bürgerkriege, bewaffnete Konflikte und ein hohes Ausmaß an Korruption. Allerdings gibt es auch methodische Probleme:

- Vor allem die Bewertung des Naturkapitals bereitet größere Probleme, da keine Marktpreise vorhanden sind. Selbst wenn dies der Fall wäre, spiegeln sie nicht zwangsläufig die eigentlichen Knappheiten wider. Auch die Umweltverschmutzung wird nur begrenzt berücksichtigt (in der Regel werden nur CO_2-Emissionen betrachtet). Das Konzept ist zudem nur produktions- und nicht konsumorientiert. Außerdem wird nur ein Zeitpunkt betrachtet. Das Konzept der schwachen Nachhaltigkeit erfordert jedoch einen durchgehend nicht abnehmenden Pro-Kopf-Konsum.

- Viele Industriestaaten erscheinen aufgrund ihrer Spar- und Investitionspolitik nachhaltig. Eine grundsätzliche Kritik an diesem Entwicklungsmodell scheint daher aus Sicht des Konzepts der schwachen Nachhaltigkeit nicht angebracht zu sein. Dieses aus Sicht der Industrieländer erfreuliche Ergebnis überrascht nicht, da der Abbau von Naturkapital dort nur eine geringe Rolle spielt. Viele Industrieländer nutzen die natürlichen Ressourcen anderer Länder, was durch den Ansatz nicht erfasst wird. Länder, die z. B. die eigenen Wälder schützen und die Einfuhr von tropischen Hölzern aus anderen Staaten bevorzugen, erscheinen ebenfalls als nachhaltig.
- Länder mit einer geringen Sparquote weisen einen geringen Nachhaltigkeitswert auf. Länder mit hohen Sparquoten und einer geringen Entwertung des Naturkapitals erscheinen hingegen als nachhaltig. Allerdings kann dies daran liegen, dass vom Naturkapital „nicht mehr viel übrig geblieben ist". Das Konzept berücksichtigt keine historische Entwicklung von Beständen, sondern nur noch das, was an Naturkapital in der Gegenwart vorhanden ist. Historische Verbräuche werden nicht berücksichtigt. Ursächlich ist die Annahme der Substitution, dass Geldkapital Naturkapital ersetzen kann und bei entsprechenden Sparraten ein solches Land nachhaltig gewirtschaftet hat bzw. wirtschaftet.
- Es wird unterstellt, dass der Bestand an Naturkapital durch technischen Fortschritt und Bildung von reproduzierbarem Kapital substituiert werden kann. Ein in der Literatur häufig herangezogenes Beispiel ist die Pazifikinsel Nauru. Um 1900 wurde auf dem Zentral-Plateau der bis dahin fast völlig isolierten Insel eines der weltweit größten Phosphat-Vorkommen erschlossen. Bis zur Unabhängigkeit im Jahr 1968 wurden über 34 Mio. Tonnen Phosphat abgetragen. Zum Ende des 20. Jahrhunderts waren die Vorräte weithin erschöpft. Im Jahr 2002 wurde die Produktion ganz eingestellt. Der Abbau hat 80 Prozent des Insellandes ökologisch zerstört. Bis 1920 floss von den Erträgen aus dem Phosphatvorkommen kaum etwas an die Insulaner zurück. Auch danach zahlten die ausländischen Bergbaufirmen lediglich ihre Produktionskosten. 1993 wurde eine australische Bergbaufirma zur Zahlung von 14 Mio. US-Dollar für verursachte Umweltschäden verurteilt, ein Jahr später wurde im Rahmen einer außergerichtlichen Einigung eine einmalige Zahlung von 107 Mio. US-Dollar und die Einrichtung eines Treuhandfonds vereinbart, der ein Volumen von 1 Mrd. US-Dollar aufweist. Dieser sogar in der Verfassung von Nauru verankerte Fonds kommt vor allem den Einwohnern und der Infrastruktur zugute. Nach Beendigung des Phosphatabbaus ist in der Berechnung der *genuine savings* die Entwertung des Naturkapitals auf Null gesunken. Auch der Phosphatabbau als einziger Industriebereich der Insel ist stillgelegt, so dass auch die Abschreibungen auf das Sachkapital Null betragen. Berücksichtigt wird in der Berechnung allerdings der Rückfluss aus der Verzinsung des Treuhandkapitals sowie deren Aufteilung auf Ersparnis, Reinvestition und Konsum. Dies führt dazu, dass der gegenwärtige Zustand als nachhaltig ausgewiesen wird. Der ökologische Raubbau hat der Insel zwar einen Wohlstandsgewinn beschert, allerdings besteht dieser nur aus Geldkapital. Sachkapital ist nach der Einstellung des Phosphatabbaus nicht mehr in das Land geflossen.

Kritiker weisen darauf hin, dass eine solche Substitution von Natur- durch Wirtschaftskapital nur möglich ist, wenn es die Ausnahme bleibt.

Schlagwörter	• Ressourcen, Reserven • McKelvey Diagramm	• Hotelling-Regel • Hartwick-Regel • genuine savings

24.2.2 Starke Nachhaltigkeit

Es bestehen aus Sicht von Vertretern der starken Nachhaltigkeit grundlegende Zweifel, ob natürliche Ressourcen dauerhaft durch reproduzierbares Kapital ersetzbar sind. Sie weisen darauf hin, dass eine steigende Verfügbarkeit von Gütern die Menschen nicht für eine sinkende Umweltqualität kompensieren kann. Das Konzept der starken Nachhaltigkeit betrachtet die Natur als ein geschlossenes, nicht materiell wachsendes System. Die Ökonomie ist ein Subsystem der Natur. Die Natur wird stark durch menschliche Aktivitäten beeinflusst und teilweise auch irreversibel beeinträchtigt. Von Menschen entwickelte Technologien und Güter können hingegen häufig nicht ohne Natur bzw. natürliche Ressourcen entwickelt und produziert werden. Es wird ein hierarchisches Verhältnis der Kapitalgüter unterstellt, das sich an folgendem Beispiel verdeutlichen lässt: Wenn die Produktionsfaktoren Arbeit und Kapital optimal für ein Sägewerk eingesetzt werden, welchen Wert hat dies ohne Wald? Umgekehrt hat ein Wald mit seinen Funktionen immer einen hohen Wert. Das Gleiche gilt für die Umweltmedien Boden, Luft, Wasser und viele andere Ressourcen. Die Natur darf damit nicht nach ökonomischen Interessen (um-)gestaltet werden, sondern die Ökonomie muss den Grenzen der natürlichen Tragfähigkeit angepasst werden.

Unsicherheiten über die Entwicklung von Ressourcenbeständen und kritische Schwellenwerte lassen **Managementregeln** in den Vordergrund treten, die sich am Konzept der starken Nachhaltigkeit orientieren (Abb. 24.13). Sie beziehen sich auf die Bewirtschaftung von erschöpfbaren natürlichen Ressourcen und regenerativen natürlichen Ressourcen sowie auf Depositionsleistungen der Umwelt.

Die Auslagerung von Schadstoffen bzw. Stoffeinträge in die Umwelt sollen höchstens der Assimilationsfähigkeit entsprechen, so dass keine Gefährdung ihrer Funktionen eintritt. Zur konkreten Umsetzung werden kritische Einstiegsraten (*critical loads*) und kritische Schwellenwerte (*critical levels*) vorgeschlagen. Nach dem ersten Hauptsatz der Thermodynamik, dem Massen- und Energieerhaltungsgesetz, determiniert die Form der Nutzung natürlicher Ressourcen auch die Höhe der Stoffeinträge in das ökologische System.

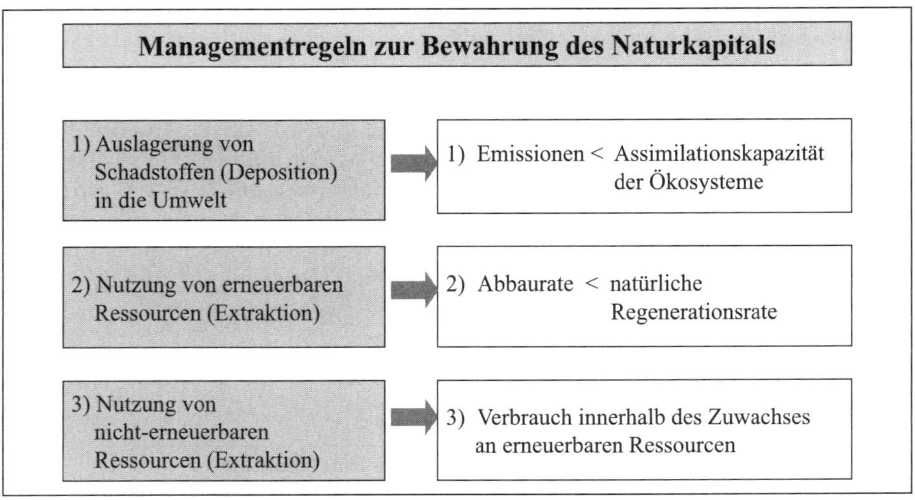

Abb. 24.13: Managementregeln der starken Nachhaltigkeit

Für **regenerative Ressourcen** soll die Abbaurate nicht deren Regenerationsrate überschreiten (Abb. 24.14). Diese Regel soll der Forderung nach Aufrechterhaltung der ökologischen Leistungsfähigkeit des Naturkapitals entsprechen. Offen bleibt, auf welchem Niveau die regenerativen Ressourcen bewirtschaftet werden sollen. Hier sind viele Lösungen möglich, die unterschiedliche Folgen für die Systemstabilität aufweisen. Zu berücksichtigen sind vor allem Zusammenhänge zwischen verschiedenen Ökosystemen. Eine isolierte Betrachtung greift daher zu kurz.

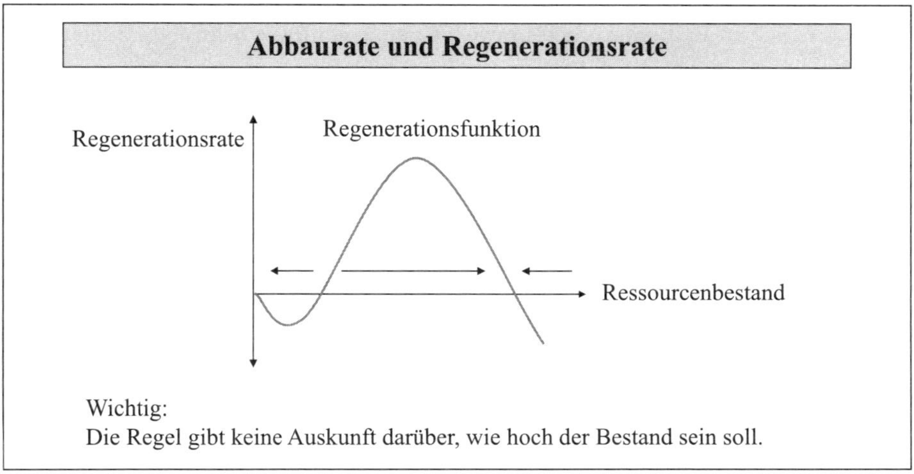

Abb. 24.14: Managementregel für regenerative Ressourcen

Nicht-regenerative, erschöpfbare Ressourcen sollen nur in dem Umfang genutzt werden, in dem ein physisch und auch funktionell gleichwertiger Ersatz in Form von regenerativen Ressourcen oder eine höhere Produktivität in der Nutzung natürlicher Ressourcen gewährleistet ist. Ein Teil des Ertrages aus erschöpfbaren Ressourcen kann konsumiert werden, ein anderer Teil ist jedoch in den Anbau regenerativer Ressourcen zu investieren. Auf diese Weise kann schrittweise ein Übergang des Konsums nicht-regenerativer zu regenerativen Ressourcen gewährleistet werden. Gleichzeitig werden die Bestände nicht-regenerativer Ressourcen (z. B. fossil genutzte Energie, Material, Fläche) geschont.

Die Bereitstellung von Energiedienstleistungen soll zu möglichst geringen gesamtwirtschaftlichen Kosten (private und externe Kosten) erfolgen. Durch die Wahl entsprechender institutioneller Managementregeln lassen sich bestehende Märkte verändern und neue Märkte entwickeln. Es kommt gleichsam zu einem Experimentierfeld, auf dem unterschiedlich ökonomische Instrumente zur Erreichung der gesetzten Ziele eingesetzt werden (z. B. Preise für Emissionen, Einspeisevergütungen, Vorschriften für Energieeinsparung und Wärmedämmung). Anwendungsbeispiel ist die Förderung der Nutzung regenerativer Energieträger nach der Energiewende in Deutschland.

Schlagwörter	• Managementregeln für starke Nachhaltigkeit	• regenerative Ressourcen • erschöpfbare Ressourcen

24.3 Fallbeispiele zu Kapitel 24

Lösungs- und Bearbeitungshinweise sowie alle Abbildungen dieses Kapitels finden Sie unter:
www.vahlen.de

Fallbeispiel 24.1: Bevölkerungswachstum und Ressourcenverbrauch (++)

1) Erläutern Sie die grundlegende Aussage des Gesetzes von Malthus bezüglich Bevölkerungswachstum und natürlichen Umweltbedingungen (hier: Nahrungsmittelproduktion).
2) Mit seiner „Wachstumsfunktion" $N = N_0 \times 1{,}0302^t$ gelang es Malthus, das Bevölkerungswachstum in den USA für die erste Hälfte des 19. Jahrhunderts gut zu beschreiben:

Jahr	1790	1800	1810	1820	1830	1840	1850	1860
N (in Mio.)	N_0 = 3,9	5,3	7,2	9,6	12,9	17,1	23,2	31,4

a) Vergleichen Sie die Angaben aus Volkszählungen mit den „theoretischen" Werten der Wachstumsfunktion.
b) Aus späteren Volkszählungen sind folgende Anzahlen bekannt:

Jahr	1880	1900	1930	1970
N (in Mio.)	50,2	76,0	123,2	203,2

Überprüfen Sie, ob die Wachstumsfunktion noch sinnvoll ist und begründen Sie mögliche Abweichungen.

3) Betrachten Sie die Bevölkerung eines Landes, die zu Beginn eines bestimmten Jahres aus 1 Million Personen besteht und jährlich um 3 % wächst. Zum gleichen Zeitpunkt sind Nahrungsmittel für 2 Millionen Personen verfügbar, wobei die Produktion der Nahrungsmittel für jährlich 100.000 Personen gesteigert werden könnte. Untersuchen Sie diese Entwicklung (mithilfe einer Tabellenkalkulation). In welchem Jahr übersteigt die Anzahl der Personen die zur Verfügung stehenden Mittel?

Fallbeispiel 24.2: Rebound-Effekt (+)

1) Was besagt der Rebound-Effekt?
2) Die Vertreter der nachhaltigen Ökonomie vertreten die Auffassung, dass nicht das Effizienzprinzip, sondern nur das Suffizienz-Prinzip den Rebound-Effekt überwinden kann. Wie lässt sich diese Aussage begründen?

Fallbeispiel 24.3: Entwicklungspfade (0)

1) Welchen Entwicklungspfad würden Sie bei den nachfolgenden Alternativen vorziehen?

	t_0	t_1	t_2	t_3
Kosten (–)	–1.000			
Nutzen (+)		200	300	700
Gegenwartswert: Zins von 5 %				
Gegenwartswert: Zins von 10 %				

2) Mit welchem grundlegenden Problem ist eine derartige Betrachtung verbunden?

Fallbeispiel 24.4: Abbaurate von Ressourcen und Hotelling-Regel (+)

1) Unterscheiden Sie die Begriffe Reserven, regenerative und nicht-regenerative Ressourcen. Warum sind im Fall von endlichen Ressourcen Regeln zur Abbaurate sinnvoll?
2) Nehmen Sie an, der Ausgangspreis je Barrel Rohöl liegt bei 50 US-$. Der Marktzins beträgt 10 %. Erläutern Sie das Entscheidungskalkül eines Abbauunternehmens im Fall des Wettbewerbs. Aus Vereinfachungsgründen betragen die Extraktionskosten Null.
3) Welche Kritik lässt sich gegen die Hotelling-Regel vorbringen?

Fallbeispiel 24.5: Schwache Nachhaltigkeit (+)

1) Erläutern Sie die Grundaussage des Konzepts der schwachen Nachhaltigkeit.
2) Stellen Sie den Zusammenhang zwischen der Hartwick-Regel und dem Konzept der schwachen Nachhaltigkeit dar.

Fallbeispiel 24.6: Starke Nachhaltigkeit (0)

1) Erläutern Sie die Grundannahme des Konzepts der starken Nachhaltigkeit.
2) Stellen Sie wichtige Managementregeln des Konzepts der starken Nachhaltigkeit dar.

Kapitel 25: Operationalisierung der nachhaltigen Entwicklung

Kapitel 25

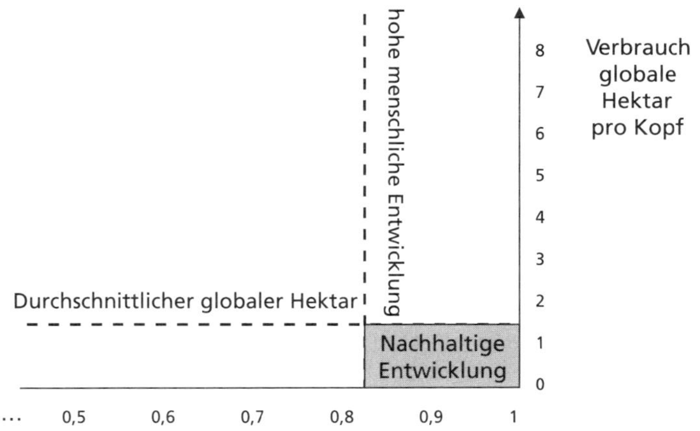

Inhaltsübersicht

Lernzielorientierte Sachverhalte

- Das Leitbild der Nachhaltigkeit setzt sich seit seiner Entstehung mit Begriffen wie Lebensqualität, Wohlstand und Wachstum auseinander. Auch Indikatorensysteme der Nachhaltigkeit in der ökonomischen und sozialen Dimension sind mit diesen Begriffen verbunden. Festzuhalten ist ein Wandel der Begriffe. Für die Lebensqualität geht es nicht mehr nur um die Überwindung des Mangels, sondern um die ganzheitliche Erhaltung der Lebensbedingungen. Wohlstand soll durch Effizienz, Konsistenz und Suffizienz sowie durch an die Natur angepasste Verhaltensweisen in Produktion und Konsum geschaffen werden. Wachstum meint vorrangig ein qualitatives und umweltverträgliches Wachstum, das die Ressourcen schont.
- Indikatoren und Indikatorensysteme müssen im Kontext der Nachhaltigkeit bestimmte Anforderungen erfüllen. In Abhängigkeit von Kenntnisstand, Zielgruppe und Fragestellung unterscheiden sich diese Indikatoren. Eine Nachhaltigkeitsberichterstattung kann auf supranationaler, nationaler, subnationaler oder lokaler Ebene erfolgen. Die Systeme werden entweder von öffentlichen Organisationen (Ministerien, statistische Ämter, internationale Organisationen, wissenschaftliche Institute) oder von privaten Trägern (vor allem Unternehmen) erstellt und herausgegeben. Sie haben in der Regel das Ziel, spezifische Fragestellungen oder Politikfelder zu beobachten und zu evaluieren.
- Der ökologische Fußabdruck und der Human Development Index (HDI) sind zwei Indikatorensysteme, die einen internationalen Vergleich erlauben und die sich in einer Gesamtbetrachtung im Sinne von Anforderungen an die makroökonomische Modellierung einer nachhaltigen Entwicklung verknüpfen lassen. Eine nachhaltige Gesellschaft würde z. B. einen geringen ökologischen Fußabdruck und einen hohen HDI aufweisen.
- Ausgehend von der Zusammenführung des ökologischen Fußabdrucks und des HDI lassen sich (nicht-) nachhaltige Entwicklungsmuster, Zielkonflikte in den einzelnen Dimensionen der Nachhaltigkeit und die Ausgestaltung von Nachhaltigkeitspfaden diskutieren und systematisieren.

25.1 Rahmen für Indikatoren der nachhaltigen Entwicklung

Die Diskussion um gerechte Nutzungsmöglichkeiten begrenzter natürlicher Ressourcen, Belastungsgrenzen der Umwelt, Zuteilung von Verschmutzungsrechten sowie ökonomische und soziale Gerechtigkeit erfordert die Messbarkeit dieser Aspekte. Erst wenn hinreichend verlässliche Indikatoren zur Verfügung stehen, kann beurteilt werden, ob und inwieweit eine gewünschte nachhaltige Entwicklung vorliegt bzw. eingeschlagen ist oder wie weit wir noch davon entfernt sind (Abb. 25.1). Relevante Fragen sind:

- Bedürfnisdeckung – Wie gut leben wir heute?
- Gerechtigkeit – Wie sind die Ressourcen verteilt?
- Kapitalerhaltung – Was hinterlassen wir unseren Kindern?
- Entkoppelung – Wie effizient nutzen wir die Ressourcen?

Das vom Schweizer Bundesamt für Statistik veröffentlichte Indikatorensystem MONET versucht diese Fragen anhand von 16 **Schlüsselindikatoren** zu beantworten.

Tab. 25.1: Trend und Bewertung einer nachhaltigen Entwicklung

Trend		**Bewertung**	
Zunahme	↗	positiv, in Richtung Nachhaltigkeit	+
Abnahme	↘	negativ, weg von der Nachhaltigkeit	−
keine wesentliche Veränderung	→	neutral	≈
unregelmäßig	~	keine Aussage möglich	☐
keine Aussage möglich	...		

Jeder Indikator wird von zwei Symbolen begleitet. Das erste Symbol beschreibt den beobachteten Trend der Entwicklung. Das zweite bewertet den Trend im Hinblick auf die für den Indikator relevanten Postulate der nachhaltigen Entwicklung (Tab. 25.1).

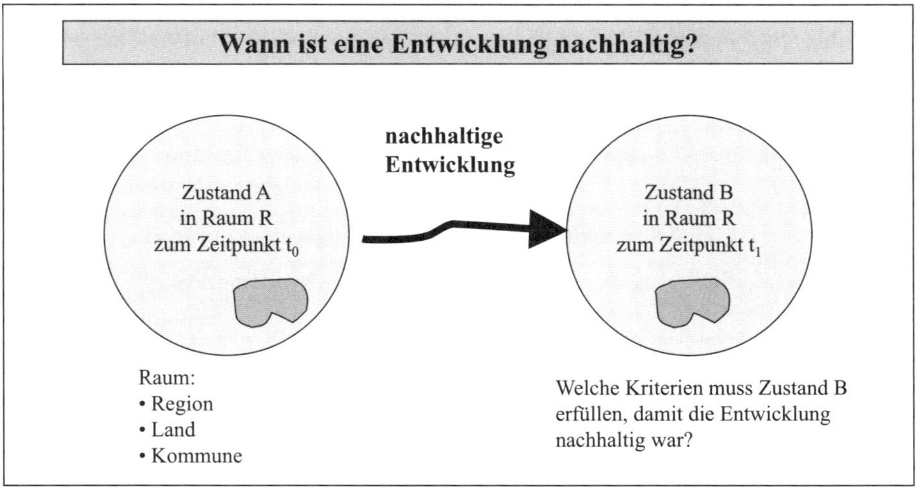

Abb. 25.1: Beurteilung der nachhaltigen Entwicklung

Eine auf Indikatoren gestützte Analyse sollte nach Auffassung von *Albert Einstein* so einfach wie möglich, nicht aber zu vereinfachend sein: *„Make everything as simple as possible, but not simpler."* Dies gilt auch für die Analyse einer nachhaltigen Entwicklung. Die integrierte Messung des breiten Spektrums der nachhaltigen Entwicklung aus ökonomischer, ökologischer und sozialer Perspektive ist ein komplexer Vorgang.

Inzwischen gibt es eine Fülle von Einzelindikatoren und Mehrfachindikatoren. Die Beurteilung der Indikatoren sollte immer vor dem Hintergrund folgender Fragen erfolgen:

- Was sollen die Indikatoren beschreiben?
- Was sagen die Indikatoren aus?
- Welchen Problemen ist ihre Konstruktion ausgesetzt?

Das Leitbild der Nachhaltigkeit hat sich in seiner Entstehungsgeschichte stets mit Begriffen wie Lebensqualität, Wohlstand und Wachstum beschäftigt. Auch Indikatorensysteme der Nachhaltigkeit in der ökonomischen und sozialen Dimension sind mit diesen Begriffen verknüpft. Festzuhalten ist ein Wandel der Begriffe:

- Für die Lebensqualität geht es nicht mehr nur um die Überwindung des Mangels an Gütern, sondern um die ganzheitliche Erhaltung der Lebensbedingungen.
- Wohlstand soll durch Effizienz und Suffizienz bzw. durch an die Natur angepasste Verhaltensweisen in Produktion und Konsum geschaffen werden.
- Wachstum meint vorrangig ein qualitatives und umweltverträgliches Wachstum, das zudem Ressourcen schont.

Dieser Wandel bildet die Grundlage und den Ausgangspunkt für die Frage, wie eine nachhaltige Entwicklung zu messen ist.

25.1.1 Lebensqualität

Die Lebensqualität ist ein mehrdimensionaler Wohlfahrtsbegriff, der schwerpunktmäßig die individuelle Wohlfahrt von Menschen beschreibt. Erfasst werden z. B. Dimensionen wie Einkommen, Arbeitsbedingungen, Wohnverhältnisse, Bildung, Gesundheit, Möglichkeiten der politischen Beteiligung, ökologische Umfeldbedingungen oder soziale Kontakte.

Lebensqualität hat eine objektive und eine subjektive Dimension. Angemessene, gute und schlechte Lebensbedingungen lassen sich ausgehend von normativen Vorstellungen häufig quantitativ festlegen. Diese vermeintlich objektiven Einschätzungen werden jedoch individuell wahrgenommen. Beurteilungsinstanz der Lebensqualität ist also der Mensch. Aus der Gegenüberstellung von objektiven Lebensbedingungen und ihrer subjektiven Bewertung resultieren unterschiedliche Zustände (Tab. 25.2; vgl. *Ludwig, 2000*).

Tab. 25.2: Konstellationen zur Bewertung der Lebensqualität

<table>
<tr><th colspan="2" rowspan="2"></th><th colspan="2">subjektives Empfinden</th></tr>
<tr><th>gut</th><th>schlecht</th></tr>
<tr><th rowspan="2">objektive Lebensbedingungen</th><th>gut</th><td>Wohlbefinden (well-being)</td><td>Unzufriedenheit (dissonance)</td></tr>
<tr><th>schlecht</th><td>Anpassung (adaption)</td><td>Mangel (deprivation)</td></tr>
</table>

Gute objektive Lebensbedingungen und ein damit verbundenes gutes subjektives Empfinden führen zu einem Wohlbefinden. Schlechte objektive und subjektiv empfundene Bedingungen werden in der Regel als Mangel bezeichnet. Inkonsistente Konstellationen von gut und schlecht zeigen folgende Ausprägungen:

- Die Unzufriedenheit von Menschen bei guten objektiven Lebensbedingungen.
- Die Zufriedenheit von Menschen bei schlechten objektiven Lebensbedingungen.

In der Realität sind alle Konstellationen vorhanden. Beispielsweise müssen objektiv gute Lebensbedingungen in vielen „reichen" Volkswirtschaften nicht zwangsläufig mit einem entsprechenden subjektiven Empfinden von Bürgern einhergehen. *Richard Layard (2005)* hat in seiner Analyse den Zusammenhang zwischen **Reichtum** (als objektive Dimension) **und Glück** (als subjektive Dimension) in einem Koordinatenkreuz veranschaulicht. Hoch entwickelte Länder mit einem pro-Kopf-Einkommen oberhalb von 20.000 US-$ weisen durchgängig eine Glücksrate von 80 %–95 % auf. Das Glück wird dabei nicht nur materiell, sondern auch immateriell durch Faktoren wie z. B. soziale Kontakte, persönliche Freiheit oder Gesundheit beschrieben. Die Staaten mit einem mittleren Einkommen zwischen 10.000 und 20.000 US-$ pro Kopf haben eine Glücksrate

Tab. 25.2: Beispiele für Sozialindikatoren in Deutschland

1. Bevölkerung		
Wohnbevölkerung, unter 15/über 65 Jahre	Heiraten, Geburten, Familienstand	Ausländeranteil, Wanderungssaldo
2. Sozioökonomische Gliederung und Schichteinstufung		
berufliche Stellung	Lebensunterhalt durch Erwerbstätigkeit	Bevölkerung nach Schichteinstufung
3. Arbeitsmarkt und Beschäftigungsbedingungen		
Erwerbsquote, Arbeitslosenquote, Arbeitsmarktchancen	berufliche Qualifikation, Arbeitszeit	Reallohnindex
4. Einkommen und seine Verteilung		
pro-Kopf-Einkommen	Konzentration	Zufriedenheit
5. Einkommensverwendung und Versorgung		
privater Verbrauch pro Einwohner	Lebensstandard	private Sparquote
6. Verkehr		
Anteil der Verkehrsbereiche am Personenverkehr (Personenkm.)	Dauer des Arbeitsweges	Ausstattungsgrad PKW, Nutzung ÖPNV
7. Wohnung		
Wohnfläche pro Person, Anteil Wohnungseigentum/Mietwohnungen	Wohnungen ohne Standardausstattung	durchschnittliche Mietbelastung
8. Gesundheit		
Lebenserwartung bei Geburt	Sterblichkeit pro 1.000 Einwohner	Krankheit oder Behinderung
subjektiver Gesundheitszustand	Ärzte pro 100.000 Einwohner	Anteil der Gesundheitskosten am BIP
9. Bildung		
Kinder in Kindergärten	Versorgungsquote für Kindertagesbetreuung	Schulbesuch der 13-jährigen nach Schularten
Schulabgänger ohne Abschluss	Abiturientenquote	Studierendenquote
10. Partizipation		
Organisationsgrad in Vereinen	Ehrenamt	Wahlbeteiligung
11. Umwelt		
Siedlungs- und Verkehrsfläche	Emissionen, Müllaufkommen	Umweltschutz
12. Öffentliche Sicherheit und Kriminalität		
Gesamtkriminalitätsziffer	Polizeidichte	Aufklärungsquote
13. Freizeit		
Umfang der freien Zeit	Ausgaben für Freizeit	Freizeit-Zufriedenheit
14. Globale Wohlfahrtsmaße		
BIP pro Kopf	Lebenszufriedenheit	Sozialleistungsquote

zwischen 65 %–90 %. Die Glücksrate bei Ländern mit einem Einkommen unter 10.000 US-$ verteilt sich über die ganze Skala. Manche Länder erreichen knapp 40 % (Moldawien, Russland, Ukraine), andere bis zu über 85 % (Mexiko 89 %, Kolumbien 87 %, Indonesien 86 %). Nigeria, das bezogen auf das pro-Kopf-Einkommen als relativ armes Land gilt, hat eine Glücksrate von 83 % und erreicht in etwa den Wert von Deutschland.

Lebensqualität hat einen systemischen Charakter, d. h. wird aus gesellschaftlichen Wert- und Zielvorstellungen abgeleitet. Diese sind naturgemäß zwischen Ländern und Regionen der Welt unterschiedlich und verändern sich im Zeitablauf. Häufig werden die Lebensbedingungen und die Lebensqualität durch eine Gruppe von Sozialindikatoren statistisch erfasst. Beispielhaft sei auf das Instrumentarium der Sozialindikatorenforschung in Deutschland verwiesen. Hier werden Tendenzen des sozialstrukturellen Wandels und die Entwicklung der Lebensbedingungen und Lebensqualität der Bevölkerung kontinuierlich beobachtet und analysiert.

Das **System sozialer Indikatoren für Deutschland** ist ein Instrument für die kontinuierliche Beobachtung der deutschen Gesellschaft. Die etwa 400 Indikatoren und mehr als 3.000 Zeitreihen dieses Systems vermitteln ein umfassendes empirisches Bild der längerfristigen Wohlfahrtsentwicklung, der objektiven Lebensbedingungen und der subjektiven Lebensqualität sowie des sozialen Wandels in Deutschland. Der Beobachtungszeitraum erstreckt sich vom Beginn der 50er Jahre des letzten Jahrhunderts bis heute. Das Indikatorensystem gliedert sich in insgesamt 14 Lebens- und Politikbereiche und enthält zudem eine Reihe von übergreifenden allgemeinen Wohlfahrtsindikatoren. Für jeden Bereich liegt eine Auswahl von Schlüsselindikatoren vor (Tabelle 25.2).

Darüber hinaus liegen für eine Vielzahl der Indikatoren disaggregierte Analysen nach verschiedenen soziodemografischen bzw. sozioökonomischen Merkmalen vor. Somit stellt das Indikatorensystem Informationen über die Lebensverhältnisse einzelner Bevölkerungsgruppen sowie die Ungleichheit der Lebensbedingungen bereit. Insgesamt 89 Indikatoren aus den Lebens- und Politikbereichen des Indikatorensystems geben einen komprimierten Überblick der gesellschaftlichen Entwicklung in Deutschland. Die Zeitreihendaten für die ausgewählten Schlüsselindikatoren werden speziell aufbereitet und laufend aktualisiert. Die Indikatorenzeitreihen stehen als Tabellen und Grafiken zum Download zur Verfügung (siehe www.gesis.org).

Schlagwörter	• Lebensqualität	• Sozialindikatoren

25.1.2 *Wohlstand*

Wohlstand beschreibt aus individueller Sicht ein subjektives Empfinden und lässt sich aus ökonomischer Sicht als möglichst hoher subjektiver Nutzen umschreiben. Insofern gibt es enge Bezüge zur Lebensqualität. Aus materieller Sicht lässt sich der objektivierbare Wohlstand mit den materiellen Verfügungsmöglichkeiten einer Person, einer Gruppe oder einer Volkswirtschaft über Güter gleichsetzen.

Üblicherweise wird in Volkswirtschaften der materielle Wohlstand mit dem Bruttoinlandsprodukt (BIP) bzw. BIP-pro-Kopf gemessen. Die Aussagefähigkeit des BIP als Wohlfahrtsindikator ist allerdings insofern beeinträchtigt, dass Umwelt- und Gesundheitsschäden sowie Ressourcenverluste in Zusammenhang mit der wirtschaftlichen Entwicklung nicht berücksichtigt werden. Das Statistische Bundesamt versucht diese Aspekte zu quantifizieren und im Rahmen einer **Umweltökonomischen Gesamtrech-**

nung auszuweisen. Daraus resultiert ein alternativer Wohlfahrtsindikator, das **Öko-Inlandsprodukt** (vgl. dazu die Ausführungen in Kapitel 15.4).

Auch innerhalb von Volkswirtschaften kann es zu beträchtlichen „sozialen" Inkonsistenzen kommen:

- Privater Reichtum kann mit öffentlicher und sozialer Armut einhergehen. „Zweidrittel-Gesellschaften" sind Bezeichnungen für Entwicklungen, in der nicht alle Mitglieder einer Gesellschaft von einem Anwachsen des materiellen Wohlstands profitieren.
- Die Konsumorientierung einer Gesellschaft kann einhergehen mit Individualisierung, Wohlstandskriminalität und zunehmender Umweltverschmutzung, so dass Zielkonflikte in den Vordergrund treten.

In einer weitergehenden Betrachtung geht es nicht nur um Einkommensarmut, sondern auch darum, welche materiellen und immateriellen Ressourcen zur Verfügung stehen, damit eine Einzelperson, eine Familie oder ein privater Haushalt das Leben individuell und menschenwürdig gestalten können. Es geht also um Lebenslagen, die Begriffe wie Ungleichheit und Ungerechtigkeit in den Vordergrund rücken (Abb. 25.2).

Armut, Ungleichheit und Ungerechtigkeit

	Definition	Indikator
absolute Armut	Unzureichende Ausstattung hinsichtlich lebenswichtiger materieller und immaterieller Grundbedürfnisse.	Verfügbarkeit von 1,5 US-$ pro Tag zur Befriedigung der Lebensbedürfnisse.
relative Armut	Unterversorgung mit materiellen und immateriellen Ressourcen im Verhältnis zum Wohlstand der jeweiligen Gesellschaft.	Verfügbarkeit von weniger als 50% des durchschnittlichen Einkommens des jeweiligen Landes.
Ungleichheit	Unterschiedlichkeit in der Verteilung, z.B.: Mittelausstattung, Verfügbarkeit von Gütern, Lebenschancen, Entscheidungsspielräume.	Abweichung von einer „Idealverteilung". Wie viel Ungleichheit hingenommen werden kann, ist eine Gerechtigkeitsfrage.
Ungerechtigkeit	subjektive, ethisch begründete Bewertung eines Zustandes auf der Basis eines Ideals (Bedarfsgerechtigkeit, Leistungsgerechtigkeit, Funktionsgerechtigkeit).	Abweichung von den ethisch begründeten Normen werden analysiert und bewertet.

Abb. 25.2: Armutsbegriffe, Ungleichheit und Ungerechtigkeit

Ähnlich wie die Lebensqualität haben auch Armut, Ungleichheit und Ungerechtigkeit systemischen Charakter, d.h. sie müssen im Kontext der jeweiligen Volkswirtschaft betrachtet werden. Wir wählen im Folgenden die Länder der Organisation für wirtschaftliche Zusammenarbeit und Entwicklung (OECD) als Bezugsbasis.

Zur Beurteilung der personellen Einkommensverteilung haben wir bereits das **Pro-Kopf-Einkommen** kennengelernt. Arm oder reich ist aber nicht nur eine Frage des Pro-Kopf-Einkommens, sondern auch der Haushaltssituation. Diese Daten lassen sich nicht direkt aus der Volkswirtschaftlichen Gesamtrechnung ableiten. Dazu benötigen wir zusätzliche Informationen. In Berechnungen zur Einkommensverteilung wird dazu u.a. das **Äquivalenzeinkommen** herangezogen. Die Einkommen werden nach Haushaltsgröße und Zusammensetzung anhand einer Äquivalenzskala beurteilt. Die Skala unterstellt, dass die Einkommen von Personen, die in unterschiedlichen Haushalten leben, nicht miteinander vergleichbar sind. So treten in größeren Haushalten z.B. Einspareffekte durch die gemeinsame Nutzung von Wohnraum und Haushaltsgeräten (z.B. Kühlschrank, Waschmaschine, Herd) auf. Zudem ist das Alter der Haushaltsmitglieder zu berücksichtigen. Die aktuelle OECD-Skala geht von folgenden Gewichtungen aus:

Haushaltsvorstand	1
weitere(r) Erwachsene(r) (älter als 15 Jahre)	0,5
Kinder unter 15 Jahren	0,3

Betrachten wir ein Zahlenbeispiel auf Basis der OECD-Skala. Familie A besteht aus 2 Erwachsenen und 2 Kindern. Der Vater der Familie verdient netto 2.800 € monatlich, das Einkommen der Mutter liegt bei 350 € netto; dies führt zu einem Nettoeinkommen von 3.150 €. Daraus ergibt sich:

- Der haushaltsbezogene Äquivalenzskalenwert beträgt 2,1 (= 1 + 0,5 + 2 × 0,3).
- Das monatliche **Haushaltsnettoäquivalenzeinkommen** liegt bei 1.500 € (= 3.150 € / 2,1).

Dies bedeutet, dass jede Einzelperson in diesem Haushalt, wenn sie alleine wohnen würde, über ein Einkommen von 1.500,– € verfügen müsste, um den gleichen Lebensstandard zu erzielen. Würde man das tatsächliche Haushaltseinkommen durch die Zahl der Personen teilen, ergäbe sich ein Durchschnittseinkommen in Höhe von nur 787,50 € (= 3.150 € / 4). Die mögliche gemeinsame Nutzung der Wohnung und von Haushaltsgeräten hat also den Lebensstandard pro Person erhöht.

Betrachten wir alternativ einen Haushalt B mit dem gleichen gesamten Nettoeinkommen von 3.150 €, der zwei Erwachsene und 5 Kinder unter 15 Jahren umfasst. Der haushaltsbezogene Äquivalenzskalenwert liegt nun bei 3 (= 1 + 0,5 + 5 × 0,3), das monatliche Haushaltsnettoäquivalenzeinkommen beträgt 1.050 € (= 3.150 € / 3). Der Lebensstandard ist also bei gleichem Einkommen und mehr Haushaltsmitgliedern kleiner. Allerdings hätte sich bei einer Durchschnittsbetrachtung ein Wert von 450 € (= 3.150 € / 7 Personen) ergeben.

Das Nettoäquivalenzeinkommen ist eine Richtgröße für die Bestimmung der sogenannten Armutsgrenze. Diese wird definiert als 60 % des mittleren Haushaltsnettoäquivalenzeinkommens eines Landes (Median). In Deutschland hatte beispielsweise der Median der Nettoäquivalenzeinkommen nach Angaben des Europäischen Statistischen Amtes im Jahr 2008 einen Wert von 18.209 €. Dies bedeutet, dass die Armutsgrenze bei 10.925 € lag. Somit hätte eine Familie mit zwei Erwachsenen und zwei Kindern im Alter von unter 15 Jahren über ein Jahresnettoeinkommen von mehr als 22.943 € (= 10.925 € × 2,1) verfügen müssen, um oberhalb der Armutsgrenze zu liegen.

Die staatliche Umverteilungspolitik (z.B. durch Steuern, Transfers) zielt in der Regel darauf ab, die Verteilung der Einkommen gleichmäßiger zu machen. Was bedeutet aber gleichmäßiger? Um diesen Effekt sichtbar zu machen, betrachten wir ein einfaches Beispiel mit Brutto- und Nettoäquivalenzeinkommen von fünf Haushalten:

Während die Haushalte B, C und E einer (starken) Besteuerung unterliegen, sind bei den Haushalten A und D aufgrund geringer (oder keiner) Besteuerung und Transferzahlungen des Staates die Nettoäquivalenzeinkommen höher als die Bruttoäquivalenzein-

Tab. 25.3: Äquivalenzeinkommen

Haushalt	Haushalts-Bruttoäquivalenz-einkommen	Haushalts-Nettoäquivalenz-einkommen
A	750	1.000
B	4.250	2.000
C	4.000	2.500
D	0	500
E	6.000	4.000

kommen. Diese Effekte können graphisch anschaulich mit der **Lorenz-Kurve** dargestellt werden (Abb. 25.3). Dazu werden auf den Achsen die kumulierten prozentualen Anteile der Haushalte (waagerecht) und der Einkommen (senkrecht), jeweils geordnet von „Arm" nach „Reich", abgetragen.

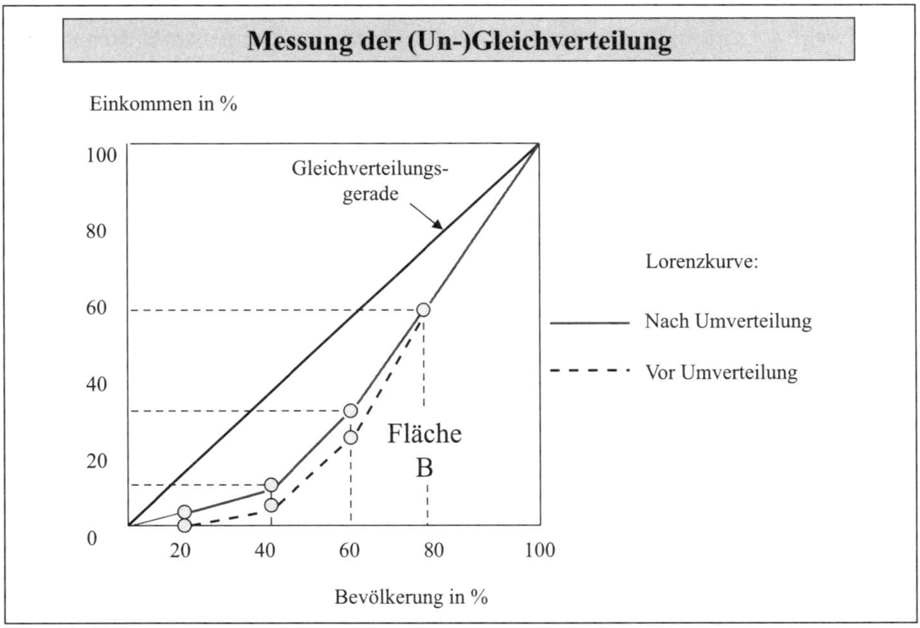

Abb. 25.3: Lorenz-Kurve

Grundlage für diese Darstellung sind die nachfolgenden Arbeitstabellen für die Verteilung der Brutto- und Nettoäquivalenzeinkommen der fünf betrachteten Haushalte. Für das Haushaltsbruttoäquivalenzeinkommen erhalten wir folgende Verteilung, geordnet von „Arm" nach „Reich":

Man sieht anhand der Tabelle, dass beispielsweise 40 % der „ärmsten" Haushalte über „nur" 5 % der Bruttoeinkommen verfügen. Graphisch findet man die Verteilung der Bruttoeinkommen in der Abb. 25.3 als gestrichelte Linie (Lorenz-Kurve der Bruttoäquivalenzeinkommen). Der Abstand von der Diagonalen, die eine Gleichverteilung aller Einkommen repräsentiert, verdeutlicht den Grad der „Ungleichverteilung".

Tab. 25.4: Verteilung von Haushaltsbruttoäquivalenzeinkommen

Haushalt	Bruttoeinkommen	Anteil an den Haushalten		Anteil am Einkommen	
		in %	kumuliert in %	in %	kumuliert in %
D	0	20	20	0	0
A	750	20	40	5	5
C	4.000	20	60	26,67	31,67
D	4.250	20	80	28,33	60
E	6.000	20	100	40	100

Für das Haushaltsnettoäquivalenzeinkommen erhalten wir die Verteilung, geordnet von „Arm" nach „Reich", nach den vom Staat eingeführten Steuern und Transferzahlungen:

Tab. 25.5: Verteilung von Haushaltsnettoäquivalenzeinkommen

Haushalt	Nettoeinkommen	Anteil an den Haushalten		Anteil am Einkommen	
		in %	kumuliert in %	in %	kumuliert in %
D	500	20	20	5	5
A	1.000	20	40	10	15
B	2.000	20	60	20	35
C	2.500	20	80	25	60
E	4.000	20	100	40	100

Der Umverteilungsprozess hat unter anderem dazu geführt, dass nun die 40 % der „ärmsten" Haushalte über 15 % der Nettoeinkommen verfügen. Die durchgezogene Linie in Abbildung 25.3 (Lorenz-Kurve der Nettoäquivalenzeinkommen) liegt näher an der Gleichverteilungsgeraden und verdeutlicht, dass die neue Verteilung weniger „ungleich" ist.

Ein rechnerisches Maß zur Beurteilung der „Ungleichverteilung" ist der **Gini-Koeffizient**, entwickelt vom italienischen Statistiker *Corrado Gini (1884–1965).* Der Gini-Koeffizient beschreibt das Verhältnis zwischen der Lorenz-Kurve und der Diagonalen sowie der Diagonalen und der X-Achse (Abb. 25.3). Hierzu werden die Bereiche unterhalb der Lorenz-Kurve in Trapeze zerlegt und deren Flächen aufsummiert. Die Differenz dieser Flächensumme von der Fläche unter der Diagonalen ergibt den Gini-Koeffizienten.

Der Index kann einen Wert zwischen 1 (extreme Ungleichverteilung) und 0 (völlige Gleichverteilung) annehmen. Läge die tatsächliche Einkommensverteilung in der Zuordnung zu den Haushalten genau auf der Diagonalen der Lorenzkurve, wäre eine vollkommene Gleichverteilung der Einkommen erreicht. Zur Bestimmung des Gini-Koeffizienten werden zwei Flächen bestimmt. Dazu zählt die zunächst die Fläche des Dreiecks unter der Gleichverteilungslinie, die hier als A bezeichnet wird. Sie beträgt 0,5. Die zweite Fläche ist die Fläche unter der jeweiligen Lorenzkurve, die wir B nennen. Der Gini-Koeffizient ist das Verhältnis der Fläche zwischen Gleichverteilungslinie und Lorenzkurve (A – B) zur Fläche unterhalb der Gleichverteilungslinie, also: (A – B) / A.

Je größer die Abweichungen von der Gleichverteilungskurve sind, d. h. je größer der „Bauch" der Lorenzkurve ist, desto größer ist das Maß der Ungleichverteilung des

Einkommens. Die Fläche B für die Lorenz-Kurve der Bruttoäquivalenzeinkommen errechnet sich wie folgt:

1. Kurvenabschnitt	(0,20 × 0,00) : 2	0,000
2. Kurvenabschnitt	(0,20 × 0,05) : 2 + 0,00 × 0,20	0,005
3. Kurvenabschnitt	(0,20 × 0,27) : 2 + (0,00 + 0,05) × 0,20	0,037
4. Kurvenabschnitt	(0,20 × 0,28) : 2 + (0,00 + 0,05 + 0,27) × 0,20	0,092
5. Kurvenabschnitt	(0,20 × 0,40) : 2 + (0,00 + 0,05 + 0,27 + 0,28) × 0,20	0,160
Summe	**zum Teil gerundet**	**0,294**

Da die Fläche A den Wert 0,5 hat, ist die Fläche A – B: 0,5 – 0,294 = 0,206. Der Gini-Koeffizient ergibt sich als: 0,206/0,5 = 0,412.

Die Fläche B für die Lorenz-Kurve der Nettoäquivalenzeinkommen kann wie folgt berechnet werden:

1. Kurvenabschnitt	(0,20 × 0,05) : 2	0,005
2. Kurvenabschnitt	(0,20 × 0,10) : 2 + 0,05 × 0,20	0,020
3. Kurvenabschnitt	(0,20 × 0,20) : 2 + (0,05 + 0,10) × 0,20	0,030
4. Kurvenabschnitt	(0,20 × 0,25) : 2 + (0,05 + 0,10 + 0,20) × 0,20	0,095
5. Kurvenabschnitt	(0,20 × 0,40) : 2 + (0,05 + 0,10 + 0,20 + 0,25) × 0,20	0,160
Summe		**0,310**

Die Fläche A – B beträgt: 0,5 – 0,310 = 0,19. Der Gini-Koeffizient (GK) ergibt sich somit als: 0,19/0,5 = 0,38. Der Gini-Koeffizient nach der Umverteilung (Nettoäquivalenzeinkommen: 0,38) ist also kleiner als der Gini-Koeffizient vor der Umverteilung (Bruttoäquivalenzeinkommen: 0,412).

Eine solche Einkommensumverteilung von „Reich" zu „Arm" wirkt nivellierend und wird überwiegend auch als sozial gerecht bezeichnet. Eine Einstufung lässt sich wie folgt vornehmen:

- $0{,}0 < GK < 0{,}3$: „normale Verteilung"
- $0{,}3 < GK < 0{,}4$: „akzeptabel"
- $0{,}4 < GK < 0{,}6$: „zu ungleich"
- $0{,}6 < GK < 1$: „Gefahr sozialer Unruhen"

Dieses Beispiel hat nicht nur didaktischen Charakter. Sie können sich vorstellen, welche Folgen sich ergeben, wenn in der verteilungspolitischen Diskussion z. B. über die „Armut" oder den „Reichtum" in einem Land falsche Kennziffern („Äpfel mit Birnen") verglichen werden. Achten Sie daher auf die Kenngrößen, die in diesem Zusammenhang herangezogen werden (Pro-Kopf-Einkommen; Brutto- und Nettoeinkommen; Einkommen vor oder nach der Umverteilung; Brutto- und Nettoäquivalenzeinkommen; Vermögen).

Schlagwörter	• absolute Armut • relative Armut • Ungleichheit • Ungerechtigkeit • Lorenz-Kurve • Gini-Koeffizient	• Äquivalenzeinkommen • Haushaltsbruttoäquivalenzeinkommen • Haushaltsnettoäquivalenzeinkommen • personelle Einkommensverteilung

25.2 Indikatoren zur Messung der nachhaltigen Entwicklung

Indikatoren dienen der Bereitstellung neuer bzw. der Enthüllung bisher verdeckter Informationen in Form von Kennzahlen. Indikatorensysteme müssen im Kontext der Nachhaltigkeit bestimmte Anforderungen erfüllen (Tab. 25.6).

Tab. 25.6: Anforderungen an Nachhaltigkeitsindikatoren
Quelle: in Anlehnung an Kopfmüller u. a., 2001, S. 318

Wissenschaftliche Anforderungen	• Repräsentativität: adäquat bezogen auf die jeweilige Fragestellung • Transparenz: keine Mehrdeutigkeit • Nachvollziehbarkeit: reproduzierbar in Auswahlkriterien und Ergebnissen • Datenqualität
Funktionale Anforderungen	• Sensitivität gegenüber Änderungen im Zeitablauf und gegenüber Wechselwirkungen zwischen Dimensionen der Nachhaltigkeit • Eignung zur Erfassung von Trends, Frühwarnsystem • Möglichkeit für internationale Vergleiche
Anforderungen der Nutzer	• Verständlichkeit • Verdichtung von Informationen • politische Steuerbarkeit • gesellschaftlicher Mindestkonsens über Eignung und Interpretation
Praktische Anforderungen	• Datenverfügbarkeit • vertretbarer Aufwand der Datenbeschaffung • regelmäßige Aktualisierung

In Abhängigkeit von Kenntnisstand, Zielgruppe und Fragestellung unterscheiden sich die Indikatoren (Abb. 25.4). Relativ einfach aufgebaute Schlüsselindikatoren bieten den Vorteil, dass sie robust sind, Datenprobleme transparent abbilden und aufgrund ihrer Struktur ein hohes Resonanzpotential besitzen. Solche Indikatoren dienen dem Informationsaustausch mit Nichtexperten und der Öffentlichkeit sowie der Entscheidungsunterstützung. Sie können darüber hinaus eingesetzt werden, um die Einhaltung von Standards zu überwachen. Nachteilig sind die Gefahr der Simplifizierung, die Vermittlung falscher Eindrücke sowie eine Subjektivität, da eine Reduktion auf „wesentliche" Kriterien getroffen werden muss. Mit dem Aggregationsprozess geht ein Informationsverlust einher. Zusätzlich wird eine Gewichtung notwendig, was die Konsistenz der Aussage gefährdet.

Eine Gruppe von Einzelindikatoren verringert vorhandene Datenlücken. Allerdings ist die Vielfalt von Daten für den Nichtfachmann kaum überschaubar. Solche Indikatorensysteme dienen der Modellierung von komplexen Systemen und werden eher von Fachwissenschaftlern eingesetzt.

Eine **Nachhaltigkeitsberichterstattung** kann auf supranationaler, nationaler, subnationaler oder lokaler Ebene erfolgen. Dabei können eine oder mehrere Ebenen umfassend betrachtet oder einzelne Sektoren oder Teilgebiete (z. B. Lebensbereiche, einzelne Unternehmen oder Produktgruppen) der Ebenen besonders betont werden. Die Systeme werden entweder von öffentlichen Institutionen (Ministerien, statistische Ämter, internationale Organisationen, wissenschaftliche Institute) oder von privaten Trägern (vor allem Unternehmen) erstellt und herausgegeben. Sie haben in der Regel das Ziel,

Raster für Nachhaltigkeitsindikatoren

Merkmal	Ausprägung			
Bewertung	monetär	physisch	hybrid	
Dimension	ökonomisch	ökologisch	sozial	Indikatorenset
Aggregationsgrad	hoch	mittel	gering	
Skalierung	ordinal	kardinal		
Funktion	Vergleich	Monitoring	Analyse	Steuerung
Informationsart	inputorientiert	prozessorientiert	outputorientiert	

[grau hinterlegt] Praxisbeispiel für eine konkrete Ausprägung

Abb. 25.4: Morphologischer Kasten für Nachhaltigkeitsindikatoren

spezifische Fragestellungen oder Politikfelder zu beobachten und zu evaluieren. Einige Beispiele für Indikatoren(-sets) der nachhaltigen Entwicklung sind:

a) **Kommunale Indikatorensysteme**
Viele Kommunen in Deutschland haben Indikatorensysteme der Nachhaltigkeit eingeführt. Vorbilder waren insbesondere amerikanische, kanadische, britische und niederländische Kommunen. Beispielhaft sei auf den Wettbewerb „Zukunftsfähige Kommune" verwiesen. Hier wird das Konzept der Lebensqualität mit dem Nachhaltigkeitsbegriff der lokalen Agenda 21 verbunden. Neben Indikatoren der Lebensqualität wurden Umweltqualität, Ressourceneffizienz, wirtschaftliche Effizienz und soziale Gerechtigkeit berücksichtigt. Die teilnehmenden Kommunen mussten 38 verschiedene Indikatoren aus vier Nachhaltigkeits-Bereichen erfassen. Zwölf weitere Indikatoren, bei denen die Datenbereitstellung schwieriger war, konnten fakultativ einbezogen werden.

b) **Nationale Indikatorensysteme**
Der Indikatorenbericht des Statistischen Bundesamtes beschreibt die Entwicklung und den aktuellen Stand für 35 ausgewählte Nachhaltigkeitsindikatoren. Grafiken und Texte liefern Hintergrundinformationen und weiterführende Analysen zu den Ergebnissen. Die vollständigen Zeitreihen zur Entwicklung der Nachhaltigkeitsindikatoren können der GENESIS-Datenbank (www.destatis.de) entnommen werden.

c) **Europäische Indikatorensysteme**
Die Strategie der Europäischen Gemeinschaften basiert auf der Beobachtung einer Vielzahl von Indikatoren, um den Fortschritt im Hinblick auf jede spezifische Herausforderung der nachhaltigen Entwicklung zu überwachen. Ein erster Indikatorensatz des Statistischen Amtes der Europäischen Gemeinschaften (EuroSTAT) wurde 2005 von der Kommission angenommen und 2007 überarbeitet. Die Indikatoren für nachhaltige Entwicklung (*sustainable development indicator,* SDI) betrachten neben der sozio-ökonomischen Entwicklung unter anderem demografische Veränderungen, den Klimawandel und natürliche Ressourcen.

d) **Internationale Indikatorensysteme**
- Global Footprint Network, World Wildlife Fund (WWF) und Zoological Society of London berechnen den sogenannten Ökologischen Fußabdruck. Er erfasst

den Ressourcenverbrauch von Menschen oder Regionen und wird in die Fläche umgerechnet, die notwendig ist, um die entsprechenden Ressourcen zur Verfügung zu stellen. Damit kann gezeigt werden, wie viel Raum ein Mensch oder eine Region in Anspruch nimmt oder wie viele „Erden" benötigt würden, wenn alle Menschen auf der Welt einen ähnlichen Verbrauch hätten.
- Die OECD betrachtet verschiedene Themen (z. B. Technologie, Handel, Klimawandel, Landwirtschaft, soziale Kohäsion, Bildung) unter dem Gesichtspunkt der nachhaltigen Entwicklung und veröffentlicht dazu zahlreiche Statistiken.
- Die Kommission nachhaltige Entwicklung (CSD) der Vereinigten Nationen (UN) hat auf der Basis von nationalen Testläufen und Expertenkonsultationen einen Satz von 58 Indikatoren zusammengestellt.

Beispielhaft wollen wir nachfolgend zwei Indikatorensysteme herausgreifen, die einen internationalen Vergleich erlauben und die sich in einer Gesamtbetrachtung im Sinne von Anforderungen an die makroökonomische Modellierung einer nachhaltigen Entwicklung verknüpfen lassen:

- Der ökologische Fußabdruck als Beispiel für die ökologische Dimension.
- Der Human Development Index (HDI) als Beispiel für die ökonomische und soziale Dimension.

Eine nachhaltige Gesellschaft würde dann z. B. einen geringen ökologischen Fußabdruck und einen hohen HDI aufweisen. Damit sind alle drei Kernbereiche der nachhaltigen Entwicklung in einer Betrachtung zusammengeführt. Beide Indikatoren lassen sich im sogenannten WebGIS analysieren. Die Nutzung digitaler Geoinformationen und Geographischer Informationssysteme (GIS) ist seit den 1990er Jahren durch die Entwicklung benutzerfreundlicher, teils über das Internet verfügbarer, GIS-gestützter Anwendungen möglich und in zahlreiche Bereiche des täglichen Lebens vorgedrungen. Aufgrund der ständig wachsenden Bedeutung von Geoinformationen und GIS-Technologien wird eine Integration in die Lehre empfohlen. Hier findet man eine weltweite Übersicht zu Indikatoren aus den Bereichen Gesellschaft, Ökonomie, Umwelt und Politik.

Schlagwörter	• Nachhaltigkeitsindikatoren • Indikatorensysteme	• Nachhaltigkeitsberichterstattung

Ökologischer Fußabdruck – tägliche Spuren in der Umwelt

Der ökologische Fußabdruck ist ein Modell, das bewusst macht, ob und wie Gesellschaften über ihre Verhältnisse leben. Menschliche Aktivitäten geschehen letztendlich immer auf einem Teil der Bodenfläche unseres Planeten Erde, die wir als Ganzes nicht vergrößern können. Zentrale Frage für den Fußabdruck ist: *Wie viele erneuerbare Ressourcen benötigt der menschliche Konsum von Produkten und Dienstleistungen?* Eine ökologisch nachhaltige Welt muss aus dieser Sicht auf erneuerbaren natürlichen Ressourcen basieren, d. h. auf Ressourcen, die globale Ökosysteme bereitstellen können. Jeder Mensch beansprucht eine gewisse Fläche dieser Erde für bestimmte Aktivitäten:

- Energieerzeugung,
- Nahrungsmittelproduktion (einschließlich der Futtermittelproduktion für Tiere),
- Wohnen und Arbeit,
- Freizeitgestaltung,
- Transport und Mobilität (z. B. Straßen, Einbahnstrecken, Flughäfen).

Der ökologische Fußabdruck übersetzt den damit verbundenen Naturverbrauch in Land- und Seefläche (Hektar), um die Begrenztheit des Planeten zu symbolisieren (Abb. 25.5):

- Materialverbrauch: Umrechnung in Flächen,
- Landverbrauch: bebaute Fläche, Abbauflächen, Ackerland, Weideland,
- Meeresfläche (Fischfanggründe),
- Energieverbrauch durch nicht erneuerbare Ressourcen: Bereitstellung von CO_2-Absorptionsflächen (z. B. Wald und Ozeane).

Relevante Fragen sind beispielsweise:

- Wie viel Fläche wird benötigt, um den Weizen für das Brot zu produzieren?
- Wie viel Weizen wird verbraucht, um Schweine zu füttern, dessen Fleisch wir essen?
- Wie viel Fläche ist für die Produktion von Baumwolle notwendig?
- Wie viel Fläche ist notwendig, um das CO_2 zu absorbieren, das durch den Verbrauch fossiler Energien in die Atmosphäre entlassen wird?

Im ökologischen Fußabdruck sind alle Stoffe aus der Natur enthalten, die für Herstellung, Transport, Gebrauch und Entsorgung von Gütern verbraucht werden. Sie werden in fünf Kategorien unterteilt:

- Abiotische Rohstoffe, z. B. Eisenerz, Erdöl, Kohle, Sand, Kies,
- Biotische Rohstoffe, z. B. Holz, Baumwolle, Kautschuk,
- Erosion, z. B. Abnutzung des Bodens durch Baumwollanbau,
- Wasser, z. B. zur Bewässerung in der Landwirtschaft oder zur Reinigung und Kühlung in Kraftwerken,
- Luft, z. B. Verbrennungsluft für Motoren, chemische Reaktionen und/oder für die Heizung.

Beachten Sie, dass der ökologische Fußabdruck nichts darüber aussagt, wie schädlich die Produkte oder ihre Abfallstoffe für Menschen und Natur sind. Für Schadstoffe gibt es andere Indikatoren, z. B. Gehalt an Cadmium oder an Dioxin. Solche Indikatoren sind eine wichtige Ergänzung, um zu einer ökologischen Gesamtbewertung von Gütern zu kommen.

Teilen wir den ökologischen Fußabdruck eines Landes durch die jeweilige Einwohnerzahl, so erhalten wir den ökologischen Fußabdruck einer Person dieses Landes. Damit lässt sich ein anschaulicher Vergleich des Lebensstils zwischen Einwohnern unterschiedlicher Länder durchführen. Die **Biokapazität** pro Person (nutzbare Naturfläche des Landes pro Einwohner) zeigt, welcher Ressourcenverbrauch in diesem Land dauerhaft möglich wäre, ohne dass Flächen anderer Länder beansprucht werden oder eine Übernutzung der Flächen stattfindet.

Für die Ermittlung des ökologischen Fußabdrucks sind komplexe Berechnungen notwendig. Um einheitliche, vergleichbare Flächen zu erhalten, werden die Flächenwerte mit länderspezifischen Ertragsfaktoren und die unterschiedlichen Flächentypen mit Äquivalenzfaktoren multipliziert. Daraus ergeben sich die so genannten **globalen Hektar**, die eine weltweit durchschnittliche (biologische) Produktivität aufweisen. Da nicht alles Land gleichermaßen produktiv ist und sich die Produktivitäten regional unterscheiden, sind Gewichtungen erforderlich. Beispielsweise ist Ackerland produktiver als Weideland und Ackerland in Neuseeland produktiver als Ackerland in Algerien. Die Gewichtung wird mit einem Ertragsfaktor (*yield factor*) vorgenommen, der zur Ermittlung von regionalen Fußabdrücken führt.

Ökologischer Fußabdruck

- Maß für die Inanspruchnahme der Natur durch menschliche Aktivitäten
- notwendige produktive Land- und Wasserflächen insgesamt für menschliche Aktivitäten
- gemessen in Globalen Hektar (gha);
  (1 gha entspricht einem Hektar durchschnittlicher biologischer Produktivität weltweit = 10.000 m^2)
- Berechnung für Individuen, Städte, Regionen, Länder und global

Abb. 25.5: Charakteristika des ökologischen Fußabdrucks

Der ökologische Fußabdruck entspricht der Nachfrage nach Ressourcen. Die Biokapazität stellt das Angebot an Ressourcen bereit. Aus einem Vergleich von Nachfrage und Angebot entsteht ein **ökologischer Überschuss** bzw. ein **ökologisches Defizit** (Abb. 25.6):

- **nationales Defizit**: Aus nationaler Sicht entspricht ein Defizit einer nicht-nachhaltigen Nutzung und/oder einem Import von Übernutzung. Rechnerisch ist der Fußabdruck größer als die Fläche nutzbaren Landes.
- **globales Defizit**: Aus globaler Sicht signalisiert ein Defizit generell eine nicht-nachhaltige Nutzung und (langfristig betrachtet) eine Zerstörung des Naturkapitals (*overshoot*).

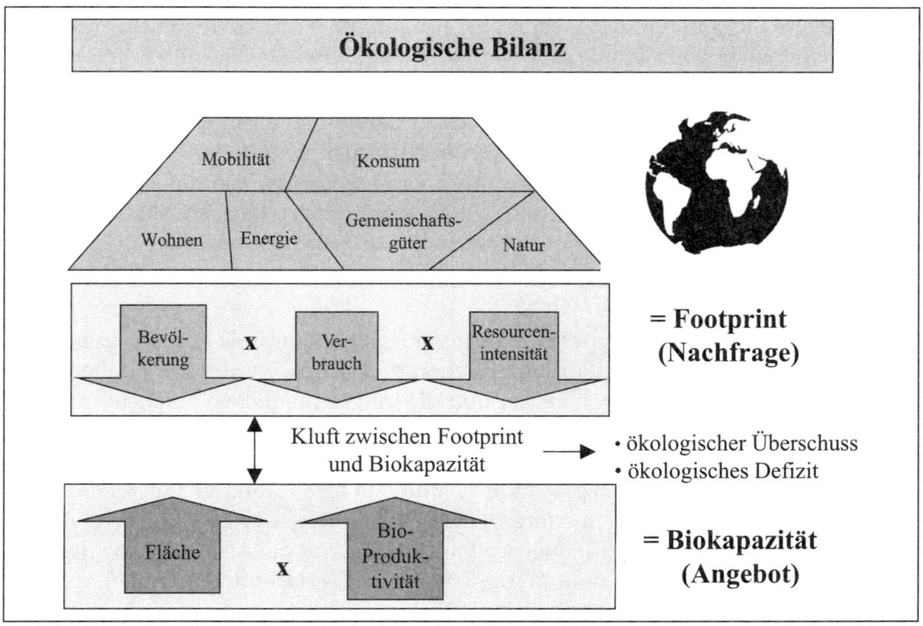

Abb. 25.6: Ökologische Defizite und Überschüsse

Wie viel Fläche steht uns nun zu Verfügung? Unser Planet hat eine Oberfläche von rund 51 Mrd. ha. Ein Großteil der Meere, Eis, Sandwüsten und unfruchtbares Land sind weitestgehend nicht bioproduktiv nutzbar. Tatsächlich stehen rund 12–13 Mrd. ha zur Verfügung. Bei einer Weltbevölkerung von derzeit etwa 7 Mrd. Menschen stehen einer Person damit durchschnittlich etwa 1,6–1,7 ha an biologisch produktiver Fläche zur Verfügung. Stellen wir diesem Erdanteil die tatsächlich beanspruchte Fläche gegenüber, so ist zu erkennen, dass der ökologische Fußabdruck der gesamten Menschheit bereits um 20 % bis 30 % größer ist, als die nutzbare Fläche der Erde (Abb. 25.7). Insgesamt leben wir damit über unsere Verhältnisse. Sofern die bioproduktive Fläche aufgrund von Übernutzung bis zum Jahr 2050 auf z. B. 10 Mrd. ha zurückgeht, ergibt sich bei 9 Mrd. Menschen die globale „ein Hektar Herausforderung".

Vor allem viele Industrienationen weisen einen Ressourcen- und Umweltverbrauch auf, der einer größeren Fläche entspricht, als im eigenen Land zur Verfügung steht. Die Folge ist eine **globale Ungerechtigkeit**, da ein relativ größerer ökologischer Fußabdruck nur dadurch möglich ist, dass andere Nationen weniger beanspruchen, als ihnen eigentlich zustehen würde. Für viele Industrieländer beträgt der Fußabdruck in der Vergangenheit teilweise 5–6 ha. Einwohner aus Ländern mit mittlerem Einkommen beanspruchten etwa 1,5–2 ha und Einwohner aus ärmeren Ländern in der Regel 0,6–1 ha.

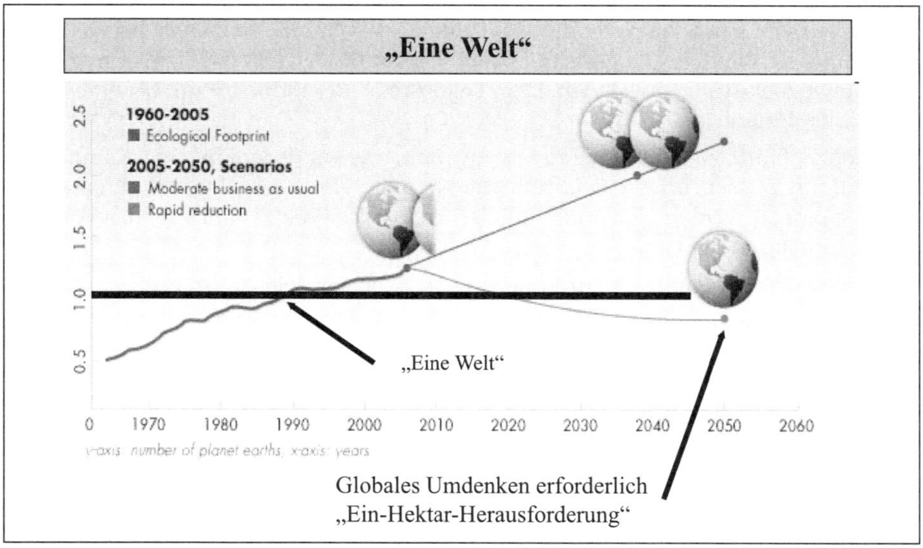

Abb. 25.7: Globale „Ein-Hektar-Herausforderung"
Quelle: http://www.footprintnetwork.org/en/index.php/GFN/page/world_footprint

Der wesentliche Vorteil des ökologischen Fußabdrucks ist, dass er vergleichsweise einfach zu kommunizieren ist (Abb. 25.8). Internet-Anwendungen ermöglichen es, auch den eigenen Fußabdruck zu ermitteln. „Äpfel" können mit „Birnen" verglichen werden und erleichtern die Wahlentscheidung (*informed choice*). Sie erhalten z. B. die Information, dass 1 kg Fleisch im *footprint* entsprechen 70 kg Kartoffeln, 6 Minuten im Flugzeug, 250 km im Mittelklasse-PKW, 45 Tage Nutzung eines PC oder ein Jahr Nutzung eines PC mit Ökostrom.

Landverbrauch und Landverknappung sind leicht zu verstehende Begriffe, die der Öffentlichkeit gut vermittelt werden können. Die Daten zur Ermittlung des ökologi-

Aussagefähigkeit des ökologischen Fußabdrucks

- Symbol für (Nicht-)Nachhaltigkeit
- Darstellung komplexer Zusammenhänge in einer Gesamtzahl
- weltweite Ländervergleiche im Zeitablauf möglich (1960–2010)
- Bewusstseinsbildung und Vermittlung an die Bevölkerung durch persönliche „Fußabdruck-Rechner"
- Einfluss auf nationale, europäische und internationale Politik zur Implementierung von „geeigneten politischen Rahmenbedingungen"

Abb. 25.8: Informationsgehalt des ökologischen Fußabdrucks

schen Fußabdrucks sind überwiegend von guter Qualität, werden jährlich aktualisiert und sind international weitgehend vergleichbar. Ein weiterer Vorteil dieser Methodik besteht darin, dass sie ein Maßstab für eine nachhaltige Entwicklung (oder das Gegenteil davon) sein kann. Sie bietet die Möglichkeit, eine Grenze zu ziehen, bis zu der die Erhaltung der **Biodiversität** gesichert bleibt. Die Methode zeigt die Hauptverursacher von Umweltbelastungen weltweit. Damit eignet sich der Indikator gut für eine Handlungsorientierung.

Das Konzept hilft auch die Frage zu beantworten, was wir (jeder Einzelne, Kommunen, Staaten) tun müssen, um die Belastung der Natur zu verringern. Dadurch können Prioritäten gesetzt werden. Aus individueller Sicht stehen die Ernährung, das Wohnen, die Mobilität und der Güterkonsum im Vordergrund.

Der ökologische Fußabdruck für **Ernährung** ist beispielsweise umso größer,

- je weiter oben ein Lebensmittel in der Nahrungskette steht (Fleisch, tierische Produkte),
- je stärker ein Lebensmittel verarbeitet wird,
- je weiter es transportiert werden muss,
- je aufwendiger es verpackt und je länger es gelagert wird (Kühlhäuser, Kühltruhen).

Wichtig ist auch der Transport vom Geschäft zum Endverbraucher. Die Einkaufsfahrt mit dem Auto kann ein Vielfaches des *footprint* verursachen, der beim gesamten Transport des Produktes bis in den Laden anfällt.

Der ökologische Fußabdruck des **Wohnens** hängt u. a. ab von

- der Größe der Wohnung bzw. des Hauses,
- der thermischen Qualität des Gebäudes (Passivhaus, Niedrigenergiestandard),
- der Kompaktheit des Gebäudes (eine Wohnung im Mehrfamilienhaus ist häufig energetisch günstiger als ein freistehendes Einfamilienhaus),
- den eingesetzten Energieträgen für Heizen und Warmwasser,
- dem Warmwasserverbrauch,
- dem Stromverbrauch (Anzahl der Geräte, Standby) und der Art des Stroms (Ökostrom, konventionell).

Im Kontext der **Mobilität** spielen vor allem die genutzten Fortbewegungsmittel eine Rolle (Flugzeug mit Kurz- oder Langstrecke, Art des PKW, ÖPNV mit Bus oder Bahn, Fahrrad, zu Fuß gehen).

In der Frage des **Güterkonsums** ist u. a. entscheidend:

- die langlebige, mehrfache Nutzung von Gütern (reparieren statt wegwerfen),
- der Erwerb von „*second hand*" und/oder recycelten Gütern,
- die Art des Konsums („nutzen statt besitzen", Volumen des Konsums, Lebensstil).

Auch in diesem Kontext sind sogenannte **Rebound-Effekte** zu berücksichtigen. So hat sich z. B. der Kerosinverbrauch des Fliegens pro Personenkilometer zwischen 1970–2010 mehr als halbiert. Die Flugkilometer sind hingegen um das mehr als 5-fache gestiegen. Der Kerosinverbrauch ist insgesamt also stark angewachsen.

Der ökologische Fußabdruck ist ungeachtet seiner breiten Anwendung auch **methodischer Kritik** ausgesetzt. Folgende Schwachstellen werden genannt:

- Es erfolgt keine Einbeziehung von Kosten- und Nutzenerwägungen.
- Es wird vorrangig der Konsum, nicht aber die Produktion analysiert.
- Die Einhaltung kritischer Bestandswerte des Naturkapitals ist nicht gesichert.
- Der Indikator berücksichtigt nur CO_2-Ressourcen, nicht aber den Beitrag anderer klimarelevanter Spurengase, die sich nicht in Flächen darstellen lassen. Außen vor bleiben z. B. Baumaterialien, chemische Erzeugnisse und gasförmige Abfälle.
- Fossile Energieträger werden nur anhand ihrer CO_2-Emissionen berücksichtigt. Der Verbrauch dieser erschöpfbaren Energieträger bleibt außen vor. Es sind aber Alternativen vorstellbar, die weniger Land in Anspruch nehmen (z. B. erneuerbare Energien).
- Regional unterschiedliche Fußabdrücke sind zu relativieren, da sie eine Folge des internationalen Handels sind. Brasilien ist ein Beispiel für ein Geberland, das seine Flächen für Agrarexporte (z. B. Kaffee, Fleisch, Zucker, Biosprit) in Länder mit einem ökologischen Defizit zur Verfügung stellt. Allerdings ist der entsprechende Reichtum verbunden mit dem **Raubbau an den Regenwäldern**.

Ungeachtet dieser Einwände gilt der ökologische Fußabdruck als ein geeigneter Maßstab, der die Begrenztheit der Welt und die Notwendigkeit von Fairness in der Nutzung natürlicher Ressourcen zwischen den Ländern deutlich macht. *„Im Prinzip geht es darum, den ärmeren Staaten aus Sicht der reicheren Staaten nicht mehr zu geben, sondern ihnen weniger zu nehmen"* (*Jean Ziegler*, UN-Sonderberichterstatter für das Recht auf Nahrung).

Menschliche Entwicklung – mehr als Einkommensgrößen

Einkommensgrößen wie das BIP-pro-Kopf sind allein kein geeigneter Maßstab zur Beurteilung von Entwicklungspfaden. Vor diesem Hintergrund ist der *Human Development Index* (HDI) als Messinstrument entstanden, der neben der realen Kaufkraft pro Einwohner, auch die Lebenserwartung und die Bildung in einem Wert ausweist. Der HDI gilt als ein Konzept, dass im Gegensatz zu ökonomischen Konzepten den Menschen in das Zentrum der Entwicklung stellt. Er bietet eine nutzerfreundliche Methode für die Analyse der menschlichen Entwicklung auf internationaler, nationaler und subnationaler Ebene. Er lässt sich zudem auf Geschlechter oder Einkommen- und Altersgruppen sowie ethnische Gruppen beziehen. Der HDI versteht sich als Indikator für die umfassende wirtschaftliche und soziale Entwicklung, der eine Aussage über den relativen Fortschritt einzelner Staaten machen soll.

Wir haben das methodische Konzept zur Berechnung des *Human Development Index* bereits in Kapitel 15.3 ausführlich vorgestellt.

Schlagwörter		
	• ökologischer Fußabdruck • Human Development Index (HDI) • Biokapazität • Biodiversität	• ökologische Defizite • ökologische Überschüsse • Reboundeffekt

25.3 Wege zur nachhaltigen Entwicklung – Ein Orientierungsrahmen

Nachfolgend werden die beiden Indizes „ökologischer Fußabdruck" und „HDI" in einem Diagramm zusammengeführt. Ziel ist, ein **Bewertungsschema** für die nachhaltige Entwicklung von Volkswirtschaften zu erhalten. Auf der waagerechten Achse (Skala von 0 bis 1) wird der HDI, auf der senkrechten Achse (Skala von 0 bis 12) der ökologische Fußabdruck abgetragen. Wird eine Gerade durch die beiden Schwellenwerte (HDI-Wert von 0,8 für hohe menschliche Entwicklung; 1,8 als Orientierungsgröße für den globalen Hektar) gezogen, ergibt sich ein Kreuz, das die Diagrammfläche in vier Quadraten unterteilt (Tab. 25.7 und Abb. 25.9).

Tab. 25.7: Orientierungsrahmen für eine nachhaltige Entwicklung

I: Zu hohe Belastung der Biokapazität, keine hohe menschliche Entwicklung	**II:** Zu hohe Belastung der Biokapazität, hohe menschliche Entwicklung
III: Innerhalb der Grenzen der Biokapazität, keine hohe menschliche Entwicklung	**IV:** Innerhalb der Grenzen der Biokapazität, hohe menschliche Entwicklung

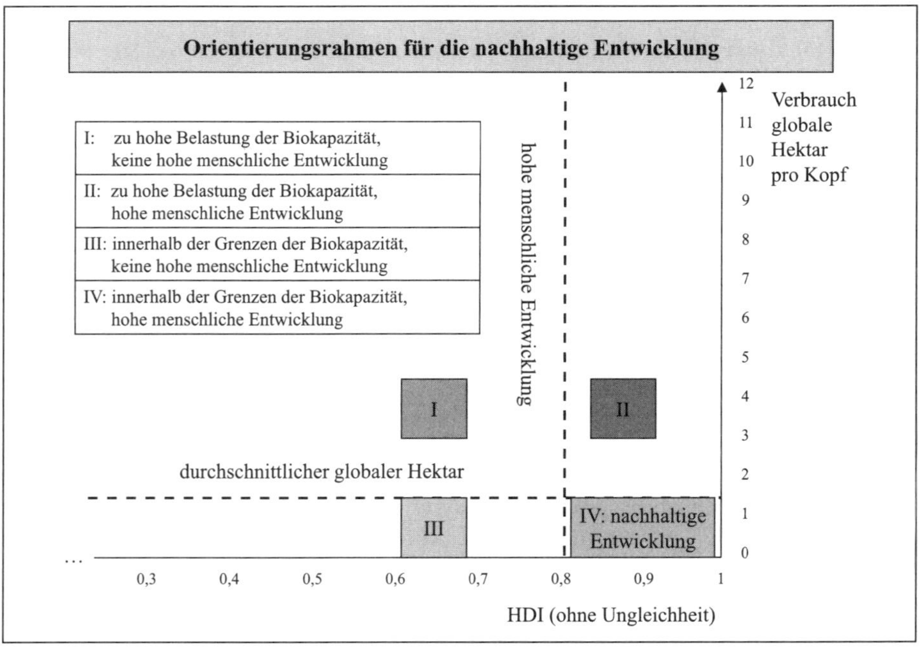

Abb. 25.9: Operationalisierung der nachhaltigen Entwicklung

Mit Hilfe dieses Orientierungsrahmens lässt sich folgende Arbeitsdefinition einer nachhaltigen Entwicklung aus makroökonomischer Sicht formulieren:

Eine erfolgreiche nachhaltige Entwicklung setzt voraus, dass Länder mindestens die beiden Bedingungen eines HDI von größer 0,8 und eines ökologischer Fußabdruck von max. 1,8 ha pro Person aufweisen. Darüber hinaus müssen sich die Staaten zukünftig weiter in den Quadranten IV hineinbewegen, da die Weltbevölkerung wächst, so dass die Tragfähigkeit pro Kopf kleiner wird und somit die Größe des Quadranten sinkt.

Diese Darstellung erlaubt die Beurteilung der Frage, ob und inwieweit sich ein Land hin zu einer nachhaltigen Entwicklung im definierten Sinne befindet. *„Wenn die Industrieländer lernen würden, bei gleichem Wohlstand ihre Fußabdrücke auf ein Fünftel zu verkleinern und die Entwicklungsländer ihr „human development" zu verfünffachen, ohne die Fußabdrücke zu vergrößern, dann wären alle Länder der Erde „nachhaltig" im Sinne dieses Schemas." (von Weizsäcker, 2010).* Diese Betrachtung ist auch deshalb interessant, da sich bisher kein Land (ansatzweise Kuba) in dem Quadranten befindet, der eine nachhaltige Entwicklung kennzeichnet (Abb. 25.10).

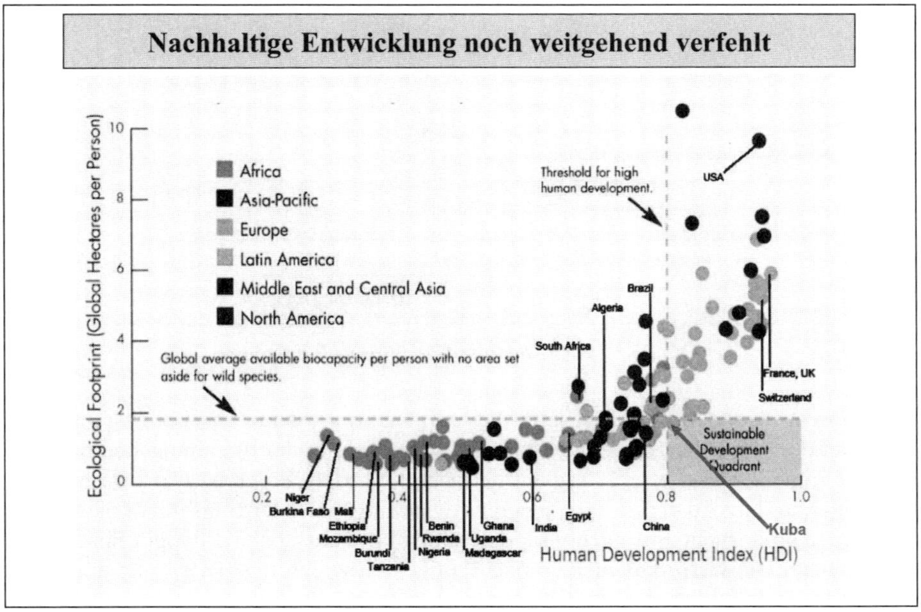

Abb. 25.10: Entwicklungspfade von Volkswirtschaften
Quelle: WWF, 2010

25.3.1 Nachhaltigkeit und Entwicklungspfade von Volkswirtschaften

Vor dem Hintergrund des Leitbildes der Nachhaltigkeit sollen zunächst beispielhaft Wege einer nicht-nachhaltigen Entwicklung präzisiert werden. Ausgehend von der o. ä. Arbeitsdefinition dürfte eine **nicht-nachhaltige Entwicklung** vor allem in folgenden Fällen vorliegen (Abb. 25.11):

- Erhöhung des Niveaus menschlicher Entwicklung zu Lasten der Umwelt (Fall 1),
- schonender Umgang mit Naturkapital, bei der im Zeitablauf nur eine geringe Erhöhung der menschlichen Entwicklung erfolgt (Fall 2),

- zu hoher Ressourcenverbrauch bei gleichzeitig einer nur geringen menschlichen Entwicklung (Fall 3).

Diese drei Fälle konnten und können in der Realität beobachtet werden. Betroffen sind Staaten mit unterschiedlichen Ausgangsniveaus, d. h. Entwicklungs-, Schwellen- und traditionelle Industrieländer gleichermaßen.

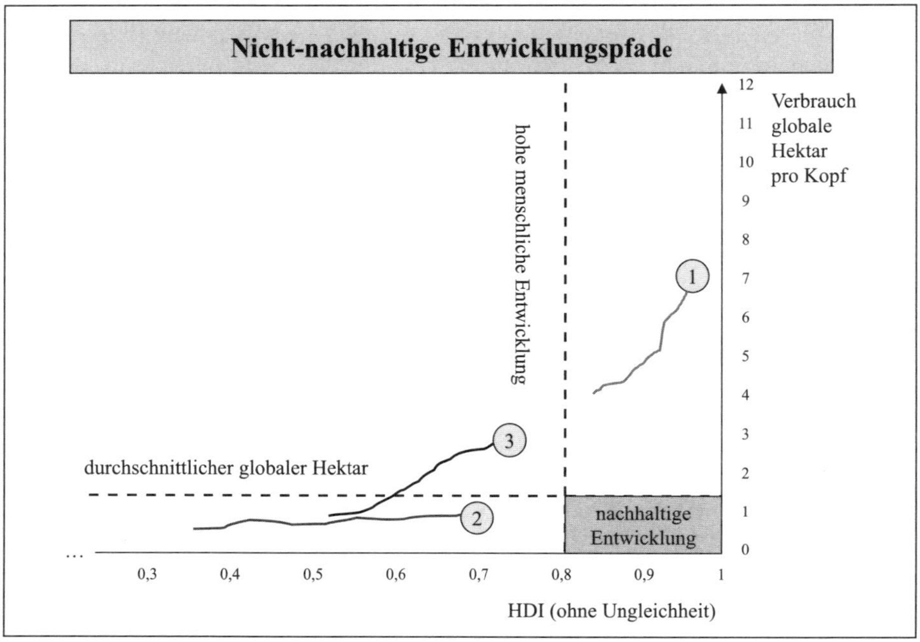

Abb. 25.11: Nicht-nachhaltige Entwicklungspfade

Vor allem in **Wohlstandsländern** sind Maßnahmen zur Ressourcenschonung und zum Klimaschutz in der Vergangenheit häufig als Bedrohung der ökonomischen bzw. sozialen Dimension von Nachhaltigkeit betrachtet worden. Ergebnis war und ist zwar ein steigendes Niveau der menschlichen Entwicklung, das allerdings mit ökologischen Problemen einhergeht. Ein solches Modell kann angesichts global knapper Ressourcen und globaler Umweltprobleme kein nachhaltiges Entwicklungsmodell und auch kein Vorbild für Entwicklungs- und Schwellenländer sein.

In **Entwicklungs- und Schwellenländern** sind zum Teil erhebliche Unterschiede in der Wertung globaler Umweltzustände zu finden. Höchste Priorität haben häufig wirtschaftliche und soziale Reformen, die sich im Sinne einer **nachholenden Entwicklung** an den führenden Industrienationen orientieren. Im Umweltschutz konzentrieren sich viele Länder auf diejenigen Emissionen in Luft und Wasser, die unmittelbar die menschliche Gesundheit schädigen und neben sozialen auch zunehmend volkswirtschaftliche Schäden verursachen. Auch solche Entwicklungsmodelle sind im Sinne unserer Arbeitsdefinition nicht als nachhaltig zu betrachten.

Das **Konzept einer nachholenden Entwicklung** geht davon aus, dass sich Entwicklungsverläufe von Volkswirtschaften im Kern gleichen. Entwicklungspfade verlaufen weitgehend linear und sind übertragbar. Unterstützt wird diese Vorstellung von der empirischen Analyse messbarer Indikatoren, die diese Entwicklung kennzeichnen, z. B.

Einkommenszuwachs, Energieverbrauch, Urbanisierungsgrad, Einschulungsrate oder die Anzahl von Ärzten pro 100.000 Einwohner.

In einigen Ländern (z. B. in den sog. Tigerstaaten Südkorea, Taiwan, Hongkong, Singapur) war die am industriegesellschaftlichen Modell orientierte nachholende Entwicklung durchaus erfolgreich. Diesen Ländern ist es gelungen, sich im Welthandel zu behaupten und gemessen an bestimmten Kriterien zu entwickeln. Kriterien zur Bestimmung dieser *Newly Industrialized Countries* (NIC) sind z. B. der Grad der Außenhandelsverflechtungen (z. B. Anteil der Exporte am BIP), die Struktur des Außenhandels (z. B. Anteile der Industriewaren an den Exporten, Diversifizierung von Exportprodukten und -märkten), die Bedeutung der Exporte auf dem Weltmarkt (z. B. Anteile an weltweiten Exporten in jeweiligen Branchen) und monetäre Indikatoren (z. B. Entwicklung der *terms of trade*, Devisenreserven, Schuldendienstquoten).

Es gibt aber auch Gegenbeispiele. Vor allem bei vielen Entwicklungsländern ist Ernüchterung eingetreten. Statistische Daten zeigen, dass der Prozess der nachholenden Entwicklung in den meisten Weltregionen nicht eingeleitet und zu einem erfolgreichen Abschluss gebracht werden konnte:

- Das Pro-Kopf-Einkommen in der industrialisierten Welt beträgt nach wie vor ein Vielfaches des Pro-Kopf-Einkommens in Entwicklungs- und Schwellenländern.
- Der Ressourcenverbrauch in der industrialisierten Welt ist häufig mehrfach so hoch wie in den Entwicklungsländern.
- Die Lebenserwartung liegt aufgrund von schlechteren Umweltbedingungen, Fehlernährung und einem schlechteren Gesundheitssystem zum Teil Jahrzehnte auseinander.

Selbst ein messbares Wirtschaftswachstum hat in Entwicklungs- und Schwellenländern häufig die Armut großer Bevölkerungsgruppen nicht verhindert. Es gibt zwar moderne Sektoren, reiche Schichten, technischen und sozialen Fortschritt, allerdings ist ein Durchsickern von Einkommenszuwächsen bis hin zu den ärmsten Bevölkerungsschichten (**trickle-down-Effekt**) häufig nicht zu beobachten.

Inzwischen mehren sich nicht nur in den Industrieländern selbst Zweifel an der Zukunftsfähigkeit ihres eingeschlagenen Entwicklungsmodells. Ökologisch motivierte Ökonomen weisen darauf hin, dass erst dann ein Spielraum für eine Industrialisierung in Entwicklungs- und Schwellenländern entsteht, wenn die klassischen Industrieländer ihre Industrien teilweise abbauen. Damit sind Interessenkonflikte vorprogrammiert.

Die nachholende Entwicklung, die sich am Vorbild der früheren Industriestaaten orientiert, findet zudem unter den Bedingungen einer globalisierten Ökonomie statt. Einige Ökonomen weisen darauf hin, dass viele Entwicklungs- und Schwellenländer in einer Art Globalisierungsfalle sitzen. Sie haben preiswerte Arbeitskräfte und damit gegenüber den Industrienationen komparative Vorteile.

Warum sollten sie also eine Politik betreiben, die die technologische Entwicklung fördert und diese Vorteile relativiert? Um ihren „Rückstand" aufzuholen, müssten sie zunächst Kostenvorteile opfern. Dies erklärt auch, warum diese Länder oft selbst kein Interesse an höheren Löhnen oder Sozialleistungen haben.

Freihandel und Globalisierung können also das Aufholen von Entwicklungs- und Schwellenländern zumindest im Rahmen traditioneller Überlegungen der weltweiten Arbeitsteilung erschweren.

Hinzu kommt, dass die Anteile vieler armer Länder am weltweiten Warenaustausch ständig sinken. Außer öffentlichen Spenden und multilateralen Hilfen ist häufig kaum Kapital vorhanden. Die komparativen Kostenvorteile haben dazu geführt, dass die

Länder oft vom Export nur weniger Agrarprodukte und Rohstoffe abhängig sind. Gleichzeitig wird die Landwirtschaft zur Versorgung der heimischen Bevölkerung vernachlässigt. Stattdessen wird die Bodennutzung intensiviert, so dass der Boden verarmt und zunehmend erodiert. Zu beobachten ist ein Verfall von Rohstoffpreisen im Verhältnis zu den importierten Industrieprodukten, so dass sich die *terms of trade* verschlechtern. Insgesamt lässt sich festhalten, dass die Vorteile einer weltweit verflochtenen Wirtschaft und die daran gekoppelte nachholende Entwicklung die Realität in vielen Ländern nur unscharf beschreiben. Die Suche nach nachhaltigen Entwicklungspfaden gestaltet sich daher in vielen Entwicklungs- und Schwellenländern nach wie vor schwierig.

Schlagwörter		
	• nachholende Entwicklung • nicht-nachhaltige Entwicklungspfade • trickle down-Effekt	• Entwicklungsländer • Schwellenländer • traditionelle Industrieländer

25.3.2 Zielkonflikte

Da das Leitbild der Nachhaltigkeit verschiedene Dimensionen umfasst, stellt sich zwangsläufig die Frage nach Zielkonflikten. Solche **Trade-offs** sind im Rahmen unserer Arbeitsdefinition von Nachhaltigkeit gut abzubilden und zu diskutieren. So stellt sich die Frage, ob und inwieweit es im Zuge der Entwicklung zunächst zu einer Erhöhung der ökologischen Belastung und gegebenenfalls auch der Ungleichheit (z. B. gemessen an der Einkommensverteilung) kommen muss, bevor es zu einem Einschwenken in Richtung einer nachhaltigen Entwicklung kommt.

Die These, dass im Zuge der Entwicklung einer Volkswirtschaft die **Ungleichheit der Einkommensverteilung** zunächst zunimmt, um dann in einer späteren Phase wieder abzunehmen, ist von Nobelpreisträger *Simon Kuznets* (1901–1985) in empirischen Arbeiten erstmals formuliert worden (Abb. 25.12). Als wesentlichen Einflussfaktor auf eine Veränderung der Einkommensverteilung identifiziert Kuznets den sektoralen Strukturwandel. Kuznets betrachtet die Entwicklung als Übergang von der Agrar- in die Industriegesellschaft. Damit verbunden ist die Wanderung von Arbeitskräften vom primären landwirtschaftlichen Sektor in die Industrie, in der höhere Löhne bezahlt werden. Ist die Ungleichheit in den Löhnen zwischen den Sektoren größer als jene innerhalb eines jeden Sektors, dann nimmt die Ungleichheit innerhalb der gesamten Volkswirtschaft zunächst zu. Sie wird steigen, solange der Faktor Arbeit in den neuen Sektor wandert. Sobald die Mehrzahl der Arbeitskräfte im neuen Sektor beschäftigt ist, wird sie abnehmen. Die Ergebnisse dieser Wanderungsbewegung werden durch die Kuznets-Kurve beschrieben, die einen umgekehrten U-förmigen Verlauf aufweist. Als weiteren Faktor, der die Einkommensungleichheit verstärkt, führt Kuznets das Bevölkerungswachstum an. Dahinter steht die Annahme, dass in Ländern mit einer schnell wachsenden Bevölkerung das Angebot insbesondere gering ausgebildeter Arbeitskräfte zunimmt. Die Verfügbarkeit neuer Technologien erhöht die Produktivität qualifizierter Arbeit und des physischen Kapitals. Beide Ausprägungen von Kapital sind am rechten Ende der Einkommensverteilung zu finden und erhöhen dort die Einkommen. Die Ungleichheit steigt. Mit der Zeit wirken dieser Tendenz andere ökonomische Prozesse entgegen. Zum einen steigt der Anreiz zur Investition in der Ausbildung, zum anderen wandern Arbeitskräfte aus Regionen und Sektoren ab, die technologisch zurückfallen.

Die vorliegenden empirischen Untersuchungen zur Kuznets-Kurve sind nicht eindeutig. In einigen Fällen kann ein höheres Wachstum zumindest in der kurzen Frist

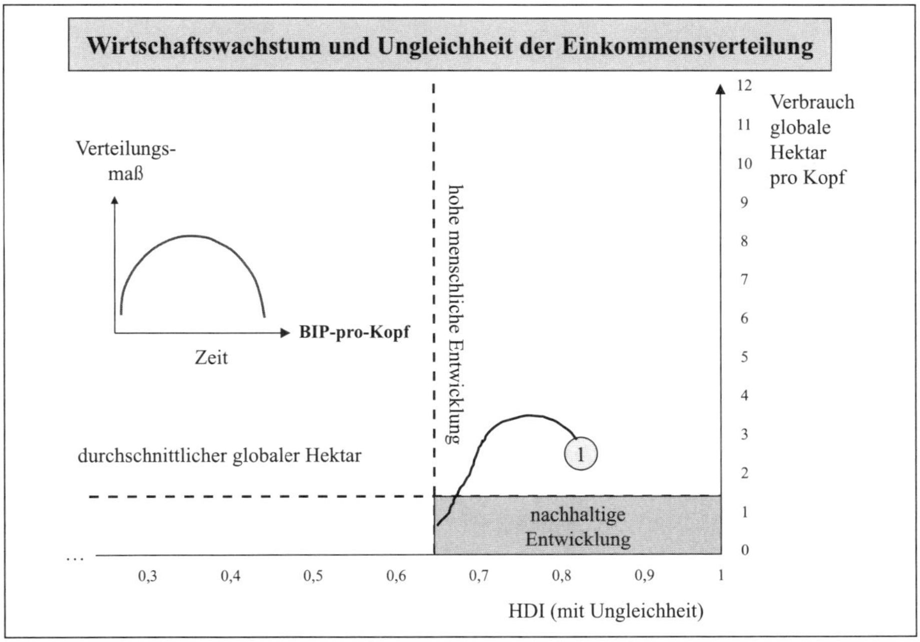

Abb. 25.12: Kuznets-Kurve als Zielkonflikt einer nachhaltigen Entwicklung

zu höherer Ungleichheit führen, in anderen Fällen stellt sich jedoch ein gegenteiliges Ergebnis ein. Dennoch ist die Befürchtung, dass insbesondere bei starkem Wirtschaftswachstum die ärmeren Gesellschaftsschichten nicht in gleichem Maße an dem Fortschritt partizipieren wie die reicheren Schichten, immer noch weit verbreitet. Auch die Globalisierung im Sinne einer Öffnung von Volkswirtschaften für den Welthandel geht nach häufiger Meinung vielfach mit einer steigenden Einkommensungerechtigkeit einher. Diese Zusammenhänge sind ebenfalls nicht empirisch abgesichert. Im Gegenteil, empirische Arbeiten zeigen einen engen Zusammenhang zwischen Wachstum und Verringerung von Armut. Wirtschaftswachstum führt in der Regel zu einem höheren Bildungsstand, zu einer höheren Lebenserwartung und ist negativ mit der Rate der Kindersterblichkeit eines Landes korreliert. Insgesamt verringert sich dadurch die Armut. *„Gleichzeitig verweist die Literatur auf einen wichtigen umgekehrten Zusammenhang: Die Verbesserung der Verteilung von Einkommen und Vermögen kann zu höherem Wirtschaftswachstum beitragen. Die Folge wäre eine Verringerung der Armut und eine damit einhergehende Verbesserung der Lebensqualität." (Oschinski/Weder, 2002, S. 24).*

Der von Kuznets diskutierte Zusammenhang zwischen Wachstum und Ungleichheit ist zur **Umwelt-Kuznets-Kurve** weiterentwickelt worden (Abb. 25.13). Die Hypothese besagt, dass die Umweltschäden mit wachsendem Pro-Kopf-Einkommen zunächst steigen, ihr Maximum erreichen und danach sinken. *„The only way to attain a decent environment is to become rich" (Beckermann, 1992, S. 492).*

Der Verlauf der Kurve wird wie folgt begründet:

- Der Wandel von Agrarstrukturen zu energieintensiven Industriestrukturen (**Industrialisierung**) führt mit zunehmender Produktion zu steigendem Ressourcenverbrauch. Umweltschädigende Emissionen sind als Kuppelprodukt der ansteigenden Güterproduktion zu betrachten. Ein Blick z. B. in Materialbilanzen zeigt, dass ein

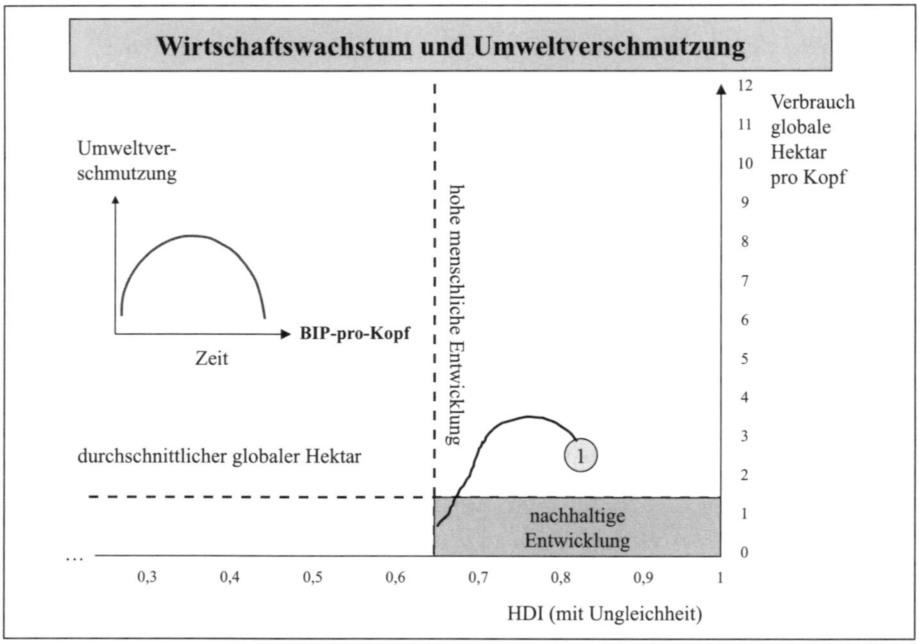

Abb. 25.13: Nachhaltige Entwicklung und Umwelt-Kuznets-Kurve

starkes Wirtschaftswachstum in der Regel mit einem höheren Ressourcenverbrauch und einer größeren Abfallmenge einhergeht.

- Die strukturelle Veränderung der Produktion in Richtung einer **Dienstleistungsgesellschaft** verringert den Umweltverbrauch.
- Mit zunehmendem Wachstum geht eine Verbesserung der Umweltqualität einher. Eine Ursache für diese Entwicklung ist ein **Wandel in der Bedürfnisstruktur** der Konsumenten. Mit steigendem Einkommen wächst der Wunsch der Haushalte nach sauberer Umwelt, während gleichzeitig die Bedeutung von Konsumgütern zurückgeht (Umweltqualität als superiores Gut). Dieser Wunsch schlägt sich in politischen Maßnahmen nieder, die der Umweltqualität ein höheres Gewicht einräumen.
- Der **technologische Wandel** unterstützt die Entwicklung hin in Richtung ressourcenschonender und umweltschonender Verfahren. Es kommt zu einer Entkopplung von Wirtschaftswachstum und Ressourcenverbrauch.

Untersuchungen kommen im Kontext der **ökologischen Kuznets-Kurve** zu keinen eindeutigen Ergebnissen. Eine ökologische Kuznets-Kurve kann daher nicht als unveränderliche Beziehung zwischen Umwelt und wirtschaftlicher Aktivität konstruiert werden. Ihre Lage und ihr Verlauf sind zudem potenziell empfänglich für politische Maßnahmen. Manche Ökonomen kommen zu dem Ergebnis, dass wirtschaftliches Wachstum der Umwelt nicht schadet, sondern die Umweltbelastungen hierdurch überwunden werden können (Entkopplungsthese von Wirtschaftswachstum und Umweltbelastung). *„Wirtschaftswachstum ist nicht notwendigerweise gut für die Umwelt. Richtig gelenktes Wirtschaftswachstum kann jedoch gut für die Umwelt sein."* (*Pearce, 2002, S. 2*).

Die vorliegenden empirischen Arbeiten zu ökologischen Kuznets-Kurven scheinen folgende Schlussfolgerungen zuzulassen:

- Die Kurven eignen sich eher für die „traditionellen" lokalen Luftschadstoffe wie Schwefel und Stickstoffverbindungen und Feinstaubpartikel. Für globale Schadstoffe, Treibhausgase und die Mehrzahl der anderen Umweltbelastungen eignen sich die Kurven eher nicht

- Die Einkommenshöhen (BIP-pro-Kopf), ab denen die Umweltverschmutzung zurückgeht, weisen in Kuznets-Kurven für verschiedene Länder deutliche Unterschiede auf. Zu klären bleibt zudem, ob sich die Kurven im Zeitablauf verschieben. Beispielsweise könnte eine ökologische Kuznets-Kurve für das Jahr 2000 höher oder niedriger liegen als im Jahr 2013.
- Auch der internationale Handel kann den Verlauf der Kurven mitbestimmen. Denkbar ist, dass Länder, die relativ arm sind, eine „verschmutzungsintensivere Produktionsstruktur" aufweisen. Reichere Länder können sich auf dem abnehmenden Teil ihrer ökologischen Kuznets-Kurve befinden, weil sie die verschmutzungsintensiven Produkte importieren und im eigenen Land die Verschmutzung vermeiden.

Schlagwörter	• Umwelt-Kuznets-Kurve • ökologische Kuznets-Kurve	• Trade-off • Industrialisierung • Dienstleistungsgesellschaft

25.3.3 Nachhaltige Entwicklung

Ausgehend von unserer Arbeitsdefinition für eine nachhaltige Entwicklung ergeben sich vor allem folgende Fragen (Abb. 25.14):

- Wie kommen Ländern mit einer hohen menschlichen Entwicklung zu einer ökologisch nachhaltigen Entwicklung (Fall 1)?
- Wie kommen Länder mit einer noch zu geringen menschlichen Entwicklung und einer zu hohen Belastung der Biokapazität zu einer nachhaltigen Entwicklung (Fall 2)?

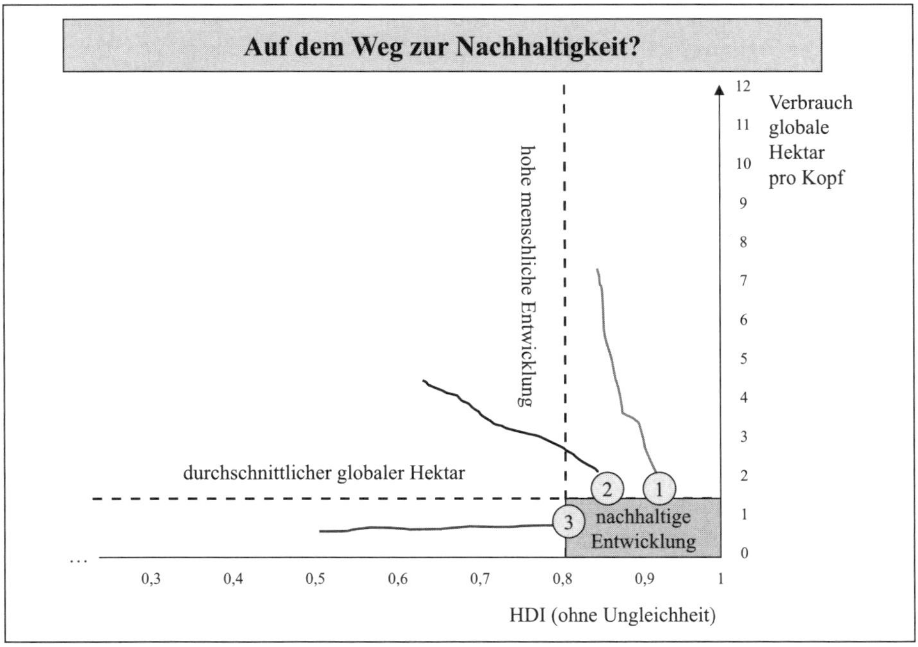

Abb. 25.14: Nachhaltige Entwicklungspfade

- Wie kommen Länder mit einer noch zu geringen menschlichen Entwicklung und einem schonenden Umgang mit natürlichen Ressourcen zu einer hohen menschlichen Entwicklung kommen (Fall 3)?

Zur ersten Fallgruppe gibt es eine Reihe von Empfehlungen. Beispielhaft sei auf die Überlegungen von *Ernst Ulrich von Weizsäcker* (und Koautoren *Hargroves, Smith*) in seiner Publikation „Faktor Fünf – Die Formel für nachhaltiges Wachstum" aus dem Jahr 2010 verwiesen.

Hier handelt es sich um eine Erweiterung seiner Überlegungen aus dem Jahr 1995 „Faktor Vier: Doppelter Wohlstand, – halbierter Naturverbrauch".

„Das Buch heißt „Faktor Fünf", weil wir fünfmal so viel Wohlstand aus einer Kilowattstunde rausholen wollen – oder aus einer Tonne Kupfererz, oder einem Kubikmeter Wasser. Zum Beispiel verbraucht ein Passivhaus bei hohem Wohnkomfort, guter Lüftung und Temperatur nur 1/8 bis 1/10 der Energie, die ein normaler Altbau nötig hat. Der Hauseigentümer zahlt am Ende nur 1/8 oder 1/10 der Heizkosten. Und das amortisiert sich in zehn bis 20 Jahren. Es geht also um Ressourcenproduktivität: Das bedeutet, mehr Wohlstand aus einer Einheit Ressource, aus Energie, Wasser oder Mineralien herauszuholen. Das ist so ähnlich wie bei der Arbeitsproduktivität, bei der wir gelernt haben, aus einer Stunde menschlicher Arbeit immer mehr Wohlstand zu erwirtschaften." (von Weizsäcker, 2011).

Die Autoren führen Beispiele aus vielen Lebensbereichen an, die zeigen, wie der Energieverbrauch um bis zu 80 % reduziert werden kann. Beschrieben werden **acht Strategien**, die eine Reduktion des Energieverbrauches bei gleichzeitiger Steigerung des Wohlstands möglich machen sollen: Erhöhung der Energieeffizienz, Übergang zu klimaneutralen Treibstoffen, Rückgewinnung von Wärme und Strom, Erneuerbare Energien, Recycling, Produktverbesserungen, Steigerung der Materialeffizienz und die Verminderung anderer Treibhausgase als CO_2.

In allen Handlungsfeldern wird der Rebound-Effekt (**Bumerang-Effekt**) ernst genommen. In der Vergangenheit, so die Autoren, wurden fast alle Effizienzgewinne durch zusätzlichen Konsum kompensiert – selbst in den Ländern, in denen eigentlich eine gewisse Konsumsättigung vorliegen müsste. Diesem Effekt soll u. a. durch langsam ansteigende Energie- und Ressourcenpreise begegnet werden. Im Kern lehnt sich diese Vorstellung an die parallele Entwicklung von Löhnen und Arbeitsproduktivität in den letzten Jahrzehnten an.

Wenn die Energieproduktivität steigt, können auch die Energiepreise steigen. Zu klären bleibt allerdings, ob die primär an der Produktions- und Angebotsseite ansetzende Strategie der **Effizienzgewinne** ausreicht. Ökologisch denkende Ökonomen fordern eine Ergänzung bzw. gar vorgelagerte Implementierung von **Suffizienzstrategien**. Diese begründen zum Teil andere Lebensstile und ein anderes Konsumverhalten. Erfahrungen bei der Operationalisierung der Konzeption der Nachhaltigkeit scheinen darauf hinzudeuten, dass der Verbrauch natürlicher Ressourcen augrund von Rebound-, Mengen- und Wachstumseffekten langfristig nur dann deutlich gesenkt werden kann, wenn Effizienz- mit Suffizienzstrategien zusammenwirken. Die Veränderung in Produktion und Konsum muss allerdings koordiniert werden, denn Unternehmen und Haushalte wissen nicht zwangsläufig, wohin die Entwicklung gehen soll. Notwendig sind Anhaltspunkte und Rahmenbedingungen, die die Richtung einer nachhaltigen Entwicklung vorgeben. In einer Marktwirtschaft eignen sich dazu vor allem Anreize (z. B. Preise, immaterielle Anreize, Normen), die glaubhaft, gerecht und partizipativ begründet sein müssen.

Im Kern eignen sich die Empfehlungen des „Faktor Fünf" auch für Länder mit einer noch zu geringen menschlichen Entwicklung und einer zu hohen Belastung der Biokapazität (**Fallgruppe Zwei**). Beispielhaft sei auf die Volksrepublik China verwiesen, an die sich das Buch von Weizsäckers explizit wendet. Zu berücksichtigen bleibt in diesem Kontext die wichtige Frage, wie die für eine hohe menschliche Entwicklung notwendigen Aufwendungen, z. B. für Bildungs- und Gesundheitssysteme, zu finanzieren sind. Hier stellen sich u. a. Fragen der Zeitpräferenz und der intergenerativen Lastenverteilung, die im Fall der Kreditfinanzierung von staatlichen Leistungen auftritt. Es gilt negative Erfahrungen von Ländern der **Fallgruppe Eins** zu vermeiden, die ihre hohe menschliche Entwicklung vielfach durch eine zu hohe Staatsverschuldung, d. h. durch eine nicht-nachhaltige Finanzpolitik, erkauft haben.

Für Länder der **Fallgruppe Drei**, die einen schonenden Umgang mit der Umwelt und eine noch zu geringe menschliche Entwicklung aufweisen, gilt es die Zielkonflikte zwischen Wirtschaftswachstum und Ungleichheit bzw. steigender Umweltbelastung zu vermeiden. Gleichzeitig bleibt auch für diese Länder die Frage einer intergenerativen Lastenverteilung zu klären, da die für einen hohen HDI erforderlichen Infrastrukturen im Bildungs- und Gesundheitsbereich umfangreiche Investitionen erfordern.

Für Länder der Fallgruppen Zwei und Drei kann eine Art **ökologisches Leapfrogging** (Überspringen von Entwicklungsstufen) angestrebt werden. Der Begriff beschreibt die sprunghafte Veränderung einer Gesellschaft hin zu einer nachhaltigen Entwicklung, ohne dass die z. B. für Industrieländer zu beobachtenden Zwischenstufen durchlaufen werden. Es geht in diesen Ländern darum, z. B. den Einsatz fossiler Energieträger zu reduzieren und Ressourcen direkt in regenerative Energien umzulenken. Ökologisches Leapfrogging ist ein Gegenmodell zur nachholenden Entwicklung. Entwicklungs- und Schwellenländer können damit direkt in den Status der Nachhaltigkeit eintreten, ohne dass auf dem Weg zu einem höheren Wohlstand die ressourcenintensive Wirtschaftsweise von „klassischen Industrieländern" wiederholt wird.

Wichtig ist in diesem Zusammenhang eine Vorbildfunktion der „reicheren" Staaten. Ansätze dazu sind z. B. in der EU vorhanden. Hier spielen Maßnahmen zur Einsparung von Treibhausgasemissionen, die vermehrte Nutzung erneuerbarer Energien und Effizienzmaßnahmen inzwischen eine nicht unbeträchtliche Rolle. In Entwicklungs- und Schwellenländern muss diese Entwicklung früher eintreten als in den „klassischen" Industrieländern. Die in den letzten Jahren gewonnenen Erkenntnisse z. B. hinsichtlich des Klimawandels und der weltweit gefährdeten Trinkwasserressourcen verbieten eine nachholende Entwicklung (Abb. 25.15).

Zur Begrenzung der globalen Erwärmung wird viel davon abhängen, ob die Ankerländer wie China, Indien, Russland oder Brasilien die vorgesehenen Investitionen im Energiesektor zur Erhöhung ihrer Energieeffizienz einsetzen. Erforderlich erscheinen eine Trendwende in der Nutzung erneuerbarer Energien und eine Abkehr von der fossilen Energienutzung. Beispiele in den großen Infrastrukturbereichen (Mobilität/Verkehr, Energie, Wasserversorgung und -entsorgung) zeigen, dass eine solche Umsteuerung durchaus möglich ist. Länderspezifische Lösungen können dabei an die Stelle von importierten und nicht-angepassten Infrastrukturmodellen treten. Zur Einleitung einer solchen Entwicklung ist eine **gerechte partnerschaftliche Zusammenarbeit** wichtig, bei der die unterschiedlichen Interessen von Geberländern und den Entwicklungs- bzw. Schellenländern auszugleichen sind. Letztendlich scheint dazu auch die Überprüfung und Korrektur von Ausprägungen nicht-nachhaltiger Lebensstile in den „reicheren" Ländern notwendig, damit alle Menschen die Chance auf eine nachhaltige Zukunft haben.

Abb. 25.15: Von der nachholenden zur nachhaltigen Entwicklung
Quelle: in Anlehnung an Meyers, 2010

Schlagwörter	• Effizienzstrategie • Suffizienzstrategie	• Leapfrogging • Bumerang-Effekt

25.4 Fallbeispiele zu Kapitel 25

Lösungs- und Bearbeitungshinweise sowie alle Abbildungen dieses Kapitels finden Sie unter: www.vahlen.de

Fallbeispiel 25.1: Armutsbegriffe (0)

Was verstehen Sie unter absoluter bzw. relativer Armut? Gehen Sie vom Einkommensbegriff aus.

Fallbeispiel 25.2: Personelle Einkommensverteilung (++)

1) Der nachfolgenden Tabelle können Sie das monatliche Einkommen von drei Haushalten entnehmen. Berechnen Sie das Haushaltsnettoäquivalenzeinkommen auf der Basis der neuen OECD-Skala.

Haushalt	Einkommen	Haushaltsnettoäquivalenzeinkommen
A: 2 Erwachsene, 2 Kinder	2.100	
B: 2 Erwachsene	3.000	
C: 2 Erwachsene, 3 Kinder	1.200	

2) Einer Zeitschrift können Sie folgende Daten entnehmen:

Deutschland				Frankreich			
Bevölkerung		Einkommen		Bevölkerung		Einkommen	
%	Kumuliert	%	Kumuliert	%	Kumuliert	%	kumuliert
1/3	0,33	2/3	0,667	10	0,1	50	0,5
2/3	1	1/3	1	90	1	50	1

a) Zeichnen Sie für beide Länder die Lorenzkurven.
b) Bestimmen Sie die jeweiligen Gini-Koeffizienten und interpretieren Sie das Ergebnis.
c) Wird der Koeffizient durch staatliche Umverteilungspolitik kleiner oder größer?

Fallbeispiel 25.3: Ökologischer Fußabdruck (+)

1) Was verstehen Sie unter einem ökologischen Fußabdruck?
2) Wie wird der ökologische Fußabdruck berechnet?
3) Nennen Sie einige Lebensbereiche, die ihren ökologischen Fußabdruck bestimmen. Wovon ist Ihre „ökologische Schuhgröße" abhängig? Geben Sie Beispiele.

Fallbeispiel 25.4: Entwicklungspfade von Volkswirtschaften (+)

1) Was verstehen Sie unter nachholender Entwicklung? Wäre dieses Modell ein Vorbild für Entwicklungs- und Schwellenländer?
2) Was verstehen Sie unter Leapfrogging? Stellen Sie den Zusammenhang zur nachhaltigen Entwicklung her.

Fallbeispiel 25.5: Zielkonflikte der Entwicklung (+)

Welche Zusammenhänge beschreiben Kuznets-Kurve bzw. Umwelt-Kuznets-Kurve?

Literaturverzeichnis

Im Internet gibt es eine Reihe von Verzeichnissen und Übersichten mit weiterführender Literatur zu den im Buch behandelten Themen. Wir wollen daher nachfolgend nur die Quellen anführen, die im Buch zitiert worden sind.

Backes, W. (2005): Der Verbraucherpreisindex – Berechnungsmethode und Interpretation, in Statistik Journal 2005, Statistisches Amt Saarland (Hrsg.), Heft 6

Bardt, H. (2011): Emissionsvermeidung oder Anpassung an den Klimawandel: Welche Zukunft hat die Klimapolitik? in: ifo-Schnelldienst, 5/2011, S. 3–8

Barro, R. (1997): Human capital and growth in cross-country regressions. Swedish Economic Policy Review 6(2), S. 237–277

Beckermann, W. (1992): Economic Growth and the Environment. Whose Growth? Whose Environment?, in World Development, 20 (4), S. 481–496

Behrens, C.U. (2000): Makroökonomie. Wirtschaftspolitik, 2. Auflage, München/Wien

Bertelsmann-Stiftung (2011): Soziale Gerechtigkeit in der OECD – Wo steht Deutschland? Sustainable Governance Indicators 2011. http://www.bertelsmannstiftung.de/bst/de/media/xcms_bst_dms_33013_33014_2.pdf)

Bischoff, I. u. a. (2006): Übungsaufgaben zu Öffentlichen Finanzen, Universität Gießen, Arbeitspapier Nr. 77; http://geb.unigiessen.de/geb/volltexte/2008/5410/pdf/FinanzAP-2006-77.pdf

Blanchard, O./Illing, G. (2009): Makroökonomie, 5. Auflage, München

Bofinger, P. (2011): Grundzüge der Volkswirtschaftslehre, 3. Auflage, München

Brachinger, H. W. (2005): Der Euro als Teuro? Die wahrgenommene Inflation in Deutschland, in: Wirtschaft und Statistik, Nr. 9, S. 999–1013

Bruckner, M. (2008): Die Rolle von Arbeitszeit und Einkommen bei Rebound-Effekten in Dematerialisierungs- und Dekarbonisierungsstrategien, Universität Klagenfurt, Social Ecology Working Paper 111, Wien

Brunetti, A. (1998): Politics and Economic Growth: A Cross-Country Data Perspective (1998), Paris

Buchenberg, W. (2008): Finanzkrise – was dann?; http://de.indymedia.org/2008/01/204054.shtml

DB-Research (2006): Deutsche Bank Research: Auswirkungen des demografischen Wandels, 31. Mai; http://www.dbresearch.de/PROD/DBR_INTERNET_EN-PROD/PROD0000000000199733.pdf

de Grauwe, Paul (2009): Economics of monetary union, 8. Auflage, Oxford

Deutsche Bundesbank (2004/2005): Geld- und Geldpolitik, Rheinfelden

Dieckheuer, G. (2004): Skript zur Vorlesung Außenwirtschaftspolitik, Sommersemester, Universität Münster

EZB (Europäische Zentralbank) (1998): Die Einheitliche Geldpolitik in Stufe 3. Allgemeine Regelungen für die geldpolitischen Instrumente und Verfahren des ESZB; http://www.ecb.int/pub/pdf/other/gendoc98de.pdf

EZB (Europäische Zentralbank) (2004a): Die Geldpolitik der EZB, Frankfurt am Main; http://www.ecb.int/pub/pdf/other/geldpolitik2004de.pdf

EZB (Europäische Zentralbank) (2004b): Monatsbericht, November, Frankfurt am Main

Forster, J./Klüh, U./Sauer, S. (2005): Übungen zur Makroökonomie, München

Franz, W. (2006): Arbeitsmarktökonomik, 6. Auflage, Heidelberg/Berlin

Freeman, C. (1998): Lange Wellen und Arbeitslosigkeit, in: Thomas, H./Nefiodow, L.A.: An der Schwelle neuer Vollbeschäftigung?, Köln, S. 121–154

Friederich Ebert Stiftung (1999): Die Grundlagen der Währungsunion; http://www.fes.de/fes-publ/eurohandbuch/kap2.htm

Grupp, H. (1998): Foundations of the Economics of Innovation – Theory, Measurement and Practice, Cheltenham

Hall, R.E./Rabushka, A. (1995): The Flat Tax, 2. Auflage, Stanford

Homburg, S. (2010): Allgemeine Steuerlehre, 6. Auflage, München

IAB (2003): Institut für Arbeitsmarkt- und Berufsforschung: Was kostet uns die Arbeitslosigkeit, Heft 10; http://doku.iab.de/kurzber/2003/kb1003.pdf

Itzenplitz, A./Seifferth-Schmidt (2010): Warum Klimakonferenzen scheitern, aber dennoch zum Wohl des Weltklimas kooperiert wird; Technische Universität Ilmenau. Institut für Volkswirtschaftslehre. Diskussionspapier Nr. 67

IW (2003): Institut der Deutschen Wirtschaft: Ursachen der Schattenwirtschaft in den OECD-Staaten, in: IW-Trends, Heft 4

IW (2005): Institut der Deutschen Wirtschaft: Beschäftigungs- und Arbeitslosigkeitsschwellen – Interpretation und internationaler Vergleich; IW-Trends – Vierteljahresschrift zur empirischen Wirtschaftsforschung, 32. Jahrgang, Heft 2/2005, Köln

Kaul, I. u. a. (2003): Die Bereitstellung globaler öffentlicher Güter. Globalisierung gestalten, New York; http://www.undp.org/globalpublicgoods/globalization/pdfs/gpgII-ger-1.pdf

Kopfmüller, J. u. a. (2001): Nachhaltigkeit integrativ betrachtet, Berlin

Layard, R. (2005): Die glückliche Gesellschaft – Kurswechsel für Politik und Wirtschaft, Frankfurt am Main

Ludwig, B. (2000): Begriff und Indikatoren nachhaltigen Wirtschaftens; http://www.jsse.org/2000/2000-1/ludwig.htm

Meyers, R. (2010): Einführung in die Internationale Politik, Universität Münster

Oschinski, M., Weder, B. (2002): Wachstum und Ungleichheit: Eine unverträgliche Beziehung?, in: Die Volkswirtschaft, Heft 01, S. 19–24

Pearce, D. (2002): Wachstum kann gut für die Umwelt sein, in: Die Volkswirtschaft, Heft 1, S. 25–31

PISA (2003): Programme for International Student Assessment, Paris

Pfahler, T./Phuy, P. (1998): Repetitorium zur Makroökonomik, Bayreuth

Phillips, A.W. (1958): The Relation between Unemployment and the Rate of Change of Money Wage Rates in the United Kingdom 1861-1957, in: Economica, 25 Jg., Nr. 100, S. 283–299

Pindyck, R.S./Rubinfeld, D.L. (2009): Mikroökonomie, 6. Auflage, München

Report of the World Commission on Environment and Development: Our Common Future; http://www.un-documents.net/wced-ocf.htm

Rittenbruch, K. (2001): Übungsbuch zur Makroökonomie, 3. Auflage, München

Rürup-Kommission (2003): Nachhaltigkeit in der Finanzierung der Sozialen Sicherungssysteme – Bericht der Kommission, Bundesministerium für Gesundheit und Soziale Sicherung, Bonn

Sachs, J.D. (2005): The End of Poverty: Economic Possibilities for Our Time, New York

SERI (2010): Sustainable Europe Research Institute: A Scoping Study on the Macroeconomic View of Sustainability, Cambridge; http://ec.europa.eu/environment/enveco/studies_modelling/pdf/sustainability_macroeconomic.pdf

SVR (2003/2004): Sachverständigenrat zur Begutachtung der Gesamtwirtschaftlichen Entwicklung, Jahresgutachten (2003/2004): Staatsfinanzen konsolidieren – Steuersystem reformieren, Wiesbaden

Samuelson, P./Nordhaus,W.D. (1998): Volkswirtschaftslehre, 15. Auflage, Wien/Frankfurt

Siebert, H. (2001): Der Kobra-Effekt. Wie man Irrwege in der Wirtschaftspolitik vermeidet, Stuttgart

Sinn, H.W. (2008): Das grüne Paradoxon: Warum man das Angebot bei der Klimapolitik nicht vergessen darf; Ifo Working Paper Nr. 54, München

Stern, N. (2006): The Economics of Climate Change, Cambridge

Thieme, J. (2005/2006): Vorlesung Geld und Kredit, Universität Düsseldorf, Wintersemester; http://www.uni-duesseldorf.de/wiwi/vwlth/public/guk-vl-ws0506/gk-VI-WS0506.pdf

van Suntum, U. (2006/2007): Vorlesung Konjunktur und Beschäftigung, Universität Münster

von der Lippe, P. (1996): Wirtschaftsstatistik, 5. Auflage, Stuttgart

von Weizsäcker, U. (2010): Nachhaltigkeit neu lernen: Was sind die neuen Inhalte? Vortrag auf der Neumarkter Nachhaltigkeitskonferenz, verfügbar unter: http://www.neumarkter-nachhaltigkeitskonferenz.de/filead-min/neu-markter-nachhaltigkeitskonferenz.de/benutzer/Konferenz_2010/Praesentationen/Weizsaecker.pdf

von Weizsäcker, U. (2011): http://www.utopia.de/magazin/ernst-ulrich-von-weizsaecker-faktor-fuenf-mal-so-viel-wohlstand-aus-kilowattstunde-energie-ressourcen?all

WWW (2010): World Wildlife Fund, Global Footprint Network, Zoological Society of London: Living Planet Report 2010; verfügbar unter: http://wwf.panda.org/about_our_earth/all_publications/living_planet_report/

Wilke, F. (1998): Grundlagen der Volkswirtschaftslehre, Köln

Wöhe, G./Kaiser, H./Döring, U. (2008): Übungsbuch zur Allgemeinen Betriebswirtschaftslehre, 12. Auflage, München

Zimmermann, K.F. (2005): Lob der Makroökonomie. Gastkommentar im Handelsblatt am 7. April 2005

Stichwortverzeichnis

H